图书在版编目（CIP）数据

儒家思想的当代诠释 / 曾振宇等著 . —青岛：青岛出版社，2023.10
ISBN 978-7-5736-1584-8

Ⅰ.①儒…　Ⅱ.①曾…　Ⅲ.①儒家—哲学思想—研究　Ⅳ.① B222.05

中国国家版本馆 CIP 数据核字（2023）第 205496 号

RUJIA SIXIANG DE DANGDAI QUANSHI

书　　名	**儒家思想的当代诠释**
作　　者	曾振宇　等
出版发行	青岛出版社（青岛市崂山区海尔路 182 号）
本社网址	http://www.qdpub.com
出 品 人	贾庆鹏　张化新
总 策 划	李海涛
责任编辑	李忠东　许朝华　陈　涛　杨倩倩
装帧设计	李帅帅
照　　排	青岛新华出版照排有限公司
印　　刷	青岛海蓝印刷有限责任公司
出版日期	2023 年 10 月第 1 版　2023 年 10 月第 1 次印刷
开　　本	16 开（890mm×1240mm）
印　　张	78
字　　数	1500 千
书　　号	ISBN 978-7-5736-1584-8
定　　价	360.00 元

编校印装质量、盗版监督服务电话：4006532017　0532-68068050

儒家思想的当代诠释

RUJIA SIXIANG DE DANGDAI QUANSHI

曾振宇 等◎著

◆ "十四五"国家重点出版物出版规划项目

◆ 教育部重大委托项目"儒家思想的当代诠释"（项目号20jzdw010）结项成果

◆ 山东大学儒学高等研究院科研成果

◆ 教育部儒家文明协同创新中心（山东大学）科研成果

◆ 曾智明"曾子学术基金"科研成果

◆ 山东大学曾子研究所科研成果

◆ 曾子研究院科研成果

青岛出版集团 | 青岛出版社

序

曾振宇

儒家思想在中国思想史上占有相当重要的地位，需要我们切实加以诠释与研究。"儒家思想"这一概念应该从三个层次解读：

第一个层次是历代思想家的儒家思想。从孔子肇始，一直到牟宗三等现代新儒家，两千多年的儒家思想汇成一条思想长河，奔腾不息。这一层面的儒家思想可称为"儒学"。以儒家核心概念"仁"为例：孔子仁学在逻辑上具有不可言说性。在人性论层面，"仁者安仁"命题的建构意味着孔子开始将仁学建基于人性论基础之上，"仁"具有先在性、超越性特点，由此被上升为一种哲学观念。在孔子去世之后，先秦儒家仁学呈现出三条发展路径：一是以曾子为代表的工夫论路径；二是以孟子为代表的心性本体论路径；三是以荀子为代表的政治哲学路径。董仲舒界定"仁"是"爱人类"。程明道首次提出"仁体"。王阳明继而从"良知本心"释"仁"。"心"是集合概念，可涵摄"仁"、"义"、"理"三个观念：从"全体恻怛"情感而言，"心"是"仁"；从强烈实现自我的道德驱动力而言，"心"是"义"；从事物之"条理"而言，"心"是"理"。儒家仁学在两千多年的演变中呈现出与时俱进的哲学特点。

第二个层次是作为官方意识形态的儒术。自汉代刘邦以大牢之礼祭祀孔子开始，中国历史出现了一个规律性的文化现象，可称之为"孔子定律"。每一个王朝在建立新政权的五十年左右时间内，一般会昭告天下，曰本王朝信仰孔子儒家思想，继而兴科举、办学校、推崇至圣先师。这是因为只有明智地祭出孔子的旗号，才能稳定人心，才能赢得天下人尤其是知识分子的支持。但是，历朝历代对儒家思想的继承与传播都是片面地任意裁剪，与其说是继承，不如说是利用。汉章帝曾经在曲阜宴请孔门子孙，命儒者讲《论语》。酒酣耳热之际，汉章帝对孔子第十九代孙孔僖说："今日之会，宁于卿宗有光荣乎?"孔僖的回答不卑不亢:"今陛下亲屈万乘，辱临敝里，此乃崇礼先师，增辉圣德。至于光荣，非所敢承!"孔僖一针见血地点破了皇家祀孔的真实用意，着实令汉章帝有些难堪。此后，南宋朱熹深刻指出:"千五百年之间，正坐如此，所以只是架漏牵补，过了时日。其间虽或不无小康，而尧、舜、三王、周公、孔子所传之道，未尝一日得行于天地之间也。"[1] 所谓"未尝一日得行于天地之间"一语，当是椎心泣血之论。

第三个层次是作为民间信仰层面的儒家思想，可称之为"儒教"。儒家的敬天法祖、长幼有序、夫妻有别、兄友弟悌以及礼义廉耻等思想从汉代开始逐渐构造起中华民族的价值观和文化心理，一直到现代社会依然发挥着稳定和深远的道德文化建设作用。在新文化运动中，经过一番"打倒孔家店"、救出真孔子的洗礼，作为儒术的儒家思想得到清算，从汉代以降裹挟在孔子身上、散发恶臭的大成至圣脏衣服已被剥离出来。

本书研究的对象正是历代思想家的儒学和民间信仰层面的儒教。

统而论之，儒家思想的价值就在于:从孔子开始，立足于为天下立法高度，为天下建构了人间秩序，建构了以"仁义"为核心的价值体系，建构了"天下"意义上的人类共同价值观。在西方，建构人类共同价值观的使命是由苏格拉底和柏拉图完成的。在古老的中国，这一"为生民立命"的文化大业由孔子开其端。古人云:"天不生仲尼，万古如长夜。""长夜"隐喻社会道德秩序和人类共同价值观的晦暗不明，"仲尼"代表人类文明之光熠熠生辉、亘古长存。

二

近代英国哲学家怀特海尝言:两千五百年的西方哲学只不过是柏拉图哲学的一系列脚注而已。每一时代的人都是带着自身独有的"前见"诠释既有的观念，在诠释的同时又何尝不是给历史上流传下来的观念注入"新鲜血液"? 一切诠释实际上都是立足于"视域融合"基础上产生的"效果历史意识"（德国哲学家伽达默尔语）。

本书的思维路径和表述方式正是立足于东西方现代哲学高度，从观念

---

[1]《朱熹集》三，成都:四川教育出版社 1996 年版，第 1592 页。

史角度切入儒学史,考镜源流,掘发其现代价值。

1922年,美国霍普金斯大学阿瑟·洛夫乔伊教授创办了"观念史学社"。1936年,阿瑟·洛夫乔伊教授出版了《存在巨链》一书,标志着观念史学科的诞生。1940年,阿瑟·洛夫乔伊教授创办了《观念史杂志》。1964年,国际观念史学会在美国宾夕法尼亚大学正式成立。

观念史研究范围非常广博,阿瑟·洛夫乔伊指出:观念史研究不是仅仅局限于某一学科领域的研究,而是涉及文学、史学、哲学、法学、经济、艺术、宗教、科学等领域,是对人类思想史中重要观念的反思和研究。换言之,观念史是对人类多元文化的综合研究。

观念史脱胎于哲学史,又有别于哲学史。哲学史从哲学与史学双轨并行的视野,对哲学流派、哲学体系和哲学家思想进行梳理与研究;观念史侧重于对哲学流派、哲学体系中的"结晶体"——"单元观念"进行分析与研究。

三

观念史研究的特点与意义可以粗略归纳为以下三点:

第一,从观念史入手,进而研究哲学体系、哲学流派和哲学家思想,可以从纷繁复杂的思想之网中找出深邃的思想之结,辨清哲学思想的本质,进而更加客观地从整体上认识与评价哲学体系、哲学流派的思想所达到的哲学高度。恰如阿瑟·洛夫乔伊所言:如果没有关于观念史的知识,要想理解西方哲学思想是不可能的。

第二,观念史学派代表人物阿瑟·洛夫乔伊认为:"观念是世界上最具迁徙性的事物。"观念史研究应该注重某一观念在某一个时代如何在社会上传播及其学术和社会影响的意义与作用何在,而不是刻意从国别、民族的视角研究观念。换言之,应该从"共时性"层面关注与研究观念的产生与散播。我们说"中国的观念史"固然重要,但"观念史在中国"更加值得深入探讨。观念史学派另一位代表性人物昆廷·斯金纳更加强调观念的变化。他认为:观念最大的特点就在于与时俱进,而不是常驻不变。时代改变了,观念也随之变化。观念是历史的产物。昆廷·斯金纳的这一观念史研究方法就是典型的语境主义。我国学者金观涛、刘青峰教授所著的《观念史研究》运用大数据研究方法,梳理、分析"科学"、"共和"、"民主"、"革命"、"富强"、"社会主义"在中国的流传过程及其产生的时代效应,揭示出这些观念大多源自西方,有其自身历史与宗教背景,但这些观念传播到中国之后,与中国近现代特殊的历史变迁相结合,又无不呈现出别具一格的貌相。

第三,观念史不仅关注和研究学术史上著名哲学家思想体系中的单元观念,还关注并研究某一时代集体思想中的观念。譬如:儒家"孝"观念衍变至两汉时期,为何形成疯狂的血亲复仇社会思潮?这既有两汉政府出于"以孝治天下"意识形态的设计,又有社会大众对儒家孝道认识的偏差。在政府层面,汉代政府对复仇者的同情、宽容与奖掖,客观上助长了复仇之风的蔓延。两汉时期赦令频繁,世罕其匹。有的学者统计:武帝在位五十五年,凡十八赦。元帝时翻了一番,在位十五年,凡十赦,不足两年即有一赦。哀、平帝在位时间不长,几乎无年不赦。东汉自光武帝始,屡颁赦令。桓、灵帝之时达到高峰。桓帝在位二十一年,凡十三赦。灵帝在位二十二年,达二十赦之多。桓、灵帝二代赦令之频繁,可谓空前绝后。[1]大赦是复仇者的福音,因为大部分的被赦免者是复仇者。《后汉书·酷吏列传》记载:阳求的母亲被人欺侮,阳求不仅把对方杀了,还把对方的家人杀害了。这种杀人犯不仅未受到任何法律制裁,反而"初举孝廉,补尚书侍郎",此后又"拜九江太守"。东汉桥玄任齐国相时,有一孝子为父报仇,被囚禁于临淄狱中。桥玄"愍其至孝",计划上书请求减刑。县令路芝抢先一步,依照刑法条例将孝子处以死刑。桥玄觉得"深负孝子",于是将县令路芝逮捕。桥玄认为县令路芝有负于孝德,竟然将县令路芝鞭打至死。桥玄这样做的目的在于"笞杀以谢孝子冤魂"。在桥玄看来,孝子为父报仇虽违于法,但合于孝道;路芝依法杀孝子虽合于法,但有违于人伦。这种在社会集体思想中呈现出来的观念,或许与观念创立者思想相比较已有云泥之别,但这恰恰又是观念史魅力之所在。

在人类政治、经济、文化和道德观的变迁中,深刻影响人类生活方式、价值观和历史进程的观念不应只是抽象概念的历史,而是观念的社会文化历史。明乎此,才能真正体悟观念史的奥义。就此而言,本书既是对儒家思想观念及其发展流变的诠释,又是对儒家思想时代价值之阐发。

是为序。

---

[1] 周天游:《两汉复仇盛行的原因》,载《历史研究》1991 年第 1 期。

目 录

目錄

第三章　礼

第七章 友

第九章 勇

第十章 心

第十一章 恕

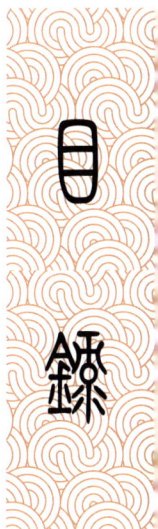

第十二章　乐

第十三章　天　　理

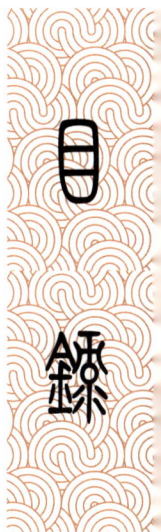

第十四章 良 知

第十五章 性 情

第十六章　天人合一

第十七章　格物致知

第十八章　知行合一

第十九章 君 子

第二十章　和而不同

第二十二章 大 同

第一章

仁

第一节 "仁"的起源

一 "仁"的文字学考察

"仁"字是什么时候出现的？汉字是世界上最古老的文字之一，其形成完整体系的标志是甲骨文。过去曾一度认为甲骨文中有"仁"字，后经学者考辨，是误识。

至于金文，根据考古发现已证明其中有"仁"字。1974 年考古人员在河北省平山县发掘了战国时期中山国墓葬群，在其中的 M1 号墓中发现了中山王鼎，上面的铭文中有这么一句话："亡不率尸。"[1]大部分学者认为这句话中的"尸"字就是"仁"字。[2]这是战国时期的金文中存在"仁"字的确证。1981 年周原考古队在陕西省扶风县强家村发掘了一座西周墓，其中一件夷伯夷簋（又称"夷伯簋"）被定性为西周晚期（懿孝之际）青铜器，上面的铭文中有"尸（夷）白（伯）尸（夷）于西宫"与"仁白（伯）尸（夷）于西宫"两句，前句有"尸白"二字，后句有"仁白"二字。这说明"尸"字和"仁"字互代通用，"尸伯"、"夷伯"、"仁伯"是一回事，古代"尸"、"夷"、"仁"为一个字。夷伯簋是西周金文中存在"仁"字的新证。[3]

从文字学方面进行解释，最有代表性的当然是东汉许慎的《说文解字》，其对"仁"字的解释是："仁，亲也，从'人'从'二'。忎，古文'仁'，从'千'、'心'。尼，古文'仁'或，从'尸'。"这就是说，许慎认为"仁"字有三种写法：仁、忎、尼。

---

[1]河北省文物管理处：《河北省平山县战国时期中山国墓葬发掘简报》，载《文物》1979 年第 1 期。

[2]容庚：《金文编》，北京：中华书局 1985 年版，第 559 页；白奚：《"仁"字古文考辨》，载《中国哲学史》2000 年第 3 期。

[3]霍彦儒、辛怡华主编：《商周金文编——宝鸡出土青铜器铭文集成》，西安：三秦出版社 2009 年版，第 16 页。

（一）关于"仁"

东汉大经学家郑玄注《中庸》"仁者，人也"一句说："人也，读如'相人偶'之'人'，以人意相存问之言。"孔颖达的《毛诗正义》曰："人偶者，谓以人意尊偶之也。"联系起来看，就是说"仁"表示两个人之间的亲密，所以"仁"字"从'人'从'二'"，就是指两个人互相以人意相存问，以人意尊偶，即互相亲爱的意思。所谓"相人偶"是汉代的特殊用语，"偶（耦）"有"匹"、"配"、"合"、"对"之意，两人见面相揖为礼，彼此之间互致敬意与问候，表示相亲相敬，便是"相人偶"。这些都说明"仁"的本义是表示两个人彼此间相亲、相爱、相敬。

阮元作《〈论语〉论仁论》，发挥"相人偶"之说曰："春秋时孔门所谓仁也者，以此一人，与彼一人，相人偶而尽其敬礼忠恕等事之谓也。相人偶者，谓人之偶之也。凡仁必于身所行者验之而始见，亦必有二人而仁乃见。"[①] 这是说：从字源看，"仁"是用以称两个人之间敬礼忠恕的范畴。只要有两个人，他们之间就构成一种人伦关系；要想维持人与人之间的关系，就要相互亲爱、亲近。

近代以来，许多学者对"相人偶"也进行了发挥。康有为对"相人偶"之意作了现代解说："'仁'从'二人'，人道相偶，有吸引之意，即爱力也，实电力也。人具此爱力，故'仁'即'人'也；苟无此爱力，即不得为人矣。"[②] 从"相人偶"产生吸引力而相亲，由相亲进一步形成像电力一样的爱力，这就是"仁"。"仁"是人之为人的根本，所以要成为一个真正的人就必须具有爱力（电力）；反之，如果不具有爱力（电力），就不成其为人了。这里引进了西欧近代天文学万有引力之说，给"相人偶"抹上了浓厚的科学色彩。梁启超在《先秦政治思想史》中也认同郑玄将"仁"训作"相人偶"。他说："非人与人相偶则'人'之概念不能成立。申言之，若世界上只有一个人，则所谓'人格'者决无从看出。人格者，以二人以上相互间之'同类意识'而始表现者也。既尔，则亦必二人以上交相依赖，然后人格始能完成。"[③] 谭嗣同也认为："'仁'从'二'从'人'，相偶之义也。""仁以'通'为第一义。以太也，电也，心力也，皆指出所以通之具。"[④] 谭嗣同试图汇通古今中外诸家学说，建立自己的仁学体系。在他看来，中外通、上下通、男女内外通、人我通是"仁"的基本要义。

现代有学者把"相人偶"解释为一种古老的礼仪。刘文英认为"相人偶"之

① 阮元：《揅经室集》上，北京：中华书局1993年版，第176页。
② 康有为：《孟子微　礼运注　中庸注》，北京：中华书局1987年版，第208页。
③ 梁启超：《先秦政治思想史》，北京：东方出版社1996年版，第82页。
④ 谭嗣同：《仁学》，郑州：中州古籍出版社1998年版，第67、73页。

礼是"两个人见面，首先观顾对方，然后互相作揖，表示敬意和问候"，并进一步认为"仁"字的结构就是"相人偶"的象形，因而"'仁'的观念是由'相人偶'礼仪产生的，这种礼仪就是'仁'的观念的客观原形"。[①]张立文也认为："相人偶"是一种仪礼，是"仁"观念的原形，可能来自夷人，这种仪礼形式蕴含着亲密的关系。[②]

不过，应该提及的是：儒家的"仁"所讲的人与人之间的亲爱是以血缘关系为基础的，相亲相爱首先是从亲人开始的，是在亲情之爱的基础上以同心圆的方式层层扩展的，所以"仁"的首要含义是亲爱自己的亲人。《国语·晋语一》曰："为仁者，爱亲之谓'仁'。为国者，利国之谓'仁'。"《礼记·中庸》曰："仁者，人也，亲亲为大。"儒家认为"仁"是人与人相亲偶的关系，但"仁"的实行首先是先亲爱自己的亲人，然后由亲近之人推及疏远之人。《礼记·经解》曰："上下相亲，谓之'仁'。"亲善首先是对自己的亲人。清人孔广居的《说文疑疑》则说："仁，亲也。人莫亲于父母，故以二人为意。《记》曰：'仁者人也，亲亲为大。'"[③]这显示了儒家的仁爱是一种等差之爱的特点。

（二）关于"忎"

段玉裁说：忎，"从'心'；'千'，声也"。[④]这要从"惖"（仁）说起。"惖"首见于战国玺印文，新见于郭店楚简。郭沫若早在1932年就把"惖"释为"仁"字的异形，并推测它与"忎"的构形字例相同。他诠释说：古"惖"字是"仁"字的异体字。"仁"字古代写作"忎"，从"心"，"千"声。"惖"字则从"心"，"身"声。字例相同，可以互证。[⑤]庞朴对此则不赞同，认为我们现在从郭店竹简上看到的从"身心"的"惖"字，只因为"身"符有时被简化，大肚子变成一个实心的黑点，有点像"千"字，于是从"身心"便被误会成从"千心"了。[⑥]刘翔在郭沫若所持观点的基础上坚持认为："仁"字较早的构形为"惖"，后来讹变为"忎"，再省变为"仁"。[⑦]这样，刘翔就对"仁"字提出了与许慎和段玉裁等人的传统解释有别的新解。

由于郭店竹简中的七十多个"仁"字都写作"惖"，为儒家仁学研究带来了新的活力，扩大了解释的空间。但是，在具体诠释中学者们的意见不尽相同，可以概

① 刘文英：《"仁"之观念的历史探源》，载《天府新论》1990年第6期。
② 张立文：《略论郭店楚简的"仁义"思想》，载《孔子研究》1999年第1期。
③ 王云五主编：《丛书集成初编》，上海：商务印书馆1935年版，第200页。
④ 许慎撰，段玉裁注：《说文解字注》，上海：上海古籍出版社1981年版，第365页。
⑤ 郭沫若：《金文丛考》第2册，北京：人民出版社1954年版，第216页。
⑥ 庞朴：《"仁"字臆断——从出土文献看仁字古文和仁爱思想》，载《寻根》2001年第1期。
⑦ 刘翔：《中国传统价值观诠释学》，上海：上海三联书店1996年版，第157—159页。

括为两种：一种解释认为"悬"就是心里想着别人，爱惜人的生命，关心他人；另一种解释则认为"悬"是对己身的爱，是心里想着自己，思考着自己，而不是对别人的爱和关心。其实，这两种解释在儒家的义理中并不矛盾，是兼容的，因为儒家的仁爱是从"自爱"出发的，爱人首先要自爱。《荀子·子道》提出了"仁者自爱"。有一天，孔子与他的三个弟子讨论仁爱的问题。孔子先问子路说："仲由！明智的人是怎样的？仁德的人是怎样的？"子路回答说："明智的人能使别人了解自己，仁德的人能使别人爱护自己。"孔子说："你可以称为士人了。"孔子又问子贡说："端木赐啊！明智的人是怎样的？仁德的人是怎样的？"子贡回答说："明智的人能了解别人，仁德的人能爱护别人。"孔子说："你可以称为士君子了。"孔子再问颜渊说："颜回！明智的人是怎样的？仁德的人是怎样的？"颜渊回答说："明智的人有自知之明，仁德的人能自尊自爱。"孔子说："你可以称为贤明君子了。"类似记载又见于《孔子家语·三恕》。我们分析孔子对子路、子贡、颜渊三个弟子被问以同样的问题但回答不一的判词就会明白，孔子把知人和爱人看得比为人所知和为人所爱重要，把自知和自爱又看得比知人和爱人重要。

作为一种道德实践，仁者爱人的基本精神与价值取向在于为了他人而奉献自我。然而，对仁德的理解如果仅仅停留在对"为他"（"爱人"）向度的单纯强调之上，则可能使仁德陷入一种对行动者自身缺乏积极价值关怀含义的片面的自我否定。于是，"仁者爱人"的"爱人"也就必然趋于苍白、僵硬，或者出于外在道德规范的强制约束，或者出于行动者的刻意、造作，而缺失由内而生的植根于行动者生命本源的内驱力。因此，作为对儒家仁道伦理的全面理解，在"为他"的深处还体认到"为己"，这就是颜渊所说的"仁者自爱"。[1]儒家的仁要从自爱开始，以自爱为起点。一个不知自爱的人，即使爱人，也可能以其昏昏使人昭昭。当然，人不能仅仅满足或停留在自爱，甚至以自爱为中心，而应该不断扩展仁爱的境界，提升仁爱的层次。[2]正因为这样，"仁"包括了"爱己"和"爱人"两个方面。如果说"从'人'从'二'"的"仁"字主要反映了"人—我"关系的一面，那么"从'身'从'心'"的"悬"字则更多地反映了"心—身"内在的一面，它们共同构成了"仁"的完整内涵。孔子仁学正是从这一传统而来，包含了"成己"与"爱人"两方面内容。[3]

（三）关于"尼"字

有学者已经尝试着结合近些年来新出土的文字材料对此字进行考辨，认为

---

[1] 王楷：《仁者自爱：儒家传统的道德生命观及其哲学基础》，载《孔子研究》2012年第5期。
[2] 韩星：《仁爱与和谐》，载《青岛科技大学学报（社会科学版）》2013年第4期。
[3] 梁涛：《郭店竹简"悬"字与孔子仁学》，载《哲学研究》2005年第5期。

"仨"字也是由一个人形的"尸"字与"二"字构成。"尸"字是一个象形字,其甲骨文、金文像人屈膝坐下之形。古人的"坐"相当于今天的跪坐,而比起跪着、蹲着,屁股着地的坐姿较为舒适。另外,古人称代表死人接受祭祀的活人为"尸"。古代祭祀时,生者因不忍见至亲之不在,乃以活人"尸"代表死者接受祭礼,甚至享用祭品。在文献资料中,"尸"字是一个坐着的人形。无论是构成"仁"字的"亻",还是构成"仨"字的"尸",其实都是"人"的象形,区别只是前者是一个立着的人形,后者是一个坐着的人形罢了。"仁"和"仨"构字的原则和要素是相同的,都是许慎所说的"从'人'从'二'",它们所要表达的都是"亲也"的"同类意识"。①

关于"仨",段玉裁还有一个值得我们关注的说法。他的《说文解字注》按:"古文夷亦如此。"② 这就提出了"仁"与东夷人的关系问题,暗示了研究"仁"字起源的文化人类学方向,我们将在下面讨论这点。

二 "仁"的文化人类学考察

关于"仁"的观念,一些古代文献还有一种说法,即"仁"的观念最早可能萌芽于东夷集团。如许慎的《说文解字》在"大"部中解释"夷"为"东方之人"后,又在"羊"部中指出:"夷俗仁,仁者寿,有君子不死之国。"这是说:夷是东方诸多部落的总称,其风俗仁厚、纯朴,人们活得长寿,有"君子不死之国"之说。

夷 夷 夷 彳 片

关于"君子之国",《山海经·海外东经》载:"君子国在其北,衣冠带剑,食兽,使二大虎在旁,其人好让不争。"《山海经·大荒东经》载:"有东口之山,有君子之国,其人衣冠带剑。"这些文字记载是说:有一个君子之国,那里的人穿衣戴帽,而且腰间佩带宝剑,但人们好让不争。《后汉书·东夷列传》解释东夷的"夷"字时指出:"夷者,柢也,言仁而好生,万物柢地而出,故天性柔顺,易以道御,至有君子不死之国焉。"这是说:柢即树木的根,万物有根才能生长起来,比喻东夷人讲好生的仁德,树木根深才可以长高、不老,人有仁德才能健壮、长寿,所以就有

---

① 白奚:《"仁"字古文考辩》,载《中国哲学史》2000 年第 3 期。
② 许慎撰,段玉裁注:《说文解字注》,上海:上海古籍出版社 1981 年版,第 365 页。

"夷俗仁，仁者寿"之说。东夷的风俗讲仁德，有仁德的人可以长寿。"仁者寿"也见《论语·雍也》。在《十三经注疏》中邢昺解释"仁者寿"说："仁者少思寡欲，性常安静，故多寿考也。"这是说：有仁德的人很少胡思乱想，没有多少欲望，性格安静，所以能够活得长寿。西汉大儒董仲舒在《春秋繁露·循天之道》中说："仁人之所以多寿者，外无贪而内清净，心和平而不失中正，取天地之美以养其身，是其且多且治。"这是说：有仁德的人之所以长寿，是因为没有贪欲，内心清净，平和中正，获取自然界美好的精华，用来滋养自己的身体，因而活得长寿。总之，东夷人秉天地好生之仁德，天性柔顺，敦厚平和，崇尚仁德，故多长寿。因此，"仁"的本义与"东方之人"、"东方之族"、"东方之地"的风俗有着某种联系。"仁"既不是上天派生的，也不是个别圣人创造的，而是来源于古老民族的生活和风俗。这种风俗曾经被古老先民视为平常之事、见惯不惊之事。①

孔子的"仁"与"夷俗仁"有着密切的联系。《论语·子罕》载："子欲居九夷。"《论语·公冶长》载："道不行，乘桴浮于海。"刘宝楠的《论语正义》载："夫子不见用于中夏，乃欲行道于外域，则以其国有仁贤之化故也。"这是说：孔子周游列国，不遇明君，不被重用，因圣道不行，遂有到九夷去的念头，或许是因为孔子知道九夷有崇尚仁德的文化传统。《汉书·地理志》云："东夷天性柔顺，异于三方之外，故孔子悼道不行，设桴于海，欲居九夷，有以也夫！"因为东夷的人跟其他地方的人不一样，天性温顺，孔子的政治理想不能在中原推行，所以他就发牢骚说要乘着木筏到东夷国去。从一些资料来看，孔子对东夷人及其文化是很尊重的，曾趁鲁国附属小国郯国国君郯子来鲁国访问的机会拜见他，向他请教学习。这个郯国虽是鲁国南方的一个区区小国，但在当时颇有名气，这其中的主要原因是其国君郯子的政绩、才华和仁孝之德赢得了人心。郯子治郯讲道德、施仁义、恩威有加，百姓心悦诚服，因此郯地文化发达，民风淳厚，使一些典章制度得以延续下来，对后世的影响十分深远。鲁昭公十七年（前525）郯子第二次朝鲁时，鲁昭公盛宴款待他。席间，鲁大夫叔孙昭子问起远古帝王少昊氏以鸟名官之事。郯子数典述祖，侃侃而谈。他说：少昊是我的祖先，我当然知道。他进一步解释说：从前黄帝以云来记事，因此其百官都以云命名；炎帝以火来记事，因此其百官都以火命名；共工氏以水记事，因此其百官都以水命名；太昊氏以龙记事，因此其百官都以龙命名。我的高祖少昊挚即位的时候，恰遇凤鸟飞来，因此便以鸟记事，其百官也以鸟命名，如凤鸟氏掌管历法。所说凤鸟氏，就是历正。凤凰是吉祥的

①武树臣：《"仁"的起源、本质特征及其对中华法系的影响》，载《山东大学学报（哲学社会科学版）》2014年第3期。

神鸟，它们一出现，天下就和平安定。凤凰是知道天时的。历正是主管历数、正天时的官，故叫"凤鸟氏"。玄鸟氏掌管春分、秋分。玄鸟即燕子，它们春分飞来，秋分离去，故名掌管春分和秋分的官为"玄鸟氏"。伯赵氏掌管夏至、冬至。伯赵就是伯劳鸟，它们从夏至开始鸣叫，到冬至停止，故这个官职以伯劳鸟命名。青鸟氏掌管立春、立夏。青鸟就是鸧鸐，它们从立春开始鸣叫，到立夏停止，故这个官职以青鸟命名。丹鸟氏掌管立秋、立冬。丹鸟即雉，它们立秋来，立冬离去，故以丹鸟命名。以上这四种鸟都是凤鸟氏的属官。祝鸠氏就是司徒。祝鸠非常孝顺，故以祝鸠命名主管教育者……从颛顼之后，因为无法记录远古时代的事情，就从近古时代开始记录。作为管理百姓的官职，就只能以百姓的事情来命名，而不像从前那样以龙、鸟命名了。满座人无不佩服郯子的学识渊博。孔子当时年二十七岁，在鲁国做个小官，听说了郯子的这番话之后，就前去拜见郯子求教。可见，在孔子生活的时代，东夷人有着较高的文化水平和仁德的风尚。

到西周时东夷出了个徐偃王，史书上有徐偃王好仁而亡的说法。徐偃王，嬴姓徐氏，名诞，西周时徐戎（徐国）国君，统辖今淮、泗一带。徐国历史悠久。相传夏朝时期东夷是早已雄踞在东方的部落。其首领名皋陶，偃姓，曾被舜任命为掌管刑法的官员。皋陶生子伯益，伯益因助大禹治水有功，禹封其子若木于徐地，建立徐国，其部落名"徐夷"、"徐戎"、"徐方"。徐国的范围为今淮、泗一带，国都建在今泗洪境内的大徐城，世代相传四十四世，直到周敬王八年（前512）为吴国所灭，历时一千六百余年。徐国的历史传至第三十二世时，国君即东夷盟主徐偃王。徐偃王好行仁义，发展农业生产，使徐国五谷丰登，人民安居乐业，国力不断强盛，来朝贡者日益增多，徐国统治的范围也越来越大。据史料记载，当时各地来朝者"三十有六国"，"地方五百里"，范围涉及淮河、泗水流域的今苏、鲁、豫、皖的部分地区。周穆王以徐偃王"僭越"称王、"逾制"建城等为由讨伐徐偃王，派造父驾驷马日行千里，由昆仑急速而归，传令楚国楚文王出兵讨伐徐国，大破之，杀偃王。对于徐偃王的悲剧，韩非子反思说："古者文王处丰、镐之间，地方百里，行仁义而怀西戎，遂王天下。徐偃王处汉东，地方五百里，行仁义，割地而朝者三十有六国。荆文王恐其害己也，举兵伐徐，遂灭之。故文王行仁义而王天下，偃王行仁义而丧其国，是仁义用于古不用于今也。故曰：世异则事异。"（《韩非子·五蠹》）韩非子举文王行仁义而王天下，偃王行仁义而丧其国的历史事实得出仁义用于古不用于今的结论。《淮南子·人间训》也记载："昔徐偃王好行仁义，陆地之朝者三十二国。王孙厉谓楚庄王曰：'王不伐徐，必反朝徐。'王曰：'偃王，有道之君也，好行仁义，不可伐。'王孙厉曰：'臣闻之，大之与小、强之与弱也，犹石之投卵、虎之啖豚，又何疑焉？且夫为文而不能达其德，为武而不能任其力，乱莫大焉。'楚王曰：'善。'乃举兵而伐徐，遂灭之。知仁义而不知世变者也。"按照王孙厉的说法，徐偃王就是一个只知实施仁义却不知世道已变的人了。这与韩非子的观点一致，也指出徐偃王知仁义而不知世变是其悲剧结局的根本原因。

到了春秋战国时期，殷商后代的宋国还出了个宋襄公。殷商文化是以东夷文化为基础的，宋襄公传承了东夷人的仁德文化，内修国政，仁义治国，使国力有了较大的提升，并以仁义为号召，成为春秋五霸之一。不过，他和其他四霸齐、楚、秦、晋不同，其他四霸皆因实力强大、能够召集各诸侯会盟而称霸。宋襄公只是在齐国内乱时帮助齐公子复国，想代齐为盟主，并没有军事实力。公元前638年，宋、楚泓水之战时，宋襄公让宋国的军队行"仁义"之举，结果被楚军击败，自己也因伤重身亡。《左传·僖公二十二年》记载了宋襄公与楚国人在泓水边上的作战："宋人既成列，楚人未既济。司马曰：'彼众我寡，及其未既济也，请击之。'公曰：'不可。'既济而未成列，又以告。公曰：'未可。'既陈而后击之，宋师败绩。公伤股，门官歼焉。国人皆咎公。公曰：'君子不重伤，不禽二毛。古之为军也，不以阻隘也。寡人虽亡国之余，不鼓不成列。'"汉代儒学大师董仲舒在《春秋繁露·俞序》中说："宋襄公不厄人，不由其道而胜，不如由其道而败。《春秋》贵之，将以变习俗而成王化也。"董仲舒将宋襄公塑造成一个为理想而牺牲的仁人，这对汉朝的影响很大。司马迁在《史记·宋微子世家》最后的"太史公曰"里面品评宋襄公，说他虽然因推行仁义而败于泓，但后人也因此伤感于中国的礼仪崩坏，以至于这种讲仁义的人得到这种下场，因此宋襄公以他的"礼让"得到后人的认可，位列五霸。宋襄公讲仁义绝不是"空谈"，而是实实在在地将仁义的理念贯彻到实际行动中，这也是符合当时的社会礼仪的。因为在周代，按照礼仪和道德要求，连贵族出去打猎都要依照礼法，比如不杀幼兽、对被一箭射中却没死的伤兽也不能赶尽杀绝，还有诸多关于礼制的规定。春秋前期的诸侯战斗都还是遵循礼仪的，一般要下战书约定时间、地点，然后双方带军队列阵完毕，堂堂正正开战，绝不像春秋后期到战国时期为了战胜对方而施阴谋诡计，冷酷残忍，无所不用其极。到了东汉，《白虎通》更将宋襄公推尊为春秋五霸之一。

由以上可以看出，东夷仁德文化的传统是春秋时期孔子仁学思想的一个渊源。近现代著名学者王献唐就曾提出东夷古国的道德观念是仁道，孔子本是接受东方传统的仁道思想，又进一步将其发展为儒家的中心理论。[①]

---

① 王献唐：《山东古国考》，济南：齐鲁书社1983年版，第219页。

三 "仁"的思想史考察

《诗经》中的"仁"字出现了两次。一次是《郑风·叔于田》云："叔于田，巷无居人。岂无居人？不如叔也。洵美且仁。"该诗描写郑庄公的弟弟太叔段打猎、饮酒、骑马时的勇武矫健，赞美他人品出众，无人能及。所以，有学者指出"洵美且仁"的"仁"似不具有道德的含义，而主要强调的是外貌英俊威武，有男子气魄。[①] 另一次是《齐风·卢令》云："卢令令，其人美且仁。"这是描写一位猎人的风采，下面两段又分别提到"其人美且鬈"和"其人美且偲"，均说的是容貌、气质和能力。"其人美且仁"的"仁"字与"鬈"、"偲"对应，也应是指男子的气魄而言。所以，《诗经》中"仁"字凡两见，但均与后世的用法不同，主要是指有人样子，有男子气魄、生命力洋溢的精神气概，反映了当时人们对"人之为人"的理解。[②]

仁是人之为人的根本，以"人"释"仁"的文献资料很多。董仲舒的《春秋繁露·仁义法》曰："仁之为言，人也。"纬书《春秋·元命苞》曰："仁者，情志好生爱人，故其为仁以人，其立字'二人'为仁。"[③] 清人徐灏的《说文解字注笺》诠释道："《中庸》曰：'仁者，人也。'《孟子》曰：'仁也者，人也。'《荀子·君子》曰：'仁者，仁此者也。'谓仁即为人之道也。人能尽为人之道，斯谓之'仁'，故因而重之以见义。二有偶义，故引申之有相亲之义，郑康成氏所谓'相人偶'是也。扩而充之，则曰'博爱之谓"仁"'。千心为仁，即取博爱之意。"[④] 这是说："仁"是人之为人之道，有相亲相爱之意，是由亲爱亲人扩充到爱他人，所以也有博爱的意思。

就儒家经典来看，《尚书·金縢》载周公自谓"予仁若考能，多材多艺，能事鬼神"，对"予仁若考能"中的"仁"字的解说亦多分歧，有的认为这很难说是真正仁的观念，也有的把这里的"仁"解释为一种美德。其实，孔安国注认为这里的"考"指父，全句意思为：我周公仁能顺父，又多材多艺，能事鬼神。孙星衍疏曰："'考能'作'巧能'，知'考'字当作'桥'、'巧'。"[⑤] 尽管这两种说法差别很大，但对仁的理解相当一致，即把仁看成一种品德。《尚书·太甲下》曰："惟天无亲，克敬惟亲。民罔常怀，怀于有仁。""罔"通"无"，"怀"为归向。孔传："民所归无常，以仁政

---

① 屈万里：《仁字涵义之史的观察》，载《民主评论》1954 年第 5 卷第 23 期。
② 梁涛：《郭店竹简"悬"字与孔子仁学》，载《哲学研究》2005 年第 5 期。
③ 赵在翰辑：《七纬》下，北京：中华书局 2012 年版，第 415 页。
④ 丁福保：《说文解字诂林》第 11 册，北京：中华书局 1988 年版，第 7918 页。
⑤ 孙星衍：《尚书今古文注疏》下，北京：中华书局 1986 年版，第 326 页。

为常。"这是说：老百姓没有固定不变的归向，如果有的话，那就是仁政了。《尚书·泰誓中》曰："虽有周亲，不如仁人。""周"是周密、周到、亲切的意思。"周亲"即关系最为密切，对自己最为关心、照顾的亲人。不过，因为《太甲》《泰誓》是伪古文，是否能反映西周时有"仁"的观念还不敢确定，仅作参考。

西周后期，"仁"的观念肯定出现了。《逸周书·宝典解》为武王告周公以仁德为宝而作，通过武王与周公的对话，讲述了所谓"四位"（定、正、静、敬）和"九德"（孝、悌、慈惠、忠恕、中正、恭逊、宽弘、温直、兼武），还讲述了所谓"三信"，内容涉及王者修身、择人、敬谋、慎言的原则，重点讲信、义、仁，而其落脚点在"仁"。"周公拜手稽首，兴曰：'臣既能生宝，恐未有，子孙其败。既能生宝，未能生仁，恐无后亲。王宝生之，恐失王会，道维其废。'王拜曰：'格而言。维时余劝之以安位，教之广。用宝而乱，亦非我咎，上设荣禄，不患莫仁。仁以爱禄，允维典程，既得其禄，又增其名，上下咸劝，孰不竞仁？维子孙之谋，宝以为常。'"周公作揖叩头，起来说："我虽能讲清那个宝，恐怕缺乏仁，子孙将会衰败。即使能讲清什么是宝，未能生仁，恐怕还是没有后继人。王之宝虽然产生，又担心失掉做个好人君的机会，王道就只有废弃了。"武王行礼，说道："你的话最好了。为此我要劝勉百姓安以四位，教他们都懂得九德。如果因行用信、义、仁而发生混乱，那就不是我的过错了。上面设置荣誉和俸禄，就不怕谁个不仁。行仁而又珍爱俸禄，确实会成为典范。既能得到他的俸禄，又增加了他的名誉，上上下下都相互劝勉，谁能不竞相为仁？为子孙后代考虑，这个宝要长久不变。"武王提出：为了子孙后代江山万年长，要把"仁"作为珍宝长久地保持下去。《逸周书·文政解》提出"昭九行"："一仁，二行，三让，四信，五固，六治，七义，八意，九勇。"这九"行"显然已经是德行了，其中"仁"为九行之首。该篇又提出"固九守"："一仁守以均，二智守以等，三固守以典，四信守维假，五城沟守立，六廉守以名，七戒守以信，八竞守以备，九国守以谋。"陈来认为其中仁、智、固、信都是德行，仁可以保持均平而无偏倾，从这个说法中可以了解"仁"的意义。[1]对于由西周到春秋仁的观念的演变，陈来论述道："周人德性论的叙述中有些地方已经提到仁德，但或意义不清，或强调不力。而在春秋各诸侯国，仁的意义渐渐明确，其地位也越来越重要"，但"在多数场合，'仁'只是众德之一，地位并非突出于诸德之上"。[2]

到了春秋时期，随着从重神向重人的转变，人本意识渐浓，《左传》《国语》中的"仁"字逐渐多了起来。这些"仁"字的含义丰富，但多从道德原则和治国之道

---

[1][2]陈来：《古代思想文化的世界——春秋时代的宗教、伦理与社会思想》，北京：生活·读书·新知三联书店 2002 年版，第 250、256—269 页。

立论,如《左传·庄公二十二年》载:

> 二十二年春,陈人杀其大子御寇,陈公子完与颛孙奔齐。颛孙自齐来奔。
>
> 齐侯使敬仲为卿。辞曰:"羁旅之臣,幸若获宥,及于宽政,赦其不闲于教训而免于罪戾,弛于负担,君之惠也。所获多矣,敢辱高位,以速官谤?请以死告。《诗》云:'翘翘车乘,招我以弓。岂不欲往,畏我友朋。'"使为工正。
>
> 饮桓公酒,乐。公曰:"以火继之。"辞曰:"臣卜其昼,未卜其夜,不敢。"君子曰:"酒以成礼,不继以淫,义也;以君成礼,弗纳于淫,仁也。"

二十二年春季,陈国人杀了他们的太子御寇。陈国的敬仲和颛孙逃亡到齐国。齐桓公想任命敬仲做卿,敬仲辞谢说:"寄居在外的小臣如果有幸获得宽恕,能在宽厚的政治之下赦免我缺乏经验,而得以免除罪过,放下恐惧,这是君王的恩惠。我所得的已经很多了,哪里敢接受这样的高位而很快地招来官员们的指责?"齐桓公就让他担任了工正官。敬仲招待齐桓公饮酒,桓公很高兴。天晚了,桓公说:"点上烛火继续喝酒。"敬仲辞谢说:"臣只知道白天招待君主,不知道晚上陪饮,不敢遵命。"君子说:"用酒来完成礼仪,不能没有节制,这是义;和国君饮酒完成了礼仪,不使国君过度,这是仁。"

《国语·周语上》记载了周襄王时代内史兴的一段话,其中多次提及"仁":"礼,所以观忠、信、仁、义也。忠,所以分也;仁,所以行也;信,所以守也;义,所以节也。忠分则均,仁行则报,信守则固,义节则度。"这段话的意思是说:礼仪就是用来观察忠、信、仁、义的,忠是用于判断的,仁是用于施行的,信是用于维护的,义是用于节制的。以忠判断才公正,以仁施行才生效,以信维护才稳固,以义节制才适度。这里"仁"与"忠"、"信"、"义"并列,为礼所涵摄下的一个具体德目。《国语·周语中》云:"以怨报德,不仁。"《国语·周语下》云:"爱人能仁。"《左传·哀公七年》云:"小所以事大,信也;大所以保小,仁也。背大国,不信;伐小国,不仁。"《国语·周语中》载周襄王的一位大臣富辰说:"仁,所以保民也……不仁,则民不至。"《国语·晋语一》云:"为仁与为国不同,为仁者爱亲之谓'仁',为国者利国之谓'仁'。"这里的"仁"指居家能"爱亲"、在邦能"利国"之"仁"。

值得注意的是:《左传》、《国语》中的"仁"多在孔子论"仁"之前,但多能够与孔子论"仁"契合。譬如:《左传·隐公六年》曰"亲仁善邻,国之宝也",是讲以亲善邻邦为仁。相反,见难不救、幸灾乐祸则为不仁。《左传·僖公十三年》记载了这么一个故事：春秋时，晋国发生灾荒，向秦国请求买粮，秦大臣百里奚赞同卖粮，秦国给晋国支援了大批粮食，使晋国度过了灾荒之年。第二年，秦国发生灾荒，向晋国求援，晋国不肯帮助，晋大臣庆郑劝谏国君说："背施无亲，幸灾不仁，贪爱不祥，怒邻不义。四德皆失，何以守国？"这是说：背弃对自己有过恩惠的人就会再无亲人，幸灾乐祸就是不仁，贪求所爱之物就是不祥，使邻人怨怒就是不义。这四种道德都丢掉了，用什么来保卫国家？晋惠公不听。庆郑退下来说："国君会后悔的！"消息传到秦穆公那里，秦穆公非常生气，便发兵攻打晋国，"秦晋之好"再也维持不下去了。两国最终反目为仇，挥戈相向。

更值得注意的是：《左传》中甚至有一些孔子论"仁"的直接思想来源。如《左传·僖公三十三年》中白季对晋文公说："臣闻之，出门如宾，承事如祭，仁之则也。"这与《论语·颜渊》中的"仲弓问仁，子曰：出门如见大宾，使民如承大祭"一样。《左传·昭公十二年》载："仲尼曰：古也有《志》，'克己复礼，仁也'，信善哉！"这表明孔子也承认"仁"是古已有之的观念，而且本义就是为了克己复礼。总之，《左传》中把"仁"作为美德之一，常与"礼"、"义"、"智"、"信"、"忠"、"敏"等德目并列，这与孔子的做法非常一致。

从以上这些内容来看，春秋时"仁"的内涵不断丰富，但一则只是礼乐文化传统中一个不起眼的德目，二则还比较零散而没有形成体系。孔子在反思礼乐文化时注意到了这一点。他发现了其中蕴含的丰富的可资开发的人文信息，对"仁"进行了哲理化的升华和系统阐述，在生活和政治实践中多向地赋予"仁"以新意，使之成为其学说体系的一根新的支柱，与"礼"一起支撑起了巍峨的儒家思想体系的大厦。

第二节　孔、孟、荀论"仁"

一　孔子：克己复礼为仁

　　关于孔子思想体系的核心有多种不同说法，如"仁"、"礼"、"和"、"中庸"等，但多数学者认为是"仁"。孔子以"仁"为其思想体系的核心，也以"仁"为首要之德、全面之德，构建了其"仁学"思想体系。

　　如何理解"仁"是《论语》思想核心之核心呢？

　　"仁"的观念在孔子以前就有了，在春秋时代只不过是"德"之一目，在孔子手里获得了大大的提升，成为诸多德目的总德，"孝"、"悌"、"忠"、"信"、"知"、"勇"、"诚"、"敬"、"恕"、"礼"、"义"、"廉"、"耻"、"温"、"良"、"恭"、"俭"、"让"、"宽"、"惠"等都是"仁"的推衍和发展。孔子继承和发展了前人的观念，并且把"仁"发展成为系统的学说——仁学。在《论语》中，有五十八章涉及"仁"，一共有一百零九个"仁"字，可见孔子对"仁"的重视。就今人看来，"仁"的概念内涵很丰富，但孔子并没有给"仁"以确切的定义，只是根据对象、情境的不同，采取不同的阐述方式，表达不同的思想内容，在现实生活中"能近取譬"地揭示"仁"的不同内涵，给后人留下了不断诠释发挥的空间。

　　《论语·述而》载孔子曰："志于道，据于德，依于仁，游于艺。"这是《论语》乃至整个儒家思想的纲要，集中体现了统摄形上之"道"、"德"与形下之"艺"的形而中之"仁"。何晏的《论语集解》曰："志，慕也。道不可体，故志之而已。据，杖也。德有成形，故可据。依，倚也。仁者功施于人，故可依。艺，六艺也。不足据依，故曰'游'。"朱熹的《论语集注》说："此章言人之为学当如是也。盖学莫先于立志，志道，则心存于正而不他；据德，则道得于心而不失；依仁，则德性常用而物欲不行；游艺，则小物不遗而动息有养。学者于此，有以不失其先后之序、轻重之伦焉，则本末兼该、内外交养，日用之间无少间隙，而涵泳从容，忽不自知其入于圣贤之域矣。"江谦的《论语点睛补注》曰："道、德、仁、艺，只是仁耳。行之，谓之'道'；得之，谓之'德'；守之，谓之'仁'；取之左右逢源，著于事物，谓之'艺'。"可见，这里的"道"是形而上之道，是人之为人必须遵循的总原则、总目标，所以要志于道；"德"者得也，得道也，道体现在人身上就是德，德是人的一切行为的依据；"仁"是人德性之本，符合"仁"的行为才是道德之行为，故依于仁；至于"艺"，即礼、乐、射、御、书、数六艺。道、德也就是仁道、仁德，三者相通而归于仁。道、德是"仁"的形而上之维；"艺"是承载仁道、仁德的六艺，是"仁"的形而下之维。在这个意义上，"仁"可贯通形上、形下，完全可以说"形而中之谓'仁'"，即朱熹所谓的"仁通乎上下"（《朱子语类》卷三十三），所以"道"、"德"、"仁"、"艺"的中心点在"仁"。后来历代儒家大致就沿着这个脉络，以"仁"为核心，不断传承与发展孔子的思想，使之形成了一脉相承、博大精深的儒学思想史。

在孔子看来，"仁"是"礼"、"乐"的实质内容，是人之为人的必然要求。离开了"仁"，"礼"、"乐"就没有了意义，并成为异化于人的具文。孔子视"仁"、"礼"并重，将二者有机地结合，统一在他的思想学说和生命实践中，显示出完整的人道观。例如：一方面，他强调"人而不仁，如礼何？人而不仁，如乐何？"他视"仁"为"礼"、"乐"的灵魂。另一方面，他又要求"克己复礼为仁，一日克己复礼，天下归仁焉"（《论语·颜渊》）。在孔子这里，"仁"是核心，也是最高境界。要实现"仁"，主要是要通过"礼"，以"礼"为"仁"的条件。"仁"与"礼"结合便会相互影响：从"礼"这方面说，由于以"仁"作为"礼"的内容或内在的道德依据，国家的典章制度受"仁"的制约，体现了"仁者爱人"的道德原则。于是，建立在这种道德原则基础上的"礼"便成为人们自觉的道德实践。从"仁"这方面说，由于以"礼"作为其外在的形式，"仁"亦受"礼"的制约。"礼"虽以"仁"为内容，但作为国家典章制度和调节各种人际关系的规范，又以"亲亲"为原则，这便渗透到"仁"的义理蕴涵中来。从理论逻辑上说，"仁"是本，"礼"是用；从道德实践上讲，是践"礼"为"仁"。总之，必须是"仁"、"礼"结合，才能建成有道的社会，造就有道的人。

孔子对他的学生宰我不能行三年之孝的批评，也典型地反映了"仁"是"礼"的根本精神和复礼为仁致思倾向。《论语·阳货》载宰我问："三年之丧，期已久矣！君子三年不为礼，礼必坏；三年不为乐，乐必崩。旧谷既没，新谷既升，钻燧改火，期可已矣。"子曰："食夫稻，衣夫锦，于女安乎？"曰："安。""女安！则为之！夫君子之居丧，食旨不甘，闻乐不乐，居处不安，故不为也。今女安，则为之！"宰我出。子曰："予之不仁也！子生三年，然后免于父母之怀。夫三年之丧，天下之通丧也。予也有三年之爱于其父母乎？""三年之丧"是古代通行的丧葬之礼，是根据古代的人情制定的，在《礼记·杂记下》中有详细的介绍。守丧期间，因为丧父母之痛太深，所以君子不忍心吃稻米饭、穿锦绣衣，即使听到音乐，也不会感到快乐，反而会增添悲痛之情，这本是出于人之常情。孔子答宰我关于"三年之丧"

的问题，没有直接回答可与不可，只问其能否心安。为什么？因为在孔子看来，丧礼并不是一种外在的束缚，而是子女对父母养育之恩的回报，是子女发自内在的仁爱之心的体现。假如父母去世，子女却无动于衷，心安理得地去享乐，子女就是缺乏仁爱之心的人。所以，孔子对宰我作出"不仁"的严厉批评，原因在于宰我忘却了人生下来长到三岁，然后才离开父母怀抱所蕴含的父母对子女的亲情之爱，缺失了子女对过世父母应该视死如视生的孝道，就是"不仁"。孔子不说他是不孝，而说他是不仁，"不仁"是比"不孝"更为严厉的批评，因为在孔子看来，对父母不孝就是缺乏仁德。"仁"是孔门思想的最高价值，而通过孝道践行礼仪，才能实现仁道的终极理想。

二　孟子：恻隐之心，仁之端也

在孔子的仁学思想的基础上，孟子强调以仁义为核心，不仅仅是一套仁学思想体系，更注重思想的实践；不仅仅是一套形而上学的理论，更强调理论的落实。孟子认为仁义皆内在，但仁与义比较起来，仁更是根本的根本、核心的核心。所以，他在性善论的基础上以仁为人之为人的本质，突出的是以恻隐之心言仁。孟子说："恻隐之心，仁也。"（《孟子·告子上》）这是孟子试图给"仁"下的一个定义，以恻隐之心言仁是孟子对孔门仁学的一个创新。"恻隐"是指对他人的不幸、危难境遇而产生的哀痛、同情之情。《孟子·告子上》曰："恻隐之心，人皆有之。""恻隐之心"也就是"不忍人之心"。《孟子·公孙丑上》说："人皆有不忍人之心……所以谓人皆有不忍人之心者，今人乍见孺子将入于井，皆有怵惕恻隐之心 —— 非所以内交于孺子之父母也，非所以要誉于乡党朋友也，非恶其声而然也。由是观之，无恻隐之心，非人也。"他举例说：一个人看见孩童要掉入井中，必然会产生怵惕恻隐之心，这种恻隐之心没有任何功利目的，而完全是天然情感的真实流露，因此将这种恻隐之心"扩而充之"即是仁。"不忍人之心"也就是仁心："人皆有所不忍，达之于其所忍，仁也。"（《孟子·尽心下》）"不忍"和恻隐一样，都是对他人在特殊境遇下的不幸而产生的哀痛、同情之情；"所忍"则是在一般情境下的仁爱之情。当然，可以说"恻隐之心，仁也"，但不能反过来说"仁，恻隐之心也"，因为"恻隐之心"只是"仁"的发端，是人之道德的初始部分，不是仁的全部，所以《孟子·公孙丑上》又更确切地说："恻隐之心，仁之端也。"李泽厚论"恻隐之心"说：

何谓"恻隐之心"?"恻隐之心"到底是什么?人们讲得很多,学说、理论也五花八门,却一直不太清楚。这四个字是孟子提出的。孟子说它是"仁之端",是人先验(先于经验)地存有而"活泼泼地"呈现出来的良知良能。孟子以小孩坠井人往救之的直觉的道德行为作为例证。这种行为不为名不为利,纯是一片天机呈现,认为这是道德的根源和动力。人在生活中逐渐失去了这种良知良能,所以要赶紧从内心发掘它、存养它,存则得之,舍则失之。这也正是宋明理学家所强调的"天地之性""义理之性"等等一大堆学说的由来,它构成了中国伦理学的主流。通俗读物《三字经》一开头就是"人之初,性本善",已普及到民间社会,影响极大。①

这就是说,由"恻隐之心"所体现的"仁之端"后来发展为"人性善",成为儒家思想的主流,对中国人身心性格影响很大,可以说塑造了中国人的道德精神和良善性格。

孟子以恻隐之心言仁主要是为了说服时君世主,推行仁政。《孟子·梁惠王上》记载:

曰:"臣闻之胡龁曰:王坐于堂上,有牵牛而过堂下者,王见之,曰:'牛何之?'对曰:'将以衅钟。'王曰:'舍之!吾不忍其觳觫,若无罪而就死地。'对曰:'然则废衅钟与?'曰:'何可废也,以羊易之!'不识有诸?"

曰:"有之。"

曰:"是心足以王矣。百姓皆以王为爱也,臣固知王之不忍也。"

王曰:"然。诚有百姓者。齐国虽褊小,吾何爱一牛?即不忍其觳觫,若无罪而就死地,故以羊易之也。"

曰:"王无异于百姓之以王为爱也,以小易大,彼恶知之?王若隐其无罪而就死地,则牛羊何择焉?"

王笑曰:"是诚何心哉!我非爱其财而易之以羊也,宜乎百姓之谓我爱也。"

曰:"无伤也,是乃仁术也,见牛未见羊也。君子之于禽兽也,见其生,不忍见其死;闻其声,不忍食其肉。是以君子远庖厨也。"

---

① 李泽厚:《谈"恻隐之心"》,载 http://www.aisixiang.com/data/15615.html。

　　在上面的对话中，孟子就告诉齐宣王：一个叫胡龁的人给我讲了您的故事，有一次您见有人牵着牛要去杀掉祭祀，于是产生了不忍之心，要用羊把那头牛换下来。孟子说：以羊易牛，以小易大，这不是问题的要害，齐宣王有不忍之心才是根本。朱熹的《孟子集注》也说："王见牛之觳觫而不忍杀，即所谓恻隐之心，仁之端也。扩而充之，则可以保四海矣。故孟子指而言之，欲王察识于此而扩充之也。"此不忍之心就是《公孙丑上》的不忍人之心，也就是恻隐之心，是仁爱的开端。《孟子·公孙丑上》说："人皆有不忍人之心。先王有不忍人之心，斯有不忍人之政矣。以不忍人之心，行不忍人之政，治天下可运之掌上。"有"不忍人之心"，才能行"不忍人之政"，即仁政。如果能用怜悯、体恤别人的心情，施行怜悯、体恤百姓的政治，治理天下就可以像在手掌心里转东西一样容易了。在孟子看来，只要君王具备了"仁爱之心"，施行仁政就不难了。齐宣王经孟子点醒，感受到自己的仁心萌动，合于王道。孟子认为齐宣王以羊易牛不是舍不得，而是"仁术"的体现。对于孟子的分析，齐宣王很高兴，说自己有仁心，可以行王道，但又担心自己能力不够。孟子则举例说明实行仁政就好比举一根羽毛、折一根树枝那样容易。孟子晓喻说：现在您的仁心由牛推及羊，却还没有由禽兽推及老百姓。这是大王您没有做，而不是不能做。孟子用挟太山以超北海和为长者折枝两件事进行比较，含蓄地批评齐宣王"是不为也，非不能也"。孟子为齐宣王提出了"推恩法"，即如何从仁心出发把恩惠推广到社会政治的各个方面。所以，孟子接着告诉齐宣王："老吾老以及人之老，幼吾幼以及人之幼。天下可运于掌……故推恩足以保四海，不推恩无以保妻子。古之人所以大过人者，无他焉，善推其所为而已矣。"（《孟子·梁惠王上》）只要你把这样的"仁心"从自己的妻、子推恩到普天之下的百姓身上，使君心与民心融为一体，就能够保四海升平，即平治天下。

　　推行仁政不仅要唤醒君主的仁心，还要唤醒老百姓的仁心。《孟子·滕文公上》说："民之为道也，有恒产者有恒心，无恒产者无恒心。苟无恒心，放辟邪侈，无不为己。及陷乎罪，然后从而刑之，是罔民也。焉有仁人在位罔民而可为也？是故贤君必恭俭礼下，取于民有制。"孟子认为：要维护社会的基本稳定，关键在于使老百姓有稳固的产业，以维持其基本的生活。只有士才能做到"无恒产而有恒心"，即没有稳固的产业却有稳固的道德观念和行为准则，至于一般老百姓无恒产便无恒心。因此，要使老百姓有恒心，就得使他们有恒产，对于老百姓来说恒产就成为恒心的必要条件。正是出于这样的考虑，孟子提出了推行仁政的许多具体措施，包括制民之产、实行井田制、使民以时、省刑罚、薄税敛、民贵君轻、与民同乐、庠序之教、通功易事、百业俱兴等。例如："制民之产，必使仰足以事

父母，俯足以畜妻子，乐岁终身饱，凶年免于死亡。"就是说，为政者发展经济，给百姓基本的生活资料，保证其基本生活需求。

孟子对"仁政"理想有生动的描述："今王发政施仁，使天下仕者皆欲立于王之朝，耕者皆欲耕于王之野，商贾皆欲藏于王之市，行旅皆欲出于王之涂，天下之欲疾其君者皆欲赴愬于王。其若是，孰能御之?"(《孟子·梁惠王上》)"尊贤使能，俊杰在位，则天下之士皆悦，而愿立于其朝矣；市，廛而不征，法而不廛，则天下之商皆悦，而愿藏于其市矣；关，讥而不征，则天下之旅皆悦，而愿出于其路矣；耕者，助而不税，则天下之农皆悦，而愿耕于其野矣；廛，无夫里之布，则天下之民皆悦，而愿为之氓矣。信能行此五者，则邻国之民仰之若父母矣。率其子弟，攻其父母，自生民以来未有能济者也。如此，则无敌于天下。无敌于天下者，天吏也。然而不王者，未之有也。"(《孟子·公孙丑上》)这是孟子对仁政之下理想世界的憧憬与描绘。

行仁政的最终目标是实现王道理想。孟子总结夏、商、周三代王道政治的历史经验说："尧舜之道，不以仁政，不能平治天下。"(《孟子·离娄上》)尧舜之道就是先王之道，具体措施就是行仁政。孟子又说："三代之得天下也以仁，其失天下也以不仁。国之所以废兴存亡者亦然。天子不仁，不保四海；诸侯不仁，不保社稷；卿大夫不仁，不保宗庙；士庶人不仁，不保四体。"(《孟子·离娄上》)这是说：夏、商、周三代得到天下是因为行仁政，他们的后人失去天下是因为不行仁政。一个国家的衰败、兴起、生存、灭亡也是这个道理。天子不行仁政，便不能保全天下；诸侯不行仁政，便不能保全国家；士大夫不行仁政，便不能保全宗庙；士人和百姓不行仁义，便不能保全自身。三代天下之得失、国家之消亡是以是否行仁政为标志的。也就是说，为政须行仁政，否则必然自取灭亡。只有推行仁政，才能最终做到平治天下，实现王道理想："五亩之宅，树之以桑，五十者可以衣帛矣；鸡、豚、狗、彘之畜，无失其时，七十者可以食肉矣；百亩之田，勿夺其时，数口之家可以无饥矣；谨庠序之教，申之以孝悌之义，颁白者不负戴于道路矣。七十者衣帛食肉，黎民不饥不寒，然而不王者，未之有也。"(《孟子·梁惠王上》)只有有仁心、行仁政的人才能实现王道理想。

三 荀子：先仁而后礼

学术界一般认为：孔子讲仁、义、礼、乐，一方面以"仁"释"礼"，另一方面以"礼"落实"仁"；孟子主要发展了仁，偏重仁义构建；荀子更多地继承了礼，偏重礼义构建。孟、荀兵分两路，各取一端，孟子多言仁、少言礼，荀子多言礼、少言仁。事实上不是这样，"仁"在荀子的思想体系中仍然处于基础性地位。据学者统计，在《荀子》中，"仁"出现三十六次，"仁义"出现十六次[①]，说明荀子也是以"仁"为基础构建其思想体系的。

荀子处于战国末期，对先秦诸子乃至儒家各派都进行了无情的批判，但他还是继承了孔孟仁学的基本精神。《荀子·臣道》仍然倡言"仁者爱人"、"仁者必敬人"为治道之本。《荀子·大略》主张"人主仁心设焉，知其役也，礼其尽也。故王者先仁而后礼，天施然也"。他强调：君主是否有仁心是治道的根本，而智和礼则在其次。因此，王者先仁而后礼，为国当以仁为先。显然，"仁"在荀子思想体系中的地位与孔孟其实是一样的。当然，这同孔子的"为仁由己"和孟子的"有不忍人之心，斯有不忍人之政"的思路是不同的，荀子思考的重点不在内在道德仁性的培养，而在外在伦理制度的完善，从而在儒学史上开辟了一条隆礼重法的道路，因而可称之为先秦儒学中的"礼学"。但是，这个"礼学"仍然以仁学为基础，在本质上仍然是"仁本礼用"之学。[②]

孟子多言仁义，其实荀子也讲仁义。在《荀子》一书中仁义并举的例子有很多，譬如：

> 将原先王，本仁义，则礼正其经纬蹊径也。（《劝学》）
>
> 今以夫先王之道、仁义之统，以相群居，以相持养，以相藩饰，以相安固邪？以夫桀、跖之道，是其为相县也，几直夫刍豢稻粱之县糟糠尔哉？（《荣辱》）
>
> 况夫先王之道，仁义之统，《诗》、《书》、《礼》、《乐》之分乎！（《荣辱》）
>
> 圣人也者，本仁义，当是非，齐言行，不失毫厘，无它道焉，已乎行之矣。故闻之而不见，虽博必谬；见之而不知，虽识必妄；知之而不行，虽敦必困。不闻不见，则虽当，非仁也，其道百举而百陷也。（《儒效》）

以上可见，荀子讲仁义与孟子没有多大差别，说明荀子虽然以礼义为要，然其价值源泉与思想归宿仍然是儒家的核心价值观之一：仁义。荀子著作中的许

---

①［日］佐藤将之：《荀子哲学研究之解构与建构：以中日学者之尝试与"诚"概念之探讨为线索》，载《"国立"台湾大学哲学论评》2007年。

②吴光：《从孔孟仁学到民主仁学——儒学的回顾与展望》，载《杭州师范学院学报（人文社会科学版）》2001年第6期。

多"礼义"的含义与"仁义"就非常接近,以至于可以互换。例如:"道也者,何也?曰:礼义、辞让、忠信是也。"(《荀子·强国》)"积礼义而为君子。"(《荀子·儒效》)"人无礼义则乱,不知礼义则悖。"(《荀子·性恶》)如果把这些句子中的"礼义"换成"仁义"是完全可以的。其实荀子自己有时也是这样换着使用的,如在同一篇《性恶》中,前面有"明礼义以化之,起法正以治之",提出"礼义法正"之说;后面又有一大段"凡禹之所以为禹者,以其为仁义法正也",探讨"仁义法正"的问题。这似乎是在相近的意义上使用"仁义"和"礼义",但"仁义"显得更为重要。所以,以仁义为本、以礼义为要乃是荀子儒学的道路。中唐学者权德舆在《比部郎中崔君元翰集序》中说:"荀况、孟轲修道著书,本于仁义,经术之枝派也。"[①]这是说荀子与孟子都能够修儒家之道,著书立说,以仁义为本,是儒家经学的支脉。对于孟、荀的关系,汉代扬雄在《法言·君子》中持"同门而异户"的看法。关于"同门异户",有学者认为是"道"同而"术"异,即两人在基本价值理念与信仰上是同道中人,而分歧或差异就是"操术"不同。"操术"在荀子的书中主要指"礼义之统"。[②]《荀子·不苟》曰:"推礼义之统,分是非之分,总天下之要,治海内之众,若使一人。故操弥约,而事弥大。五寸之矩,尽天下之方也。故君子不下室堂,而海内之情举积此者,则操术然也。"可见,操术主要指执持"礼义之统"的主张或方法。在这个意义上也可以说荀子的思想是以仁义为本,以礼义为用。因此,"同门异户"说明孟、荀同出于孔门,却走出了各自的道路。

仁、义、礼是孔子以来儒家常常将之相提并论的三个核心观念。荀子在孔子思想的基础上将仁、义、礼并提。《荀子·大略》说:"亲亲、故故、庸庸、劳劳,仁之杀也;贵贵、尊尊、贤贤、老老、长长,义之伦也。行之得其节,礼之序也。仁,爱也,故亲;义,理也,故行;礼,节也,故成。仁有里,义有门。仁,非其里而处之,非仁也;义,非其门而由之,非义也。推恩而不理,不成仁;遂理而不敢,不成义;审节而不和,不成礼;和而不发,不成乐。故曰:仁义礼乐,其致一也。君子处仁以义,然后仁也;行义以礼,然后义也;制礼反本成末,然后礼也。三者皆通,然后道也。"显然,这是在把仁、义与礼并列的情况下分析三者的密切关系及其功能。所以,仁、义、礼对于人来说,就像是钱财、粮食和家庭的关系一样:较多地拥有它们的就富裕,较少地拥有它们的就贫穷,丝毫没有的就困窘。首先,值得注意的是仁、义、礼并提的次序:仁、义在先,礼在后;仁、义为本,为治国之本;礼为末节,威仪节奏。其次,仁、义、礼三者在君子修养中的作用、功能不同,但相

① 《全唐文》十,北京:中华书局 1983 年版,第 4998 页。
② 路德斌:《荀子与儒家哲学》,济南:齐鲁书社 2010 年版,第 9—10 页。

互贯通,归本于道。再次,仁、义、礼三者对人们来说犹如货财、粟米,是百姓日用不可或缺的。

　　荀子虽然继承了孔孟的仁政思想,但强调在仁的价值观指导下以礼义构建来具体落实仁政。荀子心目中理想的先王之道就是对"仁道"最高的尊崇,是按照礼义推行的。他说:先王之道是仁道的最高体现,君主有仁心才能行仁政。《荀子·大略》说:君主的仁心是其自觉遵循礼制的内在基础,王者先仁后礼才是合乎天道的。荀子认为:正常的社会秩序是实现仁政的必要条件,而要实现正常的社会秩序,礼是最重要的工具。《荀子·富国》说:"古者先王分割而等异之也,故使或美或恶、或厚或薄、或佚或乐、或劬或劳,非特以为淫泰夸丽之声,将以明仁之文,通仁之顺也。"在荀子看来,古代先王分割等异的"礼"就是"仁"的"文",是实现"仁"的具体方式,而"仁政"必须通过"礼"的分割等异才能够实现。《荀子·君子》说:"故尚贤使能,等贵贱,分亲疏,序长幼,此先王之道也。故尚贤使能,则主尊下安;贵贱有等,则令行而不流;亲疏有分,则施行而不悖;长幼有序,则事业捷成而有所休。故仁者,仁此者也。"先王之道通过"礼"来划分不同的社会等级,使人们在差序格局中和谐相处,才使得仁政成为可能。

第三节　汉唐儒家论"仁"

一　董仲舒：取仁于天而仁也

董仲舒的仁学思想以《春秋》公羊学为学术基础。《春秋》的主旨在于明王道，而王道的精神则是仁。《春秋繁露·王道》说孔子在《春秋》中刺恶讥微、举善记失，这些"春秋笔法"之中寓含着王道之本，这个"本"就是仁。《春秋繁露·俞序》说："孔子明得失，见成败，疾时世之不仁，失王道之体。"董仲舒认为孔子作《春秋》是批判当时社会缺乏仁，而仁是王道政治的本体。

董仲舒认为：以仁为本体的《春秋》倡导德治、仁政，反对以武力服人。他认为孔子修《春秋》表达了对当时政治上存在的不任德而任力现象的憎恶，赞扬了那些以仁义服人的国君，以一种仁者爱人的精神谴责好战杀人，批评战争是违背德治、仁政的。当然，董仲舒也不是简单地一概反对战伐，因为在他看来，战伐里边也有义和非义、道与非道之分。他认为：《春秋》这部书就是要建立仁义的法度，用来治理社会。他说："《春秋》之所治，人与我也。所以治人与我者，仁与义也。以仁安人，以义正我，故仁之为言人也，义之为言我也，言名以别矣。"《春秋》用仁义规范人和我的关系，用仁安定人，用义规范自我。（《春秋繁露·仁义法》）

先秦儒家之"仁"以血缘亲情为根基，认为仁的本源是孝悌的亲情，仁是人之为人的根本，但以爱自己的亲人为重。但是，这种基于血缘亲情的仁到了董仲舒这里有所转型。董仲舒针对当时人们经过春秋战国和秦汉之际的战乱，缺乏对"天"的敬畏感，缺乏基本的道德感，把"天"提到"百神之君"的地位。他认为"天"是创造天地万物和人类的至上神，赋予"天"以至高无上的大神性质。他认为"天"是万物的祖先，对天地之间的万物都没有任何差别地覆盖包含，日月相推，风雨时来，阴阳交汇，寒暑迭代。《春秋繁露·郊义》曰："天者，百神之君也。"这是试图为人们（包括君主）树立一个至尊的敬畏对象。接着，他又把先秦儒家的仁义道德投射到了"天"上，使儒家道德神圣化。《春秋繁露·天地阴阳》曰："天志仁，其道也义。"这是说天是有意志的,其所行符合仁义之道。《春秋繁露·俞序》:"仁,天心。"这是说天之所以永不停歇地化生、养成天地万物,是因为天有"仁","仁"也就是"天心"。显然,在董仲舒这里,"天"的意义和本质就是"仁",换句话说,"仁"乃是天最高的道德准则。这种道德准则又是天的意志的体现:"察于天之意,无穷极之仁也。""天常以爱利为意,以养长为事,春、秋、冬、夏,皆其用也。"(《春秋繁露·王道通三》)这样就使天之仁心、天之爱意与天地自然的运动变化(四季的生、长、收、藏)连为一体。既然天的意志指引着自然的运行,那么天的道德准则也就通过四时变迁及星辰幻化获得了展现。[①]

天志、天心、天意为仁,这是本体之仁。在董仲舒的思想里,天又分殊为阴、阳二气,故而还有分殊之仁,即阳气之仁。他说:"阳,天之德;阴,天之刑也。阳气暖而阴气寒,阳气予而阴气夺,阳气仁而阴气戾,阳气宽而阴气急,阳气爱而阴气恶,阳气生而阴气杀。是故阳常居实位而行于盛,阴常居空位而行于末。天之好仁而近,恶戾之变而远,大德而小刑之意也。先经而后权,贵阳而贱阴也。故阴,夏入居下,不得任岁事;冬出居上,置之空处也。养长之时伏于下,远去之,弗使得为阳也。无事之时起之空处,使之备次陈、守闭塞也。此皆天之近阳而远阴,大德而小刑也。"(《春秋繁露·阳尊阴卑》)这里将阳气之仁与阴气之暴对应而言,天好仁恶暴,故而阳气为近、为经、为贵,阴气为远、为权、为贱。这就表达了推崇道德教化、贬抑刑罚的思想。

董仲舒由阴、阳二气进一步推到春、夏、秋、冬四季之气,春、夏为德,秋、冬为刑。他说:"春气爱,秋气严,夏气乐,冬气哀。爱气以生物,严气以成功,乐气以养生,哀气以丧终,天之志也。是故春气暖者,天之所以爱而生之;秋气清者,天之所以严而成之;夏气温者,天之所以乐而养之;冬气寒者,天之所以哀而藏之。春主生,夏主养,秋主收,冬主藏。生溉其乐以养,死溉其哀以藏,为人子者也。故四时之比,父子之道、天地之志、君臣之义也。阴阳,理人之法也。阴,刑气也;阳,德气也。阴始于秋,阳始于春。春之为言,犹偆偆也;秋之为言,犹湫湫也。偆偆者,喜乐之貌也;湫湫者,忧悲之状也。是故春喜、夏乐、秋忧、冬悲,悲死而乐生,以夏养春,以冬藏秋,大人之志也。"(《春秋繁露·王道通三》)这里以天之喜、怒、哀、乐对应春、夏、秋、冬四季,赋予了春气爱、秋气严、夏气乐、冬气哀。因为春、夏以阳气主导,秋、冬以阴气主导,阴主刑气,阳主德气,所以很明显,春、夏为阳,当然

---

① 桂思卓:《从编年史到经典——董仲舒的春秋诠释学》,北京:中国政法大学出版社2010年版,第262页。

是仁德；秋、冬为阴，自然是阴刑。

董仲舒认为：天志、天心、天意为仁，人为天地所生，必然禀受天的仁。人的一切都源于天，人的血气禀受天志而形成仁，人的德行禀受天理而形成义，这就说明仁的本源不在人自身，而在天。他还说：人受命于天，从天那里取得仁，因而有善、恶之性。人为天、地所生，具有天、地之性，也必然禀受天的阴、阳之气和阴、阳之性。天有阴、阳之气，人也有阴、阳之气。天之阴、阳与人之阴、阳相互感应，道理是一样的。天之阴、阳之性施予人，便使人有贪、仁之性，所以人就要对自己的情欲加以控制，戒贪归仁。因为贪、仁之性也就是善、恶之性，所以人要去恶扬善。

董仲舒认为：因为人的道德与本性都来自天，所以人就要效法天道。天道就是施与，就是付出。怎么付出和给予呢？《春秋繁露·离合根》说："天高其位而下其施，藏其形而见其光。高其位，所以为尊也；下其施，所以为仁也；藏其形，所以为神；见其光，所以为明。故位尊而施仁，藏神而见光者，天之行也。"天在这里显示的是尊、仁、神、明的道德品性，人间的君主只有效法天之行事，才能以德配天，得到上天的庇护。那么，怎么效法天之行事呢？"仁之美者在于天，天，仁也。天覆育万物，既化而生之，有养而成之。事功无已，终而复始，凡举归之以奉人。察于天之意，无穷极之仁也。人之受命于天也，取仁于天而仁也。是故人之受命天之尊，父兄子弟之亲，有忠信慈惠之心，有礼义廉让之行，有是非逆顺之治。文理灿然而厚，知广大有而博，惟人道为可以参天。"（《春秋繁露·王道通三》）因为天有"仁之美"，有仁爱之心，覆育生养万物，人受命于天，所以人也有仁爱之心。因为要讲伦理道德，所以只有人可以与天、地并立为三。

董仲舒继承孔孟"仁者爱人"的基本观念，但有所修正和发展。他在《春秋繁露·必仁且智》中给"仁"下定义道："何谓仁？仁者，憯怛爱人。"这是说仁指因对别人的痛苦感同身受而爱怜他人。《春秋繁露·仁义法》说："仁之法，在爱人，不在爱我。""人不被其爱，虽厚自爱，不予为仁。""不爱，奚足谓仁？仁者，爱人之名也。"这是说：爱人主要是爱他人，不是爱自己；如果不被他人爱，即使非常自爱，也不能称为"仁"。董仲舒还明确提出"博爱"："先之以博爱，教以仁也。"（《春秋繁露·为人者天》）"故仁者所以爱人类也。"（《春秋繁露·必仁且智》）"忠信而博爱。"（《春秋繁露·深察名号》）"质于爱民，下下至于鸟兽昆虫莫不爱。"（《春秋繁露·仁义法》）"泛爱群生，不以喜怒赏罚，所以为仁也。"（《春秋繁露·离合根》）显然，董仲舒把仁爱扩展到对大众乃至天地万物的"博爱"，与孔子"泛爱众"、孟子"亲亲仁民，仁民爱物"一脉相承。

二 孔颖达:仁谓仁爱相亲偶

孔颖达是初唐著名的经学家,历任国子博士、国子司业、国子祭酒等职。孔颖达奉唐太宗之命,与颜师古等编写成《易》《诗》《书》《礼记》《春秋左传》"五经正义",对魏晋以来之纷杂经说进行综合整理。这是一套依据传注而加以疏通解释的统一经书,使士子习有所宗、科举取士有所依。

仁学虽然不是孔颖达的主体思想,但从仁学发展演变的历史看,孔颖达对"仁"的发挥在唐代是具有代表性的。对"仁"的界定,孔颖达在疏《中庸》"仁者,人也,亲亲为大"时说:"仁谓仁爱,相亲偶也。言行仁之法,在于亲偶。欲亲偶疏人,先亲己亲,然后比亲及疏,故云'亲亲为大'。"这个说法应该是对"相人偶"之说的进一步发挥,是汉唐儒者的普遍看法。"仁"是人之所以为人的本质,而"仁"的践行又要从亲爱亲人开始,然后由亲及疏,层层向外推衍。《礼记·曲礼上》曰:"道德仁义,非礼不成;教训正俗,非礼不备。"孔颖达疏曰:"道者通物之名,德者得理之称,仁是施恩及物,义是裁断合宜。""仁是施恩及物"进一步把"仁"推衍到爱万物,合乎孟子的"亲亲仁民,仁民爱物"之说。

对于"仁"的来源,孔颖达认为"仁"是取法天之"元"。他疏《易传·文言传》"元者,善之长也……君子体仁足以长人"说:"言君子之人,体包仁道,泛爱施生,足以尊长于人也。仁则善也,谓行仁德,法天之'元'德也。"这是说:在天为元,在人为仁,在人身则为体之长。天道为体,发用为仁,即自然界生生不息的生气。他疏《易传·系辞上》"显诸仁"说:"'显诸仁'者,言道之为体,显见仁功,衣被万物,是'显诸仁'也。"他疏《礼记·乡饮酒义》"养之,长之,假之,仁也"曰:"五行,春为仁,夏为礼,今春为圣、夏为仁者,春、夏皆生养万物,俱有仁恩之义,故此夏亦仁也。"这是说:一年四季中春、夏为仁,因为春、夏生养万物,体现了仁恩之义。不仅如此,土地承载万物,汇聚的人、物之需敦厚充足,足够人、物之用,人、物就安于此土。对于《易传·系辞上》中的"安土敦乎仁,故能爱",孔颖达疏曰:"言万物之性,皆欲安静于土,敦厚于仁。圣人能行此安土敦仁之化,故能爱养万物也。"这是说:圣人处天、地之间,通天、地、人,效法天、地之道,天生地养,仁民爱物。

孔颖达对汉代以来的"仁义"价值观和"五常"之道多有发挥。他疏《易传·说卦传》中的"立人之道,曰仁与义"说:"天地既立,人生其间。立人之道,有二种之性,曰爱惠之仁与断割之义也。"这是说:人立天、地之间,所行人道集中体现在爱惠之仁与断割之义。孔颖达疏《尚书·甘誓》中的"威侮五行"认为：天道之"五行"为水、火、金、木、土，在人为仁、义、礼、智、信"五常"，"威侮五行，亦为侮慢此五常而不行也"。"威侮五行"就是侮慢仁、义、礼、智、信"五常"而不实行。这是孔颖达疏的解读，未必符合原文本意。他又疏《尚书·汤诰》中的"惟皇上帝，降衷于下民"曰："天生烝民，与之五常之性，使有仁、义、礼、智、信，是天降善于下民也。"他认为人之所以具备仁、义、礼、智、信"五常德"，是因为上天使人具备"五常之性"，即上天化生人类时赋予人固有的本性。

孔颖达把"仁"看成道德修养的根本，认为智、仁、勇"三达德"是人常行之德。他疏《中庸》中的"修道以仁"说："言欲修道德，必须先修仁义。"他强调道德修养首先是修仁义。他疏"知、仁、勇三者，天下之达德也"说："言知、仁、勇，人所常行，在身为德，故云'天下之达德也'……无知不能识其理，无仁不能安其事，无勇不能果其行，故必须三德也。""三达德"是一个人必备的三种道德修养。修身主要是修智、仁、勇三种美德，自己修好了才能治理别人，才能进一步治理国家、天下，这就是《大学》修身、齐家、治国、平天下的意思。他疏"成己，仁也"说："若成能就己身，则仁道兴立。"这是说：成就自己，仁道大兴，所以成己就是在实践仁。他疏"肫肫其仁"说："肫肫，恳诚之貌。仁，谓施惠仁厚。言又能肫肫然恳诚行此仁厚尔。"这是说：圣人是以诚恳仁厚之心教化民众，如和风细雨，润物无声；如阳光普照、春风吹拂，温暖和煦，万物自化。

孔颖达疏《大学》中的"一家仁，一国兴仁。一家让，一国兴让"说："言人君行善于家，则外人化之，故一家、一国，皆仁让也。"他疏"是故君子有诸己，而后求诸人"说："诸，于也。谓君子有善行于己，而后可以求于人，使行善行也。谓于己有仁让，而后可求于人之仁让也。"这是说：通过"反求诸己"才能实现仁让。社会风气的改良需要君子群体反求诸己，修己安人，修己安百姓，兴起仁让之风。

孔颖达还非常重视阐发儒家的仁政学说。他疏《大学》中的"生财有大道"说："此一经明人君当先行仁义，爱省国用，以丰足财物。"他疏"仁者以财发身"说："谓仁德之君，以财散施发起身之令名也。"这是说君主必先有仁德，然后才能行仁政。他疏"不仁者以身发财"说："言不仁之人，唯在吝啬，务于积聚，劳役其身，发起其财。"这是说没有仁德的君主好聚敛，对民众不行恩惠，只是想办法设计盘剥民众。他疏"舅犯曰：亡人无以为宝，仁亲以为宝"说："此舅犯劝重耳之辞。于时重耳逃亡在翟，秦穆公欲纳之反国，而劝重耳不受秦命，对秦使云：奔亡之人，无以货财为宝，唯亲爱仁道以为宝也。"据《礼记·檀弓下》记载，重耳流亡在秦国时，晋献公死了，秦穆公派使者到公子重耳处吊唁，希望重耳借机回晋国去夺取君位。重耳把这话告诉了舅犯。舅犯说："你要拒绝他的劝告！流亡在外的人没有什么可宝贵的东西，只有把以仁爱对待亲人当作宝物。父亲去世是什么样的事啊！利用这种机会来图利，天下谁能为你辩解？你还是拒绝了吧！"于是，公子重耳答复来使说："贵国国君太仁惠了，派人来我这个出亡之臣这里吊唁。父亲去世了，我出亡在外，因此不能到他的灵位前去哭泣以表达心中的悲哀，使贵国国君为我担忧。父亲去世是什么样的事啊！我怎敢有别的念头，有辱国君待我的厚义呢？"重耳只是跪下叩头，并不拜谢，哭着站起来，起来之后也不与宾客私下交谈。使者向秦穆公报告了这些情况，穆公说："仁义呀，公子重耳！他只叩头而不行拜礼，这是不以继承君位者自居，所以不行拜礼。他哭着起立，是表示敬爱父亲。他起身后不与宾客私下交谈，是不贪求私利。"舅犯教重耳答复秦使，婉拒了秦穆公让重耳趁父亲去世借机复君位的劝告，表示自己具有仁爱之心，不忍借机用武力取得君位，深得秦穆公赏识。

《尚书·无逸》记载："其在祖甲，不义惟王，旧为小人。作其即位，爱知小人之依，能保惠于庶民，不敢侮鳏寡。肆祖甲之享国，三十有三年。"孔颖达疏曰："其在殷王祖甲，初遭祖丧，所言行不义。惟亦为王，久为小人之行，伊尹废诸桐。起其即王之位，于是知小人之所依。依于仁政，乃能安顺于众民，不敢侮鳏寡惸独，故祖甲之享有殷国三十有三年。"商王武丁偏爱幼子祖甲，打算废太子祖庚而改立祖甲。祖甲认为这是违礼之举，不可强行废立，否则就可能重演"九世之乱"的局面，因此他效法武丁当年之举，离开王都，到平民中生活。武丁死后，由太子祖庚继承王位。祖庚非常感动，便立祖甲为王位继承人。祖庚即位7年左右病死，祖甲这才回到王都继位，成为商朝第二十四任君主。祖甲即位后能够行仁政，顺应民心，照顾弱势群体，使商朝中兴，享国三十三年。

三 韩愈：博爱之谓仁

韩愈是中唐杰出的文学家、思想家，一生经历了安史之乱后中唐五朝皇帝。在道佛大炽、儒学衰微的情况下，他以求圣人之志为己任，关心世道人心、民生疾苦，要用"先王之道"来拯救当时混乱的政治和颓废的民风。韩愈认为必须重新振兴儒学，强化儒学的正统地位，彰显儒家的道统。韩愈道统的"道"是指什么呢？他在《原道》中指出："斯吾所谓道也，非向所谓老与佛之道也。"[①] 这个"道"

①《韩愈全集》，上海：上海古籍出版社1997年版，第122页。

与道教、佛教所谓的"道"不是一回事，其本质内涵就是仁义道德："博爱之谓仁，行而宜之之谓义，由是而之焉之谓道，足乎己，无待于外之谓德。"①这里韩愈分别给仁、义、道、德下了定义，仁、义二者有其特定的内容，是儒家所特有的；道、德二者的意义比较宽泛，哪一个学派都可以用。韩愈对"仁"以"博爱"释之，是对孔子"仁者爱人"和"泛爱众"的发展；这种"博爱"通过行为落实到具体的实践人生中得体适宜，即是"义"；按照仁义的标准去做，即是"道"；切实具备仁义修养，不必借用外在的力量，即是"德"。就儒家而言，仁义其实是道德的内涵，因为"仁与义，为定名；道与德，为虚位"②，所以儒家的道德就是仁义而已。

韩愈能够抓住儒家思想的核心价值——仁义，并多次在诗中表达其对仁义的推崇。譬如："平生企仁义，所学皆孔周。"③"孔丘殁已远，仁义路久荒。纷纷百家起，诡怪相披猖。"④他对仁义有深入的阐释。《与孟尚书书》说："宗孔氏，崇仁义。"⑤《原毁》说："闻古之人有舜者，其为人也，仁义人也。"⑥《原人》意在强调儒家人禽之辨和人之所以为人的根本，即仁。韩愈不同意"夷狄禽兽皆人"，指出人为夷狄禽兽之主，但因为圣人有仁，所以能够对天地万物一视同仁，笃近举远。这就具有了可贵的博爱意识，与《原道》的"博爱之谓仁"相呼应。这也是对儒家"仁爱"思想的发展。"博爱之谓仁"从博爱的角度重新阐述了秦汉以来儒家的"仁爱"思想，所以他一反孟子辟杨墨的说法，认为儒、墨有相通之处。他在《读墨子》一文中认为："孔子泛爱亲仁，以博施济众为圣，不'兼爱'哉？""儒墨同是尧舜，同非桀纣，同修身正心以治天下国家，奚不相悦如是哉？""孔子必用墨子，墨子必用孔子。不相用，不足为孔墨。"⑦他促使"道德仁义"向"仁义道德"转变，认为儒家"道德"的内核就是"仁义"。这凸显了儒家的核心价值就是仁义，进而将儒学与佛老区分开来。在当时佛老大炽、儒学衰微的情况下，韩愈通过强调儒家的核心价值，重构儒学的思想体系，给儒学的发展指明了方向，为宋明儒学的复兴奠定了基础。

在韩愈这里，仁义之道当然不仅仅是纯粹的观念，而是要以先王之教来落实的。《原道》进一步展开说："夫所谓先王之教者，何也？……其文《诗》《书》、《易》、《春秋》，其法礼、乐、刑、政，其民士、农、工、贾，其位君臣、父子、师友、宾主、昆弟、夫妇，其服麻、丝，其居宫、室，其食粟米、果蔬、鱼肉：其为道易明，而其为教易行也。是故以之为己，则顺而祥；以之为人，则爱而公；以之为心，则和而平；以之为天下国家，无所处而不当。是故生则得其情，死则尽其常，郊焉而

①②③④⑤⑥⑦《韩愈全集》，上海：上海古籍出版社1997年版，第120、120、27、8、194、123、129页。

天神假，庙焉而人鬼飨。"① 所谓"先王之教"是什么呢？讲先王政教的经典有《诗经》《尚书》《易经》《春秋》，体现先王政教的法式就是礼仪、音乐、刑法、政令，先王政教所治理的民众是士、农、工、商，先王政教所安排的伦理次序是君臣、父子、师友、宾主、兄弟、夫妇，先王政教提供的衣服是麻布、丝绸，先王政教提供的居处是宫殿、房屋，先王政教提供的食物是粮食、瓜果、蔬菜、鱼肉。先王政教所讲的道理很容易让人明白，所做的教育很容易推行。所以，用它们来教育自己，就能和顺吉祥；用它们来对待别人，就能做到博爱公正；用它们来修养内心，就能平和而宁静；用它们来治理天下国家，就没有不适当的地方。因此，人活着就能感受到人与人之间的情谊，死了就是结束了自然的常态。祭天则天神降临，祭祖则祖先的灵魂来享用祭品。他认为：仁义之道的落实要靠先王政教。先王政教具有维系社会生活方方面面、实现人与天地万物鬼神沟通的功能。他指出古代圣人就是这样做的："古之时，人之害多矣。有圣人者立，然后教之以相生相养之道。为之君，为之师，驱其虫蛇禽兽而处之中土。寒，然后为之衣；饥，然后为之食；木处而颠，土处而病也，然后为之宫室。为之工，以赡其器用；为之贾，以通其有无；为之医药，以济其夭死；为之葬埋祭祀，以长其恩爱；为之礼，以次其先后；为之乐，以宣其壹郁；为之政，以率其怠倦；为之刑，以锄其强梗。相欺也，为之符玺、斗斛、权衡以信之；相夺也，为之城郭、甲兵以守之。害至而为之备，患生而为之防。"② 这是说：古时候，百姓遇到的灾害很多。有圣人出来，才教给百姓以相生相养的生活方法。做他们的君王或老师，驱走那些蛇虫、禽兽，把人们安顿在中原。天冷就教他们做衣裳，饿了就教他们种庄稼。栖息在树木上容易掉下来，住在洞穴里容易生病，于是就教导他们建造房屋。又教导他们做工匠，供应百姓的生活用具；教导他们经营商业，调剂货物有无；发明医药，以拯救那些可能会短命而死的人；制定葬埋祭祀的制度，以增进人与人之间的恩爱感情；制定礼节，以分别尊卑秩序；制作音乐，以宣泄人们心中的郁闷；制定政令，以督促那些怠惰懒散的人；制定刑罚，以铲除那些强暴之徒。因为有人弄虚作假，于是又制作符节、印玺、斗斛、秤尺作为凭信；因为有争夺抢劫的事，于是设置了城池、盔甲、兵器来让人们守卫家国。总之，灾害来了就设法防备，祸患将要发生就及早预防。"民之初生，固若禽兽夷狄然；圣人者立，然后知宫居而粒食，亲亲而尊尊，生者养而死者藏。是故道莫大乎仁义，教莫正乎礼乐刑政。施之于天下，万物得其宜；措之于其躬，体安而气平。尧以是传之舜，舜以是传之禹，禹以是传之汤，汤以是传之文武，文武以是传之周公孔子；书之于册，中国之人世

①②《韩愈全集》，上海：上海古籍出版社1997年版，第121、120—121页。

守之。"① 这是说：人类刚刚出现的时候，确实像禽兽和现在荒蛮之地未开化的民族一样。后来圣人出世，人们开始知道要住在房屋中，以谷物为食，亲近亲人，尊敬老人，养育失去生活能力的人，埋葬死者。所以，圣人之道没有比仁义更高的，教化没有比礼、乐、刑、政更正统的。施行于天下，万物都各得其所；付之于自身，则身体健康、心气平和。尧把圣人之道传给舜，舜把它传给禹，禹把它传给汤，汤把它传给周文王、周武王，周文王、周武王把它传给周公、孔子。把这些道理写成书，中原大地的人世代奉行不违。人们常常批评韩愈的这种说法是一种唯心主义的英雄史观，其实韩愈是在讲古代圣王是通过礼、乐、政、刑来实践仁义之道的。"道莫大乎仁义，教莫正乎礼乐刑政"，"道"就是仁义，"教"不外礼、乐、刑、政，这就是自尧、舜以来儒家代代相传的政教传统。

---

① 《韩愈全集》，上海：上海古籍出版社1997年版，第209页。

第四节　张载、二程、朱熹论"仁"

一　张载：为天地立仁

　　张载是北宋思想家、教育家、理学创始人之一。张载在天、地、人三才构架下论"仁"。张载说："《易》一物而三才：阴阳，气也，而谓之天；刚柔，质也，而谓之地；仁义，德也，而谓之人。高忠宪曰：一物而三才，其实一物而已矣。"① 这是揭示《易》的本质是一物含三才，其中阴、阳二气构成了天道运行的方式，刚、柔材质构成了地道存在的形式，仁义、道德则是人道所独有的。这三者是可分的，又是一体的，体现为宇宙生生不息的精神。张载接着又说："一物而两体，其太极之谓与！阴阳天道，象之成也；刚柔地道，法之效也；仁义人道，性之立也。三才两之，莫不有乾坤之道也。"② 这是进一步解释三才之道无论是在天成象、在地成形还是在人成性，都通过阴、阳二气的相互作用而源于太极（道），具体体现为乾坤之道。张载在《西铭》中以乾坤之道来解释三才之道：

　　乾称父，坤称母；予兹藐焉，乃混然中处。故天地之塞，吾其体；天地之帅，吾其性。民吾同胞，物吾与也。大君者，吾父母宗子；其大臣，宗子之家相也。尊高年，所以长其长；慈孤弱，所以幼吾幼。圣其合德，贤其秀也。凡天下疲癃残疾、惸独鳏寡，皆吾兄弟之颠连而无告者也。③

　　张载继承《尚书·泰誓》的"惟天地万物父母，惟人万物之灵"的说法，将天、地视作父母，将人与人、人与物之间的阻隔全面破除，对天、地、人一体的境界作了形象的论述：乾、坤就是天地，人与天地万物同处于一个无限的生命链条和整

---

①② 黄宗羲原著，全祖望补修：《宋元学案》壹，北京：中华书局 1986 年版，第 730 页。
③《张载集》，北京：中华书局 1978 年版，第 62 页。

体之中，与在天地乾坤之德的创生中同生共长，浑然无别。这样，塞乎天、地之间的阴、阳之气即形成吾人之形体，而主宰天、地之常理，即为吾人之本性。人与人、人与物之间犹如同胞手足，也如朋友同侪，彼此血肉相连、痛痒相关、休戚与共，构成一种和谐共生的关系。如前所述，张载将人与人、人与物之间的阻隔全面破除，对传统儒家天、地、人一体，以人为主体的境界作了形象的论述。这里的乾父、坤母主要是象征意义上说的，并不是说天、地就是人的父、母，而是强调超越性的天、地对于人而言的根本意义，也就是它们对于人的本体论意义。诚如程颢说："《订顽》一篇，意极完备，乃仁之体也。""观张子厚所作《西铭》，能养浩然之气者也。""孟子以后，未有人及此。得此文字，省多少言语 …… 要之仁孝之理备于此，须臾而不于此，则便不仁不孝也。"[1] 张载自己也说："学者识得仁体后，如读书讲明义理，皆是培壅。"[2]

再进一步深问：天、地、人何以能够达到一体的和谐？曰："仁。"张载以高超的理性思维提出"为天、地立心"的命题。"天本无心"，张载思想的宗旨就是要为天、地立一个"心"。[3] 如果纯粹就天道而言，天是无心的。但是，在天、地之间因为有了人，人是有心的，特别是圣人因为有仁心，可以见天、地生生不息的德性，天、地以生养万物为本，在这个意义上可以说圣人之仁心就是天、地之心。显然，天、地之心既是天的，又是人的，是人把自己的价值观投射到了天、地之间，与天、地本性合而为一的结果。因此，所谓"为天、地立心"，就是以人为主体为天地万物包括人类社会确立基本的价值系统，建立一套以"仁"为核心的价值体系。他指出："天本无心，及其生成万物，则须归功于天，曰：此天地之仁也。"[4] "大抵言'天地之心'者，天地之大德曰生，则以生物为本者，乃天地之心也。地雷见天地之心者，天地之心惟是生物，天地之大德曰生也。"[5] "天体物不遗，犹仁体事无不在也。'礼仪三百，威仪三千'，无一物而非仁也。"[6] 这是说：天、地本来没有心，但天、地生成万物，这就是"天地之仁"的体现。天、地之心其实是天、地之大德化生万物，是以生物为本，所以仁乃天、地之心。张载把天、地生物之心理解为"天体物不遗"的一片仁心，用一个"仁"字就将"天道"与人事紧密联系在一起了。张载以"仁"作为其天人合一说的核心观念，是把握了原始儒家思想的精髓，也是对儒学在新时代的发展。

---

① 《二程集》上，北京：中华书局 2004 年版，第 15、39 页。
②④⑤⑥ 《张载集》，北京：中华书局 1978 年版，第 342、266、113、13 页。
③ 郑万耕：《横渠易学的天人观》，载《周易研究》1997 年第 1 期。

二 二程：仁者，天下之正理

二程，即程颢和程颐，河南洛阳人。程颢，字伯淳，又称"明道先生"。程颐，字正叔，又称"伊川先生"。二人都曾就学于周敦颐，并同为宋明理学的奠基者，继承孔孟的仁学传统，提出了自己的新仁学。

二程作为理学体系的奠基人，其理学思想更多的是自己的新创见，这一点突出地表现在其天理论上。程颢曾说过："吾学虽有所受，天理二字却是自家体贴出来。"[①]那么，何谓"天理"呢？程颢说："上天之载，无声无臭，其体则谓之易，其理则谓之道，其用则谓之神。"[②]这是说："理"不是具体的事物，而是抽象的"道"，即"形而上者谓之道"。这样，他就把"理"或"道"视为主宰世界的最高本体。因为"理"或"道"是天然形成的，因此又谓之"天理"。作为理学的奠基人，在他们的思想体系中，传统儒家的中心理念"仁"已被"理"、"天理"等新概念取代。但是，我们翻开《二程遗书》及《二程外书》，可以发现"仁"仍然是一个频繁出现的词，约有五百处之多，这既是对《论语》、《孟子》、《易经》、《礼记》等儒家经典中"仁"的继承，又是理学体系对"仁"的发展。这样，"仁"由伦理范畴提升为本体范畴。它不仅是人的内在本性和本体存在，而且经过主客体的同一变成了宇宙本体，实现了人和自然的有机统一。因此，在理学中，"仁"绝不仅仅是一个伦理范畴，而是"天人合一论"的根本范畴。[③]《周易·文言传》中提出"元、亨、利、贞"这"四德"。程颢把"四德"中的"元"与五常中的"仁"相对应，说"万物之生意最可观，此元者善之长也，斯所谓仁也"[④]，明确肯定"元"就是"仁"。这就把天道与人道贯通起来，使道德论有了宇宙论的支持，宇宙论也有了下贯道德的含义。程颐对此有更深入的解释。《程氏易传》的《乾》卦卦辞注："元亨利贞谓之四德。元者万物之始，亨者万物之长，利者万物之遂，贞者万物之成。"[⑤]他解释《乾》卦彖辞"大哉乾元"句说："四德之元，犹五常之仁，偏言则一事，专言则包四者。"[⑥]"自古元不曾有人解仁字之义，须于道中与他分别出五常，若只是兼体，却只有四也。且譬一身：仁，头也；其他四端，手足也。"[⑦]他认为元通四德而言，仁通五常而言。兼体是指元可以兼亨、利、贞，仁可以兼义、礼、智、信。"义、礼、知、信皆仁也。识得此理，以诚敬存之而已，不须防检，不须穷索。"[⑧]"仁、义、礼、智、信五者，性也。仁者，全

---

① ② ④ ⑦ ⑧《二程集》上，北京：中华书局 2004 年版，第 424、4、120、154、16—17 页。

③ 蒙培元：《理学范畴系统》，北京：人民出版社 1989 年版，第 488 页。

⑤ ⑥《二程集》下，北京：中华书局 2004 年版，第 695、697 页。

体;四者,四支。仁,体也。"① 仁、义、礼、智、信是人天生的道德本性,而仁是体,义、礼、智、信是用。仁贯穿于义、礼、智、信之中,是道德实践的关键。这样就明确了仁与元以及仁与义、礼、智、信的关系,突出了"仁"的核心地位。在这个意义上,二程干脆说:"仁,理也;人,物也。以仁合在人身言之,乃是人之道也。"② 二程所讲的"理"就是仁,而仁又"合在人身",体现为人之所以为人的人之道。"仁者,天下之正理,失正理则无序而不和。"③ "仁"是天理,是天下的正理,是天地万物和谐相处的根本,没有仁则天地万物就没有秩序,就会混乱不堪。可见,"理"的具体内涵就是"仁",所以"仁"才是二程思想的核心。这在程颢思想中特别突出。黄宗羲就明确地说:"明道之学,以识仁为主。"④

二程对"仁"的新诠释从学术思想上说主要是从儒家原典出发,发挥了《易传·系辞传》中"生生之谓易"和"天地之大德曰生"的命题,对作为道德最基本原则的"仁"进行了本体论的新诠释。程颢曰:"'生生之谓易',是天之所以为道也。天只是以生为道,继此生理者,即是善也。善便有一个元底意思。'元者善之长',万物皆有春意,便是'继之者善也'。"⑤ 善是继承了天道的生生之理而来的,所以善体现了元的意思,元即是善的根源。"'生生之谓易',生则一时生,皆完此理。"⑥ 通过对《周易》"生生之谓易"的发挥,二程认为宇宙乃一生生不息的生命洪流,易就是宇宙变化流行的总体。宇宙万物在生成的同时,都具有这种生生之理。程颢还称:"'天地之大德曰生','天地氤氲,万物化醇','生之谓性',万物之生意最可观,此元者善之长也,斯所谓仁也。"⑦ 天以生为德,以生为道,此生德、生道即生生之理。此生生之理则体现于天地万物的发育流行中,人与万物同为大化流行中之物,同源于此天地生生之理,皆具此生德、生理,天之生德、生理也就是仁。二程还把这种"仁"的生意比喻为谷种:"心譬如谷种,生之性便是仁也。"⑧ "心犹种焉。其生之德,是为仁也。"⑨ 植物种子的生之性、生之德是生命的本质和潜能,是植物生长发育的本性、德性,其实质就是仁。

如何把握这种生生之理的仁,程颢在《识仁篇》中开篇就强调"学者须先识仁"。这里的"识",不是认识论所说的"认识",而是一种体悟、觉解、默契、感通,是儒家德性修养的基本方法。在程颢看来,宇宙万物的生生之意、春意、感通意最可以"识仁"和"观仁":"周茂叔窗前草不除去,问之,云:'与自家意思一般。'子厚观驴鸣,亦谓如此。"⑩ "观鸡雏,此可观仁。"⑪ "仁便是一个木气象,恻隐之

---

① ② ⑤ ⑥ ⑦ ⑧ ⑩ ⑪《二程集》上,北京:中华书局2004年版,第14、391、29、33、120、184、60、59页。
③ ⑨《二程集》下,北京:中华书局2004年版,第1136、1174页。
④ 黄宗羲原著,全祖望补修:《宋元学案》壹,北京:中华书局1986年版,第542页。

心便是一个生物春底气象。"①从万物的生意、春意、生长畅茂中，最可以体贴出"仁"意，这只有具有恻隐之心的人才能做到，因为"心生道也，有是心，斯具是形以生。恻隐之心，人之生道也，虽桀、跖不能无是以生，但戕贼之以灭天耳。始则不知爱物，俄而至于忍，安之以至于杀，充之以至于好杀，岂人理也哉？"②在程颢看来，恻隐之心表现了人的"生道"，人皆有之，即使是桀、跖那样的恶人，其初生时心中也无不具此"生道"，只是此"生道"因后天的不断戕贼才最终泯灭了。如此可见，二程以生意言仁，要人们学会"识仁"和"观仁"的目的便在于将宇宙万物洋溢的生意落实到人的心性层面，注重从人的心性中阐发生生之仁。

二程认为：历来儒者们对"仁"多从"孝悌"、"恻隐之心"、"博爱"等方面言说，这实际上主要涉及"仁"之用，没有言及"仁"之体。那么，什么是"仁体"呢？程颢认为就是"万物一体"。"所以谓万物一体者，皆有此理，只为从那里来。"③"仁者，浑然与物同体。"④"仁者"是指有仁德的人，他们与天地万物是一体的。所谓"浑然与物同体"，就是要体验到个体小生命与宇宙大生命浑然一体，也就是天、地、人一体的境界。在此基础上，他进一步提出了"仁者，以天地万物为一体"的命题。又说："医书言手足痿痹为不仁，此言最善名状。仁者，以天地万物为一体，莫非己也。认得为己，何所不至？若不有诸己，自不与己相干。如手足不仁，气已不贯，皆不属己。故'博施济众'，乃圣之功用。仁至难言，故止曰：'己欲立而立人，己欲达而达人，能近取譬，可谓仁之方也已。'欲令如是观仁，可以得仁之体。"⑤"人之一肢病，不知痛痒，谓之不仁。人之不仁，亦犹是也。盖不知仁道之在己也。知仁道之在己而由之，乃仁也。"⑥医书称"手足痿痹为不仁"，说得很好。人通身是一气贯通的，如果气不能贯通，身体器官就不能感应，不属于自己了。中医通过切脉就能够知道病人身体的什么地方有了病变。这是因为人的身体是一个有机的整体，由气血贯通，以显示生命的状态。身体某些器官麻木不仁，就说明这些器官气血不通。以此比喻"仁者，以天地万物为一体"，就是说天地万物与自己的生命息息相关，如同自己的四肢一样，皆属于自己；如果有某一部分不属于自己，就是不仁。"若夫至仁，则天地为一身，而天地之间，品物万形为四肢百体。夫人岂有视四肢百体而不爱者哉？……医书有以手足风顽谓之四体不仁，为其疾痛不以累其心故也。夫手足在我，而疾痛不与知焉，非不仁而何？"⑦

一体之仁所体现的道德精神是"公"，"公"最能体现"仁之理"。程颐对这方面发挥甚多：

①②③④⑤⑥⑦《二程集》上，北京：中华书局 2004 年版，第 54、274、33、16、15、366—367、74 页。

仁者公也,人此者也。①

孔子曰:"仁者己欲立而立人,己欲达而达人,能近取譬,可谓仁之方也已。"尝谓孔子之语仁以教人者,唯此为尽,要之不出于公也。②

又问:"如何是仁?"曰:"只是一个公字。学者问仁,则常教他将公字思量。"③

伊川沉思久之,曰:"思而至此,学者所难及也。天心所以至仁者,惟公尔。人能至公,便是仁。"④

仁之道,要之只消道一公字。⑤

这里,程颐反复想表达的意思是"仁者公也",但同时强调"公"本身并非仁,而是"公最近仁",所谓"公只是仁之理,不可将公便唤作仁。公而以人体之,故为仁"。⑥所谓"公只是仁之理",是说就公与仁的关系看,"公"是一种本质原理,而"仁"是此一原理在人的生活实践中的全面体现。但是,他又说"公而以人体之,故为仁",这等于说"公"并非原理,而只是实践和体现"仁"的功夫。⑦程颐是通过对《论语·里仁》"唯仁者能好人,能恶人"的解释来以"公"解"仁",说明"仁者""能好人"、"能恶人"的缘由只有以"用心以公"解释才比较合理。在这个意义上,他说"公最近仁"。

三 朱熹:仁者,爱之理,心之德

朱熹是南宋著名的理学家、思想家、教育家,是中国儒学史上堪与孔子并论的大儒,世尊称其为"朱子"。朱熹在前贤的基础上也发挥了"仁"即"理"的观念。《孟子·尽心下》曰:"仁也者,人也;合而言之,道也。"朱熹在为孟子的这句话作注时说:"仁者,人之所以为人之理也。然仁,理也;人,物也。以仁之理,合于人之身而言之,乃所谓道者也。"前面提到过二程说:"仁,理也;人,物也。以仁合在人身言之,乃是人之道也。"(《河南程氏外书》卷六)朱熹对《孟子·尽心下》的注释与二程的意思基本一致,不过更明确地强调了仁是人之所以为人的理。朱熹在二程厘清仁与元以及仁与义、礼、智、信关系的基础上,进一步深入探讨。

---

①②③④⑤⑥《二程集》上,北京:中华书局 2004 年版,第 105、105、285、439、153、153 页。
⑦陈来:《仁学本体论》,北京:生活·读书·新知三联书店 2014 年版,第 267 页。

朱熹说："元者，天地生物之端倪也。元者生意，在亨则生意之长，在利则生意之遂，在贞则生意之成。若言仁，便是这意思。仁本生意，乃恻隐之心也。苟伤着这生意，则恻隐之心便发。"①"元"是万物创生之始，即天地之本原。天地生生不穷，都是"元"所体现出来的生意，"亨"为生意之长，"利"为生意之遂，"贞"为生意之成。这生意便是天地之仁，也即"元"。元即仁，仁即元。当然，如果要进一步区分，可以理解为：从天道说，源头是元；从人道说，源头是仁。"元即仁"就是天道与人道合二为一的集中体现。

另外，朱熹还以"生气流行"来诠释仁与义、礼、智的关系。郑问："仁是生底意，义礼智则如何？"曰："天只是一元之气。春生时，全见是生；到夏长时，也只是这底；到秋来成遂，也只是这底；到冬天藏敛，也只是这底。仁义礼智割做四段，一个便是一个；浑沦看，只是一个。"②这是说：天地之间只是一元之气流行。这一元之气在一年四季分别有不同的体现：春天见万物初生，全部体现为生气；夏天万物不断成长，也是这生气的成长；秋天万物成熟，也是这生气的成熟；冬天是万物收藏，也是这生气的收藏。四季只是一元之气流行的不同阶段。仁、义、礼、智的关系也是如此，分割来看，仁、义、礼、智分别是四个道德概念；从整体来看，仁、义、礼、智其实只是一个——仁，都是仁的不同阶段的体现。仁在自然界以生气流行，在人类社会以生意呈现。所以，朱子又说："仁，浑沦言，则浑沦都是一个生意，义礼智都是仁；对言，则仁与义礼智一般。"③分别来说，与义、礼、智相区别的"仁"是生意，"生意"即生生不息之倾向；就整体来说，仁、义、礼、智都是仁的表现，都是生生之意的不同阶段、不同方面的表现。他又说："'仁'字须兼义礼智看，方看得出。仁者，仁之本体；礼者，仁之节文；义者，仁之断制；知者，仁之分别。犹春夏秋冬虽不同，而同出于春：春则生意之生也，夏则生意之长也，秋则生意之成也，冬则生意之藏也。"④仁可以兼义、礼、智，义、礼、智都是仁的不同意义的体现，犹如春、夏、秋、冬都是春的生意的不同呈现。朱熹对二程说的"偏言则一事，专言则包四者"、"四德之元，犹五常之仁"这样发挥说："恰似有一个小小底仁，有一个大大底仁。'偏言则一事'，是小小底仁，只做得仁之一事；'专言则包四者'，是大大底仁，又是包得礼义智底。若如此说，是有两样仁。不知仁只是一个，虽是偏言，那许多道理也都在里面；虽是专言，那许多道理也都在里面。"⑤这就是说，仁如果从部分、微观而言是具体的仁之事，如果从整体、宏观而

---

① 黎靖德编：《朱子语类》五，北京：中华书局1986年版，第1691页。
②③④⑤ 黎靖德编：《朱子语类》一，北京：中华书局1986年版，第107、107、109、111—112页。

言是包含了众多具体的仁之事的仁，但其实只是一个浑全的包含了许多道理在其中的仁。

朱熹也和二程一样，发挥了《易传·系辞传》中"生生之谓易"和"天地之大德曰生"的思想，以生言仁。他说："天地之心，别无可做，'大德曰生'，只是生物而已。"[①]朱子认为《易》说生生之德即是仁，所以仁不仅是人生界之德，亦是自然界之德，而且人之仁德正来源于天地之仁德。"'仁'字有生意，是言人之生道也。"[②]来源于天地之仁德就是人之所以为人生命价值之所在。

朱熹进一步对"仁"作出了最具创造性的界定："仁者，爱之理，心之德。"他在《论语集注·学而》中注释"其为人也孝弟"章说："仁者，爱之理，心之德也。"怎么理解"爱之理，心之德"？朱熹作了多处解释，如云：

> 说"仁者，爱之理"，曰："仁自是个和柔底物事。譬如物之初生，自较和柔；及至夏间长茂，方始稍坚硬；秋则收结成实，冬则敛藏。然四时生气无不该贯。如程子说生意处，非是说以生意为仁，只是说生物皆能发动，死物则都不能。譬如谷种，蒸杀则不能生也。"又曰："以谷种譬之，一粒谷，春则发生，夏则成苗，秋则结实，冬则收藏，生意依旧包在里面。每个谷子里，有一个生意藏在里面，种而后生也。仁义礼智亦然。"[③]

> 或问"仁者心之德，爱之理"。曰："'爱之理'，便是'心之德'。公且就气上看。如春夏秋冬，须看他四时界限，又却看春如何包得三时。四时之气，温凉寒热，凉与寒既不能生物，夏气又热，亦非生物之时。惟春气温厚，乃见天地生物之心。到夏是生气之长，秋是生气之敛，冬是生气之藏。若春无生物之意，后面三时都无了。此仁所以包得义礼智也，明道所以言义礼智皆仁也。"[④]

可见，所谓"仁者，爱之理"是就天地之生气、生意而言。天地之生气、生意即生生之理，由此可见天地之心。天地之心即是"仁"，"仁是天地之生气"[⑤]，"生底意思是仁"[⑥]。朱熹把自孔子以来以爱人为基本精神的仁学发展到形而上学的高度，"爱之理"就是对"仁"的一种形上层次的诠释。所以，钱穆说："自孔孟以下，

① 黎靖德编：《朱子语类》五，北京：中华书局1986年版，第1729页。
② 黎靖德编：《朱子语类》四，北京：中华书局1986年版，第1460页。
③④ 黎靖德编：《朱子语类》二，北京：中华书局1986年版，第464—465、467页。
⑤⑥ 黎靖德编：《朱子语类》一，北京：中华书局1986年版，第107页。

儒家言仁，皆指人生界，言人心、人事，朱子乃以言宇宙界。"[1]此生之仁在人则为性，体现为仁、义、礼、智四德，而仁包含此四德。所谓"仁者，心之德"，是就人心之德性而言。"'天地以生物为心'。天包著地，别无所作为，只是生物而已。亘古亘今，生生不穷。人物则得此生物之心以为心，所以个个肖他，本不须说以生物为心。"[2]天地之生意亦即天地之心，天地生人，人得此生物之心以为心，于是人心之德即仁德，仁德统合仁、义、礼、智四德。所以，仁以偏言为爱之理，以专言为心之德，无论偏言、专言，都是仁之一体两面，在这个意义上也可以说爱之理便是心之德。

为了更好地理解仁体爱之理与心之德的两面，朱熹通过比较来深入阐释二者：

> "心之德"是统言，"爱之理"是就仁义礼智上分说。如义便是宜之理，礼便是别之理，智便是知之理。但理会得爱之理，便理会得心之德。
>
> "心之德"，是兼四端言之。"爱之理"，只是就仁体段说。
>
> 又问："'心之德'，义礼智皆在否？"曰："皆是。但仁专言'心之德'，所统又大。"安卿问："'心之德'，以专言；'爱之理'，以偏言。"曰："固是。'爱之理'，即是'心之德'，不是'心之德'了，又别有个'爱之理'。偏言、专言，亦不是两个仁。小处也只在大里面。"
>
> "爱之理"，是"偏言则一事"；"心之德"，是"专言则包四者"。故合而言之，则四者皆心之德，而仁为之主；分而言之，则仁是爱之理，义是宜之理，礼是恭敬、辞逊之理，知是分别是非之理也。
>
> 以"心之德"而专言之，则未发是体，已发是用；以"爱之理"而偏言之，则仁便是体，恻隐是用。
>
> 问："心之德，爱之理。"曰："爱是个动物事，理是个静物事。"[3]

可以看出："'心之德'是从心上说，就人而言；'爱之理'是从理上说，就天而言。二者合起来，就是仁的基本内容。"[4]"'爱之理'，是就形上本体言；'心之德'，是就道德实践言。形上本体结合道德实践，'仁'则成为一个彻上彻下的道德理

① 钱穆：《朱子新学案》第1册，北京：九州出版社2011年版，第377页。
② 黎靖德编：《朱子语类》四，北京：中华书局1986年版，第1280页。
③ 黎靖德编：《朱子语类》二，北京：中华书局1986年版，第465—467页。
④ 蒙培元：《理学范畴系统》，北京：人民出版社1989年版，第496页。

性本体。""朱熹诠释'仁'为'爱之理,心之德'的形上层次,具有两层意义:其一是形上本体的'理','爱之理'为体;结合道德实践的'德','心之德'为用,两相结合,达到体用合一,成为形上论与道德论的结合。其二是以实践为主,以印证本体。即是必须躬亲践履'心之德',使'心'回复内在道德本质的'性',才能向上印证万物本源的'理',以使天道与人道相合。基于此,'爱之理,心之德'的诠释,使'仁'成为一个彻上彻下的道德理性本体。""朱子对'仁'的诠释,是在孔子释'仁'的基础上,向上延伸与发展,界定为'爱之理,心之德'。以'爱之理'作为形上本体,为人生的终极关怀;以'心之德'作为道德实践方法,为吾人行事的准则。两相搭配,下学上达,则臻于至善了。"①

---

① 刘大钧主编:《儒学释蕴》,上海:上海古籍出版社 2007 年版,第 338、344、349 页。

第五节 "仁"的丰富内涵

一 善性仁心

在人性论方面，孔子提出"性相近也，习相远也"（《论语·阳货》）。很多人认为：孔子没有明确性善性恶，指出人生来本性都很相近，随着各自生存环境的变化，每个人的习性就会产生差异，其实暗含了性善论的意思。孟子明确地认为人性本善，人之为善是人的本性的表现，人之不为善是违背其本性的。《孟子·告子上》提出："水信无分于东西，无分于上下乎？人性之善也，犹水之就下也。人无有不善，水无有不下。今夫水，搏而跃之，可使过颡；激而行之，可使在山。是岂水之性哉？其势则然也。人之可使为不善，其性亦犹是也。""乃若其情，则可以为善矣，乃所谓善也。若夫为不善，非才之罪也。"在这里，孟子认为：水的本性是向下流，人性生而有善就像水向下流一样；当然，人也可以通过击打等手段使水向上流，这是违背水的本性的；就像人受到私利贪欲的诱迫而变坏一样，不能说人的本性就不善。至于从人天生的性情来说，则是可以为善的，这就是人性本善的意思。至于有的人行为不善，那不是天生资质的原因。人生来就具有天赋的"善端"，具有一种先验的道德观念的萌芽，这是人异于禽兽、高于禽兽的本质的特征。孟子的性善论作为儒家的正统思想，传播广泛，影响深远，以至于宋代启蒙读物《三字经》开篇就云："人之初，性本善。"

孟子提出"四心说"来深入讨论性善论。《孟子·告子上》曰："恻隐之心，人皆有之；羞恶之心，人皆有之；恭敬之心，人皆有之；是非之心，人皆有之。恻隐之心，仁也；羞恶之心，义也；恭敬之心，礼也；是非之心，智也。仁义礼智非由外铄我也，我固有之也。"在这里，孟子从探讨人性的角度出发，回答学生关于人性是否天生善良的问题，认为恻隐之心、羞恶之心、辞让之心、是非之心这四种心是每个人都固有的，所以人性是天生善良的。这是孟子以心论性，对人本性的界定。恻隐、羞恶、辞让、是非"四心"就是我们平常所讲的"良心"的作用。但是，光有良心并不能说明人性便是善的，因为良心只是一种内在的东西，假若没有表现出来，便无法断定性是善还是恶。良心即道德本心，人人固有，是先天本体；"四心"是良心的发用，是后天情感、理性和意志的集合。也就是说，"良心"与"四心"是体用关系。关于恻隐、羞恶、辞让、是非"四心"与仁、义、礼、智"四德"之间的内在联系，孟子在《公孙丑上》中从正反两方面论道："无恻隐之心，非人也；无羞恶之心，非人也；无辞让之心，非人也；无是非之心，非人也。恻隐之心，仁之端也；羞恶之心，义之端也；辞让之心，礼之端也；是非之心，智之端也。人之有是四端也，犹其有四体也。""四心"是"四德"之发端，没有"四心"就不会有"四德"。"四心"是孟子的"性善论"立论的基点，说明"性善"是以"心善"的方式体现出来的。对于此点，前贤多有论述。徐复观说："孟子所说的性善，实际上是说的'天之所与我者'的'心善'。""孟子在生活体验中发现了心独立而自主的活动，乃是人的道德主体之所在，这才能作为建立性善说的根据。"①唐君毅也说："孟子言性，乃即心言性善，及此心即性情心、德性心之义。所谓即心言性善，乃就心之直接感应，以指证此心之性之善。"②在孟子看来，人性之所以是善的，就在于人具有"四心"。

孟子指出："仁，人心也。"（《孟子·告子上》）仁就是人的本心，就是"不忍人之心"，即怜悯、体恤别人的心。《孟子·公孙丑上》曰："人皆有不忍人之心。先王有不忍人之心，斯有不忍人之政矣。以不忍人之心，行不忍人之政，治天下可运之掌上。所以谓人皆有不忍人之心者，今人乍见孺子将入于井，皆有怵惕恻隐之心。非所以内交于孺子之父母也，非所以要誉于乡党朋友也，非恶其声而然也。"仁心就是一个人为人处世的根本，是为政者推行仁政的根本，所以儒家讲仁爱之本乃是人之为人的仁爱之心，有仁爱之心才能够爱别人。

二 孝悌仁本

儒家认为"仁"始于亲情，是一种亲情之爱，这就是孝悌之道。郭店楚简载："爱，仁也。"③"不亲不爱，不爱不仁。"④"亲而笃之，爱也。爱父，其继爱人，仁也。"⑤"仁为可亲也，义为可尊也，忠为可信也，学为可益也，教为可类也。"⑥据说子思所作《中庸》云："仁者，人也，亲亲为大。"仁是人之为人的本质，所以亲爱自己的亲人就是最大的仁。《孟子·告子下》云："亲亲，仁也。"《孟子·离娄上》

---

① 徐复观：《中国人性论史·先秦篇》，上海：上海三联书店2001年版，第148—151页。
② 唐君毅：《中国哲学原论·原性篇》，北京：中国社会科学出版社2005年版，第13页。
③④⑤⑥ 李零：《郭店楚简校读记》，北京：北京大学出版社2002年版，第148、79、80、80页。

云："仁之实，事亲是也；义之实，从兄是也。""道在迩而求诸远，事在易而求诸难。人人亲其亲，长其长，而天下平。"《礼记·大学》云："舅犯曰：'亡人无以为宝，仁亲以为宝。'"这些都充分说明儒家的仁爱始于亲情，仁的实践是沿着血缘关系而具体展开的。而在人的亲情之爱中更为重要的是对父母之爱——即孝和对兄弟之爱——即悌，所以《论语·泰伯》载子曰："君子笃于亲，则民兴于仁。"

《论语·学而》提出了孝悌为仁之本："其为人也孝弟，而好犯上者，鲜矣；不好犯上，而好作乱者，未之有也。君子务本，本立而道生。孝弟也者，其为仁之本与！"何晏的《论语集解》曰："言孝弟之人必恭顺，好欲犯其上者少也。""本，基也。基立而后可大成。""先能事父兄，然后仁道可大成。"儒家的仁爱精神是从对父母的孝开始，延伸到对兄弟的悌、对朋友的信、对天下人广泛的爱，乃至对万物的珍爱。孝悌究竟是"仁之本"还是"为仁之本"？如果解"为"字为"是"字，即当作系词使用，则孝悌是仁的根本；如果解"为"字为"做"字、"行"字，即当作动词使用，则孝悌是"行仁"的根本，而不是仁的根本。

在先秦，人们把孝悌视为仁之本的思想很普遍。郭店楚简以"孝"释"仁"，以"孝"作为"仁"的根本特征和最高表现。《唐虞之道》说："尧舜之行，爱亲尊贤。爱亲故孝，尊贤故禅。孝之杀，爱天下之人。禅之重，世无隐德。孝，愳（仁）之冕也；禅，义之至也。六帝兴于古，皆由此也。爱亲忘贤，仁而未义也；尊贤遗亲，义而未仁也。"这一说法显然是关于《论语》中"孝弟也者，其为仁之本与"一说的推论。《管子·戒篇》云："孝弟者，仁之祖也。"[①]《吕氏春秋·孝行览》云："民之本教曰孝，其行孝曰养……仁者，仁此者也；礼者，履此者也；义者，宜此者也；信者，信此者也；强者，强此者也。"曾子还说："民之本教曰孝……夫仁者，仁此者也；义者，宜此者也；忠者，中此者也；信者，信此者也；礼者，体此者也。"（《大戴礼记·曾子大孝》）仁与孝悌是统一的，仁始于爱亲人，孝悌为仁之本。

宋明理学家把注重仁与孝的问题纳入自己的哲学思想体系中，把"仁"向形而上学层次发展，展开了"仁"与"孝悌"关系讨论的新维度。据《二程遗书》卷一八载有学生问程颐："'孝弟为仁之本'，此是由孝弟可以至仁否？"曰："非也。谓行仁自孝弟始。盖孝弟是仁之一事，谓之行仁之本则可，谓是仁之本则不可。盖仁是性也，孝弟是用也。性中只有个仁、义、礼、智四者，几曾有孝弟来？仁主于爱，爱莫大于爱亲。故曰'孝弟也者，其为仁之本与！'"[②]程颐否定了"由孝弟

---

①杨伯峻认为《管子》此句与有子"孝弟也者，其为仁之本与（欤）"是同样的意思。（杨伯峻：《论语译注》，北京：中华书局2011年版，第3页。）

②《二程集》上，北京：中华书局2004年版，第183页。

可以至仁"，而认为行仁是从孝悌开始的，但这只是实行仁道的一件事而已，说孝悌是实行仁的根本是可以的，可是说孝悌是仁的根本就不行了。朱熹的《论语集注》"其为人也孝弟"章引程子曰："孝弟，顺德也，故不好犯上，岂复有逆理乱常之事。德有本，本立则其道充大。孝弟行于家，而后仁爱及于物，所谓亲亲而仁民也。故为仁以孝弟为本。论性，则以仁为孝弟之本。"[①]这就在文本基础上对仁与孝悌的关系进行了仔细分析，作了新的扩展，提出了"仁以孝弟为本。论性，则以仁为孝弟之本"的仁孝关系说。

朱熹的《论语集注·学而》注释"其为人也孝弟"章说："言君子凡事专用力于根本，根本既立，则其道自生。若上文所谓孝弟，乃是为仁之本，学者务此，则仁道自此而生也。"[②]朱熹所谓的"根本"是指仁道，这是人与生俱来的天性，是一种先验的道德理性，是万善之源；所谓"仁道自此而生"，就是说"仁道"要由孝悌开始，并不是以孝悌为"仁性"之根本。《朱子语类》卷二十载有人问："孝弟为仁之本？"朱熹曰："论仁，则仁是孝悌之本；行仁，则当自孝悌始。"[③]所谓"论仁，则仁是孝弟之本"，是说仁是人的内在本性，孝悌只是人本性的外现。他说："仁便是本了，上面更无本。如水之流，必过第一池，然后过第二池、第三池。未有不先过第一池，而能及第二第三者。仁便是水之原，而孝弟便是第一池。"[④]"孝根原是从仁来。仁者，爱也。爱莫大于爱亲，于是乎有孝之名。"[⑤]朱子认为："仁"是终极的"本"，在此"仁"本之上"更无本"了。"孝弟"是从"仁"里面发出来的，有"仁"始有"孝弟"，无"仁"则无"孝弟"。也就是说，心性才是根本，孝悌只是枝叶。人具有孝悌之心，则自能行孝悌之道。所谓"行仁，则当自孝悌始"，即行仁应当从孝悌开始，也就是说孝悌是行仁的根本。他说："爱亲爱兄是行仁之本。"[⑥]"人若不孝弟，便是这个道理中间跌断了，下面生不去，承接不来了，所以说'孝弟也者，其为仁之本欤'。"[⑦]"孝弟为仁之本"是指孝悌是实行仁道的开端，故为"本"。

三 泛爱亲仁

儒家还提出了"泛爱众"的博爱思想。孔子教育弟子"泛爱众而亲仁"(《论语·学而》)，这是说"仁"不仅要爱亲，而且要"泛爱众"。"泛爱众"即广泛的爱

①② 朱熹：《四书章句集注》，北京：中华书局2012年版，第48页。
③④⑤⑥⑦ 黎靖德编：《朱子语类》二，北京：中华书局1986年版，第463、463、472、463、461页。

众人，包括爱亲人、友人、邻人、国人，甚至可以爱敌人。这样，以"爱亲"为根基的"仁"就有了更高层次的道德规定，这是"仁"由"爱亲"而推及"泛爱众"的一个重要的伦理升华，显示了儒家思想的开放性和包容性。对于其中"泛爱"的"泛"，宋代邢昺注释为"宽博之语"，"泛爱众"是讲"君子尊贤而容众，或博爱众人也"。希望人尊贤容众，博爱众人，亲近那些有仁德的人。《论语·雍也》载："子贡曰：'如有博施于民而能济众，何如？可谓仁乎？'子曰：'何事于仁，必也圣乎！尧舜其犹病诸！'"邢昺认为孔子之言是："言君能博施济众，何止事于仁，谓不啻于仁，必也为圣人乎！""博施济众"是儒家内圣"仁"发于外王事业的极致，孔子认为就是古代圣王如尧、舜可能也做不到圆满，如果能够把事业做到博施济众就是圣人的境界了。他还把亲情之爱推到与自己没有血缘关系的人身上，所谓"四海之内，皆兄弟也"（《论语·颜渊》）。对没有血缘关系的人如果能够以对亲兄弟那样的态度与情感相待的话，那就是"泛爱众"的体现。孔子提倡人与人之间要充满爱心，对人要温、良、恭、俭、让，要"己欲立而立人，己欲达而达人"（《论语·雍也》），要"己所不欲，勿施于人"（《论语·颜渊》），通过"忠恕之道"落实仁爱。孔子要求国君"节用而爱人，使民以时"（《论语·学而》），要求国君节约用度，惠爱百姓，不要无穷尽地使用民力，要给百姓休养生息的时间。

孟子说："老吾老以及人之老，幼吾幼以及人之幼。"（《孟子·梁惠王上》）这是说：敬爱自己的父母，也要敬爱别人的父母；爱护自己的孩子，也要爱护别人家的孩子。人不要把自己的爱局限在狭隘的空间里，不要太自私。《弟子规》把这一宝贵思想发挥为"凡是人，皆须爱；天同覆，地同载"。就是说，只要是人，就是同类，不分族群、人种、宗教信仰，皆须相亲相爱。

孔孟的泛爱众思想被后儒进一步阐发为儒家式的"博爱"，即在血缘亲情基础上把爱加以扩展的广博之爱。《孝经》宣扬以博爱教化民众的理念："先王见教之可以化民也，是故先之以博爱，而民莫遗其亲。"先代圣王见教化可以化民成俗，所以他先以身作则，倡导博爱，使民众效法他的博爱精神先爱其亲，所以没有遗弃自己亲人的人。《孝经》提出和阐发的"博爱"观显然是对孔子"泛爱众"的引申和发展。孔安国的《古文孝经孔氏传》于"是故先之以博爱"下注云："博爱，泛爱众也。先垂博爱之教以示亲亲也，故民化之而无有遗忘其亲者也。"把"博爱"释为泛爱众，强调博爱首先要爱亲人，进一步教化民众各爱其亲。

汉初贾谊的《新书》有"德莫高于博爱人"之语，认为最高的德行就是能够博爱大众，与孔子的"泛爱众"显然一致。

董仲舒说："仁者，所以爱人类也。"（《春秋繁露·必仁且智》）"循三纲五纪，通八端之理，忠信而博爱，敦厚而好礼，乃可谓善。此圣人之善也。"（《春秋繁露·深察名号》)"泛爱群生,不以喜怒赏罚,所以为仁也。"(《春秋繁露·离合根》)这些都是由仁爱推衍的泛爱(博爱)之意。

徐幹的《中论·智行》云:"夫君子仁以博爱,义以除恶,信以立情,礼以自节,聪以自察,明以观色,谋以行权,智以辨物,岂可无一哉?"把"仁"解释为博爱,为君子修养之首。

孔颖达等人撰《五经正义》多次提到"博爱",并将"仁"与"博爱"联系起来,如《礼记·表记》载:"子曰:'仁有三,与仁同功而异情。与仁同功,其仁未可知也;与仁同过,然后其仁可知也。仁者安仁,知者利仁,畏罪者强仁。'"孔疏云:"此一经申明同功异情之事,三者之仁,其功俱是泛施博爱,其事一种是未可知也。"这里以"泛施博爱"释"仁",是对仁的博爱内涵的进一步深化。

唐代韩愈在《原道》中提出"博爱之谓仁",是来自孔子的"泛爱众",直接以"博爱"释"仁"。

宋欧阳修的《乞出表》之二云:"臣闻愚诚虽微而苟至,可以动天;大仁博爱而无私,未尝违物。"这是强调通过"仁"的扩大以实现博爱无私的境界。

孙中山受西方基督教的影响,对仁的博爱精神进行了现代阐发,极为赞赏韩愈对"博爱之谓仁"的解释,认为"博爱云者,为公爱而非私爱,即如'天下有饥者,由己饥之;天下有溺者,由己溺之'之意。与夫爱父母妻子者有别。以其所爱在大,非妇人之仁可比,故谓之博爱。能博爱,即可谓之仁"。[1] 如此则"普遍普及,地尽五洲,时历万世,蒸蒸芸芸,莫不被其泽惠"。[2] 孙中山提倡博爱,是要唤醒人们的仁爱良知,使之博爱人民,乃至博爱人类。

四 爱物惜命

儒家把"仁"推到天地之间的万事万物,形成了"爱物惜命"的思想。孔子虽然没有把"仁爱"推及物的明确论述,但对自然界的生命充满了怜悯之情。《论语·述而》载:"子钓而不纲,弋不射宿。"意思是说:孔子钓鱼用竿而不用系满钓钩的大绳捕,射鸟但不射巢中的鸟,这就充分体现了孔子爱物及取物有节的思想。《礼记·祭义》引孔子的话说:"断一树,杀一兽,不以其时,非孝也。"孔子把仁爱推广到生物,认为不以其时伐树或不按规定打猎是不孝的行为。

---

①《孙中山全集》第6卷,北京:中华书局1985年版,第22页。
②《孙中山全集》第2卷,北京:中华书局1982年版,第510页。

《论语·乡党》载："厩焚。子退朝，曰：'伤人乎？'不问马。"这是常见的句读。按照这种句读，何晏的《论语集解》引郑玄注："重人贱畜。"邢昺的《论语注疏》曰："此明孔子重人贱畜也。"朱熹的《论语集注》曰："不问马，非不爱马，然恐伤人之意多，故未暇问。盖贵人贱畜，理当如此。"通常将此解为珍重人而轻贱畜生。也有人这样句读："厩焚。子退朝，曰：'伤人乎？''不（否）。'问马。"马厩着火了，孔子首先询问饲马的下人有没有事，得知人没有问题后才问马。可见孔子先关心人的伤亡，后关心马的伤亡，重视生命的价值，只是在人和牲口之间优先强调人。这样理解似乎更好。据《孔子家语·曲礼子夏问》载，孔子之守狗死，孔子谓子贡曰："路马死则藏之以帷，狗则藏之以盖。汝往埋之。吾闻弊帷不弃，为埋马也；弊盖不弃，为埋狗也。今吾贫无盖，于其封也，与之席，无使其首陷于土焉。"故事是这样的：孔子家的一条看门狗死了，孔子让他的学生子贡去帮他埋葬，并叮嘱道："按照一般的做法，马死了是用旧的帷幕把它包起来埋葬的，狗死了是用旧的车盖把它覆盖着埋葬掉。为什么人家不把旧的帷幕扔掉，也不把旧的车盖扔掉呢？是因为他们要给这些动物预备着。现在我贫困不堪，连个旧的车盖也没有。你一定要弄一张旧席子，把它好好裹起来，不要让它的头被泥土弄脏了。"孔子为什么要这样近乎庄重地安排学生埋一条死去的看家狗，而不像人们通常所做的那样，食其肉，寝其皮，或将其随便弃之荒野，任野兽撕食？原因是孔子一生推行仁德，其所思、所行无不以"仁"为出发点和归宿。如此葬狗，正显示了孔子对动物的悯爱之情是出于践行"仁爱"的自觉。

孟子主张对待别人要将心比心，推己及人，推人及于万物。他提出"亲亲而仁民，仁民而爱物"（《孟子·尽心上》），即从亲爱自己的亲人出发，推向仁爱百姓，再推向爱惜万物，这就形成了儒学的"爱的连锁"。从"仁"的角度看，"亲亲"是仁的自然基础，"仁民"是仁的核心和重点，"爱物"则是仁的最终完成。对万物的爱心实际上是仁需要完善化的内在逻辑要求。孟子还说："恩足以及禽兽。""君子远庖厨。"（《孟子·梁惠王上》）有修养的人要把爱心推及动物，不亲自宰杀动物，以保持仁爱之心。

汉代董仲舒进一步将孔子的"仁者爱人"引申到人们对自然环境的爱护，把仁爱的道德范畴从人扩展到鸟兽鱼虫，提倡博大的爱。他说："质于爱民，以下至于鸟兽昆虫莫不爱。不爱，奚足谓仁？"（《春秋繁露·仁义法》）人之为人，最关键的是仁爱人民；再往下以至于鸟、兽、昆虫，没有不爱的。如果没有这样广大的爱，怎么称得上仁呢？他还说："泛爱群生，不以喜怒赏罚，所以为仁也。"（《春秋繁露·离合根》）在他看来，广泛地爱护一切生物，才能表现出仁爱来。

北宋张载以仁爱之心体悟到人与人、人与万物息息相通、血肉相连的内在联系，提出了"民胞物与"的伟大思想。他说："民吾同胞，物吾与也。"（《正蒙·乾称篇》）这就是说：天底下的人都是我的同胞，天底下的万物都是我的朋友。

北宋二程说："仁者以天地万物为一体，莫非己也。认得为己，何所不至；若不属己，自与己不相干。"（《河南程氏遗书》卷二上）这就是说：有仁德的人能够把天地万物与自己看成是息息相关的有生命力的一个整体，把天地万物看成是自己的生命的一部分，故能爱人爱物，如同爱己。据《宋元学案·伊川学案上》载，程颐为经筵侍讲时，"一日讲罢未退，上（宋哲宗）折柳枝，先生（程颐）进曰：'方春发生，不可无故摧折。'"因为有儒家爱物惜命的思想起作用，所以程颐以师者的角色自觉地来规训皇帝。又，《二程集·伊川先生年谱》载："（程颐）尝闻上在宫中起行漱水，必避蝼蚁。因请之曰：'有是乎？'上曰：'然，诚恐伤之尔。'先生曰：'愿陛下推此心以及四海，则天下幸甚。'"程颐听说赵煦皇帝在吐漱口水时避开蚂蚁，以免伤生，便给予皇帝高度赞扬，并借机神色非常庄重地教诲皇帝把这样的仁爱之心推及四海之内。

明代吕坤说："满腔子是恻隐之心，满六合是运恻隐之心处。君子于六合飞潜动植、纤细毫末之物，见其得所，则油然而喜，与自家得所一般；见其所失，则闵然而戚，与自家失所一般。位育念头，如何一刻放得下！"（《呻吟语·谈道》）这段话的意思是：满心胸都是恻隐之心，满天下都是运用恻隐之心的地方。君子对天下的飞禽走兽、动植物、纤细毫末之物，看见它们得到了适宜的生活处所，就会油然而欣喜，和自己得到了一样；看见他们失去了适宜的处所，就悯然而悲伤，与自己失去了一样。希望万物都各安其所、各遂其生的念头，怎么能放下一刻呢！

明代东林学派著名学者高攀龙在《高子遗书·家训》中认为："少杀生命最可养心，最可惜福。一般皮肉、一般痛苦，物但不能言耳。不知其刀俎之间何等苦恼，我却以日用口腹，人事应酬，略不为彼思量，岂复有仁心乎？……省杀一命于吾心有无限安处，积此仁心慈念，自有无限妙处。此又为善中一大功课也。"他要家人待客时少用肉肴，兼用素菜，以少杀生命，积仁心慈念。明代袁了凡在《了凡四训》中说："何谓爱惜物命？凡人之所以为人者，惟此恻隐之心而已。求仁者求此，积德者积此……前辈有四不食之戒，谓闻杀不食，见杀不食，自养者不食，专为我杀者不食；学者未能断肉，且当从此戒之。"我们对这些文字诠释如下：什么叫"爱惜物命"？人之所以成为人，就是因为人人都有恻隐之心。追求仁爱的人、积累德行的人要积累这份善心。贤明之人有"四不食"的禁忌：听到宰杀声音的不吃，看到宰杀场面的不吃，自己喂养的不吃，专门为我宰杀的不吃。人们无法断绝吃肉，且先从这几条来戒除。

郑板桥在《潍县署中与舍弟墨第二书》中对这个问题也作了很深刻的论述。他说："平生最不喜笼中养鸟，我图娱悦，彼在囚牢，何情何理，而必屈物之性以适吾性乎！至于发系蜻蜓，线缚螃蟹，为小儿顽具，不过一时片刻，便折拉而死。夫天地生物，化育劬劳，一蚁一虫，皆本阴阳五行之气缊缊而出，上帝赤心之爱念，而万物之性人为贵，吾辈竟不能体天之心以为心，万物将何所托命乎！"最后又特别叮咛："我不在家，儿子便是你管来。要须长其忠厚之情，驱其残忍之性，不得以为犹子而姑纵惜也。家人儿女，总是天地间一般人，当一般爱惜，不可使吾儿凌虐他。"这是郑板桥写给弟弟希望其帮忙教育孩子的信。他晚年得子，甚是喜爱，但是由于在外做官，不能在孩子身边教导，于是写信请弟弟帮忙管教，希望弟弟不要溺爱孩子，要教子孙学会体天地仁爱之心，不要玩虐小生命，"长其忠厚之情，驱其残忍之性"，由此引导孩子明白人无高低和贵贱之分，要把仁爱普及众人。康熙为子孙编写的《庭训格言》中说："仁者无不爱。凡爱人爱物，皆爱也。"作为帝王尚这样认真教诲、严格训饬子孙，希望他们能够爱人、爱物，况且普天下的劳苦大众呢！

第六节　仁爱的现代传承与普遍价值

一　仁是人之为人的本质

儒家以仁为人之为人的本质，进一步将仁推演为人道为本，其实质是以仁道为本。儒家经典《中庸》、《孟子·尽心下》、《礼记·表记》、《孔子家语·哀公问政》都引用据说是孔子说的"仁者，人也"，这是说"仁"与"人"在基本内涵上是相通的，强调仁是人之所以为人的本质。孔子把人从殷周天命神学中解放出来，以"仁"作为他的思想的核心，在中国思想史上首次系统地建成了一套人学思想体系，为中华文化的人文精神奠定了基础。郭沫若把孔子的"仁学"称为"人的发现"。[①]张岂之认为："《论语》中多处为'仁'规定界说，其特点是：'仁'不是以祖先神的崇拜为出发点，而是以人的理性为基点；不是以氏族群体为出发点，而是以个人修身为基点；不是以维护一方而牺牲另一方为出发点，而是力求照顾到人际双方的利益为基点。孔子将'仁'解释为'爱人'就显示了这样一些特点。"[②]张立文认为："孔子的仁学，核心是讲人，是人的哲学升华。"[③]

孔子以后的儒家思想家大都强调以"仁"为核心的人道思想。《孟子·尽心下》曰："仁也者，人也。合而言之，道也。"《孟子注疏》一说孙奭疏曰："孟子言为仁者，所以尽人道也，此仁者所以为人也。盖人非仁不立，仁非人不行。合仁与人而言之，则人道尽矣。"朱熹的《孟子集注》说："仁者，人之所以为人之理也。然仁，理也；人，物也。以仁之理，合于人之身而言之，乃所谓道者也。"仁是人之所以为人的本质，二者合起来就体现了完整的人道。换句话说，人之为人的根本道理就在于人具有"仁"这一德性，仁是人之为人的本质和特征，也就是说，具有了仁才能成其为人。张载说："仁者人也，当辨其人之所谓人。"（《张子语录·语录中》）宋儒真德秀说："人之所以为人者，以其有是仁也，有是仁而后命之曰人，

---

① 《郭沫若全集·历史编》第 2 卷,北京：人民出版社 1982 年版,第 91 页。

② 张岂之：《儒学·理学·实学·新学》,西安：陕西人民出版社 1991 年版,第 6 页。

③ 张立文：《略论郭店楚简的"仁义"思想》,载《孔子研究》1999 年第 1 期。

不然则非人矣。"(《西山先生真文忠公文集》)这些说法从正反两方面诠释了仁是人之为人的本质和特征。

儒家在此基础上形成了仁道原则,确认人有行仁的能力,人不仅是被爱的对象,还是施人以爱的道德主体;人作为道德主体,其为仁的意愿及行为就是主体自身力量的体现。《论语·颜渊》中孔子说:"为仁由己,而由乎人哉?"《论语·述而》中孔子说:"我欲仁,斯仁至矣。"在践行仁这点说,人是具有充分的意志自由和主观能动性的。为仁是作为人主体的道德选择,人在这一点上完全可以也应当作自己的主宰。正如成中英所说:"孔子引用一个传统的德性观念,来展现一个人格实现的理想,来显示一个社会价值的目标。这个观念就是仁。仁,人也;人,仁也。他把人、仁作为一体两面,即理想与现实、本体与方法的互用和整合。他用仁整合人,用人发挥仁。仁既是一整体,也可以是一方法;人既是一方法,也是一整体本体。人、仁互为体用,互为本体与方法。所以,人与仁有互相作用、相互完成。仁,从字形看,是二人在一起,表示一个整体内涵的互通性。仁是人与世界、人与人之间的一种沟通。仁既可以用来扩大人的存在范围,也可以用来解决生活秩序问题,实现人的价值目标。这就是孔子的人生哲学,也是孔子的社会哲学,还有一个潜在的本体哲学,即人的本体哲学。"[1]这样,仁是人之为人的本质,形象地说"仁"就是人生命的核心。

当今社会产生的一些问题,其根本原因是有的人失去了人之为人的本质,即仁。仁的缺失导致他们不懂孝悌之道,不能亲爱亲人。有的人对别人不能将心比心、推己及人,不能以忠恕之道处理与他人之间的关系,导致人际关系恶化。仁的缺失进一步造成有的人不能泛爱大众、亲近仁德,而是玩世不恭或者悲观厌世。仁的缺失造成有的人为官却不能正己正人、道德齐礼。仁德之缺失也导致有的人暴殄天物,为一己之享乐或为赚黑心钱而残忍地杀害动物、特别是珍稀动物,贪婪地盗取自然资源,使我们赖以生存的环境恶化。仁的缺失也导致有的人缺乏信仰,没有敬畏之心。所以,我们要发扬光大儒家优秀的传统仁学思想,立仁之大本,本立而道生,使人人走上正道,铸就多层次的道德人格,造就一个和谐文明的社会。

二 仁爱的现代传承

孔子的学生樊迟向孔子请教什么是"仁"时,孔子回答说:"爱人。"(《论

---

[1]《成中英文集》一卷,武汉:湖北人民出版社 2006 年版,第 341 页。

语·颜渊》）可见"仁"的基本内涵就是"爱人"。那么，我们现在要怎么传承仁爱思想呢？

（一）要有仁爱之心。儒家认为：心为人的主宰，一个人是否具有仁爱之心，就是我们平常说的心肠好不好、心善不善。心地是否善良是评价一个人、考察一个人、认识一个人最重要的标准。我们经常说：人心向善，福虽未至，祸已远离。这就告诉我们要有爱心，行善事。我们看这个"爱"字的繁体字——"愛"："一飘三点雨，宝盖来顶起，朋友躲下面，爱字记心里。"观察繁体的"愛"字结构，"心"是放在正中间的，意味着心中要有爱，对他人的爱要发自内心。

（二）要自爱。儒家强调仁爱要从自爱开始，以自爱为起点。我们经常说要爱别人、帮助别人、理解别人，其实学会自爱才是对一个人最基本的要求。汉代扬雄说："人必其自爱也，而后人爱诸；人必其自敬也，而后人敬诸。自爱，仁之至也；自敬，礼之至也。未有不自爱敬而人爱敬之者也。"（《法言·君子》）这段话强调了人要自尊自爱。自尊自爱是关爱他人的必要前提。丧失了自信心和责任感的人，容易做出致使别人受到损害的行为。自爱不是自恋，而是自律、自尊、自强。一方面，按照推己及人的原则，一个人如果不知自爱，没有爱自己的情感体验，如何能够爱人呢？自爱与爱人是相通的。另一方面，自爱不仅是自己的事情，还需要在"人—我"关系中实现，即有被他人尊重的要求。一个人如不自爱，那怎么能让他人来爱自己呢？在学会自爱的基础上，一个人才能更好地帮助别人、理解别人、爱护别人。有的人沉溺于黄、赌、毒，主要是不知自爱，伤害了身体，败坏了德性，触犯了法律，滑向了自我毁灭的道路。《孝经·开宗明义》说："身体发肤，受之父母，不敢毁伤，孝之始也。"有的人不讲孝道，不知从父母的角度珍爱生命、重视生命的价值，轻则沉溺于吃喝玩乐，过得昏天黑地；重则因一朝之忿出手伤人。不知自爱，最终会害人、害己、害社会。还有自杀问题，已经引起了社会的关注。

（三）要爱亲人，即血缘亲情之爱。关于爱亲人，主要体现在孝悌之道方面。儒家非常重视孝悌之道，主张处理一切人伦关系都要从孝悌做起，孝悌是实现"仁"的根本。《论语·学而》说："君子务本，本立而道生。孝弟也者，其为仁之本与！""爱人"要从孝顺父母、尊敬兄长开始。《孝经·圣治章》又云："不爱其亲而爱他人者，谓之悖德；不敬其亲而敬他人者，谓之悖礼。"这种说法是符合道德逻辑的。一个人连生他、养他的父母都不肯亲爱，还能指望他对别人有仁爱之心吗？仁爱思想是从家庭血缘亲情引申出来的，一个人只有首先爱自己的亲人，才会去爱他人。离开了亲情之爱，仁者之爱就成为无根之萍、无本之末。这几年很多地方开展了国学和传统文化教育，在民间讲《弟子规》《孝经》，已经取得了较大的社会反响和积极的社会效应，基本上形成了全社会的共识，我们还需要在具体细节方面更扎实地落实，以达到更持久的效果。

（四）要"泛爱众"，即爱一切人。 孔子又将亲情之爱推广开来，提倡人与人之间要充满爱心，要"己欲立而立人，己欲达而达人"（《论语·雍也》），要"己所不欲，勿施于人"（《论语·颜渊》），强调对人要温、良、恭、俭、让。孟子说："君子以仁存心，以礼存心。仁者爱人，有礼者敬人。爱人者，人恒爱之；敬人者，人恒敬之。"（《孟子·离娄下》）心中有仁，就能爱戴别人；能爱戴别人，别人也能爱戴你。心中有礼，能尊敬别人，别人也能尊敬你。爱戴和尊敬都是相互的，这就教导人们要对他人友爱、尊敬，要能与他人和谐相处。孟子还说："老吾老以及人之老，幼吾幼以及人之幼。"（《孟子·梁惠王上》）敬爱自己的父母，也要敬爱别人的父母；爱护自己的孩子，也要爱护别人的孩子。人不要把自己的爱局限在狭隘的天地，不要太自私。如果我们心中有仁爱，便会把周围的一切人、物、事放在心上，关爱自己身边一切需要关爱的人，善待他人，扶贫济困，伸出自己的手，力所能及地去关心、帮助他们，哪怕是和自己有过仇怨的人。

（五）仁者与天地万物为一体。 儒家还把仁爱之心推向天地万物，达到仁者与天地万物成为一体的境界。天地生人及万物，所以人与天地万物应该和谐相处，这对于今天的环境保护工作有积极的指导作用。儒家"仁者与天地万物为一体"的思想要求人把自己与天地万物看成一个生命体。既然人与天地万物是一个生命体，人就要认识到人与自然相互依存、和睦相处的重要性，对人类生存环境的关爱就是对自然的敬畏、关心和尊重。爱护自然环境也要"从我做起，从身边事做起"，每个人以生活中的小事来强化爱万物的观念，如少用一次性筷子、不吃野生动物、上街买菜自带篮子、短途出行骑自行车、不践踏草地、做好垃圾分类以及节约用水、用电等等。

三 仁爱的普遍价值

"仁"在儒家思想体系中具有普遍价值，可以统摄和包含其他诸多德目，由百姓日用通于天地万物，诚所谓儒家"以求仁为宗，以浑然天地万物一体为仁，充周于未发，条理于发见，体如是，用如是，真可谓表里无间而始终一贯者矣"。[①] 仁在儒家思想中体用兼该，表里无间，始终一贯。从道德修养来说，人的一切道德行

---

① 《潘子求仁录辑要》，北京：中华书局 2009 年版，《序》第 3 页。

为都与仁有关。"温良者，仁之本也；敬慎者，仁之地也；宽裕者，仁之作也；孙接者，仁之能也；礼节者，仁之貌也；言谈者，仁之文也；歌乐者，仁之和也；分散者，仁之施也。"（《礼记·儒行》）所以，仁统摄诸多德行。王国维曾论仁与其他诸德的关系说："孔子之仁，为包容其他一切诸德之普遍之德，即对己之德，与对家族及社会国家等之德，皆存于此中。但先以家族间之德为根本，然后渐推及社会国家。故以孝弟为本，而综合忠信义礼智等诸德，即普遍之仁。故仁为德之全称，其他不过其一部分而已。"[1]仁为德之全称，仁包众德就是仁的普遍性的体现。

儒家的仁爱思想是以血缘亲情之爱为价值源泉的。以血缘亲情为纽带具有超越时空的价值，是人类社会早期文化的共同特点，但是其他文化后来都经历了断裂和转移，淡化了血缘亲情，只有以儒家思想为主流的中国文化一直以此作为基础，并将此一脉相传发展到今天。

儒家的仁爱形成了同心圆的层递扩展特征，这是符合共同的人性和心理逻辑次序的。当然，在中国古代，由于立足于血缘亲情而形成的宗法家族制度的局限，这种扩展在社会上没有得到充分的实现。

儒家仁爱思想可以以拟血缘亲情之爱的方式得到扩展，如《论语·颜渊》载孔子说的"四海之内，皆兄弟也"。2008年北京奥运会开幕式上，"孔子三千弟子"吟诵《论语》中的五句名言："有朋自远方来，不亦乐乎。""四海之内，皆兄弟也。""己所不欲，勿施于人。""德不孤，必有邻。""礼之用，和为贵。"其中"四海之内，皆兄弟也"就是强调以血缘亲情之爱来对待普天下的人，尽管这些人与自己并没有血缘关系。中国古代社会的师徒如父子、桃园三结义都是这种思想的典型表现。

"感通"是这种方式得以实现的基本途径。儒家仁爱思想以"感通"为本性，认为：人不仅能自我觉醒，以内心真诚的感情认识自己、悦纳自己，还能觉察他人的感受与需求，体察他人的内心，产生相应的尊重与关爱之情，与他人感通。有感必有应，感、应是相互的。人与人有感应，人与万物也有感应，这是一种爱的信息的交流。无害人害物之心，而有爱人爱物之心，被爱之人和物必然会感而应之。

杜维明认为：儒家的一些基本思想——仁、义、礼、智、信与西方一些观念一样，具有普遍价值，可以互相参照学习，而其中"'仁'的价值应该是所有其他价

---

①《王国维文集》第3卷，北京：中国文史出版社1997年版，第138页。

值的基础，乃至其他价值的前提，这是儒家思想的一贯之道"。[①] 仁的最基本含义是爱人。《论语·颜渊》载樊迟问"仁"，子曰："爱人。"《孟子·离娄下》直接提出"仁者爱人"。唐君毅曾说："仁之表现只是此心境之直下流露。其主要者即在爱人。人之能爱，乃依于人我无间之心境。唯其人与我无间，然后能爱人如己。爱人如己，即是打破人我之隔阂，使人我之情相通，而表现此人我无间之心境于外。"[②] 杜维明认为："仁爱的仁是人作为人的体现，也就是最像人的人，最符合人的各种要求，能够代表基本的理念和价值。"[③] "一个仁爱之人必定是怀有信任意识和值得信任的。出于同情和怜悯，一个仁爱之人可以在人际和文化之间铺陈一张不断扩展的关系网络。""无论东方还是西方，学习仁爱之道都是所有古典教育的内容。当我们走过人类历史上或许是最野蛮的一个世纪后，学习仁爱之道就成为当代世界中富有深刻意义的挑战。我们承认个人尊严是一种不可回避的价值，但这还不够，我们还需要学习如何以仁爱的方式来对待人，无论是一个贫穷老弱的白人、一个中国商人、一个犹太教的长者、一个穆斯林的阿訇、一个年轻富有的黑人妇女，还是其他什么人。这就要求我们具备一种能力，即不仅将那差异视为威胁，还将它视为一个人性的机遇。"[④] 因此，学习仁爱之道、以仁爱之心待人接物是儒家修身做人的基础。推而广之，这在当今世界也具有普遍价值。

儒家仁爱思想的理想目标是实现天下一家、中国一人的大同世界。《孔子家语·礼运》中写道："圣人耐以天下为一家，以中国为一人。"这充分显示了古圣先贤的博大胸襟和精神境界。

---

① 杜维明：《否极泰来：新轴心时代的儒家资源》，北京：北京大学出版社 2016 年版，第 309 页。

② 唐君毅：《中华人文与当今世界补编》，桂林：广西师范大学出版社 2005 年版，第 209 页。

③ 杜维明：《"仁"既是体验的，又是超验的》，载中国孔子网：http://www.chinakongzi.org/zt/ruxuedahui/guandian/201709/t20170914_143904.htm。

④ 杜维明：《对话与创新》，桂林：广西师范大学出版社 2005 年版，第 65、13 页。

第二章

义

第一节 "义"的起源及其早期含义

"义"在中国古代思想史上是一个非常重要的概念。甲骨文中已现其身影。其原初指意无法确知，今人只能根据现有文献窥其一二。从《尚书》和《诗经》中的早期记载来看，"义"最早应只是对人的行为、仪表的一种表达与形容，直到春秋、战国时期其道德内涵才逐渐凸显出来，成为早期社会道德体系中的一个重要德目，但其定义也并不明晰、统一。

一 "义"的字源学及其语意分析

"义"字的甲骨文作"𦏰"，《说文解字》云："义，己之威仪也。从我、羊。"段玉裁注："义各本作仪。今正。古者威仪字作义，今仁义字用之。仪者，度也，今威仪字用之。谊者，人所宜也，今情谊字用之。郑司农注《周礼·肆师》：'古者书仪但为义，今时所谓义为谊。'是谓义为古文威仪字，谊为古文仁义字，故许各仍古训，而训仪为度，凡仪象、仪匹，引申于此，非威仪字也。""义之本训谓礼容各得其宜，礼容得宜则善矣。"① 刘翔引用李孝定认为该字"上部从羊，似像人首插羽为饰，故有美义。以形近羊，故讹从羊"的观点，主张"义字初文则像插羽于我（殷代卜辞我字本像一种兵器）上，为美饰，充作仪杖"，而后"引申为自我仪容之美，也即是许慎所说的'己之威仪'的语义"，而"威仪"实际上就是指"礼节仪容"，至"春秋战国时期，义字又由礼容法度之意引申出理义、道义等语义"。② 换言之，刘翔并不认同许慎对"義"字"从我、羊"之构形的理解，但认为"己之威仪"乃"义"字古义，后世诸义均由之派生而来。庞朴认为"义"字本作"宜"，而"宜"之"本义为杀，为杀牲而祭之礼"，在战国中、后期"义"取代了"宜"。同时他认为"义"字原系"威仪"的"仪"字"大概可信"，"'义'的这种威严的含义，可以容纳得下'宜'

---

① 许慎撰，段玉裁注：《说文解字注》，上海：上海古籍出版社1988年版，第633页上栏。
② 刘翔：《中国传统价值观诠释学》，上海：华东师范大学出版社2010年版，第116—118页。

的杀戮的意思，以及合适、美善的意思，而且不带'宜'字固有的那种血腥气味；加上二字同音，便于通假，所以具有了取代'宜'字而为道德规范的最佳资格"。①可见庞朴认为原系"仪"的"义"字吸收了"宜"的含义而形成了"仁义"之"义"的概念。张岱年认为把"宜"解为祭祀的名称是有根据的，然谓"宜之本义为杀"则是"没有根据的臆断"，而且《中庸》以"宜"释"义"，"是用当时'宜'字的通义，不是用'宜'字的原始本义"。②陈来则认为"威仪"仅仅"指出义的字源意义"，并非其通用意义，《说文解字》的说法无法"解释先秦古籍中'义'字作为道义、正义等价值概念的用法"。③

在许慎以"己之威仪"解"义"之外，战国时期人们对"义"的解释主要有两种观点：

（一）以"宜"解"义

郭店楚简《语丛三》云："义者，宜也。"《中庸》云："仁者，人也，亲亲为大；义者，宜也，尊贤为大。"《管子·心术上》云："义者，谓各处其宜也。"《礼记·祭义》及《吕氏春秋·孝行》皆云："仁者，仁此者也；礼者，履此者也；义者，宜此者也。"《韩非子·解老》云："义者，谓其宜也。"可以说，"义者，宜也"在战国时期是一种比较普遍的理解，并为后世所沿用。陈弱水指出："'义'的概括性涵义形成很早，至迟西周已有，以'宜'解'义'则到战国中晚期才出现，前此并未见。"④不过，日儒伊藤仁斋对此颇有异议，说："义训宜，汉儒以来，因袭其说，而不知意有所不通。中庸谓义宜也者，犹言仁人也，礼履也，德得也，诚成也，但取其音同者，发明其义耳，非直训也。学者当照孟子'羞恶之心，义之端也'暨'人皆有所不为，达之于其所为，义也'等语，求其意义，自可分明。设专以宜字解之，则处处窒碍，失圣贤之意者甚多矣。"⑤伊藤仁斋的观点大致为陈弱水及陈来所认可。不过，陈弱水认为"宜"的内涵过于模糊。⑥陈来更明确地指出："义者，宜也"只是属于文字学的解释，"宜字偏重于实然，而非直指当然，其当然义较轻"，"义者，宜也"应属"声训"，因为"古时的声训是用音近或音同的词去说明被解释词的字义或来源"，只是"声训有时是出于猜度，主要是利用音义关系阐明某种主张，未必反映了语言的历史事实"。⑦

---

① 庞朴：《儒家辩证法研究》，北京：中华书局 1984 年版，第 20—24 页。

②《张岱年全集》4，石家庄：河北人民出版社 1996 年版，第 618 页。

③⑦ 陈来：《论古典儒学中"义"的观念 —— 以朱子论"义"为中心》，载《文史哲》2020 年第 6 期。

④⑥ 陈弱水：《公共意识与中国文化》，北京：新星出版社 2006 年版，第 159 页。

⑤［日］伊藤仁斋：《论孟字义》之《仁义礼智》第九条，转引自陈弱水著《公共意识与中国文化》，北京：新星出版社 2006 年版，第 160 页。

（二）以"正"解"义"

《墨子·天志下》云："义者,正也。"《文子·道德》云："正者,义也。"《管子·法法》则云："勇而不义,伤兵;仁而不法,伤正。故军之败也,生于不义;法之侵也,生于不正。"根据上下文义推敲,"义"与"正"大致可以同义互训。"正"者"正当",可见"义"是社会秩序与伦理道德方面的价值规范,故而《礼记·乐记》云："仁以爱之,义以正之。"《礼记·丧服四制》也说："礼以治之,义以正之。"陈来认为:"相比起来,以宜训义,是一种训诂学的方式;而以正释义,是一种语用学的方式。"[1]与以"宜"释"义"相比,"正"的含义无疑要更加明确,道德特征也更加鲜明。陈弱水指出:"除了'宜',先秦到西汉其实还有个对于'义'的训解,意思清楚,出现比'宜'早,这就是'正'——正当 …… 从以'正'释'义'的例子看来,假若要从'宜'的角度去理解'义',它应当是个具有明显道德意味的应然,而非宽松的'合宜'、'恰当'。"[2]肖群忠认为"宜"意义上的"义"代表的是"一般性的善、正确或恰当,是一个普遍的价值词,还不是一个专门表明道德价值的词",而"正"意义上的"义"具有了明显的道德意味,意为"当为之事"或者"道德上的标准",两者的不同之处在于:"正当"的一定是"合宜"的,而"合宜"的未必"正当"。[3]

二 "义"的多重含义及其功能

作为一般性的善,"义"之具体所指含混不明。譬如:《尚书·康诰》云"用其义刑义杀","义"大概为"正当"的意思;《尚书·立政》云"不敢替厥义德","义"指文王的善行;《诗·大雅·文王》云"宣昭义问","义"似乎指一般意义上的美好。在某种意义上,"义"甚至可以作为德行之总称,可以视为广义上的"义",如《管子·五辅》认为"义"有七体:"孝悌慈惠,以养亲戚;恭敬忠信,以事君上;中正比宜,以行礼节;整齐搏逊,以辟刑僇;纤啬省用,以备饥馑;敦懞纯固,以备祸乱;和协辑睦,以备寇戎。"当然,《管子》主要是就"义"对于整饬秩序、协调人际关系等方面而论,并未细绎至个人具体的心性修养,但其所涵盖的范围相当广泛。《礼记·礼运》则极为明确地以"义"规范人伦:"何谓人义?父慈,子孝,兄良,弟弟,夫义,妇听,长惠,幼顺,君仁,臣忠。十者谓之人义。"显然,"义"涵括了社会基本

---

[1] 陈来:《论古典儒学中"义"的观念——以朱子论"义"为中心》,载《文史哲》2020年第6期。
[2] 陈弱水:《公共意识与中国文化》,北京:新星出版社2006年版,第160—161页。
[3] 肖群忠:《传统"义"德析论》,载《中国人民大学学报》2008年第5期。

的人伦关系,尽管"夫义"似乎表明"义"也有其狭义用法。夹谷之会时,孔子指责齐侯的行为"于神为不祥,于德为愆义,于人为失礼"(《左传·定公十年》),可见"义"与"德"的内涵相当接近。因此,"德"、"义"多并列而时见,如云"心不则德义之经为顽"(《左传·僖公二十四年》)、"苟非德义,则必有祸"(《左传·昭公二十八年》)、"夫德义,生民之本也"(《国语·晋语》)。《礼记》则以"礼"、"义"并称,以"礼义"为"人之大端"(《礼记·礼运》)及"人之所以为人者"(《礼记·冠义》),认为"夫义者,所以济志也,诸德之发也"(《礼记·祭统》)。对此,孔疏云:"言义者,是人君众德之发,谓诸众人之德发在于义。"[1]郭店楚简《性自命出》甚至旗帜鲜明地说:"义也者,群善之蕝也。""蕝",意为"标识"[2],谓"义"为各种善的标识。

(一)"义"字诠释

首先,"义"有"道理"之意。《左传·隐公三年》石碏曰:"臣闻爱子,教之以义方,弗纳于邪。骄、奢、淫、泆,所自邪也。"《左传·僖公二十七年》曰:"《诗》《书》,义之府也;《礼》《乐》,德之则也。"这两处的"义"明显有"道理"的意思,因而"义"的含义与"道"、"理"相近,如《礼记·祭统》云:"尽其道,端其义,而教生焉。"《礼记·表记》云:"道者,义也。"《礼记·丧服四制》则云:"理者,义也。"这一点在战国时期为时人所普遍接受,如《孟子·告子上》云:"心之所同然者何也?谓理也,义也。""理义之悦我心,犹刍豢之悦我口。"《荀子·大略》云:"义,理也,故行。"

其次,"义"是社会规范与人的行为准则。《尚书·洪范》云:"无偏无陂,遵王之义;无有作好,遵王之道;无有作恶,遵王之路。"没有偏党,不结党营私、私心自用,显然"义"指的是人所普遍认可并遵行的法则与社会规范。《左传·文公七年》曰:"义而行之,谓之德、礼。"换言之,只有遵循"义"的规范,人的行为及其品质才能称为"德"与"礼"。《左传·僖公十四年》以"怒邻"为"不义",指的是这种行为不符合道德与社会规范。《礼记·礼运》云:"礼义以为纪;以正君臣,以笃父子,以睦兄弟,以和夫妇,以设制度,以立田里,以贤勇知,以功为己。"孔疏:"'礼义以为纪'者,纪,纲纪也。五帝以大道为纪,而茸荃则用礼义为纪也。'以正君臣,以笃父子,以睦兄弟,以和夫妇'者,缘此诸事有失,故并用礼义,为此以下诸事之纪也。"[3]可见"礼义"即是人伦规范。

再次,"义"是"礼"的核心精神。大致而言,"义"是"礼"之精蕴及其产生之依据,"礼"则是实现及实践"义"的途径与方式。譬如,《左传·桓公二年》云:"义以出礼。"《左传·僖公十八年》及《左传·成公二年》则云:"礼以行义。"《礼记》

---

①③ 郑玄注,孔颖达正义:《礼记正义》,上海:上海古籍出版社1997年版,第1606、1414页。

② 刘钊:《郭店楚简校释》,福州:福建人民出版社2005年版,第95页。

对此有着更为系统的表达，如《礼运》篇认为"礼也者，义之实也"，故而可以"修礼以达义"，甚至"礼虽先王未之有，可以义起也"；《郊特牲》篇亦云："礼之所尊，尊其义也。失其义，陈其数，祝史之事也。故其数可陈也，其义难知也。知其义而敬守之，天子之所以治天下也。""男女有别，然后父子亲。父子亲，然后义生。义生，然后礼作。礼作，然后万物安。"

（二）"义"的作用

大体而言，"义"的作用有以下几个方面：

一是用以规范等级秩序。

在传统农耕社会里，人们相信由礼制所规范的宗法制度与等级秩序具有"天经地义"的合理性，因而"义"的一个重要作用就是规范并且维系上下有别、亲疏有序的社会伦常。《礼记·文王世子》云："正君臣之位、贵贱之等焉，而上下之义行矣。"《礼记·乐记》明白地说："礼义立，则贵贱等矣。"《大戴礼记·圣德》表述得更为充分："义者，所以等贵贱、明尊卑；贵贱有序，民尊上敬长矣。"所谓"贵贵尊尊，义之大者也"（《礼记·丧服四制》），"义"所要达致的效果就是使得"上下不悖逆矣"（《礼记·祭义》）。当然，对于政治权威，"义"在某种程度上也有着制约意义，其体现是为"举贤"，如《中庸》所言"义者宜也，尊贤为大"。[1] 正如陈弱水指出的："'义'不但意指社会（或家庭之外、血缘关系之外）生活的律则，而且包含了对社会生活的一个实质看法，这就是正当的社会生活表现于阶层化的秩序。'义'要求各人善尽自己角色的责任，服从长上权威，维护此一秩序，因此'尊'是社会生活中的首要价值。不过，古代中国思想中的社会身份不是世袭不变的，权威的构成受到尚贤原则的约制，礼敬贤人、任用贤人是另一个基本义理，对统治者尤其如此。"[2]

二是用以节制情感、欲望乃至品行。

"义"的基本功能就是节制。《国语·周语上》云："义，所以节也。""义节则度。"《国语·周语中》亦云："义，文之制也。"《左传·隐公三年》以"淫破义"为"六逆"之一，盖因其超过了某种合适的限度。百姓尤其需要以"义"加以规范。据《左传·昭公六年》载，郑人铸刑鼎，叔向说："昔先王议事以制，不为刑辟，惧民之有争心也。犹不可禁御，是故闲之以义。"所谓"闲"者，"防"也。《礼记·表记》认为"义者，天下之制也"，而民需"制之礼义"（《礼记·乐记》）。

"义"的节制作用表现在以下几个方面：首先是以"义"为"仁"之节。尽管"仁"

---

① ② 陈弱水：《公共意识与中国文化》，北京：新星出版社 2006 年版，第179页。

为"义之本","义"却为"仁之节"（《礼记·礼运》）；"仁"者主"爱","义"者主"正","仁"、"义"需相辅相成。如《礼记·乐记》所云："仁以爱之，义以正之，如此则民治行矣 …… 春作夏长，仁也；秋敛冬藏，义也。"汉代《韩诗外传》卷四对此总结道："爱由情出谓之'仁'，节爱理宜谓之'义'。"其次是以"义"节制亲情等私人情感。"爱"是人自然的情感表达，但这种情感需符合"义"的原则。进而言之，本源的、自然的"爱"即家庭亲情（"恩"或者"亲亲"），同样也要受到社会规范的制约。就社会规范而言，"义"无疑要注重其公共性与公正性，在某种程度上节制亲情与个人的好恶之情，如《左传·昭公十四年》孔子评价叔向曰："叔向，古之遗直也。治国制刑，不隐于亲。三数叔鱼之恶，不为末减。曰义也夫，可谓直矣！ …… 杀亲益荣，犹义也夫！"同时评价魏子举荐魏戊之行为"义"，曰："近不失亲，远不失举，可谓义矣。"（《左传·昭公二十八年》）当时甚至还有"大义灭亲"（《左传·隐公四年》）的说法。《左传·哀公五年》曰："私雠不及公，好不废过，恶不去善，义之经也。"《礼记·丧服四制》云："门内之治，恩揜义；门外之治，义断恩。"郭店楚简《性自命出》也有类似的说法："门内之治，欲其逸也；门外之治，欲其制也。"此谓宗族内部应以恩情（亲情）为主，而在家门外的世界（公共生活）里"义"的原则要凌驾于亲情之上。当然，理想的状态是"门内之治"与"门外之治"各得其所，如《礼记·表记》所云的"厚于仁者薄于义，亲而不尊；厚于义者薄于仁，尊而不亲"。再次，"勇"必须遵从"义"的指导。作为德性之一种，"勇"并不能保证其所作用的方向，只有在"义"所规制的范围之内，人的行为才能称得上"勇"。《左传·哀公十六年》曰："率义之谓勇。"《礼记·聘义》亦曰："有义之谓勇敢 …… 故所贵于勇敢者，贵其敢行礼义也。"《左传·文公二年》曰："死而不义，非勇也。"《国语·周语中》曰："以义死用谓之勇。""言勇必及制。"（《国语·周语下》）韦昭注："以义为制也，勇而不义非勇也。"最后是以"义"节制"利"。爱利、求利是人的自然本性，所谓"富与贵，是人之所欲也"，然而要"以其道得之"（《论语·里仁》）。《左传·成公二年》云："义以生利。"《左传·成公十六年》云："义以建利。"《左传·襄公九年》云："利，义之和也。"《左传·昭公十年》云："义，利之本也。"《国语·周语中》云："夫义所以生利也。""不义则利不阜。"《国语·晋语二》云："夫义者，利之足也。""废义则利不立。"《礼记·儒行》要求儒者"见利不亏其义"，《大学》则认为国家应该"不以利为利，以义为利也"。凡此种种，均可见时人认为求利行为应当符合"义"的准则。

综而言之，"义"是社会公共的律则和人们普遍的行为规范以及与社会律则、行为规范相匹配的对人的内在德性要求。社会的共同利益要求人们必须遵循"义"的约束与指导。治国的重要原则之一就是制定并维系"义"。《国语·晋语一》

云："民之有君，以治义也。义以生利，利以丰民。"相反，违背"义"的行为则必然会导致灾祸，此所谓"多行不义必自毙"（《左传·隐公元年》）、"违义，祸也"（《左传·昭公三年》）、"苟非德义，则必有祸"（《左传·昭公二十八年》）、"大事奸义，必有大咎"（《左传·定公元年》）。

义

第二节 先秦儒家论"义"

在儒家的思想体系中,"义"是一个基本概念。孔子思想中最核心的概念无疑是"仁",只是在孔子之后"义"的作用与地位逐渐上升,至孟子时"义"已隐然可以与"仁"并驾齐驱。在儒家而言,"义"有"宜"、"正"、"理"、"则"的意思,代表了一般性的善、正确或恰当,涉及等级秩序、价值规范、道德义务几个方面的内容。当然,在孔、孟、荀的不同视域中,其含义与理论地位也有所不同。

一 孔子:君子义以为质

孔子思想的核心无疑是"仁","仁"字在《论语》中出现了一百零九次,孔子对于"仁"也阐发得颇为充分。相比而言,"义"在《论语》中只出现了二十四次,且多指意不明,正如成中英所指出的:"我们不得不意识到这样一个事实:与'仁'不同,在《论语》中'义'从未得到过任何明显或清晰的定义。"[①]然而,毫无疑问的是,"义"是孔子思想乃至整个儒家哲学的核心概念之一。

在《论语》中,"义"与人的行为相关联,尤其被当作君子的一个重要的德行特征,以与小人形成鲜明对比。大致而言,"义"涉及以下几个方面的内容:

(一)"义"是人的行为及部分德行之型范

首先,"义"是人们谋求利益的理想准则。子曰:"富与贵,是人之所欲也,不以其道得之,不处也;贫与贱,是人之所恶也,不以其道得之,不去也。君子去仁,恶乎成名?君子无终食之间违仁,造次必于是,颠沛必于是。"(《论语·里仁》)换言之,对富与贵的追求是人的自然本能,因此他说"富而可求也,虽执鞭之士,吾亦为之"(《论语·述而》)。在物质利益面前,"义"能够让君子正确地判断应该如何去做,而小人显然缺乏这样的能力,也不愿意遵从这种教导。对于君子而言,有着比富与贵更为高尚的追求,此即"仁"、"义"等道德修养,是谓"不义而富且贵,

---

①Chung-ying Cheng, *On yi as a universal principle of specific application in Confucian morality*, Philosophy East and West 22, No. 3(1972): 269.

于我如浮云"(《论语·述而》)，而小人却放纵其本性，唯利是图，故曰"君子喻于义，小人喻于利"(《论语·里仁》)。君子与小人之分别在于所追求的目标及实现其方式的不同，君子能够终生致力于"道"、"义"并时刻以之规制自己的欲望与行为，所以能够"见利思义"、"义然后取"(《论语·宪问》)和"见得思义"(并见于《论语·季氏》、《论语·子张》)。

其次，为人处世当以"义"为目标。子曰："群居终日，言不及义，好行小慧，难矣哉！"(《论语·卫灵公》)杨伯峻注曰："同大家整天在一块，不说一句有道理的话，只喜欢卖弄小聪明，这种人真难教导。"[1]也就是说，人当以"义"为目标且不断切磋、琢磨，否则只能为小人而难进于道。

再次，"信"与"勇"尤当受"义"之规制。"信近于义，言可复也。恭近于礼，远耻辱也。因不失其亲，亦可宗也。"(《论语·学而》)"信"是孔子对弟子进行道德教育的重要内容之一 ——"子以四教：文、行、忠、信"(《论语·述而》)，也是人立身处世之关键。子曰："人而无信，不知其可也。大车无輗，小车无軏，其何以行之哉！"(《论语·为政》)"信"之于人犹如"輗"、"軏"之于车，可见人若无"信"将寸步难行 ——"言忠信，行笃敬，虽蛮貊之邦行矣。言不忠信，行不笃敬，虽州里行乎哉？"(《论语·卫灵公》)然而，"信"必须符合"义"，否则必有所失，正如杨树达所言："人初为不义之约言而后不可复，失亦甚矣。"[2]"勇"大致也是如此。据《论语·阳货》记载，子路曰："君子尚勇乎？"子曰："君子义以为上。君子有勇而无义为乱，小人有勇而无义为盗。""勇"是个价值上比较中立的实践品质，既可以为善，也可以为恶，因此需要"义"来指引方向。

（二）"义"是人之修身的重要德目

"义"既然是君子的特征之一，修身自当孜孜于"义"以不断精进。子曰："德之不修，学之不讲，闻义不能徙，不善不能改，是吾忧也。"(《论语·述而》)知识与文化的差别在于知识让人"知之"却未必能"行之"，而文化却需要人们必须"行之"。在《论语》中，"知"的内容既包括一般的知识体系，又包括"天命"("知命")，还包括人伦实践的核心奥义。据《论语·雍也》记载，樊迟问知，子曰："务民之义，敬鬼神而远之，可谓知矣。"所谓的"知"，需要了解人类事务的精蕴，即"义"，而"义"要求人们将学习到的知识不断转化为实践，从而改过向善、日进于德。因此，孔子说："主忠信，徙义，崇德也。"(《论语·颜渊》)在"徙义"的过程中，人的德性修养日渐成熟、稳固并逐步提升，"义"就成为君子之"质"。子曰："君子义以

---

① 杨伯峻：《论语译注》，北京：中华书局 1980 年版，第 165 页。
② 杨树达：《论语疏证》，上海：上海古籍出版社 2013 年版，第 29 页。

为质,礼以行之,孙以出之,信以成之。君子哉!"(《论语·卫灵公》)余纪元指出:"'质'的字面意思是'基质',但在此处,它与君子相关,并且应当被视为指涉经过培育的第二本性。"①

(三)"义"是古时治国的重要手段,也是实现儒家之道的根本途径之一

对于治政之能臣子产,孔子评价其"有君子之道四焉",其中之一为"使民也义"(《论语·公冶长》)。对于执政者而言,治国的根本在于确立基本方向并以身作则、为民垂范,而非身体力行地努力耕作。据《论语·子路》记载,樊迟请学稼,子曰:"吾不如老农。"请学为圃,曰:"吾不如老圃。"樊迟出,子曰:"小人哉,樊须也。上好礼,则民莫敢不敬;上好义,则民莫敢不服;上好信,则民莫敢不用情。夫如是,则四方之民,襁负其子而至矣。焉用稼?"就具体之劳作而言,君子显然不如老农、老圃,不过稼穑的作用毕竟有限,而"君子不器"(《论语·为政》),在导民向道上,君子具有无可比拟的优势与永恒的价值。君子的人生理念在于"行义以达其道"(《论语·季氏》)。当然,不可否认的是:在古代社会,"达道"的最佳途径还是"为政",所谓"君子之仕也,行其义也",可见寄寓于权力之上以实现人生抱负是儒家所普遍认可的方式,因而子路对于隐者荷蓧丈人的做法并不认同,说:"不仕无义。长幼之节,不可废也。君臣之义,如之何其废之?欲洁其身,而乱大伦。君子之仕也,行其义也,道之不行,已知之矣。"(《论语·微子》)

大体而言,"义"既是行动的特征,又指涉于行为者的品质。余纪元认为:"义"这个术语"既可以被理解为'适宜去做的',也可以被理解为'选择和实施适当之物的理智品格'。在前一种含义那里,'义'是一种伦理行为的品质(让我们称之为'外在之"义"')。在后一种含义那里,它是行为者的理智品格(让我们称之为'内在之"义"')。这两个方面紧密相关,而且是互不可分的。正是由于行为者具有一种'义'的理智能力,他才能得以在行动中达致'义'"。②所谓的"内在"和"外在"只是"义"的一体之两面。一方面,我们很难对两者作出区分,一种正确、适当的行为必然需要内在的德性作为其基础,而一个人只有具有内在的理性能力才能作出"如何使正确"和"什么是适当"的判断。另一方面,从"义"的产生及其作用来看,这两方面也是相辅相成的。对儒家而言,我们之所以能够以善为目标并且在生活中产生、培育甚至践行"义",前提是我们以"礼"作为基本的行为规范。子曰"非礼勿视,非礼勿听,非礼勿言,非礼勿动"(《论语·颜渊》),又说"不学礼,无以立"(《论语·季氏》)、"不知礼,无以立"(《论语·尧曰》),可见人们

---

①② 中国人民大学国际中国哲学与比较哲学研究中心译:《康德与中国哲学智慧》,北京:中国人民大学出版社 2009 年版,第 252、250—251 页。

立身处世应遵循"礼"的指导。然而,"礼"大体上偏向于外在的礼仪节度,循礼的深层意义在于体会贯彻于其中的"义",即在洒扫应对、俯仰去就中培育自己的"第二本性",从而成为一个有德之士。同时,具体的礼义有其限度,儒家的"情境主义"取向要求我们在不偏离核心精蕴与本质特征的基础上随时对"礼"加以损益,以使之回应当下境域、曲得其宜。子曰:"君子之于天下也,无适也,无莫也,义之与比。"(《论语·里仁》)孔子自己努力要成为一个"毋必、毋固"(《论语·子罕》)之人,显然他也不赞成太过胶着于既定的礼仪。据《论语·八佾》记载,林放问礼之本,子曰:"大哉问! 礼,与其奢也,宁俭;丧,与其易也,宁戚。"他又说:"麻冕,礼也。今也纯,俭,吾从众。拜下,礼也。今拜乎上,泰也。虽违众,吾从下。"(《论语·子罕》)这就是说:礼要崇其俭,丧则欲其戚;礼帽因其俭改用丝而不用麻,拜于堂下即便违众也要合礼。由此可见孔子对于"礼"之斟酌损益有其一定之规。"义"为"礼"之精神,故而可以"义之与比",同时也据此以产生新的"礼",这也正是《礼记·礼运》所云的"礼虽先王未之有,可以义起也"。

　　对于"义",成中英认为:"'义'是所有德性的基础与根据,因而它也是德性的必要原则。这一原则使得德性成其为德性。"[1]然而,"义"如何能够拥有此功能? 余纪元将之与亚里士多德的"实践智慧"相比较,并且认为二者有相通之处。亚里士多德认为各种德性并非彼此孤立,而是密不可分且交互影响的,一个主体不能只获得一种德性却没有得到其他的,而且如果一个人具有了实践智慧,他也就获得了所有的德性。同样,"从'礼'那里,'义'获得了对于善 —— 它反映了'天'道 —— 的总体观念的一种理解。在孔子那里,如果一种品格的独特特征可算是真正的德性,它就必定暗含了对在任何既定情感与行为领域里什么是'义'举的一种领会",在此意义上,"'义'必须体现并且作为所有孔子德性的基础"。[2]

二　郭店楚简:知而行之,义也

　　尽管"义"在孔子的思想体系里是一个重要的概念,但那更多的是我们基于文本所作的解读,孔子本身对于"义"并没有明确且系统的说明。倒是郭店楚简

[1]Chung-ying Cheng, *On yi as a universal principle of specific application in Confucian morality*, Philosophy East and West 22, No. 3(1972):270.
[2]中国人民大学国际中国哲学与比较哲学研究中心译:《康德与中国哲学智慧》,北京:中国人民大学出版社 2009 年版,第 258—259 页。

对"义"的论述更为详尽，深化并丰富了"义"的内涵，使其指意更为明晰。

郭店楚简《五行》篇指出："仁形于内谓之'德之行'，不形于内谓之'行'。义形于内谓之'德之行'，不形于内谓之'行'。礼形于内谓之'德之行'，不形于内谓之'行'。智形于内谓之'德之行'，不形于内谓之'行'。圣形于内谓之'德之行'，不形于内谓之'行'。"显然，该篇区分了两种不同的德行：一种是将仁、义、礼、智、圣内化为德性而表现出来的行为；一种是仁、义、礼、智、圣仅仅呈现为行为但尚未将之内化为德性。大致来说，"德之行"指"德性"，即人所具有的内在的品性与品质；"行"则泛指"德行"，即合乎道德原则的行为。君子之所以为君子，在于君子不仅言行合乎规范，而且其所言所行均发自内心，故云："五行皆形于内而时行之，谓之'君子'。"简文云："德之行五，和谓之'德'，四行和谓之'善'。善，人道也。德，天道也。""五行"从本质上来说是"天道"，其具体之显现或称"君子道"，对于君子而言要上体"天道"并将之内化、践行于世间，因而简文又说："未尝闻君子道，谓之'不聪'……闻君子道而不知其君子道也，谓之'不圣'……闻而知之，圣也。圣人知天道也。知而行之，义也。行之而时，德也。"圣人要知"天道"，但不能上体"天心"并适时践履则只能称为"善"而非"德"，因而"人道"既为"天道"的内容之一，又要以"天道"为旨归。在"五行"之中，"义"的含义是"知天道"并且努力去践履它，是为"知而行之，义也"。

（一）从本源上说，"义"来自对"天道"的体知，因而"义"源生于"道"，即"天道"或"君子道"

《语丛一》云："人之道也，或由中出，或由外入。由中出者，仁、忠、信。"又曰："仁生于人，义生于道。或生于内，或生于外。"与"仁"建基于自发的天性之爱（孝）不同，"义"主要产生于对天道的认知。根据"知而行之，义也"（《五行》）的定义，"义"由"知"与"行"两个要素构成，且"知"是"行"的前提，故而《性自命出》将"义"归为"智"类："智类五，唯义道为近忠。"《五行》云："不直不肆，不肆不果，不果不简，不简不行，不行不义。"可见，"直"是"义"的基础，然而所谓"直"意为"中心辨然而正行之"，是以"义"之"行"并非率性而为，它首先需要对何谓正确、正当有一个明晰且准确的认识，而后"正行之"。可以说，"正当性"是"义"的本质特征。"义"为"群善之蕊"（《性自命出》）与"善之方"（《语丛三》）。换言之，"义"既是各种善的标识，又指明了善的方向与法则，因而我们要敬畏"义"。《五行》谓："闻道而畏者，好义者也。"对于"达于义者"，即便我们不喜欢他，也依然无法否认他的行为的正当性，故谓"恶之而不可非者，达于义者也"（《性自命出》）。对于有国者而言，治民理政的使命之一就是确立、伸张、保障"义"以节制百姓本能之欲望，如《尊德义》所云："治民非还生而已也，不以嗜欲害其义。"

（二）"义"尽管"生于道"，但其目的并非以之作为外在的规制，而是要型塑德性

《性自命出》云："凡人虽有性，心无定志，待物而后作，待悦而后行，待习而后定。喜怒哀悲之气，性也。及其见于外，则物取之也。性自命出，命自天降。道始于情，情生于性。始者近情，终者近义。知情者能出之，知义者能入之……虽有性，心弗取不出。凡心有志也，无与不可。"也就是说，"性"的长养、型塑要依赖于"心"的作用，是谓"德弗志不成"（《五行》）。然而，"心"的发展方向却取决于外在的环境，因而"教"对于人性的养成具有举足轻重的作用，正所谓："其用心各异，教使然也。凡性，或动之，或逆之，或交之，或厉之，或出之，或养之，或长之。"（《性自命出》）其中，"义"就是用来"砺性"的。"教"的根本意义在于"生德于中"，即让人发自内心地认同"君子道"，也只有将仁、义、礼、智内化为德性才能成为君子。"义"也是如此，故谓"安而行之，义也"（《五行》）。"知情者能出之，知义者能入之。"刘钊释曰："知'情'者能引发之，知'义'者能调节之。"[①]可见，就个体之心性修养而言，内化的起点或基点是"情"，所谓"道始于情"；"义"的作用则在于锤锻、节制天性，一个成熟、有德性的人必然能够在情理之间把握好"度"，从而俯仰取舍、曲得其宜，故曰"终者近义"。这也是儒家礼乐之教的大致路数。《性自命出》云："礼作于情，或兴之也，当事因方而制之。其先后之序则宜道也。又序为之节，则文也。致容貌所以文，节也。君子美其情，贵其义，善其节，好其容，乐其道，悦其教，是以敬焉。"

（三）"义"与"仁"既相反又相成，共同维系人伦、安邦定国

譬如，《六德》曰："亲父子，和大臣，寝四邻之殃祸，非仁义者莫之能也。"其具体表现有三：

首先，在心性修养上，"义"与"仁"的表现形式与作用机制不同。《五行》曰："不勉不悦，不悦不戚，不戚不亲，不亲不爱，不爱不仁。不直不肆，不肆不果，不果不简，不简不行，不行不义。"两者形成鲜明对比："简，义之方也。匿，仁之方也。刚，义之方也。柔，仁之方也。"（《五行》）

其次，在具体的作用层面上，"仁"主要表现为家庭亲情（"父子之亲"），而"义"主要用以规范君臣伦理（"君臣之义"）。《五行》曰："爱父，其继爱人，仁也。""贵贵，其等尊贤，义也。""爱亲"与"尊贤"有很大的区别，也对应不同的德目，但原则上人们应当同时兼顾两者。《唐虞之道》云："尧舜之行，爱亲尊贤。爱亲故孝，尊贤故禅。孝之杀，爱天下之人。禅之重，世无隐德。孝，仁之冕也；禅，

---

① 刘钊：《郭店楚简校释》，福州：福建人民出版社 2005 年版，第 92 页。

义之至也。六帝兴于古,皆由此也。爱亲忘贤,仁而未义也;尊贤遗亲,义而未仁也⋯⋯禅也者,上德授贤之谓也。上德,则天下有君而世明;授贤,则民兴教而化乎道。不禅而能化民者,自生民未之有也。"由"孝"、"爱亲"而推及他人,是谓"仁"。"义"则不同,《六德》以"义"为"君德":"任诸父兄,任诸子弟。大材艺者大官,小材艺者小官,因而施禄焉,使之足以生,足以死,谓之君,以义使人多。"治国当"上德"、"授贤",国君的职责是量才录用而施禄。甚至根据郭店楚简所述,即便国君之位也当以"德"、"才"决定其归属,故而"义"作为"君德",其至高表现为"禅"。《六德》此处所主张的无疑是儒家"天下为公"的一贯理念与尧舜禅让这一权力转移的理想典范。当然,就"君臣之义"而言,"义"同时也规范着君臣之间的关系模式。《语丛三》道:"父无恶,君犹父也,其弗恶也,犹三军之旌也,正也。所以异于父,君臣不相才(存)也,则可已;不悦,可去也;不义而加者(诸)己,弗受也。"可见,君臣之间既当"义"合,又可"义"离,此为其明显区别于父子关系之处。

再次,在普遍意义上,"义"是与家庭血缘亲情有别的社会规范。与《五行》篇不同,《六德》篇有圣、智、仁、义、忠、信"六德"的说法。陈来认为注重角色伦理的《六德》篇应该早于强调德性伦理的《五行》篇,且该篇"把六德分别作为夫、妇、君、臣、父、子六种职分的德行,以六德对应六职,即每一德目都对应于一类特定的社会角色"。[1] 不同德目所作用的对象与范围是不一样的。就仁义而言,《六德》云:"仁,内也。义,外也。礼乐,共也。内立(位)父子夫也,外立(位)君臣妇也。"此处之"内"、"外"所指的并非德性之来源[2],而是以血缘与非血缘区分"仁"、"义"各自的作用领域,即"门内之治恩掩义,门外之治义斩恩",大致来说,"宗族内的伦理以恩为主而不用义来调节,宗族之外的伦理以义为主而不用恩来调节。恩是血缘亲情,义是分位义务"[3]。不过,夫妇关系比较特殊,夫妇一体从属于家庭伦常,却又无血缘关系,对此郭店楚简中并未作出分疏,而是以"男女别"区别于"父子亲"与"君臣义"。

三 孟子:"羞恶之心"、"有所不为"与"敬兄"

"仁"是孔子所宣扬的最高道德原则,然而在经过孟子的阐发之后,"仁"、

---

①③ 陈来:《早期儒家的德行论 —— 以郭店楚简〈六德〉〈五行〉为中心》,载《北京大学学报(哲学社会科学版)》2018 年第 2 期。

② 陈来认为这句话的意思是:"仁是内在产生的,义是外在的义务;礼乐则既内在又外在,故说为'共'。父、子、夫之德是内在的,君、臣、妇之德是外在的。"(陈来:《早期儒家的德行论 —— 以郭店楚简〈六德〉〈五行〉为中心》,载《北京大学学报(哲学社会科学版)》2018 年第 2 期。)然而,从上下文看,"内"、"外"应该指其作用领域。

"义"并举，"义"得以成为与"仁"几近并驾齐驱的一个重要道德范畴。仁义并举并非始于孟子，墨子在《尚同下》篇与《非攻下》篇均使用了"仁义"这个概念。张岱年认为："考察《墨子》书这类文句的语气，似乎所谓'仁义'是当时人常用的词语，并非墨家所独创。以仁义并举，可能始于孔门再传弟子，在战国初期即已流行起来了。"① 但是，毫无疑问的是，孟子对于"义"有着异乎寻常的重视，从而与孔子重点谈"仁"与"礼"有鲜明的差异。

在某种意义上，"义"甚至可以与"道"相提并论。例如：孟子在论"养浩然之气"时说要"配义与道"（《孟子·公孙丑上》），认为一个志士应当"穷不失义，达不离道"（《孟子·尽心上》），从而把"义"抬升到"道"的高度。在论述"性善"时，孟子认为人们对于道德有一个共识，那就是"义"（或者说"理"）："心之所同然者何也？谓理也，义也，圣人先得我心之所同然耳。故理、义之悦我心，犹刍豢之悦我口。"（《孟子·告子上》）"义"或者"理"就是"善"的代名词，每个人都应该以之作为自己的终极追求与最高的价值标准："生亦我所欲也，义亦我所欲也。二者不可得兼，舍生而取义者也。"（《孟子·告子上》）"大人者，言不必信，行不必果，惟义所在。"（《孟子·离娄下》）

孟子以"仁"为"人之安宅"（《孟子·公孙丑上》），而以"义"为"人之正路"（《孟子·离娄上》）。所谓的"路"指的是人生的成长之路，人生之路需要有价值观的指引，而"正路"标明了其正确的方向。事实上，人生也可能会偏离正确的轨道，因而需要"礼"、"义"以为舟、船。孟子说："夫义，路也；礼，门也；惟君子能由是路，出入是门也。"（《孟子·万章下》）只有君子才能正确识别人生方向并切实践履为人的本质所规定的道德规范，是谓"居仁由义，大人之事备矣"（《孟子·尽心上》）。小人则常常耽于物欲、陷溺其心，"旷安宅而弗居，舍正路而不由"（《孟子·离娄上》）。然而，不管是君子还是小人，后天的修养功夫（"思"、"求"）都是必不可少的。因此，孟子在以"仁"作为人之"安宅"即人的行为规范与人生目标的同时，分外重视作为"正路"的"义"。具体展开的话，"义"的理论形式与实践经验包含以下三个方面的内容：一是"正路"；二是"羞恶之心"（"有所不为"）；三是"敬兄"。

孟子认为如拥有"四体"一样，人天生具有仁、义、礼、智之"四端"："恻隐之心，仁之端也；羞恶之心，义之端也；辞让之心，礼之端也；是非之心，智之端也。"（《孟子·公孙丑上》）朱子注曰："羞，耻己之不善也。恶，憎人之不善也。""端，绪也。

_____

① 张岱年：《中国古典哲学概念范畴要论》，北京：外文出版社2005年版，第617页。

因其情之发,而性之本然可得而见,犹有物在中而绪见于外也。"①"羞恶之心"是显露出来的"义","义"隐含在其中。对于"义"作为"正路"与作为"羞恶之心"之间的关系,陈大齐认为:"'羞恶之心,义也'侧重于不作为方面说,谓人人都应当有所羞恶而不肯为。'义,人之正路也'侧重于作为方面说,谓若有所为,都须遵行正路。故羞恶之心的义与正路的义,可谓同一道理的两个方面。"② 两者是相通的:"正路"从整体上指向人生的积极目标,即不断存养、充扩人性本有的正面价值;"羞恶之心"则提醒我们警惕人性及人世的负面动能。走在"义"之路上,一方面要认识自身向善的理论可能与先天本有之基础有关,牢牢把握正确的方向;另一方面要注意廓清遮蔽本心之明的物欲、抵制在此过程中所产生出来的恶。因此,孟子又说:"人皆有所不为,达之于其所为,义也。"(《孟子·尽心下》)"羞恶之心"只是端绪,而之所以能够产生"羞恶之心"在于道德性是人的本质属性。"羞恶之心"偏向"不作为",但这种"不作为"归根结底仍然是一种道德上的"作为",即对恶的戒惧、警惕,而非无动于衷、任其自然,仍然是以"有所为"为其终极旨趣的。明白了这一点,我们就能够从"有所不为"达至"有所为",这就是"义",也就是道德人格的挺立与完善。

孟子在与告子关于仁义内外的争论中表明:人具有先天内在的道德根据。告子宣传"义外",而孟子坚持"义内"。告子曰:"彼长而我长之,非有长于我也。犹彼白而我白之,从其白于外也,故谓之外也。"孟子则说:"异于白马之白也,无以异于白人之白也。不识长马之长也,无以异于长人之长与?且谓长者义乎?长之者义乎?"(《孟子·告子上》)从告子的言论来看,他认为"义"包含两个方面:一是主体的"我长之"、"我白之";一是外在客体的"彼长"、"彼白"。其中,主体受外在对象的制约。孟子对此显然持有异议。唐文明认为:"白马之白,之所以同于白人之白,是因为'白'是一个普遍化的概念,也就是说,'白'受限于一个事物域。'白之谓白',是从'白马'、'白人'等具体事物中抽象出来的;而'长'则不同,'长'是一个形式化的概念,它并不像'白'一样受限于一个事物域,而是一种纯粹的关系指示词。很明显,我们并不能够从'马之长'、'人之长'中抽象出一个共同的'长',而是必得通过诉求某种关系才能理解'长之为长'。"③ 陈大齐也说:"'长马之长'与'长人之长',在告子看来是同类的道理,同是从外;在孟子看来,是异类的道理,'长马之长'从外,'长人之长'则从内不从外。孟子之所以

---

① 朱熹:《四书章句集注》,北京:中华书局2012年版,第239页。
② 陈大齐:《孟子待解录》,上海:华东师范大学出版社2012年版,第42页。
③ 山东师范大学齐鲁文化研究中心、美国哈佛大学燕京学社:《儒家思孟学派论集》,济南:齐鲁书社2008年版,第393页。

有此分别，因为在孟子之意，'长'字用在马上，仅用作事实的意义，用在人上，则于事实意义外，又摄有价值的意义，且应以之为全部意义的重心。"[1] 无疑，在孟子而言，"义"是人所先天普遍具有的价值理性："心之所同然者何也？谓理也，义也，圣人先得我心之所同然耳。"（《孟子·告子上》）

在孟子而言，"四端"之"心"或谓"本心"、"良心"，此乃人之"良知"、"良能"，为先天本有，亦为自然、纯粹的"当下呈现"。此一方面，圣、凡之间原无差别，"尧舜与人同耳"（《孟子·离娄下》）。然而，"四端"只是说人性有善端，若不加涵养、呵护则会渐次消亡乃至复坠禽兽之道。[2] 然而，任何假有外在目的或者功利考量、仅在形式上符合仁义之道的行为并不具有内在价值，只有植根于"四端"之心，人的行为才是道德的，故曰"由仁义行，非行仁义"（《孟子·离娄下》）。建基于"良知"、"良能"之上，人性的"充扩"才能"反身而诚，乐莫大焉"（《孟子·尽心上》）且达到"美"、"大"、"圣"、"神"的境界。[3] "充扩"的过程在某种程度上也就是"集义"的功夫。孟子在陈述如何"养浩然之气"时说："其为气也，至大至刚，以直养而无害，则塞于天地之间。其为气也，配义与道；无是，馁也。是集义所生者，非义袭而取之也。行有不慊于心，则馁矣。"（《孟子·公孙丑上》）"集"释为"杂"，"言此浩然之气，与义杂生，从内而出，人生受气所自有者"，其疏云"古杂集二字皆训合。与义杂生即与义合生也。与义合生，是即配义与道而生也"，《正义》进而明确说"气合义而生，则有此气，即有此义，故为人生受气所自有者…… 一事合义，即是以直养。一事不合义，即是事害之"。[4] 从来源上讲，"义"、"气"与生俱来；就其实践言，须事事合"义"，如此才能"塞于天地之间"。所谓事事合"义"，包括取予授受、俯仰进退，如谓"非其义也，非其道也，一介不以与人，一介不以取诸人"、"孔子进以礼，退以义"（《孟子·万章上》）和"非义之义，大人弗为"（《孟子·离娄下》）等。

"义"除了指涉行为法则，还涵盖人伦关系。与儒家传统一致，孟子以"义"来规范君臣关系："义之于君臣也。"（《孟子·尽心下》）"未有义而后其君者也。"（《孟子·梁惠王上》）"无礼义，则上下乱。"（《孟子·尽心下》）"义"在政治上的作用是明确君臣、君民之间的责任与义务以及对君臣关系进行双向调节。在

---

① 陈大齐：《孟子待解录》，上海：华东师范大学 2012 年版，第 44 页。

② "夜气不足以存，则其违禽兽不远矣。人见其禽兽也，而以为未尝有才焉者，是岂人之情也哉？故苟得其养无物不长，苟失其养无物不消。"（《孟子·告子上》）

③ 孟子曰："可欲之谓'善'，有诸己之谓'信'。充实之谓'美'，充实而有光辉之谓'大'，大而化之之谓'圣'，圣而不可知之之谓'神'。"（《孟子·尽心下》）

④ 焦循：《孟子正义》上，北京：中华书局 2015 年版，第 218—219 页。

孟子而言,等级分差是自然而必要的:"或劳心,或劳力;劳心者治人,劳力者治于人;治于人者食人,治人者食于人,天下之通义也。"(《孟子·滕文公上》)"君仁莫不仁,君义莫不义。"(《孟子·离娄上》)教化天下是国君的使命,国君对于天下也负有主要责任。理想状态下天下应"怀仁义以相接"(《孟子·告子下》),即通过国君的典范作用使臣民从风而化。据《孟子·万章下》载,万章问:"敢问不见诸侯,何义也?"孟子曰:"在国曰'市井之臣',在野曰'草莽之臣',皆谓'庶人'。庶人不传质为臣,不敢见于诸侯,礼也。"万章曰:"庶人,召之役则往役;君欲见之,召之则不往见之,何也?"曰:"往役,义也;往见,不义也。"可见孟子认为君臣应该谨守礼义对各自的规定,其关系取决于双方各自的态度与选择:"君之视臣如手足,则臣视君如腹心;君之视臣如犬马,则臣视君如国人;君之视臣如土芥,则臣视君如寇雠。"(《孟子·离娄下》)在回答齐宣王关于"卿"的问题时,孟子区分了"贵戚之卿"与"异姓之卿":"贵戚之卿"应"君有大过则谏;反复之而不听,则易位","异姓之卿"则"君有过则谏;反复之而不听,则去"(《孟子·万章下》)。

不过,需要注意的是:既然孟子认为"义内",那么显然君臣之"义"不能源自外在的等级秩序与后天的制度规范,而是有其先天情感依据的,此即"敬"。为论证这一点,孟子认为"义之实,从兄是也"(《孟子·离娄上》),"从兄"也就是"敬兄"和"敬长":"孩提之童,无不知爱其亲者;及其长也,无不知敬其兄也。亲亲,仁也;敬长,义也。"(《孟子·尽心上》)"敬"也是"义"的内涵之一。在与孟季子的争论中,公都子解释"何以谓义内"时说:"行吾敬,故谓之内也。"(《孟子·告子上》)孟子又说:"用下敬上,谓之'贵贵',用上敬下,谓之'尊贤';贵贵尊贤,其义一也。"(《孟子·万章下》)"贵贵"与"尊贤"尽管在道德对象上有等级差异,但其中之"敬"是一致的,而且其"敬"与"敬长"一样都是人先天既有的,故谓之"义内"。对此,周海春、荣光汉指出:"'义'所规定的人伦总体的要求是敬贤和敬长。一个人可以因为本性善的觉悟而成为一种积极的价值的榜样,这样的人是值得尊敬的;一个人也可以因为社会地位和年龄的因素而成为长者,这样的人也是需要尊重的。"[1] 当然,此处稍嫌不足的是:孟子并未对"敬长"与"羞恶之心"的关系作出说明。

四 荀子:义以分则和

在《荀子》中,"义"是人的基本特征之一和治国的不二法门,由"义"构成的

---

[1] 周海春、荣光汉:《论孟子之"义"》,载《哲学研究》2018 年第 8 期。

复合概念也颇为丰富，如"礼义"、"仁义"、"分义"、"道义"、"公义"、"正义"等，由此也带来了理解上的重重困难。就"义"概念本身而言，其中既有儒家传统的一贯主张，又有荀子个人的独特理解，特作解析如下：

（一）"义"是礼制即现有的政治制度、伦理纲常与礼仪规范的内在精神

《中庸》云："仁者，人也，亲亲为大；义者，宜也，尊贤为大。亲亲之杀，尊贤之等，礼所生也。"换言之，"礼"源于"仁"与"义"之相互作用。荀子的观点与此相似，他说："亲亲、故故、庸庸、劳劳，仁之杀也；贵贵、尊尊、贤贤、老老、长长，义之伦也。行之得其节，礼之序也。仁，爱也，故亲；义，理也，故行；礼，节也，故成。仁有里，义有门。仁，非其里而处之，非仁也；义，非其门而由之，非义也。推恩而不理，不成仁；遂理而不敢，不成义；审节而不和，不成礼；和而不发，不成乐。故曰：仁、义、礼、乐，其致一也。君子处仁以义，然后仁也；行义以礼，然后义也；制礼反本成末，然后礼也。三者皆通，然后道也。"（《荀子·大略》）"仁"须受"义"节制，"义"则受"礼"节制；对于作为"末"之"礼"而言，"仁"、"义"为其本，故而《荀子·礼论》论"礼"曰："故先王案为之立文，尊尊亲亲之义至矣。""礼"作为外在之节文而言，表现为种种规章制度。荀子将这种制度称为"法"或者"数"，而其内在精神是"义"，如谓"人无法，则伥伥然；有法而无志其义，则渠渠然；依乎法，而又深其类，然后温温然"（《荀子·修身》），则"义"为"法"之"类"；又如："循法则、度量、刑辟、图籍，不知其义，谨守其数，慎不敢损益也。""是官人百吏之所以取禄职也。"（《荀子·荣辱》）与"知通统类"的大儒不同，官人、百吏拘守于名数而不明其原，故而难以临事应变，"不知法之义，而正法之数者，虽博，临事必乱"（《荀子·君道》）。

（二）礼制所体现的等级秩序既是历史的必然选择，又符合人性的需要

荀子认为："少事长，贱事贵，不肖事贤，是天下之通义也。"（《荀子·仲尼》）与先秦儒家的普遍立场一致，荀子高度肯定了等级秩序的合理性与积极意义。荀子认为"人之性恶，其善者伪也"，而顺着人的自然本性，必然导致"犯分乱理，而归于暴"，必须依赖"师法之化"、"礼义之道"从外而内化性起伪，"然后出于辞让，合于文理，而归于治"（《荀子·性恶》）。因此，除了礼义规范，必须借助权力之"势"才能推行教化。荀子说："今当试去君上之势，无礼义之化，去法正之治，无刑罚之禁，倚而观天下民人之相与也。若是，则夫强者害弱而夺之，众者暴寡而哗之，天下悖乱而相亡，不待顷矣。"（《荀子·性恶》）荀子认为等级差别如同天地上下有别一样具有天然的合理性："分均则不偏，势齐则不壹，众齐则不使。有天有地，而上下有差；明王始立，而处国有制。夫两贵之不能相事，两贱之不能相使，是天

数也。势位齐，而欲恶同，物不能澹则必争；争则必乱，乱则穷矣。先王恶其乱也，故制礼义以分之，使有贫富贵贱之等，足以相兼临者，是养天下之本也。"（《荀子·王制》）我们从中可以看出：等级秩序既是教化的必要依托，同时也与"义"的另一重要功能即对财富、权力、名誉等社会稀缺资源进行等差分配相关（其说下详）。

（三）"义"是人类社会区别于动物世界的关键所在

荀子说："水火有气而无生，草木有生而无知，禽兽有知而无义，人有气、有生、有知，亦且有义，故最为天下贵也。"（《荀子·王制》）不过，他又设问并自答："人之所以为人者何已也？曰：以其有辨也。饥而欲食，寒而欲暖，劳而欲息，好利而恶害，是人之所生而有也，是无待而然者也，是禹桀之所同也。然则人之所以为人者，非特以二足而无毛也，以其有辨也。"（《荀子·非相》）"义"和"辨"是人生而具有的先天禀赋或能力，乃人之本质属性。然而，在梁涛看来，"义"和"辨"都是"心"所具有的"道德能力"或"道德判断能力"[1]，因此圣人才能"起礼义，制法度"（《荀子·性恶》），即制定礼义规范并不断丰富、完善，使文明传统逐步形成。

（四）创造性地赋予"义"以分配利益、安顿社会秩序、整饬人心的功能

荀子说："力不若牛，走不若马，而牛马为用，何也？曰：人能群，彼不能群也。人何以能群？曰：分。分何以能行？曰：义。故义以分则和，和则一，一则多力，多力则强，强则胜物；故宫室可得而居也。故序四时，裁万物，兼利天下，无它故焉，得之分义也。"（《荀子·王制》）人因为能群，得以宰制万物，使万物为人所用，而维系群的是"分"，合理的"分"即"义"，故荀子又称之为"分义"。"分"者有"区分"、"分工"、"职分"和"分配"等含义，即对社会阶层、职业分工乃至人伦秩序进行划分，同时对权益、责任作出分配，而"义"则表明该分配制度的正义性。"分义"实际上就是"礼义"。荀子在论证"礼"之起源时说："礼起于何也？曰：人生而有欲，欲而不得，则不能无求。求而无度量分界，则不能不争；争则乱，乱则穷。先王恶其乱也，故制礼义以分之，以养人之欲，给人之求。使欲必不穷于物，物必不屈于欲。两者相持而长，是礼之所起也。"（《荀子·礼论》）对此，黄玉顺认为："人们的利益追求（欲）导致利益冲突（争），利益冲突导致群体纷争（乱），群体纷争导致群体的整体匮乏（穷）；于是人们意识到这是不宜、不当的，应该建立某种秩序来解决这个问题，这就是所谓'正义感'，其理性化的表达就是正义原

---

① 梁涛：《荀子人性论的历时性发展——论〈王制〉〈非相〉的情性—义/辨说》，载《中国哲学史》2017年第1期。

则（义）。"①"欲"与"物"②之间的矛盾即供需不平衡是导致争、乱的直接原因，但根本原因在于"人的自然欲望的无限度的发展"③，而"义"的作用之一就是节制欲望④，使得物、欲"相持而长"，故云"夫义者，内节于人，而外节于万物者也；上安于主，而下调于民者也；内外上下节者，义之情也"（《荀子·强国》）。"以礼义为基础的差等的分配"⑤体现着人类对公平、正义的追求。荀子说："故先王案为之制礼义以分之，使有贵贱之等、长幼之差，知愚能不能之分，皆使人载其事，而各得其宜。然后使谷禄多少厚薄之称，是夫群居和一之道也。故仁人在上，则农以力尽田，贾以察尽财，百工以巧尽械器，士大夫以上至于公侯，莫不以仁厚知能尽官职。夫是之谓'至平'。故或禄天下，而不自以为多，或监门御旅，抱关击柝，而不自以为寡。"（《荀子·荣辱》）换言之，差等秩序（包括等级之别与分工之异）使得每个人能够各尽其才、各得其应得，因而可以说是"至平"。

诚如梁涛所言，荀子所设计的"贵贱有等，长幼有差，贫富轻重皆有称者"和"德必称位，位必称禄，禄必称用"的礼制"实际是知者根据差异原则对社会阶层进行划分，根据贤能原则对权益进行分配"。⑥首先，礼义差等秩序中的职位向所有人开放。荀子说："贤能不待次而举，罢不能不待须而废，元恶不待教而诛，中庸不待政而化。分未定也，则有昭缪。虽王公士大夫之子孙也，不能属于礼义，则归之庶人。虽庶人之子孙也，积文学，正身行，能属于礼义，则归之卿相士大夫。"（《荀子·王制》）由此荀子克服了自然状态下以强力决定人的社会地位的弊端和传统社会世卿世禄制的束缚，构建了一个理想的以道德决定人的社会地位的分配体系。因此，萧公权认为：荀子"虽王公士大夫之子孙，不能属于礼义，则归之庶人"之设计"陈义至高，于理甚当，于不平之中暗寓平等。上承孔子以德致位之理想，下开秦汉布衣卿相之风气"。⑦其次，机会均等。荀子将分配要素限定于对于"礼义"的修养程度上，而"人之生固小人"（《荀子·荣辱》），"凡人之

---

① 黄玉顺：《荀子的社会正义理论》，载《社会科学研究》2012 年第 3 期。

② 如东方朔所言，"物"既包括刍豢、文绣、舆马、余财等物质性产品，也包括爵位、官职、功名、权利等社会性产品。（东方朔：《差等秩序与公道世界：荀子思想研究》，上海：上海人民出版社 2016 年版，第 78 页。）

③ 东方朔：《差等秩序与公道世界：荀子思想研究》，上海：上海人民出版社 2016 年版，第 81 页。

④ 在荀子看来，君子的重要特征之一是"义"胜"利"，"以公义胜私欲"（《荀子·修身》），"先义而后利"（《荀子·荣辱》），而小人则唯利是求，故谓"保利弃义谓之至贼"（《荀子·修身》）。

⑤ 东方朔：《"利足以生民"——荀子分配原则的一个面向》，载《社会科学》2021 年第 4 期。

⑥ 梁涛：《荀子人性论的历时性发展——论〈王制〉〈非相〉的情性—义/辨说》，载《中国哲学史》2017 年第 1 期。

⑦ 萧公权：《中国政治思想史》（一），沈阳：辽宁教育出版社 1998 年版，第 102 页。

性者,尧舜之与桀跖,其性一也;君子之与小人,其性一也"(《荀子·性恶》)。君子与小人在起点上是一样的,且"涂之人可以为禹"确证了每个人在理论上都可能成为"圣人"的通途,因而是公平的。再次,在根据礼义等差进行分配的同时,不忘关爱鳏寡孤独、老幼病残等"弱势群体"。荀子强调要"收孤寡,补贫穷",又要求"五疾,上收而养之,材而事之,官施而衣食之,兼覆无遗"(《荀子·王制》)。这样的"社会救助原则"既是出仕官员道德上的"慈善"责任,如云"古之所谓仕士者 …… 乐分施者也 …… 羞独富者也"(《荀子·非十二子》),又是制度正义的必然要求,如谓"选贤良,举笃敬,兴孝弟,收孤寡,补贫穷。如是,则庶人安政矣。庶人安政,然后君子安位"(《荀子·王制》)。总而言之,以"义"为基础的分配制度是合宜、正义的,从而能够为人所普遍接受,因而荀子又时常称之为"公义"(《荀子·修身》《荀子·君道》)。对此,东方朔指出:"先王'人为'制定的礼义则在分配方式上解决了两个核心问题,即一种分配制度的合理性、正当性问题,以及一种分配制度赖于推行的内在动力问题,而以上两个问题都在一个'义'字上。换言之,一种分配制度若能依'义'而分,即它是合宜的、公允的,而且是能通行无阻的。"①

需要注意的是:对于教化而言,以权势或者利益相诱导是必须的②,然而"师法之化,礼义之道"(《荀子·性恶》)同时还具有"治气养心"(《荀子·修身》)即修养心性的要求与功用,因而荀子提倡"君子之学也,入乎耳,著乎心,布乎四体,形乎动静。端而言,蝡而动,一可以为法则 …… 古之学者为己,今之学者为人。君子之学也,以美其身"(《荀子·劝学》)。荀子建基于"礼义"的分配体系绝不仅仅限于利益分配,同时也是借此作为导人"化性起伪"、"积善成德"的进路所在,如东方朔所言:"在荀子的这种叙述脉络中,实际上蕴含着师法和礼义的'化'与'导',具有使'欲'与'物'达致平衡、相互长养的作用;同时,师法和礼义的'化''导'也具有使'争'(争夺)转化为'让'(辞让)的功能,而此时之'让'已经不仅仅只是简单的'止争'的手段或事态,而包含着升华后确定的价值蕴含和人格生成。"③ 对此,荀子也有明确的说法:"故礼之生,为贤人以下至庶民也,非为成圣也;然而亦所以成圣也。"(《荀子·大略》)

---

① 东方朔:《"利足以生民"—— 荀子分配原则的一个面向》,载《社会科学》2021 年第 4 期。
② "人之生固小人,无师无法则唯利之见耳。人之生固小人,又以遇乱世,得乱俗,是以小重小也,以乱得乱也。君子非得势以临之,则无由得开内焉。"(《荀子·荣辱》)"雕雕焉县贵爵重赏于其前,县明刑大辱于其后,虽欲无化,能乎哉!故民归之如流水,所存者神,所为者化。"(《荀子·议兵》)
③ 东方朔:《差等秩序与公道世界:荀子思想研究》,上海:上海人民出版社 2016 年版,第 81 页。

第三节　汉唐儒家论"义"

　　孔子之后,儒家多将"仁"、"义"并举,"仁义"也常常成为儒家学说的代名词,在《庄子》、《孟子》、《荀子》、《商君书》、《尉缭子》、《韩非子》等书中莫不如此。汉代也多"仁"、"义"对举,如《新语》、《新书》、《韩诗外传》、《春秋繁露》、《淮南子》、《盐铁论》、《新序》等。值得一提的是:汉人开始注意疏分"义"与"宜",如《韩诗外传》卷四云:"爱由情出谓之'仁',节爱理宜谓之'义'。"《淮南子·缪称训》云:"义载乎宜之谓'君子',宜遗乎义之谓'小人'。"《淮南子·齐俗训》云:"义者循理而行宜也。"大体来说就是:"义"具有绝对的道德意味,"宜"则显然并不包含这样的特征。"宜"未必"义",但"义"必定"宜"。

一　董仲舒:以义正我

　　在对"义"概念的诠释上,董仲舒以其"以义正我"的主张为后人所瞩目。在《春秋繁露·仁义法》中,董仲舒认为社会治道的根本在于处理人、我关系,与之对应的道德规范是"仁"与"义",不过世人大多惑于仁、义与人、我的关系。孔子说"仁者爱人","爱人"并非自爱即仅限于自身的心性修养,而是要以仁安人、泽被苍生,故而"仁者爱人,不在爱我","人不被其爱,虽厚自爱,不予为仁";"义"的作用则并不在"正人",而在"正我","义之法在正我,不在正人;我不自正,虽能正人,弗予为义"。人不管贤、不肖皆欲正人,但并非所有的正人行为都能为公羊家所认可,只有己身正而后正人方可许为"义":阖闾正楚蔡之难而"春秋夺之义辞,以其身不正也";潞子即便未能正人而"春秋予之有义,其身正也"。"不能正其身,如正人何?"(《论语·子路》)己正是正人的前提,"夫我无之而求诸人,我有之而诽诸人,人之所不能受也,其理逆矣,何可谓义!义者,谓宜在我者,宜在我者,而后可以称义,故言义者,合我与宜以为一言,以此操之,义之为言我也"。"义"主要是治己身的,这也是儒家"躬自厚而薄责于人"(《论语·卫灵公》)理念的体现。"义"以正我,"仁"以爱人,"仁"、"义"彬彬而治道大成:"是义与仁殊,仁谓往,义谓来;仁大远,义大近;爱在人,谓之仁,义在我,谓之义;仁主人,义主我也。故曰:仁者人也,义者我也,此之谓也。君子求仁义之别,以纪人我之间,然后辨乎内外之分,而着于顺逆之处也。是故内治反理以正身,据礼以劝福;外治推恩以广施,宽制以容众。"《礼记·乐记》与《礼记·丧服四制》皆云"义以正之",即以"义"正人、正世,而董仲舒对"义"的这一定义与之截然相反。因此,张岱年认为:"仁是爱人,这是孔子所说;义是正我,这是董氏的创见,与《易传》、《荀子》关于义的解说正相反。"他进而肯定了董仲舒"仁之法在爱人,不在爱我;义之法在正我,不在正人"的创见并以之为"至理名言"。①

在董仲舒所建构的融阴阳、五行、四时、五常于一体的神学目的论体系中,"义"具有相当重要的地位与作用。从本源上说,"义"既是天道的内容,又是人道的依据。董仲舒云:"天志仁,其道也义。"②又说:"天道施,地道化,人道义。"③人道本之于天道,人亦当法天而行。"义"在人道中的表现有以下几个方面:

(一)在社会秩序的建构上,上下尊卑有序、内外亲疏有别的等级秩序是对"义"的体现

董氏云:"大小不逾等,贵贱如其伦,义之正也。"④与先秦儒家所持思想相一致,"义"在政治上的核心功能就是"明尊卑之分"⑤、"定尊卑之序"⑥。董氏建构其秩序体系的根本宗旨在于"屈民而伸君,屈君而伸天"⑦,与阳尊阴卑相类的是君尊臣卑,君臣关系犹如天地关系一般天经地义,"故《春秋》君不名恶,臣不名善,善皆归于君,恶皆归于臣。臣之义比于地,故为人臣者,视地之事天也"⑧。尊压卑情有可原,卑胜尊则罪不可恕。有人责问董仲舒:都是天地阴阳之所为,为何大旱要雩祭而请雨,大水则鸣鼓而攻社?也即为何对待两者的态度有天壤之别?董仲舒解释说:大旱是"阳灭阴",亦即"尊厌卑",此正为天地之道,即便其为旱为灾,也只能"拜请之";大水则是"阴灭阳",犹如"卑胜尊",以"下犯上、以贱伤贵者,逆节也,故鸣鼓而攻之,朱丝而胁之"。⑨

(二)在治国理念上,要厚德简刑、以义制利

在董仲舒看来,人事制度乃秉天志而来。他说:"仁义制度之数,尽取之天……王道之三纲,可求于天。天出阳,为暖以生之;地出阴,为清以成之。不暖不生,不清不成。然而计其多少之分,则暖暑居百而清寒居一。德教之与刑罚犹此也。故圣人多其爱而少其严,厚其德而简其刑,以此配天。"⑩一年四时以暖

---

① 张岱年:《中国古典哲学概念范畴要论》,北京:外文出版社2005年版,第621页。
②③④⑤⑥⑦⑧⑨⑩苏舆:《春秋繁露义证》,北京:中华书局2015年版,第462、463、82、138、139、30、318、84、343—344页。

暑为主,而苦寒之时只占四分之一,就此可以体会到天道爱多严少、德主刑辅的意志,人君当法天而行,此之谓"配天"。天人相副,天有春、夏、秋、冬,与之相对应的是人有喜、怒、哀、乐,人主之好、恶、喜、怒副于天道则"义",其世治;喜怒不时、不当则岁恶、世乱。董仲舒说:"春,喜气也,故生;秋,怒气也,故杀;夏,乐气也,故养;冬,哀气也,故藏。四者天人同有之。有其理而一用之。与天同者大治,与天异者大乱。故为人主之道,莫明于在身之与天同者而用之,使喜怒必当义而出,如寒暑之必当其时乃发也。使德之厚于刑也,如阳之多于阴也。"① 从阴阳来看,阳尊阴卑,阳主阴辅,故当"好仁恶戾,任德远刑"。② 从四时来看,春耕、夏长、秋收、冬藏,"是故春修仁而求善,秋修义而求恶,冬修刑而致清,夏修德而致宽。此所以顺天地,体阴阳"。③

(三)对于普通人而言,需要以义制利、以义养心

董仲舒认为:人生来具有"仁"、"贪"二气,此其如天之有阴阳,"身之名,取诸天。天两有阴阳之施,身亦两有贪仁之性。天有阴阳禁,身有情欲栓,与天道一也"。只是天重阳不重阴,故人亦得"损其欲而辍其情以应天"。④ 可以说,以义制利既是天道之意志,也是人性之本然需求。对大多数普通人来说,性有善质,能出善却未能为善,未可谓善,"故性比于禾,善比于米。米出禾中,而禾未可全为米也。善出性中,而性未可全为善也。善与米,人之所继天而成于外,非在天所为之内也。天之所为,有所至而止。止之内谓之天性,止之外谓之人事。事在性外,而性不得不成德"。⑤ "天之为人性命,使行仁义而羞可耻,非若鸟兽然,苟为生,苟为利而已。"⑥ 这是说:人天生具有能善的材质,只是尚待自身的努力方能成善。天的意志是欲人为善,而非令其如鸟兽般顺从天性为生、为利。总体上说,百姓之所以不明大理,很大程度上是因为受到"利"的诱引:"凡人之性,莫不善义,然而不能义者,利败之也。"⑦ 董仲舒并不否定"利"的作用与价值,而是肯定"利"对于"养体"的意义,只是对人而言,"义"才是重中之重。他说:"天之生人也,使人生义与利。利以养其体,义以养其心。心不得义不能乐,体不得利不能安。义者心之养也,利者体之养也。体莫贵于心,故养莫重于义,义之养生人大于利。"⑧

对于一种行为是否符合"义",《春秋》论之甚深,具有根本性的指导意义。董仲舒认为:《春秋》论列古今、鉴往知来,极备天道、人道,可以作为王者行事的大经大法。他说:"《春秋》论十二世之事,人道浃而王道备。法布二百四十二年之

---

①②③④⑤⑥⑦⑧苏舆:《春秋繁露义证》,北京:中华书局2015年版,第333—334、462、458、288、289、59、71、257页。

中，相为左右，以成文采。其居参错，非袭古也。是故论《春秋》者，合而通之，缘而求之，五其比，偶其类，览其绪，屠其赘，是以人道浃而王法立。"①"《春秋》修本末之义，达变故之应，通生死之志，遂人道之极者也。"②《春秋》思想的核心在于重德轻刑、重义轻利、重文德轻攻战，明尊卑、别嫌疑，乃"大义之所本"。③然而，"义"或"不义"素难轻断，故当于《春秋》之微言中体其大义而不可过分拘泥，如《春秋》"无义战"非谓所记之战伐中无一义举，其中也不乏正当的复仇行为，只是因其绝大多数为不义之举，故责之以"无义"。简言之，"《春秋》固有常义，又有应变"④，《春秋》本身"无达辞"，但其根本宗旨在于尊天道、行人道，"从变从义，而一以奉人"⑤。

二 韩愈：行而宜之之谓义

佛教自西汉末年传入中国以后，逐渐兴盛并在社会上蔓延开来。在唐代，由于李唐王朝特别尊崇道教，因而最终呈现出儒、释、道三教鼎足而立的格局，使得汉代以来儒家在意识形态上定于一尊的地位不断受到冲击。至韩愈所生活的唐代中叶，这种局面依然没有得到根本性的改变，其时之士人大多儒、佛并用，如宰相韦处厚"佩服世教，栖心空门，外为君子儒，内修菩萨行"⑥，白居易自谓"栖心释梵，浪迹老庄"⑦。对于这种现象，柳宗元称之为"统合儒释"，"真乘法印，与儒典并用"。至于其中缘由，柳宗元认为是因为"佛之道，大而多容，凡有志乎物外而耻制于世者，则思入焉"⑧；刘禹锡则认为在于儒家思想所存在的不足："儒以中道御群生，罕言性命，故世衰而浸息。佛以大悲救诸苦，广启因业，故劫浊而益尊 …… 阴助教化，总持人天。所谓生成之外，别有陶冶。形政不及，曲为调柔。"⑨换言之，对于士人的安身立命而言，佛学对儒家思想是一个有益的补充。然而，韩愈对此忧心忡忡，认为释、老之害远甚于杨、墨："夫杨墨行，正道废，且将数百年，以至于秦，卒灭先王之法，烧除其经，坑杀学士，天下遂大乱 …… 于是时也，而唱释老于其间，鼓天下之众而从之，呜呼，其亦不仁甚矣！释老之害，过于杨

①②③④⑤ 苏舆：《春秋繁露义证》，北京：中华书局2015年版，第30—31、36、139、86、91—92页。

⑥ 朱金城：《白居易集笺校》六，上海：上海古籍出版社1988年版，第3713页。

⑦ 谢思炜：《白居易诗集校注》第6册，北京：中华书局2006年版，第2627页。

⑧《柳宗元集》，北京：中国书店2000年版，第363页。

⑨《刘禹锡集》，上海：上海人民出版社1975年版，第43页。

墨。"① 为此，韩愈力倡儒家道统之说，力辟佛、老。

（一）重建儒家道统

"道"有"形于上"的"天道"，有"形于下"的"地道"与"人道"②，而"人道"既不应是老子之"道"——"其所谓道，道其所道，非吾所谓道也"，更非佛家之"道"。汉唐儒学"治心"之术衰微，以至于为擅长"治心"的佛老所乘，然道家去仁义、废礼乐政教，虽也言道德，但与儒家之道德背道而驰；佛教专言"寂灭"而废弃伦常，"必弃而君臣，去而父子，禁而相生养之道，以求其所谓清净寂灭者"。③ 韩愈认为佛家"欲治其心，而外天下国家，灭其天常，子焉而不父其父，臣焉而不君其君，民焉而不事其事"④，与"先王之教"大相径庭，因而斥之为"夷狄之法"。甚至在某种意义上可以说，释、老的盛行是导致其时"穷且盗"的重要原因之一。为此，韩愈诉诸《大学》"正心诚意"的思想资源以"治心"，进而高扬"有为"之道，称"古之所谓正心而诚意者，将以有为也"。⑤ "有为"正是儒家一贯之价值取向，人类社会端赖其得以承续，人类文明正由其发扬光大。韩愈说："古之时，人之害多矣。有圣人者立，然后教之以相生养之道。为之君，为之师，驱其虫蛇禽兽，而处之中土。寒然后为之衣，饥然后为之食……如古之无圣人，人之类灭久矣。"⑥ 针对时代的症候，韩愈从儒家传统中提炼出"治心"与"有为"两个主要观念以应对佛、老的挑战，并将之凝结于"道"这个更高的概念之中。为了与佛、老相抗衡，韩愈高度宣扬儒家之"道统"。

（二）认为儒家之道即"仁义"之道

道家之非毁仁义，在韩愈看来是因为"其见者小也"，可谓坐井观天，因而他所谓的"道"与"德"绝非道家所谓的"道"、"德"："凡吾所谓道德云者，合仁与义言之也，天下之公言也。老子之所谓道德云者，去仁与义言之也，一人之私言也。"⑦ 儒家的道德主张刚健有为，重视君臣、父子、夫妇等伦常，在"文"、"法"、"民"、"位"、"服"、"居"等多个方面均有相应的安排与规制："其为道易明，而其为教易行也。是故以之为己，则顺而祥；以之为人，则爱而公；以之为心，则和而平；以之为天下国家，无所处而不当。是故生则得其情，死则尽其常，效焉而天神假，庙焉而人鬼飨。"⑧

对于仁义道德，韩愈有着鲜明的定义："博爱之谓仁，行而宜之之谓义。由是而之焉之谓道，足乎己无待于外之谓德。仁与义为定名，道与德为虚位。"⑨ 尽管各家各派都在谈论道德，但其具体所指显然有很大的差异，而儒家之道德的内涵

---

①②③④⑤⑥⑦⑧⑨《韩昌黎全集》，北京：中国书店 1991 年版，第 268、178、173、174、174、173、172、174、172 页。

亦即先王之教的核心就是仁义，所谓"道莫大乎仁义"。^①韩愈将"仁义"等同于"道"，认为沿着仁义前行便是"道"，将"仁义"臻于完善、内化于心而不假外求便是"德"。以"博爱"释"仁"尽管有着混淆于墨家"兼爱"的嫌疑，但也有着儒家自身的理论渊源^②；以"行而宜之"释"义"也是从早先的传统中承继而来。如前所言，《中庸》云："义者，宜也。"汉人注经也多沿用此义。譬如《诗·大雅·荡》云："文王曰咨，咨女殷商，而秉义类，强御多怼。"毛传诠释："义，宜也。"郑笺诠释："义之言宜也。"《周礼》云："凡杀人而义者，不同国。"郑注："义，宜也。"《五经正义》中更是多次出现类似训释，如《尚书·舜典》云："五典克从。"孔疏："义者，宜也，理也，教之以义，方使得事理之宜，故为义也。"^③韩愈对"道"、"德"、"仁"、"义"的解释显然受汉唐以来注疏的影响。通过仁义之道，韩愈伸张了儒家的先王之教，经由个体的心性修养、安身立命而最终落实到天下国家的具体事务上，强调"有为"的个人对于社会、国家的责任，进而以之抗衡"夷狄之法"，避免其"加之先王之教之上"。^④

在儒学发展史上，韩愈的重要贡献在于"建立道统，证明传授之渊源"^⑤，而其接续孟子，传承其心性之学，弘扬其仁义之道，一方面固然建基于对儒家之道的体认，如二程所云"《原道》之作，其言虽未尽善，然孟子之后，识道之所传者，非诚有所见，不能断然言之如是其明也，其识大矣"^⑥；另一方面则是因为其受佛、老的刺激，欲以此相颉颃，对此郑熊认为："在进入唐代中后期，儒学开始由重视礼法的荀学转向重视心性的孟学，因为只有提倡孟学才可能发扬儒学的心性学，才可能与佛道相抗衡。而重视孟学，就必然会关注孔孟所追求的仁义。韩愈之所以重视伦理之道，是与佛老之道相比较而得出的。"^⑦

作为"承先启后转旧为新关捩点之人物"^⑧，韩愈于儒门之功甚大，可以说开启了宋明理学之先声。正如钱穆所言：凡治宋学者"必始于唐，而昌黎韩氏为之率"。^⑨当然，其不足亦毋庸讳言。有学者指出：韩愈在人生哲学上的创新有限，

---

①④《韩昌黎全集》，北京：中国书店 1991 年版，第 286、174 页。

② 刘宁：《韩愈"博爱之谓仁"说发微——兼论韩愈思想格局的一些特点》，载《中国典籍与文化》2006 年第 3 期。

③ 孔安国传，孔颖达正义：《尚书正义》，上海：上海古籍出版社 2007 年版，第 126 页。

⑤⑧《陈寅恪集·金明馆丛稿初编》，北京：生活·读书·新知三联书店 2009 年版，第 319、332 页。

⑥《二程遗书》，上海：上海古籍出版社 2020 年版，第 1201—1202 页。

⑦ 郑熊：《从伦理之道到本体之道——韩愈、二程道论与唐宋道学之发展》，载《哲学研究》2017 年第 6 期。

⑨ 钱穆：《中国近三百年学术史》（一），北京：九州出版社 2011 年版，第 1 页。

其理论体系非常粗糙,对《大学》、《中庸》未能作深入而系统的阐发与创造性的诠释,过于否定汉唐思想史以至于与内圣外王之道失之交臂,对佛、老的思想资源也不能正面吸纳,"所以于儒学人生哲学的推进乏善可陈,佛老依然流行。总的来说,这是一个正统儒学史观下的差强人意的综合,一个蕴含极有创造性启发性的因子但又急需来者发现和引申的创新"。①

---

①叶赋桂:《韩愈之道:社会政治与人生的统一》,载《清华大学学报(哲学社会科学版)》1996年第1期。

第四节 宋代儒者论"义"

宋代儒学的一个显著特征是因受到释、道两家的挑战而激发的本体论建构，与此同时它也吸收了释、道的优点，使得自身的思辨性更强、理论系统更加严密，程朱理学与陆王心学为其具体的呈现。宋明理学尤为推崇心性论，并将其提高到本体论的高度，而对于伦理道德之外的事物并不感兴趣，在某种意义上甚至压制、扼杀人的自然欲望，由此也引起部分时人如陈亮、叶适等"事功学派"的反对。"义"概念在这一时期的变化表现在：一是承接孟子"心之所同然者何也？谓理也，义也"的说法，将"义"视为"理"的代名词，并称二者为"义理"；二是以"义利之辨"等同于"理欲之别"，从而导致了儒学内部的分化。

一 二程：道，本也；义，用也[①]

与汉唐儒学注重儒家伦理不同，宋代儒学的本体论愈发显达。有学者认为思孟学派的"诚"就是本体："将人的道德属性上升为自然和人类社会的共同依据，其实质是企图在人的道德属性上统一自然与人类本身。"[②] 但是，这种说法值得商榷。唐初孔颖达引道入儒，试图借用道家的"道"概念为儒家伦常建立形上依据，然儒、道二家终究有所隔阂。其后韩愈高举儒家道统说以与释、道相颉颃。不过，从一定意义上说，儒家建构本体之道的努力直至宋代方告成功，而宋初五子中的二程以天理为本体的道论无疑是其中关键的一环。

---

① 二程的哲学思想显然有所区别，但正如张立文所言："从根本上说，二程思想基本相同。"(张立文：《宋明理学研究》，北京：中国人民大学出版社 1985 年版，第 261 页。)本文从其主张，将二程合论。另，有关二程思想异同的研究成果可参看彭耀光撰《近百年来二程哲学思想异同研究述评》，载《哲学动态》2007 年第 6 期。

② 方光华：《中国古代本体思想史稿》，北京：中国社会科学出版社 2005 年版，第 73 页。

通过"道"（或者"天理"），二程构建了一个形上形下相一贯、道器无别、天人不二的理学体系。^① 就分别处言，"道"为"无形"而永恒存在、无处不有的"形而上者"，与"有形"的实在世界（"器"或者"气"）形成对比，但实际上，"道"、"器"相即而不离，其云："彻上彻下，不过如此。形而上为道，形而下为器，须著如此说。器亦道，道亦器，但得道在，不系今与后，己与人。"^② 二程明确地说"道"就在天地万物与人伦之中："道之外无物，物之外无道，是天地之间无适而非道也。"^③ 在此道论中，天人是合一的。针对学生问"尽人道谓之仁，尽天道谓之圣"一语如何，程颐说："道一也，岂人道自是人道，天道自是天道？…… 岂有通天地而不通人者哉？…… 天地人只一道也。"^④ 他据此批评扬雄不知"道"，认为"天人本无二，不必言合"。^⑤ 在其看来，真正的"道"亦即孔孟之道是合内外、一天人、齐上下，"下学而上达，极高明而道中庸"^⑥ 的，"盖上下、本末、内外，都是一理也，方是道"^⑦。"天"、"道"、"神"、"性"、"易"并无本质的区别，只是"天理"在不同角度、不同层面的反映而已："盖上天之载，无声无臭，其体则谓之易，其理则谓之道，其用则谓之神，其命于人则谓之性，率性则谓之道，修道则谓之教。"^⑧

二程认为：人作为宇宙万物之一分子，与草木鸟兽一般，均由天所生，遂有其"性"。"道"即体现在"性"之中。"道即性也；若道外寻性，性外寻道，便不是。"^⑨"性即理也，所谓理，性是也。"^⑩"道"、"理"与"性"具有内在的一致性："道"、"理"就贯注、体现于"性"之中，由"性"则可以体知"道"、"理"。"天下之理，原其所自，未有不善。"^⑪"理"既无不善，则"性"自然也是善的，故谓"性无不善"。^⑫ 在本然之意义上，"心"与"性"也是一致的，"心即性也"，因而存"心"即养"性"，存心养性则知"天"、知"命"："理也，性也，命也，三者未尝有异。穷理则尽性，尽性则知天命矣。天命犹天道也，以其用而言之则谓之命，命者造化之谓也。"^⑬ 周伯温问："孟子言心、性、天，只是一理否？"程颐曰："然。自理言之谓之天，自禀受言之谓之性，自存诸人言之谓之心。"^⑭

举凡天地所生之物，均有"性"，当然也须分别人之性与牛之性、马之性，万物正是自此各成其性，产生分化："'天命之谓性，率性之谓道'者，天降是于下，

---

① 对于二程道论的区别，唐君毅分别称之为"程明道之无内外、彻上下之天人不二之道"与"程伊川于一心分性情，别理气，及以敬直内，以格物穷理应外之道"（唐君毅：《中国哲学原论·原教篇》，北京：中国社会科学出版社 2006 年版，第 77—130 页），而二者之思想在天人一贯、内外合一上是一致的。

②③④⑤⑥⑦⑧⑨⑩⑪⑫⑬⑭《二程遗书》，上海：上海古籍出版社 2020年版，第 55、125、231、132、111、54、55、51、347、347、254、329、352 页。

万物流形，各正性命者，是所谓性也。循其性（一作各正性命）而不失，是所谓道也。此亦通人物而言。"①"性"即"五常"："仁、义、礼、智、信五者，性也。仁者，全体；四者，四支。仁，体也；义，宜也；礼，别也；智，知也；信，实也。"②"自性而行，皆善也。圣人因其善也，则为仁义礼智信以名之；以其施之不同也，故为五者以别之。合而言之皆道，别而言之亦皆道也。舍此而行，是悖其性也，是悖其道也。"③"五常"之中，"仁"为本，"自古元不曾有人解仁字之义，须于道中与他分别出五常，若只是兼体，却只有四也。且譬一身：仁，头也；其它四端，手足也"。④ 作为"全体"的"仁"可以涵括其他四者："义、礼、知、信皆仁也。"⑤ 但是，人与动物终究有别，以人能求其"放心"，养其"心"，养其"气"："凡有血气之类，皆具五常，但不知充而已矣。"⑥ 可以说，"修道之谓教"，"专在人事"，即其为人所独有的活动。在先天的"性"上，所有人均具有善"性"，然而在有形的、形下的世界中，不仅人与动物分疏，所有人亦判然有别："性无不善，而有不善者才也。性即是理，理则自尧、舜至于涂人，一也。才禀于气，气有清浊。禀其清者为贤，禀其浊者为愚。"⑦ 由于禀赋的"气"之清浊不同，人在"才"上便有贤愚、善恶的差别。二程认为要解释现实、面对世界，必须将"性"与"气"联系起来阐述："论性，不论气，不备；论气，不论性，不明。"⑧ 气有清浊，不过即便是"下愚"也可以通过涵养功夫变化气质、恢复善性，"以胜其气，复其性"。⑨ 人的使命就是充尽仁义以复性，"苟纵其心而不知反，则亦禽兽而已"⑩，人因有形体、有"客气"而"气昏"，故难以自作道德之主宰，沦于人欲，因而即便可以明心见性，后天的修习仍然必不可少。

大致而言，后天的"复性"功夫可分为"致知"与"涵养"。二程说："涵养须用敬，进学则在致知。"⑪ 二程认为："致知"须通过"格物"才能实现，而"格物"的前提是"诚意"。只有意诚，格物才有效果。所格之"物"不仅指水、火等自然之物及其涵摄之"理"，还包括父子、君臣等人伦关系。凡此种种积累到一定数量就会豁然贯通、明了天理，"须是今日格一件，明日又格一件，积习既多，然后脱然自有贯通处"。⑫"致知"之首要处在于"识仁"："仁者，浑然与物同体。"⑬ 又，周伯温问："如何是仁？"程颐曰："只是一个公字。"⑭ 因此，"与物同体"意味着要去"私"即"人欲"，否则难以下学上达、与道合一："人心莫不有知，惟蔽于人欲，则亡天德（一作理）也。"⑮ 进而言之，"致知"的目的在于知"敬"明"理"，所谓"入道莫如敬，未有能致知而不在敬者"⑯，而"识得此理，以诚敬存之而已，不须防检，不须穷索"⑰。"诚敬"是"涵养"的重要内容。作为涵养的法宝，"诚敬"能够有效防护

①②③④⑤⑥⑦⑧⑨⑩⑪⑫⑬⑭⑮⑯⑰《二程遗书》，上海：上海古籍出版社2020年版，第80、64、375、201、66、329、254、132、306、380、237、237、66、340、170、118、66页。

人欲的侵袭。它不须另外"穷索"，只要"直养"之即可。当然，"敬"与"诚"具有内在的关联，"诚然后能敬，未及诚时，却须敬而后能诚"①，二者之间是互动的。

二程又明确地说："敬只是涵养一事。必有事焉，须当集义。只知用敬，不知集义，却是都无事也。"②所谓"敬以直内，义以方外"，内外须同时兼顾，即"合内外之道"，但内者为本、为先，有诸己自然呈现于外。"涵养"包括"养心"与"养气"两个方面。"养心"即"持志"，"心"当以"义理"养，"但存此涵养意，久则自熟矣。敬以直内是涵养意"。③需要注意的是："养气"也当主"敬"，如谓"'必有事'者，主养气而言，故必主于敬"④；同时也要"配义与道"，谓"'配义与道'，浩气已成，合道与义。道，本也。义，用也"⑤。不过，"敬"与"义"亦自有别："敬只是持己之道，义便知有是有非。顺理而行，是为义也。"⑥"敬以直内"虽为"本"，但"集义"的功夫也不可或缺。当有人问："人敬以直内，气便能充塞天地否？"程颐说："气须是养，集义所生。积集既久，方能生浩然气象。人但看所养如何，养得一分，便有一分；养得二分，便有二分。只将敬，安能便到充塞天地处？"⑦

二程认为："仁"为体，"义"为用；"道"为体，"义"为用。"人以不知觉不认义理为不仁。"⑧"仁"即体认"道"或者"义理"⑨，故而"仁"为"公"，即当以"道"为心，"识得仁体，实有诸己，只要义理栽培"⑩，自觉涵养心性，由不善进至善，下学上达、体知天道。然而，"道无体，义有方"⑪，于事上"集义"对于"养心"与"养气"而言都是一个更为切实的法门。二程论孟子的"养浩然之气"云："浩然之气，天地之正气，大则无所不在，刚则无所屈，以直道顺理而养，则充塞于天地之间。'配义与道'，气皆主于义而无不在道，一置私意则馁矣。'是集义所生'，事事有理而在义也，非自外袭而取之也。告子外之者，盖不知义也。"⑫首先，"义"为"性中自有"⑬，非"外袭而取之"，"知义之为用而不外焉者，可与语道矣"⑭。人当自发、自求才能"自得"，进而发明本性，如此才算"善求义"："义之精者，须是自求得之，如此则善求义也。"⑮其次，"义"尽管于"事"上"集"，但又不局限于"事"上，所谓"内外一理"⑯，从事于外是为"求于内"，此为圣人之学。再次，"养气"当"必有事焉而勿正，心勿忘，勿助长"（《孟子·公孙丑上》），换言之，即无"私"。"心"、"性"固

---

①②③④⑤⑥⑦⑧⑩⑪⑫⑬⑭⑮⑯《二程遗书》，上海：上海古籍出版社2020年版，第141、256、58、62、151、256、257、84、65、178、62、233、125、222、256页。

⑨事实上不仅"仁"，"义"、"礼"、"智"、"信"均以"道"为依归："仁者公也，人（一作仁。）此者也；义者宜也，权量轻重之极；礼者别也，定分。知者知也，信者有此者也。"（《二程遗书》，上海：上海古籍出版社2020年版，第152页。）

然需要义理栽培，但不可急迫，"急迫求之，只是私己，终不足以达道"。①"养气"应"直养而无害"，"气直养而无害，便塞乎天地之间，有少私意，即是气亏。无不义便是集义，有私意便是馁"。②又言"配义与道"，是谓"气皆主于义而无不在道，一置私意则馁矣"。③简言之，"养气"不可"助长"④，"助长"则"志于义理而心不安乐"⑤，因为"助长"便是有"私"，"只著一个私意，便是馁，便是缺了佗浩然之气处"⑥。

在"有形"的世界中，由于气各有"偏胜处"，故人物、贤愚各有不同，而"天之付与万物者，谓之天命"⑦，"气便是命也"⑧，因此人在所秉受的"命"上因"气"不同而有差异，所以"或当刑而王，或为相而饿死，或先贵后贱，或先贱后贵"等等，"莫非命也"⑨。《易·说卦》言"穷理尽性，以至于命"，在二程看来其意为"理则须穷，性则须尽，命则不可言穷与尽，只是至于命也"。⑩与孟子区分"性"、"命"一般，二程认为尽管在天赋之"仁义礼智"上有厚薄之分（可谓之"命"），然君子谓之"性"，以其可以"学而尽"、可以事。在对待"性"、"命"（或者"义"、"命"）的态度上，有三个层次或者三等境界。上智之人如圣人"乐天"、"一循于义"，其所为"非义则不求"而"安于义"⑪，故"不须言知命"⑫。二程指出：贤者把完善心性作为自己的使命，对于现实的贫富贵贱、生死寿夭则泰然处之，说"贤者惟知义而已，命在其中……若贤者则求之以道，得之以义，不必言命"。⑬中人以上如君子则"知命"而"安于命"，对于患难"只有一个处置，尽人谋之后，却须泰然处之"⑭，参透性命得失，"于得丧之际，不能不惑，故有命之说，然后能安"。中人以下者"闻命而不能安"，他们"见患难必避，遇得丧必动，见利必趋"⑮。小人遇事"不会处置了放下"，所以"无义无命"。⑯君子"顺受性命之正"，小人则"不能守身"，概言之，即"君子以义安命，小人以命安义"。⑰

在二程的思想中，另一个与"义"相关的重要命题是义利之辨："大凡出义则入利，出利则入义。天下之事，惟义利而已。"⑱一方面，二程承认利害之心为人之本然诉求，认为"利害者，天下之常情也"⑲，利用外物使人得以生存："人无利，直是生不得，安得无利？且譬如倚子，人坐此便安，是利也。"⑳"利"本身并不是问题，关键在于如何看待或者处置"利"，因而程颐说："利只是一个利，只为人用得别。"㉑"阴为小人，利为不善，不可一概论。夫阴助阳以成物者君子也，其害阳者

---

①②③⑤⑥⑦⑧⑨⑩⑪⑫⑬⑭⑮⑯⑰⑱⑲⑳㉑《二程遗书》，上海：上海古籍出版社2020年版，第65、129、62、93、79、172、249、253、77、243、172、68、89、242—243、89、363、171、224、266、266页。
④可助长者也包括养心、养志："志不可不笃，亦不可助长。志不笃则忘废。助长，于文义上也且有益，若于道理理上助长，反不得。"（《二程遗书》，上海：上海古籍出版社2020年版，第361页。）

小人也。夫利和义者善也，其害义者不善也。"① 另一方面，二程主张"命在义中"，要求以"义"作为动作举止之依归，"利"也当受制于"义"。程颐说："人皆知趋利而避害，圣人则更不论利害，惟看义当为与不当为，便是命在其中也。"② 程颐在解《论语》时说："'子罕言利'，非使人去利而就害也，盖人不当以利为心。《易》曰：'利者义之和。'以利而致利斯可矣。"③ 过度追求"利"甚至唯利是图则为害深远。孟子之所以拔本塞源，不肯言利，便因他意识到"趋利之弊"："如求安不已，又要褥子，以求温暖，无所不为，然后夺之于君，夺之于父，此是趋利之弊也。"④ 从一个更深的层次来看，二程之所以高度警惕"利"，是因其思想中的天理与人欲之别。"天理"为本，而"人欲"为末，故当"损人欲以复天理"。⑤ 在某种程度上，"义与利，只是个公与私也"⑥，人当去私而趋公。表面上看，二程在主张以"义"制"利"以及"义"、"利"可以并存的同时，又认为"义"、"利"是对立的；实际上他们反对的是由于对利欲的过度追求，以至于因"利"妨"义"。因此，二程并非不重视"利"，而是追求一种有别于世俗之私欲与利益的"大利"，即修养仁义以复归于天理之"利"："凡顺理无害便是利，君子未尝不欲利。然孟子言'何必曰利'者，盖只以利为心则有害。如'上下交征利而国危'，便是有害。'未有仁而遗其亲，未有义而后其君。'不遗其亲，不后其君，便是利。仁义未尝不利。"⑦ 这是说：当人们顺其自然而"公"，即按"天理"行事，"利"就可以不期而得。

正如郑熊所指出的：儒家道论在唐宋时期发生了明显的变化，表现为从以仁义为核心的伦理之道到本体之道的演变。可以说，这一变化是儒学不断因应释、道之刺激的必然结果，也是儒学自身的理论不断趋于圆熟的一个重要过程。"可以说，从思孟学派到李翱，都在尝试把天道与人道统一起来，构建一个能够统贯天道与人道的本体。可是，由于他们关注的重心在人道上，未能把天道与人道真正地统一起来，实现内在合一。后来的二程等理学家就是在此基础上，进一步打通天道与人道，从而构建起本体，把伦理之道上升为了本体之道。"⑧ 可以说，这个论断对于理解"义"的变化趋势与演变过程同样是适用的。

二 朱熹：义者，心之制，事之宜也

朱子在中国古代思想史上的地位与影响是不言而喻的。他充分继承、吸收

---

①②④⑥⑦《二程遗书》，上海：上海古籍出版社 2020 年版，第 302、224、266、224、302—303 页。

③《二程集》上，北京：中华书局 2004 年版，第 383 页。

⑤《二程集》下，北京：中华书局 2004 年版，第 907 页。

⑧ 郑熊：《从伦理之道到本体之道 —— 韩愈、二程道论与唐宋道学之发展》，载《哲学研究》2017 年第 6 期。

北宋五子的思想精华,建构了一个庞大而复杂的"理一元论"体系。这一理论的核心就是"理",也称"天道"或"太极","太极只是一个'理'字"①,"总天地万物之理,便是太极"②。若言太极,《易·系辞上》云:"易有太极,是生两仪,两仪生四象,四象生八卦。""太极"是创生万物的本原,而发育万物之后,"太极"仍在其中,"一物各具一太极"。③朱子说:"太极便是一,到得生两仪时,这太极便在两仪中;生四象时,这太极便在四象中;生八卦时,这太极便在八卦中。"④就"理"而言,"理"、"气"一体,本无先后可言,不过若推原其意,则"理"逻辑在先。⑤"或问'理在先,气在后'。曰:'理与气本无先后之可言。但推上去时,却如理在先,气在后相似。'"⑥究其意,"理"、"气"本无先后,但不可否认的是,"理"是第一性的,"气"即有形世界则是第二性的。

关于"理"和"气"的关系,可以用"理一分殊"来表达。朱子云:"伊川说的好,曰:'理一分殊。'合天地万物而言,只是一个理,及在人则又各自有一个理。"⑦"理"除指存在于具体事物内部的本质与规律外,更主要的是指事物生成之后所禀受的"理"。天之"理"在人物上表现为"性","性便是理"。⑧在本然之性上,人与万物并无差别,所谓"理一":"天之生物,有有血气知觉者,人兽是也;有无血气知觉而但有生气者,草木是也;有生气已绝但有形质臭味者,枯槁是也。是虽其分之殊,而其理则未尝不同。"⑨"理"附于"气"并受限于"气",因而在实存的"性"上,不仅人与物殊,人与人亦别:"论万物之一原,则理同而气异;观万物之异体,则气犹相近而理绝不同也。气之异者,粹驳之不齐;理之异者,偏全之或异。"⑩只有看到二者的同中之异与异中之同,才算把握了"理":"其初那理未尝不同。才落到气上,便只是那粗处相同。如饥食渴饮,趋利避害,人能之,禽兽亦能之。若不识个义理,便与他一般也……'庶民去之,君子存之',须是存得这异处,方能自别于禽兽。"⑪人与物在"性"上是一样的,均具五行,只是物得的是

---

①③⑥⑦⑧ 黎靖德编:《朱子语类》一,北京:中华书局 1986 年版,第 2、409、3、2、68 页。

② 黎靖德编:《朱子语类》七,北京:中华书局 1986 年版,第 2375 页。

④ 黎靖德编:《朱子语类》二,北京:中华书局 1986 年版,第 671 页。

⑤ 朱子关于理气先后的认识有一个发展变化的过程。他早年不讲理先气后,后来主张理在气先,晚年则认为理气本无先后,但在"次序"上理先气后。(陈来:《朱子哲学研究》,上海:华东师范大学出版社 2000 年版,第 73—99 页。)

⑨《朱子全书》贰拾叁,上海:上海古籍出版社、合肥:安徽教育出版社 2002 年版,第 2854 页。

⑩《朱子全书》贰拾贰,上海:上海古籍出版社、合肥:安徽教育出版社 2002 年版,第 2130 页。

⑪ 黎靖德编:《朱子语类》四,北京:中华书局 1986 年版,第 1389 页。

"五行之偏"者，且"人之性论明暗，物之性只是偏塞。暗者可使之明，已偏塞者不可使之通也"。①因此，朱熹一方面主张人物之性均禀受天地之理而来，"理"普遍存在于人物之性中；另一方面又宣称人物所禀之"理"有偏全之异，唯人得其全且能"推"，故人性高于物性，人为"万物之灵"。②

　　与佛教"以性为空"不同的是：儒家认为"性"是有实质内容的，此即"仁义礼智"："盖性中所有道理，只是仁义礼智，便是实理。"③人的道德本性来源于天地之理，"仁义礼智"与元亨利贞及阴阳五行是相对应的："盖天地之心，其德有四，曰元亨利贞，而元无不统⋯⋯故人之为心，其德亦有四，曰仁义礼智，而仁无不包。"④又说："盖人之性皆出于天，而天之气化必以五行为用。故仁、义、礼、智、信之性即水、火、金、木、土之理也。木仁，金义，火礼，水智，各有所主。独土无位而为四行之实，故信亦无位而为四德之实也。"⑤"性"即"理"，因而"性"先天就是善的，不善乃因气禀之不同："人之性皆善。然而有生下来善底，有生下来便恶底，此是气禀不同。"⑥天地万物本同一理，而禀气有异：禀得"正且通"之气（或曰阴阳五行之气之精英者）为人，禀得"偏且塞"之气（或曰阴阳五行之气之渣滓者）为物；禀得"精英之中又精英者，为圣，为贤；精英之中渣滓者，为愚，为不肖"。⑦由于人乃"理与气合"而成，因而"性"有"天命之性"与"气质之性"的差别，气质与天理相即而不相杂，气质甚至会隔蔽性理。"天命之性"即"本然之性"或"本体之性"，而"性之本体便只是仁义礼智之实"⑧，其本质是善，但因受拘于气而被熏染得不好了："人性本善而已，才堕入气质中，便熏染得不好了。虽熏染得不好，然本性却依旧在此。"⑨不过，朱熹认为"天命之性"与"气质之性"其实只是一"性"，否定人有二性的说法："此语非常丑差，盖由不知气质之性只是此性堕在气质之中，故随气质而自为一性，正周子所谓各一其性者。"⑩

　　朱子认为：气禀有偏致使理有所"欠阙"，欲复归于性便需"变化气禀"（尽管"极难变化"），因而后天的学习、教化与格物穷理之功夫是必不可缺的，其目的则是使"德胜其气，性命于德"。⑪变化气质的枢纽在于"心"，因为"心"作为"人之神明"或"灵明"乃人身之主宰，支配着人的知觉能力的运用与道德涵养："心者，人之所以主乎身者也，一而不二者也，为主而不为客者也，命物而不命于物者

　　①③⑥⑦⑪ 黎靖德编：《朱子语类》一，北京：中华书局1986年版，第57、64、69、259、71页。
　　② 朱子对于理气关系的认识有一个发展变化的过程，甚至其中不乏矛盾之处。（具体可参见陈来著《朱子哲学研究》，上海：华东师范大学出版社2000年版，第124—143页。）
　　④⑤⑧⑩《朱子全书》贰拾叁，上海：上海古籍出版社、合肥：安徽教育出版社2002年版，第3275、2658—2659、2935、2768页。
　　⑨ 黎靖德编：《朱子语类》六，北京：中华书局1986年版，第2432页。

也。"① 他又说："人之一身，知觉运用，莫非心之所为，则心者，固所以主于身，而无动静语默之间者也。"② "心"具有高度的自主性与能动性，作为意志能够作出自由的选择，是链接"未发"之"性"与"已发"之"情"的关键。朱子说："性只是理，情是流出运用处，心之知觉，即所以具此理而行此情者也。"③ "仁义礼智"是人之"性"的具体内容，其表现为"四端"④，"心"则"统性情"，"恻隐、羞恶、辞让、是非，情也。仁、义、礼、智，性也。心，统性情者也"⑤。"性"中自有仁义礼智之理，随着接触外物而有所"感"、有所"应"，如感于赤子之入井，则"仁"之理便应，进而形乎"恻隐之心"，"盖由其中间众理浑具，各各分明，故外边所遇随感而应"。⑥

"心"有"人心"与"道心"之别。朱子说："人只有一个心，但知觉得道理底是道心，知觉得声色臭味底是人心 …… 道心、人心本只是一个物事，但所知觉不同。"⑦ "人心"与"道心"的区别在于所知觉或所用力的对象不同。"心"非"性"，"性"无不善而"心"有善恶。不过，"心"之本体为"性"。⑧ 本体之"心""湛然虚明，万理具足"，正所谓"心包万理，万理具于一心"⑨，因而一切修养不过是要回复其本体之"虚明"，觉于"理"而成就"道心"，实现"心与理一"。人莫不兼有"人心"、"道心"，圣人也概莫能外。"人心"即受形、气影响的自然生理欲望，有其正当性，不能以其为"私欲"而斥为"恶"。朱子说："人心亦未是十分不好底。人欲只是饥欲食、寒欲衣之心尔。"⑩ 不好的是人屈从于欲望，不受"道心"控制，进而产生危害。他说："如饥饱寒煖之类，皆生于吾身血气形体，而它人无与焉，所谓私也，亦未便是不好，但不可一向徇之耳。"⑪ "道心则是义理之心。"⑫ "心"须受"道心"节制，操存"义理之公"，此乃为学之要，"若功夫至，则气质岂得不听命于义理"！⑬ "人心惟危，道心惟微。"人莫不有"仁义礼智"之"性"，然受气禀所拘、

---

①③⑥⑪《朱子全书》贰拾叁，上海：上海古籍出版社、合肥：安徽教育出版社 2002 年版，第 3278、2590、2779、2729 页。

②《朱子全书》贰拾壹，上海：上海古籍出版社、合肥：安徽教育出版社 2002 年版，第 1419 页。

④ "情"除了"四端"，还包括喜、怒、哀、乐、爱、恶、欲"七情"。杨立华认为："七情是从属于四端的。"（杨立华：《宋明理学十五讲》，北京：北京大学出版社 2015 年版，第 229 页。）

⑤ 朱熹：《四书章句集注》，北京：中华书局 2012 年版，第 239 页。

⑦⑩ 黎靖德编：《朱子语类》五，北京：中华书局 1986 年版，第 2010、2009 页。

⑧ "心"非"性"。朱子说："心、性之别，如以碗盛水，水须碗乃能盛，然谓碗便是水，则不可。"（黎靖德编：《朱子语类》一，北京：中华书局 1986 年版，第 411 页。）陈来进而认为"心"与"性"、"心"与"理"不可混为一谈："如果说心是一个系统，那么性或理只是这一系统的一个方面、一种属性或本质，而不是整个系统本身。"（陈来：《朱子哲学研究》，上海：华东师范大学出版社 2000 年版，第 222 页。）

⑨⑬ 黎靖德编：《朱子语类》一，北京：中华书局 1986 年版，第 155、74 页。

⑫ 黎靖德编：《朱子语类》四，北京：中华书局 1986 年版，第 1488 页。

物欲所蔽而显得昏昧、不光明,只有"埽去气禀私欲,使胸次虚灵洞彻"①,唤醒本身自有的"理"或本然之"性",才是《大学》所谓的"明明德"。当"道心"作主宰,"心与理一"时,人自然明了"所以然之故"与"所当然之则",从而洒扫应对、俯仰去就无不合"理":"学者若得胸中义理明,从此去量度事物,自然泛应曲当。"②

作为"理"或"性"的内容,"仁"、"义"、"礼"、"智"四者具有内在的关联。整体上看,"仁"是"生"的意思,"义"、"礼"、"智"、"信"因此"生意"而生,"得此生意以有生,然后有礼智义信。以先后言之,则仁为先;以大小言之,则仁为大"。③作为整全之德的"仁"可以用来涵括"义"、"礼"、"智":"仁,浑沦言,则浑沦都是一个生意,义礼智都是仁;对言,则仁与义礼智一般。"④若相对而言,"仁"是"慈爱底意思","义"则有"刚果底意思";"仁与义是柔软底,礼智是坚实底。仁义是头,礼智是尾"。从阴阳体用上看,"仁礼属阳,义智属阴;仁礼是用,义智是体";"仁礼是敷施出来底,义是肃杀果断底,智便是收藏底","仁是个发出来了,便硬而强;义便是收敛向里底,外面见之便是柔"⑤,因而"仁"为刚为阳,"义"为柔为阴。大体而言,"义"如利刀,能隔断许多牵绊,"胸中许多劳劳攘攘,到此一齐割断了"⑥,是对作为"心之德、爱之理"的"仁"之断制与补充,能遇事制断、辨别是非,即"物来能应,事至能断",其自身仍以"宜"为旨归,乃"事之宜"。但是,若只以"义"为"宜","则义有在外意","事之宜"若其在外,"然所以制其义,则在心也","盖物之宜虽在外,而所以处之使得其宜者,则在内也"。因此,在朱子看来,对"义"的完整定义应为"心之制,事之宜"。⑦在明义理之外,朱子还强调应"理会时政",遇事当以"义"分辨是非,认为"孟子所谓集义,只是一个'是'字"⑧,"集是集处物之义"⑨,因而"集义"即于事物上磨炼。他认为"敬"有"死敬"与"活敬"之分,"若只守着主一之敬,遇事不济之以义,辨其是非,则不活","敬"与"义"当相辅相成:"方未有事时,只得说'敬以直内'。若事物之来,当辨别一个是非,不成只管敬去。敬、义不是两事。"⑩"穷理"应与"集义"并重。朱子言:"涵养须用敬,处事须是集义。"⑪换言之,人不仅要"就事物上理会",还需于"根本上"(即"义理"上)下功夫,"须是彻上彻下,表里洞彻"。⑫

此外,朱子每以"人欲"与"天理"相比对,认为"以理从事,是义;不以理从事,便是欲"⑬,"人之一心,天理存,则人欲亡;人欲胜,则天理灭"⑭。人因有气、形,自然便有人欲,是以人心之公每为私欲所蔽,若能"不为物欲所昏,则浑然天理

---

①②③④⑤⑥⑧⑨⑩⑪⑫⑬⑭ 黎靖德编:《朱子语类》一,北京:中华书局1986年版,第334、237、105、107、106、120、429、152、216、216、287、387、224 页。

⑦ 黎靖德编:《朱子语类》四,北京:中华书局1986年版,第1219页。

矣"。①朱子认为儒家圣贤教化的核心便是"明天理，灭人欲"，"天理"犹如"宝珠"，而"人欲"似"浊水"，每每遮蔽此"宝珠"。如何消解人欲之患，关键在于"敬"。"敬"乃"圣门第一义"，"敬则天理常明，自然人欲惩窒消治"。②若能持敬，则此心自作主宰而沉潜于义理。不过，如前所言，朱子未曾否定人的自然欲望，其"所谓人心私欲者，非若众人所谓私欲也"③，只是以形、气所产生的完全服从个人需要的欲念为"私"，而以符合社会整体利益的道德意识为"公"。若任凭情欲肆意而为，个人就不再服膺道德，进而破坏伦常、危害社会秩序，所以说"人心惟危"而必须以"道心"为主宰，学问的终究目标是"革尽人欲，复尽天理"④，实现"心与理一"。当然，"天理"与"人欲"之别就在"几微"之间，如那饮食乃"天理"，而要求美味则是"人欲"，但若理会得道理，"则凡天理、人欲、义利、公私、善恶之辨，莫不皆通"。⑤具体到义利之辨上，朱子明确反对"求利之心"，说："凡事不可先有个利心，才说着利，必害于义。圣人做处，只向义边做。然义未尝不利，但不可先说道利，不可先有求利之心。"⑥可见朱子并不以义、利对立，而是主张"以义为利"，其所否定的是"利心"而不是"利"本身。"利心"乃出于"物我之相形"⑦，是为"私欲"；"仁义"则是"天理之公"。人当去私存公，以义为利。即便对于"天理"也不该存有"利心"："将天下正大底道理去处置事，便公；以自家私意去处之，便私。"⑧一有"求利之心"，则不仅利不可得且会招致危害，但出于"天下之至公"，依天理以行事，则"利"自在其中："所以说义之所安，即利之所在。盖惟义之安，则自无不利矣。"⑨

三 叶适：以利和义，不以义抑利

作为"永嘉学派"的集大成者，叶适对于事功之学的基本理念有着系统的阐述，并对时人产生巨大影响。全祖望说："乾、淳诸老既殁，学术之会，总为朱、陆两派，而水心断断其间，遂称鼎足。"⑩如上章所言，朱子曾言"浙学却专是功利"。⑪

---

①②④⑤⑦⑧⑨ 黎靖德编：《朱子语类》一，北京：中华书局1986年版，第224、210、225、131、228、228、367页。

③《朱子全书》贰拾贰，上海：上海古籍出版社、合肥：安徽教育出版社2002年版，第1918页。

⑥ 黎靖德编：《朱子语类》四，北京：中华书局1986年版，第1218页。

⑩ 黄宗羲原著，全祖望补修：《宋元学案》叁，北京：中华书局1986年版，第1738页。

⑪ 黎靖德编：《朱子语类》七，北京：中华书局1986年版，第2967页。

所谓的"浙学",显然也包括水心之学。不过,此说或过于武断。经制事功虽是"永嘉学派"用力之所在,然而其学绝不限于事功。黄宗羲之言则更切合其实际,他说:"永嘉之学,教人就事上理会,步步着实,言之必使可行,足以开物成务。"①"就事上理会"指其哲学精神,而"言之必使可行"则指其现实的价值取向,即务实、致用。

叶适认为:自然界主要是由五行和八卦所代表的各种事物组成,而五行、八卦所代表的天、地等八物实际上是"气"的表现形式,宋代以来的"太极"、"无极"等宇宙构成说只会造成矛盾和混乱。他说:"五行八卦,品列纯备,道之会宗,无所变流,可以日用而无疑矣。奈何反为'太极'、'无极'、'动静'、'男女'、'清虚'、'一大'转相夸授,自贻蔽蒙?"②他指出这些神秘化的术语只会"骇异后学"。叶适并不否认"道"或者"理"的存在,而是认为"道"或"理"就在"事"、"物"之中,可谓"道器相即"——"道"不能离"物",有"物"则有"道",说:"自古圣人,中天地而立,因天地而教、道可言,未有于天地之先而言道者。"③又说:"按古诗作者,无不以一物立义,物之所在,道则在焉。物有止,道无止也,非知道者不能该物,非知物者不能至道;道虽广大,理备事足,而终归之于物,不使散流,此圣贤经世之业,非习为文词者所能知也。"④物在道在,物止则道止,因此须当缘物以体道、自"有"适"无":"夫极非有物,而所以建是极者则有物也。君子必将即其所以建者而言之,自有适无,而后皇极乃可得而论也。"⑤"道"就在历史传统与当下的人伦日用之间,舍此无以为"道":"道不可见,而在唐、虞、三代之世者,上之治谓之皇极,下之教谓之大学,行之天下谓之中庸,此道之合而可名者也。其散在事物,而无不合于此,缘其名以考其实,即其事以达其义,岂有一不当哉!"⑥"即其事以达其义",即通过"事"以理解对象的内在规定、把握义理。

叶适认为:世间万物不同,所谓"物之情""皆一而有不同",然而万物之间亦有其内在统一的共同规律,即"物之理""不失其所以一者"。"夫形于天地之间者,物也;皆一而有不同者,物之情也;因其不同而听之,不失其所以一者,物之理也;坚凝纷错,逃遁谲伏,无不释然而解,油然而遇者,由其理之不可乱也。"⑦不过,只有发挥人的主观能动性,万物及其客观规律才能为人所用,"盖水不求人,人求水而用之,其勤劳至此。夫岂惟水,天下之物,未有人不极其勤而可以致其用者也"。⑧对此,叶适从人性论上予以证明:"按《书》称'惟皇上帝降衷于下民',即

---

① 黄宗羲原著,全祖望补修:《宋元学案》叁,北京:中华书局1986年版,第1696页。
②⑦ 叶适:《习学记言序目》上册,北京:中华书局1977年版,第220、27—28页。
③④ 叶适:《习学记言序目》下册,北京:中华书局1977年版,第700、702页。
⑤⑥⑧《叶适集》第3册,北京:中华书局1961年版,第728、726、699页。

'天命之谓性'也，然可以言降衷，而不可以言天命。盖万物与人生于天地之间，同谓之命；若降衷则人固独得之矣。降命而人独受则遗物，与物同受命，则物何以不能率而人能率之哉？盖人之所受者衷，而非止于命也。"① "命"即先天的禀赋，为人与万物同受于"天"者，而"衷"则是"天"独赋予人的，因而人才能作为万灵之长统率万物。人类的实践活动与社会发展也有其客观规律，表现为错乱纷纭的"事"借以发生的具体背景，此即"势"。只有知"势"，才能为治。叶适说："知其势而以一身为之，此治天下之大原也。"② 治国理政固然要顺应"势"，但人在"势"面前也要积极有为。在谈到英雄与时势的关系时，叶适说："古之人君，若尧、舜、禹、汤、文武，汉之高祖、光武，唐之太宗，此其人皆能以一身为天下之势，虽其功德有厚薄，治效有浅深，而要以为天下之势在己而不在物。"③ 概言之，叶适在他的整个思想体系中尤其注重人的主体性与能动性。

在某种意义上，叶适的主张针对的是宋明理学。宋明理学所建构的道德形上学为人性确立了先验的理论依据：经由"心—性—天"的功夫进路，通过内在的心性修养，最终实现"心与理一"。叶适则认为自思孟以后儒家逐渐侧重于内在的心性之学，歪曲、改造自尧舜以来"内外交成"的全体大用，说："古人未有不内外交相成而至于圣贤，故尧舜皆备诸德，而以聪明为首 …… 盖以心为官，出孔子之后，以性为善，自孟子始；然后学者尽废古人入德之条目，而专以心性为宗主，致虚意多，实力少，测知广，凝聚狭，而尧舜以来内外交相成之道废矣。"④ 换言之，理学虚而不实，偏重于内向的个体心性修养与人格培育，而对外在的社会事功以及外部的自然世界缺乏兴趣，在实践上有所欠缺。与理学相比，叶适的事功之学主张经世致用，强调关注社会各个层面的变革，包括制度层面的建设与民生的改善等，于"事"与"行"上下功夫。这一点可以从叶适对于"礼乐律书"的看法中窥得一斑。他说："礼乐律书皆已亡，大意犹可见，往往飘忽草略，使后有愿治之主无所据依。孔子曰'行夏之时 ……'此教颜渊以为邦之目也 …… 自春秋以来，儒者论礼乐何可胜数；虽无谬于道，而实知其意可以措之于治者绝少。"⑤ 对叶适来说，"其学主礼乐制度，以求见之事功"。⑥ 其注重事功的特点体现在：一方面，在认识层面上，只有以现实的事与物为认识的基础，并经过实践检验的知识才是真知。他说"夫欲折衷天下之义理，必尽考详天下之事物而后不谬"⑦，

---

①⑤ 叶适：《习学记言序目》下册，北京：中华书局 1977 年版，第 731、271 页。

②③《叶适集》第 3 册，北京：中华书局 1961 年版，第 639、637 页。

④ 叶适：《习学记言序目》上册，北京：中华书局 1977 年版，第 207 页。

⑥ 黄宗羲原著，全祖望补修：《宋元学案》肆，北京：中华书局 1986 年版，第 1690 页。

⑦《叶适集》第 2 册，北京：中华书局 1961 年版，第 614 页。

否则不论理论如何精巧、高深都没什么实际价值，"无验于事者其言不合，无考于器者其道不化，论高而实违，是又不可也"。[①]另一方面，在实践层面上，他致力于"实"，要求"以物用而不以己用"。[②]"以物用"就是提倡面对经验世界、从日常生活出发；"不以己用"则指不要片面根据人的主观意志与观念去行动。所谓"自用则伤物，伤物则己病矣"，要依托外部对象来展开人的实际践行，使得"内外交成"、建立事功。他说："观众器者为良匠，观众方者为良医，尽观而后自为之，故无泥古之失，而有合道之功。"[③]

需要注意的是：叶适并非只主功利，也重视德性。他指出："克己，治己也，成己也，立己也；己克而仁至矣。"[④]"治己"关乎自我成就的途径与方式，"成己"和"立己"则指向自我成长的最终目标。"人"是永嘉学派关注的中心问题，人的存在不仅有外在事功的一面，还包括内在精神与心性的提升与完善。大致而言，他只是出于现实关怀而不认同理学家对于天道、性命的超越性设定与理解。他认为："性命道德，未有超然遗物而独立者也。"[⑤]在人格培育上，叶适主张首先要注重道德自觉："所谓觉者，道德、仁义、天命、人事之理是已。夫是理岂不素具而常存乎？其于人也，岂不均赋而无偏乎？然而无色无形，无对无待，其于是人也，必颖然独悟，必渺然特见，其耳目之聪明，心志之思虑，必有出于见闻觉知之外者焉：不如是者，不足以得之。"[⑥]其次，德性修养不应排斥外在的"见闻"。叶适并不承认人有先天所禀受之性，认为成德只能通过后天的经验积累如研习历史典章或沿袭前人足迹，（此即"畜德"）才能实现："古人多识前言往行，谓之畜德。近世以心通性达为学，而见闻几废，为其不能畜德也，然可以畜而犹废之，狭而不充，为德之病矣。"[⑦]可见，叶适坚持认为"思学兼进"[⑧]才是成德的根本途径，而这也是孔子提倡的方法，非自思孟以来直至唐宋的心性之学所可以涵括。正如蒙培元先生所指出的：叶适"将孟子以至后儒的先天心性之学排斥在知识谱系之外，试图重建儒家的德性之学，这在当时心性之学已经盛行并且变成权威的情况下，从儒学内部掀起了一股强有力的批判思潮，真可谓异军突起"。[⑨]

与此一贯相承的是：叶适在义利观上也与当时主流的儒家思潮大异其趣。宋儒多喜欢发挥董仲舒"正其义不谋其利，明其道不谋其功"的说法，对"利"颇

---

①②③⑤《叶适集》第 3 册，北京：中华书局 1961 年版，第 639、731、787、730 页。

④ 叶适：《习学记言序目》下册，北京：中华书局 1977 年版，第 731 页。

⑥《叶适集》第 1 册，北京：中华书局 1961 年版，第 141—142 页。

⑦《叶适集》第 2 册，北京：中华书局 1961 年版，第 603 页。

⑧ 叶适：《习学记言序目》上册，北京：中华书局 1977 年版，第 186 页。

⑨ 蒙培元：《叶适的德性之学及其批判精神》，载《哲学研究》2001 年第 4 期。

为警惕,而叶适以"利"为"义之本"①,反对理学"以义抑利"和"存天理、灭人欲"的观点,认为道义不能离开功利而存在,道义就存在于功利之中,离开功利,道义也就失去了意义。他说:"读书不知接统绪,虽多无益也;为文不能关教事,虽工无益也;笃行而不合于大义,虽高无益也;立志不存于忧世,虽仁无益也。"② 对于董仲舒的说法,他批评道:"'仁人正谊不谋利,明道不计功',此语初看极好,细看全疏阔。古人以利与人而不自居其功,故道义光明。后世儒者行仲舒之论,既无功利,则道义者乃无用之虚语尔。"③ 是以叶适的道义论不仅容纳了功利,而且要求以功利作为判定准则,坚持道德与功利的统一性。在叶适看来,古人的义利观是"以利和义,不以义抑利"④,也就是以功利、利益原则来体现道义,而不是用道义去限制功利、利益。这不仅对解决南宋内外交迫的困局颇具积极意义,而且对当今社会具有重要的启示意义和参考价值。

---

①③ 叶适:《习学记言序目》上册,北京:中华书局 1977 年版,第 155、324 页。
② 《叶适集》第 2 册,北京:中华书局 1961 年版,第 607—608 页。
④ 叶适:《习学记言序目》下册,北京:中华书局 1977 年版,第 386 页。

第五节　明清儒家论"义"

　　明代中叶，王阳明主张"心即理"，以克服朱熹"心"与"理"为二的思维倾向，表现了理学内部对于程朱一系的纠偏。明清时期一个颇为显著的倾向是以李贽、黄宗羲、顾炎武、王夫之等为代表的进步思想家对宋代以来假道学的批评与对封建制度的批判，认为思想学说不能离开人伦日用，主张经世致用，提倡工商皆本，表现出对现实人性与人的普遍价值的肯定。与"义"相关的是，当时有诸多儒者认为应正视人的欲望及其积极意义，强调"利"与"义"的统一性。

一　王阳明：心得其宜之谓义，能致良知，则心得其宜矣

　　因不满于朱子"心"与"理"为二的思想，王阳明主张"心即理"。按照理学的基本思路，修养的终极目标是"心与理一"，"心"本来包含众"理"，但"理"在"心"中为"性"，"心"是一个带有经验意义的范畴，受"气质"及外在环境的影响，无法与"理"完满合一，因而朱子只承认"性即理"，却不说"心即理"。为实现"心与理一"，必须经历一番格物穷理的修养工夫。王阳明对此无法认可，认为这是向外求"理"。他说："朱子所谓'格物'云者，在即物而穷其理也。即物穷理，是就事事物物上求其所谓定理者也。"①《传习录》载："爱问：'"知止而后有定"，朱子以为"事事物物皆有定理"，似与先生之说相戾。'先生曰：'于事事物物上求至善，却是义外也。至善是心之本体，只是"明明德"到"至精至一处"便是。然亦未尝离却事物。'"②依《年谱》，这是阳明龙场悟道的结果："因念：'圣人处此，更有何道？'忽中夜大悟格物致知之旨，寤寐中若有人语之者，不觉呼跃，从者皆惊。始知圣人之道，吾性自足，向之求理于事物者误也。"③龙场悟道的核心宗旨便是"心即理"，"理"即道德法则，是人心所固有的，并不在道德对象之中，"心外无理"。"先生曰：心即理也。

---

①②《王阳明全集》上，上海：上海古籍出版社 2011 年版，第 50、2 页。
③《王阳明全集》下，上海：上海古籍出版社 2011 年版，第 1354 页。

天下又有心外之事，心外之理乎？"①"夫在物为理，处物为义，在性为善，因所指而异其名，实皆吾之心也。心外无物，心外无事，心外无理，心外无义，心外无善。吾心之处事物，纯乎理而无人伪之杂，谓之善，非在事物有定所之可求也。处物为义，是吾心之得其宜也，义非在外可袭而取也。格者，格此也；致者，致此也。必曰事事物物上求个至善，是离而二之也。"②"心外无理"或"心外无善"是指道德动机或者道德行为只能根源于"心"，无论是"格物"还是"致知"都应该围绕这一至善的根源展开。王阳明之所以强调"心即理"，就在于他看到"心与理为二"在现实中所带来的"许多病痛"，如一些行为从外在判断"做得当理"，实际上只是一个"私心"，因此行为"却与心全不相干，分心与理为二，其流至于霸道之伪而不自知"。其立言宗旨在于使人知道"心与理一"，进而"来心上做功夫"。③因此，"心即理"集中体现了王阳明对道德主体的肯定，同时也实现了理学向"内"的转向。

对于"心"，王阳明有时用"心体"及"心之本体"来表达，尽管"心"也具有"知觉"等功能，但在阳明心学更多的是指"道德主体"。"心"为身之主宰，"至善也者，心之本体也"④，是以本体纯善无恶。"心之发动处谓之意。"⑤"意"已流于现象，故有善有恶："凡应物起念处，皆谓之意。意则有是有非。"⑥本体上无法用功，是以工夫只能用在"意"上。王阳明说："然至善者，心之本体也。心之本体，那有不善？如今要正心，本体上何处用得功？必就心之发动处才可著力也，心之发动不能无不善，故须就此处著力，便是在诚意。"⑦作为先验的道德主体，"心之本体"是至善的根源，此乃人皆有之："人性皆善，中和是人人原有的，岂可谓无？但常人之心既有所昏蔽，则其本体虽亦时时发见，终是暂明暂灭，非其全体大用矣。"⑧"心之本体"即"天理"，既为私欲所"障碍"和"窒塞"，便须"去人欲，存天理"，以充拓、恢复其"本体"之清明。王阳明说："能不为私欲遮隔，充拓得尽，便完；完是他本体。"⑨"心之本体"既然是"至善"，那么"恶"是哪里来的呢？王阳明认为"至善者，心之本体。本体上才过当些子，便是恶了。不是有一个善，却又有一个恶来相对也。故善恶只是一物"⑩，因而"恶"来自"善"的偏差或丧失，实际上是来自"心之本体"发用、流行中所夹杂的私心、私欲。王阳明说："喜怒哀乐本体自是中和的。才自家着些意思，便过不及，便是私。"⑪如何才能去恶为善呢？在去江西平藩以前，王阳明的基本思路是"诚意"："《大学》工夫只是诚意，诚意之极便是至善。"⑫所谓"诚意"，一方面是"着实用意"，"为学工夫有浅深。初时若不着实用意去好善恶恶，如何能为善去恶？这着实用意便是诚意"⑬，因而"诚意"便意味着"着实用意"、"为善去恶"，具有"实行"义。另一方面是指在格物上

①②③④⑤⑥⑦⑧⑨⑩⑪⑫⑬《王阳明全集》上，上海：上海古籍出版社2011年版，第2、175、138、271、103、242、135、26、39、110、22、44、39页。

"戒慎恐惧"，"诚意只是慎独工夫，只在格物上用，犹《中庸》之'戒惧'也"。[①] 格物是诚意的功夫，诚意则为格物确立"头脑"、划定范围，使得格物"牵扯得向身心上来"，即主要致力于道德修养实践，而不至于"茫茫荡荡，都无着落处"。[②]"物"训为"事"，而"格"则训为"正"。"格物"主要是为"格心"，"去其心之不正，以全其本体之正"。[③] 需要特别指出的是：王阳明晚年又以"事事物物皆得其理者"解"格物"。陈来认为：如此一来"格物"就成了"物格"，"既然物格是事物皆得其理，格物就必定指用理去规范事物，即把我们的道德意念贯彻在实际活动中，使这些活动和行为获得'合法性'与'道德性'，而不是仅仅纠正意念活动本身的不善而使归于善"。此时的"格物"说"仍然包含了正念头的一面"。[④]

不过，王阳明早年的"诚意"说在其晚年逐步发展为"致良知"说，这是其体系发展的逻辑必然。王阳明自己认为："致知二字，是千古圣学之秘……此是孔门正法眼藏，从前儒者多不曾悟到，故其说卒入于支离。"[⑤] 陈来认为："知行合一虽为工夫切要，但未及心体。心外无理虽论心体，但非功夫。格物为正念头虽为反身功夫，终是缺却本体一截，而'致良知'本体、功夫以期收摄。"[⑥]"知"即"良知"，而良知"是尔自家底准则。尔意念着处，他是便知是，非便知非，更瞒他一些不得。尔只不要欺他，实实落落依着他做去，善便存，恶便去。他这里何等稳当快乐。此便是格物的真诀，致知的实功"。[⑦] 换言之，"良知"是每个人内在、先天具有的道德评判机制与是非准则，不仅能够"知是知非"或"知善知恶"，还能"好善恶恶"，"是道德意识与道德情感的统一"。[⑧]"良知"是"心之虚灵明觉"，而"其虚灵明觉之良知，应感而动者谓之意"[⑨]，可见"良知"是"意念"的本体与根据，能够把控"意念"的方向。王阳明晚年指出："意与良知当分别明白。凡应物起念处，皆谓之意。意则有是有非，能知得意之是与非者，则谓之良知。"[⑩]"良知"是每个人都具有的成圣的内在根据，可以说"人人胸中有圣人"，"满街都是圣人"，只不过现实的人其本心均有所遮蔽，因而事实上大家都是潜在的圣人，需要"致良知"以发明本心。"致"训为"至"，"致良知"即要求扩充良知，使其"无私欲之间，而得以致其极"。

王阳明主张："知行合一。""知"本然地要求"行"，"知是行之始，行是知之成。若会得时，只说一个知，已自有行在；只说一个行，已自有知在"。[⑪] 王阳明

①《王阳明全集》下，上海：上海古籍出版社 2011 年版，第 1316 页。

②③⑤⑦⑨⑩⑪《王阳明全集》上，上海：上海古籍出版社 2011 年版，第 44、7、222—223、105、53、242、5 页。

④⑥⑧ 陈来：《有无之境：王阳明哲学的精神》，北京：北京大学出版社 2006 年版，第 145、149—150、155 页。

之所以提倡"知行合一"主要是针对明代中期功利风行、表里不一的社会风气以及朱子学强调的"知先行后"的弊病。他说："逮其后世，功利之说日浸以盛，不复知有明德亲民之实。士皆巧文博词以饰诈，相规以伪，相轧以利，外冠裳而内禽兽，而犹或自以为从事于圣贤之学。如是而欲挽而复之三代，呜呼其难哉！吾为此惧，揭知行合一之说，订致知格物之谬，思有以正人心，息邪说，以求明先圣之学。"① 由于他认为"心即理"，因此"知行合一"主要强调的是"行"，而非"知"。不过，王阳明晚年的"致良知"说也具有"知行合一"的一面。他说："如知其为善也，致其知为善之知而必为之，则知至矣 …… 决而行之者，致知之谓也。此吾所谓知行合一者也。"② 又说："是良知也者，是所谓'天下之大本'也。致是良知而行，则所谓'天下之达道'也。"③"致良知"一方面主张"知"而"行"，另一方面意味着要在"行"中"知"："良知不由见闻而有，而见闻莫非良知之用，故良知不滞于见闻，而亦不离于见闻 …… 盖日用之间，见闻酬酢，虽千头万绪，莫非良知之发用流行，除却见闻酬酢，亦无良知可致矣。"④ 虽然良知能"从自己心上体认"，且他自身静坐过，有过神秘的体验，但同时他也强调只有在"事"上磨炼才能达到"定"的境界："问：'静时亦觉意思好，才遇事便不同，如何？'先生曰：'是徒知静养而不用克己工夫也。如此，临事便要倾倒。人须在事上磨，方立得住，方能"静亦定，动亦定"。'"⑤

按孟子的主张，"养浩然之气"要保持"必有事焉"与"勿忘勿助"的态度。王阳明则认为在"知行合一"的工夫中只需"必有事焉"，即"集义"，自然便能"不动心"。他说："我此间讲学却只说个'必有事焉'，不说'勿忘勿助'。'必有事焉'者，只是时时去'集义' …… 其工夫全在'必有事焉'上用，'勿忘勿助'只就其间提撕警觉而已。"⑥ 对于"集义"，朱子解释为"犹言积善，盖欲事事皆合于义也"，"无所愧怍，而此气自然发生于中"⑦，所谓"动心"是指"有所恐惧疑惑而动其心"⑧。王阳明认为"义即是良知"，"集义"便是"致良知"的功夫。他说："心之本体原是不动的，只为所行有不合义，便动了。孟子不论心之动与不动，只是'集义'，所行无不是义，此心自然无可动处 …… 孟子'集义'工夫，自是养得充满，并无馁歉，自是纵横自在，活泼泼地：此便是浩然之气。"⑨ 王阳明又认为"心外无义"，因此"集义"便当就"自心上集义"而"复其心之本体"，甚至可以说君子之学"终身只是'集义'一事。义者宜也。心得其宜之谓义。能致良知，则心得其宜矣，故'集

①②③④⑤⑥⑨《王阳明全集》上，上海：上海古籍出版社 2011 年版，第 314、308、311、80、14、93—94、121 页。

⑦⑧朱熹：《四书章句集注》，北京：中华书局 2012 年版，第 233、230 页。

义'亦只是致良知。君子之酬酢万变,当行则行,当止则止,当生则生,当死则死,斟酌调停,无非是致其良知,以求自慊而已"。①

作为至善的"心之本体",自然包含仁、义、礼、智。在朱子看来,仁、义、礼、智分别对应于"恻隐之心"、"羞恶之心"、"辞让之心"、"是非之心",前者为"性",发而为后者即"情"。然而,在王阳明看来,"四端"作为良知,就是"心之本体"的自然呈现,无所谓未发、已发,仁、义、礼、智只是此心在不同场合下的具体表现,即所谓"表德",可以说一切道德规范、准则都是"心之本体"的具体表现。此外,对于宋代理学异常重视的天理与人欲之辨,王阳明同样主张"灭人欲,存天理",只是在具体法门上有所不同。阳明心学主张于心上用力,认为只要"致良知",所思所行自然无不合义,自然明了该如何对待利、欲;在功夫上则需"时时用力省察克治",即克去私欲乃至自我,以至于与天地万物为一体。他说:"故循理之谓静,从欲之谓动。欲也者,非必声色货利外诱也,有心之私皆欲也。"②

二 王夫之:义者,利之合也;知义者,知合而已矣

从中国古代义利观发展史来看,王夫之的义利观既综括前人学说而集其大成,又基于时代特征提出自己的一些独特观点,其中包含不少可以契合于现代社会的活性因素。正如学者所总结的:"从整体来看,王夫之的义利思想同其哲学一样,具有承前启后,综合创新的特点:一方面,他对中国历史上各家各派的义利学说予以总结,成为传统义利思想的集大成者;另一方面,他又在继承的基础上予以批判性超越,创造性提出并构建了自己独特的义利思想,其中包含了不少与近现代义利学说相契合的活性因素。"③

在儒家思想传统里,义利关系涉及人生的价值取向,不可谓不重要,理学家们更常以其为"儒者第一义"。王夫之对此也异常重视,认为义利之分对于民族、国家而言具有根本性的意义,他说:"天下之大防二,而其归一也,一者何也?义利之分也。"④ 所谓的两"大防",一是"中国"与夷狄,一是君子与小人,两者在内在本质上的差别都可以归结为"义利之分"。不过,与传统义利学说有所区别的是,王夫之对"义"、"利"概念作了不同层次的区分。

---

① ②《王阳明全集》上,上海:上海古籍出版社 2011 年版,第 82、204 页。

③ 王泽应:《王夫之义利思想的特点和意义》,载《哲学研究》2009 年第 8 期。

④《船山全书》第 10 册,长沙:岳麓书社 2011 年版,第 502 页。

对于"利"概念,王夫之将之分为两种:一种是将其解释为"生人之用",即与人们满足生存所需要的物质财富与趋利避害的自然本能相关,故曰:"利者,民之依也。"① "人则未有不自谋其生者。"② 在王夫之看来,天下有生命的万物莫不谋以自存,人亦如是,因而当"使物各安其本然之性情以自利"。③ 物质生活的满足乃至好逸恶劳、趋利避害是一个基本的社会事实,也是道德存在的前提。他说:"夫天下有其大同,而抑有其各异,非可以一说竟也久矣。其大同者,好生而恶死也,好利而恶害也,好逸而恶劳也。"④ 另一种是以"益物而和义"与前者相区别。他说:"凡言'利'者,皆益物而和义之谓,非小人以利为利之谓。"⑤ 此即与人民福祉相一致且能促进公共利益的"公利"。一己之私终是小利,难免因此与他人发生冲突,只有符合"义"之规范的"利"才是社会应该追求的目标。他说:"当其始,倚于一端,而不能统万物始终之理,则利出于偏私,而利于此者不利于彼,虽有利焉而小矣。"⑥ 前者尽管"滞于形质",但出自自然,是一种前道德的范畴,有其合理性与正当性;后者作为调节伦理关系的重要枢纽,可以说是文明社会的产物,带有鲜明的道德属性。与此同时,人们也需要注意到,利益还需要加以长时段地整体考量,一时一事对自己有利,也有可能带来相反的后果:"利于一事则他之不利者多矣。""利于一时,则后之不利者多矣,不可胜言矣。""利于一己,而天下之不利于己者至矣。"⑦

对于"义",王夫之将其定义为"吾心之能断制者"。他说:"天下固有之理谓之道,吾心所以宰制乎天下者谓之义。道自在天地之间,人且合将去。义则正所以合者也。均自人而言之,则现成之理,因事物而著于心者道也;事之至前,其道隐而不可见,乃以吾心之制,裁度以求道之中者义也。"⑧ 王夫之认可并坚持孟子"义内"的说法,认为"义"无疑是人内在的性理尺度,然而既欲"断制",则不能不关涉现实。因此他将"义"分为三个层次,即"一人之正义"、"一时之大义"与"古今之通义"。这三者因其适用的范围、时空条件而有轻重之别、公私之异:"以一人之义,视一时之大义,而一人之义私矣;以一时之义,视古今之通义,而一时之义私矣;公者重,私者轻矣,权衡之所自定也。"⑨ 王夫之以君臣关系与民族国家关系对此加以说明,认为"事是君而为是君死,食焉不避其难"属于"一人之正

①《船山全书》第2册,长沙:岳麓书社2011年版,第242页。
②⑨《船山全书》第10册,长沙:岳麓书社2011年版,第710、535页。
③⑤⑥《船山全书》第1册,长沙:岳麓书社2011年版,第69、75、69页。
④《船山全书》第11册,长沙:岳麓书社2011年版,第85页。
⑦《船山全书》第7册,长沙:岳麓书社2011年版,第382页。
⑧《船山全书》第6册,长沙:岳麓书社2011年版,第931页。

义"；"一时之大义"则要求臣子所忠于的君主必须是天下所共奉的、得到人民普遍认可的君主；"古今之通义"即高于君臣之义的民族大义，也就是夷夏之辨，"夷夏者，义之尤严者也"。① 简而言之，"利"为人类生存所必需，"义"则为道德修养与社会规范之要目，对于人类来说都是不可或缺的："天以其阴阳五行之气生人，理即寓焉而凝之为性。故有声色臭味以厚其生，有仁义礼智以正其德，莫非理之所宜。"② 因此，对于两者的关系不可不审慎对待。王夫之说："立人之道曰义，生人之用曰利。出义入利，人道不立；出利入害，人用不生。智者知此者也，智如禹而亦知此者也。呜呼！义利之际，其为别也大；利害之际，其相因也微。夫孰知义之必利，而利之非可以利者乎？夫孰知利之必害，而害之不足以害者乎？诚知之也，而可不谓大智乎！"③ 这就是说，"义"、"利"同为人类所需，两者尽管差别甚大，但也可能相互转化，只有"大智"才能明察秋毫。

"义"和"利"的关系相当复杂，有可能相互对立，也有可能彼此统一，甚至还有可能既对立又统一。大体而言，王夫之尽管肯定追逐利益的正当性，但不认可一味追求和满足个人利益，认为"利者，非之门"。片面追求利益的弊端显而易见，"利"必须用"义"加以节制。他说："出乎义入乎害，而两者之外无有利也。《易》曰：'利物和义'，义足以用，则利足以和。和也者合也，言离义而不得有利也。"④ 在王夫之看来，"利"是产生"害"的根源，而"义"是远离"害"的调节机制，这一点可以证之于历史成败："今考历代治河之得失：禹制以义，汉违其害，宋贪其利，蒙古愈贪焉，而昭代沿之；善败之准，昭然易见也。制以义，害不期远而远矣；违其害，害有所不能违矣；贪其利，则乐生人之祸而幸五行之灾也，害之府也。"⑤ 只有远离"利"而以"义"为宗，"害"方能自远；背离了"义"就不会有真正的"利"而只会导向"害"。他说："制害者莫大乎义，而罹害者莫凶于利。""义之所自正，害之所自除，无他，远于利而已矣。"⑥ 大体上，"义"和"利"是可以统一的，一个有道德修养的君子总能正确地认识和处理道义与功利的关系，即"夫功于天下，利于民物，亦仁者之所有事"。⑦

尽管在实践上不能保证"义"一定能带来"利"，而"利"未必就有"害"，但是在整体上只有以"义"制"利"才能带来长久的整体利益，王夫之说："天下无非义而可以利 …… 故义者，利之合也。知义者，知合而已矣。"⑧ "义"是对各方利益

---

① 《船山全书》第 10 册，长沙：岳麓书社 2011 年版，第 536 页。
② 《船山全书》第 12 册，长沙：岳麓书社 2011 年版，第 121 页。
③④⑤⑥ 《船山全书》第 2 册，长沙：岳麓书社 2011 年版，第 277、277、279、278 页。
⑦ 《船山全书》第 1 册，长沙：岳麓书社 2011 年版，第 826 页。
⑧ 《船山全书》第 5 册，长沙：岳麓书社 2011 年版，第 267—268 页。

的制约与调节,其目的在于建立良善的制度规范,从而保障各种正当利益的充分实现,因此"要而论之,义之与利,其途相反,而推之于天理之公,则固合也。义者,正以利所行者也。事得其宜,则推之天下而可行,何不利之有哉?但在政教衰乱之世,则有义而不利者矣。乃义或有不利,而利未有能利者也 …… 故曰:义者天理之公,利者人欲之私。欲为之而即谋之也,斯为小人而已矣"。① 王夫之在总体上是重"义"轻"利"的,认为当两者发生冲突时,要为"义"舍"利"乃至舍生,并说:"将贵其生,生非不可贵也;将舍其生,生非不可舍也 …… 生以载义,生可贵;义以立生,生可舍。"② 在两难之际,即二者发生冲突 —— "不可得兼之时","义"无疑具有优先性,"全其生则以害其义,守其义则以捐其生"。对此,王夫之的态度和立场十分鲜明:"奋不顾身,舍生而取义必矣。"③ 在其晚年所撰的《读通鉴论》中,王夫之更为强调"义"与"利"的对立性与"义"的第一性:"君子小人之大辨,人禽之异,义、利而已矣。""君子与小人义利之疆畛,不可乱耳。""道之所在,义而已矣;道之所否,利而已矣。"④

　　需要特别指出的是:王夫之尤为注重对治国者的道义要求。他认为:统治阶级要以养民为义,而不可"屑屑然求财货之私己以为利"。不以功利而以道义作为价值目标和内在动力,这样不仅可以纯化人的道德动机、淳化社会风气,而且可以收获真正意义的功利,实现利国、利民、利己。他在解《孟子》中的"王何必曰利"时引述程朱的"君子未尝不欲利"、"仁义未尝不利",说:"以道言之,人君以无欲为王道之本,不可曰利 …… 故以事言之,不遗亲,不后君,而王利矣。不著一利之名,而徐收其利之实,此非仁义之必然者哉?"⑤ 在这里,王夫之特别强调"人君以无欲为王道之本",即要求其不要重"利",只要以"义"治国,自然可以"徐收其利之实"。对上位者而言,在国家层面上首先解决老百姓的物质生活需求并保障其正当利益,这既是统治者的基本职责,又是其道义所在。王夫之提出的"人君爱养斯民之道"包含了"制恒产"、"裕民力"和"修荒政"等内容,强调统治者不要与民争利、聚敛财富,而要以德治国。他说:"德为万化之本原,而财乃绪余之必有,图其本而自可生其末。"⑥ 以"利"治国、导民的弊端显而易见,人们能因"利"而孝亲、忠君,自然也能因"利"而背亲、叛君,这是必然的结果:"以利为恩者,见利而无不可为。故子之能孝者,必其不以亲之田庐为恩者也;臣之

①③⑥《船山全书》第 7 册,长沙:岳麓书社 2011 年版,第 382、722、91 页。

②《船山全书》第 2 册,长沙:岳麓书社 2011 年版,第 363 页。

④《船山全书》第 10 册,长沙:岳麓书社 2011 年版,第 687、712、969 页。

⑤《船山全书》第 8 册,长沙:岳麓书社 2011 年版,第 27—29 页。

能忠者，必其不以君之爵禄为恩者也；友之能信者，必其不以友之车裘为恩者也。怀利以孝于亲、忠于君、信于友，利尽而去之若驰，利在他人，则弃君亲、背然诺，不旋踵矣，此必然之券也。故慈父不以利畜其子，明君不以利饵其臣，贞士不以利结其友。"① 为政者必须知晓何为本、何为末及其先后缓急，王夫之说："政有本末备足之具，而后国有与立，而为之则有次序在。审乎缓急而图之于其本，此王道所以异于富强之术也。"② 所谓"本"，无疑指"德"与"道义"，而非"利"。

三 戴震：心之所同然始谓之理、谓之义

作为乾嘉学派的代表人物之一，戴震学识广博，在擅长考据的同时，对儒家义理也不乏精思，其致思取向主要是在"元气一元论"的基础上阐明理、欲关系，着力批判程朱理学。其思想对近代进步人士如梁启超、章太炎等具有相当积极的影响。胡适曾评论说：戴震是八百年来中国思想史上可以与朱熹、王阳明并驾齐驱的三大重要人物之一，甚至说他是朱熹之后的第一个大思想家、大哲学家。③

对于世界生成的本原，戴震认为从根本上来说是"气"，所谓的"道"就是"气化流行，生生不息"。戴震在《孟子字义疏证·天道》中说："谓之气者，指其实体之名；谓之道者，指其流行之名。"④"气"即阴阳之气，"一阴一阳，流行不已，夫是之谓道而已"，而阴阳与五行又不可分离，"举阴阳则赅五行，阴阳各具五行也；举五行即赅阴阳，五行各有阴阳也"，因而也可以说"阴阳五行，道之实体也"。就世界之创生而论，形而上的为"道"，形而下的则为"器"，然而戴震认为形上、形下是同一种物质存在的不同表现形式，形上、形下的概念只是借用来表明形质形成前后的逻辑关系而已。他说："阴阳之未成形质，是谓形而上者也，非形而下明矣。器言乎一成而不变，道言乎体物而不可遗。不徒阴阳是非形而下，如五行水火木金土，有质可见，固形而下也，器也；其五行之气，人物咸禀受于此，则形而上者也。"⑤ 他说人与物均乃此阴阳五行之气的产物："阴阳五行之运而不已，天地之气化也，人物之生生本乎是。"⑥ 从根本上说"天道"与"人道"并无区别，都是"气"的流衍生化："在天地，则气化流行，生生不息，是谓道；在人物，则凡生生所有

---

① 《船山全书》第 10 册，长沙：岳麓书社 2011 年版，第 785—786 页。
② 《船山全书》第 7 册，长沙：岳麓书社 2011 年版，第 696 页。
③ 胡适：《戴东原的哲学》，合肥：安徽教育出版社 1999 年版，第 139、144 页。
④⑤⑥ 《戴震全书》第 6 册，合肥：黄山书社 2010 年版，第 37、176、182 页。

事,亦如气化之不可已,是谓道。"① 二者不当有所疏分,因为"道"就体现在"实体实事"与"人伦日用"之中:"故语道于天地,举其实体实事而道自见 …… 故语道于人,人伦日用,咸道之实事。"②

"道"、"器"不离,而"道"就在"器"中,"物之不离阴阳五行以成形质也"③,不过在人、事、物之中却有其可以"推诸天下万世而准"的"理"与"则"。戴震说:"天地、人物、事为,不闻无可言之理者也,《诗》曰'有物有则'是也。物者,指其实体实事之名;则者,称其纯粹中正之名。实体实事,罔非自然,而归于必然,天地、人物、事为之理得矣。"④ 对人而言,"道"就在人伦日用之中,"'民之质矣,日用饮食',自古及今,以为道之经也"⑤,"物者,事也;语其事,不出乎日用饮食而已矣;舍是而言理,非古贤圣所谓理也"⑥。"理"也存乎"性"、存乎"欲",甚至可以说"理"起于"性"与"欲"。与理学家分"性"与"理"为二,认为在人伦日用之外别有一"理",即进而否定欲望、"灭人欲存天理"以求"心与理一"不同的是,戴震主张"理义"不当于气禀、于物外求。他说:"古人言性,但以气禀言,未尝明言理义为性,盖不待言而可知也。至孟子时,异说纷起,以理义为圣人治天下(之)具,设此一法以强之从,害道之言皆由外理义而生 …… 孟子明人心之通于理义,与耳目鼻口之通于声色臭味,咸根诸性,非由后起。后儒见孟子言性,则曰理義,则曰仁义理智,不得其说,遂于气禀之外增一理义之性,归之孟子矣。"⑦

戴震认为:万物都是阴阳五行所生成的,而人物因禀受的阴阳五行之气不同,便形成了生物各种各样的"性"。他说:"在气化曰阴阳,曰五行,而阴阳五行之成化也,杂糅万变,是以及其流形,不特品物不同,虽一类之中又复不同 …… 分于道者,分于阴阳五行也。一言乎分,则其限之于始,有偏全、厚薄、清浊、昏明之不齐,各随所分而形于一,各成其性也 …… 天道,阴阳五行而已矣;人物之性,咸分于道,成其各殊者而已矣。"⑧ 由于"偏全、厚薄、清浊、昏明限于所分者各殊"⑨,不仅人与物有别,人与人亦殊,其差别体现在"性"及"才"上,"气化生人生物,据其限于所分而言谓之命,据其为人物之本始而言谓之性,据其体质而言谓之才。由成性各殊,故才质亦殊"⑩。但是,不管其性或贤或不肖、其知或智或愚,每个人都可以通过后天的"学"成圣成贤,是谓"人无有不善明矣"⑪,因为这是性"悦理义"之"自然",圣人与小人相区别的关键在于"知"之后肯不肯"行"。戴震说:"就人言之,有血气,则有心知;有心知,虽自圣人而下,明昧各殊,皆可学以牖其昧而进于明 …… 欲者,血气之自然,其好是懿德也,心知之自然,此孟子所

---

① ② ③ ④ ⑤ ⑥ ⑦ ⑧ ⑨ ⑩ ⑪《戴震全书》第陆册,合肥:黄山书社 2010 年版,第 199、200、176、164、158、153、157、179—180、182、195、186 页。

以言性善。心知之自然，未有不悦理义者，未能尽得理合义耳。"① 人与禽兽的差别是具体且现实的，而非抽象的、被规定的。在"性"由阴阳五行所生成上，人与禽兽并无二致，但人能由其"心知"而进于善，所以说"性善者，论人之性也"。人之性善表现于人伦日用中即为"四端"："然人之心知，于人伦日用，随在而知恻隐，知羞恶，知恭敬辞让，知是非，端绪可举，此之谓性善。"② 虽然，"心"自然"悦理义"，但也有些人知而不为，"不能尽其才"，"不扩充其心知而长恶遂非"，所以"性虽善，不乏小人"。但是，在理论上，即便"下愚"之人也"无不可移也"③，与禽兽的"不能开通"还是有区别的。

戴震认为：不管是天地、人物，还是事为，均有其"则"、有其"理"："天地、人物、事为，不闻无可言之理者也，诗曰'有物有则'是也。物者，指其实体实事之名；则者，称其纯粹中正之名。实体实事，罔非自然，而归于必然，天地、人物、事为之理得矣。夫天地之大，人物之蕃，事为之委曲条分，苟得其理矣，如直者之中悬，平者之中水，圆者之中规，方者之中矩，然后推诸天下万世而准。"④ "实体实事"就是"自然"，人之"血气心知"亦为"自然"，"自然"又以"必然"即"纯粹中正"的"善"为旨归；反过来，只有基于"人伦日用"才能得乎"理"："尽乎人之理非他，人伦日用尽乎其必然而已矣。"⑤ 换言之，"理"不外乎实际存在的生活世界与活生生、有血有肉的人。圣人基于人伦日用、通天下之情、遂天下之欲，使之"权之而分理不爽"⑥ 即为"理"，具体内容是为仁、义、礼（或仁、义、礼、智）。戴震说："就人伦日用，举凡出于身者求其不易之则，斯仁至义尽而合于天。人伦日用，其物也；曰仁，曰义，曰礼，其则也。"⑦ 人之所以异于禽兽，就在于人能"明于必然"⑧，而这是人本然所具有之功能："血气心知，有自具之能：口能辨味，耳能辨声，目能辨色，心能辨夫理义。"⑨ 当然，这也是"心知"的本然趋向，"其好是懿德，心知之自然"。⑩

人有"血气心知"，而"血气心知"又展现为"情"、"欲"与"心知"："人生而后有欲，有情，有知，三者，血气心知之自然也。"⑪ "理"必须满足三者的需求，以声、色、味养"血气"，以"问学"与伦常道德养"心知"，而所谓的道德事实上也是为满足人的普遍的"情"、"欲"服务的。戴震说："天下之事，使欲之得遂，情之得达，斯已矣 …… 道德之盛，使人之欲无不遂，人之情无不达，斯已矣。"⑫ 圣人得以治天下的"王道"也不外"体民之情，遂民之欲"。⑬ 脱离了人的自然情、欲，则理义亦将不存。戴震在解释孟子"今人乍见孺子将入井，皆有怵惕恻隐之心"时说：

---

①②③④⑤⑥⑦⑧⑨⑩⑪⑫⑬《戴震全书》第陆册，合肥：黄山书社2010年版，第170—171、183、184—185、164、164、211、203、169、155—156、171、197、197、161页。

人先天的"怀生畏死之心"是产生"怵惕恻隐"的前提,己尚不畏死,又何有于他人之将死? 羞恶、辞让、是非也莫不如此。可见"古贤圣所谓仁义礼智,不求于所谓欲之外,不离乎血气心知。"① 而后儒之所以别性、物为二,乃因受老庄、释氏的影响而违背"六经"及孔、孟教诲。他尤为批评那些不顾人之情、欲甚至否定情、欲的主张,说:"天下必无舍生养之道而得存者 …… 夫尧、舜之忧四海困穷,文王之视民如伤,何一非为民谋其人欲之事! 惟顺而导之,使归于善 …… 古之言理也,就人之情欲求之,使之无疵之为理;今之言理也,离人之情欲求之,使之忍而不顾之为理。"②

当然,戴震并不推崇个人对"情"、"欲"的过度或片面追求,而是要求其"相生养之道",并指出此即"理义"。"理义"既是为了最大限度地满足"情"、"欲",又要受到节制,使其不过当:"性,譬则水也;欲,譬则水之流也;节而不过,则为依乎天理,为相生养之道 …… 命者,限制之名,如命之东则不得而西,言性之欲之不可无节也。节而不过,则依乎天理;非以天理为正,人欲为邪也。天理者,节其欲而不穷人欲也。是故欲不可穷,非不可有;有而节之,使无过情,无不及情,可谓之非天理乎!"③

在"自然"与"必然"的关系上,戴震认为"必然"出于"自然"。为此,他批评理学家理事二分之为"二本",而坚持由血气、心知再"进于神明"的"一本"论,还批评荀子以礼义作为"伪"以区别于"性"的观点,说:"荀子知礼义为圣人之教,而不知礼义亦出于性;知礼义为明于其必然,而不知必然乃自然之极则,适以完其自然也。"④ 放任"自然"的结果必然是丧失"自然",而"必然"立基于"自然",不仅不违背"自然",反而能够成全"自然":"由血气之自然,而审察之以知其必然,是之谓理义;自然之与必然,非二事也。就其自然,明之尽而无几微之失焉,是其必然也。如是而后无憾,如是而后安,是乃自然之极则。若任其自然而流于失,转丧其自然,而非自然也;故归于必然,适完其自然。"⑤

然而,"理义"并非只是"自家体贴"出来的一家之言。"心"固然能"知",但我们何以确定所知的便是"理"? 戴震说:"理义非他,可否之而当,是谓理义。然又非心出一意以可否之也,若心出一意以可否之,何异强制之乎!"⑥ "理义"既要验之于个体的"情"和"心气",又需要得到大众的普遍认可。因此,戴震特别分疏"意见"与"理","意见"不具有正当性与普遍性,"理"则是"心之所同然"。他说:"心之所同然始谓之理,谓之义;则未至于同然,存乎其人之意见,非理也,非

---

①②③④⑤⑥《戴震全书》第陆册,合肥:黄山书社2010年版,第184、216—217、162、188、171、158页。

义也。凡一人以为然，天下万世皆曰'是不可易也'，此之谓同然。举理，以见心能区分；举义，以见心能裁断。分之，各有其不易之则，名曰理；如斯而宜，名曰义。"① 在戴震看来，理学主张"理""如有物焉，得于天而具于心"，其理论后果是每个人都可以声称自己的"意见"就是"理"，进而师心自用、以"理"压人乃至以"理"杀人，使得"理"成为某些人的"忍而残杀之具"。② 即便是廉洁公正之人也可能失于偏颇，祸人、祸己、祸国："今虽至愚之人，悖戾恣睢，其处断一事，责诘一人，莫不辄曰理者 …… 而不知事情之难得，是非之易失于偏，往往人受其祸，己且终身不寤，或事后乃明，悔已无及。"③ 对于如何才能避免使一己之私意僭越而为公义，戴震认为应该在肯定差异性的前提下"以情絜情"，此即孔子所谓的"恕道"："以我絜之人，则理明。"④ 不过，戴震并未否定儒家之"理"，而是认为要在肯定"欲"作为"理"之基础的正当性的同时规避对于"理"的错用与滥用。他说："凡出于欲，无非以生以养之事，欲之失为私，不为蔽。自以为得理，而所执之实谬，乃蔽而不明。天下古今之人，其大患，私与蔽二端而已。"⑤

综而言之，戴震一方面肯定"自然"，另一方面又以申张"必然"即儒家之道为其理论旨趣。"道"的极致就是仁、义、礼。他说："仁义礼者，道于是乎尽也；智仁勇者，所以能尽道也 …… 古贤圣之所谓道，人伦日用而已矣，于是而求其无失，则仁义礼之名因之而生。非仁义礼有加于道也，于人伦日用行之无失，如是之谓仁，如是之谓义，如是之谓礼而已矣。"⑥ 仁、义、礼是人伦日用的"精微之极致"者；而智、仁、勇根于人之血、气、心、知，为其"才知之美"者。智、仁、勇因人而异，然若加以"学"，则"皆可至于圣人"。⑦

---

①②③④⑤⑥⑦《戴震全书》第陆册，合肥：黄山书社2010年版，第153、217、154、162、160、202、205页。

第六节 "义"观念的现代价值
及其转化之道

在长期的历史发展中,"义"观念经历了种种变化。从孔子将"义"作为君子人格的特征以区别于"喻于利"的小人开始,"义"的道德意味越来越浓重,"义"、"利"之间的对立与冲突也越来越尖锐。大致而言,孔子之后,"义"的地位逐步上升,至孟子时"义"与"仁"可以相提并论,其时"仁义"一词甚至常被当作儒家思想的代名词。到宋明时期,由于理学的发展,"义"在某种意义上可以等同于"理",学者常将"理"、"义"并称,"义利之辨"因此被当作"儒者第一义"。[①]

古代儒家学者有关"义"的阐述相当宏富,而义利之辨则贯穿整个儒家思想发展史的始终。作为儒学的核心问题之一,"义利之辨"对中国传统社会生活产生了深远的影响,以义为利、义利统一乃至重义轻利、舍生取义等思想是中华民族精神的内在精蕴。在当代社会,"义利之辨"对中国的政治方针、经济发展与社会生活仍然有着很大的影响,成为人们正确处理道德与物质利益的关系、公共利益与个人利益的关系、人的物质生活需要与精神生活需要的关系的重要准则。李祥俊认为可以将"义利之辨"分解为三个层次:"在社会共同生活层面,体现为物质利益与关于物质利益的合宜分配制度之间的关系;在个体价值选择层面,体现为主体的物质欲求与主体内在的对合宜分配制度的自觉遵循、道德持守之间的关系;在性与天道的终极实在层面,体现为一般的利欲与超越的天经地义之间的关系。"[②] 对应而言,"义"的当代价值主要表现在以下三个方面:

一 "义"是个人德性修养的基本目标

孔子认为"君子喻于义,小人喻于利"(《论语·里仁》),要求"君子义以为上"

---

① 《朱子全书》贰拾壹,上海:上海古籍出版社、合肥:安徽教育出版社2002年版,第1082页。
② 李祥俊:《儒家义利之辨的概念含义、问题层次与价值取向》,载《学习与实践》2019年第1期。

（《论语·阳货》），可见"义"是孔子对君子人格的一个重要要求。对于如何才可以谓之"义"，孔子显然缺乏深入而系统的阐述，只是为人的道德修养指明了一个基本方向。但是，"为仁由己"、"欲仁斯至"已然清晰地表明每个人都具有内在的道德主体性与成就道德人格的无限可能性。孔子之后，当时社会上普遍流行"仁内义外"的说法[①]，孟子则明确提出在"仁"以外"义"也必须基于人内在的道德自觉，认为人天生具有"四端"即内在的道德依据。[②]与此同时，"义"的理论地位被大幅度提高。在孟子的思想中，"义"与"道"含义相近、地位相当。"孟子把'义'当作善、至善和道来看待，或者可以说他认为'义'就是'道''至善'。"[③]在孟子看来，就每一个人的本性而言，"义"都应是其生命的至高追求，即便是生命与"义"发生冲突也当"舍生取义"（《孟子·告子上》）。

自孟子之后，"义"不再仅仅作为外在的道德原则或行为规范，而演化为必须基于对社会规范发自内心地认同之后的道德意识与道德行为。"可以说，义的道德意识体系对于每一个人来说，正是在他的羞恶等社会道德情感心理活动中得到发展、扩充，成为和最后沉淀于每一个人的灵魂深处。"[④]其后宋明理学不断援引并发挥孟子"养浩然之气"的主张，将"集义"作为道德的一个重要内容，从而为人们积德行善、成圣成贤提供了一个方便的路径。诚如冯契所云："真正自由的道德行为就是出于自觉自愿，具有自觉原则与自愿原则统一，意志和理智统一的特征。一方面，道德行为合乎规范是根据理性认识来的，是自觉的；另一方面，道德行为合乎规范要出于意志的自由选择，是自愿的。只有自愿地选择和自觉地遵守规范，才是道德上真正自由的行为。这样的德行，才是以自身为目的，自身具有内在价值。"[⑤]儒家之"义"在道德修养中所体现的正是自觉与自愿原则的统一。

道德的重要作用在于克服人先天欲望的自然性，从而进入"必然"世界。从孔子"义"、"利"对举及古今社会现实来看，利益冲突对人类社会而言是不可避免的，而一个有"义"之人必然能够节制自身的欲望并将其控制在一个合理的限度之内。

---

①刘丰甚至认为："在孔子这里，已经有了仁内礼（义）外的思想倾向"，而在孔子以后这种思想得到了继续发展，《礼记·表记》中的"仁者右也，道者左也。仁者人也，道者义也"与郭店楚简《语丛一》中的"仁生于人，义生于道，或生于内，或生于外"等表述均可说明这一点。（刘丰：《从郭店楚简看先秦儒家的"仁内义外"说》，载《湖南大学学报（社会科学版）》2001年第2期。）

②陈弱水说："综合而言，'仁内义外'是战国中晚期以下思想界的流行见解，墨、孟学派虽然兴盛一时，他们的'仁义内在'观反而属于特殊的立场。"（陈弱水：《公共意识与中国文化》，北京：新星出版社2006年版，第168页。）

③④张奇伟：《孟子"义"范畴初探》，载《甘肃社会科学》1993年第2期。

⑤冯契：《人的自由和真善美》，上海：华东师范大学出版社1996年版，第220页。

尽管有学者对儒家的"义利之辨"持反对态度，认为其在历史上客观地限制了经济发展与技术进步，因而在当代社会应将其摒而弃之，但是儒家事实上从来不否认物质利益在满足人们基本生活需要上的功利价值。《论语·子路》载："子适卫，冉有仆。子曰：'庶矣哉。'冉有曰：'既庶矣，又何加焉？'曰：'富之。'曰：'既富矣，又何加焉？'曰：'教之。'"孔子也清楚"富与贵，是人之所欲也"，只是认为对外在物欲的追求应符合道义的原则，这也成了此后两千多年里儒家的一贯立场（尽管不同时代、不同思想家在理论侧重点与重视程度上不尽相同）。当然，也不可否认，主流儒家重德性、轻情欲，一旦后世片面追求德性就会流于偏弊。从历史上看，宋明理学过度高举"天理"而压抑人欲，明清诸多儒者对此明确表示反对，并主张应该正视人的欲望，然而这并不意味着他们认可对欲望的无限追逐，实际上他们认为义利应该统一且是可以统一的。有鉴于此，当代社会应建构一种既讲义利统一、义利并重，又讲以义制利、见利思义的价值观，引导人们正确对待物质利益与道德诉求、公共利益与个人利益的关系。当代正确的义利观要求国家把人民的利益放在首位，肯定劳动者的合法利益，并以增进、保障社会的整体利益或公共利益为目标，坚持把是否有利于改善人民群众的物质生活以及在此基础上满足人民的精神生活需要、提高人们的道德水准作为衡量的标准。

㊁ "义"是社会普遍认可的道德准则与行为规范

"义"有"正当"、"合理"的意思。作为外在的价值系统，"义"关乎社会群体共同的伦常秩序、行为规范与道德准则，而其在根本上与封建等级制度相关联。在儒家传统中，绝大部分儒者是接受、认可乃至强化"义"在维护君主制度、君臣关系以及社会整体利益上的作用的，只有极少数学者如李觏、王安石和南宋的浙东功利学派以及明清时期的黄宗羲、颜元、戴震等强调个体利益的重要性，个别学者如黄宗羲甚至开始质疑封建制度与君臣关系的合理性。因此，从整体上看，儒家"义"的思想基本上是对既有的、传统的制度的肯定与维护。

但是，也应该看到：儒家有关"义"的论述中也包含着部分可以为现代社会所用的资源。"义"与"仁"的作用范围不同，《礼记·丧服四制》云："门内之治恩揜义，门外之治义断恩。"可见家内空间以仁、恩即亲情为本，社会领域则以义即规范、公义为要。因此，郭店楚简《性自命出》云："门内之治，欲其逸也。门外之治，欲其制也。"事实上，"仁"与"义"是不可偏废的普遍性法则，只是在"门内"、"门外"各有所侧重。《礼记·表记》云："仁者人也，道者义也。厚于仁者薄于义，亲而不尊；厚于义者薄于仁，尊而不亲。"作为维系社会秩序的一般性原则，"义"必须涵纳社会的普遍诉求，兼顾各阶层的利益。《淮南子·缪称训》因此说："义者，比于人心而合于众适者也。"

当然，儒家所谓的"众适"只是就"义"的适用范围与作用对象而言，实际上，在对"义"之具体内容的确定上，还必须征求大众的广泛意见。宋明理学认为人间的制度规范与伦常道德均源自"天理"，而人当"灭人欲"以"存天理"，但不管是"性即理"还是"心即理"，其所谓的"理"都是基于道德主体的个人体会。对于这一点，戴震已多有批评。为此，在理论视角上，当由传统儒家所主张的道德主体性转换到前道德的"主体间性"上，"比于人心而合于众适"作为一个基本原则则具有现代转化的可能。按荀子的观点，"礼义"虽是圣人创建的，但也是各方利益冲突、调适的结果。当代社会要建立一种普遍的道德规范或者生活方式，必须建基于个体自由及其意志自决，在尊重多元性与个性化的基础上追求价值"共识"。哈贝马斯说："真正的共识绝不会否定差异，取消多元性，而是要在多元的价值领域内，对话语论证的形式规则达成主体间认识的合理的一致，并将这一前提引入语言交往。"① 可见，即便达成普遍的"同一性"，也不该消解差异性与多元性。哈贝马斯说："普遍主义究竟意味着什么？它意味着在认同别的生活方式乃合法要求的同时，人们将自己的生活方式相对化；意味着对陌生者及其他所有人的容让，包括他们的脾性和无法理解的行动，并将此视作与自己相同的权利；意味着人们并不孤意固执地将自己的特性普遍化；意味着并不简单地将异己者排斥在外，意味着包容的范围必然比今天更为广泛。道德普遍主义意味着这一切。"②

在将"义"作为行为规范与道德原则的现代转化上也是如此。张岱年指出："孔子所谓义是泛指道德原则，并非具体的道德条目。《中庸》始以仁义并举，而以'宜'释义，更将义归结为'尊贤'。孟子以'敬长'说义。所谓尊贤，所谓敬长，都肯定了人与人的差别。《易传》以禁民为非为义，《荀子》以禁民为恶为义，都强调义的强制意义。《礼记》以'贵贵尊尊'为'义之大者'，义就成为一项维护等级制度的规范了。虽然如此，义作为一个道德原则，仍然含有一定的普遍意义，这就是，在处理人际关系之时总有当为与不当为的区分。在等级制的社会中，强调

① 章国锋：《哈贝马斯访谈录》，载《外国文学评论》2000年第1期。
② 包亚明：《现代性的地平线——哈贝马斯访谈录》，上海：上海人民出版社1997年版，第137页。

'贵贵尊尊';在废除等级制的社会中,应以符合最大多数人民的要求为标准。"①
因此,在重新确立"义"的内涵上,一方面要征求最大多数人的意见,另一方面要
保障并维护价值观的多样性与差异性。

三 "义"可与现代社会的权利观念和正义理论相对接

在近代中西文化的遭遇之中,人们努力寻找传统的思想资源以对接翻译英
语"right（s）"一词。1864 年丁韪良翻译《万国公法》,首次以"权利"翻译"right
（s）";其后严复翻译《天演论》与《群己权界论》也沿用了这一做法。②但是,早
先中国人对于"权利"这一词并无感触,后来梁启超开始大力推广"权利"观念并
反思国人思维之不足。他说:"大抵中国善言仁,而泰西善言义。仁者,人也。我
利人,人亦利我,是所重者常在人也。义者,我也。我不害人,而亦不许人之害我,
是所重者常在我也。此二德果孰为至乎？ 在千万年后大同太平之世,吾不敢
言,若在今日,则义也者,诚救时之至德要道哉！"③ 要而言之,传统中国重"仁"轻
"义",西方则相反。仁者爱人,故以他人为重,表现在政治上为期盼国君行仁政,
进而放弃进取、斗争,最终致使人格卑下、权利意识淡漠,因而当以"义"救时弊,
而"梁氏此处的'义'乃指'权利'而言"。④ 在梁启超的理解中,"义"者不侵害别
人的正当利益,也不许别人侵害自身的正当利益,与西方的权利观念十分接近。
刘师培也相当重视"义"与"权利"的关系,说:"'义'字作'谊','谊'训为'宜',
故事得其宜之谓'义'。事得其宜者,即持人己之平,裁制一己之自由,而不复损
人益己也 …… 故'义'之为德,即所以限抑一己之自由,而使之不复侵犯他人自
由也。"⑤ 当然,这并不意味着要单方面损抑自身的自由以满足他人的需要,而是
说每个人的自由要以他人的自由为边界。"义"有"裁断"和"限制"之意,但如何
"裁断"才可谓之"宜"显然需要以双方的平等、对等关系为前提,以公平为目标,
而不是放弃自身权利成全他人。蔡元培则将这种"义"称为"公义",说:"公义者,

---

① 《张岱年全集》4,石家庄:河北人民出版社 1996 年版,第 620—621 页。
② 当然,严复的态度有点反复,甚至在某些时候还拒绝以"权利"翻译"right（s）"。具体可参见陈
乔见撰《从"义"到"权利"—— 近代道德意识转型一例的观念史考察与义理分析》,载《哲学研究》
2021 年第 2 期。
③ 梁启超:《新民说》,北京:商务印书馆 2016 年版,第 92—93 页。
④ 黄进兴:《从理学到伦理学:清末民初道德意识的转化》,北京:中华书局 2014 年版,第 163 页。
⑤ 刘师培:《经学教科书·伦理教科书》,扬州:广陵书社 2013 年版,第 176 页。

不侵他人权利之谓也。我与人同居社会之中，人我之权利，非有径庭，我既不欲有侵我之权利者，则我亦决勿侵人之权利。人与人互不相侵，而公义立矣。"① 蔡元培所谓的"权利"包括生命、财产与名誉。他认为每个人都当具有"公义"，即保护自己的正当权利，且尊重他人之正当权利。

在权利基础之上，我们或许可以探寻重建儒家的正义理论。"义"者，"宜"也，"正当"、"公平"为其题中应有之义。尽管并无严格的对应概念和系统的话语体系，但儒家思想中并不缺乏对于社会正义的思考，《论语》《孟子》《荀子》《周礼》《礼记》均有涉及社会正义的部分内容。② 正义的核心或主要内容即分配正义。对此，荀子"义以分则和"的主张具有比较系统成熟的、与西方正义理论更为接近的理论特征。大致而言，儒家对于社会正义自有一套方案，然而既有的研究均未曾注意到：儒家对于社会正义最大的贡献（同时也是最显著的特征）在于它试图以道德作为分配的要素，而荀子将这一策略推至顶峰，建构了一个以道德作为唯一分配要素的正义体系，即所谓"以礼分施"、"谲德定次"。这一理论体系可以与西方正义理论相对照，并为其提供有益补充。

毋庸讳言，"义"与"权利"、"正义"并不具有严格的对等关系：儒家之"义"的道德特征相当突出，与现代前道德的"权利"概念、政治哲学领域的"正义"理论存在差异，但儒家有关"义"的论述大多是围绕一个人的出处、取予乃至对于制度的建构、损益而言，关涉个人的利益、名誉、道德乃至生命，其中自然不能不考虑人与人相互之间的利害关系，因而"义"观念之中也不乏"权利"因素与"正义"诉求，具有现代转化的理论可能。儒家受人诟病的缺陷之一就是崇尚道德而贬低利欲，偏重义务而轻权利。如果凸显"义"概念中的"权利"成分并以此为基础建构儒家正义理论，则将有利于弥补其理论之不足。

---

① 蔡元培：《中学修身教科书》，北京：北京联合出版公司 2014 年版，第 66 页。
② 郭齐勇：《儒家的公平正义论》，载《光明日报》2006 年 2 月 28 日理论版；郭齐勇：《孟子与儒家的正义论》，载《儒林》第 3 辑，济南：山东大学出版社 2006 年版；郭齐勇：《先秦儒家论公私与正义》，载《儒家文化研究》第 2 辑，北京：生活·读书·新知三联书店 2008 年版；郭齐勇：《先秦儒学关于社会正义的诉求》，载《解放日报》2009 年 1 月 11 日理论版；郭齐勇：《再论儒家的政治哲学及其正义论》，载《孔子研究》2010 年第 6 期。

第三章

礼

我国以礼仪之邦闻名于世，"礼"是我们日常生活的重要组成部分，《十三经》有《周礼》、《仪礼》、《礼记》"三礼"，对"礼"有详细论说。"礼"是人类思想观念及行为法则的统一体，而这些思想观念与行为法则是经过长期的社会生活而逐渐形成的，潜移默化，具有社会制约机制的功用。

第一节　礼：礼从哪里来

《说文·示部》："禮（礼），履也，所以事神致福也。"为获得山川日月的赐福和保佑，周代天子与诸侯有多种祭祀之礼。《仪礼·觐礼》曰："礼日于南门外，礼月与四渎于北门外，礼山川丘陵于西门外。"[①] 从"礼"的本义引申，"礼"具有人的行为准则和道德规范之义。《晏子春秋·谏上》曰："凡人之所以贵于禽兽者，以有礼也；故《诗》曰：'人而无礼，胡不遄死。'礼不可无也。"[②]《论语·子罕》："博我以文，约我以礼。"二里头文化的墓葬出土了许多礼器。考古发现，这些随葬品均按照一定组合方式下葬，说明我国礼制起源甚早。历史上存在着"夏礼"、"殷礼"、"周礼"之说，周礼集上古礼之大成，后世的礼学则以周礼为根基。

一 "礼"之起源：从词源学角度考察

学者对"礼"的起源有多方位的探讨论述，主要有以下几种观点：

（一）**起源于饮食**。认为最初的"礼"源于古人分配食物的习俗，主要依据《礼记·礼运》所载："夫礼之初，始诸饮食。其燔黍捭豚，污尊而抔饮，蒉桴而土鼓，

---

① 《十三经注疏》上册，北京：中华书局1980年版，第1093页。
② 吴则虞：《晏子春秋集释》上，北京：中华书局1962年版，第6页。

犹若可以致其敬于鬼神。"① "礼"的最初产生来自饮食。最初的时候，人们的聚食秩序性较差。随着人类的进化和文明程度的提高，饮食之行为规范与准则开始出现。卑者、幼者向尊者、长者进献饮食，以表示尊崇。

（二）**起源于祭祀**。许慎在《说文解字·示部》中说："禮（礼），履也，所以事神致福也，从'示'从'豊'，'豊'亦声。"又说："示，神事也。" "豊，行礼之器也。从'豆'，象形。"许慎从字形的分析入手，将"礼"归结为以器行礼、祭神祈福的活动。王国维根据甲骨文作出考释，认为"礼"最早是指以器皿盛两串玉献祭神灵，后来兼指以酒献祭神灵，再后来指一切祭祀神灵之事。② 郭沫若赞同此说："大概礼之起，起于祀神，故其字后来从示，其后扩展而为对人，更其后扩展而为吉、凶、军、宾、嘉的各种仪制。"③

（三）**起源于风俗**。认为"礼"出于风俗习惯，是一种特殊风俗。《慎子·佚文》载："礼从俗。"吕思勉的《经子解题》说："礼源于俗。"杨宽对冠礼、乡饮酒礼、大蒐礼、射礼加以研究后，认为礼起源于氏族社会的传统习惯、习俗和种种以实物及象征性动作构成的仪式。④

（四）**起源于人情**。认为"礼"源于人表达自然情感的需要。司马迁在《史记·礼书》中说："缘人情而制礼，依人性而作仪。"孔子后学认为：丧葬之礼表达悲哀之情，祭祀之礼传递敬畏之意。对于人身处葬礼之中哭泣辟踊，水浆不进，《礼记·问丧》说："此孝子之志也，人情之实也，礼义之经也，非从天降也，非从地出也，人情而已矣。"⑤

（五）**起源于礼仪**。认为"礼"源于原始社会的礼仪。杨宽认为："礼"的起源很早。远在原始氏族社会中，人们已惯于为重要行动加上特殊的礼仪。原始人常以具有象征意义的物品，连同一系列的象征性动作，形成种种仪式，用来表达自己的感情和愿望。这些礼仪不仅长期作为社会生活的传统习惯，而且常被用作维护秩序、巩固社会组织和加强部落之间联络的手段。⑥ 李泽厚认为：礼"是原始巫术礼仪基础上的晚期氏族统治体系的规范化和系统化"。⑦

（六）**"礼"是与天地共生的**。春秋时晏婴认为："礼之可以为国也久矣，与天

①⑤《十三经注疏》下册，北京：中华书局 1980 年版，第 1415、1657 页。

②《王国维手定观堂集林》，杭州：浙江教育出版社 2014 年版，第 156 页。

③ 郭沫若：《十批判书》，北京：东方出版社 1996 年版，第 96 页。

④ 杨宽：《西周史》，上海：上海人民出版社 2003 年版，第 770 页。

⑥ 杨宽：《古史新探》，北京：中华书局 1965 年版，第 234 页。

⑦ 李泽厚：《中国古代思想史论》，北京：人民出版社 1985 年版，第 8 页。

地并立。"西晋学者杜预所注书中说："有天地则礼义兴。"唐代孔颖达说："夫礼者,经天纬地。本之则太一之初。"这就是说,在宇宙万物产生之初,"礼"就已经存在了,体现了"礼"的神圣性、权威性。

（七）古代圣贤的制作。中国古代有学者认为："礼"应该是古代的圣贤制定的。传统的说法是这样的:尊卑之礼是由燧人氏制作的;婚姻嫁娶之礼是伏羲氏制作的;祭祀之礼是神农氏制作的;军礼、凶礼、宾礼是黄帝制作的。到虞舜时,吉、凶、宾、军、嘉五礼就已经完全具备了。周公则是在损益"古礼"的基础上"制礼作乐"的圣人。

20 世纪初,王国维根据当时发现的甲骨文中的有关记载,对"礼"的起源作出阐释,认为甲骨文中的"豐"字即是"礼"字的初文,像手持盛放玉器的器皿以祭祀神灵。"礼"当是商朝人为祭祀神灵而创制,表达的是对神灵虔诚的祭祀。甲骨文是可触见的商朝人的遗物,王国维以出土文献为基础对"礼"字的解释和"礼"的起源所作的分析,被学者普遍接受。之后根据民族学、民俗学的理论、文献,更多学者认识到,中国古代"礼"的许多内容实际上是远古时代人们在日常生产、生活的过程中逐渐形成的,为某群体所认可和遵守的,具有一定约束力的习俗。这些来源于民众日常生产、生活、宗教信仰领域的习俗、习惯、仪节,经过圣贤的提炼升华,最终形成"郁郁乎文哉"的周代礼乐文化形态。[①]

二 "礼"是什么:"礼"的早期含义与特性

殷商甚至更早的时候,"礼"是一种宗教仪式。这种礼仪主要掌握在当时的巫、史、卜、祝中,表现出原始的上天崇拜、鬼神崇拜和祖先崇拜。殷商是一个典型的鬼神文化、卜祭文化主宰一切的时代,"殷人尊神,率民以事神,先鬼而后礼"（《礼记·表记》）,尊事鬼神,畏天敬祖,形成了严密系统的宗教祭祀仪式。

商代统治者把政权之获得视为天命神权庇护的结果,认为政权、君权的授予完全来自天命神权。例如:商纣王至死坚信"我生不有命在天"（《尚书·西伯戡黎》）。西周建立之初,其统治者首要的任务就是说明"小邦周"取代"大国殷"及政权建立的合法性问题,并制定西周社会的统治秩序和社会规则。这也是周公之所以要"制礼作乐"的原因。

---

① 丁鼎等:《和谐共存之道:儒家礼乐文化》,济南:山东教育出版社 2012 年版,第 23—24 页。

周公是西周初期的政治家、思想家,也是儒家思想的先驱和奠基者。他从维护西周政治统治的立场出发,对远古流传下来的原始礼仪、传统习俗进行大规模的整理改造,使之系统化、制度化,成为以维护宗法等级制度为中心的行为规范和典章制度,这就是周礼。

周公"制礼作乐",通过继承并改造古礼来重新确立一种完善的礼乐制度,以维护周朝的统治。周公认识到"皇天无亲,惟德是辅。民心无常,惟惠之怀",从而提出了"以德配天"和"敬德保民"的德治思想。郭沫若认为:"敬德"是周人独有的思想。[①] 杨向奎也认为:"德字在西周是一个新字,它所代表的意义是一种新的思想意识。"[②] 有德、无德成了衡量国家政权能否永存的价值标尺,是上天是否庇护人间君主的准绳。商汤、周文王因"敬德"而得天下,夏桀、商纣王因"丧德"而失天下。周公通过总结夏、商两代兴亡的历史教训,"援德入礼",用"德"的思想来补充尚属宗教祭祀范围内的礼乐文化,确立了以"德"为内涵的周礼,从而实现了对于"礼"的第一次变革。

西周社会将天子、诸侯、卿大夫、士阶层分为不同层级。周公制礼作乐,目的就是维护宗法制度。周礼集上古礼仪文化之大成,是治国安邦的根本大法,主要是维护和确定以"亲亲"、"尊尊"为基本原则的人伦关系,目的是将基于血缘关系形成的亲疏长幼之分转化为贵贱、上下、等差的国家政治关系。"亲亲和尊尊的实质都是等级制度。可以说,离开等级制度就没有周礼。这表明了周礼的本质。"[③] 周公建立的宗周礼乐文明制度是一种文化礼仪体系,也是一种道德尺度和政治制度。周公制礼作乐,使"礼"显示出人伦特征和政治功用,成为人们思想行为的价值准则和规范,逐渐制度化,起着"经国家、定社稷、序民人、利后嗣"的作用,保持着强大的生命活力。[④]

春秋时期,社会发生激烈震荡,社会逐渐无序,这也影响了宗周礼乐文明制度。《春秋》、《左传》反映出很多"礼坏乐崩"的事实。很多士人为了维护当时的秩序,对宗周礼乐文明进行维护与阐释,认为礼是"天之道",礼的主旨是"君子小人,物有服章,贵有常尊,贱有等威,礼不逆矣"。士人们提出"以礼治国"的纲领,认为"礼,国之纪也","礼,王之大经也","礼,经国家,定社稷,序民人,利后嗣者也"。为挽救"礼坏乐崩"的局面,士人普遍认为"礼"不仅是实践问题,而且

① 郭沫若:《青铜时代》,北京:科学出版社 1957 年版,第 21 页。
② 杨向奎:《中国古代社会与古代思想研究》上册,上海:上海人民出版社 1964 年版,第 173 页。
③ 金景芳:《中国奴隶社会史》,上海:上海人民出版社 1983 年版,第 152 页。
④ 王杰、顾建军:《早期儒家"礼"文化内涵的嬗变》,载《哲学动态》2008 年第 5 期。

要深化到理论层面去探讨。^①孔子就很强调"礼"，《论语》提到"礼"字有七十多次。孔子强调恢复周礼秩序，主张"克己复礼为仁"，在行动中强调了"礼"，主张"非礼勿视，非礼勿听，非礼勿言，非礼勿动"，主张以礼治国，故言"为国以礼"，"道之以德，齐之以礼"。他认为"礼"是立身之本，说"不学礼，无以立"。荀子认为"礼"源于人们的实际需要。《荀子·礼论》说："礼起于何也？曰：人生而有欲，欲而不得，则不能无求；求而无度量分界，则不能不争；争则乱，乱则穷。先王恶其乱也，故制礼义以分之，以养人之欲，给人之求，使欲必不穷乎物，物必不屈于欲，两者相持而长，是礼之所起也。"^②荀子撰写的《礼论》专篇洋洋洒洒，恢宏阔达，成为后来礼学著作和礼典遵循的理论依据。他认为人生下来就有各种欲望，因之会有各种欲求，如果对这种欲求不加节制，就会有争斗，就会导致混乱和贫穷，"为了维护生存环境与社会稳定，在人类群体生活中，便逐渐出现约定俗成的风俗习惯、社会提倡的伦理道德、明文规定的行为法则，'礼'正是从中脱胎而出"。^③

（一）"礼"在维护国家秩序方面具有重要作用。《左传·隐公十一年》曰："礼，经国家，定社稷，序民人，利后嗣者也。""礼"是人之本质所在，道德仁义体现在"礼"上。《礼记·曲礼上》曰："道德仁义，非礼不成；教训正俗，非礼不备。分争辨讼，非礼不决；君臣、上下、父子、兄弟，非礼不定；宦学事师，非礼不亲；班朝治军，莅官行法，非礼威严不行；祷祠祭祀，供给鬼神，非礼不诚不庄。是以君子恭敬、撙节、退让以明礼。"^④"礼"在维护社会秩序方面作用重大，故《礼记·祭义》云："致礼以治躬则庄敬，庄敬则严威。"故君主重之。古人看重礼，"礼"具有判别高下的作用。《礼记·乐记》曰："礼者，天地之序也。""序，故群物皆别。"又曰："天尊地卑，君臣定矣。卑高已陈，贵贱位矣。动静有常，小大殊矣。"^⑤"礼"还用来别亲疏。《礼记·曲礼上》曰："夫礼者所以定亲疏，决嫌疑，别同异，明是非也。""礼"的确立能使国家各项事务安定有序。一个国家的教化水平在很大程度体现在礼上。《礼记·经解》云："礼之于正国也，犹衡之于轻重也，绳墨之于曲直也，规矩之于方圜也。"^⑥

（二）"礼"有仪式上的要求。《礼记·礼运》记载："其燔黍捭豚，污尊而抔饮。"

---

① 詹子庆：《对礼学的历史考察》，载《东北师大学报（哲学社会科学版）》1996年第5期。
② 王先谦：《荀子集解》下，北京：中华书局2013年版，第409页。
③ 田君：《论"礼"的字源、起源、属性与结构》，载《四川大学学报（哲学社会科学版）》2014年第5期。
④《十三经注疏》上册，北京：中华书局1980年版，第1231页。
⑤⑥《十三经注疏》下册，北京：中华书局1980年版，第1531、1610页。

这句话的释义是：把黍米放在火上烧熟，把猪放在火上烤香，就地挖坑盛水当作酒樽，双手捧水而饮。郭沫若在《十批判书·孔墨的批判》中说："礼是后来的字，在金文里我们偶尔看见有用豊字的，从字的结构上来说，是在一个器皿里面盛两串玉具以奉事于神，《盘庚篇》里面所说的'具乃贝玉'，就是这个意思。大概礼之起，起于祀神，故其字后来从示，其后扩展而为对人，更其后扩展而为吉、凶、军、宾、嘉的各种仪制。这都是时代进展的成果。"① "礼"起源于原始信仰和祀神活动，在祭祀中有极其虔诚而庄严的仪式，有音乐。《礼记·礼运》云："蒉桴而土鼓，犹若可以致其敬于鬼神。"这段话的释义是：抟泥烧制鼓槌，把瓦框蒙皮做鼓，即使这样也可以向鬼神致敬。《史记·礼书》云："故礼，上事天，下事地，尊先祖而隆君师，是礼之三本也。"

（三）"礼"表现为外在的秩序性和内在的道德准则。 根据张小苹的研究，古礼大致包括内、外两部分内容："一、外在之礼文仪式，诸如礼典、礼物、礼仪等。名位不同，礼亦异数。从爵禄俸养、宫室舆马、饮食服饰及至于棺椁、祭祀、死生之则，礼之大小、多寡、丰约、华素、高卑莫不与其名分地位成正比，上不得逼下，下不得僭上，贱不得逾贵。二、内在之礼意情实，诸如君仁臣忠、父慈子孝、兄良弟悌、夫义妇听、长惠幼顺等人伦感情。礼通过一定礼文仪式无非是要表达、修饰此诸种道义人心。礼一方面凸显并巩固、维护着政治社会中尊卑贵贱、长幼亲疏之人伦秩序，另一方面则又规范着人际间仁爱、忠信、慈惠、孝悌、谦恭、敬让等真善美之感情。"②

"礼"见之于行为活动与仪容举止，叫作"礼仪"、"礼容"，这属于行为之礼。"礼"表现于名物制度，记载于典章条文，叫作"礼制"，这属于制度之礼，具有制度性与政治性。"礼"体现于思想观念，完善于理性思考，叫作"礼义"，这属于观念之礼，具有道德性。《礼记·礼运》云："夫礼，必本于天，殽于地，列于鬼神，达于丧、祭、射、御、冠、昏、朝、聘。故圣人以礼示之，故天下国家可得而正也。"③ "礼"的精神内涵与社会意义就贯穿和融汇于礼节规定之中，如《礼记·昏义》云："夫礼，始于冠，本于昏，重于丧、祭，尊于朝、聘，和于乡、射，此礼之大体也。"邵懿辰在《礼经通论》中对礼节规定背后的精神内涵与社会意义解释得很精要："冠、昏、丧、祭、射、乡、朝、聘八者，礼之经也。冠以明成人，昏以合男女，丧以仁父子，祭以严鬼神，乡饮以合乡里，燕射以成宾主，聘食以睦邦交，朝觐以辨上下。天下之

---

① 郭沫若：《十批判书》，北京：东方出版社 1996 年版，第 96 页。
② 张小苹：《孔孟荀礼学思想论要》，浙江大学古籍所 2007 年硕士学位论文，第 1 页。
③《十三经注疏》下册，北京：中华书局 1980 年版，第 1415 页。

人尽于此矣，天下之事亦尽于此矣。"如此以达到管理人性、稳定社会之现实目的，具有秩序性。[①]

总之，"礼"起源于原始宗教信仰、自然法则与人性管理，具有宗教性、道德性、秩序性、实践性、制度性、政治性。"礼"源于宗教，内化为伦理道德，外化为法律制度，归综于政治。"礼"的本质就是秩序，是文明的秩序，是几乎无所不包的文化体系。"礼"具有道德属性，必须通过人类的身体力行才能实现，所以又可以衍生出实践性。"礼"由宗教性而产生礼仪、礼容的规定，在祭祀活动中需要具体操作与实践，这也是其实践性的体现。"礼"还具有制度性，是人类思想观念及其行为法则的统一体，这些思想观念与行为法则是经过长期社会生活而逐渐形成的，潜移默化，具有事实上的社会制约机制的功用。后世统治者通过文献或法典的形式作明文规定，从而完成由礼俗到礼制的过渡。"礼"的制度性派生出"礼"的政治性。一旦"礼"成为国家制度，"礼"的社会制约机制便成为安邦定国的有效方法。《左传·僖公十一年》云："礼，国之干也。"《左传·襄公二十一年》云："礼，政之舆也。"《荀子·大略》云："礼者，政之挽也。为政不以礼，政不行矣。"舆即车，挽即拉车。如果将"政"比作乘车的人，那么"礼"就是载人的车与拉人行进的车夫，由此说明政治要靠"礼"来运行与实现，"礼"正是文明的社会性得以实现的人类法则。文明是人文的成果，是人在世界上留下的痕迹，所以说"礼"也是几乎无所不包的文化体系。[②]

---

①② 田君：《论"礼"的字源、起源、属性与结构》，载《四川大学学报（哲学社会科学版）》2014年第5期。

第二节 五礼：宗周礼乐文明的基石

吉礼、凶礼、军礼、宾礼、嘉礼被称为"五礼"，是包括天子、诸侯、卿大夫、士在内的贵族在祭祀、丧葬、相见、军旅、婚嫁、宴乐多种场合奉行的仪式规范。制订礼仪是天子权力的象征，这些仪式与规范是古代国家制度的重要组成部分。《礼记·中庸》说："非天子，不议礼，不制度，不考文。"孔子所称"夏礼"、"殷礼"、"周礼"就是夏、商、周三代以王者名义制订的礼仪。战国之前，古礼的名目相当繁多，《礼记》有"礼仪三百，威仪三千"的说法。不同的阶层、不同的身份有相应的礼制。士与士平级相见、诸侯与大夫上下相见、士为父母服丧或为兄弟服丧以及求婚亲迎等都有一套繁文缛节；同是祭祖先，天子、诸侯、大夫、士举行仪式的规格也不同，体现出宗法社会中的等级秩序与亲疏关系，是人身份的象征。

周朝贵族子弟要从小学习礼、乐、射、御、书、数"六艺"，首先学的就是礼。礼是贵族级别的标志，要具有士以上的身份才有资格学习、奉行礼仪，参加典礼等，所以有"礼不下庶人"的说法。宗周礼乐文明制度设立了吉、凶、军、宾、嘉五礼，这就是"五礼"的由来。

大略而言，五礼中，吉礼是祭祀天地祖宗的宗教礼仪，凶礼是哀吊死伤灾祸的礼仪，军礼是与军旅活动有关的礼仪，宾礼是君臣以及各色人等相见的礼仪，嘉礼是举行美好活动的礼仪。历代王朝都为自天子到士庶的各色人等在这些典礼中扮演的角色制定了详细的仪节，如有越礼行为，不仅会受到道德舆论的审判，还会受到律法的制裁。按照传统观念来说，行礼与否以及礼仪的繁简是一个人身份高低或一个家庭贵贱的分野。[①]

一 吉礼：典礼之冠

吉礼就是祭祀的典礼。古代认为祭祀是"国之大事"，所以把吉礼列为五礼

---

① 谢谦：《国学词典》，成都：四川辞书出版社2018年版，第155—156页。

之首。祭祀之俗起源于古人万物有灵的观念。当时的祭祀种类繁多，有对上天、日月星辰、司中司命、风师雨师、社稷、五祀、五岳、山林川泽以及四方百物的祀典，这些都属于吉礼。吉礼把祭祀的十二个项目归属于天神、地祇、人鬼三门。"吉"训为福，是事神致福之意。古代祭祀，每年冬至日在南郊祭天称作"郊"，夏至日在北郊祭地称为"社"，合称"郊社"，祭天神、地神叫作"郊祭"。古代郊祭有特定的场所，祭天时筑圆形高台，称为"圜丘"；祭地时筑方形高台，称为"方丘"。这正与古人天圆地方的观念相符。古代帝王祭祀宗庙用牛、羊、豕三牲，叫作"太牢"；卿大夫祭祀宗庙只能用羊、豕二牲，叫作"少牢"。祭祀时用的牲畜总称"牺牲"。祭品中还有谷物、蔬果等，因有香味，故称"馨香"。吉礼为古代五礼之首，亦称"五礼之冠"。

历朝历代对吉礼兴革不一，统治者对吉礼颇为重视。其主要内容有：

第一，祀天神。以禋祀祀昊天上帝，以实柴祀日、月、星、辰，以槱燎祀司中、司命、风师、雨师。对天神的祭祀，早在虞舜和夏禹时期已经出现。商代的时候，祭天被看作对上苍的祭祀。这时候的"上苍"并不是单独的存在，而是和日、月、星、辰、"风师"、"雨师"共同存在的，"上苍"和日、月、星、辰等所谓的天神之间存在着统治与被统治的关系，这和商代等级制度的完善与严格有关。到了周代，殷商的"上帝说"逐渐被"天帝说"代替，天帝的形象逐渐朝着人的形象演变，周王也成为天帝降到凡间统治尘世的代表，被称为"天子"。自周代之后，统治者都自称"天子"，这给其统治增加了神秘色彩。[①]

第二，祭地祇。以血祭祭社稷、五祀、五岳，以狸沈祭山林、川泽，以疈辜祭四方百物（即诸小神）。早在远古时期，地祇的重要性便已经在人们的脑海中形成了。古代曾有"父天母地"的说法，因此古人对土地的祭祀十分重视。对地祇的祭祀分三个等级：第一等是社稷、五祀、五岳，用血祭祭祀，即用祭牲的血浇在地上；第二等是山林、川泽，用狸沈之祭，就是将祭牲、玉帛埋入地下，或沉入川泽；第三等是四方百物，用疈辜之祭，就是剖祭牲之胸，将剖过的牲体进一步分解。根据释读出来的甲骨文，我们可以了解到古代将掌管土地的神称为"社"，将祭祀时的仪式称为"宜"。至于对河流山川、农作物收成等的祭祀更是屡见不鲜。[②]

第三，祭先王。以肆献祼享先王，以馈食享先王，以祠春享先王，以禴夏享先王，以尝秋享先王，以烝冬享先王。[③]

先秦时期，祖先是被当成家族的保护神来进行祭祀的，士以上的贵族阶级都

---

①② 张岱年：《中国文史百科》上，杭州：浙江人民出版社 1998 年版，第 484、484 页。

③ 张金平、昝风华：《中国传统文化十六讲》，济南：山东人民出版社 2015 年版，第 135—136 页。

会在家庙中对祖先进行祭祀,天子对祖先的祭祀则更为隆重。

二 凶礼:表达哀恤

凶礼是在遭遇到凶丧祸患时人们相互间进行的哀悼吊唁、救济抚恤的诸礼仪的总称。《周礼·春官·大宗伯》记载:先秦时期已实行五种类型的凶礼,即"以凶礼哀邦国之忧,以丧礼哀死亡,以荒礼哀凶札,以吊礼哀祸灾,以襘礼哀围败,以恤礼哀寇乱"。①凶礼包括丧礼、荒礼、吊礼、襘礼、恤礼。前三种礼各级贵族都可以举行;后两种礼属国家事务,只有王与宰臣才能执行其礼。凶礼五项中,后代更为重视丧礼。

丧礼:先秦丧礼,第一步是停尸、招魂、吊丧,替死者沐浴、更衣,纳珠玉于口中,用木板刻成牌位置于中庭,象征亡灵;第二步是小殓,正式为死者着入棺寿衣;第三步是大殓,奉尸殓于棺。宾客前来哭奠,直至下葬。最后将死者牌位依辈分置于祖庙,与先辈一同受祀。②

荒礼:因自然灾害,农作物歉收、损失、饥馑,统治者为救荒而采取的礼仪。《礼记·曲礼》《周礼·天官·膳夫》记载:在遇到灾荒年节时,天子、官吏要降低饮食标准,不杀牲;不用谷物作为饲料来喂马;不在有野草、野菜生长的土地上修筑驰道,不能为了保持驰道畅通而清除生长在其上的野草、野菜,以供百姓采摘作为食物;贵族祭祀时,不悬挂钟磬乐器;大夫们不能食用精美食物,士饮酒时不能兴高采烈。发生疫病、地震、战乱等天灾人祸时,要与民同忧患,不饮酒吃肉、歌舞作乐,由政府向受灾者提供钱财、物品与粮食救济。许多疫疾是因死于灾荒中的人或牲畜的尸体未及时掩埋而引发的,所以政府多给那些贫穷的家庭棺木或丧葬钱来埋葬死者,体现出生者对逝去的生命的尊重和人文关怀,也可以迅速有效地消除疾疫根源。

吊礼:吊唁、吊丧之礼,后引申为慰问抚恤之礼。《周礼·秋官·小行人》载:"若国有祸灾,则令哀吊之。"吊礼的施用场合非常广泛,凡是安慰、抚恤凶灾受难者的行为皆属吊礼。先秦时期,吊礼主要限于水、火灾害。《左传》记载:庄公十一年秋,宋国发生大水灾,鲁庄公派遣使者去行吊礼。《礼记·杂记》记载:孔

---

① 《十三经注疏》上册,北京:中华书局1980年版,第759页。
② 李平主编:《中国文化概论》,合肥:安徽大学出版社2015年版,第241页。

子家马厩起火，周围乡邻纷纷赶来救火、慰问，即为吊礼。孔子向他们行拜礼，以示感谢。此外，问疾礼也属吊礼范畴。问疾礼是指王公贵族患病时君王前往病人家中探视、慰问的礼仪。例如：《论语·乡党》中记载孔子生病时，鲁国国君亲自去探视问疾。

襘礼：当某国因战败而蒙受损失时，其同盟诸国要赠送若干数量的财物作为救济。后来也指某国发生天灾或人祸时，同盟各国向其赠送钱物，予以救助。《左传·襄公三十年》记载：宋国发生火灾，鲁、晋、齐、卫、郑等诸侯国的大夫聚会，商讨向宋国赠送财物，加以救济。

恤礼：友好邻国外遭侵略、内有动乱时，同盟诸国不馈赠财物，只派遣使者前往表示慰问的一种礼仪。

秦汉以后，由于大一统政治体制取代了先秦时期的政治体制，凶礼的内容和结构都发生了重大的变化。先秦时期实行的吊礼、襘礼、恤礼等礼仪或不复存在，或内容与形式发生了很大变化。

三 军礼：军旅战阵

军礼是师旅操演、征伐之礼。在古代，军礼除战事活动外，还包括若干需要动员大量人力的活动，如田猎、建造城邑等事。《周礼·春官》记载：军礼有五，即"大师之礼，用众也；大均之礼，恤众也；大田之礼，简众也；大役之礼，任众也；大封之礼，合众也"。[1] 也就是说，古代的军礼主要有大师之礼、大均之礼、大田之礼、大役之礼、大封之礼。

大师之礼："师"是军队的意思，大师之礼就是军队征伐之时所行的礼仪。大师之礼包括军队出师时的祭祀、誓师仪式、军中的赏罚制度、军队凯旋时的仪式、论功行赏的仪式、军队失败而回之时的仪式。

大均之礼：用军礼的威严来统一调度邦国万民。《周礼·春官·大宗伯》云："大均之礼，恤众也。""大均"就是校正户口、调节赋税的征收等。国民和赋税是军队的主要兵源和财源，为防止各地区征兵、征赋的不均，故用大均之礼进行调整，以示统治者恤民之意。因在全国范围内进行，又须聚合众民，故大均之礼属军礼。

大田之礼：是一种狩猎的礼仪。《周礼·春官·大宗伯》云："大田之礼，简

---

①《十三经注疏》上册，北京：中华书局1980年版，第760页。

众也。""田"为田猎,"简"即检阅、检查。古代天子、诸侯每年都要定期出外田猎。这类田猎属于礼仪活动,既有娱乐性质,又有军事意义。天子、诸侯常借田猎之机搞军事演习,检阅军队,故称大田之礼为"简众",即检阅军队。当时检阅军队的重点在检阅战车、兵伍的数量,而不在军容。

大役之礼: 古代凡建王宫、城邑和掘河筑堤等大工程,都属大役。大役需要众多的劳力,往往近乎倾国出动,故《周礼·春官·大宗伯》曰:"大役之礼,任众也。"大役既属举国万民之事,故须用军礼的威严而统率之。大役之礼即为此而设。

大封之礼: 古代封国各有疆界,若有侵犯或相互交错不正,天子则出动军队征伐肇事者,以武力治理封疆,使之归正,故大封之礼也属军礼。

四 宾礼:迎送宾客

宾礼是接待宾客之礼。周代的宾礼主要指天子招待诸侯和诸侯对天子的朝见,还包括诸侯之间的聘问和会盟等。根据《周礼·春官》,宾礼列八目:"春见曰'朝',夏见曰'宗',秋见曰'觐',冬见曰'遇',时见曰'会',殷见曰'同',时聘曰'问',殷覜曰'视'。"[1]

(一)朝、宗、觐、遇

朝、宗、觐、遇分别是诸侯国国君亲自或派遣的使者依春、夏、秋、冬四时朝觐天子。每次朝觐天子的目的、活动不尽相同。《周礼·秋官·大行人》解释说:春天朝觐天子,是为了与天子商议一年内的天下大事。秋天朝觐天子,各邦国相互评比本年中的功绩。夏天朝觐天子,以便向天子陈述各自的谋划。冬天朝觐天子,以便天子协调各国的行动。通言之,诸侯国国君或其派遣的使者四时拜见天子,均可称为"朝",亦可称为"觐"。诸侯国国君相互会见,也可以称为"朝"。

(二)会、同、问、视

会、同、问、视是指在不同场合与时间,或天子召见诸侯,或诸侯派大夫聘问天子之礼。

会:又称"时见",举行的时间并不固定。此礼举行的前提是某诸侯国不愿顺服天子,天子将对其发动征讨,于是召集该国所处方位的其他诸侯国国君聚会,以便协调行动。

---

①《十三经注疏》上册,北京:中华书局 1980 年版,第 759—760 页。

同：又称"殷见"，"殷"即众之意。天子不外出巡视，于是召集四方诸侯会于京师，因诸侯众多，故称"殷见"。

问：天子有事时诸侯派使臣来聘问之礼。因不定期举行，所以也称"时聘"。

视：诸侯派遣卿聘问天子。因各国前来聘问的卿较多，所以也称"殷觐"。"殷"即众，"觐"即视之意。

宾礼是接待宾客的诸礼仪的总称。西周时，宾礼是天子和诸侯之间、诸侯国与诸侯国之间相互来往时实行的礼仪规范。宾礼主要运用于朝聘场合，例如周天子款待四方来的诸侯时，或者四方的诸侯派遣使者向周天子请安时。简而言之，宾礼就是一种待客的礼仪，即待客之道。天子与诸侯之间一般具有亲戚关系，为了联络感情，定期安排礼仪性会见是十分必要的。秦汉以后，宾礼则成为中央政府与地方官员、中国与外国之间相互来往时实行的各种礼仪规范。

五 嘉礼：家国日常

嘉礼是喜庆典礼，主要包括冠、婚、燕、飨、射等活动中的礼仪。后代的帝王登基、太后垂帘、立储册封、帝王巡狩等，其典礼也属嘉礼。冠、婚之礼是自天子达于庶人的通礼，其他则多是帝王独有的典礼或朝廷礼仪。

冠礼：古代男子的成人仪式。因其主要仪式是加冠，故称"冠礼"。冠礼起源于氏族社会的成丁礼，西周时则演变为贵族男子的成人仪式。举行冠礼后，男子就成为传统意义上的"独立法人"，享有成年男子的种种权利和义务。古代冠礼的过程非常复杂，据《仪礼·士冠礼》介绍，由冠者父亲请其"僚友"担任仪式主持——"宾"，其主要仪式是"三加"：先加黑麻布做的缁布冠，表示从此有治人的特权；再加用白鹿皮做的皮弁，表示从此有服兵役的义务；最后加赤黑色的细麻布做成的爵弁，表示从此有参加祭祀活动的特权。古人戴的冠与衣着是相配的，所以这"三加"同时也意味着"易服"，从衣服、腰带到鞋子都必须有相应的改变。与"三加"具有同等意义的仪式是"宾字冠者"，即在"三加"完毕、冠者拜见自己的母亲后，由主持冠礼的"宾"为冠者取"字"，即《礼记·曲礼上》所谓的"男子二十，冠而字"。

笄礼：冠礼是男子的成人仪式，与此相应，女子也有成人仪式，就是所谓"笄礼"。笄是古代的一种发饰，多为玉制，女子成年后才可用笄，用时成双，斜插于两旁发际。贵族女子年满十五时，要举行结发加笄的仪式，这就是"笄礼"。举行笄礼后，女子就可以许嫁男子，尽为人妻的责任。

婚礼：完成婚姻关系的过程及礼仪。"婚"的本字作"昏"，即黄昏，《仪礼》中把"士婚礼"写作"士昏礼"。古代婚姻具有"上以事宗庙，而下以继后世"的使命。华夏先祖自从在商周之际进入文明社会后，其男婚女嫁就逐渐有了一套约定俗成的礼仪，后代王朝定其为礼制。

燕礼：特指君臣宴饮之礼。"燕"就是"宴"，即饮酒宴乐。据《仪礼·燕礼》记载，燕礼有四等：一是宴请有王事之劳的卿大夫；二是宴请四方来使；三是宴请归国的使臣；四是君王无事自饮。其中的主人都是君王。

飨礼：君王设酒宴以飨宾，排场比燕礼大，故称"大飨"，类似现代的国宴，是天子在宗庙设大宴招待诸侯或诸侯互飨。宾主在宴会的全过程中都有自己特定的角色及礼节，伴奏的音乐也有既定的程式。

射礼：射箭比赛的典礼。射箭是古代贵族子弟的必修课程。古代天子或诸侯将有祭祀之事时，便请臣下比试射艺，射中箭靶的人才有资格参加祭祀活动，这种射箭活动被称为"大射"。据《仪礼·大射》记载，举行一次大射礼，可历时几天，先后要经过四十多道繁复的程序。大射礼是射艺比赛，也是演习礼仪的盛大活动。大射礼之下还有乡射礼。乡是古代的行政区划单位，乡射又分两级：一为州长在春、秋两季主持的射礼，其目的是以礼会民，习射于州学；二为乡大夫每隔三年举行一次大比，选拔本乡的贤能之士，推荐给君王，届时也要举行的射礼。

乡饮酒礼：在举行乡射礼之前，有一项非常重要的仪式，就是由乡大夫做主人，为被选中的贤能之士设宴饯行，其间的祝贺、酬答都有仪式，这就是"乡饮酒礼"。乡饮酒礼最早出现在周朝，主要是作为乡人的一种聚会方式出现。随着儒家学说的出现及发展，乡饮酒礼中加入了儒家"尊老敬贤"的思想，目的是让乡人在饮酒聚会的时候能够受到道德教化。

第三节 先秦儒家论"礼"：孔、孟、荀 对"礼"的讨论

在先秦诸子中，最重视礼的要算孔子和荀子，孟子对礼学思想也有论说。孔子的"克己复礼"显示了对传统礼制的维护和依恋；荀子的《礼论》不仅在政治、法律层面，而且在哲学、文化以及日常生活层面，都作出了创造性阐释。作为一个综合性的理论框架，可以说，荀子礼学是中国古代文化模式的雏形。

一 孔子：不学礼，无以立

周公制礼作乐，影响了周代文明。孔子出生于周公的封地鲁国，这里保存着大量的典籍，西周灭亡后有"周礼尽在鲁"之说，这为他学习礼提供了条件。孔子的祖上是宋国贵族，到孔子时，其家庭地位已下降为"士"。孔子自幼习染周礼，重视对礼的学习，逐渐形成自己的"礼"思想。孔子对周礼非常赞美，在《八佾》中说："郁郁乎文哉！吾从周。"孔子积极收集、整理、传授周礼的典章制度，相当娴熟地掌握了周礼，对周礼加以系统整理。[①]

孔子处于东周"礼崩乐坏"的时代，社会发生了较大变革。"礼"不再为上层贵族所垄断，已经传播到民间。周天子的势力衰微，各国诸侯图强，五霸迭兴。夷狄入侵中国，百姓经常流离失所，天下处于无序的状态。这是孔子所不愿意看到的，他认为这是"天下无道"。孔子在《论语·季氏》中说："天下有道，则礼乐征伐自天子出；天下无道，则礼乐征伐自诸侯出。自诸侯出，盖十世希不失矣；自大夫出，五世希不失矣；陪臣执国命，三世希不失矣。天下有道，则政不在大夫。天下有道，则庶人不议。"[②]他明确反对社会的失衡以及混乱的秩序。他心中理想的社会是和平统一的社会。他心中理想的秩序是以周公为代表的能体现人文精

---

① 汤勤：《孔子礼学探析》，载《复旦学报（社会科学版）》1999 年第 2 期。

② 杨伯峻：《论语译注》，北京：中华书局 2009 年版，第 172 页。

神的"礼乐"以及维护统一的"征伐",而不是互相残杀。他所维护的是文化意义上的"周礼",是以秩序所体现的人文精神。[1]

(一)孔子认为"礼"是治国安民的基本原则。 治国之礼体现了孔子的"仁"的思想。孔子说:"能以礼让为国乎,何有?"(《论语·里仁》)"为国以礼。"(《论语·先进》)他认为国君在治理国家时应用礼让的态度,持有仁的思想宗旨,宽政爱民,以礼来感化人民。他又说:"上好礼,则民莫敢不敬。"(《论语·子路》)"上好礼,则民易使也。"(《论语·宪问》)也就是说,礼的实行使国家易于治理人民。他还说:"君子之德风,小人之德草,草上之风,必偃。"(《论语·颜渊》)他提出君臣上下都要自觉接受礼的教化,统治者更要身体力行、树立榜样。治国之礼还表现为宗周礼乐文明制度。礼的外在表现是一系列包含着仪式、服饰、器用的安排及诸多规定,体现着宗法等级思想。"道之以德,齐之以礼,有耻且格"(《论语·为政》),通过礼的约束,可以使任何人都具有遵守宗法等级的自觉行为,不会产生僭越的行为,从而达到国泰民安。

(二)孔子重视作为制度规则层面的"礼"。《论语·八佾》载:"子贡欲去告朔之饩羊。子曰:'赐也!尔爱其羊,我爱其礼。'"[2]"告朔"是指每年秋冬之交,周天子把第二年的历书颁给诸侯,历书的内容包括是年有无闰月,每月初一是哪一天,因而被称为"颁告朔"。这种礼制体现出天子的权力。诸侯接受历书,将历书藏于祖庙,每逢初一杀一只活羊祭于庙,然后回朝听政。到子贡时,每月初一鲁国君主不亲临祖庙,也不听政,只是杀一只活羊。子贡认为不必留此形式,不如连羊也不杀。孔子则以为,尽管这只是礼的残存形式,但比什么也不留还是要好些,因为"我爱其礼"的礼残留在这种告朔的形式之中。[3]

(三)孔子重视"礼"的内化作用。 孔子认为:"礼"能规范人的社会行为,使人成为社会的人,成为有教养的人。人的内在情感需要也可以通过礼得到合理的表现,从而维持人与人之间的和谐关系。《论语·学而》说:"礼之用,和为贵。先王之道,斯为美。小大由之。有所不行,知和而和,不以礼节之,亦不可行也。"[4]这段话的意思是:礼以和谐为贵。不管大事还是小事,都应当按礼而行,才能达到和谐状态。如果不能按礼而行,不用礼进行调节,做事就会行不通。孔子认为:在礼的调节下,个性也能得到展现。孔子在《论语·泰伯》中说:"恭而无礼则劳,慎而无礼则葸,勇而无礼则乱,直而无礼则绞。君子笃于亲,则民兴于仁;故旧

---

① 蒙培元:《孔子与中国的礼文化》,载《湖南社会科学》2005 年第 5 期。
②④ 杨伯峻:《论语译注》,北京:中华书局 2009 年版,第 29、7 页。
③ 梅珍生:《晚周礼的文质论》,武汉大学哲学系博士学位论文,2003 年,第 95 页。

不遗,则民不偷。"① 恭顺而不知礼,则只是劳累;谨慎而不知礼,则只是懦弱;勇敢而不知礼,则会盲动出乱;直爽而不知礼,则会伤人。"礼"作为人的行为规范,是有分寸、有原则的,能使人的个性得到合理的体现。"礼"还是维系人际关系的纽带,能够体现社会文明。礼的实质是表达人的情感。②

（四）孔子主张"礼"的终极目的是落实仁的精神。孔子说:"人而不仁,如礼何?"（《论语·八佾》）他认为礼的实行必须有仁的精神作为支撑。孔子讲:"非礼勿视,非礼勿听,非礼勿言,非礼勿动。"（《论语·颜渊》）"己欲立而立人,己欲达而达人。"（《论语·雍也》）他要求个人的一切行动都要以礼作为基本准则和行为规范,同时通过个人的道德修养完成礼而达到仁。在和子夏讨论"礼"时,他又提出"绘事后素"（《论语·八佾》),认为个人只有纯正的品质是不够的,还需要礼的规范和导引。由此可以看出,孔子的礼学思想同他的仁学思想之间有着直接、密切的联系,实际上是从仁学出发去理解、体悟、贯彻、实现仁的精神的方式和途径。这使得他的礼学观更加理性化,具有人道主义精神,更具吸引力。"仁"作为创生原则,是内在原则,是价值之源,是依据;礼是建构原则,是外在规约,是制度化、行为化的象征。根据仁的原则,不断调整完善人伦规范乃至外在社会制度,使之更加有助于人性依中道原则发展,是礼之文与礼之质关系的根本要求。③

"仁"为"礼"之质。作为礼之质的"仁",还包括等差原则,是对普世之爱的限定。一旦道德主体选择了仁,就可使人生境界不断向上提升的空间得以扩大,使人的尊严得以显现。依仁而行礼,正是道德主体在践礼的实践中确证仁为生命本质的过程。仁作为礼的本质与作为人的生命的本质,在道德实践中得以合一,同时又借助礼之文使人的尊严得以显现,故"志士仁人,无求生以害仁,有杀身以成仁"（《论语·卫灵公》),"君子无终食之间违仁,造次必于是,颠沛必于是"（《论语·里仁》)。《论语·学而》指出:"泛爱众而亲仁。"这是"博爱之谓仁"在礼的规范下表现出的道德情操。仁并不是脱离礼的抽象之爱,而是体现在具体交往中。语言的自我节制是礼的一种要求。孔子说:"君子欲讷于言而敏于行。"（《论语·里仁》)他还说:君子"敏于事而慎于言"（《论语·学而》)。"孔子于乡党,恂恂如也,似不能言者。其在宗庙朝廷,便便言,唯谨尔。"（《论语·乡党》)他认为"刚毅木讷近仁",而认为"巧言令色,鲜矣仁"（《论语·学而》)。

（五）孔子认为"礼"是个人修身立命的首要条件。礼包含着仪式、礼器、服饰

---

① 杨伯峻:《论语译注》,北京:中华书局 2009 年版,第 77 页。
② 蒙培元:《孔子与中国的礼文化》,载《湖南社会科学》2005 年第 5 期。
③ 梅珍生:《晚周礼的文质论》,武汉大学哲学系博士学位论文,2003 年,第 102 页。

等的安排以及左右周旋、进退俯仰等一套琐细而又严格的规定。孔子把礼列为"六艺"之首，是强调礼在对个人品德、情操修养过程中的重要作用。礼本身体现出了强烈的理性色彩和人道主义精神。孔子多次强调礼的功用，说："立于礼。"（《论语·泰伯》）"不学礼，无以立。"（《论语·季氏》）"不知礼，无以立。"（《论语·尧曰》）。朱熹解释说："礼以恭敬辞逊为本，而有节文度数之详，可以固人肌肤之会，筋骸之束。故学者之中，所以能卓然自立，而不为事物之所摇夺者，必于此而得之。""不知礼，则耳目无所加，手足无所措。"① 在此之上，孔子又指出礼怎样使人自立于社会，通过什么途径使人符合社会的要求。他说："博学于文，约之以礼，亦可以弗畔矣夫！"（《论语·雍也》）也就是说，个人在广博地学习各种典章文化的基础上，用礼来统率、约束自己的思想并进行评判。他说："恭而无礼则劳，慎而无礼则葸，勇而无礼则乱，直而无礼则绞。"（《论语·泰伯》）孔子认为恭、慎、勇、直虽然是个人的美德，但是如果没有礼的约制，则会变成劳、葸、乱、绞四种弊端。另外，孔子认为好德如好仁、好知、好信、好直、好勇、好刚等，只要不好学就会各有所弊，唯有好礼没有被他列入有弊之内，可以看出孔子对礼在个人品德修养中的重要作用的重视。②

（六）孔子认为"礼"具有调节人际关系的功能。周代整个社会的主要关系是以血缘关系为基础的等级关系。礼在此条件下调节人际关系，使之融洽和顺，即达到《礼记·礼运》中"父慈、子孝、兄良、弟弟、夫义、妇听、长惠、幼顺、君仁、臣忠"所谓的"十义"，这在孔子的礼学思想里可以归纳为"君君，臣臣，父父，子子"（《论语·颜渊》），父子关系为基本关系，君臣关系为扩展关系，两者结合，形成社会关系的核心内容。由小家推广到大家，在国家体系中，应贯彻"君使臣以礼，臣事君以忠"（《论语·八佾》）、"事君尽礼"（《论语·八佾》）的准则，君臣都应按照礼的规范去实施、履行自己的职责和权力，君待臣应仁，臣事君应忠。在与人交往中，应当言语恭敬，态度庄重，合群团结而不拉帮结派，不盲从附和，用自己的正确观点纠正别人的错误意见，一切都做得恰到好处，这样才算合乎礼的规范。个人与他人交往应"坦荡荡"（《论语·述而》），心胸坦荡，不存私念。③

（七）孔子讲的"礼"主要是指周代的礼仪制度。孔子认为：只有在周礼的规范下，春秋时期礼崩乐坏的局面才能被遏制，"礼乐征伐自诸侯出"的僭越行为才能被杜绝，"君君，臣臣，父父，子子"（《论语·颜渊》）的社会秩序才能建立。孔子谈"礼"，涉及社会生活的诸多方面："非礼勿视，非礼勿听，非礼勿言，非礼

---

① 朱熹：《四书章句集注》，北京：中华书局2012年版，第105、196页。
②③ 王龙、李思华：《从〈论语〉探论孔子的礼学观》，载《西南民族学院学报（哲学社会科学版）》2002年总23卷（专辑）。

勿动。"（《论语·颜渊》）他主张看见的、听到的、说的话、举止行动都要符合礼。孔子维护"周礼"的等级制度，"它所象征的是一种秩序，保证这一秩序得以安定的是人对于礼仪的敬畏和尊重，而对礼仪的敬畏和尊重又依托着人的道德和伦理的自觉，没有这套礼仪，个人的道德无从寄寓和表现，社会的秩序也无法得到确认和遵守"。①《论语·季氏》曰："不学礼，无以立。"这是说：人若是不学习礼仪制度，做事不符合礼制，则无法树立自己的德行。孔子认为：礼对于政事非常重要，君主应该遵循礼来治理国家。他说："居上不宽，为礼不敬，临丧不哀，吾何以观之哉？"（《论语·八佾》）他强调君臣之礼，主张"君使臣以礼，臣事君以忠"（《论语·八佾》），国君任命、使用大臣应该符合礼制，大臣侍奉君主则应当尽心。

二 孟子：有礼者敬人

孟子以孔子的继承者自居，"乃所愿，则学孔子也"（《孟子·公孙丑上》）。他以弘扬儒家精神为己任，"如欲平治天下，当今之世，舍我其谁也？"（《孟子·公孙丑下》）他直接秉承了孔子"以仁释礼"的内倾化之礼，更进一步将"礼"说成是恭敬之心、辞让之心。②他认为礼所规定的权利与义务具有对等性，强调人的道德自觉意识，高扬人的生命价值，认为道德之礼优先于世俗陈规。

（一）孟子将"礼"内化为情感心理。他认为内存仁心，才能真正有礼；礼不仅是一种仪节，且必以敬人为其根本。《孟子·离娄下》说："君子所以异于人者，以其存心也。君子以仁存心，以礼存心。仁者爱人，有礼者敬人。爱人者，人恒爱之；敬人者，人恒敬之。"③君子将仁、礼存于心中。有仁爱之心的人会爱别人，有礼的人尊敬别人。爱别人，别人也会回馈他的爱；敬重别人，别人也会回馈他的敬重。礼不仅是一种外在表现，还与人的心灵相联系，对人的尊重应该发自内心，将"礼"内化为情感心理。他的"四端"说是其性善论的基础。他认为：人天生具有仁、义、礼、智的道德品质，这是善的可能性，是向善的萌芽。但是，仁、义、礼、智并不必然地使人为善，因为人的发展还受外在环境的影响，环境可以使先验的"四端"向其他方面转化。孟子说："富岁，子弟多赖；凶岁，子弟多暴。非天之降才尔殊也，其所以陷溺其心者然也。"（《孟子·告子上》）这段话的意思是：

---

① 葛兆光：《中国思想史》第 1 卷，上海：复旦大学出版社 2001 年版，第 93 页。
② 王杰、顾建军：《早期儒家"礼"文化内涵的嬗变》，载《哲学动态》2008 年第 5 期。
③ 杨伯峻：《孟子译注》，北京：中华书局 2005 年版，第 197 页。

收成好的年岁,子弟多半懒惰;灾荒的年岁,子弟多半强暴。不是天生资质不同,而是因为环境使其心态发生变化。孟子承认"人皆有之"的"四端"能否健全地发展,取决于是否让尘世的物欲"陷溺其心"。①

(二)孟子认为"礼"是"人之所以异于禽兽"的本质规定。孟子说:"人之有道也,饱食、暖衣、逸居而无教,则近于禽兽。"(《孟子·滕文公上》)人需要吃饱饭、穿暖衣,这些与动物没有很大的不同,所以孟子说:"人之所以异于禽兽者几希。"(《孟子·离娄下》)从社会文明的意义上看,这种"几希"的差异使人与动物区别开来。孟子认为:人之所以为人、人高于动物的地方,在于礼乐道德规范中内心感受的不同,即"无恻隐之心,非人也;无羞恶之心,非人也;无辞让之心,非人也;无是非之心,非人也"。②人若没有恻隐之心、羞恶之心、辞让之心、是非之心,就没有人性,就不属于社会的人的范畴。人只要向善,就会与圣贤有相同之处,因为人具有共通的特性,"尧舜与人同耳","圣人与我同类者",这种共性是圣人和一般百姓都有的。他说:"故凡同类者,举相似也;何独至于人而疑之?圣人与我同类者。故龙子曰:'不知足而为屦,我知其不为蒉也。'屦之相似,天下之足同也。"③他又说:"口之于味也,有同耆焉;耳之于声也,有同听焉;目之于色也,有同美焉。至于心,独无所同然乎?心之所同然者何也?谓理也,义也。圣人先得我心之所同然耳。故理、义之悦我心,犹刍豢之悦我口。"④人的外形、举动相似,所谓"天下之足同";人的感觉相同,人对于美味有共同的嗜好;人的耳朵听到音乐,有共同的体认;人看见美女,都会感受到她的美。心对理、义有共通的认同。这些共通的特性使人与禽兽区分开来,也是人成圣的基础。人与人相处,已经摆脱了动物的自然属性,产生了调节人与人之间关系的规范,这就是礼文化观念的直接起源。

(三)孟子强调人与人的交往必须注重礼的实质性内容。孟子说:"食而弗爱,豕交之也;爱而不敬,兽畜之也。恭敬者,币之未将者也。恭敬而无实,君子不可虚拘。"(《孟子·尽心上》)恭敬之心、真实的合于人的尊严的交往只能是发自内心的"恭敬"。⑤孟子认为礼是人生实践的指南,是君子区别于小人的标志。在谈到个人的修养时,孟子认为礼的一个重要作用就是维护仁爱关系。孟子认为:"大丈夫"是知礼的,遵循礼且严格按照礼的规定来做事的人才能成为君子、大丈夫;如果不按照礼或者违背礼的规定来做事,就是小人。

(四)孟子强调"礼"是治国之道。他认为礼可以维护君臣秩序,还可以创造

---

①⑤ 梅珍生:《孟子论礼的本质》,载《中共济南市委党校学报》2004 年第 3 期。

②③④ 杨伯峻:《孟子译注》,北京:中华书局 2005 年版,第 80、261、261 页。

良好的政治环境。在君臣关系处理上，孟子继承了孔子"君使臣以礼，臣事君以忠"的思想。孟子曰："学则三代共之，皆所以明人伦也。"这里的人伦主要指的是儒家所倡导的"父子有亲，君臣有义，夫妇有别，长幼有序，朋友有信"的规范秩序。在这个规范秩序中，起主导作用的应该是"君"。孟子在《滕文公上》说："无君子，莫治野人；无野人，莫养君子。"所以，君主首先应该做到"使臣以礼"。孟子赞扬古代的贤君和贤士，一方面是告诫诸侯要效法圣贤，礼贤下士；另一方面是抒发自己坚守节操的情怀。君主礼贤下士，任贤使能，士就能尽心竭力地服侍国君，从而保持和谐的君臣关系。《孟子·万章下》阐述了士人接受馈赠时要符合礼义，强调国君要奉养、任用贤人。孟子的阐述表明：一方面，士人接受国君的馈赠要以礼义为标准。在万章提出士人不寄食于诸侯和是否接受国君的馈赠等问题并向孟子请教时，孟子清楚地表达了自己的看法：诸侯丧失了自己的国家而寄食于其他诸侯是符合礼的，而士没有官职却寄食于诸侯是不符合礼的。士接受国君赠送的粮食符合礼，这是因为国君也会周济从别国迁来的百姓。但是，士不能接受国君的赐予。这是因为守护城门、打更巡夜的人都有固定的职务，所以应该接受国君的俸禄；士人没有固定的官职，如果接受国君的赐予，就是不恭敬。

（五）孟子认为"礼"有形式与实质的区分。"礼"有"箪食豆羹之义"与"亲戚君臣上下"（《孟子·尽心上》）之义，前者微不足道，后者事关大节，不能因为人在箪食豆羹方面表现出气节，就相信他在亲戚、君臣、上下之义上大节无污。孟子认为礼的形式与内容之间并没有天然的一致性，而是取决于人的态度，如若没有来自内心的虔诚，这种礼就只是一种形式，不值得称道。孟子引述《尚书·洛诰》说："享多仪，仪不及物曰不享，惟不役志于享。"（《孟子·告子下》）这是说：祭祀时奉献礼品若没按礼的程序，没有真心，就不可能被神接受。是否有"志"，是祭祀的礼仪完成的关键。孟子认为："礼之轻者"就是礼的末节，与生命的维持和生命的延续相比是一种次要的形式。只有分清了礼的轻重，才有可能真正地把握礼的精神。

（六）孟子在其礼学思想中强调"礼"的内容大于"礼"的形式，反对因为"礼"的形式而抛弃"礼"的实质。万章曾经请教孟子："《诗》云：'娶妻如之何？必告父母。'信斯言也，宜莫如舜。舜之不告而娶，何也？"孟子说："告则不得娶。男女居室，人之大伦也。如告，则废人之大伦，以怼父母，是以不告也。"（《孟子·万章上》）孟子根据舜当时的家庭状况，认为舜娶妻，若是告诉父母，他的瞽父、继母必然不会同意他结婚。男女结婚是最大的人伦。为了不废人之大伦，就不必顾及"告"的形式了。

（七）孟子重视"礼"之权变，能够对具体事情进行具体分析。 礼有"男女授受不亲"，但是孟子认为："嫂溺，援之以手者，权也。"（《孟子·离娄上》）虽然礼制规定男女授受不亲，但是对于嫂子溺水，应该援之以手，这就是变通；若不援之以手，就是没有人性的豺狼。礼作为一种社会秩序的规定，能够维护社会安定，保障民众平安生活。当礼与生命发生抵牾的时候，承认生命权是人最重要的权力，因为没有人就没有了传承礼的载体。孟子实现了礼的内化，因为他主张礼"根于心"，"非外铄我也"，于是使外在的规范变成了人内在的需求。

三 荀子：礼者，人道之极也

在先秦儒者中，荀子以礼学见长，他的礼学思想从社会、政治、人生、道德多角度探讨礼仪制度，形成多层次、多角度的礼学理论体系。荀子认为："人之性恶，其善者伪也。"[①] 人的本性是"恶"的，"善"是人为的结果。因为人性是恶的，故需要礼的约束。礼的作用在于对人的欲望做出限制。荀子指出人性、人情之恶，进而引出礼发生的必然性。《礼论》曰："礼起于何也？曰：人生而有欲，欲而不得，则不能无求；求而无度量分界，则不能不争。争则乱，乱则穷。先王恶其乱也，故制礼义以分之。"[②]《性恶》曰："古者圣王以人之性恶，以为偏险而不正，悖乱而不治，是以为之起礼义。"[③] 人性本恶，任性纵情而行，则会导致人行为的放荡和社会混乱无序。这在客观上需要有制约情性的外在的制度规范，这种制度规范就是礼。在荀子那里，礼是政治制度，同时是道德规范；礼限定着人的存在方式和存在性质，是人之所以成为人的实质所在。[④]

（一）荀子认为"礼"是政治之礼，是一种政治制度。 礼详细规定了人们的政治地位，政治地位又决定了人相应的经济地位。人们的等级、长幼、亲疏的关系永恒不变，不可逾越，这是一种政治制度。礼是君臣、上下、贵贱、长幼、庶人百姓共同遵守的政令制度，是社会各阶层、各等级成员的职业分工的标准和原则，严格规定了人们的职责范围。[⑤]

（二）荀子把"礼"纳入政治轨道，使之与政治结合在一起。 正是这种礼与君权的结合，借助君权推行礼治的努力，使礼成为有力量的政治伦理规范，全面地

---

① ② ③ 王先谦：《荀子集解》下，北京：中华书局 2013 年版，第 434、346、435 页。
④ 陆建华：《荀子礼为人之本质论》，载《合肥学院学报（社会科学版）》2007 年第 1 期。
⑤ 陆建华：《荀子之礼本质论》，载《江淮论坛》2002 年第 3 期。

渗入社会生活，也加强了礼作为政治制度的系统的完整性。荀子认为"礼者，人道之极也"（《荀子·礼论》），"礼者，法之大分、类之纲纪也"（《荀子·劝学》），礼是"治辩之极、强国之本、威行之道"，礼是国家管理的总纲，是法。"为政不以礼，政不行。"礼之于国家，犹如绳墨之曲直，若不用礼，国家政令则很难推行。在荀子看来，礼是国家管理的最高形式。礼与政治结合形成了荀子的礼治主义。[①]

（三）荀子认为"礼"是一种道德规范。《大略》曰："礼也者，贵者敬焉，老者孝焉，长者弟焉，幼者慈焉，贱者惠焉。"礼是人际交往中必备的敬、孝、悌、慈、惠诸多道德的总和。礼不仅是德的一种，还包括诸多具体的道德规范，是人生之"大德"，在德中处于优先地位。荀子对君臣、父子、兄弟、夫妻有关于礼的践行方面之阐述。《君道》认为：人君做事要公平，符合礼制；人臣要根据礼仪规范侍奉君主，尽心顺从，不懈怠；作为父亲，应宽容、慈爱，做事有礼节；作为儿子，应该热爱、恭敬父母；作为兄长，应友爱、呵护幼弟；作为弟弟，应恭敬兄长。为人夫、为人妻亦有相应规范。这里将为君之道、为臣之道、为父之道、为子之道、为兄之道、为弟之道、为夫之道、为妻之道，以礼作为衡量标准。礼落实为君道、臣道、父道、子道、兄道、弟道、夫道、妻道。[②]

（四）荀子主张"礼"、"法"并用。礼作为对社会行为之约束的伦理规范，多靠社会舆论、风俗、习惯的力量来维护，需要人的自觉遵守。礼作为伦理规范，比较温和。法作为刑罚和法律规范，能够与礼互补，补足礼的力量、强度不足的缺憾："礼以齐之，乐以化之，而尚有顽冥不灵之民，不师教化，则不得不继之以刑罚。刑罚者非徒惩已著之恶，亦所以慑金人之胆而遏恶于未然者也，故不可不强其力，而轻刑不如重刑，故曰：凡刑人者，所以禁暴恶恶，且惩其未也。故刑重则世治，而刑轻则世乱。"

（五）荀子认为"礼"是人的行为准则。礼对于人生而言，其价值主要体现在涵养心性和规范行为两个方面。这是从礼与人的关系出发，证明礼的价值。人既是感性存在，也是社会性存在，礼则是作为社会存在的人的行为规则。荀子主张，人们应依照礼的各项规定立身行事，把礼定义为人的行动准则："礼者，人之所履也，失所履，必颠蹶陷溺。"（《荀子·大略》）荀子认为礼是人生的实践指南，而且认识到常人走向人生歧途、跌入错误深渊的根源是丢弃礼或违背礼，因此主张处于不同等级制度中，处理人际交往、人际关系要有不同的标准："礼也者，贵者敬焉，老者孝焉，长者弟焉，幼者慈焉，贱者惠焉。"（《荀子·大略》）礼的要求：

---

① 李克海：《试论荀子的礼治模式》，载《社会科学家》1991 年第 5 期。

② 陆建华：《荀子之礼本质论》，载《江淮论坛》2002 年第 3 期。

对于地位高贵的人要尊敬，对年老者要孝敬，对兄长要敬爱，对年幼者要慈爱，对地位低下的人要给他们实惠、好处。荀子以礼为准则，明确个人的责任和义务，目的是处理好贵贱、长幼的关系。荀子还从日常生活层面对作为人的行为准则的礼作了大致分类，分别指出其价值："凡用血气、志意、知虑，由礼则治通，不由礼则勃乱提僈；食饮、衣服、居处、动静，由礼则和节，不由礼则触陷生疾；容貌、态度、进退、趋行，由礼则雅，不由礼则夷固僻违，庸众而野。"（《荀子·修身》）这是从情感认知、衣食住行、言行举止等侧面多方位论说礼的价值，指出礼规范着人们日常生活的每一个领域、每一个环节，人的日常行为无不渗透、体现着礼。礼是人生之道，具有规范行为的价值。荀子说："人无礼不生。"（《荀子·大略》）荀子视礼为人的立身处世之根本，是人的生命存在的保障。[①]

（六）荀子将"礼"视为"人道之极"。他认为：礼是由圣人创制，用来阻止祸乱的。礼是为政之本，治理国家若是不符合礼制，政治措施则很难推行。礼是使国家强盛的关键因素，是维护社会秩序的基本手段。为了维持等级秩序，荀子主张君主和大臣首先应该"隆礼义"。礼是个人道德修养的基本内容，礼用来端正身心，"礼者，所以正身也"（《荀子·修身》）。掌握了礼仪规范并付诸实践，做事也应符合礼义。在强调"礼"的同时，荀子也重视"法"，主张"礼"、"法"并用，而"礼"是治国之本。荀子希望治国者能够以"礼义"修饰自己，遵循先王之法，选拔贤能，论功行赏，制定有益于民生的财政经济政策。与孟子重视仁义道德的内在自觉性不同，荀子更重视礼义法度等社会外在控制的因素，主张建立以社会控制为主导的"礼法"社会秩序，由圣人制礼定法；又以道德教化为实现礼法社会的具体途径，由圣人、明君教化庶人、百姓。荀子主张社会教化，认为人之所以学，不在于有性善，而在于有性恶，只有通过社会教化才能实现儒家的伦理秩序。荀子认为：礼根植于人本心，以适宜的方式表达着人的情感体验。礼源于人类群体的生活进程，以其特有的方式将人的过去、现在和未来紧密地联结起来。礼有其独有的礼乐仪式，发挥和乐的作用，将拙朴的物欲化为美妙的享乐，将赤裸的等级化为融洽的典礼。礼既顾及人的口腹之欲，又顾及人的视觉美感；既满足人们物质和身体的需要，又满足人们精神和心理的需要。

---

①陆建华：《荀子礼学之价值论》，载《学术月刊》2002年第7期。

第四节　董仲舒论"礼"：礼是人伦社会道德的综合

董仲舒的礼治思想以孔、孟的儒学为核心，以仁德为本，以礼为主，吸收和融合了道家、法家等诸子的礼治思想，兼容阴阳五行说，倡导以三纲五常为核心的礼治思想。

一　礼的重要性：礼尊于身

董仲舒说："《春秋》尊礼而重信。信重于地，礼尊于身。"[1] 礼的地位尊贵，甚至比人的身体更尊贵。根据宗周礼乐制度，可以"贬天子，退诸侯，讨大夫"。若是不明白礼义之旨，就会造成"君不君，臣不臣，父不父，子不子"的局面，所以《春秋》是礼义之大宗。

董仲舒认为：礼仪制度就像堤防一样，用来防止各种问题。董仲舒在《春秋繁露·度制》中说："圣人之道，众堤防之类也。谓之'度制'，谓之'礼节'。故贵贱有等，衣服有制，朝廷有位，乡党有序，则民有所让而不敢争，所以一之也。"这是说，贵贱必须有一定的等级，衣服必须有一定的制度，朝廷必须有一定的位置，地方必须有一定的秩序，这样人民就会有所礼让而没有纷争。

在《春秋繁露·服制》中，董仲舒阐述通过制度区分身份的思想："各度爵而制服，量禄而用财。饮食有量，衣服有制，宫室有度，畜产人徒有数，舟车甲器有禁。"董仲舒认为：关于饮食、衣服、宫室、家畜、仆役、车船等都有一定的制度。人的穿着要根据身份、爵位来划定，即使有聪明的才干和俊美的容貌，没有爵位也不能穿相应爵位的衣服；即使家庭富裕，没有俸禄也不能使用相应的钱财。天

---

[1] 苏舆：《春秋繁露义证》，北京：中华书局2015年版，第5页。

子穿的是有文采的衣服，夫人平时不能穿礼服，但是庙祭的时候可以。将军与大夫平时也不得穿礼服，但参加庙祭和朝会官吏的时候则可以。士只能在束带上装饰其边缘。平民不能穿有色彩的衣服，各种工匠、商人不能穿狐皮、貉皮做成的衣服，受过刑罚和正在服刑的人不能穿用丝做成的衣服，不能乘马。礼通过不同的衣服区分不同的人群，达到整顿治理社会之目的。[①]

身份制度的政治功能很强。董仲舒在《春秋繁露·度制》中强调其性质作用："凡衣裳之生也，为盖形暖身也。然而染五采、饰文章者，非以为益肌肤血气之情也，将以贵贵尊贤，而明别上下之伦，使教亟行，使化易成，为治为之也。"董仲舒认为：衣服的产生是为了盖形遮羞和暖身御寒。但是，在衣服上染各种颜色、装饰各种图案花纹，都不是因为有利于肌肤血气，而是为了表示贵人的高贵和对贤人的尊重，使上下等级有明显的区别，使教化容易推行，是为了治理社会才这么做的。如果不知道花纹产生的意义，上下等级没有区别，那就无法实行正常的管理，天下就乱了。要从混乱回到安定，要从贫穷达到富裕，不恢复规定的制度是绝对不可以的。天子穿的衣服有花纹。诸侯只在祭祀时才穿有花纹的服装，平时是不穿的。大夫穿的衣服是有花边的褖衣。士平时不穿有花边的衣服，只在参加隆重礼仪时穿。庶人、普通老百姓任何时候都只能穿没有任何装饰的衣服。这就是服装上的等级差别。[②]董仲舒认为衣服有两种功能：一是遮掩躯体及御寒暖身；二是区分人的社会地位。衣服之所以染上各种色彩，织上各种图案，不是为了使肌肤和血气舒服，而是为了更好地辨明上下等级秩序，避免混乱的事情发生。

董仲舒的服制思想的重点在于统治者通过身份展现其不可置疑的权力，身份外饰成为权力展示的一种工具。《春秋繁露·服制像》云："天地之生万物也以养人，故其可适者以养身体，其可威者以为容服，礼之所为兴也。"董仲舒认为服饰是威严的体现，服饰所体现之威严胜于勇武。他说："其可威者以为容服，礼之所为兴也。"他把体现威严视为服饰的一大重要功能，甚至认为礼就是这样兴起来的。

人君通过其服饰可以表现出一种庄严肃穆的气概，能令勇武之人见之而消其悍志。因此，人君要想达到这种不战而胜的境界，离不开身份服饰："是以君子

①聂春华：《董仲舒美学思想研究》，武汉大学哲学系博士学位论文，2008年，第147—148页。
②周桂钿：《秦汉思想研究》伍，福州：福建教育出版社2015年版，第47页。

所服为上矣，故望之俨然者，亦已至矣，岂可不察乎！"这就是说：君子的服饰是非常重要的，能够体现出威严，必须省察。

二 体情重志：礼之所重者在其志

董仲舒的礼学思想对先秦诸儒的礼学多有继承。先秦儒者认为礼能够区分人的地位，董仲舒也有这种看法。《春秋繁露·度制》说："圣人之道，众堤防之类也。谓之'度制'，谓之'礼节'。故贵贱有等，衣服有制，朝廷有位，乡党有序，则民有所让而不敢争，所以一之也。"圣人的主张是：贵贱有一定的等级，衣服的穿着有一定的规定，在朝廷上人有地位的区分，在地方上有一定的秩序，使民众有所礼让而不敢争乱，这就是度制礼节。先秦儒家礼学思想的一个重要命题就是以"仁"释"礼"，而仁归根结底是一种道德情感，所以礼是建立在道德情感基础上的。董仲舒进一步发展了这种观点，在《春秋繁露·玉杯》中说："礼之所重者，在其志。志敬而节具，则君子予之知礼。志和而音雅，则君子予之知乐。志哀而居约，则君子予之知丧。故曰：非虚加之，重志之谓也。"他认为"礼"最重要的就在于"志"，"志"即动机。志存敬意又有周道的礼节，那么君子就可以说知道礼了；心志平和而声音高雅，那么君子便可以说知道音乐了；志存哀痛而又生活简单，那么君子便可以说知道哀丧了。根据《春秋》的记载，鲁僖公于三十三年（前627）十二月薨，他的儿子鲁文公于文公四年（前623）五月才去齐国迎亲，当时距离僖公逝世已经过了四十一个月。按照丧礼的规定，鲁文公须守丧三年，共二十五个月，在此期间是不能娶亲的。按说鲁文公守丧已经超过了这个期限，但是《公羊传》仍然说《春秋》批评鲁文公在丧期内娶亲，这是什么缘故呢？这是因为"《春秋》之论事，莫重于志"（《春秋繁露·玉杯》），虽然鲁文公是在守丧四十一个月之后才娶亲的，但是他在守丧期间就给女方送去了聘金，这说明鲁文公在守丧期间就有了迎娶之动机，所以《公羊传》认为《春秋》这里是批评鲁文公在丧期内娶亲。董仲舒用《春秋》的这个记载来说明礼最为重要的是其动机而不是其行为。志和情是有关联的，人之所以有动机，是因为有情欲的要求。董仲舒也从情这一角度论述了礼，说："夫礼，体情而防乱者也。民之情，不能制其欲，使之度礼。目视正色，耳听正声，口食正味，身行正道，非夺之情也，所以安其情也。"（《春秋繁露·天道施》）董仲舒提出礼是"体情而防乱"的，所谓"体情"即有以情为本，缘情而动的意思，因此礼并不是对情加以禁断、束缚，不是要夺取人本就有的情感，而是"安其情也"。可见董仲舒并未视人的情感为邪恶之物，只是认为人的情感需要受到节制而使之合礼，这是继承了儒家传统的礼学思想。董仲舒认为：人的心志、动机是本质，而事物是形式。最理想的状态是质文两备后形成礼制。如果只能要其中一方面的话，则宁愿要质而不要文。这种观点也是对先秦儒家思想的继承，董仲舒则更加强调了最好的礼是质文两备。

董仲舒提出了以"志"论"礼"的命题。他说："缘此以论礼，礼之所重者，在其志。志敬而节具，则君子予之知礼。"（《春秋繁露·玉杯》）这就是说，礼最重要的方面就是动机，心存敬意而又有周到的礼节，那么就可以说君子知礼了。《春秋·僖公二十九年》记载："二十有九年，春，介葛卢来。"介，国名。葛卢，介国的国君。葛卢为夷狄之君，不懂华夏礼仪，所以不说"朝"而说"来"。夷狄之君不懂礼仪，本不称名，但是葛卢向往礼仪之邦，内心的动机是好的，因此这里称他的名字。又，《春秋·桓公六年》记载："六年，春，正月，寔来。"所谓"寔来"即这个人来。"这个人"指的是州公。州，国名；公，爵号。州公去曹国，经过鲁都而不去朝见鲁公，这是无礼的表现，所以《春秋》没有称他的名字。董仲舒说："虽弗予能礼，尚少善之，介葛卢来是也。有文无质，非直不予，乃少恶之，谓州公寔来是也。"（《春秋繁露·玉杯》）在董仲舒看来，之所以称葛卢的名和不称州公的名，并不是按照他们的身份来的，而是看他们有无重视礼的动机。可见，董仲舒是赞成根据动机而不是按照身份来判断一个人是否遵循礼仪的。但是，除对具体情况进行具体分析之外，还要有一种笼统、普遍的说法来概括大致的情况，他认为这种笼统、普遍的说法体现在《春秋》之中就是"常辞"。他说："《春秋》之常辞也，不予夷狄而予中国为礼。至邲之战，偏然反之，何也？曰：《春秋》无通辞，从变而移。"（《春秋繁露·竹林》）常辞，即通常的说法。邲之战是一场发生在鲁宣公十二年（前597）的晋楚之战。在这场战争中，楚庄王表现了可贵的仁德，而晋人却表现无礼。本来按照《春秋》通常的说法，是不予夷狄为礼而予中原之国为礼的，但是"常辞"并不是固定的说法，遇到具体情况还要具体分析，所以在邲之战这件事上，《春秋》称楚国有礼而晋国无礼。由此可见，董仲舒的礼学思想是既重礼背后的动机，又把常与变结合起来，这样就较好地解决了礼的适用问题。在他看来，一方面，礼一般适用于知识阶层，而作为公羊学家，董仲舒又特别重视夷夏之分；另一方面，礼的适用又要根据具体情况进行分析，本来没有资格讲"礼"的人只要有尚礼之心也可称其知礼，而本来就有资格讲"礼"的人如果不重视礼仪则不被认为其知礼。

三 礼的特性：继天地，体阴阳

董仲舒谈礼，涉及他的天人感应的学说。董仲舒根据天地阴阳之象为人世间的尊卑等级寻找依据。《春秋繁露·奉本》云："礼者，继天地，体阴阳，而慎主客，序尊卑、贵贱、大小之位，而差外内、远近、新故之级者也，以德多为象。"董仲舒认为礼是继承天地、取法阴阳的。然而，在他看来，天是任德不任刑的，"天道之大者在阴阳。阳为德，阴为刑；刑主杀而德主生。是故阳常居大夏，而以生育养长为事；阴常居大冬，而积于空虚不用之处，以此见天之任德不任刑也"（《汉书·董仲舒传》）。因为上天任德不任刑，人间的礼制也应当效法于此，尊卑、贵贱、大小、外内、远近、新故的等级区分也应当"以德多为象"，即按照德行的多少高低进行分配。董仲舒对礼与天人感应的关系进行了反复的论述。

（一）礼当效法天道

《春秋繁露·度制》云："故明圣者象天所为，为制度，使诸有大奉禄，亦皆不得兼小利，与民争利业，乃天理也。"董仲舒主张：君子做了官就不要从事稼穑，打猎的就不要去捕鱼，要按照季节选择饮食而不求珍稀，大夫不坐羊皮，士不坐狗皮①，有高官厚禄的人不再和百姓争利，多留一些好处给别人。他把这个原则归结为对上天的效仿，认为圣明之人效法上天的所为而制定礼仪制度，这样人世间的这些礼仪制度就符合"天理"了。

礼仪中最为重要的是君臣、父子、夫妇之道。董仲舒认为要效法于天，说："天地者，万物之本，先祖之所出也。广大无极，其德昭明，历年众多，永永无疆。天出至明，众知类也，其伏无不炤也。地出至晦，星日为明，不敢暗。君臣、父子、夫妇之道取之此。"（《春秋繁露·观德》）君道、父道、夫道效法天，臣道、子道、妇道效法地。在董仲舒心目中，天和地的关系是不平等的，"天高其位而下其施，藏其形而见其光。高其位，所以为尊也；下其施，所以为仁也；藏其形，所以为神；见其光，所以为明。故位尊而施仁，藏神而见光者，天之行也。故为人主者，法天之行，是故内深藏，所以为神；外博观，所以为明也；任群贤，所以为受成；乃不自劳于事，所以为尊也；泛爱群生，不以喜怒赏罚，所以为仁也"；"为人臣者，法地之道，暴其形，出其情以示人，高下、险易、坚硬、刚柔、肥墝、美恶，累可就财也。故其形宜不宜，可得而财也。为人臣者，比地贵信，而悉见其情于主，主亦得而财

---

① 《春秋繁露·度制》云："故君子仕则不稼，田则不渔，食时不力珍，大夫不坐羊，士不坐犬。"（苏舆：《春秋繁露义证》，北京：中华书局2015年版，第224页。）

之，故王道威而不失。为人臣常竭情悉力，而见其短长，使主上得而器使之，而犹地之竭竟其情也，故其形宜可得而财也"（《春秋繁露·离合根》）。这样，天高而地卑，就相应地有了人间礼制的尊卑关系。由于董仲舒把礼的发生推至天地之道，因此他在各种祭礼之中最重祭天的郊礼。《春秋繁露·郊祭》云："春秋之义，国有大丧者，止宗庙之祭，而不止郊祭，不敢以父母之丧，废事天地之礼也。父母之丧，至哀痛悲苦也，尚不敢废郊也，孰足以废郊者？故其在礼，亦曰：'丧者不祭，惟祭天为越丧而行事。'夫古之畏敬天而重天郊，如此甚也。"《春秋》的大义是这样的：当国家遇到重大的丧事，就要停止宗庙的祭祀，但是不停止郊祭，不敢以父母的丧事而废除侍奉天的礼节。父母的去世是最令人哀痛的，如此尚不敢废除郊祭，那么还有什么能够废除郊祭呢？这种郊祭重于宗庙的看法无疑来自天尊于人的观念。

（二）从感应关系论礼

《春秋繁露·五行五事》云："王者与臣无礼，貌不肃敬，则木不曲直，而夏多暴风。"董仲舒认为：如果王者对臣子无礼、态度不肃敬，树木就不能用来制作器具，夏天就会多暴风。董仲舒是根据五行和五事的配对得出这种看法的，木、火、土、金、水五行和貌、视、思、言、听五事相配，貌不肃敬，就会对木产生影响，木又和五气中的风配对，所以夏天就会多暴风；相反，"王者能敬则肃，肃则春气得，故肃者主春"（《春秋繁露·五行五事》）。

董仲舒还把五行相生的理论和官职政务联系起来。《春秋繁露·五行相生》说："北方者水，执法，司寇也。司寇尚礼，君臣有位，长幼有序，朝廷有爵，乡党以齿，升降揖让，般伏拜谒，折旋中矩，立而磬折，拱则抱鼓，执衡而藏，至清廉平，赂遗不受，请谒不听，据法听讼，无有所阿，孔子是也。"董仲舒把五种官职（即司农、司马、司空、司徒和司寇）与五行配合起来。北方属水，和司寇相配，司寇崇尚的是礼。在五行相生理论中，水生木，因此在司寇的监督下，各种工匠制作器械，制成后交给司农。东方属木，和司农相配。这样，根据五行相生的序列，董仲舒创造了一个司农、司马、司空、司徒和司寇五种官职相生的序列，崇尚礼仪的司寇属于这个相生的大系统。

礼的天人感应倾向在求雨或止雨的仪式中体现得非常明显。《春秋繁露·止雨》云："凡止雨之大体，女子欲其藏而匿也，丈夫欲其和而乐也。开阳而闭阴，阖水而开火。以朱丝萦社十周，衣朱衣赤帻，三日罢。"求雨或止雨的关键在于通过阴阳的消长来促成天象的变化。如果雨不够，那是因为阳气太盛，需要抑制阳气、引发阴气来使天降雨。如果雨太多，那是因为阴气太盛，这时就要通过抑制阴气、引发阳气来止雨。董仲舒说止雨之要在于女子要藏匿起来，男子要和顺快乐,这正是通过抑制阴气和促进阳气来感发天象的意思。

董仲舒从天人感应的角度来谈论"礼",把礼和天联系起来,这样人世间的等级秩序就有了一个形上的依据,这一形上依据反过来又巩固、加强了这种人间的等级秩序。

董仲舒受荀子隆礼重法的思想影响很大。《春秋繁露·度制》云:"大富则骄,大贫则忧;忧则为盗,骄则为暴:此众人之情也。圣者则于众人之情见乱之所从生。故其制人道而差上下也,使富者足以示贵而不至于骄,贫者足以养生而不至于忧。以此为度而调均之,是以财不匮而上下相安,故易治也。"董仲舒在此论述了社会治乱的原因和礼仪制度在其中的作用。他认为:太富有的人会骄横,太贫穷的人会忧愁,这是一般的人情状况。圣人根据这种情况,制定社会法则以区分上下的等级,使富有者可以显示自己的富贵而不至于骄横,使贫穷的人足以生存而不至于忧愁。董仲舒的这种观点显然来自荀子的思想,把礼仪制度视为养情的手段,一方面承认人有追逐利益的欲望,这种欲望任其发展就会使社会产生动乱;另一方面又强调礼仪制度的主要功能是满足人们的欲望,使人们的欲望不至于过度膨胀而无限制,这样就能使"财不匮而上下相安",让整个社会进入有序的状态。①

---

① 聂春华:《董仲舒美学思想研究》,武汉大学哲学系博士学位论文,2008年,第147页。

第五节　程朱之礼：程颢、程颐、朱熹论"礼"

宋代是中国礼学思想发展的重要阶段，程颢、程颐的礼学思想继承儒家以礼治国的政治理念，主张将礼的原则精神和制度规范运用到政治领域，实现礼在改造现实社会秩序时的政治功用。朱熹的礼学思想在二程礼学思想的基础上又有发展。

一　程颢说礼：理是礼的根本

程颢从本末关系来看"礼"，把理看作是礼之本。程颢说："礼者，理也，文也。理者，实也，本也。文者，华也，末也。理是一物，文是一物。文过则奢，实过则俭。奢自文所生，俭自实所出。故林放问礼之本，子曰：'礼，与其奢也宁俭。'言俭近本也。"[①] 程颢把礼分为内外来谈，认为理是礼的内在实质，礼的表现则是文，同时前者为本，后者是末，两者的关系要平衡兼顾，过于强调文饰会流于奢侈，过于强调内在的规定与义理则会过度节俭，而节俭与礼的实质即理接近。程颢赞同孔子的观点，主张节俭，注重礼之本。在《粹言》里，二程的弟子杨时这样说："子曰：礼者，理也，文也。理者，实也，本也。文者，华也，末也。理文若二，而一道也。文过则奢，实过则俭。奢自文至，俭自实生，形影之类也。"[②] 这里进一步把礼中包含的理和文比作形和影，可见理的地位和作用比起礼的外在表现更为重要。

对圣人而言，礼法不仅不是枷锁，反而是符合天性、天理的，顺礼就是顺天性、天理，无须在"敬"和"恭"上费神，且能达到乐的境界。程颢说："今学者敬而不见得，又不安者，只是心生，亦是太以敬来做事得重，此'恭而无礼则劳'也。恭者私为恭之恭也，礼者非体之礼，是自然底道理也。只恭而不为自然底道理，故不自在也。须是恭而安。今容貌必端，言语必正者，非是道独善其身，要人道如何，只是天理合如此，本无私意，只是个循理而已。"[③]

---

①③《二程集》上，北京：中华书局 2004 年版，第 125、34 页。

②《二程集》下，北京：中华书局 2004 年版，第 1177 页。

程颢赞同"缘情制礼，礼顺人情"的思想。程颢说："礼者因人情者也，人情之所宜则义也。"① 程颢认为：礼源自民情，是民情的外在表现，礼顺人情。"圣人缘人情以制礼，事则以义制之。""圣人创法，皆本诸人情，极乎物理。"他认为喜、怒、哀、乐是性之自然，人本身就具有，应该承认正常情感、人的基本需要的满足是制礼的依据，也合乎天理。

程颢肯定"礼顺人情"，特指合度的人情，"过"或"不及"的恶情则需要礼的防检和约束，认为需要"克己复礼"，"以礼制情"。程颢说："在圣人，则无事可克；今日持国，须克得己便然后复礼。"② 这是说：圣人不需要克己复礼就能使举止合乎"天理"。可是，一般人还是需要克己，才能复礼，才能让自己的行为合乎"天理"。在程颢看来，礼仪和"天理"是相通的。他说："视听言动，非理不为，即是礼。礼即是理也。"这是说：礼仪就是天理在日常生活中的表现，如果一个人能时时处处遵循礼仪，那就是在遵从"天理"。③

程颢继承了先秦大儒"礼顺人情"的思想，认为：礼源自民情，是民情的外在表现形式。圣人规范民情，制成了礼。在程颢看来，耳闻目见、饮食男女、喜怒哀乐等这些都是性之自然，人本身就具有，应该被承认且得到合理满足。他认为：正常的情感与人的基本需要的满足是制礼的依据，礼所依据的情是天性的合理发用，且合乎天理。制礼的依据之一是发自"性"的人的善良的情感，情礼关系是内外关系，即情内礼外，礼不仅反映了情，而且礼一旦形成制度仪式，还会对情发挥积极的促进作用，巩固并增进人情，改善人际关系。礼的意义还表现在人的安身立命上，而循礼而动的最高境界是与礼合一，从容中道。

二 程颐说礼：礼是一种秩序

中国的礼乐文明有"礼分乐和"之说。"礼别异"是为了形成差异一体的秩序，程颐就持这个观点，把礼理解为"别"和"序"。程颐在训仁、义、礼、智时说："义训宜，礼训别，智训知，仁当何训？说者谓训觉，训人，皆非也。"④ 这符合"礼别异"的思想。程颐还说："然推本而言，礼只是一个序，乐只是一个和。"⑤ 这种秩序是有差别的秩序。《史记·乐书》说："乐统同，礼别异，礼乐之说贯乎人情矣。"礼是"上下尊卑的分别"，礼之义是上下尊卑的差别秩序。

①②③④《二程集》上，北京：中华书局2004年版，第127、28、314、225页。
⑤ 李永富：《洛学兄弟：程颢、程颐》，成都：西南交通大学出版社2018年版，第93页。

程颐说："天下无一物无礼乐。且置两只椅子，才不正便是无序，无序便乖，乖便不和。"① 程颐认为：天下万物都要符合礼乐，不符合礼乐就不正常。显然，程颐是在礼义的层面上谈礼。程颐把"理"等同于"礼"，这个意义上的"礼"指的是"礼义"。《论语·颜渊》中，孔子回答颜渊何为仁时提出的四个条目，即"非礼勿视，非礼勿听，非礼勿言，非礼勿动"。程颐把"礼"换成了"理"，并说礼就是理。不合"天理"就是私欲，人即使有意为善也非礼，因为一旦想为善就动了欲念，不合"天理"。他把礼提升到了"天理"的高度，礼和理在这个层面上是互通互用的。"视听言动，非理不为，即是礼，礼即是理也。不是天理，便是私欲。人虽有意于为善，亦是非礼。无人欲即皆天理。"② 二程的弟子在《粹言》中重申了这一思想，即理、礼一致，"天理"无私，礼也无私，即便是想自己的言行好些，也就成了私，不合礼的要求。"子曰：天理无私，一入于私，虽欲善其言行，皆非礼。"③

理是礼之本，自然界万事万物本身的差别就是"天理"，尊卑、上下差异秩序是礼的基础。程颐认为事物有大小、高下、美恶的差别，这种差别是理之当然，是礼的根本。他说："夫物之聚，则有大小之别，高下之等，美恶之分，是物畜然后有礼，履所以继畜也。履，礼也。礼，人之所履也。为卦，天上泽下。天而在上，泽而处下，上下之分，尊卑之义，理之当也，礼之本也，常履之道也，故为履。"④ 这种差异秩序以天地之殊为依据，即天尊地卑为人际关系中的贵贱之分提供了依据。程颐赋予天地以人伦的色彩，说："'天尊，地卑。'尊卑之位定，而乾坤之义明矣。高卑既别，贵贱之位分矣。"⑤ 有天尊地卑，礼就存在，而一旦有了群体以及群体的区分，礼就会发挥作用。"天尊地卑，礼固立矣；类聚群分，礼固行矣。"

人生天地间，天地万物有尊卑上下的区别。圣人根据这些区别，制定了各种具体的礼，以求完成人伦之间的应有之义。圣人可以"从心所欲，不逾矩"，贤人自觉行礼，而对世俗之人需要用礼仪制度加以教化和规范。程颐说："人者，位乎天地之间，立乎万物之上；天地与吾同体，万物与吾同气，尊卑分类，不设而彰。圣人循此，制为冠、婚、丧、祭、朝、聘、射、乡之礼，以行君臣、父子、兄弟、夫妇、朋友之义。其形而下者，具于饮食器服之用；其形而上者，极于无声无臭之微；众人勉之，贤人行之，圣人由之。"⑥ 礼根植于理，理比礼更为根本。因此，对于懂礼的圣人而言，不能用具体的礼法来要求他们。程颐说："曾子执亲之丧，水浆不入口者七日，不合礼，何也？曰：'曾子者，过于厚者也。圣人大中之道，贤者必俯而就，不肖者必跂而及。若曾子之过，过于厚者也。若众人，必当就礼法 …… 然圣人所以教人之道，大抵使之循礼法而已。'"⑦ 礼根植于理的原因是"天理"本身

---

① ② ⑥ ⑦《二程集》上，北京：中华书局 2004 年版，第 225、144、668、211 页。

③ ④ ⑤《二程集》下，北京：中华书局 2004 年版，第 1271、749、1027 页。

差异一体,万事万物大小不同,人作为宇宙中的存在,本身也有区别,差异一体的"天理"是礼的精神所在。①

情无善恶,但情可以分善和恶。善情合乎天性、"天理";恶情有违天性、"天理",表现为情的过度或不足。从礼与情的关系上看,礼因人情而设,情是圣人制礼的感情依据,礼是情的外在表现,如"丧礼"。礼顺应并增进人情,对情有积极作用,如"婚礼"。礼也调节过或不及的情,如"放情"、"贪生怕死"、"情欲"、"私情",礼要约束和规范这类情的发挥。从礼与情的角度看,情是圣人制礼的依据,但情或自然之性要合乎天性,因为"情"自"性"出,"性"比"情"更根本。喜、怒、哀、乐由性而出,有性才有情。

"天命之性"纯善无恶,是人的本性,即善性。礼出自天性。例如祭礼,祭祖是出于人的天性,圣人根据天性制礼教人,避免人沦落到不如禽兽的地步。礼仪出于性,程颐说:"礼经三百,威仪三千,皆出于性,非伪貌饰情也。""盖其所有于性,物感而出者如此。故天尊地卑,礼固立矣;类聚群分,礼固行矣。"②程颐认为:"经礼三百,威仪三千"都出自性,而不是外在的摆设和修饰,由于出自性,礼才有效果,并能发挥作用。从内容上看,天性中的礼除了仁、义、礼、智、信之规范,还有"五伦",具体可以分为君臣、父子、兄弟、宾主、朋友之道。程颐说:"孔子曰:'父子之道天性也。'此只就孝上说。故言父子天性。若君臣、兄弟、宾主、朋友之类,亦岂不是天性?"③

由此可知天性中蕴含着礼。礼出于性,顺性而为就是善行,圣人以仁、义、礼、智、信顺性而为。做到了仁、义、礼、智、信,就尽性尽道,反之就违反了性和道。程颐说:"自性而行,皆善也。圣人因其善也,则为仁义礼智信以名之;以其施之不同也,故为五者以别之。合而言之皆道,别而言之亦皆道也。舍此而行,是悖其性也,是悖其道也。而世人皆言性也,道也,与五者异,其亦弗学欤!其亦未体其性也欤!其亦不知道之所存欤!④

圣人顺应天性裁成礼法以制人,礼在天性中并体现天性。程颐说:"性即理也。所谓理,性是也。"他还说:"性即是理,理则自尧舜至于涂人,一也。"这是说:"性"、"理"一贯,而这些都是礼的可靠保证。礼的形而上的依据是天性,更是"天理",理更根本。"天理"流行,人性禀受天地之理,性理是人的道德本质。

从根本上讲,视听言动、克己复礼符合"天理"、天性,圣人能够自然而然地克己复礼、安身立命,达到乐在其中的境界。因此,对圣人而言,礼绝非束缚人、杀

---

① 闫鑫:《二程礼论的性理基础》,载《中州学刊》2018 年第 11 期。
②③④《二程集》上,北京:中华书局 2004 年版,第 668、234、318 页。

人的工具,而如果达不到圣人境界的凡夫俗子背离了礼、肆意妄为、任意越轨,人生就会有许多凶险。程颐是守礼的典范,谨守礼长达四五十年,"幼有高识,非礼不动"。为了规范自己的言行,程颐为自己制定了视、听、言、动"四箴",目的是达到礼的要求,不违天性。例如,在听的方面,程颐说:"人有秉彝,本乎天性;知诱物化,遂亡其正。卓彼先觉,知止有定;闲邪存诚,非礼勿听。"① 程颐并不以此感到辛苦。他说:"吾日履安地,何劳何苦?佗人日践危地,此乃劳苦也。"② 如果把礼单纯理解成束缚人的枷锁,那样就没有领会程颐所说的守礼能够达到安身立命的真意。对于知礼不深的常人而言,需要克己复礼,用礼乐教化规范其行为。程颐说:"为常人言才知得非礼不可为,须用勉强,至于知穿窬不可为,则不待勉强,是知亦有深浅也。古人言乐循理之谓君子,若勉强,只是知循理,非是乐也。才到乐时,便是循理为乐,不循理为不乐,何苦而不循理,自不须勉强也。若夫圣人不勉而中,不思而得,此又上一等事。"③ 克除私利,使自己的行为和礼一致,真正认识是非善恶,达到诚的境界,这是仁者能做到的。在这个前提下,"礼"和"理"一致,就可以达到乐的境界。程颐说:"视听言动皆礼矣,所异于圣人者,盖圣人则不思而得,不勉而中,从容中道,颜子则必思而后得,必勉而后中。故曰:颜子之与圣人,相去一息。"④ 由此可知,圣人可以顺性而为,从容中道。

从本末看,理是本,礼是末。从体用看,理和礼是体用关系,两者体用一源,显微无间。程颐从"体用一源"的思想来看"理"和"礼"的关系。他说:"至微者理也,至著者象也。体用一源,显微无间。观会通以行其典礼,则辞无所不备。"理是礼的根本,礼体现了理。懂得了深微的理,那么其外在表现的礼就容易施行。这符合二程形而上与形而下不离、道器一体的思想。"天理"即礼通过性被安置在人身上,传统的礼乐教化就达到了一种更高的理性自觉,从而使社会秩序与社会行为规范上升为主体的一种自律精神。二程认为:人们从内心自然而又自觉地体认"天理"、服从伦常、乐天安命,社会也就达到了整体的和谐、有序的状态。正如程颐说:"礼者人之规范,守礼所以立身也。安礼而和乐,斯为盛德矣。"⑤ 这也是理学家们以及整个儒家的最高理想。

在对儒家礼学思想的重视方面,程颐更接近于荀子。他从理学思想出发,对儒家"礼"的社会政治意义作了重要的阐发和进一步的拓展。不同于荀子通过"化性起伪"和"隆礼重法"来阐明礼法的伦理意义和社会作用,程颐主要从和谐与秩序的政治原则出发来阐明礼乐的社会意义和政治功用。这体现在他所提出的

---

①②③④《二程集》上,北京:中华书局 2004 年版,第 589、8、186、578 页。

⑤《二程集》下,北京:中华书局 2004 年版,第 1174 页。

"礼只是一个序,乐只是一个和"的思想命题中。[①]

　　情礼关系是二程礼学思想的重要组成部分。二程继承了先儒缘情制礼的思想,礼一经制度化,就能规范人的视、听、言、动,保证情感的正常发用。二程认为:国家和人群中都存在着礼乐,存在着"上下尊卑之分"的等级差别。只要有国家,就会有礼乐;礼乐没有了,就意味着国家灭亡了。等级的区分在团体中普遍存在,有团体就会有等级区别,这就是理。[②]

三　朱熹论"礼":礼贵在适中

　　朱熹强调礼乐的文质不得相离,质为礼之本,文为礼之末,礼乐的质与文之间有着本末先后之分。朱熹认为:在丧礼与其他普通的礼仪中,"戚"与"俭"等本质内涵一开始就具备了,文饰之事都是后来才有的。朱熹在此就从时间上推导出了礼乐的质与文的先后问题,进一步论证了质先而文后的文质关系。俭与奢、质与文只是相对而言,皆因为随着后来时代的发展而有了文饰的出现,才有了礼乐的各种质与文的区别。

　　在具体的礼乐实践中处理文质关系方面,孔子说:"礼,与其奢也,宁俭;丧,与其易也,宁戚。"(《论语·八佾》)朱熹的《论语集注》阐释说:"礼贵得中,奢易则过于文,俭戚则不及而质,二者皆未合礼。"过犹不及,这便是两者"皆未合礼"的原因。朱熹认为,处理礼乐文质关系的基本原则为"得中"。"中",朱熹释曰:"中者,不偏不倚,无过不及之名。"朱熹强调的是"适中"、"适当",而并非指方位的正中或者事物各要素所占比重的对等性。朱熹解释道:"中是理,理便是仁义礼智,曷常有形象来?""中"本身即是"理","理"包含了事物发展规律的"所以然"及其中内蕴的伦理规范。因此,"合理"既强调合乎事物的本来面目和发展规律,又要求合乎社会的基本伦理准则。"礼贵得中",在此并非是说在礼乐的文质关系中二者所占比重完全对等,而是要求其符合"天理之自然",恰到好处。这就是人们在礼乐实践过程中准确把握文质关系的哲学依据和指导原则。[③]

　　朱熹说"礼贵得中","得中"是给人们设定的一个努力的方向。唯有"圣人"

---

　　①郑臣:《"礼只是一个序,乐只是一个和"——程颐礼学思想的政治哲学向度》,载《哈尔滨师范大学社会科学学报》2014 年第 3 期。

　　②闫鑫:《二程礼论的性理基础》,载《中州学刊》2018 年第 11 期。

　　③冯兵、乐爱国:《理学视阈中的礼乐文质论——以朱熹为中心的研究》,载《社会科学战线》2010 年第 8 期。

才有可能收发随心，"无不中节"，而现实生活中的人们对礼乐文质关系的处理往往都会有一些遗憾，"奢、易"与"俭、戚"皆不能"合礼"就是如此。那么，在这种情况下究竟该如何"损过就中"，尽最大努力来妥当处理礼乐的文质关系呢？朱熹指出："奢、易过于文，俭、戚则不及而质。与其过也，宁不及，不及底可添得。"虽然二者皆不能"合礼"，但若实在无法达至"中"道，则宁取"俭戚"而不取"奢易"。因为"俭戚"尽管"不及"，但其本身即是礼之"质"，礼乐实践者能坚守"俭戚"，至少说明其本心纯正，只是"文"不足，略有缺憾而已，却完全能通过后面的努力来补正。一旦"奢易"，则说明该礼乐实践的行为者禀性不纯正，"生固无诚实，人才太滑熟"，其心既已失，再要纠正，就显得很困难了。两相比较，"两害相权取其轻"，就看哪一方更接近"天理"，更符合礼乐之"质"的要求。这样一来，我们该如何作出价值判断也就一目了然了。所以，在强调文质兼备的前提下，"质先而文后"便不仅是礼乐文质关系的基本内容之一，同时也成为正确处理文质关系，尽力"损过就中"的具体方法论原则。

朱熹认为由于历史和文化传统的变迁，情之抒发、表达方式有所改变，而外在的礼之文常常因僵化固滞而呈现出滞后性，致使礼不能合理地抒发人情，情与礼难免不同步，因此礼要依时而顺情。

朱熹在讨论如何修礼时，着重突出了其中最重要的原则，即"时为大"："使圣贤用礼，必不一切从古之礼。疑只是以古礼减杀，从今世俗之礼，令稍有防范节文，不至太简而已。观孔子欲从先进，又曰'行夏之时，乘殷之辂'，便是有意于损周之文，从古之朴矣。今所集《礼书》，也只是略存古之制度，使后人自去减杀，求其可行者而已。若必欲一一尽如古人衣服冠履之纤悉毕备，其势也行不得。"（《朱子语类》卷八十四）所谓"时为大"，是说礼并非一成不变，而是要随着时势、处境的变化而发生变化。朱熹认为：早在孔子的时候，就已经开始遵循这样的原则来对周礼进行修订了。今人在重新修礼时，应该在古礼的基础上，根据"时"的变化而进行损益。因此，"礼，时为大"成为损益古礼所遵循的一条重要原则。[1] 朱熹所说之"时"，是指对于大的历史阶段之时代特点的把握。在朱熹看来，时代特点既非自然环境，又非经济条件和政治因素，而是一个时代的社会人文特点。

虽然对于"时"的把握可以避免在修礼时发生方向性的偏差，但朱熹还是提出了一些更为具体的标准，即所修之礼应"易知易行"。所谓"易知"，就是便于一般人理解和掌握。所谓"易行"，就是便于在社会生活的各个阶层中推行和实践。

---

[1] 唐纪宇：《儒家生活方式的重建——朱熹修礼的基本原则探析》，载《社会科学论坛》2020年第3期。

礼具有实践性、日常性，因而"易知易行"也就自然成为制礼时的题中应有之义。其中一个非常重要的方面即是要"顺人情"。这里的"人情"即人之常情，指世间约定俗成的事理标准，其中也包含个体的情感。所谓"顺人情"，就是要尽量符合当时人们的生活和风俗习惯。在朱熹看来，先王制礼即是缘于人情。他在一封写给陆子寿的信中说："先王制礼，本缘人情。吉凶之际，其变有渐，故始死全用事生之礼。"① 朱熹此处以丧礼为例，说明为何人死后还要用事生之礼，这是因为先王在制礼的时候，考虑到生者在情感上对于亲人的离去尚不能接受，需要一定的时间让生者接受这样的事实，故根据人情制定了这样的礼仪。基于这样的认识，朱熹认为礼仪的损益应该"合于人情"。可见，"顺人情"是礼是否合宜的重要标准。

---

① 《朱子全书》拾肆，上海：上海古籍出版社、合肥：安徽教育出版社2002年版，第1558页。

第六节　法律与礼：礼对古代法律制度的影响

　　"礼"的包容性构成了中国古代"礼法"文化的历史渊源。"礼"是预防性规范，"刑"与"法"主要是作为制裁性方式出现的；如果违反"礼"，随之而来的制裁就是"刑"。在中国法律史上，既无纯粹的法家或儒家，又无纯粹的"法治"或"礼治"，有的只是"礼"与"法"的结合。

一　宗法与礼：西周的血缘宗法等级与礼刑分治格局

　　王国维在《殷周制度论》中这样论说周代宗法制度："周人嫡庶之制，本为天子诸侯继统法而设，复以此制通之大夫以下，则不为君统而为宗统，于是宗法生焉。"[①] 这抓住了周代宗法制度的本质。

　　在嫡长子继承制度下，周王的嫡长子继位为王，其余子弟各得一块封地为诸侯或畿内大夫；在诸侯这个等级上，同姓家族变成了国家化的结构，天子、诸侯是其治下同姓家族的总族长，但是国家在本质上是地域的结构，作为天下共主的周天子或一国之君的诸侯不是单纯的族长。君主与同姓的诸父、昆弟以及其他家族成员之间不仅有血缘关系，还存在着血缘关系所不能取代的政治关系，而后者更为重要，因此国君掌握的权力就不再是原来意义上的"家长权力"，这在客观上要求原有的家族制度做出改变以适应这种关系。《仪礼·丧服传》说："诸侯之子称'公子'，公子不得祢先君；公子之子称'公孙'，公孙不得祖诸侯，此自卑别于尊者也。若公子之子孙有封为国君者，则世世祖是人也，不祖公子，此自尊别于卑者也。"这里所说的"自卑别于尊"和"自尊别于卑"正是周代宗法制度的

---

① 《王国维手定观堂集林》，杭州：浙江教育出版社 2014 年版，第 250—251 页。

基本精神，强调的是君主与同姓家族的其他成员之间的政治尊卑。这种尊卑差等与家族内部血统关系有关，其本质是由以地域结构为基础的政治关系决定的。这时，君主已不是一般意义上的家族长，与君主同姓的任何家族成员都不能以单纯的血缘宗法关系理解与君主之间的关系，这就是"诸侯之尊，弟兄不得以属通"（《穀梁传·隐公七年》）。因此，在强调政治上的尊卑差等的前提下，周代宗法制度成为主要实行于大夫、士阶层的家族制度。《礼记·大传》在祖述周代的宗法制度时说"别子为祖，继别为宗，继祢者为小宗"，就是此意。

西周以后，在嫡长子继承制度下，国君的嫡子继承君位，不能继承君位的公子只能为大夫，必须自己另立宗统。例如：春秋时期鲁桓公的三个儿子庆父、叔牙、季友分别成为鲁国孟孙、叔孙、季孙三个家族的始祖，他们的后人只能奉他们为始祖，而不能以鲁桓公为祖。周代宗法制度的这一规定是为了适应区别政治尊卑的需要而产生的，成为有周一代公子另立宗统制度的依据。作为主要实行于大夫、士阶层的家族制度，宗法制度强调大小宗之别，严格规范了族人与族长、大宗与小宗之间的权力与义务。一般来说，不能继承君位的公子另立宗统，公子的地位同样由他的嫡长子继承，是为一宗的宗子；他的没有继承权的庶子也需在家族内另立家支，其后人以其为奉祀祖先，是为小宗。大宗、小宗同属于一个宗法系统。由于宗子"正体于上"，是"传重"之人，因此宗子与族人、大宗与小宗之间也存在着与君臣关系相类的统属关系，"大宗者，尊之统也。大宗者，收族者也"；小宗则处于大宗的控制和支配之下，不能单独从事诸如祭祀等重要的家族活动。

《礼记·大传》在追述周代宗法制度时说："有百世不迁之宗，有五世则迁之宗。百世不迁者，别子之后也，宗其继别子之所自出者，百世不迁者也。宗其继高祖者，五世则迁者也。"周代的家族组织本质上是以血缘关系为纽带的结构，要使家族组织的本质不发生变化，必须通过制度规定来保证血缘关系是第一位的关系。事实上，人与人之间的血缘亲属关系是由近及远渐次递减的。周代宗法制度规定"小宗五世则迁"，使五服以外的小宗"祖迁于上，宗易于下"（《礼记·丧服小记》），保证了家族组织内部第一位的关系永远是血缘宗法关系，血缘家族组织不会因为家族成员之间血缘关系疏远而发生质变，这正是宗法制度的意义所在。周代宗法制度主要实行于卿大夫家族组织内部，以"大宗百世不迁，小宗五世则迁"为基本特征，主要功能是规范卿大夫家族组织内部大宗与小宗之间的关系。

王国维在《殷周制度论》中说："故由尊之统言，则天子诸侯绝宗，王子公子无宗可也。由亲之统言，则天子诸侯之子，身为别子而其后世为大宗者，无不奉天子诸侯以为最大之大宗。特以尊卑既殊，不敢加以宗名，而其实则仍在也。"① 金景芳认为："诸侯世爵，掌握一国政权，尽臣诸父昆弟，在其政权所及的范围内，宗法不适用，决定身份的是政治地位不是血缘关系。但是，如遇另外一种情况，即与诸侯尊卑相同，则宗法还适用。"② 根据《左传·哀公二年》的记载，周初分封的同姓诸侯国之间有"兄弟之国"和"同姓之国"的差别，兄弟之国实际上就是血缘关系较近的诸侯国，同姓之国的血统关系则相对较远。这种血缘关系在很大程度上决定了周初各诸侯国之间的亲密程度。直到春秋时期，这种关系依然保留着。③

宗法关系并不是同姓诸侯之间唯一的关系，也不是第一位的关系。周初分封以后形成的诸侯国在本质上是地域性的结构，无论西周初年的统治者在怎样的程度上强调同姓、兄弟之国间的宗法关系，"封建亲戚，以蕃屏周"，但分封的结果都不可能扩大家族结构，只能使原有的家族结构发生质变。周初分封以后的诸侯国君在本质上是国家这一地域性结构的首领，而不是单纯意义上的家族组织的首领。在同姓诸侯这一等级上，血缘宗法关系已让位于政治关系，退居到了次要的地位。

尽管天子、同姓诸侯、大夫这三个等级之间存在着事实上的亲缘关系，但这种亲缘关系在某种意义上不是对等的，体现在周代社会，就是只有上一等级才能强调这种关系，而下一等级一般不能表达这种关系，即《礼记》说的"自卑别于尊"。《诗·伐木》："既有肥羜，以速诸父。"毛传："天子谓同姓诸侯、诸侯谓同姓大夫皆曰父，异姓则称舅。"天子、诸侯对下一等级使用亲属称谓是为了使"民德归厚"，而大夫对国君、国君对天子使用亲属称谓便是大不敬。天子、同姓诸侯与卿大夫之间的确存在着宗法关系，但在周代社会，宗法关系不能自下而上表达，即使天子、诸侯在某些场合使用"父"、"舅"、"兄弟"之类的亲属称谓，也是出于政治统治需要。④

二 礼与法：春秋战国时期法制思想的拓展

春秋时期，如何维持政治机体继续有效运转，成了一个重要的社会课题。管

---

①《王国维手定观堂集林》，杭州：浙江教育出版社 2014 年版，第 251—252 页。

② 金景芳：《论宗法制度》，载《东北人民大学人文科学学报》1956 年第 2 期。

③④ 陈恩林、孙晓春：《关于周代宗法制度的两个问题》，载《社会科学战线》2002 年第 6 期。

仲是一位有作为的政治家,他的法制思想对后世影响很大。

管子认为:法出于礼,是礼之上的升华。法出于礼,礼出于理。《管子·枢言》云:"法出于礼,礼出于治。"礼与治都是治国之道,国家在实践礼、治之后才能够安定,正所谓"治、礼,道也。万物待治、礼而后定"。人心彪悍,需要法律约束。《管子·枢言》云:"人之心悍,故为之法。"管子认为:法是天下之至道。《管子·任法》云:"法者,天下之至道也,圣君之实用也。今天下则不然,皆有善法而不能守也。然故谋杵习士闻识博学之士能以其智乱法惑上,众强富贵私勇者能以其威犯法侵陵,邻国诸侯能以其权置子立相,大臣能以其私附百姓、翦公财以禄私士。"[①]这段话的意思是:有博学才能之士以其智慧混乱法律、迷惑君上;富贵与逞强之人侵凌国君;邻国废置君之子,援立国相;大臣用私恩诱使百姓,翦公财以禄私士。这些都是因国君不守法而造成的。管子"法"的思想比较完备和公正,他提出要严格按照法律制度做事,不能因为个人喜好而妨害法律的公正性,不能因为个人亲属、朋友的关系而妨害法律的公正,对于自己厌恶之人不能因为情感上的不喜欢而实施惩罚,并且要在制度层面避免这种事情的发生。管子用"法",其目的主要是希望国家大治,以在诸侯国的竞争中取得强势地位。大国之君地位尊贵,得到众多民众的拥戴,其秘诀在于严格执行法律。这一点在《管子》中被反复申明。另一点是希望在法制的条文之下,使官、吏、民各司其职,如是,君主可以在比较轻松的状态下治理好国家,从这种角度来看,"道"是"法"的提升。

子产继承和发展了管仲的法制思想,改革了郑国的行政编制和土地制度,在中国历史上开辟了公布成文法的先河。他在晚年时对施政"用宽"和"用猛"的思考达到了出众的思辨高度,这在表面看来是统治方法和艺术的问题,其核心实质是理想的政治生活究竟该依赖卓越的个人才智,还是应该依赖于一个完善的制度,说穿了就是人治还是法治的问题。

战国时期,李悝编撰制定了我国第一部封建的刑法和刑事诉讼法的法典——《法经》。其确立的体系、原则、内容成为后代法典的蓝本,确立以法律作为调整人们行为规范的核心,对于法典的系统性、完整性和科学性具有不可估量的意义。

商鞅提出了"法者,国之权衡也"的理念,把法律作为国家政治的度量衡,作为社会评价体系的最高准则,靠严刑和厚赏把国民的思想、行为与国家的目标统一起来。战国末年,韩非完善了法家思想体系。韩非以强大的归纳总结能力和

① 黎翔凤:《管子校注》中,北京:中华书局 2004 年版,第 906 页。

犀利的文笔成为法家思想的集大成者。[①]

在诸子百家当中，法家采取了一种积极入世的态度，积极地介入政治生活，对历史的发展进程起到了巨大的推动作用。可以说，是法家最终结束了百家争鸣的局面，完成了封建社会的统一。

三 援礼入法："礼"、"法"融合的思想考察

在中国法律史上，既无纯粹的法家或儒家，又无纯粹的"法治"或"礼治"，有的只是"礼"与"法"的结合。最值得注意的是，"礼"的这一包容性特质构成了中国古代"礼法"文化的根本历史渊源。

西周时期，有"礼"，也有"刑"和"法"。"礼"是预防性规范，"刑"与"法"则主要作为制裁性方式出现，其狭义的概念就是刑法或刑罚；如果违反"礼"，随之而来的制裁就是"刑"。《礼记·中庸》中的"礼仪三百，威仪三千"的说法蕴含着"礼"、"法"的传统变迁。"仪"是模式，是法度，依模式而行谓"礼仪"，依法度而行谓"威仪"。"礼仪三百，威仪三千"，遂有形成礼、法对立的趋势。"威仪"与《吕刑》中的"五刑之属三千"相提并论，去德尚刑成为法家思想的根源。

虽然在西周有"礼不下庶人，刑不上大夫"的说法，但是无论庶人还是大夫都各有其礼，对违反礼的情况也都各有其刑；只是对于贵族违反礼采取"临时制刑"的办法，对于庶人违反"礼"则有"常刑"。所以，"礼"是"刑"的价值主导和精神指针，"刑"则以"礼"为归依。对于贵族来说，离开了"礼"，"刑"将毫无意义；所谓"临时制刑"本身也是一种"礼"的制度。

随着春秋战国时代各国争霸，各国先后进行了变法运动。各诸侯国为满足富国强兵的需要，非常注重国家机构的变革；与此相应的是，法律得到了进一步的强调。为了协调"礼"与"法"的关系，荀况提出"隆礼重法"的思想，主张"以礼释法"和"援法入礼"，协调礼与法之间的关系。从制度变迁的角度讲，秦汉之际是礼与法之间的渐次融合，其深层原因是社会与国家之间的关系得以重新厘定。[②]

春秋以后，周礼作为一种维护"尊尊"和"亲亲"的政治秩序和社会秩序的规

---

① 王岚飞：《春秋战国时期法家法制思想的发展》，载《黑龙江省政法管理干部学院学报》2004年第3期。

② 徐忠明：《"礼治主义"与中国古代法律观念》，载《南京大学法律评论》1998年第1期。

范，日趋崩溃；战国更是各国争霸、相继变法的时代，也是法律与礼制冲突以及法治思想兴起的时代。

四 礼与法规：礼对古代法律内容制定的影响

周礼，就是《礼记·乐记》所谓"礼、乐、刑、政，其极一也"，既包括礼仪道德，又有法律性质。周礼是连接分封制与宗法制的制度规范。宗法制的要义是身份方面的嫡长子继承制和统属方面的大宗、小宗制。以"宗法制"和"分封制"为基础的各种典章制度和诸如嫡长继承、册封、述职、祭祀、巡守等制度，在周礼中有严密、详细的规定。[①]

春秋战国时期，礼崩乐坏。一方面，春秋战国时期的神权政治和法制日趋衰弱，体现"尊尊"、"亲亲"价值原则的"礼制"或"礼治"作为一种制度安排和秩序象征，同样处于崩溃的境地。另一方面，春秋战国时期是诸子百家尤其是儒家谈"礼"论"礼"最多的时期。这意味着尽管当时各国的"变法"改革运动此起彼伏、不断深入，法家的"法治"思想渐次得势，但是"礼制"或"礼治"的传统和影响依然存在。对于作为一种夏、商、周时期行之有效的政治规则和价值体系的"礼制"，当然无法一时全部予以抛弃，这一点对于源于"相礼"的祝宗卜史阶层，以捍卫和传播"礼制"或"礼治"为职旨的原始儒家而言更是如此。这样，重新解释"礼"也就成为时代的必然。儒家宗师孔子虽然赞美"周礼"，并且表示"从周"，但是孔子思想多是以"仁"释"礼"。孟子更是继承孔子的这一思想，系统地提出以"仁政"为核心的法律思想。战国末期的大儒荀况则是巧妙地以"礼"释"法"，"援法入礼"，从而奠定了中国后世王朝法律思想和制度"礼法结合"的理论基础。

"礼法"文化的内在意蕴构成了中国传统法律的一个根本精神特征。一方面，它渊源于"宗法家族"社会结构，并且进入"宗法政治"国家领域，凝聚着"孝亲"与"尊君"的价值理念；另一方面，作为一种主观的价值原则和客观的行为规范，它又被用来教化、规范、维护、控制体现"亲亲"和"尊尊"等级原则的身份社会。在中国传统社会里，所谓"礼治"秩序也就是伦理社会秩序和宗法身份秩序。

[①] 徐忠明：《"礼治主义"与中国古代法律观念》，载《南京大学法律评论》1998年第1期。

第七节　礼在当代：儒家礼文化的现实价值

礼作为"天地之序"，无处不在，既体现在冠昏、丧祭、射御、朝聘这些大典之中，又体现在言辞交接、辞让、饮食等日常的生活之中。人们自觉地对"天地之序"的遵从是个人自我完善的过程，具有很强的当代价值。

一　礼之行：身体力行的实践性

宗周礼乐文明制度具有很强的实践性，强调通过身体力行，在实践中教化社会成员，使人们在每一个仪式中感悟所承担角色的社会意义，通过礼的实施找到自己的角色定位。例如：作为成人礼的冠礼，其意义主要在于由此进入本族的宗法序列中，由此展开各种仪式。嫡长子的冠礼要在阼阶上举行，"故冠于阼，以著代也"（《礼记·冠义》），意为他取得了代父为主的资格。男子成年后都要取字，字前冠以伯、仲、叔、季等行辈的称谓，来区分大宗、小宗的行辈关系，表示成人后正式加入本族序列。昏礼是男、女两性的结合，标志着宗族关系的延续，是其他社会关系的源泉。《礼记·昏义》说："男女有别，而后夫妇有义；夫妇有义，而后父子有亲；父子有亲，而后君臣有正。故曰：昏礼者，礼之本也。"

杜维明认为：实践某一特别礼仪的行动本身不只是一项记录，还是自我呈现的姿态。就某种意义而言，它为"内圣外王"这一永恒的儒家问题提供了一个答案；对于自我修养的内在努力和这一努力的外在表现（即在家庭、国家以及事实上整个宇宙中的外在表现），礼的实践起到了联结这两者的桥梁作用。礼仪化的行动，就其真正的含义而言，总是牵涉到内在与外在两个方面，一方面记录了个人所成就的自我修养的境界，另一方面揭示了个人在社会政治领域中活动的精神力量。[1]

---

[1] 杜维明：《一阳来复》，上海：上海文艺出版社1997年版，第316—317页。

礼义作为人的道德修养指南,在于礼的持久性实践:"凡人之所以为人者,礼义也。礼义之始,在于正容体,齐颜色,顺辞令;容体正,颜色齐,辞令顺而后礼义备,以正君臣,亲父子,和长幼。"①正容体、齐颜色、顺辞令这种日常经验是践礼的主要方式,个人自我规约在日常点滴中表现出其意义。孔子认为:在日常生活中,礼的意义能够得到清晰显现,"言而履之,礼也;行而乐之,乐也"(《礼记·仲尼燕居》)。言而履之,行而乐之,礼乐的实践性使得生活中处处表现出礼的秩序,可以起到辨贵贱、长幼、远近、男女、外内的作用,使人们各安其位,莫敢相逾越。②

先秦儒家认为:"礼,不妄说人,不辞费。礼,不逾节,不侵侮,不好狎。修身践言,谓之善行。""夫礼者,自卑而尊人。"(《礼记·曲礼上》)礼的标准就是要做到不谄媚、不胡说、不逾矩、不轻慢、不戏弄,要修养身心、实践诺言、谦虚且尊重他人。同时,先秦儒家也对各式各样的礼仪、礼制、礼节的标准作出了十分详细的规定,包括人在日常生活中为亲子、为师生、为主客、为君臣、为夫妻时要遵守不同的礼节和守则,行士冠礼、婚礼、乡饮酒礼、射礼、宴饮礼、聘礼、丧服礼时要明白它们的重大意义并执行相应的具体礼仪,在治理国家、祭祀时要掌握各项规章制度并采用相应的礼仪用具以及在社交、家居时要穿戴不同的服饰并采用相应的举止;还包括对奔丧、投掷活动等某项具体礼节标准的详细规定。③

礼是以人类的普遍情感为基础的,是人们所能实行的人伦日用;礼可见可行,在人类生活中无处不在,承担起了维系社会秩序的功能,人们的举手投足直接影响到社会的秩序结构。在以礼为原则所构造的社会关系中,以尊卑长幼为核心的关系决定了人们的位置以及进退揖让的规矩;个体举止的差错会使与之相关联的人的感情在礼的层面上受到伤害,导致失其别、失其和、失其序、失其度、失其时、失其体,致使各种关系失去平衡。礼作为人生的指南,首先关注的是人们的行为是否"行中规,还中矩"(《礼记·仲尼燕居》)。礼的这种日常性特征表明:人间的无物无事不在礼中,礼浸染了人的身心。④

二 礼之教:注重人性情感的教化培育

我国古代教育内容基本上是与礼相符的道德规范。先秦儒家把行礼如仪作

①《十三经注疏》下册,北京:中华书局1980年版,第1679页。
②④ 梅珍生:《论礼乐制度的实践本性》,载《湖南大学学报(社会科学版)》2007年第1期。
③ 于伟:《先秦儒家之"礼"与我国教育的教化功能》,载《教育研究》2013年第4期。

为教学的中心，"从教育的内容和方法，都贯串着礼的精神。对学生的思想教育和行为规范的训练，都要通过礼来达到教育的目的。在儒家的教育言论中，处处谈到礼，一举一动和一言一行，都要合于礼"。[①]

礼的产生就是文明诞生的标志，礼的发展过程实际上反映了从野蛮人向文明人的进化过程。带有政治性、社会性和教育性的礼是先秦儒家对制度化的礼进行情感化和社会化的结果，偏向重视由等级差异而成的人伦秩序，重视人与人之间的关系，由关注自己转向关注他人。

礼是"定亲疏，决嫌疑，别同异，明是非"的大事，"人有礼则安，无礼则危，故曰：礼者不可不学也"（《礼记·曲礼上》）。孟子认为：教育和学习的根本目的就是求仁义，以"放其心"（《孟子·告子》），使人产生爱人、敬人的利他行为，学问之道就是知礼。荀子认为：人虽然"固无礼义"，但可以通过强学和思虑来获得。先秦儒家正是通过"教学相长"的教育过程使人明礼、习礼、执礼，从而立于礼，成为知书达理的谦谦君子。人之所以需要礼，是因为礼使人"自别于禽兽"，使人成为社会的人、文明的人、利他的人，这是礼最重要的意义所在。

礼一方面要控制和调节这种利己的欲望，另一方面要通过确立"贵贱有等，长幼有差，贫富轻重皆有称者"的社会等级制度以实现人由利己向利他的转变，使社会安定下来。《礼记》也论证了这种说法。正因为如此，礼使个人常怀"恭敬、撙节、退让"（《礼记·曲礼上》）之心，能够"自卑而尊人"，做到"富贵而知好礼，则不骄不淫；贫贱而知好礼，则志不慑"（《礼记·曲礼上》），进而"治躬则庄敬，庄敬则严威"（《礼记·乐记》）。这些儒家重视的品德都要通过教育来培养。

礼的教育使人习礼、执礼，领会礼是怎样的，以达到礼的标准，通过掌握"如何礼"，以符合礼的行为。先秦儒家始终以智德双修、内外兼通、知行合一为基本教育原则，一方面重视通过诵读和讲解典籍，使学生充分学习和体会礼的精神实质；另一方面通过严格的训练，使学生的举动和言行都形成符合礼的行为规范，将两者紧密地结合在一起。

在训练学生"如何礼"时，先秦儒家不仅通过阐释典籍向学生表明怎样的行为才可谓"执礼"，而且重视通过教育，使学生在自身实践中体会礼的精神，自觉形成合乎礼的日常行为。以孝为例：先秦儒家认为判断"孝"与"不孝"的标准即是儿女是否已尽"为人子之礼"。《礼记》中记载：所谓孝子要做到"昏定而晨省"，使父母"冬温而夏清"（《礼记·曲礼上》），不让他们为子女争执而操心。孔子认为：所谓"孝顺"，除了要在父母健在时尊敬他们、令其愉悦，在他们生病时心

---

① 陈元晖：《中国教育学史遗稿》，北京：北京师范大学出版社2001年版，第77—78页。

怀忧虑、尽心侍奉，在他们过世时极尽哀痛、依礼殓葬，在祭祀他们时心有怀念、庄严祭奠，即"居则致其敬，养则致其乐，病则致其忧，丧则致其哀，祭则致其严"（《孝经·纪孝行》），还要重视发自内心的真情实感。孔子通过举例启发学生思考"犬马之养"与"人之养"的区别，从而说明礼的形式不是全部的标准，内心的情感也是判断一个人是否孝的重要标准。孔子还特别强调"礼，不可不省也"，不仅做学问要"温故而知新"，而且做人要"三省吾身"，要时时省察自己、反躬自问。他强调教育的教化功能通过教育过程中的人性塑造和情感关照得以实现。孔子通过以"仁"释"礼"的方式，把礼仪的外部规范约束解说为人心和情感的内在要求，把僵硬的强制规定提升为生活的自觉理念，把一种形而上神秘的认知化为人情日用之常，从而使伦理规范和心理欲求融为一体。[1]

礼由于获得这种心理学的内在依据而人性化。心理情感原则不仅是儒学的独特之处，还是中国教育传统的独特之处，值得挖掘和继承。"情本体"的教育正是以中国传统教育理论的精神与价值为基础，强调在教育过程中"继承心理主义的中国传统"，帮助人回归"世间的人际情感"和"日常生活"。以情作为本体的教育兼具理知观念的传授与"信仰—情感"功能，强调目的性和自觉性的结合，认为教育的过程是一个动态的人性塑造过程，关涉人的情感与精神建构，强调情理交融、理渗透情，使人在获得智慧、能力、认知的同时也能寄托自身的情感、信仰和心绪。[2]

三 礼之化：强化伦理道德的品德塑造

礼作为维系传统社会的纽带，表现在社会生活中的各个方面，特别是在道德伦理的建构过程中曾起着主导作用。《礼记·曲礼上》指出："道德仁义，非礼不成，教训正俗，非礼不备；分争辨讼，非礼不决；君臣、上下，父子、兄弟，非礼不定；宦学事师，非礼不亲；班朝治军，莅官行法，非礼威严不行；祷祠祭祀，供给鬼神，非礼不诚不庄。是以君子恭敬撙节退让以明礼。"[3]这是说：成德成义、教训正俗、止争定分乃至事君事父、治军行法，都需要依靠礼的指引。礼是人们依之治事的自然法则，人的一切行为都是为了显现礼的崇高与神圣。正是在这个意义上，朱

---

[1] 于伟：《先秦儒家之"礼"与我国教育的教化功能》，载《教育研究》2013年第4期。

[2] 于伟、栾天：《历史本体论与走向情本体的教育》，载《教育学报》2011年第4期。

[3]《十三经注疏》上册，北京：中华书局1980年版，第1231页。

熹明确地将人间规范的礼看作"天理"之节文。他说:"礼谓之天理之节文者,盖天下皆有当然之理,今复礼,便是天理。但此理无形无影,故作此礼文,画出一个天理与人看,教有规矩,可以凭据,故谓之天理之节文。"[①] 礼的规矩是百姓以之而生的依据。由于礼为大,因此礼家在不同的场合反复强调:如果没有礼,人间生活是不可想象的,"非礼无以节事天地之神也,非礼无以辨君臣、上下、长幼之位也,非礼无以别男女、父子、兄弟之亲,婚姻、疏数之交也。君子以此之为尊敬然,然后以其所能教百姓,不废其会节"。[②]

礼的终极目的是育德成人,主要围绕修身律己、以诚相待、尊重他人、同情关怀、承担社会责任等形成一整套伦理道德体系。这套体系通过生活中的各个环节参与完成各种仪式,感受个人在家庭、家族、社会中的位置,学会应对、进退之节,懂得事父、事兄、交友之道,了解仪式的规则、衣服之制、饮食之节,从而维护整个社会秩序,具有道德功能和道德教育的意义。正因为如此,我国把"明礼"纳入公民基本道德规范中,强调开展必要的礼仪、礼节、礼貌活动,以此构成道德教育的一个部分。

礼能够强化伦理道德的品德塑造。《礼记》认为:在与外界的接触中,人心往往随外在诱惑而活动,若不能反省人的本性,又无外在规范限定人恶劣的欲望,就会处在无秩序、一任自己好恶的状态中,结果必然导致诈伪之心浮动,淫佚作乱之事四起,从而丧失人作为人所具有的文化本性。基于对这种人性弱点的洞悉,"故圣人作则,必以天地为本,以阴阳为端,以四时为柄,以日星为纪,月以为量,鬼神以为徒,五行以为质,礼义以为器,人情以为田,四灵以为畜"。[③]《礼记·礼运》将人情与土地相比拟,认为国家对待人情恰如农人对待耕地一样,需要不断精心地耕耘,这种耕耘就是以教育的手段使人性达到完善。治人情如治田,不使邪僻害正性,如不使恶草害嘉谷,将恶摒弃于人的行为之外:"故圣王修义之柄,礼之序,以治人情。故人情者,圣王之田也。修礼以耕之,陈义以种之,讲学以耨之,本仁以聚之,播乐以安之。"[④] 在礼的规约下,人的情欲就可以保证在善的引导下发而"中节",人的意志不再盲目,就可以保持在理性的范围内。礼要经过系列学习的过程,充满人情味和乐趣,符合人的情感需要,能够用仁爱之心收敛人情,通过音乐使人内心平安。

人的内在感情通过生活中的细节来表现,而礼是衡量人的一切的价值尺度,《荀子·修身》说:"凡用血气、志意、知虑,由礼则治通,不由礼则勃乱提僈;食饮、

---

① 黎靖德编:《朱子语类》三,北京:中华书局 1986 年版,第 1079 页。
②③④《十三经注疏》下册,北京:中华书局 1980 年版,第 1611、1424、1426 页。

衣服、居处、动静，由礼则和节，不由礼则触陷生疾；容貌、态度、进退、趋行，由礼则雅，不由礼则夷固僻违，庸众而野。故人无礼则不生，事无礼则不成，国家无礼则不宁。"[①]这种对于生存论的论证使得礼成了人的本质属性之一，外在的礼仪规范与人性的内在呼唤促成礼与人性的相互完善。在这一过程中，个体的人自觉地成了礼仪制度的承担者，并使外在礼仪内化为个体的内在本质，从而使人道德化。在这种成就德性的社会性过程中，以情欲为内核的人的原始生命形式得以扬弃。

礼的要求与人的行动的内在一致性成了世间种种交往规则的依据。《礼记·礼器》中称："先王之立礼也，有本有文。忠信，礼之本也；义理，礼之文也。无本不立，无文不行。"[②]忠信的品格归属于人，是人行礼所必备的品格；反过来，礼又可以造就这种品格，因为礼的日常细节体现了与人的德性发展相一致的理义。没有忠信品格的人，就不能体现出礼的庄严，人的自主性也得不到体现。这里的"无本不立"与《论语》强调"兴于《诗》，立于礼，成于乐"的"立"具有相同的旨意，它们均是指在礼仪的制约下，人仍能不失保持自己的主体性特征。从礼的规则角度讲，义理是礼的精髓，没有"合于天时，设于地财，顺于鬼神，合于人心，理万物者也"[③]的义理，礼在世间就难以推行，就会不适合人们的需要，就会丧失其存在的合法性，但这种作为礼的内核的义理与作为洒扫、应对、进退等日常行为的教养是联系在一起的。在制度化的德性修养之路上，仪礼作为人举手投足行动的指南，历来被视为礼之本。人们普遍相信在揖让进退之间、雍容俯仰之中自有修炼人性的深意，因而人们由践履礼的动作仪容便可窥视人的性情的逊顺或桀骜，人在活动中显现自己、成就自己，正使人与礼仪具有了合二为一的特征。人的动作、仪容既为血肉之躯的人所主宰，同时更于不自觉之中为礼的种种规定所主宰，使人难以区分到底是人在践履礼，还是礼在主宰人。[④]

礼的形而上层面的内容是通过礼的形而下层面的事来体现的。朱熹就明确地把礼的形而上层面与形而下层面分别归结为理与事："古者，初年入小学，只是教之以事。如礼、乐、射、御、书、数及孝弟忠信之事。自十六、七入大学，然后教之以理。如致知格物，及所以为忠、信、孝、弟者。"[⑤]忠、信、孝、悌之事与所以为忠、信、孝、悌是不同层次的东西，作为礼仪行为的事是经验的、形而下的，可构

---

① 王先谦：《荀子集解》上，北京：中华书局 2013 年版，第 26—27 页。

②③《十三经注疏》下册，北京：中华书局 1980 年版，第 1430、1430—1431 页。

④ 梅珍生：《论礼乐制度的实践本性》，载《湖南大学学报（社会科学版）》2007 年第 1 期。

⑤ 黎靖德编：《朱子语类》一，北京：中华书局 1986 年版，第 124 页。

成人的日常行为教养。《礼记》中的《曲礼》《少仪》《内则》以及《管子》中的《弟子职》诸篇，正属于礼之事方面的内容，这是朱熹早就指出过的。人生正是由这些生活中细小的东西所写就的一本书，人性也是在这种点滴善恶的积累中逐步铸造而成的。这就是孔子认为对人的察省要听其言、观其行的一个原因，也是《易传》中认为人性的生成是"非一朝一夕之故，其所由来者渐矣"的结果。这种细小之事看似无关宏旨，实际上却成为一个人修身、齐家、治国、平天下等人生理想与政治抱负的基点，同时又将礼中"所以为忠、信、孝、弟者"的形而上内容贯通在践礼的人生实践之中。[①]

古之礼，本身就是社会的道德规范和伦理准则，人们以"德"说"礼"、以"德"概括"礼"、甚至以"德"代"礼"。行仪是为了体现礼，礼仪中充斥着德的内容。"齐之以礼"的社会管理、"养之以德"的伦理秩序是礼之为礼的关键。礼体现了一种日熏日染的教化之功，通过长久的熏陶、潜移默化，在不知不觉中蔚然成习，此所谓"渐也、顺也、靡也、久也、服也、习也，谓之化"（《管子·七法》）。礼不仅是对行动的限制，还是在道德上自我表述的有效方式。可以说，礼是培养德性最好的手段，也是展现美德的最好方式。

---

① 梅珍生：《论礼乐制度的实践本性》，载《湖南大学学报（社会科学版）》2007 年第 1 期。

第四章

智

第一节 "智"观念的词源学考察

中国哲学的殊胜之处是其本身蕴含着丰富的实践智慧而非理论智慧。理论智慧聚焦的对象是不变的、抽象的、普遍性的科学知识；实践智慧则应用于处于变动的、特殊的、具体处境中的人类实践事务，蕴含着"应该如何做"的行动内涵，也可以说是一种有助于人们实现良好生活的"智慧的实践"。观念是思想的基本单位，传统儒家的"智"观念最能映照出中国式实践智慧的整体面貌和思想特质。就中国哲学而言，"智"是儒家哲学的核心观念之一，儒家论"智"多从实际践履与修身工夫上立论，"智"与道德心性和伦理政治等主要实践问题紧密相关，是主体具有的一种实践能力，主体能根据实际情况进行正确的选择与行动，体现了人类实践活动的合理性和适宜性。智德或实践智慧关乎实践理性的卓越及其应用。对儒家智德用法的观念史或思想史进行研究，能够揭示出那些信赖它的儒家圣哲在特殊的历史语境中对它进行的细微改造及其在各种不同的观念图式或组合中如何被赋予了不同的内涵。

一 "智"观念的本义

一个汉字的词源意义和词汇意义是不同的，"词源意义指的是同源词在滋生过程中由词根（或称'语根'）带给同族词或由同源词直接带给派生词的构词理据，是词源学的研究对象。一个词的词汇学意义与其词源学意义既有联系又有很大的区别"。① "智"的词汇意义有多个，如聪明、智能、智力等，其词源意义是智慧。作为一种观念或文字符号的"智"渊源甚早，对其进行词源学考察是必要的。"智"，古代亦作"知"，二者是异体通用的关系，在传统典籍中经常互用。古

---

① 王宁、黄易青：《词源意义与词汇意义论析》，载《北京师范大学学报（人文社会科学版）》2002年第4期。

文字学者认为甲骨文中已经出现了"智"字，即"𣉪"（《甲骨文合集》26994）。[1]
柯昌济考释说："字从大从子从册或从口，疑为知字古文。"[2]《甲骨文编》和《新甲
骨文编》的编纂者也将其释读为"智"字。[3] 春秋时期的汤鼎有金文"𣉪"字，《殷
周金文集成引得》和《新金文编》的编纂者将其释读为"知"字[4]，此"知"即"智"。
商承祚指出："甲骨文、金文有智无知，用智为知，后将智分化出知，二字通用。"[5]
此言甚是。

从汉字的形体和用法角度看，"知"字是通过省文的方式从"智"分化出来的
字形。[6] 战国时期的《荀子》文本已经出现了"智"、"知"分化的用法。荀子曰："所
以知之在人者谓之知，知有所合谓之智。"（《荀子·正名》）汉代学者沿袭了春秋
战国以来"智"、"知"分化的用法。"智"、"知"分化之后，以"智"为"知"和以"知"
为"智"的用例同时存在，但总体上看，以"知"为"智"的用例出现的次数较为频
繁。清代学人徐灏说："古书多以'知'为'智'，又或以'智'为'知'。"[7]

关于"智"、"知"的形体演变与本义有不同的说法，《说文解字》中"知"的小
篆体写作"𥎿"，《说文解字·矢部》有言曰："知，词也，从口从矢。"清儒段玉裁
在《说文解字注》"知"字条中曰"识敏，故出于口者疾如矢也"[8]，意指见识敏锐，
对认识、了解、知道的事物可以脱口而出。《说文解字》中"智"的小篆体写作"𤽗"，
段玉裁在《说文解字注》"智"字条中曰："此与矢部知音义皆同。故二字多通用。"[9]
徐灏在《说文解字注笺》"知"字条中注释曰："知，智慧即知识之引申，故古只作

[1] 郭沫若主编：《甲骨文合集》第 9 册，北京：中华书局 1981 年版，第 3330 页。

[2] 柯昌济：《〈殷墟卜辞综类〉例证考释》，载《古文字研究》第 16 辑，北京：中华书局 1989 年版，
第 152 页。

[3] 孙海波：《甲骨文编》，北京：中华书局 1982 年版，第 165 页；刘钊主编：《新甲骨文编》，福州：
福建人民出版社 2014 年版，第 232 页。

[4] 张亚初：《殷周金文集成引得》，北京：中华书局 2001 年版，第 875 页；董莲池：《新金文编》上，
北京：作家出版社 2011 年版，第 534 页。

[5] 《商承祚文集》，广州：中山大学出版社 2004 年版，第 483 页。

[6] 关于"智"与"知"的构形问题，学者们有不同的看法：李冬鸽认为"知"不是"智"形体演变的
产物，而是单独构造的形体。詹鄞鑫、林志强、林婧筠则认为"知"是春秋战国时期通过省文的方
式从"智"分化出来的字形。笔者认为省文之说较为可取。（李冬鸽：《从出土文献看"智"与"知"》，
载《文献》2010 年第 3 期；李冬鸽：《"智""知"形体关系再论》，载《燕赵学术》2012 年第 2 期；
詹鄞鑫：《华夏考：詹鄞鑫文字训诂论集》，北京：中华书局 2006 年版，第 372 页；林志强、林婧筠：
《"知""智"关系补说》，载《汉字汉语研究》2019 年第 4 期。）

[7] 徐灏：《说文解字注笺》，上海：上海古籍出版社 2002 年版，第 392 页。

[8][9] 许慎撰，段玉裁注：《说文解字注》，上海：上海古籍出版社 1988 年版，第 227、137 页。

知。"① 徐灏认为智慧是知识的引申义，先有知识之义，进而引申出智慧、聪明、明智的概念。就形体演变而言，最晚到汉代以后，学者已有"智"、"知"从"矢"的说法。庞朴也认为"智"字从"矢"、"口"、"于"。譬如：他以""字为例，认为其"矢"旁是声符，也是意符，"矢"与目的关系极大，所以"智"的本义是"目明"。② 季旭升则认为："战国文字'智'字左上所从'大'形虽然有的写得有点像'矢'，但绝大多数都很明显地是从'大'。秦汉以后才讹为'矢'形，'于'形也逐渐省略。"③ 李冬鸽考察了商至汉代"矢"形的演变，得出的结论为："智"字所从为"大"，在秦简中开始变作"矢"，并为后来的小篆和隶书所继承。④

詹鄞鑫认为：甲骨文""字为会意字，从"大"为其主流写法且年代相对较早，从"矢"的写法是从"大"演变而来，从"于"的写法则是从"子"的写法演变而来。从表意功能看，"大"代表大人，"子"代表儿童；在"大"、"子"之间添加表意符号"口"，意为大人教诲儿童的场景；下方从"册"，意在表示简册中所记即为大人教诲儿童的内容。此字形所揭示的基本意思可以表述为：成人按照简册记载的内容来教育儿童，而简册记载的内容是远古先民在日常生活中积累的智慧与知识。他结合出土文献和传世文献的用例，分析得出"智"、"知"的本义是知识或智慧⑤，与现代语言中的用法及其含义基本相同。

二 孔子之前的"智"观念

孔子之前，"智"、"知"已成为一种普遍流行的观念。《诗经》记载的帝谓文王之语中提到了"知"观念，其言曰："予怀明德，不大声以色，不长夏以革。不识不知，顺帝之则。"（《诗经·大雅》）上天训诫文王要顺从上天的法则而行，"不识不知"意指文王之德不以识识，不以智知，此"知"有睿智之意。《尚书》已将"知"作为一种高超的政治智慧加以论述，其言曰："皋陶曰：'都！在知人，在安民。'禹曰：'吁！咸若时，惟帝其难之。知人则哲，能官人；安民则惠，黎民怀之。'"（《尚书·皋陶谟》）春秋时期的史书《国语》已经将"智"作为一种重要的德目，《国语》论"智"侧重于趋利避害的谋略智慧。谋臣申生曰：

---

① 徐灏：《说文解字注笺》，上海：上海古籍出版社1996年版，第551页。
② 庞朴：《儒家辩证法研究》，北京：中华书局1984年版，第67—68页。
③ 季旭升：《说文新证》，中国台北：艺文印书馆2002年版，第266页。
④ 李冬鸽：《"智""知"形体关系再论》，载《燕赵学术》2012年第2期。
⑤ 詹鄞鑫：《华夏考：詹鄞鑫文字训诂论集》，北京：中华书局2006年版，第370—372页。

吾闻之："仁不怨君,智不重困,勇不逃死。"若罪不释,去而必重。去而罪重,不智;逃死而怨君,不仁;有罪不死,无勇。去而厚怨,恶不可重,死不可避,吾将伏以俟命。(《国语·晋语二》)

申生遭人陷害后不肯流亡逃走的原因之一是逃走会加重罪行,是不明智的选择。晋厉公欲剪除郤至,有人规劝郤至反抗,郤至曰:"至闻之,武人不乱,智人不诈,仁人不党。"(《国语·晋语六》)这里将武、智、仁并提,智过之则为诈,诈是使用阴谋诡计,而智是光明正大的智慧。

综合上述分析,汉字是表意文字,早期汉字的形体是根据词义来设计、创造的,通常寓有表意符号。从"矢"当为讹误,"智"或"知"从"大"、"子"、"口"、"册",意指儿童接受大人传授的知识或智慧,较其他说法更为合理,因此我们有理由认为"智"的本义是知识或智慧。"智"逐渐成为早期中国思想中的重要德目,既是理智判断之德,又是道德伦理之德。《诗经》、《尚书》、《国语》中的"智"主要有三种含义:判断行为利弊之智;把握时机而趋利避祸之智;更多的则是一种处理实际政治事务的明智能力,表现为为政才德之智。中国古代政治的特点是用德性的实践来解决政治问题,德性修养蕴含着将道德价值推广于社会的必然性。前两种含义体现为理智德性,后一种含义则体现了道德德性。智的三种含义并非彼此独立,而是互有涵摄,《论语》对"智"的这三种含义有更深入的转化。

第二节 《论语》的"智"观念及其思想史意义

观念是思想的基本单位，起源于生活世界，进而构成思想世界。在漫长的历史长河中，只有那些最能反映人类本真生活之所需、意义追问与终极价值的观念及其观念图式才能在思想世界中得到延续，并沉淀为人们的心理文化结构，成为塑造作为地方性知识的某一思想文化类型乃至人类文明的基本因子，也只有这类观念才能在思想世界中获得一定的地位，超越日常生活中的其他观念而具有思想史意义。《论语》的"智"观念就属于此类观念。《论语》是反映儒家创始人孔子的语录体著作，在传统儒家经典中居于核心地位，甚至被日本学者伊藤仁斋视为"宇宙第一书"。《论语》围绕一些核心观念展开问答与辩论，和"仁"、"义"、"礼"观念相比，其"智"观念并没有受到研究者的足够重视。

一 《论语》的"智"观念

"智"虽然在孔子之前的社会文化中已作为一种观念普遍流行，但真正将"智"作为一种具有哲学品格的伦理德性和理智德性并加以反复论述，则始于儒家宗师孔子。《论语》文本在"智"与"知"的使用上还没有对其加以分化，"智"皆写作"知"，"知"字出现了一百一十六次，具有"智慧、聪明、明智"之义的"智"皆写作"知"，共出现二十五次。从语用学角度看，《论语》中的"知"字有三种用法：一是用作名词，注解为"知识"，如"吾有知乎哉？无知也"（《论语·子罕》）；二是用作动词，注解为"了解"、"知道"，如"人不知而不愠"（《论语·学而》）；三是同"智"，注解为"实践智慧"，如"甯武子，邦有道，则知；邦无道，则愚。其知可及也，其愚不可及也"（《论语·公冶长》）。"知"字的三种意义并非截然分离的关系，当"知"作"智"使用时，两者之间的关系就变得更为紧密。樊迟曾两次"问知"，孔子与樊迟的对话揭示了"知"与"智"之间的联结和"智"观念的基本含义：

樊迟问知，子曰："务民之义，敬鬼神而远之，可谓知矣。"问仁，（子

曰："仁者先难而后获，可谓仁矣。"（《论语·雍也》）

　　樊迟问仁，子曰："爱人。"问知，子曰："知人。"樊迟未达，子曰："举直错诸枉，能使枉者直。"樊迟退，见子夏曰："乡也吾见于夫子而问知，子曰：'举直错诸枉，能使枉者直。'何谓也？"子夏曰："富哉言乎！舜有天下，选于众，举皋陶，不仁者远矣。汤有天下，选于众，举伊尹，不仁者远矣。"（《论语·颜渊》）

　　这两则问答所涉及的具体情况不同，孔子的答复也不一样，反映了孔子一以贯之的教学风格，即根据具体情境指点弟子。樊迟第一次"问知"，孔子答之"务民之义，敬鬼神而远之"。孔子并非要否定神灵在现实世界中的活动，而是认为正确的祭祀态度是将心力放在修己上，使人民走向正义之道，严肃地敬奉鬼神而不接近鬼神，祭祀神灵的目的当在于通过精神修炼而实现自我转化和社会教化。樊迟第二次"问知"，孔子答之"知人"，程树德注释曰："迟以夫子之言专为知者之事，又未达所以能使枉者直之理。"[1]"知人"的要义是"举直错诸枉，能使枉者直"，樊迟于此理不明。任用正直的人置于邪恶的人之上，"举直"而能使"枉者直"，意为使邪恶的人趋于正直，属于"仁"之事。"举直"的前提是知道谁是正直的人，此即为"知人"，属于"智"之事。

　　两次问答的主旨都是如何"为政"，为政关涉到如何处理政治事务，而政治事务是古代社会中最为重要、最为特殊的实践事务。孔子主张"务民之义，敬鬼神而远之"。"知人"就是"智"，这是在政治事务方面处理得好的表现，需要很高的治理艺术和政治智慧。这种实践智慧在"樊迟学稼"和"请学为圃"中得到了更进一步的说明：

　　樊迟请学稼，子曰："吾不如老农。"请学为圃，（子）曰："吾不如老圃。"樊迟出，子曰："小人哉，樊须也！上好礼，则民莫敢不敬；上好义，则民莫敢不服；上好信，则民莫敢不用情。夫如是，则四方之民襁负其子而至矣，焉用稼？"（《论语·子路》）

　　从"樊迟学稼"和"请学为圃"之答问中，我们并不能得出孔子有贬低农耕技艺的"抑农"思想，孔子只是谦虚地道出自己在这方面并没有多少可供借鉴的经验。但是，孔子借樊迟之问提出了一个更尖锐的现实问题，即君子的主要责任是

---

① 程树德：《论语集释》三，北京：中华书局 2014 年版，第 1128 页。

辅佐贤明之君形成尊重礼制、行事符合正义原则、信守承诺的社会政治风气，做到这几件事就可以确保四方之民来归附，这是学习与传授农耕技艺方面的知识所不能达到的效果。对孔子而言，政治践行方面的实践智慧是对整体生活有益的最大的善，关涉到人自身的价值和意义。在尊重礼制、行事符合正义原则、信守承诺等具体的政治实践事务中去实现最大的善是君子自身之目的，这类实践行为没有必然的推理程序，君子需要在治理国家和管理家庭等具体的实际生活中根据不同的外部环境，以正确的理性确保正当行为的操练或践行。然而，"学稼"和"为圃"等技艺活动的目的是生产或制作产品，而非生产或制作本身，是可学习和传授的。通过"樊迟学稼"和"请学为圃"的教学对话，孔子提出了一个具有普遍性的问题，即有关国家治理方面的政治实践智慧是君子必须加以正视的当务之急，此正所谓君子出仕临民，于"学稼"和"学圃"之事有所不暇。

除"知人"之外，孔子还提到"知生"、"知死"、"知命"、"知言"、"知礼"等一系列与"知"相关的言论。就"知生"和"知死"而言，孔子有言曰："未知生，焉知死？"（《论语·先进》）儒家思想具有强烈的现世主义取向，力求在当下的日常生活中修身为政，对死后的鬼神世界保持敬意，此即所谓"敬鬼神而远之"（《论语·雍也》）。"敬"是孔子修身学的核心观念。敬作为人的基本生存情态，既有敬"己"的反身性特点，又有敬不可知的鬼神等"他者"的关系性维度，这是儒家的生死智慧学。就"知命"而言，孔子有言曰："不知命，无以为君子也。"（《论语·尧曰》）儒家所谓的"命"有两种：一种是根源于"天道性命"的"天命"，此天命同属于生生不息的天道，君子应该以诚挚之心对其保持敬畏，所以孔子曰："君子有三畏：畏天命，畏大人，畏圣人之言。小人不知天命而不畏也，狎大人，侮圣人之言。"（《论语·季氏》）另一种则是由客观时势造成的对个人实现自我价值构成某种限制的"时运之命"，孔子有言曰："道之将行也与，命也；道之将废也与，命也。"（《论语·宪问》）个人理想中的善政能否实现完全超出了个体可以控制的范围，面对如此不幸的时运之命，孔子主张泰然处之。就"知言"而言，言语与德行、政事、文学并称"孔门四科"，是孔子日常教学的主要科目。孔子常言道："不知言，无以知人也。"（《论语·尧曰》）言为心声，听言可以辨别人之是非曲直，"知言"是"知人"的必要条件。语言在人类认识自我、沟通他者和认识世界的过程中发挥着重要作用，所以孔子贵"知言"。

"知人"属于"智"之事，"知生"、"知死"、"知言"、"知礼"、"知命"也同样属于"智"之事，在实践事务上将属于"智"之事处理得好是具有实践智慧的体现。儒家的"智"就是一种为人的实践行为提供价值规范与目的导向，有助于人拥有良好生活的实践智慧。"智"是决定人如何拥有良好生活的那种实践理智的德性。

它不是通过理性制定的规则体现出来的，而是一种对当下伦理境遇的正确反映与合理判断。从知识的类型来看，属于"智"之事的"知生"、"知死"、"知命"、"知礼"、"知言"等是关于人类如何践行的实践之知或力行之知，不以追求普遍性的科学知识为目的，而是以在具体事物中的践行为自身目的，必须在面向特殊的、个别的具体事物之经验的基础上才能实现其目的，正是需要在普遍的东西和特殊的东西的联结中实践智慧。《论语》中的"知生"、"知死"、"知人"、"知言"、"知礼"、"知命"等话语涉及如何获取实践知识或有德性的知识的问题。

既然作为实践智慧的"智"对个人修身和治国平天下都不可或缺，那么关于"智"的养成就变得具有理论意义。"学"的观念在孔子实践智慧的养成中具有中心地位。在孔子看来，虽然人有才性禀赋上的不同，有生而知之者、学而知之者、困而学之者、困而不学者，但孔子认为"学而知"更贴近人类生活的日常经验，他本人更是自道"吾十有五而志于学"（《论语·为政》）。"学"涉及辨明各种社会政治事件、观察事物等，通过在具体生活世界中的学习而获得实践智慧。孔子主张"好学近乎知"（《礼记·中庸》），陆九渊诠释道："夫所谓智者，是其识之甚明，而无所不知者也。夫其识之甚明，而无所不知者，不可以多得也。然识之不明，岂无可以致明之道乎？有所不知，岂无可以致知之道乎？学也者，是所以致明致知之道也。"[①] 要想具有明见性的知识和无所不知的学识，必须"好学"，此即所谓"致明致知之道"。"好学"是一种生活经验的积累，实践智慧是基于一定的生活经验积累的，所以我们说年长者的实践智慧大都多于年轻人。孔子关于"六言六弊"的论述充分表达了"好学近乎知"这一理念：

> 子曰："由也！女闻六言六蔽矣乎？"对曰："未也。"曰："居，吾语女。好仁不好学，其蔽也愚；好知不好学，其蔽也荡；好信不好学，其蔽也贼；好直不好学，其蔽也绞；好勇不好学，其蔽也乱；好刚不好学，其蔽也狂。"（《论语·阳货》）

孔子指出仁、知、信、直、勇、刚这六种伦理德性的完全实现不能离开好学，否则就会出现弊病，"好学"代表的是一种在具体的实践事务中保持理智状态的求知态度，尤其体现为在判断道德问题时要有一种包含明智能力的思维方式，如果在道德领域运用得好，就拥有了实践智慧。

孔子的"智"观念是具备理性的，但更加人文主义化。徐复观曾指出："西方

---

① 《陆九渊集》，北京：中华书局1980年版，第372页。

在近代初所做的从宗教权威中求得理性解放的工作，我们第一次在老、孔时代已经彻底地做过了，第二次又在程、朱、陆、王手上彻底地做过。中国传统文化的主干，本来就是理性主义；不过他是发展向道德和艺术方面。"①徐复观之说虽然有将西方理性主义简单嫁接到中国古代思想上的非历史主义倾向，但他把中国传统文化的主干归结为理性主义并局限于道德和艺术方面，还是有非常重要的理论意义的。"智"观念的本质是实践理智的德性。作为一种主体的实践理性能力，它具有辨物的认知功能和处事的行动智能，可以为实践行为提供合宜的选择、价值尺度和目的导向。《论语》的"智"所代表的理性之内涵主要指伦理政治方面的实践之知或实践智慧，而非西方传统真理观下的纯粹的客观知识或理论智慧。②它侧重于政治方面的为政能力和伦理方面的价值判断，"知人"、"知言"、"知礼"关涉到具有实践智慧的"智者"在政治举措方面的才能，"知生"、"知死"、"知命"则展现了"智者"对有限人生和天命的确知，力图在有限的人生中对理想的儒家社会政治秩序作无止境的奋进。这种博施济众的淑世精神颇具感召力，也彰显了孔子思想中的人文主义精神为中国思想奠定的"人本"为上理念的价值意义。

二 "仁智"观念图式

回到孔子的思想世界，从思想的本源处可知孔子在《论语》中常兼言"仁智"，仁侧重于情感，在于"爱人"、"安仁"、"不忧"；智侧重于辨物识别贤能，在于"知人"、"利仁"、"不惑"。"仁"、"智"虽各有其根源和功能，在本质上看似相互独立，但在"修己"和"治民"上又具有深度的联结，无论是"修己"，还是"治民"，都指向了儒家政治理想的实践。"仁"、"智"时而并列、时而互济的观念图式在《论语》中俯拾皆是。此观念图式是构成《论语》思想世界的重要环节，在《论语》的思想世界中所彰显的意义值得深入挖掘。

"仁智"观念图式最能反映孔子个人的理想人格和生命形态，"仁且智"常被用来刻画圣人这一最高的人格。孟子有言曰："昔者子贡问于孔子曰：'夫子圣矣乎？'孔子曰：'圣则吾不能，我学不厌而教不倦也。'子贡曰：'学不厌，智也；

---

① 徐复观：《论文化》（二），北京：九州出版社2014年版，第650页。

② 牟宗三将儒家所谓"内圣外王"之道以现代概念名之为"实践的智慧学"，以有别于西方古希腊以来的"知解的智慧学"。（参见曾昭旭著《儒家传统与现代生活：论儒学的文化面相》，中国台北：台湾商务印书馆2003年版，第149页。）

教不倦,仁也。仁且智,夫子既圣矣。'"(《孟子·公孙丑上》)荀子亦有言曰:"孔子仁知且不蔽,故学乱术,足以为先王者也。"(《荀子·解蔽》)虽然孟子、荀子刻画了孔子的圣人形象,但孔子本人未曾以圣人自居,他心目中的圣人标准是"博施于民而能济众"(《论语·雍也》)。朱熹在《中庸章句》中也指出:"此中庸之成德,知之尽、仁之至、不赖勇而裕如者,正吾夫子之事,而犹不自居也。故曰唯圣者能之而已。"[1]达到"中庸"的至高境界意味着个人在精神修养上已经臻于完善,这种"智尽仁至"的生命形态已经抵达诚明之境,不再需要勇德在气质上的资助。孔子在叙述自己的成德历程时曾自道:"吾十有五而志于学,三十而立,四十而不惑,五十而知天命,六十而耳顺,七十而从心所欲,不逾矩。"(《论语·为政》)孔子描述了一个德性主体不断深化和完善的过程。在一个人内在状态日益深邃的连续性中,如何理解"四十而不惑"?"惑"是人类生活中根深蒂固的普遍意识经验,此意识经验的特点是无法完全把握认知对象的本质,缺乏认知要素上的明见性。"不惑"追求的是一种洞见事物本质的认知层级和人生境界。宋儒认为孔子"不惑"是因为"达权"。程树德引先儒之言曰:

> 黄氏《后案》:立必先不惑,而言不惑于立之后者何也?夫子曰:"可与立,未可与权。"立,守经也。不惑,达权也。张子厚曰:"强礼然后可与立,不惑然后可与权。"苏子由曰:"遇变而惑,虽立不固。四十不惑,可与权矣。"[2]

"权"有"智"之义,《礼记》的作者已有以"权"释"智"的提法:"恩者仁也,理者义也,节者礼也,权者知也。仁、义、礼、知,人道具矣。"(《礼记·丧服四制》)"权"是指在不同甚至矛盾的选项中进行对比和选择,即权衡。"惑"作为一种独特的精神意识现象,产生于对思维的各种途径和选择方式的游移不定。"智"具有的权衡、判断能力则具有解惑的作用,所以说"惑"的对立面就是"达权",能破除各种迷惑的遮蔽的人即为智者。陈大齐认为"智"的主要功能是通过深思熟虑的权衡、判断区分"义"与"不义",以期其指导诸德无所失当,而完成修己成德的目的。[3]为了确定具体处境中的"义","智"必定要对当下的具体处境进行合理的判断与评价。智能明道达义,起到解惑的理性治疗和价值确定作用,在道德、

---

① 朱熹:《四书章句集注》,北京:中华书局2012年版,第22页。
② 程树德:《论语集释》一,北京:中华书局2014年版,第94页。
③ 陈大齐:《孔子学说论集》,中国台北:正中书局1961年版,第78—79页。

信仰、情感等人文价值领域不为"惑"所困扰，由智所开启、显达的生命形态已臻于澄明之境，所以孔子说"知者不惑"。

"仁智"观念图式展现了《论语》之"德性即明智"的伦理思想。孔子有言曰："不仁者不可以久处约，不可以长处乐。仁者安仁，知者利仁。"（《论语·里仁》）何谓"仁者安仁，知者利仁"？皇侃疏曰："若禀性自仁者则能安仁也，何以验之？假令行仁获罪，性仁人行之不悔，是仁者安仁也。智者，谓识昭前境，而非性仁者也。利仁者其见行仁者若于彼我皆利，则己行之；若于我有损，则使停止，是智者利仁也。"①"安仁"谓安居于仁道中，性善者，不在意外境之约与乐，心自安于心，不仁的人则难以长久地安居于穷困之中，也难以长久地安居于宴乐之中。所以，仁者践行仁德便心安，不践行仁德便不能心安。"智"在于深思熟虑地判断善恶是非，在日常生活中正确地进行社会交往，机敏地使用言辞，采取正确的行为，摒弃错误的行为。明智的人或有实践智慧的人善于从生活整体上考虑对他自身是善的和有益的事情，能够认识到仁德对其长远发展有巨大助益，而思欲有之，乃践行仁德。孔子又曰："里仁为美。择不处仁，焉得知？"（《论语·里仁》）儒家对居住的地方有一定的选择标准，"择居"是泛指，包括"择邻"、"择友"、"择业"等，要在有仁德之人的地方择居才好，在没有仁德之人的地方择居是不明智的，此"处仁得智"意在说明德性的践行有助于明智的养成。

潘小慧在解析时认为孔子以"仁"显"智"，这很像古希腊哲学家苏格拉底"知即是德"或"知德合一"（Knowledge is virtue）的说法②，潘氏这种比附并不严谨。根据色诺芬回忆，"苏格拉底对于智慧和明智并未加以区分，而是认为，凡是知道并且实行美好的事情，懂得什么是丑恶的事情而且加以谨慎防范的人，都是既智慧而又明智的人"。③ 因此，苏格拉底的伦理学说被概括为"德性即知识"，他把伦理德性归结为普遍性的知识，实际上是主张"道德"即"理智"，其所重在于"理智"和"知识"的学习，认为把握普遍性的理论知识就可以同时解决道德和知识两方面的问题。这与儒家宗师孔子以实践为主的伦理学旨趣迥然不同，孔子的道德哲学较近于批判苏格拉底"德性即知识"说的亚里士多德的学说。亚里士多德的学说取代苏格拉底以知识确定德性的"德性即知识"，试图以明智确定德性，可以概括为"德性即明智"，认为德性和明智是必然相伴的异质性因素。孔子"知者利仁"、"处仁得智"的提法在精神旨趣上近于亚里士多德的"德性即明智"，在道德

---

① 程树德：《论语集释》一，北京：中华书局 2014 年版，第 296 页。

② 潘小慧：《〈论语〉中的"智德"思想》，载《哲学与文化》2002 年第 7 期。

③ 色诺芬：《回忆苏格拉底》，北京：商务印书馆 1984 年版，第 116—117 页。

意义上可以说一个人是有德性的人,在理性意义上可以说一个人是明智的人,德性和明智是须臾不可分离的,德性的发展水平与明智的运用水平是一致的,在个体成德过程中没有先后之分①,二者共同作用,构成了真正的道德行为。英国哲学家阿拉斯戴尔·麦金太尔也正确地指出实践理智的运用要求有品格美德相伴随,否则它可能会沦为一种仅仅把手段与任何目的(而非那些对人来说真正善的目的)联系起来的狡诈奸猾的智巧能力。②

　　"仁"、"智"构成的观念图式在《论语》中比比皆是,二者时而并列、时而互济的观念图式在《论语》的伦理、政治、美学思想世界中占据着重要位置,成为我们衡量孔子个人精神生命的重要参照以及透视《论语》思想世界的基本坐标。当代学者杨泽波将孔子在《论语》中开创的儒家伦理思想体系"一分为三",即仁性、智性和欲性,以区别于西方的理性与感性相对的二分法。仁性、智性是道德的根据。在仁性与智性的辩证关系中,仁性确保智性具有动能,能够变成具体的道德行动。智性的思维方式是逻辑的,通过学习和认知能力把握社会伦理规范,保障仁性不走向流弊。③杨氏在西方哲学理性与感性二分的基础上,提出儒家的人性三分说,以智性对应理性,以欲性对应感性,而以仁性彰显儒家的殊胜之处,其智性明显是指向理智方面的思维判断能力。若以德性伦理学的视角言之,此智性近于亚里士多德的理智德性,但儒家并未像亚里士多德那样,根据思想的不同部分将德性划分为理智德性与道德德性,认为这两种德性与我们本性中的理性和情感这两个不同的方面相关,本身并不重叠。在儒家的德性体系中,上述两方面的内容是部分地交织在一起的。孔子对于中心德目的认定遵循的原则实际上是以智涵盖理智德性,而以仁涵盖道德德性。④"仁"、"智"互济的观念图式代表了《论语》思想世界的一个基本特点:儒家的仁爱不是盲目的爱,而是一种有秩序的、有理智相伴随的爱;儒家的智不是纯粹抽象的思辨理智,而是一种有德性的理智。这充分体现了儒家的实践智慧有深厚的德性根基,构成了《论语》伦理思想世界的基本含义,也是孔学的精神旨趣之所在。

---

① 唐热风:《亚里士多德伦理学中的德性与实践智慧》,载《哲学研究》2005年第5期。

② [英]阿拉斯戴尔·麦金太尔:《追寻美德:道德理论研究》,南京:译林出版社2011年版,第195页。

③ 杨泽波:《〈论语〉中的三分法——儒家生生伦理学是如何从孔子思想中分疏出三分法的》,载《孔学堂》2021年第1期。关于三分法与儒家生生伦理学相关内容的更详细的论述,参见杨泽波著《儒家生生伦理学引论》,北京:商务印书馆2020年版。但是,杨泽波认为作为一种认知能力的儒家智性,为了确保道德法则的普遍性、公正性,必须将情感排除在外。这与儒家的说法不同。以孟子为例:孟子所谓的"是非之心,智也"或"是非之心,智之端也"的"智"是一种判断是非的道德理性,也是一种好善恶恶的道德情感。

④ 匡钊:《早期儒家的德目划分》,载《哲学研究》2014年第7期。

第三节 "四端"、"四德"与"良知"：《孟子》的智德思想

《论语》中"智"、"知"观念的使用还没有分化，"智"皆写作"知"。孟子对"智"、"知"的使用已有明确区分，接近现代汉语通行的用法。孟子所言之"知"并不是自然科学知识或理论知识层面的真理之知，而是与各类实践事务相关联的道德知识或实践智慧方面的实践之知。对儒家而言，"知"充满了实践和价值论的意味，这个层面的"知"在本质上即是"智"，所以，潘小慧将此类"知"作为理解"智"的基础是有道理的。①《孟子》中"智"出现了三十二次，多数情况下指一种明智的德性，也称"实践智慧"，是一种能够正确处理实践事务的实践理智的德性。明智或有实践智慧的人就是智者。

一 作为"四端"与"四德"的智

孟子可以说是儒家思想史中最早对心的精神作用和认识作用作出明确规定的学者。"智"是心的精神意识所作用的一种类型，作为心的理智能力，尤其呈现为实践理智的德性。孟子对孔子"智"观念的推进之处在于以"是非之心"界定智德，将智德视为一种人先天固有的内在德性，此即孟子所谓的"良心"或"良知"。他以心善证成性善，通过"四端"、"四德"证明人性本善。孟子有言曰：

> 恻隐之心，人皆有之；羞恶之心，人皆有之；恭敬之心，人皆有之；是非之心，人皆有之。恻隐之心，仁也；羞恶之心，义也；恭敬之心，礼也；是非之心，智也。仁、义、礼、智，非由外铄我也，我固有之也，弗思耳矣。故曰："求则得之，舍则失之。"或相倍蓰而无算者，不能尽其才者也。（《孟

---

① 潘小慧：《〈孟子〉中的"智德"思想》，载《哲学与文化》2002 年第 10 期。

子·告子上》）

　　由是观之，无恻隐之心，非人也；无羞恶之心，非人也；无辞让之心，非人也；无是非之心，非人也。恻隐之心，仁之端也；羞恶之心，义之端也；辞让之心，礼之端也；是非之心，智之端也。人之有是四端也，犹其有四体也。（《孟子·公孙丑上》）

　　"四德"即仁、义、礼、智，此是人自身先天固有的四种德性。孟子从哲学人类学的视角确认"四德"是人之所以为人的内在价值根据。"四端"即"仁之端"、"义之端"、"礼之端"、"智之端"，也称"四心"，即"恻隐之心"、"羞恶之心"、"辞让之心"、"是非之心"。"端"具有萌芽、初始、开端之意，呈现为道德本心的四个面相。"四端"是人性感于外物而在当下呈现出的道德意识与道德情感。通过孟子的论述可知，孟子在两种意义上使用"四心"：一是将"四心"视为"四德"之端；一是直接将"四心"视为"四德"。涂可国对孟子言说的"四心"、"四端"、"四德"三者之间的逻辑关系进行了详尽的梳理和解读。历代儒者对三者关系的诠释主要有两条路线：一是认为"四心"是"四德"的外用、萌芽或体现，即"四心萌芽说"；二是主张"四心"为"四德"之体，是"四德"的情感本源，即"四心本源"说。[①] 涂可国认为"四心本源"说更为可取，因为孟子以心统摄仁、义、礼、智，心具有更基础的地位，而非仅为仁、义、礼、智的外用、萌芽或体现。在孟子的心性论中，作为实践智慧的智德是一种辨别善恶、是非的道德能力，由此证明人是道德的存在。

　　中国儒家传统向来孔、孟并称，孔子较少谈论心性问题，孟子则根据自己的卓识富有创造性地提出了性善论。在孟子的性善论中，人性之恶或人的行为所呈现出的非道德意识没有独立的来源。在较为一般的意义上，孟子认为恶只能归结为良心的放失，良心固存不住，恶便会产生。其实，明智的匮乏也会导致恶的出现。孟子有言曰："天下之言性也，则故而已矣。故者以利为本。所恶于智者，为其凿也。如智者若禹之行水也，则无恶于智矣。禹之行水也，行其所无事也。如智者亦行其所无事，则智亦大矣。"（《孟子·离娄下》）智有大小和真妄之分，孟子在这里区分了两种不同类型但容易混淆的智：一种是"所恶于智者"的"智"，此类智的实质是不顺自然之理而穿凿附会的要聪明，自以为是的小聪明不能称为真正的智，而恰恰是"小智"、"伪智"、"妄智"。[②] 孟子所恶者，乃是不顺性之本

[①] 涂可国：《孟子"四心""四端"与"四德"的真实逻辑》，载《武汉大学学报（哲学社会科学版）》2020年第2期。

[②] 汉儒赵岐有言曰："能修性守故，天道可知，妄智改常，必与道乖，性命之指也。"（焦循：《孟子正义》，北京：中华书局2017年版，第491页。）

然而人为私意穿凿的"小智"、"伪智"、"妄智"者，因为他们率天下之人而祸害仁义，道家中的老子、庄子也主张弃绝此类"智"。另一种是"无恶于智矣"的"智"，即像大禹治水一样因势利导、顺自然之理的大智，此种真正的大智能帮助实践主体作出明智的选择。可见，在孟子的心性之学中有与智相关的智性因素，并非杨泽波所言"智性在孔子心性之学中是指通过学习和认知而成就道德的一种能力和性向。这种能力和性向在孟子身上是没有的"。[1]孟子同样重视成就道德行为所需要的理智方面的能力和性向因素，如果没有这类大智则容易导致的不良后果即为道德价值的削弱和欺罔，亦即恶的出现。在描述恶或善的对立观念时，孟子显然不会使用荀子所使用的人性本"恶"意义上的恶，而是经常使用"不善"来表述人的自身潜在的道德感的丧失，也即孟子所谓的良心的"放失"。孟子论及"放失"时主要是用"牛山濯濯"的比喻来进行说明。孟子有言曰：

> 牛山之木尝美矣，以其郊于大国也，斧斤伐之，可以为美乎？是其日夜之所息、雨露之所润，非无萌蘖之生焉，牛羊又从而牧之，是以若彼濯濯也。人见其濯濯也，以为未尝有材焉，此岂山之性也哉……人见其禽兽也，而以为未尝有才焉者，是岂人之情也哉？故苟得其养，无物不长；苟失其养，无物不消。孔子曰："操则存，舍则亡；出入无时，莫知其乡。"惟心之谓与？（《孟子·告子上》）

此种良心的消失似乎不是心丧失了本性，而是心受到了蒙蔽，仁、义、礼、智被弃置而无法开启、显达，导致道德主体性无法挺立，以至于流荡为恶。唐端正为孟子的性善论进行辩护时认为："孟子所谓'恶'，只由于我们在现实生活中做道德或价值判断时失误所致。这种失误，是后天的、人为的，因而也可以经由后天人为的努力加以克制和去除，和人的本性并无关系。"[2]孟子主张人性本善，恶是后天的、人为的结果。结合上文可知，孟子区分"所恶于智者"与"无恶于智矣"，意在指出不能正确运用明智能力也会导致恶的出现。

孟子的"心"是本体论的实在，因为仁、义、礼、智乃"非由外铄我也，我固有之也"（《孟子·告子上》），确保了人在真实本质上的善性，这种本性之善是不可削弱的，这是从本质层面谈道德知识的起源。孟子的"心"又是生存论意义上的存在或生成过程，与"四德"、"四端"这类道德观念相关的具体实践知识的领悟则依

① 杨泽波：《孟子性善论研究》，北京：中国人民大学出版社 2010 年版，第 179 页。
② 唐端正：《解读儒家现代价值》，香港：商务印书馆 2011 年版，第 42 页。

赖于个体在后天生活经验中的操存涵养工夫。孟子主张"存其心，养其性"以"事天"（《孟子·尽心上》）。作为"大体"的"心"超越于作为"小体"的"耳目之官"之处，在于它能够"思"，所以孟子强调："耳目之官不思，而蔽于物。物交物，则引之而已矣。心之官则思，思则得之，不思则不得也。此天之所与我者，先立乎其大者，则小者弗能夺也。此为大人而已矣。"（《孟子·告子上》）"思"赋予个人要求其自身在道德自我上的独立性、自主性，这是导致"智"的形态产生的关键。基于内省反思而认识到人性本善及其可完善性，再通过"扩充"和"存养"的修养工夫来培养、发展自己的"四端"、"四德"，就可以视为心的自我修养过程。杜维明将这点视为孟子的道德自我发展观念，可谓切中了孟子论"心"的内在逻辑。[①] 这就是孟子的"存心养性"论。孟子有言曰："君子所以异于人者，以其存心也。君子以仁存心，以礼存心；仁者爱人，有礼者敬人。"（《孟子·离娄下》）朱熹注释曰："以仁礼存心，言以是存于心而不忘也。"[②] 孟子言"仁可以存心，礼可以存心"，我们也可以按此逻辑推出"智可以存心，义可以存心"。

孟子以心善论证了性善的"四端之心"都不是一般性社会伦理规范的要求，而是源于一种内在的道德本能的生命冲动与精神动能。孟子又曰："广土众民，君子欲之，所乐不存焉。中天下而立，定四海之民，君子乐之，所性不存焉。君子所性，虽大行不加焉，虽穷居不损焉，分定故也。君子所性，仁、义、礼、智根于心，其生色也睟然，见于面，盎于背，施于四体，四体不言而喻。"（《孟子·尽心上》）广土众民是君子所欲的，但非其所乐；治理好天下才是其所乐，但又非其所性。君子的本性不因显贵通达而增益，也不因穷困隐居而减损，因为君子的本性植根于其内心的仁、义、礼、智，显现于体貌则温润和顺。当能普爱天下之人使天下归仁时，儒家的理想人格——君子才能呈现出温润莹泽的"生色"。所谓"仁义礼智根于心"，即是"我固有之也"，"非由外铄我也"。这个说法是将郭店楚简中的"五行"形于内时所赖以实践的天道内化于人心，并明确指出仁、义、礼、智所对应的道德意识是"恻隐之心"、"羞恶之心"、"恭敬之心"、"是非之心"。这种内在的道德意识是不能通过外在的归纳而得到证明的，只能通过内在的体认或逆觉体证来确立，这是孟子性善论最具有根源性的理据。

在孟子的心性论中，"四德"、"四端"是内在于人性的、人先天固有的为道德奠基的道德意识。从人的这些道德意识与道德情感回溯人性，方知人性的根源处是仁、义、礼、智四种善良的德性，人是道德的存在由此在道德心理层面得到确

---

① 杜维明：《人性与自我修养》，北京：中国和平出版社1988年版，第50—61页。

② 朱熹：《四书章句集注》，北京：中华书局2012年版，第303页。

证。作为"是非之心"的"智"主要表现为一种伦理上的明察状态,具有知是知非、知善知恶进而好善恶恶的道德判断力,能否明辨是非可以说是一种有无实践智慧的表现。明辨是非即为智,此智可以说是一种关于如何作出正确道德决断的实践智慧,"是非之心"所具有的伦理明察能力是明智者所具有的一种道德洞见,其辨别是非善恶的理智功能表明智德主要以实践理性的方式,或作为实践理智的德性,与仁、义、礼共同存在于德性的整体结构中。但是,我们也应该看到孟子所谓"智德"的理智思虑环节,如慎思、理解、权衡、选择等没有得到充分展开,只停留在关于一般实践事务的"是"与"非"两个基本价值立场的对立上。

二 "仁且智"的圣人观

传统儒家的"成德"之学以道德教化为主,以切身的道德修养与精神修炼为成德工夫,以成就君子人格为基本要求,以圣人人格为最高理想和最高的精神境界。从孔子开始,"仁"与"智"就是儒家修身工夫中不可或缺的主要德性,也是儒家理想人格的必要德性。诚如冯契所言:"在孔子和儒家看来,仁且智是理想人格(圣人)的主要特征。"[1]杨国荣也指出:"可以看出,在仁、义、礼、智四者之中,基本的品格是仁与智,所谓羞恶之心与恭敬之心(辞让之心)无非是仁智融合的具体形态,正是在这意义上,孟子有时直接以仁和智来概括理想的人格。"[2]智德作为实践智慧,对君子人格的养成具有规范作用;也正是在这个意义上,"智"、"知"更接近一种广义的修养观念,而不是某种严格界定的认知理性。达致对天道有所体悟的生命境界的实践智慧者可以说就是儒家的圣人,智德是达致圣人境界所必需的。孟子有言曰:

> 恶!是何言也?昔者子贡问于孔子曰:"夫子圣矣乎?"孔子曰:"圣则吾不能,我学不厌而教不倦也。"子贡曰:"学不厌,智也;教不倦,仁也。仁且智,夫子既圣矣乎。"夫圣,孔子不居,是何言也?(《孟子·公孙丑上》)

此处虽引子贡之言以孔子"仁且智"来指称孔子为圣人,并非由孟子直接说

---

① 《冯契文集》第 1 卷,上海:华东师范大学出版社 2016 年版,第 72 页。
② 杨国荣:《孟子的哲学思想》,上海:华东师范大学出版社 2009 年版,第 105 页。

出，但孟子在他处提到"自生民以来，未有盛于孔子也"（《孟子·公孙丑上》），可见在孟子的心目中，孔子的精神形象乃是至圣者，与"仁且智，夫子既圣矣"的说法相吻合。因之，我们可以说孟子对于圣人这一最高理想人格和境界的认定标准就是其兼备了"仁"与"智"。

孟子对孔子的圣人形象进行了刻画。孟子有言曰："伯夷，圣之清者也；伊尹，圣之任者也；柳下惠，圣之和者也；孔子，圣之时者也。孔子之谓集大成。集大成也者，金声而玉振之也。金声也者，始条理也；玉振之也者，终条理也。始条理者，智之事也；终条理者，圣之事也。智，譬则巧也；圣，譬则力也。由射于百步之外也，其至，尔力也；其中，非尔力也。"（《孟子·万章下》）孟子以为孔子之德性集伯夷的"清"、伊尹的"任"、柳下惠的"和"于一身，并以奏乐的节奏与韵律来譬喻孔子是"集大成者"。先敲钟是节奏条理的开始，用磬收束是节奏条理的终结，节奏条理的开始代表"智之事"，终结代表"圣之事"。赵岐注曰："以智，譬由人之有技巧也，可学而益之。以圣，譬由力之有多少，自有极限，不可强增。圣人受天性，可庶几而不可及也。夫射远而至，尔努力也。其中的者，尔之巧也。思改其手用巧意，乃能中也。"[1]智好比技巧，圣好比气力，百步之外练习射箭，射中靶子是因为技巧方面的"智"，将箭射到足够远的距离是因为气力方面的"圣"。

孔子的实践智慧奠基在良好的学养基础之上，能够明辨是非的能力可以说是建立在"学不厌"之上，并且善于在实践事务上进行观察、推测，能够知古鉴今，故而能明辨是非、善恶，从而作出正确的选择。能不能择其所当择是判断是否明辨的标准。关于作出正确的选择与智的关系，从下面一则引文可以看出其中的基本思想旨趣。孟子有言曰：

> 矢人岂不仁于函人哉？矢人唯恐不伤人，函人唯恐伤人。巫匠亦然。故术不可不慎也。孔子曰："里仁为美。择不处仁，焉得智？"夫仁，天之尊爵也，人之安宅也。莫之御而不仁，是不智也。不仁、不智，无礼、无义，人役也。人役而耻为役，由弓人而耻为弓，矢人而耻为矢也。如耻之，莫如为仁。仁者如射，射者正己而后发；发而不中，不怨胜己者，反求诸己而已矣。（《孟子·公孙丑上》）

此章孟子以造箭、造盔甲、做巫和木匠为例，说明人应该谨慎地选择职业。

---

① 焦循：《孟子正义》，北京：中华书局 2017 年版，第 558 页。

文中引用孔子"里仁为美。择不处仁，焉得知？"（《论语·里仁》）之语，虽然说的是不能"择仁而居"不可谓之智，但若从反面言之，能"择仁而居"则谓之智。此处凸显的是作出正确选择的重要性，"择不处仁"是一种不明智的选择，"择仁而居"才是一种明智的选择。在孟子看来，仁是"天爵"，人应该安居于仁；仁是智的必要条件，不能行仁的人也不是具有实践智慧的人；不仁、不智、无礼、无义的人则会被他人奴役，被他人奴役意味着道德主体性的阙如。儒家道德教化的根基在于对人的道德主体性的肯定，践履道德行为的道德动力是内在于人心的"四德"和"四端"。概而言之，一切善行皆在于"反求诸己"。

在"智"观念与圣人的关联上，孟子又提出"智足以知圣人"。孟子有言曰：

> 宰我、子贡、有若，智足以知圣人，污不至阿其所好。宰我曰："以予观于夫子，贤于尧、舜远矣。"子贡曰："见其礼而知其政，闻其乐而知其德，由百世之后，等百世之王，莫之能违也。自生民以来，未有夫子也。"有若曰："岂惟民哉？麒麟之于走兽，凤凰之于飞鸟，太山之于丘垤，河海之于行潦，类也。圣人之于民，亦类也。出于其类，拔乎其萃，自生民以来，未有盛于孔子也。"（《孟子·公孙丑上》）

"智足以知圣人"与《论语》"知者知人"之意相通。孟子心中理想的圣人楷模是孔子。宰我、子贡、有若的智慧足以了解圣人的行事，子贡对孔子推崇备至。孔子敬仰与向往的是周朝礼乐文明下的政治社会生活，希冀以礼乐教化百姓，实现天下大治的理想。孔子的实践智慧在于善于观察和推演，"见其礼而知其政，闻其乐而知其德"，根据前朝帝王的礼乐就能够"知其政"、"知其德"。

燕国人反抗齐国，齐王对孟子感到很愧疚。齐王的大臣陈贾曰："王无患焉。王自以为与周公孰仁且智？"齐王答曰："恶！是何言也！"陈贾曰："周公使管叔监殷，管叔以殷畔。知而使之，是不仁也；不知而使之，是不智也。仁、智，周公未之尽也，而况于王乎？"（《孟子·公孙丑下》）此章孟子议论的主题是儒家君子乃至圣人如何对待自己的过错。齐国大夫陈贾在齐王的过错上文过饰非，以圣人周公在处理管叔叛国问题上尚且做不到"仁且智"为据，为齐王的治国失策寻找解脱之词。孟子借机反驳，认为周公与管叔有手足之情，对管叔的叛乱不起疑心也在情理之中，况且周公知错能改，待其知错改过，百姓依旧信任他。《孟子》中的"智足以知圣人"和"不知而使之，是不智也"的说法，继承了《论语》、《五行》以见贤人而知其德论"智"的基本思想，而并非如涂艳秋所言："'智'也不再具有见贤人知其为贤人的意思，转而成为在判断是非时，能以人性中最基础的亲亲与敬长作为考虑的那把尺，在分别对错时，能以仁义作为标准，反问自己这样做心安不安的智慧。"[1]

其实，孟子既保留了智所具有的见贤人知其为贤人的意思，又能以仁义作为标准，从是非判断的角度赋予"智"观念以新的内涵。这就是孟子提到的智德对于仁德和义德的特殊意义。孟子有言曰："仁之实，事亲是也；义之实，从兄是也；智之实，知斯二者弗去是也；礼之实，节文斯二者是也；乐之实，乐斯二者，乐则生矣；生则恶可已也，恶可已，则不知足之蹈之、手之舞之。"（《孟子·离娄上》）有论者指出：如果说仁、义、礼、智是孟子人性善思想的核心内容，那么仁义可以说是人性善思想核心中的核心，即仁义是孟子思想的最核心之所在。此章孟子之言，既申述了仁义所代表的孝悌为儒家伦理之本，仁的具体表现是"事亲"，义的具体表现是"从兄"、"敬长"，又突出了智德在贞定仁、义二项主德上的积极作用，作为理智德性的"智"与作为道德德性的"仁义"之间有深度的价值联结，是须臾不可分离的，智德的意义就在于充分认识到仁义对于人之存在的首要价值。朱熹的注解也颇能说明智的理智反思功能对于仁义的重要性。他说："此章言事亲从兄，良心真切，天下之道，皆原于此。然必知之明而守之固，然后节之密而乐之深也。"[2]内在于人心的仁义是礼的本源，尊礼必源出于仁义，对此"知之明"方能"守之固"，"知"已经蕴含着"行"了。这也显示出作为"知之明"的智呈现为日常生活中的事亲孝悌之行，蕴含了实践之义，与孟子所言"夫仁，天之尊爵也，人之安宅也。莫之御而不仁，是不智也。不仁不智，无礼无义，人役也"（《孟子·公孙丑上》）的义理相一致。在毫无阻力的前提下不去践行仁义之道，不知仁义之实，当然是不明智的。孟子的"仁且智"是生命的通体透明。牟宗三举中国人日常生活中的"溺爱不明"现象为例，说明了智对于仁爱的辅助作用。仁的主要表现是爱人，但不是溺爱。溺爱是一种不明之爱，即无智之爱，而无智之爱不是理想的爱之状态。[3]

三　作为实践智慧的良知

德性的获得都需要一个理性的发展过程，亦即是说德性必须具有一个理智的向度。通过对儒家智德的理解和诠释，我们可以发现儒家对德性主体理智状

---

① 涂艳秋：《战国中期儒家"仁义礼智"内涵的转变》，载《兴大中文学报》2009 年第 25 期。
② 朱熹：《四书章句集注》，北京：中华书局 2012 年版，第 293 页。
③《牟宗三文集：中国哲学的特质》，长春：吉林出版集团有限责任公司 2015 年版，第 31 页。

态的强调是一以贯之的。余纪元是较早关注这个问题的学者。他重点考察了亚里士多德德性伦理学中的"知道"和"选择"这两种理智功能，并进而讨论了孔孟伦理学中"知"与"义"的关系问题。他认为"知"既是理论知识，又是实践知识，"义"与行为主体的选择和决定有更密切的联结。孔孟的"义"对应于亚里士多德的实践智慧。其研究表明"知 — 义"结构与"知道 — 选择"结构具有明显的对应性，一个德性主体在处理实践事务时，肯定会知道和选择有益于个人生活的正确行为，这反映出儒家对德性主体的理智功能的强调。^①在孟子的心性论视域中，仁、义、礼、智分属于人类所具有的四种根本伦理道德属性。在儒家的实践哲学中，与这种理智判断与运用相对应的实践智慧概念是"智"。作为"是非之心"的智就是对各类德目规范的反思性认知，主体通过心的思虑活动逐渐将社会伦理规范内在化为道德自我的自觉行为，使日常生活中的道德行为成为可能。孟子正是依循这种致思路径，揭示了智的德性价值。正是在此意义上，我们说孟子对智德的强调可以等同于亚里士多德对实践智慧的肯定。

孟子尤其强调在应对道德疑难问题时需要实践智慧的辅助。孟子在论述"男女授受不亲"的问题时就已经提出通权达变的实践智慧原则，有言曰："男女授受不亲，礼也；嫂溺援之以手者，权也。"（《孟子·离娄上》）关于嫂溺行权之说，朱熹认为："'男女授受不亲'，是常经合恁地。'嫂溺，援之以手'，亦是道理合恁地，但不是每常底道理了。"^②"男女授受不亲"是"礼"，"嫂溺援之以手"是"义"，当"礼"与"义"发生冲突时，朱熹主张以合乎道理的"义"作为行权的原则，这即是"经"和"权"统一于道的思想。朱熹有言曰："经是万世常行之道，权是不得已而用之，须是合义也。"^③"经"代表的是具有普遍性的道德法则与伦理规范，"权"代表的是主体在道德实践的具体境遇中所能发挥的能动性与自由度的边界问题，如何在道德实践的普遍性与特殊性之间获得一种平衡是"经权原则"所要解决的道德困境，也是智德所要处理的问题。就孟子所举的事例而言，当礼俗失去实际的效力时，作为道德主体的人是规范的主人，而不是规范的奴隶，可以运用更高的人道原则加以补救，使"境遇伦理"（Situational Ethics）的问题得到合理解决。此章意在说明具有实践智慧的人在特殊的境遇中保持执经达权、通权达变的应对能力，化解"非礼之礼"和"非义之义"的道德冲突。在处理此类道德冲突上确实需要发挥实践智慧的理智判断和抉择能力，但在日常生活中，孟子更多

---

① 余纪元：《德性之镜：孔子与亚里士多德的伦理学》，北京：中国人民大学出版社2009年版，第237—241页。

②③ 黎靖德编：《朱子语类》三，北京：中华书局1986年版，第989、989—990页。

的是将道德行为的根源诉诸人先天固有的"四端"、"四德"。在孟子的伦理知识体系中,"四端"、"四德"所代表的善性也可以统称为"良知"。

中国哲学有一个重视实践智慧的传统,孟子的良知学正是这种实践智慧传统的代表。良知是人与生俱来的,人性是本善的。孟子首次将作为实践智慧的智德与人的良知联系在一起,为儒家心性论确立了内在而超越的向度。孟子曰:

> 人之所不学而能者,其良能也;所不虑而知者,其良知也。孩提之童无不知爱其亲者,及其长也,无不知敬其兄也。亲亲,仁也;敬长,义也;无他,达之天下也。(《孟子·尽心上》)

孟子所谓良知之"良"是指与生俱来的本然之善,良知之"知"是关于我们如何生活得好的实践知识。良知为天所赋予人的善良天性,通过实践"亲亲"、"敬长"等社会伦理义务而得以呈现。良知只要在正常情况下得到存养与扩充,就会成为一种自然而然的习惯,不需要反思的自明性道德意识,就能够在实践事务上正确地辨明是非善恶,并促使个人采取相应的道德行动。如前文所述,孟子以"是非之心"论"智"是其重要的创见,比起子思在《五行》中以见而知贤人之德论"智"等更加强调了智在道德价值上的是非判断之义。儒家哲学所谓作为实践智慧的良知不是严格意义上的知识理性方面的逻辑推演程序,亦不是对利害关系进行精密算计的工具理性,但这并不等于否定儒家智德不包含理智向度。

第四节 《春秋》明其智：董仲舒的 适权明智思想发微

　　董仲舒以治《公羊春秋》而著称于世，在三对汉武帝的策问中提倡罢黜百家，推崇孔子六艺之学，开启了儒学国教化的历程，为两汉儒家宗师。汉儒的基本取向在"外王"而非"内圣"。董仲舒称赞孔子是"素王"，说"孔子立新王之道"。就先秦孔孟儒学而言，多从心性之学的角度，以道德主体性论仁智之德。董仲舒则与之不同，多从与政治哲学相关的治道方面论仁智的政治功效，对自作主宰的心性缺乏自觉，这也是后世正统派大儒较少推崇其学说的重要原因。董仲舒所做的工作是如何使儒家的道德理想主义真正地落地生根，推进儒学社会化的实现，这也是其作为春秋公羊学大家注重《春秋》学的动机所在。究其实质而言，董仲舒的《春秋》学就是一门提供政治智慧的实践之学，涉及在复杂的现实政治处境中尤其是面临"经权"问题时如何"知权"、"适权"而"明智"的政治伦理议题，其中蕴含着丰富的政治哲学意义。

一 董仲舒论"智"的基本意义

　　原始儒家孔、孟、荀皆重视智德。董仲舒也不例外。他对"智"的内涵有明确的界定。其言曰：

　　何谓之智？先言而后当。凡人欲舍行为，皆以其智先规而后为之。其规是者，其所为得，其所事当，其行遂，其名荣，其身故利而无患，福及子孙，德加万民，汤武是也。其规非者，其所为不得，其所事不当，其行不遂，其名辱，害及其身，绝世无复，残类灭宗亡国是也。（《春秋繁露·必仁且智》）

　　就实践主体而言,智作为实践主体的理智德性,关涉对实践事务的理性判断、选择与行动,先将对实践事务的判断用言语说出,而后证明所说的是恰当的。先去谋划,然后采取相应的行动。若是谋划正确,其所作所为与其所做的事相合,与其行为相当,就能取得成功,有利益而没有祸害,不仅荣耀自身,而且福泽后人。商汤王和周武王就是这类具有实践智慧的智者。若谋划错误,其所作所为与其所做的事便不相合,与其行为便不相当,就会造成百害而无一利的后果。行动合乎条理,言语正合时务,便是具有实践智慧。在实践事务上的合理判断与正确行动是取得成功的关键,故曰:"其言寡而足,约而喻,简而达,省而具,少而不可益,多而不可损。其动中伦,其言当务。如是者,谓之智。"(《春秋繁露·必仁且智》)批评儒家的墨家也有类似的见解。[①]谨言慎行是智德必备的要素,对于效法先王的治国者而言,没有比智德更急迫的德性了。董仲舒从"先规而后为"论"智"的内涵,与古希腊哲学家亚里士多德对明智的特点的解说有类似之处。亚里士多德认为明智有三个特点,即好的考虑、理解和体谅。"好的考虑"就是对于达到一个目的的手段的正确的考虑和谋划,这就是明智的观念之所在。[②]"好的考虑"就是董仲舒所谓"其规是者",即正确的谋划。

　　作为一种德性的儒家智德,既是价值意义上的道德观念,又是非价值意义上的智识观念。这种明智之德本身就是现代意义上的"德"与"智"的统一。董仲舒首次将智与仁、义、礼、信合称为"五常",这一观念图式成为传统儒家伦理思想的要义。首次将仁、义、礼、智、信作为"五常"纳入国家典章的是东汉官方正典《白虎通义》。其言曰:

　　　五常者何?谓仁、义、礼、智、信也。仁者,不忍也,施生爱人也。义者,宜也,断决得中也。礼者,履也,履道成文也。智者,知也;独见前闻,不惑于事,见微知著也。信者,诚也,专心不移也。故人生而应八卦之体,得五气以为常,仁、义、礼、智、信也。(《白虎通义·性情》)

　　可见汉儒言"五常",多杂以阴阳五行、象数之变。值得注意的是:董仲舒的《春秋繁露》并没有将五常之德与五行匹配在一起。[③]董仲舒认为保持社会良性

---

　　①墨子曰:"慧者心辩而不繁说,多力而不伐功,此以名誉扬天下。言无务为多而务为智,无务为文而务为察。"(《墨子·修身》)

　　②亚里士多德:《尼各马可伦理学》,北京:商务印书馆2003年版,第199页。

　　③郭齐勇:《再论"五行"与"圣智"》,载《中国哲学史》2001年第3期。

有序运作和人际交往的法则、规范都以儒家的伦理道德为基础。他说："夫仁、谊、礼、知、信,五常之道,王者所当修饬也。五者修饬,故受天之佑,而享鬼神之灵,德施于方外,延及群生也。"(《汉书·董仲舒传》)这是说:只要修饬儒家仁、义、礼、智、信"五常之德",便可以保住天命,得到鬼神的护佑,很好地统治治下的臣民百姓,实现国家长治久安的伟业。

董仲舒继承了先秦以"知人"和"知贤"论"智"的传统。其言曰:"任贤臣者,国家之兴也。夫知不足以知贤,无可奈何矣。知之不能任,大者以死亡,小者以乱危,其若是何邪?以庄公不知季子贤邪?安知病将死,召而授以国政。以殇公为不知孔父贤邪?安知孔父死,己必死,趋而救之。二主知皆足以知贤,而不决,不能任。故鲁庄以危,宋殇以弑。"(《春秋繁露·精华》)董仲舒根据春秋时期各国的成败得失,总结历史经验,得出的结论是国家兴盛成败的关键在于知贤。如果国君的智慧不足以知贤,那么国家就很危险了。知贤而不能任贤,则有使国家陷于危殆甚至灭亡的可能性。董仲舒以鲁庄公和宋殇公为例解释了知贤任贤的重要性:鲁庄公知季子之贤,但因任用季子较晚而导致国家混乱。宋殇公知孔父嘉之贤,但因没有早点任用他而导致自己被弑杀。出现这种政治困局的原因在于"二主知皆足以知贤,而不决,不能任",贤者能够坚守道义,不诽谤上位者,也有足够的才智不危及自身性命,此所谓"义不讪上,智不危身。故远者以义讳,近者以智畏。畏与义兼,则世逾近而言逾谨矣"(《春秋繁露·楚庄王》),而果决地采取行动、任用贤才是明智的君主必备的政治智慧。

董仲舒政治哲学的总纲领是"奉天而法古"。他认为执政者拥有明辨事理的心是重要的,但更重要的是效法"先王之遗道"。董仲舒有言曰:

> 《春秋》之道,奉天而法古。是故虽有巧手,弗修规矩,不能正方圆;虽有察耳,不吹六律,不能定五音;虽有知心,不览先王,不能平天下。然则先王之遗道,亦天下之规矩六律已。故圣者法天,贤者法圣,此其大数也。得大数而治,失大数而乱,此治乱之分也。所闻天下无二道,故圣人异治同理也。(《春秋繁露·楚庄王》)

何谓"知心"?苏舆注解曰:"知,读智。"[①]"知"即智,"知心"指明辨事理的心。此章大意是:《春秋》的道理就是奉行天道而效法古代圣明帝王的作为。因此,工艺人虽然有巧妙的技艺,但不比照圆规和曲尺,就不能正确画出方与圆;乐师

---

① 苏舆:《春秋繁露义证》,北京:中华书局2015年版,第13页。

虽然有敏锐的听觉，但不吹奏六律，就无法定正五音；执政者虽然有明辨事理的心，但不效法古代先王遗存的治国之道，就不能平定天下。古代先王遗存的治国之道就是治国的规矩与六律。所以，圣人效法天道，贤人效法圣人，此即为治国的大道。能够得到治国的大道，天下自然安定和谐；反之，则天下大乱。天下没有两种治国的正道，历代圣人治理天下虽有所不同，但殊途同归，治国的大道是互相贯通为一的。

"仁"是儒家伦理思想的根源，是紧扣人心或道德主体性而言的，孔孟皆然。孔子论"仁"，涉及"修己"与"治人"两个方面。董仲舒则仅从治人方面诠释孔子之仁，视仁为治人的外在法度和判定人的行为是否合理的工具性规范。他认为《春秋》这部书所治理的对象是他人与自我，仁是治理他人，义是治理自我。其言曰："是故《春秋》为仁义法。仁之法在爱人，不在爱我。义之法在正我，不在正人。"（《春秋繁露·仁义法》）人与我的问题即"群"与"己"，仁之法是治理群体所适用的原则，义之法则是整饬自我所适用的原则。但是，从另一个角度看，董仲舒论"仁"则言"智"，论"智"则言"仁"，以"必仁且智"彰明仁智互济的儒家治道思想。董仲舒在《必仁且智》章详尽地论述了仁智观念的紧密关系，此章是一篇相对独立的论文。董仲舒指出仁德和智德都非常重要，"莫近于仁，莫急于智"，就人的行为所需的德性而言，仁德是最切近的德性，智德是最急迫的德性。没有仁德而有勇力才能，就好比狂人拿着锐利的兵器，有伤人的危险；没有智德而性情褊急，口才敏捷，就好比头脑迷乱的人骑着奔驰的良马，也有伤人的危险。所以，不仁不智而有勇力才能，只能助长其邪狂之心，助力其邪恶无理之行。故而董仲舒说："仁而不智，则爱而不别也；智而不仁，则知而不为也。故仁者所以爱人类也，智者所以除其害也。"（《春秋繁露·必仁且智》）

概而言之，董仲舒所言的"智"是在行为之先所作的选择、谋划与判断的能力，这些选择、谋划与判断都必须在事后被证明是恰当的。智具有预知祸福利害的作用，将智纳入道德实践的过程体现了儒家知行合一的思想。在"仁智"观念图式上，董仲舒继承了原始儒家仁智兼言、以智辅仁的思想理念，但多从治道方面论仁智的政治功效。董仲舒也继承了先秦儒家以"知人"、"知贤"论"智"的传统，提出果决地采取行动任用贤才是明智的君主必备的政治智慧。董仲舒的理念与孔、孟言仁智的内涵与仁智关系既有相同之处，又有差异，造成差异的根本原因在于孔、孟较重视道德意识和道德动机，董仲舒则比较重视从功利的角度考虑道德效果。董仲舒所处的时代较为特殊，汉王朝推翻了重用法家而抑制儒家的秦王朝，汉武帝时开始"罢黜百家，独尊儒术"，儒学获得了国家意识形态的主导地位。儒家的道德理想主义之所以呈现出这种平庸化、世俗化的趋势，是与当时儒家要求在现实的政治社会生活中落实儒学价值的时代诉求分不开的。[①]

二 《春秋》学视域中的适权与明智

董仲舒是春秋公羊学大家。他发挥《春秋》的微言大义，建立了思想体系完备的《春秋》学。徐复观指出：董仲舒对《春秋》的解释影响到西汉其他经学在解释上的转折，在思想史上的意义特别重大。[②]董仲舒的春秋公羊学是其哲学思想的原点，其最大发明在于将《春秋》经传的"法古"宗旨转换为"奉天"，"《春秋》之道，奉天而法古"（《春秋繁露·楚庄王》）。董仲舒所建立的"天"的哲学系统，并不着眼于就宗教意义的"天"发展宗教哲学，也无意于就哲学意义的"天"发展道德形而上学，其根本宗旨还是围绕《春秋》学为新王立道而展开。在深层意义上讲，"法古"不是复古，而是法道，"道之大原出于天"（《汉书·董仲舒传》），法古无异于法道、法天，法天道而立人道。《汉书·儒林传》说"仲舒通五经，能持论"，但他之所以在群经之中独钟于《春秋》，是因为《春秋》最方便增饰新义。如果说孔子的《春秋》学是"寓义于史"，如孟子所言"其文则史，孔子曰'其义则丘窃取之矣'"（《孟子·离娄下》），那么董仲舒的《春秋》学则是"寓史于义"，通过"寓史于义"的诠释方式可以为政治改制张本，实现其为汉王朝立新王之道的政治理想以及"崇儒更化"的文化理念。"奉天而法古"是为改制提供超越的根据和经典的根据，以增强其合法性和权威性。

董仲舒指出了儒家传统"六经"的政治意识形态功能。其言曰："君子知在位者不能以恶服人也，是故简六艺以赡养之。《诗》、《书》序其志，《礼》、《乐》纯其美，《易》、《春秋》明其知。六学皆大，而各有所长。《诗》道志，故长于质。《礼》制节，故长于文。《乐》咏德，故长于风。《书》著功，故长于事。《易》本天地，故长于数。《春秋》正是非，故长于治人。"（《春秋繁露·玉杯》）君主选择"六艺"或"六经"以涵养自身的心性，作为治理国家的德性基础。《诗》、《书》的功用在于抒发君主的情志，《礼》、《乐》的功用在于使君主的本质精纯。何谓"明其知"？苏舆注曰："明其智，使顺于阴阳，谨于伦类。"[③]《易》、《春秋》的功用在于使君主获得政治上的实践智慧。六艺之学，各有所长。《春秋》的特点是辨别是非，长于

---

① 韦政通：《董仲舒》，中国台北：东大图书股份有限公司 1986 年版，第 18 页。
② 徐复观：《两汉思想史》（二），北京：九州出版社 2014 年版，第 268 页。
③ 苏舆：《春秋繁露义证》，北京：中华书局 2015 年版，第 33 页。

治国。董仲舒的《春秋》学就是一门为君主提供政治智慧的实践之学,涉及在复杂的现实处境中面临"经权"问题时如何"知权"、"适权"而明智的政治伦理议题。本节主要以董仲舒的《春秋》学为思想视域探究"经权"问题,以此展现董仲舒在政治哲学方面的实践智慧理论。

"经权"是孔、孟、荀儒学的重要论题。董仲舒对此论题不但坚守原始儒家的论旨,而且在理论上有所推进。"经权"问题属于现代伦理学中的"境遇伦理",境遇伦理所探讨的是如何将普遍性的道德法则应用于具体的伦理处境,即我们是否可以在明显违背道德规范的情况下去作道德决断。儒家伦理也是一种境遇伦理,每一个伦理情境都需要运用实践智慧去判断与作出抉择,正所谓"战战兢兢,如临深渊,如履薄冰"(《诗经·小雅》)。董仲舒在此一论题上有很多论述,足见其对"经权"问题的重视,检视其对此论题的贡献是必要的。最先提出"经权"论题的是孔子。孔子有言曰:"可与共学,未可与适道;可与适道,未可与立;可与立,未可与权。"(《论语·子罕》)这是说:共同学习的人,未必有共同学习的目标;有共同学习的目标的人,在实践上未必能依礼而行;能依礼而行的人,未必能做到通权达变。"共学"、"适道"、"立"、"权"属于不同的人生发展阶段,"权"属于最高的阶段,可见孔子把通权达变视为很高的人生境界。孟子用"嫂溺援之以手"的例子说明了行权是处理此类境遇伦理的根本原则,因为人是道德的主体,而不是规范的奴隶,人具有自主的行动能力以应对复杂的社会伦理处境。孟子以具体的伦理情境对孔子所谓的"权"作了新的诠释。荀子则对"权"进行了周密严谨的理论建构,主张儒学中的"权"和"通"是一种能通权达变的能力。[①]

那么,董仲舒是如何进一步推进孔、孟、荀在"经权"问题上的思考的呢?董仲舒的"经权"思想明显受到《春秋公羊传》的影响。《春秋公羊传》为行权设置了层层限制,其言曰:"权之所设,舍死亡无所设。行权有道,自贬损以行权,不害人以行权。杀人以自生,亡人以自存,君子不为也。"(《春秋公羊传·桓公十一年》)董仲舒重视"经权"是为其在治道上尚德治的政治思想服务的。为了使这一主张获得"天道"的支撑,他以阳为经,以阴为权,指出刑法是不得已而用之。其言曰:"恶之属尽为阴,善之属尽为阳,阳为德,阴为刑,刑反德而顺于德,亦权之类也。虽曰权,皆在权成。是故阳行于顺,阴行于逆。逆行而顺(者,阳也);

---

① 陈昭瑛将"经权"问题与经典诠释相结合,以"经"对应"经典",以"权"对应"诠释",对荀子的通权达变思想作了详尽的阐释。(陈昭瑛:《儒家美学与经典诠释》,上海:华东师范大学出版社2008年版,第58—72页。)

顺行而逆者,阴也。是故天以阴为权,以阳为经。阳出而南,阴出而北。经用于盛,权用于末。以此见天之显经隐权,前德而后刑也。"(《春秋繁露·阳尊阴卑》)董仲舒还从四季阴阳的更替变化中得出"天道"的规律,"是故天之道,有伦、有经、有权"(《春秋繁露·阴阳终始》),天道的运行有伦类、有常道、有权变。何谓"经"?何谓"权"? 董仲舒曰:

> 《春秋》有经礼,有变礼。为如安性平心者,经礼也。至有于性,虽不安于心,虽不平于道,无以易之,此变礼也。是故昏礼不称主人,经礼也。辞穷无称,称主人,变礼也。天子三年然后称王,经礼也。有物故则未三年而称王,变礼也。妇人无出境之事,经礼也。母为子娶妇,奔丧父母,变礼也。明乎经变之事,然后知轻重之分,可与适权矣。(《春秋繁露·玉英》)

此所谓"经礼"是维系社会人伦秩序的常道,是世代相传的礼俗、风俗和习惯,具有一定的恒常性和稳固性。行使"经礼"可以使人性情安定、内心平和。所谓"变礼",是指除"经礼"之外可以在特殊境遇中灵活运用的礼俗原则。行使"变礼"虽然会使人性情不安定、内心不平和,但在道理上是无法更改的。董仲舒列举了一些例子:在婚礼中不称新郎的名字是"经礼";如果新郎父亲去世,又没有哥哥,在和女方交往时,在言辞上没有人可以称呼,于是直呼新郎的名字就是"变礼"。明白了"经权"通变的道理,然后懂得了轻重的分别,这样才可以去权衡是非得失。权变是有限度的,限度之内的权变才是明智的,这是"经权"理论的关键之处,所以董仲舒又曰:"夫权虽反经,亦必在可以然之域。不在可以然之域,故虽死亡,终弗为也,公子目夷是也。故诸侯父子兄弟不宜立而立者,《春秋》视其国与宜立之君无以异也。此皆在可以然之域也。"(《春秋繁露·玉英》)所谓"可以然之域",就是指道理上所允许的。如果道理上不允许,即便与死亡攸关,也不可以行权。董仲舒又以"大德不逾闲,小德出入可也"(《论语·子张》)解释经权:"经"是大德,属于"不可以然之域",在任何情况下都必须遵守;"权"是小德,属于"可以然之域",在此范围内可以行权。一旦行权,势必违反既定的常道,但违反既定的原则是为了实现更高的目的,此即董仲舒所谓"权谲也,尚归之以奉钜经耳"(《春秋繁露·玉英》)之义。

如何界定"不可以然之域"与"可以然之域"是处理经权面临的一大问题,处理得当即为"知权"和"适权"。董仲舒借助具体的历史事例解释了如何"知权"和"适权"的问题。事例一发生在鲁成公二年,齐国与晋国之间发生战争,齐国战败,齐顷公被晋国军队包围,逢丑父为掩护齐顷公逃跑而殉难。事例二发生在春秋时的郑国，郑庄公死后，公子忽继位，祭仲路经宋国，遭到扣留，宋国胁迫他驱逐公子忽、拥立公子突，祭仲为保全国君的性命，伪装接受宋国的要求，使公子突回到郑国，公子忽则奔逃至卫国避难。于是，有人问董仲舒说："逢丑父杀其身以生其君，何以不得为知权？丑父欺晋，祭仲许宋，俱枉正以存其君。然而丑父之所为难于祭仲，祭仲见贤而丑父犹见非，何也？"（《春秋繁露·竹林》）一般而言，"逢丑父杀其身以生其君"是忠义的表现，应该受到肯定，但董仲舒认为这是不"知权"的表现。董仲舒解释道：

> 是非难别者在此。此其嫌疑相似而不同理者，不可不察。夫去位而避兄弟者，君子之所甚贵；获虏逃遁者，君子之所甚贱。祭仲措其君于人所甚贵以生其君，故《春秋》以为知权而贤之。丑父措其君于人所甚贱以生其君，《春秋》以为不知权而简之。其俱枉正以存君，相似也；其使君荣之与使君辱，不同理。故凡人之有为也，前枉而后义者，谓之中权，虽不能成，《春秋》善之，鲁隐公、郑祭仲是也。前正而后有枉者，谓之邪道，虽能成之，《春秋》不爱，齐顷公、逢丑父是也。（《春秋繁露·竹林》）

从表面上看，逢丑父、祭仲的行为是相似的，其实有着本质上的不同，其中隐含的不同道理需要仔细辨别。董仲舒评价逢丑父、祭仲两人的行为是否为"中权"和"适权"：祭仲乃"前枉而后义"，伪装在前故曰"前枉"，但造成了"执权存国"的积极后果，故曰"后义"，此即为"中权"，这与《春秋公羊传》"古人之有权者，祭仲之权是也。权者何？权者，反于经然后有善者也。权之所设，舍死亡无所设。行权有道，自贬损以行权，不害人以行权。杀人以自生，亡人以自存，君子不为也"（《春秋公羊传·桓公十一年》）的主张若合符节。"反于经"即返归于经，蔡仁厚曾经说："《公羊传》云：'权者，反于经然后有善者也。'无经则权无所用，故必须反（返）于经而后乃能成其善。由此可知，一个不能守经的人，根本不足以言'行权'。"[1] 逢丑父则与之不同，属于"前正而后有枉"，已堕入邪道，与《春秋》的大义相违背，所以《春秋》不赞美逢丑父看似忠义的行为。董仲舒"把'权'和荣辱、义不义、正邪的关系联系起来，使经权关系不仅关系到生死存亡的问题，而且跟孔子的'杀身成仁'、孟子的'舍生取义'统一起来"[2]，这是董仲舒对儒家"经权"思想的重要贡献。从中可以看出，董仲舒主要基于后果论的立场来看待"中权"和

---

① 蔡仁厚：《孔孟荀哲学》，中国台北：台湾学生书局 1984 年版，第 345 页。
② 周桂钿：《董学探微》，北京：北京师范大学出版社 1989 年版，第 288 页。

"适权"的伦理问题。董仲舒又认为圣人做了很多的善事所建立的功业不是一蹴而就的，需要"量势立权，因事制义"（《春秋繁露·考功名》），这需要根据具体的处境而灵活运用自身的才能，作出合理判断并付诸实际行动才可以做到，也是"适权"的结果，圣人、贤人就是这样的实践智慧者。

三 《春秋》适权明智的政治哲学意义

古代中国虽无"政治哲学"之名，但有政治哲学之实。简而言之，政治哲学就是关于法律、权力、国家、政体、权利等政治议题的哲学研究，即关于那些具有共同的政治性质的各类议题的研究。中国古典政治哲学最为核心的议题是政治权力来源的合法性，还包括政治权力行使的道德合理性的基础问题以及政治活动的目的性。[1]董仲舒所谓"《春秋》明其智"、"适权"、"中权"等关涉"经权"的辩证思想都属于政治权力行使的道德合理性的基础问题。在追求理想的社会政治秩序即"外王"方面，董仲舒与先秦儒家是同调的，但董仲舒的时代所面临的社会政治议题又不同于春秋战国时期。汉王朝一统天下，建立了君主专制政体，在这一客观的现实环境之中，董仲舒的任务是如何将儒家的外王理想与汉王朝的君主专制政体相结合，使之既能发挥儒家思想的价值，传续儒家文化的道统，又能稳固汉王朝的政治体制。所以，他以"天"为核心观念所建立的"天"的哲学系统的背后有着深刻的现实关怀，是为其政治取向而架构的思想体系。诚如韦政通所言，孔孟的思想起点是以道德意识为主，政治意识不过是道德意识的延伸，但董仲舒不然，政治是其思想中最凸显的实体，政治的终极关怀与现实关切结而为一，使得董仲舒成为一位不折不扣的政治化的儒家。[2]

借用现代儒学的名词，董仲舒的儒学思想是"政治儒学"而非"心性儒学"，其政治儒学思想确立了汉代以来两千年郡县制中央集权国家政治哲学新范式，可谓是秦汉之际中国传统社会和思想文化全面转型的里程碑。[3]

关于董仲舒的政治哲学涵盖的范围很广泛，概而言之无外乎两种提法：其一

---

[1] 吴根友：《在道义论与正义论之间 —— 比较政治哲学诸问题初探》，武汉：武汉大学出版社2009年版，第2页。

[2] 韦政通：《董仲舒》，中国台北：东大图书股份有限公司1986年版，第151页。

[3] 吴龙灿：《天命、正义与伦理：董仲舒政治哲学研究》，北京：人民出版社2013年版，第432页。

是君权神授或君权天授的君主专制论。[1]董仲舒肯定君主专制论,并从天的哲学的高度进行了论证。其二是"民心即天命"的仁义论。[2]董仲舒以仁义充实君主专制政治的内涵,力图探寻最为合理、合法的善政。我们在此不从整体上对董仲舒的政治哲学加以评定,而是从其《春秋》学视域下的适权观念出发,探究其《春秋》适权明智思想所具有的政治哲学意义。

董仲舒的《春秋》学的为学旨趣在于"奉天"而建"圣王所取仪,金天之大经"(《春秋繁露·官制象天》)。那么,何谓"王"?董仲舒曰:

> 古之造文者,三画而连其中,谓之"王"。三画者,天、地与人也,而连其中者,通其道也。取天、地与人之中以为贯而参通之,非王者孰能当是?是故王者唯天之施,施其时而成之,法其命而循之诸人,法其数而以起事,法其道而以出法,治其志而归之于仁。仁之美者在于天。(《春秋繁露·王道通三》)

董仲舒采用训诂学的方法把"王道"训为参通三才之道,认为王者、人主授命于天,"受命之君,天意之所予也。故号为天子者,宜视天如父,事天以孝道也"(《春秋繁露·深察名号》)。王者法天而治,法四时则生杀予夺合于义,法五行则因才授官,法阴阳则顺德慎刑,此即为王者配天、法天而治之义。根据董仲舒"《春秋》明其智"的"适权"原则,王者面临的核心政治任务是"保位权"问题,即政治权力的归属与控制问题。董仲舒曰:"故道同则不能相先,情同则不能相使,此其教也。由此观之,未有去人君之权,能制其势者也;未有贵贱无差,能全其位者也。故君子慎之。"(《春秋繁露·王道》)对这段话的诠释是:王者不把自己的作为明示于臣子,这是有政治智慧的表现,所以王者与臣子所遵行之道相同就不能领导他们,情意相同就不能役使他们,这是为君行权的教条。只有牢固掌控君权,强调等级尊卑,才能控制国家的形势,保全自己的君位。董仲舒在这里明确认识到政治权力的边界以及君主应该如何行使权力的问题,有法家思想的影子。权力问题是政治哲学的核心议题之一。按照韦伯的理解,政治就是追求权力分配或对权力分配施加影响,不管是国家之间的分配还是国家内部各种人

---

①徐复观:《两汉思想史》(二),北京:九州出版社2014年版,第270页;邓红:《董仲舒思想研究》,中国台北:文津出版社2008年版,第87—97页。

②曾振宇:《民心即天命:董仲舒政治哲学的内在逻辑与人文关怀》,载《哲学与文化》2017年第12期。

类群体之间的分配。① 如何使君主的权力保持合理而长久的运作，则涉及守经行权；在常道的"经"与非常道的"权"之间保持一种平衡的张力，便涉及权力的分配问题，需要极高明的政治智慧，这是君主必须加以正视的治国难题。

按照福柯的话语理论，知识和权力是共生的同构关系，话语与实践是一体的，"这个由某种话语实践按其规则构成的并为某门科学的建立所不可缺少的成分整体，尽管它们并不是必然会产生科学，我们可以称之为知识"。② 董仲舒的《春秋》学"适权"知识本身即是权力，权力是生产性和创造性的，"适权"意味着在权力的生产与创造过程中保持明智的判断力和执行力。董仲舒认为：逢丑父不"知权"，意味着逢丑父没有实践智慧；祭仲"知权"，意味着祭仲具有实践智慧。贾逵也认为《左传》与《公羊传》对逢丑父、祭仲的评价不同。其言曰："《左氏》义深于君父，《公羊》多任于权变，其相殊绝，固以甚远，而冤抑积久，莫肯分明。"（《后汉书·贾逵传》）《左传》一派比较注重君臣、父子之义，以董仲舒为代表的春秋公羊派在对待政治权力所及的实践事务上则更加机智灵敏，能够辩证地处理复杂的事务。曹顺庆从话语权力的角度提出董仲舒的《春秋》学在汉朝获得了权威地位，认为这是儒家学术话语的胜利，同时也是儒家话语权力的确立。这种话语权力的确立，是由于《春秋》"微言大义"的政治伦理性解读表述得到了专制君主的赏识。③ 之所以能够得到专制君主的赏识，是因为董仲舒的《春秋》学实质上是一门通权达变的政治哲学，其对权力运作的过程、阶段、效应有着深入的解读，可以确保君主有足够的政治智慧应对复杂多变的政治局势。儒家理想中的圣王形象和现实中的专制君主形象总是存在偏差，专制君主凭借其政治智慧管理帝国的模式往往走向儒家对权力规训的对立面，儒家没有能力建立自己的权力基础，仅凭借自身的礼仪知识、道德修养和教化百姓而参与帝国权力的运作。

---

①《伦理之业：马克斯·韦伯的两篇哲学演讲》，桂林：广西师范大学出版社2008年版，第40页。

② 福柯：《知识考古学》，北京：生活·读书·新知三联书店1998年版，第235页。

③ 曹顺庆：《"〈春秋〉笔法"与"微言大义"——儒家经典的解读模式及话语言说方式》，载《北京大学学报（哲学社会科学版）》1997年第2期。

第五节 "智藏仁义礼":朱熹的智藏观

智德本身是一种明辨善恶是非的实践智慧或道德智慧,自先秦以来就格外受到儒家的重视。朱熹在《玉山讲义》《答陈器之问〈玉山讲义〉》《朱子语类·性理三》等篇章中论述智德时,提及"智本来是藏仁义礼"和"智有藏之义"等关于智德具有收敛含藏作用的话语。智藏在朱熹的哲学思想体系中并不是核心观念,也不为多数中国朱子后学学者所瞩目。

一 《玉山讲义》《答陈器之问〈玉山讲义〉》中的智藏思想

朱熹关于智藏思想的基本文献是他晚年所作《玉山讲义》《答陈器之问〈玉山讲义〉》以及朱子后学编纂的《朱子语类》中关于智藏思想的论说。这些关于智藏思想之关键文献的论述架构与义理旨趣又以朱子定稿于其四十四岁的《仁说》为基准。《仁说》是朱熹"中和新说"[1]之后的重要代表著作,其核心义理如"仁包四德"、"天地以生物为心"、"仁义礼智、元亨利贞、春夏秋冬"相互因应等均在《玉山讲义》《答陈器之问〈玉山讲义〉》《朱子语类》中有进一步申论。《仁说》对"四德"进行了详论。朱熹的四德论对后世儒学影响很大。[2] 朱熹有言曰:

> 天地以生物为心者也,而人物之生,又各得夫天地之心以为心者也。故语心之德,虽其总摄贯通无所不备,然一言以蔽之,则曰仁而已矣。请试详之。盖天地之心,其德有四,曰元亨利贞,而元无不统。其运行焉,则为春夏秋冬之序,而春生之气无所不通。故仁之为心,其德亦有四,曰仁

_____

[1] 朱熹由原来主"心为已发"转变为"心有已发与未发",心贯乎已发与未发,在修养工夫(又可作"功夫")上区分为未发的持敬工夫和已发的致知工夫,确立了主敬致知为宗旨的一生为学大旨。(陈来:《朱子哲学研究》,上海:华东师范大学出版社2000年版,第176页。)

[2] 陈来对朱熹的"四德"思想进行了详细疏解。(陈来:《朱子思想中的四德论》,载《哲学研究》2011年第1期;陈来:《朱子四德说续论》,载《中华文史论丛》2011年第4期。)

义礼智，而仁无不包。其发用焉，则为爱恭宜别之情，而恻隐之心无所不贯。故论天地之心者，则曰乾元、坤元，则四德之体用不待悉数而足……此心何心也？在天地则块然生物之心，在人则温然爱人利物之心，包四德而贯四端者也。①

朱熹的《仁说》以"仁"为论述中心，列举天道与人道相互对应的四组秩序，即"元、亨、利、贞"、"春、夏、秋、冬"、"仁、义、礼、智"、"爱、恭、宜、别"。《仁说》主要辩驳了以张栻为代表的湖湘学派的仁论和谢上蔡的"以觉训仁"说。朱熹力陈仁是"天地生物之心"，是"爱之理"，是"包四德而贯四端者"；人乃得自天地生物之心以为人之心，故人之心即是天地生物之心。就知觉而言，朱熹认为：所谓心有知觉，可以见仁之包乎智，而非仁之得名之实；知觉为智之事，是作为主体性的智之所发，从心之虚灵知觉的角度肯认心的特质与功能；知觉既指感官知觉，又指道德知觉；智是知觉的主宰者，并不是知觉本身。

朱熹的《仁说》中的"仁包四德"说源于程颢的《识仁》。《识仁》破题即言："学者须先识仁。仁者，浑然与物同体。义、礼、智、信皆仁也。"②仁是义、礼、智、信的统摄性母体，义、礼、智、信皆是仁的功能性分化。性有仁、义、礼、智四德，智德具体呈现为分辨是非的知觉能力，仁德具体呈现为爱人的情感，故朱熹曰："若以名义言之，仁自是爱之体，觉自是知之用，界分脉络，自不相关。但仁统四德，故人仁则无不觉耳。"③知觉是智之用，当以"爱"说"仁"，以"智"说"觉"，故朱熹认为谢上蔡是以"智之端"言"仁"，混淆了"仁"、"智"之间的界限，而且可能陷于禅学"知觉作用见性"的异端误区。沈享民从德性知识论的角度指出朱子的心之知觉即智德，其格物致知论预设了心之知觉的能力，对此能力朱熹以智或智的德性视之。④朱子说心之知觉在于"知其当然"而"觉其所以然"，强调从与性理一体圆融的关系上肯定其存在，就此而言，心之知觉就是智德的运用，言"知觉是智之事"在义理上是圆融无碍的。⑤朱熹又在《答胡广仲》里曰："盖孟子之言知、觉，谓知此事、觉此理，乃学之至而知之尽也。上蔡之言知、觉，谓识痛痒、能酬酢者，

---

① 《朱子全书》贰拾叁，上海：上海古籍出版社、合肥：安徽教育出版社 2002 年版，第 3280 页。
② 《二程集》上，北京：中华书局 2004 年版，第 16 页。
③ 《朱子全书》贰拾贰，上海：上海古籍出版社、合肥：安徽教育出版社 2002 年版，第 2061 页。
④ 沈享民：《再探访朱熹格物致知论：并从德性知识论的视域略论其可能性与限制》，载《哲学与文化》第 2012 年第 2 期。
⑤ 黄莹暖：《从"心之知觉"论朱子之"心"的道德动能 —— 从"知觉是智之事"谈起》，载《国文学报》2015 年第 57 期。

乃心之用而知之端也。二者亦不同矣。然其大体皆智之事也。今以言仁,所以多矛盾而少契合也。"①以觉训仁之说既不符合性情间的严格分判,即便由情以见性,知觉亦不当为仁而应属于智之事。这与我们日常生活中的切身感受相契合。我们面对日常生活中的各种具体情境时,依智德而发为知觉、辨别能力的是非之心,依仁德之理而发为恻隐之心,依礼德之理而发为辞让之心,依义德之理而发为羞恶之心,此恻隐、辞让、羞恶之心即以性理而发于外的情,由所发之情可以体知性理乃人得天地生物之心而有。需要指出的是:就朱子智藏思想的缘起而言,一开始或许只是因为"贞下起元"此一宇宙循环而得名,只可视为《仁说》义理发展的必然趋势,是故朱熹在《仁说》中对"智"及智藏思想尚未给予特别重视。②

朱子任职焕章阁待制兼侍讲时,曾应邀至江西省玉山县学演讲,归返之后又与好友反复申述所讲内容,自觉意旨愈讲愈明,于是将讲义内容合并而作成《玉山讲义》一文。此文最初由江西省玉山县邑宰司马迈刊刻传世,后收录于《晦庵先生朱文公文集》。朱熹在此讲义中对性善、四德、四端、气禀、天理、人欲、尊德性、道问学等理学诸核心问题作了最精约而明晰的理论概括,故此讲义在朱子思想文献中具有重要地位。陈荣捷视其为朱熹的晚年定论,认为此讲义在日本盛行自有其合理性。③《朱子年谱》在朱子六十五岁条下记载了《玉山讲义》的成书背景,其言曰:"邑宰司马迈请为诸生讲说,先生辞,不获,乃就县庠宾位,因学者所请问而发明道要,闻者兴起。迈刻《讲义》一篇以传于世,此乃先生晚年亲切之训,读者其深味之。"④朱熹在《答林德久》中也谈及《玉山讲义》的撰作缘由,其言曰:"昨在玉山学中与诸生说话,司马宰令人录来。当时无人剧论,说得不痛快。归来偶与一朋友说,因其未喻,反复晓譬,却说得详尽。因并两次所言,录以报之,试取一观,或有助于思索也。"⑤

朱熹在《玉山讲义》答弟子程珙之问时,即孔子为何"专言仁",而孟子"兼言仁义",二者所言的意义与差别何在,对智藏思想略有论及。其言曰:

于此见得分明,然后就此又自见得仁字是个生底意思,通贯周流于四

---

①《朱子全书》贰拾贰,上海:上海古籍出版社、合肥:安徽教育出版社2002年版,第1903页。

②江俊亿:《由朱子思想发展过程考察其智藏说》,中国台湾东吴大学硕士学位论文,2010年,第5页。

③陈荣捷:《朱熹》,中国台北:东大图书有限责任公司2003年版,第10页。

④束景南:《朱熹年谱长编》下,上海:华东师范大学出版社2001年版,第1194页。

⑤《朱子全书》贰拾叁,上海:上海古籍出版社、合肥:安徽教育出版社2002年版,第2934页。

者之中。仁，固仁之本体也；义，则仁之断制也；礼，则仁之节文也；智，则仁之分别也。正如春之生气，贯彻四时，春则生之生也，夏则生之长也，秋则生之收也，冬则生之藏也。故程子谓四德之元犹五常之仁，偏言则一事，专言则包四者，正谓此也……若以仁对恻隐，义对羞恶而言，则就其一理之中，又以未发已发相为体用，若认得熟，看得透，则玲珑穿穴，纵横颠倒，无处不通，而日用之间，行著习察，无不是著功夫处矣。①

儒家思想的奠基性观念是"仁"，"仁"是儒学与佛老异端思想的"大界限"。朱熹指出：不仅要"于此见得分明"，还要探究"春夏秋冬"之四时、"元亨利贞"之四天德与"仁义礼智"之四人德的内在关系。"元亨利贞"是天地之心所具有的四德，即天道四德，出自《周易·乾卦》卦辞，作"乾，元亨利贞"。《周易·文言传》说："君子行此四德者，故曰乾元亨利贞。""春夏秋冬"是人们对宇宙自然运行规律的刻画，四季四时更替，循环往复，周而复始，是"元亨利贞"天道四德具体运行于天地之间的生动表现。"仁义礼智"则是人禀赋于天地之性或天命之性的四个伦理德性，具体呈现为恻隐之心、羞恶之心、恭敬之心、是非之心。

儒家认为："元亨利贞"在天为命，天命流行赋予人而为人之性，人之性由"仁义礼智"四德而彰显。朱熹曰："天命之谓性，言天之所以命乎人者，是则人之所以为性也。盖天之所以赋与万物而不能自已者，命也；吾之得乎是命以生而莫非全体者，性也。故以命言之，则曰元、亨、利、贞，而四时五行，庶类万化，莫不由是而出；以性言之，则曰仁、义、礼、智，而四端五典，万物万事之理，莫不统于其间。"② 从朱熹在《玉山讲义》中所申述的"智，则仁之分别"、"四德之元犹五常之仁"、"冬则生之藏"诸义可推知"仁义礼智"之智对应的是天道四德"元亨利贞"之贞与四季"春夏秋冬"之冬，从而肯定了智德具有"生之藏"和"义之藏"的动能。

《玉山讲义》的义理规模不出《仁说》，朱熹的《玉山讲义》的关注点是"仁"、"义"二德，尤其是仁德之生意通贯周流于四德之中，即"仁之一字，未尝不流行乎四者之中"③。从上述分析可知：此时朱熹对智藏思想的阐释并不多，智德的重要性还没有凸显出来。但是，朱熹在给陈器之的书信中回答关于《玉山讲义》内容的问题时，一是再次申论了《玉山讲义》将仁义之德与阴阳、四时相比附的论断；二是将论述的核心观念从"仁义"转向"仁智"，并明确指出智德的重要作用

———————

① ③《朱子全书》贰拾肆，上海：上海古籍出版社、合肥：安徽教育出版社2002年版，第3589—3590、3589页。

②《朱子全书》陆，上海：上海古籍出版社、合肥：安徽教育出版社2002年版，第550页。

及其意义。朱熹曰:

> 仁包四端,而智居四端之末者,盖冬者藏也,所以始万物而终万物者也。智有藏之义焉,有终始之义焉,则恻隐、羞恶、恭敬三者皆有可为之事,而智则无事可为,但分别其为是非尔,是以谓之藏也。又恻隐、羞恶、恭敬皆是一面底道理,而是非则有两面。既别其所是,又别其所非,是终始万物之象。故仁为四端之首,而智则能成始、能成终。犹元气虽四德之长,然元不生于元而生于贞,盖由天地之化,不翕聚则不能发散,理固然也。仁智交际之间,乃万化之机轴,此理循环不穷,吻合无间。程子所谓动静无端、阴阳无始者,此也。①

此段话是朱子著作中阐释智藏思想最为完整的一段文献,其中提到朱熹赋予智德的多种含义,包括含藏、收敛、分别、终始、贞固诸义。陈来指出:"这最后一节是讲智的意义,由于朱子把四德的关系看成是流行终始的关系,于是不仅突出了仁,也突出了智。"②从气化流行的角度看,朱熹反复申述的"仁包四德",实质是视仁、义、礼、智皆为仁德的功能性分化,犹如春、夏、秋、冬皆为春之生意的一体流贯。朱子所谓"无运用"和"无事可为"并不是说智完全没有用处,而是说"智本是明辨之理,其发便知有是非"③,"是,知其善而以为是也。非,知其恶而以为非也"④,故而智具有"分别是非"的作用。智只负责在内心判断是非善恶,并将判断的结果交付仁、义或礼,从恻隐、羞恶、辞逊之情去发出具体的道德行为。知觉即是智实际的作用,有知觉即表示在内心进行的道德判断之意。朱子认为仁、义、礼、智的道德人伦之理与宇宙变化的元、亨、利、贞之道,寒暑递嬗的春、夏、秋、冬之运,同此天地生物之心的太极仁道,而贞之道、冬之象也同智的成始成终之德,故可交互发明以显其义。

二 《朱子语类》中的智藏思想

在《朱子语类》中也有与智藏思想相关的零散文献,有助于我们更全面地理

---

①《朱子全书》贰拾叁,上海:上海古籍出版社、合肥:安徽教育出版社2002年版,第2780页。

②陈来:《朱子四德说续论》,载《中华文史论丛》2011年第4期。

③黎靖德编:《朱子语类》四,北京:中华书局1986年版,第1411页。

④朱熹:《四书章句集注》,北京:中华书局2012年版,第239页。

解朱熹智藏论的理论要旨。朱熹认为作为人之德性的仁、义、礼、智并非是不可见的，人的德性与"天道"流行的"四德"和一年一度更迭变化的四时是因应而生的，见天道"四德"、四时便是见人伦"四德"，所以他说："仁义礼智，只把元亨利贞，春夏秋冬看，便见。知觉自是智之事，在四德是'贞'字。而智所以近乎仁者，便是四端循环处。若无这智，便起这仁不得。"① 知觉是智的主体性显现，对应天道"四德"之贞，是"四端"循环之终，有终而始，智处于贞之位，"贞"有贞下起元之义，显现的是万物生机的萌动，其实即是所谓"天道"本体生生的运化。对应人性"四德"而言，智的主体能动性便具有"起仁"之义。儒家认为孝悌为人之本，智则是知孝悌之义。朱子曰："若是知得亲之当爱，兄之当敬，而不违其事之之道，这便是智。只是这一个物事，推于爱，则为仁；宜之，则为义；行之以逊，则为礼；知之，则为智。"② 诚如黄莹暖所言，从朱子的智藏之义中可以解读出"智以起仁"的意思，显现了智德在朱子的道德哲学中具有重要的地位，与其仁德思想同样值得重视。③

"仁智交际之间"是天地生物万化之机轴，"仁与智包得，义与礼包不得。仁所以包三者，盖义礼智皆是流动底物，所以皆从仁上渐渐推出。仁智、元贞，是终始之事，这两头却重"。④ 仁智和元贞代表的是宇宙终始之事，故而具有特殊的重要性。朱熹在《朱子语类》中比较有代表性的论述还有：

> 问仁义礼智体用之别。曰："自阴阳上看下来，仁礼属阳，义智属阴；仁礼是用，义智是体。春夏是阳，秋冬是阴。只将仁义说，则'春作夏长'，仁也；'秋敛冬藏'，义也。若将仁义礼智说，则春，仁也；夏，礼也；秋，义也；冬，智也。仁礼是敷施出来底，义是肃杀果断底，智便是收藏底。如人肚脏有许多事，如何见得！其智愈大，其藏愈深。"⑤

> "仁礼属阳，属健；义知属阴，属顺。"问："义则截然有定分，有收敛底意思，自是属阴顺。不知智如何解？"曰："智更是截然，更是收敛。如知得是，知得非，知得便了，更无作用，不似仁义礼三者有作用。智只是知得了，便交付恻隐、羞恶、辞逊三者。他那个更收敛得快。"⑥

① 黎靖德编：《朱子语类》二，北京：中华书局1986年版，第477页。
② 黎靖德编：《朱子语类》七，北京：中华书局1986年版，第2871页。
③ 黄莹暖：《朱子〈仁说〉与"智藏"思想中的仁智图像及其意义》，载《中正汉学研究》2016年第2期。
④⑤⑥ 黎靖德编：《朱子语类》一，北京：中华书局1986年版，第107、106、106—107页。

贺孙问："孟子四端，何为以知为后？"曰："孟子只循环说。智本来是藏仁义礼，惟是知恁地了，方恁地，是仁礼义都藏在智里面。如元亨利贞，贞是智，贞却藏元亨利意思在里面。如春夏秋冬，冬是智，冬却藏春生、夏长、秋成意思在里面。且如冬伏藏，都似不见，到一阳初动，这生意方从中出，也未发露，十二月也未尽发露。只管养在这里，到春方发生，到夏一齐都长，秋渐成，渐藏，冬依旧都收藏了。"[1]

我们从这些合于智藏思想的朱子门人的记载中可发现，晚年的朱熹对智藏思想着力甚多。朱熹智藏思想的来源之一是《周易·系辞上》中所说"神以知来，知以藏往"，由神妙之动而预知未来，由睿智而藏过去之事。《周易》以阴阳二气的相互依存关系解释了宇宙自然与人间事物、天道与人道的相互感应之理，借着阴阳交互感应的道理洞察人生的意义和价值。这阴阳二气的消长变化昭示了一个"春、夏、秋、冬，生、长、收、藏"的循环宇宙。儒家极为突出人在宇宙中的位置，以天人合一为最高理想。人既然是宇宙万物中的一存在者，人禀赋于天命的性（即仁、义、礼、智"四德"）也就应该因应着阴阳二气的消长变化而呈现为不同的状态，因循着天地自然运行的生生之理，对"仁义礼智、作长敛藏"的感应作用作出理论上的解释。

"智、藏、仁、义、礼"其义即在于先有智"知恁地了"，才使得仁、义、礼"方恁地"，以此便可看出智在人性"四德"中的重要性、智德作为道德判断的动能，从而确保仁、义、礼等道德行为的落实和贯彻。朱熹所谓的"冬是智"，"且如冬伏藏，都似不见，到一阳初动，这生意方从中出"，即前文所述智"无运用"和"无事可为"，这并不是说智完全没有用处，智一旦发为知觉，便从收敛状态显现为恻隐、羞恶、辞逊。从《周易·系辞上》所谓的"神以知来，知以藏往"说和朱熹的智藏思想可以看出，朱熹对作为中国古代哲学核心观念的天人合一思想有着自己的理解，从本体宇宙论的高度证明了道德秩序与存有秩序的同构关系。

概而言之，朱子认为：智具有含藏、收敛、分别、终始、贞固诸义，智德是指导道德实践的智慧，德行的发动需要智德作出指引和抉择。天道"四德"、人性"四德"、四季时令之间有着一一对应的关系，道德存有秩序与宇宙自然秩序因其同构关系而具有合一性，其中的自然哲学意味和道德哲学旨趣有着内在而紧密的相通性，这种相通性完全奠基于人性与天道之间的贯通或感通之上。

---

[1] 黎靖德编：《朱子语类》四，北京：中华书局1986年版，第1290页。

第六节　智德与良知:王阳明致良知工夫论中的"自知"和"体认"向度

　　王阳明的良知学主要源于孟子。孟子以"是非之心"为智之端,认为智德本身是一种辨明是非邪正、深察人伦物理的实践智慧。熊十力说:"王阳明倡致良知之学,与余今所提出之智,其义旨本相近。"① 林月惠曾以孟子四端之心为关键,指出王阳明的"良知"概念的形成代表着两大统摄诸德模式的形成,即王阳明之前以"仁"综括四端之心,之后则以"知"综括四端之心。他将孟子的"是非之心"提炼出来,完成以"知"或"智"为主来统摄诸德的良知。② "自知"和"体认"是王阳明致良知工夫论中常用的术语,"良知自知"是阳明良知学的基本要义,自知是良知对心之所发意念的知道,是一种具有先天性、根源性、内在性、当下性的道德自身意识。良知自知挺立了道德主体性,自知向度是致良知实践工夫的逻辑前提。体认是实有诸己、体之于身的体道过程,亦即是在良知上的体认,是对根源于良知的道德意识的自知与道德行为的践履。

一　致良知工夫论中的"自知"向度

　　在先秦诸子哲学中,"知"有两种基本内涵:其一是指心的认知、感知能力;其二是指德性义上反向自身的道德判断能力,是一种以自我为对象的自反性意识。王阳明的"良知自知"说就是对这种发自内心又反向自身的自反性意识的独特思考。瑞士哲学家耿宁从现象学的角度提出王阳明的"良知"即是"自知",将"良知自知"看作现象学意义上的"自身意识",自身意识不是对象化的反思意识,而是"伴随着每一个意向行为的内部因素,意识通过这个因素而非对象地(非把

①《熊十力全集》(第 7 卷),武汉:湖北教育出版社 2001 年版,第 237 页。
② 林月惠:《阳明"内圣之学"研究》,中国台北:花木兰文化出版社 2009 年版,第 6—70 页。

握性地）意识到自身"。① 耿宁充分地认识到现象学中的自身意识是价值中立的，因为它是纯粹认识论意义上的意识现象，与实践活动及道德评价无所关涉，但阳明心学中的"良知自知"所显现的自身意识不是一种纯理论与知识方面的自知，而是一种牵涉到道德践履工夫及其价值评价方面的自知自觉。所以，耿宁也将"良知自知"称为"道德自身意识"，以区别于现象学家所谓的"自身意识"，认为自知的自身意识属性表明良知对心灵生活的省察活动始终内在于每一个意识活动之中，这种省察活动与意识活动的发生具有同步性。将自知视为良知的根本特征是耿宁的真知灼见，但耿宁认为王阳明的"良知"观念具有双义性，前后期有所变化。这是耿宁解读文本受到强制性哲学诠释所导致的认知偏差，其实王阳明的"良知"观念在其整个心学理论体系不断完善的不同时期里并没有太大的变化。良知自知可以说是王阳明良知说最核心的特征，尽管耿宁及其批评者已经认识到自知在致良知工夫论中的重要性，但对此仍有进一步详细探究的必要性。下面我们将根据王阳明的具体文本来理解与诠释王阳明致良知工夫论中的"自知"向度。

"良知自知"是阳明良知学的基本要义。王阳明在《传习录》中卷答复欧阳崇的"何思何虑"之问时说：

> 良知是天理之昭明灵觉处，故良知即是天理，思是良知之发用。若是良知发用之思，则所思莫非天理矣。良知发用之思，自然明白简易，良知亦自能知得。若是私意安排之思，自是纷纭劳扰，良知亦自会分别得。盖思之是非正邪，良知无有不自知者。所以认贼作子，正为致知之学不明，不知在良知上体认之耳。②

王阳明经过多年对朱熹格物致知论的反思与实践，最终确立了"心外无理"的内在路径。"心之本体即是天理，良知即是天理"是王阳明龙场悟道的重要内容。思虑表示人的意识活动，在这里王阳明区分了两种思虑：其一是纯乎"天理"的良知生发之思，这种意识活动的特点是明白简易，所以"良知亦自能知得"；其二是私意安排之思，这种自私用智之思纷纭劳扰，偏离了纯粹至善的"天理"，因为"良知自知"，所以"良知亦自会分别得"。"良知自知"并非难以理解和难以付诸行动的事情，所以王阳明又说："良知自知，原是容易的。只是不能致那良知，便是'知之匪艰，行之惟艰'。"③ 总而言之，对于思虑这种意识活动所指涉的善恶

---

① 倪梁康：《胡塞尔现象学概念通释》，北京：商务印书馆 2016 年版，第 465 页。
②③ 陈荣捷：《王阳明〈传习录〉详注集评》，上海：华东师范大学出版社 2009 年版，第 144、222 页。

是非等道德评价与价值判断，良知没有不自知的，亦即是说良知会根据自身本具的道德自身意识与道德能力对意识活动中的善恶是非作出价值判断。

王阳明在晚年所作《大学问》中论述"良知自知"时说："是乃天命之性，吾心之本体，自然灵昭明觉者也。凡意念之发，吾心之良知无有不自知者。其善欤，惟吾心之良知自知之；其不善欤，亦惟吾心之良知自知之；是皆无所与于他人者也。"①良知是吾心之本体，吾心之本体又是至善无恶的天命之性，所以良知本身也是至善无恶的价值根源。良知自身灵昭明觉的特征确保良知具备自知能力。对一切善恶意念活动，良知都能够自知之。凡是意念的发动，良知随时随地都可以起到警觉和监督的作用。"其善欤，惟吾心之良知自知之；其不善欤，亦惟吾心之良知自知之。"此言与晚年"四句教"中第三句"知善知恶是良知"之义若合符节，都同样表达了"良知自知"善恶的明见性、直接性与当下性的特征。王阳明又在《传习录》中卷答复周道通为学工夫时说："自家痛痒，自家须会知得，自家须会搔摩得。既自知得痛痒，自家须不能不搔摩得，佛家谓之方便法门。非是自家调停斟酌，他人总难与力，亦更无别法可设也。"②王阳明在这里用形象的比喻来诠释"良知自知"之说：对自家身体上的痛痒，自家的身体知觉自会有所觉察，然后针对痛痒处进行合理的处置。"良知自知"也是如此，良知这种"他人总难与力"、"无所与于他人者"的个体性又可以用"独知"来概括。王阳明有时也用"独知"来解释"良知自知"，两者可以被视为同义语。所以，王阳明有吟诵良知的诗曰："良知即是独知时，此知之外更无知。谁人不有良知在，知得良知却是谁？知得良知却是谁？自家痛痒自家知。若将痛痒从人问，痛痒何须更问为？"③"自家知"和"独知"凸显了良知作为道德意识与道德判断的独立性、内在性和自律性。

王阳明明确地将"独知"诠释为能自知之良知。他说："所谓'人虽不知而己所独知'者，此正是吾心良知处。然知得善，却不依这个良知便做去；知得不善，却不依这个良知便不去做，则这个良知便遮蔽了，是不能致知也。吾心良知既不能扩充到底，则善虽知好，不能着实好了；恶虽知恶，不能着实恶了，如何得意诚？故致知者意诚之本也，然亦不是悬空的致知。致知在实事上格。"④又据徐阶所记，王阳明答邹东廓问慎独之旨时有言曰："独即所谓良知也。慎独者，所以致其良知也；戒谨恐惧，所以慎其独也。"⑤王阳明将"独"诠释为良知，慎独即致良知，这是他对朱熹慎独说的创造性转化。就修身工夫次第而言，王阳明对朱熹

---

①③《王阳明全集》中，上海：上海古籍出版社 2011 年版，第 1070、871 页。
②④陈荣捷：《王阳明〈传习录〉详注集评》，上海：华东师范大学出版社 2009 年版，第 119—120、220 页。
⑤《邹守益集》（下），南京：凤凰出版社 2007 年版，第 1379 页。

的慎独说又有所发明。朱熹将戒惧与慎独视为两个不同阶段的工夫：戒惧是己所不知处，即喜、怒、哀、乐之未发时的心理状态，需要持敬以涵养之；慎独是己所独知处，即喜、怒、哀、乐之已发时的心理状态，需要戒慎、恐惧以省察之。但是，在王阳明看来，只有一个"独知"的工夫。他说：

> 只是一个工夫。无事时固是独知，有事时亦是独知。人若不知于此独知之地用力，只在人所共知处用功，便是作伪，便是"见君子而后厌然"。此独知处便是诚的萌芽。此处不论善念恶念，更无虚假。一是百是，一错百错。正是王霸义利诚伪善恶界头。于此一立立定，便是端本澄源，便是立诚。古人许多诚身的工夫，精神命脉，全体只在此处。①

王阳明的"独知"涵括了戒惧与慎独、已发与未发，覆盖了整个心灵生活。这意味着王阳明的独知工夫除了具有朱熹在经验层面上的警觉性、省察性面向，还具有体认、涵养良知本体的面向。独知工夫就是致良知工夫。阳明有言曰："独知之知，至静而神，无不良者。吾人顺其自然之知，知善知恶为良知，因其所知，而为善以去恶为致良知，是于行上有功，而知上无功。"②

王阳明良知学中的"自知"与"独知"确立了道德实践的主体性原则，对于完善儒家道德哲学具有重要的理论意义。"良知自知"不是中国哲学家良知学的专利，倪梁康通过对欧洲哲学中良知学的考察，确认良知在总体趋向上不是普遍主义的"共知"，而是个体主义的"自知"。③然而，这一理论必须面对的困境与挑战是良知的个体化原则是否可以成为他人"共知"的客观化原则。阳明的解决策略是在理论上提出"良知即是天理"、"良知只是一个天理自然明觉发见处"来确认良知的客观性。良知天理化很容易滑向"天理"的"私人化"④，这是阳明已经意识到但未能充分解决的一个理论问题。王学末流将天理"私人化"即道德主体的绝对随意性无限放大，导致了很多弊端，因而引起后世儒者的严厉批判。

从超越的层面看，良知之所以能自知，是因为良知是超越的本体。王阳明说："知是心之本体。心自然会知。见父自然知孝，见兄自然知弟，见孺子入井，自然知恻隐，此便是良知，不假外求。"⑤作为"心之本体"的知不是一般意义上作为

---

①⑤陈荣捷：《王阳明〈传习录〉详注集评》，上海：华东师范大学出版社2009年版，第84、23页。

② 黄宗羲：《明儒学案》下，北京：中华书局2008年版，第941页。

③ 倪梁康：《心的秩序——一种现象学心学研究的可能性》，南京：江苏人民出版社2010年版，第84—110页。

④ 余英时：《现代儒学的回顾与展望》，北京：生活·读书·新知三联书店2012年版，第156页。

"见闻之知"的了解、知识、知道,而是指作为"德性之知"的良知本体。一般而言,在王阳明的思想体系中,心与良知不易分辨,因为王阳明将二者视为异名同质的东西,心之本体即是良知本体。尤其是晚年,王阳明更是频繁地使用"本体"两字来揭示心与良知的超然含义。正是在此意义上,心或良知是"实践法的起点与终点"。[①] 此良知若不被私欲、私意障蔽,充分实现出来,便能"见父自然知孝,见兄自然知弟,见孺子入井,自然知恻隐",但常人往往不能没有私欲、私意的障蔽,所以便需要格物致知工夫,克制私欲、私意,复归纯然至善的天理。良知无所障蔽,得以充塞流行,此即所谓"致知"。

二 致良知工夫论中的"体认"向度

熊十力尝言宋明理学注重体认,而西哲精于思辨,先哲在修养工夫上具有卓识,将体认提升到"哲学之极诣"[②] 的高度。冈田武彦也指出到明中叶出现了热心谈论真切体认之学,并以此扫除朱子学支离外骛之弊而复兴圣学的两个大儒,即王阳明与湛甘泉。[③] "体认"是王阳明致良知工夫论中的另一个重要向度。良知是根源性的道德自身意识,是当下意识的自知自觉,蕴含着直接进行道德判断与道德行动的能力。致良知关涉到具体语境中的道德体证经验,即所谓"在良知上体认"。王阳明所提出的"良知上真切体认"、"良知良能上体认"、"自己心上体认"等话语与湛若水"随处体认天理"之说有密切关系,是从后者转手而来。虽然同为提倡心学的同道好友,但王阳明对湛若水"随处体认天理"之说多有批评。其言曰:"比遭家多难,工夫极费力,因见得良知两字比旧愈加亲切。真所谓大本达道,舍此更无学问可讲矣。'随处体认天理'之说,大约未尝不是,只要根究下落,即未免捕风捉影,纵令鞭辟向里,亦与圣门致良知之功尚隔一尘。"[④] 在王阳明看来,他所发明的致良知工夫是大本达道的工夫,而湛若水的"随处体认天理"之说虽然不差,但还不是究竟工夫,与致良知工夫尚有差距。他又说:

凡鄙人所谓致良知之说,与今之所谓体认天理之说,本亦无大相远,但微有直截迂曲之差耳。譬之种植,致良知者,是培其根本之生意而达之

---

① 秦家懿:《王阳明》,中国台北:东大图书股份有限公司 1992 年版,第 138 页。
② 熊十力:《读经示要》,长沙:岳麓书社 2013 年版,第 3 页。
③ 冈田武彦:《王阳明与明末儒学》,上海:上海古籍出版社 2000 年版,第 33 页。
④《王阳明全集》上,上海:上海古籍出版社 2011 年版,第 224 页。

枝叶者也；体认天理者，是茂其枝叶之生意而求以复之根本者也。然培其根本之生意，固自有以达之枝叶矣；欲茂其枝叶之生意，亦安能舍根本而别有生意可以茂之枝叶之间者乎？①

王阳明认为：致良知工夫直截简易，体认天理之说则落入迂曲之弊。譬如种植，致良知是先从根本上立论，根本既立，枝叶自然而然就会生意盎然；体认天理之说则是先从枝叶处入手，而欲令其富有生意，这是舍本逐末的工夫。

"良知上真切体认"作何理解？何为"体认"？王阳明将体认诠释为"实有诸己"。其言曰：

> 良知即是天理。体认者，实有诸己之谓耳，非若世之想象讲说者之为也。近时同志，莫不知以良知为说，然亦未见有能实体认之者，是以尚未免于疑惑。盖有谓良知不足以尽天下之理，而必假于穷索以增益之者。又以为徒致良知未必能合于天理，须以良知讲求其所谓天理者，而执之以为一定之则，然后可以率由而无弊。是其为说，非实加体认之功而真有以见夫良知者，则亦莫能辩其言之似是而非也。②

"体认"之"体"当动词使用，即亲身体验、身体力行的意思。"体认"之"认"是指涉心理意识层的认知活动。"体认"两字反映出中国哲学固有的身心交感的思维方式。阳明致良知工夫论中的体认所映射的身心交感问题，不是简单的理论认知问题，不是靠理论讲说能够解释明白的。体认良知是生存论意义上的践履工夫问题，这即意味着作为德性之知的良知必须有体之于身的实践意义。王阳明将儒家的成圣之学归结为"为己之学"，认为为己之学必然涵摄"实有诸己"的体认向度，为己必须克己，为己之"己"是指人的真正自我，克己之"己"是指被物欲障蔽的私我，为己的目的是实现自身的完善与发展。为了突出为己作为实践工夫的基本特征，王阳明区分了"真吾"与"私吾"。其言曰："夫吾之所谓真吾者，良知之谓也。父而慈焉，子而孝焉，吾良知所好也；不慈不孝焉，斯恶之矣。言而忠信焉，行而笃敬焉，吾良知所好也；不忠信焉，不笃敬焉，斯恶之矣。故夫名利物欲之好，私吾之好也，天下之所恶也；良知之好，真吾之好也，天下之所同好也。"③为己要实现的真吾是道德原则的内在根源，真吾即是作为人之先验规

---

① ② ③《王阳明全集》上，上海：上海古籍出版社 2011 年版，第 243—244、243、278—279 页。

定性的良知；为己所要克服的是脱离真吾主宰、良知主宰，而从躯壳上起念的感性欲望。

"为己"和"实有诸己"的真实意义是使真吾或良知挺立起来，所指涉的哲学宗旨不是一套有关"理"、"气"等概念与命题的学问体系，不是一套没有生命活力的章句训诂。就其本质而言，这是一种生存论意义上的生命存在的方式。所以，陈来认为阳明的"为己之学"立场具有西方哲学中存在主义哲学的一般特征。[①]其实，儒家的"为己之学"与西方古希腊哲学中"关心自己"而非"认识自己"所关涉的自我修身工夫在精神旨趣上有更多的相似之处。福柯将"关心自己"界定为一种生存方式、一种实践的修身技术，认为它是主体获得真理的精神性条件。这个贯穿于主体性的实践史中的"关心自己"在一切遵循道德理性原则的积极生活方式中变成了一切理性行为的原则。[②]儒家为己之学的根本宗旨也是企图通过主体的修身技术或实践工夫来形塑一种良好的生活方式。这种精神修炼活动是个体生命存在的根本形式，精神修炼的旨趣在于起到一种培育心灵与转化自我的修身效果，使修身主体在凡俗生活中获得一种具有超越性、神圣性的精神体验，从而实现自我精神的超拔和生命存在境界的跃升。

王阳明良知学中的良知既是作为道德行动之根源的道德主体，又是作为天地万物之存在根据的宇宙本体，所以体认良知同时兼具伦理道德含义与万物一体的存在论意义。王阳明有言曰："良知是造化的精灵。这些精灵生天生地，成鬼成帝，皆从此出。真是与物无对。人若复得他，完完全全，无少亏欠，自不觉手舞足蹈，不知天地间更有何乐可代？"[③]王阳明在这里将良知说成是天地万物背后的创生实体，可谓是发前贤所未发。作为宇宙本体的良知实际上具有与西方作为造物主的"上帝"之同等重要的地位，这一点令钱穆颇为费解，只能叹息说："岂不说成了人的良知乃与上帝造物一样，这实在是太渺茫了。"[④]其实，在王阳明的良知学中，有"良知即是天"和"良知即是道"等说法。比如，王阳明说："道无方体，不可执著，却拘滞于文义上求道，远矣。如今人只说天。其实何尝见天？谓日月风雷即天，不可。谓人物草木不是天，亦不可。道即是天，若识得时，何莫而非道？人但各以其一隅之见，认定以为道止如此，所以不同。若解向里寻求，见得自己心体，即无时无处不是此道。亘古亘今，无终无始，更有甚同异？心即道，道即天，知心则知道知天。"[⑤]可以看出，王阳明认为良知和天道是互相印证、彼此诠释的

[①] 陈来：《有无之境——王阳明哲学的精神》，北京：北京大学出版社2013年版，第14页。

[②] 福柯：《主体解释学》，上海：上海人民出版社2018年版，第13页。

[③④⑤] 陈荣捷：《王阳明〈传习录〉详注集评》，上海：华东师范大学出版社2009年版，第193、57、57页。

关系,同时也强调了从天道下贯至人心来肯定良知本体既超越又内在的特征。

宇宙客体的存在虽然似乎独立于人类的观念,但深入宇宙万物的背后则会发现其客观性依赖于人性意识的发展。诚如刘述先从"意义哲学"的角度所言:必须透过人类真切的体认活动,这个看似客观存在的宇宙万物才能被人类发现,并对人类生活产生实际的意义。[①] 王阳明将良知提升到天道、天理的高度,赋予其宇宙本体的存在论意义,凸显了良知本身所具有的客观性原则,天道、天理良知化是王阳明对孟子良知学的重大发展。所以,王阳明在答复弟子如何"见道"的问题时指出:只需从心上体认,不假外求,良知是心之本体,从心上体认即从良知上体认。从良知上体认良知的创生造化功能,所达到的精神状态便是万物一体的天地境界。此万物一体的形而上学化表达不是理性思辨的产物,而是从生存论意义上在生存主体之良知、仁心的感通与跃动中证成的。这种超道德的天地境界从理想人格上说就是圣人所达到的天人合一之化境,有此境界的圣人便有独特的精神气质,宋明儒一般称之为"圣人气象"。

王阳明指出学问的命脉在于致良知,致良知关涉到具体语境中的道德体证经验,此即其所谓"良知上去真切体认",体认向度以良知自知为逻辑前提,彰显了致良知工夫论所具有的实践性特征。在王阳明看来,致良知是切切实实的实践工夫,不是用语言概念作思辨分解可以讲透彻的,用语言概念解释致良知只能沦为一种理智上的戏论,因为"良知本是明白",良知原是人人本具,只有通过个人在人伦日用中的自觉体认,方能于心中默识良知原来是真吾先天具有的道德自身意识;亦即是说只有在生存论的意义上讲致良知工夫,才能将致良知了然于心,付诸日常行动。从这个角度看,致良知工夫原本只是一种通向良好生活的方式。

三 致良知工夫作为一种生活方式

王阳明及其弟子为学的目的并不是建构系统化的哲学思想,其致良知工夫论的最终目的在于使自己的现实生活转变成一种值得过的、神圣的生活方式。王阳明所谓的"良知"是实践体认中的一个真实呈现,而非作为知解对象的一个理论假设。良知学是关于生命的学问,亦是通向圣贤之道的路标,必须在真实的生活实际中以个体生命去体认良知,才能当下直觉、当下肯定良知的真实义。

---

① 刘述先:《新时代哲学的信念与方法》,中国台北:台湾商务印书馆 1966 年版,第 108 页。

王阳明揭示的致良知之教是一种真诚自觉的精神修炼活动，又是让良知主宰生命、贞定生命方向的行为指南，在根本上亦是一种在人伦日用中付诸行动的生活方式，是流行发用于事事物物当中的修身与社会实践活动。在事上磨炼与在良知上体认是互为表里的，修养就在于护守心之本体，使其不放失而已。王阳明曰：

> 致者，至也。如云"丧致乎哀"之"致"。《易》言"知至至之"，"知至"者，知也；"至之"者，致也。"致知"云者，非若后儒所谓充扩其知识之谓也，致吾心之良知焉耳。良知者，孟子所谓"是非之心，人皆有之"者也。是非之心，不待虑而知，不待学而能，是故谓之良知。是乃天命之性，吾心之本体，自然灵昭明觉者也。凡意念之发，吾心之良知无有不自知者。其善欤，惟吾心之良知自知之；其不善欤，亦惟吾心之良知自知之；是皆无所与于他人者也。①

黄绾明确指出："予昔年与海内一二君子讲习，有以致知为至极其良知，格物为格其非心者。又谓格者正也，正其不正以归于正；致者，至也，至极其良知，使无亏缺障蔽。"②黄绾作为王阳明最亲密的友人，在明朝正德初年即与王阳明共倡心学，后执弟子礼以师事王阳明，其"致者，至也，至极其良知，使无亏缺障蔽"可看作是对王阳明致良知思想的最佳注解。从训诂的角度看，致良知就是"至极其良知"。这是致良知思想的字面含义，其更重要的基本意义是依良知而行。

王阳明在虔州答复陈九川问如何致知时说道："尔那一点良知，是尔自家底准则。尔意念着处，他是便知是，非便知非，更瞒他一些不得。尔只不要欺他，实实落落依着他做去。善便存，恶便去。"③他又说道："可以知致知之必在于行，而不行之不可以为致知也明矣。"④致知即是致良知，"致"不仅有扩充、至极之义，更有力行之义，将良知所知贯穿落实于具体的行动上，这是致良知的实行义。

王阳明的良知学是一种与日常生活密切相关的实践之学，也是与实际事物相关的实学，换言之，良知学必然要落实于日常生活中。针对听讲者自谓忙于簿书讼狱之类的事务而不得为学之疑问，阳明答复说：

---

①《王阳明全集》中，上海：上海古籍出版社 2011 年版，第 1070 页。
②《黄绾集》，上海：上海古籍出版社 2014 年版，第 656—657 页
③④陈荣捷：《王阳明〈传习录〉详注集评》，上海：华东师范大学出版社 2009 年版，第 173、108 页。

　　我何尝教尔离了簿书讼狱，悬空去讲学？尔既有官司之事，便从官司的事上为学，才是真格物。如问一词讼，不可因其应对无状，起个怒心。不可因他言语圆转，生个喜心。不可恶其嘱托，加意治之。不可因其请求，屈意从之。不可因自己事务烦冗，随意苟且断之。不可因旁人谮毁罗织，随人意思处之。这许多意思皆私，只尔自知，须精细省察克治。惟恐此心有一毫偏倚，杜人是非，这便是格物致知。簿书讼狱之间，无非实学，若离了事物为学，却是着空。①

　　作为主判官，簿书讼狱之事应该本着自己的良知去判断其是非曲直，如果期间因为各种私意的障蔽而歪曲事实，那么良知必然自知之，否则便是良知的欺罔。良知不是抽象、空洞的形式符号，良知必然落实为实践行为。在诸如簿书讼狱之类的事物上，致良知便是宋儒所谓的"格物致知"。致良知不能离开具体事物，致良知之学都是合乎"天理"的实学。王阳明又从"四民异业而同道"的角度申述良知学的普世性，指出无论各行各业，只要依顺良知而行，便自有其正当合理性。王阳明说："古者四民异业而同道，其尽心焉，一也。士以修治，农以具养，工以利器，商以通货，各就其资之所近，力之所及者而业焉，以求尽其心。其归要在于有益于生人之道，则一而已。士农以其尽心于修治具养者，而利器通货，犹其士与农也，工商以其尽心于利器通货者，而修治具养，犹其工与商也。故曰：四民异业而同道。"② 在王阳明的心学理论体系中，良知乃是心之本体，尽心就是致良知。"四民"虽然分属不同的行业，但"四民"之良知是同然具足的，随着各行各业各致其良知，便能在"有益于生人之道"上充分实现自我良知的显现。

　　作为一种生活方式的致良知学具有强烈的实践性特征，这使得致良知工夫不仅具有实现自我转化的修身学意义，而且如果倡明于天下，就会起到纯化社会风俗与实现人文教化的现实功效。王阳明说："今诚得豪杰同志之士，扶持匡翼，共明良知之学于天下。使天下之人，皆知自致其良知，以相安相养。去其自私自利之蔽，一洗谗妒胜忿之习，以济于大同，则仆之狂病，固将脱然以愈，而终免于丧心之患矣。"③ 王阳明希望通过宣讲良知学唤醒每个人内心中的道德意识，实现治国平天下的外王理想。这样阳明的致良知学就不再仅仅是一种观念化的理论体系，更是一种重整社会秩序的社会实践活动。余英时从政治文化的角度深

---

① ③ 陈荣捷：《王阳明〈传习录〉详注集评》，上海：华东师范大学出版社2009年版，第177、157页。
② 《王阳明全集》中，上海：上海古籍出版社2011年版，第1036—1037页。

刻剖析了王阳明企图通过唤醒每个人的良知的方式来达成天下大治的儒家政治观念，这个政治观念就是与"得君行道"相对的"觉民行道"。将眼光从皇帝和朝廷投向社会大众，将致良知之教与"觉民行道"结合起来，是王阳明在绝望于"得君行道"之后寻找出的一条救治社会之血路。余英时对此高度评价说："这是两千年来儒者所未到之境，不仅明代前期的理学家而已。"[①]

王阳明的心学理论不是依据理性推理所获得的抽象思辨的观念组合，而是来自其自身在艰难险阻的生存处境中的证悟和彻悟，这是通过存在的实践而来的悟道。他以诚挚而坚毅的宗教伦理精神投入成圣的理想性之自我实现中，其致良知的根本要义就是将作为主体性之根源性实在的良知落实于具体的生存境域中，从而实现个体生命价值与人生意义的整全统一，这也是由自身的实践工夫所体证的生命的存在境界。对于王阳明的致良知工夫论与古希腊、罗马哲学家对良心观念的阐释有某种程度的相似性，耿宁在阐释欧洲思想史上的良心观念时，指出良知观念早在古希腊哲学和古罗马哲学中就得到了发展，尤其是斯多亚学派教导说道德法则就内在于每个人的心中，对人来说最大的幸福在于人能自觉意识到其行为是道德的。斯多亚学派不像柏拉图和亚里士多德创立的学说那样出名，其原因可能是斯多亚学派视哲学为一种生活方式，并不注重从概念上去从事哲学理论的创造。在这一点上，它与中国哲学视哲学为一种生活方式或重视实践工夫的精神特质具有一致性。所以，耿宁在谈到王阳明的学说时强调："哲学思想并不在于构建作为自身目的的一种系统理论并将这个思想构成物作为学说传授给弟子，而是在于使其自己的生活变为一种'神圣的'生活并作为讲授者与教育者帮助他的弟子们踏上通往这个目标的道路。对他来说，对他的弟子们的考试并不在于询问他们某种知识，而在于查验他们是否于其生活与行动中在那个实践目标的方向上有所进步。"[②] 王阳明的致良知学是其从百死千难中彻悟出的根本教法，属于精神修炼的哲学，而非构造理论体系的哲学；它也是一种持续不断地以良知自知与体认良知为指导的生活方式，对克服现代人的道德虚无主义以及充盈其精神生活而言无疑具有重要的现实意义。

---

① 余英时：《宋明理学与政治文化》，桂林：广西师范大学出版社 2006 年版，第 43 页。
② 耿宁：《人生第一等事 —— 王阳明及其后学论"致良知"》上册，北京：商务印书馆2014年版，第 171 页。

第七节 传统儒家智德的特质
及其现代价值

"智"作为一种德性或德目，在中西哲学中都具有特殊的地位。就中国哲学而言，智是儒家哲学的核心观念之一，儒家论"智"多从实际践履与修身工夫上立论，把智与道德心性和伦理政治等主要实践问题紧密关联起来。"智"是主体具有的一种实践能力，主体能根据实际情况作出正确的选择和行动，体现了人类实践活动的合理性和适宜性。智德或实践智慧关乎实践理性的卓越及其应用。对儒家智德用法的观念史或思想史进行研究，能够揭示出那些信赖它的儒家圣哲在特殊的历史语境中对它进行的细微改造，以及这个观念在各种不同的观念图式或组合中如何被赋予了不同的内涵。同时，智德也是西方哲学中的"四枢德"之一，在亚里士多德、阿奎那等哲学家的德性伦理学中占有重要地位。20 世纪 50 年代以来，随着德性伦理学（Virtue Ethics）与德性知识论（Virtue Epistemology）在世界哲学范围内的相继崛起，在世界哲学的"德性"转向中，智德在伦理学与知识论中的作用不断被反复确证。从本质上说，儒家智德为人的实践行为提供价值规范与目的导向，有助于人拥有良好生活的实践智慧，这种实践智慧又主要呈现为"修身"方面的道德智慧和治国方面的政治智慧。在儒家的修身之学或"为己之学"中，德智被后世儒者纯化为以"良知"和"德性之知"为标识的道德本体与工夫论用语。在德性知识论的视域中，儒家德智则呈现为一种有德性的知识。

一 作为实践智慧的智德

智慧的统一性与多样性问题是当代分析认知论的重要论题。郁振华结合赖尔的"智力"概念和亚里士多德的"良好生活"概念，提出一种"风格导向的智慧"概念，风格导向的智慧分别在理论领域、实践领域和制作领域形成理论智慧、实践智慧和制作智慧。[①]"实践智慧"或"明智"在希腊文中是"phronesis"，来自动词"phronein"（慎思），英文翻译为"prudence"、"practical intelligence"、"practical wisdom"等等。在古希腊哲学中就"phronesis"形成最系统的思想的人当属亚里士多德。他将应用于实践领域的"phronesis"（明智）与应用于理论领域的"sophia"（智慧）严格区别开来。《尼各马可伦理学》的英译本专门用"practical wisdom"翻译"phronesis"，用"philosophic wisdom"翻译"sophia"，明确地将两种智慧区别开来。于是，在对"phronesis"一词的理解与使用上就出现了两个传统：一个是从苏格拉底、柏拉图到康德的传统，此传统的特点是重视理论领域的"sophia"，而贬低实践领域的"phronesis"；另一个是从亚里士多德、阿奎那到伽达默尔的传统，此传统的特点是将实践领域的"phronesis"置于重要地位。[②]

亚里士多德在《尼各马可伦理学》中将"实践智慧"视为人类表述真理的五种方式之一。他说："明智的人的特点就是善于考虑对于他自身是善的和有益的事情。不过，这不是指在某个具体方面的善和有益，例如对他的健康或强壮有利，而是指对于一种好生活总体上有益。"[③]就亚里士多德而言，实践智慧是关于实践理智的德性；它是能够使人在实践事务上做出正确决断和行动的理智状态，人应该生活得好是实践智慧的目的；它是一种同人的善相关的、合乎逻各斯的、求真的实践品质。从知识的类型来看，实践智慧是一种关于人类如何践行的实践之知或力行之知；它不以追求普遍性的科学知识为目的，而是以在具体事物中的践行为其自身之目的，必须在面向特殊的、个别的具体事物之经验基础上才能实现其目的；正是在普遍的东西和特殊的东西的联结中，才需要实践智慧。具体境况中表现出来的灵活性和回应性是实践智慧的显著特征，这是亚里士多德批判柏拉图理念论的思想结晶。亚里士多德的实践智慧思想具有强烈的经验主义性格，随着城邦生活的没落，这种实践智慧思想日益与城邦的政治生活和道德生活相脱离，进而蜕变为一种单纯的理智能力。

实践智慧有其自身的历史文化传统，不存在一种放之四海而皆准的普遍性的实践智慧，拥有实践智慧的人是在他成长范围内所接受的文化传统价值中生活，并在这一传统范围内获得应对实践事务的实践智慧，因此，我们不能要求有

① 郁振华：《论三种智慧》，载《华东师范大学学报（哲学社会科学版）》2020 年第 5 期。

② 徐长福：《实践智慧：是什么与为什么——对亚里士多德"实践智慧"概念的阐释》，载《哲学动态》2005 年第 4 期。

③ 亚里士多德：《尼各马可伦理学》，北京：商务印书馆 2003 年版，第 188 页。

一种普世的实践智慧适合所有不同的文化传统。余纪元认为：现代人之所以不理解或不愿接受亚里士多德关于实践智慧是包含在历史传统之中的看法，是因为我们是以近代规范伦理学的有色眼镜去审视亚里士多德的伦理学。规范伦理学通过对理性自律的探索，寻求建立普遍的道德规范，将实践理性从文化传统价值那里强行分离出来，这种强制性理解是对实践智慧的误读。[①] 实践智慧不是西方文化的专利，西方哲学中的实践智慧理论有其自身的历史文化传统，中国人的实践智慧思想同样植根于深厚的传统文化中。亚里士多德的这种注重特殊和经验的实践智慧与儒家哲学中的实践智慧有相似之处。现代新儒家认为：以理性主义为特征的西方文化以追求普遍而抽象的概念为精神旨趣，将这种理性所把握的普遍概念应用到具体事物上，必然会对具体事物的某些方面有所忽视，不能周全兼顾具体事物的特殊性与个性。中国文化中之"圆而神的智慧"把普遍者融化入特殊以观特殊，不执着于普遍原理，这种智慧是随着具体事物宛转俱流的当下即是的生活智慧。

我们可以发现，作为实践智慧的儒家智德具有一些明显的、不同于亚里士多德的实践智慧的特点：

第一，这种植根于生活世界的儒家实践智慧兼具理智德性与道德德性的双重意蕴，既是实践理智的德性，又是作为人的本质规定性的道德德性，此道德德性为实践智慧提供目的。儒家良知论代表的是不同于亚里士多德的实践智慧论的另一条道路，作为实践智慧的儒家良知可以把明智作为一种辅助性的理智能力包含进来。儒家的"良知"是比亚里士多德的"明智"更具有总体性的实践智慧，因为它内在地蕴含了明智，又超越了明智。由"是非之心"和"良知"所标识的智德不仅是一种理智判断能力，还是区别于一般性情绪的道德情感，是理智和情感交融的德性。理智为拥有实践智慧者提供行为指南，情感则为其提供内在动力，情理交融的实践智慧是以儒家哲学为主体的中国哲学的重要特质。

第二，儒家的实践智慧不预设一个作为理论前提的理论智慧，从儒家传统中发展理论智慧是不必要的。亚里士多德预设了实践理性与理论理性的对立，作为实践理智德性的实践智慧不像数学中的理论理性的算计，也不像对永恒存在者的纯粹静观。数学中的理论理性没有以善恶为内容的价值论意义，因为它没有任何实践上的推论，而儒家伦理学的人性观中不存在一个区别于实践理性的理论理性部分。即使儒家有关于宇宙、天命的理论智慧，其有别于亚里士多德之处也在于儒家的理论智慧并不高居于实践智慧之上，而且它是为实践智慧服务

---

① 余纪元：《亚里士多德伦理学》，北京：中国人民大学出版社 2011 年版，第 117—118 页。

的。儒家实践智慧尤其表现为关于"事的世界"的道德实践，而不是对"物的世界"的哲学反思。其对象是与人的道德价值相涉的、由实践行动创造的人类事务。儒家实践智慧自始至终都在道德践履或修身工夫中作为指导性的原则而存在。

第三，儒家实践智慧的终极目的或价值关怀在于对"道"或"天道性命"的体悟。儒家实践智慧的基本目的可以在"知人"、"知言"、"知政"等具体实践事务上达成，由"下学而上达"至对"道"或"天道"的领悟与体认。"道"或"天道"是涵括宇宙、社会、伦理、政治与人生的根源性存在。作为境界论用语，"道"或"天道"所指涉的是通过修身工夫达到的一种至高无上的精神境界。中国早在轴心期就把哲学视为智慧之学，此智慧之学的目的在于对"道"有所领悟。天道与人道之间没有不可逾越的鸿沟，两者是相通的，人的德性可以无限"上达"。达致对天道有所体悟的生命境界的实践智慧者，可以说就是儒家的圣人。智德是达致圣人境界所必需的。"仁智双修"、"以智辅仁"、"摄智归仁"可以说是儒家修身学的特殊进路，通过此精神修炼而进达对于作为意义与价值根源的"天道性命"的切身体验。

二 智德在德性知识论中的运用

亚里士多德的实践哲学已经隐含了对理论知识与实践知识的划分。罗森正确地指出："理论知识提供给我们最高形式的幸福，但这类的理论活动和伦理德性无关。它的卓越新性完全不同于体现在高贵和公正行为之中的人类善。第二种形式的知识在术语的严格意义上既非'科学的'也非'理论的'，但它是如何把目的调适为计算性理性的一个正确命令的知识，这种计算性理性针对的是在我们当前对之加以筹划的处境的种种相关境遇下行动的实施。"[1] 但是，西方传统知识论往往将"知识"的本性定义为信念对实在的表征，于是"知识"就被理解为得到辩护和确证的真信念。这种笛卡儿式表征主义认知观的致命缺点是主体与客体、内在心灵与外部世界的绝对分离。与外部世界相分离的主体观念以及对人的能动性的表征主义理解，使得与人类知识相关的一些重要问题并没有得到圆满的解决。因此，罗素、赖尔、波兰尼等现代西方哲学家对传统知识论进行了批判性重建，提出了一些不同于传统命题性知识的知识类型，如罗素的"亲知"（knowledge

---

① 聂敏里选译：《20世纪亚里士多德研究文选》，上海：华东师范大学出版社 2010 年版，第447 页。

by acquaintance)、赖尔的"能力之知"(knowing how)和波兰尼的"默会知识"(tacit knowing)。此类知识论的显著特征是强调认知活动是作为一个行动的过程而出现的,这股思潮促使知识论领域出现了一种可以称为"实践转向"的变化。20世纪80年代以来的德性知识论同样可以视为对西方"认识论危机"所作出的回应并重建知识论的一种尝试。它激活了亚里士多德的实践哲学传统,作为一种新的知识论进路已经在当代知识理论中占据了显著的地位。正如德性伦理学乃是使正当的品格特征而非道德原则与道德责任成为道德聚焦的中心,德性知识论将适当的认知品格特征而非认知原则当成知识论聚焦的中心。

当代德性知识论主要有两种代表性理论成果:其一是索萨的德性可靠论。这种理论把自己的观点建立在亚里士多德对"智德"的相关论述之上。德性可靠论者认为认知主体自身有一些可靠的认知机制,正是通过这些认知机制使得主体获得确证性的知识,德性可靠论基本沿袭了传统知识论所要解决的问题,即知识的本质问题。其二是扎格泽博斯基的德性责任论。德性责任论主要解决知识的价值问题。扎格泽博斯基将智德吸纳进德性伦理学的认知维度,认为智德是令人钦慕的品质,但它是后天的认知特征而非先天的认知能力,在获得确定性的知识方面,无论是理智动机,还是过程的可靠性,都是值得人们钦慕的。索萨在看待智德时,主要偏重于认知主体的认知能力是否足够可靠地帮助认知主体获得真信念并进一步形成知识,忽略了认知主体在求知过程中所应具有的人格特质和认知责任这类价值问题,而对认知主体的人格特质(即所谓"智德")和认知责任的重视正是德性责任论的显著特征[①],这与儒家对智德在人类认知活动中的定位有某种程度的家族相似性。扎格泽博斯基批评索萨没有深入探究认知主体的"责任"、"勇气"、"良知"、"智德"等重要的德性概念及其议题,这些德性是认知主体所应具备的人格特质,这些人格特质是道德德性,也是理智德性。他还指出德性可靠论者忽视了智德与道德之间的内在联结。

德性责任论与儒家有相通之处。在涉及德性知识论的论题时,多数研究中国哲学的学者会倾向于以扎格泽博斯基的德性责任论来透视儒家的德性伦理学。诚如付长珍所言:以"好学近乎知"、智(知)与仁的统一为标识的儒家伦理学知识体系就是一种以人格特质为基础的德性知识论。[②] 德性知识论涉及道德

---

① 米建国:《智德与道德:德性知识论的当代发展》,载《伦理学术》2019年第2期;米建国:《两种德性知识:知识的本质、价值与怀疑论》,载《世界哲学》2014年第5期。

② 付长珍:《重新发现智德——儒家伦理学知识体系的当代省察》,载《求是学刊》2020年第4期。

与知识的关系问题,道德与知识代表的是价值与事实、应然与实然之间的区分。这一区分是近代西方文化的显著特点。道德与知识代表人类生活中两种不同性质的事物,人类对道德的关怀方式也有认知和实践方面的不同,两者之间的结合只能诉诸实践活动。儒家的德性知识论也是这类重视行动的实践之知。对于儒家而言,认知的过程总是实践性的和具有道德内涵的,它更倾向于是一种如何做事的行动,而非聚焦于理论理智的心灵状态。

人类道德生活中的知识有两种类型:其一是关于道德规范的命题性知识;其二是关于道德行动的能力之知。前者对应的是"见闻之知"、"知识",后者对应的是"德性之知"、"良知"。以儒家哲学为核心的中国哲学并没有将人类实践活动中的知识求索与价值评价截然分开,作为实践智慧的智德在"成己"与"成物"的过程中,具体展现为知识层面的"是什么"的理性追问以及现实层面的"应当是什么"和"应当做什么"的价值关切之间的统一[①]。但凡中国哲学传统中具有体用论思维方式者,都或多或少会涉及对两种知识的分判,这两种知识兼具存有论上的差异和实践上的贯通。[②]"德性之知"是指"成德"过程中对天命心性的体知或具有行动驱动力的力行之知,"见闻之知"泛指经验层面的社会政治知识与道德知识。王阳明高足王龙溪继承阳明的致良知学,以"德性之知"为"良知",以"见闻之知"为"知识"。

至于德性为何没有在传统知识论中得到哲学家的重视,一个可能的原因是被认为理当如此,正如我们在道德生活中需要好的能力和习惯一样,我们在认知活动中也需要良好的理智能力和习惯。但是,认知德性与道德德性之间仍然有内在的、本质的区别,这表现在德性知识论所涉及的伦理学知识区别于纯粹理论化的知识。它关乎人的实践事务,尤其是社会伦理事务与政治事务,旨在寻求实践活动的道德根源。哲学家对知识论的探究在很大程度上是为其伦理学服务的,诚如考克斯所言:"他们试图问答关于什么存在和我们如何知道存在的形而上学和认识论问题,以便问答鉴于我们所知的存在我们该如何生活的伦理学问题。"[③]我们应该如何生活以及生活的意义与价值等伦理学问题是伟大的哲学家的终极关怀。儒家的智德是德性与知识的统一,智德可以说是一种有德性的知识,亦可以说是一种有知识的德性。儒家的德性知识论始终聚焦于"成人之道",问答我们如何拥有良好生活这一伦理学追问,而智德所具有的理智向度有助于

---

① 杨国荣:《人类行动与实践智慧》,北京:北京大学出版社 2020 年版,第 256 页。
② 杨儒宾:《理学工夫论的"德性之知"》,载《中国文化》2018 年第 1 期。
③ 考克斯:《做哲学:如何更清晰地思考、写作和争论》,北京:新华出版社 2017 年版,第 36 页。

我们在实践事务中选择正确的行动，厘定了知识的价值与认知主体的责任问题，这是今日重拾儒家智德并给予创造性转化的重要缘由。

综上所述，智德论题是中西哲学史上的重要问题，与活跃在当下知识界的德性伦理学、德性知识论、实践哲学等哲学议题都有交集，探究儒家的智德思想有助于促进中西哲学的对话。智德是生活得好的必要条件，作为实践智慧的智德是决定人如何拥有良好生活的一种实践理智的德性。它不是通过理性制定的规则体现出来的，而是一种对当下伦理境遇的正确反映与合理判断。儒家哲学又将这种德性称为"良知"和"德性之知"，此"良知"和"德性之知"是人区别于动物的根本性标志。作为一种活泼灵动的实践智慧，它是产生道德意识、道德语言和道德行动的道德创造性之源。智德是理智和情感交融的德性，理智为拥有实践智慧者提供行为指南，情感则提供内在动力，情理交融的实践智慧是儒家哲学的重要特质。儒家的实践智慧不预设一个作为理论前提的理论智慧，儒家在探究伦理学知识方面的兴趣始终高于自然科学知识，其知识论是典型的以人格特质为核心、以价值为准绳、以实践为目的的德性知识论。儒家的"德性之知"和"良知"之"知"作为人性中一种特殊的"知"，不是主客对比条件下的认知能力，而是儒家成德进程中必不可少的德性条件，也是一种在直觉的状态中把握事物本性、通达于超越界的智慧，其终极目的或价值关怀在于对"天道性命"的体悟。我们从德性、知识与实践智慧这三个向度重新诠释儒家智德，可以推动传统智德思想的创造性转化与创新性发展，进一步发掘儒家智德所特有的中国文化属性及其在世界哲学中的意义与价值。

第五章

诚信

第一节　诚信是道德之基：先秦儒家的诚信思想

诚信是中华民族的传统美德和民族精神之一。几千年来，它作为中国传统伦理道德的内涵，主要指诚实、不欺、守信、言行一致、实事求是。它涉及的内容很广泛，包括从个人内心诚意的修养到与朋友、乡党交往言而有信，从统治者好信而民众信服到国家间盟誓与用兵的戒欺守信，从学以忠信为本到经商童叟无欺。可以说，诚信这个德目涉及政治、经济、社会、文化等多个方面，规范着中华儿女的个人化和社会性的行为，被用来营造一种良好的社会治理秩序，维护整个社会的良性运转。对当代中国而言，弘扬诚信精神依然不可或缺，有时候甚至还显得非常迫切，因此梳理中国传统诚信思想并积极促成其现代转化和发展就成为一件非常具有现实意义的事情。

一 "信者，诚也，专一不移也"：诚信概说

（一）诚、信与诚信

"诚信"一词已经成为现代汉语普遍使用的语汇，人们往往用它来指人的社会信用道德和真诚态度；或是将它用作动词，指为人处世诚实、守信用。但是，经过研究，我们发现，在古代中国的思想世界中，"诚"与"信"并非一开始就是连用的，二者各有自己的发展历程，各有侧重。根据现有的出土资料，"诚"、"信"二字在甲骨文中并没有出现，但在商周时代的金文中已经出现了"信"字。相对于"信"字来说，"诚"字出现更晚。春秋以前的文献中"信"字较为多见，而"诚"字相对偏少。在后世学者对于先秦典籍的训解中，他们往往用互训的方式来解释"诚"与"信"。班固最早以"诚"释"信"，说："信者，诚也，专一不移也。"① 东汉

---

① 陈立撰，吴则虞点校：《白虎通疏证》上，北京：中华书局 1994 年版，第 382 页。

许慎在《说文解字》中说："信，诚也。从'人'，从'言'。会意。"（《说文解字·言部》）"诚，信也。从'言'，'成'声。"（《说文解字·言部》）这种训诂的方式虽然有利于我们理解"诚"、"信"的含义，但也容易导致我们对二者之间差别的忽视。大致来说，"诚"与"信"是密切相关的两个概念，两者是互相贯通、互为表里的。二者追求的都是实，即真实、实在、真心实意，这也正是有些学者将二者进行互训的原因。但是，二者又存在着细微的差别：（1）"诚"主要从内心上说，侧重的是内心的修养；"信"则侧重于与人交往时言而有信、遵守信用。（2）"诚"是"信"的内在根基，"信"则是"诚"的外在表现。（3）"诚"的哲学化、形上学化内容更为丰富，并且在儒家哲学中的位阶更高、内涵更深刻。

从先秦时期开始，"诚"与"信"就开始连用，例如《管子·枢言》云："先王贵诚信。诚信者，天下之结也。"《荀子·不苟》有"诚信生神，夸诞生惑"之说。《礼记·祭统》云："是故贤者之祭也，致其诚信，与其忠敬。"《商君书·靳令》则把诚信看作是祸国殃民的"六虱"之一。《盐铁论·世务》里多次出现"诚信"一词。唐代吴兢所著《贞观政要》中记载的唐初名臣魏征在给唐太宗李世民的上疏中更加明确地使用了"诚信"一词："君之所保，惟在于诚信。诚信立则下无二心……然则德礼诚信，国之大纲，在于君臣父子，不可斯须而废也。"[①] 其中，《管子》、《礼记》晚出似无异议，那么在现有材料中，《荀子·不苟》篇似乎是最早出现"诚信"的篇章。

由于"诚"与"信"二者所追求的都是实，即真实、信实、真心实意，因此"诚信"所代表的德行也就可以被理解为诚实守信。如果进一步区分的话，"诚信"又可以被分为心意的诚信、言语的诚信、行动的诚信三个层次；从诚信所指涉的对象的角度，我们也可以把诚信分为对自身的诚信（诚己）、对他人的诚信（诚人）、对社会的诚信（诚群）。我们对于诚信的讨论正是基于这样的一个思想体系。

（二）诚信思想的起源

仅仅从字源的角度来讨论诚信是远远不够的，因为诚信所体现出来的本质内容在"诚"、"信"两个文字形成之前就已经产生了。学术界对于诚信思想的起源已经做了很多探讨，结合已有的研究成果，我们可以概括为以下六种：

1. 原始信仰说

原始信仰说认为：在远古时代，由于人类的生产力发展水平、人们的活动范围以及认识能力的限制，人类对于各种自然现象的风云变幻存有一种本能的敬畏和神化，产生了普遍淳朴的原始信仰。也就是说，诚信之信首先是作为信仰之

---

① 吴兢：《贞观政要》，济南：齐鲁书社 2010 年版，第 188 页。

信而存在的。例如：在我国北方的阿尔泰语系中的各民族都保留着崇拜天地的原始而又古老的信仰。古代的柯尔克孜人普遍相信自己是大地母亲之子，是由泥土繁衍而来的，是由大地造就的。他们认为：谁如果不对故土忠诚，就是背叛母亲；谁如果对大地没有诚敬之心，死后就将不为大地所容纳。[①] 这种对鬼神的虔诚和敬畏的精神培育了最朴素的诚信观念。

2. 集体劳动说

在原始社会，人们主要从事采集和渔猎活动以便获得生产和生活资料。特别是狩猎活动，由于丰富了原始人的食物种类，扩大了他们的活动范围，因而成为一种基本的生产生活劳动，是原始人类得以生存延续的基本手段。由于狩猎活动不可能由一己之力来完成，因此团体成员间的相互协作就成为必要。这就要求每个参加狩猎的成员都能遵守既有的约定，做到言而有信，否则狩猎活动就不能正常、顺利地开展，进而会威胁到群体的生存。因此，共同的劳动必然会产生守约、守信的要求。

3. 生产实践说

马克思主义的观点认为：道德意识的产生是人类社会特有的现象，应当从社会存在出发去说明社会意识，从人类社会的历史发展去说明道德的起源。道德的基本问题之一就是人与他人、个人与集体的利益关系问题，道德产生于人类社会在生产实践中调整利益冲突的必要，"它是以善恶为评价标准，通过社会舆论、传统习惯和内心信念来调整人们行为规范的总和"。[②] 正是为了维护和调节人们相互间的利益关系，诚信道德才会产生。诚信作为道德的一种，是一种社会意识和实践精神，能够协调人与人、人与社会之间的利益关系，促进人格的完善。

4. 等价交换说

西方民法学以为：诚信观念主要起源于人们在商品经济和贸易活动中所迫切追求的契约精神。其实，在古代社会中，由于生产力水平的提高而产生了剩余产品，又由于劳动分工的缘故，人们不能只以一己之力完全满足自己对于生产和生活资料的需求，因此商品交换就成为必然。原始的商品交换的形式是物物交换，在这种交换活动中需要一般等价物作为中介。例如：独龙族以猪为一般等价物，而景颇族以水牛为交换中介。交换如何进行、起着一般等价物作用的实物怎样换算都是约定俗成的结果，人们的交换活动完全按照既成的约定进行。如果不遵守这种定制，交换就无法实现。

---

① 唐善纯：《华夏探秘：上古中外文化交通》，南京：江苏人民出版社 2000 年版，第 75 页。
② 龙庆华等：《高校诚信道德建设研究》，昆明：云南大学出版社 2007 年版，第 4 页。

5. 先天具有说

先天具有说认为：人天生就具备道德意识，当然也就具备了诚信观念。这类似于孟子的性善论。孟子认为：人天生就有恻隐之心、羞恶之心、辞让之心和是非之心，经过后天的扩充就成为仁、义、礼、智四德。仁、义、礼、智并非由外强加给人的，而是人类所固有的。基督教的"摩西十诫"中有不撒谎骗人的戒律，并且认为这些戒律本身是神传授的，也就是人类先天所具有的。汉代哲学家董仲舒把"信"作为五常的重要内容之一，并把它与"天道"联系起来，这也是诚信先天说的一种体现。

6. 特色思维说

日月轮转，季节变换，春夏秋冬，寒来暑往，树木荣枯，中国内地特有的季风气候造就的自然现象启发了古人。在古人看来，这一切都说明天地间的万事万物都遵循着一种固定的规律。于是，作为一个农业民族，华夏民族就很容易产生一种循环论的思维方式。"以今人的哲学眼光来审视古人的诚信观，就会获得一个惊人的发现：诚信，不仅仅是人类立身处世的根本，而且还是宇宙间所有物质运行的自然规律。"[①] 正是因为这种人与自然的相似之处，古代思想家们提出了"天人合一"的命题，"诚"也就成为沟通天人的形而上观念。因此，古人在论说"诚信"时，常常从自然现象来引发出人类的"信"伦理思想。

很显然，诚信思想在原始社会时期就已经有了萌芽，虽然表达这种道德精神的"诚"、"信"二字尚未出现。诚信起源的集体劳动说、生产实践说、等价交换说归根结底是人类处于不同的交往关系中的不同体现。集体劳动关注的是以血缘关系为基础的交往关系，由此而产生了家庭成员间、血缘亲属间的诚信需求。生产实践说关注的是人类在更广泛的社会生产和实践活动中的相互关系，由此而产生了更为宽泛的诚信需求。等价交换说则侧重人以货币关系为基础的交往关系，由此而产生了公平交易、等价交换的诚信原则。原始信仰说和先天思维说则从思想文化的角度去探讨诚信精神的起源，前者突出了早期诚信思想所体现出的神秘性，后者突出了原始诚信思维作为天人合一精神之纽结的重要地位。至于诚信思想的先天具有说，则为诚信思想在哲学上的论证提供了心性论的思路。

通过梳理诚信思想的发展历程，我们会发现：诚信思想的约束性在很大程度上要借助于心性论的说明。

---

① 康志杰、胡军：《诚信：传统意义与现代价值》，北京：中国社会科学出版社2004年版，第172页。

二 "忠信而仁"：孔子的诚信思想

古代的圣哲贤人把诚信作为一项崇高的美德加以颂扬，并将诚信规约为一种政治之道、交友之道与处世之道。虽然中国古代各家各派都很重视诚信之道，但归根结底使诚信思想开始成为一种完整的伦理道德规范体系的，还是要数先秦的儒者们。儒家内部各派的伦理思想有所不同，但都重视探讨道德问题，重义轻利，重视道德教育和道德修养等。诚信道德是儒家伦理思想中的一项内容，是孔子以"仁"为核心的体系中与"忠"、"义"、"孝"等相并列的一个道德规范。

遍检《论语》，我们发现："诚"字只出现在两处，一处是作为表示强调、肯定的副词，另一处是作为一个形容词，并没有被提升为一种德性。虽然"诚"在《论语》中尚未成为一个德目，但是诚的思想已经蕴含在"信"、"忠"两个德目中。《论语》中的"信"字共出现三十余次，除两次作为表强调的副词之外，剩下的都与诚信、信任有关。在孔子看来，诚信不仅是普通人之间的交友之道，也是仕进和治国之道。综观《论语》和其他有关孔子言行的记述，孔子的诚信思想可以表现在以下四个方面：

（一）"主忠信"：诚信是做人的基本规范

在孔子看来，诚信不欺是一种优秀的道德品质，也是一个人立身处世的基本原则。孔子说："人而无信，不知其可也。大车无輗，小车无軏，其何以行之哉？"（《论语·为政》）輗是大车车辕前面横木上两端的木销子，軏是小车车辕前面横木上两端的木销子。没有輗和軏就不能驾牲口，车子就不能行走。一个人不讲信用，出尔反尔，虚伪欺诈，缺少了诚信精神的支撑，好像马车上没有驾驭牲畜的关键，也是行不通的。有了诚信，与物交往都无所不通，更何况人与人之间的交流呢。孔子告诫学生，要行事通达，首先要做到忠信笃敬。当子张问他如何提高道德修养和辨别是非的能力时，他说："主忠信，徙义，崇德也。"（《论语·颜渊》）此外，他还说："主忠信，毋友不如己者，过则勿惮改。"（《论语·子罕》）可见，孔子强调要以忠信为主，并把它作为道德学问的基础。

仁是孔子的最高道德理想。在他看来，"信"与"仁"也有着密切的关系。"子张问仁于孔子。孔子曰：'能行五者于天下为仁矣。''请问之。'曰：'恭、宽、信、敏、惠。恭则不侮，宽则得众，信则人任焉，敏则有功，惠则足以使人。'"（《论语·阳货》）在孔子看来，信是达到仁的境界的不可缺少的一步。孔子还说："克己复礼为仁。一日克己复礼，天下归仁焉。为仁由己，而由人乎哉？"（《论语·颜渊》)所谓"克己复礼",是指要约束自己的行为,使之符合礼的规范,而作为人们行为准则的礼,又是以忠信为根本的。一个人要学习礼,必须首先具备忠信这种品德,即所谓"甘受和,白受采,忠信之人可以学礼。苟无忠信之人,则礼不虚道。是以得其人之为贵也"(《礼记·礼器》)。所以,孔子的教育内容是"文、行、忠、信"(《论语·述而》)。他的教育实践以培养德行、陶冶情操为重点,把品德修养置于对文字书籍的学习之上。他告诫弟子:"入则孝,出则弟,谨而信,泛爱众,而亲仁。行有余力,则以学文。"(《论语·学而》)子夏也说:"贤贤易色;事父母,能竭其力;事君,能致其身;与朋友交,言而有信。虽曰未学,吾必谓之学矣。"(《论语·学而》)曾参则说:"吾日三省吾身:为人谋而不忠乎?与朋友交而不信乎?传不习乎?"(《论语·学而》)孔子说子路"片言可以折狱"(《论语·颜渊》),也是称赞他的为人诚实、直率。可见,"信"是孔门修己安人的重要内容。

这里还要提到:曾参不仅是诚信思想的倡导者,还是诚信道德的践行者。这就不得不提到"曾子杀彘"的故事。《韩非子·外储说左上》记载:一日曾参的妻子要去集市,其子追随哭闹,想跟着母亲一起去。曾参的妻子哄其子说:"你听话快回家,等我回来的时候就杀猪给你吃。"曾参的妻子从集市返家后,正遇曾参要杀猪,她急忙阻止说:"我许诺杀猪只是哄哄孩子罢了,你怎么可以当真呢?"曾参正色道:"不能与孩子开这样的玩笑。孩子现在什么也不懂,都是受父母言传身教的影响。今天你欺骗他,实际上是教他欺骗别人。母亲欺骗孩子,孩子就再不相信母亲,是不能这样教育孩子的。"说完就杀猪而烹之。这则故事意在劝诫父母教养子女要以身作则,言行一致,绝不食言。

《大学》是儒家经典之一,传为曾参所作。《大学》中提出的"诚意"是儒家修身的重要环节,是正心的前提和基础,也直接关乎修身、齐家、治国和平天下的实现。前面提到:忠是尽心,与诚相通。这里讲诚意,"意"者为何?在中国的思想概念系统里,"意"乃心之所发,是心之内容的更具体的表征。什么是"诚意"呢?从字面理解,"诚其意"是说使情感真实无妄。《大学》里说:"所谓诚其意者,毋自欺也。如恶恶臭,如好好色,此之谓'自慊'。故君子必慎其独也。"这段话说诚其意就是勿自欺,就是不要自我欺骗,"就像厌恶臭气那样厌恶欺诳邪恶的意念,就像喜爱美色那样喜爱善良的意向,这样才能说自己意念诚实,心安理得"。[①]也就是说:喜恶之意念都发之于本心,心地纯正、坦诚,信念坚定而表里如一。是否诚意,自己最知。君子要想修养品德,达到

———————

① 李修生、朱安群主编:《四书五经辞典》,北京:中国文联出版公司1998年版,第107页。

意诚的境界，就必须做到慎独。儒家所谓的"慎独"其实是一个比较复杂的观念，在不同的语境中有不同的解释。如果要作一种抽象解释的话，我们认为它实际上就等同于"诚其意"，就是要求人们无论在独处还是独知的境遇中都能不自欺，能真实无伪、言行内外一致，在一切场合中都能自觉地践履道德准则。

（二）"敏于事而慎于言"：言语与诚信

我们常常说待人处事要言而有信，这出自《论语·学而》中的"与朋友交，言而有信"。正是因为孔子非常重视忠信所体现出来的诚心实意，所以他特别反感"巧言令色"之人。孔子认为："巧言令色，鲜矣仁！"（《论语·学而》）在孔子看来，有着花言巧语和伪善面貌的人，其仁德是不会多的。他认为：仁者必须忠信正直，言行一致，表里如一，故以巧言令色为违背仁德的表现。与此形成鲜明对照的是：孔子对于那些在为人处世中充满诚信精神的人非常赞许，即便他们的举止看起来有些木讷。"子曰：'刚、毅、木、讷，近仁。'"（《论语·子路》）"刚、毅、木、讷"意为刚强、果敢、质朴、语言不轻易说出口，孔子认为这些品格接近仁的状态，用以褒扬不怕困难、朴实正派、少说多做的人。木讷之人并非单纯的迟钝少语，而是非常看重言行一致，所以才谨慎发声，也就是"君子欲讷于言而敏于行"（《论语·里仁》），就是"言忠信"。子张向孔子请教立身处世的方法，孔子回答说："说话忠信，行事笃敬，能做到这两条，即使到了南、北那些文化落后的部落也能通行无阻；如果说话不忠不信，行事不笃不敬，即使近在州里也是行不通的。对于这几个字，一定要时时记牢。当你站立时，好像能看到它就在眼前。当你坐车时，好像能看到它就在车前的横木上。"可见，言语木讷在孔子看来是为人诚信的一种表现。孔子如此反感巧言之人，就是认为其言不及行。在他看来，一旦把话说出口，却又做不到，这无疑是虚妄、欺骗。正因为如此，孔子再三告诫弟子们："古者言之不出，耻躬之不逮也。"（《论语·里仁》）"先行其言而后从之。"（《论语·为政》）"天何言哉？四时行焉，百物生焉，天何言哉？"（《论语·阳货》）天地不言，却无时无刻不生养万物，这难道不是一种诚信的表现吗？有德行的人与人交谈时要掌握适当的分寸，以诚信的原则来表达出自己的思想，所以孔子说："辞达而已矣。"（《论语·卫灵公》）说话比较少的人看起来似乎迟钝些。事实上，在孔子看来，言语谨慎的人才真正具有君子的特质。《诗经·大雅·抑》云："白圭之玷，尚可磨也；斯言之玷，不可为也！"此话的意思是说：白玉上的斑点还可以磨掉，人说错的话是收不回来的。这是在告诫人们出言谨慎，不可言过其实。孔子的学生闵子骞寡言少语、言必有中，恰恰符合了孔子对君子的要求，所以得到了孔子很高的评价。

（三）"自古皆有死，民无信不立"：诚信与为政治国

孔子认为：信在仕进、治国上有着不容忽视的作用。首先，"信则人任焉"。要参政，首先要得到统治者的信任，而身为人臣，最重要的也是"忠信"二字。孔子说："君子义以为质，礼以行之，孙以出之，信以成之。君子哉！"（《论语·卫灵公》）"见利思义，见危授命，久要不忘平生之言，亦可以为成人矣。"（《论语·宪问》）所以，只有"主忠信"的君子才"可以托六尺之孤，可以寄百里之命"（《论语·泰伯》）。

作为执政者，则更要讲究诚信。儒家一向把修身作为齐家、治国、平天下的要旨。孔子说："道千乘之国，敬事而信，节用而爱人，使民以时。"（《论语·学而》）即使治理一个仅有一千辆兵车的小国，也要对百姓诚实不欺，只有这样才能得到百姓的忠诚，才可以谈平治天下。"上好信，则民莫敢不用情。"（《论语·子路》）只要在上位者崇尚诚信，百姓就会上行下效，没有人敢不以真诚相待。"故君民者，子以爱之，则民亲之；信以结之，则民不倍；恭以莅之，则民有孙心。"（《礼记·缁衣》）对百姓以真诚相待，他们就不会背叛君主。《论语·子张》所载子夏语云："君子信而后劳其民；未信，则以为厉己也。信而后谏；未信，则以为谤己也。"在孔门学者们看来，君子必须在得到百姓的信任后才能去动员他们，否则百姓会以是在折磨他们；君子必须在得到君上的信任后才能去进谏，否则君上会认为是在毁谤他。也就是说，君与民之间需要的是一种互信，双方以诚信的精神相互对待，才能使上下之间形成良好的互动，进而实现国泰民安。

孔子认为：人民的信任是立国之本。人民一旦对国家失去信心，这个国家也就无所作为了。对此，《论语·颜渊》中记载了"去食存信"的典故。孔子认为：为政必须具备三个条件，才能治理好国家。这三个条件就是仓廪实、武备修、取信于民。若三者不能得兼而可任取其中两个，那么可以取食、取信而去兵；若三者不得已只能保留一个，则必须存信。因为虽然民无食必死，但无信则群不立；群不立则涣散斗乱，终必使民与君主相率沦亡，同归于尽。如果能存信则可保其群，保其群则虽一时无食但仍可有食，若其群去信以争食则必导致无食，所以要去食存信。若去食存信，使民众信赖，就可保证其群的凝聚力；群能聚则虽一时无食，但仍可有食。因此，兵可去，食可去，唯独信不能去。

有一回，子贡驾车载着孔子路过蒲邑，孔子的另一位学生子路正担任蒲邑大夫。车子刚入蒲境，孔子便称赞说："子路做得真不错，做到了恭敬谨慎而又有信用。"车子缓缓驶入城中，城内人来人往，熙熙攘攘，房舍俨然，孔子又称赞说："子路做得真好，做到了忠信而宽厚。"车子继续向前行，很快到了子路的官署。孔子下了车，踏上官署的台阶，又称赞说："子路做得真好啊，做到了明察而又有

决断。"旁边的子贡大惑不解，于是问道："先生您还没有亲眼见到子路的政策与成效，却三次称赞他做得好。弟子能听您讲解一下他做得好的地方吗？"孔子看到子贡疑惑不解的样子，就说："一进入蒲境，我就看到田地都整治得很好，杂草都被铲除了，田间的水道也加深了，百姓都在田间劳作，这就可以看出是子路恭敬、谨慎且取得了百姓的信任，所以百姓才会竭尽其力地劳作。走进城内，我看到垣墙和屋宇都完好坚固，树木长得很茂盛，这说明他的政令忠信而宽厚，所以百姓才不会苟且马虎。走进他的官署，这里清静闲暇，我看到下面办事的人都乐意效命，这是因为他明察一切而又非常果断，所以他的政令没有扰民。从这些方面来看，即使我连续三次称赞他做得好，又怎能将他的政绩说尽呢？"这则故事反映了孔子对于诚信为政的重视。

对于子路诚信的品格，孔子曾评价说："'片言可以折狱者，其由也与？'子路无宿诺。"（《论语·颜渊》）仲由可以以"片言"而"折狱"，这是为什么？有人说，断狱必须两方质证，但因为子路的话笃实无欺，所以听他的一面之词便可断狱。也有人说，子路为人忠信，人们都十分信服他，所以有纠纷的双方在他面前都不会讲假话，所以凭一面之词就可以明辨是非。无论哪种解释，都可以说明子路具有以诚信立身、理政的品德。子路"无宿诺"，意谓子路答应今天兑现的事情，决不会拖延到明天。因此，孔子对子路忠诚守信的品性深有了解，说："道不行，乘桴浮于海。从我者，其由与？"（《论语·公冶长》）他坚信即便在自己穷途末路之时，子路也会忠心耿耿地追随自己。事实也证明，孔子被迫离开鲁国周游列国时，陪伴孔子在外颠沛流离了十几年的只有子路。自孔子有了子路这样一个弟子和朋友后，就不再遭受别人的恶言恶语了。总之，子路讲信义、守言诺、忠于老师的高尚品行如日月在天、江河行地。

（四）"信近于义，言可复也"：诚信的原则问题

孔子认为：忠信的品质必须靠勤奋好学来完善，否则就会有害于事。为什么会有害于事呢？在他看来，虽然诚信是做人的基本准则，但这并不意味着人们需要无时无刻讲诚信。《论语·子路》记载子贡问孔子："怎样的人可以算是一个士？"孔子说："用知耻之心约束自己的行为，出使外国能很好地完成君主的使命，这样的人就可以称为士了。"子贡又问："请问次一等的士是什么样的呢？"孔子说："宗族称赞他孝顺父母，家乡人称赞他尊敬兄长。"子贡又问："敢问再次一等的士是什么样的呢？"孔子回答说："言必信，行必果，只是不知变通、僵化固执的一般人啊！不过也可以算是再次一等的士了。"可见，在孔子眼里，能够"言必信，行必果"的看似极为诚信的人只是"士"当中最低一等的，正如桓宽在《盐铁论·论

儒》中所言："故小枉大直，君子为之。今硁硁然守一道 …… 不足称也。"①

孔子不赞成毫无原则地遵守信用，认为君子应"贞而不谅"（《论语·卫灵公》）。在这里，"贞"指固守正道，"谅"指不分是非、没有原则地固守信用。《论语·宪问》中记载了子路、子贡分别与孔子关于管仲的一段对话。管仲原来是辅佐齐公子纠的。齐襄公时，齐公子小白、公子纠兄弟二人为避其兄齐襄公而逃离齐国，公子小白由鲍叔牙侍奉至莒，公子纠由管仲、召忽侍奉至鲁。襄公被杀后，公子纠与公子小白争夺君位，小白先入得立，是为齐桓公，遂兴兵伐鲁，逼迫鲁国杀了公子纠。召忽也自杀以殉，管仲却在鲍叔牙的举荐下做了桓公的相，故子路以"未仁"为问。孔子认为："桓公九合诸侯，不以兵车，管仲之力也。如其仁，如其仁。"（《论语·宪问》）在孔子看来，正是由于管仲的辅佐，使桓公多次会盟诸侯，制止了战争，使百姓免于灾难，这就是管仲的仁德所在。另外，子贡亦曾以同样的问题请教孔子。孔子同样强调管仲在历史上的重大作用，认为管仲之仁表现在匡治天下、施惠百姓的重大方面，不像匹夫、匹妇那样遵守小节小信去为他原来的主人公子纠去赴死，以至于在山沟中自杀亦无人知晓。假若没有管仲，中原之人恐怕都会沦为落后民族了。所谓"贞而不谅"，大概就是指这种情况。孔子认为"仁"的最高境界是"博施于民而能济众"（《论语·雍也》），其不论管仲之瑕疵而以"仁"许之，正是从强调博施济众的角度而言的。

对此，孔子的弟子有若似乎总结出了老师在诚信问题上的原则。《论语·学而》记载："有子曰：'信近于义，言可复也。'"其意思是：诚实守信也必须合乎道义，这样说的话才可以兑现。这句话虽然是有若说的，但也体现了孔子的思想。《论语·里仁》还记载了孔子的一句话："君子之于天下也，无适也，无莫也，义之与比。"君子对待社会上的事情没有固定的程序可循，一切以"义"为最高原则。又，《论语·卫灵公》说："君子义以为质，礼以行之，孙以出之，信以成之。君子哉！"可见，孔子对待言行的态度以"义"为标准。还有："主忠信，徙义，崇德也。"（《论语·颜渊》）"义"是什么呢？在孔子的思想体系中，义"表示一种合理性，或者合理的事物、合理的行为、合理的状态 …… '义'是表示合理性的概念，或者说人们社会行为的最高依据。所谓'义者宜也'，就是这个意思"。② 至于怎样才是合理的，孔子没有明确地谈到，不过从他的整个思想体系的逻辑关系来看，符合礼的事情和行为都是合理的。孔子在不同场合多次指出：一个人要提高自己的道德水平、增强明辨是非的能力，很重要的一条就是要明确什么是合理的、

---

① 王利器校注：《盐铁论校注》上，北京：中华书局 2015 年版，第 165 页。
② 孔范今等主编：《孔子文化大典》，北京：中国书店 1994 年版，第 348 页。

"义"的，并努力使自身的行为以"义"为转移。他说："德之不修，学之不讲，闻义不能徙，不善不能改，是吾忧也。"（《论语·述而》）所谓"徙义"，就是一切以"义"为中心，惟义是从。因此，人们看见或遇到了合理的事情——"义"，就应勇敢地去做，这就叫"见义勇为"。对于不合理、不义的事情绝不能去做，对于不义之财绝不能要。孔子说："不义而富且贵，于我如浮云。"（《论语·述而》）这表明了他对"义"的坚定立场和态度。孔子认为君子与小人的区别就在于"君子喻于义，小人喻于利"（《论语·里仁》）。从此，"义利之辨"便成为中国思想史上一个非常重要的论题。

孔子认为：君子对于天下的事情不应有什么成见，而必须以"义"作为行为规范和行事准则。孔子特别对那些貌似忠厚，实则不讲任何道德原则，只是随波逐流、八面玲珑的好好先生提出了严厉的批评："子曰：'乡愿，德之贼也。'"（《论语·阳货》）"乡"，意谓鄙俗；"愿"，指谨慎的样子。"乡愿"指小心谨慎，善于迎合他人，言行不一，不讲原则，没有骨气，只知媚俗趋时而无真正是非标准的好好先生。其实，乡愿之所以会有这种表现，无非是在利益面前迷失了方向，没有原则，也就谈不上什么诚信了。既然乡愿做不得，那么该如何做呢？"见利思义，见危授命，久要不忘平生之言，亦可以为成人矣。"（《论语·宪问》）这是子路请教孔子什么样的人是一个完美的人时孔子所作的回答。《论语·季氏》言人们为了提升道德修养而要作的"九思"中也有"见得思义"之说。在孔子看来，德才兼备的完人应该在利益面前以大义为重，临危不惧，舍生取义，不忘践诺守信。

孔子的仁学其实就是为人之学，虽然历经几千年的风霜雪雨，但仍熠熠生辉。孔子的诚信思想中贯穿着他的仁学精神，仍不失为当今人类宝贵的精神财富。除了以上所作的梳理，我们还不能忽略孔子作为一个儒家圣人所体现出来的诚信魅力。面对各种困厄，他不怨天尤人，而是坚守自己的志向，以仁义为己任，任重而道远；与自己的学生相处，他总是以一个循循善诱者的姿态表达对学生的关爱；对于教与学的实践，他不厌其烦，师生间的对话总是显得那样真诚活泼；他有着真性情，乐山乐水，爱好艺术，敢爱敢恨，而又和蔼、悠然。从他身上我们可以看到："道德修养的最高境界，是情感的丰富而不是情感的枯竭；是情感的充盈流动而不是情感的枯萎凝滞；是情感的敏锐而不是情感的麻木；是情感的自然天成而不是情感的人为矫情。"[①] 一句话：他的真诚令人动容。有人说孔子像一条"丧家之犬"，他坦然笑之，这其实是极为深刻的文化隐喻，其中有志向的坚守，有故国之思，有真情的流露，更有对人类理想家园的忠诚守望。

---

① 鲍鹏山：《孔子传》，北京：中国青年出版社2012年版，第247页。

三 "不诚,未有能动者":孟子的诚信思想

在儒学史上,孔子之后,真正使儒家思想不断扩大影响并沿着不同的方向发展的当属孟子与荀子两位大思想家。一般来说,孟子承续了孔子、子思一脉的思想并使之得以深化与发展,要点在于他试图为孔子提出的"仁"寻找心性论的根据,由心性而论天与命。荀子对孟子则深不以为然,他"以孔子的继承人自居,特别着重继承并发展了孔子的'外王学'。他又从知识论的立场上批判地总结和吸收了诸子百家的理论主张,形成了富有特色的'明于天人之分'的自然观、'化性起伪'的道德观、'礼仪之治'的社会历史观,并在此基础上,对先秦哲学进行了系统的总结"。① 在诚信思想上,孟子与荀子的相关论述也体现了"内圣"与"外王"之别。尽管二人在人性论上有着重大的差别,但是他们对于诚信的重视是相同的,可以说是殊途而同归。

孟子的诚信学说正是建立在性善论的基础之上的,概括来说,主要有以下四个方面:

(一)重视"诚"的思想

《孟子》一书中,"诚"出现了二十二次。例如:"获于上有道,不信于友,弗获于上矣。信于友有道,事亲弗悦,弗信于友矣。悦亲有道,反身不诚,不悦于亲矣。诚身有道,不明乎善,不诚其身矣。是故诚者,天之道也;思诚者,人之道也。至诚而不动者,未之有也;不诚,未有能动者也。"(《孟子·离娄上》)悦亲是获信于朋友和上级的前提条件,"明乎善"即是《中庸》中所说的"择善而固执之"。当然,孟子眼里的善主要指人心之善端,正是因为其本已具备于人心,是天之所命,所以才有诚的可能和功效。这里的"诚"与"思诚"、"天道"与"人道"的区分和《中庸》的思路类似,只是把"诚之"改造为"思诚",这表明孟子更加强调在由明而诚的过程中人心主观作用(思)的重要性。我们认为,孟子所谓的"思诚"就是《孟子·尽心上》所说的"尽心":"尽其心者,知其性也。知其性,则知天矣。存其心,养其性,所以事天也。夭寿不贰,修身以俟之,所以立命也。"所谓"尽心",可以理解为将自己善良的本心真诚无妄地扩张出来,这样人才能真正知晓自己的本性。也就是说,儒家认为:人与天本就合二为一,知晓人的本性就可以知晓天命。保持人的本心,养护人的本性,就可以敬奉天道。心无旁骛地修身养性,因循自

---

① 冯达文、郭齐勇主编:《新编中国哲学史》(上册),北京:人民出版社2004年版,第171页。

然法则，这就是安身立命的方法。孟子认为："诚"是人的一种内在品性，只有至诚才能感动人。"诚"也是获得精神快乐和心理平和的内在根源，因为一个以诚为本的人，为人行事皆无欺无妄，光明磊落，反思内省无丝毫愧疚之意，故"反身而诚，乐莫大焉"。

（二）"信"上升为五伦之一

从孔子开始，儒家就非常重视社会生活中各式各样的关系。可以说，儒家学说在很大程度上就是一种试图去处理好各类关系的伦理学说。孟子认为：教育的一个重要目的就是"明人伦"。所谓"人伦"，就是指人与人之间的各种关系。孟子着重论述了其中最重要的五种关系，即父子、君臣、夫妇、长幼、朋友①，并且确立了处理这五伦关系的准则："父子有亲，君臣有义，夫妇有别，长幼有序，朋友有信。"（《孟子·滕文公上》）这是孟子对封建社会道德关系的一个比较全面而准确的概括。孟子把"朋友有信"纳入五种基本的关系之中，认为"信"是交友过程中双方应该遵守的道德准则。这一方面显然是承接了孔子的交友之道；另一方面由于"信"被伦常化，体现了孟子对于"信"的重视，也就在一定程度上提高了"信"在中国思想史上的地位。孟子建立的"四德"、"五伦"的道德规范体系，在以后两千多年的封建社会里被普遍采用，成为规范人们道德行为、评价道德善恶的基本依据和标准。

（三）重视君臣之间、君民之间的诚信问题

孟子强调君臣之间应该相互尊重和信任。他曾对齐宣王说："君之视臣如手足，则臣视君如腹心；君之视臣如犬马，则臣视君如国人；君之视臣如土芥，则臣视君如寇雠。"（《孟子·离娄下》）理想中的君臣关系应该就是这种平等对待的状态，以一方的真诚之心去换取另一方的以诚相待：国君如果把大臣视如手足，大臣就会把他当作心腹；国君如果把大臣当作犬马，大臣就会把他当作路人；国君如果把大臣视作尘土、草芥，大臣就会把国君当作仇敌、贼寇看待。可见，君与臣的关系不是单向的，不是谁压倒谁的关系，而是双向互动的，君主对待臣下的态度在一定程度上决定了臣下回报君王的态度。君臣关系不是天生的父子血亲关系，而是从血缘关系上推导出来的忠与信的关系，而忠信依赖于双方的培养。君臣相处可比之于常人之间的相处，推之以腹才能得之以心。孟子主张：如果君主有过错，臣子可以提出批评；批评不被接受，做臣子的可以离开这个国家，贵戚之卿甚至可以改易国君之位；遇到桀纣那样的暴君，将其杀掉也是正义的。

---

① 《中庸》将此五者称为"五达道"："君臣也，父子也，夫妇也，昆弟也，朋友之交也，五者天下之达道也。"

对于周人杀殷纣王,孟子说:"闻诛一夫纣矣,未闻弑君也。"(《孟子·梁惠王下》)

(四)正式提出了"惟义所在"的重要原则

在上文分析孔子的诚信思想时,我们已经看到孔子是以"义"作为应用诚信之原则的。孟子则更进一步明确指出:"大人者,言不必信,行不必果,惟义所在。"(《孟子·离娄下》)虽然孟子把"信"作为人们必须遵守的道德规范,提倡"朋友有信",认同孔子之"言必信,行必果",但是他又指出:信应服从义,倘言行深合于义,则不必拘泥于信和果;当信义不能两全之时,则当依义而行,惟义是取。也就是说,君子言行只需重大德大节,即"义所在",不必纠结于细节的信用,此所谓"大德不逾闲,小德出入可也"(《论语·子张》)。这反映了孟子通权达变、以义为重的思想。什么是义呢?我们知道,孟子所说的"四端"中,仁对应的是恻隐之心,而义对应的是羞恶之心。他还说:"人能充无穿窬之心,而义不可胜用也。"(《孟子·尽心下》)穿窬之流的小偷小摸之人内心无丝毫羞恶之感,做事无所顾忌,不讲原则,心中只有奸利,正是无义的表现。这里需要指出的是,"穿窬"一词出于《论语·阳货》:"色厉而内荏,譬诸小人,其犹穿窬之盗也与?""色"指神色,"厉"即猛烈,"荏"是软弱的意思;"穿",穿壁;"窬",也作"逾",从墙上爬过去之意。"色厉而内荏"形容外表强硬、内心怯弱,就像穿壁爬墙的小偷那样表面上张牙舞爪,实际上心虚得很。孔子以穿窬为喻,意在说明一个人表面气势汹汹,心里却很怯懦,这是以假乱真。然而,孟子此处以穿窬为喻,强调的重点不是小偷色厉内荏的心理状态,而是其汲汲求利而不知羞耻的内心世界。前者是真假之分,后者是义利之辨,或多或少都与诚信有所关联。

此外,孟子对于"义"有一个基本的定位:"仁,人心也;义,人路也。"(《孟子·告子上》)"义"是儒者践行伦理道德的准则,是通往美善人生的一条大路。"居恶在?仁是也;路恶在?义是也。居仁由义,大人之事备矣。"(《孟子·尽心上》)究其实,孟子认为"义"是人一生追求的理想和信念,是坚持和维护真理所应持的正义的立场,伴随人生旅途,故称之为"路"。人只有遵循这样一条宽广的人生之路,讲求诚信,才能真正体现人之善性,才能使其发挥出至善的效果。当然,正义并非意味着不可变通和一味信守。例如:孟子虽然强调守礼,但对"礼"的态度并不僵硬、教条,而是强调经与权,即原则性与灵活性的统一。他认为在通常情况下应该遵礼而行,但也应学会变通。

总之,建立在性善论基础上的孟子的诚信思想凸显了由内心而发的"诚"的重要性,将"信"作为五伦之一的定位则进一步提升了"信"在中国封建社会道德体系中的地位。孟子的仁政思想所体现出的取信于民的追求是中国古代政治思想中的一座丰碑,"惟义所在"的原则则为当今社会的诚信建设找到了一条切实可行的正当之路。

四 "诚信生神"：荀子的诚信思想

与孟子的诚信思想相似，荀子的诚信思想也是建立在人性论的学说之上，具体来说，有以下四个要点：

（一）从外在政事上强调"诚"的重要性

如果说孟子主要倾向于从人的内在性上讲"诚"，那么先秦儒学之集大成者荀子则由天道以言人事，倾向于从外在政事上强调"诚"的重要性。荀子认为："诚"是天地四时最为重要的本性，"天不言而人推高焉，地不言而人推厚焉，四时不言而百姓期焉。夫此有常，以至其诚者也"（《荀子·不苟》）。"诚"进而对于天地化育万物，对于圣人之化万民，对于处理父子关系，对于树立君上的权威都具有极为重要的意义，所以"诚"是君子应该坚守的。道德品质也是国家政事之本，此所谓"夫诚者，君子之所守也，而政事之本也"（《荀子·不苟》）。可以说，"诚"连接了内圣与外王，是由内而外的逻辑进程。就君子的道德修养而言，君子以仁义为本，"惟仁之为守，惟义之为行"（《荀子·不苟》），但仁义必须以"诚"行之，"诚心守仁则形，形则神，神则能化矣；诚心行义则理，理则明，明则能变矣"（《荀子·不苟》）。仁是内心之守，义是外在之行，内有仁之为守，外有义之为行，便可以达到至诚的境界。诚心守仁，诚心行义，就能神明而又有理智，就能感化别人，进而改变别人。能变能化则与天德相合，"变化代兴，谓之天德"（《荀子·不苟》），故"诚"是君子修身之本，"君子养心莫善于诚，致诚则无它事矣"（《荀子·不苟》）。这无疑与《中庸》的"曲能有诚，诚则形，形则著，著则明，明则动，动则变，变则化，唯天下至诚为能化"是同一思路。

前文已经提到《荀子》中较早出现了"诚"、"信"合称的例子，而且并不像《孟子·万章上》中"故诚信而喜之"之"诚信"那样将"诚"只作副词用。《荀子·不苟》中说："公生明，偏生暗，端悫生通，诈伪生塞，诚信生神，夸诞生惑。此六生者，君子慎之，而禹、桀所以分也。"我们发现，在《荀子》中，"诚信"往往与"神"密切关联，作为表达诚信的效用的一个特有的表达。《荀子·致士》中也说："得众动天，美意延年。诚信如神，夸诞逐魂。"《荀子·天论》中对"神"也有表述："列星随旋，日月递炤，四时代御，阴阳大化，风雨博施，万物各得其和以生，各得其养以成，不见其事而见其功，夫是之谓神。"联想到之前我们在论述诚信思想起源的学说时所提到的特有思维说，我们就不难发现：诚信之"神"就神在其自然而然却有变幻莫测的状态,人们说不清楚其中的道理,却享受着它生化万物的特殊功用。不过,从这个意义来看,这两处的"诚信"似乎还是与现代意义上的"诚信"有些差别,人们面对自然万物的变幻莫测而生出了"神"的慨叹之后,对于自然更多的是怀有一种虔诚、忠信的态度;带着这种态度去重新观照自然,人们会再次发现这自然的奥妙。也就是说,这里的"诚信"并非指诚实守信、言行一致,而更多的是一种对待自然的虔诚、忠信的态度。

(二)在人性论上提出"性恶"说

在人性论上,荀子提出了著名的"性恶"说。他不同意孟子的性善论,认为"人之性恶,其善者伪也"(《荀子·性恶》)。也就是说,人性本来是恶的,所谓的"善"只是人经过可学、可事的后天努力而达到的成果。因此,"辞让"、"忠信"、"礼义"等可以达到善的思想与行为,都不是人的本性所固有的,而完全是人为的。既然忠信也是经过后天人为才能达到,那么能不能达到也就被看作是区别人之等级的一项重要指标:"有通士者,有公士者,有直士者,有悫士者,有小人者……庸言必信之,庸行必慎之,畏法流俗而不敢以其所独甚,若是,则可谓悫士矣。言无常信,行无常贞,唯利所在,无所不倾,若是,则可谓小人矣。"(《荀子·不苟》)日常的言论必定诚实可信,日常的行为必定小心谨慎,不去效法流俗的作派,也不敢自以为是,如果能做到这样便可以被称作"忠厚之士"。言语经常没有信用,行为常常不忠贞坚定,唯利是图,无所不为,如果这样做的话便可以被叫作"小人"。

在这里,荀子从言行的角度来讨论诚信的问题。其实,这是有着深刻的历史背景的。《荀子·大略》中说:"不足于行者,说过;不足于信者,诚言。故《春秋》善胥命,而《诗》非屡盟,其心一也。善为《诗》者不说,善为《易》者不占,善为《礼》者不相,其心同也。"这段话是说:不能踏踏实实去做的人的言论一定言过其实;不坚守信用的人说话时一定会装出十分诚恳的样子。所以,《春秋》赞美胥命,《诗经》反对屡次会盟,它们所讲的道理都是一致的。精通《诗经》的人不去解说,精通《周易》的人不会为人占卦,精通《礼经》的人不去替人行相礼,他们的用心是相同的。这里的"胥命"指古代诸侯相会时只是重申约言,并不举行歃血而盟的仪式。这段话的言外之意正是要告诫人们言必信、行必慎,只有这样才能算是一个真正做到诚信的人,而能够言行一致的人被荀子看作是国家的宝贝;嘴上虽不能言善辩,但能身体力行去实践的,这是国家的重器;嘴上能说但不能身体力行的,这样的人是国家的用具;嘴上说得好听,而行动上做得很差的,这样的人则是国家的妖孽。治理国家的人要敬重那些国家的宝贝,爱护那些国家的重器,任用那些国家的用具,清除那些国家的妖孽。对于君子而言,他们"信矣,而亦欲人之信己也;忠矣,而欲人之亲己也"(《荀子·荣辱》)。荀子也知道,君子可以做到诚信为人、诚信处事，但能不能被当作国宝、重器或者用具则是另一层面的事情了，即使如此，君子也一定要坚持他们的操守。我们看中国古代有无数的志士仁人不被统治者们赏识，有些人可能选择了沉沦，有些人可能选择了暴戾，但是最可贵的还是那些坚守道德底线的真君子。孟子所言的"富贵不能淫，贫贱不能移，威武不能屈"（《孟子·滕文公下》）式的"大丈夫"和荀子所言的"不诱于誉，不恐于诽，率道而行，端然正己，不为物倾侧"（《荀子·非十二子》）式的"诚君子"就是他们的真实写照。

（三）在对历史的总结中强调诚信政治的重要性

荀子的诚信思想有一个重要的特色，那就是他非常重视对历史的总结，并借以发挥自己对于诚信的看法。《荀子·强国》在总结桀、纣失国的历史教训和汤、武成功的历史经验时指出：桀、纣之所以身亡国灭，就在于他们放任污漫、争夺和贪利的本性而不行礼义、不务忠信的作为；相反，正是因为汤、武遵循礼义、谦让、忠诚守信之道，才会得到民众的喜爱和拥护。拥有四五万人以上的国家能够强大常胜，不是靠人多的力量，而在于崇尚信用；地域在数百里以上的国家能够安定稳固，靠的不是地大物博的力量，而在于注重整顿政事。

《荀子·王霸》把治国之道分为"王"、"霸"、"亡"三个种类，《荀子·天论》说："君人者，隆礼尊贤而王，重法爱民而霸，好利多诈而危，权谋倾覆幽险而尽亡矣。"在荀子的心目中，"隆礼尊贤而王"是最高理想，"重法爱民而霸"次之，"好利多诈而危，权谋倾覆幽险而尽亡"则根本不属于治道的范畴。"隆礼尊贤"则"义"立，"重法爱民"则"信"立。故荀子又说："义立而王，信立而霸，权谋立而亡。"（《荀子·王霸》）所立不同，结果迥异。在论述王霸之道时，他认为霸主们虽然没有把政教作为根本，没有追求完备的礼义，没有完善礼法制度，没有使人们心悦诚服，但他们注意方针和策略，强调劳逸结合，谨慎积蓄力量，加强战备，上下互相信任就像牙齿一样契合，于是天下没有人敢同他们对抗。五霸就是这样做的，所以能从偏僻落后的国家的君主成为威震天下的霸主。一句话，是取信于天下让他们得以称霸。那么，如何才能取信于天下呢？荀子指出：要靠"信法"与"信士"。国家讲诚信，奉行王道之法，任用奉行王道的大臣，就会强盛；不讲诚信，不奉行王道之法，弃用奉行王道的大臣，则不免衰微。这是荀子从历史经验中总结出的道理。

（四）在信与义的关系上提出"义为本而信次之"的观点

荀子非常重视"礼"在治理社会中的作用。《荀子·议兵》曰："隆礼贵义者，其国治；简礼贱义者，其国乱。"他认为礼义不但是人之为人的根本所在，而且是治国平天下的根本所在。"凡治气养心之术，莫径由礼。"（《荀子·修身》）因此，

"礼者，治辨之极也，强国之本也，威行之道也，功名之总也"（《荀子·议兵》）。一言以蔽之，"礼者，人道之极也"（《荀子·礼论》）。荀子认为"礼"的作用在于使"贵贱有等，长幼有差，贫富轻重皆有称者也"（《荀子·礼论》），在于分辨君臣、父子、夫妇等社会角色，并使各等级之人都能养其欲、给其求。只有明确规定个人的职守和地位，才能有和谐的群居生活，否则，"离居不相待则穷，群而无分则争。穷者，患也；争者，祸也。救患除祸，则莫若明分使群矣"（《荀子·富国》）。这里"明分"的内容，除指不同的职业和分工外，最根本的是指等级制度。在荀子看来，如果社会成员的地位都相等，欲求也就都一样，那么物质生活资料就不能充分供给，势必发生争夺和混乱的现象，所以先王制定礼义，对人的等级、名分加以区别，使之有贫、富和贵、贱之等级。结合荀子的论述不难发现，荀子认为"义"和"礼"是密不之可分的，正是由于"礼"之分的功能才造就了"义"的存在。所以，在《荀子》中我们会发现大量的"礼"、"义"合称的现象。质言之，在荀子的思想体系中，"礼"指"贵贱之等，长幼之差，知愚、能不能之分"；"义"谓分而各得其宜、各当其称，使贵贱、长幼皆有所节，是对礼制正当性的规定。当然，"义"还是"宜于等级关系的道德规范，是使等级之分（礼）得以实行的道德力量"。[1]"义以分则和"（《荀子·王制》），行义以等级之分为据则能和谐等级关系，"和则一，一则多力，多力则强，强则胜物"（《荀子·王制》）。因此，"礼"、"义"密不可分。荀子还强调"礼义"由圣人所作，"故圣人化性而起伪，伪起而生礼义，礼义生而制法度"（《荀子·性恶》）。

　　总之，建立在性恶论基础之上的荀子诚信思想更加注重人为的成分，也就意味着荀子倾向于从外在政事上强调诚信的重要性；荀子有着广阔的历史视野，在对历史的总结中屡次强调诚信之于政治的重要性；荀子的诚信思想还与他特别重视礼义密切相关，在他看来，礼义是诚信的前提，没有君臣之分就不会有君主作为诚实守信的楷模去构筑社会整体诚信的良好风气。此外，荀子还明确提出了"诚信"的命题，认为讲诚信是对社会上所有人提出的要求，并把"信"作为区别君子与小人的主要尺度。可见，荀子的诚信思想非常系统和丰富。因此，有学者指出："荀子综合百家之学，把先秦儒家的诚信思想发扬光大，并使得先秦儒家诚信思想更加系统和完善。因此，荀子的诚信思想之形成标志着先秦儒家诚信思想趋于成熟。"[2]荀子诚信思想的现代意义在于他从正反两个方面指明了政治诚信建设的重要性，并指引了一条由政府诚信带动社会诚信的可行性路径。

---

① 朱贻庭主编：《伦理学大辞典》，上海：上海辞书出版社2011年版，第311页。
② 唐贤秋：《道德的基石：先秦儒家诚信思想论》，北京：中国社会科学出版社2004年版，第90页。

第二节 诚信乃立国之本:汉唐时代的诚信言行

先秦之后,秦汉时期,以董仲舒为代表的汉代儒者总结秦亡的历史教训,为维护封建大一统的统治秩序,罢黜百家,独尊儒术;综合名、法,采纳阴阳五行之说,在"天人合类"的宇宙论的基础上改造先秦儒学,建立了一个以"三纲五常"为核心的神学伦理思想体系。从此,儒家伦理思想作为封建名教的意识形态,被封建统治者奉为正统,成为中国古代伦理思想的主干。汉代诚信思想最主要的特点在于它终于被定格为"五常"之一,开始植入中华民族的心理世界中。

经历了魏晋南北朝的动乱和分裂之后,中国封建社会迎来了一个鼎盛期 —— 隋唐时代。这一时期,中国的经济文化发展水平居于世界前列。隋唐的统治者、特别是唐王朝的统治者出于加强中央集权的政治需要,一方面推崇儒家学说,另一方面又尊道、礼佛,实行儒、道、佛并用的政策。在诚信道德方面,隋唐时代形成了一系列的理论学说。其理论性,前与先秦诸子、后与宋明理学相比较而言,虽略嫌单薄,但是其理论的重要程度却不容忽视。值得一提的是:隋唐时代的开明君主以及贤臣良相们的诚信实践在中国伦理道德史上留下了浓墨重彩的一笔。

一 言信行果:汉代统治者对于诚信的践行

秦末汉初,天下风云激荡,各路英豪纷纷走上历史舞台,最终却是泗水亭长出身的刘邦夺得了天下大权。汉高祖刘邦在其政治生涯中既认识到了诚信对于获得天下的重要性,又践行着诚信的美德。在还没有建立汉朝的公元前 206 年,刘邦率部挺进关中,进抵霸上(今陕西西安东),王子婴投降,秦朝灭亡。刘邦进关后废除了秦朝的严刑苛政,召集诸县父老豪杰约定说:"父老苦秦苛法久矣,诽谤者族,偶语者弃市。吾与诸侯约,先入关者王之,吾当王关中。与父老约,法三章耳：杀人者死，伤人及盗抵罪。余悉除去秦法。"（《史记·高祖本纪》）刘邦这种与民立约的诚信气魄甚至也震撼着他的主要对手。项羽的谋士范增曾经对项羽说："沛公居山东时，贪于财货，好美姬。今入关，财物无所取，妇女无所幸，此其志不在小。"（《史记·项羽本纪》）《汉书·高帝纪》记载：一日刘邦置酒洛阳南宫，希望列侯诸将不要对他有所隐瞒，要说心里话，请大家谈论为什么他能称王天下以及项羽之所以失天下的原因。可以说，这种交流形式本身就体现出刘邦对于君臣之间诚信相待的渴望。高起、王陵指出项羽失天下的重要原因是怀疑贤德之人，高祖则认为他们只知其一不知其二，并说战胜项羽的关键在于自己能够信用那些有才能的人，而项羽之所以被擒就是因为不能信用谋士范增的缘故。这一疑一信的对比既体现了刘邦政治智慧的高超，也反映了君臣之间诚信相待的重要性。臣子忠诚事君还不够，如果君主也能信任忠诚信实之臣子，如此上下一心，才有可能成就一番大业。

不仅是刘邦，他身边的一些重臣谋士也是诚实守信的典范。汉朝开国大将韩信父母早亡，家贫如洗，既不会经商，又不愿务农，常寄食他人，曾寄食于一亭长家里。时间长了，亭长之妻很是厌恶他。一日她故意提早做饭，还悄悄地在床上就把饭吃了。韩信知其用意之后，发誓再也不去亭长家了。有一天韩信在河边钓鱼，遇见一位在水边漂洗衣物的老妇。老妇看他饿得可怜，就一连给了他几十天的饭吃。韩信说："日后我一定重重地报答您。"老妇生气地说："大丈夫不能自食其力，我可怜你才给你食物，岂是希望你报答！"韩信成就一番大事业之后没有忘记自己的诺言，在任楚王时找到了当年给他食物的老妇，给了她千金。秦末天下大乱之时，韩信先是投奔了项羽，但由于不被重视就转投刘邦。刘邦很重用他，很快他就被加官封王。在韩信消灭楚将龙且后，项羽曾托策士蒯通劝韩信脱离刘邦，与楚联合，并答应灭汉后与其平分天下。韩信义正词严地回答道："臣事项王，官不过郎中，位不过执戟，言不听，画不用，故背楚而归汉。汉王授我上将军印，予我数万众，解衣衣我，推食食我，言听计用，故吾得以至于此。夫人深亲信我，我背之不祥，虽死不易。"（《史记·淮阴侯列传》）一席话，反映了韩信诚实守信、忠诚为主的决心。

西汉王朝的另一位开国功臣陈平小时候家里也很贫穷，但他好读书，为人也很正直。秦末大乱之时，他也是先投奔项羽，后来也因不被信用而转投刘邦，不料竟有人污蔑他曾与嫂子私通，还贪污军饷。刘邦责问举荐陈平的魏无知，魏无知为陈平辩解，希望刘邦在用人之际不要过于吹毛求疵。后来，陈平又进行了一番解释，消除了刘邦的疑虑。刘邦登基后大封功臣，陈平被封为户牖侯，但他认为自己无功，故辞而不受。刘邦不解。陈平说：如果没有魏无知的推荐，他就不会有所成就。刘邦听后，认为陈平是个诚实"不背本"的人，于是也赏赐了魏无知。

汉文帝时的大将军周亚夫治军严明，信守军规。一天，文帝到各军驻地慰劳。去霸上和棘门劳军时，文帝一行不受任何阻碍便直接进入了军营，而且将领们都下马迎送。当文帝去细柳营时，情况就迥然不同了。官兵们如临大敌，文帝竟然被阻于营门外。原来周亚夫规定，军营之中只听命于将军，没有他的军令，任何人都不能进入军营。文帝只好派使臣持虎符告诉周亚夫，说是皇帝前来劳军。之后，周亚夫才传令打开营门。不过，营门官告知文帝一行：将军定下了规矩，在军营里车马不许奔驰，文帝只得让马夫勒缰徐行。周亚夫以军礼见汉文帝，没有下跪，只是握着兵器作了一个长揖。文帝见此，心中为之一动，没有生气，反而郑重其事地倾身抚了抚车前横木表示尊重。文帝慰劳完毕之后，周亚夫并没有远送，紧闭营门，军容严整如故。见此情形，群臣皆惊，以为周亚夫如此怠慢皇帝会受到处分，然而文帝却再三称赞说："呀，这才是真正的大将风范！"一个月之后，文帝提升周亚夫为负责维持京城治安的中尉。文帝临终时还嘱咐景帝说：万一军情紧急，周亚夫是可以做统帅的。

类似的君臣诚实守信的例子还有很多，在此不再赘举。这些故事背后可能还掩藏着许多计谋、伪饰的成分，故事的主人公也许并没有自始至终都以诚信为准绳，这当然不是现代社会所提倡的，但这并不会抹杀掉他们曾经因为诚信为人、诚信处事所体现出来的人性的光辉。

二 "以诚信御天下"：隋唐君臣们的诚信实践[①]

对于唐王朝的开国皇帝李渊，在隋代曾做过"河北县长"的柳楚贤评价说："唐公名在图箓，动以诚信，豪英景赴，天所赞也。"（《新唐书·儒学传中·柳冲传》）可见，李渊在当时就有诚信之名。李渊从太原起兵后进军长安，沿途攻战取胜行赏时，给予参战的奴隶与士兵同等的赏赐，说："矢石之间，不辨贵贱，论勋之际，何有等差，宜并从本勋授。"（《资治通鉴·隋纪八·恭帝义宁元年》）这是赏罚之信的表现，使李渊赢得了官兵们的拥护。

唐太宗是以诚信立身治国的典范，贞观之治的出现与唐太宗君臣践履诚信之道是分不开的。贞观元年（627），太宗曾说："朕看古来帝王，以仁义为治者，

---

①这部分内容主要参考了苏士梅著《唐代诚信思想研究》（郑州：河南大学出版社2012年版）第三章的相关内容。

国祚延长；任法御人者，虽救弊于一时，败亡亦促。既见前王成事，足是元龟，今欲专以仁义诚信为治，望革近代之浇薄也。"[1] 可见，在即位之初，唐太宗就已经意识到诚信之于国家的重要意义。唐太宗还强调治理国家如果"号令不信，则民不知所从，天下何由而治乎"，故他表示要"以诚信御天下，欲使臣民皆无欺诈"（《资治通鉴·唐纪八·高祖武德九年》）。唐太宗讲诚信，还体现在他通过大力倡导诚信，使君臣之间能够精诚合作，使国家上下形成以遵守诚信为价值取向的开放、自信、和谐的风气。贞观年间，唐太宗在用人方面就偏爱正直、诚实、守信之人。正是因为这个原因，留给后世深刻印象的直谏敢言的士风才会形成。

关于唐太宗诚信待人、诚信治国的例子非常多，我们可以举其中的两个。

一个故事是：唐太宗总结隋朝灭亡的历史教训，广开言路，鼓励群臣犯颜直谏。有一次，一个大臣上书建议太宗清除朝中的奸臣。唐太宗反问他谁是奸臣，这个大臣回答不上来，但他给太宗出了个主意：请太宗在与大臣议事的时候假装发火以考验对方，对方如果坚持原则、据理力争，那么就是正直之臣；对方如果因为害怕触犯皇帝的权威而不敢坚持己见，那么就是奸佞之臣。太宗听了他的这个建议后非常不满，认为在道德操守上君主应当做表率，如果君主这个"源"本身就浑浊不堪，那么又怎能要求别人的"流"清澈呢？君主如果诡计多端，又怎么能要求臣下耿直公正呢？唐太宗说自己追求的是"以至诚治天下"，看不起那些玩弄阴谋诡计的帝王，所以就没有采用这个大臣的建议。

另一个故事是白居易的《七德舞》一诗中所颂扬的"死囚四百来归狱"。故事说的是公元 632 年冬，唐太宗放三百九十名死囚回家过年，死囚们遵守约定按时归狱服刑之事。《新唐书·刑法志》记载了这一事件："六年，亲录囚徒，闵死罪者三百九十人，纵之还家，期以明年秋即刑；及期，囚皆诣朝堂，无后者，太宗嘉其诚信，悉原之。"因为无一人逃匿，唐太宗将他们全部赦免。帝王、执法官诚信待人、公正执法，促成了诚实守信的社会风气，这也足以证明唐太宗遵循诚信的感化力量。

类似的例子也发生在唐德宗时的大臣吕元膺身上。吕元膺被外调为蕲州刺史，曾审问囚犯，囚犯中有人告诉他说："父母在堂，明天是大年初一却不能探望，我以此为遗憾。"说完伤心落泪。吕元膺也很伤心，就下令打开刑具，放囚犯们回家，并且告诉了他们归还的日期。下属连忙制止，吕元膺回答说："我用诚信待人，

---

① 吴兢：《贞观政要》，济南：齐鲁书社 2000 年版，第 157 页。

他们怎么会欺骗我呢?"囚犯们果然如期返回。这个故事传开后,境内的盗贼们深感羞愧,都离开蕲州,跑到别的地方去了。

　　我们先不论唐太宗和吕元膺信及囚犯的故事是否真实,史学家们将这样的事情记录下来,无非就是为了强调诚信之德在感化民众上的重要作用,借以倡导全社会养成诚实守信的良好风气。

　　其实,如果还要往前追溯的话,这样的故事在隋朝已经出现。《隋书·王伽传》记载:隋代开皇末年,王伽为齐州行参军,奉命押送囚犯李参等七十余人去京师。按照当时的法制,犯人必须带枷锁。到荥阳后,王伽哀怜囚犯辛苦,于是集合全部犯人,告诉他们说:"你们犯了刑法,既有损于孝道,又玷污了自己的名声。现在又劳累送行的士卒,难道你们心中不愧疚吗?"囚犯们听了他的陈述之后,纷纷谢罪。王伽又给囚犯们卸去枷锁,与他们约定好日期,让他们自行到京师集合,并对他们说:"某日当到京师,如不能按时到达,我就会为你们受死。"囚犯们都十分感动,个个如期到了京师,一个也没有叛逃。文帝杨坚听到这事后,十分惊异,升任王伽为雍令。此事的意义较为远大,它似乎给唐代的统治者们提供了一个绝好的良治模范 —— 法律秩序井然,官府信誉卓著,民众诚实守信,道德自律性很高,就连重罪囚徒都闻风向善。

　　李世民通过玄武门之变获得皇位继承权后,孔颖达被擢升为国子博士,不久又转官给事中。给事中隶属门下省,为正五品上阶次官员,官位虽不算太高,却靠近权力中枢,是参与国家大政的要职。因此,该职位非皇帝亲信之臣不能担任。孔颖达能在太宗即位之初就任该职,说明君主对他是何等信任。孔颖达在任职期间也是恪尽职守,倾心事主,每每犯颜直谏。唐太宗刚即位,便将八岁的承乾立为太子。在几位师傅的尽心辅导下,承乾有了一定的处理政务的能力。但是,太子也有很多缺点,喜欢与阉宦群小狎昵,追求奢华,耽于游畋,并且这些缺点随着他年龄渐长而日益暴露。李百药、杜正伦作为太子的右庶子和左庶子因规谏无效而先后去职,于是太宗命孔颖达为太子右庶子。不久,左庶子于志宁又因母丧离职,繁重的担子压在孔颖达一人身上。孔颖达想尽一切办法劝谏承乾,企望其能改弦更张。诚恳的劝导最初取得了一定的效果,无奈承乾天性刚愎自用,不以为然,仍是恶习难改。孔颖达见各种"软"办法皆不奏效,便不顾承乾的不满,甘冒"违礼犯上"之罪和丢掉乌纱帽的危险,当面严厉批评李承乾。承乾的乳母遂安夫人感到不安,背后劝孔颖达说:"太子已经长大成人,先生怎能不顾他的面子而那么直率地批评他呢!"孔颖达脖子一梗,斩钉截铁地答道:"做臣子的身受国家厚恩,就应该恪尽职守,为国培养储君,即使粉身碎骨,也无所遗憾!"他对承

乾"谏诤愈切",表现出忠直之臣的凛凛风操。①

　　贞观时期的宰相褚遂良认为诚信是立国之本,提出"以信义而抚戎夷"(《旧唐书·褚遂良传》);房玄龄、杜如晦、王珪、李靖、虞世南、李勣、马周等皆能够以诚信理政;在武后、中宗朝曾居相位的李峤在《自叙表》中表明其仰慕诚信之道,以直道侍主的心迹;玄宗朝睢阳太守李少康以诚信理政,为人也诚恳,"交友推诚,好恶中节,博见强志,亲仁爱士。居险用晦,遭时利往,行藏之机,与道屈伸"②;中宗时,宰相萧至忠曾上疏陈时政,直言王政不平、任非其人、政令不信的错误;德宗、顺宗、宪宗几朝重臣杜佑指出"固知导人之方,先务推以诚信"③;滑州刺史、义成军节度使曹华为人以诚信闻,"华虽出自戎行,而动必由礼,尤重士大夫,未尝以富贵骄人,下迨仆隶走使之徒,必待之以诚信,人以为难"(《旧唐书·曹华传》);德宗朝状元苑论更是将诚信视为交友的原则,柳宗元的《送苑论登第后归觐诗序》评价他"交同列之群以诚信闻";唐宪宗时重臣元稹在《对才识兼茂明于体用策》中道出了先朝以诚信而达治世和盛世的道理;宣宗时期大臣韦正贯"与朋友尽诚信于然诺"。④唐朝君臣们关于诚信的言行不胜枚举。可以说,诚信已成为当时社会的一种风尚。

　　唐代帝王对诚信之于政治的重要作用有着丰富而深刻的认识,这就进一步提升了"信"德的政治地位,他们个人的诚信行为也成为后世仿效的楷模。事实也证明:唐代帝王将相们将诚信用于治理政事上后,效果非常明显,贞观之治、开元盛世的出现与唐太宗、唐玄宗朝君臣恪守诚信之道是分不开的。可以说,"唐代诚信思想的极大发展,尤其是其对诚信政治的践诺,使传统的政治诚信走上了实质性的新阶段"。⑤尽管唐代帝王将相的诚信言行有许多闪光的地方,但由于历史和阶级的局限性,他们对诚信之德的躬行和倡导从本质上还是出于巩固封建统治的需要,是为封建地主阶级的统治利益服务的。不过,诚信道德本身是没有阶级性的,无论是在政治生活、经济生活还是社会生活中,只要行为主体遵循了诚信的美德,就有利于建构和谐的人际关系,有利于形成良好的社会风气。

---

① 曾振宇主编:《儒家故事》,济南:泰山出版社 2012 年版,第 230—232 页。
②《全唐文》二,上海:上海古籍出版社 1990 年版,第 3969 页。
③ 杜佑:《通典》五,北京:中华书局 1988 年版,第 4777 页。
④《全唐文》四,上海:上海古籍出版社 1990 年版,第 3521 页。
⑤ 苏士梅:《唐代诚信思想研究》,郑州:河南大学出版社 2012 年版,第 261 页。

第三节 "学者不可以不诚"：宋明理学视野中的诚信思想

进入宋代，中国的学术思想又发生了巨大的变化，突出的表现便是理学开始走上中国古典学术的舞台。宋明理学在伦理思想方面的基本特点是：它继承并发挥了孔子在日常生活中去实现崇高的道德理想的主张，并且把儒家的道德论与宇宙观密切结合在一起。它还广泛吸收了老庄道家、魏晋玄学及佛学的思想资源，对孔孟所提倡的仁、义、孝、悌、诚、信等伦理道德规范进行了一系列的形而上学论证，创造出了比较完整的理论体系，从而改变了魏晋以来儒门浅薄、笼络不住知识分子的局面。在这样的一种学术背景之下，宋明时代的诚信思想也得到了很好的本体论的证明，诚信思想有了更为深厚的哲学基础。但是，这也容易造成诚信思想的抽象化与僵固化，使之失去原有的轻松与活力。

一 心诚则灵：二程的诚信思想

二程兄弟第一次把"理"作为宇宙本体，阐述天地万物的生成和身心性命等问题，奠定了以"理"为核心的哲学体系。其中，程颢的识仁、定性和程颐的性即理、主敬、体用一源等许多重要哲学概念和命题对宋明哲学产生了重大影响。在哲学上，二程主张天下只有一个"理"，"实有是理，故实有是物；实有是物，故实有是用"。① 程颢在"万物皆是一理"的基础上，对"仁"作出了新的解说。在他看来，"仁"是一切封建道德规范的基础和核心，义、礼、智、信都是仁的表现 —— 义是仁之正当性，礼体现仁有差等，智是知仁，信是忠实于仁。因此，为人的根本就是"识仁"，一切都要以"仁"作为行为准则，这样就能保存住心中的善性，也就是体认了天理。识仁之后还需要用诚敬之心存之，目的在于使"仁"不失去，使"仁"时刻发挥它的作用，使人时时刻刻都为善去恶。程颐也把"理"作为支配一切的

---

① 《二程集》下，北京：中华书局 2004 年版，第 1160 页。

道德实体，认为仁、义、礼、智、信都是天理在人世间的体现，实际上就把道德原则等同于整个宇宙的最高准则。程颐认为诚是实理，又说："至诚者，天之道也。天之化育万物，生生不穷，各正其性命，乃无妄也。"[1] 可见，在他眼里，诚是实而无妄之理，由此就可以推测：只要人们自觉地、实实在在地、毫不虚妄地将天之理赋予人的本性践行、实现出来，就会进入一种天人合德的境界之中，就会无往而不利。反之，如果不能以诚立身，他认为危害会很大："学者不可以不诚，不诚无以为善，不诚无以为君子。修学不以诚，则学杂；为事不以诚，则事败；自谋不以诚，则是欺其心而自弃其忠；与人不以诚，则是丧其德而增人之怨。"[2] 所以，他发出呼吁："学者不可以不诚。虽然，诚者在知道本而诚之耳。"[3]

　　提到二程，不得不提到他们的老师周敦颐，因为正是老师的言传身教让他们感受到了诚信的力量。周敦颐生前并不为人们所推崇，人们只知道他精通政事，政绩过人，尤有山林之志，胸怀洒脱，仙风道骨。南安通判程太中知道他的学问造诣很深，于是将两个儿子——程颢、程颐送到他的门下，二程后来都成为著名的理学家。周敦颐先是做了分宁县的主簿，有一件案子拖了好久都不能判决，周敦颐到任后，只审讯一次就立即弄清楚了。县里的人吃惊地说："老狱吏也比不上他啊！"庆历四年（1044），吏部任命周敦颐为南安军司理参军，二十七岁的他欣然赴任。在任职的第二年，他遇到了一个麻烦的案子。狱中有个囚犯，如果严格依照当时的法律条文判的话，是不应该被处死的。周敦颐一向秉公执法，决定给予这名囚犯合法的惩戒。然而，当时的转运使王逵是个残酷凶悍的官吏，周围的人即使有意见，也不敢与王逵争辩。周敦颐得知王逵的想法后，便登门拜访，与王逵谈起这件案子。周敦颐说："依现行的律法，这人罪不至死。"王逵听了周敦颐的话后，很是生气，气狠狠地说："不用再说了，这个囚犯必须处死！"周敦颐见王逵如此飞扬跋扈，置王法于不顾，愤愤地说："维护法律公正是我的职责，如果把这个囚犯处以死刑，就是无视当朝的法律，我还能安心做官吗？倒不如辞官回家来得清静。用杀人的做法献媚于上级，我不做！"说完，便拂袖而去。周敦颐的一番话将王逵从一意孤行中惊醒，他开始意识到自己的过错，于是赶紧下令免除了这个囚犯的死罪。正是周敦颐秉公执法和为民请命的决心，才最终使这个囚犯免于一死。周敦颐调任南昌知县后，南昌的百姓纷纷说："我们这个地方快要太平了，周敦颐是审清了分宁县那件疑案的官员，我们的冤情有机会申诉了。

①《二程集》下，北京：中华书局2004年版，第822页。
②③《二程集》上，北京：中华书局2004年版，第326页。

他一定会秉公执法,让老百姓满意。"那些富豪大族、狡黠的衙门小吏和恶少们却惶恐不安,担心被抓去审问、判罪。

据程颢回忆,自从跟周敦颐学习之后,以后再见到老师,就会有一种相亲相知的感觉。可以说,周敦颐对二程兄弟人格的形成有着深远的影响。在此基础上,他们又通过自己深切的感悟将周敦颐的学说加以发扬光大,创立了"心性之学",提出了一系列的理学命题。在对于"诚"的问题上,程颢更是打了这样一个生动的比喻:如若心诚,身在京师,心一想长安便到了长安,更不必走到长安去。而在具体的行动上,二程兄弟更是把快乐来自"诚"、"静"的理念贯彻到自己的生活中去。悠然、旷达的人生态度,追求心诚、清静的自然乐趣,不但成就了二程兄弟在中国儒学发展史上的特殊地位,也使他们在漫漫人生的道路上找到了真正的快乐。[①]

除修养的诚、静之外,二程还特别重视人道之忠信。忠信一直是儒家所推崇的道德修为,孔子提出要"主忠信",《大学》里说忠信才能得到治国的道理,孟子把忠信作为"天爵"的组成部分,荀子将其视为"道"的主要内容,《易传》里也说"忠信,所以进德也",《礼记·礼器》则认为忠信是礼之本。那么,到底什么是忠信呢?一般来说,"忠"指的是内尽于心,即把自己内心的情感实在地表达出来;"信"指的是外不欺于物,即对外在的人和物做到诚实不欺。二程兄弟对"忠"的解释是比较一致的,在什么是"信"的问题上则有稍微的差别。程颢着重于"信"的实在之意,强调对于外在的人和物要遵循他们的本性,使之能够真实地体现出自身的本然面目;程颐则重在"信"的无伪之义,不过,从根本上讲,"无伪"就是尽物之性,是要使之能够真实地体现出自身的本然面目。这里,"信"不仅有主体对客体的诚实不欺之意,而且更多的是具有主体协助客体实现出自身之本性的含义。二程认为:忠信之道是做人的根本道理,礼乐相较而言只是外在形式。人心如果失去了忠信,那就失掉了人之为人的最本质的东西。"人言忠信者多矣,人道只在忠信。不诚则无物,且'出入无时,莫知其乡'者,人心也。若无忠信,其复有何物乎?"[②]

北宋五子的诚信理论是一种继承与发展的关系,到二程时发展得更为完备。他们的论说尽管带有浓厚的本体论色彩和存理去欲的道德意识,但都是从道德价值上去肯定诚信的价值,并且赋予诚信较高的地位,具有积极意义。

---

① 曾振宇主编:《儒家故事》,济南:泰山出版社 2012 年版,第 292—293 页。
② 《二程集》上,北京:中华书局 2004 年版,第 127 页。

二 "思诚"与"明善"：朱熹的诚信修养

作为理学的集大成者，朱熹"综罗百代"，兼采众说，对北宋以来的理学思潮进行了一次全面总结，从而建构了一个庞大的哲学体系。与二程一样，朱熹也认为"理"（天理、太极、道）是人与万物的唯一本原，"理也者，形而上之道也，生物之本也；气也者，形而下之器也，生物之具也"。[①] 人性与物性皆来源于理，性就是理，在心唤作性，在事唤作理。人得仁、义、礼、智之精粹，这是人与物的区别之处。本性虽善，但人有具体的善恶差别，这是由禀气不同决定的。他认为：理的根本内容是人伦道德，是君臣、父子、夫妇、长幼、朋友之纲常。可见，朱熹也把人类的伦理道德建基于形而上的天理本体之上，其目的自然在于论证伦理道德的起源，并赋予伦理道德以绝对性与必然性。

人伦道德具体表现为三纲五常，其中五常是基础，朱熹认为：父子有亲、君臣有义、夫妇有别、长幼有序、朋友有信是人之大伦。五常是处理人伦关系的五种基本道德规范，"仁则为慈爱之类；义则为刚断之类；礼则为谦逊；智则为明辨；信便是真个有仁义礼智，不是假，谓之信"。[②] 我们可以看到：朱熹在这里所谓的"信"，既不是孔孟所言的交友之信以及言行之信，也不是二程所说的尽物之信，而是指将仁、义、礼、智真实不伪地体现出来。这样，信就获得了空前的地位，成为仁、义、礼、智能否显现并发挥作用的重要环节，没有信也就不可能有仁、义、礼、智。

不过，在当诚、信并举时，朱熹认为它们都是实的意思，只不过"诚"是自然的实，自然如此，不需人为，是自然无妄之谓，是天之道，是圣人之信；"信"则是人做的实，是"诚之者"的人道，是众人之信，需要通过人才能体现出来，不可以叫作"诚"。可见，朱熹并没有遵循旧有的思路只是从内外的角度去区别诚与信，而是加入了自然与人为之别的成分。倒是在区别忠与信的时候，他把忠、信都看作人道，忠以心言，是有诸内，是尽己，是体；信以事言，是形诸外，是尽物，是用。他还认为："忠信只是一事，而相为内外始终本末。有于己为忠，见于物为信。"[③] 无疑，这沿袭了二程的思路。

[①]《朱子全书》贰拾叁，上海：上海古籍出版社、合肥：安徽教育出版社2002年版，第2755页。
[②][③] 黎靖德编：《朱子语类》二，北京：中华书局1986年版，第476、486页。

在朱熹的思想体系之中，"诚"作为真实无妄之理，既是在天之实理，又是在人之实心，二者是完全合一的，在天之诚不离心，而在心之诚不离天。谈到心的问题，这又涉及朱熹哲学的工夫论。他说："故人之心一有不实，则虽有所为亦如无有，而君子必以诚为贵也。"（《四书章句集注·中庸章句》）朱熹以居敬穷理为道德修养的总原则。其中，道德修养首在持敬。他认为敬的工夫是圣门修养的要义和纲领。那么，什么是敬呢？程颐认为："所谓敬者，主一之谓敬。所谓一者，无适之谓一。""至于不敢欺、不敢慢、尚不愧于屋漏，皆是敬之事也。"[1] 这是说，"敬"即一种自我体验又自我约束的涵养方法，而专心一意存天理，让心中有所主宰，毫不松懈和怠慢，即是居敬、主敬的根本内容。二程认为只有通过"主敬"的工夫才能达到"存天理，灭人欲"的目的，故他们主张识得仁体，然后以诚敬存养之。朱熹发挥二程的观点，对"敬"作了详细论述，除了"主一无适"之义，还赋予敬以"敬畏"、"收敛身心"、"整齐严肃"、"随事专一"等多种含义。"诚"与"敬"又是什么样的关系呢？可以说，人道"思诚"的修养过程中所需要的心理状态就是"敬"，"敬"就是"诚其意"，就是将真实无妄的天理充实于人心的过程中，所体现出来的专一不二地进行自我反思、自我体认与自我超越的状态。朱熹认为："敬"贯通人之性与情、未发与已发、静与动的全过程。性是浑然全具于人心之中而尚未发动表现于外的至善之理，情是天理本性发动应接外物后表现出来的具体感情，持敬表现在静时存养天理善性和动时省察思虑言行两个阶段。当情感未发、无思虑行为时要有"潜心以居，对越上帝"[2] 的姿态，即对天理善性抱有恭敬、谨慎、戒惧、虔诚的态度，以保存和涵养未发的本然之性；当情感发动，表现为思虑行为时，就要内无妄想，外无妄动，"惟精惟一"，主一无适，以儒家的道德规范严格省察自己的思虑言行，使之不放失流荡。

除持敬、思诚之外，朱熹认为穷理、明善的修养方法也不可或缺。所谓"穷理"，就是通过格物致知体认天理，"思诚为修身之本，而明善又为思诚之本"（《四书章句集注·孟子集注·离娄章句上》）。持敬是对内在心性和外在言行的道德体验和涵养，如果不能明善，那么持敬也就无从下手。朱熹强调居敬、穷理二者不可偏废，能穷理则居敬工夫日益进，能居敬则穷理工夫日益密。当然，二者结合的实质内容及根本目的是存天理、去人欲，即便圣贤千言万语，也只是教人明天理、灭人欲，使礼仪胜其私欲，最终复归于理。

---

① 《二程集》上，北京：中华书局 2004 年版，第 169 页。
② 《朱子全书》贰拾肆，上海：上海古籍出版社、合肥：安徽教育出版社 2002 年版，第 3996 页。

朱熹不仅深刻地阐发了诚信的思想，更以诚信的精神来激励自己努力求学，立志不渝。他很早就立定志向，以成为圣贤作为自己的人生目标。他幼时就跟随老师学习《孝经》，只诵读了一遍，就通晓了其中的大义，并且在书的扉页上题道："不若是，非人也。"他认为只有做到了《孝经》中所要求的种种，才能称得上是一个人，这无疑是在承继儒门言行一致的诚信传统。十多岁时，他已明确笃志于圣贤之学，再不动摇。此后，朱熹为了实现这一目标进行了艰苦卓绝的努力，用他自己的话说，即是"以铢累寸积而得之"。① 一方面，朱熹潜心研习先代的典籍，常常为了透彻理解典籍中的一句话而通宵不寐，沉潜思索，直至天明。例如：他为了理解《论语》中"子夏问先传后倦"一章，连续三四夜没有睡觉。正是在这样的苦读中，朱熹最终对儒家经典有了深刻而贴切的把握，并且找到了理解古人典籍的有效方法。另一方面，朱熹十分重视实际生活中对于儒家义理的践履。据说，他十五六岁的时候，就对《中庸》里"人一能之，己百之；人十能之，己千之。果能此道矣，虽愚必明，虽柔必强"一节深有感触，因而"警励奋发"，于践履上苦下功夫。他读《论语》的"仁远乎哉？我欲仁，斯仁至矣"一节，领悟到践履全要以诚信的工夫自觉自为，别人是无法代替的。后来读到《孟子》中弈秋的故事，他更是下定决心要勇猛精进地做工夫。在生活中，他时时保持对于内心的省察。一次他偶然听到报时的钟鼓声，发现在钟鼓响一声的时间中，自己的内心已经是念虑丛生，走了样了。这样的一件小事使他认识到要想为学做工夫，专心致志的诚实之功是极其重要的。②

总之，朱熹诚信思想的重点在于经过持敬、明善的修养过程，使人性中本有的善端真实无妄地体现出来，以达到人对于天理的复归。他对于信伦理的重新定位是对董仲舒三纲五常说的进一步发展。

三　诚破心中贼：王阳明的诚信风范

心学是与程朱理学相对立的理学派别，由南宋陆九渊创立，明代王阳明集其大成，所以又称为"陆王学派"。孟子最早重视心的作用。陆九渊承继并发展了这一方向，提出了"宇宙便是吾心，吾心即是宇宙"③的命题，认为宇宙万物包容于

---

① 黎靖德编：《朱子语类》七，北京：中华书局1986年版，第2620页。
② 曾振宇主编：《儒家故事》，济南：泰山出版社2012年版，第301—302页。
③《陆九渊集》，北京：中华书局1980年版，第273页。

主体心中并与之融为一体。明代的王阳明继承了陆九渊的心学思想，认为天下的事、理都在心中，天下无心外之事，无心外之理。心是天地万物的主宰，"心者，天地万物之主也"。① 他还把外在事物看作是心的感觉的映现，是心的意念活动的产物；又把心视为良知，认为良知即是未发之中，即是廓然大公、寂然不动的本体，人人皆所具有。因此，要致"吾心之良知"，而"致良知"不仅是知，也是行，是知行合一。由此出发，"心"就成为认识和修养的唯一对象："是故君子之学，惟求得其心。虽至于位天地，育万物，未有出于吾心之外也。"② 他要求人们从自己心上体认，不假外求，并明确指出他的学说乃至整个儒家学说都在穷尽人之本心，均是"心学"："圣人之学，心学也。尧、舜、禹之相授受曰：'人心惟危，道心惟微，惟精惟一，允执厥中。'"③

王阳明认为：诚是心之本体，是宇宙的本体，是实理，只是一个良知。良知人人具有，圣愚所同，是"天植灵根"、"人的本性"。但是，良知往往为私欲所蒙蔽，故须用致知格物的功夫去克服人欲，复归天理，即通过"省察克治"和"反求诸心"等修养方法，去人欲，存天理，解除私欲的障蔽，认识和恢复内心固有的良知，同时推极于事事物物。这个"致良知"的过程又被他看作是诚意的过程，诚意就是思诚的工夫，就是道德主体的自我认识、自我觉悟与自我反思。当然，这其间贯穿着儒家的仁、义、礼、忠、信、孝等伦理道德内容。可见，诚心之理是信的源泉，信从心出，信从诚出，信是诚心在人世间作用的表现，所以他说心"发之交友治民便是信与仁"。④

由于重视心的力量，因此王阳明对于心上的诚信修养工夫必然大加尊崇。其实，他个人的一些经历也无不彰显着内心诚信的光辉。⑤ 王阳明治学伊始，对经、史、子、集无不涉猎研习，在少年时期就表现出诗赋词章方面的天才。后来，他对程朱理学产生了兴趣，于是在京师搜索朱熹的著作研读，先儒一句"众物必有表里精粗，一草一木，皆涵至理"对他产生了重要影响，他准备依朱熹"格物穷理"的方法去身体力行。恰好父亲的官署里有很多竹子，王阳明便取竹子格之。结果到了第七天，他因耗尽心力而病倒。从此，王阳明觉得这种体认"理"的途径走不通，这种圣贤做不得，并对朱熹的"格物"说产生了怀疑。这是王阳明第一次对朱学产生动摇。后来，王阳明读到了朱熹给宋光宗的奏疏里的一段谈读书之法的话，这段话引起了他对自己二十多年曲折求学经历的反省，悔恨从前读书和探讨虽然广博，但没有按照朱熹"循序而致精"的方法来做学问，所以就没有什么

---

① ② ③ ④《王阳明全集》上，上海：上海古籍出版社 2011 年版，第 238、267、273、3 页。

⑤ 曾振宇主编：《儒家故事》，济南：泰山出版社 2012 年版，第 347—358 页。

收获。于是,他重新调整自己的读书方法,一反先前所为,循序渐进,以穷"天理"。结果却是"物理"与"吾心"判而为二,不能融合为一,王阳明按照朱熹的方法努力还是没有什么收获。从格竹子的失败到循序致精而未能使"物理吾心"为一,两次思索朱熹的学说,皆不得其解而致病,使王阳明对朱熹的信奉发生了根本的动摇。

明武宗正德元年(1506),王阳明因反对宦官刘瑾,被谪贬至贵州龙场当驿丞。走过风霜雨雪,越过千山万水,王阳明于1508年春天终于到达"万山丛薄"、"苗僚杂居"的龙场。经历了暂时的消沉,王阳明重新振作了起来。他带着仆人翻山越岭,四处游逛,好不自在。在讲学、思考、研《易》的过程中,王阳明的学养越来越精进,久而久之,胸中洒洒,思念到深处时,"成圣"之道在心中自然而然地萌发。他日夜端居默坐,澄心精虑,以求之于静一之中。一天夜里,他忽然大彻大悟格物之旨,不觉呼跃而起,若痴若狂,随从皆被惊醒。原来,他体悟到"圣人之道,吾性自足",即圣人处世,在于自足其性,而不在向外求理。他将自己记忆的五经内容不用朱熹的注解,全凭自己的认识进行理解,竟然一一契合,毫无障碍,这就是著名的"龙场悟道"。王阳明的这一彻悟,为他身处艰险找到了安身立命的精神支柱,也为他此后建立心学奠定了理论基础。从此之后,王阳明为学沛然若决江河而放诸海,其成圣之道亦平坦如大路。

明武宗正德十四年(1519)六月,王阳明受命前往福建处置兵变事宜。六月九日起身,十五日到达丰城,得到南昌宁王朱宸濠叛乱的消息。王阳明立即返回吉安,起义兵讨伐朱宸濠。他一边向朝廷报告朱宸濠逆反之事,一边大张疑兵之计,假造兵部公文,谎称朝廷已派出各路大军,分道并进,不久就要围攻南昌,让亲信四处张贴这些公文,故意让朱宸濠知道。他又用反间计,假造李士实、刘养正愿为官军内应的书信及凌十一、闵廿四投降密状,令亲信打入朱宸濠军内部,四处散布。本来朱宸濠打算起事后立即沿江而下,攻破南京,举行登基大典,与北京的正德朝廷分庭抗礼。可是,王阳明的一连串假公文吓得朱宸濠犹豫不决,滞留南昌达十余日,这就为官军的集结赢得了足够的时间。朱宸濠被王阳明拖在南昌半个月,既不见京军南下,也不见王阳明北上,方才知道受了骗。七月初一,朱宸濠让儿子宜春王朱拱樤留守南昌,自己率兵,出南昌直奔安庆,希望攻克安庆后再一举拿下南京,可是此时他已失去了最佳战机。面对这种情况,王阳明的心情极为沉重。他深知形势的严峻不在宁王的反叛,而在武宗的昏庸荒唐和奸佞当道。他上疏武宗,希望武宗通过宁王反叛这一残酷事实幡然改悔,改良政治。经过前后不过一个多月的时间,朱宸濠之乱终于被彻底平定。在这个过程中,王阳明卓越的军事才能被表现得淋漓尽致,更为珍贵的是他内心的那种对于国家的忠诚、对于人民的真情、对于昏庸政治的厌恶。王阳明曾提出"破山中贼易，破心中贼难"[①]，这实际上是对他自己一生努力和追求的简要概括。他的功绩不仅在于"破山中贼"——破除叛乱，维护明王朝的统治，还在于"破心中贼"——破除心中的私念，提高内心的道德境界。他为人正直耿介、言行一致，堪称诚信之楷模。

总之，王阳明的诚信思想强调的是将本心诚实不欺地发见出来，这个过程的开展靠的是主体的内省自觉，即"良心之存"和"致良知"，这体现出了心学重视主观精神能动性的特点。此外，在诚信等伦理的践行上，陆王心学能够克服程朱理学的烦琐与僵化的弊病，使之简单易行，从而让儒家伦理道德更加普及化。在当今的学术界，阳明学出现了复兴的趋势，这无疑有着极其深刻的现实背景。当人们都在呼吁政府建立诚信的社会氛围之时，也没有忽视个体道德自觉性培育的重要性。于是，具有一颗大"心"的王阳明被当代社会重新挖掘了出来，甚至有对其神化、圣化的趋势，这虽有"过犹不及"之虞，但也反映出人们改善社会风气的强烈愿望。

四 亦真，亦诚，亦信：王夫之的诚信品格

王夫之吸收了张载的气本论思想，系统、全面地研究批判了宋明理学，总结和发展了中国传统的朴素唯物主义和辩证法，并运用于对伦理道德问题的研究，在一些重大问题上作出了别开生面的探讨。在"诚"的问题上，王夫之认为："诚"与"道"是异名而同实，"诚"是天之道，是宇宙世界的客观规律；天地万物的本然之理不以人的意志为转移。有时，他又把"诚"直接解释为"实有"，用以说明物质世界的实在性："夫诚者实有者也，前有所始，后有所终也。实有者，天下之公有也，有目所共见，有耳所共闻也。"[②] 因此，在修养工夫上，他指出必须如实反映天道："一乎诚，则尽人道以合天德。"[③] 这就是说，作为人要诚实无妄，这样就能走在人伦的正道之上并能与天地同德，与万物同化。所以，他又说："尽天地只是个诚，尽圣贤学问只是个思诚。"[④] 可见，王夫之赋予了"诚"以现实的内容，从唯物主义角度批判地改造了传统的诚论。

在这里，我们还要提到王夫之晚年的一部力作——《读通鉴论》。在这部著

---

①《王阳明全集》上，上海：上海古籍出版社 2011 年版，第 188 页。
②《船山全书》第 1 册，长沙：岳麓书社 1988 年版，第 306 页。
③④《船山全书》第 6 册，长沙：岳麓书社 1988 年版，第 526、996 页。

作中，他表达了对于政治诚信的一些观点。《读通鉴论》对秦汉以来的历史予以评述，凡三十卷，每卷均根据《通鉴》所列帝王系统分为若干篇，每篇又选择该时期的若干史实加以评论，书中的评论远远超出了《资治通鉴》记事的范围。这些评论中颇多卓见，一直为后世学者所称道。在该书中，王夫之提出"信者，礼之干也；礼者，信之资也"[①]，把"信"放在了比"礼"还要重要的位置之上。他还把诚信作为人与人交往的基本原则。他反对有些史学家重视权谋、忽略信义的不良做法，对于历史上那些不讲诚信的"无恒"者提出了尖锐的批评。

在对一些历史人物和历史事件的分析中，王夫之讨论了很多与诚信有关的话题。例如：对于历史上存在的犯人自首可以减免刑罚的法律规定，王夫之不以为然。他举例子说：如果杀人者因为自首减罪的规定而钻了法律的空子，那就无异于国家公开为杀人者壮胆。如果将杀人后隐匿不自首比作是老鼠的话，那么杀人后毫不忌讳地自首者就是老虎。所以，自首减罪的规定无异于变鼠为虎，国家本来是要让天下人都诚实不欺，到头来却使杀人者肆无忌惮。当然，王夫之并不是一味否定自首，而是认为自首减刑的规定不应该适用于"凶人"，即凶杀等恶性犯罪者。对于那些没有故意犯罪的"过误犯"，他们的自首不是伪装，因而是真实可信的。又如：我们在论述唐代诚信思想的时候曾举了唐太宗放囚犯回家省亲的例子，并把它作为太宗"大信行于天下"的诚信治国的体现。其实，这种行为早就引起了一些学者的质疑。曾主持《新唐书》修撰、深谙唐史的欧阳修写过一篇《纵囚论》，对此提出了自己的不同意见。他认为：这种需要囚犯诚信自觉的纵囚行为"是以君子之难能，期小人之尤者以必能也"，然而不可思议的是，那些死囚居然一个不少全部按期归来，这显然不符合人之常情。他认为：太宗之所以这么做，只是为了求得好名声而已，因为其诚信之德尚不能使人不犯极恶之罪，又怎么可能让囚犯守信来归呢？对于纵囚之事，王夫之也发表了自己的看法。他分析了上文所举的隋代王伽与囚犯约期至京的事例，认为整件事就是一场政治闹剧，无论是王伽、李参还是隋文帝都在弄虚作假。他特别对隋文帝提出了批评，认为文帝明知王、李二人的虚伪，却不去揭穿和惩治，还大张旗鼓地进行表彰和奖励，指出此举只因有利于粉饰其政绩，其实是在欺骗天下之人。据此，我们就不难理解隋朝为何国祚短促。王夫之认为：因为君主好大喜功，粉饰太平，好恶没有原则，与虚伪狡诈之人为伍，久而久之，君臣上下就会被各种假象蒙蔽，朝廷内外就会被那些奸佞小人把持。事情一旦发展到这种地步，国家的前途、君主的命运也就可想而知了。

---

① 《船山全书》第 1 册，长沙：岳麓书社 1988 年版，第 86 页。

　　真正的大学问家、大思想家都不只是埋首书斋的书生，他们试图将自己的抱负实现出来，表里如一，真诚不二。王夫之也是这样的模范。[①]1650年春，王夫之跑到梧州接受永历政权主要负责传旨、册封等礼仪活动的职务。然而，此时的永历政权内部纪律败坏，派系之间的斗争激烈，已经处于苟延残喘、风雨飘摇之境地。王夫之在此大势已去之时接受这样的官职，表面上看是要取得上疏谏诤的机会，实际上更多的是要表达其慨然赴死的悲壮之志。东阁大学士王化澄、佞幸马吉翔、宦官夏国祥与悍将陈邦傅内外勾结为"吴党"，颠倒是非黑白，陷害金堡等贤良。王夫之对此义愤填膺，决心以死抗争。他和好友管嗣裘一起去谒见东阁大学士严起恒，痛陈利害，认为这些贤良之士不计生死、远离妻儿追随江河日下的永历政权，不是为了功名利禄，而是怀着赤诚之心爱民报国。因此，他们谏言严起恒身在其位自当谋其政，哪怕明知有生命危险，也应当主持正义。

　　"吴党"见构陷金堡不成，便诬陷率先营救金堡等人的严起恒。满朝文武没有人敢秉公直言，王夫之眼看着严起恒就要遭牢狱之灾，甚至还有性命之虞，决定进行"死谏"。他与董云骧联合上书反驳雷德复攻讦严起恒的罪名，同时对严起恒的为人与功绩加以肯定，请求皇上允许严起恒辞职。"吴党"见阴谋又一次没有得逞，就转而对王夫之怀恨在心，决定伺机报复。正在这时，攸县有一"狂人"写了《百梅恶诗》，并假冒王夫之的名义作序。王化澄借机制造文字狱，试图将王夫之置于死地。王夫之气得吐血，又有冤难辩，生命危在旦夕。幸亏有高必正等人前来营救，永历帝不敢得罪这位手握重兵的大顺军将军，才批准王夫之的请辞。至此，王夫之只好在这一年秋天带着妻子和侄子返回衡州，满腔"精卫填海"的抗清热情也随之付于东流。他虽然被迫离开了永历政权，但仍然时刻关心着其兴衰成败。

　　王夫之的一生，以其实际行动诠释着他理想中的豪杰精神。他主张"正志"，并将"正志"视为"成人"的根本。他认为人之所以异于禽者，在于人能够正志。正志，也是正心，就是要"以道义为心"，一个人只有确立起对"道"的坚定信念和崇高志向，才能算是真正的豪杰。王夫之心目中的豪杰是宁死不屈的，他们不会丧失人格尊严去求取功名，也不会为了个人私利而向权贵们折腰，更不会去曲意逢迎、溜须拍马，而当国家需要他们挺身而出时，他们就会舍生忘死、奋不顾身。可以说：他的道，是真道；他的心，是诚心；他的志，是信志。亦真，亦诚，亦信，这就是中国古代大思想家的至高风范。这种风范无疑会鼓舞当代中国人在政治、社会和日常生活中以诚信精神为指引，做出一番利国利民的大事业，成就一个光辉灿烂的君子人格。

　　[①] 曾振宇主编：《儒家故事》，济南：泰山出版社2012年版，第410—414页。

第四节 "非诚贾不得食于贾":明清商帮的诚信伦理

在中国古代的诚信体系中,商业诚信是不容忽视的一个方面。以信义为重乃是商人中的诚贾、廉贾的本色。我们知道,义利之辨是中国古代思想世界里的一项重要论题,儒家思想的重义轻利倾向对古代中国影响深远。特别是在商业领域,谈及义利,商人首当其冲。在中国几千年的商业发展史中,讲仁义、讲诚信、货真价实、童叟无欺成为大部分商人的经商原则。在他们看来,只有讲求诚信的商德,才能把生意做稳、做大、做长,否则只能是信誉丧失,买卖做绝,也就谈不上有利可图了。正所谓"非诚贾不得食于贾"[①],贾而能诚,才是好商人。

进入明清时期,中国商业资本积累空前巨大,各地商人形成了许多地区性商帮,主要有徽商、晋商、闽商、广商等"十大商帮"。商帮是古代的商业集团,比单个经商者具有更大的活动能量。它们以乡土性、宗族性的纽带把大小商人结合在一起,更容易建立一种为商帮内部成员所共同遵守的经商伦理,甚至会形成一种具有本商帮特色的商业文化。我们发现,明清这些著名的商帮都将诚信作为一条至关重要的经商原则,来规范自身的商业行为,并且取得了良好的成果。下面我们主要以晋商和徽商为例,对明清时代的商业诚信伦理进行介绍。

一 "敦信义"、"崇信行":关羽崇拜与晋商诚信

晋商,主要指明清时的山西商人,又称"山西帮"、"西商"。山西人经商历史很久,素以善于经营著称。据《国语·晋语》中记载,春秋时山西绛县富商的财力已"金玉其车,文错其服"。明清时,山西巨商大贾众多,财力雄厚,与徽商一道成为重要的商业力量。明代谢肇淛的《五杂组》云:"富室之称雄者,江南则推新安,江北则推山右。"[②]其中的山右指的就是山西地区。晋商的经营项目包括盐、茶、

---

① 黎翔凤:《管子校注》上,北京:中华书局 2004 年版,第 91 页。
② 谢肇淛:《五杂组》,上海:上海书店出版社 2015 年版,第 74 页。

粮食、丝绸、棉布、铁器等；经商地区遍及全国各地，并远达日本、俄国。清道光时，首创于平遥的票号在近代金融业出现以前尤为发达，在近代银行产生前几乎垄断了全国的汇兑业务。晋商之富甚于徽商，而其生性俭朴，既善经商，且重信义。

晋商深知：只有讲信誉、重然诺、不欺不诈，才能获得更大的经济利益，才能长久地维持商业生命。他们在经商活动中总结出了许多有关诚信的商业谚语，如"宁叫赔折腰，不让客吃亏"、"买卖不成仁义在"、"秤平、斗满、尺满足"等。

晋商十分重视对子弟的培养教育，不同家族都有严格的祖训和家规。不论其教育是为了仕举之途，还是为了以商为业，晋商子弟们都要进入家塾、学堂接受教育，借以知书达礼，打好立身之基础。对晋商子弟们来说，学习并遵守家规成了接受教育、修身正己的一项重要内容。晋商家族中的祖训多是告诫子孙"创业艰难，守业亦当节俭"、"经营中以诚信服人，处世时勿招人怨"、"待同行以宽厚为怀，待下属以仁爱为本"等内容，其中的诚信经商是极为重要的内容。

明代有一个叫王文显的山西蒲州商人，出身于官宦家庭，但因其父官低位卑，家境衰败。作为长子的王文显为家境所迫而弃儒经商。王文显踏入商途四十余年，足迹遍天下，最后客死长芦盐场。明人李梦阳在《空同集》卷四十四中收有《明故王文显墓志铭》，铭文中记载了王文显的身世和他经商所奉行的商业原则。王文显既善于筹划计算而不奸诈，又能真诚待人且严守信义，正是因为这样，才使得王氏家族开始富甲一方。

山西灵石静升王家始祖王实曾以佃耕为主，空闲的时候就自己垦荒耕种，日子久了就积累了一些资本，成为自耕农。王实除了种庄稼，还兼营豆腐坊。据称，他做的豆腐坚而不硬、嫩而不酥，加上他诚实和蔼，童叟无欺，因此当地人都愿意买他的豆腐，生意做得十分红火。

明末清初，祁县渠家作为商业巨擘，其生意规模宏大，资财厚重。渠氏先祖渠济于明代洪武年间从上党迁入祁县。在这以前，他的三个儿子敬信、守信和忠信便从上党挑上潞麻和梨到祁县做买卖。他们走村串户，把潞麻和梨换成粗布和枣，带回老家再换成潞麻和梨。就这样循环往复，兄弟三人逐渐富裕起来。兄弟三人名字中各有一"信"字，渠家对于诚信的重视可见一斑。

祁县的另一富商乔致庸把守信作为经商活动的第一信条，其二是讲义，第三才是取利。清代末年，乔家的复盛油坊曾从包头运输大量的胡麻油售往山西，中间经手的伙计为了谋图私利，竟在油中掺假，事情被乔家主事者发觉之后，立即以纯净的好油换回已经售出的油品。这让商号虽然蒙受了一些损失，但赢得了良好的信誉，使得乔家商号的生意更为红火。

为了建立和维护自己的诚信形象，晋商还从经营管理、行规帮规、文化观念等方面作了大量的努力，形成了一系列颇具创意的经营制度，并对违反规定者予以重罚。有史料表明，在晋商内部，不讲信用的经济成本非常高昂。社旗山陕会馆现存有《公议杂货行规碑记》、《同行商贾公议戥秤定规概碑》，前者刻于乾隆五十年（1785），对同行商人买卖活动中降价、让利、招徕客商、树立招牌等具体方法作了统一规定，违者罚银五十两；后者初刻于雍正二年（1724），又于同治元年（1862）重刻，规定公议秤足十六两，戥依天平为则，不得以私戥秤更换，违者罚戏三台，如不遵从则举秤禀官究治。①19 世纪 20 年代以后，山西票号把晋商的信用发展到一个新的高度 —— 办理汇兑。不论款额大小、路途远近，均能按期兑付，绝不拖延；对吸收的存款，保证随时提取，而且此地的存款可在彼地支用，非常方便存户。由于信用好，赢得了社会的广泛信任，无论平民还是官员，有钱的都愿存往山西票号。对于票号，最讲究的是信用，存放、汇兑、提现，每一个环节都体现了一个"信"字，如果稍有疏忽，就会遭受挤兑、倒账。票号之所以根基巩固，首靠信用卓著。正因如此，山西票号才能在几十年中执全国金融界之牛耳。②此外，在长期的经商实践中，晋商还致力于培养职业精神，倡导职业信用。职业信用的核心就是通过各种教育方式和严格的制度约束，向职员灌输爱岗敬业精神，要求职员严于律己，各司其职，互相信任，团结合作。以上史实表明，晋商对于诚信制度建设非常重视，希望从制度上确保本商业集团内部成员能够诚信经商，从而尽量避免买卖活动中利益的摩擦和冲突，降低交易成本，提高经济效率。

还有一点不得不提，那就是山西商人们几乎都供奉关羽，甚至把关羽当作行业的守护神，通过祭祀、献戏等活动表达对他的信仰。关羽，字云长，河东解县人。他是三国时期蜀汉的一员战将，戎马一生，征战群雄，辅佐刘备，功勋卓著。在《三国演义》中，忠诚义烈是关羽性格深沉的底蕴。小说把关羽放在他与曹操和刘备的复杂关系之中，通过报主和酬恩的矛盾来凸显关羽的忠肝义胆。关羽与刘备、张飞在桃园结义，立誓同心协力，救困扶危，为国为民。他与刘备之间既有兄弟之情，又有主从之分，因此他要为刘备尽忠尽义。但是，特殊的形势又逼使关羽为了保持其忠义而投降于曹操。他的凛然正气使曹操敬服。为笼络其心，曹操连连赐给关羽金银、美女，又封其为"汉寿亭侯"，但关羽"身在曹营心在汉"，不为所动。曹操赐给他一件锦袍，他把它穿在里面，外面却用刘备所赐的旧袍罩上，借这种方式来表达不忘怀刘备的旧恩。当曹操赐给他赤兔马时，他大喜再拜，因为有了此马，一旦获知刘备下落，便可以迅速回到刘备帐下。后来，当打听到刘备在袁绍处时，关羽便挂印封金，过五关、斩六将，回到了刘备身边。关羽降曹却

①②刘建生：《明清晋商制度变迁研究》，太原：山西人民出版社 2005 年版，第 91、206—207 页。

没有丝毫的奴颜媚骨，更没有一丝见利忘义、背主忘恩的表现，反而在特殊的条件下表现出了他对刘备的忠诚信义。关羽用自己的行动不折不扣地实践着儒家的道德准则。他为君以忠、待人以义、处世以信、修身以智、立身以勇，用具体行为诠释了孔孟之道。后世对关羽的事迹进行了一系列的加工和润色，使之成为能文能武、忠义双全，集儒家忠、信、礼、义于一身的道德楷模，成了义薄云天、忠贞不贰、见义勇为的典范。关公的身教犹如一本无字的儒家经典，更有效、更直接地教化着普通的民众。这种尊崇的极致便是关羽最终成为中国封建社会后期上至帝王将相，下至士农工商所广泛顶礼膜拜的偶像，佛教和道教也把关羽拉入自己的诸神谱系之中，就连素以"不语怪力乱神"为宗旨的儒家也为他冠以"武圣"的名头与"文圣"孔子并肩齐名。对关羽的尊崇从侧面反映了晋商对于诚信的看重，那些披荆斩棘、白手起家的商人以关羽"敦信义"和"崇信行"的精神为标杆，创造了一个个的商业神话。

● 二 "信义远孚"：徽商的诚信伦理

徽商，俗称"徽帮"，是明清时期徽州府属六县（歙、黟、休宁、祁门、婺源、绩溪）的商人群体，形成于宋代。明中叶后，徽商和晋商成为全国南北对峙的两大商业势力。谢肇淛的《五杂组》中所言"江南则推新安"之新安即指徽州。徽商所属各县中，以歙、休宁两县为最著，故亦有"歙商"、"休宁商"之称。明清时期，徽商活动遍布全国，远至朝鲜、日本、暹罗、南洋诸国。徽商经营的范围很广，有典当商、盐商、木材商、布商、海商、茶商、书商、墨商、丝商等，尤以盐商和典当商的势力最强，常拥资百万以上。据说，清乾隆年间，在移居扬州的八十名大盐商中，徽商就占了六十名，而徽商的大多数又是歙商。徽商在各地还设有会馆，并出放高利贷、购置田地、建祠堂、修坟墓、撰家谱，带有浓厚的封建性色彩。他们在明清商界驰骋三百多年，对中国近现代经济影响巨大。

徽商最重要的特色是"贾而好儒"，儒家思想对他们的影响非常深远。"徽商多为儒商，他们商而兼士，贾而好儒，或先儒后商，或亦贾亦儒……徽商奉行正统的儒家思想，处处把儒家的道德作为立身处世的准则，因而经商时事事注意商德，即以儒家的'仁'、'义'作为经商的规范，以'诚'、'信'作为商贾手段。"[1]这里不得不提到朱熹，正是因为他与徽州之间的特殊关系，才造就了当地的好儒之风。朱熹祖籍婺源，他的外祖父祝确是徽州人，其家财约"当州之半"，故外号"祝

---

[1] 罗亚蒙等编：《中国历史文化名城大辞典》（下），北京：人民日报出版社1998年版，第1174页。

半州"。因有这两层关系,朱熹常来徽州讲学论道、省亲祭祖,所以才会有后世"新安为朱子阙里,而儒风独茂,岂非得私淑者深欤!"(康熙《绩溪县志续编》卷三)[①]之叹。徽州人特别是士人以朱熹的私淑弟子自居,对朱熹顶礼膜拜,在歙县茗州《吴氏家典·序》中明确提出:"我新安为朱子桑梓之邦,则宜读朱子之书,服朱子之教,秉朱子之礼,以邹鲁之风自恃,而以邹鲁之风传之子若孙也。"[②] 可见朱熹的"书"、"教"、"礼"是后来徽州人借以汲取儒家传统文化的源泉。

有些学者在总结儒家思想给徽商的经商伦理带来的影响时,曾用"以诚待人"、"以信接物"和"以义为利"来加以总结。"以诚待人"的事例有:明代休宁商人张洲以忠诚立质,以礼接人,以义应事,故人乐与之游,因此他的商业活动日益兴隆;歙商鲍雯自幼习儒,后业盐于两浙,以诚待人,久之渐致盈余;歙商许宪将"惟诚待人"作为自己的经商秘诀之一,正是因为他把诚信付于实际行动中,才赢得别人尊重,资产也越发丰厚起来。徽商所谓的"诚",也就是儒家所宣扬的"诚笃"、"诚意"、"至诚"、"存诚"的道德工夫在商业活动中的具体表现。[③] 所谓"以信接物",如歙商吴南坡重视信誉,曾说"人宁贸诈,吾宁贸信",在经商中力求做到童叟无欺。正是这种诚信精神,使他出售的货物如同今天的"免检"产品,赢得了顾客的信任。讲究商业信誉,既有利于商品的销售,也易于资本的筹集。休宁商人程伟经商于江浙一带,由于他"信义远孚",故富商大贾之赀都委托于他,于是他的财产日益丰盈,名声也日益显著。以信经商,有时虽不能立刻致富,但持久下去必会获得厚利。休宁商人程家第和他的儿子程之珍的一段经商历程就是一个很好的例证。起初,程家第设铺于宁邑河口,"一以信义服人",但未能获利。有人对他说:"经商本大道,亦须运以心计"。程家第不以为然,坚持诚信经商,至于是否获利,一切顺其自然。后来,他的儿子程之珍秉承父亲的遗志,仍在河口开张,继续坚守信义,最终获得了非常丰厚的回报。徽商恪守的"信",自然也是从儒家所谓"立信"、"笃信"、"言而有信"、"讲信修睦"中来的。[④]

徽商重视诚信的事例还有很多,我们不妨再举几个:

徽商在商业经营中非常注重商品的质量,以确保商业信誉,增强在市场上的竞争力。清代后期崛起的制墨商人胡开文的第二代传人胡余德曾造出一种好墨,在水中浸泡时间长了也不会开散。一次,一位顾客慕名前来,购买了一袋这样的墨,返回时,墨袋不慎掉入河中,顾客把墨袋捞起后发现此墨并不像大家传扬的

---

①②转引自《安徽文化史》编纂工作委员会编《安徽文化史》中,南京:南京大学出版社2000年版,第1638页。

③④张海鹏、王廷元主编:《徽商研究》,北京:人民出版社2010年版,第387—388页。

那样，竟然开始溶化了。顾客连忙去见胡余德，经胡余德调查，发现该批墨锭在生产中没有按照规定去做。胡余德一面向这位顾客道歉，一面以一袋"苍佩室"名墨相赠来赔偿顾客的损失。之后，胡余德告诫所属各店各坊，立即停售、停制该批墨锭，并高价收回已经售出的同批墨锭，然后加以销毁。此举虽在经济上受了一些损失，但保住了胡氏品牌的信誉。

清末创办的绩溪"同德仁"中药店也十分重视质量和信誉。该店家除了采取一系列措施来保证本店所产中药材的质量，还对自制的"百补全鹿丸"进行现场宣传。每年秋末冬初，该店家都要邀请各地客户前来观摩"百补全鹿丸"的制作全过程，从活鹿缢杀到制作全丸，让大家有目共睹，从而使该店信誉大大提高，产品销路也很好。

婺源有位茶商叫朱文炽，他所出售的茶叶从不以次充好、以陈充新。有一次，他贩茶于珠江，由于在贩运中耽搁了时间，当年的新茶已经上市，故在"交易文契"时必书"陈茶"二字，以示不欺。陈茶的售价当然比新茶低，伙计们劝他更换标识，他却坚定不移。朱文炽不以陈茶充新茶，维护了自己的商业信誉。清末民初，徽州茶商在上海经营茶叶店的人越来越多。他们将茶叶不仅销售于本市，而且倾销于外地乃至国外。他们的茶叶之所以能够畅销，奥秘就是"信实"二字。

徽籍"红顶商人"胡雪岩在杭州开设了一家闻名遐迩的药店——胡庆余堂，店内装饰豪华，建筑构造精致，但更为引人注目的是这家店堂内悬挂的写着"戒欺"二字的匾，匾上还有八十余字的"跋"，其文曰："凡百贸易均着不得欺字，药业关系性命，尤为万不可欺。余存心济世，誓不以劣品弋取厚利，惟愿诸君心余之心，采办务真，修制务精，不至欺予以欺世人，是则造福冥冥，谓诸君之善为余谋也可，谓诸君之善自为谋也亦可。"[1] 这面"戒欺"的牌匾及其跋文主要是为了告诫店内掌柜和伙计们，同时也是向顾客们表白其诚信经商的气魄。胡庆余堂之所以能成为名牌药店，与其不欺骗消费者的诚信伦理是分不开的。

总之，无论是晋商、徽商，还是其他著名的商帮，在商业中有所成就的商人能够重义轻利，追求信誉，诚实经商，童叟无欺，货真价实，讲究质量。归结到一点，那就是他们都非常重视诚信的力量，宁可失去眼前的利益，也不能损害长久的信誉。正因为如此，他们才能吸引更多顾客，做大、做强家族的产业，获得商业上的成功。当今世界是个商品经济社会，市场的主体能否做到诚实守信将直接关系到整个经济秩序能否正常运转。近些年来，关于晋商、徽商等传统商帮的研究著作层出不穷，其传奇经历和信义精神更是被改编为各种影视作品，这无疑也是时代之召唤的真实体现。

---

①转引自余丽芬著《经营文化丛书·胡雪岩与经营文化》，上海：上海世界图书出版公司1998年版，第82页。

第五节　儒家诚信思想的现代价值与转化发展

一　儒家诚信思想的现代价值

通过前文的梳理，我们发现，儒家非常重视诚信，要求人们为人处世之时要秉承一颗真诚、信实的心，待人以诚；要重视自己的承诺，言行一致；在信实的同时还要学会分辨是非，坚守道义，使诚信走在正确的轨道上；要贵在自觉，诚信更是一种内在的工夫，不要欺骗别人，更不要自我欺骗。除此之外，儒家还强调诚信是国家良治的根基，是人伦关系的润滑剂，是商人经营的基本原则。这些闪耀着德性和智慧光芒的内容在现代中国依然具有重要的价值和意义。归纳起来，儒家诚信思想的现代价值有以下四个方面：

（一）诚信是现代公民道德建设的重要内容

虽然现代社会与古代社会相比已经发生了巨大的变化，但是其间也有共同性、共通性的伦理存在。特别是诚信，作为一种要求人们诚实守信、言行一致、尽职尽责的伦理规范，永远不会过时。孙中山曾提倡中国人应该继承祖先好的道德传统，其中就有诚信。他说："讲到中国固有的道德，中国人至今不能忘记的，首是忠孝，次是仁爱，其次是信义，其次是和平。"[1]中国共产党也一直重视吸收中国古代伦理道德中的有益成分，以此来加强社会主义核心价值观建设。例如：针对一些领域存在道德失范、诚信缺失的现象，党提出要教育引导党员、干部模范践行社会主义荣辱观，做社会主义道德的示范者、诚信风尚的引领者，将治理道德失范、诚信缺失列为重要任务之一。可以说，诚实守信既是一种独立的道德准则，又是保证其他德目可以顺利践行的总原则。只要以诚信的态度去身体力行各种道德规范，那么公民道德建设就必然会落到实处；如果不能做到诚实守信，我们的道德建设就会沦为空谈。要改变各种道德失范的现象，就必须从加强

---

[1] 孙中山：《三民主义》，长沙：岳麓书社 2000 年版，第 58 页。

诚信建设入手。

（二）诚信是现代民主政治的重要保障

我国是社会主义国家，人民民主是社会主义的生命，发展社会主义民主政治是党始终不渝的奋斗目标。社会主义民主的核心是党领导下的以人为本，是全心全意为人民服务，和历史上的民本思想有根本的不同。因为从性质上说，中国共产党作为社会主义事业领导的核心力量，来自人民群众，植根于人民群众，服务于人民群众，是广大人民群众根本利益的忠实代表。党同人民群众之间领导与被领导的关系完全不同于君主专制社会中君主与臣民之间统治与被统治的关系。现代民主之"民"指的是能够当家作主的人民，全心全意为人民服务就意味着领导干部首先要自觉地、真诚地做人民的公仆，坚决克服旧社会遗留下来的官本位思想，反对工作中的官僚主义、形式主义、命令主义，自重、自省、自警、自励，一切以人民的利益为根本的出发点。这就要求党员、干部率先垂范，自觉将诚信作为一种品格、一种责任贯穿于全心全意为人民服务的活动当中去，主动兑现政务承诺，增强政府与民众之间的互信度，为整个社会诚信风气的形成发挥表率作用。

（三）诚信是当代和谐社会建设的关键

社会主义和谐社会是中国共产党提出的一种社会发展战略目标，指的是一种和睦、融洽并且各阶层齐心协力的社会状态。民主法治、公平正义、诚信友爱、充满活力、安定有序、人与自然和谐相处是和谐社会的主要内容，其中"诚信友爱"指的是全社会成员之间要互帮互助、诚实守信，全体人民平等友爱、融洽相处。诚信是民主政治的保障，因此领导者能够做到诚信为民，加上全社会成员间的友爱互助，必然有利于民主法治、公平正义目标的实现。人民之间能诚信以待，而非互相争利、尔虞我诈，这样的社会也必将充满活力、安定有序。儒家诚信思想本身就是从对自然的敬畏之中产生出来的，因此真诚地对待自然也是诚信思想的本有之义。总之，说老实话、办老实事，不弄虚作假，不隐瞒欺骗，不自欺欺人，表里如一，讲信用、守诺言、诚实不欺的诚信精神是建设和谐社会的关键。

（四）诚信是维护市场经济秩序的基石

市场经济既是交换经济、竞争经济，又是一种契约经济。因此，如何保证契约双方按照约定履行自己的义务，是维护市场经济秩序的关键。我们知道，法律可以起到这种作用，市场经济是法治经济，用法律的手段能够维护市场的秩序。但是，法律不是万能的，法律在有些领域是无法作出具体规定的。并且，即便是有法律可循，市场经济的主体也可能会千方百计地钻法律的空子，以逃避法律的规约。在这种情形之下，以诚信为主的道德的力量就显得特别可贵。市场经济的健康运行不能只靠对违法者的惩处，更重要的是大多数参与竞争的主体建立起遵守契约和法律的诚信意识，市场经济的秩序才会得到根本的保障。如果没有道德规范，没有荣辱观念，都信奉自私自利、损人利己的价值观念，人们就只会想方设法以各种手段获取各自的利益，市场经济的正常秩序是根本无法建立起来的。可以说，诚信不是空洞的概念，它既是资本、财富，也是竞争力。正如马克斯·韦伯在《新教伦理与资本主义精神》一书中讲到的那样，信用本身就是金钱。市场经济的主体参与经济活动，其目的归根结底是获取利润。赚钱、谋利并不意味着要背信弃义；相反，市场经济的主体要遵守商人的道德规范，因为只有这样才能赢得市场，争取顾客，以便继续获得更大利益。可以说，信用是市场经济的"基石"。

总之，儒家诚信思想对于个人、社会、政治和经济等层面而言依然可以发挥积极的作用，它不但没有过时，其重要意义还将随着时代的不断发展而日益显现。人无信不立，国无信不昌。当代中国要大力弘扬儒家诚信精神，加强社会诚信建设，为打造诚信中国而不懈努力。

二 儒家诚信思想的现代转化和发展

需要注意的是：儒家诚信思想并非尽善尽美，这一点我们可以在它与西方传统伦理道德的比较中得到深刻的理解。人们可能会问：中国这个有着几千年诚信传统的国度为何还会出现诚信缺失的现象？这既是由于"改革开放以来，我们一直突出经济建设而相对忽视社会建设，长期依赖传统的社会信任关系和信任结构去处理当前的社会问题，不仅效果不佳，而且迟滞了新型社会信任关系和信任结构的形成"[1]，又与我国至今尚未建立起统一、权威、准确、实时的社会诚信"评价—反馈"系统密切相关。我们固然可以寻找人性的原因、制度的原因、历史的原因和时代的原因，但也应该探究传统诚信思想本身的缺陷。[2]缺陷是在效果中所体现的，缺陷又是在相似主张的比较中凸显的。通过比较，我们会发现：以儒家思想为主体的中国古代诚信伦理有着深厚的入世情怀，提倡在人世间通过积极的道德实践来实现人生的价值，获得生存的乐趣。与此同时，它又缺少基

---

① 秦田主编：《社会主义核心价值体系实施纲要学习问答》，北京：东方出版社2012年版，第123页。

② 刘乾阳：《儒家与基督教"诚"伦理之比较》，载《伦理学研究》2015年第3期。

督教虔诚伦理所具备的精密体系，特别是缺乏一个可以对个体由于过度自律而引发的无所顾忌的行为施以强有力影响的超越力量。所以，一旦外在的权力制约松散之后，单靠内心觉悟保障的个体道德修养和社会秩序维持就如同驾驭脱缰的野马，很难有切实的效果。

在当今社会主义公民道德建设的实践中，我们应该从以下四个方面继承和发扬儒家诚信思想，并在这个过程中对其进行创造性转化和创新性发展。

（一）要继续深入挖掘传统文化中的诚信思想资源，厘清中华民族的诚信传统，结合时代发展之要求，建构一套完整、高效、系统的诚信教育体系。十九大报告指出：我们要"培育和践行社会主义核心价值观，不断增强意识形态领域主导权和话语权，推动中华优秀传统文化创造性转化、创新性发展"。源远流长、博大精深的中华优秀传统文化是社会主义核心价值观的深厚源泉，培育和践行社会主义核心价值观，就要从中华优秀传统文化中充分汲取思想道德营养，结合时代要求加以延伸阐发，既使中华民族最基本的文化基因与当代文化相适应、与现代社会相协调，又让社会主义核心价值体系之树深深植根于中华优秀传统文化沃土。中华民族有着守诚信、崇正义的优良传统，因此广泛开展传统诚信思想的宣传普及活动无疑有利于当今诚信体系的建构。但是，有了优秀的思想资源还不够，相关部门还应该探索普及、宣传诚信规范的有效形式。例如：一些地方举办了经典诵读、道德论坛、文化讲堂等活动，利用各种展板、书籍以及网络进行宣传，这些都是弘扬传统诚信精神的好形式、好载体。

（二）对诚信的践行应是具体的，必须坚持由易到难、由近及远，动员人们从身边小事做起、从一点一滴做起。我们倡导诚信观念，绝不能仅限于空洞的、宏大的口号，而是要将它植根于人民群众真实、鲜活的日常工作和生活中，体现在普通百姓的一言一行里。只有人民群众深知诚信之重要，只有人民群众明确践行诚信之路径，诚信之花才会永久绽放。因此，我们不能忽视人民群众中涌现出来的很多诚信模范，正是这些名不见经传的"小人物"，用自己简单朴实的行动默默践行着诚信的精神，用自己的言行生动诠释了诚信的真谛和要义。同时，他们的诚信行为本身也具有巨大的带动作用，更容易让普通百姓接受和效仿，引导人们在潜移默化中积少成多，由刻意为之到自觉践行，由此带动社会公德、职业道德、家庭美德以及个人品德的养成。在诚信美德的培养过程中，要特别重视加强对于青少年的诚信教育。青年的价值取向决定了未来整个社会的价值取向，而青年又处在价值观形成和确立的时期，广大青年要从现在做起，从自己做起，勤学、修德、明辨、笃实，使以诚信为重要内容的社会主义核心价值观成为自己的基本遵循，并身体力行，将其推广到全社会中，在实现中华民族伟大复兴的进程中创造自己的精彩人生。

（三）党员、干部和政府公职人员要带头贯彻诚信精神。在传统文化视野中，能够在为人处世方面做到诚信是不容易的。古人希望通过圣人、君子的模范作用带动整个社会诚信风气的养成。在当代中国，党是一个先锋队，要始终成为时代先锋、民族脊梁，始终具备强大的执政能力，自身必须始终过硬。党风能够促政风、带民风。只有党员、干部在诚实守信上作出表率、付诸行动，由此自上而下、以上率下，才能带动整个社会诚信体系的建设。当前，在诚信教育方面，重中之重是要坚决克服旧社会遗留下来的官本位思想，反对工作中的官僚主义、形式主义、命令主义，自重、自省、自警、自励，一切以人民的利益为根本的出发点。诚信还意味着"己所不欲，勿施于人"。领导干部要求群众做到的自己首先要做到，要求群众不做的自己要坚决不做，要教育好、管好自己的配偶、子女以及身边的工作人员，自觉接受党组织和群众的监督，用良好的道德形象取信于民，带动广大人民群众一道营造风清气正的社会风气。

（四）政府部门应该颁行相关法律和规约，为培育和践行诚信精神提供制度保障。在诚信精神践行的过程中，应该制定相关的法律和规约，用有效的制度机制来规范人们的行为，使符合诚信的行为受到鼓励，使背信弃义的现象受到惩处。同时，要加大对诚信典型和模范的关心和帮助，不仅要给予舆论上的推崇和道义上的支持，还应当给予物质上的激励和生活上的照顾，推动形成好人好报、善有善报的正向激励机制，促成诚信光荣、背信可耻的社会氛围，只有这样才能确保诚信精神践行过程中有足够的强制力以及强大的助推力。

总之，当代中国社会应该继承和弘扬儒家诚信思想的精华，倡导以诚信为主的道德精神，加强诚信文化建设，让真实无妄、诚实守信成为全社会共同的价值追求和行为准则，用诚信去匡正个人道德，用诚信去改变腐败现象，用诚信去建构社会和谐，用诚信去维护经济秩序。

诚信

第六章

孝

第一节 "立爱自亲始":孔子儒家 "孝"观念的发生与演变

一 "孝"观念的起源

在中国古代社会的伦理价值体系中,"孝"是最重要的德目之一。在文字学意义上,孝的初始含义是敬老爱老、事亲善行。《说文解字》注曰:"孝,善事父母者,从'老'省,从'子'。子承老也。"《尔雅·释训》释曰:"善父母为孝。"从孔子开始,历代儒家认为"孝"源自先在性、普遍性的人性。《孝经·圣治章》云:"父子之道,天性也。"《吕氏春秋·节丧篇》又云:"孝子之重其亲也,慈亲之爱其子也,痛于肌骨,性也。"朱熹认为:"能事父孝,则事天之理自然明;能事母孝,则事地之理自然察。"[①]

但是,从历史学与民族学的视野考察,在我们人类历史的漫长岁月中,存在着一个与"孝"伦理观念完全背离的"欺老"与"食人"的历史阶段。摩尔根发现:在人类尚未掌握种植淀粉类食用植物技术的蒙昧时代,"食人"之风在全世界普遍存在。美洲的土著部落"平时吃被俘获的敌人,遇到饥荒的时候,就连自己的朋友和亲属也会被吃掉。在战争中,作战双方在战场上互吃对方的人,这种风气仍残存在美洲土著当中,不仅处于低级野蛮社会的部落如此,而且,那些处于中级野蛮社会的部落,如易洛魁人和阿兹特克人等,也是如此"[②]。在澳大利亚,"至少某些部落是吃人的。证据是确凿的。怀德湾的部落不仅吃战场上杀死的敌人,而且还吃他们自己这边被杀死的伙伴,甚至连那些自然死亡者只要情况良好也在被吃之列。他们在吃人之前,先剥下死者的皮,将油脂混合木炭擦在皮上,把它保存起来。他们对这种人皮非常珍视,相信它具有很高的医药价值"[③]。摩尔

---

① 黎靖德编:《朱子语类》六,北京:中华书局1986年版,第2143页。
② 摩尔根:《古代社会》上册,北京:商务印书馆1977年版,第22页。
③ 摩尔根:《古代社会》下册,北京:商务印书馆1977年版,第369页。

根发现：北美洲和澳大利亚的土著部落不仅吃战场上的敌人、"被杀死的同伴"，而且吃本部落的老年人。① 达尔文访问火地岛原始部落时，亲眼看见在冬季食物严重匮乏时，当地土著人竟然杀食老年妇女，而且先食老妇，然后才吃猎狗。达尔文问他们为何这样做，他们振振有词地答道："狗会捕捉海獭，可是老太婆就不会。"② 此外，达尔文在其他地区也发现了这一现象："北美印第安人从前是要把一些疲癃残疾的同伴遗弃在草原之上而死活不管的 …… 斐济人是要把年老或有病的父母活活埋掉的。"③ 对北京猿人有深入研究的美国学者魏敦瑞发表过一篇《中国猿人是否残食同类》的讲演稿。他根据北京人化石产地发现的头骨多，而躯干骨和四肢骨特别少的现象，作出了北京人当时存在食人之风的推测。他的这一推测并非空穴来风，而是良有以也。在正常情况下，挖掘出的躯干骨和四肢骨应多于头骨。从周口店北京猿人遗址中发现的北京人的头骨和其他部分骨骼相比，在数量上确实极不相称，头部骨骼在比例上大得多。然而，从这一遗址中发现的脊椎动物化石，无论是肉食类动物，还是食草类动物，都是躯干骨和四肢骨远远多于头骨。根据他的观察，大部分北京人的头盖骨都有伤痕。1929年裴文中教授最初发现的那件完整的头盖骨的两顶骨的表面有多处伤痕。1936年从 L 地发现的第一个头盖骨的额骨左侧和顶骨有很深的切痕。L 地的第二个头盖骨左顶骨的中部有一个浅而不平的圆凹痕，并从凹痕中心放射出三条裂纹；还有一处残损是在前卤的右侧，也从凹痕中心放射出三条裂纹。另外，在 D 地、J 地和 H 地的残骨上也都可以看出伤痕。魏敦瑞认为：这些伤痕是带有皮肉时受打击所致，一些凹痕具有法医学常见的所谓压陷和碎骨伤性质的外貌，是用带有尖状的器物重击的结果。长条形的切痕像是用利刃器物所伤，大而圆的损伤是用圆石或棍棒打击所致。他由此得出一个结论：远古的中国人存在着食人之风。④

《周易·序卦》云："有天地然后有万物，有万物然后有男女，有男女然后有夫妇，有夫妇然后有父子，有父子然后有君臣，有君臣然后有上下，有上下然后礼义有所错。"人类进入父系氏族社会之后，男子成为社会生产的主要承担者和社会组织的主宰，产生了以男子为中心的一夫一妻制家庭，父子血缘关系明确，血缘亲属关系中从而萌生出相互间的权利、责任与义务：父母有抚育子女的义务，也有要求子女奉养的权利；子女有受父母保护和抚养的权利，又有孝养父母的义

---

① 摩尔根：《古代社会》上册，北京：商务印书馆 1977 年版，第 369 页。
②④ 贾兰坡：《远古的食人之风》，载《化石》1979 年第 1 期。
③ 达尔文：《人类的由来》上册，北京：商务印书馆 1983 年版，第 155 页。

务。这种相互间的权利与义务在道德观念上彰显为父母对子女的"慈"和子女对父母的"孝"。维系这一道德观念的纽带就是血缘亲情。因此，随着以男子为中心的个体家庭的出现和私有制的产生，随着社会分工协作出现不平等的社会关系，"孝"观念得以复苏。

蔡元培在其所著《中国伦理学史》一书中考证了"伦理学说之起源"。他提出了一个著名的论断 —— 伦理现象先于伦理学说而存在。"伦理界之通例，非先有学说以为实行道德之标准，实伦理之现象，早流行于社会，而后有学者观察之、研究之、组织之，以成为学说也。在我国唐虞三代间，实践之道德，渐归纳为理想 …… 吾人得于《易》、《书》、《诗》三经求之。《书》为政事史，由意志方面，陈述道德之理想者也；《易》为宇宙论，由知识方面，本天道以定人事之范围；《诗》为抒情体，由感情方面，揭教训之趣旨者也。三者皆考察伦理之资也。"[①] 伦理道德作为一种社会文化现象，总是早于伦理学说而存在。不唯中国如是，实际上这是一种世界伦理文化之"通例"现象。具体就中国而言，伦理道德观念在"唐虞三代"时期就应该在全社会普遍存在。《周易》、《尚书》、《诗经》中所反映的伦理学说实际上应该看成是对"唐虞三代"社会伦理现象的研究与提升。夏商时代肯定存在着社会道德观念，只是囿于史料阙如，我们已很难从整体上对其作出一个完整的评价。但是，如果我们对"纸上之材料"和"地下之新材料"作一细心的钩沉与爬梳，仍然可以发现一些吉光片羽：殷王小乙去世，其儿子武丁为他守丧三年，远离王位。《尚书·无逸》说："其在高宗，时旧劳于外，爰暨小人。作其即位，乃或亮阴，三年不言，其惟不言，言乃雍。"高宗即武丁。"亮阴"，《论语·宪问》作"谅阴"，《尚书大传》作"梁暗"，《礼记·丧服四制》作"谅暗"。高宗"亮阴"是指高宗因父王去世，居倚庐，守制三年。孔子解释说："君薨，百官总己以听于冢宰三年。"马融注云："亮，信也；阴，默也。为听于冢宰，信默而不言。"郑玄注云："'谅暗'转作'梁暗'，楣谓之梁，暗谓庐也；小乙崩，武丁立，忧丧三年之礼。居，倚庐柱楣，不言政事。"《战国策·秦策》记载："孝己爱其亲，天下皆欲以为子。"孝己是武丁的儿子，对父母非常孝敬。孝己的生母早逝，武丁听信孝己后母的谗言，把孝己放逐在外，孝己"忧苦而死"。《庄子·外物》云："人亲莫不欲其子之孝，而孝未必爱，故孝己忧而曾参悲。"孝己孝顺父母的故事，在《荀子》的《性恶》、《大略》二篇以及《汉书·古今人表》中皆有记载。《孔子家语·七十二弟子解》云："高宗以后妻杀孝己，尹吉甫以后妻放伯奇。"值得一提的是：甲骨卜辞中有"兄己"、

---

① 蔡元培：《中国伦理学史》，北京：商务印书馆1999年版，第4页。

"父己",王国维考证后认为就是指孝己。"癸酉卜贞:王宾父丁,岁三牛,□兄己一牛,兄庚□□,亡□。"①王国维认为,孝己没有继承王位,所以《世本》和《史记》都没有记载其生平行事。"则此条乃祖甲时所卜,父丁即武丁,兄己兄庚即孝己及祖庚也。孝己未立,故不见于《世本》及《史记》,而其祀典乃与祖庚同。"②综合文献与考古材料,应该说孝己确有其人。之所以被人称为"孝己",很有可能与他孝顺父母有关。

在甲骨卜辞中,"孝"字还被用作地名,如"孝鄙"。③商代金文中也发现有"孝"字。④"孝"是作器的人名,身份是贵族。有的学者进而认为:"既有孝的事实和以孝作为地名、人名,商代统治者已经有了孝的思想,这是没有疑问的。"⑤从甲骨卜辞中还发现了"考"字与"老"字,"考"、"老"、"孝"三字相借相通,金文也是如此。《说文解字》曰:"'老','考'也,七十曰'老'。从'人'、'毛'、'匕',言须发变白也。凡老之属皆从'老'。"又:"'考','老'也。"段玉裁注:"凡言寿考者,此字之本义也。"《说文解字》又曰:"孝,善事父母者。从'老'省,从'子'。子承老也。""孝"之基本含义是"奉先思孝"。⑥商人对先祖充满了敬畏之心,"国之大事,唯祀与戎"。举凡战争、祭祀等国家大事,都要祷告先祖,祈求先祖神灵的佑助。考古发现的一些材料在《尚书》等文献中也有大量的反映。盘庚迁殷之时,为了动员大家积极合作,反复强调"迁殷"是祖先神的意愿:"古我先王,暨乃祖乃父,胥及逸勤,予敢动用非罚?世选尔劳,予不掩尔善。兹予大享于先王,尔祖其从与享之。作福作灾,予亦不敢动用非德。"⑦"古我先后既劳乃祖乃父,汝共作我畜民。汝有戕则在乃心,我先后绥乃祖乃父。乃祖乃父乃断弃汝,不救乃死。"(《尚书·盘庚》)这些材料中虽然没有出现"孝"字,但"孝"伦理观念初始意义上的"敬老尊老"特性已完全具备。根据罗振玉的《殷虚书契前编》记载,甲骨卜辞中有"教"字。《说文解字》注曰:"教,上所施下所效也,从'攴',从'孝'。凡教之属皆从'教'。"在宗法奴隶制社会中,政与教合一,以孝为教。有的学者进而

---

① 罗振玉:《殷虚书契后编》,1916 年影印本,第 19 页。

② 王国维:《观堂集林》二,北京:中华书局 1959 年版,第 431 页。

③ 方法敛摹,白瑞华校:《金璋所藏甲骨卜辞》476,New York, General Offset Company, inc. 1939 年影印本。

④ 王慎行:《试论西周孝道观的形成及其特点》,载《社会科学战线》1989 年第 1 期;李裕民:《殷周金文中的"孝"和孔丘"孝道"的反动本质》,载《考古学报》1974 年第 2 期。

⑤ 李裕民:《殷周金文中的"孝"和孔丘"孝道"的反动本质》,载《考古学报》1974 年第 2 期。

⑥ 阮元校刻:《十三经注疏》,北京:中华书局 1980 年版,第 165 页上栏。

⑦ 王世舜:《尚书译注》,成都:四川人民出版社 1982 年版,第 87 页。

认为殷人以孝为教出于两重政治上的考虑：其一，有利于维护宗法血缘关系。"如果每下一代人都对他上一代的父母施行孝道，甚至追踪纪念，那么，人们脑子里对于祖先的概念不仅不致遗忘或模糊，反而因了这由'孝'而起的情感的浓厚而使之深刻化。人们对于祖先的概念深刻化，也就是对于血统的概念深刻化，血统的概念深刻化，血统关系就可以维系于永远。从统治者殷族来说，殷族就可以从'孝'而把这殷的宗族关系维系得紧紧的。"[1] 其二，有利于社会政治的统治。"如果统治者殷族中人对祖先父母相率以'孝'，那么，就不仅统治者殷族中人可以因'孝'而趋于纯厚，无有作乱，就是其他被奴役的诸种族也可以被感动而走向纯厚，不致起而反抗。"[2]

商人信奉的至上神是"帝"或"上帝"。商人认为："上帝"不仅是自然界万物的最高主宰，能支配自然界的运动变化，创造并化育万物，而且是人类社会的主宰，能左右社会政治活动，决定人之吉凶祸福。既然如此，沟通天人之间的卜筮便盛行于世。"卜以决疑"（《左传·桓公十一年》），举凡祀神祭祖、出入征伐、田猎农作、立邑任官、婚姻嫁娶、生老病死，事无巨细，皆以卜筮进行预测，确定事情是否可行。商代卜筮活动的盛行，其思想实质在于加深人们对"上帝"的信仰，论证人间世俗王权的合法性，并借以神化地上王权的统治权威。周王朝建立后，以亡殷为鉴，开始对商人的"上帝"信仰进行反思与批判，这是哲学认识和社会政治文明意义上的一大进步。周公提出了"天不可信"（《尚书·君奭》）、"天命靡常"（《诗经·大雅·文王》）等命题，并且认为殷商覆灭的原因在于失"德"。纣王不尊重"百姓"之"德"，陷民于水火之中；纣王也不尊重商族之德，不祀祖先，是"用乱败厥德"（《尚书·微子》）。有鉴于此，周公首次提出"敬德"思想："王敬作所，不可不敬德。""王其德之用，祈天永命。"（《尚书·召诰》）"敬德"或"明德"的实质在于得人心，其中包含三个层面的含义：一是以德治民，惠民保民；二是明德慎罚，用刑恰当；三是在全社会宣传与弘扬以"孝"为核心的伦理道德观念，"制礼作乐"，以"礼"治国。"经礼三百，曲礼三千。"自天子以至平民百姓，一举手、一投足皆有"礼"之规定。天子祭祖有祭礼，诸侯朝见天子有觐礼，外交上有聘礼与飨礼，军事演习有大蒐礼，农村中有乡饮酒礼和乡射礼，"礼以纪政，国之常也"（《国语·晋语四》）。在"敬天明德"思想的指导下，"孝"上升为周代社会意识形态，并且成为占主导地位的伦理价值观念，成为"民彝"之准则。《尚书·洛诰》说："朕教汝于棐民彝。""彝"古训"法"、训"常"，意谓法规、规范，"民彝"就是指全

---

① ② 杨荣国：《中国古代思想史》，北京：人民出版社1973年版，第12页。

社会普遍遵循的法规。《尚书·康诰》云："封，元恶大憝，矧惟不孝不友。子弗祇服厥父事，大伤厥考心。于父不能字厥子，乃疾厥子。于弟弗念天显，乃弗克恭厥兄。兄亦不念鞠子哀，大不友于弟。惟吊兹，不于我政人得罪，天惟与我民彝大泯乱。曰：乃其速由文王作罚，刑兹无赦。"根据有的学者考证，西周时代"孝"范畴的内涵丰富，涵盖八个方面：敬养父母；祭享祖先；继承先祖遗志；孝于宗室；孝于婚媾；孝于夫君；孝友合一；勤于政事。[①] 概而论之，西周时代的孝观念具有三大特点：其一，孝范畴的内涵驳杂，孝的对象广泛。西周时代的孝道不仅涵盖健在的父母尊长，也涵摄已去世的父、母、祖、妣；孝的对象不仅指涉直系亲属，也指涉宗室、宗庙、宗老、大宗、兄弟、婚姻、朋友等。其二，"孝"范畴的名称多种多样。有"用孝"、"享孝"、"追孝"、"显孝"、"卿孝"、"孝友"，也有"用追享孝"、"日夜享孝"、"夙夜享孝"，还有超越时空、永志不忘的"永孝"、"世享孝"。其三，"孝"不仅是家庭伦理，还是政治伦理。《诗经·大雅·卷阿》云："有孝有德，以引以翼。岂弟君子，四方为则。"有孝德之人才能成为天下楷模。孝并非仅仅适用于家庭与亲属关系，实际上它的适用范围非常广阔。在"忠"概念尚未产生之前，"孝"范畴实际上涵融了后世"忠"范畴的基本义项。

二 "爱而敬"：孔子孝论建立在爱与敬的基础上

要了解孔子之孝，需先读懂孔子之仁，因为孝爱是孔子仁爱在家庭伦理上的自然呈现。学界在孔子仁学研究领域不同程度地存在矮化"仁"的现象，主要体现在两个方面：其一，仅仅将孔子之"仁"界定为伦理学意义上的概念，忽略了孔子之"仁"其实也是一哲学概念，"仁"具有不可言说性；其二，深受子贡"子罕言性与天道"的误导，对孔子仁学与人性内在关系缺乏深入研究，并且对徐复观、牟宗三等人的研究成果关注不多。

孔子仁学有两大特点：

（一）仁具有不可言说性

《论语》属于"与人相答问辩难"的语录体作品，大多由弟子门人提问、孔子作答。众多弟子分别在不同场合、不同时间向孔子"问仁"，孔子的回答居然都不一样。即使面对同一位弟子数次"问仁"，孔子的回答也迥然有异。我们以《雍也》

[①]李裕民：《殷周金文中的"孝"和孔丘"孝道"的反动本质》，载《考古学报》1974年第2期；王慎行：《试论西周孝道观的形成及其特点》，载《社会科学战线》1989年第1期。

与《颜渊》两篇为例进行分析。在《雍也》篇中，先后有樊迟、宰我和子贡三位弟子"问仁"，孔子的回答因人而异：

> （樊迟）问仁，（子）曰："仁者先难而后获，可谓'仁'矣。"
>
> 宰我问曰："仁者，虽告之曰'井有仁焉'，其从之也？"子曰："何为其然也？君子可逝也，不可陷也；可欺也，不可罔也。"
>
> 子贡曰："如有博施于民而能济众，何如？可谓仁乎？"子曰："何事于仁，必也圣乎！尧、舜其犹病诸！夫仁者，己欲立而立人，己欲达而达人。能近取譬，可谓'仁之方'也已。"

《论语》记载樊迟三次"问仁"，孔子三次答复皆不同。在《雍也》篇中孔子对樊迟所作的答复并非泛泛而论，朱熹认为"此必因樊迟之失而告之"。[①] 樊迟年少好勇，血气方刚，所以孔子又以"居处恭，执事敬，与人忠"（《论语·子路》）劝勉。对于宰我的答复也是有感而发，刘聘君认为"宰我信道不笃，而忧为仁之陷害，故有此问"。仁者"虽切于救人"，但"不应如此之愚"。[②] 孔子之答是对宰我立志践行仁道的勉励。至于对子贡的答复，吕公著认为："子贡有志于仁，徒事高远，未知其方。孔子教以于己取之，庶近而可入。是乃为仁之方，虽博施济众，亦由此进。"[③] 为仁之方，在于"能近取譬"，脚踏实地，不可好高骛远、空发高论。

在《颜渊》篇中，有颜渊、仲弓、司马牛和樊迟先后"问仁"。颜渊性格恬静、安贫乐道，"不迁怒，不贰过"。孔子仍以"克己复礼为仁"作答，其间必有深意。程颐诠释说："非礼处便是私意。既是私意，如何得仁？须是克尽己私，皆归于礼，方始是仁。"[④] 孔子曾评价颜渊"其心三月不违仁"。因此，孔子以"克己复礼为仁"相赠，当是对颜渊道德修行的肯定与期许，希望聪慧过人的颜渊有朝一日能"克尽己私"。仲弓出身于"贱人"之家，以"德行"著称，孔子对仲弓"问仁"的答复为"出门如见大宾，使民如承大祭。己所不欲，勿施于人。在邦无怨，在家无怨"。孔子所答，其实完全可用一个"敬"字来概括。夫子之言，影响了仲弓一生。仲弓一生以"敬"待人接物，"居敬而行简，以临其民"（《论语·雍也》）。司马牛性格"多言而躁"，所以孔子答以"仁者，其言也讱"。朱子注曰："讱，忍也，难也。"[⑤] 面对夫子之答，司马牛有些困惑不解，难道在日常生活中"其言也讱"就达到仁德之境界了吗？殊不知孔子是根据问者"高下大小之不同"，有针对性地"去其病"。[⑥]

---

①②③④⑤⑥朱熹：《四书章句集注》，北京：中华书局2012年版，第90、91、92、133、134、134页。

　　基于对《雍也》与《颜渊》两篇的分析，我们不难发现：在大多数语境中，孔子立足于伦理学与工夫论层面讨论"为仁之方"，而非道德形上学意义上的"仁是什么"。但是，在逻辑学和道德哲学层面，孔子自己是否对"仁是什么"存在一个哲学的思考和逻辑上的定义？这是人们今天颇感兴趣的话题。孔子曾经主动告诉曾子"吾道一以贯之"，类似的语录也出现于孔子与子贡的对话中，但子贡对孔子所言领悟不深。曾子从工夫论角度将"一以贯之"之"一"解析为"忠"与"恕"，焦循进而认为"忠"是"成己"，"恕"是"及物"，成就自己的同时也成就他人、他物。①"忠"与"恕"结合起来就是"一"，"一"是一种隐喻性表达。换言之，"一"是类似《老子》中的"强为之名"的表述。因为在孔子思想架构中，"仁"是上位概念，在属种概念关系中已经找不到位级更高的概念来对"仁"加以解说。一切描述性语言已不是"仁"本身，而是被语言遮蔽了的"仁"。在《大希庇亚篇》中，苏格拉底与希庇亚讨论"美是什么"。希庇亚罗列了美丽的陶壶、美丽的竖琴和美丽的少女。苏格拉底打断他的陈述，指出："那么它们之所以美的原因，在于有一种共同具有的基本性质。"②当我们夸赞一位女孩美丽，"那么我们就要回答她为什么有权被称作美"。在美丽的陶壶、美丽的竖琴、美丽的少女等具体的美之上，"你必须告诉我美本身是什么"。③因为正是"美本身"的存在，才得以可能将"美的性质赋予一切事物"。苏格拉底与希庇亚反复辩论与探究"美是什么"，最后得出的结论却是"美的事物是难懂的"。④朱光潜将此句译为"美是难的"。通过这一场辩论，人们虽然无法知道"美是什么"，但已明确知道"美不是什么"，思维的高度已有所提升。从古希腊苏格拉底、柏拉图以来，人们一直在探寻"美是什么"，但这是一个永远也不可能有最终答案的问题。缘此，让我们再回到孔子思想中来。"仁"作为孔子思想体系中最核心的观念，是"多"中之"一"，我们姑且只能以"一"来解说，或者从工夫论层面来体悟，因为"仁"具有不可言说性。有人曾问程子："何谓至善？"程子回答说："理义精微，不可得而名言也，姑以至善目之，默识可也。"⑤在人类用语言建构的意义世界中，"目之"具有优先性，视觉在人类对类似天理、道、良知等存在本体的认知过程中扮演先行一步的角色。孔子之"仁"，在本体论上是一种可能的知识，而不是现实的知识。缘此，面对孔子之"仁"，"目之"与"默识"何尝不是接近的一种可能路径？

---

①　程树德：《论语集释》一，北京：中华书局2014年版，第335页。

②③④《柏拉图全集》上卷，北京：人民出版社2018年版，第425、406、429页。

⑤《二程集》下，北京：中华书局1981年版，第1208页。

（二）"仁者安仁"：孔子之"仁"是人的内在普遍本质

我们可以换一个视角，进一步讨论孔子仁学所达到的理论高度。孔子之"仁"是否与人性论有涉？如果"仁"内在于人性，那么"仁"就是人之所以为人的内在普遍本质。既然如此，"仁"就不再是伦理学层面的概念，而是哲学意义上的概念。弟子子贡说孔子的文章"可得而闻"，孔子的"性与天道"思想"不可得而闻"。学人多拘囿于子贡所言，认为孔子谈论人性的材料犹如雪泥鸿爪。除了"性相近也，习相远也"，似乎已找不出其他的论据来讨论孔子的人性思想。殊不知孔子不对子贡谈论人性，并不意味孔子对颜回、子夏和曾子等人也不谈论人性。"中人以下，不可以语上"是孔夫子"因材施教"的教育方法。子贡当年对孔子"一以贯之"的提振之语毫无反应，足以说明子贡虽是孔子晚年的学生领袖，但不是"传经"或"传道"之人。

"仁者安仁，知者利仁"犹如空谷足音，代表孔子仁学所臻至的最高哲学水平。《礼记·表记》进而将"仁"细分为三大层次："仁者安仁，知者利仁，畏罪者强仁。""安"是理解"仁者安仁"命题的关键。"安"在《论语》中出现了多次。"安"是心安，程树德的《论语集释》引《四书辨疑》云："所安者，言其本心所主定止之处也。"心"定止"于仁，心才能有所安。《逸周书·官人解》有云："考其所为，观其所由。"《论语·为政》篇中有"视其所以，观其所由，察其所安"之文句，"察其所安"应该是孔子所加。皇侃的《义疏》诠释说："情性所安，最为深隐，故云察也。"皇侃点明"安"与"情性"有关，这一诠释属于原样理解。《礼记·表记》记载孔子语录："中心安仁者，天下一人而已矣。"《礼记》属于战国时期儒家的作品，但儒家思想发生与演变的轨迹隐伏其间。"天下一人"就是人同此心，心同此理。以"仁"为"安"，实质上就是以"仁"为"乐"。战国楚简《语丛一》认为仁"由中出"[1]，"或生于内"[2]。《礼记·乐记》继而指出"乐"有别于"礼"，"乐由中出，礼自外作"。"乐"与"仁"相近，所以"仁"也是"由中出"。《大戴礼记·曾子立事》云："仁者乐道，智者利道。"卢辩诠释说："上者率其性也，次者利而为之。""安仁"即乐仁，"仁"是人内在普遍的本质，不是外在强制性行为规范。《史记·滑稽列传》裴骃《集解》云："安仁者，性善者也；利仁者，力行者也；强仁者，不得已者也。"[3]反求诸己，体悟自性先验存有仁心，人性先天有善，无须外假，人生之幸福莫过于此。也正是在这一意义上，君子可以"安仁"、"乐道"。孔子以"仁"为"安"、以"仁"为"乐"，实质上是说"仁"出自人之本性，内在于生命本然。正如牟宗三所言，孔

---

①② 刘钊：《郭店楚简校释》，福州：福建人民出版社 2005 年版，第 180、182 页。

③《史记》一〇，北京：中华书局 2011 年版，第 3214 页。

子以"仁即是性，即是天道"。[①]徐复观也认为"孔子实际是以仁为人生而即有，先天所有的人性"。[②]孔子"五十而知天命"，"天命"不是上天人格神的意志，"天命"实质上是指"天生德于予"之先天性、超越性的德性。"天生德于予"的仁性是"天"之所命，属于定言命令。具有先在性和"无限的超越性"的仁性在五十即至的实践主体面前才有可能真正完全呈现。[③]"仁"既然源自人性，就具有普遍性特点，普遍性意味着平等性。人性平等在孔子思想中已有所萌芽。既然"仁者安仁"，而非"利仁"、"强仁"，"仁"就不是手段，而是目的本身。君子行仁是内在仁心、仁德之彰显，自然纯粹，犹如鱼不离水，瓜不离秧。"安仁者不知有仁，如带之忘腰，屦之忘足。利仁者是见仁为一物，就之则利，去之则害。"[④]朱熹以庄释孔，"忘"与"不知"旨在说明"仁"内在于生命本性，是人这一类存在物共同具有的本质特性，这一共同的本性恰恰构成人成其为人的原因。《中庸》的"仁者人也"、《孟子》的"仁也者人也"和《礼记·表记》的"仁者人也"等表述接踵而起，应当是对孔子"仁者安仁"思想的因循与展开。

亚里士多德认为苏格拉底的"美德即知识"的哲学意义在于建构一种理性主义的道德哲学，赋予道德价值客观性和普遍性特性。亚里士多德也批评苏格拉底的"美德即知识"忽略了情感的作用。苏格拉底认为所有美德都存在于灵魂的理性部分，忽略了灵魂中的非理性部分，从而也就漠视了情感的作用。康德也重视以道德义务而非道德情感作为伦理学的出发点。孔子仁学在伦理学层面既重视以道德义务作为出发点，也非常强调以道德情感作为出发点。道德义务与道德情感双管齐下，比翼齐飞。"居处恭，执事敬，与人忠"、"己欲立而立人，己欲达而达人"、"出门如见大宾，使民如承大祭"均属于道德义务范畴。"克己复礼"（《论语·颜渊》）、"仁者必有勇"（《论语·宪问》）、"刚、毅、木、讷，近仁"（《论语·子路》）涉及道德情感与意志。在诸多对道德情感与意志的论述中，孔子以"爱人"（《论语·颜渊》）释"仁"最具代表性。《大戴礼记·主言》所记孔子语录正好印证《论语》所载：孔子曰"是故仁者莫大于爱人"。战国楚简《语丛二》进而有"爱生于性"之类的表述。孔子以"爱"释"仁"，也就是以情感诠释仁本体，将爱这一情感作为仁本体展开的起始，恰如朱子所论"爱人，仁之施"。[⑤]人首先是情感的存在，其次才是理性的存在，情感是人类行为的原初动力。以"爱"释"仁"，以情感作为仁体出发点，孔子这一思想为历代大儒所昭承，并且成为儒家道统核心思

---

① 牟宗三：《名家与荀子》，长春：吉林出版集团有限责任公司 2010 年版，第 135 页。
②③ 徐复观：《中国人性论史》，上海：华东师范大学出版社 2005 年版，第 62 页。
④ 黎靖德编：《朱子语类》二，北京：中华书局 1986 年版，第 643 页。朱熹这一表述或受庄子影响，《庄子·达生》篇云："忘足，屦之适也；忘要，带之适也；知忘是非，心之适也。"
⑤ 朱熹：《四书章句集注》，北京：中华书局 2012 年版，第 140 页。

想之一。战国楚简《语丛一》云："爱，仁也。"[1]孟子说："仁者爱人。"(《孟子·离娄下》)荀子说："仁，爱也。"(《荀子·大略》)董仲舒说："故仁者所爱人类也。"[2]《说苑·谈丛》说："仁之所在，天下爱之。"韩愈的"博爱之谓仁"[3]曾经饱受二程、朱子驳难。程朱批评韩愈只看到情，没有看到性；只看到用，没有看到体。但是，在"爱是仁出发点"这一基本问题上，程朱并没有完全否定韩愈的观点。程子认为"天理"具有"公"与"善"之特质，天理与人道的结合具体呈现为仁落实于心、首先表现于爱。"故仁，所以能恕，所以能爱，恕则仁之施，爱则仁之用也。"[4]

三 "爱其所亲"：孔子孝论的基本内涵

孔子孝论存在四重内涵，前后之间呈现出层层递进的逻辑关系：

(一)孝养

从物质生活层面赡养双亲、照料双亲，是孔子孝论最低层面的规定。孔子曾把"士"细分为三个档次："行己有耻，使于四方，不辱使命"是最高层次的士；"宗族称孝焉，乡党称弟焉"属于次一等级的士；"言必信，行必果"是最低档次的士。因此，尽心尽力供养双亲应该是人之所以为人的基本道德义务。"事父母，能竭其力；事君，能致其身；与朋友交，言而有信。"(《论语·学而》)"出则事公卿，入则事父兄，丧事不敢不勉，不为酒困，何有于我哉？"(《论语·子罕》)"迩之事父，远之事君。"(《论语·阳货》)"何有于我哉"意即"这些事对我有何困难呢"，只要竭尽全力去做，就没有办不成的。父母亲为抚育子女成长，含辛茹苦，呕心沥血。待到双亲年老体弱，子女应该把父母亲的身体健康放在心上。"父母之年，不可不知也。一则以喜，一则以惧。"(《论语·里仁》)喜的是父母亲健康长寿，青山不老；惧的是父母年事已高，在世之日有减无增。因此，父母一旦患病，子女应该尽责尽力伺候床前。"父母唯其疾之忧"(《论语·为政》)，《淮南子·说林训》云："忧父之疾者子，治之者医，进献者祝，治祭者庖。"高诱《注》云："父母唯其疾之忧，故曰忧之者子。"

(二)敬亲

孔子孝论并不单纯是指赡养行为，更重要的是一种内在情感，一种根源于血

---

[1] 刘钊：《郭店楚简校释》，福州：福建人民出版社 2005 年版，第 209 页。

[2] 曾振宇、傅永聚：《春秋繁露新注》，北京：商务印书馆 2010 年版，第 183—184 页。

[3]《韩愈全集》，上海：上海古籍出版社 1997 年版，第 120 页。

[4]《二程集》上，北京：中华书局 1981 年版，第 153 页。

缘关系的自然亲情。《为政》篇载子游"问孝",孔子回答:"今之孝者,是谓能养。至于犬马,皆能有养;不敬,何以别乎?""敬亲"是区别人之孝与犬马之孝的分水岭,同时也是区分君子与小人的道德判断:"小人皆能养其亲,君子不敬,何以辨?"(《礼记·坊记》)"父子不同位,以厚敬也。"(《礼记·坊记》)郭店楚简又云:"亲父子,和大臣,寝四邻之殃祸,非仁义者莫之能也。"[1] 所谓"敬"和"亲",皆是指出于自然亲情基础上的衷心敬爱之情。这是"人猿相揖别"之始,同时又意味着后天知识学习与道德践履的正当性。"孔子曰:'啜菽饮水,尽其欢,斯之谓孝。'"(《礼记·檀弓下》)尽孝其实很容易,哪怕每天喝豆浆、饮清水,只要能使父母亲心情舒畅,这就是孝。但是,要几十年如一日做到这一点,也并非一件易事。《论语·为政》篇载子夏"问孝",孔子说:"色难。有事,弟子服其劳;有酒食,先生馔,曾是以为孝乎?"关于"色难"二字,古往今来历代学者的训释不尽相同。概而论之,主要有两种观点:其一,《礼记·祭义》解释说:"孝子之有深爱者,必有和气;有和气者,必有愉色;有愉色者,必有婉容。"东汉郑玄的《论语注》云:"和颜悦色,是为难也。"《礼记·祭义》作者和郑玄皆释"色"为"和颜悦色"。《说文解字·色部》曰:"色,颜气也。"段玉裁注:"颜者,两眉之间也。心达于气,气达于眉间,是之谓'色'。"许慎和段玉裁都认为"色"是一个中性词,本身并未蕴含情感判断和道德判断。许慎和段玉裁的观点与郑注"和颜悦色"的解释差别较大。其二,东汉包咸的《论语章句》云:"色难,谓承顺父母颜色乃为难也。""色"为"承顺颜色"。这些学者无一例外都把"难"解释为"困难"。有学者认为:"'色'即是面色、神情之意,'难'则是一个假借字,具体地说,是'戁'字的假借。"[2] 这一观点颇具启发意义。《说文解字》曰:"戁,敬也。从'心','難'声。"《字汇·心部》释曰:"戁,恭也。""色难"即"色戁",意为发乎内心的敬爱之神情。心中有爱,才会产生愉悦之"婉容"。有发自内心的自然亲情,才有外在态度上的恭敬。任何矫饰只能扮演一时,而不可能存在长久,所以孔子称之为"色难"。"戁"与"难"相通借,在古代典籍中不乏其例。譬如,《礼记·儒行》篇云:"儒有居处齐难,其坐起恭敬。"王引之的《经义述闻》释:"难,读为'戁'……'难'、'戁'声相近,故字相通。"《荀子·君道》篇曰:"故君子恭而不难,敬而不巩。"王念孙在《读书杂志》中释:"难,读《诗》'不戁不竦'之'戁'。"

此外,孔子把是否听从父母教诲、遵循父母遗志也看成是"敬亲"的内涵之一:"父在,观其志;父没,观其行;三年无改于父之道,可谓孝矣。"(《论语·学

---

① 刘钊:《郭店楚简校释》,福州:福建人民出版社 2005 年版,第 111 页。

② 裴传永:《〈论语〉"色难"新解》,载《孔子研究》2000 年第 4 期。

而》）"孟庄子之孝也，其他可能也；其不改父之臣与父之政，是难能也。"（《论语·子张》）在《论语·阳货》篇中，宰我向孔子提出一个问题：为什么要为父母守孝三年？这是一个带有一定理论深度的道德诉求，实际上已涉及孝敬父母正当性的形而上学论证。宰我对孔子说："三年之丧，期已久矣。君子三年不为礼，礼必坏；三年不为乐，乐必崩。旧谷既没，新谷既升，钻燧改火，期可已矣。"孔子质问宰我："食夫稻，衣夫锦，于女安乎？"当孔子听到宰我回答"安"后，颇为气愤地指责道："予之不仁也！子生三年，然后免于父母之怀。夫三年之丧，天下之通丧也。予也有三年之爱于其父母乎？"因为在孔子看来，对父母的孝敬，不仅仅是自然亲情，而且是一种必须回报的社会义务。在伦理学与心理学意义上，孝敬双亲源于"感恩"意识，这是一种人与动物皆有的初始道德意识。现代英国直觉主义伦理学大师威廉·大卫·罗斯教授认为：人的自明道德义务有忠诚、公正、赔偿等等，其中重要的一项则是感恩。感恩是一种善良的道德意识与情感，是支配人实现道德行为的思想基础。值得注意的是：在孔子之后，仍然有不少人讨论这一问题。《仪礼·丧服》载："父，传曰：为父何以斩衰也？父至尊也。诸侯为天子，传曰：天子至尊也。君，传曰：君至尊也。父为长子，传曰：何以三年也？正体于上，又乃将所传重也。庶子不得为长子三年，不继祖也。"子为父、诸侯为天子、臣为君必须守孝三年，其根据在于父、天子和君"至尊"。父亲为长子也必须服斩衰三年，其根据是长子是要作为父亲的正体而列宗庙之中，并且是主持祢庙之祭的人。由此可见，《仪礼》作者是从宗法制度的角度阐释这一问题的。孟子也曾经与人探讨过这一问题。齐宣王想缩短丧礼规定的守孝时间，于是通过公孙丑请教孟子："'为期之丧，犹愈于已乎？'孟子曰：'是犹或纟从其兄之臂，子谓之姑徐徐云尔，亦教之孝悌而已矣。'"（《孟子·尽心上》）孟子认为守孝三年的文化意义在于道德教化，而非单纯地强调时间的长短。对此，楚简《六德》也有类似的观点："是故先王之教民也，始于孝弟。"[①]相比之下，孔子、孟子从伦理学与社会教化意义上作出的回答要比《仪礼》作者的阐释更具有理论深度。对此，李泽厚的评论颇为深刻："在这里重要的是，孔子没有把人的情感心理引导向外在的崇拜对象或神秘境界，而是把它消溶满足在以亲子关系为核心的人与人的世间关系之中，使构成宗教三要素的观念、情感和仪式统统环绕和沉浸在这一世俗伦理和日常心理的综合统一体中，而不必去建立另外的神学信仰大厦。这一点与其他几个要素的有机结合，使儒学既不是宗教，又能替代宗教的功能，扮演准宗教的

---

① 刘钊：《郭店楚简校释》，福州：福建人民出版社 2005 年版，第 119 页。

角色，这在世界文化史上是较为罕见的。不是去建立某种外在的玄想信仰体系，而是去建立这样一种现实的伦理——心理模式，正是仁学思想和儒学文化的关键所在。"①将礼仪由外在的伦理规范论证为人心内在的诉求，把原来强制性的规定内化为生活自觉的欲求，既远离了宗教，又具有了宗教的某种功能。正因为如此，李泽厚认为："'礼'由于取得这种心理学的内在依据而人性化，因为上述心理原则正是具体化了的人性意识。由'神'的准绳命令变而为人的内在欲求和自觉意识，由服从于神变而为服从于人、服从于自己，这一转变在中国古代思想史上具有划时代的意义。"②

（三）谏亲

孔子主张应将孝亲建立在敬亲、爱亲的自然情感上，但因此也引发出一个问题：如果父母、尊长言行不当，子女应当如何做才符合孝道？曾子曾经就此问题请教于孔子。曾子曰："敢问子从父之令，可谓孝乎？"子曰："是何言与？是何言与？昔者天子有争臣七人，虽无道，不失其天下；诸侯有争臣五人，虽无道，不失其国；大夫有争臣三人，虽无道，不失其家；士有争友，则身不离于令名；父有争子，则身不陷于不义。故当不义，则子不可以不争于父，臣不可以不争于君；故当不义则争之。从父之令，又焉得为孝乎？"（《孝经·谏诤章》）有谏诤之臣，虽遭乱世，天子能保天下，诸侯能保国，卿大夫能保家，士能保全名声。由此推论，父母有讽谏之子，可以避免蒙受不仁不义之恶名。因此，父母有过，向其讽谏非但合乎孝道，而且是孝子应尽之义务。《荀子·子道》也载有类似的资料："鲁哀公问于孔子曰：'子从父命，孝乎？臣从君命，贞乎？'三问，孔子不对。孔子趋出，以语子贡。曰：'乡者，君问丘也，曰"子从父命，孝乎？臣从君命，贞乎？"三问，而丘不对。赐以为何如？'子贡曰：'子从父命，孝矣；臣从君命，贞矣。夫子有奚对焉？'孔子曰：'小人哉！赐不识也！昔万乘之国，有争臣四人，则封疆不削；千乘之国，有争臣三人，则社稷不危；百乘之家，有争臣二人，则宗庙不毁；父有争子，不行无礼；士有争友，不为不义。故子从父，奚子孝？臣从君，奚臣贞？审其所以从之之谓"孝"、之谓"贞"也。'"孔子在这一问题上的态度十分明确：父义则从，父不义则谏。基于此，曾子进而提炼出了以义辅亲、"以正致谏"、"微谏不倦"（《大戴礼记·曾子本孝》）等谏亲原则。"君子之孝也，以正致谏；士之孝也，以德从命；庶人之孝也，以力恶食。任善，不敢臣三德。故孝之于亲也，生则有义以辅之，死则哀以莅焉，祭祀则莅之以敬。如此，而成于孝子也。"（《大戴礼记·曾子本孝》）不仅如此，曾子还将此原则从情感上加以消化、认可，升华为"君子三乐"之一，将本来是外

---

① ② 李泽厚：《中国古代思想史论》，北京：人民出版社 1985 年版，第 21、20—21 页。

在伦理之规范内化为心理之愉悦。"曾子曰：'君子有三费，饮食不在其中。君子有三乐，钟磬琴瑟不在其中。'子夏曰：'敢问三乐。'曾子曰：'有亲可畏，有君可事，有子可遗，此一乐也；有亲可谏，有君可去，有子可怒，此二乐也；有君可喻，有友可助，此三乐也。'"（《韩诗外传》卷九）值得一提的是，郭店楚简的谏诤思想与孔子、曾子一脉相承。简文的《鲁穆公问子思》云："鲁穆公问于子思曰：'何如而可谓忠臣？'子思曰：'恒称其君之恶者，可谓忠臣矣。'公不悦，揖而退之。"[1] 虽然简文只涉及"谏君"，但是在先秦儒家思想逻辑思维中，"谏亲"在先，"谏君"在后，先亲后君，"谏君"是"谏亲"必然的逻辑走向。

但是，曾子之问实际上只触及问题的一个方面。问题的另一面是：父母有过失，但拒绝听从子女劝阻，子女如何做才符合孝道？孔子的态度为："事父母几谏，见志不从，又敬不违，劳而不怨。"（《论语·里仁》）子女应该反复婉言相劝，如果父母仍然一意孤行、刚愎自用，子女不应滋生怨恨之心，应当一如从前孝敬双亲。但是，子女也不应该丧失原则立场，盲目顺从父母。孔子的这一观点对曾子影响至深，后来曾子弟子单居离也就这一敏感问题请教过曾子，曾子的回答与孔子大抵相似："父母之行，若中道则从，若不中道则谏，谏而不用，行之如由己。从而不谏，非孝也；谏而不从，亦非孝也。孝子之谏，达善而不敢争辩。争辩者，作乱之所由兴也。"（《大戴礼记·曾子事父母》）曾子为谏亲设立了一个界限："谏而不逆。"（《大戴礼记·曾子大孝》）如果父母不思悔过，子女不应拂逆父母之志，不可由婉言劝谏上升为争斗。曾子主张在这一问题上应"巧变"，临事变通，其实质在于如何在"从"与"谏"的矛盾对立中寻求一个合情合理的平衡点。

孔子与曾子的"谏亲"思想后来在荀子思想中得到进一步发扬光大。荀子将其提升为"从道不从君，从义不从父"。子女在三种情况下可以"不从命"："从命，则亲危；不从命，则亲安；孝子不从命，乃衷。从命，则亲辱；不从命，则亲荣；孝子不从命，乃义。从命，则禽兽；不从命，则修饰；孝子不从命，乃敬。"（《荀子·子道》）道义是荀子思想中的最高价值理性，人们不可牺牲价值理性去无原则地迎合父母意志。一个人只有明白了从与不从的理性尺度，才可称得上"大孝"。"故可以从而不从，是不子也；未可以从而从，是不衷也；明于从不从之义，而能致恭敬、忠信、端悫，以慎行之，则可谓大孝矣。"（《荀子·子道》）

（四）慎终追远

孔子认为有四件事非常重要：民、食、丧、祭。前两项涉及政治思想，后两项

---

[1] 刘钊：《郭店楚简校释》，福州：福建人民出版社2005年版，第177页。另参阅荆门市博物馆编《郭店楚墓竹简》，北京：文物出版社1998年版，第141页。

则与孔子孝论有关。孟懿子"问孝"，孔子回答说："无违。""无违"是指"无违礼节"。孔子对此有一个具体的诠释："生，事之以礼；死，葬之以礼，祭之以礼。"（《论语·为政》）以周礼善待亡亲，也是孔子孝论的基本内容之一。在孔子的心目中，周武王和周公就是这方面的典范。他们懂得"孝"的内在精髓，因为"孝"不仅体现于在父母生前如何孝敬他们，也表现于在父母死后如何继承前人的遗志，完成前人未竟之事业。"敬其所尊，爱其所亲，事死如事生，事亡如事存，孝之至也。"（《礼记·中庸》）实际上，孔子之所以非常重视丧祭之礼，其原因并不仅仅在于其间渗透着"事死如事生，事亡如事存"的孝道精神，更重要的是这种丧祭之礼可以起到"教民追孝"的社会道德教化的作用。"子云：'祭祀之有尸也，宗庙之有主也，示民有事也。修宗庙，敬祀事，教民追孝也。以此坊民，民犹忘其亲。'"（《礼记·坊记》）出土的文献中也有与孔子思想相吻合的资料。譬如，郭店楚简《六德》云："孝，本也。下修其本，可以断讪。生民斯必有夫妇、父子、君臣，君子明乎此六者，然后可以断讪。"[1] 睡虎地秦墓竹简《为吏之道》亦云："君鬼臣忠，父兹（慈）子孝，政之本也。"[2]"孝"不仅是伦理道德之"本"，也是社会政治之"本"。

虽然孔子非常重视丧祭之礼，但他追求的是孝子在这种礼仪中所生出的内在的自然亲情，而不是片面追求与重视丧敬之礼外在形式的周密与繁缛。在这一点上，最容易引起后人的误解。孔子说："丧致乎哀而止。"（《论语·子张》）"士见危致命，见得思义，祭思敬，丧思哀，其可已矣。"（《论语·子张》）"孝子之丧亲也，哭不偯，礼无容，言不文，服美不安，闻乐不乐，食旨不甘，此哀戚之情也。"（《孝经·丧亲章》）在日常生活中，人的真情实感往往隐匿于各种厚重的社会角色的"盔甲"背后。往往在至亲亡故之时，一个人的真实情感才会淋漓尽致地袒露在众人面前。"人未有自致者也，必也亲丧乎！"（《论语·子张》）因此，在丧祭之礼中，孔子强调的是内在自然的悲痛与哀思之情。"哀"与"敬"二字代表着孔子孝论在丧祭之礼上的基本观点。由此看来，只要是发自内心的真情实意，一切过激的言行都是可以理解的。孔子曰："君薨，听于冢宰，歠粥，面深墨，即位而哭。百官有司莫敢不哀，先之也。"（《孟子·滕文公上》）必须辨明的一点是：孔子反对"厚葬"。《礼记·檀弓》篇载："子游问丧具。夫子曰：'称家之有亡。'子游曰：'有亡恶乎齐？'夫子曰：'有，毋过礼。苟亡矣，敛首足形，还葬，县棺而封，

① 刘钊：《郭店楚简校释》，福州：福建人民出版社 2005 年版，第 119—120 页。另参阅荆门市博物馆编《郭店楚墓竹简》，北京：文物出版社 1998 年版，第 188 页。

② 《睡虎地秦墓竹简》，北京：文物出版社 1990 年版，第 169 页。

人岂有非之者哉?'""称家之有亡"之"亡"通"无",孔子主张应根据各家的经济实力和社会身份办理丧事,切不可片面追求丧礼之隆盛,关键在于对父母是否有一颗至真至切的孝敬之心。颜回去世时,七十一岁的孔子"哭之恸",别人劝他不要哭得这么伤心,孔子说:"有恸乎?非夫人之为恸而谁为?"但是,当学生们提出要厚葬颜回时,孔子却明确表示反对。颜回的父亲颜路请求孔子卖掉车子来替颜回置办椁,孔子回答说:我的儿子孔鲤死时也只有内棺,没有外椁。"吾不徒行以为之椁,以吾从大夫之后,不可徒行也。"(《论语·先进》)当孔子听说颜回最后还是被学生们厚葬之后,还一再申明:"回也视予犹父也,予不得视犹子也。非我也,夫二三子也。"(《论语·先进》)《仪礼·丧服》记载:孝子居丧期间必须住在草棚里,头枕土块,日夜哭泣。《墨子·节葬》批评儒家的厚葬主张时也说:"处丧之法,将奈何哉?曰:哭泣不秩,声翁,缞绖垂涕,处倚庐,寝苦枕块;又相率强不食而为饥,薄衣而为寒。使面目陷陬,颜色黧黑,耳目不聪明,手足不劲强,不可用也。又曰:上士之操丧也,必扶而能起,杖而能行,以此共三年。"但是,墨家所批判的恰恰正是孔子所否定的,墨家所倡导地恰好正是孔子所拥护与赞同的。墨家认为正确的葬埋之法应该是:"棺三寸,足以朽骨;衣三领,足以朽肉。掘地之深,下无菹漏,气无发泄于上,垄足以期其所,则止矣。哭往哭来,反,从事乎衣食之财,俾乎祭祀,以致孝于亲。"(《墨子·节葬》)墨家的节葬观点与孔子"苟亡矣,敛首足形"的主张是一致的,墨家所批评的那种孝子在守孝期间不思饮食、"必扶而能起,杖而能行"的极端自虐的社会习俗也是孔子所坚决反对的。孔子曰:"身有疡则浴,首有创则沐,病则饮酒食肉。毁瘠为病,君子弗为也。毁而死,君子谓之无子。"(《礼记·杂记》)这段话的意思是:守丧期间身上长了脓疮就该洗澡,头顶长了疖子就该洗头发,身体虚弱就该吃肉补养。不节制哀伤而使身体极度虚弱甚至丧失性命,恰恰是使父母绝后的不孝之举。儒家与墨家在相互攻讦的表象背后,隐藏着的却是在同一文化语境中彰显出来的哲学认识的趋同性。

第二节　先秦儒家从"孝本论"到"仁本论"的转向

孔子去世之后,派系萌生,观点歧异。具体围绕仁与孝的关系,产生了尚"仁"与尚"孝"的思想分殊。《孝经》作者立足于为天下立法的维度,将"孝"论证为"天之经"、"地之义"、"民之行"。"孝"跨越父子血缘亲情边界,成为人与人、人与社会、人与自然的精神本体。在社会政治领域,孝被论证为政治伦理。"以孝治天下"和"移孝作忠"等观念随之而生。经过"齐鲁间陋儒"增补与作伪的《孝经》"孝本论"引起儒家的高度警惕与不安。孟子"四端"、"四心"论的建构以及"仁本"论的初步建构,既是对《孝经》"孝本论"的批评与反拨,也是儒家内部的一场自我拯救运动。

一　天经地义:《孝经》"孝本论"的建构

《孝经》文本存在一个值得学界深思的问题:无论是今文《孝经》,还是古文《孝经》,始终没有出现"仁"字。"仁"在《论语》中出现一百零九次,在《孟子》中出现一百四十五次,在《荀子》中出现一百一十五次。在 20 世纪 90 年代发现的郭店楚墓竹简中,辨认出的"仁"字约有七十处。但是,"仁"作为儒家思想的核心观念,居然不见于《孝经》今、古文。这一文化现象耐人寻味,其中必然隐藏着作者独特的哲学思考与社会政治旨趣。"夫孝,德之本也,教之所由生也。"(《孝经·开宗明义章》)在孔孟思想体系中,"仁"是全德,位阶高于其他德目。但是,在《孝经》思想体系中,"孝"已经取代"仁",上升为道德的本源,孝是"至德要道"(《孝经·开宗明义章》)。郑玄《注》点明:所谓"至德要道",就是"孝悌"。不仅如此,《孝经》一书最大的特点在于:作者力图从道德形上学的高度将"孝"论证为本体。"夫孝,天之经也,地之义也,民之行也。天地之经,而民是则之。"(《孝经·三才章》)"经"与"义"含义相同,都是指天地自然恒常不变的法则、规律。

《大戴礼记·曾子大孝》也有类似表述："夫孝者，天下之大经也。"孝是天经地义，将"孝"论证为宇宙精神本体，这是人类的人文表达，其实质是以德性指代本体。需要进一步追问的是：孝是"天之经"、"地之义"、"民之行"如何可能？如果作者不能从哲学上加以证明，这一结论的得出只不过是循环论证的独断而已。令人遗憾的是，我们没看到《孝经》作者对此是如何进行论证的。《孝经·圣治章》的两段话或许与"孝"何以是"民之行"存在一些内在逻辑关联："父子之道，天性也。""天地之性，人为贵。人之行，莫大于孝。"将人置放于"天地万物一体"的思维框架中进行讨论，这是儒家一以贯之的思维模式，从孔子到孟子、二程、朱熹、王阳明，概莫能外。从"天性"探讨父子之道，意味着不再局限于从道德视域论说道德，而是上升到哲学的高度论说道德。"孝"不再是道德论层面的观念，而是伦理学层面的范畴，甚至已成为宇宙论层面的精神本体。孔子说"仁者安仁"，以"仁"为"安"，意味着以"仁"为"乐"，情感的背后已隐伏人性的光芒。《孝经》作者也从人性论高度证明"孝"存在正当性，在逻辑上与孔子的思路相近。为何"人之行，莫大于孝"？明代吕维祺对此有所诠释："天以生物覆帱为常，故曰经也。地以承顺利物为宜，故曰义。得天之性为慈爱，得地之性为恭顺，即此是孝，乃民之所当躬行者，故曰民之行。"① 天地自然之性与人之性同出一源，相互贯通。天的德性是"慈爱"，地的德性是"恭顺"。天、地之性统合起来在人性的实现，显现为"孝"。

既然"孝"已上升为本体，并且升华为宇宙精神，那么"义"、"礼"、"智"、"信"、"友"、"悌"等便成为孝本体统摄之下的具体德目。《孝经·诸侯章》云："在上不骄，高而不危；制节谨度，满而不溢。高而不危，所以长守贵也。满而不溢，所以长守富也。"诸侯所应恪守的孝德包括谦逊、节俭、守礼和诚信。卿大夫所应恪守的孝德为"非先王之法服不敢服，非先王之法言不敢道，非先王之德行不敢行"。服装、言语和行为三方面所涉及的职业道德都被看成是"孝"这一全德的体现。孔安国指出："先王之德行"涵摄孝、悌、忠、信、仁、义、礼、典八方面。"孝"是本体与全德这一思想在《大戴礼记》"曾子十篇"中也多有体现："故居处不庄，非孝也；事君不忠，非孝也；莅官不敬，非孝也；朋友不信，非孝也；战陈无勇，非孝也。"（《大戴礼记·曾子大孝》）"孝"涵摄庄（恭）、忠、敬、信、勇五种德行。《大戴礼记》"曾子十篇"的孝论与《孝经》多有相互发扬之处。追本溯源，这一道德文化现象或许可以追溯到商周时代。根据罗振玉的《殷虚书契前编》记载，甲骨

---

① 吴平、李善强、霍艳蓉主编：《孝经文献集成》3，扬州：广陵书社 2011 年版，第 1430 页。

卜辞中已有"教"字。杨荣国进而认为殷族有"以孝为教"的文化传统。有的学者考证，西周时代孝观念的内涵丰富，至少包含九个方面，即敬养父母、祭享祖先、继承先祖遗志、孝于宗室、孝于婚媾、孝于夫君、孝友合一、勤于政事、孝于大自然。①概而论之，西周时代的孝观念不仅是家庭伦理，还是自然伦理，甚至是社会政治伦理和社会职业道德。《诗经·大雅·卷阿》云："有孝有德，以引以翼。岂弟君子，四方为则。"这是说，有孝德之人才能成为天下楷模。"孝"并非仅仅适用于家庭亲属关系，实际上它的适用范围非常广阔。正如《孝经·感应章》所言："孝悌之至，通于神明，光于四海，无所不通。《诗》云：'自西自东，自南自北，无思不服。'"两相比较，《孝经》作者似乎是在"开历史的倒车"，其思想的"返祖"与"复古"之风昭然若揭。需要点明的是：《孝经》文本成书年代应该在孔子去世之后。在孔子孝论中，"孝"主要是家庭伦理，父慈子孝，"立爱自亲始"；"孝"根本不是全德，更不是"仁"的本体；"孝弟也者，其为仁之本与"代表的只是弟子有子的思想，更遑论在版本学上"仁"究竟是"仁"还是"人"尚有待讨论。②因此，《孝经》作者并非单纯发"思古之幽情"，更不是单纯地"复古"，而是有自己独特的哲学思考与人文诉求。换言之，《孝经》作者将"仁"边缘化纯属"主观故意"，目的在于从哲学高度建构孝本论。

既然孝已经被建构为本体与宇宙精神，《孝经》作者的真实意图已是人人皆知：囿于家庭伦理的层面谈论孝道本来就不是其目的。作者真正的社会理想是立足于为天下立法的高度，跨越家庭伦理的边界，将孝观念的外延无限膨胀与扩充，使之衍化为涵盖自然、社会与人伦的道德理性、价值本源与文化依托。具体而论，在社会政治领域，"孝"摇身一变成为判别是非善恶的最高价值原则。明乎此，才能理解《孝经》作者为何提出"以孝治天下"："昔者明王之以孝治天下也，不敢遗小国之臣，而况于公、侯、伯、子、男乎？故得万国之欢心，以事其先王。"即无论是天子"治天下"、诸侯"治国"，还是庶人"治家"，最高价值原则一律是"孝"。孔安国评论说："上下行孝，爱敬交通，天下和平，人和神悦。"但是，通过剖析与梳理《孝经》的内在逻辑，我们不难发现《孝经》思想体系中隐藏着一个巨大的逻辑矛盾：孝，作为家庭伦理之一维，其存在的正当性基于血缘自然亲情，其存在的合理边际范围在于家庭。有父子血缘亲情，方有孝存在的正当性；显发作用于

---

① 李裕民：《殷周金文中的"孝"和孔丘"孝道"的反动本质》，载《考古学报》1974年第2期；王慎行：《试论西周孝道观的形成及其特点》，载《社会科学战线》1989年第1期。

② 敦煌抄本伯2618号作"人"。程树德的《论语集释》也认为当作"人"，云："经传中'仁'、'人'二字互用者多，'仁'特为'人'之借字，不止此一事也。"

家庭宗族边际之内，孝才有存在的合理性。换言之，只有在血缘亲情家庭中，孝才具有存在的合法性；孝一旦跨越父子血缘亲情的边界，向陌生人社会无限扩张与蔓延，甚至成为人与人、人与社会、人与自然关系大经大法的观念把握，一个哲学上与逻辑上的问题随之而生。这就是：在陌生人社会，孝作为本体如何可能？作为对这一问题的回应，朱熹对《孝经》的评价值得回味。在朱子的心目中，《孝经》本来就是教人知孝、行孝的童蒙读物。但是，流传于世的今、古文《孝经》都存在"齐鲁间陋儒"增补甚至作伪之处。不仅如此，《孝经》在内容与价值观上存在着一些"不亲切"和"害理"的成分。朱子的这一批评极其严厉峻刻，几乎可以等同于评价荀子"大本已失"。朱子的批评具体可从两方面解读：

（一）孔子谈孝，孟子论仁，都"较亲切"。孔子认为：仁是本，孝是仁本之用，仁本首先彰显于家庭伦理，孝就是仁本在父子伦理上的观念把握。借用朱子的语录，孝是仁本这一大江大河源头流经的"第一个塘子"。"安仁"有别于"利仁"和"强仁"，以"仁"为"安"，表明仁源自人性。既然如此，孝就属于仁本自然而然的生发流行。孟子通过"孺子入井"论证"恻隐之心"这一道德情感人人皆先天完备，进而证明仁出自人性，人人先天"饱乎仁义"。未发为人性，已发为人情。"最亲切。人心自是会如此，不是内交、要誉，方如此。"[①]孔、孟论证的思路与观点都奠基于人人内在固有的人性与人心。所以，朱子认为：孔、孟的话都非常"亲切有味"；与之相对，《孝经》有些篇章论孝"不亲切"，个中缘由在于从政治势位论"孝"，而不是从人性、人心谈孝德孝行。

（二）在儒家思想体系中，"孝"属于私德，是人之所以为人的本质所在。人有违于孝，就沦为孟子所说的禽兽。换言之，"孝"具有恒常性、普世性特点。但是，朱子指出：《孝经》对孝的公共性、普世性特点有所破坏。"人之行，莫大于孝。孝莫大于严父，严父莫大于配天，则周公其人也。昔者，周公郊祀后稷以配天，宗祀文王于明堂，以配上帝。是以四海之内各以其职来祭。夫圣人之德，又何以加于孝乎？"（《孝经·圣治章》）这段话是说：人分为天子、诸侯、卿大夫、士和庶人五等，由于社会地位和身份不同，孝德也有差异。《孝经》作者认为：周公是普天下孝子的楷模。周公制礼作乐，制定了在明堂祭祀"上帝"时以先父文王配祀"上帝"的制度。严父配天，是孝子行孝最高级的表现。庶人百姓只能"谨身节用，以养父母"。朱子批评说："如下面说'孝莫大于严父，严父莫大于配天'，则岂不害理！傥如此，则须是如武王、周公方能尽孝道，寻常人都无分尽孝道也，岂不启人

---

① 《朱子全书》拾肆，上海：上海古籍出版社、合肥：安徽教育出版社2002年版，第253—254页。

僭乱之心！"①由于孝行有等级之分，因此爵位与身份不同，行孝的内容与标准也迥然有异。严父配天是孝德的最高境界，这一境界只有周天子才有资格实现，平民百姓只能望洋兴叹。如此，原本作为公共性、普世性的家庭伦理已经演变为等级之孝。在儒学史上，孔子孝道包括养亲、敬亲、谏亲和慎终追远四方面内涵，无论王公贵族还是贩夫走卒应遵循的孝德完全雷同。孝没有等级之分，寒门照样出孝子。周襄王虽贵为天子，但在历史上有不孝之子的恶名，原因在于其只知道养亲，却没有做到敬亲，与"犬马之孝"别无二致。对周襄王孝行的评价标准与对平民百姓的评价标准同出一炉。由此可知，在孔孟思想中，孝顺与否的评价标准不会因社会势位不同而有所差异，在孝德面前人人平等。《孝经》作者等级之孝的论述，对儒家孝道是一种理论上与实践上的双重伤害。正因为如此，朱子才会多次严厉批评《孝经》所言"害理"。

除了朱子对《孝经》"等级之孝"的批评，《孝经》文本中的另一个思想倾向也为历代大儒所无法容忍：孝本论基础上的"以孝治天下"、"忠孝合一"和"移孝作忠"理念有可能成为"家国同构"与"家天下"的理论依据，有可能成为君主专制国家的主流意识形态。历史上主流儒家对"家天下"的批判典型表现在如何评价"汤武革命"上。儒家与法家在这一问题上的立场与观点可谓泾渭分明。法家韩非从君臣尊卑有序视域立论，明确否定汤武革命的正当性。儒家一以贯之，异口同声地高度肯定甚至称颂这一通过暴力斗争手段实现政权转移的路径。《易传》作者认为"天地革而四时成；汤武革命，顺乎天而应乎人"。顺应天命与顺应人心并提，但前者是铺垫，后者才是本质。荀子进而提出"天下"无法通过暴力革命的方式夺取，因为"天下"是天下人的天下，"天下"的本质内涵是民心。夏桀、商纣"暴国之君"已沦落为"独夫"，按照先秦时期"杀盗非杀人"的逻辑推演，独夫民贼甚至连人都不是，只能算是"禽兽"。汤、武并非用武力夺取天下，而是"天下归之"。"天下归之之谓'王'，天下去之之谓'亡'。"（《荀子·正论》）在对汤武革命的评价上，荀子思想充盈着自由思想的因素，"天下归之"和"天下去之"都是天下大众自由意志的表达与实现。董仲舒接踵而起，从天论高度树立一个政治哲学根本原则："且天之生民，非为王也；而天立王，以为民也。"（《春秋繁露·尧舜不擅移、汤武不专杀》）政府是谁之政府？洛克指出：人类自愿放弃其"自然法的执行权"，"授权"给社会，从而脱离"自然状态"，进入"有国家的状态"。②

---

① 《朱子全书》拾柒，上海：上海古籍出版社、合肥：安徽教育出版社2002年版，第2827页。
② 洛克：《政府论》下篇，北京：商务印书馆1964年版，第54页。

卢梭进而认为：人类为建立一个平等、公正的社会与政府，自愿放弃"自然的自由"。但是，"约定的自由"还存在，这一自由是对人类自愿让渡部分自由的补偿。洛克、卢梭从"人生而自由"和"天赋人权"理论出发，旨在阐明国家和政权属于人民。儒家从孔子"天下为公"发端，经荀子的"天之立君，以为民也"、《吕氏春秋·贵公》的"天下非一人之天下也，天下之天下也"，到董仲舒的"天立王，以为民也"，再到东林党人的"以众论定国是"，继而延续至黄宗羲的"古者以天下为主，君为客"思想，在绵延数千年的思想长河中隐伏着一个亘古不移的观点：国家不是君王一家的私有物，权力应该顺应人民意志。这已成为儒家思想代代相传的思想"道统"。因此，我们终于明白，为何"天下为主、君为客"的理念与《孝经》"忠孝合一"、"移孝作忠"、"以孝治天下"之说势不两立。

二 "饱乎仁义"：孟子"仁本论"的哲学意义

孔子的"仁者安仁"在哲学史上具有空谷足音的创新意义。仁有"安仁"、"利仁"与"强仁"之分，"安仁"就是"乐仁"，以"仁"为"安"就是以"仁"为"乐"。"乐"既指涉自然情感，也触及普遍的人性。《史记·滑稽列传》裴骃《集解》云："安仁者，性善者也；利仁者，力行者也；强仁者，不得已者也。"从人性论层面探讨"仁"与人性的内在关系，意味着不再是就道德论道德，而是从哲学高度论证作为"类"的人在人性层面的普遍本质。恰如牟宗三所言：孔子之"仁即是性，即是天道"。[1]"仁"既然源自普遍人性，就具有共同性特点，共同性意味着平等。人性平等在孔子思想中已有所萌芽。孟子继而"十字打开"（陆象山语），从哲学、逻辑学、伦理学等多个维度建构仁本论。孟子对仁义与心性关系的证明方式有多种，运用最娴熟的证明方式是韦政通所说的"证诸人类普遍情感经验"，其中最典型的例子就是"孺子入井"："今人乍见孺子将入于井，皆有怵惕、恻隐之心，非所以内交于孺子之父母也，非所以要誉于乡党朋友也，非恶其声而然也。""乍见"不是中性之见，而是王阳明所说的良知之见，是人先验道德情感在不假思索状态下的灵光闪现。"恻隐"的基本含义是心痛，表达的是对他人的怜悯与关爱。恻隐不同于同情，同情能感受到他人的痛苦与不幸。恻隐有所不一，即使对方深陷不幸却有所不知、不察，本人基于内在的道德良知仍然不由自主地泛起怜悯、惊

---

① 牟宗三：《名家与荀子》，长春：吉林出版集团有限责任公司 2010 年版，第 135 页。

悚之心。因循孟子思想的内在逻辑，我们在此不可说"乍见"孺子将入井会滋生"我"内在的恻隐之心；在更确切的意义上，只能说"乍见"孺子入井会触动和引发"我"内在的恻隐之心。这是因为：见或不见孺子入井，恻隐之心本来就存在于我心；恻隐本质上是一种作为"类"的人普遍具有的道德情感；恻隐是"已发"，在已发的情感背后隐藏着一种主宰意义的人性力量，这一"未发"的道德理性就是"仁"。孟子通过"孺子入井"这一具体生活场景，借助归纳推理力图证明一个观点：人人都先天具备仁、义、礼、智"四端"，而且在世俗生活中可以得到证明。"恻隐之心，仁之端也；羞恶之心，义之端也；辞让之心，礼之端也；是非之心，智之端也。"（《孟子·公孙丑上》）仁、义、礼、智之"四端"是人性中先天固有的"天爵"，犹如人一呱呱坠地就有四肢一样。正因为如此，孟子说人人先在性"饱乎仁义"。对于孟子的论证过程及其观点，胡云峰总结说："稍涉安排商量，便非本心。"[①] 王夫之借批判胡云峰之观点进而对孟子思想有所质疑："且如乍见孺子将入于井，便有怵惕恻隐之心，及到少间，闻知此孺子之父母却与我有不共戴天之仇，则救之为逆，不救为顺，即此岂不须商量？"[②] 王夫之的这一驳难说明他对孟子思想有所误解。如果因为"不共戴天之仇"，经过反复"商量"，最后弃孺子于不顾，只能说明"四端"本心已经被后天功利性的诉求遮蔽，并不能证明"四心"、"四德"先在性不存在于人性。孟子以"孺子入井"这一经验世界中人人都有可能经历的事为例，旨在表明：在劈柴挑水、洒扫应对的日常生活中，"四心"、"四德"是人真实拥有的，"万物皆备于我"。同时，这一证明方式也是终极性的证明，因为无论圣凡贤愚，人人皆可自证于心。在孟子与告子关于"仁义内在"抑或"仁内义外"的辩论中，孟子所言"且谓长者义乎？长之者义乎"以及"夫物则亦有然者也，然则耆炙亦有外与"，在学术史上可谓醍醐灌顶之言。之后王阳明问弟子徐爱：孝敬之心是在你的心上，还是在你的父亲身上？"仁也者，人也。"（《孟子·尽心下》）人是经验世界中形而下的具体存在，有时间与空间的限定。仁是形而上的观念性存有，超越时间而亘古存在。朱熹诠释说："仁者，人之所以为人之理也。然仁，理也；人，物也。以仁之理，合于人之身而言之，乃所谓道者也。"[③] 朱熹认为：仁是绝对精神，人是有时空限定的有限的生命存在。人如果没有仁性，就是一行尸走肉；仁如果没有落实于人，只是一个纯粹逻辑世界的观念。仁与人的结合是天道与人道的合一、灵魂与血肉之躯的合一。因此，仁为有限的生命实现无限的内在超越创立了哲学根据。孔子从来就没有对"仁是什么"作一个逻辑界定。

---

①②《船山全书》第 6 册，长沙：岳麓书社 2011 年版，第 945 页。

③ 朱熹：《四书章句集注》，北京：中华书局 2012 年版，第 375 页。

面对众多弟子"问仁",孔子都是从"为仁之方"层面有针对性地——加以劝导与解蔽。孟子虽然说过"仁者爱人",但也只是从情感层面诠释"仁"在人类普遍情感生活的具体实现。在孟子思想逻辑架构中,从义理之天而言谓之"理"(孟子"理义"之理),从天授而言谓之"仁",从人得之而言谓之"性"。形而上的"仁"下贯至人性,才形成人之所以为人的本质("人之理"),孟子称之为"合而言之,道也"(《孟子·尽心下》)。基于此,我们才能真正读懂孟子人性思想中的"性善":第一,在"人之性"层面,"大体"与"小体"、"天爵"与"人爵"同时存在于每个生命个体。"口之于味也,目之于色也,耳之于声也,鼻之于臭也"同样也是性。"小体"与"人爵"并非具有先在性的恶,不加以引导的欲望才会导向恶。那么,恶是否也具有一个形而上的本源?这一问题并不是孟子思想讨论的重心。人心何以普遍有"四心"、"四德"才是孟子孜孜以求的哲学论证目标。第二,在"君子所性"视域,也就是本体层面和工夫论层面,人人在"应然"意义上应当自觉以人性中固有的"四心"道德情感和"四德"道德理性作为自己的本性。君子与小人的区别就在于"存心"不同,君子以仁、义、礼、智"存心",小人以食、色、欲、求"存心"。"仁,人之安宅也;义,人之正路也。"(《孟子·离娄上》)自觉以仁义道德理性为性,心才能有所安。君子与圣人不一,圣人是理想人格,"出乎其类,拔乎其萃"者才能成为圣人。君子属于现实人格,凡是服膺"礼义廉耻"价值观之人都可以称为君子。"尽其心者,知其性也。知其性,则知天矣。"(《孟子·尽心上》)君子人格充溢着自由意志精神,个体在主体自觉意义上作出道德选择。因此,只有对孟子人性论中的双重视域加以梳理,才能真正理解孟子"道性善"的内在奥义。"仁之于父子也,义之于君臣也,礼之于宾主也,知之于贤者也"(《孟子·尽心下》),"四端"既是性又是命。但是,君子在自由意志基础上,从"实然"自然而然转向"应然","立乎其大者",将仁、义、礼、智认可为性,而不将其简单认可为命运。由此可见,仁的位格显然高于礼、智、信三德,仁甚至已具有统摄其他三德的地位,上升为本体。仁之地位的上升,在孟子政治哲学中体现得尤其明显。孟子在儒学史上首次提出"仁政"一词:"尧舜之道,不以仁政,不能平治天下。"(《孟子·离娄上》)"仁政"与"王政"属于逻辑上的同一概念,在政治哲学上以"仁"作为社会政治制度与政治行为最高价值原则与最高道德依托。"诛一夫"、民有恒产、"耕者九一"、"省刑罚,薄税敛"、"罪人不孥"、"七十者衣帛食肉,黎民不饥不寒"等都是仁政的具体措施。"以德行仁者王"(《孟子·公孙丑上》),仁政的社会理想目标是"王道","王道"的文化精神与价值原则是"仁","王道"的人格化体现就是尧、舜、禹、汤、文王。

在仁本论初步建构的基础上,孟子进而论述"仁"与"孝"的内在关系。"亲亲,

仁也。"（《孟子·尽心上》）"仁之实,事亲是也。"（《孟子·离娄上》）仁是体,孝是用。亲亲之爱是仁体落实于人类道德情感的第一步。作为具有时空限定的人,子女得到的第一份爱来自父母;子女长大之后,也是首先将孝爱施与父母。在此基础上,子女进而将爱积极向外扩展,即"仁者以其所爱及其所不爱"（《孟子·尽心下》）。"亲亲"、"仁民"、"爱物"构成儒家仁爱三层次,或者可以说是儒家"爱有差等"的三个境界。"爱有差等"是在时间序列上立论,由近至远。因为仁作为形而上的理念是没有时间性的,但是人作为"此在"是有时间性的存在。有时空限制性的人基于良知良能,在实践理性上可以完全把"仁"的精神展现出来。仁本彰显的第一个经验世界场景就是父子亲情。"盖上世尝有不葬其亲者。其亲死,则举而委之于壑。"（《孟子·滕文公上》）当此人偶尔路过沟壑,目睹被自己弃于荒野的父母遗体被狐狸啃食、蚊蝇叮咬时,"其颡有泚,睨而不视"（《孟子·滕文公上》）。额头上的冷汗不是显示给他人看的,眼睛不敢正视也不是受到他人指责,而是其内心愧疚、自责之情自然而然的流露。之所以滋生愧疚与悔恨之情,是因为人天生存有不学而能、不虑而知的道德情感与道德理性。只有按照葬礼埋葬父母,"事死如事生",慎终追远,心才能有所安,情才能有所定。"孝子仁人之掩其亲,亦必有道矣。"（《孟子·滕文公上》）孟子所说的"道"就是基于仁本孝意义上的人性而论。

由此我们发掘出了儒家仁爱思想的一条主线。自从孟子明确揭示了"亲亲"、"仁民"和"爱物"三大层次与境界之后,历代儒家将其奉为圭臬。孟子当年之所以大骂墨家"无父"是"禽兽",不仅仅在于墨者错误地从仁本之外去寻找另外的本源,还在于墨家片面执守"爱无差等",忽略工夫论和境界论层面的"爱有差等",这种单向意义上的"兼爱"有可能陷于宗教化的泥淖。也正是认识到墨家思想有可能导致思想迷失,历代儒家纷纷对墨家之"兼爱"加以抨击。程颐评论说:"及其既生也,幼而无不知爱其亲,长而无不知敬其兄,而仁之用于是见乎外……能亲亲,岂不仁民?能仁民,岂不爱物?若以爱物之心推而亲亲,却是墨子也。"[①]从"爱物之心"推及"仁民"和"亲亲",也就是从博爱总原则推演至工夫论和境界论,这与儒家逻辑恰好相反。在程伊川看来,这种倒行逆施在理论上的一大谬误就在于忽略了世界首先是人的世界,而非物的世界。"人的世界"意味着人首先是情感的存在,情感揭示了人的生命本质和生命意义。之后王阳明进而批判墨家的"兼爱"是"无根"之爱:"仁是造化生生不息之理,虽弥漫周遍,无处不是,然其流行发生,亦只有个渐,所以生生不息。如冬至一阳生,必自一阳生

---

① 《二程集》上,北京:中华书局1981年版,第309—310页。

而后渐渐至于六阳；若无一阳之生，岂有六阳 …… 譬之木 …… 有根方生，无根便死。"①仁作为绝对精神，在现实经验世界"流行发生"，必然有一个"渐"，犹如参天大树必然有根。由仁理到仁爱，首先"发端"于家庭父子亲情。"父子、兄弟之爱，便是人心生意发端处，如木之抽芽，自此而仁民，而爱物，便是发干生枝生叶。墨氏兼爱无差等，将自家父子、兄弟与途人一般看，便自没了发端处；不抽芽便知得他无根，便不是生生不息，安得谓之仁！孝、弟为仁之本，却是仁理从里面发生出来。"②墨家之"兼爱"不仅缺乏形而上学层面的哲学论证，也缺乏对"兼爱"之理与道德情感关系的证明，墨家之爱是无情之爱，因此"没了发端处"。墨家思想为何在秦汉之后泯灭无闻，其中一个根本原因在于其思想体系既缺乏哲学论证，又忽略了对情感与心性的深刻认识。

与墨家适成一对比的是，学说体系化、形上本体下贯人情人性，是自孟子以后历代儒家自觉的哲学使命。因循孟子思想的逻辑，无论是"亲亲"，还是"仁民"、"爱物"，面对超越性、绝对性的仁本体，人类或许只有通过道德情感才能接近仁体，通过实践理性力求证明仁体的存在。具体就"亲亲"而言，江右王门后学王塘南评论说："圣学主于求仁，而仁体最难识。若未能识仁，只从孝弟实事上恳恻以尽其分，当其真切孝弟时，此心油然蔼然，不能自已，则仁体即此可默会矣。"③一个人只有在真真切切的道德生活经验中才能领悟并证明仁体确实存在。"默会"意味着仁体不可用概念解说，也不可用语言表述，人们只能借助直觉直接体认形而上本体的存在。这一生命的体验在程伊川与弟子讨论何谓《大学》"至善"时也有类似的表述："理义精微，不可得而名言也，姑以至善目之，默识可也。"④"至善"作为生命理想境界，也就是识"仁体"的境界。面对这一理想生命境界，只能"目之"与"默识"，而不可单纯诉诸语言与逻辑。

随着仁本论的初步建立，孟子为"孝"存在的正当性设置了一个合理的区域：家庭伦理。倘若跨越家庭伦理半步，孝就会走向自身的反面。基于此，与《孝经》作者截然不同的观点在于：孟子彻底将"孝"剥离出政治伦理，君臣之间的政治关系是"友"，君臣之间的政治伦理是"礼义"。何谓"友"？"友也者，友其德也。"（《孟子·万章下》）以德相交，以德相辅，志同道合方为友。⑤"不挟长，不挟贵，不挟兄

---

① ② 王阳明撰，邓艾民注：《传习录注疏》，上海：上海古籍出版社 2015 年版，第 59—60 页。
③ 黄宗羲：《明儒学案》上，北京：中华书局 2008 年版，第 487 页。
④《二程集》下，北京：中华书局 1981 年版，第 1208 页。
⑤ "友"观念的内涵前后变化很大。"友"字在甲骨文中已出现。童书业在《春秋左传研究》一书中对金文作了深入研究，继而指出："朋友"古义为族人。在殷周时期，"友"是同宗兄弟之间的道德原则。西周晚期之后冲破血缘关系藩篱，"友"演变为以德相交、志同道合者。

弟而友。"(《孟子·万章下》)"三不"原则其实主要是为君臣政治关系设立，而不是着眼于普通人之间的社会交往。"友"意味着平等与尊重。当然，此处蕴含的平等精神是指人格上的平等，而不是社会势位上的均等。"君之视臣如手足，则臣视君如腹心。君之视臣如犬马，则臣视君如国人。君之视臣如土芥，则臣视君如寇雠。"(《孟子·离娄下》)"臣视君"以"君视臣"为前提，君仁则臣义；君不仁，臣可以在坚守"道义"的前提下自由抉择。平等与尊重被论证为君臣之间的政治关系，这是儒家政治哲学的一大创举，其间实际上蕴含着些许自由意志与自由思想色彩。追根问底，将君臣之间的政治关系论证为"友"，应该是子思的发明："友，君臣之道也。"[1]孟子亦步亦趋，在子思的思想基础上对"友"作了进一步的拓展。在《孟子》文本中，孟子借助两个与子思有关的故事，对"友"的内涵与特点作了深入的阐发：第一，鲁缪公经常派遣使臣送鼎肉给子思，子思反而"不悦"，甚至将使臣驱赶出大门。其中缘由在于鲁缪公不懂"养君子之道"，只是以"犬马畜伋"(《孟子·万章下》)。第二，鲁缪公与子思讨论"古千乘之国以友士"，子思再次"不悦"，并尖锐地指出鲁缪公所理解的"友士"之道其实只不过是"事士"之道。"以位，则子君也，我臣也，何敢与君友也？以德，则子事我者也，奚可以与我友？"(《孟子·万章下》)从社会政治势位角度论，君王高于贤臣；从德行角度而言，贤臣高于君王。君与臣似乎永远不可能在同一条水平线上，这就需要君王在政治关系的设计上寻求"不齐之齐"，这其中的"齐"就是道德人格意义上的"友"。恰如余英时所论："君主对少数知识分子的前辈领袖是以师礼事之，其次平辈而声誉卓著的以友处之。"[2]以"师友"相待才是儒家倡导的"友士"之道、"养君子之道"。由此引申出子思与孟子在君臣政治伦理上的新思想：礼义。"夫义，路也；礼，门也。惟君子能由是路，出入是门也。"(《孟子·万章下》)树立礼义为君臣之间焕然一新的政治伦理，意味着对《孝经》家天下视域下"孝"观念的批判，也意味着对"忠孝合一"、"移孝作忠"意义上的"忠"观念的彻底否定。礼义作为思孟学派发明创造的政治伦理思想，奠基于"友"这一政治关系之上，背后隐伏的文化精神是"仁"。换言之，礼义是仁本在社会政治关系领域的自我实现。齐宣王与孟子讨论"贵戚之卿"与"异姓之卿"的区别，孟子指出："贵戚之卿"的政治责任在于"君有大过则谏，反复之而不听，则易位"(《孟子·万章下》)。"异姓之卿"的职责在于"君有过则谏，反复之而不听，则去"(《孟子·万章下》)。贤臣应当以"礼义"得君行道，符合礼义（道义）则在庙堂之高"美政"；违逆道义则去位，在民间社会"美俗"，甚至可以将怙恶不悛的君王"易位"。孟子所

① 刘钊：《郭店楚简校释》，福州：福建人民出版社 2005 年版，第 208 页。
② 余英时：《中国知识人之史的考察》，桂林：广西师范大学出版社 2004 年版，第 137 页。

表述的"易位"论令人恍然大悟为何孟子对通过暴力斗争手段实现政权转移的方式大加赞赏。齐宣王问孟子："臣弑其君，可乎？"孟子义正词严地回答："贼仁者谓之'贼'，贼义者谓之'残'。残贼之人，谓之'一夫'。闻诛一夫纣矣，未闻弑君也。"(《孟子·梁惠王下》)孟子认为：商纣王暴虐无道，在君位层面已丧失作为君王的资格；在政治操守上，残贼仁义，已沦落为禽兽不如的败类。因此，汤武革命并没有"弑其君"，只不过是顺应民心"诛一夫"而已。

缘此，何为"忠臣"？何为"良臣"？子思与孟子的解说与《孝经》作者截然不同："鲁穆公问于子思曰：'何如而可谓忠臣？'子思曰：'恒称其君之恶者，可谓忠臣矣。'"[1] 这是说：那些"为君辟土地，充府库"、"约与国，战必克"(《孟子·告子下》)的臣子其实不是"忠臣"，只是"民贼"而已，因为这些臣子唯君王意志是从，罔顾道义原则。实现君王一人之私利是这些臣子的最高价值追求。儒家从来没有否定对利的追求，但对"利"有独特的界定："利，利于民则可谓利，利于身、利于国皆非利也。"[2] 这里把"利于民"与"利于身"、"利于国"相对比，指出"利于民"才是真正的"利"。由于立场不同，导致价值观有云泥之别。坚守"礼义"原则，发君之恶，得君行道，才是真正的"良臣"、"忠臣"。

先秦时期儒家阵营内部发生的孝本论与仁本论的分歧，在某种意义上可以被视为"儒家向何处去"的道路抉择。孟子仁本论的初步建构标志着孝本论逐渐退居边缘，淡出儒家主流思想的舞台。孟子所建构的仁本论逐渐成为历代儒家所信奉的圭臬，并在理论体系上不断被完善。北宋程明道最早提出"仁体"观念："学者识得仁体，实有诸己，只要义理栽培。如求经义，皆是栽培之意。"[3] 程明道的"仁体"应从以下方面识读：在认识论层面，借助"万物之始，气化而已"[4] 的气论，指出天地万物由气所化生，实现了天地万物的浑然一体。这种天地万物浑然一体就是"仁体"。这种仁体之"实"通过"天地生物之心"得以外显。在工夫论和境界论层面，通过后天的"栽培"，仁体可以贯通、内化为人的本质，成为人人有可能真实拥有的生命之"实"。这一仁体也就是钱穆所说的"大生命"。在学术史上，朱子、张南轩和吕东莱曾经围绕"仁体"有过辩论，在"为仁"与"识仁"的关系上观点不一。但是，在其分歧的背后存在着观点与立场的趋同：三人一致承认"仁体"的存在，都认同通过后天"栽培"可以真实拥有"仁体"。明代王阳明的"仁体"、"一体之仁"是阳明学的"主要精神"（嵇文甫语），是"仁体"说在程明道之后臻

---

① 刘钊：《郭店楚简校释》，福州：福建人民出版社2005年版，第177页。
②《张载集》，北京：中华书局1978年版，第375页。
③ 黄宗羲：《宋元学案》贰，北京：中华书局1986年版，第561页。
④《二程集》下，北京：中华书局1981年版，第1263页。

至的又一大思想高峰。王阳明认为：在工夫论上，人通过事事"磨刮"，可以恢复心之本体。不仅如此，王阳明进而基于万物一体之仁的观念，在社会政治中将"仁体"落实为一体之仁政。随着儒家思想的"阶梯式"演进，仁本论逐渐成为儒家思想代代相续的主流思想，孝本论从汉唐以后销声匿迹。从两千多年儒学史演变轨迹而论，孟子仁本论的挺立属于儒家内部的一场自我拯救运动，对《孝经》作者误入歧途的思想加以批判与反拨，从而避免儒家沦落为古代帝制意识形态的危险。

第三节　儒家孝论对中国古代法律的影响

　　一种思想学说如果要对社会大众产生深刻而全面的影响，往往通过两种途径实现：其一，借助政府公权力，将思想与观念转化为制度，通过社会制度来强制性规约人的言行和生活方式；其二，借助于政府的力量，将一种思想与观念提升为主流意识形态并且融化在教育之中。在此基础上，将其进一步推广为全社会普遍认同的文化观与价值观，实现文化认同。前者是狂风暴雨式的，后者是春风化雨式的。手段与途径虽不同，最终目标却是一致的。

　　以儒家孝论为例：一般认为西汉人才选拔制度——"举孝廉"就是儒家思想影响古代制度建设的典型案例。在家孝敬父母，在朝廷必然孝敬君王；在家廉正，为官必然爱民。在从思想观念到制度建设这一转化过程中，汉代大儒董仲舒起到了关键性作用。"州郡举茂才孝廉，皆自仲舒发之。"①李泽厚评价说："进'教化'，立官制，重文士，轻武夫；建构一个由'孝悌'、读书出身和经由推荐、考核而构成的文官制度，作为专制皇权的行政支柱。这个有董仲舒参预、确立于汉代的政治—教育（'士—官僚'）系统是中国历史上的一件大事，也是了解自秦汉以来中国历史的重大关键之一。"②延至唐代，唐代的行政法、诉讼法、民法和刑法等部门法都深受儒家孝论之浸润③，其中行政法、民法与刑法尤其具有代表性。《唐律》是集中国古代法律之大成者，承前启后，影响深远。一方面，《唐律》总结了以往各朝各代的立法精神与司法实践，使之系统化与完善化，成为有效调节社会关系的法律规范；另一方面，《唐律》是宋、元、明、清编纂法律与诠释律例之准则，历代"承用不废"。正如清代纪昀所论："论者谓唐律一准乎礼，以为出入得古今之平，故宋世多采用之。元时断狱，亦每引为据。明洪武初，命儒臣同

---

　　①徐天麟：《西汉会要》上，北京：中华书局1955年版，第461页。
　　②李泽厚：《中国古代思想史论》，北京：人民出版社1985年版，第153页。
　　③中国古代法律与现代法律无论在法理上还是在实际内容上都存在诸多差异。现代法理意义上的行政法、诉讼法、民法等部门法并未完整地存在于古代法律体系中。笔者在此是根据冯友兰"选"的方法，偏重于两者之间的相近、相通，并借用了现代法理意义上的概念、术语。

刑官进讲《唐律》，后命刘惟谦等详定《明律》，其篇目一准于唐……盖斟酌画一，权衡允当，迨今日而集其大成。而上稽历代之制，其节目备具，足以沿波而讨源者，要惟《唐律》为最善。故著之于录，以见监古立法之所自焉。"① 一直到清末沈家本援西入中，按照西方法律思想与体例特点来重新编撰刑事、民事诉讼法，这种历朝历代奉《唐律》为最高圭臬的格局才被打破。有学者认为：《唐律》的出现意味着中国传统法律制度儒家化进程的最终完成，"所谓中国封建法律的儒家化亦就是其宗法伦理化，就是儒家伦理法思想全面指导立法和法律注释，并积淀、演化为律疏的原则和规则。《唐律疏议》正是这样一部儒家伦理化的刑事法典"。② 唐律最大的特征是"一准乎礼"，而礼之内在精神为"别贵贱"、"异尊卑"。礼是唐律的灵魂，唐律是礼的法律表现。"礼"、"法"贯通，表里如一。唐代法律在立法精神与体式内容、量刑轻重上究竟受到儒家孝论的多少影响？是否确实像有的学者所说《唐律》意味着中国传统法律制度儒家化进程的最终完成？甚至说"儒家的思想支配了一切古代法典"？③

一 "五刑之中，十恶尤切"："不孝"入罪

"十恶"是古代法律中"常赦所不原"的十宗大罪。唐代法律中的"十恶"为谋反、谋大逆、谋叛、恶逆、不道、大不敬、不孝、不睦、不义、内乱。《唐律疏议》云："五刑之中，十恶尤切，亏损名教，毁裂冠冕，特标篇首，以为明诫。其数甚恶者，事类有十，故称'十恶'。"④ 何谓"不孝"？《唐律疏议》界定说："善事父母曰孝。既有违犯，是名'不孝'。"⑤ 侍奉父母、尊长，遵从长辈之意志为孝；违反父母、尊长之意志，侵犯父母、尊长之尊严则为不孝。隋唐时代"孝"观念的所指与能指与孔子、曾子、孟子儒家相比已发生了重大变化。此间的"孝"观念已实现忠孝合一、家庭伦理与政治伦理合流，孝与不孝的标准主要显现为是否在意志与行动上绝对无条件地顺从父母、尊长的意志。通而论之，唐律中的"不孝"之罪主要涵摄五个方面：

（一）**"告言、诅詈祖父母父母。"** 《唐律疏议》解释说："本条直云：'告祖父母

---

① 纪昀总纂：《四库全书总目提要》贰，石家庄：河北人民出版社 2000 年版，第 2161—2162 页。
② 俞荣根：《儒家法思想通论》，北京：商务印书馆 2018 年版，第 664 页。
③ 瞿同祖：《中国法律与中国社会》，北京：中华书局 2003 年版，第 346—347 页。
④⑤《唐律疏议》，北京：中华书局 1983 年版，第 6、12 页。

父母'，此注兼云'告言'者，文虽不同，其义一也。诅犹呪也，詈犹骂也。依本条'诅欲令死及疾苦者，皆以谋杀论'，自当'恶逆'。唯诅求爱媚，始入此条。"① 子孙不得控告、谩骂、诅咒祖父母、父母，违者即为不孝，"皆以谋杀论"。《宋史·舒亶传》记载：舒亶在任临海尉期间，有一村民被控告酒后辱骂并驱逐后母。该村民作为嫌疑犯被拘拿之后，一再声称被诬陷。在疑犯"不服"的情况下，舒亶竟然亲自将其斩杀。当时正值王安石当政，舒亶的行为令王安石深感惊讶，舒亶得到社会上的普遍称赞，最后官至御史中丞。② 关于诅咒父母、尊长，《贼盗律》还有更为详细的规定："诸有所憎恶，而造厌魅及造符书呪诅，欲以杀人者，各以谋杀论减二等。"③《唐律疏议》说："若于期亲尊长及外祖父母、夫、夫之祖父母、父母，各不减，依上条皆合斩罪。"诅咒有罪，甚至"欲以杀人"与杀人同等裁定，这种立法思想在中国法律文化中绝非空穴来风，实际上有着源远流长的法律文化渊源。在商鞅法哲学中，"刑用于将过"是颇具特色的立法理论之一。"刑加于罪所终，则奸不去；赏施于民所义，则过不止。刑不能去奸，而赏不能止过者，必乱。故王者刑用于将过，则大邪不生；赏施于告奸，则细过不失。"(《商君书·开塞》)商鞅为了发挥刑罚的社会威慑作用，竟然将未遂犯和已遂犯、思想犯罪与行为犯罪完全混而为一，施以同样性质的刑罚。商鞅这种"刑用于将过"的立法理论实际上开创了"思想有罪"的先例，且对中国古代法律文化产生了深远的影响。《睡虎地秦墓竹简》载："甲谋遣乙盗，一日，乙且往盗，未到，得，皆赎黥。"④ "赎黥"是秦律对一般盗窃犯罪行为施予的常刑。甲、乙两人共同策划预谋，甲派乙前去行窃，乙未到达盗窃地点就被擒获，本应属于盗窃未遂犯。但是，结果甲、乙两人均受到与盗窃已遂犯同样的"赎黥"刑罚。这一司法裁决的法律依据就是商鞅关于未遂犯与已遂犯同罪的立法原则 —— "刑用于将过"。

（二）**"及祖父母父母在，别籍、异财。"**《唐律疏议》解释说："祖父母、父母在，子孙就养无方，出告反面，无自专之道。而有异财、别籍，情无至孝之心，名义以之俱沦，情节于兹并弃，稽之典礼，罪恶难容。二事既不相须，违者并当十恶。"⑤ 这是说：祖父母、父母健在，子孙无权分居独立，也无权占有与支配家庭财产，违者即为不孝。《户婚律》中对此作了更为详尽的规定："诸祖父母、父母在，而子孙别籍、异财者，徒三年。""诸居父母丧，生子及别籍、异财者，徒一年。"⑥ 据此，子孙别籍、异财的情况有三种，分别对应着不同的法律责任。

---

①③⑤⑥《唐律疏议》，北京：中华书局1983年版，第12、340、13、236页。

②《宋史》三〇，北京：中华书局2011年版，第10603—10604页。

④《睡虎地秦墓竹简》，北京：文物出版社1990年版，第94页。

《旧唐书·于公异传》载：于公异少时为后母所不容，仕宦成名后，不再返归乡里。于公异素与宰相陆贽不和，陆贽于是以于公异"无素行"为理由，上奏皇帝，建议罢免其职务。唐德宗于是下诏说：祠部员外郎于公异年少时"为父母之所不容"，显达之后"安于弃斥，游学远方，忘其温凊之恋，竟至存亡之隔，为人子者，忍至是乎"。于是，罢免于公异的官职，放归田里。先前举荐于公异为官的尚书左丞卢迈也受到"夺俸两月"的惩罚。① 于公异遭贬斥的罪名是"安于弃斥，游学远方"，其实质含义是不孝养父母。这一罪名也同时意味着儿女即使遭父母、尊长虐待或遗弃，也不得心怀怨恨，弃置父母而不养，否则即为不孝。从唐朝司法案例分析，对子孙别籍、异财的判罚往往比律令严厉。除于公异案之外，唐玄宗天宝三年制曰："其有父母见在，别籍异居，亏损名教，莫斯为甚。亲殁之后，亦不得分析。自今已后，如有不孝不恭、伤财破产者，宜配隶碛西，用清风教。"② 这是用流代徒，远重于"徒三年"。唐肃宗乾元元年（758）进一步规定："百姓中有事亲不孝，别籍异财，玷污风俗，亏败名教，先决六十，配隶碛西，有官品者，禁身奏闻。"③ 流刑附杖刑，进一步加重了刑罚。这一司法现象对宋代也有所影响。《宋刑统》颁布于宋太祖建隆四年（963），律令中有关对子孙别籍、异财的定罪量刑与唐律一致。但是，在宋朝初期的司法实践中，往往偏离这一既定的量刑标准。譬如：开宝二年（969），宋太祖"诏川峡诸州察民有父母在而别籍异财者，论死"。④ 对别籍、异财者不是"徒三年"，而是"论死"。这一与律令原则相背离的司法量刑标准在宋初实行了十余年，一直到宋太宗太平兴国八年（983）才专门下诏宣布废除这一酷刑："诏川、峡民祖父母、父母在，别籍异财者，前诏并弃市，自今除之，论如律。"⑤"论如律"意味着重新按照《宋刑统》的既定刑律标准论罪，对别籍、异财者不再论死弃市。沈家本在《历代刑法考·律令六》中就别籍之罪定为死刑评论说："此法太重，当为一时一地而设，故太宗除之。"⑥

（三）"供养有缺"。《唐律疏议》云："《礼》云：'孝子之养亲也，乐其心，不违其志，以其饮食而忠养之。'其有堪供而阙者，祖父母、父母告乃坐。"⑦"供养有缺"属自诉案件，不告不受理。在儒家思想中，养亲是整个孝论思想体系中最低档次的伦理要求，孔子称之为"养口体"之孝，有别于精神层面的"养志"之孝。"今

---

① 《旧唐书》一一，北京：中华书局 2011 年版，第 3767—3768 页。
②③ 王钦若等编：《册府元龟》壹，南京：凤凰出版社 2006 年版，第 628 页。
④ 《宋史》一，北京：中华书局 2011 年版，第 30 页。
⑤ 李焘：《续资治通鉴长编》1，北京：中书书局 2004 年版，第 556 页。
⑥ 沈家本：《历代刑法考·律令卷》，北京：商务印书馆 2017 年版，第 180 页。
⑦ 《唐律疏议》，北京：中华书局 1983 年版，第 13 页。

之孝者，是谓能养。至于犬马，皆能有养；不敬，何以别乎？"（《论语·为政》）即使有些动物也能做到从物质层面上反哺双亲，人类假若不能将孝亲提升到精神层面的敬亲、爱亲，人之孝论就将沦落为禽兽之孝。我们说，人类道德可划分为两类：第一类是涵摄社会有序化的基本要求，如避免暴力与伤害、忠实履行义务，以避免社会陷于崩溃；第二类指那些有助于提高生活质量、提升精神境界的伦理原则，如博爱、同情与慷慨等等。前者是底线伦理，后者是精英伦理。底线伦理是一种应然的要求，需要已然的具有权威性、普遍适用性与事后惩戒性的法律制度以保障其实现。但是，精英伦理不具备普遍性，也不可能法律化，因为法律无法强迫每个人都做到自己力所能及的优良程度。基于此，作为道德诉求的外在表现样式的法律制度只能对底线伦理负有责任。在一个家庭中，子女有能力从物质生活上供养父母却未能尽心尽力，导致"堪供而阙者"，是为不孝。《斗讼律》进一步规定说："诸子孙违犯教令及供养有阙者，徒二年。"① 但是，如果子孙确实家境贫寒，无力供养双亲，不合有罪。此外，律文又规定：该条文属于自诉案件，"皆须祖父母、父母告，乃坐"。② 如果父母、尊长不起诉，则不立案追究。在《户婚律》中，对养父母的赡养责任也作了详尽的规定："诸养子，所养父母无子而舍去者，徒二年。若自生子及本生无子，欲还者，听之。"《疏议》曰："依《户令》：'无子者，听养同宗于昭穆相当者。'既蒙收养，而辄舍去，徒二年。若所养父母自生子及本生父母无子，欲还本生者，并听。即两家并皆无子，去住亦任其情。若养处自生子及虽无子，不愿留养，欲遣还本生者，任其所养父母。"③ 依律，如果无子，可以收养同宗同姓之子侄为子；收养责任成立之后，被收养者无权擅自舍弃养父母，违者"徒二年"；如果养父母收养孩子之后又生下亲生儿子，或者亲生父母膝下无子，欲回归亲生父母者合法；如果两家都无子，去留由养子自主决定；如果后来养父母自生子，或者养父母虽无子但不愿继续收养，可由养父母自主决断。从《户婚律》规定可看出，法律所保护的对象为收养者。收养关系一旦确立，被收养者个人所拥有的法律权利是比较微弱的。

（四）**"居父母丧，身自嫁娶，若作乐，释服从吉。"**④《疏议》云："'居父母丧，身自嫁娶'，皆谓首从得罪者。若其独坐主婚，男女即非'不孝'。所以称'身自嫁娶'，以明主婚不同十恶故也。其男夫居丧娶妾，合免所居之一官，女子居丧为妾，得减妻罪三等：并不入'不孝'。若作乐者，自作、遣人等。乐，谓击钟、鼓，奏丝、竹、匏、磬、埙、篪，歌舞，散乐之类。'释服从吉'，谓丧制未终，而在二十七月之内，释去衰裳而著吉服者。"⑤ 父母丧期为二十七个月。在此期限内，子女不得擅

---

①②③④⑤《唐律疏议》，北京：中华书局 1983 年版，第 437、437、237、13、13 页。

自嫁娶、作乐与释服从吉，违者即为不孝。"身自嫁娶"是指子女自己做主而产生的嫁娶行为；如果嫁娶是由父母、尊长做主，则不入十恶大罪。在古代社会，妻与妾的法律权力与地位如云泥之别。《户婚律》规定："诸以妻为妾，以婢为妻者，徒二年。以妾及客女为妻，以婢为妾者，徒一年半。"[①]《疏议》说："妻者，齐也，秦晋为匹。妾通卖买，等数相悬。婢乃贱流，本非俦类。若以妻为妾，以婢为妻，违别议约，便亏夫妇之正道，黩人伦之彝则，颠倒冠履，紊乱礼经，犯此之人，即合二年徒罪。"[②]婢与妾属贱人，是可以买卖的商品。妻与妾的社会身份如同"冠履"，上下不可颠倒。因此，男子在居丧期间娶妾，女子在居丧期间为妾，只承担一定的刑事责任，不视为"不孝"之罪。

（五）"闻祖父母父母丧，匿不举哀及诈称祖父母父母死。"[③]《疏议》曰："依《礼》：'闻亲丧，以哭答使者，尽哀而问故。'父母之丧，创巨尤切，闻即崩殒，擗踊号天。今乃匿不举哀，或拣择时日者，并是。其诈称'祖父母、父母死'，谓祖父母、父母见在而诈称死者。若先死而诈称始死者，非。"[④]《疏议》所提及的《礼》，当指《礼记》。其中的《问丧》与《奔丧》等篇详细记述了居丧之礼。《问丧》篇载："亲始死"，孝子立即去冠，光脚，把上衣掖进腰带，痛哭三天，水米不进。"恻怛之心，痛疾之意，伤肾、干肝、焦肺，水浆不入口，三日不举火，故邻里为之糜粥以饮食之。夫悲哀在中，故形变于外也。痛疾在心，故口不甘味，身不安美也。"[⑤]《奔丧》篇陈述了身居异国他乡的子女听到父母去世的消息回家奔丧的礼节："始闻亲丧，以哭答使者，尽哀；问故，又哭尽哀。遂行，日行百里，不以夜行；唯父母之丧见星而行，见星而舍；若未得行，则成服而后行。过国至竟，哭，尽哀而止。哭辟市朝，望其国竟哭。至于家，入门左，升自西阶，殡东，西面坐，哭尽哀，括发、袒，降，堂东即位，西向哭，成踊，袭、绖于序东，绞带，反位，拜宾，成踊，送宾，反位。"[⑥]《奔丧》所载"见星而舍"与《祭统》所载"不避昼夜"相矛盾。总之，仕宦者若遭父母大丧，必须离职归家奔丧，否则将被视为大逆不道，为社会所不容。战国军事家吴起少有大志，执意入仕从政，治国平天下，为此不惜散尽家财，结交权贵，以求跻身于上层社会。但是，事与愿违，吴起不仅未打开仕途之门，反而招来邻里乡党的嘲讽。吴起一怒之下，"杀其谤己者三十余人"。[⑦]这一举动虽然让那些嘲笑者付出了生命代价，但也使他自己失去了在故乡立足的可能。

---

① ② ③ ④《唐律疏议》，北京：中华书局1983年版，第256、256、14、14页。
⑤ ⑥ 孙希旦：《礼记集解》下，北京：中华书局1989年版，第1349—1350、1335—1337页。
⑦《史记》七，北京：中华书局2011年版，第2165页。

吴起在离别故国时，咬臂对老母发誓："起不为卿相，不复入卫。"吴起离卫至鲁，投师于名儒曾申门下。不久，母亲亡故，吴起坚守诺言，终不归家奔丧。曾申不能容忍吴起这种不孝之举，"曾子薄之，而与起绝"。吴起后来虽位至卿相，但因母死不归的劣迹而屡屡遭时人贬责。《汉书·陈汤传》载：西汉元帝时，陈汤"少好书，博达善属文"，富平侯张勃"高其能"，适逢朝廷诏令列侯举荐茂才，张勃于是将陈汤荐于朝廷。陈汤在等待升官赴任之际，恰逢其父亡故。他担心回家奔丧会错失仕宦的机会，于是留居京城，秘不发丧。后来事发，司隶以大逆之罪上告陈汤，并告张勃推举不实。朝廷闻奏，将陈汤下狱治罪，削减张勃食邑二百户，以示惩恶。

二 "嫁娶违律"：儒家"孝"观念对婚姻法的影响

在中国古代社会，由于文献记载不同，合法成婚年龄一直是一个聚讼未决的问题。迨至唐朝，法定适婚年龄为男二十、女十五。唐太宗贞观元年（627）二月下诏："诏民男二十、女十五以上无夫家者，州县以礼聘娶；贫不能自行者，乡里富人及亲戚资送之。"[1] 唐玄宗开元二十二年（734）对法定婚姻年龄又作出新的规定：以男十五、女十三为标准嫁娶年龄。

概而论之，儒家孝论对唐代婚姻法的影响主要体现在以下两个方面：

（一）父母尊长的主婚权

《户婚律》规定："诸卑幼在外，尊长后为定婚，而卑幼自娶妻，已成者，婚如法；未成者，从尊长。违者，杖一百。"《疏议》解释说：" '卑幼'，谓子、孙、弟、侄等。'在外'，谓公私行诣之处。因自娶妻，其尊长后为定婚，若卑幼所娶妻已成者，婚如法；未成者，从尊长所定。违者，杖一百。'尊长'，谓祖父母、父母及伯叔父母、姑、兄姊。"[2] 依照唐律，法定主婚权在父母、尊长，婚姻当事人无权决定自己的婚姻大事。具体地说，这又分为两种情况：一是子孙在外工作，自行定婚，父母尊长定婚在后，如果此时子孙已经成婚，则婚姻关系合法有效；二是如果子孙虽已定婚，但尚未成婚，则子孙自行订定的婚姻不合法，父母、尊长所定的婚姻有效，违者"杖一百"。既然婚姻大事是父母之命、媒妁之言，父母、尊长与子孙所应承

---

[1]《新唐书》一，北京：中华书局 2011 年版，第 27 页。
[2]《唐律疏议》，北京：中华书局 1983 年版，第 267 页。

担的法律责任也就有所不同。《户婚律》规定："诸嫁娶违律,祖父母、父母主婚者,独坐主婚。若期亲尊长主婚者,主婚为首,男女为从。余亲主婚者,事由主婚,主婚为首,男女为从;事由男女,男女为首,主婚为从。其男女被逼,若男年十八以下及在室之女,亦主婚独坐。未成者,各减已成五等。媒人,各减首罪二等。"①

其一:"嫁娶违例。"《户婚律》、《贼盗篇》对"嫁娶违律"条例作了详细规定,譬如"诸同姓为婚"、"尊卑共为婚姻"、"诸娶逃亡妇女为妻妾"、"娶所监临女"、"诸杂户不得与良人为婚"、"略人为妻妾"等等。《户婚律》、《贼盗篇》的这些规定或许受到了《大戴礼记》的影响:"女有五不取:逆家子不取,乱家子不取,世有刑人不取,世有恶疾不取,丧妇长子不取。逆家子者,为其逆德也;乱家子者,为其乱人伦也;世有刑人者,为其弃于人也;世有恶疾者,为其弃于天也;丧妇长子者,为其无所受命也。"②《疏议》对"嫁娶违律"解释说:"'嫁娶违律',谓于此篇内不许为婚,祖父母、父母主婚者,为奉尊者教命,故独坐主婚,嫁娶者无罪。假令祖父母、父母主婚,为子孙娶舅甥妻,合徒一年,唯祖父母、父母得罪,子孙不坐。"③如果婚姻违律,须分清谁是"主婚者",谁是听从者。如果青年男女为顺从父母、尊长意志不得不成婚,"奉尊者教命"无罪,主婚之父母、尊长有罪。

其二:"期亲。""期亲"是指关系为服丧一年的亲属。《唐律疏议》释"期亲":"期亲尊长,次于父母,故主婚为首,男女为从。'余亲主婚者',余亲,谓期亲卑幼及大功以下主婚,即各以所由为首:事由主婚,主婚为首,男女为从;事由男女,男女为首,主婚为从。虽以首从科之,称'以奸论'者,男女各从奸法,应除名者亦除名。"④

其三:"男女被逼。"《疏议》解释说:"谓主婚以威若力,男女理不自由,虽是长男及寡女,亦不合得罪。若男年十八以下及在室之女,亦主婚独坐,男女勿论。"⑤主婚人以威力逼迫婚姻当事人成婚,婚姻当事人无罪。由此可以看出,婚姻当事人的意愿已成为唐律量罪定刑的参考依据。

其四:"未成者。""未成者"是指虽然嫁娶违律,但尚处于订婚而未成婚的阶段。《疏议》解释说:"'未成者',谓违律为婚,当条合得罪,定而未成者,减已成五等。假有同姓为婚,合徒二年,未成,即杖八十,此是名减五等。其媒人犹徒一年,未成者杖六十,是名'各减首罪二等'。各准当条轻重,依律减之。略举同姓为例,余皆仿此。凡违律为婚,称'强'者,皆加本罪二等;称'以奸论'有强者,止加一等。媒人,各减奸罪一等。"⑥

---

①③④⑤⑥《唐律疏议》,北京:中华书局 1983 年版,第 272、272、273、273、274 页。

② 王聘珍:《大戴礼记解诂》,北京:中华书局 1983 年版,第 255 页。

（二）婚姻关系的解除

根据《唐律·户婚》记载，唐代离婚有三种方式：其一，"出妻"，指由夫方提出的强制离婚。其二，"义绝"，指由官府强制离婚，凡发现有"义绝"和"违律结婚"者必须强制离婚，"义绝"包括夫对妻族、妻对夫族的殴杀罪、奸杀罪和谋害罪。经官府判断，认为一方犯了义绝，法律即强制双方离婚，并处罚不肯离异者。其三，"和离"。下面依次详论。

1. 出妻

在先秦时代，男女离婚称为"出"、"大归"。《春秋穀梁传·成公五年》云："妇人之义，嫁曰归，反曰来归。"[①]《春秋左传·文公十八年》载："夫人姜氏归于齐，大归也。"[②] 这种遍及史册的"来归"、"大归"显现的皆是男性的绝对权力。西汉陈平少时家贫，寄居在其兄陈伯家。陈伯有薄田三十亩，披星戴月，耕耘不已，供养陈平外出求学。陈平高大健硕，虽然家贫，但不务农。陈伯之妻愤愤不平："有叔如此，不如无有。"陈伯听说后，"逐其妇而弃之"。[③]《史记·循吏列传》载：鲁相公仪休见其妻子织布技巧高超，竟然将她赶出家门，燔烧织布机，理由是不与民争利。[④] 在其貌似清廉、耿直的背后，显扬的是对女性权力的侵犯。《礼记·内则》公开宣称婚姻关系维系与否的最终权力在于父母、尊长："子有二妾，父母爱一人焉，子爱一人焉，由衣服饮食，由执事，毋敢视父母所爱，虽父母没不衰。子甚宜其妻，父母不说，出。子不宜其妻，父母曰'是善事我'，子行夫妇之礼焉，没身不衰。"[⑤]"离婚"一词大概最早出现于《晋书·刑法志》[⑥]，其后《世说新语》也有"离婚"一词[⑦]。从此以后，普遍用"离婚"、"离之"、"两愿离"或"离"等词语来表示婚姻关系的解除。

从存世文献分析，可能从商鞅变法之后婚姻关系即已纳入法律调整的范围。《法律答问》云："女子甲为人妻，去亡，得及自出，小未盈六尺，当论不当？已官，当论；未官，不当论。"[⑧] 在秦国与秦王朝，妻子无权擅自离开丈夫出走，丈夫却

---

①② 傅隶朴：《春秋三传比义》中册，北京：中国友谊出版公司 1984 年版，第 280、132 页。

③《史记》六，北京：中华书局 2011 年版，第 2051 页。

④《史记》一〇，北京：中华书局 2011 年版，第 3102 页。

⑤ 孙希旦：《礼记集解》中，北京：中华书局 1989 年版，第 738 页。

⑥《晋书·刑法志》记载："毋丘俭之诛，其子甸妻荀氏应坐死，其族兄顗与景帝姻，通表魏帝，以匄其命。诏听离婚。"

⑦《世说新语·贤媛》记载："贾充前妇，是李丰女。丰被诛，离婚徙边。"（徐震堮：《世说新语校笺》上册，北京：中华书局 1984 年版，第 370 页。）

⑧《睡虎地秦墓竹简》，北京：文物出版社 1990 年版，第 132 页。

具有单方面休弃妻子的法定权力。"未盈六尺"即不满十五岁,秦律对未满十五岁的逃婚妇女按两种情况处理:如果这一婚姻已经官府认可,官府可对逃妻依法查处;否则,官府不予受理。"女子甲去夫亡,男子乙亦阑亡,相夫妻,甲弗告请(情),居二岁,生子,乃告请(情),乙即弗弃,而得,论可(何)也?当黥城旦舂。"①女子甲离夫私逃,男子乙知情不报,结果女子甲受黥为舂奴,男子乙受黥为城旦。"'弃妻不书,赀二甲。'其弃妻亦当论不当?赀二甲。"②休妻而不在官府登记者,罚二甲。这一法则虽说是为了维护程序法的权威性,但也彰显出男子在法律上休妻权力的正当性。汉承秦制,汉律对逃婚妇女的惩处比秦律更加严酷。张家山汉简《奏谳书》记载了一个因娶逃亡者为妻而遭受处罚的案例,我们通过它可以对这条禁令有更深入的认识:女子符逃亡,诈称未曾傅籍,并"自占书名数",为大夫明的依附人口。大夫明将符嫁为隐官解妻,解对于符的逃亡情况并不知晓。后来符逃亡的事情暴露,符、解二人双双被拘执,依汉律:"取(娶)亡人为妻,黥为城旦,弗智(知),非有减也。"虽有吏为解辩护,说"符有数明所,明嫁为解妻,解不智(知)其亡,不当论",但廷报答复曰:有关禁娶逃亡者的法律已经相当明确,无须再议。解虽不知实情,"当以取(娶)亡人为妻论,斩左止为城旦"。③受秦、汉法律的影响,唐律也有禁娶逃亡妇女的法律规定:"诸娶逃亡妇女为妻妾,知情者与同罪,至死者减一等。离之。即无夫,会恩免罪者,不离。"《疏议》云:"妇女犯罪逃亡,有人娶为妻妾,若知其逃亡而娶,流罪以下,并与同科;唯妇人本犯死罪而娶者,流三千里。仍离之。即逃亡妇女无夫,又会恩赦得免罪者,不合从离。其不知情而娶,准律无罪,若无夫,即听不离。"④唐律对娶逃亡妇女为妻妾者的惩处区别对待,"知情者与同罪","不知情而娶,准律无罪"。由此可见,唐律这一法令与秦律相似,与汉律反而相距较远,这或许与汉初吏民脱籍流亡现象非常严重有关。

"七出"是古代"出妻"的重要内容之一。"七出"概念始见于《大戴礼记》、《春秋公羊传》等典籍。《大戴礼记·本命》载:"妇有七去:不顺父母去,无子去,淫去,妒去,有恶疾去,多言去,窃盗去。不顺父母去,为其逆德也;无子,为其绝世也;淫,为其乱族也;妒,为其乱家也;有恶疾,为其不可与共粢盛也;口多言,为其离亲也;盗窃,为其反义也。"⑤《春秋公羊传·庄公二十七年》何休注:"妇人

---

①②《睡虎地秦墓竹简》,北京:文物出版社 1990 年版,第 132、133 页。

③《江陵张家山汉简〈奏谳书〉释文(一)》,载《文物》1993 年第 8 期。

④《唐律疏议》,北京:中华书局 1983 年版,第 265 页。

⑤ 王聘珍:《大戴礼记解诂》,北京:中华书局 1983 年版,第 255 页。

有七弃五不娶三不去。""无子弃,绝世也;淫佚弃,乱类也;不事舅姑弃,悖德也;口舌弃,离亲也;盗窃弃,反义也;嫉妒弃,乱家也;恶疾弃,不可奉宗庙也。"①西汉刘向编撰的《列女传》也有类似的记载:"且妇人有七见去,夫无一去义。七去之道,妒正为首,淫僻、窃盗、长舌、骄侮、无子、恶病皆在其后。"②《孔子家语·本命解》则曰:"七出者,不顺父母者,无子者,淫僻者,嫉妒者,恶疾者,多口舌者,窃盗者。"③《大戴礼记》和《孔子家语》作者把"不顺父母"放在首位,何休则把"无子"放在第一位。因时代变迁,价值观已有所变化。尽管史籍对"七出"内涵与顺序的记载不尽相同,但其基本思想趋同,都是对女性权利的单方面限制和对男性权利的片面张扬,此所谓"妇人有七见去,夫无一去义"。

"七出"思想后来被唐朝法律肯定与采纳,《户婚律》云:"诸妻无七出及义绝之状,而出之者,徒一年半。"《疏议》说:"伉俪之道,义期同穴,一与之齐,终身不改。故妻无七出及义绝之状,不合出之。七出者,依令:'一无子,二淫泆,三不事舅姑,四口舌,五盗窃,六妒忌,七恶疾。'"④唐律之"七出"范畴与何休之表述最为贴近,由此可以看到"七出"概念的生成与流转过程。唐德宗时,中军鼓角使、左神武大将军令狐建之妻乃成德节度使李宝臣之女。令狐建想抛弃其妻,便找了一个借口,污蔑其妻与门下客邢士伦私通,以淫泆罪名抛弃其妻。⑤《新唐书》记载有唐中宗时兵部尚书迥秀出妻:"妻尝詈媵婢,母闻不乐,迥秀即出其妻。或问之,答曰:'娶妇要欲事姑,苟违颜色,何可留?'"⑥这是以"不事舅姑"出妻的典型案例。除了以"七出"条例休妻,诸多家庭琐事也可以作为出妻的理由。《旧唐书·源休传》载:源休娶吏部侍郎王翊之女为妻,唐德宗时"因小忿而离",妻族认为源休休妻之举有悖于律令,因而上诉,下御史台验理,"休迟留不答款状,除名,配流溱州"。唐宪宗元和年间,户部尚书李元素也因出妻违律而被停官。"初,元素再娶妻王氏,石泉公方庆之孙,性柔弱,元素为郎官时娶之,甚礼重,及贵,溺情仆妾,遂薄之。且又无子,而前妻之子已长,无良,元素寝疾昏惑,听谮遂出之,给与非厚。妻族上诉,乃诏曰:'李元素病中上表,恳切披陈,云'妻王氏,礼义殊乖,愿与离绝'。初谓素有丑行,不能显言,以其大官之家,所以令自处置。访闻不曾告报妻族,亦无明过可书,盖是中情不和,遂至于此。胁以王命,当日遣

① 阮元校刻:《十三经注疏》,北京:中华书局1980年版,第2239页中栏。
② 张涛:《列女传译注》,济南:山东大学出版社1990年版,第67页。
③ 王德明:《孔子家语译注》,桂林:广西师范大学出版社1998年版,第299页。
④《唐律疏议》,北京:中华书局1983年版,第290—291页。
⑤《旧唐书》一一,北京:中华书局2011年版,第3530页。
⑥《新唐书》一三,北京:中华书局2011年版,第3914页。

归，给送之间，又至单薄。不唯王氏受辱，实亦朝情悉惊。如此理家，合当惩责。宜停官，仍令与王氏钱物，通所奏数满五千贯。'"[1] 李元素休妻的理由是王氏"礼义殊乖"，这一理由不符合"七出"条例。李元素虽然被朝廷斥责，但未否定其出妻之举。由此可见，在"七出"范围之外，男性的出妻权受法律保护。《大元通制条格》卷四载："东昌路王钦因家私不和，画到手模，将妾孙玉儿休弃归宗，伊父母主婚将本妇改嫁殷林为正妻，王钦却行争悔。本部议得：王钦虽画手模将妾休弃，别无明白休书，于理未应。缘本妇改嫁殷林为妻，与前夫已是义绝，再难同处，合准已婚为定。今后凡出妻妾，须用明立休书，即听归宗，似此手模，拟合禁治。都省准拟。"[2] 王钦的过错在于只"画手模"，没有写"明白休书"。换言之，只要出具"明白休书"即无错，可见法律给予男性离婚的自由裁量权相当大。

如果说"七出"是男性离婚权的过度张扬，那么"三不去"则是对男性离婚权利的适度限制。《大戴礼记·本命》说："妇有三不去：有所取，无所归，不去；与更三年丧，不去；前贫贱，后富贵，不去。"[3] 妻子被离弃但无家可归者，可以不去；妻子与丈夫共同服过三年之丧，对父母孝顺的，可以不去；娶时夫家贫贱，婚后富贵发达的，妻子可以不去。《春秋公羊传·庄公二十七年》何休注云："尝更三年丧不去，不忘恩也；贱取贵不去，不背德也；有所受无所归不去，不穷穷也。"[4] 何休在此把"三不去"提炼为三种美德，即"不忘恩"、"不背德"、"不穷穷"。唐律进而将"三不去"作了明确规定："'虽犯七出，有三不去'，三不去者，谓：一，经持舅姑之丧；二，娶时贱后贵；三，有所受无所归。而出之者，杖一百。并追还合。"[5] 但是，《户婚律》又规定：如果有恶疾与奸，虽有"三不去"法律条款的存在，男子仍然可以休妻。[6] 缘此，在"七出"条款中，实际上只有五种情况适用于"三不去"。元朝法律稍稍有所更动，仅规定"其犯奸者，不用此律"。[7]

2. 义绝

汉代儒家认为：夫妇以义相合，义绝则离。"昏礼者，将合二姓之好，上以事宗庙，而下以继后世也。故君子重之 …… 敬慎重正，而后亲之，礼之大体，而所

---

①《旧唐书》一一，北京：中华书局 2011 年版，第 3658—3659 页。

②⑦郭成伟点校：《中华传世法典：大元通制条格》，北京：法律出版社 2000 年版，第 52—53、53 页。

③王聘珍：《大戴礼记解诂》，北京：中华书局 1983 年版，第 255 页。关于"三不去"，《孔子家语·本命解》的记载与《大戴礼记》基本相同："三不去者，谓有所取无所归，与共更三年之丧，先贫贱，后富贵。"

④阮元校刻：《十三经注疏》，北京：中华书局 1980 年版，第 2239 页中栏。

⑤⑥《唐律疏议》，北京：中华书局 1983 年版，第 268 页。

以成男女之别，而立夫妇之义也。男女有别，而后夫妇有义；夫妇有义，而后父子有亲；父子有亲，而后君臣有正。故曰：'昏礼者，礼之本也。'"① 在中国古代社会，子女成婚是体"道"、遵"天命"的大事，以至于父母要向即将成婚的儿子敬酒，以表达"敬慎重正"之意。因此，夫妇之间如何以义相处就提升到了"礼之本"的高度。在唐朝法律中，"义绝"属于强制性离婚方式之一。《户婚律》罗列了"义绝"的五种具体情况：一是丈夫殴打妻子的祖父母、父母或杀害妻子的外祖父母、伯叔父母、兄弟、姑母、姊妹；二是夫妻双方的祖父母、父母、外祖父母、伯叔父母、兄弟、姑母、姊妹相互残杀；三是妻子打骂丈夫的祖父母、父母或杀伤丈夫的外祖父母、伯叔父母、兄弟、姑母、姊妹；四是妻子同丈夫五服之内的亲戚或丈夫同岳母有奸情；五是妻子图谋害死丈夫。凡犯其中一条，"虽会赦，皆为义绝"。②《户婚律》说："诸犯义绝者离之，违者，徒一年。"《疏议》解释说："夫妻义合，义绝则离。违而不离，合得一年徒罪。离者，既无'各'字，得罪止在一人，皆坐不肯离者；若两不愿离，即以造意为首，随从者为从。皆谓官司判为义绝者，方得此坐，若未经官司处断，不合此科。"犯有义绝者，由官府强制性判离。不离者，"徒一年"。③但是，如果未经官府判决，不离者无罪。《全唐文》有一"义绝"案例：刘氏堂外甥结婚之后，品行不端，时常"恶言丑语，所不忍闻"，并且"纵横凶悖，举止颠狂"，于是女方提出离婚。根据"无义则离"的法律原则，"因遣作书，遂令告绝"。④"义绝"一般必须出具文书，而且有中人出面作证。

3. 和离

和离是指在双方自愿的基础上达成的协议离婚，是一种法律和社会风俗皆承认的离婚方式。唐朝社会风气比之前较为开放，女子再嫁不为失节，也不以屡嫁为耻。唐代公主多次离婚的事例比较多。在唐肃宗以前的各位皇帝的公主中，有再嫁者二十三人、三嫁者四人。实际上，这种离婚方式早已出现。《周礼·地官·媒氏》载："媒氏掌万民之判。凡男女，自成名以上，皆书年月日名焉。令男三十而娶，女二十而嫁。凡娶判妻入子者，皆书之。"⑤宋郑锷注云："民有夫妻反目，至于仳离，已判而去，书之于版，记其离合之由也。"江永也认为："书之者，防其争讼也。"⑥这种离婚方式一是基于自由意志，男女双方都是行为主体；二是法律手续齐备。《史记·管晏列传》载：春秋时齐相晏婴的车夫胸无大志，"意气

---

① 孙希旦：《礼记集解》下，北京：中华书局 1989 年版，第 1416—1418 页。
②③《唐律疏议》，北京：中华书局 1983 年版，第 267、268 页。
④《全唐文》六，北京：中华书局 1983 年版，第 5505 页。
⑤⑥ 孙诒让：《周礼正义》第 4 册，北京：中华书局 1987 年版，第 1033—1038、1038 页。

扬扬,甚自得也",其妻于是提出离婚,离婚的理由为:齐相晏婴虽然身不满六尺,但"身相齐国,名显诸侯";车夫虽高大健硕,却胸无大志。①汉代朱买臣家庭贫寒,每天靠砍柴为生。其妻嫌其贫,主动提出离婚。朱买臣苦劝其妻说:"我再拼搏几年,必当富贵。"其妻讥讽说:"如公等,终饿死沟中耳,何能富贵?"于是决绝而去。②《唐律·户婚》规定:"若夫妻不相安谐而和离者,不坐。"《疏议》曰:"'若夫妻不相安谐',谓彼此情不相得,两愿离者,不坐。"③《宋刑统》云:"若夫妻不相安谐而和离者,不坐。"④无论文字抑或内涵,宋律与唐律基本一致。如夫妇感情不洽,双方自愿离婚,法律则予以支持。但是,如果法律程序不完备,或者和离并非出于双方的自由意志,法律就会加以禁止。譬如,《唐律·户婚》规定:"即妻妾擅去者,徒二年;因而改嫁者,加二等。"《疏议》解释说:"妇人从夫,无自专之道,虽见兄弟,送迎尚不逾阈。若有心乖唱和,意在分离,背夫擅行,有怀他志,妻妾合徒二年。因擅去而即改嫁者,徒三年,故云'加二等'。"⑤敦煌文书中有一类汉文离婚契约,年代上属唐代至北宋初期,可统称作"放妻书"或"放妻手书",我们从中可窥见唐代离婚现象的大致情况:

【例一】"(前缺)从结契,要尽百年,如水如鱼,同欢□□。生男满十,并受公卿,生女柔容,温和内外。六亲叹美,远近似父子之情,九族恺(邕)怡,四时而不曾更改。奉上有谦恭之道,临下无儅(党)无。⑥家饶不尽之财,姻妇称延长之庆。何乃结为夫妻,六亲聚而成怨,九族见而含恨。酥乳之合,上(尚)恐异流,猫鼠同窠,安能见久。今对六亲,各自取意,更不许言夫说妇。今妇一别,更选重官双职之夫,随情窈窱(窕),美耷(齐)音乐,琴瑟合韵。伏愿郎娘子千秋万岁,布施欢喜。三年衣粮,便献药仪。宰报云。"⑦

【例二】"放妻书一道 盖闻夫天妇地,结因于三世之中。男阴(阳)女阳(阴),纳婚于六礼之下。理贵恩义深极,贪爱因浓性。生前相守抱白头,死后要同于黄

---

① 《史记》七,北京:中华书局2011年版,第2135页。

② 《汉书》九,北京:中华书局2011年版,第2791页。

③⑤ 《唐律疏议》,北京:中华书局1983年版,第268页。

④ 薛梅卿点校:《中华传世法典:宋刑统》,北京:法律出版社1999年版,第252页。

⑥ 原书校记:"'无'下漏字,据斯6537背放妻书当补'偏'。"(沙知:《敦煌契约文书辑校》,南京:江苏古籍出版社1998年版,第472页。)

⑦ 沙知:《敦煌契约文书辑校》,南京:江苏古籍出版社1998年版,第470—471页。相关论文有:刘文锁撰《敦煌"放妻书"研究》,载《中山大学学报(社会科学版)》2005年第1期;杨际平撰《敦煌出土的放妻书琐议》,载《厦门大学学报(哲学社会科学版)》1999年第4期。

土。何期二情称怨，互角憎多，无秦晋之同欢，有参辰之别恨。偿了赤索，非系树阴，莫同宿世怨家，今相遇会，只是二要互敌，不肯蘘遂。家资须却少多，家活渐渐存活不得。今亲姻村老等与妻阿孟对众平论，判分离别遣夫主留盈讫。自后夫则任娶贤失，同牢延不死之龙。妻则再嫁良媒，合瞖契长生之奉。虑却后忘有搅扰，贤圣证之，促于万劫千生，常处□□之趣。恐后无信，勒此文凭，略述尔由，用为验约。"①

从这两份离婚文书中可看出，凡和离有三个必要条件：其一，须有中人主持离婚仪式，中人应是与双方当事人无关的第三者。其二，和离须出具书面契约，这是离婚程序的具结形式。敦煌契约文书中保存了数份"放妻书样文"，格式和语言大致相同，说明和离已成为被全社会普遍认可的离婚方式。其三，在离婚程序中，夫妇双方亲属必须到场，"聚会二亲"②，"今对六亲，各自取意"，"今亲姻村老等与妻阿孟对众平论"，双方议定离婚事宜，这其中不仅包括离婚之缘由，还包含对夫妻财产的分割。根据《唐律》与敦煌离婚文书进行分析，彼时妇女的有些基本权利已能够得到一定保障。

《唐律疏议·名例》尝言："德礼为政教之本，刑罚为政教之用，犹昏晓阳秋相须而成者也。"③礼为本，刑为用，这是荀子"隆礼重法"、以礼入法思想在社会法律制度上的具体实践。瞿同祖在论述中国法律的儒家化进程时指出："法律之儒家化汉代已开其端。汉律虽为法家系统，为儒家所不喜，但自汉武标榜儒术以后，法家逐渐失势，而儒家抬头，此辈于是重整旗鼓，想将儒家的精华成为国家制度，使儒家主张借政治、法律的力量永垂不朽。汉律虽已颁布，不能一旦改弦更张，但儒家确有许多机会可以左右当时的法律。"④又言："历代的法典都出于儒者的手笔，并不出于法家之手，这些人虽然不再坚持反对法治，但究是奉儒家为正统的，所以儒家的思想支配了一切古代法典，这是中国法系的一大特色，不可不注意。"⑤证诸唐朝法典，瞿同祖所论似乎尚有可商榷之处。我们如果揆诸儒家一以贯之的孝道，就可以发现在所谓的"法律之儒家化"的进程中，古代历代统治者对儒家孝道的采纳与继承存在着片面性的倾向。换言之，古代历代统治者从来就没有忠实不二地继承与光大儒家孝道，儒家孝道的精髓一直湮没不彰。实际

---

① 沙知：《敦煌契约文书辑校》，南京：江苏古籍出版社1998年版，第473页。另见黄永武主编《敦煌宝藏》133，中国台北：新文丰出版公司1986年版，第414页。

② 沙知：《敦煌契约文书辑校》，南京：江苏古籍出版社1998年版，第479页。

③《唐律疏议》，北京：中华书局1983年版，第3页。

④⑤ 瞿同祖：《中国法律与中国社会》，北京：中华书局2003年版，第357—358、346—347页。

上，我们不可以说《唐律》意味着中国传统法律制度儒家化进程最终完成，更不可以说"儒家的思想支配了一切古代法典"。我们或许只可以说儒家孝道部分影响了中国古代的法律制度，因为儒家孝道中真正核心的部分从未影响过中国古代法律制度，更遑论政治制度。广而言之，儒家道统意义上的思想与观念从来就没有被古代历代统治者全盘继承与光大，也从来没有真正转化为制度。朱子曾经说过的一段话或许有椎心泣血之痛："千五百年之间，正坐如此。所以只是架漏牵补，过了时日。其间虽或不无小康，而尧、舜、三王、周公、孔子所传之道，未尝一日得行于天地之间也。若论道之常存，却又初非人所能预。只是此个自是亘古亘今常在不灭之物，虽千五百年被人作坏，终殄灭他不得耳。汉、唐所谓贤君，何尝有一分气力扶补得他耶？"① 儒家之道自孔子至朱子已有一千六百多年之变迁。朱子认为：儒家之道从来就没有真正"得行于天地之间"。虽屡遭歪曲、压制甚至清除，但儒家之道中的优秀思想如日月之辉，光耀天下。每念及朱子此言，吾不由热泪盈眶，感慨系之！

---

①《朱熹集》三，成都：四川教育出版社1996年版，第1592页。

第四节 儒家孝道在五四运动与新文化运动中的命运

　　20世纪初的五四新文化运动已渐行渐远，在这场以传播"民主"与"科学"、反对封建主义为宗旨的思想启蒙运动中，对传统文化的批判在社会政治层面上具有历史进步意义。对于冲决思想网罗、清算旧有价值观念、"响应西方"（严复语），它功不可没。但是，在纯粹学术的层面上，我们也应当清醒地看到，在对以孔子为代表的儒家思想的批判上，它存在诸多片面与错漏之处，此所谓"片面之深刻"：一是未辨清儒家思想与帝制时代意识形态之区别，简单化地将儒家思想等同于古代社会意识形态和制度，"妖魔化的孔子"甚嚣尘上，"历史的孔子"销声匿迹；二是未全面认识与把握孔子与儒家思想的内在精髓，"诠释暴力"的现象时有发生。细而论之，吴虞就是当时颇具代表性的人物之一。

　　吴虞（1872—1949）是五四新文化运动中名噪一时、声震南北的人物，被誉为与陈独秀齐名的"攻击孔教最有力的两位健将"。陈独秀称其为"蜀中名宿"。曾为《吴虞文录》作序的胡适盛赞年长自己十九岁的吴虞为"中国思想界的一个清道夫"。在1917年之前，吴虞主要在四川省的一些报刊上发表反孔批儒的文章。从1917年初起，吴虞在陈独秀主编的《新青年》上发表了《家族制度为专制主义之根据论》、《经疑》、《礼论》、《儒家大同主义本于老子说》、《儒家主张阶级制度之害》等讨孔檄文，猛烈抨击孔子及其儒家学说，认为两千余年封建专制主义的理论根据就是以孔子为代表的儒家思想。1919年，吴虞读了鲁迅的《狂人日记》后，有感而发，写了《吃人与礼教》一文并刊载于《新青年》第六卷六号，打倒"吃人的礼教"一时成为全社会反对封建旧道德的战斗口号，其社会之影响可谓振聋发聩、妇孺皆知。1915年，陈独秀在上海创办《青年杂志》（后改名《新青年》），这标志着中国近代新文化运动的开始。新文化运动"提倡新道德，反对旧道德；提倡新文化，反对旧文化；提倡白话文，反对文言文"。至1919年五四运动爆发，这场以传播"民主"与"科学"、反对封建主义为宗旨的思想启蒙运动达到了顶峰。在1900—1936年的三十七年间，吴虞发表了五十七篇文章，而仅

1915—1919 年间就达三十篇之多，已超过半数。《说孝》、《吃人与礼教》、《儒家主张阶级制度之害》等最具代表性的论著皆出自这一阶段。关于吴虞在五四新文化运动中的表现及其影响，日本学者青木正儿的评论颇具代表性："次于中华民国底政治上底革命，有文化上底革命；最有意思的，就是道德思想底改革。那是想要破坏那几千年立了深远的根柢的儒教道德，和要从欧洲文化上输入可以代这个的新道德，那首先来立在这个破坏矢面上去振舞者，是吴虞与陈独秀。一个是由四川成都，一个是由上海，相呼应而奋起的。两氏底论调底立脚点，都由政治学上出发，而归着于孔子之道不合于现代底结论。但是，陈氏底议论，由政治学的见解之上，加以根据西洋底伦理及宗教之说；吴氏是征于中国古来底文献，而由法制上去论儒教底不适用于新社会。"① 青木正儿将吴虞与陈独秀相提并论，认为两人在新文化运动中"相呼应而奋起"，同时也点出了两人的理论与视角差异：陈独秀用西方政治理论来批判孔子儒家思想，以"民主"与"科学"为标准裁评传统文化之是非功过；吴虞则从中国古代文献学的角度出发批判儒家思想，破多于立，但其理论深度远不及陈独秀。

一 吴虞对儒家孝道之批判

（一）儒家之孝"大悖人道"

"反对旧道德，提倡新道德"是五四新文化运动的主要内容之一。伦理道德问题在 20 世纪初的中国何以被提到如此高的地位？当时辛亥革命之失败、袁世凯复辟帝制之丑剧、康有为呼吁成立"孔教"之活动，凡此种种，无一不与旧道德存在千丝万缕之关联。因此，以陈独秀、李大钊、鲁迅等为代表的一批先进的知识分子皆认识到政治民主与旧道德势不两立。陈独秀说："盖伦理问题不解决，则政治学术，皆枝叶问题。纵一时舍旧谋新，而根本思想，未尝变更，不旋踵而仍复旧观者，此自然必然之事也。"② 因此，"吾敢断言曰：伦理的觉悟，为吾人最后觉悟之最后觉悟"。③ 陈独秀此论在 20 世纪初的中国可谓"人同此心"。吴虞在《书某氏〈社会恶劣状况论〉后》一文中对陈独秀此论加以阐发：中国传统之道德风纪实质上是儒教之道德风纪，"故所谓道德，不过专制之道德；所谓风纪，

---

① 《吴虞集》，成都：四川人民出版社 1985 年版，第 477—478 页。
② ③ 《独秀文存》，合肥：安徽人民出版社 1987 年版，第 73、41 页。

不过儒教之风纪"。[①] 在《说孝》一文中，吴虞认为："孝字最初的意义，是属于感恩。"[②] "孝"观念起源于子孙后代的感恩意识，这一观点与现代英国直觉主义伦理学大师威廉·大卫·罗斯教授提出的"感恩是一种自明道德义务"的观点遥相契合。吴虞引用《论语·阳货》的材料进行论证。宰我问孔子："三年之丧，期已久矣。"孔子回答说："予之不仁也！子生三年，然后免于父母之怀。夫三年之丧，天下之通丧也。予也有三年之爱于其父母乎！"孔子认为，对父母的孝敬之情不仅仅发自自然亲情，而且是一种理应回报的社会道德义务。在伦理学与心理学意义上，孝敬双亲源于感恩意识，这是一种人与动物皆有的初始道德情怀。但是，吴虞转而将这种感恩意识指认为世俗的商业交易行为，这点令人难以苟同："从这个意思说来，是因为当儿子的非三年不得免于父母的怀抱，所以父母的丧也必以三年去报他，如买卖之有交易一样。"[③]孔子于此讨论"三年之丧"，实际上是从情感伦理学的高度谈论感恩意识的培育。所以，孔子所说的孝与市场交易毫不相干，可谓风马牛不相及。吴虞将这种感恩意识定性为"买卖之有交易"之论，实属哗众取宠。如果父母和子女之间果真是一种交易关系，那么一方与另一方不可能存在所谓的感恩意识。"感恩"与"买卖之有交易"之论观点对立，不可混淆。

"孝之意义，既出于报恩，于是由'养儿防老，积谷防饥'的理由，必自孝而推及于养。"[④] 从孝源于感恩之义出发，吴虞进而指出：儒家孝道的基本内涵为养亲。他罗列了《论语》、《孟子》与《礼记》中的材料进行论证："今之孝者，是谓能养。"（《论语·为政》）"世俗所谓有不孝者五，惰其四支，不顾父母之养，一不孝也；博弈好饮酒，不顾父母之养，二不孝也；好货财，私妻子，不顾父母之养，三不孝也；从耳目之欲，以为父母戮，四不孝也；好勇斗狠，以危父母，五不孝也。"（《孟子·离娄下》）"孝者畜也，畜者养也。"[⑤] 值得注意的是，吴虞在此列举的三条材料中存在着一些史实与逻辑问题：其一，吴虞借用《礼记》的记载，意在从语源学角度论证儒家孝论就是养亲。但是，吴虞在史料的征引上采取了部分裁剪、强加于人的方法。《祭统》篇中这一段的全文应该是："孝者，畜也。顺于道，不逆于伦，是之谓畜。是故孝子之事亲也，有三道焉：生则养，没则丧，丧毕则祭。养则观其顺也，丧则观其哀也，祭则观其敬而时也。尽此三道者，孝子之行也。"[⑥] 由此可以看出，吴虞不仅更改了史料，而且对《祭统》篇中事亲有"顺"、"哀"、"敬"三层含义只领略了其中的一义。其二，吴虞在《论语·为政》篇材料的引用上采用

①②③④⑤《吴虞集》，成都：四川人民出版社1985年版，第56、174、174、175、175页。
⑥ 孙希旦：《礼记集解》下，北京：中华书局1989年版，第1237—1238页。

了断章取义的方法。孔子曰："今之孝者，是谓能养。至于犬马，皆能有养。不敬，何以别乎？"养亲是孔子孝论最低层面的规定。从物质生活方面尽心竭力供养双亲，是子女应尽之基本义务："事父母，能竭其力；事君，能致其身；与朋友交，言而有信。"（《论语·学而》）但是，如果单纯地将儒家孝论概括为"养亲"，则是以偏概全、一叶障目；根据自己立论之需要，任意掐头去尾、断章取义，反映出吴虞学问之粗疏。如前所论，孔子认为："养亲"是人与动物共有的本能，只有"敬亲"才使人最终与动物相区别，使君子与小人相区分："小人皆能养其亲，君子不敬，何以辨？"[①]孝亲应建立在爱与敬的基础上。养亲、敬亲、谏亲与慎终追远构成孔子孝论的全部内涵，并且形成层次分明、分级推进的逻辑关系。方其如此，才能正确认识与评价孔子儒家孝论。

吴虞认为："由孝养之意义，推到极点，于是不但做出活埋其子、大悖人道的事，又有自割其身，以奉父母为孝的。"[②]吴虞列举古代广为传诵的"二十四孝"故事，旨在说明孔孟儒家孝道导致全社会愚孝之风愈演愈烈。吴虞没有认识到"二十四孝"故事并非儒家作品，而是灌注了大量古代帝制时代意识形态与价值观念的读物。鲁迅在童年看了《二十四孝图》后，那些所谓的孝行引起他极大的憎恶与反感，使他痛切地认识到了孝道的虚伪与残酷："然而我已经不但自己不敢再想做孝子，并且怕我父亲去做孝子了。家景正在坏下去，常听到父母愁柴米；祖母又老了，倘使我的父亲竟学了郭巨，那么，该埋的不正是我么？"[③]"历来都竭力表彰'五世同堂'，便足见实际上同居的为难；拚命的劝孝，也足见事实上孝子的缺少。而其原因，便全在一意提倡虚伪道德，蔑视了真的人情。"[④]鲁迅和吴虞于此处都混淆了一个基本的历史事实，即将"二十四孝"故事彰显的"孝"观念等同于孔子儒家的"孝"思想，甚至以"二十四孝"求证孔子思想"蔑视了真的人情"为"大悖人道"。

（二）儒家孝道危害社会

吴虞经过考证后认为，孔子所创立的儒教"既认孝为百行之本，故其立教，莫不以孝为起点，所以'教'字从孝"。[⑤]在他看来，儒教的根本精神是孝，孝是儒家文化之魂，因此揭露儒家孝道的本质，等于从根基上颠覆儒家文化存在之合理性。对此，吴虞从以下几个方面展开批判：

---

① 孙希旦：《礼记集解》下，北京：中华书局1989年版，第1288页。
②⑤《吴虞集》，成都：四川人民出版社1985年版，第175、62页。
③《鲁迅全集》2，北京：人民文学出版社2005年版，第263页。
④《鲁迅全集》1，北京：人民文学出版社2005年版，第143—144页。

1. 儒家孝道成为两千多年封建专制主义理论依据

《孝经·广扬名章》云："君子之事亲孝，故忠可移于君；事兄悌，故顺可移于长；居家理，故治可移于官。"按照这一枚举推理思维模式，"孝"已成为无所不摄的属概念，"忠"、"信"、"敬"、"勇"皆是"孝"之下的种概念。不仅如此，孝伦理又是其他一切伦理范畴存在与实践之逻辑性起点。"这个孝字的范围越发推广，不但是以孝行而言，简直是人生百行的动机了。"[①] 正因为如此，历代统治者乐此不疲地大力倡导孝道。这其间的奥秘，唐玄宗体会得尤其深刻："朕闻上古，其风朴略。虽因心之孝已萌，而资敬之礼犹简。及乎仁义既有，亲誉益著，圣人知孝之可以教人也，故因严以教敬，因亲以教爱。于是以顺移忠之道昭矣，立身扬名之义彰矣。子曰：'吾志在《春秋》，行在《孝经》。'是知孝者，德之本欤！"[②] "教人"自孝始，倡导孝，就是倡导忠；孝风行天下之日，就是忠实现于天下之时。至于《春秋》与《孝经》在儒教中分别扮演的角色，清代学者潘维城在《论语古注集笺》中作过解答："孔子道在《孝经》，取天子、诸侯、卿、大夫、士、庶人最重之事，顺其道而布之天下，封建以固，君臣以严，守其发肤，保其祭祀，无奔亡弑夺之祸，即有子所云孝弟之人不犯上不作乱也。使人人不犯上作乱，则天下永治矣。惟不孝不弟，不能如《孝经》之顺道而逆行之，是以子弑父，臣弑君，亡绝奔走，不保宗庙社稷。是以孔子作《春秋》，明王道，制叛乱，明褒贬。《春秋》论之于已事之后，《孝经》明之于未事之先。其间相通之故，则有子此章实通彻本原之论。"[③] 所谓"论之于已事之后"，是指《春秋》对已发生的历史事实予以裁评褒贬，儆诫后来人；"明之于未事之先"，是指《孝经》以孝立教，使人绝灭犯上作乱之念头，将不忠不孝之行扼杀于萌芽之中。吴虞讲道："他们教孝，所以教忠，也就是教一般人恭恭顺顺的听他们一干在上的人愚弄，不要犯上作乱，把中国弄成一个'制造顺民的大工厂'。孝字的大作用，便是如此！"[④]

2. 儒家孝道与现代文明社会道德精神相冲突

吴虞认为：儒家孝伦理片面强调子女应绝对无条件地服从父母、尊长的意志，只有父母、尊长之权利，而无子女应享之权利。在这种伦理价值观的影响下，愚孝之风愈演愈烈，自虐、自残、杀人之事层出不穷。"由孝养之意义，推到极点，于是不但做出活埋其子、大悖人道的事，又有自割其身，以奉父母为孝的。赵士麟的《汪氏孝友传》说：汪灏父患血病，灏刲股和药进，血止而霍然加健。父足患

①④《吴虞集》，成都：四川人民出版社 1985 年版，第 173 页。

② 胡平生：《孝经译注》，北京：中华书局 1996 年版，第 54—55 页。

③《续修四库全书 一五四 经部·四书类》，上海：上海古籍出版社 2002 年版，第 5 页。

疮,其弟晨为父割左股,炼末敷之,愈。其后父疾大作,灏再割右臂以进,弗瘳,欲割肝,母夺刀泣守之,父遂卒。这类事实,历史及现在社会尚不为少,政府且从而褒扬,文士亦为之歌诵。孝养的方法,也算得淋漓尽致,—— 却由今日看来,真是糊涂荒谬极了。"①吴虞所说的"大悖人道"的愚孝社会现象在历史上确实存在,而且越往后这种愚昧荒诞、令人发指的事例越多:

【例一】《宋史·孝义列传》载:"刘孝忠,并州太原人。母病经三年,孝忠割股肉、断左乳以食母;母病心痛剧,孝忠然火掌中,代母受痛。母寻愈。后数岁母死,孝忠佣为富家奴,得钱以葬。富家知其孝行,养为己子。后养父两目失明,孝忠为舐之,经七日复能视。以亲故,事佛谨,尝于像前割双股肉,注油创中,然灯一昼夜。刘钧闻而召见,给以衣服、钱帛、银鞍勒马,署宣陵副使。开宝二年,太祖亲征太原,召见慰谕。"②

【例二】《宋史·孝义列传》载:"吕升,莱州人。父权失明,剖腹探肝以救父疾,父复能视而升不死。冀州南宫人王翰,母丧明,翰自抉右目睛补之,母目明如故。淳化中,并下诏赐粟帛。"③

【例三】《宋史·孝义列传》载:"董道明,蔡州褒信人。母死出葬,道明潜匿墓中,人瘗之,经三日,家人发冢取之,道明无恙,终身庐于墓侧。"④

【例四】《元史·孝友列传》载:"田改住,汶上人。父病不能愈,祷于天,去衣卧冰上一月。同县王住儿,母病,卧冰上半月。"⑤

【例五】《元史·孝友列传》载:"宁猪狗,山丹州人。母年七十余,患风疾,药饵不效,猪狗割股肉进啖,遂愈。岁余复作,不能行,猪狗手涤溷秽,护视甚周,造板舆载母,夫妇共舁,行园田以娱之。后卒,居丧有礼,乡闾称焉。"⑥

【例六】《元史·孝友列传》载:"潭州万户移剌琼子李家奴,九岁,母病,医言不可治,李家奴刲股肉,煮糜以进,病乃痊。抚州路总管管如林、浑州民朱天祥,并以母疾刲股,旌其家。"⑦

【例七】《明史·孝义列传》载:"沈德四,直隶华亭人。祖母疾,刲股疗之愈。已而祖父疾,又刲肝作汤进之,亦愈。洪武二十六年被旌。寻授太常赞礼郎。上元姚金玉、昌平王德儿亦以刲肝愈母疾,与德四同旌。"⑧

【例八】《清史稿·孝义列传》载:"周士晋,江苏嘉定人。母病久,医言惟饮

①《吴虞集》,成都:四川人民出版社 1985 年版,第 175—176 页。
②③④《宋史》三八,北京:中华书局 2011 年版,第 13387、13388、13393—13394 页。
⑤⑥⑦《元史》一五,北京:中华书局 2011 年版,第 4443 页。
⑧《明史》二五,北京:中华书局 2011 年版,第 7593 页。

人乳可生,士晋子生方九月,谋于妻李,弃道旁,以乳乳母。母病已,问儿,以殇对,后李不复妊,亦无怨。越十二年,有僧为殷氏子推命,年月日与士晋儿同,诘之,则得诸道旁者也,父子得复合。"①

值得注意的是:明清有些统治者也认识到了"割肝"、"杀子"之类愚孝社会风气的危害性,并力图加以制止。明洪武二十七年(1394),山东日照人江伯儿"割胁肉以疗"母病,继而又"杀子以祀"。事发后,地方官员照例奏请明太祖旌表。"帝大怒曰:'父子天伦至重。《礼》父服长子三年。今小民无知,灭伦害理,亟宜治罪。'遂逮伯儿,杖之百,遣戍海南。"不仅如此,明太祖还勒令礼部重新议定旌表例则。"礼臣议曰:'人子事亲,居则致其敬,养则致其乐,有疾则医药吁祷,迫切之情,人子所得为也。至卧冰割股,上古未闻。倘父母止有一子,或割肝而丧生,或卧冰而致死,使父母无依,宗祀永绝,反为不孝之大。皆由愚昧之徒,尚诡异,骇愚俗,希旌表,规避里徭。割股不已,至于割肝,割肝不已,至于杀子。违道伤生,莫此为甚。自今父母有疾,疗治罔功,不得已而卧冰割股,亦听其所为,不在旌表例。'制曰:'可。'"②令人深思的是:朝廷虽然出台有关规定对愚孝之风进行批评甚至惩罚,并决定不再加以旌表,但是,一方面民间"割肝不已,至于杀子"的事例时有发生,另一方面朝廷仍然对这种愚孝之举加以旌表:"永乐间,江阴卫卒徐佛保等复以割股被旌。而掖县张信、金吾右卫总旗张法保援李德成故事,俱擢尚宝丞。"③类似明代这种情况,在清代也时有发生。"李盛山,福建罗源人。母病,割肝以救,伤重,卒。"巡抚上疏"请旌",礼部认为此事"轻生愚孝,无旌表之例"。世宗进而下诏说:"既有其事,若不予以旌表,无以彰其苦志…… 朕今特颁训谕,有司广为宣示,俾知孝子节妇,自有常经,伦常之地,皆合中庸,以毋负国家教养矜全之德。倘训谕之后,仍有不爱躯命,蹈于危亡者,朕也不概加旌表,以成激烈轻生之习也。"④清世宗在批评社会上蔚然成风的自残、自虐现象的同时,又迫不及待地"旌表"李盛山。清政府于此似乎陷入两难境地:如果不"旌表","无以彰其苦志";如果大肆"旌表",恐助长"轻生愚孝"之风。实际上,有清一代对"割肝不已,至于杀子"的"孝子"予以旌表与擢拔的事例始终未曾中断。究其原因,"割肝不已,至于杀子"的行为早已成为当时的社会风气,为人所称颂与追效,恰如雍正所言,"以成激烈轻生之习也"。此外,在古代历代统治阶层看来,这种自残、自虐的愚孝之风对于社会教化与社会安定利大于弊。因此,朝廷虽然对此偶有批评与训斥,但更多的是默许与怂恿。

---

① ④《清史稿》四五,北京:中华书局1977年版,第13741、13739—13740页。
② ③《明史》二五,北京:中华书局2011年版,第7593、7593—7594页。

3. 儒家孝道造成纳妾、溺女等社会陋俗的盛行

"《孝经》既说:'无念尔祖,聿修厥德。'又说:'为之宗庙,以鬼享之。'因为要承先祖、共祭祀,必须子女绵延,是为人生最大之义务,所以孟子说:'不孝有三,无后为大。'孝非有后不可,所以生子不待成年,已有家有室。因有后之必要,妻苟无子,即犯'七出'之条,而纳妾的制度,又因之而起。"① "不孝有三,无后为大"出自《孟子·离娄上》。有的学者认为:"孟子此说,原本是为舜不告父母而娶二妃作辩解,这从其后的'舜不告而娶,为无后也,君子以为犹告也',可以清楚的看出来。"② 这一观点合乎史实。但是,自从孟子此言一出,"不孝有三,无后为大"俨然演变为儒家孝论的重要内涵之一。因为无后为最大之不孝,所以男子可以娶三妻六妾。由此出发,一生沉溺于狎妓、纳妾之陋习而不能自拔的吴虞,却对古代的纳妾制度进行了猛烈的抨击。吴虞认为:中国古代的纳妾制度就是源于儒家的"不孝有三,无后为大"。证诸史实,吴虞此论可谓混淆黑白。远在儒家产生之前,纳妾制度就已经存在。《说文解字》曰:"妾,有罪女子,给事之得接于君者。"《释名·释亲属》亦云:"妾,接也,以贱见接幸也。"王国维的《殷周制度论》说:"由传子之制而嫡庶之制生焉。夫舍弟而传子者,所以息争也。兄弟之亲本不如父子,而兄之尊又不如父,故兄弟间常不免有争位之事。特如传弟既尽之后,则嗣立者当为兄之子欤?弟之子欤?以理论言之,自当立兄之子;以事实言之,则所立者往往为弟之子。此商人所以有中丁以后九世之乱,而周人传子之制正为救此弊而设也。然使于诸子之中可以任择一人而立之,而此子又可任立其欲立者,则其争益甚,反不如商之兄弟以长幼相及者犹有次第矣。故有传子之法,而嫡庶之法亦与之俱生。"③ 商代后期出现的"嫡庶之制"、"嫡庶之法"是为适应王位继承制度而产生的,即嫡妻所生长子才有权继承王位,庶子没有继承王位的资格。有"嫡庶之制",方有宗法制度。周代宗法制度更趋严密,《左传·昭公二十六年》周王子朝引先王之命说:"王后无適,则择立长,年钧以德,德钧以卜。"从周代开始,嫡长子继承制正式成为宗法制度之核心,并进而影响了整个中国古代社会政治制度和社会结构,随之而来的是嫡妾制度也盛行不衰。

关于溺女恶习之起源,吴虞认为:历史上一直存在的溺女恶习与儒家"不孝有三,无后为大"有着内在之关联。"生男则寝床弄璋,生女则寝地弄瓦。男女的贵贱轻重,都由于能为后不能为后的关系,而溺女之风气又因之而起。男女的人

---

①《吴虞集》,成都:四川人民出版社 1985 年版,第 176 页。

② 邓星盈等:《吴虞思想研究》,成都:四川教育出版社 1996 年版,第 185 页。

③《王国维集》第 4 册,北京:中国社会科学出版社 2008 年版,第 126 页。

格，初生便有不同，于是又置为妻的女子于最劣弱的地位。"① 由纳妾、溺女恶习进而衍生出婚姻的不自由。"所以《礼记》说：'子宜于妻，父母不悦，则出之。子不宜于妻，父母苟曰："是善事我。"则子当礼之终身。'因为男子娶妻，乃是求有后，有后所以免不孝的罪名；然而一方面妻如不宜于父母，男若容纳他，这不孝的罪名，还是不能免。这样看来，男子娶妻是一方面为父母娶的，一方面为子孙娶的，自己全不能作主，那自由恋爱的婚姻，更说不上了。"② 婚姻当事人对自己的婚姻大事没有决定权，决定权在父母、尊长。婚姻只是为了繁衍后代，而无其他意义。概而论之，吴虞认为儒家"不孝有三，无后为大"的思想造成了四种社会"大病"："（一）以有后为孝，凡无子的人，无论他有养育子女的智识能力与否，都必不可不养子。（二）以有后为孝，凡无有养妻子的财力，早已娶妻，使数千万男女常陷于贫困，辛辛苦苦，苟全性命，以度无聊的生活。（三）以有后为孝，即必行一夫多妻和蓄妾的制度。（四）因崇拜祖先而以有后为孝，遂流于保守，使四万万人作亿兆死人之奴隶，不能自拔。"③

4. 儒家孝道阻碍了中国社会的进步与发展

陈独秀在《宪法与孔教》一文中指出："欲建设西洋式之新国家，组织西洋式之新社会，以求适今世之生存，则根本问题，不可不首先输入西洋式社会国家之基础，所谓平等人权之新信仰，对于与此新社会新国家新信仰不可相容之孔教，不可不有彻底之觉悟，猛勇之决心；否则不塞不流，不止不行！"④ 吴虞认为：要唤醒国人冲破封建主义之羁绊，争取人格独立、人权自由与个性解放，就必须反对旧道德。要从根本上反对旧道德，就必须对孔教有"彻底之觉悟"。"讲片面的孝，'父母在不远游'，美洲就没人发现了。'身体发肤，受之父母，不敢毁伤'，朝鲜就没人闹独立了。'不登高，不临深'，南北极就没人探险，潜艇飞机也就没人去试行了。"⑤ 吴虞通过中西文化之比较，指出西方文明重科学、重独立、重平等、重自由，而这些恰巧又是中国传统文化所缺欠的，造成这种国民性集体缺欠的根本原因则是儒家文化的长期熏染。但是，吴虞在此犯了一个以偏概全的逻辑性错误，片面性地将《孝经》思想当作儒家思想整体，未厘清两千多年儒家思想发生、发展的内在脉络。儒学史上的"当仁不让"、"视死如归"、"格物致知"、"寓通几于质测"、"民为贵"、"天下为主，君为客"等命题足以证明吴虞此言无论在逻辑上还是在史实上都存在着诸多偏颇之处。

第一次鸦片战争结束后，中国人仿佛从一场大梦中惊醒。"天朝帝国"为什

---

①②③⑤《吴虞集》，成都：四川人民出版社 1985 年版，第 176 页。
④《独秀文存》，合肥：安徽人民出版社 1987 年版，第 79 页。

么战胜不了"蛮荒小夷"？一部分先进的中国知识分子痛定思痛之后，提出"以夷为师"、"师夷之长技以制夷"等口号。换言之，就是要打破天朝的虚骄心态，虚心向西方学习。但是，西方的"长技"究竟是什么？人们的看法大相径庭。这恰如冯友兰所言："首先有人认为，要学习西方的兵器；其次有人认为，要学习西方的宗教（太平天国）；再有人认为，要学习西方的工业（洋务派）；也有人认为，要学习西方的政治（戊戌维新派）。旧民主主义革命家提出要进行更全面的革命，更全面地向西方学习，但没有成功。"①"五四"前后的新文化运动提出：西方的"长技"就是文化，中国社会要在世界上生存下去，就必须彻底废除传统的旧文化，全方位学习与吸纳西方新文化。新文化运动的这一观点极其深刻，因为它真正把握了问题的要害之处。缘此，须回答的一个问题是何谓"文化"？当时有人认为西方文化是物质文明，东方文化是精神文明，梁漱溟则认为："所谓'文化'就是一个民族的人生态度和生活方式，其范围是极广泛的。"②新文化运动对"新文化"的界定令人耳目一新："新文化运动把新文化的要点归结为两件事：民主与科学。民主，并不是专指一种社会制度，而是一种人生态度和人与人的关系；科学，并不是指一种学问，而是一种思想方法。新文化运动讲到这里，可以说是把西方的长处认识透了，把向西方学习说到家了。它所要求的实际上是一种比较彻底的思想改造，要求人们把封建主义世界观和人生观改变为资产阶级的世界观和人生观，这就是所谓'攻心'与'革心'的真实意义。"③基于此，在新文化运动过程中，任何对传统旧文化的批评、批判与否定的言辞在社会政治层面上都具有历史进步意义。对于冲决思想网罗、涤除旧的价值观念、全方位汲取西方先进文化，它功不可没。

与此同时，在学术的层面上，我们也应当清醒地看到：陈独秀、胡适、钱玄同、吴虞等人对以孔子为代表的儒家思想的批判存在着诸多片面与极端之处，即所谓"深刻之片面"。具体就吴虞对孔子及其儒家思想的批判而言，存在着两大方面的失误：其一，未分辨儒家思想与帝制时代意识形态之差别，简单化地在儒家思想与古代社会意识形态之间画等号。意识形态层面的儒学、制度层面的儒学、民间信仰层面的儒家文化和儒家思想家层面的儒学这四个层面的儒家不可混淆为一。在吴虞的观点中，"关公战秦琼"的现象普遍存在。其二，未全面认识和把握孔子思想的内在精髓，"过度诠释"的现象时有发生。譬如，在对孔子与儒家孝论进行了狂风暴雨式的批判与否定之后，有人问吴虞："子既不主张孔氏孝弟之义，当以何说代之？"吴虞回答说："老子有言：'六亲不和有孝慈。'然则六亲苟

---

①②③ 冯友兰：《中国现代哲学史》，广州：广东人民出版社 1999 年版，第 44—45、86、45 页。

和，孝慈无用，余将以'和'字代之。既无分别之见，尤合平等之规，虽蒙'离经叛道'之讥，所不恤矣！"①《家族制度为专制主义之根据论》一文写于1915年，时隔几年之后，吴虞在《说孝》一文中再一次谈起他所期盼的、合乎理性的、科学的孝伦理："讲到父子的关系，我也不敢像孔融说'父之于子，当有何亲？论其本意，实为情欲发耳。子之于母，亦复奚为？譬如寄物瓶中，出则离矣'的话，却也不认儒家所主张种种的孝道。我的意思，以为父子母子不必有尊卑的观念，却当有互相扶助的责任。同为人类，同做人事，没有什么恩，也没有什么德。要承认子女自有人格，大家都向'人'的路上走。从前讲孝的说法，应该改正。新刑律四百一十条，不见一个'孝'字。我今天却说了一大篇，是与不是，且请大家下一个批评罢了。"②吴虞在这两篇文章中反复谈到的理想化的孝伦理，就是父子平等、人格独立、"互相扶助"。不过，吴虞所期盼的孝道恰巧正是孔子原始儒家所一再阐述的孝伦理思想，吴虞的孝论实际上在《论语》等先秦文本中早已存在。如果说在"硝烟弥漫"的五四新文化运动前后，吴虞未将先秦儒家与秦汉以后儒家分辨开来情有可原，那么在尘埃落定的五四新文化运动之后，吴虞仍然将原始儒家与秦汉以后儒家混同为一、不加区别，则反映出吴虞本人学术研究功力上的缺欠。

值得一提的是：鲁迅在1919年11月《新青年》第六卷第六号上发表了《我们现在怎样做父亲》一文，文中所阐述的新型的父子关系的立场与视角颇有新意。一方面，鲁迅认为："便是'孝''烈'这类道德，也都是旁人毫不负责，一味收拾幼者弱者的方法。"③另一方面，鲁迅立足于西方近代文明，从"救救孩子"、"解放子女"的高度倡导"用无我的爱"建立新的父子伦理关系：其一，"开宗第一，便是理解"。"孩子的世界，与成人截然不同；倘不先行理解，一味蛮做，便大碍于孩子的发达。所以一切设施，都应该以孩子为本位，日本近来，觉悟的也很不少。"其二，指导。"长者须是指导者协商者，却不该是命令者。不但不该责幼者供奉自己；而且还须用全副精神，专为他们自己，养成他们有耐劳作的体力，纯洁高尚的道德，广博自由能容纳新潮流的精神，也就是能在世界新潮流中游泳，不被淹没的力量。"其三，解放。"子女是即我非我的人，但既已分立，也便是人类中的人。因为即我，所以更应该尽教育的义务，交给他们自立的能力；因为非我，所以也应同时解放，全部为他们自己所有，成一个独立的人。"总而言之，"觉醒的父母"应当具有"义务的，利他的，牺牲的"精神，解放自己的孩子，"自己背着因袭的重担，肩住了黑暗的闸门，放他们到宽阔光明的地方去；此后幸福的度日，

①②《吴虞集》，成都：四川人民出版社1985年版，第66、176—177页。
③《鲁迅全集》1，北京：人民文学出版社2005年版，第142—143页。

合理的做人"。①相对而言,鲁迅所阐述的新式父子伦理渗透着浓郁的文明气息。其中心是"个性解放",譬如希望成为"独立的人",宣扬"人格的平等",提倡"个人的自大"。对于新道德建立的途径,鲁迅主张"拿来主义",全方位输入西方的民主与科学思想,从根本上改造中国的国民性,推动国人思想上、道德上的觉醒。

二 集体反思与内在超越

谈及近代的批孔非儒社会思潮,有一个人物不应被忽略,此人就是国学大师章太炎。章太炎早年也曾激愤地批孔非儒。在 1902 年撰写的《订孔》一文中,他借日本人远藤隆吉之口驳难孔子:"孔子之出于支那,实支那之祸本也。夫差第韶、武,制为邦者四代,非守旧也。处于人表,至岩高,后生自以瞻望弗及,神葆其言,革一义,若有刑戮,则守旧自此始。故更八十世而无进取者,咎亡于孔氏。祸本成,其胙尽矣。"②在 1906 年撰写的《诸子学略说》等文中,他又讥讽孔子为"湛心利禄"的"国愿":"所谓中庸,实无异于乡愿。彼以乡愿为贼而讥之。夫一乡皆称愿人,此犹没身里巷、不求仕宦者也。若夫逢衣浅带,矫言伪行,以迷惑天下之主,则一国皆称愿人。所谓中庸者,是国愿也,有甚于乡愿者也。孔子讥乡愿,而不讥国愿,其湛心利禄又可知也。"③他认为:孔子以"富贵利禄为心",是"儒家之病"。孔子"湛心荣利",有甚于乡愿,是"国愿"。孔子思想与近代民主革命所追求的"民权"、"民主"精神相抵抗。"我们今日要想实行革命,提倡民权,若夹杂一点富贵利禄的心,就像微虫霉菌,可以残害全身,所以孔教是断不可用的。"④迨至晚年,章太炎的立场与观点大变。以《订孔》一文为例:1914 年章太炎对《订孔》作了修订,把"孔氏"都改称为"孔子",称赞孔子"圣人之道,罩笼群有",孔子的"洋洋美德乎,诚非孟、荀之所逮闻也"。⑤

章太炎于 1933 年在苏州成立"国学会",此后又创设"章氏国学讲习会",还出版《制言》杂志并自任主编。讲习会开设经学、史学、诸子学、文学等课程,由章太炎主讲。章太炎在这一时期讲学的目的,在于弘扬民族文化、呼吁尊孔读经、激励爱国热情。他在 1935 年《答张季鸾问政书》中断言:"中国文化本无宜舍弃者。"⑥他站在爱国主义与民族主义立场上,将读史与爱国相联系。他说:"中国今后应永远保存之国粹,即是史书,以民族主义所托在是。"⑦"吾人读二十五史

①《鲁迅全集》1,北京:人民文学出版社 2005 年版,第 140—141、145 页。
②③④⑤《章太炎政论选集》上册,北京:中华书局 1977 年版,第 179、290—291、273、181—186 页。
⑥⑦《章太炎政论选集》下册,北京:中华书局 1977 年版,第 860、859 页。

（《史记》至《清史稿》），法其可法，戒其可戒，非语语尽可取也。《尚书》、《周礼》、《春秋》，性质与历史为近，读之亦当如是。夫读史之效，在发扬祖德，巩固国本，不读史则不知前人创业之艰难，后人守成之不易，爱国之心，何由而起？"①他将经籍归为史类，读史即读经。因此，他在晚年不遗余力地呼吁尊孔读经。他说："儒家之学，不外修己、治人，而经籍所载，无一非修己、治人之事。《论语》：'兴于诗，立于礼，成于乐。'又：'不学诗，无以言；不学礼，无以立。'皆修己之道也。《周易》爻象，太半言修己之道，故孔子称：'五十以学《易》，可以无大过。'夫修己之道，古今无二，经籍载之，儒家阐之，时有不同，理无二致。孔子以后，儒分为八，论其归趣，不相乖违。孟、荀二家，论性有别，而祁向攸同。厥后汉儒重行，宋人尚理，或实事求是，或旁参佛、老，要之，不能不以经为本。是故无论政体如何改易，时代如何不同，而修己之道，则亘古如斯；治人则稍异，古今异宜，习俗不同，不得不斟酌损益，至于尽善 …… 要之，读经之利有二：一，修己；二，治人。治人之道，虽有取舍，而保持国性实为最要 …… 余以为救之之道，舍读经末由。盖即前者所举《论语》三事，已可陶熔百千万人。夫如是，则可以处社会，可以理国家，民族于以立，风气于以正。一切顽固之弊，不革而自祛，此余所以谓有千利无一弊也。"②

前有《訄书》，后有《检论》，以今日之是非昨日之非。立场与观点的改变体现的不仅仅是学问的日以渐进，也是人格的日臻完美。当然，章太炎晚年在对待孔子与儒家问题上之所以会发生这种巨大变化，也与当时中国正处于政治、经济与文化全方位民族危机之中有关。他剀切地说："且今日读经之要，又过往昔，在昔异族文化，低于吾华，故其入主中原，渐为吾化，今则封豕长蛇之逞其毒者，乃千百倍于往日，如我学人，废经不习，忘民族之大闲，则必沦胥以尽，终为奴虏而已矣。有志之士，安得不深长思哉！"③

章太炎一生最为景仰的顾炎武尝言："天下兴亡，匹夫有责。"自古以来，儒家一直将"国家"与"天下"两个范畴严格区分。历史上"国家"之兴亡不过是一家一姓之陵替，"天下"这一概念则不同。"天下"不仅是一政治概念，而且是一地理之概念，更重要的还是一文化概念。"天下"表征的是一种民族文化，是一个民族安身立命的根本标识。"天下"灭亡，意味着一个民族文化标识的寿终正寝。正因为如此，晚年的章太炎才会四处奔波，高喊："不读史书，则无从爱其国家。"④"仆老，不及见河清，唯有惇诲学人，保国学于一线而已。"⑤章太炎之吁喊，

---

①②③⑤《章太炎政论选集》下册，北京：中华书局 1977 年版，第 863、862—868、863、827 页。
④ 章太炎：《历史之重要》，载《制言》第 55 期。

已有先儒"存亡继绝"、"续命河汾"之深意。国学存，则民族文化血脉存。像章太炎这样在五四新文化运动时期猛烈批孔反儒、在五四新文化运动之后又反思自我、在思想上经历了否定之否定心路历程者大有人在，甚至可以说当时绝大多数"先进的中国人"经历了这一从批判到反思、再到辩证认识的心路历程。譬如，胡适早年主张"全盘西化"，呼吁批孔，"搥碎，烧去"[①]，晚年却一再申明："有许多人认为我是反孔非儒的。在许多方面，我对那经过长期发展的儒教的批判是很严厉的。但是就全体来说，我在我的一切著述上，对孔子和早期的'仲尼之徒'如孟子，都是相当尊崇的 …… 我不能说我自己在本质上是反儒的。"[②] 在五四新文化运动的先驱者中，钱玄同可以说是一员骁将，多次撰文呼吁废除汉字，实行"汉字之根本改革的根本改革"。[③] 不仅如此，对历史上的孔子与儒教，他呼吁要"摔破，捣烂，好叫大家不能再去用它"。[④] 但是，在1926年4月8日致周作人的信中，他对待孔子和传统文化的心态已趋向平和、宽容："前几年那种排斥孔教，排斥旧文学的态度狠应改变。"[⑤] 陈独秀在五四新文化运动中叱咤风云，名盛一时。他早年曾断言："倘以旧有之孔教为是，则不得不以新输入之欧化为非。新旧之间，绝无调和两存之余地。"[⑥] 但是，晚年陈独秀又撰文指出：在现代知识的评定之下，孔子思想仍有其现代价值。"在孔子积极的教义中，若除去'三纲'的礼教，剩下来的只是些仁、恕、忠、信等美德。"[⑦] 风云变幻，世事如棋。在尘埃落定的五四新文化运动之后，当时的绝大多数中国知识分子进入了集体反思之中。因为如果不能从片面激愤地批评中国传统文化的心结升华到对传统文化有一全面和辩证的认识、甚至"同情之理解"，就无法在知识和人格上实现自我超越。可喜可贺的是，当时绝大多数中国知识分子已实现了这一内在的自我超越。

---

① 《胡适文集》2，北京：北京大学出版社1998年版，第610页。

② 唐德刚：《胡适口述自传》，桂林：广西师范大学出版社2005年版，第246页。

③④ 《钱玄同文选》，成都：四川文艺出版社2010年版，第137、61页。

⑤ 《钱玄同文集》第6卷，北京：中国人民大学出版社1999年版，第75页。

⑥ 《独秀文存》，合肥：安徽人民出版社1987年版，第660页。

⑦ 《陈独秀文章选编》下，北京：生活·读书·新知三联书店1984年版，第531页。

第七章

友

第一节 “友”观念的起源

“创造和使用文字，是人类的一种特殊能力。文字作为文化的主要载体和社会交往的主要媒介，既是文化发展的历史成果，又随着社会变迁而不断演变。”① 就“友”字而言，从字面看来，人们可能会说这是“朋友”的“友”，或是“友谊”的“友”。这种理解虽然有道理，但不够全面，不全面的原因在于我们没有去探其源、寻其流。接触到更多资料之后，我们才逐渐发现“友”的天地是一个不断拓展的世界，它反映了人类历史的某些变迁，是中国思想史领域的重要理念之一。

一 “友”的文字学探源

从已有资料来看，“友”既是特定的人称，也用于表达伦理规则。现代人一般将“友”认定为朋友或朋友间的伦理规范。在先秦的早些时候，“友”的内涵与现代的含义有所差别。有些学者认为：“友”的古义为同族的人、僚属或同僚。在一些文献中，“友”与君臣之道联系密切。在《尔雅·释训》中，“善兄弟为友”。在这个解释中，“友”可指称兄弟间的相处规范。上述不同的解释不禁使人感到好奇：看似简单的一个“友”字，怎会产生如此多的内涵呢？这难道与“友”的造字及原始含义有关？下文的内容能否揭开“友”字的奥妙呢？

在甲骨文中，“友”写作“”，从二“又”（手），构形不明，用作人名之组成部分时为借音字。从“友”的字形看，两手相依，似两人在共同做事，我们可以简单推断它有“互助”的含义，代表了亲密的人际关系。一些学者就以“善兄弟为友”来说明“友”指手足兄弟，但“兄弟”一说很可能是后起的引申义。单独分析甲骨文中的“又”（手），其像右手之形，罗振玉指出：“卜辞中左右之右，福祐之祐，有亡之有，皆同字。”②“又”字，在甲骨文中用作“侑祭”之“侑”时为借音字，对先王和自然神进行侑祭是为了求得福佑和好年成。殷代卜辞常见“受又”一词，意思

① 王利华：《周秦社会变迁与“友”的衍化》，载《江西社会科学》2004 年第 10 期。
② 于省吾：《甲骨文字诂林》第 1 册，北京：中华书局 1996 年版，第 877 页。

是受到神灵的佑助,若借用罗振玉等人的考证,"友"为二"又"(手)连列,可解释为"相互帮助"。

《说文解字注》释"又"为"手"。"又"是"右"之初文,王力认为助人以手,"右"的本义应是"以手相助"。"友"从二"又"(手),"友"的本义即是"两手相助"。"友"作"帮助"之义,在《孟子》、《荀子》等文本中可见,如《孟子》曰:"乡田同井,出入相友。"①

"友"可用作官名、人名,如"中友父";或作为对人的尊称,如"友邦君"、"友邦冢君"。从"友"的本义出发,"'友'引申出'亲爱、友好'义(多用于兄弟之间)和'志趣相投的人'义,在此基础上,'亲爱、友好'义又引申出'和顺'义,'志趣相投的人'义又引申出'交友'义"。②"友"的"亲爱、友好"义常见于兄弟之间,兄弟间更离不开互相帮助。

《说文解字注》记载:"同志为友。从二又相交。"③"周礼注曰。同师曰朋。同志曰友。"④可见"同志曰友"为当时学者所采纳,"友"为拥有共同志向的人群。清代段玉裁注解说:"二又、二人也。善兄弟曰友。亦取二人而如左右手也。"⑤段玉裁认为"友"是以善对待兄弟,有"友爱"义。许慎与段玉裁对"友"的解释已接近"友"的现代含义。

由上述内容我们已经了解到"友"的本义为"两手相助",作"帮助"讲,那么它的其他含义在文献中有哪些表现?又出现了怎样的变化呢?

二 "友"的字义变迁

(一)"族人"与"僚属或同僚"

童书业解释"士有隶子弟"与"士有朋友"时说:士一般无家臣,以子弟为仆隶,类似于臣。但是,他也说"隶"可能为"亲族隶属"之义。朋友应是士之宗族成员,朋友即"隶子弟"。他举铜器铭文作例证,说"朋友"意为"族人"。"朋"字有"比"、"类"、"党"等含义,"'善兄弟为友',则'朋友'古义为族人"。《毛公鼎铭》'以乃族干吾王身'……作'以乃友干吾王身',二器同时,可证'朋友'古义为

---

① 焦循:《孟子正义》上,北京:中华书局2015年版,第386—387页。
② 吴峥嵘:《"朋"与"友"的词义发展》,载《信阳师范学院学报(哲学社会科学版)》2005年第2期。
③④⑤ 许慎撰,段玉裁注:《说文解字注》,上海:上海古籍出版社1988年版,第116页。

族人。"①

鲁庄公二十二年（前672），陈国公子完（字敬仲）逃亡到齐国，齐桓公想让敬仲做卿，敬仲以《诗经》所云辞谢说："翘翘车乘，招我以弓。岂不欲往，畏我友朋。"于是，敬仲做了一个小官工正（管理工匠的官）。童书业认为此处"友朋"是"族人"之义，指陈国的同族。至于为什么"友朋"是敬仲的族人，童书业并未作出详细解释。如果我们留心一下诗中的"畏"字，一个"畏"字已足够说明敬仲的友朋可以指摘他的言行，友朋有责善之职，否则他因何生畏呢？当然敬仲心中已有不做卿的决断，引《诗经》作答是他委婉谢绝齐侯的方式。

孔子说："不学诗，无以言。"②孔子也说过："诵《诗》三百，授之以政，不达；使于四方，不能专对，虽多，亦奚以为？"③对于孔子的这两句话，我们该如何理解？结合敬仲对《诗经》的巧妙运用，我们可知这是古人在重要场合交流的一种方式。《诗经》中已含人情礼仪、治国安民之道，善于使用《诗经》的人可以恰当地表达自己的意见而不至于招辱，能够避免承受对方的不愉快甚至愤怒。难怪孔子希望学生在理解《诗经》内涵的基础上，出使四方时能做到以《诗经》专对。通过对传统文化的学习，我们感到古人言语的方式比现代人更委婉一些。在孔子的时代及其以前有以《诗经》作答的传统，《荀子》一书大量引用《诗经》也是十分明显的。

除了提到"朋友"的古义为"族人"，童书业又指出："'友'如非指族人，即指僚属或同僚。"④从童书业的论述中我们不难看出："朋友"早期的含义不容易确定，但大体可以归为"族人"和"僚属"两类。

（二）"兄弟"之称

先秦之前，"友"曾指兄弟间的亲属关系，这一看法在一些学者的论述中经常出现。在西周的青铜器铭文中，有一类与器主关系较密切的人 —— "友"（或"朋友"）。朱凤瀚解读西周青铜器铭文并比照《左传》等书，得出西周时期"友"或"朋友"指同一家族的亲属，亲兄弟也在"朋友"一词中，由于"西周器铭未见朋友、兄弟并称者，当是亲兄弟亦包含在朋友之称中"。⑤

钱宗范则认为"朋友"当不包含亲兄弟。他说：我们今日所用"朋友"一词的

---

① ④ 童书业：《春秋左传研究》，北京：中华书局2006年版，第111、111页。
② 程树德：《论语集释》四，北京：中华书局2014年版，第1505页。
③ 程树德：《论语集释》三，北京：中华书局2014年版，第1161页。
⑤ 朱凤瀚：《商周家族形态研究》，天津：天津古籍出版社1990年版，第311页。

原始意义,在古代是指同族内的弟兄。他进一步解释说:朋友的亲属关系远于亲兄弟而近于绝族之人(族人者谓"绝族者"),"朋友"应当为同宗之弟兄。对"朋友"的原始意义作过阐释后,钱宗范认为先秦文献中作现代意义解释的"朋友"并非其本义,宗族制度解体、不同宗族之间的人频繁接触才是此类"朋友"含义出现的原因。

王利华说西周铭文提到的人称,除了"友"与"朋友",还有父母、祖先、子孙,有时提到同僚(如卿事、师尹)和姻亲,都属于关系亲密的人,这些人群"要么是同姓亲属,要么就是异姓亲戚"。[①]他把"友"归到了同姓亲属与异姓亲戚中。

(三)"群臣"之义

同样是探讨"友"的含义,学者们的意见却并不一致,究竟哪一种解释更接近客观史实呢?接下来我们不妨去找寻一些相关证据。童书业曾以铭文解释"友"的含义,认为"友"与"族"含义接近,"友"与"族"的地位比较重要。虽然两器同时存在,但以此推断"友"与"族"为同一含义是不是有些勉强?若想归纳"友"的具体含义,需要从青铜器铭文读起。

王孙遗者钟记载:"用乐嘉宾父兄,及我朋友。"在此处"父兄"与"朋友"同时出现,表明"朋友"并不指称兄弟关系。"友"和"朋友"在春秋之前究竟指哪一类人群,就研究者的说法来看,似都有漏洞,唯童书业的"'友'如非指族人,即指僚属或同僚"一说较为中肯。结合"友"的本义分析,我们暂作猜测:"友"指的是较亲密的人群,可指兄弟间的亲密关系,也有"僚属或同僚"的含义。"孝"、"友"二字连用,当取"友"的延伸义"友爱"讲。如果这个论断成立,《诗经》《左传》《郭店楚简》等文献所涉及的友朋内容,才能被顺利解释。

在《诗经》的篇章里看不出"友"有"同族亲属"的含义,有时它与"兄弟"次第出现,如《沔水》所述"嗟我兄弟,邦人诸友"。[②]《诗经》谈到的"友"是脱离血亲关系的一类人。自天子以及庶人,未有不须友以成,"相彼鸟矣,犹求友声。矧伊人矣,不求友生"。[③]朋友有规劝之责,"朋友攸摄,摄以威仪"。[④]《沔水》的作者劝告朋友要警惕和提防谗言兴起。在《诗经》中,"友"还有"善兄弟为友"的含义,"张仲孝友"[⑤]中的"友"可解释为"友爱",《皇矣》称赞王季对兄友爱,诗人说"维此王季,因心则友。则友其兄"。[⑥]

西周的青铜器铭文中已出现了"诸兄"等词语。"兄弟"与"朋友"同时出现的情况见于春秋早期的"贩叔多父盘铭",铭文将"朋友"列在"师尹"之后、"兄弟"

---

① 王利华:《周秦社会变迁与"友"的衍化》,载《江西社会科学》2004年第10期。
②③④⑤⑥ 方玉润:《诗经原始》下册,北京:中华书局1986年版,第374、335、511、361、489页。

之前。这里的"朋友"显然与亲属无关，只是地位略次于"师尹"的一类人，铭文的内容倒与"天子有公，诸侯有卿，卿置侧室，大夫有贰宗，士有朋友"①的顺序相符，而且在诗经里"朋友"作为臣属之义出现的次数较多。《诗·假乐》云："燕及朋友。"②

吕思勉先生认为"朋友"的古义是"群臣"，君臣的关系近似于朋友。"《毛传》曰：'朋友，群臣也。'此古义也。"③《史记·廉颇蔺相如列传》记载赵国宦官令缪贤说："臣尝从大王与燕王会境上，燕王私握臣手，曰'愿结友'。"此处的"友"即互助的朋友。

鲁桓公二年（前710），师服曰："天子建国，诸侯立家，卿置侧室，大夫有贰宗，士有隶子弟。"④杨伯峻称："'士'自以其子弟为隶役。'士'自是'宗子'（家长）。"在周代，"士"是贵族等级制度中最低的一个等级，以子弟为仆隶。随着时代的变迁，"朋友"取代了"隶子弟"。鲁襄公十四年（前559），师旷曰："天子有公，诸侯有卿，卿置侧室，大夫有贰宗，士有朋友。"我们将两则史料对比来看，不难发现"士有隶子弟"与"士有朋友"表达的是相近的含义，"隶子弟"与"朋友"都有辅助士的职责。

杨伯峻在《春秋左传注》"士有朋友"下指出："桓二年《传》云'士有隶子弟'，似此'朋友'即指'隶子弟'。以桓二年《传》'各有分亲'及此下文'皆有亲昵'推之，朋友一词，非今朋友之义。或其同宗，或其同出师门。"⑤王志在《〈左传〉'士有隶子弟'献疑》中说："士有隶子弟"的"隶子弟"也指前来依附于"士"的其他家族的子弟（不排除自家子弟）。郭守信指出："朋友不是今天意义上之朋友，同样，隶子弟也绝不是限于血缘关系的子和弟，而是古代社会特有的概念，反映的是一个特定的历史阶段发生的人际关系。"⑥《大戴礼记·曾子制言》称："父母之仇，不与同生；兄弟之仇，不与聚国；朋友之仇，不与聚乡；族人之仇，不与聚邻。"⑦这句话将朋友列在兄弟之后、族人之前，表明朋友比族人更亲近一些，由于"士"的职业、身份不一，不排除"朋友"是指同一师门的弟子。

（四）志趣相投之友

春秋以后，见于文献的"友"主要指志趣相投、联系密切的人群。《庄子》记载

①⑤ 杨伯峻：《春秋左传注》三，北京：中华书局2009年版，第1016—1017、1017页。

② 王先谦：《诗三家义集疏》下，北京：中华书局1987年版，第897页。

③ 吕思勉：《吕思勉读史札记》上，上海：上海古籍出版社2005年版，第241页。

④ 杨伯峻：《春秋左传注》一，北京：中华书局2009年版，第94页。

⑥ 郭守信：《"士有朋友"——古代社会人际关系初探（上）》，载《文化学刊》2007年第3期。

⑦ 王聘珍：《大戴礼记解诂》，北京：中华书局1983年版，第91页。

了这样一个故事：老聃病终，秦失前去吊唁，哭了几声就出来了。弟子问：您的吊唁这样简单，难道老聃不是您的朋友吗？秦失说：他是我的朋友。来到人世时，老聃应时而生；离开人世时，他顺理而去。"安时而处顺，哀乐不能入"[①]，这是我和老聃对生命共有的认识，因此我可以这样吊唁他。《庄子》记载：子祀、子舆、子犁、子来聚到一起谈论说：谁能把"无"当成头，把"生"当作脊梁，把"死"当作尾骨，谁能认识到死生存亡是一体的，我们就和他交朋友。说完他们相视而笑、彼此心意相通，于是结为朋友。这样的事例在古代文献里并不鲜见，对于其涉及的朋友之道将在其他章节中展开具体的阐述。

综上所述，作为特定人称的"友"或"朋友"，其含义经历了一定的变化。由典籍可证："友"最初可指互助、共事的一类人，或指兄弟间的亲属关系。随着周代社会的历史变迁，"友"或"朋友"进一步指称同僚或僚属。士友关系逐渐瓦解时，"友"的当代义浮现，指有共同志向的人群。

---

① 陈鼓应：《庄子今注今译》上册，北京：商务印书馆 2016 年版，第 124 页。

第二节 "以友辅仁"：《论语》的"友"观念

孔子的"友"观念奠定了儒家朋友一伦的基本内涵，"友直、友谅、友多闻"等品质是朋友的道德品格，"切切偲偲"、"言而有信"是朋友间的相处规范，"以友辅仁"则是友朋之道的归宿。孔子的"友"观念对后世儒家友朋观的形成影响深远，《郭店楚简》的"君子之友也有向，其恶有方"与孟子的"友其德"的主张继承并发展了孔子的相关思想。

《论语》一书中有不少富有开创性的思想，其中士的精神影响了后代士阶层精神品格的塑造，"以友辅仁"则奠定了中国传统文化中朋友一伦的基本内涵，朋友切磋互益，使彼此渐入仁道。"仁"为孔子学说的核心思想。孟子说："仁也者，人也。合而言之，道也。"[1]"以友辅仁"，此处的"友"便不寻常，它以具有优良的品性与"仁"相衬。

《论语》一书对"朋友"多有论述。有学者分析："友"出现的次数最多，有二十七次；"朋"次之，有九次；"朋友"连用有八次。[2]孔门弟子之间互称"友"。在《论语》中，"友"有时也作"帮助"讲。《论语》中的"朋友"有时与"士有朋友"中"朋友"的含义相同，但这并不影响我们对孔子友朋观的理解。"朋友之馈，虽车马，非祭肉，不拜"[3]，可见古时朋友有通财之义。《白虎通疏证》记载："朋友之际，五常之道，有通财之义，振穷救急之意，中心好之，欲饮食之，故财币者，所以副至意焉。《礼士相见经》曰'上大夫相见以雁，士冬以雉，夏以脯'也。"[4]在《论语》中，孔子说："朋友死，无所归，曰：'于我殡。'"[5]这看似普通的行为却体现出孔子对朋友的仁至而义尽。

以《论语》的"有朋自远方来，不亦乐乎"为例，毛奇龄曰："同门曰朋。"[6]他认为"朋"可能是同在某贵族门下或同一师门的人。朱熹注："朋，同类也。自远

---

① 焦循：《孟子正义》下，北京：中华书局 2015 年版，第 1053 页。

② 侯步云：《论孔子的交友之道》，载《西北大学学报（哲学社会科学版）》2008 年第 3 期。

③⑤ 程树德：《论语集释》二，北京：中华书局 2014 年版，第 932、931 页。

④ 陈立：《白虎通疏证》上，北京：中华书局 1994 年版，第 358 页。

⑥ 程树德：《论语集释》一，北京：中华书局 2014 年版，第 7 页。

方来，则近者可知。程子曰：'以善及人，而信从者众，故可乐。'"① 朱熹将"朋"注解为"同类"，并认为"以善及人"是"信从者众"的原因之一。清代刘宝楠解释说："弟子至自远方，即'有朋自远方来'也。'朋'即指弟子。"② 杨伯峻以"志同道合的人"解释"朋"。钱穆对"朋"的释义与朱熹、杨伯峻的注解类似："朋，同类也。志同道合者，知慕于我，自远来也。"③ 无论从考据入手，还是着眼于义理，因"朋"指示的人群与孔子有交流的共通点，故精神可乐。

一 "益者三友，损者三友"

先看朋友的品格，"益者三友，损者三友"里的"友"为"辅助"义，我们把"直"、"谅"、"多闻"理解为益友的标准也是合适的。直，正直；谅，"信"，即守信；多闻，见闻广博。孔子说：有三类品质对人有帮助，有三类品行则于人有损。有益的三类品质分别为"直"、"谅"、"多闻"，而有害的三类品行是"便辟"、"善柔"、"便佞"。

（一）直

"直"在《论语》中有多处论述，一共出现二十二次，多有"正直"之意。《论语》中有最具初始义的"人之生也直"④，有表达人格品质的"质直"，也有处世意义的"以直报怨"和"直道而事人"。"直"反映了人性的本质特征，冯友兰称："孔子注重人之有真性情，恶虚伪，尚质直；故《论语》中屡言直。"⑤

包含真实、直率、坦诚品格的"直"是"仁"的基本要求，也是儒家提倡的德性之一。"直者，诚也。诚者内不自以欺，外不以欺人。《中庸》云：'天地之道，可一言而尽也。其为物不贰，则其生物不测。'不贰者，诚也，即直也。天地以至诚生物，故《系辞传》言《乾》之大生，静专动直。专直皆诚也。不诚则无物，故诚为生物之本。人能存诚，则行主忠信，而天且助顺，人且助信，故能生也。若夫罔者，专务自欺以欺人，所谓自作孽不可活者。非有上罚，必有天殃，其能免此者幸尔。"⑥ 刘氏正义将"直"解释为"诚"，友"直"即是友"诚"。《郭店楚简》称"凡人伪为可恶"⑦，虚伪会贪吝，贪吝会算计，算计之人就不要与之交往了。

① 朱熹：《四书章句集注》，北京：中华书局 2012 年版，第 47 页。
② 刘宝楠：《论语正义》上，北京：中华书局 1990 年版，第 4 页。
③ 钱穆：《论语新解》，北京：生活·读书·新知三联书店 2005 年版，第 4 页。
④⑥ 程树德：《论语集释》二，北京：中华书局 2014 年版，第 517、519 页。
⑤ 冯友兰：《中国哲学史》上，苏州：古吴轩出版社 2021 年版，第 45 页。
⑦ 李零：《郭店楚简校读记》，北京：中国人民大学出版社 2007 年版，第 138 页。

"直"与"诚"是孔子看重的"益友"的特征。孔子回答子张关于"达"之义时说："质直而好义,察言而观色,虑以下人。"[①] 与之相对的"闻"则"色取仁而行违,居之不疑"[②],邦家有闻的人"巧言、令色、足恭"。孔子赞许三代"直道而行",反对"便辟"、"善柔"、"便佞"的恶行。他说:我若对人有所赞誉,一定是见证了他的作为,不会随便毁誉别人。

此外,"直"还有哪些表现呢?《礼记》记载:君子"于有丧者之侧,不能赙焉,则不问其所费;于有病者之侧,不能馈焉,则不问其所欲;有客不能馆,则不问其所舍"。[③]君子诚以待人,不以巧言与人交往。

"直"、"谅"、"多闻"等优秀品质是贤友所具备的。孔子很看重友之"贤",他提到的"益者三乐"就包括了"乐多贤友",因而我们就不难理解"有朋自远方来,不亦乐乎"这句话的深意了。朋友相互切磋、见贤思齐,使自己的学问、道德得以进步和提高。

(二)多闻

"多闻"、择其善从之是孔子认为的一等"知",多见而识是"知之次"。多闻、明察、慎言有助于避免失误,是出仕的行为方法。"多闻阙疑,慎言其余,则寡尤;多见阙殆,慎行其余,则寡悔。"[④]"多闻"包括向古人的思想学习。孔子信而好古,曰:"我非生而知之者,好古。"[⑤]孔子"好古"与孟子"尚友"的思想一致。"以友天下之善士为未足,又尚论古之人,颂其诗,读其书,不知其人可乎?是以论其世也。是尚友也。"[⑥]在孟子看来,"尚友"即与古圣贤为友。

当然,仅"多闻"并不够,还需博学、审问、慎思、明辨。子贡问"贫而无谄,富而无骄"时,孔子给出了"未若贫而乐,富而好礼"[⑦]的答案;接着子贡说"如切如磋,如琢如磨",孔子赞许他说:"赐也,始可与言诗已矣,告诸往而知来者。"[⑧]"如切如磋,如琢如磨"正是治学的正确态度,学者须不拘泥于已得、已知,应"告诸往而知来者",避免"学而不思则罔"。子贡虽然比较用功,但还是不及颜回,连孔子也说自己不如颜回。王阳明说:"子贡多学而识,在闻见上用功,颜子在心地上用功。"[⑨]因此,子贡闻一以知二,而颜回闻一以知十。

(三)无友不如己

孔子说:"无友不如己者。"[⑩]"如"即"似"。这句话是讲不要和不似己的人交

---

①② 程树德:《论语集释》三,北京:中华书局 2014 年版,第 1120、1121 页。

③ 孙希旦:《礼记集解》下,北京:中华书局 1989 年版,第 1316 页。

④⑦⑧⑩ 程树德:《论语集释》一,北京:中华书局 2014 年版,第 149、70、72、44 页。

⑤ 程树德:《论语集释》二,北京:中华书局 2014 年版,第 619 页。

⑥ 焦循:《孟子正义》下,北京:中华书局 2015 年版,第 726 页。

⑨ 王守仁著,施邦曜辑评:《阳明先生集要》上,北京:中华书局 2008 年版,第 84 页。

友。朋友是志同道合之人，而孔子认可的志同道合的人是"就有道而正"①者。他说："道不同，不相为谋。"②《郭店楚简》主张"君子之友也有向"，"同兑（悦）而交，以惪（德）者"③，更是充分肯定了《论语》的交友之道。朋友间的"同悦"是"理义之悦我心"的"悦"，不是随意与一个路人交往所能达到的，因而孔子说颜回"于吾言无所不说"。④

"无友不如己"，简单的五个字，引来了众多学者的围观和辨析。若经典的含义不容易把握，那么我们不妨尝试从它所在的文本或相近时代的思想家的论述中找到佐证。《论语》记："樊迟请学稼。子曰：'吾不如老农。'请学为圃。曰：'吾不如老圃。'"⑤芸芸众生，职业不同，各有所专，孔子"志于学"的学问则在于人道。孔子之学多论人之情性。孔子并不擅长稼、圃之学，因而他认为樊迟应求教于懂得此业的人。子夏说："虽小道，必有可观者焉；致远恐泥。"⑥"小道"恐不能致远，因而君子不为。只有理解了"如"的字义，才算真正了解了"无友不如己"的含义。择友如择师，君子要与以"道"为追求的贤德之人交往，学问才能日见精进。恕道在交友中也起到了积极作用，孔子提出了具体的实践方法。他说：我希望朋友怎样对我，我就先那样对待朋友，努力实践日常的德行，言语谨慎，做到言行一致。人们须在交往中"反求诸己"，知己然后知人。

由于"诚者，君子之所守"，"独行而不舍"，故"君子和而不同"⑦，"周而不比"，"易事而难说"。⑧士的精神决定了友的取舍。理解了士的品格，也就明白了儒家的友朋之道和志士仁人的交友准则。孔子奠定了"士"的基本品格，譬如："士志于道。""士而怀居，不足以为士。""行己有耻，使于四方，不辱君命。""志士仁人，无求生以害仁，有杀身以成仁。""知有不该求生时，自知有不避杀身时。杀身成仁，亦不惜死枉生。"⑨孔子也有关于自身修养的言论，譬如："言忠信，行笃敬。""不怨天，不尤人。""躬自厚而薄责于人。"

颜渊问为邦，孔子说"放郑声，远佞人"。郑声淫乱，佞人危险，因而须远离。孔子说臧文仲是一个窃居官位的人，私心独据，"知柳下惠之贤而不与立"。这样的人也是孔子所厌恶的。君子有恶，"恶称人之恶者，恶居下流而讪上者……恶讦以为直者"。⑩《郭店楚简》记载：唯君子能好其匹，小人岂能好其匹。故君子

---

① 程树德：《论语集释》一，北京：中华书局2014年版，第67页。
②⑥⑩ 程树德：《论语集释》四，北京：中华书局2014年版，第1451、1682、1599—1600页。
③ 刘钊：《郭店楚简校释》，福州：福建人民出版社2005年版，第91页。
④⑤⑦⑧ 程树德：《论语集释》三，北京：中华书局2014年版，第963、1156、1205、1208页。
⑨ 钱穆：《论语新解》，北京：生活·读书·新知三联书店2005年版，第402—403页。

之友也有向,其恶有方。此以迩者不惑,而远者不疑。《诗》云:"君子好逑。"①"匹"的含义为"同道朋友"。孔子说:只有君子能喜欢朋友纠正自己的失误,所以君子同谁交友是有准则的,厌恶谁也是有道理的。君子不与小人交往。

子曰:"巧言、令色、足恭,左丘明耻之,丘亦耻之。匿怨而友其人,左丘明耻之,丘亦耻之。"②花言巧语、伪善的容貌、十足的恭顺,孔子认为这样是可耻的。"便辟"、"善柔"、"便佞"的朋友同"巧言、令色、足恭"的人都是"鲜仁"之人,不是孔子认可的交往对象。内心隐藏着对他人的怨恨,表面上却与人友好,是非常可耻的。子曰:"巧言令色,鲜矣仁!"③孔子希望弟子远离"巧言令色"的一类人,因为他们不是志士仁人,郑声可乱雅乐,与他们交往是有害的,巧言足以乱德,利口足以倾覆国家。孔子说:"乡原,德之贼。"乡原,即"乡愿"。乡愿是什么样的人呢?孟子说:"阉然媚于世也者 …… 非之无举也,刺之无刺也,同乎流俗,合乎污世,居之似忠信,行之似廉洁,众皆悦之,自以为是,而不可与入尧舜之道。"④这种人八面玲珑、四处讨巧,看似近于中庸之道,其实媚世附和、不分是非,"枉道而事人"⑤无以立。孔子最厌恶这类巧言令色的人。

柳下惠"直道而事人"⑥,因而孔子称赞他"不得中行而与之,必也狂狷"。⑦狂者进取,狷者有所不为,而乡愿既不得中庸之道,又毫无原则,实属乱朱之紫,遭人唾弃。与其虚伪地迎合众人的喜好,不如乡人之善者好之、不善者恶之。孟子与戴不胜曾有一段对话。孟子说:"在于王所者,长幼卑尊皆薛居州也,王谁与为不善?"⑧无论君主还是志士仁人,身处的人群对其道德的修养会产生潜移默化的影响,因而交友不可不慎。

子夏门人曾问"交"于子张。子张曰:"异乎吾所闻。君子尊贤而容众,嘉善而矜不能。我之大贤与,于人何所不容?我之不贤与,人将拒我,如之何其拒人也?"⑨

在这里,子张以"君子"为例,认为君子的品格是能"容众"的,也就是说"君子"交往的范围比较宽泛,既与贤人交友,也和普通人交往。子张的交友之道不是说"大贤",就是说"不贤",而没有提到处于"大贤"与"不贤"之间的平常人。平常之人是"近朱者赤,近墨者黑",易受益友之益,也易受损友之损。所以,对于

---

① 刘钊:《郭店楚简校释》,福州:福建人民出版社 2005 年版,第 51 页。
②③ 程树德:《论语集释》一,北京:中华书局 2014 年版,第 449、21 页。
④ 焦循:《孟子正义》下,北京:中华书局 2015 年版,第 1108—1110 页。
⑤⑥⑨ 程树德:《论语集释》四,北京:中华书局 2014 年版,第 1614、1614、1677 页。
⑦ 程树德:《论语集释》三,北京:中华书局 2014 年版,第 1199 页。
⑧ 焦循:《孟子正义》上,北京:中华书局 2015 年版,第 472 页。

平常人来说，交友不能不慎。

讲到这段话时，蔡邕的《正交论》解释说："子夏之门人问交于子张，而二子各有所闻乎夫子。然则其以交诲也，商也宽，故告之以距人；师也褊，故告之以容众。各从其行而矫之。"[①] 蔡邕在此关注的是孔子教学的变通性，即针对不同性格的弟子采取不同的教诲。实际上，子张谈论的君子近于圣人，"于人何所不容"？"昔者舜之治天下也，不以事诏而万物成。"[②] 圣人胸怀宽广，"养一之微，荣矣而未知"。[③]

《说苑·杂言》记载：子夏喜欢与比自己贤能的人交朋友，而子贡喜欢与不如自己的人来往，难怪孔子谈"为仁"时，对子贡讲"事其大夫之贤者，友其士之仁者"。[④] "好与贤己者处"是子夏为人的特点之一，与比自己贤能的人交朋友，在无形中可以提升自己。孔子认为子夏会不断进步的原因就在于此。

二 "切切偲偲"与"言而有信"

具备了"直"、"谅"、"多闻"等品质的朋友应做些什么呢？《论语》论"朋友"，有时将其与"君"、"兄弟"同举。例如："事君数，斯辱矣。朋友数，斯疏矣。"[⑤] 把"君"、"朋友"放在一起讲，可见此两伦较为接近。"古称此两伦以人合。"[⑥] 对待朋友与事君有相似之处，就在于这两种人际关系的联结都比较疏松，但又以"道"相合。

（一）"责善"与"不可则止"

与朋友交往要有度，不可过于琐屑。见朋友有过错，规劝太多只会使彼此疏远。为了更加亲近朋友，屡次夸耀自己的功劳和长处也是不合适的。"处朋友务相下，则得益，相上则损。"[⑦] 子贡问"友"于孔子，子曰："忠告而善道之，不可则止，毋自辱焉。"[⑧] 事君也是一样，子曰："所谓大臣者，以道事君，不可则止。"[⑨] 兄弟与朋友不同，把"朋友"与"兄弟"放在一起讨论可以更好地突出各自的特征。子路问"士"于孔子，子曰："切切偲偲，怡怡如也，可谓士矣。朋友切切偲偲，兄

①④ 程树德：《论语集释》四，北京：中华书局 2014 年版，第 1677、1385 页。
②③ 王先谦：《荀子集解》下，北京：中华书局 2013 年版，第 472 页。
⑤ 程树德：《论语集释》一，北京：中华书局 2014 年版，第 364 页。
⑥ 钱穆：《论语新解》，北京：读书·生活·新知三联书店 2005 年版，第 107 页。
⑦ 王守仁著，施邦曜辑评：《阳明先生集要》上，北京：中华书局 2008 年版，第 46 页。
⑧⑨ 程树德：《论语集释》三，北京：中华书局 2014 年版，第 1132、1022 页。

弟怡怡。"① 孔子认为朋友应互相督促，兄弟之间应和顺相处。朋友以义处，既需相互责善，又要把持有度，"不可则止"；兄弟以恩处，则需彼此亲爱、和睦。这就是说，处朋友以切磋，处兄弟以和悦。

孔门弟子虽在同一师门，观点却不一致，即使有争辩，也不影响同门的友谊，他们正是"朋友切切偲偲"的典型。身为吴国人的子游，在孔子周游列国期间拜孔子为师；子夏是卫国人，与子游年纪相仿，他们的才能难分伯仲，有争辩也在所难免。一天，子游批评子夏说："子夏之门人，小子当洒扫应对进退，则可矣，抑末也。本之则无，如之何？"子夏反驳说："君子之道，焉可诬也？有始有卒者，其惟圣人乎！"②

（二）"朋友信之"

孔子谈到自己的志向时说愿"朋友信之"，可见"信"在朋友交往中非常重要。曾子也特别看重"信"的修养，把它作为每日克己省察的内容之一，说："吾日三省吾身：为人谋而不忠乎？与朋友交而不信乎？传不习乎？"③

首先，"信"是交友的原则。"信"即守信，一个人说出的话真实无妄，能够做到人己不欺、言行一致。孔子提出做人要"主忠信"，要求学生"入则孝，出则弟，谨而信，泛爱众而亲仁"④，期望学生通过孝、悌、信等德性品质逐渐接近"仁"的境界。对古人的重"信"作风，孔子十分重视。"人而无信，不知其可也。"⑤ 无"信"的人如同无辄的车一样。

"获乎上有道：不信乎朋友，不获乎上矣。信乎朋友有道：不顺乎亲，不信乎朋友矣。"⑥《中庸》将"朋友之交"作为"天下之达道"的内容之一，认为"信乎朋友"才能"获乎上"，才可治民，而做到使朋友信任，必先孝顺父母、友爱兄弟。孟子也说"朋友有信"。《大学》讲："为人君，止于仁；为人臣，止于敬；为人子，止于孝；为人父，止于慈；与国人交，止于信。"⑦ 可见"信"是先秦儒家朋友之道的准则。

《吕氏春秋》说："交友不信，则离散郁怨，不能相亲。"⑧ 历史上以信交友的事例俯拾皆是，如《后汉书·独行列传》记载了范式守信的故事。书中记载这件事发生在东汉初年，情节虽然离奇，但反映了东汉之士极重承诺。范式以"山阳死友"闻名于当世，奉行"厚施而薄望"，受到士人们的称赞。

---

① 程树德：《论语集释》三，北京：中华书局2014年版，第1213页。
② 程树德：《论语集释》四，北京：中华书局2014年版，第1699页。
③④⑤ 程树德：《论语集释》一，北京：中华书局2014年版，第24、34、163页。
⑥⑦ 朱熹：《四书章句集注》，北京：中华书局2012年版，第31、5页。
⑧ 许维遹：《吕氏春秋集释》下，北京：中华书局2009年版，第536页。

孟子非常重视"朋友有信",认为对朋友言而有信是得到君主信任的前提。孟子曰:"获于上有道,不信于友,弗获于上矣。信于友有道,事亲弗悦,弗信于友矣。"[1] 也就是说,"悦亲"才能"信于友","信于友"才能"获于上"。《中庸》讲"获乎上有道:不信乎朋友,不获乎上矣。信乎朋友有道:不顺乎亲,不信乎朋友矣"[2],同样认为得到朋友信任的前提是孝顺父母。

其次,"言而有信"是为学的内容之一。"与朋友交,言而有信。虽曰未学,吾必谓之学矣。"[3] 从子夏为学的态度可见《论语》主张的为学是知行合一的。子夏的为学还包括"贤贤易色;事父母,能竭其力;事君,能致其身"。[4] 孔子的"好学"包括"食无求饱,居无求安,敏于事而慎于言"[5],这些好学的举止体现着对人世的清醒认识,真实地践行了知行合一。能够坚持这样做的人才是真正的好学者。"颜回者好学,不迁怒,不贰过。"[6] 从这句话可以看出"好学"的内容还包括"不迁怒,不贰过",颜回的好学境界非常高,他不迁怒于人,"不贰过"也符合"改之为贵"的行为精神。

孔子说君子"主忠信"。[7] "忠"与孝慈有关,"孝慈,则忠"。[8] "信"则是与朋友相处的规范。"孝"、"慈"二字虽简易,但它们却是儒家的一对对立统一的伦理规范,分别是子、父的行为原则。人以群分,君子的修养也有几类境界,"忠信如丘者"不如好学之孔丘,反映了忠信是良好修养的组成部分,好学则比忠信高一个层次。

(三)"信近于义"

"中庸不仅是儒家学派的伦理学说,更是他们对待整个世界的一种看法,是他们处理事物的基本原则或方法论。"[9] "中庸之为德也,其至矣乎!"[10] 儒家的学说体系既以中庸的原则进行理论建构,那么仅谈"信"就不免流于偏执。有子曰:做到求信近"义"时,与人的约定才易履行。孔子曰:"言必信,行必果,硁硁然小人哉!抑亦可以为次矣。"[11]《孟子》曰:"大人者,言不必信,行不必果,惟义所在。"[12] 在孟子看来,"义"是"信"的指导原则,灵活把握"义"的所在是"大人"的能力。"义"的存在是为了调节"必信"的极端。孔子反省时说:"空空如也。我

---

① 焦循:《孟子正义》上,北京:中华书局 2015 年版,第 547 页。

② 朱熹:《四书章句集注》,北京:中华书局 2012 年版,第 31 页。

③④⑤⑦⑧ 程树德:《论语集释》一,北京:中华书局 2014 年版,第 38、38、67、43、154 页。

⑥⑩ 程树德:《论语集释》二,北京:中华书局 2014 年版,第 470、548 页。

⑨ 庞朴:《"中庸"平议》,载《中国社会科学》1980 年第 1 期。

⑪ 程树德:《论语集释》三,北京:中华书局 2014 年版,第 1195 页。

⑫ 焦循:《孟子正义》下,北京:中华书局 2015 年版,第 598 页。

叩其两端而竭焉。"①孔子此言阐明了他的思想方法即中庸之道,叩其两端,进而发现"义"的处所,即可拥有"至德"。

此外,子曰:"可与共学,未可与适道;可与适道,未可与立;可与立,未可与权。"②钱穆说:此"告人以进学之阶程"。③"权"的原则在孔子的论说中地位较重,"权"的本义是物之锤,掌握了"权"也就把握了"义"。孟子说:"男女授受不亲,礼也。嫂溺援之以手者,权也。"④他说:"执中无权,犹执一也。所恶执一者,为其贼道也,举一而废百也。"⑤荀子说:"与时屈伸……以义变应。"⑥

子曰:"君子贞而不谅。"⑦"贞"释为"真诚"。"谅"本义为"信",在这里可解释为"不择是非而必于信"。"不谅"的存在是为了调节"贞"这一道德。子贡曰:"管仲非仁者与?桓公杀公子纠,不能死,又相之。子曰:管仲相桓公,霸诸侯,一匡天下,民到于今受其赐。微管仲,吾其被发左衽矣。岂若匹夫匹妇之为谅也,自经于沟渎而莫之知也?"⑧齐襄公当政时,昏暴虐民,公子小白和公子纠为了避难而逃往其他诸侯国。鲍叔牙追随公子小白,管仲和召忽则跟随公子纠逃到鲁国。后来齐襄公被杀,公子小白回国做了国君,为齐桓公。为了防止公子纠与其争夺政权,他要求鲁国杀掉藏在那里的公子纠。召忽恪守臣道,为主人殉难。管仲不仅没有殉难,反而成为齐桓公的重臣。孔子高度肯定了管仲"一匡天下"以及开拓华夏文明的功绩,断然否定了死守臣道一类的"忠信",认为近乎"匹夫匹妇之谅"的做法是愚昧和毫无意义的。真正的儒者可以看透宇宙、时间的轮回,能够把握生命的意义与价值。士、士君子、明君子的知仁观、对交友的看法有异,"大人者"与小人对"信"的理解也不同。以"中道"来看待"信",方不辜负孔子对"信"的理解。"信"的理解和实行在于人,人的境界不同,对"信"的运用便不同,这一特征也是君子(大人)与小人的区别之一。

"信"为人类交往的美德和原则,"必信"则需"义"去调节,信,义之期也。⑨如能这样理解,便做到了对"信"的正确认识。

---

① ② 程树德:《论语集释》二,北京:中华书局 2014 年版,第 755、808 页。

③ 钱穆:《论语新解》,北京:生活·读书·新知三联书店 2005 年版,第 246 页。

④ 焦循:《孟子正义》上,北京:中华书局 2015 年版,第 561 页。

⑤ 焦循:《孟子正义》下,北京:中华书局 2015 年版,第 988—990 页。

⑥ 王先谦:《荀子集解》上,北京:中华书局 2013 年版,第 48 页。

⑦ 程树德:《论语集释》四,北京:中华书局 2014 年版,第 1448、1276—1279 页。

⑧ 程树德:《论语集释》三,北京:中华书局 2014 年版,第 1274—1279 页。

⑨ 刘钊:《郭店楚简校释》,福州:福建人民出版社 2005 年版,第 161 页。

三 "以友辅仁"

曾子曰："君子以文会友,以友辅仁。"[1]朱熹注:"讲学以会友,则道益明。"[2]朱熹把"文"解释为"讲学"。钱穆注:"文者,礼乐文章。君子以讲习文章会友。"[3]荀子曰:"贵本之谓文,亲用之谓理,两者合而成文,以归大一。"[4]荀子说的第一个"文"显然不是指文章,第二个"文"则是指礼仪。作"礼仪"讲的"文"也出现在《荀子·礼论》中的"凡礼,始乎梲,成乎文"[5]等语句中,"以文会友"的"文"可理解为"贵本"或礼仪之"仪"。"周监于二代,郁郁乎文哉!"[6]因为"礼"在孔子思想体系中的地位较重,君子以恰当的礼仪与朋友交游自是常理。"人有是,士君子也;外是,民也。"[7]《诗经》曰:"礼仪卒度,笑语卒获。"[8]这是说君子所行的礼仪都在法度的范围内,说笑等情性也释放得很恰当。"以友辅仁"的说法虽是曾子所提,鉴于孔子的交友思想与这一主张密切相关,因此也可将它视为孔子友朋观的内容之一。

因为益友具有"仁"的品质,所以能够辅我之"仁"。"友其士之仁者"是"为仁"的途径。孔子提到的"益者三友"、"无友不如己者"也是为"辅仁"做准备的。在子游的心目中,他的同门子羽就是"辅仁"之友。子游做武城宰时,有一次孔子问他在那里有没有得到什么人才,子游回答说:"有澹台灭明者,行不由径,非公事,未尝至于偃之室也。"[9]子游觉得子羽是一个可以委以重任的人才,能很好地辅助自己造福一方。子游又说:"只是这个有才能的君子很少见我,希望先生与他相见时,劝他时常来我这里,以便使我得到他的帮助。"孔子说:"他遇到公事肯定会来的。若你委任他做有益于地方的公事,他肯定不会推辞,用不着我相劝。"

友道何以辅"仁"?《中庸》称:"天下之达道五,所以行之者三:曰君臣也,父子也,夫妇也,昆弟也,朋友之交也。"[10]《孟子》说:"朋友有信。"朋友之间没有血缘关系,彼此以志同道合、以"信"相维系。此类人际关系相对疏松,非自然情感

---

① 程树德:《论语集释》三,北京:中华书局2014年版,第1133页。
②⑩ 朱熹:《四书章句集注》,北京:中华书局2012年版,第141、29页。
③ 钱穆:《论语新解》,北京:中华书局2013年版,第326页。
④⑤⑦ 王先谦:《荀子集解》下,北京:中华书局2013年版,第416、419、423页。
⑥ 程树德:《论语集释》一,北京:中华书局2014年版,第235页。
⑧ 方玉润:《诗经原始》下,北京:中华书局1986年版,第430页。
⑨ 程树德:《论语集释》二,北京:中华书局2014年版,第504页。

融汇而成，因而在交往中彼此须持有诚敬之心、恭敬之貌，承担起"切切偲偲"与"责善"的职责。友道承载了"仁"的重要内涵，如"直"、"诚"、"忠信"、"恭敬"等德性，志同道合的朋友有助于"仁"道的实现。

　　孔子的"友"观念虽说简易，但它给后世的"朋友"一伦划定了基本框架，提出了一系列问题，并给出了相应的答案，如朋友应具备何类善的品质、朋友如何相处互助。"师"、"弟子"虽不在五伦范围内，但在荀子以后的儒者著作中"师"、"友"时常并提，可见"师"、"弟子"也可归到"朋友"一伦中去讨论。孔子说："三人行，必有我师焉。"① 从宏观上讲，师亦在友中。由《论语》可见，"直"、"谅"、"多闻"等品质是朋友的德性，也是交友的前提，在"朋友切切偲偲"、"言而有信"的交往中彼此切磋、勉励，在享受精神之"乐"的同时得以"辅仁"，最终以"仁"的实现为归宿，这便是孔子对朋友之道的期许。

_____

① 程树德：《论语集释》二，北京：中华书局 2014 年版，第 621 页。

第三节 "友，君臣之道"：《郭店楚简》与孟子的友朋观

朋友是人际关系的重要组成部分，是儒家五伦之一，属于社会伦理。朋友在五伦中的地位是非常特殊的，它的特殊性表现在选择性、平等性、"责善"、"辅仁"、重诚信等方面。早期儒家对朋友关系做了各类深入的研究，尤其以《郭店楚简》与孟子的友朋观最具特色。

一 "友"与君臣之"义"

在子思之儒看来，以友相待是处理君臣关系的准则。"父无恶，君犹父也，其弗恶也，犹三军之旌也，正也。所以异于父，君臣不相才（存）也。则可已；不悦，可去也；不义而加者（诸）已，弗受也。友，君臣之道也。"①《郭店楚简》载："鲁穆公问于子思曰：'何如而可谓忠臣？'子思曰：'恒称其君之恶者，可谓忠臣矣。'"②"以忠事人多。忠者，臣德也。"③为了道义批评君主的过错，指责君主的行为过失，是符合君臣之道的。孔子提倡的友道也是如此：当朋友有过失时，应"忠告而善道之"。在此，友道与君臣之道极其相似。

朋友与君臣属于"无亲"的社会关系，因而《郭店楚简》有时将朋友、君臣同举，如"君臣、朋友，其择者也"。④ 作者进而以"友"来规范君臣关系，这是儒家友朋观的一个新变化。《论语》也曾提到君臣之道与朋友之道存在相似性，曰"事君数，斯辱矣。朋友数，斯疏矣"⑤，将君、友放在一起讲，可见此两伦较为接近，"古称此两伦以人合"⑥。"子贡问友。子曰：'忠告而善道之，不可则止，毋自辱焉。'"⑦事君也是一样，"所谓大臣者，以道事君，不可则止"。

---

① ② ③ ④ 刘钊：《郭店楚简校释》，福州：福建人民出版社2005年版，第208、177、113、182页。

⑤ 程树德：《论语集释》一，北京：中华书局2014年版，第364页。

⑥ 钱穆：《论语新解》，北京：生活·读书·新知三联书店2005年版，第107页。

⑦ 程树德：《论语集释》三，北京：中华书局2014年版，第1132页。

《中庸》说："义者宜也，尊贤为大。"①《六德》说："以义使人多。义者，君德也。"君若以不义加于臣，臣可以不接受。"尊贤"是义之举，"忘贤"即不义，《唐虞之道》称："爱亲忘贤，仁而未义也。尊贤遗亲，义而未仁也。"②"贵贵，其等尊贤，义也。"③"贵贵"即以下敬上，尊贤是以上敬下，同属于"义"的范畴。在这里，我们不难看出"友"与"义"存在密切的联系，"友"包含在"义"中。

"义"的内涵十分丰富。在《中庸》、《郭店楚简》与《孟子》等文献中，"义"有着共同的内容：尊贤。"义"通常指合理地裁制事物。"吾弟则爱之，秦人之弟则不爱也，是以我为悦者也，故谓之内。长楚人之长，亦长吾之长，是以长为悦者也，故谓之外也。"④在告子看来，"内"以"我"为范围，而"外"指"我"之外，即门外。庞朴曾经指出："告子所持的仁内义外说，不是说仁出自内心，义起于外物，不是这样的道德发生论的问题，而只是叙说了仁义的施行范围之别。"⑤《六德》篇称："仁，内也。义，外也。礼乐，共也。"⑥这句话更加说明了内外之别，内外是指家族内外。由此可见，在家族之外，尊贤为"义"之大者。

但值得注意的是："友，君臣之道"的"友"与"友行，以尊贤良"⑦中"友"的含义并不十分相同。因此，在后文中，"君臣相友"便含有两个方面的内容：一是君臣相互辅助以志于道，二是敬贤使能，合而言之为尊贤重道。

"友，君臣之道"这一观点的出现并不是偶然的，而是与士、友的相处规范有关。在周代封建制度中，士是贵族阶级的最低一层，士的上面是大夫，下面为庶人。在森严的封建系统下，社会的流动性极小，士的身份是相当固定的，与士有僚属关系的"朋友"是特定的群体，不同于现代意义上的朋友。到了春秋战国之际，封建秩序的崩坏导致士的队伍发生了剧烈变动，"封建关系虽然在理论上是固定的、静态的，但周代社会在实际上却处在不断的发展之中，从公元前6世纪中叶到公元前5世纪初叶，种种证据都显示封建秩序已不复能维持其原有的固定性了"。⑧与此同时，"友"的群体发生了流动，士友关系有了相应的变化，但曾在历史上出现的士友关系仍为早期儒家学者所看重，因此便出现了不少有关"士"与"友"的论述。在士友与君臣有着相似点的基础上，"友"为"君臣"之道可

① 朱熹：《四书章句集注》，北京：中华书局2012年版，第28页。

②③⑥ 刘钊：《郭店楚简校释》，福州：福建人民出版社2005年版，第148、71、109页。

④ 焦循：《孟子正义》下，北京：中华书局2015年版，第799页。

⑤ 庞朴：《试析仁内义外之辨》，载《文史哲》2006年第5期。

⑦ 孙诒让：《周礼正义》二，北京：中华书局2013年版，第997页。

⑧ 余英时：《中国知识人之史的考察》，桂林：广西师范大学出版社2004年版，第122页。

能是儒家的理想境界。

在《郭店楚简》中,我们可以读到一些关于士与友的内容。士与友有唇齿相依的关系:"山无堕则坨,成无蘘则坨,士无友不可。君有谋臣,则壤地不削;士有谋友,则言谈不弱。"①《荀子集解》这样记载:"天子之丧动四海,属诸侯;诸侯之丧动通国,属大夫;大夫之丧动一国,属修士;修士之丧动一乡,属朋友。"②我们从中不难看出"朋友"与"士"的密切关系。《礼记·曾子问》中有朋友为士的丧事设奠的记载:"非此之谓也。天子诸侯之丧,斩衰者奠,大夫齐衰者奠,士则朋友奠。"③《左传》也有关于朋友的记载,师旷曰:"是故天子有公,诸侯有卿,卿置侧室,大夫有贰宗,士有朋友,庶人、工、商、皂、隶、牧、圉皆有亲昵,以相辅佐也。""自王以下各有父兄子弟以补察其政。"④从"士有朋友"这则史料同样可以看出士与朋友之间的亲昵、辅佐关系。随着历史的变迁,"士"和"友"的群体发生了变化、流动,便出现了"巨雄"和"贤人"的亲密关系,进而发展为君臣关系。

君臣异于父子。君臣不像父子那样互相依存,相悦则可,不相悦则可以离开。以友相待并以恩义相处,是君臣之间的正道。在《郭店楚简》记载的丧服制度中,君臣与父子的规范一致,朋友与宗族的规范一致,"疏斩布,绖、杖,为父也,为君亦然。疏衰齐,牡麻绖,为昆弟也,为妻亦然。袒免为宗族也,为朋友亦然"。⑤在丧礼的一些规定中,父的地位略高于君,朋友则列于宗族之后,即:"为父绝君,不为君绝父。为昆弟绝妻,不为妻绝昆弟。为宗族杀朋友,不为朋友杀宗族。"⑥《郭店楚简》将父子、君臣对举,意在突出两类伦理各自不同的特征,父子间重"亲"、厚"仁",君臣间重"义"。例如:"父子亲生言,君臣义生言。"⑦"(厚于仁,薄)于义,亲而不尊。厚于义,薄于仁,尊而不亲……父,有亲有尊。长悌,亲道也。友、君臣,无亲也。"⑧

孟子也尝试以朋友之道规划君臣关系。他对君臣关系的建构继承了《郭店楚简》中的"友,君臣之道"的思想,最为代表性的当属《孟子·离娄章句下》的一段记载:

孟子告齐宣王曰:"君之视臣如手足,则臣视君如腹心;君之视臣如

---

① ⑤ ⑥ ⑦ ⑧ 刘钊:《郭店楚简校释》,福州:福建人民出版社2005年版,第224、109、109、109、182页。

② 王先谦:《荀子集解》下,北京:中华书局2013年版,第426页。

③ 孙希旦:《礼记集解》中,北京:中华书局1989年版,第515页。

④ 杨伯峻:《春秋左传注》三,北京:中华书局2009年版,第1016—1017页。

犬马，则臣视君如国人；君之视臣如土芥，则臣视君如寇雠。"王曰："礼为旧君有服，何如斯可为服矣？"曰："谏行言听，膏泽下于民；有故而去，则君使人导之出疆，又先于其所往；去三年不反，然后收其田里。此之谓三有礼焉。如此，则为之服矣。今也为臣，谏则不行，言则不听，膏泽不下于民；有故而去，则君搏执之，又极之于其所往；去之日，遂收其田里，此之谓寇雠。寇雠，何服之有？"

孟子认为君臣相互辅助并以义相合，《郭店楚简》也提到了"君臣宜（义）生言"[①]的观点，即：君主看待臣属如手足，那臣属就看待君主如腹心；君主看待臣属如犬马，那臣属就看待君主如常人；君主看待臣属如土芥，那臣属就看待君主如仇敌。庄子在《人间世》里提到"内直者，与天为徒，与天为徒者，知天子之与己皆天之所子"。[②]这句论述在一定程度上反映了庄子君臣平等的思想。当代一些学者也注意到了先秦时期的君臣关系近似于朋友关系。郝大维、安乐哲在《先贤的民主》里提到："古典儒学界定君臣关系不是简单地如同父子关系，而是将父子关系与朋友关系相结合的一种关系。"[③]杜维明认为：士人"能够以教师、顾问、批评者或朋友的身份，对帝王保持一种独立的姿态。他们从来就不是妾妇"。[④]

"伯夷非其君不事，非其友不友；不立于恶人之朝，不与恶人言。"[⑤]若立于恶人之朝，与恶人交谈，好比穿戴整齐坐于"涂炭"。这种情形如同遇见一个帽子戴歪的乡人，于是立即不开心地走开，唯恐玷污了自身。柳下惠则"不羞污君"。[⑥]孟子评论说：伯夷"隘"，柳下惠"不恭"。那么，君子该如何做呢？当如孔子"无可无不可"[⑦]。依此出仕，则君臣关系更近似于朋友。

孟子说人皆有恻隐之心、羞恶之心、辞让之心和是非之心，还说"仁义礼智，非由外铄我也，我固有之也，弗思耳矣"。[⑧]既然人人有善端，"圣人与我同类者"[⑨]，则每个人在人性面前都是平等的。在人性平等的基础上，孟子进一步主张政治平等，政治平等的表现之一即君臣可相互"责善"。"责善，朋友之道也。父子责善，

① 刘钊：《郭店楚简校释》，福州：福建人民出版社 2005 年版，第 109 页。
② 陈鼓应：《庄子今注今译》上册，北京：商务印书馆 2016 年版，第 135 页。
③ 郝大维、安乐哲：《先贤的民主》，南京：江苏人民出版社 2004 年版，第 86 页。
④《杜维明文集》第 3 卷，武汉：武汉出版社 2002 年版，第 523 页。
⑤⑥ 焦循：《孟子正义》上，北京：中华书局 2015 年版，第 262、264 页。
⑦ 程树德：《论语集释》四，北京：中华书局 2014 年版，第 1655 页。
⑧⑨ 焦循：《孟子正义》下，北京：中华书局 2015 年版，第 817、820 页。

贼恩之大者。"①"责善"即因求好而相责备,是孟子提出的"朋友之道",《论语》里"朋友切切偲偲"也是朋友之间相互"责善"的样子。孟子认为:君主要听从臣的劝谏并以礼相待,若不听劝谏,臣也可以离开他。朋友、君臣没有亲属关系,并且朋友、君臣是可以选择的,因而彼此能够"责善"。如果朋友、君主不听劝告也就算了,并不伤及感情。孟子还指出:若君主有大的过失却始终不听劝谏,贵戚之卿可以使他易位,异姓之卿可以离开他:

> 齐宣王问卿,孟子曰:"王何卿之问也?"王曰:"卿不同乎?"(孟子)曰:"不同。有贵戚之卿,有异姓之卿。"王曰:"请问贵戚之卿。"(孟子)曰:"君有大过则谏,反复之而不听则易位。"王勃然变乎色,(孟子)曰:"王勿异也!王问臣,臣不敢不以正对。"王色定,然后请问异姓之卿,(孟子)曰:"君有过则谏,反复之而不听则去。"

《孟子》也提到"无罪而杀士,则大夫可以去;无罪而戮民,则士可以徙"。②臣遇到无道的君主时,便可舍他而去。贤明的圣人和君王是能够听从谏言,做到从善如流的。"子路人告之以有过则喜,禹闻善言则拜。大舜有大焉,善与人同,舍己从人,乐取于人以为善。"③舜、禹等圣人能谏行言听、与人为善,所以才能成就一番事业。

"孟子的君臣对等思想,实则包括两个方面:一方面说手足—腹心、犬马—国人、土芥—寇雠,土芥—寇雠之论又最让统治者胆战心惊,这是对抗的一面,可谓激进其表、冷峻其里;另一方面说师、友、事,师友之论又最让士阶层心往神驰,这是合作的一面,可谓狂者其表、热忱其里。"④既然"士"是"道"的承担者,若"士"的德行较高,则君主与"士"交友便会遇到阻力。在《孟子》中有这样一段记载,鲁缪公欲与子思为友,子思不悦,坚持以品德高尚居于师位。

> 缪公亟见于子思,曰:"古千乘之国以友士,何如?"子思不悦,曰:"古之人有言曰,事之云乎,岂曰友之云乎!"子思之不悦也,岂不曰:"以位,则子,君也;我,臣也,何敢与君友也。以德,则子事我者也,奚可以与我友?"

---

① ② 焦循:《孟子正义》下,北京:中华书局 2015 年版,第 645、592 页。
③ 焦循:《孟子正义》上,北京:中华书局 2015 年版,第 260 页。
④ 杨海文:《对抗与合作:孟子对君臣关系的新建构》,载《江南大学学报(人文社会科学版)》2011 年第 6 期。

在子思看来,论地位,鲁缪公与他是君臣关系,但论道德,鲁缪公是向他学习的人。"依照当时的一般观念,士和君主的关系可分为三类,即师、友与臣。"①

"费惠公曰:'吾于子思,则师之矣。吾于颜般,则友之矣。王顺、长息,则事我者也。'"②《史记·魏世家》也记载了魏文侯对卜子夏、田子方、段干木三人以师待之,对吴起、李克、乐羊、西门豹、屈侯鲋五人用之以臣的事例。《战国策》记郭隗答燕昭王说:"帝者与师处,王者与友处,霸者与臣处,亡国与役处。"③这段有关师、友、臣的记载与《孟子》中费惠公之言基本符合。大概当时的君主与知识人之间存在以下三种关系:"君主对少数知识分子的前辈领袖是以师礼事之,其次平辈而声誉卓著的以友处之,至于一般有学问知识的人则用之为臣。"④

君主与知识人之间发生师、友、臣关系的重要原因之一为"'道'需要具备某种架构以与'势'相抗衡。道统是没有组织的,'道'的尊严完全要靠它的承担者 —— 士 —— 本身来彰显。因此,士是否能以道自任最后必然要归结到他和政统的代表者 —— 君主 —— 之间是否能保持一种适当的个人关系"。⑤知识人只有以德才能担当起弘道的责任,为了彰显"道"的尊严和"德"与"位"的匹配,子思必须坚持以师自居,这是先秦时期知识人产生的一种身份的自觉。

庞朴先生在《初读郭店楚简》里提到:"君臣是一种朋友关系,一种互相选择的关系,所谓'友,君臣之道也','君臣、朋友,其择者也'。如果对君有所'不悦,可去也';如果君有'不义而加诸己,弗受也'。这种自由主义的思想,固然有着战国时代那种朝秦暮楚、楚材晋用,或者叫做此处不留爷,自有留爷处的政治背景,但也切勿忽视其中洋溢着的儒家那种以德抗位的倔强精神。"⑥孟子认为贤明的君主要"贵德而尊士,贤者在位,能者在职",也就是以德为贵、尊敬士人,使有德行的人居于合适的官位,让有才能的人担任一定的职务。他还说:"尊贤使能,俊杰在位,则天下之士,皆悦而愿立于其朝矣。"⑦君主尊德尚贤,当"势"与"道"之间达到合理的平衡时,国家必能大治。

孔子在《论语·宪问》中已提到臣属可犯颜直谏的主张:"子路问事君。子曰:

---

①④⑤ 余英时:《中国知识人之史的考察》,桂林:广西师范大学出版社 2004 年版,第 136、137 页。

② 焦循:《孟子正义》下,北京:中华书局 2015 年版,第 743 页。

③ 刘向集录,范祥雍笺证,范邦瑾协校:《战国策笺证》下册,上海:上海古籍出版社 2006 年版,第 1684 页。

⑥ 庞朴:《初读郭店楚简》,载《历史研究》1998 年第 4 期。

⑦ 焦循:《孟子正义》上,北京:中华书局 2015 年版,第 245 页。

'勿欺也,而犯之.'"①据《郭店楚简》记载,鲁穆公问子思曰:"何如可谓忠臣?"子思曰:"恒称其君之恶者,可谓忠臣矣。"②孟子承继了《郭店楚简》君臣以友相待的观点,并进一步指出若君主有大的过失却始终不听劝谏,贵戚之卿可以使他易位,异姓之卿可以离开他。"在社会政治伦理关系中推行'相责以善',有赖于一个前提性条件的成立,即重新论证君臣之间的政治关系,将君臣之间的关系定位为'友'。"③《郭店楚简》提出的"友,君臣之道"则恰好为儒家君臣"相责以善"的观点奠定了理论基础。

更令人期待的是关于友与君臣的论述并未就此终止,孟子在"友,君臣之道"的基础上继续开拓。在《孟子》中出现了两段记载:一是鲁缪公欲与子思为友,子思不悦,坚持以品德高尚居于师位,二是费惠公曰:吾于子思,则师之矣;吾于颜般,则友之矣;王顺、长息则事我者也。君臣之间,由《郭店楚简》的"友"扩展为三种关系:师、友、事,由此势与道相抗衡的画面逐渐展开。为了实现士的抱负,因而有由"友"到"师、友、事"的分化局面。

梁漱溟说:"按中国人的道理,大家在团体中的地位应当一律平等;可是有两个天然不可少的等差:一种是从看重理性、尊尚贤智而来的等差;一种是从尊敬亲长而来的等差。"④按照梁漱溟的理解,论道德知识,君臣有等差;论政治地位,君臣有别。孟子也说:"子思之不悦也,岂不曰以位,则子君也,我臣也,何敢与君友也?以德,则子事我者也,奚可以与我友?"⑤

庞朴说:在郭店楚简中对夫妇、父子、君臣三大关系提出了对等的要求,"不仅要求妇德,而且要求夫德;不仅要求子德,而且要求父德;不仅要求臣德,而且要求君德。这也是儒家的传统"。⑥儒家伦理"体现的是虽有等差、却'互以对方为重'的伦理"。君臣有身份的等差,但"不应该是服从与支配的关系、隶属与领导的关系"⑦,他们彼此应有平等的相互性责任。唐君毅强调高下之位分等级间

---

① 程树德:《论语集释》三,北京:中华书局 2014 年版,第 1292 页。

② 刘钊:《郭店楚简校释》,福州:福建人民出版社 2005 年版,第 177 页。

③ 曾振宇:《孟子孝论对孔子思想的发展与偏离 —— 从"以正致谏"到"父子不责善"》,载《史学月刊》2007 年第 11 期。

④《梁漱溟全集》第 2 卷,济南:山东人民出版社 2005 年版,第 296 页。

⑤ 焦循:《孟子正义》下,北京:中华书局 2015 年版,第 775 页。

⑥ 庞朴:《初读郭店楚简》,载《历史研究》1998 年第 4 期。

⑦ 高瑞泉:《比较视野中的观念史研究 —— 以美国学者论中国人"平等"观念为中心》,载《社会科学》2012 年第 11 期。

的关系应是"尊戴与涵容的关系"①，这便是友道在政治上的运用。郝大维、安乐哲认为："一个有活力的儒家民主必须提倡一种建立在个人的公共源头基础上的平等，而不是一种建立在原子个人主义概念基础上的平等。"②

臣以"师、友、事"与君交往的观点证实了孟子的民本主义政治学说。胡适认为："因为他把个人的人格，看得如此之重，因为他以为人性都是善的，所以他有一种平等主义。"③"君臣对等根源于智识分子的独立人格，独立人格于事不能体现，于友也难以彰显，所以师是孟子真正的兴趣。"④德行是子思的生命，也是士所弘扬的道。有了德行，子思才能拒绝与鲁缪公交友，才能为费惠公之师。

黄宗羲也提到臣"以天下为事，则君之师友也"⑤。他认为君臣都以天下事为己任，两者应是融洽的师友关系。他继承了早期儒家深厚的民本主义思想，与孟子的友朋观是一致的。他主张将"天下"作为根本的价值出发点来实现君臣之义。他的"以天下为事"的思想与北宋士阶层的共识是统一的。程颐说："帝王之道也，以择任贤俊为本，得人而后与之同治天下。"⑥黄宗羲发挥了程颐君臣"同治天下"的思想，说："原夫作君之意，所以治天下也。天下不能一人而治，则设官以治之。是官者，分身之君也。"⑦既然臣为"分身之君"，那么臣为"君之师友"便是自然而然的了。

二 贵德而尊士

孟子常提到君臣、君民之礼。细究起来，孟子重礼仪的根本原因在于"情"。礼是人情之表示，生命之深密处乃礼之根本，正确的礼仪能够反映恰当的君臣、君民关系。

孟子对待古时君臣关系的态度更加激进一些，说贤士"乐其道而忘人之势"⑧。孟子论仁政，重视尊贤，认为治国要"贵德而尊士，贤者在位，能者在职"⑨。孟子

---

① 唐君毅：《人文精神之重建》，北京：九州出版社 2016 年版，第 40 页。
② 郝大维、安乐哲：《先贤的民主》，南京：江苏人民出版社 2004 年版，第 14 页。
③ 胡适：《中国哲学史大纲》，上海：上海人民出版社 2014 年版，第 202 页。
④ 杨海文：《对抗与合作：孟子对君臣关系的新建构》，载《江南大学学报（人文社会科学版）》2011 年第 6 期。
⑤⑦ 黄宗羲：《明夷待访录》，北京：中华书局 2011 年版，第 19、27 页。
⑥《二程集》下，北京：中华书局 2004 年版，第 1035 页。
⑧ 焦循：《孟子正义》下，北京：中华书局 2015 年版，第 955 页。
⑨ 焦循：《孟子正义》上，北京：中华书局 2015 年版，第 241 页。

描绘的君与士相处是怎样一幅图景呢？君与臣以天下为事，是共同曳木之人。

（一）治政以天下为主，君则为客

若四境之内不治，国君不胜其职，理当废去。民为贵，君则为轻。孟子问齐宣王：若王之臣托其妻、子于友，而冻馁其妻、子，该怎么办呢？齐宣王毫不犹豫地说：这样的人已不算朋友了。孟子又问：若士师不尽职，该怎么办？齐宣王说：撤掉他。当孟子问到若国家治理不好，又该如何呢？齐宣王便转移话题了。孟子说：君以利民为职分，君不实施仁义，不视民如父母，便是"残贼之人"。在孟子看来：汤放桀、武王伐纣，无弑君之名，只是诛一夫罢了；臣以万民忧乐为职，天下非一人所能治，官为分身之君。

若君有缺失（但尚可补救，悔过后能承继尧舜之道），宰相可摄位主政，补救政体之阙失。伊尹相汤以王于天下，曰"予不狎于不顺"①，于是把太甲放逐到桐邑，民心大悦。太甲思过，听伊尹之训己，伊尹便恢复了他的王位，民心亦大悦。伊尹、周公摄政，为生民计，以宰相而摄天子，传为一代佳话。有人问孟子：其君不贤，人臣可以放逐君主吗？孟子说："有伊尹之志则可，无伊尹之志则篡也。"②伊尹以天下为事，辅君为尧舜之君，教民为尧舜之民。他说："予将以斯道觉斯民也……思天下之民匹夫匹妇有不被尧舜之泽者，若己推而内之沟中。"③

（二）"惟大人为能格君心之非"④

在其特色君臣论的基础上，孟子对"恭"、"敬"二字的解释别具一格。他说："责难于君谓之恭，陈善闭邪谓之敬。"⑤当景子怀疑孟子不敬时，孟子以尧舜之道陈述于齐王，因而孟子说"齐人莫如我敬王"。孟子的思想比较激进一些。他说："贼仁者谓之贼，贼义者谓之残。"⑥不行仁义之君为"一夫"，诛"一夫"有何不可呢？贵戚之卿可使国君易位："君有大过则谏，反复之而不听，则易位。"在孟子看来，贤人乐道忘势，大人尽可藐之。"说大人则藐之，勿视其巍巍然……在彼者，皆我所不为也。在我者，皆古之制也。吾何畏彼哉？"⑦

君臣既以天下为事，那么他们之间的关系如何呢？黄宗羲说：以天下为事，则君之师友。他的此番议论与孟子的思想不无关系。贤士乐道忘势，王公不致敬尽礼，不得亟见，"见且由不得亟，而况得而臣之乎"？⑧因贤者为得道之人，于是子思说：以德，则子事我者也，奚可以与我友？难怪子思责怪鲁缪公礼数不周了。

---

①②③⑦⑧ 焦循：《孟子正义》下，北京：中华书局 2015 年版，第 996、996、705—706、1091—1094、955 页。

④⑤⑥ 焦循：《孟子正义》上，北京：中华书局 2015 年版，第 565、526、158 页。

既然王公须向贤者致敬尽礼,那么在孟子看来,怎样才算尽礼呢?孟子离开齐国时,同样希望齐王礼待自己。他认为王公尊敬贤人应如鲁缪公对待子思一般,说:"鲁缪公无人乎子思之侧。"[①]因敬师与敬贤者,天子不召师,诸侯不召贤士。汤欲见伊尹,使人以币聘,待"三使往聘之"[②],伊尹才就汤而说之,以伐夏救民。

陈子问得何种礼仪可以出仕时,孟子回答:"所就三,所去三。"[③]孟子最看重的是第一项:王公迎之致敬以有礼,言将行其言,则就;即使礼貌未削减,但言不行,则去。孟子也是按第一项的说法去做的:"千里而见王,不遇故去。"[④]臣"谏于王而不用,致为臣而去"。[⑤]《礼记·曲礼下》记载:为人臣之礼,不显谏。三谏而不听,则逃之。《公羊传》庄公二十四年曰:三谏不从,遂去之。孟子也说:"有官守者,不得其职则去。有言责者,不得其言则去。"[⑥]但是,他认为段干木逾垣而避、泄柳闭门而不纳的做法有些不合适。

王公居势,贤人得道,"道"与"势"的抗衡形成了贤士与王公间师、友、事三类关系的架构。当"道"与"势"冲突时,孟子以礼寻求君、士和谐共处的方法。子思以师自居,当鲁缪公不以师礼待他时,子思便不悦。尊贤有道,当国君不以其道奉养君子,君子必不接受。"缪公之于子思也,亟问,亟馈鼎肉,子思不悦,于卒也,摽使者出诸大门之外,北面稽首再拜而不受,曰:'今而后知君之犬马畜伋。'"[⑦]鲁缪公之使者以君命亟馈鼎肉,如此对待君子如同蓄养犬马,因而子思不愿接受。

在孟子看来,若悦贤不能举,也需遵循善养之道。为此他提出了国君养贤之礼:"以君命将之,再拜稽首而受。其后廪人继粟,庖人继肉,不以君命将之。"[⑧]从养贤之礼中,我们可以看到贤人的自尊、自重精神。孟子说:"食而弗爱,豕交之也。爱而不敬,兽畜之也。恭敬者,币之未将者也。恭敬而无实,君子不可虚拘。"[⑨]与人交往时,君子最重恭敬,厌恶"恭敬而无实",更何况是不恭敬之事了。尧如何尊贤呢?"尧之于舜也,使其子九男事之,二女女焉,百官牛羊仓廪备,以养舜于畎亩之中,后举而加诸上位。"[⑩]

贤人以道自任,则持有君子特有的尊严,君子不可货取。古人虽欲出仕,但"恶不由其道"。当有人问百里奚是否自鬻以成其君,孟子说乡党自好者不为,贤人岂为之?"仕非为贫也,而有时乎为贫 …… 为贫者,辞尊居卑,辞富居贫。"[⑪]若因贫困出仕,做抱关击柝的事就可以了。士以道自任,"君子之事君也,务引其

---

①④⑤⑥ 焦循:《孟子正义》上,北京:中华书局 2015 年版,第 329、330、290、290 页。

②③⑦⑧⑨⑩⑪ 焦循:《孟子正义》下,北京:中华书局 2015 年版,第 705、929、766、771、1008、772、760—761 页。

君以当道,志于仁而已"。^① 出仕即是助君行道,道不行则去,"立乎人之本朝而道不行,耻也"。^② 鲁平公将见孟子,臧仓说孟子"后丧逾前丧",说他不是贤者,让鲁平公不要去了,鲁平公听从了臧仓的建议。鲁平公不仅轻信臧仓,而且没有深察孟子"后丧逾前丧"的真正原因,以至于与贤人失之交臂。"道"不同自然不会相遇,岂是一个臧仓能阻止的呢?孔子说:"道不同,不相为谋。"^③ 诸侯遇贤人,必同道而行。孟子与齐王因道不合而不能相遇,最终孟子坦然离去。

综上所述,"友,君臣之道"与"贵德而尊士"都反映了"友"的内涵。孟子不仅认同了君臣主于义与尚贤的主张,还强调致敬之礼。儒家"创发了中国的自由社会"^④,不仅体现在德与位相匹配的主张上,而且体现在"礼"的规定上,也就是说"礼"以规范的形式保证了德与位相衬的思想。通过王公致敬之礼,尊贤与君臣相友的精神得以真正实现。在儒家的努力下,中国式自由社会的构建得以逐步展开。

三 "同悦而交,以德者"与"友其德"

(一)"悦"与"乐"

对比《论语》所论朋友之道,《郭店楚简》在与人交往的论述中融进了"悦"的情感和"心"的参与。《性自命出》篇对"悦"的情感极为重视,曰:凡人情为可悦也。^⑤ 人以真情示人皆会令人喜悦。庞朴说:"真情流露是儒家精神的重要内容。真情流露就是率性。"^⑥ 孔子之学的重要内容就是顺人情,承认喜、怒、哀、乐等情感的自然存在,不去压制,主张适度地抒发。乐的态度源于安和自在的心境,不安则不乐,不乐则无德,而无中心之悦则不安。

"悦"是一种美好的情感体验,交友要重视"悦"的快乐感受。先秦儒家文献中有不少有关"乐"和"悦"的文字。子曰:"饭疏食饮水,曲肱而枕之,乐亦在其中矣。"^⑦《论语》里子路、冉有、曾点等人对自己的志向和理想的回答引起了众多学者的重视,其他人都不约而同地谈到了治理国家、礼乐教化,唯有曾点的想法

---

①② 焦循:《孟子正义》下,北京:中华书局 2015 年版,第 918、762 页。

③ 程树德:《论语集释》四,北京:中华书局 2014 年版,第 1451 页。

④ 徐复观:《学术与政治之间》,北京:九州出版社 2014 年版,第 268 页。

⑤ 刘钊:《郭店楚简校释》,福州:福建人民出版社 2005 年版,第 91 页。

⑥ 庞朴:《孔孟之间 —— 郭店楚简的思想史地位》,载《中国社会科学》1998 年第 5 期。

⑦ 程树德:《论语集释》二,北京:中华书局 2014 年版,第 600 页。

得到了孔子的赞誉。曾点说："莫春者，春服既成，冠者五六人，童子六七人，浴乎沂，风乎舞雩，咏而归。"① 曾点的理想蕴含着儒家的真精神 —— 自由、率性，"悦"与"乐"的体验跃然其中，与孔子的追求不谋而合。

《郭店楚简》提到的"交"包含各类人群的交往，因而也涉及交友。孔子讲"益者三乐"，其中之一便有"乐多贤友"。在交往中，子思之儒看重的是朋友的品德，因品德高尚而达到彼此同心而悦是交友的真境界，"同悦而交，以德者也。不同悦而交，以猷者也"。② "德"在楚简中的地位很高："德之行五，和谓之德。"③ 仁、义、礼、智、圣构成了德的内涵。以德交往是《郭店楚简》对交往的至高期许，以德交即以"天道"交。

"德"与"悦"有着内在关联，无"悦"则必无"德"，"无中心 [之悦则] 不安，不安则不乐，不乐则无德"。④ "悦"由"中心"产生，"以其中心与人交，悦也。中心悦，播迁于兄弟，戚也。戚而信之，亲 [也]。亲而笃之，爱也。爱父，其继爱人，仁也"。⑤ 以"中心"与人交往，才有"悦"的体验。"中心悦"是仁爱产生的基本条件。孟子说："以德服人者，中心悦而诚服也。如七十子之服孔子也。"⑥

（二）君子之友也有向

《郭店楚简》主张"君子之友也有向"，即君子交友是有准则的，同悦而交，以德者也。彼此衷心喜悦的交往，一定是因为品德高洁而接近。这与《论语》"友其士之仁者"的观点一致。"子曰：唯君子能好其匹，小人岂能好其匹。故君子之友也有向，其恶也有方。此以迩者不惑，而远者不疑。《诗》云：'君子好逑。'"⑦ "匹"意为同道朋友。君子同谁交友是有准则的，厌恶谁也是有道理的。

君子不与小人交往。迎合小人的心意，无疑枉道而从。至于胁肩谄笑、面而不心，比顶着炎炎烈日浇灌菜园还要辛苦。"与谗谄面谀之人居，国欲治，可得乎？"⑧ "谗谄面谀之人"有害于国家。扬雄说："朋而不心，面朋也；友而不心，面友也。"⑨ 朋友贵在交心与以诚相待。东晋葛洪也说朋友之交不宜浮杂，"必取乎直谅多闻，拾遗斥谬，生无请言，死无托辞，始终一契，寒暑不渝者"。⑩ 葛洪还指出不要与以下几类人交往："位显名美，门齐年敌，而趋舍异规，业尚乖互者，未尝结焉。或有矜其先达，步高视远，或遗忽陵迟之旧好，或简弃后门之类昧，或取

---

① 程树德：《论语集释》三，北京：中华书局 2014 年版，第 1040 页。
②③④⑤⑦ 刘钊：《郭店楚简校释》，福州：福建人民出版社 2005 年版，第 91、69、69、71、51 页。
⑥ 焦循：《孟子正义》上，北京：中华书局 2015 年版，第 240 页。
⑧ 焦循：《孟子正义》下，北京：中华书局 2015 年版，第 928 页。
⑨ 汪荣宝：《法言义疏》上，北京：中华书局 1987 年版，第 34 页。
⑩ 杨明照：《抱朴子外篇校笺》上，北京：中华书局 1991 年版，第 431 页。

人以官而不论德。"①"其不遭知己,零沦丘园者,虽才深智远,操清节高者。"②

亚里士多德将友爱划分为三类:有用的友爱、感官快乐的友爱、德性的友爱。有用的与感官快乐的友爱不容易长久维持,因为"一个朋友之所以被爱,并非由于他是个朋友,而由于他们有的能提供好处,有的能提供快乐。所以,这样的朋友很容易散伙,难于长久维持。因为,他们如不再是令人快乐和对人有用,友爱也就此终止了"。③德性的友爱则恒常如一,"他们互相希望在善上相类似。作为伪善的人,他们都是就其自身而善的。那些为了朋友自身而希望朋友为善才最是朋友,因为,他们都是为了朋友的自身,不是出于偶性。只要善不变其为善,这种友谊就永远维持。只有德性才是恒常如一的"。④亚里士多德指出:爱着朋友的人就是爱着自身的善。朋友也是另一个自身。

孔子交友对象的"仁"的品质与亚里士多德认可的朋友的德性是相通的,不过亚里士多德论述得比较有逻辑。亚里士多德在德性的层面上进一步提到了思辨的幸福、理智、存在与灵魂,对应"德性"的词汇有"仁"、"威仪"等。"与慢者处,损。与不好学者游,损。"⑤交友不离"好仁"之心,朋友之间应以"威仪"的人格相互联系,不应为了利益轻易地与贫贱的朋友绝交。"子曰:轻绝贫贱,而重绝富贵,则好仁不坚,而恶恶不著也。人虽曰不利,吾弗信之矣。《诗》云:'朋友攸摄,摄以威仪。'"⑥

孟子认为交友的真意即"友其德"。"友其德"告诉人们:在交友的过程中,内心绝不能夹杂年龄、地位、财富等外在因素,一定要因对方的德行而相交,建立在"友其德"基础上的交友才是人与人之间真诚的交往。君子选取朋友必待己察,不因别人的毁誉而改变原则。

"友其德"是交友的前提和基础。即使在君臣之间,也一定要因对方的德行而交往。认可对方的德行是交友的本质,交友的目的在于弘道。在《孟子·万章章句下》里,万章就"友道"提出了一系列问题。"万章问曰:'敢问友。'孟子曰:'不挟长,不挟贵,不挟兄弟而友。友也者,友其德也,不可以有挟也……舜尚见帝,帝馆甥于贰室,亦飨舜,迭为宾主,是天子而友匹夫也。用下敬上,谓之贵贵;用上敬下,谓之尊贤:贵贵尊贤,其义一也。"⑦孟子在遵循礼仪等级的基础上来谈交友。他举了四个例子来说明不同身份的人交友都需要遵循"友其德"的原则,

---

①② 杨明照:《抱朴子外篇校笺》上,北京:中华书局 1991 年版,第 420、420 页。

③④《尼各马科伦理学》,北京:中国人民大学出版社 2003 年版,第 166、167 页。

⑤⑥ 刘钊:《郭店楚简校释》,福州:福建人民出版社 2005 年版,第 208、67 页。

⑦ 焦循:《孟子正义》下,北京:中华书局 2015 年版,第 741—746 页。

分别是世家子弟交友、小国国君交友、大国国君交友和天子结交平民的事例。我们可以看到,孟子的侧重点在有等级差别的人互相结交的情况上,既然结交的双方在身家地位上有差别,在上者就很容易倚仗自己的优势与地位,这种"挟"的情况是孟子认为必须要避免的。这样一来,上下结交的重点何在呢?那就是"友其德",一个人要想在道德上有所增益,不仅要加强自我修养,还要结交有德之人。

公都子问孟子为何不礼待滕更,孟子说:"挟贵而问,挟贤而问,挟长而问,挟有勋劳而问,挟故而问,皆所不答也。滕更有二焉。"①滕更有"挟"而问,因为他无礼,所以孟子才不理会他。继孔子"友其士之仁者"和《郭店楚简》"同悦而交,以德者"的观点之后,孟子明确提出了交友要建立在"友其德"的基础上。在《孟子·离娄下》中,孟子讲了子濯孺子的故事,这个故事给我们的启示是交友应交端正之人,即"取友必端",取友不端则反生祸患。

士人有自己的操守,操守决定了其对交友对象品质的选择。孟子说:"无伤也,士憎兹多口。《诗》云'忧心悄悄,愠于群小',孔子也。'肆不殄厥愠,亦不殒厥问',文王也。"②孟子告诉貉稽:即使被很多人批评也不要忧虑,孔子也曾"愠于群小","厄于陈、蔡之间,无上下之交也"。③大丈夫"居天下之广居,立天下之正位,行天下之大道,得志与民由之,不得志独行其道,富贵不能淫,贫贱不能移,威武不能屈"。④如此气节,小人岂能称道?"乡原"之人"非之无举也,刺之无刺也,同乎流俗,合乎污世,居之似忠信,行之似廉洁,众皆悦之,自以为是,而不可与入尧舜之道"⑤,君子耻之。君子不为贼德之行,更不与便佞、利口之人交友。

(三)尚友

"尚友"即与古圣贤为友,是"友其德"的具体表现。孟子谓万章曰:"以友天下之善士为未足,又尚论古之人,颂其诗,读其书,不知其人可乎?是以论其世也。是尚友也。"⑥"尚"通"上",在孟子看来,"尚友"即与古圣贤为友。纵观《孟子》整个文本,"尚友"是在修身、齐家、治国、平天下方面与圣人、贤人做真正的学习交流,如能做到,就达到了读书人的至高境界。孔子也说"信而好古",即喜好古圣贤的作为。

"尚友"与儒家的道统观念有着密切的联系,"尚友"的目的在于继承古圣贤的为人和德行,是"士志于道"的表现。韦政通考证孟子把古圣贤连成了一条系统。李春青对"尚友"有一段评论:"这里孟子真正想要表达的意思是'交友之

---

①②③⑤⑥ 焦循:《孟子正义》下,北京:中华书局2015年版,第1019、1055—1056、1054、1109—1110、780页。

④ 焦循:《孟子正义》上,北京:中华书局2015年版,第450页。

道'……'尚友'的根本之处在于将古人看成是与自己平等的精神主体。与古人交流对话的目的当然是向古人学习，以使自己的品德更加高尚。所以，'知人论世'之说实质上是向古人学习美好品德的方式，用今天的话来说就是将古人创造的精神价值转化为当下的精神价值。这绝不仅仅是一种解诗的方式。"[1]

《四书章句集注》称："论其当世行事之迹也。言既观其言，则不可以不知其为人之实，是以又考其行也。夫能友天下之善士，其所友众矣，犹以为未足，又进而取于古人。是能进其取友之道，而非止为一世之士矣。"[2] 孟子"尚友"的表现为"颂其诗"、"读其书"，进而"论其世"并"知其人"。朱熹的注解较好地诠释了孟子友道的真义。他认为：孟子以"友天下之善士"之"未足"，进而友于古圣贤，"观其言"，"考其行"，"论其当世行事之迹"，同时了解其为人，于是与古圣贤交友的理想才得以实现。

上文对《郭店楚简》和《孟子》的思想做了详细的比较与分析，着重探讨了"友"与君臣的关系。这一研究工作要说明的问题是：今人提及的朋友与最初"朋友"的含义已相去较远。据相关资料，古时朋友与士有着亲昵与辅佐的关系，"友，君臣之道"这一命题的提出并不是出于偶然。"友，君臣之道"为儒家友朋观增添了新的内容，建构了君臣之间以友相待的新型关系。孟子在此基础上进一步提出了臣以"师、友、事"与君交往的主张，君臣彼此遵守规范的相互性反映了早期儒家在"友道"方面的平等思想。另外，《郭店楚简》和孟子所说的朋友关系是以德性为基础的互助关系。曾子曰："君子以文会友，以友辅仁。"无论是"同悦而交，以德者"还是孟子主张的"友其德"，都将"德"视为"友"的必备品质，这体现了儒家"以友辅仁"和以友证道的思想。

---

① 李春青：《诗与意识形态》，北京：北京大学出版社 2005 年版，第 200 页。
② 朱熹：《四书章句集注》，北京：中华书局 2012 年版，第 329 页。

第四节　君臣"同治天下"与以"敬"为主：二程的"友"观念

程颢（1032—1085），字伯淳，人称"明道先生"。程颐（1033—1107），字正叔，世称"伊川先生"。两人为亲生兄弟，是宋明理学的奠基人。在朱熹（1130—1200）的著述与王阳明的《传习录》中，后人很容易读到他们对二程思想的引述与阐发。那么，二程的"友"观念的内容有哪些呢？在二程看来，天下物皆有理，他们说"物理最好玩"。[1] 既然世间存在物之理，那么"理"在君臣、朋友处如何体现呢？人们怎样循理而行呢？我们试着作简要的诠释与分析。

一　君臣"同治天下"

阅读有关资料后，我们不难发现，二程的君臣观念十分接近孟子等先秦儒者的思想主张。近千年后，儒家君臣思想如此始终如一，并得以发展、延续，可以称得上是中国思想史上特有的文化现象。

（一）君臣因民而设

程颐有一段论述可以作为历代君臣思想的代表。他说："为人臣者，居其位，食其禄，必思何所得爵禄来处，乃得于君也。必思所以报其君，凡勤勤尽忠者，为报君也。如人主所以有崇高之位者，盖得之于天，与天下之人共戴也，必思所以报民。古之人君视民如伤，若保赤子，皆是报民也。"[2] 这段论述将天、民、君、臣四者紧密联系在一起，并指出君并非至上，臣不止为君尽义，天、民犹在。君道本于天、民，这是儒家的思想传统。程颐论君道不离天道，还反映了他天人无间的思想：天人本无二，不必言合。王者体天之道，亦与民同道，不能独私一人，当与天下大同，与天下大同则万国咸宁。程颐说："民以为王，则谓之天王天子；民不以为王，则独夫而已矣。"[3]

---

①②③《二程集》上，北京：中华书局 2004 年版，第 39、264、273 页。

孟子称"民为贵，社稷次之，君为轻"，说的也是同样的道理。君臣之道关系黎民百姓，能不重要？儒家反复论述君臣之道，用意正在于忧怀天下，为生民立命。董仲舒说："天之生民，非为王也；而天立王，以为民也。故其德足以安乐民者，天予之；其恶足以贼害民者，天夺之。"① 在董仲舒看来，王因民而设，德不能安民而恶足以害民，则天可夺之。徐复观说："儒家对我们民族最大的贡献之一，是在二千年以前即明白指出政治乃至人君是人民的工具，是为人民而存在……人君要以人民的好恶为好恶，而不是人民以人君的好恶为好恶。"② 程颐曾问韩持国为何建佛塔，韩持国答道：为民祈福。程颐说："福斯民者，不在公乎？"③ 在程颐看来，为百姓谋福不在于建佛塔，而在于官员诚意为民。

春秋时期存在忠民、利民的思想。《左传》记载："所谓道，忠于民而信于神也。上思利民，忠也。"④ 童书业指出："'忠'之道德（似起于春秋时）最原始之义似为尽力公家之事。"⑤ 为公即利民。文公闰月不告朔是不合礼仪的，《左传》指出："不告闰朔，弃时政也，何以为民？"⑥ 闰以正时，时以作事，事以厚生，生民之道存于礼中。文公不为百姓谋福，于是遭到指责。宣公二年，钮麂奉晋灵公之命杀赵盾，但当他看到赵盾上朝前身着盛服、坐而假寐的威仪时，立即放弃了刺杀的行动，感叹道：此人不忘恭敬，实为百姓之主。贼民之主为不忠，弃君之命为不信。在不忠、不信之间取舍，我宁愿死去。钮麂最终触槐而死。从上面的史实来看，贼民之主为不忠，那么诚心为民可称得上"忠"。

程颐生病时，有医师寄来药方。程颐因此事赋诗说："至诚通化药通神，远寄衰翁济病身。我亦有丹君信否？用时还解寿斯民。"⑦ 这首诗既表达了谢意，又反映了程颐学道的志向："寿斯民。""寿斯民"即心怀天下百姓，孔子的志向不正是如此吗？子曰："老者安之，朋友信之，少者怀之。"此志即圣人之事。圣人心尽天地万物之理。孔子言安之、信之、怀之，正是天理之事。程颐的君臣思想是建立在忠民、利民的基础之上的。

（二）君臣有序

读《孟子》一书，除了分析孟子的言语，我们还应注意到他的行为，因为其行

---

① 曾振宇、傅永聚：《春秋繁露新注》，北京：商务印书馆 2010 年版，第 158 页。

② 徐复观：《学术与政治之间》，北京：九州出版社 2014 年版，第 313 页。

③⑦《二程集》上，北京：中华书局 2004 年版，第 270、239 页。

④ 杨伯峻：《春秋左传注》一，北京：中华书局 2009 年版，第 111 页。

⑤ 童书业：《春秋左传研究》，北京：中华书局 2006 年版，第 243 页。

⑥ 杨伯峻：《春秋左传注》二，北京：中华书局 2009 年版，第 554 页。

为本身直接反映了孟子是如何遵礼的，他的言行举止能够让我们更加清楚地了解到当时的礼仪的具体内容。孟子离开齐国时，"宿于昼"，这是一种礼，表示孟子仍然期待齐王改变想法，任用他以安齐国及天下百姓，"岂徒齐民安，天下之民举安"[①]，"宿于昼"可见孟子的迟迟顾恋之心。

二程分析《考槃》一诗说：若理解为君不用其才，则士人内心躁忿，便永誓不复告君、不复见君，岂是"思无邪"？二程说："君臣犹父子，安得不怨？"[②]诗人癙寐弗忘，更能够反映诗人怨慕之至诚。与孟子相仿，诗人怨慕至深同样是一片顾恋之心。分析此诗，可以看出二程继承了《郭店楚简》的思想，视君臣如父子。《郭店楚简》曾称："君犹父也，其弗恶也，犹三军之旌也，正也。"

二程批评当时一些士人在朝者不能言；退者遂忘之，又不肯言。他们说："君臣，父子也，父子之义不可绝。岂有身为侍从，尚食其禄，视其危亡，曾不论列，君臣之义，固如此乎？"[③]在君主无"大横见加"的前提下，程子始终坚持君臣之义。人臣食其禄，于危亡之际却不进谏，这种做法有失为臣之道。

二程的君臣思想建立在保民的基础之上，关于君臣之义只有在这个前提下讨论才有意义。谈论君臣之义的原因就在于从大纲来论它是成立的。那么，什么是大纲呢？就天、地、人来讲，我们必须承认世间存在一定的秩序。张载说："天之生物也有序，物之既形也有秩。知序然后经正，知秩然后礼行。"[④]具体说来，我们熟知的人际关系是有秩序的，如父子、兄弟、长幼、夫妇、君臣。针对天序、物秩，圣人制礼，使天下人遵守大纲。大纲即是现实的规律，也是"天道"。子弟幼年时不修礼义、不知孝悌，从小娇纵坏了，成人后更难管教。为子弟时，"于其亲已有物我，不肯屈下"[⑤]，难以体仁、为仁，若不痛定思痛，此病根一种，便会跟随人的一生，直至人死亡。这样的人"为子弟则不能安洒扫应对，在朋友则不能下朋友，有官长不能下官长，为宰相不能下天下之贤"[⑥]，心中徇私意，则义理全失。"人而无礼，胡不遄死？"[⑦]礼一失而为夷狄，再失则为禽兽。

（三）君臣各"止其分"

君臣合力为"天下之天下，非为一姓之天下"的思想。在这个前提下，二程非常重视君臣之义。二程认为：君臣各有其职责，"为君尽君道，为臣尽臣道，过此

① 焦循：《孟子正义》上，北京：中华书局 2015 年版，第 331 页。

②③《二程集》上，北京：中华书局 2004 年版，第 41、43 页。

④⑤⑥《张载集》，北京：中华书局 1978 年版，第 19、281、287 页。

⑦ 方玉润：《诗经原始》上，北京：中华书局 2012 年版，第 167 页。

则无理"。①父子、君臣为天下之定理。二程期望君臣皆能安得天分，没有私心，"有分毫私，便不是王者事"。②何谓"王者事"呢，王事即"保民而王"。③程颐说："有物必有则，父止于慈，子止于孝，君止于仁，臣止于敬。"④父慈子孝，君仁臣敬，自孔子至宋代程颐，早期儒家父子、君臣对等的伦理规范显然得到了继承与发展。

在君臣之义下，我们注意到君臣之间是有秩序的，父子、长幼等人际关系也是有序的。既然君臣有序，这个秩序便被解说为君尊臣卑。在这里，"卑"不是一个贬义词，而是与"尊"相对的，如天尊地卑。难得《二程集》中有《君臣篇》，我们可以从中寻觅其君臣思想的概貌。接下来我们分别分析一下二程所说的君道与臣道。

程颢说：王者奉天道，尽天道则为王道。"毋不敬，俨若思，安定辞，安民哉"⑤指的是君德与君道。二程认为：君德即天德，君道即天道。安民为君德、君道的重要内容。程颐解释"克明峻德"说：帝王之道"以择任贤俊为本，得人而后与之同治天下"。⑥《易传》中君臣"共成其功"、"共成天下之事"也有此意。君臣同治天下即君臣皆以治天下为职，君臣要诚敬爱民。"若使爱敬其民如其赤子，何错缪之有？"⑦诚心为之，即使不成亦不远。

程颢为官时，坐处皆书"视民如伤"。他时常说：颢常愧此四字。"视民如伤"是儒者爱护百姓、以民为重的情感写照。《左传》哀公元年（前494）记载："国之兴也，视民如伤，是其福也。"⑧孟子称赞文王时说："文王视民如伤。"⑨刘安礼曾就临民一事问明道先生，明道先生回答说"使民各得输其情"。⑩程颢说圣人如天地，以各类人群的安适为己任，其志为"老者安之，朋友信之，少者怀之"。程颢曾说：仁者浑然与物同体。子路的志向是车马轻裘，"与朋友共，敝之而无憾"。颜渊"愿无伐善，无施劳"。孔子则愿"老者安之，朋友信之，少者怀之"。三人心意相同，"皆与物共者也"。⑪

在程子看来，君、臣应不设私意，皆以天下为公，且君臣各止其分。程颐在《易传》中说："万物庶事莫不各有其所，得其所则安，失其所则悖。"⑫君臣各有其职，思不出其位，能知止而行，君止于仁，臣止于敬，则天下可顺治。君临天下，当显明天下之道，发政施仁，诚意待物，泽披四海，不可显其小惠，欲致天下亲己。臣则竭其忠诚，尽其才力，不可阿谀奉迎以求君主厚己。臣尽其诚，用否在君。朋

---

① ② ③ ⑤ ⑦ ⑪《二程集》上，北京：中华书局2004年版，第77、77、98、117、16、21页。
④ ⑥ ⑫《二程集》下，北京：中华书局2004年版，第968、1035、968页。
⑧ 杨伯峻：《春秋左传注》四，北京：中华书局2009年版，第1607页。
⑨ 焦循：《孟子正义》下，北京：中华书局2015年版，第614页。
⑩ 叶采：《近思录集解》，北京：中华书局2019年版，第208页。

友相处也是如此，诚意待友，疏戚在人，不可巧言令色以求与己亲密。君臣、朋友倘能克制私欲、心中存诚，则义理常存。"义理客气，相为消长者也。以其消长多寡，而君子小人之分，日以相远矣。"①

君臣同治天下，"友"则为君臣之道。程颐在"九二，见龙在田，利见大人"处指出："利见大德之君，以行其道。君亦利见大德之臣，以共成其功。"②君臣共成天下之事，非相友不可。程颐对张良评价较高，说张良是一个儒者，进退之间极有道理。众人皆知汉高祖能用张良，却不知事实上是张良能用汉高祖。张良计谋不妄发，发必中。如后来立太子事，能使汉高祖从之，使之左便左，使之右便右。观张良之心，只是为天下。在对张良的评价中，我们可以体会到程颐对"君臣相友"的看法："君子有为于天下，惟义而已，不可则止，无苟为，亦无必为。"

综上所述，程颢、程颐的君臣思想主要表现在三个方面：第一，君臣与民同道，君应视民如伤、若保赤子，君臣合力为天下。第二，在主张政治平等的同时，提倡君臣有序。第三，在以民为本的认知前提下，君臣要各止其分，"为君尽君道，为臣尽臣道，过此则无理"。君臣同治天下，"友"同样为君臣之道。君臣共成天下之事，非相友不可。

二 朋友相观

曾子说"以友辅仁"，朋友之道向来为儒家重视。程颐说人心多从亲爱之人，"常人之情，爱之则见其是，恶之则见其非"。③好而知其恶，恶而知其美，却天下鲜见。妻、子之言，有失却多听从，而言行随从亲爱者，恐怕难合正理。出门而交即结交益友，朋友不为私情所系，因此能于己有功。程颐在《程氏易传》中说："天下之可说，莫若朋友讲习。"④讲习能使朋友相互受益。"天下之悦不可极，惟朋友讲习。"⑤朋友讲习，虽过悦但无害。程颐将朋友讲习看作天下最愉悦的事情，因为讲习能够真正互益于彼此的生命，使朋友有志于道。

既然交友有益于人生，那么我们应该如何选择朋友呢？伊川先生说："君子观象，知人情有争讼之道。"⑥他认为做事应谋其始，于事之开始绝讼端，则能免讼，如慎交结便是一例。在《荀子》一书中，我们读到过后天环境对人成长的影响，

①②③④《二程集》下，北京：中华书局2004年版，第1255、696、785、998页。
⑤《二程集》上，北京：中华书局2004年版，第84页。
⑥程颐：《周易程氏传》，北京：中华书局2011年版，第37页。

"蓬生麻中，不扶而直"①，兰槐之根渐渍于苦酒或臭汁，则君子不近身。因此荀子说"君子居必择乡，游必就士"②，以近中正而防邪僻。

在《二程集》中，程子也谈到过幼童的成长环境，就此他提出了"以气动气"的解释和"养正"的教养主张。程子比较推重前人的教育方式。他说：古人自幼时，耳目所见皆善处而不见异物（不善处），易于成就人才。而今人自幼时，所见不善，便日习秽恶，以气动气，和气衰减，难以造就圣贤。因此，程子说：欲要婴儿善，需保留其真性。善养子者，"当其婴孩，鞠之使得所养，全其和气，乃至长而性美，教之示以好恶有常"。③

在二程思想中，"气"字出现的频率很高。"气"为形而下者，"有形总是气，无形只是道"。④从自然界来讲，气满天地；就人、物来说，生则气聚，死则气散；至于形声之类，也是气。程子将外界施于幼童不利影响的过程称作"以气动气"⑤，此可谓实际又生动。在程子看来，善于教养孩童的人懂得保存幼童与生俱来之和气，避免恶气引诱其真性，待孩童长大一些，再示以好恶有常，这种教育方法即是"养正"；如果一开始就以恶引诱孩童，即使以后人们再竭力教养，恐怕也是徒费心力。

在二程看来，"以气动气"不只适用于教养幼童，天下无非都是感与应。例如：饮食养护人的身体，也是外气涵养之道。程颐以鱼与水比喻人与天地。他说：鱼的性命并非水所造就，但它必居于水中才能得以生存。人居天地气中，同样也需要外气。但是，外气分善与恶，得善则利于性命，遇恶则损伤性命。人的视、听、言、动皆是气，美善的言行可以养护人的真性，污秽的习行则会触动人的和气。

我们在与人的日常交往中，若遇到君子，则"如沐春风"；如果面对的是恶少、悍妻，内心感受则不舒适，不若耳聋。二程由此认为人与人之间的感通可以用"以气动气"来解释。人们也可以把"以气动气"应用于交友之道。与益友相处即是善养和气，因此选择朋友十分重要。

慎重交友历来为儒者所看重。程子解释"主忠信，毋友不如己者"时说：毋与不忠不信之人交友。有志于道，必慎重开始。慎重择友是交友的前提和为人处世的开端。

子夏论与人交往时说："可者与之，其不可者拒之。"子张却说："君子尊贤而容众，嘉善而矜不能。"贤人于人无不容。这两句话看似有些冲突，但把两句回答分别放在不同的情境中进行分析，这些冲突便化解了。子张、子夏论交，子夏、子

---

①②　王先谦：《荀子集解》上，北京：中华书局 2013 年版，第 6、7 页。

③④⑤《二程集》上，北京：中华书局 2004 年版，第 57、83、35 页。

张之言各有所依，因初学者与成德者事不同。读到这两句话时，程子与王阳明一致认为：子夏在谈小子之交，子张在说成人之交。但是，我们是否也可以这样解读：子张谈的是大贤与百姓交往的态度，君子心怀天下，亲亲而仁民，《周易》记载君子"宽以居之，仁以行之"①；子夏讲的则是志同道合的交友，如"主忠信，毋友不如己者"。

谈到朋友相处时，理学家们似乎有一个共识：与朋友论学，更宜互相观摩或委曲谦下。这与我们之前谈论的朋友之道有些差异。或者说依照他们的生活体验，理学家给中国式的朋友之道注入了新的内容。程子说："朋友讲习，更莫如相观而善工夫多。"② 相观即互相观摩，朋友在互相观摩中学到的善处会更多。张载说："朋友之际，欲其相下不倦。"③ 王阳明说："处朋友务相下，则得益，相上则损。"④

程子说："己"为我所有，知得最真切，因而舍己从人最难。因存"己"，便有自私之理。若难以舍己，处朋友则不易相下。程子还进一步指出：即便"己"能痛舍，也可能有固守之病。处朋友时诚心谦下、虚心求善，能够治人心疾，这也是一门修养工夫。

程颢说："子路亦百世之师。"⑤ 子路，人告以有过则喜，此时心喜是很难得的。因而程颢希望学者以子路为师，借他人之忠言以修身补过。离别一年后，谢良佐与程颐相见，程颐询问他工夫做得如何。谢良佐回答"也只去个'矜'字"，并说："我感觉内心病痛尽在'矜'字，若去得这个字，才有进处。"程颐听后非常赞同。"矜"有自夸的含义，"自贤曰'矜'"。自矜是常人的心病，去矜犹如克己，克己才能做到虚心择善。

我们仔细读来，处朋友时，无论相观还是相下，实际上里面都藏有克己工夫，克去自身私欲便是去人欲，去人欲即可识得"天理"。人须在事上磨炼，于朋友处见得相观、相下，方知能克己复礼。程颐见人议论前辈的短处，曾指导他们说："汝辈且取他长处。"⑥ 论学取人长处能显现人们谦下、虚心的态度。持有谦虚的心态与朋友相处才能获益，否则只会固执己见。

在《论语》中，儒者虚心求学的精神并不鲜见。例如：孔子称赞孔文子"不耻下问"。张载说：人有物我，不肯屈下，在朋友则不能下朋友。也许相观、相下就

① 王弼撰，楼宇烈校释：《周易注》，北京：中华书局 2011 年版，第 7 页。

②⑤⑥《二程集》上，北京：中华书局 2004 年版，第 23、68、436 页。

③《张载集》，北京：中华书局 1978 年版，第 268 页。

④ 王阳明著，施邦曜辑评：《阳明先生集要》上，北京：中华书局 2023 年版，第 46 页。

是对儒家恭敬、虚心精神的传承。这是程子、张载等人对生活细致观察、谨慎思考而得出的结论,反映了人们虚心、谦让的美德。处朋友、务相下离不开良好的道德修养。张载说:学者处事常责己,"责己者当知无天下国家皆非之理"。[①] 责己即督责自身,与朋友交往也应遵循此理。

从上述内容来看,朋友以温和相处,似乎少了些责善的氛围。由此我们可以将朋友之道的内容归纳得更加详细:责善、近则正之与朋友相观、相下都是处友之道;对常人来讲,相观、相下益处更多。把握朋友之道,关键在于人们能合理运用之,"时中"则正。

三 责友以善

在《二程集》中有不少程子对王安石的评论,但程颢与人论王安石之学时始终抱有虚心接受的态度。世人往往将别人对自己学问的批评当作对自身的批评,这其实没有道理,学问与自身原本就是两回事。程颢从容的气概深得王阳明称赞,并愿天下朋友皆如此。王阳明说求道之人以立志求学为要紧事,"且论自己是非"。天下有议论我者,若能从中取善,皆是切磋砥砺之言。荀子说:"非我而当者,吾师也。"(《荀子·修身》)倘若世人不在他人的批评之上增加好恶,能从批评中吸取教训,从而立志求学不懈,则师友之道将明于天下。朋友讲习的益处在于能常使心有志于道,不为客气、旧习缠绕。客气为血气、生理欲念所发之气,旧习即不良的习行。人若有利欲之心,则与"道"相背离。

责善同样为程子所看重。程子认为事前讲求适当的责善方法,劝告才能有效。有人曾经问程子:与人相处时,如果发现对方有过失而不告知,则于心不安;如果告诉对方又担心他不接受,自己该怎样做才好呢?程子说:"要使诚意之交通在于未言之前,则言出而人信矣。"[②] 为了克服告人以过的难题,程子提出了以诚待人的解决办法,即:人们要想使他人听从自己的建议应以诚感人,在得到他人的信任后才能做到"言出而人信"。如果不能打动人,只因未达至诚。

程子指出:责善之道要使"诚有余而言不足",这样做不仅对人有益,而且不会使自身受辱,"'信而后谏',唯能信便发得人志"。[③] 在传统的责善之道中,程子将至诚作为责善的关键与前提,并辅以"言不足"的表达方式。"言不足"须以

---

① 叶采:《近思录集解》,北京:中华书局2019年版,第136页。
②③《二程集》上,北京:中华书局2004年版,第74、147页。

智动人，做到"言不足"离不开精心思考。"言不足"三个字显示了古人的谈话艺术，是了不起的中华智慧。"言不足"的妙处在于它能给他人留有自我觉悟的余地，在指出过错的同时能够照顾到对方的心理，不至于招致怨恨与灾祸。

程颐言："今责罪官吏，殊无养士君子廉耻之道。必断言徒流杖数，赎之以铜，便非养士君子之意。如古人责其罪，皆不深指斥其恶，如责以不廉，则曰俎豆不修。"①"言不足"的智慧除了用于朋友责善，在其他一些场合也有不俗的发挥。

《白虎通疏证》记有隐恶之义。古人有出妻（出妻即休妻）一事，妻有不善，便当出。对姑（姑为夫之母）叱狗、蒸藜不熟显然是些小事，为何会成为出妻的理由？其实对姑叱狗、蒸藜不熟只是托词，并非出妻的真正原因。君子不忍以大恶出其妻，遂以微罪去之，由此可见君子忠厚之义。古人绝交无恶言，去臣无恶声，弃妻令其可嫁，绝友令其可交。对于弃妻、绝友这类事情，自己理直且妻、友知其罪过就可以了，何必使他人尽知实情？而有识者自然知晓。反之，如果彰显妻、友之不善，自己则是浅丈夫而已。

就人情而论，多数人说话"多欲令彼曲我直"。②"彼曲我直"即对待冲突时，人们常把自己的想法视为正确无误的，而把对方的言行看作不正确的。但是，君子并不这样做，君子说话有包涵与宽容的意思。班固将绝交不出恶言称为"隐恶"，认为朋友、夫妻有相隐之义。在东晋葛洪的书中，我们也能读到朋友互相隐恶的说法，君子交绝无恶言，朋友之义有"护其短而引其长，隐其失而宣其德"③的内涵。

四 朋友"以敬为主"

若继续寻找二程论朋友之道的一些特点，我们可以发现，朋友间主敬是其显著特征，但朋友之间主敬已经是"敬"之事了。程颐说：君臣朋友皆当以敬为主，君子淡以成，小人甘以坏。程颐常谈"敬"，"敬"与"致知"是他提倡的工夫纲领。"敬"属于内界工夫，"主一之为敬"④，"主一"是"中"与"内"，"主一"则天理明。不敢欺、不敢慢、不愧屋漏皆属"敬"。

在《论语》中，孔子说晏平仲（晏婴，齐国大夫）善于与人交往，指出晏婴与人交往的优点在于"久而敬之"。⑤交友久则敬意衰，这几乎是每一个人的切身体会。

①②《二程集》上，北京：中华书局2004年版，第112、243、页。
③ 杨明照：《抱朴子外篇校笺》上，北京：中华书局1991年版，第444页。
④《二程集》下，北京：中华书局2004年版，第1173页。
⑤ 程树德：《论语集释》一，北京：中华书局2014年版，第422页。

为何久则敬意衰减呢？也许是因为没有了新鲜感；也许是因为交往时间一长，对方的缺点逐渐暴露，优点也不再突出，很难使人产生诚敬之心。晏婴则与此不同，在与人交往时能做到"久而敬之"，因此得到了孔子的称赞。仲弓问"仁"时，孔子回答："出门如见大宾，使民如承大祭。"① 有此气概之人定能敬人。由此可见，擅长与人交往的晏婴已能行仁。张载也说朋友之间宜主于敬，敬则使人亲密，久而能敬便是"天理"发见处。

　　既然"久而敬之"是孔子称赞的美德，那么与人交往时如何保持诚敬之心呢？程颐说："涵养吾一。"② 周敦颐说："一"是学之要。"一者无欲也。"③ "不可以己待物。"④ 涵养日久则存得"天理"。有诸中便形诸外，与人交往时自然有诚敬的气概。程颢说：人道只在忠信，"诚者天之道，敬者人事之本"。⑤ 程颐说："出门如见大宾，使民如承大祭"属"敬"，"敬"是不私。不敬时，私欲万端便害于仁。"俨然正其衣冠，尊其瞻视"⑥，其中也有个"敬"。

　　此处需要指出的是：在程颢、程颐的思想中"敬"主要强调的是工夫，与《论语》中和张载提到的"敬"存在差异，因而具体到待人处事时，他们常说"恭"字。"敬是持己，恭是接人。"⑦ 与人恭而有礼，交往时循理自当如此。陈淳在《北溪字义》中说："恭就貌上说，敬就心上说。恭主容，敬主事。"⑧ 与人交往瞻视时，亦需节制。"己之敬傲必见于视。"⑨ 柔心才能视下，言听才会诚敬、信实。

　　慎重择友几乎是历代儒者的交友共识，而二程"以气动气"的解释为"慎交结"之说提供了崭新的内容。另外，程子主张朋友"相观"，张载、王阳明主张朋友"相下"，这些思想一致反映了儒者虚心克己的修养要求。

---

① 程树德：《论语集释》三，北京：中华书局 2014 年版，第 1064 页。
②④⑤⑥⑦《二程集》上，北京：中华书局 2004 年版，第 143、165、127、185、184 页。
③ 叶采：《近思录集解》，北京：中华书局 2019 年版，第 104 页。
⑧ 陈淳：《北溪字义》，北京：中华书局 1983 年版，第 36 页。
⑨《张载集》，北京：中华书局 1978 年版，第 268 页。

第五节 儒家"友"观念与其现代价值

一 儒家"友"观念的价值定位

人与人和睦相处的美好社会是人们的理想追求。中华民族拥有几千年的文化发展历程，无数人曾经来到过这个世界，又离开了这个世界。在真实的生活中，先人给后代留下了许多宝贵的精神财富。先贤曾书写了哪些感悟？为了更好地生活，我们该如何学习与继承？翻阅相关书籍后，令人欣喜的是，古代思想家们对人道谈论较多，我们可以一饱眼福。

冯友兰指出："传统的五种社会关系：君臣、父子、兄弟、夫妇、朋友，其中有三种是家族关系。其余两种，虽然不是家族关系，也可以按照家族来理解。君臣关系可以按照父子关系来理解，朋友关系可以按照兄弟关系来理解。在通常人们也真的是这样来理解的。"[1] 这样的理解正确吗？恐怕不完全正确。虽然君臣犹如父子，但"友"也为君臣之道。君子与人敬而无失、恭而有礼，虽四海之内皆兄弟，但我们也不能忽略朋友切切偲偲与兄弟怡怡的显著区别。

现代社会的人际关系比较复杂，但传统的几类社会关系依旧存在。古代的朋友一伦与现代的朋友关系有些不同，通常我们把和自己有来往的一些人称为朋友，而钱穆说："日常相交非友道。"[2] 那么，在古代，什么样的人才被称作"朋友"呢？古时朋友常指志同道合之人。这里的"志"与"道"有特定的含义，我们通常把"道"理解为"人道"（性命之道、处世之道、安民之道）。看到这里，我们不妨扪心自问：在诸多朋友中，有谁能与我们志同道合呢？若有，则人生有幸；若无，我们还须继续寻求。

在现代人的思想中，朋友的外延显然扩大了许多，日常交往的人也可以被看作朋友。人类是社会动物，需要相互帮助与分工合作；人类也是精神动物，需要

---

[1] 冯友兰：《中国哲学简史》，北京：北京大学出版社 2013 年版，第 21 页。

[2] 钱穆：《晚学盲言》（上），北京：生活·读书·新知 三联书店 2014 年版，第 377 页。

他人的关怀与慰藉,而这些需要都离不开朋友。社会越是发展,人与人之间的联系越是紧密,交往之道就显得尤为重要。在现代社会中,80后、90后大多是独生子女,家中兄弟姐妹济济一堂的现象越来越少见,无血缘特征的友道就承担起了协调人与人之间关系的重任。

友道是一个既古老又鲜活的话题。在友道方面,儒家学者已经作出了有成效的努力。交友首在择人,孔子说同正直、诚实、博学多识的人交朋友会有益处,而与阿谀奉承、花言巧语的人打交道就会有害处。既然交友的意义重大,那么人们就必须谨慎择友。正如孔子所说:益友须具备以下几个特征,即直、谅、多闻,具备正直、信实、多闻品质的朋友会对自己的人生有益。孟子的友朋观重德,品德是孟子衡量交往对象合适与否的唯一标准。在尊德的前提下,他要求朋友之间平等往来,不可有所倚仗。荀子主张谨慎择友,认为好的朋友是成就德行的基础。重道义是历代儒家学者所共同倡导的交友之道。贪图权势的,若权势没有了,关系就会疏远;贪图富贵的,一旦遭遇穷困,人情就会淡漠。唯有建立在道义上的友情才是牢固的和珍贵的。《颜氏家训》的作者对青年人的择友十分重视,认为人在少年时,因神情未定,极易受朋友的影响,"所与款狎,熏渍陶染,言笑举动,无心于学,潜移暗化,自然似之","与善人居,如入芝兰之室,久而自芳也;与恶人居,如入鲍鱼之肆,久而自臭也"。[1]

先秦之前,"友"曾指称兄弟间的亲属关系。《颜氏家训》对兄弟友爱作了细致的分析,家训思想不同于经书所阐发的微言大义,它的内容简洁、朴实。颜之推在《颜氏家训》中说:"同言而信,信其所亲;同命而行,行其所服。"[2]在现实中,颜之推看到禁止童子之暴谑、凡人之斗阋,师友之诫不如傅婢之指挥,尧舜之道不如寡妻之诲谕,因而决定著书以训诫后世子孙。在《兄弟》篇中,颜之推详细论述了兄弟之义。他说:兄弟为分形连气之人,幼时父母左右提携,"食则同案,衣则传服,学则连业,游则共方"[3],莫不亲爱。及其壮年,各有妻、子后,感情却逐渐淡薄。惟友悌至深,才能不为旁人所移。在程颐看来,孝悌是神明之理,在孝悌中便可尽性致命。事兄当起敬起孝,尽至诚,不求伸己;与弟相处则要尽友爱之道。与君臣止其分相似,兄弟彼此各遵其职,兄友弟悌的理想秩序就能实现。

兄弟之间要友爱,朋友之间则要相互信任。整个社会是由许多家族构成的,在家庭内,慈孝友悌维系着家族的和睦兴衰;在社会中,人际关系的和谐离不开人与人之间的友爱与尊重。处朋友时需保有宽容、豁达的平和心境,既要"忠告而善道之",有时也须"不可则止"。在现代精神文明建设中,为了实现人与人之

---

① ② ③ 王利器:《颜氏家训集解》上,北京:中华书局2013年版,第154、1、27页。

间的和谐，就要从孝悌之心出发，与朋友友好相处，良好、温暖的人文与社会环境才有可能建成。

荀子说："入孝出弟，人之小行也；上顺下笃，人之中行也；从道不从君，从义不从父，人之大行也。"（《荀子·子道》）朋友间的切磋鼓励有利于提高个人的道德素质并有助于道义的实现。如果人们的行为都以道义为准则，那么整个社会就会实现更高程度的道德提升。

进入 21 世纪以来，人类的物质文明更为发达，若是缺乏必要的精神支撑，社会问题就会更加多变、复杂。伴随着经济发展，道德建设的重要性也进一步显现出来。在古代，儒家的道德与礼制能够规范人们的言行；现在，加强中华民族的传统思想教育，能够更好地缓解人际冲突与社会矛盾，从而有益于文化发展的进程与国家的长治久安。

中国文化自诞生之日起，就一直在谱写和睦有序的精神篇章。友、悌在构建社会主义核心价值体系中具有重要作用，兄友弟悌、诚信互助是和谐文化建设中必不可少的内容。友、悌的普及和发扬主要通过道德教育、舆论倡导来启迪人们自我觉醒和自觉实践。

如今，我们重新反思传统文化的价值，认同兄爱弟敬的传统道德，家庭成员之间才能更加和睦地相处，彼此间也更容易增进理解与沟通；实现了朋友间的诚信互助，社会秩序才能更好地有序运行。在重建现代道德文化体系的过程中，对于国家与民众来说，"友"观念仍有着不可估量的历史意义与社会效用。

二 儒家"友"观念的现代转化

子贡曾经希望能在人世间得到休息。他说："赐倦于学矣，愿息事君。"孔子说："温恭朝夕，执事有恪。"事君是件困难的事，事君怎么能得到休息呢？孔子接着说事亲难，事妻、子也不容易。子贡又提出"然则赐愿息于朋友"。孔子说："朋友攸摄，摄以威仪。"与朋友相处是一件难事，恐怕难以得到休息！最后子贡忧愁地说：难道天下就没有我休息之处吗？孔子回答："死亡时，君子息焉，小人休焉。"既然活着时无处休息，每个人都处于各类人际关系之中，那么只有遵循一定的道德与行为规范，人生才能完整。

通过前面的论述，我们了解了"友"的重要意义与价值。那么，在日常生活中，我们应该怎样学习与遵守友之道呢？具体可以归纳为以下两个方面：

（一）如何选择朋友

选择朋友是交友的前提。荀子说："取友善人，不可不慎，是德之基也。"①荀子认为君主选择臣属和普通人选择朋友都要以道为原则，应十分慎重，"君人者不可以不慎取臣，匹夫不可不慎取友"。有益的朋友具有的三类品质分别为"直"、"谅"、"多闻"，而有害的朋友具有的三类品行是"便辟"、"善柔"、"便佞"。

（二）朋友之道有哪些内容

孔子认为朋友要"切切偲偲"，应互相批评，要做到言而有信。荀子认为朋友有举贤的职责，"出而名不章"为友之过。王阳明认为：交友之理存于心，人们若能在此心上去人欲、存天理，发之交友即自然有"信"。"交友、治民不成，去友上、民上求个信与仁的理，都只在此心。心即理也。"②交友重信的理存于人的心上，心无私欲遮蔽便是"天理"，以"天理之心""发之交友、治民便是信与仁"，而"于事事物物上求至善，却是义外"。③他举孝亲为例说："诚孝的心便是根，许多条件便是枝叶。"④这是说：人们孝亲须以种根为先，枝叶便自然如此。同理可知，也须是有个诚信的心做根，交友才能进行。此做根的事业便是王阳明所孜孜追求的。虽然现代人交往日广，不以名利交友仍是人们需要恪守的交友规范。即使以道义交友，也可能一时遇不到真正的朋友，但我们不能轻易放弃这一原则，有时以自然为友也好过虚伪之交。

悉心择友后，处朋友时须诚心相待，去除己心私欲后，交友之视听言动方合天理。以下便是处朋友的具体"枝叶"了："近则正之，远则称之，乐则思之。"⑤当朋友患难时，应竭力救助；与朋友交往，平时要相互辅助与鼓励；对待朋友的成功，要真诚地祝贺并分享其喜悦；当朋友遇到挫折与伤害时，应力所能及地表达自己的关爱。同学、同事等人群则属于较大的朋友范围。与同事相处时，彼此要加强沟通与了解，多一份谦让，少一些责怨。在社会交往中，要葆有真挚的心灵，以和为贵、真诚待人。与一般人群往来时，需敬而无失、恭而有礼。

① 王先谦：《荀子集解》下，北京：中华书局2013年版，第607页。
②③④ 邓艾民：《传习录注疏》，上海：上海古籍出版社2012年版，第8、7、9页。
⑤ 陈立：《白虎通疏证》上，北京：中华书局1994年版，第241页。

第八章

耻

第一节 "耻"观念的词源学考察

　　法国哲学家于连认为：哲学的历史基本上就是从提出一个具体的观念开始的。哲学就是在不断地提出各种观念，并且把最初的观念当成思维的某种原则或前提，其他的观念都是在此基础上产生的，观念与观念的联结构成思想体系。[①]哲学思想沉淀于基本观念。观念是有层级的，大致可以分为形而上的观念和形而下的观念。前者是指从经验生活中抽离出来，在逻辑上层层上推而得出的柏拉图理念论式的观念或德国古典观念论式的观念，如西方哲学中的"存在"、"本质"、"关系"等范畴，在本质上属于抽象的实体。这类实体化观念体现了西方哲学寻求普遍性思想的特质。后者是指那些与人的经验生活联系紧密，在常人的人伦日用中处处可以体察、历练的一些观念。这类观念既有理性的成分，又蕴含着感性和经验的因素，与人所处的生活世界保持着鲜活而生动的联结，如中国哲学中的"耻"、"勇"、"忠"等观念。这类基础层次的观念是始终与不同类型的人类经验生活相关联着的，在经验世界中兑现其相应的价值。本章所要研究的儒家哲学中的"耻"观念就属于这类哲学观念。"耻"观念何以成为儒家哲学的基本问题？揭开"耻"观念的历史面纱，需要我们通过对观念史的考察就儒家哲学中的"耻"观念之来龙去脉作出必要的解释，并在此基础上挖掘其现代价值。

　　根据《汉语大字典》，可看到"耻"字的字形变化如图所示：

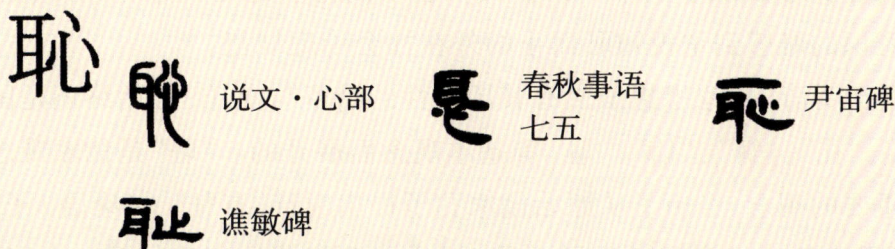

耻　　耻 说文·心部　　悬 春秋事语
七五　　耻 尹宙碑

耻 谯敏碑

　　"耻"字的基本含义有三个方面：其一，表示羞辱之意，如《国语·越语上》曰：

[①] 于连：《圣人无意 —— 或哲学的他者》，北京：商务印书馆2004年版，第9页。

"昔者，夫差耻吾君于诸侯之国。"其二，表示羞愧之意，如《广韵·止韵》曰："耻，惭也。"其三，表示使人感到耻辱的事情，如《吕氏春秋·顺民》曰："越王苦会稽之耻。"甲骨文中没有出现过"耻"字。"耻"字的字形最早出现在金文中。金文的"耻"字写作"𦔻"，由"𦔽"和"♥"两部分构成，左边是"耳"，右边是"心"。《说文解字·心部》记载："耻，辱也。从'心'，'耳'声。""耳"代表感官上的生理感受，人"闻过"时会产生面红耳赤的生理现象，可引申为外界对个人所做的社会价值评价。"心"则代表人的内在反省与思考，如孟子曰："心之官则思，思则得之，不思则不得也。"（《孟子·告子上》）经由良知的自我反思来确证个人言行是否可耻，这是耻感发生的道德心理基础。如果作为社会价值评价之形式的社会伦理规范缺少道德自我的内在反思，那么社会伦理规范仅仅是客体化的对象存在，不具有产生道德评价的主观动力，其道德约束力是偏弱的。只有个人良知的自我反思和社会评价同时发生时，才会产生真正的道德耻感问题。

至于为何以"耳"为"耻"的声符，学者们有不同的观点。法国视觉语言学家游顺钊认为："耳"后面隐藏着汉民族的一个古老的手势，指耳朵这个手势应该是警告别人不要做羞耻之事的信号。它表示的是"要小心你的耳朵"，而不是"看，你的耳朵都红了"。[①] 他举这个例子是想通过汉字来获得具有特殊意义的规约手势与体态信息。有的学者则认为"耻"字来自古代一种叫"聝"的古老刑罚，割掉耳朵，使人遭受耻辱也是以"耳"为"耻"的声符的重要原因。[②] 例如，《说文解字·又部》记载："取，捕取也，从'又'从'耳'。《周礼》：'获者取左耳。'《司马法》曰：'载献聝。'聝者，耳也。"多数学者认为"耻"取象于人类在经受耻感的心理体验时面红耳赤的生理特征。古人造字的灵感多来自人类共通的心理经验，所以这种解释更为可取。"耻"字在先秦时期基本写作"恥"，自汉代起又写作我们现在通用的"耻"，即《谯敏碑》里出现的"耻"字。从"恥"到"耻"的字形变化意味着什么呢？有学者认为这似乎反映了一个中国古代社会中的伦理道德现象，即从重视作为内在道德意识的耻感到重视知耻而止的外在社会伦理规范。[③]

从先秦至明清，儒家思想虽然有其历史性的沿革与变迁，但始终还是围绕着"仁"、"义"、"礼"、"智"、"信"、"耻"等基本观念而展开的。"耻"是儒家观念群中一个极为重要的观念，经历了从原始儒家孔子提出"行己有耻"（《论语·子路》），孟子提出"耻之于人大矣"（《孟子·尽心上》），到汉代儒家董仲舒提出"行仁义

①［法］游顺钊：《视觉语言学论集》，北京：语文出版社1994年版，第154—155页。
②何九盈：《汉字文化学》，沈阳：辽宁人民出版社2002年版，第236页。
③吴根友、熊健：《传统社会的道德耻感论》，载《伦理学研究》2017年第6期。

而羞可耻"（《春秋繁露·竹林》），到宋代新儒家朱熹提出"耻者，吾所固有羞恶之心也"[1]，再到明末大儒顾炎武提出"士而不先言耻，则为无本之人"。[2] 通过这些思想家的论说可以看出，以儒家为代表的中国哲学或中国古代文化对"耻"观念一直保持着一贯的关注，"耻"观念在中国古代思想文化中具有很强的连续性与创造性。儒家哲学中的"耻"是一种本源情感，亦是植根于人性内部的自然德性。它是人之所以为人的本质性规定，羞耻感是作为行为主体的人因为对自我人格尊严的保护而在自我意识中产生的价值冲突。这种价值冲突反映了人对理想的应然之物或应然秩序的追求，确证了"羞恶之心"是人的本心、良心的呈现，即人是道德的存在。羞耻感展现了儒家对理想人格和人生境界的不懈求索，作为一种精神动力时刻都在提振着行为主体应该在"反求诸己"的过程中实现完满的人性。

---

① 朱熹：《四书章句集注》，北京：中华书局 2012 年版，第 358 页。
②《顾亭林诗文集》，北京：中华书局 1983 年版，第 41 页。

第二节 知耻伦理:《论语》人文精神中的耻感意识

孔子继承并深化了周朝的礼乐文化,开创了以人文教化为主的儒家学派。儒家所谓的"人文教化",就是以如何"成人"为教旨,培植人的耻感意识以教导人如何"成人"。以殷商为代表的宗教文化向以西周为代表的道德的人文精神之文化转移,便成为中国古代文化演进的一个大趋势。"上帝"、天、鬼神对现世人间的主宰力量不断弱化,政权转移以及社会政治清明与否越来越和统治者自身的德性相关涉,如春秋时期政治家宫之奇云:"鬼神非人实亲,惟德是依。"(《左传·僖公五年》)至上神褪去人格色彩,转化为作为意义与价值实体的"道"与"天道",这不仅是宗教变革,也是周人思想世界中道德观念的变革。

一 行己有耻

"耻"是内在德性。孔子真正将道德实践的动力归因于内在的道德自我。他关注的是道德行为者本人的美德或德性问题。"耻"在孔子的观念世界里是一个内在的德性概念。美国学者芬格莱特将《论语》中的"耻"归于外在的说法是没有根据的。芬格莱特比较了《论语》中的"耻"观念与西方的"罪"观念,认为儒家的"耻"不同于西方的"罪",且承认"耻"是一个道德的概念,代表一种道德的状况或道德的反应。但是,他又指出与"耻"相应的道德关系是由"礼"所规定的地位和角色的关系,违背"礼"所规定的地位和角色都会引发羞耻感。基于此,他认为"耻"是外在的,不像"罪"那样是一种对于内在堕落的抗拒以及自我谴责。所以,他强调:"孔子关于耻的概念是一个真正的道德概念,但它更加倾向于以礼为中心的道德,也就是传统礼仪所规定的社会行为,而不是倾向于一个人存在的内在核心 —— '自我'。"[1]芬格莱特之所以认为"耻"作为一种道德概念是外在的,

---

① [美]赫伯特·芬格莱特:《孔子:即凡而圣》,南京:江苏人民出版社2002年版,第30页。

而不是从内在"自我"转出的，是因为他没有认识到孔子所论述的"礼"的背后有一个"仁"的存在。

就个人修身层面而言，孔子特别强调自律是道德的第一要素，提出"行己有耻"的观念，并强调这是儒家士人与君子个人修养的必由之路。曾子曰："士不可以不弘毅，任重而道远。仁以为己任，不亦重乎？死而后已，不亦远乎？"（《论语·泰伯》）"士"是中国古代社会中的一个重要阶层。春秋中叶以后，封建贵族世袭制度不断瓦解，作为低级贵族的士人阶层很难再保有固定的爵禄和社会身份，这就是孟子所说的"士无世官，官事无摄"（《孟子·告子下》），可见当时士人阶层普遍处于流离失所的艰难处境。但是，士人阶层有着独立的人格操守和坚定的社会理想，正所谓"士志于道"，他们是文化、价值和社会正义的维护者，代表着一个时代和社会的良心。

余英时曾指出士人阶层塑造了中国古代文化的基本形态。他把"士"看作中国文化中的一个相对的"未定项"，即承认"士"有其鲜明的社会属性，但亦肯定士人阶层并非完全受社会属性的制约而不能超越。[①]自孔子算起，中国古代的士人传统已经有两千多年了，孔子是如何看待"士"的呢？子贡和孔子的一段对话很有启发意义：

> 子贡问曰："何如斯可谓之士矣？"子曰："行己有耻，使于四方，不辱君命，可谓士矣。"曰："敢问其次。"曰："宗族称孝焉，乡党称弟焉。"曰："敢问其次。"曰："言必信，行必果，硁硁然小人哉！抑亦可以为次矣。"曰："今之从政者何如？"子曰："噫！斗筲之人，何足算也。"（《论语·子路》）

上面这段话反映了孔子对"士"的界定，即士是有德之人。在孔子看来，有三个不同层级的士：最高层级的士是懂得知耻的人，会严格要求自己的任何行为，且时刻保持羞耻之心，努力做到不辱君命；次一等的士孝顺父母，尊敬尊长；再次一等的士诚实守信，行动坚决。孔子将"行己有耻"（即自己在行动

[①]参见余英时著《士与中国文化》，上海：上海人民出版社1987年版，《自序》第11页。有学者对余英时关于"士"与中国古代文化的论述提出批评意见。例如，刘翔指出：余英时对"士"概念的界定是含混不清的，先秦时期的"士"并不能指代西方意义上的知识分子，其语义内涵相当复杂，只有"士"字表示有才能者的语义时，有学识的读书之士人才包含在内，掌握知识技能的士人可以随时为官，故而不能根据是否有知识与学问来划分出一个特殊的士人阶层来。（刘翔：《中国传统价值观诠释学》，上海：上海三联书店1996年版，第281—290页。）

时要保持一种羞耻之心，以完成君主交给的使命）视为最高层级的士。"己"对孔子而言是一个道德上的主体概念，反映了原始儒家对"道德自我"的认知，始终对自我的羞耻意识与作为行动主体的人保持着精神意识层面的整体联结。士要保持自己的德性不受玷污，在人格上保持一种完美的状态。羞耻感或耻感意识是道德意识，是一种当下作出的道德决断，反映着人类对理想世界的追求。

儒家的士君子与圣人不会因为自己的贫穷处境而感到羞耻，这意味着他们不以外在的社会评价为根本标准，坚守自己内心所求之"道"。儒家并不在乎外在的惩罚和羞辱等反面制裁以及名誉和声望的正面奖励，而是凭借一种内在的羞耻感而趋向于理想的"道"，并以心灵的怡然自乐作为自我奖励。这说明耻在本质上是"自耻"。"自耻"之人方是自律之人。"有耻"、"耻之"涉及对具体行为的价值评价，这种价值评价以现实自我与理想的"善"之间的差距为规范，提醒个体在具体行为中始终保持羞耻感。孔子所开创的儒家"仁学"是一种关于人应该如何生活的道德哲学，或者可以说它是作为生活方式的道德哲学，因为它脱离了宗教神学的羁绊而成就了其独特的人文精神，真正地从人自身去探寻人的自由、德性与价值，这也是中国文化中"耻感"特质所显现的人文精神。"耻"是觉醒的道德意识，能够提振行为主体完成"克己复礼"的道德实践活动。孔子所谓的"行己有耻"正是这种道德自律的体现。

二　有耻且格

"有耻且格"是良善政治的基础。在孔子的思想世界中，"耻"观念有着内省、自律的道德含义。就个人修身层面而言，作为内在德性的"耻"有助于成就自我转化或人格转化的修养主旨。就社会政治层面而言，培养百姓的羞耻感是实现良善政治的基础，这是道德耻感在政治层面的现实意义。孔子曰："道之以政，齐之以刑，民免而无耻；道之以德，齐之以礼，有耻且格。"（《论语·为政》）朱熹注释说：

> 政者，为治之具。刑者，辅治之法。德礼则所以出治之本，而德又礼之本也。此其相为终始，虽不可以偏废，然政刑能使民远罪而已，德礼之效，则有以使民日迁善而不自知。故治民者不可徒恃其末，又当深探其本也。[1]

---

① 朱熹：《四书章句集注》，北京：中华书局 2012 年版，第 54 页。

　　政治设施以及刑罚是治理国家和社会管理的工具,古代的统治者用这些手段来治理百姓,百姓虽然可以免受刑罚,但其心中不感到愧疚,没有羞耻感,即无羞耻之心。如果用伦理道德来引导百姓的行为,用礼教来整顿、规范百姓的行为,不但能够使百姓保有羞耻感,而且可以起到使人心归顺的教化作用。儒家不排斥以强制性的"政刑"来治理国家,但认为这种强制政策所能起到的治理效果极为有限。如果只是从外在入手,而不是从内在心理层面寻求救治心灵之方,就会导致"民免而无耻"的不良结果。统治者如果以"德礼"文化来教化百姓,则可以使百姓在潜移默化中提升自我的道德修养,在羞耻感的提振下改过迁善,从而实现天下大治的执政目的。意大利汉学家史华罗便认为儒家道德学说区别于法家道德学说的突出之处就在于对羞耻感的重视,孔子"有耻且格"的观念确定无疑地将传统中国社会归属于趋向羞耻感的典范类型,羞耻感清晰地显示出内在的道德价值观和自我良知的发展。① 孔子更加强调羞耻的内在性。孟子发展了羞耻感的这一面相,提出了作为"四端"之一的"羞恶之心"。荀子则强调"隆礼尊贤而王,重法爱民而霸"(《荀子·天论》),重视外在的社会制度与规范建设。所以,李泽厚认为:孔子之后,孟子和荀子的儒学各有侧重,"一个发展了宗教性道德而回归神秘体验,一个发展了社会性道德而走入政治—法律"。② 宗教性道德所关涉的是可以使个体安身立命的终极关怀,注重个体内在德性生命的培养,是个体追求的最高价值,社会性道德则是由法律、规约、习惯所构成的维护共同体的政治社会价值。

　　在现代社会也是如此,违反法律法规所产生的"罪责"减少了道德谴责,以至于出现价值评价的去道德化现象,故而罪责看起来似乎是比羞耻感更具有明见性的道德意识。英国哲学家伯纳德·威廉斯对此提出了批评,说:"对于现代道德意识来说,罪责看起来是比羞耻要更加透明的道德情感。看起来或许是这样,但这是因为当它呈现自身时,罪责要比羞耻更孤立于一个人自我形象(self-image)的其他要素,孤立于一个人的其他欲望和需要,只是因为它甚至忽略了一个人伦理意识的大部分内容。"③ 现代社会是法治社会,与罪责相关的是违法甚至犯罪之后的法律制裁,只要一个人不触犯法律,无论其行为动机是否卑劣,所受到的道德谴责总是有限的。显而易见,罪责所包含的伦理道德意识明显弱于羞

---

① ［意］史华罗:《中国历史中的情感文化 —— 对明清文献的跨学科文本研究》,北京:商务印书馆 2009 年版,第 426 页。

② 李泽厚:《论语今读》,北京:生活·读书·新知三联书店 2008 年版,第 57 页。

③ ［英］伯纳德·威廉斯:《羞耻与必然性》,北京:北京大学出版社 2014 年版,第 104 页。

耻,罪责更多的是后果论的,羞耻则偏向于动机论。孔子和威廉斯有相似的见解。孔子认为:与刑罚相对的罪责并不能提高人的道德修养,也无法保证触犯法律者在免除罪责以后不再犯同样的过错。如果用伦理道德意识更加饱满的羞耻感等"德"去引导百姓,以"礼"去约束和规范百姓,那么百姓就会知道什么是羞耻。培养百姓的耻感意识,使百姓在耻于为恶之际强化心灵的道德感召力,就能达到教化百姓的目的,从而可能更容易实现优良的社会秩序。

虽然孔子在治国策略上主张以德治国,强调道德的示范作用而非刑罚的制裁,但儒家不排斥对违法犯罪行为进行刑罚的制裁,只是在实施刑罚的策略上持守相当谨慎的态度:

> 季康子问政于孔子曰:"如杀无道,以就有道,何如?"孔子对曰:"子为政,焉用杀?子欲善,而民善矣。君子之德风,小人之德草。草上之风,必偃。"(《论语·颜渊》)

孔子所期待的是一个无讼的理想社会。子曰:"听讼,吾犹人也,必也使无讼乎!"(《论语·颜渊》)孔子主张用"德"与"礼"治理社会,培养百姓的自尊感与羞耻感,可以实现政治之善的目的,即朱熹所谓的"民耻于不善,而又有以至于善也"。[1]百姓知道什么是真正的善与不善,以不善为耻,以致善为目的。意识到何为可耻与何为不可耻,需要以真诚的内心感受为基础,而羞耻感就是最真诚的内心感受,行为主体对这种感受的强弱程度直接影响到其对羞耻现象的道德判断与道德评价,这又会影响到行为主体以后的行为习惯。培养百姓的耻感意识,使百姓以真诚的内心来检视自己在日常行为中所体验到的羞耻感受,以此为起点的社会政治教化自然是有效的,民风自然纯朴,社会也自然安定和美。

---

① 朱熹:《四书章句集注》,北京:中华书局2012年版,第54页。

第三节 "羞恶之心，义之端"：孟子羞耻观的形上思辨性格

　　孟子发展了孔子及子思之儒的羞耻思想。受子思之儒的影响，孟子在心性论的层面上进行了深入思考，使其羞耻观以及整个思想体系更具有形上思辨的性格。他提出"耻之于人大矣"（《孟子·尽心上》），将"耻"视为人的本质规定性。在心性论层面，孟子主张羞耻心即"羞恶之心"，为"四端"之一，羞耻心是彰显道德主体性而实现道德自我的标识，也是达于"至善"的本源情感，具有为道德奠基的理论意义。倪梁康也认为：儒家的"耻"观念与道德有着内在联系。尤其是孟子提出"羞恶之心"这一具有道德奠基地位的问题时，儒家"耻"观念的形而上学性质已经凸显出来，但它在后来的思想家那里失去了这一地位。[①] 所以，我们应该把"耻"与孟子的心性论结合起来，分析以下几个问题："耻"何以可能成为作为人类本质的道德意识？"耻"是反思人的实践活动是否符合"义"，即行为正当性的关键因素吗？表达道德意识的"耻"是如何以否定性方式建构孟子的道德形而上学，即孟子的仁学形而上学的？

一 "耻"是羞恶之心

　　在中国古代哲学中，对性善或性的道德意义的论证大致有两条路径：其一是《易传》、《中庸》所开辟的"天命"、"天道"流行不息，下贯于人而为性，"天命之谓性"（《礼记·中庸》），"一阴一阳之谓道，继之者善也，成之者性也"（《易经·系辞上》）的宇宙论传统；其二是孟子所开辟的从人的内在道德意识，即从心善而言性善的心性论传统。用牟宗三的话说，"心"代表道德的主体性，使人的自由与人格尊严得以挺立起来。广义的心性论是指对人的心、性、情的现象分析和理论解释。孟子开辟出一条从心的角度言说性善的心性论传统。对于孟子的心性论，

---

　　① 倪梁康：《关于"羞恶之心"的伦理现象学思考》，载《南京大学学报（哲学·人文科学·社会科学）》2007 年第 3 期。

前辈先贤多有论说，如冯友兰认为孟子所谓性善，是从人皆有仁、义、礼、智"四端之心"而言的①，人必须扩充此"四善端"，这是人之所以为人的内在价值根据。牟宗三认为：孟子从道德意识即"道德的心"（moral mind）②去论证人性之善，开辟出从人的内在道德性方面论证性善之路径。

孟子心性论的实质特点是即心言性，从心之善以言性之善，"心"是含蕴道德意识、道德理性与道德情感的道德心，而非向外求索客观性真理知识的认识心。心之善是说心有"四善端"。孟子说：

> 今人乍见孺子将入于井，皆有怵惕恻隐之心。非所以内交于孺子之父母也，非所以要誉于乡党朋友也，非恶其声而然也。由是观之，无恻隐之心，非人也；无羞恶之心，非人也；无辞让之心，非人也；无是非之心，非人也。恻隐之心，仁之端也；羞恶之心，义之端也；辞让之心，礼之端也；是非之心，智之端也。人之有是四端也，犹其有四体也。有是四端而自谓不能者，自贼者也；谓其君不能者，贼其君者也。凡有四端于我者，知皆扩而充之矣，若火之始然、泉之始达。苟能充之，足以保四海；苟不充之，不足以事父母。（《孟子·公孙丑上》）

在日常生活中，我们发现人们可能会对个人做好事的动机提出极为苛刻的要求。如孟子所言，一个人看见孩子将要掉进井里，便会在心中油然而生怵惕、恻隐的不安与悲悯之情。就个人动机而言，"乍见孺子将入于井"的人并非为了结交孩子的父母，也不是为了在乡党、朋友之间树立声誉，更不是因为厌恶孩子的呼救声。在这样具体的生存处境中生发出的这种道德意识与道德情感并没有任何具体的现实的动机，这是生而为人本来就具有的同情心或怜悯心，真正的道德行为就是为道德而道德、为义务而义务，排除了其他社会性的功利目的。恻隐之心、羞恶之心、辞让之心、是非之心是人之所以为人的内在价值根据，是人的本质规定性，没有"四端之心"就从根本上否定了人之所以为人的本质规定性。"四端之心"是道德意识和道德情感，人们有这四种道德意识和道德情感才能体察到仁、义、礼、智并非外界启发教化于人的，而是人自身先天固有的。所以，恻隐之心、羞恶之心、辞让之心、是非之心是人性感于外物而在当下呈现出的道德意识与道德情感，从人的这些道德意识与道德情感回溯人性，方知人性的根源处是仁、义、礼、

---

① 冯友兰：《中国哲学史》上，重庆：重庆出版社 2009 年版，第 103 页
② 《牟宗三文集：中国哲学的特质》，长春：吉林出版集团有限责任公司 2015 年版，第 72 页。

智四种善良的德性，"人是道德的存在"由此在道德心理层面得到确证。

道德意识是何物以及它是如何作用于道德行为并呈现在人伦日用中的？普通人对此缺乏审慎的反思。所以，孟子说："行之而不著焉，习矣而不察焉，终身由之而不知其道者，众也。"（《孟子·尽心上》）儒家哲学是一种作为生活方式的实践哲学。儒者常常通过具体的、情境性的为学指导或对处境中的伦理境遇的问答来揭示道德意识的奥秘。羞恶之心同恻隐之心一样是"人皆有之"的，都是人类道德意识的最初来源，揭示了人类良知的存在。孟子用"嗟来之食"的故事解释了"羞恶之心，人皆有之"的道理。

> 如使人之所欲莫甚于生，则凡可以得生者，何不用也？使人之所恶莫甚于死者，则凡可以辟患者，何不为也？由是则生而有不用也，由是则可以辟患而有不为也。是故所欲有甚于生者，所恶有甚于死者。非独贤者有是心也，人皆有之，贤者能勿丧耳。一箪食，一豆羹，得之则生，弗得则死。嘑尔而与之，行道之人弗受；蹴尔而与之，乞人不屑也。万钟则不辨礼义而受之。万钟于我何加焉？为宫室之美、妻妾之奉、所识穷乏者得我与？乡为身死而不受，今为宫室之美为之；乡为身死而不受，今为妻妾之奉为之；乡为身死而不受，今为所识穷乏者得我而为之，是亦不可以已乎？此之谓失其本心。（《孟子·告子上》）

"蹴尔而与之，乞人不屑也"恰是羞恶之心的外在表现。羞耻感作为一种自律性道德意识，总是呈现出道德主体的意愿与感受。这种"不屑"的强烈情感基调源于道德主体对自我尊严和人格的保护，羞耻感在本质上属于自我保护性意识。面临死亡的威胁，路人与乞丐之所以不愿意接受嗟来之食，表现出大义凛然的浩然正气，是因为这类人没有"失其本心"。朱熹点出了这里的"本心"所指为何。朱熹曰："本心，谓羞恶之心。此章言羞恶之心人所固有，或能决死生于危迫之际，而不免计丰约于宴安之时，是以君子不可顷刻而不省察于斯焉。"[1]朱熹的解释是符合孟子之本意的，就道德主体性而言，作为"本心"直接在当下呈现的羞恶之心具有明显的情感性，而且是一种主动的道德情感，是道德主体主动承担道德责任的内在心理机制。

羞恶之心是一种先天的道德情感，表现了道德主体自我实现的力量，而不仅

---

[1] 朱熹：《四书章句集注》，北京：中华书局2012年版，第340页。

仅是一种被动的感受。它是人的本心,换言之,亦即人的良知、良能。孟子曰:"人之所不学而能者,其良能也;所不虑而知者,其良知也。"(《孟子·尽心上》)羞恶之心是人天生的道德本能,源于人的自然本性。孟子、陆九渊、王阳明是儒家心学的代表。王氏门人有个小故事,证明了为何羞耻心是人的道德本能。故事的梗概是:王氏门人夜间捉住一个盗贼,然后对盗贼大讲良知之学,但此盗贼不以为然。因为天气过热,于是王氏门人让盗贼脱掉裤子,盗贼面露羞涩,认为这样不太雅观,其羞耻感油然而生。就在盗贼面露难色之际,王氏门人告诉盗贼:这种羞耻感就是他有良知的证明。① 总而言之,羞恶之心作为人的本心、良知、良能,是一种主动的道德情感,只要按照孟子"扩而充之"(《孟子·公孙丑上》)的修养工夫去做,就可以提振个体主动地去完善自我的道德人格,所以羞恶之心具有积极的建构性伦理价值。

二 "耻"与仁学形而上学

一条行为规范或准则被称为道德的,也就是作为约束人类行为的价值根据,它自身一定要具有绝对的普遍性与必然性。对这种行为的必然性与普遍性之最终根据的追问,会产生的逻辑结果就是由作为道德意识的耻感上升为对儒家道德形而上学的探究。康德根据道德主体发展出一种道德神学,儒家则根据道德主体发展出一种真正的道德形而上学。儒家道德形而上学即儒家仁学形而上学或仁体论哲学。② 诚如李明辉所言:儒家的修养工夫论和道德形而上学是一体两面的,都是以人的道德意识为出发点的。③ 在孟子的道德哲学中,作为道德意识的耻感已经被提升到道德本体和人性根源的地位,孟子的仁学本质上就是关于人何以为人的道德形而上学。耻感是成为一个人的人性根据,这是孟子强调"人不可以无耻"(《孟子·尽心上》)的根本原因。

在《孟子》文本中,"仁"和"义"常常并列出现,如孟子曰:"仁,人之安宅也;义,人之正路也。"(《孟子·离娄上》)"仁,人心也;义,人路也。"(《孟子·告

---

① 冯友兰:《中国哲学简史》,北京:北京大学出版社 2013 年版,第 296 页。
② 陈来在这方面进行了一些理论性的探索。在其所著《仁学本体论》中,他欲建构一种新的儒家形而上学,即"新仁学",肯定与发扬"仁体",希冀建构一套仁学本体论或仁体论哲学。仁学本体论的理论要点是以"仁"为本体,如理学本体论以"理"为本体,"仁"作为本体亦称"仁体"。(陈来:《仁学本体论》,北京:生活·读书·新知三联书店 2014 年版。)
③ 李明辉:《儒家与康德》,中国台北:联经出版事业股份有限公司 1990 年版,第 7 页。

子上》）"居恶在？仁是也。路恶在？义是也。居仁由义，大人之事备矣。"（《孟子·尽心上》）"仁"即人所应该具有的普遍性的爱人之心，孟子将其形容为人最安逸的住宅；"义"即人所应该坚持的必由之路，孟子强调人应该按照适宜性原则去行仁爱人。"仁义"在孟子的道德哲学体系中几乎代表了人的全部道德意识，在具体的生活世界里甚至可以代替道德本身的社会伦理作用。在没有障碍去行仁的情况下而不去行仁是愚蠢的，这种愚蠢是一种不道德的恶行。那些不仁、不智、无礼、无义的人只能做他人的仆役，这种人若以做仆役为耻则不是真正的知耻，就好比造弓箭的人以造弓箭为耻，如果真正懂得什么是真正的羞耻，就应该好好地做一个行仁的人。所以，孟子强调："不仁、不智，无礼、无义，人役也。人役而耻为役，由弓人而耻为弓，矢人而耻为矢也。如耻之，莫如为仁。仁者如射：射者正己而后发；发而不中，不怨胜己者，反求诸己而已矣。"（《孟子·公孙丑上》）行仁的人应该像射箭的人一样，先端正自己的态度。儒家的道德哲学是反求诸己的"为己之学"，而不是"为人之学"。修养个体的德性是成就道德人格的不二法门。耻感的伦理道德真义是自耻，自耻的人才能真正自愿地去做反求诸己的修养工夫。从产生道德行为的道德心理机制上看，耻感是自律性道德。

冯友兰认为：孔子常以"仁"统摄义、礼、智、信等诸种德目，因而有"全德"之名，"仁"被广泛论述为具有宇宙本体兼道德本体意味的最高范畴。孟子认为"仁义礼智根于心"，"仁义"内在于人心，是道德实践活动的内在根据。"仁"是"人心"，心具有主宰身体的功能，可以说"仁"包含了"义"。从这个角度看，孟子的道德哲学也可以称为"仁学形而上学"。中国传统哲学重德性修养，而不重对自然知识的探求，所以冯友兰说："中国哲学家多注重于人之是什么，而不注重于人之有什么。"[①] 以"仁"来统摄人与世界的关联，"仁"是人之所以为人的本质性规定，这个观念从存在论上揭示了"仁"或"仁爱"乃人的根本存在方式。这是儒家形态的形而上学，而非西方的"Ontology"（存在论）。我们将其称为"道德哲学"或"道德形而上学"。从伦理学的视角看，它以人的德性为考察对象，德性是人区别于人之外的一切存在者的本质规定性。相较于无意识的他者，德性就是人的道德意识与道德情感。邓晓芒高度肯定了儒家情感主义形态的德性伦理学。他认为：孔孟儒家对"四端"等道德情感的预设是对人类道德生活起点的预设，这种预设不需要严密的逻辑推理，仅凭直觉、体悟的非逻辑方式也够能建立起具有道德导向的伦理规范。在承认康德式规范伦理学所建立起来的"道德形而上学"

---

① 冯友兰：《中国哲学史》上，重庆：重庆出版社 2009 年版，第 8 页。

的前提下，以儒家情感主义形态的德性伦理学作为补充，可以起到对现实的道德生活进行纠偏和补益的作用。[①] 其实，人类社会历史的发展是一个不断理性化的过程，随着社会交往以及人类事务的多元化、复杂化与专业化，需要普遍性的社会伦理规范和法律规范来确保社会的良性运转，但这些普遍性的社会伦理规范与法律体系产生于以"四端"为标识的人类良心，人类的良知或良心是规范伦理学的真正诞生地。

三 仁则荣，不仁则辱

就整个儒家哲学的思想实质而言，儒学是仁学，也是人学，孟子曰："仁也者，人也。合而言之，道也。"（《孟子·尽心下》）"仁"是整个道德哲学体系的拱心石，个体通过耻感意识对道德律的尊重而遵循的行为规范或准则都是"仁"的具体体现，但不能说这些符合规范或准则的道德行为是"仁体"。孟子曰："人不可以无耻，无耻之耻，无耻矣。"（《孟子·尽心上》）"耻"是人先天固有的羞恶之心，不去做令人羞耻的事情是人的责任与义务，这一责任与义务来自遵循道德律而产生的行为必然性。孟子曰："仁则荣，不仁则辱；今恶辱而居不仁，是犹恶湿而居下也。"（《孟子·公孙丑上》）"荣"是对"仁"的肯定性感受，通过这一肯定性感受揭示人应该如何从正面行动的问题，即对正面价值的追寻与坚守。反之，"辱"则是对不仁（即恶）的否定性感受，通过这一否定性感受也可以揭示人应该如何从反面行动的问题，即对负面价值的否定和弃绝，防止负面价值对正面价值的欺罔和颠覆。对治国理政者而言，实行仁政就会获得荣耀，否则便会遭受耻辱。但是，一些执政者一方面厌恶耻辱，另一方面却自处于不仁之地，这与厌恶潮湿而自处于低洼之地是一个道理。耻辱与仁有着内在的关联，厌恶耻辱而又不仁的人不是真正的知耻之人，知耻自然便会行仁，真正的道德之知与道德践履是合二为一的。

孟子又说："人之所以异于禽兽者几希，庶民去之，君子存之。舜明于庶物，察于人伦，由仁义行，非行仁义也。"（《孟子·离娄下》）这是说：人与禽兽不同的地方微乎其微，一般人将其丢掉了，只有君子保存着。舜明白事物的道理，知晓人类的伦理，从仁义本身开始行动，把实现仁义视为一个良善的目的以及自我价值与人生意义的落实过程，而不是把行仁义当成一种外在的手段或工具。"由仁义行"对于人而言，是一个绝对命令，人若不"由仁义行"，便会在道德评价上落

---

① 邓晓芒：《康德的道德形而上学及其与儒家伦理的比较》，载《道德与文明》2020 年第 2 期。

入无耻的境地，即不再是人。所以说"耻"是一种以否定性方式表达的"仁"，反证了"由仁义行"所具有的道德价值。达到"仁"这种境界，即真正做到了人之所以为人的一切必然性义务与责任。孟子强调人不可以无耻，没有羞耻心的人与禽兽无异，动物的许多情绪与感觉跟人类相同，例如恐惧、厌恶甚至悲伤，但是它们缺乏害羞、羞耻和对耻感的特定表达。"耻之于人大矣"（《孟子·尽心上》）高度概括了耻感在人的实践活动中所具有的道德价值。"耻感"是德性之知与道德践履达成一致的基础。"耻感"从消极方面提振人成就君子人格的道德热情，给人以超越自身自然生物局限性而超拔出去成就道德主体之良知无限性的勇气。"为仁由己"则从正面积极肯定了实践主体成就个人德性的绝对优先性，能否做到"仁"完全取决于实践主体的个人意志。"仁者，人也。"（《礼记·中庸》）实践活动达到"仁"的境地，也就是达成了人之所以为人的内在要求。

可见，"耻"是人对自己所负责任与义务的自觉意识。与"仁体"通而为一的人，或者说达到"仁"这种境界的人，才是真正自由的人。这种自由是道德自由、内在自由与精神自由。"仁"可以说是人的行为约束性的最终根据。康德的道德形而上学认为："约束性的根据既不能在人类本性中寻找，也不能在他所处的世界环境中寻找，而是完全要先天地在纯粹理性的概念中去寻找。"[1]人类行为所遵循的道德律之最终根据不在人类本性中，而是先天地在纯粹理性的概念体系中。康德的道德自律学说将道德的根源归属于纯粹实践理性的自我立法，其道德自我是没有感性经验的。反而观之，孟子说"耻之于人大矣"（《孟子·尽心上》），"耻"是一种强烈的道德意识与道德情感，是人之所以为人的伦理与社会标识，是人对自身作为伦理实体与道德本能的意识、感受与自觉。孟子首先将羞耻感提升到人之存在的本体性地位或形而上学的高度，这是孟子对孔子羞耻观的重大革新与发展。虽然孔子和孟子同样强调羞耻的内在性与自律性，羞耻感对主体行为的调节机制即在于此，但孔子并没有明确认识到羞耻的先天性，孟子则将"耻"与"羞恶之心"规定为人先天固有的内在本性，进一步深化了人之所以为人的先天根据。在孟子的道德形而上学思想中，"人"不是一个纯粹而抽象的理性概念，而是在实际的人伦日用与生活世界里不断超越感性欲求，欲"志于道"的人。在孟子看来，远离与祛除耻辱的最简单的方法就是"居仁由义"。"居仁由义"或"由仁义行"是儒家坚持的精神修炼方式，这种关乎整全的人之性命或生命的学问反映了作为生活方式的儒家哲学所具有的实践特质。

---

① [德]康德：《道德形而上学原理》，上海：上海人民出版社2012年版，第3页。

第四节 "义辱"与"势辱"：荀子耻辱观的两种面向

就儒家的人性论而言，孟子主性善说，荀子主性恶说。通过对郭店楚简《性自命出》等篇所反映的儒家早期人性论——"性有善有不善"——的二重构造而言，孟、荀的人性论很可能是对"孔孟之间"这一人性模式分别加以引申扩展而来。①就"耻"这一具体德目而言，它的基本内涵是不断丰富与完善的。通过对先秦儒家思想史的梳理，可以发现儒家学派有关羞耻之心的理论是一脉相承的。从孔子"行己有耻"（《论语·子路》）到荀子"义辱"与"势辱"二分的耻辱观，先秦儒家从不同角度阐发了"耻"在人的实践活动中所具有的道德价值与社会功用。孔、孟肯定了羞耻在君子人格生成方面所具有的修身作用。荀子在这方面给予了继承与深化，其突出之处在于对"义辱"与"势辱"的辨析，并且从耻辱观这一伦理认知追溯其道德形而上学基础。由此可以确证荀学是儒家仁学的重要构成部分。

一 "耻"与君子人格：君子耻不修

先秦儒家普遍地将"耻"界定为一种内在于人的道德潜能，羞耻感的强弱代表了道德感的强弱。在具体的现实境遇中，保存羞耻感并以此导向个体的道德实践，成就君子人格，是儒家普遍的期许。儒家的君子人格以理想的道德人格为内核，道德人格的生成离不开修身。所以，对儒家而言，修身或者说自我修养（self-cultivation），而不是自我迷失（self-loss），自有其合理的意义。②儒家的"耻"观念与道德有着内在联系，可以说它是人先天固有的道德意识的表述。将知耻意识与修身相结合是先秦儒家的一种修养方法。孔子强调"行己有耻"（《论语·子路》），意在提醒个体在实际行动中必须保持羞耻之心，才能断绝为恶的可

---

① 王中江：《简帛文明与古代思想世界》，北京：北京大学出版社 2011 年版，第 181—186 页。
②［美］赫伯特·芬格莱特：《孔子：即凡而圣》，南京：江苏人民出版社 2016 年，第 123 页。

能性。孟子更提出"耻之于人大矣"(《孟子·尽心上》),将"耻"视为人之所以为人的本质性规定。儒学是君子之学,成就君子人格是儒学在个体心性培养方面的目标,"耻"与君子人格的养成有着密切关联。

用现代哲学的术语讲,人格是对人的精神品性、个性心理、价值取向的统称,是具有自我意识的单一性存在。人之所以为人而有别于禽兽,就在于人有"人格"。所以,德国哲学家黑格尔强调:人格"只开始于对自身——作为完全抽象的自我——具有自我意识的时候"[①],只有人才能通过自我意识来确证自己的本质性存在,人的本质性存在不同于动物性的纯本能的、感官的存在,人是一种道德的、精神的存在,也只有人才具有荣誉感与耻辱感。德国现象学家舍勒很明确地指出:羞耻感是人类独具的类似于自我保护的感觉,羞耻感的产生总是伴随着被称为"转回自我"[②]的意识现象,人的精神能够使人意识到自身的现实存在与理想存在之间的距离感。"耻"作为一种道德意识与道德潜能,从本质上说是将自己视为对象的自我意识,所以它具有内省与自律的特点。正如英国哲学家伯纳德·威廉斯所言,对于现代道德意识来说,罪责似乎是比羞耻更加透明的道德意识,那是因为当罪责呈现自身时,它比羞耻更加孤立于一个人自我形象(self-image)的其他要素以及个人的欲望和生活需要,甚至过滤掉一个人道德意识的大部分实质性内容[③],但罪责不能重建自我以及自我生活于其中的世界。羞耻关联着人的整体存在,体现着一个人存在于世的方式,关涉着一个人是什么样的存在以及一个人如何与他人相关的种种设想。可以说,羞耻是道德世界最具革命性的力量。

儒家的君子人格是一种理想性的、圆满的道德人格。儒家强调通过培养个体的知耻之心来实现这种道德人格。但是,理想性的、圆满的道德人格并非轻易就可以实现,人能自觉意识到这一矛盾,就会于心灵中产生"耻于不善,而又有以至于善"[④]的积极想法,伴随着这一理想信念的道德意识便是人的羞耻感。荀子基本上继承了孔孟的"耻"观念,也重视"耻"在养成君子人格方面的重要价值。他认为"耻"是内省与自律,对君子而言,令其感到羞耻的事情是个人修养上的不足。荀子曰:

> 士君子之所能不能为:君子能为可贵,不能使人必贵己;能为可信,不能使人必信己;能为可用,不能使人必用己。故君子耻不修,不耻见污;

---

① [德]黑格尔:《法哲学原理》,北京:商务印书馆1961年版,第51—52页。
② [德]马克思·舍勒:《道德意识中的怨恨与羞感》,北京:北京师范大学出版社2017年版,第184页。
③ [英]伯纳德·威廉斯:《羞耻与必然性》,北京:北京大学出版社2014年版,第104页。
④ 朱熹:《四书章句集注》,北京:中华书局2012年版,第54页。

耻不信，不耻不见信；耻不能，不耻不见用。是以不诱于誉，不恐于诽，率道而行，端然正己，不为物倾侧，夫是之谓诚君子。（《荀子·非十二子》）

这里的"可贵"是一个具有道德含义的词。王先谦解释说："可贵，谓道德也。"[1]古人所谓的"道德"是宇宙法则、社会理则与人伦规范的统称。若就人的内在德性而言，可以用"仁义"二字代替。"道德"与"仁义"连用时，即表达相近的意思，如"道德仁义，非礼不成"（《礼记·曲礼上》）。所以，冯友兰认为若"仁义"二字连用，其意义相当于现在所谓的"道德"。[2]荀子所谓"君子能为可贵"之"可贵"，即说君子能行"仁义"。荀子明确地指出：君子以自己的修养不好为耻，不以受到污蔑为耻；以不守信为耻，不以不被他人信任为耻；以自己无才为耻，不以不被看重为耻。这样才能不为浮名所诱惑，不害怕被外界诽谤，遵从道义行事，端正自己，不为外物所动摇，这样才能称得上是真正的士君子。君子之学是"为己之学"，意在使个人的善良天性在生活中得到充分圆满的实现。荀子说："古之学者为己，今之学者为人。君子之学也，以美其身；小人之学也，以为禽犊。"（《荀子·劝学》）君子之学入乎耳、箸乎心，心之所得在于将经验生活中个体所遵循的社会习俗、礼制礼仪、伦理规范内化为个体的心性品质，即固化为个体的内在德性。正所谓"富润屋，德润身"（《礼记·大学》），财富可以装饰住宅，德性或美德则具有润泽自身的作用。对君子而言，究竟哪些是可耻的事情，哪些是不必以为耻的事情？荀子给出了具体的指导：君子能做的就是以仁义行事，不必过多在意外界的评价。

二 荀子论"廉耻"与"道德勇气"

我们通常将"害羞"、"羞愧"、"羞耻"、"耻辱"等视为表达人的道德潜能与道德情感的词语。荀子不仅谈"耻"，而且论"廉"，常以两者并称，即"廉耻"。他所谓的"廉"指个人德行方面的正直、高洁。他以"廉耻"的多寡将青少年区分为三类，即"善少者"、"恶少者"、"不详少者"。他曰："端悫顺弟，则可谓善少者矣；加好学逊敏焉，则有钧无上，可以为君子者矣。偷儒惮事，无廉耻而嗜乎饮食，则可谓恶少者矣；加惕悍而不顺，险贼而不弟焉，则可谓不详少者矣，虽陷刑戮可

---

[1] 王先谦：《荀子集解》上，北京：中华书局 2013 年版，第 101 页。
[2] 冯友兰：《三松堂全集》第 1 卷，北京：中华书局 2014 年版，第 128 页。

也。"(《荀子·修身》)"详"即"祥",王先谦注曰:"谓少年而不祥者,犹言不祥人矣。"[1]"善少者"有廉耻之心,端正诚实,孝顺父母,友爱兄弟,如果这种人再谦逊好学,便可称为君子了。"恶少者"没有廉耻之心,懒惰苟且,胆小懦弱。"不详少者"阴险凶悍,不逊顺,不敬长者,即便遭到刑罚杀戮也是可以的。青少年的心智不够成熟,社会经验不足,容易做出因违背伦理规范而引起羞耻情感体验的事情,这对他们来说是好事。亚里士多德就认为年轻人应该表现出羞耻的感情,因为他们常受到激情的左右而做出错误甚至不道德的事情,羞耻感有助于减少他们犯错误的机会。[2]这一看法和荀子所言如出一辙。结合上文分析可知,荀子极为重视青少年的道德耻感问题,并且认为知羞耻的青少年是最接近于成为君子的。

荀子又以"廉耻"的多寡将"勇"区分为四类,即"狗彘之勇"、"贾盗之勇"、"小人之勇"、"士君子之勇"。荀子曰:

> 有狗彘之勇者,有贾盗之勇者,有小人之勇者,有士君子之勇者:争饮食,无廉耻,不知是非,不辟死伤,不畏众强,恈恈然惟利饮食之见,是狗彘之勇也;为事利,争货财,无辞让,果敢而振,猛贪而戾,恈恈然惟利之见,是贾盗之勇也;轻死而暴,是小人之勇也;义之所在,不倾于权,不顾其利,举国而与之不为改视,重死持义而不桡,是士君子之勇也。(《荀子·荣辱》)

"狗彘之勇者"、"贾盗之勇者"、"小人之勇者"均无廉耻或有少许廉耻,只有"士君子之勇者"持"义"甚坚。羞耻心、廉耻心、羞恶心是"义"的萌芽状态。君子将羞耻心、廉耻心、羞恶心视为一种德性,一旦作出任何出于不公正的意愿的行为,必定感到羞耻,并且这种因恶行而引起羞耻的情感体验会带给他足够的道德勇气,使其不因权力、利益而动摇,以"义"为上,甚至可以将个人的生死存亡置之度外,这必将制止他在之后的生活中做出类似的不公正行为。

西方现象学家舍勒在人类意识层面分析了羞耻感产生的精神机制。他认为:羞耻感的本质在于它是高层次的价值意识与低层次的价值意识之间的紧张关系,其作用在于使人朝向高层次的价值以实现自身的存在意义而免于向低层次的价值沉沦。[3]人是包含着无限的东西和完全有限的东西的统一。就其无限性

---

① 王先谦:《荀子集解》上,北京:中华书局 2013 年版,第 34 页。
② [古希腊]亚里士多德:《尼各马可伦理学》,北京:商务印书馆 2003 年版,第 136 页。
③ [德]马克思·舍勒:《道德意识中的怨恨与羞感》,北京:北京师范大学出版社 2017 年版,第 201—202 页。

而言，人能认识到自己在自身中是自由的，而且能从一切中抽象出来。就其有限性而言，"我这样一个人"一出生就有这样的家庭环境、身材相貌、时间地点，"我"完全是被规定了的东西。人的高贵之处就在于能够保持这种矛盾，这是任何其他自然的东西所没有的。人始终是追寻存在意义的物种，这是人有别于其他动物的地方。古今中西的哲人对人在宇宙万物中的独特性的看法是相同的，荀子亦认为人类存在的意义在于人的理智能力与道义之心总在时刻提振与警醒着个人去努力实现更高层次的价值。荀子说："水火有气而无生，草木有生而无知，禽兽有知而无义。人有气、有生、有知，亦且有义，故最为天下贵也。"（《荀子·王制》）荀子依据羞耻感的强弱，对"善少者"、"恶少者"、"不详少者"以及"狗彘之勇"、"贾盗之勇"、"小人之勇"、"士君子之勇"的分判，目的就是要人追求高层次的人生价值，实现自身的存在意义，而免于在低层次的价值中失去生命向上奋进的活力。羞耻感标志着儒家的理想与经验世界之间的紧张状态。罗哲海认为这种向上奋进的生命姿态乃是以承担压力的坚强人格为前提的。[①]我们说这种坚强人格正是儒家的君子人格。

羞耻心、廉耻心、羞恶心是人类良心的一部分，人类的一切道德行为都导源于良心。黑格尔认为："良心如果仅仅是形式的主观性，那简直就是处于转向作恶的待发点上的东西，道德和恶两者都在独立存在以及独自知道和决定的自我确信中有其共同根源。"[②]良心是自由意志的"自我确信"。荀子也重视"心"。唐君毅指出："荀子言性恶，似对孟子而发；然荀子中心之思想，则在言心而不在言性。"[③]荀子又言："君子养心莫善于诚，致诚则无它事矣，唯仁之为守，唯义之为行。"（《荀子·不苟》）他和孟子同样认为：羞耻心作为道德潜能，导源于良心，有羞耻心或羞耻感的人自然可以行善，无羞耻心或羞耻感的人则有为恶的可能。但是，这并不意味着人性本无善恶可言，而是强调在后天发生学上人有为恶的可能性与现实性。追求安乐与荣誉，避免陷于危险与耻辱的境地是人的天性，所以荀子说："为君子则常安荣矣，为小人则常危辱矣。凡人莫不欲安荣而恶危辱，故唯君子为能得其所好，小人则日徼其所恶。"（《荀子·儒效》）安乐与荣誉是一种善，危险与耻辱是一种恶。羞耻心之所以是道德潜能，就在于它能通过自我意识对自身的内省而觉知能带来耻辱的东西是一种恶。君子应该对恶保持警醒之心，将持善作为自身的目标来实现，这是一个"反求诸己"的道德修养过程。

---

① 罗哲海：《轴心时期的儒家伦理》，郑州：大象出版社 2009 年版，第 235 页。

② ［德］黑格尔：《法哲学原理》，北京：商务印书馆 1961 年版，第 163 页。

③ 唐君毅：《中国哲学原论·原性篇》，北京：中国社会科学出版社 2005 年版，第 31 页。

三 荣辱乃"安危利害之常体"

荀子重视辨析名实关系，在名实关系的论辩中也显示了他对耻辱观的重视。荀子对当时名家的言论多有批判。宋钘是名家代表人物，他曾说"见侮不辱"（《荀子·正名》），意思是说一个人即使受到欺侮也不必把它看作耻辱，这样就可以平息斗争。在宋钘看来，"侮"与"辱"是不同的"名"，具有不同的内涵。白奚曾提出就战国时期百家争鸣的论辩情境而言，宋钘的"见侮不辱"之说与告子的"不动心"有关。[①]荀子不以为然，他认为人与人之间的斗争源于憎恶，而不是因为受到侮辱，比如小偷偷了人家的猪，被偷的人之所以要追斗小偷，并不是因为丢了猪受到了侮辱，而是出于对偷窃者的憎恶。即使以受到欺侮为耻辱，没有憎恶也不会发生斗争。即使不以受到欺侮为耻辱，有憎恶也会发生斗争。

荀子批评宋钘的言论不仁不智，具有欺骗性质。荀子认为凡是涉及议论或有争议的地方，一定要树立一个最高的标准，没有一个最高标准就会造成是非不分而争辩不决的后果。荀子以古代圣王的名物制度为最高标准，对"荣辱"进行了严格区分。荀子曰：

> 故凡言议期命，是非以圣王为师，而圣王之分，荣辱是也。是有两端矣：有义荣者，有势荣者；有义辱者，有势辱者。志意修，德行厚，知虑明，是荣之由中出者也，夫是之谓"义荣"。爵列尊，贡禄厚，形势胜，上为天子诸侯，下为卿相士大夫，是荣之从外至者也，夫是之谓"势荣"……故君子可以有势辱，而不可以有义辱；小人可以有势荣，而不可以有义荣。有势辱无害为尧，有势荣无害为桀。义荣、势荣，唯君子然后兼有之；义辱、势辱，唯小人然后兼有之。是荣辱之分也。圣王以为法，士大夫以为道，官人以为守，百姓以为成俗，万世不能易也。（《荀子·正论》）

在《荀子》的文本中，"荣"、"辱"经常连用，即"荣辱"。许慎的《说文解字》训曰："荣，桐木也。从'木'，'荥'省声。一曰屋梠之两头起者为荣。""荣"字最初是指树木生长旺盛，后来有了房屋的屋檐两头高起的意思，引申为高于他者是一

---

① 白奚：《稷下学研究：中国古代的思想自由与百家争鸣》，北京：生活·读书·新知三联书店1998年版，第198页。

种荣耀、荣誉。当代道德哲学家麦金太尔认为：在许多前现代社会中，一个人的荣誉源于自己及其亲属在社会阶层中的地位，诋毁、侮辱某人也就是不承认他因个人社会地位而获得的东西。当"荣"与社会性地位、身份或道德伦理相关涉时，就有了"荣誉感"的意味。①"荣辱"对人非常重要，是人之所以为人的内在规定性。王先谦评论道："圣王以荣辱为人之大分，岂如宋子以见侮不辱哉？"② 在荀子看来，古代圣王实施教化的最高原则是辨析"荣辱"。"荣辱"又分为四个方面，即"义荣"、"势荣"、"义辱"、"势辱"。诚意立志、德行美厚、思虑明达等，由内而发的荣就是"义荣"。爵位尊贵、俸禄丰厚、权势有利等，为天子、诸侯的，由外而来的荣是"势荣"。荒淫无度、行为放荡、悖乱礼仪等，由内而发的辱是"义辱"。被人辱骂、砍头分尸等，由外而来的辱是"势辱"。君子可能有"势辱"，不可能有"义辱"；小人可能有"势荣"，不可能有"义荣"。一个人有"势辱"也可以成为尧那样的圣王，有"势荣"也可能成为桀那样的暴君。君子可以兼有"义荣"与"势荣"，小人则可以兼有"义辱"与"势辱"。圣王以"荣辱"为行为的最高法则，士大夫以此为行为的导向，官僚以之为操守，百姓将其视为社会习俗，这是在任何时代都行之有效的言行圭臬。"势荣"与"势辱"是外在的、社会性的力量加之于个人的东西，如地位、声誉、身份、刑罚等，这些东西有时不以个人的内在修养为转移，而是一种客观的"势"造成的。

"义荣"与"义辱"是内在的，与个人道德性的人格与尊严相关涉，独立于公共的身份地位与名誉声望，没有涉及声誉上的褒贬。"反求诸己"便可以实现"义荣"，摆脱"义辱"。"义"有"正义"、"适宜"、"正当"等内涵，引申为人应当行走的大道，所以荀子强调"唯仁之为守，唯义之为行"（《荀子·不苟》）。合乎"义"的行为规范具有普遍性，对个人而言是一种完全的义务，例如"不欺骗他人"，中西哲学家都将其视为一种具有普遍性的道德规范或道德律令。康德就认为：一个人不讲诚信，总是欺骗他人，这种行为准则是不可能成为一条普遍规律的。③ 这是因为如果一个人可以把不负责任的诺言变成具有普遍性的道德律，只会造成一种结果，即每个人所承诺的东西都将不会兑现，人们再也不会相信彼此之间的承诺，这种承诺会变成自欺欺人的鬼话。孝、悌、忠、信、礼、义、廉、耻是儒家的"八德"。儒家的道德概念多具有双重内蕴：一方面，儒家的这些德目可以作为康德所言意义上的道德规范或道德律令来理解；另一方面，儒家的这些德目更具有

---

① [美]阿拉斯戴尔·麦金太尔：《追寻美德：道德理论研究》，南京：译林出版社 2011 年版，第 146 页。

② 王先谦：《荀子集解》上，北京：中华书局 2013 年版，第 333 页。

③ [德]康德：《道德形而上学原理》，上海：上海人民出版社 2012 年版，第 31 页。

美德伦理学所强调的作为人的内在品质或卓越禀赋的内涵。荀子也讲到守信的重要性，认为君子"耻不信，不耻不见信"（《荀子·非十二子》）。就社会与伦理规范而言，守信是一条绝对的道德律令，每个人都应该遵守，否则便会招致耻辱。就人的内在美德而言，守信是一种植根于人性的内在品质，不守信、不知耻则意味着失去了做人的根本。这种耻辱从外在行为上看，源于自己违背了具有普遍性的道德律或伦理规范，更根本的原因是丧失了守信与知耻的个人美德，这是一种典型的"义辱"。

"荣辱"的区分关系到一个人的安危利害。真正认识到什么是"荣辱"，才能以之为行为准则，使个人避免陷于因不利而受辱的境地，并获得生活中的诸多幸福要素，如安乐、长寿等。所以，荀子认为把握"荣辱"这个"常体"是必要的。他说：

> 荣辱之大分，安危利害之常体。先义而后利者荣，先利而后义者辱；荣者常通，辱者常穷；通者常制人，穷者常制于人：是荣辱之大分也。材悫者常安利，荡悍者常危害；安利者常乐易，危害者常忧险；乐易者常寿长，忧险者常夭折：是安危利害之常体也。（《荀子·荣辱》）

"材悫"指"材性原悫也"[1]，人性原本是质朴、诚实的。"材悫"与"荡悍"、"安利"与"危害"、"乐易"与"忧险"、"寿长"与"夭折"是对文，前者是人所期望获得的，后者是人所厌恶的；前者是"荣"，后者是"辱"。"好荣恶辱，好利恶害，是君子小人之所同也。"（《荀子·荣辱》）趋"荣"避"辱"是人的本性。荀子认为：区分"荣辱"是"安危利害之常体"。"常体"有"常道"的意味。"荣辱"是安危、利害的常体、常道。把握"荣辱"这个具有常道意义的生存论概念需要引入义利之辨，即人在面对义利时应该如何选择的问题，是以"义"为先，还是以"利"为先？哪一种原则具有优先性？荀子认为："先义而后利者荣，先利而后义者辱。"将"义"视为优先性原则，是区分"荣辱"的内在要求。林启屏认为荀子区分"义辱"、"势辱"与孔孟的"义命分立"、"性命分立"实属同调，都强调了儒家在价值选择上对道德优先性的重视。[2]羞耻感作为一种道德潜能，具有提振个人过一种道德生活的驱动力。它使人意识到自我在终极意义上是自由的存在，具有自主选择的行为意愿与行动能力，在各种选择项——"义荣"、"势荣"、"义辱"、"势辱"之间作出

---

① 王先谦：《荀子集解》上，北京，中华书局 2013 年版，第 58 页。

② 林启屏：《从古典到正典：中国古代儒学意识之形成》，中国台北：台湾大学出版中心 2007 年版，第 252 页。

选择,从而显现本己的本真生活状态。

四 "义辱"、"势辱"与"义利之辨"

荀子并没有将"义"与"利"视为非此即彼的绝对对立关系,而是持一种"中道而行"的圆融态度,并肯定了"利"的正当性。荀子曰:

> 义与利者,人之所两有也。虽尧、舜不能去民之欲利,然而能使其欲利不克其好义也。虽桀、纣不能去民之好义,然而能使其好义不胜其欲利也。故义胜利者为治世,利克义者为乱世。上重义则义克利,上重利则利克义。故天子不言多少,诸侯不言利害,大夫不言得丧,士不通货财。有国之君不息牛羊,错质之臣不息鸡豚,冢卿不修币,大夫不为场园,从士以上皆羞利而不与民争业,乐分施而耻积藏。然故民不困财,贫窭者有所窜其手。(《荀子·大略》)

"义"与"利"都是人所期望得到的,虽然连尧、舜这样的圣王也无法使百姓摆脱对利益的追求,但是他们可以使百姓的逐利之心不能泯灭其追求正义的道德良知。虽然连桀、纣这样的暴君也无法泯灭百姓追求正义的道德良知,但是他们可以使其逐利的愿望战胜其追求正义的善良天性。"义"胜"利"是治世,"利"克"义"是乱世。那么,怎样能实现治世而不造成乱世呢?荀子的答案是士君子以上的人要羞于逐利,不和百姓争夺事业,乐于施舍而耻于积累财富。荀子又引曾子之语说道:"故君子苟能无以利害义,则耻辱亦无由至矣。"(《荀子·法行》)君子在自身修养上要严格要求自己,不以利害义是远离耻辱的基本方法,这也是羞耻感所具有的修身作用。

一般而言,耻辱与人的尊严和人格有着内在的密切关系,"耻感"的产生与形成始终伴随着对自我尊严和人格的关切,这种尊严和人格是人之所以为人的价值根据,这也是儒家对"耻"、"辱"观念及"耻感"予以高度重视的原因所在。荀子将耻辱区分为"义辱"与"势辱",在西方哲学家那里也可以看到类似的区分,如德国哲学家哈特曼就认为有两种类型的羞耻:在他人面前的羞耻与在自己面前的羞耻。[①]

---

① [德]爱德华·封·哈特曼:《道德意识现象学——情感道德篇》,北京:商务印书馆2012年版,第39页。

哈特曼认为：在他人面前的羞耻与人的荣誉感相关；在自己面前的羞耻则涉及人对自身作为伦常人格性的骄傲，这种骄傲的外部显现就是人的伦常尊严。儒家所重视的是后一种意义上的羞耻，即因丧失人格尊严而于良心上产生的羞耻感。外在的惩罚与羞辱等负面制裁、名誉与声望等正面奖励终究不适合作为纯粹的道德根源。所以，德国汉学家罗哲海一再强调儒家是"凭借一种内在的羞耻感而趋向于理想，并以心灵的快乐作为自我奖励"。① 在荀子看来，以"义辱"为标识的耻辱产生于对自我尊严和人格的侵害，并且这种侵害的主体不是外在的东西，而是源于自我对人之所以为人的价值体系的破坏，荒淫无度、行为放荡、悖乱礼仪、逐利积藏等自我放任而不自律的行为都可能招致"义辱"，这种耻辱可以通过个人修养而被清除。"势辱"是相对于"义辱"而言的，是外在的、社会性的力量加之于个人的东西，如地位被迫下降、声誉受到毁谤、身份被玷污、无辜遭受刑罚等，这些客观时势所造成的耻辱就是"势辱"，这种耻辱没有办法通过个人修养得到清除。所以，荀子认为"君子可以有势辱，而不可以有义辱"（《荀子·正论》），小人则可以"势辱"与"义辱"兼而有之。从单一的耻辱方面来看，君子与小人的区别就在于有没有"义辱"，君子是没有"义辱"的，小人则有"义辱"；也可以反而观之，有"义辱"的则归为小人，无"义辱"的则归为君子。

五 荀子耻辱观的道德形而上学基础

学者们普遍认为荀学是以"礼"为中心的学问。王先谦认为："荀子言学，以礼为先，人无礼则禽犊矣。"② 李泽厚在谈到荀子时，亦认为相较于孔孟对"仁"的重视，"礼"是荀学的核心观念。③ 荀子对"礼"的起源也给出了解释。荀子曰：

> 礼起于何也？曰：人生而有欲，欲而不得，则不能无求；求而无度量分界，则不能不争；争则乱，乱则穷。先王恶其乱也，故制礼义以分之，以养人之欲，给人之求，使欲必不穷于物，物必不屈于欲，两者相持而长，是礼之所起也。（《荀子·礼论》）

---

① 罗哲海：《轴心时期的儒家伦理》，郑州：大象出版社 2009 年版，第 235 页。
② 王先谦：《荀子集解》上，北京：中华书局 2013 年版，第 13 页。
③ 李泽厚：《中国古代思想史论》，北京：生活·读书·新知三联书店 2008 年版，第 111 页。

"礼"是伦理规范,是"人道之极"。圣王制作礼制、礼仪的目的在于调节与制衡人的欲望,止息争乱,维持良好的社会秩序。荀子的可贵之处在于他认识到人有思辨理性与道德理性,而且人以正义原则为价值导向,采用群居的生存方式构成了社会。荀子曰:"水火有气而无生;草木有生而无知;禽兽有知而无义;人有气、有生、有知,亦且有义,故最为天下贵也。力不若牛,走不若马,而牛马为用,何也?曰:人能群,彼不能群也。人何以能群?曰:分。分何以能行?曰:义。"(《荀子·王制》)在儒家看来,人是生来就要进入现实世界,并且要在现实世界之中成就自身的;更具体地说,人要进入"群"即社会之中,具有被塑造为一个圣贤君子的潜能。人能结群生活,是因为个人的天资禀赋有先验的差异性,基于生理与理智上的差异,形成不同的分工合作,而"分"的背后是以"义"为导向的道德自觉与价值选择。①

荀子的思想有很强的经验性格,所以他"隆礼重法",但是我们也应该看到他对"仁"与"礼"关系的看法在本质上与孔、孟是一脉相承的,都是特殊历史时期产生的儒家仁学的分支。道德形而上学追问道德行为的根据和基础,从形而上的层面探讨诸如什么是善、善何以可能等普遍性的问题。荀子的耻辱观作为一种标识人类道德行为之导向的价值理念,也关涉着具有普遍性的道德问题,自有作为其基础的道德形而上学,这个道德形而上学即荀子的仁学。荀子对其仁学思想进行过理论阐释。荀子曰:

人主仁心设焉,知其役也,礼其尽也。故王者先仁而后礼,天施然也。(《荀子·大略》)

仁、义、礼、乐,其致一也。君子处仁以义,然后仁也;行义以礼,然后义也;制礼反本成末,然后礼也。三者皆通,然后道也。(《荀子·大略》)

先王之道,仁之隆也,比中而行之。曷谓中?曰:礼义是也。道者,非天之道,非地之道,人之所以道也,君子之所道也。(《荀子·儒效》)

什么是"先王之道"呢?王先谦注释说:"先王之道,谓儒学,仁人之所崇高也,以其比类中道而行之,不为诡异之说,不高不下,使贤不肖皆可及也。"②"先王之道"就是儒学,儒学就是仁学。"仁"先而"礼"后,"仁"不仅在逻辑上居于优

---

① 曾振宇:《"性质美":荀子人性论辩诬》,载《中国文化研究》2015 年第 1 期。
② 王先谦:《荀子集解》上,北京:中华书局 2013 年版,第 121 页。

先地位,而且是"礼"之"天地精神"。① 儒学即仁学,仁学即"人学",是追问人之所以为人的学问。羞耻感、羞恶感、耻辱感是人区别于动物的类本质性规定。人不可以无耻。人之所以在自我意识中产生羞耻、羞恶、耻辱的道德意识与道德情感,是为了自己向善以及与他人为善,都基于恻隐之心的"仁"而起。从存在之本质显现上看,人是道德的存在。"仁"是一切道德的根源,具有本体的意蕴,是形成作为道德潜能的耻辱感的基本前提。耻辱感是人的精神位格中心的"良知动荡",一方面具有否定的谴责性作用,亦即对不道德行为的羞恶之情;另一方面又具有肯定的解放性的建构作用,使人知耻而后勇,由低层次的价值序列超拔挺进高层次的价值序列,以此成就圆满而完善的君子人格。所以说,耻辱感是以否定的谴责性作用与肯定的建构性作用通向"仁"、把握"仁",特殊的耻感境遇只是本体之"仁"的具体显现。

①《牟宗三文集:名家与荀子》,长春:吉林出版集团有限责任公司2015年版,第134页。

第五节　汉代儒家论士大夫的廉耻之节

先秦诸子时代是一个充满思想创造活力的时代，百家争鸣、精神自由的时代风气使得士人阶层即现代意义上的知识分子群体尚能与君主保持温和的距离。然而，秦汉大一统专制帝国的建立使得士人阶层感受到了前所未有的政治压力。徐复观指出：西汉士人阶层的压力多来自专制政治本身，这种由专制政治带来的压力感是压倒性的。东汉士人阶层的压力感则多来自专制政治中的外戚、宦官等黑暗势力，这种压力感是对专制政治本身做出让步以后所产生的局部性的压力感。两汉士人阶层的人格形态以及两汉思想文化发展的基本方向都是在政治压力感之下形成的。自汉武帝"罢黜百家，独尊儒术"以后，作为国家治理和社会统治层面的儒学（儒家六经）便成为汉朝的官方意识形态，儒家思想的地位得到进一步巩固和提高，所以这一时期的道德耻感问题所关涉的主要是儒家伦理学的议题，违背儒家所主张的伦理道德规范就自然会产生羞耻的道德感受。汉代儒家充分认识到用廉耻作为统治手段的重要性；也探索出在朝纲崩溃、社会动荡之际儒家知识分子如何保有廉耻的气节，不屈服于邪恶政治势力的压迫，以刚毅的道德勇气抵御社会不正之风对儒家君子式道德人格的戕害。这里选取了以贾谊、王符、荀悦为代表的汉代儒家的廉耻思想作为主要论述对象。

一　贾谊论"将廉耻作为统治手段"

儒家培养的士君子是道德操守和政治能力都很高的人。他们组成的官僚集团是古代社会治理和国家政治体制运作的主体。这些人有着很强烈的自尊心，任何让他们感受到羞耻的事情都会伤害其自尊心。因此，国家的最高统治者——皇帝要对群臣的自尊心加以严格的呵护，懂得"廉耻礼节以治君子"，即使直接将他们赐死，也不能用严酷的刑罚对之进行人格上的侮辱。贾谊主张用廉耻来激励群臣、礼遇群臣。他用投鼠忌器来比喻君主与群臣的关系。贾谊说：

　　鄙谚曰："欲投鼠而忌器。"此善喻也。鼠近于器，尚惮而弗投，恐伤器也，况乎贵大臣之近于主上乎！廉耻礼节以治君子，故有赐死而无僇辱。是以系、缚、榜、笞、髡、刖、黥、劓之罪，不及士大夫，以其离主上不远也。礼，不敢齿君之路马，蹴其刍者有罪；见君之几杖则起，遭君之乘舆则下，入正门则趋；君之宠臣虽或有过，刑僇不加其身，尊君之势也。此则所以为主上豫远不敬也……被僇辱者不太迫乎？廉耻不行也，大臣无乃握重权，大官而有徒隶无耻之心乎？夫望夷之事，二世见当以重法者，投鼠而不忌器之习也。[①]

　　古代有"刑不上大夫，礼不下庶人"之说。对士大夫之类的阶层而言，最好的教化之法是礼治而非严酷的刑罚。严酷的刑罚对他们来说是一种严重的人格侮辱，会使他们在遭受多次严厉的刑罚后如同其他犯人一样丧失羞耻之心。群臣与君主都是国家机器的控制者，如果群臣的廉耻心得不到应有的保护，将会伤及君主自身的权威。秦二世身陷囹圄之时，被处于重罚而没有保全基本的羞耻与尊严，就是他平时"投鼠而不忌器"的恶习所致。贾谊用秦二世为例说明了"廉耻礼节以治君子"的重要性。

　　儒家向来重视君臣之间在政治责任与义务上的平等观念，即君主有仁爱臣下的责任，臣下有效忠于君主的义务，双方之间的责任与义务关系不是单向的而是双向的。孟子早就指出过这一点。他说："君之视臣如手足，则臣视君如腹心；君之视臣如犬马，则臣视君如国人；君之视臣如土芥，则臣视君如寇雠。"（《孟子·离娄下》）贾谊与孟子的思考有相似之处。他举豫让为智伯复仇的故事为例证：豫让是春秋末年晋国贵族中行氏的幕僚，晋国另一贵族智伯灭了中行氏，豫让不但没有替中行氏复仇，还做了智伯的幕僚。后来，晋国另一个贵族赵襄子灭了智伯，豫让的态度却和之前侍奉中行氏的时候大不一样，他决意为智伯复仇，三番五次设计要杀赵襄子。有人问豫让为何这一次与前一次的态度截然不同，豫让答复道："中行众人畜我，我故众人事之；智伯国士遇我，故为之国士用。"[②]智伯以国士礼遇豫让，和中行氏以普通人对待豫让的做法形成鲜明对比，所以身为臣子的豫让对待二者的态度也极为不同。最后，贾谊总结说：

　　故人主遇其大臣如遇犬马，彼将犬马自为也；如遇官徒，彼将官徒自为也。顽顿无耻，奰苟无节，廉耻不立，则且不自好，苟若而可，见利则逝，

_____

①② 贾谊撰，阎振益、钟夏校注：《新书校注》，北京：中华书局 2000 年版，第 80、81 页。

见便则夺。主上有败，则因而推之矣；主上有患，则吾苟免而已，立而观之耳；有便吾身者，则欺卖而利之耳。人主将何便于此？群下至众，而主至少也，所托财器职业者率于群下也。但无耻，但苟安，则主罢病。[①]

在贾谊看来，如果君主用对待犬马的态度对待其臣下，那么臣下就会像犬马一样行事；如果君主爱重其臣下，以符合礼制的方式对待臣下，那么臣下就会履行好自己身为臣下的职责。如果不能确立廉耻之心，臣下就不会洁身自好，还会苟且偷安、毫无气节；如果君主有灾难，这样的臣下就只会攫取个人利益，而不顾君主的安危。所以，贾谊认为君主必须用廉耻礼节来激励群臣谨持操守和气节；反过来，如果群臣不以廉耻之心和高洁气节回报君主的话，那么这样的群臣就不属于人类了。"非人类"是一个严厉的道德谴责用语，和孟子"人不可以无耻"的论断具有相同的内涵，即强调了廉耻之心是人类的本质规定性。没有廉耻之心的人与禽兽无异，失去了人之所以为人的资格。

贾谊在讨论秦国商鞅变法时说：商鞅违背礼义，背弃伦理道德，把全部心思都用在奖励耕战的军功事务上，秦国人被事业成功的功利主义思想支配，和睦的人伦关系也变得紧张，从而严重败坏了秦国原本和睦友爱的社会风俗。秦国虽然取得了成功，兼并了其他六国，建立了大统一的王朝，但秦朝的统治阶层不知道应该在取得政权成功之后恢复礼义廉耻，结果导致了王朝的倾覆。贾谊说："蹶六国，兼天下，求得矣；然不知反廉耻之节、仁义之厚，信并兼之法，遂进取之业，凡十三岁而社稷为墟。不知守成之数，得之之术也，悲夫！"[②]贾谊提醒汉初的统治阶层，建立政权之后的守成之法是"反廉耻之节、仁义之厚"。贾谊痛斥社会上邪恶败坏的社会风俗，认为这已经严重危及国家政治的稳定。他重提管子的"四维论"，说：

> 夫邪俗日长，民相然席于无廉丑，行义非循也。岂且为人子背其父，为人臣因忠于主哉？岂为人弟欺其兄，为人下因信其上哉？陛下虽有权柄事业，将所寄之？管子曰："四维，一曰礼，二曰义，三曰廉，四曰耻。""四维不张，国乃灭亡。"云使管子愚无识人也，则可；使管子而少知治体，则是岂不可为寒心？今世以侈靡相竞，而上无制度，弃礼义，捐廉丑，日甚，可为月异而岁不同矣。[③]

"民相然席于无廉丑"的"丑"即"耻"，贾谊习惯以"丑"为"耻"。良善政治基

---

①②③贾谊撰，阎振益、钟夏校注：《新书校注》，北京：中华书局2000年版，第81、97—98、91页。

于稳定的社会，稳定的社会基于敦厚的风俗，敦厚的风俗则基于人与人之间互助和睦的合理关系，建立人际合理关系离不开礼义廉耻的教化作用。贾谊向汉初朝廷献策，提出用《管子》的"四维论"，即用礼义廉耻来教化群臣和百姓，安抚人心秩序，构建合理的人际关系，以达到移风易俗的社会教化目的，唯有此才能保障政权稳定与社会和谐。

管仲是"柔性"的法家。商鞅、韩非是"刚性"的法家，以严刑峻法治国，反对以儒家典籍和儒术治国。商鞅就明确指出儒家的礼乐、《诗》和《书》、仁义等教化思想是危害国家的虱子，认为采用儒家的教化方式治国，就无法使人们从事农战，国家必定会陷于贫弱的境地。他主张给参加农战的百姓授予官爵，对于不参加农战而无益于国家强大的儒生、商人和手工业者必须加以压制。韩非更是明确批评"儒以文乱法"（《韩非子·五蠹》），主张要"以法为教"、"以吏为师"（《韩非子·五蠹》），主张用严厉的赏罚制度作为管理民众的手段。与商鞅、韩非相比，管仲除了重视"刑法"，还对儒家的德治观念有所吸收。正如朱伯崑所言：儒、法争论的焦点不是要不要道德的问题，而是德治还是法治的问题。[①]先秦法家的哲学根基建立在对社会心理现象的敏锐观察上，是一套严密管控人的心理与行为的规范系统。它要求个体毫无条件地服从国家利益，对不能产生实际效益的东西如儒、道两家的宇宙论和形而上学缺乏兴趣。法家极为强调通过严刑峻法来治理国家和管理社会，从法、术、势三个方面践行其"尊君"和"专任刑法"的政治理念。

管仲在齐国为相，以"尊王攘夷"为政治口号，力主保存诸夏文华，所以赢得了孔子的称赞。孔子曰："管仲相桓公，霸诸侯，一匡天下，民到于今受其赐。微管仲，吾其被发左衽矣。"（《论语·宪问》）管子提出了著名的"四维论"，高度肯定了廉耻在治国理政与社会控制上的作用。管子曰："国有四维。一维绝则倾，二维绝则危，三维绝则覆，四维绝则灭。倾可正也，危可安也，覆可起也，灭不可复错也。何谓'四维'？一曰'礼'，二曰'义'，三曰'廉'，四曰'耻'。礼不逾节，义不自进，廉不蔽恶，耻不从枉。故不逾节则上位安，不自进则民无巧诈，不蔽恶则行自全，不从枉则邪事不生。"（《管子·牧民》）礼、义、廉、耻是治理国家的四大纲领，没有这"四维"则有亡国灭种的危险。人有廉耻心就不会与邪恶同流合污，邪恶的事情自然不会滋生。廉耻是做人必须具有的气节和操守。贾谊之所以重提管子的"四维论"，是因为他在总结秦二世而亡的时候，深刻认识到礼、义、廉、耻或仁义作为统治手段在政治上的重要意义，即所谓"仁义不施，攻守之势异

---

① 朱伯崑：《先秦伦理学概论》，北京：北京大学出版社 1984 年版，第 235 页。

也"。[①] 身为儒者的贾谊对儒家的仁政抱有极大的信心。他认为只有最高统治阶层认同并施行儒家的仁政,以礼、义、廉、耻教化群臣与百姓,国家才能长治久安。

二 王符论"将廉耻作为治国方略"

王符论廉耻之志的道德教化思想是以其天道观为哲学根据的。《本训》篇集中体现了他提出的"元气为万物之本"的天道观,亦可以说是"唯气"的宇宙观。彭铎说此篇"旨远辞微,诸政论之义皆从此出。学者循是以读他篇,庶窥其思想体系之全矣"。[②] 王符说:"上古之世,太素之时,元气窈冥,未有形兆,万精合并,混而为一,莫制莫御。若斯久之,翻然自化,清浊分别,变成阴阳。阴阳有体,实生两仪。天地壹郁,万物化淳,和气生人,以统理之。"[③] 所谓"和气",是指阴、阳二气相交而达到的中和状态。列子亦曰:"清轻者上为天,浊重者下为地,冲和气者为人。"(《列子·天瑞》)列子认为:元气自化,元气是本根,宇宙万物与人类的吉凶祸福都是元气运行所致。气有和有乖,其中阴、阳中和之气生成了人类,而人也能通过行为感通天地,君主应该以治国理政的方式参与天道阴阳气化的过程中。王符又说:

> 以此观之,气运感动,亦诚大矣。变化之为,何物不能?所变也神,气之所动也。当此之时,正气所加,非唯于人,百谷草木,禽兽鱼鳖,皆口养其气。声入于耳,以感于心,男女听,以施精神。资和以兆胚,民之胎,含嘉以成体。及其生也,和以养性,美在其中,而畅于四肢,实于血脉,是以心性志意,耳目精欲,无不贞廉絜怀履行者。此五帝三王所以能画法像而民不违,正己德而世自化也。[④]

王符生动地描述了气之运行感通的功用:宇宙万物的变化都是气运行感通的结果。"正气"畅通之时,不仅施加于人,而且作用于各种动植物等自然生命,它们都被"正气"涵养。这种"正气"可以通过人的耳朵,于人的心上发生感应关系,并传遍人的精神。人在未出生之时,含蕴着和气而形成胚胎,等到出生以后,中和之气培养其性情,美善之德与其身体融为一体。待其长大以后,他们的心性、

---

① 贾谊撰,阎振益、钟夏校注:《新书校注》,北京:中华书局 2000 年版,第 3 页。
②③④ 王符著,汪继培笺,彭铎校正:《潜夫论笺校正》,北京:中华书局 2014 年版,第 477、477、482 页。

意志、耳目之欲无不廉洁而高尚，而且事事都能躬身践履。王符刻画气运感通的神妙功用，目的在于告诫君主要端正自己的德行，君主正己修身，社会自然敦化，民风自然淳朴。王符在《本训》篇论述了自己的天道观以后，紧接着阐述了自己的道德教化思想。

王符在《德化》篇提出"廉耻之志"一说，主旨是以道德教化作为治国之本。此篇是富有哲学理论性的总结之语，诚如彭铎所言："纲举于前，比类发挥于后，亦有以见其思想体系之完整矣。"[①] 王符认为：百姓有性、有情、有风化、有习俗，性情关涉人的内心世界，性情是本；风俗是人的外在行为之表现，风俗是末；末生于本，外在行为源于内心。所以，高明的君主应该先从根本之处治理国家，使百姓内在的性情端正，再治理社会风俗等细枝末节，邪恶之事自然就不会发生。王符强调了"廉耻之志"在性情方面的重要性。他说：

> 圣深知之，皆务正己以为表，明礼义以为教，和德气于未生之前，正表仪于咳笑之后。民之胎也，合中和以成；其生也，立方正以长。是以为仁义之心，廉耻之志，骨著脉通，与体俱生，而无粗秽之气，无邪淫之欲。虽放之大荒之外，措之幽冥之内，终无违礼之行；投之危亡之地，纳之锋锷之间，终无苟全之心。举世之人，行皆若此，则又乌所得亡夫奸乱之民而加辟哉？[②]

王符坚信君主在实施社会教化之前必须先端正自己的态度，修己是根本，修己才能正人。孔子曰："为政以德，譬如北辰，居其所而众星共之。"（《论语·为政》）将心灵秩序的完善和社会政治秩序的完善结合在一个系统里，是儒家德教的特色，也是儒家一以贯之的主张。在王符"元气为万物之本"天道观的视域下，人的仁义之心、廉耻之志都是附着在人的骨髓、血脉中而与生俱来的，依顺仁德之气培养百姓的仁义之心、廉耻之志，这样培养起来的百姓就不会有污秽的气息和邪恶淫乱的欲望。

自孔子以来，儒家就严格要求君子要"行己有耻"，在义利之辨上不能疏忽，应该以好利为耻。王符亦认为："故君子曰：财贿不多，衣食不赡，声色不妙，威势不行，非君子之忧也。行善不多，申道不明，节志不立，德义不彰，君子耻焉。"[③]君子所深以为耻的不是财富、衣食、声色、权势等的实用价值不能满足自己的需

---

①②③王符著，汪继培笺，彭铎校正：《潜夫论笺校正》，北京：中华书局2014年版，第485、489、39页。

要，而是做的善事不多，道义得不到伸张，气节和志向不足以安身立命，道德仁义等精神价值得不到彰显。孟子也有类似的言论。孟子曰："立乎人之本朝，而道不行，耻也。"（《孟子·万章下》）在朝廷出仕为官，自己的道义主张却无法实行，这是君子应该引以为耻的，因为君子没有承担与其身份相当的社会道义，这与君子对担当道义之形象的自我期许相背离，故而君子必然要经受自我良知中所确证的社会道义的责难。

王符对什么是正确的荣耻观表达了自己的看法。他认为："荣"是对名誉、地位、身份、道德等基本善的肯定性感受，"耻"则是对丧失名誉、地位、身份、道德等基本善的否定性感受。他在《论荣》篇中说："故论士苟定于志行，勿以遭命，则虽有天下不足以为重，无所用不足以为轻，处隶圉不足以为耻，抚四海不足以为荣。"①评价士君子的标准是什么呢？王符认为：这应该根据一个人的志向和德行，而非他们所遭受的命运。如果以此标准衡量的话，即使一个身居高位的权臣也不足以被敬重，而没有受到重用的人也不应该被轻视，即使身为奴隶、杂役也不足以为耻，统治天下也不足以为荣。王符在《叙录》篇中申明自己撰写《论荣》的缘由时说："世不识论，以士卒化。弗问志行，官爵是纪。不义富贵，仲尼所耻。伤俗陵迟，遂远圣述。故叙《论荣》第四。"②王符对当时以家族地位和官爵作为评价他人之标准的社会风尚感到不满，重申孔子以"不义而富且贵"（《论语·述而》）为耻的安身立命之道，对圣人之道在汉末的衰微感到痛惜。

三 荀悦论"自耻是修行之本"

荀悦作为传统意义上的儒家士大夫，修身对其来说是必要的成德之方。他对儒家"耻"观念的创造革新之处在于将"耻"分为三类，即"耻诸神明"、"耻诸人"、"自耻"，并认为君子修行应该以自耻为准绳，自耻是修行之本。荀悦用一段对话阐明了"耻"的分类思想：

> 或曰："修行者，不为人耻诸神明，其至也乎？"曰："未也。自耻者，本也。耻诸神明，其次也。耻诸人，外矣。夫唯外，则愿积于内矣。故君子审乎自耻。"③

---

① ② 王符著，汪继培笺，彭铎校正：《潜夫论笺校正》，北京：中华书局 2014 年版，第 43、611 页。
③ 荀悦撰，黄省曾注，孙启治校补：《申鉴注校补》，北京：中华书局 2012 年版，第 216 页。

　　对于进德修业之人而言，在为人上能够做到无愧于天地神明是不是修德的极致状态？荀悦认为："不为人耻诸神明"还不是修德的极致状态，"自耻"才是修德的根本。"耻诸神明"处于次要位置。"耻诸人"则流于表面工夫，更落于下乘。何谓"自耻"？黄省曾注曰："能自愧耻，则必能修行，而幽明无怍矣。"[①] 顾名思义，"自耻"就是经由自我审视与内省而产生的羞耻感。这是说：于内心处确证自己的德行是否因有瑕疵而应该感到羞耻，无愧于心自然就能够无愧于天地神明。然而，那种以他者的意见和眼光为标准的羞耻是外在于主体性的，是一种他律性的羞耻。在很多情况下，人们为了掩盖他者目光审视下的羞耻感，就会走向羞耻德性的反面，使之变成一种去道德化的面子工夫或面子意识，表现为一种外在的、矫揉造作的羞耻，其内心深处可能并没有真诚地感到羞耻。自我羞耻虽然是主体在面对自我、诘问自我时产生的情感体验，但这种自我感受离不开与他者相关的共同体价值。这种他者并不一定是具体的、现实的人，用威廉斯的话说即抽象的、普遍的"内在化他者"。[②] "自耻"不仅是对社会伦理规范与法律准则的尊重和敬畏，更是对自我人格尊严的呵护与关切，也证明了良心的存在，在普遍意义上确证人是有道德感的存在。君子作为修行之人，若想达到成德成圣的理想境界，就应该坚持以"自耻"为本。

　　羞耻感是个人对自我之人格尊严受到伤害的一种保护性感受。就其本质而言，它是出于内在自我的道德意识。这种羞耻是先天的，可视为人的良知提醒装置，是人之所以为人的本质性规定。我们不妨称这种羞耻为"原初型羞耻"或"内在型羞耻"，这也就是荀悦所重视的"自耻"。因外在的传统、社会与舆论压力而产生的羞耻感则是后天的，与一定的社会、历史环境相关联，我们可以把这种羞耻称为"社会型羞耻"或"外在型羞耻"，这也就是荀悦所谓的"耻诸神明"、"耻诸人"。例如：清代妇女裹小脚的行为在当时的社会风俗中并不会产生羞耻问题，但在现代社会裹小脚的妇女可能会面临极大的社会舆论压力，从而引发其羞耻的感受。这种羞耻感是奠基于自我内省的原初型羞耻之上的，因为任何外在的羞耻都需要自我意识的反馈才能产生，转回自我是生成羞耻感之道德心理机制中必不可少的关键环节。

---

① 荀悦撰，黄省曾注，孙启治校补：《申鉴注校补》，北京：中华书局 2012 年版，第 216 页。
② 伯纳德·威廉斯在《羞耻与必然性》一书中说："内在化的他者确实是抽象化的、普遍化的和理想化的，但是他潜在地仍然是某人（somebody）而不是乌有（nobody），是某人而不是我。"（［英］伯纳德·威廉斯：《羞耻与必然性》，北京：北京大学出版社 2021 年版，第 94 页。）

第六节　"北宋四子"对先秦两汉儒家 "耻"观念的继承与发展

先秦儒学是中国儒学发展史上的第一个高峰，这一时期的儒者提出了很多具有哲学突破意义的核心理论问题，奠定了儒家哲学的基本思想性格与精神旨趣。宋明理学是儒学发展史上又一个重要的高峰，宋明理学吸收了佛学论"心性"以及道家论"有无"的逻辑思辨性格，在理论抽象程度上要比先秦儒学更加彻底。这里主要介绍"北宋四子"即周敦颐、张载、程颐、程颢的"耻"观念，从中梳理出他们继承与发展先秦儒家"耻"观念的基本脉络与开拓创造之处，展现先秦儒家"耻"观念在北宋的复活与新生。

一　周敦颐论"名"与"耻"

名实关系是中国古代哲学中很重要的逻辑理论问题，其理论源头可以追溯到先秦时代的名实思想。先秦诸子哲学中有两种不同类型的关于"名实"的学说：一种是以孔子为代表的儒家的"正名"学说；另一种是以名家、墨家为代表的"名实之辩"理论。两者的思想旨趣差异很大，前者将论辩的思想旨趣聚焦在伦理政治意义的礼制名分上，后者则将论辩的思想旨趣聚焦在语法修辞逻辑上。现代新儒家牟宗三将儒家的正名学说称为"春秋教"，其目的是摄"智"归"仁"，建立儒家的仁义之道；又将名家的名实之辩理论称为"纯名理"，其目的是开辟纯理智上的解放，即智性上的独立发展。他认为：在先秦哲学中，具有伦理政治意义的正名思想与纯粹语言逻辑意义上的名实之辩理论之间有着内在的承继关系。所以，牟宗三说："故春秋时代孔子之正名乃向两路发展：一是发展而为儒家之春秋教，义道之建立；一是稍后发展而为名家之纯名理，名理域之开辟。"[①]

名家对名实关系作纯粹语言逻辑意义上的概念解析，与儒家注重实践效果

---

① 《牟宗三文集：名家与荀子》，长春，吉林出版集团有限责任公司 2015 年版，第 65 页。

的实用理性精神背道而驰。司马谈对此有所批评,说:"名家苛察缴绕,使人不得反其意,专决于名而失人情,故曰'使人俭而善失真'。若夫控名责实,参伍不失,此不可不察也。"(《史记·太史公自序》)唐代儒者对儒家的正名学说与"正言析辞"的名实之辩作了如下判断:"名者,所以正百物,叙尊卑,列贵贱,各控名而责实,无相僭滥者也。""拘者为之,则苛察缴绕,滞于析辞而失大体。"(《隋书·经籍志三》)由此可知,名实理论确实最早出自儒家,其核心理论关注的是伦理政治意义上的礼制名分问题。

孔子首先提出了"正名"学说,《论语》中子路与孔子的一段对话着重阐述了正名的观念,从中大致可以看出儒家正名学说的政治伦理意义。这段对话的内容是子路向孔子问政:

> 子路曰:"卫君待子而为政,子将奚先?"子曰:"必也正名乎!"子路曰:"有是哉,子之迂也!奚其正?"子曰:"野哉,由也!君子于其所不知,盖阙如也。名不正,则言不顺;言不顺,则事不成;事不成,则礼乐不兴;礼乐不兴,则刑罚不中;刑罚不中,则民无所措手足。故君子名之必可言也,言之必可行也。君子于其言,无所苟而已矣。"(《论语·子路》)

杨伯峻在注释这段对话时,也指出孔子所谓的"正名"是为了纠正礼制、名分上用词不当的现象,不涉及纯粹语法修辞范畴中的语言学问题,而是有关伦理与政治问题,所以他把"名不正"解释为"名分上的用词不当"。① 从孔子所用的"礼乐"、"刑罚"等词也可以看出孔子正名思想的逻辑出发点是现实的政治伦理问题。关于孔子正名思想的内容,被人广为引用的一段语录是答齐景公问政。齐景公向孔子请教如何为政,孔子答复道:"君君,臣臣,父父,子子。"(《论语·颜渊》)这就是说:君主要像君主,臣子要像臣子,父亲要像父亲,儿子要像儿子。这就是最核心的政治问题。孔子正名思想的目的在于端正礼制名分条件下人与人之间的合理关系,有职位之名就应该尽到职位之实的责任和义务,做到名实相应。

由名实相符自然引申出名誉、名望、名声的问题,能够做到名实相符的人是君子,是具有很高道德操守和政治能力的人,这种人所获得的社会评价可以统称为个人的名誉。儒家并不否定个人追求名声的欲望。孔、孟对名声欲持充分肯定的态度,特别尊崇名声。如孔子曰:"君子疾没世而名不称焉。"(《论语·卫

---

① 杨伯峻:《论语译注》,北京:中华书局 2009 年版,第 233 页。

灵公》)对这句话的诠释是：君子死后，美好的名声没有得到称述，君子是要引以为恨的。孟子也说过："好名之人，能让千乘之国，苟非其人，箪食豆羹见于色。"(《孟子·尽心下》)孟子又指出："声闻过情，君子耻之。"(《孟子·离娄下》)声誉超过实际情况的，君子应该引以为耻。

周敦颐承续孔、孟在名实理论上注重伦理政治面向的思维特质，在自己的道德哲学中阐释了名胜实为耻的名实之说。他在《通书》第十四章题为《务实》的一文中说："实胜，善也；名胜，耻也。故君子进德修业，孳孳不息，务实胜也。德业有未著，则恐恐然畏人知，远耻也。小人则伪而已！故君子日休，小人日忧。"① 朱熹注解曰："实修而无名胜之耻，故休；名胜而无实修之善，故忧。"② 周敦颐所开创的宋代理学非常强调务实的精神。他主张：君子应该进德修业，勤勤恳恳，使实学超过名声，在德业上没有取得显著的成就时对外保持一种忧惧谨慎的态度，这是远离耻辱的方法；小人则只会矫揉造作地用各种虚伪的手段维持自己名不副实的声誉。君子以务实的实践精神将进德修业视为一生的志业，故而可以远离名胜于实所招致的耻辱，以怡然自得的心情享受快乐的生活；小人则名声在外而不进德修业，在以名胜实的情况下还要煞费苦心地保有自己虚假的名声，因利欲熏心而忧虑重重。周敦颐志趣高洁，淡泊名利，曾作《爱莲说》表达自己注重名节操守的人生哲学。他说：

> 水陆草木之花，可爱者甚蕃。晋陶渊明独爱菊。自李唐来，世人甚爱牡丹。予独爱莲之出淤泥而不染，濯清涟而不妖，中通外直，不蔓不枝，香远益清，亭亭净植，可远观而不可亵玩焉。予谓菊，花之隐逸者也；牡丹，花之富贵者也；莲，花之君子者也。噫！菊之爱，陶后鲜有闻。莲之爱，同予者何人？牡丹之爱，宜乎众矣！③

历代有很多学者认为周敦颐在人格上、思想上与道家有很深的渊源。蒲宗孟说他"然至其孤风远操，寓怀于尘埃之外，当有高栖遐遁之意，则世人未必尽知之也"。④ 侯外庐等人主编的《宋明理学史》则认为周敦颐的《爱莲说》有很深的佛学因缘，将《爱莲说》与《华严经探玄记》卷三的一段文字做对比就会发现，《爱莲说》以莲花比喻自性清净的表达与《华严经探玄记》将莲花比喻为佛性的理路基本一致。⑤ 但是，通过这篇以莲自喻的《爱莲说》可以看出，道家和佛家的隐逸

---

① ② ③ ④《周敦颐集》，北京：中华书局 2009 年版，第 25、26、53、94 页。
⑤ 侯外庐等主编：《宋明理学史》上，西安：西北大学出版社 2018 年版，第 70—72 页。

生活并不是周敦颐最渴慕的人生理想。周敦颐所称颂的理想人格实际上是他所称道的君子人格，莲的君子人格正是儒家理想中的最基本的道德人格，这种人格不同于佛教和道教所追求的隐士人格。周敦颐在现实生活中所表现出来的君子人格赢得了后人的景仰和赞叹，"周茂叔胸中洒落，如光风霁月"[1] 一语便是对其高洁人格的最佳评价。

周敦颐不仅从名实关系探讨了羞耻感的问题，而且在《通书》第八章《幸》中分析了羞耻与教化的关系问题。他指出："人之生，不幸，不闻过；大不幸，无耻。必有耻，则可教；闻过，则可贤。"[2] 朱熹注解曰："不闻过，人不告也，无耻，我不仁也。有耻，则能发愤而受教；闻过，则知所改而为贤。然不可教，则虽闻过而未必能改矣。以此见无耻之不幸为尤大也。"[3] "无耻"即心中没有任何羞耻感受，这个词本身蕴含着严厉的道德谴责意味。孟子早就说过："人不可以无耻，无耻之耻，无耻矣。"（《孟子·尽心上》）"无耻"的反面即"有耻"，与"无耻"所揭示的道德缺陷相比，"有耻"则是一个积极的、肯定的道德语词。儒学是"为己之学"，反求诸己是儒者修身的根本原则，君子在反求诸己的过程中喜欢从别人那里听到自己的过错，如果没有听到则是一种不幸，因为自己错失了改过自新的机会。孟子对子路闻过则喜的好学精神大加赞誉，说："子路，人告之以有过，则喜。"（《孟子·公孙丑上》）从别人那里听到自己的过错，是一件值得高兴的事情，而非人生的不幸。人生更大的不幸是没有羞耻感，没有羞耻感是不仁的表现。羞耻感是以否定性的方式通向至善之仁，无耻则不能激励自己去接受新的教诲，即便听到自己所犯的过错，个人也没有改过自新的精神动力。

我们从中可以看出：羞耻本身蕴含着一种不安的心理倾向，内心的不安意味着灵魂的躁动，意味着良知没有得到自然的显现。这种不安的心理意识活动是炽烈的羞耻感起作用的结果，源于这种不安之感的否定性行为就是改过自新。"改过"作为一种入德成圣的修养工夫，在明末清初时期的儒家那里发展到了一个高峰[4]，最具代表性的就是李二曲的"改过自新"说。李二曲以"改过"作为为学的首要宗旨。他在《悔过自新说》一文中道："悔过自新，乃千圣进修要诀，人

---

① 朱熹、吕祖谦纂，张京华辑校：《近思录集释》下，长沙：岳麓书社 2010 年版，第 983 页。
②③《周敦颐集》，北京：中华书局 2009 年版，第 21 页。
④ 但凡违背儒家伦理规范的言语、行为和意念都可以纳入儒家改过工夫及其理论所涵盖的范围，如"不仁"、"不义"、"无耻"、"无礼"、"不敬"、"不孝"等。改过观念作为一种修身工夫并非为儒家所专有，先秦时期的道家、墨家、法家也有丰富的改过思想。（郑基良：《先秦两汉改过思想之研究》，中国台北：文津出版社 2010 年版。）

无志于做人则已，苟真实有志于做人，须从此学则不差。"① 改过与羞耻都在儒家道德哲学中具有重要的地位。羞耻感作为一种内在的精神动能，在提振个体勇于改掉自己的人性弱点而不断实现自我超越上具有重要的精神动力作用。

周敦颐在指出改过与知耻是入德成圣的方便法门基础上，也提出了一个次第，让儒者立志于成就理想的人格。他在《通书》第十章《志学》一文中说：

> 圣希天，贤希圣，士希贤。伊尹、颜渊，大贤也。伊尹耻其君不为尧、舜，一夫不得其所，若挞于市。颜渊"不迁怒，不二过"，"三月不违仁"。志伊尹之所志，学颜子之所学。过则圣，及则贤，不及则亦不失于令名。②

儒家认为：生知安行的人是"圣人"，学知利行的人是"贤人"，困之勉行的人是"学者"。士人希望可以成为贤人，贤人希望可以成为圣人，圣人希望可以与天道合一，这可以说是儒家修身之学的一般次第。"伊尹耻其君不为尧、舜"中的伊尹是辅佐商汤的贤相，伊尹以他的君上商汤不能成为尧、舜那样的圣人，而自责地引以为耻。颜渊是孔子最得意的弟子，能够做到"三月不违仁"（《论语·雍也》）。能够做到这些的就是贤人，超过这个标准的就可以称为圣人，即使做不到也不失为保有美名的士君子。伊尹代表了儒家得君行道的典范臣子，致力于国家的治理和百姓的福祉，这是儒家的外王之路；颜渊则代表了儒家自我修养的榜样，追求自我超越与精神境界的提升，这是儒家的内圣之路。之后的宋明理学家就把"志伊尹之所志，学颜子之所学"作为对儒者的德性要求。尤其是"学颜子之所学"得到二程等宋明理学家的推崇。程颢回忆自己追随周敦颐为学的心路历程时说："昔受学于周茂叔，每令寻颜子仲尼乐处，所乐何事。"③"孔颜乐处"遂成为宋明理学中重要的思想论题。

周敦颐在《通书》第二十三章《颜子》一文中说："夫富贵，人所爱也。颜子不爱不求，而乐于贫者，独何心哉？天地间有至贵至富可爱可求，而异乎彼者，见其大、而忘其小焉尔。见其大则心泰，心泰则无不足。无不足则富贵贫贱处之一也。处之一则能化而齐。"④ 颜渊对世俗意义上的功名利禄、荣华富贵看得很淡泊。他致力于追求的是一种超越自然欲望、实用价值，甚至超越道德境界的天人合一

---

① 李颙：《二曲集》，北京：中华书局1996年版，第4页。
②④《周敦颐集》，北京：中华书局2009年版，第22—23、33页。
③《二程集》上，北京：中华书局2004年版，第16页。

的精神境界。陈来亦指出:周敦颐寻孔颜乐处的思想,使先秦儒家以克己复礼和博施济众为主要内容的仁学增添了超道德的精神境界与人格审美的内容,这些都对后世儒家思想的发展产生了重要影响。[1]从这些方面看,周敦颐不愧是宋代理学的开山宗师。

二 张载论"羞耻"与"义理"

在国家政治处于清明或黑暗的不同时期,儒家士君子应该持有何种羞耻观?孔子对此进行过辩证的思考。孔子曰:"天下有道则见,无道则隐。邦有道,贫且贱焉,耻也;邦无道,富且贵焉,耻也。"(《论语·泰伯》)这就是说:国家政治清明的时候,以贫且贱为耻;国家政治黑暗的时候,以富且贵为耻。张载重新申述了孔子辩证的羞耻观。他在《正蒙》第十一章《三十篇》一文中评注说:

> "天下有道则见,无道则隐","君子疾没世而名不称",盖"士而怀居,不可以为士",必也去无道,就有道。遇有道而贫且贱,君子耻之。举天下无道,然后穷居独善,不见知而不悔,《中庸》所谓"惟圣者能之",仲尼所以独许颜回"惟我与尔为有是"也。[2]

儒家有强烈的淑世精神,力图通过得君行道与觉民行道的双重途径造就一个天下太平的有道世界,这是儒家的政治社会理想。在一个有道的社会里,君子不应该固守贫且贱的安贫乐道精神,这种消极无为的思想是与儒家经世致用的现实主义取向背道而驰的,君子应该以"遇有道而贫且贱"为耻。天下无道之时,君子处于富且贵的位置也是可耻的,因为君子对黎民百姓生活于恶劣的社会环境中的黑暗现实置之不顾,自己却独享荣华富贵,这是不仁不义的表现。当无力扭转黑暗的政治环境时,君子应该像颜渊一样独善其身,即便不为他人所知,也不会有任何悔恨,这是圣人才能达到的精神境界。

儒家的仁人君子不会因个人无法控制的外在于己身的吉凶祸福而忧虑,君子反身而诚,就能够获得极大的心灵上的快乐。张载在《正蒙》第十二章《有德篇》一文中讲到荣辱时说:"困辱非忧,取困辱为忧;荣利非乐,忘荣利为乐。"[3]君子

---

① 陈来:《宋明理学》,北京:生活·读书·新知三联书店 2011 年版,第 51 页。
②③《张载集》,北京:中华书局 1978 年版,第 43、46 页。

所忧患的不是身陷困境中的耻辱,而是招致这种外在耻辱的原因,尤其是因个人违背义理的行为所招致的羞辱,这与荀子对"义辱"与"势辱"的分判有着相同的价值取向。荀子曰:"流淫污僈,犯分乱理,骄暴贪利,是辱之由中出者也,夫是之谓'义辱'。詈侮捽搏,捶笞膑脚,斩断枯磔,藉靡后缚,是辱之由外至者也,夫是之谓'势辱'。"(《荀子·正论》)张载所谓"困辱"类似置身于由艰难困局所形成的险恶处境中的"势辱",这是君子无法依靠个人德行能够转化、消除的,故而君子也不必为此忧虑;如果因自己的道德操守而使自己处于被羞辱的境地,就是荀子所谓的"义辱"了。君子可以有"困辱"和"势辱",但应该坚决杜绝"义辱"和"取困辱"。君子必须对此处境感到忧虑,因为这种耻辱的后果完全取决于个人对自我道德尊严的弃绝。

《横渠易说》是张载诠释《周易》的著作。《周易》作者在仰观俯察的实际生活体验中领悟到事物的矛盾运动规律,对事物之间的对立转化有着深刻的认识。正是基于这种认识,《周易》中的卦爻辞充满着浓郁的忧患意识。其具体表现主要是:身处顺境时应该居安思危,保持戒惧警惕之心;身处逆境时应该自强不息,谨慎应对以摆脱困境。与忧患意识具有密切关联的是耻感意识。耻感意识作为一种强烈的道德意识,对君子担负起真正的主体性责任,使君子对自己在进德修业方面的不足之处保持忧患的心理意识具有重要的作用。《周易》兴起于文王、周公时代,殷商时代支配先民生活的人格化的至上神观念在慢慢消退,"以德配天"的观念开始在周人的精神生活中占据主导地位。在以信仰为精神生活之核心的原始宗教背景下,人会感到自我的渺小,占据整个人身心的是恐怖与绝望的心理和精神状态,人会求之于外界,希望获得帮助,对因信仰而获得恩典与拯救的教义深信不疑,把一切问题的责任全部交给异己的至上神。耻感与忧患意识不同于作为原始宗教之动机的恐怖与绝望,此种主体性责任意识的形成乃是行为主体对吉凶祸福、成败得失进行深思熟虑而得出的对未来事态的认识。在这种远见中,行为主体发现吉凶祸福、成败得失与自身的行为密切相关,行为主体负有绝对的责任。

张载以《周易》中的若干卦爻辞为例,阐释了"耻"观念的丰富内涵。《周易·否·象》曰:"'包羞',位不当也。"张载注释时说:"六三,包羞。《象》曰:'包羞',位不当也。处否而进,履非其位,非知耻者也。"[①]《否》卦下坤上乾,乾为天在上,坤为地在下,天地阴阳不交,君子应该以节俭为德来避免灾祸。六三爻辞

---

①《张载集》,北京:中华书局 1978 年版,第 96 页。

所谓"包羞"即取其进献之物，但六三以阴居阳位，履非其位，这是不知羞耻的做法，真正知耻的人应该知道德不配位会招致无妄之灾。

张载在解《颐》卦时提出一种可以称为"颐养"的养正工夫论[1]，颐养以强调主体自觉的自养为主，重在教导儒者应该自作主宰、自我修养。《周易·颐·彖》曰："'颐贞吉'，养正则吉也。'观颐'，观其所养也，'自求口实'，观其自养也。天地养万物，圣人养贤以及万民，颐之时大矣哉！"张载指出："观颐，辨养道得失，欲观人处己之方。"[2] 君子应该效法的自养之道有谨言慎行、节饮食等。张载在解初九爻辞时说："初九，舍尔灵龟，观我朵颐，凶。《象》曰：'观我朵颐'，亦不足贵也。体躁应上，观我而朵其颐，求养而无耻者也。"[3]《颐》卦的初九爻居下为阳，故呈向上躁进之态势，与六四阴爻是正应关系；阳爻在下本应该是自养之道，但因贪欲的驱使而求养于人，这种人已经丧失羞耻之心，这已然和君子所追求的养正工夫论相背离。这是初九阳爻失养正之象，君子应该引以为耻，并以此自警。培养羞耻之心是张载养正工夫的重要内容，培养羞耻之心不仅要其不放失，而且要其反身而诚，面对真实的自我，力求自养之道。

张载主张培养羞耻之心的目的是"变化气质"。他说："为学大益在自求变化气质，不尔皆为人之弊，卒无所发明，不得见圣人之奥。"[4] 这就是由"气质之性"回到"天地之性"。在这个"变化气质"或"正性"的过程中，"礼"居于重要地位。他认为"克己复礼"可以成就人的德性。他在《经学理窟·学大原上》中说："学者且须观礼，盖礼者滋养人德性，又使人有常业，守得定，又可学便可行，又可集得义。养浩然之气须是集义，集义然后可以得浩然之气。严正刚大，必须得礼上下达。义者，克己也。"[5] 儒家的礼教之礼是外在的社会伦理规范的总称，礼的价值根源是"义理"。义理是人心之所同然，是圣贤与普通人都具有的道德本体，不须外求，张载说："须是自求，己能寻见义理，则自有旨趣，自得之则居之安矣。"[6] 寻见义理的过程也就是"克己复礼"的过程，就是要克制自己的私欲，使之在自己遵循礼制、礼仪的过程中起到修养道德的作用，学礼、知礼、行礼是成就完满人性过程中必不可少的环节。

张载在注解《周易·大壮》卦时说：

---

① 张载在《横渠易说》中提出的养正工夫论思想很丰富，其中《蒙》《颐》二卦所体现的养正工夫论更是独具特色。其养正工夫论合蒙养与颐养两种互补的养正之功，起始于养心，终成于正性。（参见刘泉、林乐昌撰《从蒙、颐二卦看张载的养正工夫论 —— 以〈横渠易说〉为文献基础》，载《船山学刊》2016 年第 6 期。）

②③④⑤⑥《张载集》，北京：中华书局 1978 年版，第 118、118、321、279、273 页。

克己，下学上达交相养也，下学则必达，达则必上，盖不行则终何以成德？明则诚矣，诚则明矣，克己要当以理义战退私己，盖理乃天德，克己者必有刚强壮健之德乃胜己……惟大壮乃能克己，盖君子欲身行之，为事业以教天下。今夫为长者折枝，非不能也，但耻以为屈而不为耳，不顾义理之若何。[①]

"克己复礼"就是要以义理战胜一己之私欲。义理是生生不息的"天德"，克己之人必须具有刚健坚强的意志力。有时候人之所以不能按照自己内心的义理要求行事，多半是因为畏难而堕落，或因为怕人耻笑而退缩不前。只有内心宏大、义理充盈的君子才能以义理战胜"惰与羞缩之病"，进而成就圣贤人格。张载借孟子批评梁惠王不肯"为长者折枝"的故事，指出诸如梁惠王这样的君主不是不能做到敬爱老人，只是这些地位尊贵之人视俯身弯腰屈就普通人为一种羞耻的行为，而将义理弃之不顾。

张载以自身的生活体验为例，说明克服恐为人所耻笑的心理情结需要义理作为内在驱动力。他自道：

某始持期丧，恐人非笑，己亦自若羞耻，自后虽大功小功亦服之，人亦以为熟，己亦熟之。天下事，大患只是畏人非笑，不养车马，食粗衣恶，居贫贱，皆恐人非笑。不知当生则生，当死则死，今日万钟，明日弃之，今日富贵，明日饥饿亦不恤，惟义所在。[②]

张载身体力行，居家服丧礼，践行古代礼制。[③] 刚开始服丧礼的时候，他有一种害怕被人耻笑的羞耻情结，而后他坚定意志，克服了这种害怕他者眼光的畏惧与羞耻感，并最终体悟到恐人非笑的心理动机是过于看重世俗价值评价，真正的儒者应该将自己行为正当性的根据放在"惟义所在"上，一切行为都以内心的义理为最终准绳，不应该违背自我的道德直觉。作为外在社会政治伦理规范的礼制、礼仪和礼节的真正起源是人的"心"。张载说："礼非止著见于外，亦有无体之礼。盖礼之原在心，礼者圣人之成法也，除了礼天下更无道矣。欲养民当自

---

① ②《张载集》，北京：中华书局1978年版，第130、291页。
③ 宋代新儒家不仅在道统、学统上传承原始儒家的精神命脉，精研古代礼制，而且身体力行、躬身实践丧葬礼等古礼，试图恢复古礼。（参见叶平撰《古礼与北宋儒者的治心、义理之学》，载《中州学刊》2007年第6期。）

井田始，治民则教化刑罚俱不出于礼外。五常出于凡人之常情，五典人日日为，但不知耳。"① 所谓"无体之礼"，也就是人内心所具有的仁、义、礼、智、信等义理。人的心是外在规范之礼的诞生地。养民治民都要依靠"礼"的规范作用来实现。儒家的常道就在凡俗的人伦日用之中。孔子曰："恭近于礼，远耻辱也。"（《论语·学而》）在孔子看来，真正的耻辱是不知道如何"克己复礼"，恭敬地守"礼"才能远离耻辱。张载服丧礼的事例说明羞耻的基本意义是要有所为有所不为，在应该有所为的方面坚持去做是不应该引以为耻的，在有所不为的方面却去做才是应该引以为耻的，儒者应该树立正确的羞耻观。

三 二程"耻"观念发微

儒家哲学作为一种生活方式的哲学，实现自我转化和世界转化是其基本目的，廉耻观念在实现儒者的自我转化上具有重要的动力作用。程颐说："大凡儒者，未敢望深造于道，且只得所存正，分别善恶，识廉耻。如此等人多，亦须渐好。"② 程颐将辨别廉耻和分辨善恶视为儒者深造于道的基本要求。由此可见，正确的廉耻观对儒者的自我修养是极为重要的。先秦儒家已经提出了"以礼养耻"的理念，即要求人们在日常生活中学会"克己复礼"，将作为外在制度设施、社会风俗、伦理规范的"礼"内化于心，养成辨别廉耻的道德心理习惯，使其凝聚沉淀为一种坚固的民族文化心理结构。有子曰："信近于义，言可复也；恭近于礼，远耻辱也；因不失其亲，亦可宗也。"（《论语·学而》）二程解释说："信非义也，以其言可复，故曰近义。恭非礼也，以其远耻辱，故曰近礼。因其事而不失其所亲，亦可宗也，况于尽礼义者乎？"③ 恭敬不是礼。依孟子之见，恭敬之心只是礼的开端，但因为恭敬可以起到使人远离耻辱的道德净化作用，所以才称为"近礼"。

二程以有志于道和成就圣贤人格为儒家宗旨，以不知儒家的圣人之道为耻。程颐和其弟子的一段对话很好地揭示了何谓"有耻不能之心"：

> 或问："人有耻不能之心，如何？"曰："人耻其不能而为之，可也。耻其不能而揜藏之，不可也。"问："技艺之事，耻己之不能，如何？"曰："技艺不能，安足耻？为士者，当知道。己不知道，可耻也。为士者当博学，己

---

① 《张载集》，北京：中华书局 1978 年版，第 264 页。
②③ 《二程集》上，北京：中华书局 2004 年版，第 175、105 页。

不博学，可耻也。耻之如何，亦曰勉之而已，又安可嫉人之能而讳己之不能也？"①

程颐认为人的天赋能力有差异，在自己做不到的事情上以之为耻并奋力去做是值得赞赏的，但掩盖、文饰自己所不能是不可以的。对儒家的士君子而言，技艺是小道，不足以为耻，不知儒家的圣人之道才是足以为耻的。二程另有言曰："耻不能而为之，可也；耻不能而隐之，不可也。至于疾人之能，又大不可也。若夫小道曲艺，虽不能焉，君子不耻也。"②儒家的圣人之道以文章、经文训诂、佛老异端为对立面，所以二程说："后之儒者，莫不以为文章、治经术为务。文章则华靡其词，新奇其意，取悦人耳目而已。经术则解释词训，较先儒短长，立异说以为己工而已，如是之学，果可至于道乎？"③二程所谓"知道"之"道"其实就是儒家之道、圣人之道，或者是程颢所谓自家体悟出来的"理"与"天理"，这也是宋明新儒学被称为"理学"、"道学"的直接原因。儒家士君子还应该有渊博的学识，不博学也是可耻的。如果儒家士君子在这些方面引以为耻，那么也不必嫉妒别人所能而自己不能的地方，而是应该以"知耻近乎勇"（《礼记·中庸》）的气魄勉而行之。

古代的儒者既是儒家文化的传承者，又是君主专制政治下的文官，将儒家的政治制度和社会治理方略落实于具体的社会层面是宋明新儒家觉民行道的题中应有之义。程颢在晋城为官时就期待在社会风俗方面有所作为，"乡民为社会，为立科条，旌别善恶，使有劝有耻"。④他在《论十事札子》中说："古者政教始乎乡里，其法起于比闾族党，州乡酂遂以相联属统治，故民相安而亲睦，刑法鲜犯，廉耻易格，此亦人情之所自然，行之则效。"⑤儒家的政教从最基层的乡里开始推行，百姓知廉耻就不会触犯刑法，这是人之常情，形成和睦友爱的社会人际关系是可以做到的事情。儒家虽然强调以道德教化为主，但并没有彻底否定刑法在国家政治与社会生活中的必要性，而是认为再严酷的刑法若要取得良好的社会治理效果，也要以人的知耻心或羞耻感为前提。刑法是一种强控制的社会治理手段。在严刑峻法的治国方略下，古代刑法对个人的外在强制是严酷的，外在强制越是通过严密的社会结构转化为自我强制，包罗着人的行为之自我强制的环圈就越是精细复杂。越是生活在这种社会环境中的人，对于违反社会法令的恐

---

① ⑤《二程集》上，北京：中华书局 2004 年版，第 189、453 页。
② ③《二程集》下，北京：中华书局 2004 年版，第 1256、580 页。
④ 黄宗羲著，全祖望补修：《宋元学案》壹，北京：中华书局 1986 年版，第 538 页。

惧就越是强烈地具有羞耻感的意味，而这种羞耻感的道德心理又反过来保证、促进了实施刑罚与法令的有效性。

二程和张载在切磋学问时也谈到培养士君子廉耻之节的重要性。程颐说："今责罪官吏，殊无养士君子廉耻之道。必断言徒流杖数，赎之以铜，便非养士君子之意。如古人责其罪，皆不深指斥其恶，如责以不廉，则曰俎豆不修。"[1] 他指出培养儒家士君子的廉耻之道或廉耻之节是防患于未然的教化手段。他在给皇帝的上书中也提到了"廉耻格而风教厚"的社会教化问题。程颐在《为家君应诏上英宗皇帝书》说：

> 陛下诚能专心致志，孜孜不倦，以求贤为事，常恐天下有遗弃之才，朝廷之上，推贤援能者登进之，蔽贤自任者疏远之，自然天下向风。自上及下，孰不以相先为善行，荐达为急务？搜罗既广，虽小才片善，无所隐晦。如此则士益贵而守益坚，廉耻格而风教厚矣。天下之贤，其有遗乎？既得天下之贤，则天下之治不足道也。[2]

选贤任能是确保古代政治体制良性运作的关键环节。程颐这样的儒家士大夫建议宋朝皇帝应该孜孜不倦地求贤任能，真正将有政治才能的儒家士君子选拔上去，以他们的典范人格去影响普通百姓的日常生活，使他们在潜移默化的道德熏陶下涵养德性、向善如流。如此，在儒家士君子的带动下，养成人人知廉耻、守礼节的品性，社会风尚自然就会趋于敦厚淳朴，天下贤士也能倾尽其才为朝廷效力，那么实现天下大治就是水到渠成的事情了。

---

① ②《二程集》上，北京：中华书局 2004 年版，第 112、526 页。

第七节　传统儒家"耻"观念的现代价值

以耻感和羞恶之心为标识的道德意识是人类作为道德存在的明证，也是构成人类道德生活的原始材料。从情感层面说，作为道德情感的羞耻感是人先天固有的，是重建现代社会伦理秩序的拱心石。从儒家对羞耻等情感的重视可以看出：作为一种生活方式的儒家哲学实质上是一种情感哲学，亦可以称为"情感儒学"，这是中国古代哲学的突出特质。与西方理性主义形态的思辨哲学相比，这种奠基于情感的引导性哲学在促进个体自我转化与道德人格生成方面具有重要的理论价值和现代意义，值得我们进一步研究和分析。人类的社会伦理规范和道德价值奠基于一些最基本、最质朴、最原始的道德感元素之上，如情感、荣誉感、羞耻感、是非感、敬畏感等。这些道德感是目前可以追溯到的人类社会伦理道德的真正起源。西方伦理学家如休谟、斯密、叔本华等依据人类的同情心（恻隐之心）建构了以同情为核心原则的同情伦理学，而鲜有伦理学家从羞耻心（羞恶之心）的角度去建构一套可以和同情伦理学相互竞争的伦理学理论。中国伦理学理论的建构必须扎根于传统思想的土壤中，立足于中国古典的元观念和元问题，并结合现代伦理生活的实际经验，才能真正在观念世界和生活世界建立起有效的联结。有鉴于此，我们在对中国古代儒家"耻"观念进行文本解析的基础上，结合现代社会的伦理需要，将建构羞耻伦理学的理论可能性和现实必要性提出来，以期探索适合现代社会的伦理思想、伦理体系和伦理秩序。

一　羞耻心是人类道德意识的重要来源

道德意识作为人类的精神意识现象，构成道德哲学或伦理学的原始基点。它是一切道德语言、道德行为和道德评价的前提条件。人类的道德意识结构非常复杂。以研究现象学著称的中国现象学家倪梁康曾围绕孟子的"羞恶之心"，从现象学伦理学的角度探讨了人类道德意识的来源问题。[1] 他区分了一般伦理

---

[1] 倪梁康：《"羞恶之心"与道德意识的来源》，载《东南学术》2007年第2期；倪梁康：《心的秩序——一种现象学心学研究的可能性》，南京：江苏人民出版社2010年版。

学和现象学伦理学的不同，指出一般伦理学所指涉的问题多是与"应当"相关的伦理规范问题，现象学伦理学则致力于描述人类道德意识的来源和回答人类道德善恶的价值问题。在他看来，人类道德意识的来源大致可以区分为三个方面，即内在的来源、外在的来源、超越的来源。

所谓"内在来源的道德意识"，是指那些植根于人类内心深处的、与生俱来的、自然的、先天固有的道德本能。从本心的角度说，它们是以同情心、羞耻心等为标识的良心。从本原知识和本原能力上说，它们是良知、良能。这种内在来源的道德意识表征着人是一种道德的动物，受历史更替、社会变迁等外在因素的影响极为微弱。与此同时，倪梁康又认为孟子的"恻隐之心"（同情心）与"羞恶之心"（羞耻心）是人类道德意识来源中最重要的两个来源。前者是一种先天的道德实能，后者是一种先天的道德潜能，它们是在排除了一切社会化、习俗化的道德替代品之后仍然植根于人类自然道德本性中的残余物，因而构成了一切道德学说的基础。

所谓"外在来源的道德意识"，是指那些经由社会伦理习惯或规范沉淀在人类心灵中的道德感，如荣誉感等。它们是反思性的、规范性的而非自然的、本能的，多来自社会性的教育、父母的家庭教育以及习俗的延续。这些道德意识与社会伦理价值体系的形成以及个体对此类公共价值的认同紧密相关。其显著特点是它们容易受到外在社会历史环境的影响。随着社会历史进程的变迁与发展，其衡量标准呈现出一定的波动性。当社会性的伦理规范不能满足人的个体道德诉求时，道德主体便会由社会伦理规范回到本己的道德本能。这也是美国基督教神学家、政治哲学家尼布尔在《道德的人与不道德的社会》一书中强调的个体道德与社会道德的冲突问题。[1]苏格拉底面对死刑时诉诸自己内在的"神灵"，孟子以心善论证性善的"四端之心"，都不是一般性社会伦理规范的要求，而是源于一种内在的道德本能的生命冲动与精神动能。

所谓"超越来源的道德意识"，特指那些超出世俗社会的实际层面，而又对世俗社会产生引导意义的道德意识。例如：来自宗教信仰的道德意识因宗教信仰

---

[1]尼布尔对个体的道德行为与社会群体的道德行为进行了严格区分。他认为：作为个体的人生来就具有同情心，在社会教育的熏陶下使得本己的同情心能够克服自己的本能冲动，并外推到他人身上，天生的理性能力使得人们富有正义感。社会群体的道德行为则缺乏自我超越的理性能力，比个体更加难以克服自我中心主义，而呈现出群体自利的倾向性，故而群体的社会道德总是低于作为个人的个体道德。（［美］莱茵霍尔德·尼布尔：《道德的人与不道德的社会》，贵阳：贵州人民出版社1998年版，第201—217页。）

而起,必须先有信仰,然后才会具有相应的道德意识。基督教所谓的由"上帝"颁布的道德诫命便是最具典范意义的超越性道德意识。此种道德意识必须以信仰为前提,无论在时间先后上,还是在逻辑秩序上,信仰都优先于道德法则。基督教神学家认为:凡俗世人因为有对"上帝"的真诚信仰,所以才会遵守"上帝"所颁布的以"十诫"为标识的道德诫命。康德的道德神学就发端于此。

中国古代儒家文化中的耻感意识特别强烈。自孔子确立知耻伦理学以后,儒家历代大儒在不同程度上都对羞耻观念作了富有新意的思想阐释。其中尤为重要的一点是儒家认为羞耻是内在的,根源于人心的道德本能,是一种自然的、先天的道德意识。孟子对以羞耻作为道德意识或道德萌芽的强调最为突出,也最富有哲学品格的思想意义。孟子曰:

> 乃若其情,则可以为善矣,乃所谓善也。若夫为不善,非才之罪也。恻隐之心,人皆有之;羞恶之心,人皆有之;恭敬之心,人皆有之;是非之心,人皆有之。恻隐之心,仁也;羞恶之心,义也;恭敬之心,礼也;是非之心,智也。仁义礼智,非由外铄我也,我固有之也,弗思耳矣。故曰:"求则得之,舍则失之。"(《孟子·告子上》)

"羞恶之心"即人的羞耻心,与作为同情心的"恻隐之心"一样,构成人类"四端之心"中最重要的两个方面,是促成人类发明道德语言和产生道德行为的必要条件。孟子认为:作为羞恶之心的"耻"明显具有道德本体和德性根源的重要地位。羞耻心作为良心的提醒装置具有防御不道德或不当行为的作用,对未发生的行为有一种前瞻性的预判,这就是威廉斯所谓的"前瞻性羞耻"。它提醒个体应该有所不为,以免招致不必要的道德羞辱。康有为说:"人之有所不为,皆赖有耻心。如无耻心,则无事不可为矣。"[1]没有羞耻心的人对道德羞辱和道德义愤是麻木不仁的,在缺乏羞耻心的约束与制衡之下,不道德行为不但不能受到必要的制裁和惩罚,而且会摧毁恪守社会道德的人对社会价值评价的信任,这将对社会的公序良俗构成严重的威胁。

知耻是做人的第一要务,儒家的"耻"观念揭示了一个深藏于人性之中的秘密,即正是对于做人的执着以及对于耻辱的前瞻性畏惧,才使得个体走向内在的道德自律。羞耻感不仅是生成道德自律的道德心理机制,而且是将外在的社会伦理规范内化于个体精神意识结构之内的隐秘动力。羞耻感既是个体对善的否

---

[1]《康有为全集》第5集,北京:中国人民大学出版社2007年版,第473页。

定性感受，也是个体对自我的肯定性保护。它将现实的、有道德瑕疵的自我呈现在善的面前并进行自我评价。相对于呈现在他者面前，羞耻感的自我呈现更具有道德约束力。总而言之，羞恶之心作为人先天固有的内在道德意识，在引导个体反求诸己的过程中确立了人的自由与尊严。这种完全将道德责任与道德义务归约到本己的道德主体性上的道德意识，为真实的道德行为而非伪善提供了一种深层性的保护和原初的根据。

二 羞耻是重建现代伦理秩序的拱心石

法国后现代思潮理论家利奥塔认为：现代道德只具有审美的意义，因为现代社会的生活节奏急剧加速，生活使所有的道德化为乌有。[①] 现代性对人类道德生活的除魅，将羞耻感所展现的伦理道德精神从人的道德生命中剥离出去。匈牙利哲学家赫勒指出：肇始于启蒙时代的西方现代文化对羞耻感的冲击很大。随着传统价值与信仰系统的瓦解以及耻感文化所依赖的社会伦理规范与社会习俗的不断变化，"人们更加漠视他人的意见，更加依赖自我判断"[②]，但这种自我判断是以个体主义的价值承诺为中心的。羞耻感的薄弱与衰退往往意味着人的道德力量的衰减。这是人的类型的退化，退化到与禽兽无异时人便不复为人。所以，德国现象学伦理学家舍勒强调："在近代史上，羞感的明显衰减绝不像人们肤浅断言的那样，是更高级和上升的文化发展的结果，而是种族退化的一种确凿的心灵标志。"[③] 现代社会中个体主义自我价值的过度膨胀，加上现代技术的发展和社会生活方式的变迁，使得人们的传统羞耻观发生了巨大的变化，羞耻感的衰减已经成为一个不争的事实，表现最明显的领域就是性羞感的减弱，源于 20 世纪60—70 年代的西方"性革命"是导致这一结果的社会思潮之一。

羞耻感这一道德力量的普遍衰减削弱了个体自身从道德上对其自身价值所做的反省。更好地建设社会道德秩序，应该以培植与提升个体自我的羞耻感为基础。对现代道德意识而言，罪责似乎是比羞耻更清晰透明的道德意识，那是因为它比羞耻更孤立于个体自我形象的其他要素，直接导向了受到不公正对待的

---

①［法］让－弗朗索瓦·利奥塔：《后现代道德》，上海：学林出版社 2000 年版，《引言》第 1 页。
②［匈］阿格妮丝·赫勒：《阐释羞愧现象的五种路径》，载《苏州大学学报（哲学社会科学版）》2018 年第 2 期。
③［德］马克思·舍勒：《道德意识中的怨恨与羞感》，北京：北京师范大学出版社 2017 年版，第 257 页。

受害者，受害者以此为名而要求补偿，但它本身不能重建自我和自我生活于其间的世界。只有羞耻具备这种功能，其根源在于羞耻关联着人的整体存在，体现了一个人存在于世的方式，关涉着一个人是什么样的存在以及一个人如何与他人相关联的种种设想。可以说，羞耻是道德世界最具革命性的力量。如果说情感是中国古代伦理精神的原乡，那么我们也可以说耻感就是中国古代伦理精神的底色。对于优秀古典文化中的道德资源是否能够培育一种现代道德人格，以抵御与解决现代社会中个体羞耻感不断弱化的世界性问题，儒家的羞耻观或许可以提供一些积极的、值得借鉴的思想资源。

（一）现代社会伦理秩序建设意味着参与社会活动的主体需要具备完善的道德人格

古代伦理学关注的焦点是"一个人应该如何生活"的问题，即如何过上一种健全的、完善的良好生活。它以行动者而非行为本身为中心，成就某种理想的道德人格是其题中应有之义。现代社会的伦理学主要是强调规则及其普遍有效性的规范伦理学。它关注的焦点是"一个人应该如何行动"的问题，一个人只要不违反伦理规则，就意味着他尽到了作为道德存在的人之本分。服从伦理规则是这种现代式道德观的第一原理，基于道德修养与实践德性的道德人格培育则不在其任务之内。以儒家伦理学为标识的古典德性伦理学，其道德管辖的范围并不仅仅局限于用规则来调节的个人利益冲突的场合，而是更进一步地以个体道德人格的培养与精神的提升为目的。

培植与提升羞耻感在养成理想的道德人格时具有重要意义。德性是儒家伦理的基石。正如蒙培元所言："儒家伦理是建立在德性之上的。"[1] 如何实现德性及成就理想人格是儒家伦理学最为核心的部分。在儒家性善论的思想视域下，人生而具足的羞耻心是道德意识的重要来源，保持个体的羞耻心或羞耻感在培养道德人格时具有重要意义。孟子曰："圣人，人伦之至也。"（《孟子·离娄上》）圣人是社会中道德完善的人，是一般人难以企及的理想人格。培养君子式的道德人格则是可期的。孟子曰："人之所以异于禽兽者几希，庶民去之，君子存之。舜明于庶物，察于人伦，由仁义行，非行仁义也。"（《孟子·离娄下》）君子持守"四端"，落实为践履工夫上的善行。失去羞耻等"四端"，也就意味着人失去了人性，丧失了做人的资格。

（二）建设现代伦理秩序需要找到真正可以为道德奠基的基质

通过对中国古代儒家"耻"观念的文本梳理和哲学论证，我们发现儒家关于

---

[1] 蒙培元：《情感与理性》，北京：中国人民大学出版社2009年版，第383页。

羞耻本质的认识能够承担起道德奠基任务。为道德奠基不是制定一些道德准则或伦理规范，而是为道德之所以能够存在提供某种合理性论证，就是要为道德找到一个先于任何人类经验生活而又使之独立于人类经验生活的根据。这实质上涉及对人类道德意识起源的考察，因为道德意识是道德概念与道德行为的前提条件，要找到为道德奠基的基质就要探究道德意识的来源问题，即：我们的道德意识究竟来自何处？明确了道德意识的来源，我们就可以知道哪些道德意识是可激发而不可教化或可教化而不能激发的，这将有助于伦理教育的改善与现代社会伦理秩序的建设。罗尔斯与罗素等西方哲学家提到过道德秩序或伦理信念的来源问题。[①]倪梁康深入探究了中西哲学家对这一问题的解答，将道德意识的来源一分为三，即良知本能的内心起源、社会主体间约定的外在起源、宗教道德信念的超越起源。因为儒家的德性伦理学不涉及超越性的宗教问题，所以我们立足于从内心起源与外在起源探究道德意识的来源问题。就这两个起源而言，良知本能是道德意识最基本、最稳固的来源，因为它不因社会、文化、历史与民族的变化而变化；后者则呈现出一定的不稳定性，不同的社会形态、历史时期、文化背景及民族差异都可能使人们对社会主体间约定的社会道德产生非道德化的价值判断。

法国哲学家于连认为：与宣扬人世苦难的佛教以及张扬原罪意识的基督教传统相比，儒家思想以人性本来之底蕴为根基，在现存的世界几大文化传统中应当是最可能完成道德奠基的古典思想资源。[②]他具体分析了孟子的"不忍之心"、"恻隐之心"为道德奠基的可能性。[③]我们认为：儒家的"羞恶之心"与"恻隐之心"具有同样的原初性，都是植根于人之自然本性的先天道德意识。羞耻的自发性与主动性是人类道德生活与社会伦理秩序的根本保障，是触发道德行为的出发

①罗尔斯说："对我们做出要求的道德秩序，是产生于一个外部源头，还是以某种方式（作为理性或情感，抑或两者都有）产生于人性本身以及我们生活在同一个社会中的需要。"参见罗尔斯著《道德哲学史讲义》，北京：中国社会科学出版社2012年版，第78页。罗素认为伦理信念有两个来源：一是群体层面的政治约定；二是个体层面的个人的宗教与道德信仰。（[英]罗素：《伦理学和政治学中的人类社会》，石家庄：河北教育出版社2003年版，第15页。）

②[法]弗朗索瓦·于连：《道德奠基：孟子与启蒙哲人的对话》，北京：北京大学出版社2002年版，第85页。

③在西方伦理思想史上，休谟、卢梭、叔本华等人的伦理思想也极为重视同情、怜悯情感的道德奠基作用。例如：休谟将同情视为道德动机和道德判断原则；叔本华则从经验事实和形而上学的高度论证了同情对道德的奠基作用；俄罗斯哲学家别尔嘉耶夫更是斩钉截铁地强调："没有同情，伦理学是不可能的。"（[俄]别尔嘉耶夫：《论人的使命》，上海：学林出版社2001年版，第255页。）

点，具有同样的道德奠基功能。美国学者博姆持有类似的看法，并将人因羞耻而脸红视为道德起源的真正标志。在孟子那里，羞耻作为先天的道德本能，在理智反思之前就相当活跃，是不可以通过教化和传授来获得的，但是需要有意识地去激发它。亚里士多德认为：成就德性也就是德性的实现活动。德性不出于人的自然本性，自然则赋予人接受凝聚这种本性的能力，接受活动的实践性使德性由潜在的能力变见为现实的品质状态。人因为行为正义才能成为拥有正义德性的人，因为行为勇敢才能成为拥有勇敢德性的人，因为行为节制才能成为拥有节制德性的人。亚里士多德显然不会认为人因为行为羞耻才能成为拥有羞耻德性的人，因为羞耻是心智成熟的人要坚决杜绝的恶的品质。他认为羞耻在很大程度上是一种由恶行或不体面的事情暴露于外所引发的恐惧情感，亦意味着行为主体在做出违背社会道德的行为之后，经过理智思考与反省，会于心理上产生一种恐惧情感，这是外在的社会压力导致的结果。人类的幸福生活需要良好的伦理秩序，而良好的伦理秩序不仅建基于人性本身，而且是我们生活在同一个社会中相互依存的需要。所以，这种社会化的羞耻情感虽然是道德来源的次要方面，但是不可或缺的，这也是后天的伦理教育能大有作为的地方，对现代社会伦理秩序的建设具有重要的现实意义。

三 塑造"知耻"的国民性格

羞耻感作为一种先天的道德意识与道德情感，与人之所以为人的人格尊严具有内在联系。它先于一切经验而植根于人性之内。它所捍卫的不是以主体的生命欲求、社会效用、物质生活为标识的实用价值，而是其崇高的人格、生命的尊严与生活的意义，或者说是在证明其人格尊严尚保存在由羞耻感所标识的道德本性中。"耻"是人之所以为人的内在德性。作为人的良知提醒装置，正是羞耻感点出了人之良知的存在，往往呈现为一种激烈的、痛苦的、不愉快的感受。这种炽烈的情感激荡旨在提振行为主体以足够的道德勇气去克服自我修养道路上的障碍，必须否定掉部分不完善、不完整的自我。人必须具有一种"向耻而在"的生存意识，这对儒家所渴慕的理想的道德人格之养成无疑具有基础意义。儒家重耻感教化而轻刑罚，羞耻感的教化意义就在于它有助于培养"有耻且格"的健全人格。儒家所谓的"良善政治"的形成就奠基于此。

现代社会伦理秩序建设要求参与社会活动的主体具备完善的道德人格。现代社会的伦理学主要是强调规则及其普遍有效性的规范伦理学。一个人只要不违反伦理规则，就意味着他尽到了作为道德存在的人之本分。服从伦理规则是这种现代式道德观的第一原理，基于道德修养与实践德性的道德人格培育则不在其任务之内。以传统儒家伦理为标识的德性伦理学，其道德管辖的范围并不仅仅局限于用规则来调节的个人利益冲突的场合，而是更进一步地以个体道德人格的培养与精神的提升为目的。我们从儒家传统和现代思想语境这两个维度探究羞耻感的本质，可知羞耻是一种重要的德性，是德性伦理学或美德伦理学、道德心理学研究的核心观念之一。羞耻感本身是一种具有转回自我意识的"良知提醒装置"，关涉着人的整个存在。在羞耻体验中，个体所关注的不仅仅是他者以及公共价值对"我"意味着什么，更重要的是"我"对他者和公共价值意味着什么。应当承认，羞耻感是值得提倡的、积极的道德心理与道德情感，在群体的社会生活中具有重要的伦理价值。在现代社会里，社会伦理秩序建设应该以培植与提升个体自我的羞耻感为基础。为了更好地塑造积极健康的国民性格，应该重视儒家传统中的"耻"观念，因为儒家文化中的耻感取向在培养个体道德人格方面具有重要的伦理价值。

第九章

勇

第一节　儒家“勇”观念的起源

中国传统文化观念中的“仁”、“义”、“礼”、“智”、“信”、“勇”等观念都是典型的意象概念，包含了极其丰富的传统文化内涵，透过其文字的语源和演变，可以看到古代哲学的内涵和思维方式。“勇”是古代中西方共有的传统美德，一直被视为克服困难、战胜险阻所必备的品格。在现代词典中，我们通常将“勇力”、“勇气”、“勇德”视为表达人的道德之力、生命之能的词语，从而将道德原则推向极致。那么，“力”、“气”、“德”是如何体现“勇”观念的？它们所涉的共同义是什么？为了回答这些问题，我们有必要对“勇”观念进行类型学考察。

“勇”字出现得较晚，甲骨文中并无“勇”字。根据《字源》，考察“勇”字形体演变如下[①]：

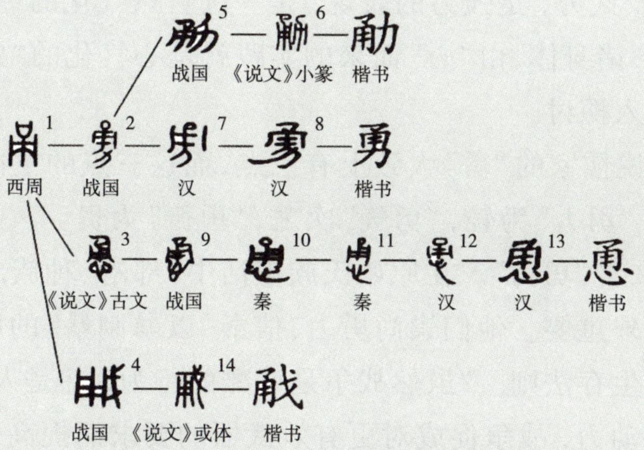

通过《字源》，可知“勇”分三系发展：一是以“力”为意符，后来发展为现代汉字“勇”。上述字形“□”、“□”以及“□”（《银雀山汉简 322》）、“□”（《银雀山汉简 352》）皆是此例，表示人果敢勇力。《左传·昭公二十年》言：“知死不辟，勇也。”《左传·襄公二十三年》曰：“君恃勇力，以伐盟主。”二是以“戈”为意符，指使用“戈”这种武器的人。上述字形“□”、“□”皆是此例。“□”（《郭店楚简·尊德义 35》）、“□”（《郭店楚简·成之闻之 9》）、“□”（《上博简·曹沫之陈》）也是以“戈”为实例表示人在战场上勇猛、有胆量。《管子·枢言》载：“先王不以勇

①李学勤主编：《字源》下，天津：天津古籍出版社、沈阳：辽宁人民出版社 2012 年版，第 1212 页。

猛为边竟,则边竟安。"这里的"勇"指的还是勇猛、果敢。可见,无论从"戈"还是从"力","勇"都表示勇力,以示武勇的特质。三是以"心"为意符,与后世"怂恿"之"恿"同形。上述字形"⿱甬心"、"⿱甬心"属于此例。古文"心"、"甬"为"勇"。李学勤认为:从"心"以示勇气、无畏的气概[1],有心气上冲、胆大力增之意。勇气是来自内心的力量,能达到充实、饱和的状态。《说文解字诂林·力部》云"⿱甬心,见义而为也,心主于义,士不尚力也",认为勇气虽从内心出发,但仍有理性或非理性的不同思考方式与作为,心主于义才能对"勇"有指导作用。孟子的"养勇"说也强调由心气激发的可能是血气而非理性的小勇,受心术影响而发挥"义"作为道德功能对"勇"的指导作用才是大勇。

《说文解字·力部》云:"'勇',气也。从'力','甬'声。戜,'勇'或,从'戈','用'。⿱甬心',古文'勇',从'心'。"段玉裁注为:"气,云气也。引申为人充体之气之称。力者,筋也。勇者,气也。气之所至,力亦至焉。心之所至,气乃至焉。故古文'勇'从'心'。"《左传》曰:共用之谓勇。"[2]段玉裁对此有不同的解释。他认为:从"心"、从"力"、从"戈"皆与勇的产生有关。勇气是来自内心的一股精神力量,可以达到充实、饱和的状态。"勇"的构字若从"力"或从"戈",则和人的筋骨有关,可能涉及武力,是强力的表现,是一种自然气化的"勇";从"心"则强调内在的潜能,心形诸身体,由"心"而来的实践就是心气化的"勇"。下文将从"勇"的类型上进行深入探讨。

我们通常所说儒家的"勇"大致上有三点,而这三点的主次问题,用孟子的养勇之方来说,即:"勇力"为轻,"勇气"次之,"勇德"为贵。

首先,我们来看"勇力"。在原始氏族生活中,部落、种族之间斗争频繁,人的体格力量显得格外重要。他们崇尚勇力,信奉"以暴制暴"的原则,将体格上的博弈作为习惯性的生存法则。"虽然战争是残酷的行为,却是人类文明发展的一个不可或缺的主要动力,战争促成对更有效武器的要求而提高生产量 …… 为了更有效地进行战斗,就要有良好的组织,由有能力的人去领导 …… 没有一个文明的国家不是在不断地征战中成长起来的。"[3]勇力的较量在战争中处于突出地位,例如:在战争背景下,产生了武士、勇士这一阶级。尽管各部落武勇的标准不一,但在对敌时夺得弓箭、用兵器或空手击中敌人、打了胜仗等行为都会得到赞赏。

作战的勇力或勇武长期受到人们的重视。"虞夏商周的政治、社会组织等,

---

[1] 李学勤主编:《字源》下,天津:天津古籍出版社、沈阳:辽宁人民出版社2012年版,第1212页。

[2] 许慎撰,段玉裁注:《说文解字注》,上海:上海古籍出版社1988年版,第701页。

[3] 许进雄:《中国古代社会:文字与人类学的透视》,北京:中国人民大学出版社2008年版,第566页。

直接影响个人的体魄与才力，即勇武有威仪而为文，传说中上古时代的'圣人'皆以'勇武'著称。"① 这种对勇力、勇武精神的提倡，对培养刚强弘毅、勇武刚健的人格特质有重要意义。《诗·邶风·简兮》曰"有力如虎"，《尚书·牧誓》记载"尚桓桓，如虎如貔，如熊如罴"，说的都是活脱脱的勇力状貌。按照自然人向社会人进化的过程，"勇"的原始意义应该是建基在力量之上的。

基于力的勇是古朴自然的。随着文化的演进递嬗，社会意识发展到一定的程度，尚勇逞力的风尚也自然地进化。在社会组织结构、秩序紊乱的情况下，勇力作为实践动力逐渐与人文自觉相结合。勇力开始有正向的勇力和负面的鲁莽之分。如儒家所说的"六艺"，其中的"御"和"射"都用于战场，是军事技能，是技巧性的训练，"御"指驾驶战车的本领，"射"指射箭的技术。再如孔子的父亲叔梁纥是孔武有力之士，赳赳武夫。孟献子就赞他"有力如虎"，在逼阳之战中，他凭一己之力将城门举起，让攻入城里的士兵逃离，这些都是正向的勇力。

但是，勇力有时也指向负面的鲁莽行为，如孔子所说的"暴虎冯河"之勇，《孟子·离娄下》记载的"好勇斗狠，以危父母"，《荀子·大略》所说的"悍戆好斗，似勇而非"，《说苑·善说》所说的"入深渊，刺蛟龙，抱鼋鼍而出者，此渔夫之勇悍也；入深山，刺虎豹，抱熊罴而出者，此猎夫之勇悍也"。其中"好勇斗狠"、"悍戆好斗"、"渔夫之勇"、"猎夫之勇"的"勇"就是勇的消极面相。这种刚强勇猛是粗野之性，是鲁莽的行为而非勇敢的行为。勇敢是人刚强面相的重要特质，但如果勇敢得没有节制，逾越了适可的限度，就会使自己的行为与生活乱了章法，就可能惹出乱子，失于典雅，有损君子风度。如此，不但粗陋，而且可能造成大错。也就是说，对负面鲁莽的勇力必须加以限制，以免造成不必要的危害。荀子所说"贵勇力"造成的乱世，就是勇力悖于礼义、仁义而带来的消极影响。

"勇"不是单单凭借勇力，还讲求主体要具备非凡的勇气。勇气是人充体之气，是内心的力量，是"行"的基本原则在身体气象上的反应。儒家对于勇气有大量的讨论，其中以孟子的论述最为典型。孟子在"气"方面下了很大的功夫。孟子所说的养勇之方、浩然之气、志至气次精神气象之说，都是塑造、培养勇气之路径。除了儒家，先秦诸子的墨家也推崇"勇"，如陆贾的《新语·思务》言："墨子之门多勇士。"《淮南子·泰族训》曰："墨子服役百八十人，皆可使赴火蹈刃，死不还踵。"这些记载均指出了墨家学者的非凡勇气。又如春秋战国时期的刺客和勇士，专诸刺杀吴王僚、荆轲刺杀秦王、要离刺杀庆忌等，这些都不是单靠勇力所能完成的，需要面对危险和困境，并具有无所畏惧的勇气和忍常人不能忍的

---

① 何兹全：《中国古代社会》，郑州：河南人民出版社 1991 年版，第 446 页。

耐力。

儒家讲的"勇气"绝非盈满天地之间的物质性材料，也非构成人身的血气，而是心性修养的产物，是在身中体现的道德意识。这种道德之勇气会使身躯显现为某种充实的光辉、声色不已的特殊气象。① 儒家认为：化的身体观将构成人本质的"气"充分展现于身躯，此即是身躯的完成，是气全于内、形全于外的。勇气虽从内心出发，但仍有理性和非理性的不同思考方式，空有"勇气"就很容易流于血气。也就是说，由一时感情冲动或"哥们儿义气"而鼓起的血气，不是真正的勇气。"勇气"强调的是心志集中，想要完成某件事情，必须具备一鼓作气的精神状态。它是一种内在潜能。若从心性出发，内含善良的本性，坚守仁义之则、恭敬之礼，自然会涌现浩然之气。

在儒家看来，一般人的形体、勇气都是不完满的，只有君子、圣人才有完满的身体和对勇气的践形。圆满人格和值得称赞的勇气被描述为："其生色也睟然，见于面，盎于背，施于四体，四体不言而喻。"（《孟子·尽心上》）儒家认为：这种道德性的"勇气"使身体发出道德的光辉，见于面，盎于背，是德之气。它横跨人的行、气、志的身体结构，于乱世呈现在豪杰、侠士的身上，于治世呈现在人格独立的君子身上。总之，"勇气"是以"勇"的精神面对横逆，主导着人们的外在言行与内在心灵。它是以心气为中心的践形观、以自然之气为中心的气化身体观、以社会规范为中心的礼义身体观。②

以上所言"勇"的表现，只是勇力、勇气，还不够全面。"勇"还涉及在什么情况下成为"德"的问题，即"勇"作为一种伦理观念，在转化人身的动力、改造人身上有其价值的根源。"勇"是激发人意志的一种道德行为，是真正使儒者一无畏惧、临死不忘丧其元的力量，是在某种信念驱动下所体现出的一种无所畏惧或大无畏的行为及精神。③ 接下来，我们分析德性范围的"勇"是怎样的。通过上文对"勇"的分析，我们可以发现：个体在面对困境时呈现出的坚强、持久的意志，或是面对危险和困境时不畏死、不避死的精神，都是"勇力"、"勇气"的共同特点。但是，并非所有具备以上特质的"勇"都是正向积极的，必须结合当下情境、反应行为和动机进行思考。不加以思考，鲁莽、不计后果的"勇"，是"勇"的最低层结构。只有认知、主动、有意思考（公义还是私利）等行为充入其中时，"勇"才被提升至道德的实践层面。"勇德"是"勇"的再概念化，或"勇德"是"勇"提升的结果。

---

①② 杨儒宾：《儒家身体观》，上海：上海古籍出版社 2019 年版，《导论》第 12—13、9—10 页。

③ 潘小慧：《四德行论：以多玛斯哲学与儒家哲学为对比的探究》，中国台北：《哲学与文化》月刊杂志社 2007 年版，第 314 页。

《论语·宪问》篇就认为"勇德"作为美德之勇是成人的重要条件："子路问成人。子曰：'若臧武仲之知，公绰之不欲，卞庄子之勇，冉求之艺，文之以礼乐，亦可以为成人矣。'曰：'今之成人者何必然？见利思义，见危授命，久要不忘平生之言，亦可以为成人矣。'"在孔子看来，"勇"是"成人"的必备条件，否则便不能称为完美。孔子以卞庄子之勇为例，称赞卞庄子有"一夫当关，万夫莫开"的气势和不畏死的勇士精神。但是，在孔子看来，这些还不足以成就勇德，必须以礼、义为文饰。孔子欣赏的是"见利思义，见危授命，久要不忘平生之言"的重义善良品质，在诱惑、利益面前仍能坚守品性，在危险面前能敢于承担，甚至不惜牺牲性命，勇于见义即为之、知义即行之才是"勇德"。《论语·阳货》篇对"勇"和"义"的关系有更直接的说明："君子义以为上。君子有勇而无义为乱，小人有勇而无义为盗。"孔子强调用"义"来约束"勇"，无论君子还是小人，若没有"义"的约束，"勇"就容易发展成破坏性的力量，造成乱世。儒家讲"好勇疾贫，乱也"，即既好勇力又痛恨贫穷，受不了艰苦生活的人必定会乱来。这种以"义"归导"勇"的思维在《左传》《国语》等典籍中都出现过。勇德的伦理价值就在于见义勇为和杀身成仁。正因为有"义"的打量和审判，才使得"勇"自身有了合理性。孟子继承了孔子以"义"论"勇"的思想。孟子之所以赞赏曾子之勇，就在于曾子的言行以道义为依归，只问正义，纵然面对千军万马也勇往直前。《吕氏春秋·当务》说："所贵勇者，为其行义也。"士君子之勇就是只为道义，是否勇于道义是区分君子和小人的价值标准。

勇德除了合乎"义"，亦要合乎"礼"的规定。《论语·阳货》记载："子贡曰：'君子亦有恶乎？'子曰：'有恶，恶称人之恶者，恶居下流而讪上者，恶勇而无礼者，恶果敢而窒者。'"《论语·泰伯》也记载："子曰：'恭而无礼则劳，慎而无礼则葸，勇而无礼则乱，直而无礼则绞。'"《荀子·大略》云："勇果而无礼，君子之所憎恶也。"这三段引文都强调："勇"成为德必须加上"礼"的规范，否则人就会因不逊而被他人憎恶。来自一时的血气，抑或极高的勇气，必须在"礼"的规范与诸德的调节中展开。也就是说，勇与恭、慎、直诸德一样，必须以"礼"为尺规。徐复观也说："在春秋时代的许多道德观念，几乎都是由礼加以统摄 …… 因为礼是当时一切道德的依归。"[①]"礼"越来越成为一种内在于社会生活的组织法，礼节制言行，使言行适中。"礼"是人外在行为的行动依据，使"勇"从单一的实践行为转化为伦理德行。以"礼"约束"勇"在现代社会中也有重要的意义，如有类似杀人、贩毒等肆无忌惮、充满假勇的行径，表面上是勇，实际上是作恶多端，藐视

---

① 徐复观：《中国人性论史·先秦篇》，北京：九州出版社 2013 年版，第 44 页。

国法。

勇者本多力，因蒙蔽而作乱，不能为国效力。只有加强学习，才不至于固陋。"好仁不好学，其蔽也愚；好知不好学，其蔽也荡；好信不好学，其蔽也贼；好直不好学，其蔽也绞；好勇不好学，其蔽也乱；好刚不好学，其蔽也狂。"（《论语·阳货》）只有通过学习，仁、智、信、直、勇、刚才能成为美德，并发挥其完整的功效。"信直勇刚可视为小勇，或是不理性的根源，因未善加学习，使原本内在的、潜藏的善良本质，未启迪开发，甚至产生诸多因本性被蒙蔽的祸害。"[1] 因此，君子唯学为贵。

无论以"义"、"礼"、"学"诸德约束"勇"，还是以"仁"、"智"、"孝"等德目约束"勇"，其根本都强调将道德性的"仁"、"智"、"礼"、"学"等德目融在"勇"之中，通过勇的行为将"仁"、"智"、"礼"、"学"等德目外显。如此这般，则勇不再只是匹夫之勇，而是在实践过程中突出人的自由意志、独立人格等理性的凝聚。只有以理性主宰情欲，才能锤炼意志，培养大勇气概。"勇"要成为一种伦理德性，一定是建立在价值论基础之上。

---

① 王燕燕：《〈论语〉"勇"义研究》，中国台湾高雄师范大学经学研究所硕士论文，2014年，第131页。

第二节 勇而无义为乱：先秦儒家对"勇"观念的建构

一 礼义约勇：孔子为儒家"勇"观念奠基

孔子重视对"勇"观念的探讨，称其为儒家"三达德"之一，是否具备"勇"被认为是君子人格的重要特征之一。他肯定"勇"的道德性特征，认为刚毅果敢、临危不惧、知耻改过、坚韧不拔、不畏强御的精神都是"勇"的重要内涵，"勇敢"对培养君子品格有重要的滋养作用。但是，孔子也注意到"勇"的消极面相，认为过度地强调勇力很可能会导致是非不分、恃勇好斗的凶残行为出现。也就是说，勇的行为必须受到仁、义、礼的节制和规范，才能使主体行为适中，使社会安定。

《论语·子罕》篇记载："子曰：'知者不惑，仁者不忧，勇者不惧。'"临危不惧、不怕危险是"勇"的重要特性。《史记·仲尼弟子列传》也说："夫勇者不避难。"《孔子家语·弟子行》也有"不畏强御，不侮矜寡"、"不愨不竦，敷奏其勇"、"强乎武哉"之语，意谓忍受困难事物的攻击是"勇"观念的重要含义。"不惧"不仅是儒家论"勇"的特色，道家论"勇"也讲在面临危险、困难时无所畏惧。例如，《庄子·秋水》曰："水行不避蛟龙者，渔父之勇也；陆行不避兕虎者，猎夫之勇也。白刃交于前，视死若生者，烈士之勇也。知穷之有命，知通之有时，临大难而不惧者，圣人之勇也。"在庄子看来，在水中不躲避蛟龙，这是渔夫的勇敢；在陆地上不躲避犀牛、老虎，这是猎人的勇敢；白刃架在面前而毫不畏惧，这是烈士的勇敢；知穷达有时，面临困顿而不惧怕，这是圣人的勇敢。在不同的境遇中，渔夫、猎人、烈士或圣人呈现出不同的特点，但临危不惧是其共性，坚定不移地抵抗一切来犯的攻击，这是属于勇德的事。① 但是，并非所有的"不惧"都值得称赞。"不惧"成为德性需要恰当地处理情感或激情，激情、情感对主体的行为有推动的意志作用。也就是说，在激情的驱动下，人会有勇敢的行为。换而言之，受激情或情绪的推

---

① ［意］托马斯·阿奎那：《神学大全》第 11 册，北京：商务印书馆 2013 年版，第 6 页。

动,主体会产生不惧、藐视危险的勇敢行为,但并非所有的激情、情感都会带来勇敢的德行。例如:强烈的愤怒虽然也是不惧的表象,但显然是冲动,不是"不惧之德"。要以言之,"不惧"成为德性,涉及礼义等道德规范与激情关系的认识,只有遵循"礼"、"义"的道德行为才属于勇德的面相。

"勇"是儒家成人的重要条件之一。贱礼义而贵勇力,容易造成乱世,必须以"礼"的外在规范对"勇"的消极面相进行引导。"礼"其表也,通过"礼"的裁量与对"礼"的执行,建立客观的规范体系,"礼"构成了社会秩序所以可能的一种担保。孔子以"礼"约束"勇"的观点见于以下材料:

> 子曰:"恭而无礼则劳,慎而无礼则葸,勇而无礼则乱,直而无礼则绞。君子笃于亲,则民兴于仁;故旧不遗,则民不偷。"(《论语·泰伯》)
> 子路问成人。子曰:"若臧武仲之知,公绰之不欲,卞庄子之勇,冉求之艺,文之以礼乐,亦可以为成人矣。"(《论语·宪问》)

"恭而无礼则劳,慎而无礼则葸,勇而无礼则乱,直而无礼则绞。"照这个说法,"礼"是恭、慎、勇、直各种德行的补充,这些德行都需要以礼为范导。一味恭敬而没有礼的范导,就会劳扰不安;一味谨慎而没有礼的节度,就会畏惧怯懦;一味勇猛而没有礼的规导,就会犯上作乱;一味耿直而没有礼的道德规范,就会急切刺人。在孔子看来,恭、慎、勇、直等行为若没有礼的约束,就容易失偏。也就是说,恭、慎、勇、直等行为并不等于美德,只有加上礼的规范才能成为德。北宋陈祥道对此解释说:"有是德性,而无礼以节之,故恭则不安而劳,慎则过思而葸,勇则至于悖乱,直则至于绞。"[1] 在他看来,"礼"可以防止人的行为过或不及。有了"礼"的规范和节制,人才能谦逊恭敬,而不会不安;人才能言行谨慎小心,不至于畏惧;人才能勇敢,且不会悖礼乱行。恭敬、谨慎、勇敢、正直是人的德性,但这些德性若没有"礼"的节制,就很容易走向"礼"的反面。总之,在孔子看来,"礼"是主体道德行为的衡量准则,主体的道德行为如果没有准则就会有过失、弊端。

主体在落实"勇"的行动时,必须以"礼"对之进行规范,"礼"是保证行为向善的重要环节。当代学者陈来在谈论德性和社会规范时言:"从孔子所说来看,在实践上确实是会产生这类问题的,如奉养和葬祭双亲如果不遵照礼制的规定,

---

[1]《景印文渊阁四库全书》第 196 册,中国台北:台湾商务印书馆 1986 年版,第 124—125 页。

便不是孝；行为的大胆若破坏了礼制的规定，便不是勇敢 …… 在实践上也更容易把握，所谓'礼所以制中'。"① 因此，"勇"成为德行规范，需要在"礼"的指导下进行道德修养与实践；否则，一味地任用勇力、勇猛就会导致主体行为人放肆，甚至在社会层面上犯上作乱。"勇"不能作为单独的一种德行被倡导，必须受到"礼"的规范。

但是，"礼"其表也，"义"其质也，空有"礼"的规范形式，而没有"义"是不够的，"礼"、"义"二者之间有着密切的关系。孔子在强调以"礼"约束"勇"的同时，也主张重视"义"的精神和儒家"勇"的关系，认为"礼"背后的"义"是人们成德的重要理念。据《论语·卫灵公》记载，孔子细致地阐述了"礼"、"义"和"勇"的关系问题："君子义以为质，礼以行之，孙以出之，信以成之。"孔子强调君子的行为是以"义"为质，"礼"不仅是外在的社会规范概念，其背后的道德精神意义更值得关注。也就是说，"义"的真精神将人的自我修身与对社会的秩序遵循结合起来，儒家的真勇是要合礼、合义的。

勇的行为之所以能够成为勇德，取决于勇的行为是否具有健全之理性追求的目的。行为者的勇敢行为如果不是出于高尚、善的目的，就可能盲目而无节制。在社会实践过程中，如果行为者空有一番勇力、血气而缺乏通向道义的目的，则极有可能会导致社会的混乱。此即孔子所谓的"君子有勇而无义为乱，小人有勇而无义为盗"（《论语·阳货》）。孔子认为值得称赞的"勇"一定是在"义"的规导和节制之下，强调"义"对勇敢行为的指导作用，肯定要立义以为勇。在孔子看来，君子空有血气之勇而不讲求"义"，就会导致社会动乱；小人徒有蛮横勇力，不管不顾，则容易做出偷盗、抢劫之事。也就是说，在勇敢的行为实践中，如果没有道德之义和是非智慧的参与，勇敢行为只是受到外界刺激而产生的应激反应，这样的勇敢行为可能是无知的行为，甚至会导致恶行的发生。因此，勇敢行为必须坚守"义"的道德原则；非"义"的勇敢行为易受情绪的影响，尽管骁勇，却会走向理性的反面。

孔子不但重视"义"对"勇"的规约作用，而且强调把"义"内化为主体的道德自觉，确立其为人生价值，为实现儒家道义、"仁"而牺牲生命也在所不辞，主张君子要持守舍生取义、杀身成仁的精神风范。这是明确地指出了当仁德道义与自我生命发生冲突时该如何抉择。在《论语·颜渊》中，子张问孔子："士何如斯可谓之达矣？"在孔子看来，达人的显著特征之一是品质正直、崇尚道义。君子对

---

① 陈来：《儒学美德论》，北京：生活·读书·新知三联书店 2019 年版，第 403 页。

道义的崇尚不会因外在环境的变化而变化。他们在面对一切艰难险阻时，都会彰显出决意行道的精神力量。孔子主张人要以坚韧不拔的勇者气概孜孜以求道。《论语·泰伯》言："士不可不弘毅，任重而道远，仁以为己任，不亦重乎？死而后已，不亦远乎？"《论语·里仁》言："朝闻道，夕死可矣。"《论语·卫灵公》言："志士仁人，无求生以害仁，有杀身以成仁。"以上几则材料皆有重要的指向，即在孔子看来，志士仁人为了实现儒家的道义目标可以舍生忘死、视死如归。也就是说，有志之士和仁义之人为了道德目标可以牺牲自己的一切，甚至包括生命，道义目的超越了生命本身。这种对道义的守护和追求，大义凛然地选择死亡来捍卫道德，明显是儒家大勇精神的题中之义。

总之，"勇"作为人类生活中的一个重要方面，在道德实践中发挥着成就德行的作用。但是，伦理生活总是与道德实践联系在一起的，"勇"身体力行的特点决定了"勇"在道德意义上必然会涉及对价值原则和道德原则的理解，并由此从普通的层面引导人的行为，将"行"（一般行为）转化为"德行"（道德行为）。

二 大勇与小勇：孟子对儒家"勇"观念的发展

儒家思想中的"勇"观念经历了由孔子的"仁者必有勇"（《论语·宪问》）到曾子的"战陈无勇，非孝也"（《大戴礼记·曾子大孝》），再到孟子的大、小勇之辨和圣王、匹夫勇之辩的发展过程。孟子肯定了"勇"在修身成德方面的动力作用，认为"勇"作为一种道德内驱动力，对个体道德人格的养成有提振作用；"勇"提振行为主体以非凡的道德力量挺进高层次道德序列，构成了儒家自我强大的内在生命力。并且，孟子对"勇"德这一伦理认知的道德形上学的基础进行了追溯——"勇"德源自心性。孟子对"勇"观念的深入论述和对勇敢美德的价值认识，为促进现代社会道德建设提供了有意义的思考。

我们对孟子"勇"观念的考察聚焦于这样的问题："勇"作为一种特殊类型的人性特点，真正的勇敢与它的假象如何区分？此问题的实质是：对"勇"定义的划分是以实践为基础还是以美德为基础。孟子对"勇"的看法同早期儒家传统主流观点形成了对照。例如：孔子对"勇"的重要性的强调一直存在，"勇"被列为三大基本美德之一。但是，"勇"没有被孟子置于美德排列中，在孟子眼中，"勇"属于人的一种品质，而不是美德的典范。

孟子根据勇敢行为的不同特点对其进行类型学上的划分，并且认为凡是涉及勇敢行为之处，都要树立一个标准，如果没有标准就会造成大、小勇不分。孟

子以古代圣王之勇为最高标准,将"勇"区分为两类:圣王之勇和匹夫之勇,也即大勇和小勇。孟子曰:

> 王请无好小勇。夫抚剑疾视曰:"彼恶敢当我哉!"此匹夫之勇,敌一人者也。王请大之!《诗》云:"王赫斯怒,爰整其旅,以遏徂莒,以笃周祜,以对于天下。"此文王之勇也。文王一怒而安天下之民。《书》曰:"天降下民,作之君,作之师,惟曰其助上帝宠之,四方有罪无罪惟我在,天下曷敢有越厥志?"一人衡行于天下,武王耻之。此武王之勇也。而武王亦一怒而安天下之民。今王亦一怒而安天下之民,民唯恐王之不好勇也。(《孟子·梁惠王下》)

赵岐注曰:"言文王赫然斯怒,于是整其师旅,以遏止往伐莒者,以笃周家之福,以扬名于天下。文王一怒而安民,愿王慕其大勇,无论匹夫之小勇。""武王耻天下一人有横行不顺天道者,故伐纣也。"文王、武王展现了大勇精神,以强有力的对内、对外的举措建立了良好的社会秩序,除暴安良,拯救天下民众于水深火热中,维护社会正义,造福人民。焦循采取互文见义的方法,以"载德"解释"文王之勇"、"武王之勇"。[1] 焦循以"载德"释"勇"有一种重要的指向:"勇"并非是一种直接的情感,以情感论"勇"是它的假象、表象,"勇"要成为一个稳定的精神品质,必须"载德",即持仁守义方可谓"大勇"。大勇是受"仁"、"义"的驱使而非受血气气质的驱使,是"发乎仁、合义、合礼且好学之勇"。[2] 赵岐释"一夫之勇"为:"抚剑瞋目曰人安敢当我哉,此一夫之勇也,足以当一人之敌者也。"一夫之勇是莽撞之勇、血气之勇,属于较低层次的勇敢,可能会带来灾难性的后果:个人层面伤于人、丧其身为贵;国家层面"东败于齐"、"西丧地于秦七百里",不仅会威胁自身的生命,而且会给国家带来灾难。

在孟子看来,这种"勇"是受怒气、激情驱使而冲向危险,不是真勇:"尽管骁勇,却算不得勇敢。因为他们的行动不是出于高尚[高贵],出于逻各斯,而是出于感情。"[3] 这虽然是"人的行为",但不是"人性行为",是"勇"的表象,有文无质,产生于情绪或冲动,是一种"小勇",具有欺骗性质,而非有仁有义之"大勇"。"大勇"是出于美善的目的,而不是因为外在、社会性东西的强加,如荣誉、权势、货财

---

① 焦循:《孟子正义》上,北京:中华书局 2017 年版,第 96 页。
② 潘小慧:《儒家哲学中的"勇德"思想》,载《哲学与文化》2007 年第 1 期。
③ [希腊]亚里士多德:《尼各马可伦理学》,北京:商务印书馆 2003 年版,第 92 页。

等,更不是"好勇斗狠"、"不肤桡,不目逃"的莽撞血气之勇。"大勇"以追求人类的福祉为目的,是一种"人性行为"。

关于孟子更详细的"大勇"观,可见其对内圣之勇的论述,即孟子的"养勇之方"。当一个道德完满的人面对需要做出勇敢行动的情景时,会有什么考虑?答案出现在公孙丑与孟子的对话中。《孟子·公孙丑上》第二章记载:

> 北宫黝之养勇也,不肤桡,不目逃,思以一毫挫于人,若挞之于市朝。不受于褐宽博,亦不受于万乘之君。视刺万乘之君,若刺褐夫。无严诸侯,恶声至,必反之。孟施舍之所养勇也,曰:"视不胜犹胜也。量敌而后进,虑胜而后会,是畏三军者也。舍岂能为必胜哉?能无惧而已矣。"孟施舍似曾子,北宫黝似子夏。夫二子之勇,未知其孰贤,然而孟施舍守约也。昔者曾子谓子襄曰:"子好勇乎?吾尝闻大勇于夫子矣:自反而不缩,虽褐宽博,吾不惴焉;自反而缩,虽千万人,吾往矣。"孟施舍之守气,又不如曾子之守约也。(《孟子·公孙丑上》)

对于北宫黝和孟施舍之勇,孟子是这样看的:北宫黝的"不动心"是因为其坚勇,不因肌肤、眼睛被刺而选择躲避。在北宫黝的心目中,无比尊敬的国君和庶人一样,任何人对他施以侮辱他必还击,即使付出生命的代价也不后悔。北宫黝之勇似面对威胁时的应激反应,此"勇"不是德性的勇敢,而是完全受血气力量的驱使,不会产生道德结果。孟施舍之勇较北宫黝之勇更得要领。孟施舍之勇有"量敌"、"虑胜"成分在。当需要勇敢的时候,孟施舍会结合利用思、智。但是,孟施舍的思、智结合不等于作战时的谋略,因为孟施舍关心的既不是胜利,也不是失败,而是面对敌人时的无惧状态。对曾子与子夏对比中,朱熹言:"子夏笃信圣人,曾子反求诸己。"[1] 子夏笃信圣人所言,是躬行实践之人;曾子则言:"自反而不缩,虽褐宽博,吾不惴焉;自反而缩,虽千万人,吾往矣。"(《孟子·公孙丑上》)焦循云:"人加恶于己,己内自省,有不义不直之心,虽敌人被褐宽博一夫,不当轻惊惧之也。自省有义,虽敌家千万,我直往突之。"[2] 曾子的大勇精神是守天地之理,而非如北宫黝、孟施舍之持守气。

考虑到后文孟子论浩然之气,可推知孟子的"浩然之气"说与其"大勇"说是同一领域的话题,属于内圣之勇、德性之勇。《孟子·公孙丑上》记曰:

---

① 朱熹:《四书章句集注》,北京:中华书局2012年版,第231页。
② 焦循:《孟子正义》上,北京:中华书局2015年版,第208页。

敢问何谓"浩然之气"？曰："难言也。其为气也，至大至刚，以直养而无害，则塞于天地之间。其为气也，配义与道；无是，馁也。是集义所生者，非义袭而取之也。行有不慊于心，则馁矣。"（《孟子·公孙丑上》）

"浩然之气"是物质性的气之本体与道德性主体的整合。它至善至美，集义所生，无仁义便无浩然之气。浩然之气与"道"、"义"相配合，是自觉地"由仁义行"，在道德规范的前提下，使行为合乎道德原则。浩然之气是一种与主体意志相联系的坚毅、果敢的气概，最伟大，最刚强，充满四方，无处不在，在道德实践中显示出强大的精神力量，促使行为主体追求更高层级的价值目标。

孟子根据"勇"表现出来的行为，将把"勇"分为大勇、小勇。小勇是以血气论勇，从某种意义上讲行动是无畏的（brave），实际却没有勇敢的美德。例如：匹夫之勇、北宫黝之勇以及《荷马史诗》中描绘的人物——阿喀琉斯之勇，他们的情绪被血气和愤怒所主导，而不顾整个共同体对他们发出的请求。他们的无畏行动是由客观外在的"势"造成的，不是出于"仁"、"义"等成德之质，而是追求诸如荣誉或收益等世俗好处，或者是为了避免耻辱或痛苦。在孟子看来，这些都是"勇"的假象。小勇与个人道德人格无关，关涉公共的身份利益和地位。这种勇敢都是外在的，受客观形势左右，但是通过个人的道德修养可以加以控制，甚至可以消除。大勇则是一种德性的勇。它使人们感知危险而产生的后果，并对这种结果加以控制①，而不是强调盲目的冒险精神。在一般情况下，人们认为镇定自若、临危不惧的人比受激情驱使而冲向危险的人更高尚。先验的、良善的意志是道德行为的根据，"善的意志是人的存在所能独有的绝对价值，只有与它联系，世界的存在才有一最后目的"。②例如：有的人为了逃避贫困、痛苦而去死，并不是勇敢，而是怯懦；消防员舍己救人，在战斗中舍生取义，则是真正的勇敢，其本质在于追求人性的卓越。可见，大勇不仅表现于政治层面的安天下，而且是内圣之勇、德性之勇，植根于仁德与智慧，关注的是道德境界和人格修养。宋儒陈普言："大勇非由血气充。"朱熹则说："血气之怒不可有，理义之怒不可无。"③以理义论大勇，强调大勇不是工具性、技艺性的范畴，也不是某种特殊能力，而是贯彻以德性为业、以道德为目的，如此"大勇"才是孔孟所说的勇德。

---

① 李耶理：《孟子与阿奎那：美德理论与勇敢概念》，北京：中国社会科学出版社 2011 年版，第 133 页。

② ［德］康德：《判断力批判》，北京：中国人民大学出版社 2011 年版，第 462 页。

③ 朱熹：《四书章句集注》，北京：中华书局 2012 年版，第 216 页。

三 仁义之勇与血气之勇：荀子对儒家"勇"观念的发展

"勇"之为德，由来远矣。《尚书·仲虺之诰》载仲虺向商汤敷陈："天乃锡王勇智。"这时"勇"已被视为君主的重要品德或品性进入商朝的政治视野。《诗经·长发》歌颂成汤之德亦言："敷奏其勇，不震不动，不戁不竦。"这时的"勇"被描述为个人品德，以永保天命、敬奉"上帝"的信仰为逻辑起点。至孔、孟时，进一步将"勇"凝练为主体自身的刚毅气象。先秦儒家"殿军"的荀子论"勇"也颇有特色，既言真勇是"心之所发"，又强调在"师法之化，礼义之道"的引领下人性才能朝善的方向发展，呈现"仁礼"双彰的特点，是对孔、孟论"勇"的纠偏。

首先，荀子对儒家的"勇"观念进行了谱系学的考察，从社会政治领域出发，在立足于社会秩序理论的基础上，将人与生俱来的性情以及在追逐物质资源时所投射出的"勇"的多种面相概括为四大类，即"狗彘之勇"、"贾盗之勇"、"小人之勇"、"士君子之勇"。荀子曰：

> 有狗彘之勇者，有贾盗之勇者，有小人之勇者，有士君子之勇者。争饮食，无廉耻，不知是非，不辟死伤，不畏众强，恈恈然惟利饮食之见，是狗彘之勇也。为事利，争货财，无辞让，果敢而振，猛贪而戾，恈恈然惟利之见，是贾盗之勇也。轻死而暴，是小人之勇也。义之所在，不倾于权，不顾其利，举国而与之不为改视，重死持义而不桡，是士君子之勇也。（《荀子·荣辱》）

"狗彘之勇"勇于争食，无是非、羞耻之心，不避外在强势与死伤，唯利是图而已；"贾盗之勇"着眼于获得世俗的荣誉，勇于争财，无辞让之心，果断猛戾，贪利不惮，以追逐货财为最高目标；"小人之勇"具有某种不管不顾的特性，面对危险厄难，易受无节制愤怒的驱使。"小人之勇"建立在虚假判断的基础上，生出有见识偏差的勇敢精神，轻死、逞强、暴戾是其主要表现形式，狂妄、肆无忌惮是其特点。荀子认为这三种"勇"皆是血气之勇，受外在实存处境的影响，实际上属于勇敢的假象。这种假象表现为勇敢的行为依赖于强有力的外在血气、情绪（如愤怒），如果仅视勇敢为情绪、情感支配的行事倾向，就必然会导致不义、不当的后果，造成"贱礼义而贵勇力"的乱世。由愤怒而产生的行动不是勇敢的行为，真正勇敢的行为是基于个体良知的自我决断后所产生的合情合理的行为。

由"士君子之勇"切入荀子"勇"思想的内在逻辑结构可发现：士君子作为儒

家理想人格的典范，为解决道德困惑提供了一种非机械的抉择过程。他们在道德中执行正确的价值愿景，比任何提供评价性语言的说教更有说服力，使得万物人群各得其宜、美美与共。士君子的共同愿景是美政，实现公道、行义的社会，他们即使面临死亡危险亦坦然为之。从这个角度正视"士君子之勇"，此勇不只是个体性的道德，还是一种社会性的道德，关乎他人与社会的德性[①]，类似于李泽厚所说的社会性公德，以公共政治理性为依归而非旨在提炼以仁义为伦理的承诺和形而上的原理。

荀子意识到：通过规诫、他律制度统摄"勇"具有有限性，当社会性道德在其原则基本实现后，早已不能满足人们对人生价值、生活理想、生命意义等等安身立命、终极关怀的追求。[②] 换言之，符合美德的活动是基于对普遍原则的忠诚，它们提供了可预知的结果。但是，对君子来讲，规诫尽管重要，但并不适用于人道的昌盛，对超越于人的现实存在之上的本质存在的大多数内容都未触及。真正的美德是通过道德修养提振主体心灵的坚毅，把人生的追求指向内在的完善，依赖于品质而非原则或制度体系。

公共理性怎样才能在个体伦理义务上自觉呈现？荀子指出："上勇"论述的个体独立自主的价值和意义是仁义之勇在自由意志层面的体现。荀子扩大"勇敢"概念的内涵，认为真正的仁义之勇并不是其他美德原则的"范导"，而是个体安身立命、心灵坚毅的精神建构，是对"善本身"的追求，是个体价值、人生意义的安顿，是"一切美德中之最崇高者"[③]。荀子在《性恶》篇中又将"勇"一分为三，即"上勇"、"中勇"、"下勇"。荀子曰：

> 有上勇者，有中勇者，有下勇者。天下有中，敢直其身；先王有道，敢行其意；上不循于乱世之君，下不俗于乱世之民；仁之所在无贫穷，仁之所亡无富贵；天下知之，则欲与天下同苦乐之；天下不知之，则傀然独立天地之间而不畏：是上勇也。礼恭而意俭，大齐信焉，而轻货财；贤者敢推而尚之，不肖者敢援而废之：是中勇也。轻身而重货，恬祸而广解苟免，不恤是非然不然之情，以期胜人为意：是下勇也。（《荀子·性恶》）

"下勇"的特质是轻身重货，无思虑、是非之心，凡事以必胜为目的，即使付出

---

① [德]弗里德里希·包尔生：《伦理学体系》，北京：中国社会科学出版社1988年版，第424页。
② 李泽厚：《哲学纲要》，北京：北京大学出版社2011年版，第75页。
③ [美]保罗·蒂利希：《存在的勇气》，北京：中国轻工业出版社2018年版，第9页。

生命代价也不后悔，"北宫黝之勇"即是此类"勇"之例子。"中勇"强调在礼法等社会规范下，行正身、正人、正国家之事，强调礼法等外在社会性法则的重要性，而非行为者自觉、自愿地完善主体道德，但比受血气、激情驱使的"下勇"高尚。此类"勇"在秩序边界或是高层次德目的规导下行动。但是，在荀子看来有文有质的"上勇"才是仁义之勇，既有"与民同乐"、"与民同苦"的天下情怀担当，又有"上不循于乱世之君，下不俗于乱世之民"的君子气节、巍然独立于天地之间而不畏的风范，既有"勇"的外在道德实践，又有"勇"的内在坚毅精神，保持了道德和人格尊严的圆满性与完善性。例如：荀子本人既有"百里之国，足以独立"（《荀子·富国》）的事功抱负，更有"傀然独立天地之间而不畏"（《荀子·性恶》）的坚毅品性和超然俗世的天地境界。仁义之勇是道德理性对个体感性生命的自觉主宰，从关乎他人的德性转向关乎自我的德性，从行为力量的凝聚转向个体精神心理的凝聚，是理性的内构，同属于人的文化心理结构即人性能力[1]，是对作为行为主体的人之本质属性、圆满性的肯定。

虽然我们不清楚荀子对勇敢行为的四分法或是三分法的划分基准为何，但显然荀子是在区分"勇"和"勇德"。"勇"的概念不一定是德，很可能是"血气之勇"；"勇德"则指的是"作为美德的勇"，是"仁义之勇"。在荀子看来，追逐物质利益的"狗彘之勇"、"贾盗之勇"、"小人之勇"、"小勇"都是他所谓的"血气之勇"；"中勇"则是强调在社会秩序的归导下积极、勇敢地行事，不属于他说的"仁义之勇"；他所谓的"士君子之勇"、"上勇"才是仁义之勇，它们始终与儒家的道义担当相关涉，这种追寻与捍卫儒家道义信仰的仁义之勇才是有国家情怀和伦理责任的"大勇"。具有这种"勇"的人在面对利益、权力等名誉性追求时，能自觉地、有意识地以理制欲，以伦理道德的行道、"上勇"压制禀受于自然的生理性的"血气之勇"，着眼点不再是战胜困难、临危不惧，而是主体对道义的自信与持守，认为道义的意义大于生命本身。

接踵而来的一个问题是：如何保证行道、"上勇"的动机是善的？荀子常言："本仁义。"（《荀子·劝学》）在荀子看来，"上勇"、行道的伦理状态背后是仁义的精神活力，但此种"仁义"不是工具主义的修正作用，而是世俗主义和超越主义的统一，是道德自律概念，道义之勇是仁义之勇的表现。"仁义之勇"是因仁义的卓越而勇，这种"仁义"不只具有一般的道德伦理色彩，更是主体的自我选择和自我意志的呈现，是发扬道德人格的根源，与孟子的"富贵不能淫，贫贱不能移，威武不能屈"的大丈夫品格异曲同工。

---

[1] 李泽厚：《哲学纲要》，北京：北京大学出版社2011年版，第43页。

　　"仁义之勇"不只是一种伦理范畴的"勇德"，更是一种根源于人的心灵的坚毅力量以能够塑造独立人格的内在道德动能，从而激发出行为主体去践行道德的无穷精神力量。"仁义之勇"是作为人之"本真性存在"（authentic being）的概念，关注的是自身人格境界的提升和突破，关乎个人人格的提升，是一种关乎自己的德性。此种精神具有明显的超越性，不受现实层面的功过利害、成败荣辱等外在境遇的限制，发扬的是道德主体的绝对价值，肯定了人是其自身。"仁义之勇"使"仁"所蕴含的动力之知与"勇"所蕴藉的行动力量紧密联系，共同为道德实践服务。

第三节　轻死重义:汉儒对"勇"观念的论述

从中国古代哲学史上看,汉代儒学的一个典型特征是对义勇精神的重视,儒家的义勇精神在汉代重构政治社会秩序的过程中起到了至关重要的作用。两汉的义勇精神实际上是儒家的德性之勇在制度层面的落地。汉代刘向是对儒家义勇精神进行专门性论述的代表。

一　义勇精神:论刘向的"勇"与"公义"的关系

班固这样评价刘向:"自孔子后,缀文之士众矣,唯孟轲、孙况、董仲舒、司马迁、刘向、扬雄。此数公者,皆博物洽闻,通达古今,其言有补于世。"[1]刘向虽然在政治上并无多大建树,但在文献编纂整理上成就显著。"先秦古书甫脱烬劫,一入向笔,采撷不遗。至其正纪纲,迪教化,辨邪正,黜异端,以为汉规监者,尽在此书,兹《说苑》、《新序》之旨也。呜呼!向诚忠矣!向之书诚切矣!"[2]刘向以著述为谏,表达自己的政治意图。他的《新序·义勇》收集了大量来源于《左传》、《公羊传》、《穀梁传》、《庄子》、《荀子》、《韩非子》等百家传记关于"勇"的资料,并对它们进行生发、润色,使其主旨更加契合于自己的思想主张,"义勇"作为复合德目首次被提出。《义勇》中的君臣之义、国家公义、义利之辨、智勇美德等更是共同构建了当时社会的道德风尚。刘向在《义勇》中提出一系列的忠良之臣和才智之士并加以歌颂,如比干的直言敢谏,石奢的直,公孙杵臼、程婴的侠义,苏武的民族气节,季札的仁德和信交,子渊栖、仇牧、田卑、易甲、屈庐、王子间、庄善、陈不占、长儿子鱼、弘演等的义勇,但也对"轻死为勇"、"功成而受赏"等行为进行了批判。

在《新序·义勇》中,"义勇"首次作为复合德目被提出,"义勇"观念与广义的君臣之义有关。在家国、忠孝、公私发生冲突时,刘向的"义勇"观主张以死成

---

①《汉书》七,北京:中华书局 2011 年版,第 1972 页。

② 姚振宗:《隋书经籍志考证》,上海:上海古籍出版社 1983 年版,第 5442 页。

全公义，有"不得不"之意。但是，刘向主张的"义勇"不仅仅关乎君臣之义，更多的是强调主体意志力的理性化，是人生命意志的体现，是"三军可夺帅也，匹夫不可夺志也"的道德意志，而非简单的君臣职责。《新序·义勇》记有弘演冒着生命危险行君臣之义的故事：

> 卫懿公有臣曰弘演，远使未还。狄人攻卫，其民曰："君之所与禄位者，鹤也；所富者，宫人也。君使宫人与鹤战，呈焉能战？"遂溃而去。狄人追及懿公于荥泽，杀之，尽食其肉，独舍其肝。弘演至，报使于肝毕，呼天而号，尽哀而止。曰："臣请为表。"因自刺其腹，内懿公之肝而死。齐桓公闻之曰："卫之亡也以无道，今有臣若此，不可不存。"于是救卫于楚丘。①

狄人攻卫时，弘演当时不在场，但作为臣子，在明知于事无补的情况下，仍然以自己的方式向卫懿公复命，履行臣子之位分的责任，坚守"君君，臣臣，父父，子子"的伦理职分。弘演从容不迫、有礼有节，他所做的已经超过了对国君复命的范畴，而是对国家社稷与责任的道义担当。换言之，弘演的"大勇"观念是为国之勇，其勇德不是纯粹的只涉及个人自身的道德，而是关系伦理，是公共生活和公共服务的规范，是有益于国家、社会的德行。弘演之勇体现了他坚定的道德意志，这种道德意志是有目的的精神力量。拥有这种境界的人无论在什么情况下都不会退缩，都会勇往直前。弘演的勇敢行为是道德之知与道德之行的合一，是心灵坚毅之精神境界的实现。

以上是为了君臣之大义的比较悲壮的行事。《新序》第三章又记载了同样壮烈且也是冒着生命危险来维护君臣之义的故事：

> 宋闵公臣长万，以勇力闻。万与鲁战，师败，为鲁所获，囚之宫中；数月，归之宋。宋闵公博，妇人在侧，公谓万曰："鲁君孰与寡人美？"万曰："鲁君美。天下诸侯，唯鲁君耳，宜其为君也！"闵公矜妇人，妒因言曰："尔，鲁之囚虏尔！何知！"万怒，遂搏闵公，颊齿落于口，绝吭而死。仇牧闻君死，趋而至，遇万于门，携剑而叱之。万臂击仇牧而杀之，齿著于门阖。仇牧可谓不畏强御矣；趋臣之难，顾不旋踵。②

宋闵公之臣长万以勇力闻名，后因怒而弑杀宋闵公。宋大夫仇牧闻君死，为

---

①② 刘向著，赵仲邑注：《新序详注》，北京：中华书局 2017 年版，第 251、238 页。

了复君之仇，最后为长万所杀，死于君难。仇牧明知长万勇猛有力，双方力量悬殊，但依旧义无反顾地为君复仇。仇牧以节义而闻于世，他的义勇精神在汉代成了典范。董仲舒在《春秋繁露·王道》中云："仇牧、孔父、荀息之死节 …… 行正世之义，守拳拳之心，《春秋》嘉气义焉。"仇牧之勇之所以值得称赞，就在于其节义的精神，而这种节义的要点在于为了维护君臣之义，明知必死无疑，亦知于事无补，却不计利害，义无反顾，趋君之难。仇牧之勇真正做到了为德、为君之义，即去做让人值得称颂的事情并拒绝做让人蔑视的事情；即使是无可避免地牺牲，如人的愉悦、荣誉、地位，甚至人自身之实存，即生命的牺牲，亦为之。

《新序·义勇》第四章所记载的晏子在崔杼弑其君事件中的故事，也彰显了义勇行为，其中还涉及刘向对义利之辨的看法：

> 崔杼弑庄公，令士大夫盟者，皆脱剑而入，言不疾指不至血者死，所杀十人。次及晏子，晏子奉杯血仰天叹曰："恶乎崔子，将为无道，杀其君。"盟者皆视之。崔杼谓晏子曰："子与我，我与子分国；子不吾与，吾将杀子。直兵将推之，曲兵将勾之，唯子图之。"晏子曰："婴闻回以利而背其君者，非仁也；劫以刃而失其志者，非勇也。"[1]

在此，刘向从君臣之义的角度，对崔杼杀庄公以及晏子的行事进行了详细的论述。崔杼杀庄公后，要挟士大夫盟誓与其为伍。到晏子盟誓时，面对崔杼刀横于颈，晏婴毅然直指其恶，认为崔杼因利弑其君，大逆不道，是不仁之人。晏子直指崔杼之恶，指出为了利益而违背君主是不仁，因生命受到威胁而失去志向是非勇。这表现了晏子宁死也不失其志的道德精神，恪守食其禄者死其难，其言其行唯仁义之所在。晏子还强调：在面对威逼利诱时丧其意志的人不是真正的勇士。晏婴的行事展现了他不卑不亢的大义凛然之风，"众而无义，强而无礼，好勇而恶贤者，祸必及其身"。[2]

毫无疑问，晏婴之勇是忠义之勇，不仅忠于君主，更是忠于国家和社稷，恪守社稷之臣的角色伦理。晏婴在道德行为上不仅注重外在的道德规范，如礼法所规定的君臣之序，而且强调将外在规范内化为自我的德行，保持独立的人格。晏婴的无畏精神已经超越社会道德范畴，呈现了主体内在的坚毅品性，是孟子所说的"虽千万人，吾往矣"的大丈夫气概，也是荀子所言的"傀然独立天地之间而不

---

① 刘向著，赵仲邑注：《新序详注》，北京：中华书局 2017 年版，第 240 页。
②《晏子春秋》，北京：中华书局 2015 年版，第 79 页。

畏"的精神气魄。

通过以上材料，我们可以看到：发现申包胥、晏子、仇牧所维护的"义"主要是君臣之义，主体皆是积极主动行事，他们的"勇"都表现在"以死相期"，他们所要守护的"义"主要是君臣之义 [1]，但他们期死也要维护道义的精神又超越了君臣之义。换言之，申包胥、晏子、仇牧的行事已经超越了君臣的职分和伦理，已经不单是对君臣外在规范的履行，而且是对自我创生的道德法则的遵守，是对高尚的道德精神的追求，求一己内心之所安。同时，从生存方式的角度看，当政治形势和自己的信念或伦理原则发生冲突，主体一般采取殉道的刚毅方式，他们认为赴死的意愿是同勇敢联系在一起的，体现的是意志的坚定不移。

以上义勇叙事的记载，涉及主体行勇之事的为国、为社稷面相，旨在维护公共利益和公共秩序。但是，个体在行勇之事时也会涉及个人的亲情、家孝等问题，于是"勇"在亲情、家孝二者之间便呈现出张力。那么，如何处理公德和私德两个道德统一体之间的问题呢？《新序·义勇》记载了卞庄子在为国作战和为母尽孝的两难困境中的抉择：

> 卞庄子好勇，养母，战而三北，交游非之，国君辱之，及母死三年，齐与鲁战，卞庄子请从，见于鲁将军曰："初与母处，是以三北，今母死，请塞责而神有所归。"遂赴敌，役一甲首而献之。曰："此塞一北。"又入，获一甲首而献之。曰："此塞再北。"又入，获一甲首而献之。曰："此塞三北。"将军曰："毋没尔家，宜止之，请为兄弟。"庄子曰："三北以养母也，是子道也，今士节小具而塞责矣。吾闻之节士不以辱生。"遂反敌杀十人而死。君子曰："三北已塞责，灭世断宗，于孝未终也。" [2]

卞庄子因母尚在，曾三战三逃。但是，当母亲去世之后，卞庄子全心应战，英勇杀敌，三获敌首。鲁将军劝他"毋没尔家，宜止之"，认为斩杀敌首是小节，应保存生命，防止使家族无后的不孝。卞庄子之勇便涉及家国、忠孝的关系问题，他好勇、重孝。在刘向看来，卞庄子面临忠孝、家国两难的处境，如何选择是卞庄子考虑的实际问题。儒家一直强调人的终极存在不在个体，而在真切的人际关系，即家关系。家庭是人的生存单元，"身体发肤，受之父母，不敢毁伤，孝之始也"（《孝经·开宗明义章》）。家的真正意义在其立于天地之间，显露出亲亲之爱，这

---

[1] 陈乔见：《春秋时代的义勇观念及其道德精神》，载《哲学动态》2018 年第 10 期。

[2] 刘向著，赵仲邑注：《新序详注》，北京：中华书局 2017 年版，第 254 页。

种大爱可以让人摆脱利害和因果算计关系。卞庄子在两难处境仍选择"吾闻之节士不以辱生",奋勇杀敌,直至死亡。自古忠孝两难全,儒家士大夫一般选择为国尽忠、期死的悲剧方式,实现以忠全孝。但是,在何种情况下进行忠与孝的理性选择,必须结合具体的道德语境。

《新序·义勇》的全义思想强调主体不回避、不逃跑、以期死心处之的决心和态度,即使认识到有生命危险亦坚定为之。这种全义思想倡导用道义来加以约束"勇",避免不合仁义道德的蛮者之勇。刘向曾对不义之勇进行评价:"士君子之有勇而果于行者,不以立节行义,而以妄死非名,岂不痛哉!"(《说苑·立节》)在刘向看来,行义绝不等于妄死,但行义包含了主体期死的决心。不过,刘向对能做到"杀身以成仁,触害以立义"的人给予了高度评价。刘向对《义勇》中"义"、"节"的强调,明显是和《论语》相同的,如《论语》说的"仁者必有勇,勇者不必有仁"(《论语·宪问》)、"见义不为,无勇也"(《论语·为政》),皆彰显了在家国、公私、情礼关系中行事者往往会选择"义"的行事方式,甚至绝情尚义,以自杀的刚烈方式将"义"置于至高无上的地位,以公义作为人生存的基础。

但是,我们必须注意到一个问题:公义的践行是以私德作为基础,不能因为发扬公义而忽略或废弃私德。刘向在《新序·义勇》中多次谈到的"刚烈以显其义"的做法未必符合儒家的生命观。也就是说,一个人处在公私两难之境坚守公义之旨,强调的是义务感的重要性。这种满怀义务地履行道德要求之举无疑是高尚的,但这种"义务"若含有不加分辨、不容置疑的心理情结,那么这些道德实践就是外在的理由,而非行为者内心的道德理由。诚如当代美德伦理学在对规则伦理学的批评中指出:有的行为,尤其是在一些棘手的道德困境中,都很难说所选行为是"正确的"或者是"错误的"。即便是所谓"正确"的选择,也可能会产生诸如遗憾、懊悔、内疚等道德剩余物。[1]

二 死义气节:汉代社会的气节文化

气节和名节是儒家知识分子精神生命的体现,这在汉代达到了新高度。董仲舒说:"故变天地之位,正阴阳之序,直行其道而不忘其难,义之至也。"(《春秋繁露·精华》)"贤死义。"(《春秋繁露·玉英》)刘向言:"义死不避斧钺之罪,义穷不受轩冕之服。无义而生,不仁而富,不如烹。"(《新序·义勇》)董仲舒和

---

[1] [新西兰]罗萨琳德·赫斯特豪斯:《美德伦理学》,南京:译林出版社2016年版,第48—54页。

刘向的言论体现了对气节操守、死义精神的重视。他们认为：无论在多么艰难的困境中，都应该保有君子气节，要有"临大节而不可夺"的无惧气魄。汉代士大夫的气节操守是集义所生，至大至刚，虽是以期死为决心，但在整个行为过程中体现的是从容不迫、无所畏惧的正义行为，是对儒家德性之勇的诠释和践行。此后，汉代的气节观也被历代知识分子奉为圭臬，激励着儒家知识分子为正义事业而英勇奋斗。本节主要面向儒家"勇"观念对汉代士人气节践行的影响，能促使儒家自觉地将气节提升到儒者生命高度的，一定是以仁义为根源的德性之勇，而非莽撞、情绪化的血气之勇。

汉代逐渐形成了侠气张扬的婞直之风，这种士风精神是和儒家的狂狷精神相联结的。汉代独尊儒术，使孔子提出的狂者精神获得新的发挥，狂狷精神甚至成为士大夫立身行事的准则。在面临义与利、身与仁、生与死的激烈冲突时，这种狂直精神鼓励主体以生命去维护道德理想和道德原则，彰显出轻死重节的精神气象和人格特质。

儒家讲持义守道，强调士人对于义与道的坚守，以此来实现自我德性的完善。尤其在朝纲崩坏时，会出现更多轻死、守气、重节之士。《后汉书》的作者范晔专门设"独行列传"，记载了谯玄、李业、刘茂、温序等直言狂佯的人物：

> 孔子曰："与其不得中庸，必也狂狷乎！"又云："狂者进取，狷者有所不为也。"此盖失于周全之道，而取诸偏至之端者也。然则有所不为，亦将有所必为者矣；既云进取，亦将有所不取者矣。如此，性尚分流，为否异适矣。
>
> 中世偏行一介之夫，能成名立方者，盖亦众也。或志刚金石，而克扞于强御。或意严冬霜，而甘心于小谅。亦有结朋协好，幽明共心；蹈义陵险，死生等节。虽事非通圆，良其风轨有足怀者。而情迹殊杂，难为条品；片辞特趣，不足区别。措之则事或有遗，载之则贯序无统。以其名体虽殊，而操行俱绝，故总为《独行篇》焉。庶备诸阙文，纪志漏脱云尔。[1]

在议论的开头，范晔直接以儒家孔子的狂狷精神来解释汉代士人的节气之风。《论语·子路》记载："不得中行而与之，必也狂狷乎！狂者进取，狷者有所不为也。"君子是儒家的理想人格，是毕生追求的道德实践目标，但对普通人来讲，

---

[1]《后汉书》九，北京：中华书局 2011 年版，第 2665—2666 页。

完满君子人格的实现时间长久且艰难，因此儒家认为狂狷人格也是值得提倡的。狂者刚毅进取，奋勇前进；狷者有所不为，退守淡泊：这两者是两汉士大夫的独特精神气质。虽然范晔认为狂者和狷者是"失于周全之道，而取诸偏至之端者也"，是人格的两个极端面相，但"狂者"进取必有所不取，"狷者"有所不为必有所为。狂狷之士蹈义凌险，死生等节，为一个"义"而不屈不挠，严格如山，刚正不阿。他们以德性大勇为目标，在生与义相冲突时作出正确的选择，从而守住自己的气节，大义凛然，意志坚定，呈现出狂者之勇气。

狂士的德性之勇是儒家重义轻利精神的体现。他们重道义，轻利益，坚持舍生取义的人格目标，一切行为皆唯义所在。董仲舒曾说："《春秋》贤死义，且得众心也，故为讳灭。以为之讳，见其贤之也。以其贤之也，见其中仁义也。"（《春秋繁露·玉英》）逐利是人的本能欲望，是人的固有本性。当利、义二者冲突时，则应择义。利是养人身体口腹之欲的，而义是养人心的。士大夫要深刻认识到自己担负的责任和关键作用，"正其谊不谋其利，明其道不计其功"。[1] 换而言之，儒家对狂者之勇和气节的赞扬，实际上是肯定他们对仁义、德性等精神价值的坚守。这种纯任仁义而不被外物役使、坚定仁义德性、无所畏惧、独立不迁的人格精神，是对先秦儒家道义之勇的继承和发展。

汉代士大夫遵从道义，身体力行，坚守气节，以一种知其不可而为之的热忱来维护、实现儒家的道义，体现了以身殉道的大无畏精神。但是，士大夫的道义之勇、狂直精神并非不讲任何谋略、智慧等权变因素的莽撞，而是具有理性的智慧因素。汉武帝时期的东方朔就是集智、勇为一体的典范。《汉书》记载："臣朔年二十二，长九尺三寸，目若悬珠，齿若编贝，勇若孟贲，捷若庆忌，廉若鲍叔，信若尾生。若此，可以为天子大臣矣。臣朔昧死再拜以闻。"[2] 东方朔是汉武帝的谋士，还是勇若孟贲之人。当看到武帝在生活上奢靡、挥霍时，他直言进谏，提醒国君要以仁义为本，体恤民生。但是，东方朔直到死的时候才向皇帝提出自己积蓄已久的建议："愿陛下远巧佞，退谗言。"[3] 东方朔集勇、智、仁于一身，坚守儒家道义、德性立场，同时也以理性智慧对道德行为进行指导。

总之，汉代士大夫轻死重节的德性之勇是以仁义、道义为精神支撑的，这种仁义、道义精神扎根于士大夫的内心世界，在他们毫不畏惧的勇敢行动中充当价

---

①《汉书》八，北京：中华书局 2011 年版，第 2524 页。
②《汉书》九，北京：中华书局 2011 年版，第 2841 页。
③《史记》一〇，北京：中华书局 2011 年版，第 3208 页。

值导向的作用。也就是说，士大夫的狂者之勇是以仁义精神为枢纽和主宰的，仁义、道义是孕育身心精神的生命之核。没有仁义、道义精神的"勇"是匹夫之勇、莽撞之勇，非儒家提倡的狂者之勇。狂者之勇呈现出道德主体的卓越面相，这对两汉士人阶层甚至当时整个社会风尚产生了深远的影响。《后汉书》记载：

> 及汉祖杖剑，武夫勃兴，宪令宽赊，文礼简阔，绪余四豪之烈，人怀陵上之心，轻死重气，怨惠必仇，令行私庭，权移匹庶，任侠之方，成其俗矣……至王莽专伪，终于篡国，忠义之流，耻见缨绋，遂乃荣华丘壑，甘足枯槁。虽中兴在运，汉德重开，而保身怀方，弥相慕袭，去就之节，重于时矣。逮桓灵之间，主荒政缪，国命委于阉寺，士子羞与为伍，故匹夫抗愤，处士横议，遂乃激扬名声，互相题拂，品核公卿，裁量执政，婞直之风，于斯行矣。①

西汉兴起的重名节之风，至东汉更甚。两汉士大夫的狂直精神令人感叹，他们即使付出生命的代价，也敢于抗愤、激扬名声。这种气节背后是坚韧不拔的信心，不是单纯的理智能解释的，气节和名节背后是仁义之精神的主宰。这种气节是孟子所说的浩然之气，是荀子的独立天地而不畏之节。正是有这种气节，刘宗周才能以身殉道，文天祥才有慷慨激昂的《正气歌》。这种气节、正气的背后是道德精神的绝对自由。

张君劢曾撰文专述气节。他认为：气节是中华民族精神的根基，是康德所言的实践理性。气节是由理性、信心、殉道精神构成的统一体②，是对仁者不忧、智者不惑、勇者不惧之义的扩充。儒家重视气节，此绝非一意孤行、独断，只任血气莽撞，而是顶天立地的仁义之精神，实属《晋书》所说的"是知陨节苟合其宜，义夫岂吝其没；捐躯若得其所，烈士不爱其存。故能守铁石之深衷，厉松筠之雅操，见贞心于岁暮，标劲节于严风，赴鼎镬其如归，履危亡而不顾，书名竹帛，画象丹青，前史以为美谈，后来仰其徽烈者也"。③士人宁愿终结其生命，也要完成对气节的坚守，追求道德情操、道德生活的完满。一言以蔽之，在个人的道德人格塑造中，气节所扮演的角色是给道德主体培养一种坚毅的道德实践品格，有利于主体能够在道德实践中坚持自身的道德原则，引发个体强烈的对自我道德尊严的

---

①《后汉书》八，北京：中华书局 2011 年版，第 2184—2185 页。

② 张君劢：《中西印哲学文集》（上），中国台北：台湾学生书局 1981 年版，第 599 页。

③《晋书》八，北京：中华书局 2011 年版，第 2297 页。

维护精神,捍卫个体道德的底线。①

汉代知识分子对儒家死义精神的勇敢实践蔚成名士气节。尤其是以东汉党人为代表的清流士大夫,他们的气节践行在历史上占据着重要地位。之所以能占据重要地位,是因为有大量的知识分子、名节之士本着公心挽救摇摇欲坠的王朝,置生死、贫富、贵贱、安危于不顾,绳绳相继,在大一统专制政治中,在政治的极端黑暗中,做出各种不屈抗争,不折以正道,明君子之所守的道德实践。东汉党人面临来自专制下外戚、宦官的双重压力,仍然坚守抗争不屈的坚毅名节,这种不屈的节义精神是对儒家道义之勇、德性之勇的践行。

自古以来的气节之士无不以勇见于世人。赵翼在《廿二史札记》中对东汉党人的气节精神高度赞扬,说:"盖其时宦官之为民害最烈,天下无不欲食其肉,而东汉士大夫以气节相尚,故各奋死与之撑拄,虽湛宗灭族,有不顾焉。"②本节主要论述党锢士人群体对儒家"大勇"精神的践行,他们使儒家的"大勇"精神从道德直觉走向身体行动,最终走向"即行而德在"。"三君"、"八俊"、"八顾"、"八及"、"八厨"等党士名人将儒家的德性之勇推向了无以复加的极致。

在整个汉代封建社会中,士大夫阶层的发展主要承受着两方面的压力:一是皇权不断加强带来的压力;二是独尊儒术以后,以儒学取士,导致士大夫阶层逐渐扩大而带来的压力。尤其是东汉的建立,士大夫起了决定性的作用。换而言之,随着士大夫阶层的扩大,他们需要更多的政治权力去实现儒家的理想政治,士族已经具有了强大的政治和道义力量。但是,皇权本身是至高无上的。这使得皇权和士大夫阶层的冲突越来越大,彼此之间互相争夺、互相防范。金春峰说:"皇权既是至高无上的,又是极端孤立的。皇权是社会上特别是地主阶级中各种势力、集团觊觎争夺的对象。因此皇权的实际行使,需要在整个地主阶级中,找到一个最忠实于它的势力和集团。它依赖这个集团,把权力委托它,同时也把财富、名誉地位赠送给它,使它成为统治阶级中的特权集团。一旦失去了这个集团的支持和忠心,皇帝变成了孤家寡人,皇权就要没落,统治危机就要发生了。"③这时,对东汉皇权来说,皇帝能依靠的力量就是外戚和宦官,尤其是宦官,他们是皇帝最放心、最亲近的政治势力。皇帝依靠宦官,并非仅仅因为皇帝年幼无能,更多的是由外戚与皇权斗争的政治格局决定的,是皇帝本人的自觉选择。"宦官外戚集团是宫廷势力及王权的代表者,他们与党人的斗争在一定意义上反映了

---

① 肖群忠、张英:《先秦儒家气节观及其现代意义》,载《深圳大学学报(人文社会科学版)》2007年第5期。

② 赵翼著,王树民校正:《廿二史劄记校证》,北京:中华书局2013年版,第114页。

③ 金春峰:《汉代思想史》,北京:中国社会科学出版社1987年版,第592页。

中央王权与地方势力的对立。"①宦官与士大夫的冲突愈演愈烈。《后汉书》就记载了朱穆诛杀宦官之事：

> 太学书生刘陶等数千人诣阙上书讼穆曰："伏见施刑徒朱穆，处公忧国，拜州之日，志清奸恶。诚以常侍贵宠，父兄子弟布在州郡，竞为虎狼，噬食小人，故穆张理天纲，补缀漏目，罗取残祸，以塞天意……当今中官近习，窃持国柄，手握王爵，口含天宪。"②

朱穆被认为是忧国清奸恶之人。他憎恨宦官势力，对宦官"窃持国柄，手握王爵，口衔天宪"的行为非常不满，诛杀了在地方任职的宦官。但是，士大夫和儒生上书皇帝给皇帝施压的行为也导致了皇权和士大夫之间的冲突加剧。

桓帝时期更是重用"五侯"，宦官势力愈来愈大，宦官和士大夫的关系也更加紧张，从而导致了忠谏的李云和杜众之死。汉桓帝以中常侍单超等五人诛杀梁冀有功，封其为"五侯"。李云则上书曰："臣闻皇后天下母，德配坤灵，得其人则五氏来备，不得其人则地动摇宫。比年灾异，可谓多矣，皇天之戒，可谓至矣……班功行赏，宜应其实。梁冀虽持权专擅，虐流天下，今以罪行诛，犹召家臣扼杀之耳。而猥封谋臣万户以上，高祖闻之，得无见非？西北列将，得无解体？……今官位错乱，小人谄进，财货公行，政化日损，尺一拜用不经御省。是帝欲不谛乎？"③李云上书，言辞激烈，甚至通过天人感应说，指称灾异是皇天对皇帝的警戒，有对皇帝进行人身攻击之嫌。当时杜众以忠谏上书，愿同李云一起死，最终导致"帝愈怒"，李云、杜众死在狱中。李云、杜众是正直的士人，他们以儒家的道义为原则，为了坚守道义精神，呈现出不屈不挠、勇敢无畏的姿态，在当时的官场政治中激浊扬清、针砭流俗，彰显了汉代士大夫慷慨激昂、张扬救世的情怀。

对儒家知识分子来讲，他们追求的是"仕而优则学，学而优则仕"的家国情怀。他们在从政生涯中，展现出孟子所说的以德抗位、以道抗势的形象。虽然儒家士人知道个体能力的有限性，但这丝毫不影响他们对道义的追求，在性与命的冲突中，从根本上坚守道义，不为外界的利益、权势所动摇。法国雨果在《悲惨世界》中说："做一个圣人，那是特殊情形；做一个正直的人，那却是为人之正轨。"④

---

① 唐长孺：《魏晋南北朝隋唐史三论》，北京：中华书局 2011 年版，第 46 页。
②《后汉书》六，北京：中华书局 2011 年版，第 1470—1471 页。
③《后汉书》七，北京：中华书局 2011 年版，第 1851—1852 页。
④［法］雨果：《悲惨世界》一，北京：人民文学出版社 1958 年版，第 18 页。

东汉士大夫李膺就是如此正直且敢于蔑视皇权之人。宦官张让之弟张朔贪残无道,李膺知道后,率吏卒杀之。后皇帝召见李膺,李膺说:"昔晋文公执卫成公归于京师,《春秋》是焉。《礼》云公族有罪,虽曰宥之,有司执宪不从。昔仲尼为鲁司寇,七日而诛少正卯。今臣到官已积一旬,私惧以稽留为愆,不意获速疾之罪。诚自知衅责,死不旋踵,特乞留五日,克殄元恶,退就鼎镬,始生之愿也。"①帝无复言。李膺以孔子诛少正卯为例,谏诤桓帝,彰显了守正不挠、不畏强御的精神,受到当时士人的称赞。

宦官与士大夫之间的矛盾最终酿成了党锢之祸。《后汉书》记载:

> 时河内张成善说风角,推占当赦,遂教子杀人。李膺为河南尹,督促收捕,既而逢宥获免,膺愈怀愤疾,竟案杀之。初,成以方伎交通宦官,帝亦颇讶其占。成弟子牢修因上书诬告膺等养太学游士,交结诸郡生徒,更相驱驰,共为部党,诽讪朝廷,疑乱风俗。于是天子震怒,班下郡国,逮捕党人,布告天下,使同忿疾,遂收执膺等。②

第一次党锢之祸的起因是李膺杀了张成的儿子,但由于张成的背后是宦官、皇权,于是统治者迫不及待地大举收捕诛杀士大夫。但是,真正让皇帝震怒的并非李膺杀了张成的儿子,而是士大夫在当时形成的党派力量。因为在党锢之祸之前,士大夫和一些太学生已经形成了强大的政治力量,不畏强御,抨击朝廷,导致士大夫阶层与皇权的冲突一触即发。王充在《论衡·量知篇》中说:"儒生不习于职,长于匡救,将相倾侧,谏难不惧……儒生学大义,以道事将,不可则止。有大臣之志,以经勉为公正之操,敢言者也,位又疏远。"汉代士大夫和儒生们在党锢之祸中,以浩然之气犯颜直谏,痛斥阉党,即使牺牲性命,也要发扬名节和道义。他们从容赴死,悲壮的精神可歌可泣,是对儒家"大勇"、德性之勇的践行。他们用刚烈的行动告诉人们:真正的儒家"大勇"是道义之知和道义之能的统一。换言之,党锢知识分子蔑视、鄙视皇权和宦官的权势,在追求道义的过程中显示出自己清高、正义、不苟权贵的品质,这些品质就是儒家的"大勇"精神。

"在第一次党锢之祸以后,空前残酷的镇压不仅没有使这般抗议批评浪潮消失,相反,范围更为扩大,显示出空前强大的舆论和道义力量。"③桓帝崩后,宦官将自己作为皇帝左右手的作用发挥到极致,发动了第二次党锢之祸:

---

① ②《后汉书》八,北京:中华书局 2011 年版,第 2194、2187 页。
③ 金春峰:《汉代思想史》,北京:中国社会科学出版社 1987 年版,第 607 页。

张俭乡人朱并，承望中常侍侯览意旨，上书告俭与同乡二十四人别相署号，共为部党，图危社稷。以俭及檀彬、褚凤、张肃、薛兰、冯禧、魏玄、徐乾为"八俊"，田林、张隐、刘表、薛郁、王访、刘祗、宣靖、公绪恭为"八顾"，朱楷、田槃、疎耽、薛敦、宋布、唐龙、嬴咨、宣褒为"八及"，刻石立墠，共为部党，而俭为之魁。灵帝诏刊章捕俭等。大长秋曹节因此讽有司奏捕前党故司空虞放、太仆杜密、长乐少府李膺、司隶校尉朱寓、颍川太守巴肃、沛相荀翌、河内太守魏朗、山阳太守翟超、任城相刘儒、太尉掾范滂等百余人，皆死狱中。余或先殁不及，或亡命获免。自此诸为怨隙者，因相陷害，睚眦之忿，滥入党中。又州郡承旨，或有未尝交关，亦离祸毒。其死徙废禁者，六七百人。[①]

在第二次党锢之祸中，一些知识分子获得了"三君"、"八俊"、"八顾"、"八及"、"八厨"的美称。如前文提到的李膺就是"八俊"之一，诛杀宦官张让之弟张朔，威震禁内。又如太学生领袖郭林宗刚毅正直，贞不绝俗，是处士横议的典型。在汉末官场中，这些知识分子致力于政治善良，追求光明，代表着汉政权的理想和希望。但是，在第二次党锢之祸中，这些追求道义、耿直有志的知识分子受到杀戮和残害，大部分死于非命。

值得一提的是：在党锢之祸中，面对皇权与宦官的专权时，党锢之士以社稷为念、不惧死亡、英勇斗争的精神值得提倡。他们依仁蹈义、舍命不渝的气节和轻死重节、不爱其躯的尸谏之勇是儒家所肯定的"大勇"。换言之，姑且不论"义"之正或不正，至少在舍生取义、自我牺牲的英雄主义人格和行为方式上，党锢之士是高尚的。正如葛兆光所说："东汉士大夫中所崇尚的理想人格与道德精神，在普遍的政治权力压迫下，与世俗的卑琐人格与实精神对抗。"[②]党锢之士从维护国家秩序出发，坚定持守道义原则，这正是孟子所说的大丈夫品格，是对儒家所讲的"行义以达道"的践行。他们对道义的勇于追求和在意志上的坚韧不屈，构成了儒家完美人格的要素。

（三）勇于复仇：汉代复仇之风与礼法的关系

复仇之风在汉代是普遍的社会现象。司马迁高度赞扬复仇之风，他的《史记》

---

① 《后汉书》八，北京：中华书局 2011 年版，第 2188 页。
② 葛兆光：《中国思想史》第 1 卷，上海：复旦大学出版社 2001 年版，第 310 页。

尤其是游侠列传和刺客列传中就充满了强烈的复仇精神。尽管随着汉王朝大一统国家的建立，法律掌握着对人的生杀大权，个人的复仇行为逐渐被法律禁止，但汉代的文人们却对复仇体现的勇敢精神大肆歌颂。由此引发出一个问题：汉代复仇文化不可避免地面临现实法律与复仇行为的冲突，即伦理规范与复仇行为之间存在着张力。换言之，汉代文人们讴歌的是怎样的复仇观？他们对极端的复仇行为又持有怎样的态度？我们在这里聚焦于汉代的复仇行为，探究儒家"勇"精神对主体复仇行为的影响以及这种复仇之勇在哪些情境中是具有伦理学维度、值得讴歌的行为。

汉代公羊家对经典中复仇行为的弘扬大大影响了汉代社会。西汉末年的鲍宣就曾提及当时百姓有所谓的"七亡"、"七死"，其中"怨仇相残，五死也"①，可见汉代复仇之风非常盛行。儒家对宗法伦理、血缘关系的强调又使得复仇风气得到了进一步的肯定和宣扬。但是，汉代的复仇之勇亦有不少因应客观现实而凸显出的新议题，如复仇与忠孝、礼法的张力问题。

汉代的复仇是以血亲关系为核心的复仇，其中为父报仇是最主要的，也最为普遍。典型代表是赵娥为父赵安复仇。作为复仇者，她也成为汉末家喻户晓的人物。

> 初，淯外祖父赵安为同县李寿所杀，淯舅兄弟三人同时病死，寿家喜。淯母娥自伤父仇不报，乃帏车袖剑，白日刺寿于都亭前，讫，徐诣县，颜色不变，曰："父仇已报，请受戮。"禄福长尹嘉解印绶纵娥，娥不肯去，遂强载还家。会赦得免，州郡叹贵，刊石表闾。②

赵娥的复仇是当时无数复仇事件中最为惊心动魄的一幕。赵娥虽是一介女流，但在为父亲报仇、雪三弟之永恨的行为中，坚决果决，毫无惧色，闻之者皆称其大义。此行为非但没受到法律的严惩，还得到了赦免，甚至当时州郡之长官为其刊石立碑，显其门闾。赵娥是个有胆量的勇者。她不怕困难，不畏艰险，即使失去生命，亦不动摇为父报仇的决心，其勇可钦。此精神之所以备受时人的称赞，就在于赵娥之勇是对血亲关系的自然情感、保护家族的使命的践行。赵娥为父报仇体现了汉代宣扬的亲亲至上的伦理思想，契合汉代以亲亲为一切人域秩序建构的根本原则，亲亲是主体具体行为一以贯之的枢纽。赵娥的勇于复仇绝非

①《汉书》一〇，北京：中华书局 2011 年版，第 3088 页。
②《三国志》二，北京：中华书局 2011 年版，第 548 页。

不加思考和判断的血气之勇，而是以"孝"伦理作为勇敢行为的价值导向，也即勇敢行为必须建立在"孝"的义理基础上，才具有道德性。赵娥的复仇行为与儒家强调的血亲伦理之"孝"是相互亲和的，这种亲和在汉代被放大到极致。

类似赵娥为血亲复仇的例子在汉代有很多。例如：汉武帝时，有个睢阳人叫类犴反，有人曾经侮辱过他的父亲，这人和淮阳太守的门客同车外出。门客下车离开后，类犴反就在车上杀掉他的仇人后离去。这种以义复仇、手刃仇家的行为成为当时社会的美谈。

汉代孝子孝女的复仇之勇值得赞誉，是和汉王朝重孝道的伦理规范相符合的，也即"汉代的复仇问题，不论从忠孝观的角度或是从礼法冲突的立场来看，均与汉朝提倡忠孝的大背景有密不可分的关系"。[1]汉王朝实行"以孝治天下"的治国方略，董仲舒在《春秋繁露·为人者天》中说"孝弟者，所以安百姓也"，揭示出"孝"在稳定天下秩序中的功效。东汉时期，更是天下诵读《孝经》，"孝"渗透在人生活中的方方面面。汉王朝对"孝"的弘扬，使得以"孝"为价值原则的复仇之勇具有合理性。汉儒并不反对复仇，只不过汉儒强调复仇情感必须生发于对血亲的恩痛，在"孝"伦理范围内行使。可见，儒家的亲亲原则是汉代复仇制度的伦理基础。

《礼记·檀弓上》记载有子夏与孔子讨论如何对待父母之仇一事。"子夏问于孔子曰：居父母之仇如之何？夫子曰：寝苫，枕干，不仕，弗与共天下也。遇诸市朝，不反兵而斗。"孔子主张为了报父母之仇，要不分日夜，常备兵器在身，即使在公共场合遇到仇人，也可以拔出兵刃，斗杀仇人，为父母报仇。《公羊传·隐公十一年》又曰："君弑，臣不讨贼，非臣也。子不复仇，非子也。"复仇是尽孝的表现。换言之，复仇之勇的合理性在于其主导动机是尽孝。例如：汉章帝时期有孝子为父杀人，汉章帝为其免去死刑，宽大处理。

"儒家将作为原始心态孑遗和个体情感冲动的复仇意识与传统宗法制度相结合，赋予复仇以亲情道德伦理内核和肯定性的道德评价 …… 使复仇者赢得了合法的道义依据。"[2]可见，儒家复仇观的第一要义是彰显亲子关系、特别是孝道的原发地位，即"孝"原则是该时期复仇之勇的道德准则。虽然当政者强调以孝治天下，容许为血亲复仇，但这必须限制在不与统治权力相冲突时，若牵涉谋反、大逆、谋叛等罪则不得适用，体现了法不可侮、理不容亏的调和原则。

从法律的角度而言，杀人者受到惩罚是自然之理，但从儒家经义所阐述的伦

---

① 林素娟：《汉代复仇议题所凸显的君臣关系及忠孝观念》，载《成大中文学报》2005年第12期。
② 朱岚：《中国传统孝道思想发展史》，北京：国家行政学院出版社2011年版，第258页。

理道德而言,子报父仇是天经地义的,因此两者针锋相对,似乎难以调和。孝道和法律是古代统治者治理国家的两种途径,但复仇行为一开始就有以私废公之嫌,与公权力之间形成张力,过度地提倡复仇行为势必会使其在某些情况下与公共层面的政治权利和政治秩序发生冲突。大一统的君主绝不允许也不能忍受公权力受到挑战,因此在奖励孝行和法令禁止复仇间就造成了张力。前文所述的赵娥为报仇杀死李寿,在官府愿意释放她的情况下,执意不肯贪生以负朝廷,说明礼与法的冲突问题开始凸显,可见复仇之勇体现了孝亲之情和法律严肃性的冲突。

桓谭就对复仇现象提出了批评,认为复仇带来的冤冤相报何时了的处境很可能会造成灭户的情况,仇怨应该交给国家法律处置,而不是再结交私仇:

> 今人相杀伤,虽已伏法,而私结怨仇,子孙相报,后忿深前,至于灭户殄业,而俗称豪健,故虽有怯弱,犹勉而行之,此为听人自理而无复法禁者也。今宜申明旧令,若已伏官诛而私相伤杀者,虽一身逃亡,皆徙家属于边,其相伤者,加常二等,不得雇山赎罪。如此,则仇怨自解,盗贼息矣。[①]

儒家与政治合作,不可避免会有一些儒者为政治的稳定做辩护。桓谭、荀悦都是其中的代表。桓谭注意到了孝亲和法律的冲突,认为纵容百姓私自报仇会导致其子孙无法完成孝道的悲剧,主张用法律来解决私人之间的仇怨。东汉荀悦作为统治阶层的代表也否定了复仇行为的合理性。他认为复仇是古义,现今不可复仇:"'纵复仇,可乎?'曰:'不可。'曰:'然则如之何?'曰:'有纵有禁,有生有杀。制之以义,断之以法,是谓义法并立。'曰:'何谓也?'曰:'依古复仇之科,使父仇避诸异州千里,兄弟之仇避诸异郡五百里,从父、从兄弟之仇避诸异县百里。弗避而报者,无罪。避而报之,杀。犯王禁者,罪也;复仇者,义也,以义报罪。从王制,顺也;犯制,逆也,以逆、顺生杀之。凡以公命行止者,不为弗避。'"[②]可见,荀悦认为复仇必须符合社会公义即法律规范,若违背法律规范就是悖逆,道德的砝码偏置于法律的天平之上,其失衡也就不可避免。这里明显可以看到汉代复仇文化与政治统治之间的张力越来越大。

汉代以后的历朝都对复仇行为有过禁止。例如:曹操、魏文帝、梁武帝都曾诏令禁止复仇。魏律对于复仇的处罚重至诛族。北魏律对于复仇者的处罚更严

---

①《后汉书》四,北京:中华书局 2011 年版,第 958 页。

②荀悦撰,黄省曾注:《申鉴注校补》,北京:中华书局 2012 年版,第 72 页。

酷，可诛及宗族和邻伍。换言之，在复仇之勇中，"因为世俗的褒扬，生性怯懦的人迫于社会压力也只能勉力复仇，法律的尊严也受到损害，因此必须严厉禁止私相复仇行为产生。复仇者即使自己已经逃亡，其家族成员也要受到徙边的惩罚"。①

汉代，随着法律儒家化的发展，儒家的某些价值观直接在法律中呈现出来。尽管个人的复仇之勇体现了儒家的孝道，但复仇行为不可避免地助长了人们的偏执和迷狂，为国家审判裁决、政治权威带来挑战，造成了国家公权力和私人伦理之间的冲突。

从情感的角度讲，在孝亲伦理的熏陶下，孝子烈女们为血亲复仇，尽孝心，表孝志，丝毫不畏惧对方的势力、强权而坚定地去行动，甚至甘愿引颈就死，其志可叹，其勇可钦，其情可矜。限制复仇之勇，难免有亏孝悌之道，妨碍古代以孝治天下的实施。但是，站在法律的立场上看，允许复仇之举存在无疑是对国法的蔑视和践踏，不能使法律遵循自身的逻辑结构对事件进行处理，会带来社会秩序的混乱，这是大一统专制国家君主所不能容忍的。因此，儒士们极力寻找法既不可侮，礼也不能亏的调和之径。例如：荀悦说"制之以义，断之以法，是谓义法并立"②，主张义法并立原则。唐代的韩愈主张"复仇之名虽同，而其事各异"，"凡有复父仇者，事发具其事由，下尚书省集议奏闻，酌其宜而处之"③，强调对复仇行为的处置要考虑具体的情境，经过尚书省的讨论再作决断。

总之，在礼法不可兼顾的宗法制度下，对礼经、人情、孝道的偏袒，以道德评价代替或掩盖法律应有的公正和严肃，无可避免地会损害法律的威严，对法律的实施及法律观念的发展产生消极的影响。

① 干春松：《儒家经典与生活世界中的复仇》，载《社会科学辑刊》2020 年第 5 期。
② 荀悦撰，黄省曾注：《申鉴注校补》，北京：中华书局 2012 年版，第 72 页。
③ 韩愈著，阎琦校注：《韩昌黎文集注释》，西安：三秦出版社 2004 年版，第 368 页。

第四节 以理约勇:理学视域下的"勇"观念

宋明儒学在继承先秦儒学的基础上不断进行开拓与转进,在吸收释、道的基础上加以超脱,造就了中国哲学在先秦以后的第二个黄金时代。这个时代促使先秦儒学转出一广大精微的哲理观,对抗五代乱世、道德沦丧以及释、道等方面的挑战。在对"勇"的看法上,宋儒意识到在文化层面论"勇"明显缺乏哲学深度,遂逐渐从"心"、"性"、"理"的高度来论证"勇"在变化气质、摆脱旧俗、成就内圣之学方面的作用,深化推进儒家的德性之勇。我们要探讨宋儒学视域下的德性之勇,就无法避开程朱理学对"勇"的认识。程子对儒家"勇"观念的阐发,一方面是敏锐地注意到了经典中所记载的"三达德"的次序有一定的差异,以此展开对其"勇"观念的建构;另一方面是根据自身所体贴出的"天理",对"勇"进行相应的制约,从而确立理学视域下德性之勇的特征。朱熹作为程朱理学的集大成者,对德性之勇有极其丰富的阐发,既从"天理"的角度发明了"明理不惧"的义理,又从气质的角度阐述了勇与气质的关系,还着重从工("工"亦作"功")夫论的层面阐发了克己之勇的重要性。

一 明理不惧:二程对"理"、"勇"关系的论述

儒家"勇"观念不是一成不变的,而是有其变体意义的,从前孔子时期的以"礼"约"勇"转为宋明的以"理"约"勇",从守礼行之的外在性逐渐转向强调内在道德理性。二程的道德伦理观紧扣个体人格的完善,强调"勇"是完成个体本真性存在的能力,"理"是道德伦理化的形上学基础,强调以"理"来发挥"勇"的积极面相,促使天命之性的人格养成。

二程认识到并非所有的勇敢行动都是值得称赞的,如文天祥的刚毅之勇成就了"人生自古谁无死,留取丹心照汗青"的美名,盗跖的贾盗之勇成就的则是"天下之所弃",甚至一度成为盗跖的骂名。也就是说,为什么在行为上会有"大勇"与"小勇"之别或德性之勇与血气之勇的区别呢?在二程看来,"勇"要成为德

性，需要"发而皆中节"的理性主宰，如果只有勇敢的蛮力，在面对一切危险时都不畏惧，这种勇敢就值得质疑，此行为是勇敢的假象。他认为真正的德性之勇一定是以"天理"为本源的，"天理"规定了勇敢行为的适宜性和可行性，德性之勇才是成就自我道德人格的有效方式。

二程首先对"北方之强"和"南方之强"进行辨析。他认为"南方之强"才是"理强"：

> "北方之强"，血气也；"南方之强"，乃理强，故圣人贵之。①
>
> 南方之强，不及强者也；北方之强，过强者也。南方，中国也，虽不及强，然犯而不校，未害为君子。北方任力，故止为强者，能矫以就中，乃得君子之强。②

面对宋初地方活力的丧失，国家又陷入"以天下之大而畏人"的窘境，由"南方之强"激发出的士大夫卫道的精神才是二程所赞许的。"北方之强"血气也，凭借猛力是一种"小勇"，受激情、情绪的支配，是一种欲望非理性的活动。这种"北方之强"极易产生恶果。"力拔山兮气盖世"的项羽就是北方之强的典型代表，空有武勇而缺乏谋略，最终乌江自刎。"南方之强"则是义理在主体身上的刚毅精神、气质上的方刚之态，是一种"大勇"，类乎"泰山之岩岩"的气势。二程认为："南方人柔弱，所谓强者，是义理之强，故君子居之。北方人强悍，所谓强者，是血气之强，故小人居之。凡人血气，须要理义胜之。"③"南方之强"是义理之强，在道德实践中显示出强大的精神力量，促使行为主体追求更高层级的价值目标，是为道德行动而勇，远不同于因"心有所忿懥"的怒气之勇。"南方之强"讲求的是直道而行，在面对利益时能不为其所诱；面对善恶抉择时勇于择善弃恶；尚穷理，德性宽宏，处处以礼义规范之。总之，这种"南方之强"的本质是"理强"，"理"是此种强力精神的形上依托，是主体对规范性原则坚守的根源。

二程对"勇"与"天理"关系的直接论述，也见于其对《孟子》北宫黝之勇、孟施舍之勇、子夏之勇和曾子之勇的评价中。二程曰：

> 北宫黝之勇，在于必为；孟施舍之勇，能于无惧。子夏，笃志力行者也；曾子，明理守约者也。④
>
> 忿懥，怒也。治怒为难，治惧亦难。克己可以治怒，明理可以治惧。⑤

---

①③④⑤《二程集》上，北京：中华书局 2004 年版，第 11、289、11、12 页。

②《二程集》下，北京：中华书局 2004 年版，第 1154 页。

北宫黝之勇必行，孟施舍无惧。子夏之勇本不可知，却因北宫黝而可见。子夏是笃信圣人而力行，曾子是明理。① 公孙丑问孟子，加齐之卿相，恐有所不胜而动心。北宫黝之勇气，亦不知守也。孟施舍之勇，知守气而不知守约也。曾子之所谓勇，乃守约，守约乃义也，与孟子之勇同。②

二程认为：北宫黝之勇在于必为，这种"必为"是因为北宫黝的坚勇特质，不论谁给他的侮辱，他都予以回击，此"必为"完全受血气力量的驱使，类似"北方之强"。孟施舍之勇既不关心胜利，也不关心失败，只注重面对敌人时无惧的状态。按照二程的说法，"明理可以治惧"，而非孟施舍的"视不胜犹胜也"，即真正能使人无惧的并非外在的军事强力，而是明理，明理才是人作为主体性挺立的基础。在二程看来，这两种"勇"都不能正确地表达美德的品质，只有曾子之勇堪称典范的勇敢。

"勇一也，而用不同。勇于气者，小人也；勇于义者，君子也。"③ 曾子之勇的根本在于其明理守约，也就是明理守义。这种明理守约或明理守义在于其志之坚，不因外在境域的变化而改变主体的道德坚守，也不因人年少或易箦而改变。"刘安节问：'人有少而勇，老而怯，少而廉，老而贪。何为其然也？'子曰：'志不立，为气所使故也。志胜气，则一定而不可变也。曾子易箦之际，其气微可知也。惟其志既坚，则虽死生之际，亦不为之动，况老少之异乎？'"（《二程集》）换而言之，二程认为：这种道德坚守的本源来自"天理"，"天理"是世界本体，为儒家的核心价值观重新确立了形上基础。

二程从"天理"的高度来论证德性之勇与本体的内在关系。他们主张："天理"是主体立身处世的权衡标准，它的刚气之态以天地之精神为要，坚如金石，是人做事的精神根基。只有在作为规范性的"天理"的作用下，主体才能约束血气方刚之态。换而言之，"天理"是持守刚劲之德性之勇的绝对精神所在，在"天理"的作用下，血气之刚劲和持守之刚劲开始有所区别。

二程言："忿懥，怒也。治怒为难，治惧亦难。克己可以治怒，明理可以治惧。"④ "目畏尖物，此事不得放过，便与克下。室中率置尖物，须以理胜它，尖必不刺人也，何畏之有。"⑤ 这些是对二程之"理"与"不惧"关系的直接论述。

二程主张以理胜惧，即使眼睛面对尖锐之物，也不容畏惧，必须克服。二程举的例子与孟子所说的北宫黝之勇有相似之处，皆是以双目被刺而不转睛为例。

---

①②④⑤《二程集》上，北京：中华书局 2004 年版，第 206、362、12、51 页。

③《二程集》下，北京：中华书局 2004 年版，第 1265 页。

但是，二程主张的"不惧"是自觉的，不是盲目的，并非空有血气、蛮力、激情而不惧。之所以不惧，是因为此"勇"是与"理"相联系的，理之勇使主体在什么情况下都毫不退缩、一往直前，"理"成为主体道德判断的标准。

总之，二程认为：只有坚守"天理"，主体在道德中理性自觉、严格践履，才能呈现出踽踽独行于世的人格精神。"天理"的预设给道德至上提供了终极意义的合理证明。"天理流行事事清。"①宇宙的运行，万物的化生，莫不依据"天理"而行。天地之间，人伦之间，正是因为"理"的存在，才使得天下万物生生不息。正是此纯然不杂的"天理"，才使人本然之性纯粹至善。以"天理"为范导的勇敢行动在道德实践中充当了坚韧道德意志力的作用，促使主体完善道德人格的养成。

二 克己之勇：朱子对"勇"与"克己"关系的论述

朱熹非常强调"克己"与"勇"之间的关系。他注意到个体在面临是非判断与善恶价值抉择时的困境，认为"克己"发挥着坚定主体意志的专一、坚毅的重要作用。作为一种美德的"勇"，它不仅仅是克服外部的危险的成物，更重要的是以"成己"为德性培养的目标。"克己"是成就整全人格的力量，是面对歧义性处境而作出的肯定选择，是遏人欲于发萌处、防患于未然，是作为一种发自内心的力量去抵抗非存在一面的吞噬，是作为自我而存在的勇气。②在朱熹看来，刚健之勇才能"克己"，人要去除欲望、情感的烦扰，就需要有足够的勇气。

"克己"从根本上讲是成就自我，使自我潜能得到充分发展，促进自我在道德上的完善。但是，在现实中，主体行动之前常常为意志软弱、彷徨、犹豫等问题所阻，这就需要主体在知善的前提下克己行善。也就是说，对儒家来讲，"克己"是无休止的、持续的过程，它要求人在日益沉沦的生活世界中有所克制，唤醒内心的本善的自我。"克己"是勇者的行径。朱熹之所以赞誉颜子的一个重要原因，就在于颜子能克己不贰过，坦然面对各种利益之困和自身的过错，这些都需要极大的勇气。朱熹说：

> "'择善而固执之'，如致知、格物，便是择善；诚意、正心、修身，便是

① 黎靖德编：《朱子语类》七，北京：中华书局1986年版，第2605页。
② 保罗·蒂利希将"勇气"分为"作为自我而存在的勇气"（实存处境侧重于自我）、"作为部分而存在的勇气"（实存处境侧重于世界）。（［美］保罗·蒂利希：《存在的勇气》，北京：中国轻工业出版社2018年版。）

固执；只此二事而已。"淳举南轩谓："知与行互相发。"曰："知与行须是齐头做，方能互相发。程子曰'涵养须用敬，进学则在致知'，有一般人尽聪明，知得而行不及，是资质弱；又有一般人尽行得而知不得。"因问："淳资质懦弱，行意常缓于知，克己不严，进道不勇，不审何以能严能勇？"曰："大纲亦只是适间所说。于那根原来处真能透彻，这个自都了。"①

这是说：社会中有些人知道"德"的知识，但在行为上却呈现出不及，这种人是资质弱的表现；也有些人尽管能在行动上做到，但在"知"上却有不足。此两种人皆有所偏废，这是"知"、"行"分离的表现。其门人又求问朱熹能严能勇之方，朱熹说"克己不严，进道不勇"。在朱熹的眼里，"克己"是收敛、不放纵，教人操存其心，用来表明有限的个体对理之世界的谦卑之态，也即"克己"是儒家知道顺理、行道义之事、恢复本来纯善之性理的关键。"它永远是在心灵其他状态之中、之下并随同它们一起出现的活动…… 它没有名字，没有教会，没有膜拜，也没有神学，但它运行在它们所有这一切的深处。"②

朱熹肯定了"克己"的坚定意志是儒家"大勇"观念的体现。二程曾言："赴汤火，蹈白刃，武夫之勇可能也；克己自胜，非君子之大勇不可能也。"③赴汤蹈火，一介武夫就可以做到；克己自胜，以责人之心责己则体现了儒家的"大勇"精神。也就是说，"克己"讲求在被私欲蒙蔽、情绪波动前要坚定克制，通过"克己"努力去除气质带来的种种不良影响，以便立其本的道德原则能够全面发挥出来，以此来支配人的一切意识活动。

朱熹对"克己"的刚健、勇决的特点有细致的说法：

> 克己复礼，乾道也；主敬行恕，坤道也。颜冉之学，其高下浅深，于此可见。④

> 克己，正是要克去私心，又却计其效之所得，乃是私心也。只是私心，便不是仁。⑤

克己工夫犹如乾道，刚健勇为，勇往直前，自强不息；敬恕工夫则如坤道，厚

---

① 黎靖德编：《朱子语类》七，北京：中华书局1986年版，第2816页。

②[美]保罗·蒂利希：《存在的勇气》，北京：中国轻工业出版社2018年版，第189—190页。

③《二程集》下，北京：中华书局2004年版，第1188页。

④ 朱熹：《四书章句集注》，北京：中华书局2012年版，第134页。

⑤ 黎靖德编：《朱子语类》三，北京：中华书局1986年版，第817页。

重自守。朱熹明显赞扬"克己"的刚健、高明、勇猛的气概。他认为："为学之艰，未有如私欲之难克也。"① 能克服私欲的都是天下至勇之人，非如此，不能克己。此外，在《朱子语类》一书中，朱熹多次用颜子、仲弓两人来比较克己、敬恕的优劣。他肯定颜子的刚毅果决工夫，认为颜子是儒门"大勇"人格的代表。颜子在日常生活中能践行克己复礼、博文约礼、不贰过的工夫，这些工夫都是极其细致和艰难的，若无刚毅、坚强、无畏的意志，是很难彻底改过和克制私欲的。表面看，似乎颜子不如仲弓英气、硬气，实际上颜子之工夫和力行在毫发间、模棱合缝处。颜子具有刚性人格，有"天理"战胜人欲之功、刚明果敢之气，力量雄厚无比。颜子之勇体现为能克服私欲、变化气质，较之子路的血气之勇乃是更高层次的义理之勇。"人最难战胜者乃是一身私欲妄念，颜子恰恰在此最难处下为己工夫，故其为学之勇含蓄深沉，蕴而不显。此说改变了常人对颜子形象柔弱的看法，彰显了作为儒者所应有的大勇人格。"②

朱熹言："克己亦别无巧法，譬如孤军猝遇强敌，只得尽力舍死向前而已，尚何问哉！"③"克己"和"勇"都发挥着戒惧的作用。克己工夫命题彰显的是人的无限性，纵有气拘物蔽的限制，但主体总能突破昏塞至极、被私欲蒙蔽的限制，即主体在行为上克制私欲、果敢坚决。它是以勇敢、刚强、细密、深沉的工夫去消除粗豪血气之私欲，此乃是最刚劲的精神体现。工夫论上"克己"，展现了对恶念、私欲不容姑息、斩钉截铁的态度，使人愈挫愈奋，让心灵变得强大。总之，"克己"是综合性的高难度工夫，要求主体在强度上果决，当机立断；在力度上勇猛向前，在道义面前永不退缩；在韧性上强调足够的坚忍性和耐力，须时时用力，日日克之，发挥"宝剑锋从磨砺出，梅花香自苦寒来"的苦工夫。

①③ 黎靖德编：《朱子语类》五，北京：中华书局 1986 年版，第 1457、1448 页。

② 许家星：《经学与实理：朱熹四书学研究》，北京：中国社会科学出版社 2021 年版，第 173 页。

第五节 自拔之勇:心学视域下的"勇"观念

陆九渊和王阳明是儒家心学的主要代表人物。他们在修身进路上主张发明本心和致良知,突出主体意志专一、独立不羁、刚强坚毅的人格特质。他们从心学的角度,对儒家的德性之勇进行了诠释,肯定了"勇"是激发主体无穷精神的力量,是促使个体实现道德完满的动力。本节主要以陆九渊、王阳明对儒家德性之勇的阐发为核心,从不同的侧面考察此二人对德性之勇的论述。陆九渊突出了"勇"在主体自我革新中的作用,并进一步分析德性之勇何以可能的根源在于良心本心的内在驱动,心性是个体行为道德化的依托。王阳明则是从知行合一的角度对德性之勇进行论述,认为德性之勇要成为值得称赞的"大勇",一定是知行合一的,必须落实在主体的行为上;强调德性之勇是学问工夫与行为活动的结合,是道德之知与道德之行的合一。

一 良心正理:陆九渊对"心"、"勇"关系的论述

陆九渊对德性之勇的论述是对孟子以"心"论"勇"思想的继承。他认为德性之勇的道德行动来自良心本心的内在驱动,心性是个体行为道德化的依托。孟子言"仁义礼智根于心"(《孟子·尽心上》),陆九渊则强调"四端者,即此心也;天之所以与我者,即此心也。人皆有是心,心皆具是理,心即理也"。[1] 在陆九渊看来,主体之所以能有俯仰屈伸的无畏气概,以正大之气塞宇宙,其理论来源就在于"存心"。也就是说,陆九渊的德性之勇更趋向一种合"心"的伦理学,而非伦理方面的工具性劝导。

陆九渊意识到:由猛烈激情产生的勇敢行动并不意味着勇德。勇敢德行是以克尽己私、一心向仁、趋福避祸为目标,是"不为富贵贫贱患难动心,不为异端邪说摇夺"[2] 的坚强意志。这种被赞许的道德意志是以人性为基础的,人性是陆

---

[1][2]《陆九渊集》,北京:中华书局1980年版,第149、430页。

九渊德性之勇的价值来源。在他看来，心之所同然的人性观念比具体的社会规范更具有普适性，因为"当我们以道德原则来规范我们的行为的时候，会遮蔽具体个体的不同处境和情感需求"。[①] 陆九渊格外强调"吾心"的能动作用。他认为"心"是道德自律原则，不因外物牵引而变化。

陆九渊谓："近有议吾者云：'除了先立乎其大者一句，全无伎俩。'吾闻之曰：'诚然。'"[②] 可见，"先立乎其大者"一语贯穿陆九渊思想的始终，这是对孟子"大体小体"之说的继承：

> 孟子曰："从其大体"，从此者也。又曰："养其大体"，养此者也。又曰："养而无害"，无害乎此者也。又曰："先立乎其大者"，立乎此者也。居之谓之广居，立之谓之正位，行之谓之大道。非居广居，立正位，行大道，则何以为大丈夫？[③]

孟子说："饮食之人，则人贱之矣，为其养小以失大也。"（《孟子·告子上》）他说：普通人喜好饮食等口腹之欲，在饮食中追求非道德的快乐，因本末倒置，失其大体，而缺乏道德带来的快乐。陆九渊也认为道德修身的起点是"先立乎其大者"，明辨"大体"、"小体"，不为小者所夺，不为外物牵引的情欲所累，在这个阶段才能从心所欲地行动而不违背任何道德原则。在陆九渊看来，"小者"是利己的、自私的；"大者"则是以德性为前提的，是人之所为人的精神主宰，是通过对存养工夫的践履，能够实现广居、正位、大道。此说与孟子的"居天下之广居，立天下之正位，行天下之大道。得志，与民由之；不得志，独行其道。富贵不能淫，贫贱不能移，威武不能屈"的大丈夫品格可相互参照。无论是孟子所说的"大丈夫"品格还是陆九渊的"先立乎其大者"，都是强调以德性为目标和在实践智慧中对独立意志之坚韧性的扩充，这是儒家勇者型理想人格的重要组成部分。

且此"大者"是"天所予我，非由外铄"，是普通人都具备的能力。在社会中，之所以圣贤、君子类的典型人物很少，并不是因为人们缺乏这种"大者"的能力，而是因为人们缺乏成其"大者"的动力，此动力即是儒家德性之勇的力行作用：

> 盖谓此心之良人所均有，天所予我，非由外铄，先立乎其大者，则其小者莫能夺。信能知此，则宇宙无非至理，圣贤与我同类。大端既立，趋向

---

① 干春松：《"心之所同然"：戴震的"人性论"与实践解释学》，载《船山学刊》2021年第1期。
②③《陆九渊集》，北京：中华书局1980年版，第400、180页。

既定,明善充类以求之,强力勇敢以行之,如木有根,如水有源。逮其久也,此心之灵,此理之明,将涣然释,怡然顺,真有见夫居广居,立正位,行大道,皆吾分内事。[①]

陆九渊延续孟子的观点,认为"大者"之心人人具备,是人内在的存有,与人的精神中或心中的天生自发萌动相符合,是从人的自身出发来加以实现的东西,符合人心或人的精神本性。"大端既立,趋向既定,明善充类以求之,强力勇敢以行之,如木有根,如水有源。"[②]"大端"是自然的、自发的尊严感和荣誉感,是德性的萌芽,也是最高的伦理原则。"大端"即由心而发的强力勇敢,使主体具有"临大节而不可夺"的意志,德性之勇的刚毅之态源于主体的良心。换句话说,这种德性之勇不是由外在力量所主宰,而是由主体自身所主宰。良心驱动使得当主体面临危险、艰难的厄境时,即使形单影只、孤立无援,也会坚定地去做。正是因为主体内在良心的驱动,在道德践行中才呈现出孟子所说的"富贵不能淫,贫贱不能移,威武不能屈"的大丈夫品格、荀子所说的"天下有中,敢直其身"的直道而行。可见,德性之勇的本质是身心一体。

总之,在陆九渊看来,由良心驱动的勇敢行为才是具有伦理价值的道德行为,主体的一切道德意识、道德情感都源自本心之德,"心"使主体行为道德化。扩而充之的强力勇敢之所以值得称赞,是因为其强调意志独立的人生态度和主观战斗精神具有普世价值,它自身是某种绝对的东西,不受制于产生和消亡的自然规律。陆九渊论述的德性之勇,使个体在履行道德行为时能够超越物质力量对人的束缚,摆脱对现实功利的追求,显现为主体真实拥有的道德人格;它在心理镜像中形成了某种独立自主的强大力量,是伦理视域的"自由意志",凸显了个体的价值自觉,是塑造完整人格和礼法秩序的内在精神依托。

二 真知真行:王阳明对力行之勇的论述

阳明"良知"概念的标志之一是知行合一说。在王阳明看来,知行合一一定是真知真行的,是去做行的工夫,而"勇"的本质是力行,是着力地去做,真勇是由良知驱动而引发的相应的身体行动,从某种意义上说,真勇就是知行合一。

王阳明详细论述了"良知"与"勇"的关系,主张以"良知"统摄"勇":

---

①②《陆九渊集》,北京:中华书局1980年版,第385页。

凡人言语正到快意时，便截然能忍默得；意气正到发扬时，便翕然能收敛得；愤怒嗜欲正到腾沸时，便廓然能消化得：此非天下之大勇者不能也。然见得良知亲切时，其工夫又自不难。缘此数病，良知之所本无，只因良知昏昧蔽塞而后有，若良知一提醒时，即如白日一出，而魍魉自消矣。①

人在快意言语时能默然忍默，在意气风发时能收敛自如，在愤怒血气时能消化忿懥之气，这些都需要"大勇"的行为克制工夫，如"发愤勇猛向前，日用之间，不得存留一毫人欲之私在这里，此外更无别法"②、"欲勇革旧习"③等。可见，王阳明肯定了程、朱所强调的"勇"在改变气质、去除私欲、改过责善等方面的克治作用。

尽管"勇"是克治人心迷失，引导主体改过并实现"精一"的修身之径，但"勇"的作用有限，它是消除物欲、革除旧习之方，需要主体具有强有力的克治之功。在社会实践时，"勇"的克己工夫作用范围有局限，更适用于道德高尚的君子。常人因其私欲之弊，道德意志力薄弱，在行为上难以持久。在王阳明看来，良知才"是个千古圣传之秘"，"良知一提醒时，即如白日一出，而魍魉自消矣"，一旦依照致良知的方法去做，良知复明，人人都是圣贤。在王阳明看来，只要发挥"良知"，便能"胜得容易，便是大贤"（《传习录》）。王阳明说：

人之所共耻者，莫过于身被为盗贼之名；人心之所共愤者，莫过于身遭劫掠之苦。今使有人骂尔等为盗，尔必愤然而怒；又使人焚尔室庐，劫尔财货，掠尔妻女，尔必怀恨切骨，宁死必报。尔等以是加人，人其有不怨者乎？人同此心，尔宁独不知？乃必欲为此，其间想亦有不得已者。或是为官府所迫，或是为大户所侵，一时错起念头，误入其中，后遂不敢出……我每为尔等思念及此，辄至于终夜不能安寝，亦无非欲为尔寻一生路。惟是尔等冥顽不化，然后不得已而兴兵，此则非我杀之，乃天杀之也。今谓我全无杀人之心，亦是诳尔；若谓必欲杀尔，又非吾之本心。尔等今虽从恶，其始同是朝廷赤子。譬如一父母同生十子，八人为善，二人背逆，要害八人。父母之心，须去二人，然后八人得以安生。均之为子，父母之心，何故必欲偏杀二子？不得已也。④

---

① ② ③《王文成公全书》一，北京：中华书局 2015 年版，第 265、167、168 页。
④《王文成公全书》四，北京：中华书局 2015 年版，第 1415 页。

　　王阳明在"剿匪"之前发出的告谕，将心比心，劝告"盗贼"放弃心中的悖逆之念，改恶迁善，而非一味以武力镇压。王阳明在这份告谕里，对"匪寇"动之以情、晓之以理，试图激发"盗贼"的羞耻心和同情心，发挥羞耻心的道德判断功能。此羞耻之心、恻隐之心作为判断和评价的内在原则，是意念活动的道德意识，以此唤醒每个人对良知的认识。从此立场上分析，我们可以看出王阳明在政治活动中十分注重"人心"的意义，针对安抚人心采取策略。这种引导"匪寇"对"心"的知善、知恶的认识，使得王阳明把关注目光集中到良知良能上，主张在良知良能上体认扩充，但这并不是论说在实践活动中"勇"和"良知"二者孰优孰劣，而是强调人们要勇于去做见闻活动的具体实践。

第六节 儒家"勇"观念与现代生活

"勇"是儒家观念群中的重要观念，是成就君子人格的道德驱动力。儒家重视"勇"，把"勇"作为儒家的"三达德"之一。西方的哲学与文化传统也从美德伦理学角度对勇敢及其价值做了深入的考察，讨论勇敢与美德的关系，把"勇"作为"四枢德"之一。可见，对"勇"问题的讨论是中西共同重视的话题。那么，在当今时代，我们还有没有谈"勇"的必要呢？儒家的"勇"观念与现实生活的交融，对当下社会伦理生活的促进又有怎样的意义？随着圣贤等典范角色逐渐退出大众视域，道德模范作用的衰退带来道德信念、道德实践、道德观念的异质与弱化，如英国哲学家阿拉斯戴尔·麦金太尔所说："我似乎断言，在独特的现代社会中，道德共同体与道德判断的性质使得我们不再可能以一种在其他时代与地方所可能有的方式诉诸道德的标准——并且这就是一种道德灾难！"[1]儒家"勇"观念对矫治现代社会中的一些道德冷漠、道德旁观现象具有积极作用，可以为提高社会道德水平提供价值依托。

儒家力行之勇的当代意义主要体现在两方面：

第一，在现代社会中，人们不可避免地面临着价值理性的衰落和自我认同的危机，个体内在品性的弱化、道德冷漠与道德旁观现象都有出现，在社会层面上需要道德勇气的涌现，以使人们产生更强烈的社会责任感和正义感。这说明，个体对儒家"勇"的认识不应仅停留在"勇"与自我意识、个体自由等成就自我的关系层面上。也就是说，儒家之"勇"并非只强调"心的挺立"和"价值的理解"，还强调以此为内源的身体力行。这种力行之勇讲求切实地去做，在对应现代社会"勇"感弱化的问题中有重要的意义。

人面临情境压力、集体压力时会呈现出明显的"勇"感弱化，典型的是群体性的道德失语现象。如对见到老人摔倒扶不扶等问题的讨论，折射出社会存在着道德滑坡、道德勇气的匮乏和脆弱的问题，进而个人在行为上呈现出对道德之事的怯懦。分析而言，现代社会的运行规则更关注人在物质层面的东西，而非精神

---

① ［英 ］阿拉斯戴尔·麦金太尔：《追寻美德：道德理论研究》，南京：译林出版社 2003 年版，《序》第 1 页。

层面的东西。从现实行为表现来说，现代人行为思考的首要问题就是自身利害，有利于自身的行为就会被关注和考虑，不利于自身的行为就较少会被关注和考虑，只注重从个人、利己层面来思考和实践，忽视了德性内在的本质性。面对社会中存在的"帮不帮"、"扶不扶"等问题，一个人在面对善恶选择问题时习惯性地不愿意或不敢借助于其道德语言能力表达其善恶判断、善恶评价和善恶选择的事态①，产生胆怯、畏惧、懦弱之态，唯恐自己被误解、被讹诈。人们害怕被误解、讹诈，就会缺少行善的勇气，最终会导致道德行为怯懦、道德冷漠与道德旁观现象的出现。

在理性状态下，个体在面对非道德现象时或在面临善恶抉择时，应出于良知、义务、责任敢于去制止非道德行为，但有的人选择沉默和逃避，采取心理利己主义，无法做出符合道德的行为，而造成行为的失德。在这一现象中，道德行为似乎从一开始就被排挤出去了，实际上并非如此。"他（她）们掌握和理解道德法则，具有正常的道德认知能力、道德判断能力和道德反思能力，但在现实的实践中却不能按照被要求的'你应该如何'去做。换句话说，他（她）们道德实践的动力和能力是缺失的或不足的，从而使得道德实践无法在客观世界中现实化。"②换而言之，人们在道德两难的选择中，并非缺乏良知，无知、无情，而是主体未能在行动上使道德得以现实化。这个过程的实现需要儒家敢作敢为的力行之勇。儒家的力行之勇要求主体面临道德困境时，能勇于面对艰难困阻，敢于维护、捍卫道德价值，从而激发人的道德行动。见义勇为、见恶敢斗是此力行之勇的突出特点。

第二，儒家力行之勇的当代意义还表现在对个体道德意志软弱现象的改变上。苏格拉底和亚里士多德都对意志软弱的现象有相关的论述：

> 如果快乐就是善，那么不会有人知道或相信有另一种可能的行为过程比他正在追随的行为过程更好，可以供他选择……"不自觉的行动"完全是无知的结果，而"做自己的主人"是一种智慧……由此可以推论，无人会选择恶或想要成为恶人。想要做那些他相信是恶的事情，而不是去做那些他相信是善的事情，这似乎违反人的本性。③

---

① 向玉乔：《道德失语症的危害性》，载《光明日报》2015年1月28日。
② 蔡昱：《从生存性恐惧看道德如何现实化》，载《道德与文明》2021年第4期。
③ 《柏拉图全集》第1卷，北京：人民出版社2002年版，第48页。

人们看来是认为，自制和坚强是好的和可称赞的，不能自制和软弱是坏的和可谴责的。[①]

根据苏格拉底和亚里士多德的思考，意志软弱通常被描述为：行为者拥有关于善恶的理性知识，但没有运用这种善的知识，采取了自己认为不太应该、不太可取的行动。如社会存在着某些人知善而不为、知恶而不止的现象，说明了意志软弱的存在。道德意志软弱者并非是对道德没有认知的人，他们的道德知识是具备的，只是在现实中没有激发出来对道德的力行，未能做到知行合一。

道德实践的情况是复杂的，行为者为激情所误或为欲望所诱惑，就会导致自己的意志不听从理性、道德的指引而产生行为上的"背道相驰"或"表现软弱"。意志软弱、胆怯会让人从道德价值的伟大事物中畏缩逃避，中世纪哲学家、神学家多玛斯甚至认为软弱、胆怯、懦弱是一种罪。蔡元培也将道德怯懦归为恶德，说"知其当为也，而不敢为；知其不可不为也，而亦不敢为，诱于名利而丧其是非之心，皆不能果断之咎也"。[②] 但是，道德软弱或怯懦之人并非愚鲁、无知之人，他们由于心志卑微，而回避道德之事，不肯去做自己能够做到的事。这种不正当的怯懦是知其可为而不为，是违反勇德的。儒家的力行之勇就在此矛盾、困难的行为中被发现。换而言之，儒家的力行之勇是改善主体道德意志软弱，促使人勇于面对非道德现象的关键。儒家的力行之勇可以使人坚定意志、坚持善，敢于反对任何外来的障碍，在行动时择善固执，而择善固执正是力行之勇的本质所在。

翻开中国史册，呈现在我们面前的是一幕幕为了道义、正气而抛洒热血的场面，在坏人、坏事面前勇于挺身而出、同邪恶势力作斗争的壮举。《后汉书·朱晖传》记载：十三岁的朱晖随外祖父母奔入宛城，路上遇到强盗们劫持妇女、掠夺财物。当时朱晖怒不可遏，拔剑呵斥，誓死拯救妇女之危难。强盗最终做贼心虚，拔腿就跑。年少时的朱晖便呈现出了义士的形象。他路遇不平、见义勇为、不畏强暴、见义勇为的精神尽到了道德存在之人的本分。他的行为不仅体现了去做伦理所规范的事，而且以成就自我德性、养成个体道德人格为目的。朱晖面对不道义行为的做法体现了他对儒家力行之勇的践行。

事实上，当有的人在社会的压力下呈现出道德行为的冷漠和怯懦之态，对勇于担当的道德行为采取逃避态度时，其内心也会不安和自责，甚至会在内心深处

---

① ［希腊］亚里士多德：《尼各马可伦理学》，北京：商务印书馆 2003 年版，第 193 页。
② 蔡元培：《中国伦理学史》，北京：商务印书馆 1999 年版，第 128 页。

鄙视自己。"一旦我们试图描绘这样一种社会生活,在那里没有人具有一点遵守这些义务的意愿,我们就会看到,它将表现出对人类的一种冷漠,即便不是轻蔑。这种态度将使我们不可能形成自我价值感。"① 因此,缺乏勇敢行为的社会在某种程度上是无秩序的。换而言之,在日常伦理规范中,人对道德实践的力行需要勇气、胆量、斗志等坚毅力量的参与,并且需要在生活情境中自觉爆发出这种力量;如果没有这种超越性的勇气、斗志,人是不会有舍己之利的超拔行动的。总之,儒家的力行之勇强调的是一种现实的具体行动,主张个人要把特定的知识转化为具体的行动,并最终付诸实践。当力行之勇充当道德领域的关键环节时,自然就会减少道德冷漠或道德意志软弱的问题。

---

① [美]约翰·罗尔斯:《正义论》,北京:中国社会科学出版社1988年版,第339页。

第十章

心

　　哲学是追问本源之学。本源分为两类，即生存本源和存在本源（或者存在本原）。所谓"生存本源"，是指事物赖之以生、得以生存的源头，诸如火之苗、水之源。所谓"存在本源"或"存在本原"，是指思辨性本原或终极性本原。在一般人眼中，"本源"便是"本原"。但是，在哲学家看来，本源之中还有一个终极性本原。它是本源成为本源的最终根据，具有超越性。因此，本源可分为两类：一类是指经验性生存本源，经验性本源是可知的；一类是指终极性存在本原，终极性本原是超越的，不能通过经验的方式感知，只能通过思辨的方式来了解。

　　哲学不仅追问经验性生存本源，还追问终极性存在本源，比如"心"。对终极性存在本源的思考与求索便是哲学的真正使命。在中国儒家思想史上，诸多儒学家对"心"的问题都有所思考和阐发。自孔子起，儒家便开始思考"心"的问题。孔子云："七十而从心所欲，不逾矩。"（《论语·为政》）《大学》确立了"心"的本源性地位："所谓修身在正其心者：身有所忿懥，则不得其正；有所恐惧，则不得其正；有所好乐，则不得其正；有所忧患，则不得其正。心不在焉，视而不见，听而不闻，食而不知其味。此谓修身在正其心。"（《礼记·大学》）《大学》强调修身便是正心。孟子与荀子承继孔子而来，亦对"心"有所思考和阐发。孟子和荀子皆以"性"释"心"。孟子曰："人皆有不忍人之心。先王有不忍人之心，斯有不忍人之政矣。以不忍人之心，行不忍人之政，治天下可运之掌上。所以谓人皆有不忍人之心者，今人乍见孺子将入于井，皆有怵惕恻隐之心。非所以内交于孺子之父母也，非所以要誉于乡党朋友也，非恶其声而然也。"（《孟子·公孙丑上》）孟子将善心称作"性"。荀子曰："故人之情，口好味，而臭味莫美焉；耳好声，而声乐莫大焉；目好色，而文章致繁，妇女莫众焉；形体好佚，而安重闲静莫愉焉；心好利，而谷禄莫厚焉。"（《荀子·王霸》）荀子将恶心称作"性"。董仲舒曰："乍哀乍乐，副阴阳也；心有计虑，副度数也；行有伦理，副天地也。"[1]董仲舒注重有为之心的作用，比如思维功能。玄学家突出"心"的思维功能与生存功能之间的张力，重自然心而轻有为心。玄学家提出天人一体观之后，张载便试图为天地立心。张载指出："心，内也。其原在内，时则有形见。情则见于事也，故可得而名状……'天地之大德曰生'，则以生物为本者，乃天地之心也。地雷见天

---

　　[1] 苏舆：《春秋繁露义证》，北京：中华书局 2015 年版，第 350 页。

地之心者,天地之心惟是生物,'天地之大德曰生'也。"① 二程以"心"为仁之本源,曰"自理言之谓之天,自禀受言之谓之性,自存诸人言之谓之心"②,并从其中发现了"理",从而将天理视为宇宙万物生存的主宰。朱子曰:"盖天地万物本吾一体,吾之心正,则天地之心亦正矣;吾之气顺,则天地之气亦顺矣。"③ 朱熹认为天理在人便是性,性在心中而未明,理或性潜于人心。陆九渊和王阳明将人心中的天理叫作"良知",谓"四端者,即此心也;天之所以与我者,即此心也。人皆有是心,心皆具是理,心即理也"。④ 由此,主宰宇宙的超越力量由物理转换为人心,人类成为宇宙的终极性主宰。儒家哲学史便是追问本源之心的心学史。

第一节 "心"的起源

在人类生存与实践中,"心"发挥了核心作用,具有决定性地位。因此,无论是西方哲学传统,还是古老的中国文明,都十分重视对"心"的讨论。古代之"心"指称有三:一指心脏;二指大脑;三指意识或观念。作为心脏之"心",乃是生命之元。作为思维之"心",则是观念之本。故,"心"是本。从生存论的角度来说,"心"乃是生命力之源头;"心"是人的生存、生长和生成的本原或基础;"心"作为一种气质物,不仅为人的自然生存提供动力,而且为人类的故意行为提供动力。因此,"心"既是人类行为的源头,又是行为的主宰者。

一 "心"的字源学考察

什么是心?这似乎是一个简单的问题,却常常被曲解。现代人通常认可人是"理性存在者"⑤的观念。在这一观点的影响下,很多人常常将"心"理解为理性活动的器官(mind),如同大脑。这一解读忽略了"心"字的本义。

---

① 《张子全书》,西安:西北大学出版社 2015 年版,第 148 页。
② 《二程集》上,北京:中华书局 2004 年版,第 296—297 页。
③ 《四书五经》上,天津:天津市古籍书店 1988 年版,第 1 页。
④ 《陆象山全集》,北京:中国书店 1992 年版,第 95 页。
⑤ Kants Werke.*Band IV*, Berlin:Druck und Verlag von Georg Reimer, 1911, p.412.

在古汉语中，"心"是一个象形字。"甲骨文心字作 ⟁ ，正像人心脏的轮廓形。甲骨文心字也省作 ⟁ ，有时倒作 ⟁ ⟁ 。"① 我们据此判断，在古汉语中，"心"字的本义是心脏（heart）。《说文解字》亦曰："心，人心。土藏。在身之中，象形。"② 心指心脏，简称"心"，是人体的一种器官，"肝、心、脾、肺、肾"合为"五藏"（《黄帝内经·素问·金匮真言论》）。心指心脏，这也是"心"字的原始定义和基本内涵。

在中国古代哲学史上，几乎所有的哲学家都接受"心即心脏"这一基本定义。《尚书》曰："无戏怠，懋建大命。今予其敷心、腹、肾、肠，历告尔百姓于朕志。罔罪尔众，尔无共怒，协比谗言予一人。"（《尚书·商书·盘庚下》）其中并列的"心、腹、肾、肠"，指称人的五脏六腑类器官。孟子曰："故理义之悦我心，犹刍豢之悦我口。"（《孟子·告子上》）这里的"心"便是指与耳、目同为人体器官的心脏。荀子曰："说故喜怒哀乐爱恶欲以心异。心有征知。征知，则缘耳而知声可也，缘目而知形可也。"（《荀子·正名》）这里的"心"和耳、目等一起属于人天生的器官。董仲舒曰："仁，天心，故次以天心。"③ 仁是天心，此处的"心"指心脏。王弼曰："夫耳、目、口、心，皆顺其性也。不以顺性命，反以伤自然，故曰盲、聋、爽、狂也。"④ 这里的"心"和耳、目并列，指心脏。张载曰："合性与知觉，有心之名。"⑤ 这里的"心"包含性与"知觉"，其中的性是气质之物，故心内含气。朱熹曰："人心者，气质之心也，可为善，可为不善。"⑥ 这里的人心即气质之心，气质之心即心脏。王阳明曰："汝心之视，发窍于目；汝心之听，发窍于耳；汝心之言，发窍于口；汝心之动，发窍于四肢。若无汝心，便无耳目口鼻。"⑦ 其中，"心"不仅指"天理"，还指血肉即心脏。

除心脏之外，古代之"心"还具备思维功能，类似于今日的大脑。古人认为：人类的思维器官在五脏六腑，"心者，君主之官也，神明出焉。肺者，相传之官，治节出焉。肝者，将军之官，谋虑出焉。胆者，中正之官，决断出焉"（《黄帝内经·素问·灵兰秘典论》）。这类理解一直留存至今，如"侠肝义胆"等。其中，心如君主，是人体五脏六腑之主，所有的神明皆出于此。其余者各司其职。于是，心不仅是

① 于省吾：《甲骨文字释林》，北京：商务印书馆 2010 年版，第 361 页。
② 许慎：《说文解字》，天津：天津市古籍书店 1991 年版，第 217 页。
③ 苏舆：《春秋繁露义证》，北京：中华书局 2015 年版，第 158 页。
④ 王弼著，楼宇烈校：《王弼集校释》，北京：中华书局 1980 年版，第 28 页。
⑤《张子全书》，西安：西北大学出版社 2015 年版，第 3 页。
⑥ 黎靖德编：《朱子语类》五，北京：中华书局 1986 年版，第 2013 页。
⑦《王阳明全集》上，上海：上海古籍出版社 2011 年版，第 41 页。

生命之元，还是思维之端。"心有所忆谓之意，意之所存谓之志，因志而存变谓之思，因思而远慕谓之虑，因虑而处物谓之智。"（《黄帝内经·灵枢·本神》）智、虑、思、志、意乃是人的思想形式，其载体乃是心，故曰"心有所忆谓之意"，并因此而生发出种种思维形式，这便是"心思"。"位不期骄，禄不期侈。恭俭惟德，无载尔伪。作德心逸日休，作伪心劳日拙。居宠思危，罔不惟畏，弗畏入畏。"（《尚书·周书·周官》）以德事政便会逸心，以伪事政则劳心。逸心、劳心无非是大脑的两种状态。

由大脑（心）之思而生出观念。"同力，度德；同德，度义。受有臣亿万，惟亿万心；予有臣三千，惟一心。商罪贯盈，天命诛之。予弗顺天，厥罪惟钧。"（《尚书·周书·泰誓上》）三千之众，共有一心。此"心"指观念，意在说明作为观念的"心"源自思维之心。

二 "心"是人类生存之本

本源即源头。对于人类生存而言，人的生存本源便是"心"。在中国传统生存论看来，人的心脏是人类生存之本。心脏为生命体的延续提供动力，在生命体的生存中具有重要地位，是生命体的生存之本。故，"心"是生存之本。

（一）按照中国生命哲学理论，生命的本质在气。"人之生，气之聚也。聚则为生，散则为死"（《庄子·知北游》）。有气则生，无气则亡。生存在于气存。"天之在我者德也，地之在我者气也。德流气薄而生者也。故生之来谓之'精'，两精相搏谓之'神'，随神往来者谓之'魂'，并精而出入者谓之'魄'，所以任物者谓之'心'。"（《黄帝内经·灵枢·本神》）生命在于精气。此精气或曰"神"，或曰"魂"，或曰"魄"。精、神、魂、魄皆是气的不同存在方式。

（二）按照中医理论，气藏于血脉。"黄帝曰：人始生，先成精，精成而脑髓生，骨为干，脉为营，筋为刚，肉为墙，皮肤坚而毛发长，谷入于胃，脉道以通，血气乃行。"（《黄帝内经·灵枢·经脉》）成精即精气形成，有了精气便有血气。或者说，精气存于血气之中，因此《黄帝内经》曰："经脉者，所以能决死生、处百病、调虚实，不可不通也。"（《黄帝内经·灵枢·经脉》）经脉决定人的生死。"夫脉者，血之府也，长则气治，短则气病，数则烦心，大则病进，上盛则气高，下盛则气胀，代则气衰，细则气少，涩则心痛。浑浑革至如涌泉，病进而色弊，绵绵其去如弦绝，死。夫精明五色者，气之华也。"（《黄帝内经·素问·脉要精微论》）血脉昭示了人的生命力，故中医常以号脉来诊断病情。

（三）**血脉源自心脏**。"藏真通于心，心藏血脉之气也"（《黄帝内经·素问·平人气象论》），心藏血脉之气。这也符合现在的生物学理论，心脏为血液的流动提供动力。从中医的角度来看，"心主脉，肺主皮，肝主筋，脾主肉，肾主骨，是谓五主"（《黄帝内经·素问·宣明五气》）。血脉源自心脏。脉象即生命的象征。"心藏脉，脉舍神，心气虚则悲，实则笑不休"（《黄帝内经·灵枢·本神》）。由此，古人得出一个结论，即"心者，生之本"。心乃生存之本或基础，生存始于心。故古人提出："心者，生之本，神之变也，其华在面，其充在血脉，为阳中之太阳，通于夏气。"（《黄帝内经·素问·六节脏象论》）心或心脏乃是生存的本源，心是生物体（包括人类）的生存、生长和生成的动力之源。

三 "心"是人类行为之源

"心"不仅是人类生存的源头，也是人类行为的源头，还是行为的主宰者。人类的生存不仅是生命体的延续，而且是各种行为的集合。人总是有所作为，这种作为便是人为，简称"人"。"人"字的本义是作为生物的人类，这也是古代文献中"人"字最主要的内涵。[1] 然而，除此之外，"人"还有一个重要内涵，即人为。

孔子曰："人而不仁，如礼何？人而不仁，如乐何？"（《论语·八佾》）这里的"人"便是人为。荀子曰："夫贤不肖者，材也；为不为者，人也。"（《荀子·宥坐》）这里的"人"即人类的行为。荀子称这种行为为"伪"：

> 生之所以然者，谓之"性"；性之和所生，精合感应，不事而自然，谓之"性"。性之好、恶、喜、怒、哀、乐，谓之"情"。情然而心为之择，谓之"虑"。心虑而能为之动，谓之"伪"；虑积焉，能习焉，而后成，谓之"伪"。（《荀子·正名》）

人的行为必定与"心"相关，因此是一种有意的活动，这便是"伪"。人的行为就是故意的活动，这便是"人为"。《庄子》曰："天也，非人也。天之生是使独也，人之貌有与也。以是知其天也，非人也。"（《庄子·养生主》）右师断足，不是后天的处罚，而是天生如此，此处的"人"便是"为人事"[2]，即后天的人为。故《庄子》

---

① 宗福邦、陈世铙、萧海波：《故训汇纂》，北京：商务印书馆2003年版，第77—79页。
② 刘文典：《庄子补正》上，北京：中华书局2015年版，第102页。

曰："牛马四足,是谓'天';落马首,穿牛鼻,是谓'人'。"(《庄子·秋水》)人即人事、人的故意活动。人之所以为人,在于其故意的行为或人为。

人的生存是一个有为的过程,有为的活动必然产生于有为心。孔子曰:"回也,其心三月不违仁,其余则日月至焉而已矣。"(《论语·雍也》)积极有为的"仁"以善心为本。孟子曰:"先王有不忍人之心,斯有不忍人之政矣。以不忍人之心,行不忍人之政,治天下可运之掌上。"(《孟子·公孙丑上》)不忍人之心是仁政的基础,对于普通人来说,其发源便是"四端之心":"恻隐之心,仁之端也;羞恶之心,义之端也;辞让之心,礼之端也;是非之心,智之端也。人之有是四端也,犹其有四体也。"(《孟子·公孙丑上》)董仲舒曰:"义者心之养也,利者体之养也。"[1]仁义之行产生于心,故心是人体中最贵重的东西。荀子曰:"耳、目、鼻、口形能各有接而不相能也,夫是之谓'天官'。心居中虚以治五官,夫是之谓'天君'。"(《荀子·天论》)"心"主宰人的感官活动,因而为"天君"。荀子曰:"诚心守仁则形,形则神,神则能化矣。诚心行义则理,理则明,明则能变矣。"(《荀子·不苟》)由心进而成形,产生变化。人心是人的一切行为("行")的基础,也是人类行为的动力源。

人类有为活动最突出的形式是思维。在中国古人看来,思维本源于人心。《黄帝内经》曰:"心有所忆谓之'意';意之所存谓之'志';因志而存变谓之'思';因思而远慕谓之'虑';因虑而处物谓之'智'。"(《黄帝内经·灵枢·本神》)智、虑、思、意乃是人的思想形式,其活动主体乃是心,或者说,"心"是人类思维或意识的源头。孟子曰:"心之官则思,思则得之,不思则不得也。"(《孟子·告子上》)思维等活动产生于心。荀子将心视为"天君","心居中虚以治五官,夫是之谓'天君'"(《荀子·天论》)。所谓"天君",即天生的主宰者。荀子曰:"心者,形之君也,而神明之主也,出令而无所受令。"(《荀子·解蔽》)心主宰人类的一切活动,包括思维,"人何以知道?曰:心。心何以知?曰:虚壹而静"(《荀子·解蔽》)。人天生有心,心能够产生志、梦、知等。认知是人心的本职工作。《大戴礼记》曰:"色也勿为,可能也;心思勿为,不可能也。"(《大戴礼记·曾子立事》)"思"等活动是人心的活动,这便是"为"。王充曰:"一身之神,在胸中为思虑,在胸外为兆数,犹人入户而坐,出门而行也。"[2]思虑是人心的活动,人心能够思考与谋划,即"心思为谋"。[3]心的活动便是一种谋划类的理智性活动。二程曰:"于所主曰心,名

---

① 苏舆:《春秋繁露义证》,北京:中华书局2015年版,第257页。
②③ 王充著,郑绍昌校注:《论衡校注》,上海:上海古籍出版社2013年版,第281页。

其德曰仁。"[1] 心是主宰，这个主宰之心便是意识的源头。朱熹曰："人心是此身有知觉，有嗜欲者。"[2] 心能"知觉"。所谓"知觉"，即"知"、"觉"，作动词用，表示心的活动。活动的结果还被称作"知觉"。朱熹曰："知与意皆出于心。知是知觉处，意是发念处。"[3] 认知为"知"，觉悟为"觉"，认知与觉悟的结果便是"知"和"觉"。理智性的"知"、"觉"源于人心，或者说，人心是人类行为的源头。没有人心，便没有故意的行为，也没有人之生存。

心是人类生存、行为的基础，为生存提供动力。杨泽波主张只有"仁性才能提供动力，而仁性是一个独立的部分，与智性同为道德根据"。[4] 他认为荀子理论因为缺乏仁性而失去了道德动力。我们认为这一判断是不准确的。在荀子那里，不仅有恶性，而且不缺善心，后者便是道德行为的动力源。"心"作为一种气质物，不仅为人的自然生存提供动力，而且为人类的故意行为提供动力。

总之，"心"是人类行为的源头，也是行为的主宰者。合而言之，"心"是人的生存之本源。作为本源的"心"就自然成为中国传统儒家哲学思考的中心主题。儒家哲学史可以说是一部追问本源之心的历史，是一部心学史。故，古人云："圣人之学，心学也。"[5] 此言不虚。在追问本源之心内涵的过程中，传统儒家经历了两个显著不同的阶段，即从经验性本源向超越性本原演变。也正是这种转折，标志着中国传统儒家哲学从经验的人生观与宇宙观向思辨的形而上学转变。两者合起来构成了完整的中国传统儒家心学史。

---

① 《二程集》下，北京：中华书局 2004 年版，第 1174 页。

② 黎靖德编：《朱子语类》四，北京：中华书局 1986 年版，第 1488 页。

③ 黎靖德编：《朱子语类》一，北京：中华书局 1986 年版，第 300 页。

④ 杨泽波：《性恶论的根本困难 —— 从"道德动力学"角度审视荀子学理的内在不足》，载《管子学刊》2021 年第 4 期。

⑤ 《王阳明全集》上，上海：上海古籍出版社 2011 年版，第 245 页。

第二节　以"性"释"心"：先秦儒家的心灵观

先秦时期，儒学家已注意到心灵问题。儒学始于孔子，孔子有"七十而从心所欲，不逾矩"（《论语·为政》）和"回也，其心三月不违仁，其余则日月至焉而已矣"（《论语·雍也》）的论述。孔子虽有"心"的观念，但是并没有对"心"进行详细的论述。《礼记·大学》意识到了心灵在人类生存中的重要作用和基础性地位："自天子以至于庶人，壹是皆以修身为本。"（《礼记·大学》）修身的主要内容便是诚意和正心，心正才能身修，"心"是人类行为的基础性要素。孟子把"心"划分为善良的本心和不好的利欲之心，将本源之心定义为"性"。本心，作为人的先天规定性，同时是人向善成长的基础。孟子的人性论说到底也是一种人心论。荀子也以"性"释"心"，将气质人心分为两类：一类是善心；另一类是利心。但是，荀子很少主动讨论善心，而是更关注利欲之心，并将天生的利欲之心定义为"性"，认为天生利欲之心并不可靠，主张以道来规范人心，注重学习与教化。

一　孔子：儒家心灵观的滥觞

儒学始于孔子。从孔子起，儒家便已经开始关注心灵问题。孔子曰："七十而从心所欲，不逾矩。"（《论语·为政》）一方面，孔子希望能够顺心纵欲、尊重自身的需求；另一方面，他又时时不忘规矩与社会秩序。事实上，在动乱的时代，孔子更强调规矩与原则对人心的约束："回也，其心三月不违仁，其余则日月至焉而已矣。"（《论语·雍也》）在孔子看来，"心"要时时以仁、义、礼为标准，遵从仁义之道，以礼持心。孔子虽然已经开始思考心灵问题，但此时他的认识却相对简单。朱熹评论曰："凡此等皆心所为，但不必更着'心'字。所以夫子不言心，但只说在里，教人做。如吃饭须是口，写字须是手，更不用说口吃手写。"[1]孔子虽然已经有了"心"的观念，但是并没有直接讲"心"（"不言心"）。

---

[1] 黎靖德编：《朱子语类》七，北京：中华书局1986年版，第2541页。

《礼记·大学》意识到心灵在人类生存中的重要作用和基础性地位，并说出了"一个当然"。[1]《大学》曰："物有本末，事有终始。知所先后，则近道矣。"(《礼记·大学》)做事都有先后与本末。对于儒者来说，"古之欲明明德于天下者，先治其国。欲治其国者，先齐其家。欲齐其家者，先修其身。欲修其身者，先正其心。欲正其心者，先诚其意。欲诚其意者，先致其知。致知在格物"(《礼记·大学》)。身修才能够成就天下大事，故"自天子以至于庶人，壹是皆以修身为本"(《礼记·大学》)。修身最重要，而修身的主要内容便是诚意和正心。心正才能身修。"所谓修身在正其心者，身有所忿懥则不得其正，有所恐惧则不得其正，有所好乐则不得其正，有所忧患则不得其正。心不在焉，视而不见，听而不闻，食而不知其味。此谓修身在正其心。"(《礼记·大学》)修身便是正心。心思合理，行为才能合法且可行。正确的心灵是合理与合法行为的基础。"心"是人类行为的基础性要素。"心"是本源。

二 思孟学派：性善与本原之心的确立

本原之心，在孟子那里叫作"性"。孟子认为人天生有气质之心。他从道德的角度对天生的气质人心进行了定性，即分为善恶两类：一类是善良的本心；另一类是不好的利欲之心，也就是我们所说的人心。

人心以利益为基本内容，如民心。孟子曰："民之为道也，有恒产者有恒心，无恒产者无恒心。苟无恒心，放辟邪侈，无不为已。及陷乎罪，然后从而刑之，是罔民也。焉有仁人在位罔民而可为也？是故贤君必恭俭礼下，取于民有制。"(《孟子·滕文公上》)在孟子看来，恒产能够满足人们的心即民心，因此民心的内容便是财产等利益。以物质利益为内容的民心即民众的欲望。孟子曰："桀纣之失天下也，失其民也；失其民者，失其心也。得天下有道：得其民，斯得天下矣；得其民有道：得其心，斯得民矣；得其心有道：所欲与之聚之，所恶勿施尔也。"(《孟子·离娄上》)民心之得失在于是否满足民众的物欲。人心表现为对名与利的追逐和向往。孟子曰：

> 欲贵者，人之同心也。人人有贵于己者，弗思耳矣。人之所贵者，非良贵也。赵孟之所贵，赵孟能贱之。《诗》云："既醉以酒，既饱以德。"言

---

[1] 牟宗三：《心体与性体》上，上海：上海古籍出版社1999年版，第15页。

饱乎仁义也,所以不愿人之膏粱之味也;令闻广誉施于身,所以不愿人之文绣也。(《孟子·告子上》)

人们同心向贵,以名利为企图。心即名利之心。这些便是人心。对人类来说,欲望或人心具有一定的消极性、危险性。因此,孟子曰:"饥者甘食,渴者甘饮,是未得饮食之正也,饥渴害之也。"(《孟子·尽心上》)在孟子看来,人心之害类似于饥渴之伤正味,人心会干扰人们对正常事物的体验,人心还会影响人类的语言表达,即:"诐辞知其所蔽,淫辞知其所陷,邪辞知其所离,遁辞知其所穷。生于其心,害于其政;发于其政,害于其事。圣人复起,必从吾言矣。"(《孟子·公孙丑上》)语言之所以蔽、陷、离、穷,原因在于言说者的谗陷之心、私利之意。既然人欲有弊,孟子便主张纠正:

昔者禹抑洪水而天下平,周公兼夷狄、驱猛兽而百姓宁,孔子成《春秋》而乱臣贼子惧。《诗》云:"戎狄是膺,荆舒是惩,则莫我敢承。"无父无君,是周公所膺也。我亦欲正人心,息邪说,距诐行,放淫辞,以承三圣者。岂好辩哉?予不得已也。能言距杨墨者,圣人之徒也。(《孟子·滕文公下》)

孟子争辩的目的在于"正人心",纠正人们的贪恋私利、有伤正性之心。纠正的方法有两种:一是教化。孟子曰:"仁言不如仁声之入人深也。善政不如善教之得民也。善政,民畏之;善教,民爱之;善政得民财,善教得民心。"(《孟子·尽心上》)孟子主张从观念上改变民心,甚至连君主之心也可以匡正。孟子曰:"人不足与适也,政不足间也。惟大人为能格君心之非。君仁莫不仁,君义莫不义,君正莫不正。一正君而国定矣。"(《孟子·离娄上》)二是寡欲。孟子曰:"养心莫善于寡欲。其为人也寡欲,虽有不存焉者,寡矣;其为人也多欲,虽有存焉者,寡矣。"(《孟子·尽心下》)孟子认为:断除各种人欲,便可以养心。人心、欲望有害而无益,需要受到约束。

本心,从字面意思来看,即作为本、起点、源头的心。所谓"源头"、"起点",即初生之心,或曰"赤子之心"。"赤子之心"又叫"良知"、"良能"。"人之所不学而能者,其良能也;所不虑而知者,其良知也。"(《孟子·尽心上》)本心即人本有之良知、良能、良心。孟子认为:本心具体为"四心"或"四端",即"恻隐之心,仁之端也;羞恶之心,义之端也;辞让之心,礼之端也;是非之心,智之端也。人之有是四端也,犹其有四体也"(《孟子·公孙丑上》)。人天生有恻隐之心、羞恶之心、辞让之心和是非之心,这"四心"分别对应仁、义、礼、智,是仁、义、礼、智之本源和开端。"心"是"仁"。孟子曰:"仁,人心也;义,人路也。"(《孟子·告子上》)仁即本心。心亦是义。孟子曰:"人皆有所不忍,达之于其所忍,仁也;人皆有所不为,达之于其所为,义也。"(《孟子·尽心下》)仁者爱人,无害人之心。义者克己,无穿逾之心。此心即仁义,孝源自此心。孟子曰:

> 古者棺椁无度。中古棺七寸,"椁"称之。自天子达于庶人,非直为观美也,然后尽于人心。不得,不可以为悦;无财,不可以为悦。得之为有财,古之人皆用之,吾何为独不然? 且比化者无使土亲肤,于人心独无恔乎?吾闻之也:君子不以天下俭其亲。(《孟子·公孙丑下》)

厚葬亡亲之孝乃是出于人的内在本心,这便是"天道"。"礼"亦源自此心。万章问曰:

> "敢问交际何心也?"孟子曰:"恭也。"曰:"'却之却之为不恭',何哉?"曰:"尊者赐之,曰'其所取之者义乎,不义乎',而后受之,以是为不恭,故弗却也。"曰:"请无以辞却之,以心却之,曰'其取诸民之不义也',而以他辞无受,不可乎?"曰:"其交也以道,其接也以礼,斯孔子受之矣。"(《孟子·万章下》)

交际之时如果反思"合适与否",这便是不恭敬、不合礼。以礼交际,自然而然,无待思维。本心是人之天生材质。这种美好的天性又叫"天爵":"有天爵者,有人爵者。仁、义、忠、信,乐善不倦,此天爵也;公卿大夫,此人爵也。"(《孟子·告子上》)这是说:仁、义、忠、信(礼、智)等是上天赐予人的,故为天爵。此等天爵,人皆有之。"圣人,与我同类者。"(《孟子·告子上》)人和圣人皆有仁、义、礼、智的本性。它们是人们未来道德仁义的基础。"君子所性,仁、义、礼、智根于心。"(《孟子·尽心上》)人们因此而具备道德。"万物皆备于我矣。反身而诚,乐莫大焉。强恕而行,求仁莫近焉。"(《孟子·尽心上》)万物即万事皆以"我"的本心为基础,沿此至善。比如圣人善养天性,故成为"人伦之至"、道德楷模。许多俗人因为不能善养天性、本心,"放其良心",丧失本心,而沦为群氓。由此看来,孟子之本心为人的先天规定性,并因此成为人生向善成长的基础。作为基础,它无疑是生之本,而生之本恰恰是"心"的内涵之一。

孟子曰:

> 人皆有不忍人之心。先王有不忍人之心，斯有不忍人之政矣。以不忍人之心，行不忍人之政，治天下可运之掌上。所以谓人皆有不忍人之心者，今人乍见孺子将入于井，皆有怵惕恻隐之心。非所以内交于孺子之父母也，非所以要誉于乡党朋友也，非恶其声而然也。（《孟子·公孙丑上》）

人天生具有仁心，即"仁，人心也；义，人路也"（《孟子·告子上》）。这种仁心又是恻隐之心、羞恶之心、辞让之心、是非之心即"四端之心"。这"四端之心"，孟子视之为合理行为的基础：

> 恻隐之心，仁之端也；羞恶之心，义之端也；辞让之心，礼之端也；是非之心，智之端也。人之有是四端也，犹其有四体也。有是四端而自谓不能者，自贼者也；谓其君不能者，贼其君者也。凡有四端于我者，知皆扩而充之矣，若火之始然，泉之始达。苟能充之，足以保四海；苟不充之，不足以事父母。（《孟子·公孙丑上》）

"四端之心"是人类生存的根据和起点，更是人们合理和正确行为的基础。这个基础便是本。孟子还指出："无恻隐之心，非人也；无羞恶之心，非人也；无辞让之心，非人也；无是非之心，非人也。"（《孟子·公孙丑上》）作为本源和基础的"四端之心"是人之所以为人并区别于别物的根据。这种天生固有的、区别人与其他动物的本源性存在，便是孟子所说的"性"。生存，在孟子看来，无非是"尽其心者，知其性也。知其性，则知天矣。存其心，养其性，所以事天也。夭寿不贰，修身以俟之，所以立命也"（《孟子·尽心上》）。尽心即尽性，成人便是成性。成性，不仅能够成圣贤，而且能足够明智。性不仅是生存的基础，而且是智慧的根基。

孟子的人性论，说到底，也是一种人心论。心本论转变为性本论，或者说性本论是心本论的一种演变形态。唐君毅称如果说孟子"即心言性"[1]，毋宁说是孟子以"性"释"心"。心本论向性本论的转向标志着心学向性学的转向。心学向性学的转向，从哲学人类学的角度来说，具有里程碑式的意义。由此，儒家开始借用"人性"概念来思考人的本质等问题。这便是孟子的人禽之辨。关于人的本质问题的思考由此提上了日程。

---

① 唐君毅：《中国哲学原论·原性篇》，北京：中国社会科学出版社2005年版，第15页。

518

三 荀子:性恶与整全之心的确立

荀子也以"性"释"心"。荀子同样将气质人心分为两类:一类是善心;另一类是利心。二者都是气质人心。荀子并不否定人生来有善心,且在一定程度上肯定了它的作用。荀子曰:"故君子之于礼,敬而安之;其于事也,径而不失……仁厚兼覆天下而不闵,明达用天地理万变而不疑,血气和平,志意广大,行义塞于天地之间,仁智之极也。"(《荀子·君道》)君子能够做到心平气和、胸怀开阔而使"义"充塞于世间。这便是君子之心。这种君子之心是一种由善气所构成的材质。这种善的材质,荀子又称之为"仁心","辞让之节得矣,长少之理顺矣;忌讳不称,祆辞不出。以仁心说,以学心听,以公心辨"(《荀子·正名》)。仁心、公心等便是善良的气质之心。荀子认为:这种善良之心,人人都有。"涂之人者,皆内可以知父子之义,外可以知君臣之正,然则其可以知之质,可以能之具,其在涂之人明矣。"(《荀子·性恶》)在荀子看来,人人皆有这些成人或成圣的资质或基础。荀子曰:"夫人虽有性质美而心辩知,必将求贤师而事之,择良友而友之。得贤师而事之,则所闻者尧、舜、禹、汤之道也;得良友而友之,则所见者忠信敬让之行也。"(《荀子·性恶》)人天生具备美好的资质与善心,在此基础上进行提高,便可以成才、成人。人的成长便是养护这种天生的仁心或善性。荀子指出:"君子养心莫善于诚,至诚则无它事矣。唯仁之为守,唯义之为行。诚心守仁则形,形则神,神则能化矣。诚心行义则理,理则明,明则能变矣。变化代兴,谓之'天德'。"(《荀子·不苟》)诚可以养心,被养护的心自然是值得肯定的善心、仁心,故荀子主张"养","夫礼义文理之所以养情也"(《荀子·礼论》)。礼义可以养性情,与礼义相应的性情自然是善的性与情,养心颐情便是养善气、善性。荀子曰:"志意致修,德行致厚,智虑致明,是天子之所以取天下也。"(《荀子·荣辱》)修志意便是扩充善的气质。在荀子看来,善的血气是仁义的本源、成人的基础,这种成人、致善的基础自然是积极的、好的东西。

但是,荀子很少主动讨论善的血气。荀子更关注利欲之心。荀子曰:"故人之情,口好味,而臭味莫美焉;耳好声,而声乐莫大焉;目好色,而文章致繁、妇女莫众焉;形体好佚,而安重闲静莫愉焉;心好利,而谷禄莫厚焉。"(《荀子·王霸》)人人都有好利之心,有这种利欲之心的人"心如虎狼,行如禽兽,而又恶人之贼己也"(《荀子·修身》)。利欲之心甚至可以发展为虎狼之心,从而祸害人类。这种能够为害的心,因其是天然的禀赋,故而荀子将其定义为性:"生之所以然者谓之'性';性之和所生,精合感应,不事而自然谓之'性'。性之好、恶、喜、怒、哀、乐谓之'情'。"(《荀子·正名》)性即天性。它的活动形态便是情和欲等。情包括好利之心。对于这种好利之心，荀子曰："今人之性，生而有好利焉，顺是，故争夺生而辞让亡焉；生而有疾恶焉，顺是，故残贼生而忠信亡焉；生而有耳目之欲，有好声色焉，顺是，故淫乱生而礼义文理亡焉。"(《荀子·性恶》)好利之心常常会带来灾难，因此是坏的。这便是性恶论。在荀子眼中，人性是坏的气质之物，并可能会带来灾难等恶果。对于将荀子人性论概括为性恶论的看法，不少学者表示不完全同意，并做出种种不一样的辩解。有学者将荀子的人性理解为"性朴论"，如已故学者周炽成说："当荀子主张化性起伪，逆性而行时，他对人的自然欲望持否定的态度；而当他主张养欲给求，顺性而行时，他对此持肯定的态度。当他持后一态度时，他实际上否定了性恶论。在这种情况下，他实际上以人的自然欲望为善，或起码以之为不善不恶。此时他变成了性善论者，或性无善无恶论者。"[1]有不少学者持类似观点。"性无善无恶"论将人性视为一块白板，本无善恶，这似乎与性朴之意相合。其实不然，至少从孟子开始，人性便关联了善、恶。孟子以性为善，荀子以性为恶。在荀子这里，人性绝不是白板般的性朴。也有学者认为"《性恶》的主旨是性恶、心善论"[2]，这一观点虽然注意到了荀子人性观念的善恶两面性，但是忽略了心性之间的联系。事实上，在荀子那里，心与性有重合处，或者说，性即恶心。简单地断言心为善并不准确。荀子不仅有心善论，还有好利之心说，好利之心无论如何也不能称为善心。目前的学术界常常将"心"和"性"分开，提出所谓的"心善性恶论"等。这些观点并不准确。性恶论其实也是心恶论。荀子认为，性恶或心恶是人类不良行为的本源。这依然是一种心本论。在荀子这里，"心"和"性"具有部分一致性，即天生的坏心便是人性，"性"也是"心"的一部分。

　　和孟子不同的是，荀子更倡导一种积极有为的人生哲学。这种积极有为的人生观的核心便是有为心，有为心的主要表现便是思维。荀子将"心"比作"天君"，用以主导人类的心灵活动或思维活动。荀子曰："心者，形之君也，而神明之主也，出令而无所受令。自禁也，自使也，自夺也，自取也，自行也，自止也。故口可劫而使墨云，形可劫而使诎申，心不可劫而使易意，是之则受，非之则辞。"(《荀子·解蔽》)在荀子看来，能够思考的心灵，如果没有约束，常常自行其是，就会带来危险，因此"心"并不好，或者可以说"心是坏的"。对自由思考的心灵的定位，其实属于性恶论的一部分，情欲与心等都是不可靠的人性。因此，尽管荀子重视

---

[1] 周炽成：《逆性与顺性 —— 荀子人性论的内在紧张》，载《孔子研究》2003 年第 1 期。

[2] 梁涛：《荀子人性论辨正 —— 论荀子的性恶、心善说》，载《哲学研究》2015 年第 5 期。

心灵的思维作用，但事实上他并不相信"心"的思维功能的合法性或道德性。或者说，对于天然的"心"的活动，荀子并不放心。因此，荀子提出一种心灵之术，即以道来规范人心，教化因此成为必然和必须。

荀子强调学习和教化，教化的机制便是感应，感应是用正声来激发人身上的正气（"顺气"），"感动人之善心"（《荀子·乐论》）。礼乐可以激发善气，感动善心。这种激发，说到底便是扩充人的善的气质，使其正气满怀。荀子指出："君子大心则敬天而道，小心则畏义而节；知则明通而类，愚则端悫而法；见由则恭而止，见闭则敬而齐；喜则和而理，忧则静而理；通则文而明，穷则约而详。"（《荀子·不苟》）君子应扩充本性（"大心"）。

从上述分析来看，《大学》等文献以及孟子、荀子等先秦时期的哲学家已经开始关注心的活动，并试图从哲学的角度揭示"心"的性质、作用等。"心"被理解为人类生存的起点或本源。它具有两个向度，即正确行为的本源和错误活动的本源。前者为善心，后者为恶心。善心或恶心，孟、荀称之为"性"。孟子以善心、善性为正确生存的根基，而荀子以恶性、恶心为错误活动的本源。这便是以"性"释"心"。其中，"心"与"性"不是分离的，而是部分重叠的。在孟子那里，成人便是成德性，成性便是尽善心；在荀子那里，修身便是化恶性，化恶性便是改造坏心。与此同时，人心的思维功能也开始显露。在这个时期，人心在人类生存与实践中的基础性地位逐步得到揭示，心学逐渐转向性学或人性论，人性论或与之相关的讨论直接引导出了人的本质观念。

第三节 有无之辨:汉魏儒家的心灵哲学

汉儒更重视理智心或有为心。有为心是人类有意而主动行为的动力或基础。有为心首先是气质人心,其首要功能便是生存之本。人的生存不仅是生命的延续,而且表现为各种社会性行为。这些行为尤其是正确行为的基础便是有为心。有为心不仅是道德仁义之本,而且是认知思维之本。

玄学家将人心分为自然心与有为心。其中,自然心(即性)为生存提供保障,有为心为人类的积极进取提供动力。针对汉代儒家过度重视有为心所带来的弊端,玄学家用本末论范式调整了自然心与有为心的关系,强调自然心是本,有为心及其所产生的活动如仁义之道等为末,认为在自然心的作用下,人文礼教等可自然形成。这便是崇本举末论。这种本末论发端于王弼,但并不成熟,到嵇康、郭象等人加以阐发后才逐渐成熟与完善。从心性关系来看,玄学属于儒家发展的新形态。

一 汉代儒家与"有为之心"

中国传统哲学认为:心是人类生存之本,而人的生存至少分为两个视角,即自然的生物生存和有意的人类行为。人类的生存不仅是自然生命的延续,还是一种有意的活动。这些有意的活动行为同样产生于人心,这便是有为心。有为心是人类有意而主动行为的动力或基础。

(一)有为心首先是气质人心。这种气质人心说到底便是扩充人的善的气质,使其正气满怀。对于人类而言,其首要功能便是生存之本。董仲舒曰:"故君子道至,气则华而上。凡气从心。心,气之君也,何为而气不随也。是以天下之道者,皆言内心其本也。故仁人之所以多寿者,外无贪而内清净,心和平而不失中正,取天地之美以养其身,是其且多且治。"[1] 心是生存之本,这便是心的生存功能。它的主要职能是延续生命,养心便是养身与长寿的主要手段。从传统儒家的生

---

① 苏舆:《春秋繁露义证》,北京:中华书局2015年版,第442—443页。

存哲学来看,生命在于气。"故养生之大者,乃在爱气。气从神而成,神从意而出。心之所之谓意,意劳者神扰,神扰者气少,气少者难久矣。故君子闲欲止恶以平意,平意以静神,静神以养气。气多而治,则养身之大者得矣。"[①] 养生便是养心、养气、养精神。精神或人心是生命的核心,养心便能够长生。

(二)人的生存不仅是生命的延续,还表现为各种社会性行为。这种行为尤其是正确行为的基础便是有为心。董仲舒将这种作为本源的有为心叫作"性"。董仲舒曰:"性有善端,动之爱父母,善于禽兽,则谓之善。此孟子之善。循三纲五纪,通八端之理,忠信而博爱,敦厚而好礼,乃可谓善。此圣人之善也……质于禽兽之性,则万民之性善矣;质于人道之善,则民性弗及也。万民之性善于禽兽者许之,圣人之所谓善者弗许。"[②] 董仲舒提出人性有善端。这其中至少包含两层内涵:其一,善良行为的基础出自人性。这便是性有善端。其二,人性不仅有善端,而且有恶端。人性是善恶混杂之物。其中的善端便是仁心。董仲舒曰:"栣众恶于内,弗使得发于外者,心也。故心之为名栣也。人之受气苟无恶者,心何栣哉?吾以心之名,得人之诚。人之诚,有贪有仁。仁贪之气,两在于身。身之名,取诸天。天两有阴阳之施,身亦两有贪仁之性。天有阴阳禁,身有情欲栣,与天道一也。"[③] 心如栣能够让人们扬善气而抑制恶气。据此,董仲舒高度肯定了"心"在生存中的积极作用,"心"因此获得了肯定。董仲舒曰:"天之生人也,使人生义与利。利以养其体,义以养其心。心不得义不能乐,体不得利不能安。义者心之养也,利者体之养也。体莫贵于心,故养莫重于义,义之养生人大于利。"[④] 只有"义"才能够和"心"相匹配,"心"的活动能够带来仁义,仁义的本源便是仁心。"何谓仁?仁者憯怛爱人,谨翕不争,好恶敦伦,无伤恶之心,无隐忌之志,无嫉妒之气,无感愁之欲,无险诐之事,无辟违之行。故其心舒,其志平,其气和,其欲节,其事易,其行道,故能平易和理而无争也。如此者谓之仁。"[⑤] 仁便是善心或仁心的扩充与完善。董仲舒曰:"仁,天心。"[⑥] 这并非说仁即天心,而是说仁产生于天心。天心的活动结果便是仁,心是仁的本源。这种仁心说可以说是孟子人性论的继承与发展。

(三)人心不仅是道德仁义之本,而且是认知思维之本。这便是人心的另一个功能,即认知或思维。董仲舒曰:"乍哀乍乐,副阴阳也;心有计虑,副度数也;行有伦理,副天地也。此皆暗肤着身,与人俱生,比而偶之弇合。于其可数也。"[⑦] 董仲舒意识到"心"具有思维功能。和以往的儒家相比,董仲舒更重视"智"的作

①②③④⑤⑥⑦ 苏舆:《春秋繁露义证》,北京:中华书局2015年版,第446、295—297、286—288、257、252—253、158、350页。

用："何谓之智？先言而后当。凡人欲舍行为，皆以其智先规而后为之。其规是者……智者见祸福远，其知利害蚤，物动而知其化，事兴而知其归，见始而知其终，言之而无敢哗，立之而不可废，取之而不可舍，前后不相悖，终始有类，思之而有复，及之而不可厌。"[①] 这里的"智"类似于现在所说的"理智"与"智慧"。重视理性必然重视心灵的理性作用。对理智心的重视反映了董仲舒积极有为的人生观或人生态度。以理智为形态的有为心追求智慧。这种生存与智慧的结合，便是神、圣。扬雄曰：

> 或问"神"。曰："心。""请问之。"曰："潜天而天，潜地而地。天地，神明而不测者也。心之潜也，犹将测之，况于人乎？况于事伦乎？""敢问潜心于圣。"曰："昔乎，仲尼潜心于文王矣，达之。颜渊亦潜心于仲尼矣，未达一间耳。神在所潜而已矣。"天神天明，照知四方；天精天粹，万物作类。人心其神矣乎？操则存，舍则亡。能常操而存者，其惟圣人乎？圣人存神索至，成天下之大顺，致天下之大利，和同天人之际，使之无间也。[②]

（四）圣人存神，存神即是尽心。尽心者不仅能够长寿而神，而且能够无所不能而神。心是因，圣是果。操心而成圣，舍之而无成。这里的"心"类似于孟子的"性"。它不仅是生存的基础，而且是智慧的源头。汉儒更重视理智心或有为心。

二　魏晋玄学与"无心之心"

心灵问题依然是魏晋玄学家关注的中心问题之一。玄学家将人心分为自然心与有为心。其中，自然心即性为生存提供保障，有为心为人类的积极进取提供动力。针对汉代儒家过度重视有为心所带来的弊端，玄学家用本末论范式调整了自然心与有为心之间的关系，强调自然心或性是本，有为心及其所产生的活动如仁义之道等为末。在自然心的作用下，人文礼教等自然形成。

人类有为心最突出的表现便是理智活动。理智活动体现于人的日常生活与实践中，比如国家治理。王弼曰："智，犹治也，以智而治国，所以谓之贼者，故谓之智也。民之难治，以其多智也，当务塞兑闭门，令无知无欲。而以智术动民。

① 苏舆：《春秋繁露义证》，北京：中华书局2015年版，第253页。
② 汪荣宝：《法言义疏》上，北京：中华书局1987年版，第137—141页。

邪心既动，复以巧术防民之伪，民知其术，防随而避之，思惟密巧，奸伪益滋，故曰：'以智治国，国之贼'也。"①智即治，是指人类有意的行为。它以心思缜密的方式，借助于制度而治国，属于典型的理性活动。王弼曰："心怀智而腹怀食，虚有智而实无知也。"②"心怀智"即心灵刻意思考。人类的思考活动常常体现了人的个性化想法与欲求。郭象谈到有为心的问题时曰："彼我之心，竞为先识，无复任性也。"③彼我之心即认知心。郭象将这种认知心叫作"心术"："耳目，外也；心术，内也。"④内在之心指导人的感觉与活动。郭象进一步指出："夫心之足以制一身之用者，谓之成心 …… 人自师其成心，则人各自有师矣。人各自有师，故付之而自当。"⑤人人都有"成心"。所谓"成心"，即已有之心。它主要指自己认可的、成为行为指南的是非之心，又叫"师心"。按照现代人类学的观点，理性的人类总是在理性指导下生存。这种生存便是"师其成心"。郭象曰："任其自然，天也；有心为之，人也。"⑥有心之举便是故意、人为的活动，简称"人"。在一定程度上，这种定义揭示了人类的某些基本性质，即人类的生存并非自然的生生不息，而是一种积极有为的生存。不过，郭象曰："有为而致恶者乃是人。"⑦故意而有为的行为未必是好事。

这种与自然心相矛盾的、体现人类活动性质的积极有为之心或思虑之心，在玄学家那里并没有获得认可或肯定。王弼曰："夫在智则人与之讼，在力则人与之争。智不出于人而立乎讼地，则穷矣；力不出于人而立乎争地，则危矣。"⑧智力常常带来纷争、带来危险。"前识者，前人而识也，即下德之伦也。竭其聪明以为前识，役其智力以营庶事，虽德其情，奸巧弥密；虽丰其誉，愈丧笃实。劳而事昏，务而治薉，虽竭圣智而民愈害。"⑨各种主观的理性活动，哪怕是圣人之智，也有害。因此，王弼主张放弃主观理性的活动，这便是"无心"。

嵇康同样不认同有为心。嵇康以养生为标准，认为人为的、理性的活动有害于养生。嵇康曰：

> 所以贵智而尚动者，以其能益生而厚身也。然欲动则悔吝生，智行则前识立；前识立则志开而物遂，悔吝生则患积而身危。二者不藏之于内而接于外，祇足以灾身，非所以厚生也。夫嗜欲虽出于人，而非道〔德〕之正。

---

① ② ⑧ ⑨ 王弼著，楼宇烈校释：《王弼集校释》，北京：中华书局 2009 年版，第 168、8、130、94—95 页。

③ ④ ⑤ ⑥ ⑦《二十二子》，上海：上海古籍出版社 1986 年版，第 49、64、16、66、65 页。

犹木之有蝎,虽木之所生,而非木之宜也。故蝎盛则木朽,欲胜则身枯。①

崇尚理智、过分追求并不是厚生之道,而是灾身之源。因此,嵇康对有意的活动态度消极,比如是非。嵇康指出:"夫称君子者,心无措乎是非,而行不违乎道者也。何以言之?夫气静神虚者,心不存于矜尚;体亮心达者,情不系于所欲。"无心于是非,即放弃是非认识或判断,便能符合大道、顺性自然。这便是越名教而任自然。嵇康曰:"然则欲与生不并久,名与身不俱存,略可知矣。"自然之生与人为之欲是矛盾的。嵇康指出:"是故傲然忘贤,而贤与度会;忽然任心,而心与善遇;傥然无措,而事与是俱也。"虚心而无心,即摒弃是非、善恶之心思,守此无为之心,才能自然而安。

阮籍与郭象亦持此论断。阮籍认为刻意的人为之道和自然之理常常是相悖的。阮籍曰:"是以作智造巧者害于物,明是考非者危其身,修饰以显洁者惑于生,畏死而崇生者失其贞。"②最好的方式是无善无恶,即放弃理智与是非判断。郭象主张不用心或去心。他区别了"心"与"性",曰:"任性自生,公也;心欲益之,私也。""性"乃是人类的共性,"心"则是人的私欲。二者有所区别。私欲之心便是有为心。在郭象看来,这些活动或心术,"夫全形抱生,莫若忘其心术,遗其耳目"③,"夫心以用伤,则养心者,其唯不用心乎"④。用心便会伤害心,故郭象主张无心:"夫圣人之心,极两仪之至会,穷万物之妙数。故能体化合变。无往不可,磅礴万物,无物不然。世以乱故求我,我无心也。我苟无心,亦何为不应世哉!"⑤无心便可以无拘泥。"无心故至顺,至顺故能无所将迎而义冠于将迎也。"⑥无心即无主观刻意,顺其自然。无心即游心:"然遗天下者,固天下之所宗。天下虽宗尧,而尧未尝有天下也,故眢然丧之,而尝游心于绝冥之境,虽寄坐万物之上,而未始不逍遥也。"⑦所谓"游心"中的"心",与其说是思维之心,毋宁说是生存之心或性。游心即随心或顺性,郭象曰:"直无心而恣其自化耳,非将迎而靡顺之。"⑧无心即任由自然,而非刻意去做。刻意便是"迎","不将不迎,则足而止"。⑨放弃刻意便是无心,无心即任性,"言夫无心而任化,乃群圣之所游处"。⑩无心而任自然便可以成圣。

玄学家倡导无心,并非说不要心,而是主张一种无心之心,即没有思虑的自

---

① 嵇康著,夏明钊译注:《嵇康集译注》,哈尔滨:黑龙江人民出版社1987年版,第58页。
② 阮籍著,陈伯君校注:《阮籍集校注》,北京:中华书局2014年版,第121页。
③④⑤⑥⑦⑧⑨⑩《二十二子》,上海:上海古籍出版社1986年版,第64、39、14、63、14—15、63、63、63页。

然心，这种自然心或生存心便是人性。王弼曰："若以情近性，故云性其情。情近性者，何妨是有欲。若逐欲迁，故云远也。若欲而不迁，故曰近。但近性者正，而即性非正，虽即性非正，而能使之正。譬如近火者热，而即火非热，虽即火非热，而能使之热。能使之热者何？气也，热也。能使之正者何？仪也，静也。"① 不失真的活动发于性。这种人性的活动体现了人类行为的自然性或必然性，这便是"性其情"。所谓"性其情"，即一切行为与活动皆顺从自然之性。在嵇康看来，人性是人类行为的根本。嵇康曰："夫人之相知，贵识其天性，因而济之。"② 知性便可以知人。对于生存而言，"性"是基础。嵇康曰："故君子百行，殊涂而同致；循性而动，各附所安。"③ 循性而动，便能够安心、安身。郭象曰："初，谓性命之本。"④ 初即性，为生存之本源。既然性是本源，任性便是一种必然，任自然即顺天性。郭象曰："夫使耳目闭而自然得者，心知之用外矣。"⑤ "自然得"即获得固有之性，又叫"真德"，"夫真德者，忽然自得而不知所以德也"。⑥ 顺性自然而获得之德才是"真德"。"真德"即全性。所谓"全性"即是率性，"率性而动，动不过分，天下之至易者也；举其自举，载其自载，天下之至轻者也"⑦ 率性而为便能全性、成性。全性、成性又叫"率性"。郭象又将这种全性真德称作"率心"。"率心为德，犹之可耳；役心于眉睫之间，则伪已甚矣。"⑧ 率心其实就是率性，任由自然之心或自然本性。自然人心即自然本性。"心"即"性"。

"性"是气质之物。顺性便是尽性命。这种尽性命不仅有道德内涵，而且有自然内涵，其自然价值便体现于长生中。长生是魏晋时期玄学家最关注的话题之一。在王弼看来，重生存心而轻有为心的真正原因在于养神。王弼曰："故将得道，莫若守朴。夫智者，可以能臣也；勇者，可以武使也；巧者，可以事役也；力者，可以重任也。朴之为物，愦然不偏，近于无有，故曰'莫能臣'也。抱朴无为，不以物累其真，不以欲害其神，则物自宾而道自得也。"⑨ 以无心为心，便能不害其神。所谓"不害其神"，其目的便是养神而长生。生存是第一位的。嵇康曰："夫神仙虽不目见，然记籍所载，前史所传，较而论之，其有必矣。似特受异气，禀之自然，非积学所能致也；至于导养得理，以尽性命，上获千余岁，下可数百年，可有之耳。"⑩ 尽性命可以长寿。嵇康曰："是以君子知形恃神以立，神须形以存；

---

① ⑨ 王弼著，楼宇烈校释：《王弼集校释》，北京：中华书局 2009 年版，第 631—632、81 页。

② ③ ⑩ 嵇康著，夏明钊译注：《嵇康集译注》，哈尔滨：黑龙江人民出版社 1987 年版，第 275、271、45 页。

④ ⑤ ⑥ ⑦ ⑧《二十二子》，上海：上海古籍出版社 1986 年版，第 49、22、83、24、83—84 页。

悟生理之易失，知一过之害生；故修性以保神，安心以全身，爱憎不栖于情，忧喜不留于意，泊然无感而体气和平，又呼吸吐纳，服食养身，使形神相亲，表里俱济也。"[1]长生便是保神，保神便是修性，尽性命而长生。郭象主张通过无心而全神。郭象曰："夫神全心具，则体与物冥。"[2]神全心具，与万物相冥合。圣人之心与万物合为一体。这便是郭象所追求的生存状态。这种融合，从天人观的角度来说，便是万物一体。万物一体也是一种尽性命，享尽自然之禀赋。这便是寿命或受命。享尽寿命者便是长生之人。

玄学家之所以批评有为心及其活动，原因在于有为心与长生之间的张力和矛盾。在魏晋时期，长生成为其思想的主旋律。如何活着、如何长生成为玄学家关注的焦点。在中国传统哲学看来，无论是自然的生理性生存，还是儒家所崇尚的道德性生存，最终都立足于自然心，也就是人性。人性问题逐渐成为玄学家最关注的内容。王弼曰："静则复命，故曰'复命'也。复命则得性命之常，故曰'常'也。"[3]命即生命、寿命，在于性，故而有"性命"之说。如何确保性命之常呢？其主要在于静而复性或顺性。复性或顺性才有利于生存或长寿。顺性即无为。王弼曰："抱朴无为，不以物累其真，不以欲害其神，则物自宾而道自得也。"[4]无为而顺性自然，便能不害其神，有助于长生。即便是圣人的生存也应顺性自然。王弼认为："圣人达自然之性，畅万物之情，故因而不为，顺而不施。"[5]人性是人类生存的根据或基础，生存便是顺性、全性。此时的生存，不仅指自然的寿命，而且指向道德的人生（圣人）。阮籍曰："养性延寿，与自然齐光，其视尧舜之所事若手中耳。"[6]长寿在于养性。养性不仅可以使人长寿，而且能够使人成为圣贤。因此，这种本源之性显然是道德之性。阮籍甚至提出："性者，五行之正性也。"[7]人天生禀气而形。禀气之中，性为正气。顺性而为，不仅长寿，而且合大人之道。这里的人性更近似于孟子之善性。嵇康明确提出了重生思想："然使左手据天下之图，右手旋害其身，虽愚夫不为；明天下之轻于其身，酒色之轻于天下，又可知矣。"[8]富贵与生命相比，生命高于一切。长生的关键在于养性。嵇康相信通过修炼可以长寿或不死。嵇康曰："至于导养得理，以尽性命，上获千余岁，下可数百年，可有之耳。"[9]尽性可以长寿，尽性便是养神。嵇康曰："故修性以保神，安

①⑧⑨ 嵇康著，夏明钊译注：《嵇康集译注》，哈尔滨：黑龙江人民出版社1987年版，第46、63、45页。

② 《二十二子》，上海：上海古籍出版社1986年版，第12页。

③④⑤ 王弼著，楼宇烈校释：《王弼集校释》，北京：中华书局2009年版，第36、24、77页。

⑥⑦ 阮籍著，陈伯君校注：《阮籍集校注》，北京：中华书局2014年版，第161、141页。

心以全身。"① 按照传统生命哲学，生存便是存神气，故长生便是保神，而保神的方法便是修性。长寿在于养性。这个长生之性，嵇康又将其称作"心"。嵇康曰："世故纷纭，弃之八戎。泽雉虽饥，不愿园林。安能服御，劳形苦心。身贵名贱，荣辱何在？贵得肆志，纵心无悔。"② 这里的苦心、纵心显然是指血肉心、自然心。从中国传统哲学来看，这种生存本源的自然心也是自然之性。嵇康指出："故世之所患，祸之所由，常在于智用，不在于性动。今使瞽者遇室，则西施与嫫母同情；愦者忘味，则糟糠与精粹同甘；岂识贤、愚、好、丑，以爱憎乱心哉？"③ 在此，爱憎所乱之"心"与性动之"性"没有区别。此心即"性"。对于自然之性，嵇康十分重视："故君子百行，殊涂而同致。循性而动，各附所安。"④ 君子循性而动，便能够安心、安身。这里的"性"指君子之性，显然具有道德属性。这种道德之性近似于孟子性本论，却有别于老庄之说。郭象将人性视为生存之初，即"初谓性命之本"。⑤ 初即性，为生存之本源。按照中国传统思维模式，人性作为本源之性，天然成为主宰者，具有决定性地位。性即决定者，一切皆由性定。性定即顺性或"任性"。⑥ "任性"又称"率性而动"。⑦ 率性而为便能全性，保全天生之性，成就天生之命。率性又称"率心"，"率心为德，犹之可耳"。⑧ 率性或率心所依据的皆是自然之禀赋。对于率性或率心的结果，郭象称之为"大均"。⑨ 所谓"大均"，从生命的角度来说便是长生，从社会的角度来说便是安治，其中包含着道德性。郭象曰："苟足于天然而安其性命，故虽天地未足为寿而与我并生，万物未足为异而与我同得。"⑩ 顺性而为，能够长生。只有养性才能够长寿。这体现了"性"与自然生存的关系，即顺性能够长生。不仅如此，郭象将人性与儒家的仁义联系起来，曰："夫仁义者，人之性也。"⑪ 仁义以人性为本源。郭象曰："忘赏罚而自善，性命乃大足耳。"⑫ 尽性可以完善自身。这种完善不仅指生命的延长，还包括道德上的肯定。性即德性。从社会的角度来说，"因其性而任之则治，反其性而凌之则乱"。⑬ 顺性便会天下治。此性因此获得了道德性。郭象甚至提出："所以迹者，真性也。夫任物之真性者，其迹则《六经》也。"⑭ 在这里，儒家的《六经》获得了肯定。从人性的道德性角度来看，郭象说的人性像极了孟子说的人性。"性"不仅是自然生存的基础，而且是道德生存的根据。因此，以王弼、何晏、嵇康、阮籍、郭象等为代表的玄学家都重自然心而轻有为心，将自然心也就是我们所说的人性看作是本，将有为心看作是末。

---

①②④ 嵇康著，夏明钊译注：《嵇康集译注》，哈尔滨：黑龙江人民出版社 1987 年版，第46、14、271 页。

③ 王弼著，楼宇烈校释：《王弼集校释》，北京：中华书局 2009 年版，第 62 页。

⑤⑥⑦⑧⑨⑩⑪⑫⑬⑭ 庄子著，郭象注，成玄英疏：《庄子注疏》，北京：中华书局 2011 年版，第 301、83、100、550、456、44—45、281、201、215、288 页。

第四节　天地之心：宋代理学家的心灵哲学

魏晋万物一体观的产生，从思想史的角度来看，无疑是一场革命。至此，人类和天地之间由早期的"天主人从"关系转变为"手足同胞"关系，人类取得了与天地平等的地位。那么，究竟谁来主导或主宰这个一体之物的生存呢？这便是摆在宋明理学家面前的时代问题。为了回答这个问题，早期的理学家找到了一个传统术语，即"天地之心"。[①]"天地之心"的字面意思指天地宇宙的心脏，其较早的出处有二：一是《周易·复卦·象传》中的"复，其见天地之心乎"；二是《礼记·礼运》中的"人者，天地之心也"。先秦以降对"天地之心"有多种诠释[②]，或释以"动"、"生"，或释以"静"、"无"，或释以"人"。前两种诠释都源自《周易》，因复卦下震上坤，群阴剥尽，一阳来复，阴极阳生，阴极则静，阳生则动，故有两种意见之分歧；第三种诠释则主要沿革《礼记》的路子。"天地之心"是宇宙生存的源头和主宰，探讨"天地之心"逐渐成为理学家们最重要的任务。

一　邵雍："心"为太极

最初，人们依然按照传统思路来追问宇宙本源或"天地之心"。邵雍说："元有二：有生天地之始，太极也；有万物之中各有始者，生之本也……天地之心者，生万物之本也。"[③]天地之心即宇宙万物生存之本。作为本源的天地之心便可以理解为宇宙万物的决定者。

在两首同样命名为《冬至吟》的诗作中，邵雍曾对"天地之心"予以集中论述。其一："冬至子之半，天心无改移。一阳初起处，万物未生时。玄酒味方淡，大音声正希。此言如不信，更请问庖牺。"[④]其二："何者谓之几，天根理极微。今年初尽处，明日未来时。此际易得意，其间难下辞。人能知此意，何事不能知？"[⑤]"天

---

① 关于"天地之心"的起源及其内涵，参见沈顺福撰《"天地之心"释义》，载《中原文化研究》2016年第4期。

② 陈来：《宋明儒学的"天地之心"论及其意义》，载《江海学刊》2015年第3期。

③《邵雍全集》叁，上海：上海古籍出版社2015年版，第1240页。

④⑤《邵雍全集》肆，上海：上海古籍出版社2015年版，第380、360页。

地之心"在这两首诗中写作"天心"、"天根"。从邵雍的诠释来看,其思路构成了对《周易》和《礼记》两种路向的扬弃。邵雍指出:"天地之心"出现于"冬至子之半",冬至是一年之中白昼最短、黑夜最长的一天。冬至过后,白昼逐渐伸长而黑夜逐渐缩短。"阳"象征白昼,"阴"象征黑夜,故可说冬至之日"阴极"而"阳生"。这种诠释路向主要接续《周易》而来,《周易·复卦·象传》所谓"先王以至日闭关,商旅不行,后不省方"便指效法复卦,在冬至休养生息。邵雍说"此际易得意,其间难下辞",确实中肯,因为在经验世界中不可能找到一个具体而确凿的分界时点,所以只能勉为其难地将其描述为"今年初尽处,明日未来时";"一阳初起处,万物未生时",亦只能将其描述为一个"由 A 而 B"的变化过程。

可见,"天地之心"的"变化"义 —— 确切地说是"之所以变化"义 —— 是邵雍特别看重的,因其构成了天地万物生成衍化的根据。尽管"天地之心"从宇宙论而来,但它并不仅仅是气论意义上的"太极"或"道",即并不仅仅是经验性存在,更是天地万物"变易"之"理",此"理"极为微妙,"《易》之首于乾坤,中于坎离,终于水火之交、不交,皆至理也"。[1] 作为至理的"天地之心"体现在"动静"之中。邵雍说:

> 人皆知天地之为天地,不知天地之所以为天地。不欲知天地之所以为天地则已,如其必欲知天地之所以为天地,则舍动静将奚之焉!夫一动一静者,天地至妙者欤!夫一动一静之间者,天地人至妙至妙者欤!是故知仲尼之所以能尽三才之道者,谓其行无辙迹也。[2]

若想探寻"天地之所以为天地",亦即天地之理、天地之道,必须从"动静"处下手。邵雍说:"天,生于动者也。地,生于静者也。一动一静交而天地之道尽之矣。动之始则阳生焉,动之极则阴生焉。一阴一阳交而天之用尽之矣。静之始则柔生焉,静之极则刚生焉。一柔一刚交而地之用尽之矣。"[3] "动静"生出"阴阳"与"柔刚","天地"便产生于"阴阳"、"柔刚"的交合之中,故"一动一静之间"即动静交合之变化规律是天、地、人之"至妙至妙者",是天地之道、天地之理。邵雍一笔带过的这一点后来被其子邵伯温说透了:

> 世儒昧于《易》本,不见天地之心,见其一阳初复,遂以动为天地之心,乃谓天地以生物为心。噫,天地之心何止于动而生物哉!见其五阴在上,

---

①②③《邵雍全集》叁,上海:上海古籍出版社 2015 年版,第 1238、1157、1146 页。

遂以静为天地之心，乃谓动复则静，行复则止。噫，天地之心何止于静而止哉！为虚无之论者，则曰天地以无心为心。噫，天地之心一归于无，则造化息矣。盖天地之心，不可以有无言，而未尝有无，亦未尝离乎有无者也；不可以动静言，而未尝动静，亦未尝离乎动静者也。故于动静之间，有以见之。然动静之间，间不容发，岂有间乎！惟其无间，所以为动静之间也。①

"天地之心"既不可释以"动"、"生"，又不可释以"静"、"止"，更不可释以"虚无"，而应释以"一动一静"、"动静之间"，这在一定程度上展现出使"天地之心"摆脱经验色彩的努力。在不滞泥于经验性动静的变易之"理"的意义上理解"天地之心"，则邵雍"心为太极"、"道为太极"②话语下的"心"、"道"、"太极"等概念便被赋予了不同于"气"的新内涵，它们都可以在"理"的意义上获得新的释义，这是邵雍哲学相较汉唐哲学的新见。

作为"理"的"天地之心"如何与经验世界发生联系，或者说"心"、"迹"如何为一，这是邵雍哲学需要解决的问题。邵雍的解决思路是引入"体用"思维。他说："用也者，心也。体也者，迹也。"③"迹"是"体"，指涉经验世界中有形有象之物，其实质是"气"；"心"是"用"，指涉有形有象之物背后的规律、法则或依据，其实质是"神"或"理"。"体在天地后，用起天地先。"④"用"先于"体"而在，是"体"的依据；"体"是"用"的呈现。"理气"、"心迹"这两对"关系范畴"都可以在这种范式下得以确立。可以说，通过引入"体用"思维，邵雍哲学中经验论与存在论的张力得到了一定程度的缓解。当然，与后来的程朱理学相比，邵雍的"体用"观思辨性仍嫌不足。

"天地之心"来自宇宙论，但邵雍要将其最终落实到人间。既然"天地之心"是天地万物之至理，那么所谓的"观之以理"也就是"观之以'天地之心'"。"观之以'天地之心'"并非指通过某种特定存在来观物，而是指合乎道理地观物。合理地观物便是"以物观物"，便实现了对"以我观物"的超越，而能够合理地观物的人便是圣人，"圣人之心"与"天地之心"具有内在的一致性。邵雍说："其(指圣人——引者注)能以一心观万心，一身观万身，一物观万物，一世观万世者焉。又谓其能以心代天意，口代天言，手代天功，身代天事者焉。又谓其能以上顺天时，下应地

---

① 黄宗羲著，全祖望补修：《宋元学案》壹，北京：中华书局1986年版，第474—475页。
②③《邵雍全集》叁，上海：上海古籍出版社2015年版，第1214、1153页。
④《邵雍全集》肆，上海：上海古籍出版社2015年版，第282页。

理，中徇物情，通尽人事者焉。又谓其能以弥纶天地，出入造化，进退今古，表里时事者焉。"①圣人"无所不能"，正是因为"圣人之心"合于"天地之心"。如果说"天地之心"更多强调的是"理"，那么"圣人之心"更多强调的是人之为人的规定性——"性"，二者之"合"正是"人兼乎万物而为万物之灵"②的哲理依据。在此意义上，邵雍的"天地之心"又隐现着《礼记》的"人者，天地之心"观念的影子。作为"理"的"天地之心"最终要落实到人心——"圣人之心"上。可以说，邵雍在"心"的问题上实现了天人之间的贯通。

总之，邵雍认为天地万物的奥秘隐藏于"天地之心"中，唯有圣人能合天心、顺至理，也唯有圣人能以物观物，尽得观物之乐，于是其苦心经营的理论体系最终落脚在学为圣人，尤其是学为仲尼上。尽管邵雍亲近道家、借鉴佛教，在对"理"、"心"等概念的界定上也不像后来的程、朱、陆、王的论述那样清晰，其作为广义理学思潮的一员并不那么典型，但其理论建构是推天道以明人事，旨在实现世界本原与儒家伦理的超越性贯通，以求找到儒家仁义的形上根据与践履工夫。"学为仲尼"、"仁配天地"等主张表明邵雍真真切切地属意儒家，他是名副其实的理学开拓者，是宋明心学的先声。

二 张载：太虚者心之实

张载指出："心，内也。其原在内，时则有形见。情则见于事也，故可得而名状……'天地之大德曰生'，则以生物为本者，乃天地之心也。地雷见天地之心者，天地之心惟是生物，'天地之大德曰生'也。"③张载认为：天地之心即万物生存之本。它不仅是宇宙生成的本源，也是宇宙生存的决定者。既然宇宙有一个决定之心，把住了它似乎就可以主宰世界了。于是，张载豪迈地提出："为天地立心，为生民立道，为去圣继绝学，为万世开太平。"④传统学术界常常从现代意识出发，以为"为天地立心"的意思是为宇宙提供一个大脑或心脏，这种违背科学常识的观念无法得到现代人的接受与认可。事实上，张载的此番誓言仅仅表示：我们人类不仅想要掌握自己的命运，而且期待着成为宇宙世界的主宰者。这便是"为天地立心"的雄心所在，所立之心便是"天地之心"。

"为天地立心"寄托着张载重建儒家伦理本原的雄心，其背后隐含着对佛、道

---

①②《邵雍全集》叁，上海：上海古籍出版社 2015 年版，第 1149、1214 页。
③④《张子全书》，西安：西北大学出版社 2015 年版，第 148、259 页。

两家有针对性的批判,因为两家的虚空信仰正落实于"心"。就道家而言,老子主张"虚其心",也就是使"心"无思无欲;就佛教而言,"三界唯心"、"万法唯心(识)"等说法意味着缘起之"心"是世界的终极根据。总而言之,佛、道两家的虚空信仰都建基于"心"的虚空不实。在张载看来,"凌空蹈虚"的观念或信仰存在诸多弊端,如使人以人生为幻妄、以有为为疣赘、以世界为荫浊,遂厌而不有,遗而弗存,进而不察人伦、不明庶物、忽治乱德、异言满耳,上无礼以防其伪,下无学以稽其弊。一言以蔽之,人间将因此悖乱无序。基于这样的判断,张载试图在否定佛、老的同时重建儒家伦理的本原。

张载提出"太虚者心之实"的命题,以至实"太虚"赋予"心"以实在性,从而形成对佛、道两家伦理观念之哲理基础的批驳。"太虚"何以是"心之实"?张载从"虚即德"、"虚即诚"、"虚生仁"等方面作了论述。

(一)"虚即天德",纯粹至善。他说:"神,天德;化,天道。德,其体;道,其用,一于气而已。"① 他又说:"存心之始须明知天德,天德即是虚,虚上更有何说也!"② "神"是"太虚"之超越性特征,张载将"太虚"或"神"视为"天德",并且以"体用"思维建构起了"太虚"、"神"、"德"与"气"、"化"、"道"之间的关系 —— 虚体气用,神体化用,德体道用。如此,"太虚"或"神"作为价值世界本原的地位便清晰地确立起来。作为价值本原的"太虚"在取向上是至善的,正所谓"天地以虚为德。至善者,虚也"。③ 既然是至善,"太虚"便超越了虚实、动静、善恶等二元对立,湛然至一,也因此它可以是实、静、善之所从来,所谓"静者,善之本;虚者,静之本"④,"虚者,止善之本也"⑤。

(二)太虚之诚为实。从本质论与工夫论相结合的角度看,太虚之所以能成为天之实、心之实,就在于它诚,或者说,它就是"诚",所谓"诚则实也"。"诚"这个概念早在先秦就为早期儒家所重视,《大学》有"意诚而后心正,心正而后身修"、"心诚求之,虽不中,不远矣"等语,"诚"是道德修养的重要环节;《中庸》有"不诚无物"等语,《孟子·离娄上》有"诚者,天之道也"等语。"诚"不仅是道德修养工夫,更被提升为人、物之所存在、成立的终极根据,具有一定的存在论意味。张载对"诚"的重视离不开对上述思想的消化吸收。他说:"天所以长久不已之道,乃所谓诚。仁人孝子所以事天诚身,不过不已于仁孝而已,故'君子诚之为贵'。"⑥ "诚"既是天道又是人道,君子自然以诚为贵。如果说"诚"是工夫论的正面进路,那么反面进路便是"去欲"。张载曾说:"天无心,心都在人之心。一人私见固不足尽,至于众人之心同一则却是义理,总之则却是天。"⑦ 张载所谓的

---

① ② ③ ④ ⑤ ⑥ ⑦《张子全书》,西安:西北大学出版社2015年版,第9、77、263、263、248、14、66页。

"心"在一定程度上是对孟子思想的发挥。孟子以"理"、"义"为"心之所同然"（《孟子·告子上》）。张载以"义理"为众人之心的统一，以"天（理）"为"义理"之总括，由此得出义理、天理的实在性来源于太虚。正是在这个意义上，"存天理，灭人欲"这一理学核心伦理学命题便具有了意义。张载说："今之性灭天理而穷人欲，今复反归其天理。"①

（三）作为至善价值本原，太虚落实为"仁"之本原。张载说："虚则生仁。仁在，理以成之。"②"虚者，仁之原；忠恕者，与仁俱生；礼义者，仁之用。"③"仁"是儒家的核心价值观念，一部儒学史甚至可以说就是一部"仁"观念史。当张载将"太虚"落实为仁之原，其具有伦理学色彩的"伦理学—存在论"便建构起来了。值得注意的是："仁"在张载"伦理学—存在论"思想体系中不仅是"太虚"之"用"，还是诸多具体的伦理规范（如礼、义）之"体"，正所谓"礼义者仁之用"，"敦厚虚静，仁之本；敬和接物，仁之用"。④从"太虚"（神、德）到"仁"（化、道）再到"礼义"等具体伦理规范，张载建构起了其"伦理学—存在论"的关系图式，也完成了其"太虚者心之实"的论述，"太虚"被确立为人文世界尤其是价值世界、人伦世界的本原。

"心"因"太虚"而具有至实性，"太虚"与"气"的结合使"心"成为天地万物生存之本。在《正蒙》首篇《太和》中，张载说："由太虚，有天之名；由气化，有道之名；合虚与气，有性之名；合性与知觉，有心之名。"⑤天地之心必定内含天地之性。天地之性，不仅天生如此、天然地成为生成的基础，而且因为它与"天"的天然联系，也是天然的合法存在体。因此，由"太虚"与"气"所结合而成的"性"或天地之性便成为生存之本。

在张载看来，生存无非是尽性："和乐，道之端乎！和则可大，乐则可久。天地之性，久大而已矣。"⑥扩充天地之性便是生存，这个过程便是"仁"。张载曰："天本无心，及其生成万物，则须归功于天，曰：此天地之仁也。仁人则须索做，始则须勉勉，终则复自然……立本以此心，多识前言往行以畜其德，是亦从此而辨，非亦从此而辨矣。以此存心，则无有不善。"⑦存心或成性而为仁。张载试图为天地立心，从而建构一个仁义的宇宙世界，将"仁"确立为宇宙的生存方式。

在更为具体的层面上，"尽性"要求"大其心"。张载说："大其心则能体天下之物，物有未体，则心为有外。世人之心，止于见闻之狭。圣人尽性，不以见闻梏其心，其视天下无一物非我，孟子谓尽心则知性知天以此。天大无外，故有外

①②③④⑤⑥⑦《张子全书》，西安：西北大学出版社2015年版，第81、263、262、262、3、17、75页。

之心不足以合天心。见闻之知，乃物交而知，非德性所知。德性所知，不萌于见闻。"① 这是说：天人合一的宇宙生命体是至大无外的，故而人心也应该至大无外，否则不足以体察完整的世界。圣人之所以能尽天地之性，之所以能致德性之知，正是因为其"不以见闻梏其心"，"视天下无一物非我"。在具体的修养方法上，张载主张通过"静"来实现"大心"，进而"成德"、"成性"。

三 二程：以"心"为种，其德曰"仁"

至二程，"心"被置于重要地位，甚至是主导性地位。二程曰："自理言之谓之天，自禀受言之谓之性，自存诸人言之谓之心。"②"心"、"性"是统一的。从实践的角度来说，人类的行为服从于观念，即知而后行："譬如人欲往京师，必知是出那门，行那路，然后可往。如不知，虽有欲往之心，其将何之 …… 到底，须是知了方行得。若不知，只是觑却尧学他行事。无尧许多聪明睿智，怎生得如他动容周旋中礼？有诸中，必形诸外。德容安可妄学？如子所言，是笃信而固守之，非固有之也。"③ 知先行后，知为行提供方向和指南，不知则无法行。"心迹一也，岂有迹非而心是者也？正如两脚方行，指其心曰：'我本不欲行，他两脚自行。'岂有此理？"④ 行听命于"知"与"心"。因此，程颐曰："学佛者多要忘是非，是非安可忘得？自有许多道理，何事忘为？夫事外无心，心外无事。世人只被为物所役，便觉苦事多。若物各付物，便役物也。世人只为一齐在那昏惑迷暗海中，拘滞执泥坑里，便事事转动不得，没着身处。"⑤ 万事万物不离自心，这便是"心"、事统一。

从生成的角度来说，二程以"心"为起点。二程曰："心是所主处，仁是就事言 …… 心譬如身，四端如四支。四支固是身所用，只可谓身之四支。如四端固具于心，然亦未可便谓之心之用 …… 阳气发处，却是情也。心譬如谷种，生之性便是仁也。"⑥ 仁心如身体，"仁"是其行为，如同谷种与生性的关系。二程曰："于所主曰心，名其德曰仁。"⑦ 这就是说：心是能够做主的器官，"仁"则是"心"所具备的品性或能力，心之德便是"仁"。二程曰："阳气所发，犹之情也。心犹种焉。其生之德，是为仁也。"⑧"心"是种子，"仁"便是其潜能或功能。仁在心中，待其生长而成。程颢曰："弹琴，心不在便不成声，所以谓琴者禁也，禁人之邪心。"⑨ 由心而出声，

---

① 《张子全书》，西安：西北大学出版社 2015 年版，第 17 页。
② ③ ④ ⑤ ⑥ ⑨ 《二程集》上，北京：中华书局 2004 年版，第 296—297、187、3、263—264、183—184、60 页。
⑦ ⑧ 《二程集》下，北京：中华书局 2004 年版，第 1174 页。

无心便无声。程颢甚至提出"满腔子是恻隐之心"。[①] 恻隐之心即情。它源自气质之心 —— "满腔子"。程颢曰:"人必有仁义之心,然后仁与义之气睟然达于外。"[②] 他认为:仁义之气产生于气质之心。准确地说,仁义之气产生于经过修行的气质之心。程颢曰:"耳目能视听而不能远者,气有限也。心无远近。"[③] 他认为:变化之后的"心"能够通过气息而贯通天下万物,与万物贯通为一体。这便是"仁"。

"心"是起点:"心"既是生成的起点,也是行为的开始。不过,这个起点本身是气质之心。由此心而开始的活动属于气质活动,比如情、爱、用等。人正是通过这种扩充善气的方式,将爱的气息贯通于万物,从而实现与万物同体。这是一个物理性活动。这种由心而及万物的方式和陆王心学的观点比较相似。陆九渊曰:"万物森然于方寸之间,满心而发,充塞宇宙,无非此理。孟子就四端上指示人,岂是人心只有这四端而已?又就乍见孺子入井皆有怵惕恻隐之心一端指示人,又得此心昭然,但能充此心足矣。"[④] 王阳明曰:"仁是造化生生不息之理,虽弥漫周遍,无处不是,然其流行发生,亦只有个渐,所以生生不息。如冬至一阳生。必自一阳生,而后渐渐至于六阳。若无一阳之生,岂有六阳?阴亦然。惟有渐,所以便有个发端处;惟其有个发端处,所以生;惟其生,所以不息。譬之木,其始抽芽,便是木之生意发端处;抽芽然后发干,发干然后生枝生叶,然后是生生不息。若无芽,何以有干有枝叶?能抽芽,必是下面有个根在。"[⑤] 仁之生意,生生不息,贯通天地。很多人因此将二程视为心学的开端。

其实不尽然。如果因此而断定二程之学属于心学思潮,那么张载、朱熹等人的思想也应该被纳入心学阵营。张载、朱熹等都有类似的主张。张载曰:"大其心则能体天下之物,物有未体,则心为有外。世人之心,止于见闻之狭。圣人尽性,不以见闻梏其心,其视天下无一物非我,孟子谓尽心则知性知天。以此,天大无外,故有外之心不足以合天心。见闻之知,乃物交而知,非德性所知。德性所知,不萌于见闻。"[⑥] "大其心"即由此心出发,扩充至宇宙万物,这便是"德性之知"。"'乐则生矣',学至于乐则自不已,故进也。生犹进,有知乃德性之知也。吾曹于穷神知化之事,不能丝发。"[⑦] 德性之知即扩充善心、善气,让其弥漫宇宙。这种弥漫,朱熹称之为"通":"思通,神也。"[⑧] "思"能够带来"通",进而无所不能。这

①②《二程集》上,北京:中华书局 2004 年版,第 62、70 页。

③《二程集》下,北京:中华书局 2004 年版,第 1252 页。

④《陆象山全集》,北京:中国书店 1992 年版,第 272—273 页。

⑤《王阳明全集》上,上海:上海古籍出版社 2011 年版,第 29—30 页。

⑥⑦《张子全书》,西安:西北大学出版社 2015 年版,第 17、88 页。

⑧《朱子全书》壹,上海:上海古籍出版社、合肥:安徽教育出版社 2002 年版,第 106 页。

便是"圣":"无不通,圣也。"①圣人无所不能而自在。因此,朱熹曰:"凡人之能言语动作,思虑营为,皆气也,而理存焉。故发而为孝弟忠信仁义礼智,皆理也。然而二气五行,交感万变,故人物之生,有精粗之不同。自一气而言之,则人物皆受是气而生;自精粗而言,则人得其气之正且通者,物得其气之偏且塞者。惟人得其正,故是理通而无所塞;物得其偏,故是理塞而无所知。"②修养或修身无非是由善气流行。因此,如果据此而断定其为心学,便失去了意义。事实上,宋明理学家大多坚持这种生成哲学,即以"心"为生成的起点。

起点未必是合理的。在二程看来,原始的气质之心是不可靠的。程颢曰:"人心莫不有知,惟蔽于人欲,则亡天德(一作理)也。"③人心即人欲,不同于"天理"。二程曰:"人心作主不定,正如一个翻车,流转动摇,无须臾停,所感万端。又如悬镜空中,无物不入其中,有甚定形?不学则却都不察,及有所学,便觉察得是为害。着一个意思,则与人成就得个甚好见识?"④自然的人心并不可靠,难以真正做主,故"心"在二程那里是消极性的概念:"人心,私欲也,危而不安。"⑤人心、私欲有危险而不可靠。只有心中有"理","心"才安,才变得可靠,才能够真正做主。因此,程颢曰:"曾子易箦之意,心是理,理是心,声为律,身为度也。"⑥此处的"心是理,理是心"并非说"心"与"理"的同一性关系,而是说以"理"来治心、使心循理。

总之,尽管二程将"天理"视为宇宙的终极性根据,且理在心中,但是他们并未赋予"心"以终极性的性质与地位。在程颐看来,"释氏本心"⑦,佛教以"心"为终极性本源,儒家则与之不同,"圣人本天"⑧。儒家以"天"以及天所具备的"天理"为终极性依据,认为"理必有对,生生之本也"⑨,只有天理才是生生的本原。在二程那里,"心"虽然也是本源,但不是终极性本原,因此并没有得到重视,"心"仅仅被视为佛学的核心概念。尽管二程也常常提及心,如二程曰:"夫事外无心,心外无事。"⑩事(物)外无心,心外无事(物)。在这里,"心"仅仅具有宇宙论的意义,即它是一种形而下的气质之物,也是万物生存的基础或本源。它仅仅是生存本源,而不是终极性的存在本原。在二程那里,终极性本原是"理"。从这个角度来说,二程理学有别于宋明时期的陆王之心学。

四 朱熹:理之在吾心

按照传统生存论,生存乃是气的活动,人的生存乃是气的生生不息,其活动

---

① 《朱子全书》壹叁,上海:上海古籍出版社、合肥:安徽教育出版社2010年版,第106页。
② 黎靖德编:《朱子语类》一,北京:中华书局1986年版,第65页。
③④⑥⑦⑧⑩《二程集》上,北京:中华书局2004年版,第123、52—53、139、274、274、263页。
⑤⑨《二程集》下,北京:中华书局2004年版,第1261、1171页。

主体便是气质。人因为禀赋的缘故，才有了圣愚之分。对于普通人来说，天生气质并不可靠，气也可能是恶的。如何确保气质活动的可靠性与合法性呢？朱熹继承了二程思想，想到了天理，认为只有符合"天理"的气质活动才是合理的活动，"理"成为正确行为的终极性根据与决定者。虽然朱熹强调格物穷理、追寻"天理"，事实上他并不否认"天理"内在于人的心中。朱熹曰："盖天命之性，纯粹至善，而具于人心者，其体用之全，本皆如此，不以圣愚而有加损也。然静而不知所以存之，则天理昧而大本有所不立矣；动而不知所以节之，则人欲肆而达道有所不行矣。"① 人天生有"心"，而且有情、有理，这个"理"在人的身上便是"性"，这便是"心统性情"。"性"是"心"的根据，"心"是"性"的存在场所。心中有理，此理虽然流行于天地万物之间，但同时以"性"的形式而内在于人的心中。人天生之心固有"天理"，这便是"理之在吾心"。② 这个心中之"理"，在儒家看来，便是仁义之"性"。朱子学其实也是一种心学，和陆、王之心学并没有什么本质差别。或者说，从存在论的观念来看，朱子学也是一种心学。

朱熹继承二程和张载等人的天人观，认为天人合一、万物一体。他说："盖天地万物本吾一体，吾之心正，则天地之心亦正矣，吾之气顺，则天地之气亦顺矣。"③ 他指出："上坤下震，坤是静，震是动。十月纯坤，当贞之时，万物收敛，寂无踪迹，到此一阳复生便是动。然不直下'动'字，却云'动之端'，端又从此起。虽动而物未生，未到大段动处。凡发生万物，都从这里起，岂不是天地之心！"④ 他认为：万物之生（"动"）必定有本有源，这个本源便是天地之心，具有决定性作用。朱熹曰："天下之物，至微至细者，亦皆有心，只是有无知觉处尔。且如一草一木，向阳处便生，向阴处便憔悴，他有个好恶在里。至大而天地，生出许多万物，运转流通，不停一息，四时昼夜，恰似有个物事积踏恁地去。天地自有个无心之心。复卦一阳生于下，这便是生物之心。"⑤

朱熹明确反对将这种天地之心理解为思想。他解释道："天地之心不可道是不灵，但不如人恁地思虑。"⑥ 在朱熹看来，天地之心虽然灵明，却不如人类的大脑与思维；或者说天地之心并非思维之大脑，他称之为"无心之心"。对于前者，我们可以理解为大脑或观念（mind）；对于后者，我们则可理解为作为生存之本的心脏（heart）。天地之心不思维，却以本源的身份为生存提供本源或动力并主宰着生物的生生不息。

---

① 《朱子全书》陆，上海：上海古籍出版社、合肥：安徽教育出版社 2010 年版，第 558—559 页。
② 《朱子全书》贰叁，上海：上海古籍出版社、合肥：安徽教育出版社 2010 年版，第 2741 页。
③ 朱熹：《四书章句集注》，北京：中华书局 2012 年版，第 18 页。
④ 黎靖德编：《朱子语类》五，北京：中华书局 1986 年版，第 1793 页
⑤⑥ 黎靖德编：《朱子语类》一，北京：中华书局 1986 年版，第 60、4 页。

这种作为本源的天地之心是超验的存在。其超验性首先体现为天地之心不动。朱熹曰："动亦不是天地之心，只是见天地之心。如十月岂得无天地之心？天地之心流行只自若。"[①]"动"具有时间性与空间性，属于经验存在。天地之心不动，故而超越于经验的时空。天地之心虽然不动，却是事物生存之本。或者说，不动的天地之心通过动的经验性存在而呈现。朱熹说："这处便见得阳气发生，其端已兆于此。春了又冬，冬了又春，都从这里发去。事物间亦可见，只是这里见得较亲切。"[②]不动的天地之心是万物生存之本，在现实中表现为恻隐之情。"心"与"情"的关系是并列存在的，没有时间上的先后，超越于时间。这种超越于时间的存在便是超验的存在。

不动的天地之心无法直接显现。朱熹曰："天地之心未尝无，但静则人不得而见尔。"[③]"静"的天地之心无法被直接认识，但它是实在的。它存在于经验之"动"中，即："天地此心常在，只是人看不见，故必到复而后始可见。"[④]这便是"复见天地心"。"动之端，静中动，方见生物心。寻常吐露见于万物者，尽是天地心。只是冬尽时，物已成性，又动而将发生，此乃可见处。"[⑤]经验性的、动的开始处才可以出现天地之心，朱熹说："天地之心，动后方见；圣人之心，应事接物方见。"[⑥]天地之心、圣人之心只能在经验中得到呈现。这种无法被经验直接认识的实在之物便是超验的存在。

这种本原的、超验的天地之心，朱熹称之为"理"："心固是主宰底意，然所谓主宰者，即是理也，不是心外别有个理，理外别有个心……'人'字似'天'字，'心'字似'帝'字。"[⑦]朱熹认为：够主宰之心便是"理"。天地之心即天地之理。"心"即"理"，故"心"也是天地宇宙的主宰者、决定者。认得此理，便是认得天地之心。朱熹曰："圣人言语，只是发明这个道理。这个道理，吾身也在里面，万物亦在里面，天地亦在里面。通同只是一个物事，无障蔽，无遮碍。吾之心，即天地之心。圣人即川之流，便见得也是此理，无往而非极致。但天命至正，人心便邪；天命至公，人心便私；天命至大，人心便小，所以与天地不相似。而今讲学，便要去得与天地不相似处，要与天地相似。"[⑧]天地之心便是圣贤所要阐发的"道理"，即"理"。

---

① 黎靖德编：《朱子语类》四，北京：中华书局 1986 年版，第 1513 页。
②③④⑤⑥ 黎靖德编：《朱子语类》五，北京：中华书局 1986 年版，第 1972、1791、1791、1791、1795 页。
⑦ 黎靖德编：《朱子语类》一，北京：中华书局 1986 年版，第 4 页。
⑧ 黎靖德编：《朱子语类》二，北京：中华书局 1986 年版，第 977 页。

　　朱熹进一步指出：天地之心蕴含于万物的生死存在之中。生存中有天地之心，也不能说死亡处没有天地之心。如果说别处将天地之心与生生不息关联起来，那么此处的天地之心便超越了生存的限度，由生命体的生存之理拓展至无生命者的存在之理。这个布散于丛杂中的天地之心无非"理"。"性"、"理"一致，故天地之心又可以被称作"性"。人得天地之心为其性。"性"是万物生存或存在的根基与本原。

　　这个本原的天地之心，在儒家看来便是"仁"。"仁"即天地之心："仁、义、礼、智，皆天所与之良贵。而仁者天地生物之心，得之最先，而兼统四者，所谓元者善之长也，故曰尊爵。在人则为本心全体之德，有天理自然之安，无人欲陷溺之危。"[1]"仁"既是"理"，又可以称作"道"："盖仁之为道，乃天地生物之心即物而在。情之未发而此体已具，情之既发而其用不穷。诚能体而存之，则众善之源，百行之本，莫不在是。此孔门之教所以必使学者汲汲于求仁也。"[2]天地之心即在物的仁道。天地之心是"理"、"性"、"道"、"仁"。

　　对于具体的人类来说，天地之心便表现为人心。朱熹曰："天地以生物为心，而所生之物因各得夫天地生物之心以为心，所以人皆有不忍人之心也。"[3]人类得天地之心为"心"。朱熹认为：人心有体用与性情。"心"含性体与情用。作为用，"心"具备思维与意识等能力或特征。与此同时，"心"还有"体"的内涵。这种心之体也叫"天理"。朱熹之心纵贯体用。"心"分为"性"与"情"，其中"性"是体，"情"是用。性体与情用都属于"心"。其中作为体的"心"表现为天地之心、本心，作为用的"心"则是情感、"知觉"。这种天然的本心，朱熹认为只有圣人才能够保持。朱熹曰："圣人心同天地，视天下犹一家，中国犹一人，不能一日忘也。"[4]天地万物一体，万物与我同心。在此基础上，朱熹提出修身便是正心，"盖天地万物，本吾一体。吾之心正，则天地之心亦正矣，吾之气顺，则天地之气亦顺矣。故其效验至于如此"。[5]正自己之心便可以正天地之心，进而主导世界生存。于是，相较于其他学者，朱熹更关心如何正心。他认为：作为主宰的本心即圣贤之心内在于"我"，故"我"穷理、正心，不仅可以正己，而且可以决定世界的生存与变化。如此，人不仅可以主导自己的生活，而且可以影响宇宙万物的生生不息。这正是宋明儒者的共同追求。因此，朱熹曰："教化皆是人做，此所谓'人者天地之心也'。"[6]这也是说：人文教化才是宇宙的主宰。

---

①③④⑤《四书五经》上，天津：天津市古籍书店1988年版，第25、24、64、1页。

②《宋元学案》，北京：中国书店1990年版，第712页。

⑥ 黎靖德编：《朱子语类》六，北京：中华书局1986年版，第2243页。

第五节 "心"即"理"：陆王学派之心学

陆九渊和王阳明是心学的主要代表。二人在天人世界观上一致，认为天地万物为一个生命体，即万物一体，称为"宇宙"，且一致相信这个生命体的决定性基础或决定性本原在于人类自身，这个决定性本原就是"天理"，"天理"在人心中，而且"理"是宇宙事物生存的决定者，外部的、现实的事情和事物都以人心为本原。

一 "天理"内在人心

宋明儒学认为："天理"便是人心。从人类生存的角度来说，视、听、言、动等行为无不源自本有之心。无心便无行。从生存论的角度来说，宇宙的存在便是生存，其生存之道便是"宇宙之理"或"天理"。这个"天理"即宇宙主宰之本原，按照宋明心学的主张，"天理"便是人心。这便是心学家们常念叨的命题——"心外无物"、"心外无事"和"心即理"。人心或人类才是宇宙生命体的本原或主宰，这便是宋明儒学对"人者，天地之心"的解释。在这些基本问题上，陆九渊与王阳明的看法基本一致，即：决定宇宙存在的本原即"理"，不在别处，而在人心。"心"是"理"，是宇宙存在之本或体。天地万物合为一体。这是宋明心学一致的立场，也是我们理解心学思想应取的视角。

天、地、人合成的宇宙是一个整体性存在或生命体，这个生命体的生存之道便是共同的道理。这是宋明儒学的共同立场，即万物一理。"此理在宇宙间，未尝有所隐遁。天地之所以为天地者，顺此理而无私焉耳。"[1]天地之理是天地的"所以然者"，是无私的，为天地万物所共有，这便是公理。"吾所明之理，乃天下之正理、实理、常理、公理，所谓'本诸身，证诸庶民，考诸三王而不谬，建诸天地而不悖，质诸鬼神而无疑，百世以俟圣人而不惑者也'。学者正要穷此理，明此理。"[2]儒家认为：公理乃正理、常理、实理，为天下人所共有，所以"天理"普遍行于天下。"学者求理，当唯理之是从，岂可苟私门户？理乃天下之公理，心乃天下之同心，

---

①②《陆象山全集》，北京：中国书店1992年版，第90、124页。

圣贤之所以为圣贤者，不容私而已。"①陆九渊又说："塞宇宙一理耳，学者之所以学，欲明此理耳。此理之大，岂有限量？"②公理是唯一的，这便是"天理"。

"天理"或"公理"存在于"心"。陆九渊认为"心"即"理"，"四端者，即此心也；天之所以与我者，即此心也。人皆有是心，心皆具是理，心即理也"。③在陆九渊看来，"心"即"理"，"心"、"理"之间具有一致性。他借用孟子的"本心"概念，认为人天生有"本心"。"本心"至少包含两层内涵：其一，本心指天生本有之心。"盖人受天地之中以生，其本心无有不善，吾未尝不以其本心望之，乃孟子'人皆可以为尧舜'，'齐王可以保民'之义，即非以为其人所为，已往者皆君子也。"④"蔽解惑去，此心此理，我固有之，所谓万物皆备于我，昔之圣贤，先得我心之同然者耳，故曰'周公岂欺我哉？'"⑤也就是说，"我"和圣贤一样天生具备此心。其二，本心还可以表达"心"是"本原"之义。从实践的角度来说，心是本，事是其结果。陆九渊曰："宇宙内事，乃己分内事。己分内事，乃宇宙内事。"⑥这段话的意思是：宇宙之内的事情皆源于人的本心，是本心活动的必然结果。"必至于有诸己，然后为得也。"⑦"己"即"心"或"性"，"得"便是事实，事实本于"心"。陆九渊曰："仁即此心也，此理也。求则得之，得此理也；先知者，知此理也；先觉者，觉此理也；爱其亲者，此理也；敬其兄者，此理也；见孺子将入井而有怵惕恻隐之心者，此理也；可羞之事则羞之，可恶之事则恶之者，此理也。"⑧爱之情、敬之礼、恶之事、义之宜皆源自本心或"理"，理本事末。从生存论的角度来说，心是本，物是末。"万物森然于方寸之间，满心而发，充塞宇宙无非此理。"⑨此语的意思是：满心而发，遂成万物。万物源自本心，本心在"我"，故万物皆备于"我"。"我"的本心或"理"是万物生存之本，主宰万物。陆九渊提出了自己的宇宙观："四方上下曰宇，往古来今曰宙。宇宙便是吾心，吾心即是宇宙。千万世之前有圣人出焉，同此心同此理也。千万世之后有圣人出焉，同此心同此理也。东南西北海有圣人出焉，同此心同此理也。"⑩这里的"宇宙"与"吾心"的关系不是我们一般理解的唯心论，而是生存论，即宇宙生于"心"，并由"心"所主导。很多人将陆九渊之"心"的概念理解为思维的心灵（mind）。事实上，笔者曾探究过陆九渊的"心"概念，并得出一个结论，即这里的"心""不是主观意识"。按照中国传统儒家的思维模式，本原决定生存，因此本心或"理"能够做主。陆九渊曰："此理本天所以与我，非由外铄。明得此理即是主宰。真能为主，则外物不能移，邪说不能惑。所病于吾友者，正谓此理不明，内无所主。一向萦绊于浮论虚说，终日只依藉外说以为

①②③④⑤⑥⑦⑧⑨⑩《陆象山全集》，北京：中国书店1992年版，第125—126、103、95、98、9、247、312、3、272、173页。

主,天之所与我者反为客,主客倒置,迷而不反,惑而不解。"① 本然之心或"理"是本,是"主宰",顺理便成为必然。陆九渊曰:"此理在宇宙间,未尝有所隐遁。天地之所以为天地者,顺此理而无私焉耳。人与天地并立而为三极,安得自私而不顺此理哉? 孟子曰:'先立乎大者,则其小者不能夺也。'人惟不立乎大者,故为小者所夺,以叛乎此理,而与天地不相似。诚能立乎其大者,则区区时文之习,何足以汩没尊兄乎。"② 人在宇宙中也应该遵循"理"。"理"是"大者",循理便是"立乎其大者"。大体之理既立,"小体"便做不了怪。本心是宇宙的主宰。这便是陆九渊所谓的"宇宙内事是己分内事"的真实意蕴,万事万物皆由"心"做主。

王阳明同样认为宇宙之理存在于"心","心"即"理"也。王阳明以"理"为宇宙生存之道、宇宙生存所应该遵循的原理,认为这便是"天理"。王阳明曰:"心之本体即是天理,天理只是一个,更有何可思虑得? 天理原自寂然不动,原自感而遂通,学者用功虽千思万虑,只是要复他本来体用而已,不是以私意去安排思索出来。"③ "天理"是万物合为一体后的生存之道,普遍存在于宇宙万物之中。"若鄙人所谓致知格物者,致吾心之良知于事事物物也。吾心之良知,即所谓天理也。致吾心良知之天理于事事物物,则事事物物皆得其理矣。致吾心之良知者,致知也。事事物物皆得其理者,格物也。"④ "天理"在事事物物之中便是事物生存之理。王阳明认为:人之所以能够在道德境遇中随时知是知非,是因为人有"良知"("天理"),人如果在日用伦常中纯以"良知"作主宰,就能够成就完满的道德人格。王阳明指出:"而此心全体廓然,纯是天理,方可谓之喜怒哀乐'未发之中',方是天下之'大本'。"⑤ "天理"是天下之大本,即世界万物都遵循的道理、存在的依据。"天地间活泼泼地,无非此理,便是吾良知的流行不息。"⑥ "天理""活泼泼地"流行于天地万物中。王阳明认为:对人类来说,"天理"是人类的行为之道,即人类道德行为的原理。比如孝行:"此心若无人欲,纯是天理,是个诚于孝亲的心,冬时自然思量父母的寒,便自要去求个温的道理;夏时自然思量父母的热,便自要去求个清的道理。这都是那诚孝的心发出来的条件。却是须有这诚孝的心,然后有这条件发出来。譬之树木,这诚孝的心便是根,许多条件便是枝叶,须先有根,然后有枝叶,不是先寻了枝叶,然后去种根。"⑦ 这是说:"天理"是孝行的根据或原理。如果一个人想成为孝子,就必须遵循这个"天理"。这个"天理"是孝行的决定者,会引导人思量父母的冷暖、关怀父母

---

① ② 《陆象山全集》,北京:中国书店 1992 年版,第 3、90 页。
③ ④ ⑤ ⑥ ⑦ 《王阳明全集》上,上海:上海古籍出版社 2011 年版,第 65—66、51、27、139、3 页。

的安危等。王阳明认为，这个行为之道、宇宙之理就在于"心"："心即理也。此心无私欲之蔽，即是天理，不须外面添一分。以此纯乎天理之心，发之事父便是孝，发之事君便是忠，发之交友治民便是信与仁。只在此心去人欲、存天理上用功便是。"①"天理"便是无私之心。王阳明曰："若鄙人所谓致知格物者，致吾心之良知于事事物物也。吾心之良知，即所谓天理也。致吾心良知之天理于事事物物，则事事物物皆得其理矣。致吾心之良知者，致知也。事事物物皆得其理者，格物也。是合心与理而为一者也。合心与理而为一，则凡区区前之所云，与朱子晚年之论，皆可以不言而喻矣！"②事情之理存在于"心"。"心外无物。如吾心发一念孝亲，即孝亲便是物。"③人类的道德行为源自人心。"心"不仅是道德行为之本原，还是宇宙的生存本原。王阳明曰："良知是造化的精灵。这些精灵，生天生地，成鬼成帝，皆从此出，真是与物无对。人若复得他完完全全，无少亏欠，自不觉手舞足蹈，不知天地间更有何乐可代。"④万物出自良知，良知便是"心"。因此，万物出自"心"。没有了这个"心"，便没有了万物的生机。学术界通常以唯识学或现象学的方式解释心学，却忽略了阳明心学乃至中国哲学是属于生存论，而非属于存在论，因此这些见解终究有所不足。宋代哲学将宇宙的存在视为生存。既然是生存，便有本源或本原。王阳明的真正意图还是为宇宙生存寻找本原，即以本心为宇宙生存之本原。

二 "心"是超越的实在

在宋明心学家看来，宇宙万物以"心"为本原，这个本原之心是超越性的。和孟子主张天生本性一样，陆九渊也认为人天生固有此心："此心此理，我固有之，所谓万物皆备于我。"⑤这种天然固有的本心超越于时间和空间。陆九渊曰："心只是一个心，某之心，吾友之心，上而千百载圣贤之心，下而千百载复有一圣贤，其心亦只如此。心之体甚大，若能尽我之心，便与天同。为学只是理会此。"⑥他认为：世人共享同一之心。此心属于千百载圣贤共有之心，因此超越了时间的限度，具有永恒性。

同时，此心还是普遍的存在。陆九渊曰："理乃天下之公理，心乃天下之同心，圣贤之所以为圣贤者，不容私而已。"⑦圣愚一心，万人一心，天下人共有一

---

① ② ③ ④《王阳明全集》上，上海：上海古籍出版社 2011 年版，第 3、51、28、119 页。
⑤ ⑥ ⑦《陆象山全集》，北京：中国书店 1992 年版，第 9、288、125—126 页。

样的心。此心是人类共有的属性，即古今中外的人都有此心。陆九渊曰："人之才智各有分限，当官守职，惟力是视 …… 至于此心此德，则不容有不同耳。"① 人们的才智可能有所不同，但是却有一样的心。"心只是一个心"，世人共享同一之心，此心具有普遍性。这种超越于时间与空间的"心"成为宇宙的根基。从纵向的时间角度来看，此心永恒，这便是"宙"字的内涵；从横向的空间角度来看，此心普遍，这便是"宇"字的内涵。此心超越于时空，且是唯一的。陆九渊曰："古圣贤之言，大抵若合符节。盖心，一心也；理，一理也。至当归一，精义无二。此心此理实不容有二。"② 他认为：天下只有一心，故此心是单（唯）一的。这种决定性的根据又叫作"理"。"理"是公理，是唯一的。唯一之理是客观而不变的实在，正所谓"天下有不易之理，是理有不穷之变。诚得其理，则变之不穷者，皆理之不易者也"。③"理"不变化却显为万相，故"理"又是无穷的，"涓涓之流，积成江河。泉源方动，虽只有涓涓之微，去江河尚远，却有成江河之理"。④ 无穷、无限之理是终极性存在。"极亦此理也，中亦此理也。五居九畴之中，而曰皇极，非以其中而命之乎？民受天地之中以生，而《诗》言'立我蒸民，莫匪尔极'，岂非以其中命之乎？《中庸》曰：'中也者，天下之大本也；和也者，天下之达道也。致中和，天地位焉，万物育焉。'此理至矣，外此岂更复有太极哉 …… 太极、皇极，乃是实字，所指之实，岂容有二！充塞宇宙，无非此理，岂容以字义拘之乎 …… 同指此理，则曰极、曰中、曰至，其实一也。"⑤"理"是终极性的存在。这种唯一的、无限的、终极性的实体便是超越的存在、超验的存在，故"心"或"理"是超越性（transcendent）存在。

王阳明也从思辨哲学的角度出发，寻找宇宙万物的超验性本原。在王阳明看来，作为事物的道理、条理、事物的所以然者，超越性之理不是别的存在，而是"心"，"心"即"理"，故"心"也是超越的。首先，"心"之超越表现在"心"超越于经验性的动与静。王阳明曰："定者心之本体，天理也。动静所遇之时也。"⑥"动"和"静"分别指存在者在时空中的不同的存在状态或方式，"天理"或"心"则是定，非动非静。王阳明曰："动静者，所遇之时，心之本体固无分于动静也。理无动者也，动即为欲。"⑦ 心无动、静，意味着心超越于经验的动与静，成为超越性存在。其次，心之本体无善无恶。王阳明有四句教言："无善无恶是心之体，有善有恶是意之动，知善知恶是良知，为善去恶是格物。"⑧ 本体之心超越于善与恶，因此"理"也是无善无恶的。王阳明曰："无善无恶者理之静，有善有恶者气之动。不

①②③④⑤《陆象山全集》，北京：中国书店 1992 年版，第 97、3、164、254、19 页。

⑥⑦⑧《王阳明全集》上，上海：上海古籍出版社 2011 年版，第 19、72、133 页。

动于气,即无善无恶,是谓至善……佛氏着在无善无恶上,便一切都不管,不可以治天下。圣人无善无恶,只是'无有作好','无有作恶',不动于气。"[①] 无善无恶即超越于善或恶。善、恶通常指现实的存在,或者指现实的事实(古人的看法),或者指人们的经验判断(现代人的认识)。总之,善、恶是现实的存在;"心"或"理"超越于现实的善与恶,自然成为超越性存在,"心"、"理"具有超越性。再次,"心"无经验性,却具有实在性。王阳明将"心"比作天、渊。所谓"天",即昭昭之天、苍苍之天。如果待在房子里面,便不见了"天"。如果撤了墙壁,还是有一个天在。昭昭之天因为房子而被遮蔽,成为虚无。"人心是天、渊。心之本体无所不该,原是一个天,只为私欲障碍,则天之本体失了。"[②] "心"如天如渊,为广大无限、无所不容的存在。"渊"指虚空、无性质,如同空洞的容器。"心"是虚空、虚灵。因此,王阳明曰:"目无体,以万物之色为体;耳无体,以万物之声为体;鼻无体,以万物之臭为体;口无体,以万物之味为体;心无体,以天地万物感应之是非为体。"[③] "心"自身并无实体之物,宛如虚空。但是,这并不意味着它是虚无;相反,它是实体。王阳明指出:"虚灵不昧,众理具而万事出。心外无理,心外无事。"[④] 这是说:虚空并非指虚无,不是指经验的虚无,而是超越于经验的存在。事实上,虚空之心并非真正虚无,而是某种精微的实体,即"事理之精微也"。[⑤] 广大无垠性与精微性意味着"心"的不可知性。"心"是超越经验认识的实体。这种超越于现实经验的、不可认知的、精微单一之物便是超越性存在。"心"是超越性的实在。作为本原的"心"或"理",在陆王心学体系中具有超越性。或者说,本原之心仅仅存在于超越的可能界。这个本原,陆九渊喜欢称之为"本",王阳明则称之为"体"或"本体"。从哲学的角度来说,本原或本体存在于超越的可能界;可能的存在仅仅存在于可能界,而不直接存在于事实或现象界。

由此来看,狭义的朱子理学和阳明心学在宇宙观上几乎没有什么大的分歧。在朱熹看来,"天理"是宇宙生存的终极性根据,这个"天理"不仅存在于宇宙间万事万物之中,而且也存在于人心中。我们说,人的心中也有"天理",这便是"性"。从这个角度来说,"心"即"理"。只不过朱熹并没有明确说出来。陆王心学明确说出了"心即理"这句话。二者的区别主要在于说与没说。或者说,在观念上,朱子学和阳明学并无二致。不同的仅仅是概念使用,即朱熹并没有提出"心即理"的概念或说辞。王阳明说:"若鄙人所谓致知格物者,致吾心之良知于事事物物也。吾心之良知,即所谓天理也。致吾心良知之天理于事事物物,则事事物物皆得其理矣。致吾心之良知者,致知也。事事物物皆得其理者,格物也。是

---

① ② ③ ④ ⑤《王阳明全集》上,上海:上海古籍出版社 2011 年版,第 33、109、123、17、139 页。

合心与理而为一者也。合心与理而为一,则凡区区前之所云,与朱子晚年之论,皆可以不言而喻矣!"① 尽管所谓的"晚年之论"不太精确,但朱子学与阳明学之间的内在联系却是事实。我们甚至可以说:朱子理学是心学的早期形态,阳明心学则是理学的成熟形态。在心学发展进程中,朱子学是其中不可或缺的环节。在这个阶段,他们的学说共同将主宰宇宙的力量由外在的"天理"转向内在的人心,使人、人心最终成为宇宙的真正主宰者。从思想史的角度来说,宋明理学完成了自己的历史使命,即在天人之辨中使人类最终成为宇宙的主宰者。从哲学的角度来说,理学家也从思辨哲学的角度完成了自己的历史使命,即为宇宙生存找到了终极性根据。既然"心"成为宇宙的主宰者,那么"心"自然成为这个时期理学家最关注的概念了。于是,心学的内涵便发生了变化,即"心"不再属于佛学的概念,而是属于儒学最重要的概念。由此,明代很多学者纷纷提出圣学与心学的一致性,传统儒家哲学在心学时期达到了顶峰。

---

①《王阳明全集》上,上海:上海古籍出版社 2011 年版,第 51 页。

第六节　心学史的逻辑

　　中国传统儒家哲学是一种人生哲学。它关注的中心问题是如何过上美好而理想的生活。过上美好而理想生活的方式便是"道"。因此，中国古代历朝历代的思想家或哲学家都非常关注"道"。孔子曰："朝闻道，夕死可矣。"（《论语·里仁》）荀子提出君子"从道不从君"（《荀子·子道》）。闻道、从道是儒家的终极追求。"道"是正确的方法。那么，如何践道、从道呢？朱熹曰："治道必本于正心、修身，实见得恁地，然后从这里做出。"[①] 治道在于正心，心端才能够行正，心是人类正确行为的根本。

　　对源头的关注一直都是哲学的任务。从现有的《论语》资料来看，孔子论述"心"的地方并不多，但是已经有所意识，即孔子一方面希望美好的生活能够从心所欲，另一方面希望自己心之所想、身之所为不违背仁义。孔子希望以仁义规范心灵、以心灵主导生存。大约是从《大学》开始，"心"的问题得到了儒家的高度重视。《大学》明确提出了正心是修身、为仁的根本，"心"是本源。从孟子开始，儒家哲学家开始对本源之心进行性质分类，将其中好的部分挑出来，命名为"性"。孟子将恻隐之心、羞恶之心、辞让之心、是非之心统称为"性"。"心"是"性"，准确地说，作为本源的"心"中的善良部分便是"性"。这便是孟子的性善论。性善论的产生标志着心学的转向，即从心学转向性学。其后的荀子也以"性"释"心"。与孟子不同的是，荀子将人心中天生不好的部分即坏心称作"性"，如好利之心便是"性"。这便是性恶论。无论是性善论还是性恶论，它们都是以"性"释"心"，即用人性来解读作为生存本源的心。这种对本源的追问标志着儒家哲学的开始。

　　对"心"的本源性地位的确立与性质的界定，为人们理解人类生存的性质与方式提供了重要的理论资源，"心"的问题也因此成为汉儒的中心论题之一。董仲舒吸收了先秦儒家的性善论与性恶论，认为人心不仅有善气，还有恶质，人心

[①] 黎靖德编：《朱子语类》七，北京：中华书局 1986 年版，第 2686 页。

是善恶混杂的气质之体。和先秦儒家相比，董仲舒侧重于"心"的认知功能及其积极作用，并大力倡导。对有为心的过度重视在一定程度上直接威胁了人的自然生命体的延续与存在。魏晋玄学家敏锐地察觉到了作为生命本源的自然心与作为人文活动本源的有为心之间的张力和冲突，并作出了自己的选择，即重自然的生物心，而轻有为心，从而将生命体的生存与思维之间的张力发展到了极致。在这种张力下，玄学家提出了一种新型宇宙观，即天人一体观，使自然人心和有为行为形成了本末结构。这便是玄学家的本末论。

本末论的世界观将宇宙万物视为一个生命体。那么，谁才是这个生命体的主宰呢？这便成为宋明理学关心的问题。早期的理学家如张载、二程延续了传统的思维模式，认为天地之心是宇宙的主宰。因此，张载提出"为天地立心"，认为"心"即宇宙之心，为天地立心即主导宇宙的生存。虽然二程没有这般豪言壮语，但是他们从理论上回答了上述问题。二程认为：天地、万物与人类统一于仁。"仁"才是宇宙万物的基础，或者说，"仁"贯通万物。这种流行之仁自然有一个起点，那便是天地之心。和早期儒家不同的是：二程对天地之心进行了深化，提炼出一个新概念，即"天理"。二程认为：天地之心之中内含"天理"。或者说，超越的"天理"才是宇宙存在的终极性本原。至此，本源之心由早期的经验性本源升华为超越性本原。本源因此而分化为两类，即经验性的生存本源和思辨性的存在本原。对"天理"的思考即理学。理学其实是一种思辨的本原学或"心"学。

朱熹继承了二程的思想，认为"天理"才是宇宙存在的终极性本原。在朱熹看来，人天生不仅禀赋气质，而且固有"天理"。他认为：这种天生之理，在人为性。人身中的性其实就是"天理"。也就是说，人生来不仅有气质，而且有"性"或"理"。由于天生禀赋气质的差异，普通人的浊气将这个"天理"遮蔽了。这种被遮蔽的心便是人心。人心因此不可靠。只有通过格物致知而穷物理的方式，人们才能涤荡心中的杂质，使"天理"澄明，使人心变为道心。这便是理学家的工夫论。理学家的工夫最终还是落实在"心"上，即"心中有理"。"心中有理"的实质是以超越的"天理"作为生存的终极性本原。尽管朱熹强调穷物理，但是他从来没有放弃"人心固有天理"的主张。朱熹的这个思想被王阳明完全继承和发扬。王阳明将人心中的"天理"叫作"良知"。王阳明认为：良知才是宇宙生存的终极性根据。由于人的私欲遮蔽了"良知"，而使人气质不纯、良知不明。因此，和朱熹等一样，王阳明也强调做工夫，主张通过工夫来变化气质，使自己气质纯净而良知澄明。于是，良知之澄明成为做人的标准。在王阳明看来，良知不仅是人类生存的最终根据，而且是宇宙生存终极性本原。

综上所述，从先秦时期的孔子、孟子、荀子，历经汉儒、魏晋玄学家，到宋明理学家，构成了一个完整的心学发展的逻辑进程：孔子开山，《大学》奠基，确立了"心"的本源性地位；孟子、荀子寻求以"性"释"心"，不仅开创了以追问本源为使命的儒家哲学，而且将心学转向性学，从而开启了对人的本质的理论思考；汉儒重学，突出了有为心的作用与价值；魏晋玄学家批评"心"的认知作用，从而突出了"心"的生物性；经历了天人一体思想的融合后，张载提出"为天地立心"，二程提出"天地之心"即"理"，从而确立了"天理"在生存中的终极性本原的地位；朱熹在承认人天生有"性"有"理"的同时，倚重于格外物之理；王阳明则在承认天地生生之理的同时，突出了心中的良知即"天理"，从而将主宰宇宙的终极性力量交付于人类自身，并从思辨哲学的高度论证了人类的主体性地位。从孔夫子到王阳明，从心灵哲学的角度来看，他们的理念也构成了一套完整的思想发展逻辑。从这个角度来说，儒家哲学史其实也是心学史。

第十一章

恕

现存甲骨文与金文中都没有记载"恕"字。在《尚书》《周易》《诗经》等三代传世经典中也没有发现"恕"字。《左传》《国语》等春秋典籍使用了"恕"字，但其重要含义未被阐发。"恕"成为中国思想史的重要范畴，始于《论语》。孔子非常重视"恕"的意义。子贡问曰："有一言而可以终身行之者乎？"子曰："其'恕'乎！己所不欲，勿施于人。"（《论语·卫灵公》）在人际关系中，自己不愿意他人用来对待自己的某种方式或某种行为，也不应该以之对待他人。子贡表示："我不欲人之加诸我也，吾亦欲无加诸人。"（《论语·公冶长》）"己所不欲，勿施于人"之"恕"，可以作为人生行事的重要法则。曾子以"忠恕"概括了孔子的一以贯之之道。子曰："参乎！吾道一以贯之。"曾子曰："唯。"子出。门人问曰："何谓也？"曾子曰："夫子之道，忠恕而已矣。"（《论语·里仁》）曾子强调修身的根本性作用："是故君子有诸己，而后求诸人。无诸己，而后非诸人。所藏乎身不恕，而能喻诸人者，未之有也。"（《礼记·大学》）"有诸己"是说自己切实地拥有了道德，此即"明德"；"求诸人"是说帮助别人也达到道德修养完善的状态，即"新民"。只有自己在道德上没有瑕疵，才能够认识到他人的错误，进而要求他人改正，帮助他人成就德行，"所藏乎身不恕"的"恕"即指自我的道德修养。《中庸》记载"忠恕违道不远，施诸己而不愿，亦勿施于人"，表达的仍然是"己所不欲，勿施于人"的意思，但这不仅仅是"恕"，"忠"、"恕"都包含在其中。孟子认为"恕"是求仁的方法，"强恕而行，求仁莫近焉"（《孟子·尽心上》）。据《荀子》记载，孔子曾说："君子有三恕：有君不能事，有臣而求其使，非恕也；有亲不能报，有子而求其孝，非恕也；有兄不能敬，有弟而求其听令，非恕也。"（《荀子·法行》）这里的"恕"思想含有较重的伦理规范意味，事君之忠、养亲之孝以及敬兄之悌等原则都是"恕"的体现。

"恕"由"如"和"心"两个字组成。《说文解字》曰"如，从'随'也，从'女'，从'口'"，以女子随人解释"如"的含义。《白虎通》说："女者，如也。"段玉裁则说："引申之凡相似曰如，凡有所往曰如。"[1]"如"的含义包括"相似"，人的心理有共通之处，以心度心，做到"己所不欲，勿施于人"。贾谊说："以人自观谓之度，反度为妄。以己量人谓之恕。"[2] 王符曰："所谓恕者，君子之人，论彼恕于我，动作消息于心。"[3] 韩婴表示："圣人以己度人者也。以心度心，以情度情，以类度类，

---

① 许慎撰，段玉裁注：《说文解字注》，上海：上海古籍出版社1988年版，第620页。

② 贾谊：《新书校注》，北京：中华书局2000年版，第303页。

③ 王符著，王健注说：《潜夫论》，开封：河南大学出版社2008年版，第235页。

古今一也。"①以上诸人都强调从自己的内心情感出发，考虑别人的心理情感，对于自己所不愿意接受的也不应该让别人承受，对于自己所希望达到的也应尽力帮助别人达到。皇侃在《论语义疏》中引用王弼的观点："恕者，反情以同物者也。未有反诸其身而不得物之情，未有能全其恕而不尽理之极也。"②王弼不仅在人际关系上阐释"恕"思想，而且扩大到物的广泛层面，强调反求己身以推度物之情。颜师古在《汉书·晁错传》中注解"内恕及人"为"以己之心揆之于人也"。③以自己内心的真实情感推测别人的心理需求，就会知道别人和自己所需要的并无多大的差异。

汉唐之间，学者对"恕"思想的阐释基本围绕"己所不欲，勿施于人"展开，或者拓展为"如心为'恕'"，强调以心度心，与他人同忧同乐。直到二程提出"尽己为忠，推己为恕"之前，"恕"的思想内涵并没有质的变化。20世纪前半期，康有为、蔡元培和冯友兰以"推己及人"解释儒家的"忠恕"思想，希望人们以自己的同情心表现对他人的关爱，促进社会和谐。虽然章太炎、胡适、蒋维乔对"忠恕"是否属于归纳法与演绎法有着不同的认识，但从西方知识论范畴来解释中国古代思想观念是"忠恕"诠释史上的崭新命题，也是近代以来注重科学方法的结果。

第一节　责己与爱人:儒家"恕"思想的基本指向

"忠"、"恕"组合成"忠恕"一词始于曾子说的"夫子之道，忠恕而已矣"。从字形上看，"忠"源于"中"。"中"字在甲骨文中就已经出现了。在《尚书》里，"中"和"心"连用，"设中于乃心"。到西周、春秋时期，"忠"已经是非常普遍而重要的道德观念了。在《论语》中，孔子提到"忠"字十余次，其基本含义是对人尽心尽力。譬如："居处恭，执事敬，与人忠。"(《论语·子路》)"君使臣以礼，臣事君以忠。"(《论语·八佾》)。《尚书》、《周易》、《诗经》等三代传世经典中没有使用"恕"字。目前所见的甲骨文和金文也未曾出现"恕"字。《左传》、《国语》等春秋典籍使用了"恕"字，但其重要含义未被阐发。"恕"成为中国思想史的重要范畴，始于《论语》。《论语》两次提到"恕"。第一次是在《里仁篇》里，子曰："参乎！吾道一以

---

① 韩婴撰，许维遹校释:《韩诗外传集释》，北京:中华书局1980年版，第113页。
② 转引自程树德的《论语集释》一，北京:中华书局2014年版，第344页。
③《汉书》八，北京:中华书局2011年版，第2294页。

贯之。"曾子曰："唯。"子出,门人问曰："何谓也?"曾子曰："夫子之道,忠恕而已矣。"可惜的是,曾子并没有解释何谓"忠恕"。第二次是在《卫灵公篇》里,子贡问曰："有一言而可以终身行之者乎?"子曰："其恕乎! 己所不欲,勿施于人。"孔子对"恕"的阐发至少具有两方面的意义:第一,孔子明确地界定了"恕"的内涵,即"己所不欲,勿施于人";第二,孔子赋予"恕"重要的伦理价值,认为其是应终身行之的原则。后来,曾子概括说:"夫子之道,忠恕而已矣。"

一 "忠恕而已矣":曾子对"恕"含义的阐发

在《论语》中,曾子没有解释何谓"忠恕",而《礼记》记载了曾子对"忠恕"的阐发。曾子对"忠"作过解释。《大戴礼记·曾子立事》记载曾子曰："君子不绝人之欢,不尽人之礼,来者不豫,往者不慎也,去之不谤,就之不赂,亦可谓'忠'矣。"阮元注文引《礼记·曲礼》曰："君子不尽人之欢,不竭人之忠,以全交也。"方向东认为:"绝"与"尽"变文同义。①郑玄注曰："欢,谓饮食。忠,谓衣服之物。"孔颖达疏曰："饮食是会乐之具。承欢为易。衣服比饮食为难,必关忠诚筹度,故名曰忠。各有所以也。明与人交者,不宜事事悉受。"②"豫",王聘珍根据《尔雅》注解为"乐"。"慎",王聘珍引《方言》、《广雅》释为"忧"。③君子不尽受别人给自己的礼物,不苛求别人对自己行全礼数。别人主动与自己交友,君子也不会沾沾自喜;别人离开自己,君子也不会觉得忧愁。君子不诽谤离开自己的人,也不讨好亲近自己的人。君子之"忠"既是对他人的理解与善意,也是自我的道德修养。

曾子认为"忠"是"孝"的开始。《大戴礼记·曾子本孝》记载曾子曰："忠者,其孝之本与!"孔广森注曰："孝贵忠诚,无饰伪也。"④《大戴礼记·曾子立孝》记载曾子曰："君子立孝,其忠之用,礼之贵。"阮元注曰："忠则无伪,故能爱;礼以行爱,故能敬。"⑤"忠"即出自内心的真诚,没有丝毫的虚伪。"忠"也指忠于职守,尽职尽心。《大戴礼记·曾子制言中》曰："君子虽言不受,必忠,曰'道';虽行不受,必忠,曰'仁';虽谏不受,必忠,曰'智'。"这就是说:不论君主是否听从自己的谏议,是否认可自己的行为,君子都要根据道义的原则,向君主说明自己的见解,忠于自己的职责。

---

① ⑤ 方向东:《大戴礼记汇校集解》上,北京:中华书局 2008 年版,第 437、487 页。

② 《儒藏》精华编四九,北京:北京大学出版社 2016 年版,第 84 页。

③ 王聘珍:《大戴礼记解诂》,北京:中华书局 1983 年版,第 72 页。

④ 孔广森:《大戴礼记补注》,北京:中华书局 2013 年版,第 92 页。

　　在曾子思想中，"忠"的含义比较广泛。[①]总体而言，曾子注重自我的道德修养，强调内心的真诚；注重尽己之所能，承担自己的责任，反省"为人谋而不忠乎"；不苛求别人，对别人有一份宽容与善意。"忠"有两个指向：一方面，"忠"是指向自我的，自我造就君子人格；另一方面，"忠"是指向他人的，对他人有一份理解、同情与关爱。

　　在《论语》中，曾子只是对门人说"夫子之道，忠恕而已矣"，并没有接着解释何谓"忠恕"。孔子曾对子贡言："其恕乎！己所不欲，勿施于人。"《中庸》也有类似的表述，但不是只言"恕"，还包括"忠恕"在内。《中庸》引孔子曰："忠恕违道不远，施诸己而不愿，亦勿施于人。君子之道四，丘未能一焉。所求乎子，以事父，未能也；所求乎臣，以事君，未能也；所求乎弟，以事兄，未能也；所求乎朋友，先施之，未能也。"《论语》中的"己所不欲，勿施于人"是泛泛地说，《中庸》言"忠恕"已经和"道"相关联。"忠恕"离"道"不远，是实现"道"的方法，而君臣、父子、兄弟、朋友正是"道"的具体体现。生活在社会中的每个人都离不开这四种伦理关系，它们时刻都在，却不容易做得尽善尽美。正因为自己也无法做得完美，将心比心，也不应该苛求他人，所以"君子以人治人，改而止"。荀子也在人伦关系上运用"恕"。《荀子·法行》曰："君子有三恕：有君不能事，有臣而求其使，非恕也；有亲不能报，有子而求其孝，非恕也；有兄不能敬，有弟而求其听令，非恕也。"荀子的"恕"思想含有较重的伦理规范意味，事君之忠、养亲之孝以及敬兄之悌等原则都是"恕"的体现。

　　《大戴礼记》中的"曾子十篇"虽然没有使用"恕"字，但其中蕴含了"恕"的思想。《大戴礼记·曾子立孝》曰："故为人子而不能孝其父者，不敢言人父不畜其子者；为人弟而不能承其兄者，不敢言人兄不能顺其弟者；为人臣而不能事其君者，不敢言人君不能使其臣者也。故与父言，言畜子；与子言，言孝父；与兄言，言顺弟；与弟言，言承兄；与君言，言使臣；与臣言，言事君。"这就是说：人子不能尽到孝敬父母的责任，就不可以批评父母不能教养子女；弟弟不能尊敬兄长，就不可以批评兄长不能训导子弟；人臣不能尽心地侍奉君主，就不可以批评君主不能以礼待臣。所以，与为人父者交流如何教养子女的问题，与为人子者谈论如何孝敬父母的问题；与为人兄者交流如何训导弟弟的问题，与为人弟者谈论如何尊敬兄长的问题；与为人君者交流如何使用臣子的问题，与为人臣者谈论如何侍奉君主的问题。只有每个人切实地履行自己的职分，才能有助于人格的提升，才

---

　　① 罗新慧指出：在曾子思想中，"忠"是一个范畴很广的概念。作为"孝"之本的"忠"，并非"敬"、"诚"等概念所能够概括，而应当是曾子关于德、道、信、诚等思想的综合。（罗新慧：《曾子研究——附〈大戴礼记〉"曾子"十篇注释》，北京：商务印书馆 2013 年版，第 295 页。）

会促进社会道德的进步,才会保障社会的和谐有序。

《大学》强调修身的根本性作用,认为只有自己的道德修养达到一定的完美程度,人才能由自己推之于齐家、治国、平天下。"是故君子有诸己,而后求诸人。无诸己,而后非诸人。所藏乎身不恕,而能喻诸人者,未之有也。"这与《大戴礼记·曾子立孝》表达的思想内涵一致,都注重履行自我的职责,提升自我的道德修养,从而发挥模范引领作用。《齐家治国》章说:尧、舜躬行仁爱,天下百姓也跟着践行仁爱;桀、纣残暴,天下百姓也跟着残暴。"有诸己"是说自己切实地拥有了道德,此即"明德";"求诸人"是说帮助别人达到道德修养完善的状态,即"新民"。只有自己在道德上没有瑕疵,才可能认识到他人的错误,进而要求他人改正,帮助他人成就德行。"所藏乎身不恕"的"恕"即指自我的道德修养。《治国平天下》章说君子应该奉行絜矩之道:凡是我所厌恶的在我之上的人对我的态度或者行为,我就以此去对待在我之下的人;同样,凡是我所厌恶的在我之下的人对我的态度或行为,我也不可以用其来对待在我之上的人。上下、前后、左右包括一切和我有关的人,这是"己所不欲,勿施于人"的具体展开。

《论语》言"恕"是泛说,《中庸》言"忠恕"是将其与人伦道德相联系。孔子说自己在"君臣、父子、兄弟、朋友"等伦理关系上未能做到尽善尽美、将心比心,也不应该苛求他人,只要指出他人的错误,希望并引导他人改正即可。所以,"施诸己而不愿,亦勿施于人"之"忠恕"体现的是不苛求而不是放纵,更不是一起堕入下流。理解、体谅的前提是不违背道德准则,如有人违背道德,我们仍需要加以阻止。荀子同样将"恕"运用在伦理道德上,透露出很强的"忠君、孝父、敬兄"等伦理规范的意味,同情心的比重有所削减。曾子的"恕"思想同"忠"的思想内涵有重合,都注重自我的人格修养,从而发挥道德榜样的引领作用,带领他人遵守道德。

二 榜样示范:何以行恕

忠恕之道一般被诠释为"推己及人",有人认为这会不可避免地出现两个困境:第一,我与他人有着不同的认识和需求,我之所欲并不完全就是他人之所欲,自我中心主义不可避免地会造成对他人的强制。第二,即使我和他人在某件事情上达成共识,双方有了共同的需求,但并不能保证这种需求是合乎法律或道德的。

针对第一个问题,有学者指出:"恕"的内涵应当坚守"己所不欲,勿施于人"的消极立场,不可盲目推销自己的价值取向。这样也许可以避免对他人造成主体性的"霸权",但也有可能就此错过帮助他人的机会。儒家希望人们成就君子人格,个人的内省自修固然不可缺少,榜样的引领作用同样也不可忽视。宋儒朱子说:"所谓絜矩者,矩者,心也,我心之所欲,即他人之所欲也。我欲孝弟而慈,必欲他人皆如我之孝弟而慈。'不使一夫之不获'者,无一夫不得此理也。只我能如此,而他人不能如此,则是不平矣。"① 儒家一贯注重济世安民,"恕"不能仅仅停留在"勿施"的层面上,而是要推己及人,仁民而爱物;不仅仅是己所不欲勿施于人,己之所欲也要施之于人。其实,"己所不欲,勿施于人"与"己所欲,施于人"之间并非决然对立,两者在一定程度上可以相互替换。例如:我不想贫穷,自然地想到别人也不愿意处于贫困之中。换一个说法便是:我想要富裕,自然地想到别人也愿意富足。合乎道德的欲富贵、恶贫穷是人类的普遍意愿,这样的推己及人是可能的。然而,人心毕竟不同,社会中有许多事情是不具有普遍意义的。比如:饮食、穿衣,如此推己及人是否正当? 既然忠恕之道是曾子提出来的,那么接下来我们就尝试以曾子的思想对它加以解释。

(一)曾子非常重视个人的自我修养,注重自我造就君子人格

《大戴礼记·曾子立事》记载曾子曰:"君子攻其恶,求其过,强其所不能,去私欲,从事于义,可谓学矣。""其",王引之《经传释词》曰:"其,语助也。或作'记',或作'忌',或作'己',或作'迈',义并同也。《诗·扬之水》曰:'彼其之子'。笺曰:'其,或作"记",或作"己",读声相似。'又《羔裘》'彼其之子'、襄二十七年《左传》及《晏子春秋·杂篇》并作'己'。《候人》'彼其之子',《表记》作'记'。僖二十四年《左传》及《晋语》并作'己'。"② "其",可以释为"己"。"强",王聘珍解释为"勉"。③ 君子之"学"在于治理自己不好的行为,在于寻求自己细微的过错,在于勉力做自己所不能的事,在于去除自己的私欲,在于按照"义"的准则要求自己。人们需要找到自己的过失,并加以改正;做到"闻义则徙",努力提高自己的道德修养,成就君子人格。那么,如何提升个人的道德修养? 曾子的方法可概括为博学与笃行。"君子既学之,患其不博也;既博之,患其不习也;既习之,患其无知也;既知之,患其不能行也;既能行之,贵其能让也。君子之学,致此五者而已矣。"④ 这就是说:学贵于博,学在于行。渊博的知识能够为人生的发展提供有益的指导,而笃行才是造就人格的关键。

曾子论"行",反对急功近利。"行无求数有名,事无求数有成,身言之,后人扬之,身行之,后人秉之,君子终身守此惮惮。"阮元注曰:"行无避难急名之心,

---

① 黎靖德编:《朱子语类》二,北京:中华书局 1986 年版,第 361 页。
② 王引之:《经传释词》,上海:上海古籍出版社 2014 年版,第 111 页。
③④ 王聘珍:《大戴礼记解诂》,北京:中华书局 1983 年版,第 69、69—70 页。

不求促速而自有名事。无徇私欲速之心，不求促速而自有成。"①君子实践贵在循序渐进，贵在积累，不弃绝小善，不停止做细微的事；遇到善行善举，唯恐自己不能参与其中；见到不善的事情，唯恐自己牵涉其中。总之，"勿以善小而不为，勿以恶小而为之"。曾子论"行"，注重反思的功能。他说："君子见利思辱，见恶思诟，嗜欲思耻，忿怒思患，君子终身守此战战也。君子虑胜气，思而后动，论而后行，行必思言之，言之必思复之，思复之必思无悔言，亦可谓慎矣。"②这就是说：君子做事一定要经过内心的考量，切不可盲目冲动，切勿被利欲牵制，要以深思熟虑克服血气冲动。见到有利可图时需要考量是否会招致耻辱，见到恶行时要考量是否会牵连自己而使自己遭到诟骂。人贵博学，要知道何以是君子；人要循义而行，造就君子人格；人还要内省反思，提高自己的思想境界。

（二）曾子乐于成人之美，亦不苛求于人

人与人的气质不同，对善的理解不同，对道义的追求也不同。有人乐于仁义，也有人甘心悖于仁义，就连君子也不能时时刻刻保持内心向善。曾子曰："君子之于不善也，身勿为能也，色勿为不可能也；色勿为可能也，心思勿为不可能也。"这就是说：君子对于不善的事情，不亲身尝试是可能的，在脸色上无所表现是不可能的；就算可能在脸色上无所表现，内心不思量也是不可能的。曾子认为君子对善的追求可分为三类："太上乐善，其次安之，其下亦能自强。"卢辩注曰："太上，德之最上者，谓其心不为也。其次，德之次者，谓其色不为也。（其下）谓其身不为。"③德行最高者乐于为善，其次能够安于为善，再次能够勉力于善。君子不独孜孜求善，还非常愿意看到别人成善。"君子己善，亦乐人之善也；己能，亦乐人之能也；己虽不能，亦不以援人。""援"，王聘珍注曰："援，犹引也，取也，谓引取人之能以为能也。"④君子有善言善行，也乐于看到他人有善言善行；君子自己能做的事情，也希望看到别人能够做到；君子自己有的事情做不到，也不会拿别人做的事情来装点自己。

君子虽然希望人人为善，但是绝不苛求他人。"君子好人之为善，而弗趣也。恶人之为不善，而弗疾也；疾其过而不补也，饰其美而不伐也，伐则不益，补则不改矣。""趣"，孔广森注曰："趣音促。"⑤阮元注曰："恐其畏难反退，故曰优曰柔之，使自求之。"⑥对于"疾其过而不补"，王聘珍注曰："疾，恶也。补，谓弥缝其阙。饰，好也。伐，矜也。言恶人之过而不为之弥缝，俟其自改也。"⑦"伐"，阮元注曰：

---

①⑥ 方向东：《大戴礼记汇校集解》上，北京：中华书局2008年版，第423、432页。

②④⑦ 王聘珍：《大戴礼记解诂》，北京：中华书局1983年版，第71、71—72、72页。

③⑤ 孔广森：《大戴礼记补注》，北京：中华书局2013年版，第90、87页。

"有功曰伐，故自美其功曰伐。"① 君子乐于人之为善，却不会催促别人；君子厌恶别人做不善的事情，却不会逼迫他改正，也不会替他弥缝错误，而是等着他自己醒悟，自己走向善。看到别人的优点，君子也不会替他吹嘘，以防他骄傲自满。曾子希望人人成为君子，但不是以整齐划一的法律去约束大家，而是鼓励人们自我成就德行。实际上，君子人格的塑造只有通过个人的自我努力才能实现，外在的强制只能让人服从，而不能让人有道德主体意识。

（三）曾子倡导仁义

《大戴礼记·曾子立事》曰："（君子）言必有主，行必有法，亲人必有方。"王聘珍注曰："主，本也。法，常也。《易》曰：'君子以言有物而行有恒。'亲，近也。方，道也。"② 这就是说：君子的语言一定具有依据，君子的行为必定合乎常道，君子亲近别人一定要符合道义。所以，学问渊博却品行不端的人，急功近利而不知礼让的人，标榜自己直言但暴躁的人，吝啬而顽固的人，夸夸其谈而不知羞耻的人，蛮横而无所畏惧的人，勇武却残忍的人，急于成名却无所持守的人，喜好虚名却没有内涵的人，发怒而作恶的人，行为肮脏却自我吹嘘的人，还有一无所成的人，君子都不赞许他们。君子纵使孤独无靠，也不会亲近无仁义之人。君子不会因为别人尊贵就去谄媚别人，也不会靠相互吹捧来抬高自己。君子行为正直，从事于礼，择善而恭敬地交友。有人喜欢自己是高兴的事情，没有人亲近自己就自得其乐。总之，"君子思仁义，昼则忘食，夜则忘寐，日旦就业，夕而自省，以役其身"。曾子非常强调以仁义修身、推己及人之"恕"，这绝对不是指一起走向堕落。自己不能做到尽善尽美的事情，就不应该批评别人做得不好。这并不是说自己做不到的一切事情都不应该要求别人去做。例如：自己不能孝敬父母，就应该要求天下人都不孝敬自己的父母吗？显然不是这个意思。只是如果一个人不孝敬父母，就没有资格也没有能力要求、指导别人孝顺父母。但是，孝顺父母的伦理道德并不会因为一个人不履行而消失，它符合人心道德，仍然会有很多人去做。曾子注重个人的道德修养，强调人要履行自己的职责，然后发挥道德引领作用，帮助他人也向道德靠近。

① 方向东：《大戴礼记汇校集解》上，北京：中华书局 2008 年版，第 434 页。
② 王聘珍：《大戴礼记解诂》，北京：中华书局 1983 年版，第 74 页。

第二节 "推己及物,以养人也":二程 对"恕"思想的新开拓

先秦儒家的"恕"思想基本上是在"己所不欲,勿施于人"的基础上加以深化或者作具体的说明。汉唐间从"如心为'恕'"的角度强调以己之心度人之心,与人同乐。我们现在论及"忠恕"思想,往往引用朱子的"尽己之谓忠,推己之谓恕"[①]的经典表述,认为"恕"即推己及人。然而,以"尽己"、"推己"解释"忠"和"恕",直到二程时才出现,汉唐千余年间不曾出现"尽己为忠,推己为恕"的说法。

"推己"一词见于先秦古籍。《文子·上仁》记载老子曾说:"故道不以雄武立,不以坚强胜,不以贪竞得。立在天下推己,胜在天下自服。得在天下与之,不在于自取。"[②]"推己"是天下人推举自己的意思,方向是从他人到自己,这与推己及人 —— 由己到人的指向正好相反。郭象在《庄子·人间世》注中说:"依乎天理,推己(性)〔信〕命,若婴儿之直往也。"[③]推己是依"天理",推己之性命,不涉及与他人的关系。范晔在《郭躬列传》"论"中引曾子曰:"上失其道,民散久矣。如得其情,则哀矜而勿喜。"范晔解释道:"夫不喜于得情则恕心用,恕心用则可寄枉直矣。夫贤人君子断狱,其必主于此乎?郭躬起自佐史,小大之狱必察焉。原其平刑审断,庶于勿喜者乎?若乃推己以议物,舍状以贪情,法家之能庆延于世,盖由此也!"[④]"恕心"是指对民众的哀矜之情,同"己所不欲,勿施于人"所显示的同情心相似。官员断案时若有恕心,便会真情实意地考察案情,也就容易把是非曲直调查清楚了。"推己"与具体的司法相联系,如果审察案件不是根据实际情况,而是仅仅根据一己之心作出论断,那便是法家的刑罚政策。"恕"与"推己"同时出现,但是两者显然不具有相互解释的可能。

"恕"字不独见于《论语》,先秦其他典籍也有记载。《尸子·恕》曰:"恕者,

---

① 朱熹:《四书章句集注》,北京:中华书局 2012 年版,第 72 页。
② 王利器:《文子疏义》,北京:中华书局 2000 年版,第 453 页。
③ 郭庆藩:《庄子集释》,北京:中华书局 2012 年版,第 149 页。
④《后汉书》六,北京:中华书局 2011 年版,第 1547 页。

以身为度者也。己所不欲，毋加诸人。恶诸人则去诸己，欲诸人则求诸己。"① 对"恕"的解释不出《论语》的范围，同《大学》中的"君子有诸己，而后求诸人；无诸己，而后非诸人"的表述相似，强调自己的榜样引领作用。"推己"与"恕"在先秦典籍中都有出现，在汉唐间也有所发展，但两者之间并无必然的联系，还没有出现以"推己"解释"恕"的思想内涵。其实，"推己及人"的说法出现得比较晚。晋代傅玄说："夫仁者，盖推己以及人也。""此三者非难见之理，非难行之事，唯不内推其心以恕乎人，未之思耳。"② 仁者能够推己及人，只要能有"恕"心，就可以己之心度人，与人同乐，共同进步。宋人邢昺说："孔传以人为天下众人，言君爱敬己亲，则能推己及物。谓有天下者，爱敬天下之人；有一国者，爱敬一国之人也。"③ 君主要将自己爱敬父母的孝心推广开来，以爱敬天下人。"推己及物"的含义同后世学者的理解相似，但是当时没有用来解释"恕"。

一 "仁"、"恕"之别：以己为仁，推己为恕

二程首先以"尽己"、"推己"解释"忠"和"恕"。明道先生说："以己及物，仁也。推己及物，恕也。"④ 明道先生以"以己"和"推己"区分"仁"和"恕"。伊川先生说："尽己之谓忠，推己之谓恕。"⑤ 明道先生以"推己及物"阐释"恕"，伊川先生以"推己"解释"恕"，二人之表述的差异在于"物"字。孟子说："君子之于物也，爱之而弗仁；于民也，仁之而弗亲。亲亲而仁民，仁民而爱物。"（《孟子·尽心上》）"爱物"、"仁民"和"亲亲"是三种不同类型的爱，"物"是对于人而言的，指草木、禽兽等。明道先生在解释孟子的"万物皆备于我"时，也表示："此通人物而言。禽兽与人绝相似，只是不能推。"⑥ "物"是指禽兽之类的动物，没有人类的推理、推广能力。若明道先生理解的"物"仅仅指动植物，那么"推己及物"就没有人与人之间的关怀，故而"物"应该有更广泛的内涵。

"以物待物，不以己待物，则无我也。圣人制行不以己，言则是矣，而理似未尽于此言。"⑦ 物是相对于己而言的，自己之外的一切都可以称为"物"，动植物可以是物，除自己之外的他人也可以是物。明道先生认为天地生物多种多样，有大小之差异，有长短之不同，不是整齐划一的。明道先生在《答横渠张子厚先生书》

①《尸子》，北京：中华书局1991年版，第14页。
② 刘余莉主编：《群书治要译注》第10册，北京：中国书店2012年版，第5443页。
③ 李隆基注，邢昺疏：《孝经注疏》，北京：北京大学出版社2000年版，第7页。
④⑥⑦《二程集》上，北京：中华书局2004年版，第124、56、125页。
⑤《二程集》下，北京：中华书局2004年版，第1138页。

中说："圣人之喜，以物之当喜；圣人之怒，以物之当怒。是圣人之喜怒，不系于心而系于物也。"[①]此处的"物"不仅仅指动植物或者他人，因为它们的存在不会造成"我"的喜怒，只有"我"和它们发生关系，它们的行为才会使"我"产生喜和怒的感觉，故而"物"也泛指一切关系。明道先生还说："夫天地之常，以其心普万物而无心。"[②]从天地造化来看，世间一切都是物，"仁者以天地万物为一体"，故而"推己及物"的范围非常广泛，凡是自己所见到的、所接触到的都是物，都是自己向外推广应用的对象。"物"的范围虽然广泛，但也有具体的道德德目，因为离物无道，离道也就没有物，"推己及物"需要在道的层面展开。"道之外无物，物之外无道，是天地之间无适而非道也。"[③]君臣、父子、夫妇、长幼、朋友是伦理关系的主要体现，即"道"的表现形式，"推己及物"需要在此领域展开。伊川先生也认为：在父子、君臣等人伦关系上做到心悦诚服是践行道德的大概内容。所以，不论是伊川先生的"推己"，还是明道先生的"推己及物"，都是将自我指向他人，引导他人积极向道德靠拢，成就完美的德行。

曾子以"忠恕"概括孔子的一以贯之之"道"。《中庸》却说："忠恕违道不远。"一个"违"字表明"忠恕"和"道"之间存在着距离。伊川先生注意到《论语》和《中庸》之表述的差异，认为《中庸》虽然认可曾子的话，但又担忧其他人怀疑"忠恕"是否可以为"道"，所以"忠恕违道不远"是"掠下教人"。[④]《论语》之"忠恕"是孔子一以贯之之"道"，《中庸》之"忠恕"是降低一等，以教育学者领略孔子之道。两者之间存在距离，不在同一个层次。明道先生认为：《论语》之"忠恕"与《中庸》之"忠恕"的差别在于前者以天而动。以天而动的重要特征是无心，毫无人为的痕迹。孔子即为圣人，他的一举一动都是自然而然地合乎"天理"，没有一点私意。颜渊和子路侍立在孔子身边，孔子让他们俩谈谈自己的境界。颜渊说"愿无伐善，无施劳"（《论语·公冶长》），二程盛赞其志大而无以为加。但是，相对于孔子来说，颜渊仍然是有心为之，至于孔子之志——"老者安之，朋友信之，少者怀之"，则犹如天地之造化万物，万事万物皆出于自然，万事万物皆各得其所，丝毫不用刻意安排，这是圣人的志向。

子贡曰："如有博施于民而能济众，何如？可谓仁乎？"子曰："何事于仁，必也圣乎！尧、舜其犹病诸！夫仁者，己欲立而立人，己欲达而达人。能近取譬，可谓仁之方也已。"（《论语·雍也》）有人问明道先生：子贡问"仁"，孔子却回答"仁之方"，这是什么原因呢？明道先生说：如果把"己欲立而立人，己欲达而达人"当作"仁"，那么反而不能领略"仁"，所以孔子只说"为仁"，教导人这样做下去，自己去领略

---

① ② ③ ④《二程集》上，北京：中华书局2004年版，第461、460、73、8—9页。

"仁"的境界。"仁"历来被视为孔子的思想核心,《论语》言"仁"处甚多,孔子有时说做到"仁"很简单,"我欲仁,斯仁至矣"(《论语·述而》)。但是,孔子又不轻易许人以"仁",并且说自己也没有做到"仁"。伊川先生解释说:因为"仁道"难以形容,所以只能说"忠恕违道不远"、"可谓仁之方"、"力行近乎仁"、"求仁莫近焉"。孔子在回答子贡时,提出了"仁"和"圣"的差别,伊川先生认为:"仁"可分为两个层次,将一件事情做到完满可以称为"仁",将所有事情都做到尽善尽美是"至仁";"圣"则是"仁"的极致。孔子被认为是圣人,尽得人伦之理,可以称为"至仁"。然而,并不是所有的人都能做到尽仁道,所以只要将一件事情做得圆满,也可以称为"仁"。

"以己及物,仁也。推己及物,恕也。"① 明道先生的话可以这样理解:"以己及物"即是圣人之仁,圣人全得"天理",应对万事万物都是"天理"的自然流露;"推己及物"是学者之"恕",学者未到圣人境界,为人处事难免会有些私心,需要勉强用力从自己内心进行推理、考量。自己所不愿意的,就不应该施加于人;自己所希望达到的,也应该帮助别人达到,推己及人,与人同乐,共同进步。伊川先生注解"强恕而行"时说:"知以己之所好恶处人而已,未至于无我也。故'己欲立而立人,己欲达而达人',所以'为仁之方'也。"② "仁"是无我,自然而然;"恕"是有心,所以为"仁之方"。

二 养人之方:"恕道"的政治伦理观

"恕"是难能可贵的道德品质,体现着一个人的涵养。在《故户部侍郎致仕彭公行状》中,明道先生说彭思永在年幼的时候,冬天躺在被窝里,便知道挂念处在寒冷中的人。明道先生称赞彭思永"仁恕之善,见于天下"。③ 伊川先生表示明道先生具备"恕"的品格,"先生行己:内主于敬,而行之以恕;见善若出于己,不欲勿施于人;居广居而行大道,言有物而动有常"。④ "恕"不仅仅是出于以心度心的人道关怀,更是帮助人们成就德行的实践方法。《颐》卦阐发存养之道,天地养育万物,圣人培养贤人以及万民,人的养生、养形、养德、养人都是颐养之道。伊川先生说:"动息节宣,以养生也;饮食衣服,以养形也;威仪行义,以养德也;推己及物,以养人也。"⑤

《孟子》记载伊尹说:"天之生斯民也,使先知觉后知,使先觉觉后觉。予,天民之先觉者也。予将以此道觉此民也。"(《孟子·万章下》)孟子非常称赞伊尹以天下为己任的志向。对于这段话,明道先生说:"'予,天民之先觉者',谓我乃

---

① ② ③ ④《二程集》上,北京:中华书局 2004 年版,第 124、275—276、494、638 页。
⑤《二程集》下,北京:中华书局 2004 年版,第 833 页。

天生此民中尽得民道而先觉者也。既为先觉之民，岂可不觉未觉者？及彼之觉，亦非分我之所有以予之，皆彼自有此义理，我但能觉之而已。"①人生天地之间，总有贤愚之分，这是天地生育万物的必然状态，因此需要贤明之人以自己领略到的德行引导他人向道德靠拢，使人性中固有的善质拓展开来，成就德行，使人成为君子。这种引导是榜样的力量，而不是强制压迫，是人性中固有的善的实现，而不是他人的给予。伊川先生的历史观也颇能说明这个观点。《春秋传序》说："天之生民，必有出类之才，起而君长之，治之而争夺息，导之而生养遂，教之而伦理明，然后人道立，天道成，地道平。"②这就是说，人类从混乱状态走向和谐有序的状态，有赖于先觉之人发挥道德引领作用。

"推己及物，以养人也。"将"成己之道"推广，引导别人向道德靠拢，教育是必不可少的途径。二程讲学以教导后进，程门弟子也有近百人，"程门立雪"、"如坐春风"都是人们耳熟能详的故事。二程不但自己提携后学，而且劝贤良文学之士多多从事教育事业。宋神宗即位之初，太子中允宇文之邵上书劝谏神宗应该恪守祖宗之法，此时神宗正酝酿变法改革，上疏内容自然没有得到皇帝的采纳，宇文之邵因此致仕回到汉州老家。伊川先生在《为家君请宇文中允典汉州学书》中向宇文之邵力陈教育在个人成长和社会进步中的重大作用，希望他能在汉州讲学，将他领略的道德推广开来。伊川先生认为：养育天下百姓，推行教育、进行教化是根本的事业，从教则"小人修身，君子明道"，教育教化在于使天下人自觉地向道德趋进，成就自我的德行。孟子尝言："穷则独善其身，达则兼济天下。"宇文之邵虽然辞官在乡，远离政坛，伊川先生认为他只是独善其身，绝非甘于退避，未曾一日不想行道救济天下，儒者的淑世情怀溢于言表。伊川先生表示：虽然不能做官从政，推行自己笃信的治国方针，但是从事教育，奖掖后进，将自己感受到的道德推广开来，引导人们向道德靠近，也是"己立立人、己达达人"的胸怀。伊川先生劝宇文之邵说："盖闻贤人君子，未得其位，无所发施其素蕴，则推其道以淑诸人，讲明圣人之学，开导后进，使其教益明，其传益广；故身虽隐而道光，迹虽处而教行，出处虽异，推己及人之心则一也。"③伊川先生还以《观》卦上九爻辞"观其生，君子无咎"及其《象》曰"'观其生'，志未平也"④的寓意来说明虽然贤人君子在政治上没有地位，但仍然是人们敬仰的对象；贤人君子不应该只图独善其身，而应以兼济天下为目标，推己及人。

"济世安民"是儒者的人生信念。"推己及物"的养人之道的最高目标是兼济

---

① ② ③《二程集》上，北京：中华书局 2004 年版，第 5、583、594 页。

④ 黄寿祺、张善文：《周易译注》上，上海：上海古籍出版社 2007 年版，第 124 页。

天下,创造条件使百姓生活安宁,实现天下太平。仁政天下的目标在现实世界是可以达到的,这有赖于君主真心实意地以民为重。明道先生在《南庙试策》中说:"老吾老以及人之老,幼吾幼以及人之幼,此纯王之心也。使老者得其养,幼者得其所,此纯王之政也。"[①] 推"老吾老、幼吾幼"之心及于百姓,实行"老幼各得其所"的仁政,是虞、夏、商、周四代圣王治理天下的根本之道。在中国古代社会,君主是社会运转的轴心,只有君主志于道,施发仁心,才能感受天下百姓的处境,从而推行仁政,实现天下太平。

在伊川先生的思想体系中,天地、自然、人事以及道德都是相互贯通的,都包含在"天理"的范畴中,所以"天人之理,自有相合。人事胜,则天不为灾;人事不胜,则天为灾"。[②] 值得注意的是:伊川先生理解的天人关系已经不是汉代那种带有神秘倾向的天人感应,天的举动不再被视为对人事的奖惩。"乾道变化,各正性命,恕也。"[③]"天道"的"恕"在于生育万物,使万物各得其所,那么人间社会的君主也应该遵循天道,养育百姓,使百姓健康生活,这是君主之"恕"。《观》卦《象传》注"天道至神,故运行四时,化育万物,无有差忒",这还是在解释天地生养万物,而万物各得其所。伊川先生还将天人之理联系起来,曰"唯圣人默契,体其妙用,设为政教"。[④] 在伊川先生看来,除孔子外,能够达到圣人境界的只有上古的君王,君主必须契合"天道",将"天道"生育万物的"恕道"转化为养育百姓、兼济天下的"大道"。伊川先生曾担任哲宗皇帝的老师。元祐二年(1807)二月二十五日戊戌,伊川先生在给哲宗讲解"其恕乎,己所不欲,勿施于人"时,便对哲宗说:皇帝应该推广自己心中的好恶情感,知道百姓劳作的辛苦以及忍受饥寒的痛苦。范祖禹在日记中说:那日伊川先生向哲宗皇帝进言很多,希望皇帝多行"恕道",施政行仁。

如果君主是道德楷模,那么"天下归仁"便指日可待,可惜现实并非如此,历史的发展也表明有道之君不常在。虽然现实中的君主大都平庸,但君主却是古代社会运转的核心。为了使君主达到完美道德的水准,需要对君主进行教育、劝谏以及辅佐,使之成为具备德行的有道之君,发挥道德楷模作用。哲宗登基之时尚幼,朝廷任命伊川先生为西京国子监教授,在崇政殿说书,为哲宗讲课。伊川先生满怀激动地说:"儒者得以道学辅人主,盖非常之遇,使臣自择所处,亦无过于此矣。"[⑤] 伊川先生认为圣人之学失传甚久,只有他从经典中领悟到了"道",他非常希望将自己领悟的圣人之道传授给哲宗,希望哲宗以儒家的王道思想治理

---

①②③⑤《二程集》上,北京:中华书局 2004 年版,第 465、374、392、542 页。

④《二程集》下,北京:中华书局 2004 年版,第 799 页。

天下。实现天下的仁政,是儒者伊川先生的推己及人之"恕"。

伊川先生认为:纵使君主接受良好的教育,在圣贤之道中熏陶,"气质变化,德器成就",成为内含道德的有道之君,但是四海之广、天下之大,圣王明君也不可能凭借一己之力管理天下,尧、舜、禹、汤、文、武尚备贤臣。商汤因为得到伊尹的辅佐,方能除去夏桀之暴政;周武王依靠姜子牙的谋略,才顺利推翻商纣统治,建立周朝。上古圣王尚且需要贤良辅佐,况且中常之君呢!故而,后主依靠诸葛孔明,尚能安稳一方;唐肃宗任用郭子仪,应对安史之乱;唐德宗重用李晟,平定泾原兵变。人臣必须以至诚之心事上,以道义侍奉君主,即使身处下位,也应以道自守,待得到君主的诏命,取得君主的信任,方可辅佐君主,若孔明之于昭烈帝。在伊川先生看来,贤臣就是习于儒学的内怀道德的君子,君主只有任用有道之君子,才能治理好国家天下,因为"君子所蕴畜者,大则道德经纶之业,小则文章才艺"。[1] 伊川先生认为:通过军事取得事功的人士不一定是君子,对于他们的功绩,可以赏赐爵位和金钱,但是不能任用他们治理国家。郭子仪以大将之才,参与平定安史之乱,但伊川先生认为郭子仪成为大唐中兴之臣,不在于他具有赫赫战功,而是"中有诚孚而处无甚失"的明哲智慧,明哲就是合道。

伊川先生认为:"天地之恕"在于生育万物,君主也应该顺应"天理",推行"恕道",以儒家伦理为社会准则,任用有道儒士为辅臣,抚育万民。他否定了魏晋南北朝隋唐(前期)士族门阀制度的合法性,主张官职铨选不再依靠贵族的身份,而是以道德水准为评判标准。更重要的是,伊川先生抨击了五代时期"兵是决定政治、经济以及其他一切的因素"[2] 的暴力霸政,指出居于政位的必须是有道之士。用儒学指引社会走向有序、平等、开放与光明,这是伊川先生的政治理想,也是宋学的愿望。

三 施人公理:寻求价值共识

"恕"之推己及人不仅在历史上,还在现代生活中发挥着非常重要的作用。尤其是1993年瑞士著名汉学家孔汉思在芝加哥世界宗教会议上提出"己所不欲,勿施于人"可以作为全球伦理之后,儒家"恕"思想更加引起了学者的关注、思考以及批评。躬行"恕道"需要从自我指向他人,但人的性格千差万别,"推己

①《二程集》下,北京:中华书局2004年版,第745页。
② 漆侠:《宋学的发展和演变》,北京:人民出版社2011年版,第61页。

及人"如何实现？学者对"恕"思想的批评大致可以分为两类：第一，我与他人有着不同的认识和需求，我之所欲并不完全就是他人之所欲，自我中心主义不可避免地会造成对他人的霸权。第二，即使我和他人在某件事情上达成共识，双方有着共同的需求，但是并不能保证这种需求是合乎法律或道德的。

人与人的根本差别在于人心的不同，每个人都有自己的想法。二程认为：人心不同如面，只是因为每个人都有私心。如果每个人都趋向至公大道，那么人与人之间发生实质的交流与感通是可以实现，"心所感通者，只是理也"。① 人心之间的交流在于亘古不易的"理"。伊川先生在《同人》卦《象传》注中说："天下之志万殊，理则一也。"② "天理"是"推己及物"的前提，天下万事万物都从"理"而来，而且万物都自足地具备"理"。明道先生解释孟子的"万物皆备于我"时说："不独人尔，物皆然。都自这里出去，只是物不能推，人则能推之。"③ 他又说："所谓万物一体者，皆有此理，只为从那里来。'生生之谓易'，生则一时生，皆完此理。人则能推，物则气昏，推不得，不可道他物不与有也。"④ 天地万物与人皆有此"理"，人心灵敏，异于万物，能够把心中的"理"推广应用开来，这就是"推己及物"。"天理"是二程思想的核心。二程认为：万事万物由"理"产生，"理"具有宇宙本体论的地位，落实在人间社会即是社会伦理道德。张立文指出：综观二程对"理"的规定，"理"是一个观念性实体，是世界万物的必然和"所以然"，是宗法社会典章制度和伦理道德的升华，是无形的、虚设的绝对。⑤ 君臣、父子之间的伦理道德是"天理"的主要体现，是人们在日常生活中必须遵循的道德规范。有人向明道先生请教什么是"道"，明道先生回答说：在君臣、父子、兄弟、朋友、夫妇等人伦关系上尽到自己的责任，便是符合"道"的规范。五伦是中国传统社会普遍认可的道德规范，是人之为人的体现，一个人只有在五项关系中尽到自己的责任，才能被认为是德行完美的人。"推己及物"的养人之道也是引导人们在此规范中尽到自己的责任，在具有普遍意义的儒家伦理范围内将自己领略的道德推广开来，帮助别人也成为有道德的人。孔子说："唯仁者能好人，能恶人。"（《论语·里仁》）二程注解："仁者用心以公，故能好恶人。公最近仁。人循私欲则不忠，公理则忠矣。以公理施于人，所以恕也。"⑥ "推己及物"的内容是"天理"的道德规范，这样的好恶才能合乎公理的规定，也就不至于同法律或者道德相抵触。

"推己及物"的养人之道在于指引人们在伦理道德上完善自己。伊川先生认

---

① ③ ④ ⑥《二程集》上，北京：中华书局 2004 年版，第 56、34、33、372 页。

②《二程集》下，北京：中华书局 2004 年版，第 764 页。

⑤ 张立文：《宋明理学研究》，北京：人民出版社 2002 年版，第 272 页。

为：人可以由着"天命"之性，成就完美的德行。人性本善，现实生活中的自暴自弃者乃是自我走向堕落，并不是性中没有善。"语其性则皆善也，语其才则有下愚之不移。所谓下愚有二焉：自暴也，自弃也。人苟以善自治，则无不可移者，虽昏愚之至，而皆可渐磨而进也。"[①] 正因为人性本善，所以人人都可以循着"天命"之性成就自我。但是，由于气禀的影响，现实生活中又出现了圣明与昏愚之分，"才禀于气，气有清浊。禀其清者为贤，禀其浊者为愚"[②]，因此需要圣贤之人引导昏愚之人走向道德，推己及人以成就他人。与伊川先生不同的是：明道先生将恶也归之于性，所谓"善固性也，然恶亦不可不谓之性也"。[③] 他认为孟子所说的人性善是在"继之者善"的层面上说的。他以水流向下比喻"继之者善"，说：有的水流到了大海都不污浊，有的水刚刚流出来就已经污浊了，有的水里污染少，有的水里污染多，虽然水流清浊不同，但不能说污浊的水不是水。回到人性就是"有自幼而善，有自幼而恶"，所以需要人不断地努力。儒家比较注重为己之学，强调学习是为了使自己成为君子。但是，有的人由于禀受了不纯的气质，光靠自己的努力还不足以成就人格，故而需要先觉之人发挥榜样的作用，引导后觉之人。"君子之志所虑者，岂止其一身？直虑及天下千万世。"[④] 儒家不仅追求自身的完善，而且以兼济天下为己任。

在孔子的心目中，"恕"是对他人的尊重、宽厚以及仁爱，是提倡考虑问题应该多站在他人的角度上，做事应当设身处地地为他人着想，二程将其总结为"推己为恕"。但是，二程并没有就此止步，而是将"恕"提升到"天道"的高度，提出"乾道变化，各正性命，恕也"，即"天之恕道"在于养育万物，使之各得其宜。二程进而指出：君主必须体"天道"而行，兼济天下，抚育百姓。"天理"与人事相互贯通。伊川先生说："人事顺于下，则天气和于上。桓弑君而立，逆天理，乱人伦，天地之气为之缪戾，水旱凶灾，乃其宜也。"[⑤] 即：天生万物，各有特性，决定了君臣的上下之分。鲁桓公背"天理"弑君，天地的和气自然会受到损害。儒家非常强调上下之分的秩序，但伊川先生不是在以"天道"之说维护为君主专制，其目的在于弘扬"君君、臣臣、父父、子子"的伦理道德，着眼于建立合理、稳定的社会秩序。唐太宗是有唐一代的明主，伊川先生对唐太宗也多有赞美之辞，但他坚持认为太宗得国不正，认为其皇位是篡夺而来。司马光修《资治通鉴》，伊川先生问管仲与魏征是什么样的臣子，司马光认为两者都是贤明的宰辅重臣，伊川先生不以为然。在他看来，管仲辅佐的子纠本就不该成为齐国君主，后来管仲辅佐桓公并

①⑤《二程集》下，北京：中华书局2004年版，第956、1103页。
②③④《二程集》上，北京：中华书局2004年版，第204、10、114页。

无不妥,但魏征是太子李建成的属官,反而侍奉篡夺皇位的太宗,大失人臣之道。

二程认为:"天理"至公至善,化育万物。君主顺应"天理",养育万民。君主是社会秩序的维护者、政治运转的中枢。君主顺天而生,无须论证,天然合理。但是,君主必须接受儒家教育,选择有道之士辅佐自己,成为道德楷模。诚如美国历史学家包弼德所说:"在理学的模式下,君主更接近人而不是神。他必须遵照士人阶层对'学'的规范修身,而人民对他的支持也取决于他是否能够成功地引导政府维护公共利益。"① 臣子习于道术,内积道德于己,以"道"辅佐君主,管理天下,如此君臣贤明,天下可得安治。在此基础上,伊川先生进而呼吁以儒家伦理道德为基础,建立合理有序的社会秩序,确保上下之分,使天下人都能找到自己的位置,实现自己的价值。

二程把儒家"恕"思想提到"天"的高度,以"天生万物,各得其所"来要求君主诚挚地抚育天下百姓,认为君主之"恕"在于使人民各自实现自己的价值。二程按照天地高下、乾坤之德,要求君主建立一个上下分明的秩序,以儒家的伦理纲常为行为准则,体现对百姓的爱护,建立合理有序的社会结构。这具有积极的意义。二程希望以儒家伦理道德为基础来建构社会秩序,是出于拒斥佛老、回击异端之学的现实考量。二程所处的时代,道学(二程理解的儒学)没有取得独尊的地位。北宋的太祖、太宗朝多次派遣使者西行学佛,或请印度僧人来朝;太宗亲自写了《新译三藏圣教序》,朝廷颇重佛教;道教方面,宋朝编撰了《大宋天宫宝藏》,真宗托词梦到赵家先祖赵玄朗曾下凡为轩辕黄帝,于是创立了道教神②;神宗朝王安石的新学又大行其道。因此,二程认为:需要依靠儒家伦理道德来建立社会秩序,确保社会的和谐与稳定。君主需要通过儒学来修身养性,成为道德楷模,推己以及天下;百姓研习儒家经义,服从伦理道德,成为德积于内、行著于外的君子,以辅佐君主治理国家。"天道"的"恕"在于天地交合,生化万物;"人道"的"恕"则是推己及人,兼济天下。"推己"要求自己完善自身道德,然后去帮助他人。"成己"之道在于诚,"君子主敬以直其内,守义以方其外"③,使内心保持至诚,才能让自己立于道。人心虽然各不相同,但"天理"只有一个,因此人与人能够在共同的"天理"层面实现感通。"以己度人"是理解他人的方法;"推己及人"不是强迫他人听从"我"的安排,更不是"我"为他人制定道德法则,而是发挥"我"的"先进"作用,引领他人迈向公共的道德境界。这就是二程的"恕"思想 ——"推己及物,以养人也"。

---

① [美]包弼德:《历史上的理学》,杭州:浙江大学出版社 2010 年版,第 105 页。
② [日]土田健次郎:《道学之形成》,上海:上海古籍出版社 2010 年版,第 33 页。
③《二程集》下,北京:中华书局 2004 年版,第 712 页。

第三节 "尽己谓忠,推己谓恕":朱子对"恕"思想的体系化论述

　　子贡请教孔子:"有一言可以终身行之者乎?"孔子回答说:"其恕乎!己所不欲,勿施于人。"(《论语·卫灵公》)孔子认为"恕"字可作为人一生行事的准则,可见"恕"在孔子心目中的地位。朱子非常看重"恕"在儒家思想体系中的地位,认为孔子告曾子"一以贯之"作为《论语》的第一章,初学者一时难以理解其中的要领,可以先研究后面的章节,但要时时回头钻研此章的内容,等到积习长久,自然可以领会其中大义。[①] 钱穆在《朱子新学案》中表示:理学家非常重视"忠恕"思想,而朱子对此剖析尤为深刻。

一 "忠恕"是学者工夫

　　在《论语》中,孔子两次以"一以贯之"来说明他心中的"道"。此语涉及孔子的思想核心,历代儒者对其注解可谓蔚为大观、众说纷纭。刘宝楠认为:"一以贯之"一语"自汉以来不得其解"。[②] 虽然历来对"一以贯之"的解说差异非常之大,诸家诠释自成一说,但是历代儒者的注解都离不开对"一贯"与"忠恕"关系的定位。程树德说:"此章之义,约之不外一贯即在忠恕之中及在忠恕之外二说。"[③]

(一)"一以贯之"

　　二程非常注重"一以贯之"和"忠恕"之间的区别。明道先生指出:曾子在《论语》中所言的"忠恕"是"大本达道",与《中庸》的"忠恕违道不远"之间存在着"动以天尔"的差距。朱子以明道先生的论述为基础,对"动以天尔"的"忠恕"作出了详细的解释。朱子曾经对赵至道表示:曾子言"忠恕",在当时只有曾子和孔子明白其中的意思,之后千余年间无人知晓其中大义。及至宋代,二程才将其中的道理说得确切。二程门人只有侯仲良和谢良佐领略了其中的精神;朱子则是

---

① 黎靖德编:《朱子语类》二,北京:中华书局1986年版,第669页。
② 刘宝楠:《论语正义》上,北京:中华书局1990年版,第152页。
③ 程树德:《论语集释》一,北京:中华书局2014年版,第345页。

通过侯仲良记录下的二程语录，理解了"忠恕一以贯之"的意义。侯仲良之记载指的是明道先生的这段话："以己及物，仁也。推己及物，恕也。忠恕一以贯之。忠者天理，恕者人道，忠者无妄，恕者所以行乎忠也。忠者体，恕者用，大本达道也。此与'违道不远'异者，动以天尔。"[1] 朱子将明道先生的这段话分解为三节，使之层次分明：首先，"以己及物，仁也"即一以贯之，这是圣人孔子的"忠恕"。其次，"推己及物，恕也"是对《中庸》的"施诸己而不愿，亦勿施于人"的注解，这是学者的"忠恕"。最后，"忠恕一以贯之"及以下，指出圣人和学者的"忠恕"之区别在于圣人是"动以天尔"，即圣人应对万事万物都是自然而然的，丝毫不勉强。

二程提到了《论语》和《中庸》所言"忠恕"的差别。朱子通过对明道之语的分层，认为《论语》之"忠恕"是圣人的"忠恕"，《中庸》所言"忠恕"是学者"尽己为忠，推己为恕"的实践工夫。同为"忠恕"，意义却不同。朱子曾对范直阁说：

> 故明道先生谓曾子所言与违道不远异者，动以天尔。盖动以天者，事皆处极，曾子之所言者是也。学者之于忠恕，未免参校彼己，推己及人，则宜其未能诚一于天，安得与圣人之忠恕者同日而语也？若曾子之所言，则以圣人之忠恕言之，而见其与性、与天道者未尝有二，所以为一贯也。[2]

二程、朱子都认为：孔子是尽得"天理"的圣人，所以不论孔子做什么事情，都是"天理"的自然流露，这种境界就像天地四时运转，没有丝毫人为的因素。所谓"动以天尔"，是形容"孔子之道"的自然而然，天人完全贯通，没有一丝勉强。朱子在《论语集注》中对"一以贯之"解释道："夫子之一理浑然而泛应曲当，譬则天地之至诚无息，而万物各得其所也。自此之外，固无余法，而亦无待于推矣。"[3] "一以贯之"的意义即孔子以一心应万事，就像天地的运转那样自然而然，虽然没有什么刻意的安排，世间万物都各得其宜，可以各自实现自己的价值。曾子领略到了孔子的境界，但一时难以向门人言说，所以借用学者"尽己"、"推己"之实践方法加以说明。其实，在朱子看来，孔子浑然"天理"的境界根本不需要"尽"与"推"。

曾子言"夫子之道，忠恕而已矣"，《中庸》却说"忠恕违道不远"。"忠恕"是否就是"道"，两者的说法不尽一致。《论语》与《中庸》都被二程、朱子视为儒学

---

[1]《二程集》上，北京：中华书局 2004 年版，第 124 页。

[2]《朱子全书》21，上海：上海古籍出版社、合肥：安徽教育出版社 2010 年版，第 1608 页。

[3] 朱熹：《四书章句集注》，北京：中华书局 2012 年版，第 72 页。

经典,为了捍卫经典表述的一致性,二程、朱子都同意《论语》之"忠恕"与《中庸》之"忠恕"存在着境界高下之别。但是,对于曾子所言"忠恕"是否就是"夫子之道",伊川先生和朱子的观点又存在着些许差异。曾子言"夫子之道,忠恕而已矣",伊川先生解释说:"《中庸》以曾子之言虽是如此,又恐人尚疑忠恕未可便为道,故曰:'忠恕违道不远,施诸己而不愿,亦勿施于人。'此又掠下教人。"[①]他认为:"忠恕"是"道",只是担心有人不理解,所以《中庸》才说"违道不远"。他还说:"曾子言夫子之道忠恕,果可以一贯,若使他人言之,便未足信,或未尽忠恕之道,曾子言之,必是尽仍是。"[②]他认为只有曾子所言"忠恕"才可以一贯。他在"忠恕"是否是"道"这个问题上是犹豫的:一方面他认为"忠恕"是"道";另一方面他又强调只有曾子所言"忠恕"才是"道",若是其他人所言则未必是"道"。关于伊川先生的上述之语,朱子怀疑是记录有错:"今记录不明,乃似不知其言之是否,而唯其人之信,若侏儒之观优者,夫岂然哉!"[③]按照朱子的理解,"忠恕"不是孔子"一以贯之"之"道","忠恕"只是曾子用来形容"孔子之道"的,只是"一贯"的注脚,而不是"圣人之道"。二程和朱子都对"圣人之道"作了探讨。有人问:"吾道一以贯之,而曰忠恕而已矣,则所谓一者,便是仁否?"[④]伊川先生回答说:正是仁。有学生疑惑:既然"忠恕"已是"道",又何必再说"违道不远"?朱子则回答说:"仁"才是"道","忠恕"是学者实践"仁"的方法。朱子还解释了曾子为何用"忠恕"解释"孔子之道"而不直接用"仁":"合忠恕,正是仁。若使曾子便将仁解一贯字,却失了体用,不得谓之一贯尔。要如此讲'贯',方尽。"[⑤]"忠"和"恕"是两个范畴,二程和朱子以"忠体恕用"的形式使两者可以一以贯之。

(二)"其至则一"

二程和朱子都非常羡慕圣人浑然一理的境界。伊川先生说:"强恕而行"没有达到"无我"的境界,所以只是仁之方,而非仁之体。明道先生则言:"仁者,以万物为一体。"但是,圣人随心以应万事的境界是非常难以达到的,学者只有勉力做工夫,才有可能领略到这种精神状态。没有平日的积累,就想要直接达到一以贯之的境界,容易流入佛家的"顿悟"之说。朱子一再强调圣人不需要"忠恕",圣人之"忠"即是诚,圣人之"恕"即是仁,"忠恕"只是曾子借用学者的"尽己"与"推己"来形容孔子之道的。只有曾子因为平日践履充实,积累深厚,所以才能领略"孔子之道",从而用简明易晓的"尽己"和"推己"的实践方法向门人解释。朱子释"贯"为"通",认为孔子心中之理可以贯通天下万事万物,使之各得其所;指

---

① ② ④《二程集》上,北京:中华书局 2004 年版,第 8—9、153、306 页。

③《朱子全书》6,上海:上海古籍出版社、合肥:安徽教育出版社 2010 年版,第 691 页。

⑤ 黎靖德编:《朱子语类》二,北京:中华书局 1986 年版,第 694 页。

出曾子以其平日"随事精察而力行",故能领略圣人境界。朱子希望学者多多实践,由积累以至贯通。陈来指出:理一分殊为朱子提供了认识论和方法论的基础,分殊决定了积累的必要性,理一决定了贯通的可能性,理会分殊是贯通一理的基础和前提,贯通一理是理会分殊的目的和结果。①

圣人和学者在境界上有所不同,然而他们要追求的目标是一致的。"圣人之恕与学者异者,只争自然与勉强。圣人却是自然扩充得去,不费力。学者须要勉强扩充,其至则一也。"②学者心中不免有私心,只有通过对"己所不欲,勿施于人"的内心反思,推己及人,才能克制内心的私欲,达到合乎"天理"的境界。圣人处事则是自然而然,虽然两者方法不同,但都是为了让"天理"显现。朱子说:"圣人是天理上做,学者也是就天理上做。圣人也只是这一理,学者也只是这一理,不成是有两个天理!但圣人底是个浑沦底物事,发出来便皆好。学者是要逐一件去推,然也是要全得这天理。"③朱子的这些言语其实都是对明道先生"以己及物,仁也;推己及物,恕也"④的解释。判断一种行为是"以己"还是"推己",要以人的心理状态为依据:不假思索是"以己",这是"一以贯之"的境界;需要思索是"推己",这是"恕"的工夫。"盖曾子专为发明圣人'一贯'之旨,所谓'由忠恕行'者也。子思专为指示学者入德之方,所谓'行忠恕者'也。所指既殊,安得不以为二?然核其所以为忠恕者,则其本体盖未尝不同也。"⑤两者虽然在方式上存在着自然与勉力的差别,但是目标都是"及物",即展现自己对外界的关怀。同时,两者也有着共同的"天理"依据。

二 释"推己"

二程非常重视"恕"的作用。有人问明道先生:怎样做才是符合恕的行为?先生回答说:"充扩得去则为恕。"又说:"充扩得去,则天地变化草木蕃;充扩不去,则天地闭,贤人隐。"⑥明道先生认为"恕"具有天地生化的意义。朱子对这段话曾有一段解释:"充扩得去"则万物各得其所,推广到一家则一家实现它的价值,推广到一国则一国实现它的价值。朱子的解释将"天地变化"落实在人间社会的关怀上,只理会自己,不管他人,就是"不恕"。州县的官员只顾自己的享受,不在乎老百姓的生死,就是不能"推己及人"。伊川先生讲解《论语》中的"有

---

① 陈来:《朱子哲学研究》,北京:生活·读书·新知三联书店 2010 年版,第 143 页。

②③ 黎靖德编:《朱子语类》二,北京:中华书局 1986 年版,第 672、677 页。

④⑥《二程集》上,北京:中华书局 2004 年版,第 124、424 页。

⑤《朱子全书》21,上海:上海古籍出版社、合肥:安徽教育出版社 2010 年版,第 1606 页。

一言而可以终身行之，其恕乎"时说：君主应该推己及人，体会百姓生活的艰难。伊川先生大半生没有进入官场，却在晚年担任宋哲宗的老师，是真心希望以儒家之道教育哲宗，使之心怀仁心，推行仁政，实现天下太平。二程都以"推己"阐释"恕"，不论是"推己及物"还是"推己及人"，都体现了自己对外界的同情与关爱。朱子所言"尽己之谓忠，推己之谓恕"是继承了二程的观点。但是，朱子拓宽了"推己"一词的内涵：二程所言"推己"是自己对外界的关怀；朱子所言"推己"，既有对外界的关怀，又有对自己的要求，还是"成己"之道。

（一）"恕"与"絜矩之道"

孔子言"恕"只说"己所不欲，勿施于人"，强调不要将自己所厌恶的施加于人。《汉书·杜周传》载曰："王者法天地，非仁无以广施，非义无以正身；克己就义，恕以及人，《六经》之所上也。"颜师古注解说："恕，仁也。言以仁爱为心，内省己志施之于人也。"[1]君主需要以道义严格要求自己，以仁爱之心对待百姓，"恕以及人"是"六经"所引导的仁政之方。伊川先生也说："强恕而行"是以己之好恶待人，自己所喜爱的也应该让他人得到，自己所厌恶的就不应该施加给他人。朱子对"己所不欲，勿施于人"之"恕"的内涵加以拓展，将"恕"分为"责人之恕"和"爱人之恕"。《大学》谈到了"恕"和"絜矩之道"："是故君子有诸己，而后求诸人；无诸己，而后非诸人。所藏乎身不恕，而能喻诸人者，未之有也。"朱子解释说：只有自己先有了善行，然后才能要求别人行善；只有自己没有恶行，然后才能禁止别人作恶。人只有完善自己的道德修养，才能发挥道德榜样的作用，成为人们效法的对象。"恕"的品质强调自我的德行修养对他人的影响，希望以自身为榜样，引导他人成就美好的德行，朱子称之为"责人之恕"。"责"是要求的意思。《大学》言"絜矩之道"，凡是我所厌恶的在我之上的人对待我的态度或者行为，我就不可以以那种态度或行为去对待在我之下的人；同样，凡是我所厌恶的在我之下的人对待我的态度或行为，我也不可以用其来对待在我之上的人。"絜矩之道"不是要求他人达到某种地步，而是将心比心地为他人着想，避免对他人造成伤害，朱子称之为"爱人之恕"。20世纪以来，学者们用积极和消极来区分"忠恕"，其实是继承了朱子"责人之恕"和"爱人之恕"的说法。

"爱人之恕"是"己所不欲，勿施于人"。不把自己所厌恶的施加于他人，固然避免了对他人造成伤害，但仅仅固守"勿施"而不及人，也就丧失了对他人的关爱。儒家一贯注重济世安民，"恕"不能仅仅停留在"勿施"的层面，而是要"推己及人"，仁民而爱物。朱子对"絜矩之道"的内涵加以发展，即不仅要做到己所不欲勿施于

---

①《汉书》九，北京：中华书局2011年版，第2674页。

人，更要将己之所欲施之于人。"所谓絜矩者，矩者，心也，我心之所欲，即他人之所欲也。我欲孝弟而慈，必欲他人皆如我之孝弟而慈。'不使一夫之不获'者，无一夫不得此理也。只我能如此，而他人不能如此，则是不平矣。"① 朱子注"平天下"之"平"为"均平"。"平"是让每个人都有平等的权利推行"絜矩之道"，具体而言就是使人人都能有平等的机会，把自己心中固有的孝、悌、忠、信等伦理德目推广应用在现实生活中。朱子在《大学》的基础上继续深入探讨如何使民众具备实践孝悌的条件。从朱子的观点来看，《大学》之"明德"是"有得于天而光明正大者"，是每个人人性中固有的"天理"，每个人的本心都天然地具有至善德行，如孝悌、礼让、仁爱、忠信等，只是由于禀受的气质有所偏差，才导致人们在现实生活中不能做到十分完美。人若是不知道何谓"孝悌"，可以通过格物、致知来了解。但是，人明白孝悌的价值，想要实践孝悌，如果没有物质条件的保证，孝悌也是无法实行的。物质条件的改善固然需要人民辛勤劳动，但更需要统治者施行仁政，不与民争财，创造发展的条件，使人民富裕。物质条件的丰富有助于人们遵从孝悌的伦理规范，建设和谐的社会秩序。朱子将"恕"思想与"絜矩之道"相结合，指出"推己及人"需要落实在现实生活的层面，而不能仅仅做理论的探讨和理想的呼吁。

(二)"推己"的两个维度

朱子认为"忠恕"是曾子用来形容孔子"一以贯之"之"道"的，也只有曾子能够以"忠恕"来解释"一以贯之"，这是由曾子的平日所学决定的。朱子强调必须身体力行，理会事事物物的道理，从而达到圆融贯通的地步。曾子阐释"忠恕"就是用来告诫学者："圣人教人，都是教人实做，将实事教人。如格物、致知以至洒扫应对，无非就实地上拈出教人。"② 曾子虽然鲁钝，但肯在事事物物上努力践履。"一以贯之"之"道"不是曾子蓦然而识，而是在曾子做了足够的工夫（又作"功夫"）之后，得孔子启发才体会到的。黄俊杰认为：朱子解释"一以贯之"如何可能，采取的是近于个体论的方法论立场，只有经由对万殊之理的切实掌握，才能达到"一以贯之"的境界。③ "忠恕"可以视为达到"一以贯之"的实践方法。"推己及人"之"恕"不仅能够展现自我对他人的关爱，还是自我成就的方法，是自己将内心具有的伦理道德应用在生活中。人内心的真实想法便是"忠"，将内心真实无妄的想法推广应用在事物上便是"恕"的工夫。

有人同朱子讨论《论语集注》中的"忠恕"和"一以贯之"的关系，曰："曾子谓之忠恕，虽是借此以晓学者，然既能忠，则心无欺曲，无叉路，即此推将去，便是

---

①② 黎靖德编：《朱子语类》二，北京：中华书局1986年版，第361、677页。
③ 黄俊杰：《德川日本〈论语〉诠释史论》，上海：上海古籍出版社2008年版，第211页。

一。已而至于自然而然，则即圣人之所谓一矣。"①朱子认为这种说法将两者的关系集中在"忠"上，却没有注意到重点乃是"恕"。朱子说：孔子认为曾子平日践履工夫充足，知道事君之道，也知道孝养父亲的方法。曾子知道单件事情的道理，只是不知道这些道理是可以一以贯之的。经过孔子的点拨，曾子最终明白了孔子关于为人处事的各种道理都是一以贯之的。但是，人难以一步达到圣人孔子浑然一理的境界，所以需要"尽己"、"推己"的践履工夫，由积累达至贯通。朱子认为：父子、君臣之间如何相处，都有明确的伦理道德规范，这些道理都是人性中所固有的。人在平日的生活中，需要把心中的这些道德原理推广应用在具体的伦理关系上，久而久之，才能达到融会贯通的境界。朱子认为，在两者的关系中"恕"是重点，其实是在强调平日积累的重要性，要求人们在生活中多多践履、多多做工夫，将心中的道德伦理应用在现实生活中。空守"天理"毕竟于人生无多大的益处。

朱子曰："忠是一，恕是贯。忠只是一个真实，自家心下道理，直是真实。事事物物接于吾前，便只把这个真实应副将去。"②自己心中具备道理，如为人子，知道孝，便会孝敬父母，推己心中之孝道于父子关系上，便是"恕"的行为。朱子将"推己之谓恕"分为两个层面：第一，"推己以及他人"。己之所欲、所恶与他人是相通的。如己欲孝，则知他人也要孝，便会帮助他人尽孝。这是一种将心比心的关怀。第二，"推己以及物"。自己心中已经领略的道理，需要推理应用在具体的事物上。例如：推己心中之孝道于父子关系上，尽到作为子女应该承担的责任。朱子认为这两者是相互联系的，道不远人，凡是自己要求别人达到的境界，都应该理所当然地同样以此来完善自身的道德修养。这个层面的"恕"是对知行关系的论述。朱子对贺孙说：孔子告诉曾子"吾道一以贯之"，曾子由此得出"夫子之道，忠恕而已矣"，是从"行"的层面进行论述；孔子告诉子贡"一以贯之"，则是从"知"的层面来说。方东树在《仪卫轩遗书》中说："一贯之义，兼知行而言，非真用功造极人不能真知。"③学问之道在于穷理以至于应万事，是知、行的辩证关系。"推己之谓恕"是二程对"恕"的概括。朱子在此基础上明确了"推己及物"的含义，"推己"是从己处往外推，在推的过程中形成了两个维度：一个是关于他人的，以心度心，己所不欲，勿施于人；一个是关于自己的，将自己心中的道理应用在实际事物上，如孝、悌、忠、义之类，将"忠恕"关系转化为知行关系。因此，朱子认为"恕之得名，只是推己"。④

---

①②④ 黎靖德编：《朱子语类》二，北京：中华书局 1986 年版，第 684、670、691 页。

③ 转引自程树德编《论语集释》一，北京：中华书局 2014 年版，第 339 页。

（三）"推己"的依据

"穷则独善其身，达则兼济天下。"济世安民是儒者的人生信条。不论什么时代，不论什么社会，人们之间的生活水平都不会是一致的，都会存在贫富差距，都会存在社会分层。正是因为生活中存在着这些不一致，才需要推己及人，需要人们施发爱心，帮助那些生活不如意的人，使之也能过上幸福的生活。不仅人们之间的物质生活有差别，而且人们的精神生活也不尽一致，这就需要道德修养高尚的人发挥引领作用，指引他人也追求自身的道德完善。

朱子认为人性本善。为了解释现实生活中存在着人性恶的现象，朱子继承和发展了横渠先生之"天命之性"和"气质之性"的区分。蔡方鹿对横渠先生的观点进行过解释，指出："天命之性"的基本含义是指一般人的本性，源于与天同原的太虚，是善而无偏的；"气质之性"是指禀受气质而形成的具体的人性，由于气质有异，所以它有美恶、善恶的区别。[①]"气质之性"是具体的人性，有善有恶。因此，现实生活中有善人，也有恶人；有道德高尚的人，也有道德低劣的人。虽然气质中的善恶也是先天禀受的，但是人可以通过后天的努力对其加以改造，恢复本然的"天命之善"。横渠先生说："人之气质美恶与贵贱夭寿之理，皆是所受定分。如气质恶者学即能移，今人所以多为气所使而不得为贤者，盖为不知学。古之人，在乡间之中，其师长朋友日相教训，则自然贤者多。"[②]又说："为学大益，在自求变化气质，不尔皆为人之弊，卒无所发明，不得见圣人之奥。故学者先须变化气质。"[③]人们为学最重要的目的在于改变自己的气质，如果不这样做的话，就会一直局限在种种弊端里，不能将自己身上优秀的潜能发扬光大，无法见识到圣人学说的奥义。朱子也以"气禀"解释现实中人性的差异，说："盖人之性无不同，而气则有异，故惟圣人能举其性之全体而尽之。其次则必自其善端发见之偏，而悉推致之，以各造其极也。曲无不致，则德无不实，而形、著、动、变之功自不能已。积而至于能化，则其至诚之妙，亦不异于圣人矣。"[④]在他看来，只有圣人才能得到性之全体，其他人只能在恻隐、辞让、是非、羞恶等善端处努力践履，从此处推广应用开来，由积累以至贯通，才有可能得到性之全体。

朱子认为：因为气质的影响，人有圣贤和下愚之分，下愚之人固然可以通过自身努力改变气质，但是也需要贤者的指导。"明德者，人之所得乎天，而虚灵不昧，以具众理而应万事者也。但为气禀所拘，人欲所蔽，则有时而昏；然其本体

---

① 蔡方鹿：《宋明理学心性论》，成都：巴蜀书社 2009 年版，第 63 页。
②③《张载集》，北京：中华书局 1978 年版，第 266、274 页。
④ 朱熹：《四书章句集注》，北京：中华书局 2012 年版，第 33 页。

之明，则有未尝息者。故学者当因其所发而遂明之，以复其初也。新者，革其旧之谓也，言既自明其明德，又当推以及人，使之亦有以去其旧染之污也。"① 人能够使自己的"明德"显现，就应该推己及人，使他人也能够"明明德"。朱子认为：明德是上天赋予每个人的，不是可以被某一个人独占的。当自己"明明德"后，必须推己及人。"此个道理，人人有之，不是自家可专独之物。既是明得此理，须当推以及人，使各明其德。岂可说我自会了，我自乐之，不与人共。"② 朱子还说：如果自己的德行已达到完善的状态，却不屑于推己及人，只理会自己，独善其身，没有济世安民的情怀，那便是入了佛家和道家的境域。

朱子以孝道为例阐述了推己及人的方法："如人之孝，他本有此孝，他却不曾行得这孝，却乱行从不孝处去。君子治之，非是别讨个孝去治他，只是与他说：'你这个不是。你本有此孝，却如何错行从不孝处去？'其人能改，即是孝矣。"③

儒家认为：每个人都先天具有仁、义、忠、孝等道德品质，只是受环境的影响，不能全部按照道德的规定去做。君子的作用就在于引导他人向固有的道德靠拢，而不是为他人建立道德规范。"孝"是人人心中都具备的德目，只是有的人不能对父母尽孝。君子知道如何行孝，就应该推己及人，指引人们如何行孝，使之也能在"孝"这个伦理德目上尽到自己的责任。但是，这种引领作用不是强制的，也不是由君子制定详细的伦理规范、强迫他人服从，而是要在君子的引导下，激发每个人人性中固有的善，使之心甘情愿地尽孝。程朱理学认为：人性皆善，但人的觉悟有先后之分，先觉者需要发挥道德榜样的作用，让后觉者效法，引导后觉者走向善。正因为觉悟有先后，推己及人才是必要的；也正因为人性皆善，人们都有着向善的心理倾向，理义是心之所同然，所以推己及人才是可能实现的。

---

① 朱熹：《四书章句集注》，北京：中华书局 2012 年版，第 3 页。
② 黎靖德编：《朱子语类》二，北京：中华书局 1986 年版，第 379 页。
③ 黎靖德编：《朱子语类》四，北京：中华书局 1986 年版，第 1542 页。

第四节 "内外敬恕，天理周流"：陈淳对"恕"思想的理学定位与总结

"理"是二程与朱子思想体系的核心，"恕"须在"理"的前提之下。伊川先生认为"公理"是"恕"的前提，"以公理施于人，所以恕也"。朱子详细诠释了"忠体恕用"，认为"推己及人"的内容必须合乎"理"的规定。陈淳对二程与朱子思想中的"理"多有归纳与总结，认为以"天理流行"论"恕"是其"恕"思想的特色。陈淳继承了"推己之谓恕"的观点，认为"恕"是人自己固有的"仁"、"义"、"礼"、"智"等道德条目在社会关系上的应用。"恕"是学者实践工夫，具有非常突出的方法论意义。为了避免人们在推己及物的过程中夹杂私欲，陈淳提出"欲求仁者，敬恕是宜"的观点，将"忠体恕用"发展为"敬恕并进"。他认为：相比于尽己之心的"忠"，"持敬"更容易着手，人内心的真诚专一、外在的恭敬有礼都是平时的持敬涵养功夫，以此行"恕"及物，可以避免个人感性情绪在人际关系中产生弊端，从而达到"仁"的境界。"敬恕并进"是陈淳对二程、朱子"恕"思想的发展，也是他注重下学之功的体现。

一 "天理"流行

（一）天地之恕

子贡问孔子：有人能够做到博施众济，那么是否可以称为"仁"？孔子回答说："何事于仁，必也圣乎！尧、舜其犹病诸！夫仁者，己欲立而立人，己欲达而达人。能近取譬，可谓'仁之方'也已。"（《论语·雍也》）"仁"和"圣"的区别与联系、"仁"与"仁之方"的关系历来为学者所关注与思考。陈伯澡曾请教此章大义，陈淳作《答陈伯澡再问〈论语〉》，详解"博施众济"章的"文意曲折"。陈淳认为："己欲立而立人，己欲达而达人"是"仁之体"，"仁者之心，以己欲立欲达之心，而及于人，则天理流行无间"；"能近取譬"是推己及人之"恕"，"推己所以欲立、欲达之心而及于人，亦引天理使流行无间，其示子贡求仁之方，可谓益近而易勉"。[①] "仁

---

① 陈淳：《北溪大全集》，文渊阁四库全书本，第 256 页。

之体"和"仁之方"的区别也就是二程、朱子着重强调的"仁"、"恕"之别,两者虽然存在着自然和勉强的差异,但朱子认为两者"其至则一"。这个"一"在陈淳看来,便是要"天理"无间断地流行。"天理"流行是天道之所事,陈淳需要解释"天理"流行与人心相通的问题。陈淳认为:"天理"流行使得万事万物各得其所,人心得到"天"所赋予的理,亦能使"天理"流行,无欠缺。陈淳以恻隐之心的发用为例,论述如何使"天理"流行。他说:"且如恻隐一端,近而发于亲亲之间,亲之所以当亲,是天命之流行者然也。吾但与之流行,而不亏其所亲者耳。一或少有亏焉,则天理便隔绝于亲亲之间,而不流行矣。"① 这就是说:爱自己的亲人是"天理"流行之自然,人们需要按照"天理"的规定爱自己的亲人,"天理"便流行在亲亲之间;仁民、爱物也是"天理"的流行,人们在仁民、爱物上尽到自己的责任就可以使"天理"流行而无间断。人人都能尽到自己的职责,则万事万物各得其所,无一毫的欠缺。陈淳以明道先生所言"天地变化草木蕃"加以总结:"此程子所以指天地变化草木蕃蕃,以形容恕心充广得去之气象者也,然亦必有是天地同大之体,然后有是天地流通之用,亦必有是天地流通之用,然后为是天地同大之体,则其实又非两截事也。"②

明道先生的原话是:"维天之命,於穆不已,不其忠乎! 天地变化草木蕃,不其恕乎!"③ 伊川先生也说过类似的话:"维天之命,於穆不已,忠也。乾道变化,各正性命,恕也。"④ 二程都以天地变化来解释"恕","乾道变化,各正性命"出自《易传·象传》,用以形容天地生育万物,而万物各得其所。伊川先生在《乾》卦《象传》注中说:"乾道变化,生育万物,洪纤高下,各以其类,各正性命也。天所赋为命,物所受为性。"⑤ 天地变化,万物各得其所为"恕",所以方旭东认为:"至于二程,他们提出,大化流行万物各得其所,这是天地忠恕的表现,这就把忠恕推到一个准神学的高度。"⑥ 其实,二程以天道论"恕"的本意不是要为"恕"寻找"准神学"的依据,而是为了区分出"一以贯之"之"忠恕"与《中庸》的"违道不远"之"忠恕"的区别,即"仁"和"恕"的差异。伊川先生说:"乾道变化,各正性命,恕也。"这就是说:天地无心而使万物各得性命之正。圣人有心而无为,亦使万事万物各得其宜。朱子认为:这正是形容圣人之心自然无所不到,所以"乾道变化,各正性命"是圣人之"忠恕"。陈淳也认为圣人之心浑然一理,犹如"天理"不间断地流行。他对伊川先生之语加以解释:

————————————

①② 陈淳:《北溪大全集》,文渊阁四库全书本,第 61 页。

③④《二程集》上,北京:中华书局 2004 年版,第 392、392 页。

⑤《二程集》下,北京:中华书局 2004 年版,第 697—698 页。

⑥ 方旭东:《绘事后素 —— 经典解释与哲学研究》,北京:北京大学出版社 2012 年版,第 36 页。

且如维天之命,元而亨,亨而利,利而贞,贞而复元,万古循环,无一息之停,只是一个真实无妄道理。而万物各具此以生,洪纤高下,各正其所赋受之性命,此是天之忠恕也。在圣人也只是此心中一个浑沦大本流行泛应,而事事物物莫不各止其所当止之所,此是圣人之忠恕也。①

二程提到了"天地忠恕",朱子认为这是形容圣人孔子"一以贯之"的"忠恕",其目的是同《中庸》的"违道不远"之"学者忠恕"相区别。朱子说:"天地是无心底忠恕,圣人是无为底忠恕,学者是求做底忠恕。"②陈淳继承朱子的观点,区分出三种忠恕:"天地之忠恕",即天地至诚无息而使万物各得其所;"圣人之忠恕",即孔子一以贯之之道;"学者之忠恕",即平日践履的工夫,需要做到推己及人。陈淳认为:天地、圣人、学者之"恕"都是理一分殊的体现,只是"天理"流行的方式有所不同。"只是我这理流注去到那事物处,但仁是流去到便熟滑,恕用推方到较生涩,所以恕为求仁之方者,只为事事物物间易为私欲所隔,有不到处便要得逐一推引这天理出去流注到那事物,使千条万绪无所不贯也。"③"仁"和"恕"的区别不在于是否及人或者及物,而在于"推己"过程中的方式,"仁"是自然而然,"恕"是勉力而推,两者都是"天理"的流行。以"天理流行"论"恕",是陈淳对二程、朱子以"天理"阐释"恕"的总结,也是陈淳"恕"思想的特色。

(二)批评"恕己"

二程和朱子认为:"恕"既然是"天理"的流行,那么"推己及人"的内容必须合乎"天理"的规定;如果不合乎"天理",便会流于人欲,这就需要人加强自我道德修养,使内心时刻保持警觉,与"天理"流行相一致。"恕"是"己所不欲,勿施于人",是将心比心地表达对他人的同情与理解,本来不具有"宽容"、"饶恕"的含义。但是,后来"恕"的含义逐渐扩展,遂有了"原谅"、"宽恕"的意思;还有甚者,将"恕"的对象指向了自己。后来"恕"逐渐发展成"恕己",即自己因为某种原因犯了错误,想到他人可能也会犯这个错误,便原谅了自己。"恕"还体现在看到他人有过错,考虑到自己也可能会犯同样的过错,就不再纠正他人。如此将心比心很容易导致整个社会道德滑坡。这对于追求成圣的宋儒来说是不得不重视的问题,因此"恕己"是他们批判的重点。

二程已经注意到当时社会上出现的"恕己"现象。人们在当差时,一方面希

---

① 陈淳:《北溪字义》,北京:中华书局1983年版,第29—30页。
② 黎靖德编:《朱子语类》二,北京:中华书局1986年版,第672页。
③ 陈淳:《北溪大全集》,文渊阁四库全书本,第29页。

望得到上级的赏识与提携,另一方面又要求下属对自己尽心尽力,片面强调别人对自己的义务,却偏偏忽略了对自己的要求。"恕己"则不能成就良好的德行,人也就无法承担起社会责任。范纯仁曾说:"人虽至愚,责人则明;虽有聪明,恕己则昏。苟能以责人之心责己,恕己之心恕人,则不患不至圣贤地位也。"世人对此言多有称赞,但是朱子认为不可。朱子注意到"恕己"可能会导致道德滑坡:"恕字之义,本以如心而得,故可以施之于人,而不可以施之于己。"[1] 例如:有人品行不端,平日多阿附权贵,通过谄媚、贿赂谋得一官半职,遇到曲学阿世的人,便以宽恕自己的心态宽恕他人,既不反省自己,也不责怪他人,还将其引以为同道,就会共同走向堕落。孟子曾说:"爱人不亲,反其仁;治人不治,反其智;礼人不答,反其敬;行有不得者,皆反求诸己,其身正而天下归之。"(《孟子·离娄上》)朱子注解:

> 这都是趱向上去,更无退下来。如今人爱人不亲,更不反求诸己,教你不亲也休;治人不治,更不反求诸己,教你不治也休;礼人不答,更不反求诸己,教你不答也休,我也不解恁地得。你也不仁不义,无礼无智;我也不仁不义,无礼无智;大家都做个鹘突没理会底人,范忠宣所说"以恕己之心恕人"。[2]

以"恕己之心恕人",既不是爱自己的方式,也不是爱他人的表现,只是相互姑息。有人认为:"忠恕"只是需要做到没有私心,不责怪他人。朱子认为:此种说法没有依据,因为"六经"没有表示不责怪别人就是"恕"。《中庸》只说"施诸己而不愿,亦勿施于人"而已,这是一种人文关怀,不是不要责怪他人的意思。朱子告诫说:"今乃不然,而直欲以其不肖之身为标准,视吾治教所当及者,一以姑息待之,不相训诰,不相禁戒,将使天下之人,皆如己之不肖而沦胥以陷焉,是乃大乱之道,而岂所谓终身可行之恕哉!"[3] 在朱子看来,不仅"恕己"是错误的,"恕人"也不正确,因为儒家希望人能成为君子;看到他人行事有悖于礼法,如果不指正他人的错误,就是任由他人走向不正之途,这不符合儒者兼济天下的信念。

宽恕虽然也是一种美德,但是在涉及道德原则时,却不能一味地宽恕,于"理"须责也必须责。朱子的观点对陈淳影响甚大。在《北溪字义·忠恕》最后一节,陈淳对"恕己"之说加以批判:

---

[1][3]《朱子全书》6,上海:上海古籍出版社、合肥:安徽教育出版社2010年版,第538、538页。
[2] 黎靖德编:《朱子语类》四,北京:中华书局1986年版,第1326—1327页。

自汉以来，恕字义甚不明，至有谓"善恕己量主"者，而我朝范忠宣公亦谓"以恕己之心恕人"，不知恕之一字就己上着不得。据他说，恕字只似个饶人底意。如此则是己有过且自恕己，人有过又并恕人，是相率为不肖之归，岂古人推己如心之义乎？[①]

建武十七年（41），光武帝废黜郭皇后。郅恽上疏光武帝说："夫妇关系融洽与否这类事，做儿子的不该管，做臣子的就更不应该过问了。这就是为何我不敢过问。尽管如此，我还是希望陛下衡量废除皇后这件事情的轻重，不要让天下的人横加议论。"光武帝回复："恽善恕己量主，知我必不有所左右而轻天下也。"[②]"善恕己量主"的大概意思就是善于用自己的心去推测君主的心思。儒家一贯主张"从道不从君"，朱子认为光武帝以无罪废黜皇后，郅恽不能向君主力陈大义，已失臣节；光武帝称赞郅恽能推断君主的心思，则是开启了臣子谄媚君主之门，使君臣之义都得不到显明。陈淳在此节引用"善恕己量主"的例子，想必也是赞同朱子的观点。"恕己"是残害自我，"恕人"是助纣为虐。张子韶在《中庸解》中倡导"圣人因己之难克，而知天下皆可恕之人"[③]，朱子对此多次提出批评，认为一个人不能按照道德行事，还使他人远于道德，这是共同堕落，如果没有道德的保障，就无所谓"推己及人"。也许人们在生活中，"推己及人"不免有姑息，所以陈淳在《侍讲待制朱先生叙述》中特别提到：朱子能够"处义无决裂之病，行恕无姑息之蔽"。"恕"之"推己及人"，是为了让自己和他人都能成为君子，在涉及道德原则的大是大非面前足够坚定。

二 为仁之方

（一）阐释"尽己"、"推己"

"尽己之谓忠，推己之谓恕"是伊川先生在《论语解》中提出的。朱子在《论语集注》中引用了这一说法，随后围绕"一以贯之"加以阐发，但并没有解释何谓"尽己"、"推己"。陈淳则对此加以解说：

忠是就心说，是尽己之心无不真实者，故为忠。恕是就待人接物处说，

---

① 陈淳：《北溪字义》，北京：中华书局1983年版，第31页。
②《后汉书》四，北京：中华书局2011年版，第1031页。
③ 黎靖德编：《朱子语类》三，北京：中华书局1986年版，第1071页。

只是推己心之所真实者以及人物而已。字义中心为忠，是尽己之中心无不实，故为忠。如心为恕，是推己心以及人，要如己心之所欲者，便是恕。①

　　"忠"是对自己而言的，要做到内心的真实无妄。"恕"是对于外界而言的，要将自己真实无妄的内心想法施加于人和物。真实无妄之心即是"天理之诚"。陈淳说："己之所不欲者，非吾本心天理之诚也，必禁而绝之，勿以施之于人，则凡其所以沟通贯造于人者，必皆吾本心天理之诚然，而恕之道也。"② 基于此，我们可以理解为何陈淳批评范纯仁"彼此相恕"之说。这也可以说明，陈淳认为自汉以来的学者都没有理解"恕"的含义不是无的放矢，而是陈淳认为他们没有理解"己欲"或者"不欲"都不是自己的私人情感，而是客观真实的"天理"。为了强调这一点，陈淳将"己"的含义分为两层：一是个人的自我欲望，即"私欲"；一是个人的本心，即"天理"。孔子答颜渊的"克己复礼"之"己"即是人的私欲，"推己及人"之"己"乃是"为仁由己"、"有诸己"之"己"，是"克己复礼"后的"天理"。陈淳告诫学者要克制私欲，使内心湛然清明，反诸己而合乎"天理"之当然。

　　二程、朱子已经将"己所不欲，勿施于人"扩展为"推己及人"，即人固然不能把自己所不喜欢的施加于人，同时也要把自己所喜欢的施加于人，做到与人同乐，一起成为有道德的人。陈淳也认为："己所不欲，勿施于人"只论及了"恕"的一面，"其实不止是勿施己所不欲者，凡己之所欲者，须要施于人方可"。③ 即不仅勿施己所不愿，还要推己之所愿。例如：自己有孝心，对父母尽孝，考虑到他人也有孝心，也想尽孝于父母，就应该努力帮助他人，使其也能对父母尽孝，这是心存"恕"道的表现。伊川先生担任宋哲宗的老师，希望君主能够发散"恕"心，实行仁政，创造条件改善民生。陈淳同样认为："恕"的作用甚大，普通人力量有限，帮助他人的能力也有限，君主是为天下而立，更应该推己之心，实行仁政，关爱天下苍生。君主如果不能爱民如己，就是没有"恕"心。这体现了儒家一贯提倡的仁政爱民理念。陈淳还以自己为例，讲述他推己及人的"忠恕"之心。陆九渊的学说在陈淳生活的时代很受学者的欢迎，而批判陆氏之学是陈淳学术事业的重要组成部分。陈淳对王震表示，他同陆九渊并没有私仇，批判陆九渊的学说，只是因为其学说不符合儒家的正统观念，容易导致异端的产生，危害人心，所以他才不得已出来讲明公理，剖析是非，这是他对"道"的执着以及对学者的关爱之心。陈淳认为自己走的是符合"天理"的正道，所以应该引导后觉者也向"天理"

①③ 陈淳：《北溪字义》，北京：中华书局 1983 年版，第 28 页。
② 陈淳：《北溪大全集》，文渊阁四库全书本，第 41 页。

靠近,共同成就道德。

(二)"恕"是下学之功

"推己及人"强调推己之仁心以帮助他人,从而使自己与他人共同进步,注重自己与他人的关系。但是,理学更强调的是自我修养,自内圣而外王,故而"推己之恕"更指向自我工夫处。"惟欲内成诸己,以无失吾之所固有者而已,在己者有余,然后推而淑诸人。"[①]陈淳强调君子之学,认为"恕"之道首先在于自己有所得,然后才能"推己及人"。陈淳的论述重点放在"恕"与"贯"上,即如何通过"恕"贯通万事万物之理。"恕固是推己及人的,若不真识恕,只管泥推己及人,则又拘拘说恕字骨不出,不见得曾子所解贯字广大也。"[②]陈淳认为:不吃透"恕"字的精髓、不理解"贯"的含义就"推己及人"是危险的。他的学生陈伯澡早年倾慕曾点"浴乎沂,风乎舞雩,咏而归"(《论语·先进》),专心游于一的境界,以上达为己志,而不屑做下学之功,后来发现如此求学不得要领,于是改学曾子之法,名其室为"贯斋",以作警示。陈淳因此写《贯斋记》向他说明"一贯"的道理:

> 惟曾子一人,平时于圣人用处,每随事精察而实履之。观《曾子问》一篇,所讲明者,皆其变礼,则于周旋进退之常,固已无一节之不究矣。日省吾身以三者,内外交相饬,则体之在我者,又已无一刻之不谨矣。所欠者,但未知夫大本之所以为一尔。夫子知其下学之功到,将有所觉而可以上达发之也,于是呼而语之一贯之旨。[③]

曾子身体笃行,在生活中经历事事物物,总结各种生活经验,理解其中的各种道理,并且时常反省自己,使自己内心有主,一旦孔子向他说出"一贯",他立刻就明白事事物物虽然各有各的道理,其实都是在一个"天理"下运行。但是,其他门人下学之功不到,未能领悟,于是曾子借用学者"尽己之忠"、"推己之恕"来解释孔子的"一以贯之"之"道"。儒家认为每个人心中都有"天"赋予的"仁"、"义"、"礼"、"智"等道德条目,因此"推己"可以这样理解:将自己心中的道德条目推广应用在实践中,事情做得多了,道理积累得多了,也就可以把它们贯通起来了。陈淳劝诫陈伯澡要在生活中不断地处事积累,而不可拘泥在高玄处冥想。

立足于自己内心的情感,揣度他人的心理,如果自己心中存有私意,则难免以自己的私意施加于人,"则所以施其所欲者,未必理之正,而禁其所不欲者未必

①②③ 陈淳:《北溪大全集》,文渊阁四库全书本,第185、29、49页。

理之非也"。①陈淳提醒陈伯澡:"推己及物"必须是合理的,要使自己心中所欲都在"理"的范围内。所以,"推己及人"首先必须格物致知,涵养力行,使自己内心纯然"天理",而"忠恕"为求"仁之方",正是学者做工夫处。陈淳要求学者学习颜渊的博约,而不是他的卓尔;学习曾子之所以为"贯",而不是之所以为"一"。陈淳认为:颜渊的克己功夫使得他能广博而能归约;曾子在事事、物物上都理会过,把各种道理都在内心思索过,所以能理解圣人的"理一"。但是,对于学者"追慕其学则未可躐进",有言"夫所谓一,亦惟致曾子下学之功,专从事于所谓贯者而已尔"。这是说:生活中的事事、物物都有条理与规律,学者要学习曾子的下学之力,理解每种事物的"理",合万理为一理,然后才可以理解"圣人之心浑然一理而至诚无息 …… 其为忠也,道之体也,而万殊之所以一本也,其为恕也,道之用也,而一本之所以万殊也"。②"忠,尽己,是在我底;恕,推己,是及物底。""忠"、"恕"都是做工夫的路径。但是,"恕"是处理自己与物的关系,"推己及物"是自己心中的道理德行在社会关系中的应用,这是成己之道,不涉及"己欲立而立人,己欲达而达人"的成人之道。生活中的事物纷繁多样、千头万绪,该从何处着手、用力?陈泊澡认为:"尽己"、"推己"应该从事父孝、事君忠开始,然后将孝心、忠心应用到其他社会关系中。陈淳表示赞同,说:"事亲孝,是忠恕之本所发用来,最先第一件便在此上。"③对父母尽孝,就是将内在的孝心应用在父子关系上,孝心无一时间断,"孝"这个德行就达到了极致。推类尽孝之心在君臣关系上就是"忠",努力地格君心之非,坚守自己的岗位,尽到自己的责任,忠心便达到了极致。在夫妇关系上有礼,对子女慈爱,处朋友有信有义,在人伦大节上都尽心尽力做到,然后处理事事、物物,就大体不会偏离"天理"之规范。

(三)欲求仁者,敬恕是宜

陈淳的恕论思想以"天理流行"为特色,非常强调"推己及人"过程中"天理"的作用。朱子对"忠体恕用"详加诠释,认为只有尽己之心后,才能保证"推己及人"的正当性。有人认为既然"己所不欲,勿施于人"是"恕",那么以刑罚施加于人便不是"恕",因为刑罚是自己不想要的。朱子引用伊川先生"忠恕不可分离"的观点,说"忠是尽己也,尽己而后为恕"。④他认为:只有某人确实犯了罪,刑罚才会施于其身。如果人真的做到了尽己之心,就会甘心承受责罚。之所以会有人不愿受罚,是因为他没有反省自己,心存侥幸之心。没有"尽己"的工夫,却要"推己"之"恕",便会产生姑息的弊端。只有先做到"忠",才能保证"推己及人"

---

①②③ 陈淳:《北溪大全集》,文渊阁四库全书本,第 41、49、225 页。

④ 黎靖德编:《朱子语类》三,北京:中华书局 1986 年版,第 1071 页。

之心合乎"天理"道德。陈淳也强调"忠"、"恕"不可分离,"然忠之彻首彻尾,当其为忠时恕便包在其内,及到那恕处,这忠底又只在也。如天命流行不已,自元至贞,生物都包在其内,而万物生生各遂处不已之命,又只在也。其实难截然分成两段去,故发出忠底心,便是恕底事,做成恕底事,便是忠底心"。① "忠"强调内心的真实情感,怎样才能做到尽己之心无不真实,也是一个值得考虑的问题。为了保证"恕"道的正当性和可实施性,陈淳将二程、朱子颇为重视的"敬"与"恕"相结合。《敬恕斋铭》说:

> 天地之性,惟人为贵,由其有仁,于我素备。胡为不仁,私欲间之,欲求仁者,敬恕是宜。出门如宾,承事如祭。以主于中,对越上帝。己所不欲,勿施于人,以是而行,与物皆春。内外敬恕,私欲何寓。天理周流,无所不具。是之谓仁。②

陈淳认为:求仁的方法以"敬"和"恕"为宜,"敬"主于内,"恕"行于外。亲亲、仁民、爱物,这一"推己及物"的成圣成贤之路在陈淳看来是非常困难的。因为内心的私欲难以克制,故而二程、朱子强调忠体恕用,要求人必须先尽己之心,才能推己之恕,做到内心无丝毫私欲,然后推己心中所欲,都不外乎是"天理"的范围。陈淳在《北溪字义·忠恕》开头便强调"忠是就心说,是尽己之心无不真实者。恕是就待人接物处说,只是推己心之所真实者以及人物而已",即重视内心的"真实",以此避免私欲在"推己及人"的过程中带来的弊端。朱子以"真实无妄"阐释"诚者,天之道也"。陈淳从"天道"的角度对"真实无妄"作出阐释:"天道流行,自古及今,无一毫之妄。暑往则寒来,日往则月来。春生了便夏长,秋杀了便冬藏,元亨利贞,始终循环,万古常如此,皆是真实道理为之主宰。"③ 这段话的意思是:四季交替变化,元、亨、利、贞循环往复,都是"天道"的自然流行。陈淳认为,自然界日月星辰有条不紊地运行,瓜果、草木生长过程中体现出甜苦之味道、青白之颜色,这些都是"天道"自然运行的体现,万事万物的本质属性都是"天道",真实无妄,毫无一丝人力干预。张加才认为:陈淳对"天道"真实无妄的阐述,是为人道之"未能真实无妄,便须做工夫,要得真实无妄"提供本体论依据。④ 陈淳认为:"维天之命,於穆不已;乾道变化,各正性命。"即"天道"自然流行而万物各得

---

①② 陈淳:《北溪大全集》,文渊阁四库全书本,第 30、23 页。
③ 陈淳:《北溪字义》,北京:中华书局 1983 年版,第 33 页。
④ 张加才:《诠释与建构——陈淳与朱子学》,北京:人民出版社 2004 年版,第 57 页。

其所，人的生活应该仿效"天道"，努力地尽己之心，克制私欲，推己真实之心以应对生活中的事物。

"忠"规定了尽己之心必须真实，对于如何达到这一真实的境地，人们却没有具体眉目可以遵循，故而陈淳提出"欲求仁者，敬恕是宜"。[①] 仲弓问"仁"，孔子回答"出门如见大宾，使民如承大祭"。陈淳认为如此端庄谨恪、睟面盎背，周旋中礼，"非平时主敬于中有素者，不能也"。陈淳将这两句连着孔子说的"己所不欲，勿施于人"概括为"敬恕"，认为这是求仁之方。"忠"、"恕"都强调心之真实，"敬"则体现在平时的涵养，要使心有所主。陈淳对友人林司户表示：收心不难，只要持敬就可以达到。他说："盖心之为物，虚灵知觉，所以为一身之主宰也。身无此为之主宰，则四肢百体皆无所管摄，视必不见，听必不闻，食必不知味矣。然所以为心者，又当由我有以主宰之。我若何而主宰之乎？所谓敬者，又一心之主宰也。"[②] 这是说："心"是身体的主宰，指挥人的行为。没有"心"的知觉运动，人的生活就没有意义。但是，"心"也需要涵养，使它保持本然的状态就是"敬"的作用。陈淳认为："心"虽然只有一个，但表现为"人心"和"道心"两种不同的形式。"人心"便是以形气为主，"道心"便是以理义为主。因为禀受气质的不同，"人心"表现出善、恶的状态，所以心必须持敬，时时警惕，使以理义为主的"道心"成为主宰。

"尽己之忠"缺乏具体的实践方法，学者不易做到。"敬"则比"忠"更有下手处，首先表现在外在的恭敬。陈淳认为："恭"与"敬"密切相关，"恭"是就外貌上说，"敬"是就内心来讲，没有外在的恭敬礼貌，是不可能内心持敬的。早起时，穿衣要正，面容要好，这是外表的恭敬；走路要稳重，动作要合礼，这是举动时主敬；"出门如宾，承事如祭"，这是待人接物时主敬；出言谨慎，不敢妄言，这是说话时主敬。视、听、言、动都非常谨慎，时时刻刻遵循"礼"的规范，不胡乱作为，这是学者应该做到的外在恭敬。"敬"还体现在内心的真诚。伊川先生说："主一之谓敬"，"无适之谓一"。陈淳认为："主一"就是用心专一，做一件事就认真地对待这件事，不可去操心第二件事；"无适"就是注意力集中在一件事上，不能分心。如此持敬可以避免人心散漫，使心有所主宰。"心"具备万理，虚灵知觉，故而也容易走作。陈淳提出持敬，以管束"心"的运作：首先要做到外在的恭敬，视、听、言、动都合乎礼仪的规范。同时，内心专一，思想集中，做第一件事，如果出现的第二件事是物欲私意，则立刻制止；如果第二件事是合理的事情，则要分清轻重缓急，选择最应该做的事情去做。虽然事物千变万化，"我"只是"主一无适"。"推己及人"所强调的真实的心理情感通过持敬是可以做到的。如果能做到笃实地恭敬，

---

①② 陈淳：《北溪大全集》，文渊阁四库全书本，第 23、178 页。

内心便不会产生私意，以此推己及人，那么在外在事物上也不会产生私欲。"敬"、"恕"并进是陈淳"恕"思想的创新所在。

由亲亲而仁民而泛爱众是儒者一生的理想。陈淳当然希望以己之力帮助需要帮助的人们。所以，他认为"己所不欲，勿施于人"对人的关怀力度不够大，提出"己之所欲者，须要施与人方可"。针对陆九渊与佛道之学大行于世的现象，陈淳从道学的角度加以批评，说："所谓道学者，其所学以道为主，而所谓道者，又非有他，只不过人事当然之理，天下古今所共由者而已。"[①] 他认为：陆九渊与佛道之学追求自我超脱，不关注人事，只会走向弃绝人伦的道路。陈淳多次写信给州、县的学者，劝他们学习自己笃信的道学，走圣贤之路，这是他"心存忠恕"的体现。他认为：普通人的力量毕竟有限，因此推己及人的范围也有限。州、县长官是地方的领导，皇帝是天下的表率，他们应该以对待自己父、母、妻、子的态度对待百姓，努力勤政爱民，让百姓也有物质条件做到父慈子孝。但是，人的内心不免有私欲，如果以此私欲推己及人，社会道德就会整体滑坡。所以，陈淳批判"恕己"之说，告诫人们必须先尽己之心，才可以推己之恕。

私欲不仅遮蔽了人的本性，阻碍个人成圣成贤，而且对社会造成不良的影响。故此，陈淳理解的"推己及人"之"恕"更指向学者的践履工夫，将"恕"阐释为自己心中的"仁"、"义"、"礼"、"智"等道德条目在社会中的应用，做到事亲尽孝、事君尽忠、待人诚信、慈爱子女等伦理大目。他认为，人在人伦大节上都尽心地实践过，就会明白忠孝、慈爱都是仁心的发用，以此应对社会事物就会大体不离"礼"的规范，如此推己及人就能避免私欲的影响。为了使学者在忠孝、慈爱等环节中更好地展开实践，陈淳在"忠体恕用"的基础上提出"欲求仁者，敬恕是宜"的观点。他认为："敬"包含外在的恭敬礼貌和内心的真诚专一，学者在这两方面理会伦理关系，可以克除私欲，使人心的本质得以展现，以此推己及人就是自己真实无妄之心的发散流行。将心比心地表现出对他人的关爱，这是"推己及人"；自我做工夫，将自己内心的道德应用在社会关系中，这是"推己及物"。前者是行"仁之方"，后者是求"仁之方"，后者是前者的基础。在陈淳的思想体系中，"恕"是求仁与行仁的统一，而"持敬"又始终贯穿二者。

---

① 陈淳：《北溪大全集》，文渊阁四库全书本，第206页。

第五节　科学方法 —— 20 世纪前半期"恕"思想新诠

　　"忠"、"恕"二字在现存的甲骨文与金文中都没有记载，今文《尚书》也不曾使用。然而，自从曾子曰"夫子之道，忠恕而已矣"（《论语·里仁》）后，"忠恕"便成为儒家重要的伦理范畴之一。20 世纪初期，随着西方文化的深入影响，以西方知识论诠释"忠恕"思想开始出现。汪震在《孔子哲学》中说："孔子告诉曾子说'吾道一以贯之'，这一还是知识上的一贯，还是伦理上的一贯，孔子并没有明言，曾子回答的忠恕，却限定是伦理上的一贯。"[①] 这里明确提出知识与伦理的二分。虽然汪震认为"忠恕"只是伦理方面的范畴，不是知识论范畴，但是章太炎、胡适及蒋维乔等都认为"忠恕"具有知识论的意义。以西方知识论范畴解释中国古代的思想，是"忠恕"诠释史上的崭新命题，也是近代以来注重科学方法的结果。20 世纪上半叶，两部具有代表性的中国哲学史著作 —— 胡适的《中国哲学史大纲》和冯友兰的《中国哲学史》都对孔子的"忠恕"思想加以诠释，前者以知识论为视角，后者以伦理学为归宿，足见切实地诠释"忠恕"在理解孔子思想时的重要作用。

一 归纳与演绎：突破伦理学范畴的"忠恕"

　　子曰："吾道一以贯之。"曾子以为"忠恕"可贯孔子之道。但是，"忠"和"恕"是两个范畴，而且重要性似乎不如"仁"或者"礼"，又如何将孔子之道一以贯之？这给后人留下了无限的解释空间。宋儒程颢认为："以己及物，仁也。推己及物，恕也。忠恕一以贯之。忠者天理，恕者人道，忠者无妄，恕者所以行乎忠也。忠者体，恕者用，大本达道也。"[②] 程子认为"忠恕"是兼摄体用的大本达道，自然可以一以贯之。朱子在此基础上说："合忠恕，正是仁。若使曾子便将仁解一贯，

---

① 汪震：《孔子哲学》，长沙：岳麓书社 2012 年版，第 39 页。
② 《二程集》上，北京：中华书局 2004 年版，第 124 页。

却失了体用，不得谓之一贯尔。要如此讲'贯'，方尽。"①朱子认为：一贯之道就是仁，而以"忠恕"加以解释则可兼顾体用。"仁"是至德，学者难以一步企及，曾子以"尽己之忠"、"推己之恕"加以说明，是为了给学者提供一个可以着手求"仁"的方法。

胡适认为：《国语·周语》的"中能应外，忠也"与《大戴礼记·三朝记》的"中以应实，曰知恕"意义相同，由此可见"忠"、"恕"二字意义相近，不易分别。胡适引用《中庸》的"忠恕违道不远，施诸己而不愿，亦勿施于人"，认为前一句是"忠"、"恕"二字并举，后两句明显是"恕"字的含义，故而认为"忠恕"与"恕"同义。②胡适引用《周语》、《三朝记》的说法，认为"忠"、"恕"二字是一个意思；又引用《中庸》的说法，认为"忠"、"恕"都是"己所不欲，勿施于人"的意思。但是，我们说"中能应外，忠也"、"中以应实，曰知恕"无论如何也不能解释为"己所不欲，勿施于人"。幸好《周语》与《左传》中记载的两段话可以佐证胡适认为"忠恕"就是"己所不欲，勿施于人"的判断。《周语》云："考中度衷，忠也。""施其所恶，弃其忠也。"《左传·隐公十一年》云："恕而行之，德之则也，礼之经也。己弗能有，而以与人，人之不至，不亦宜乎！"庞朴认为施其所无的"不恕"和施其所恶的"不忠"实在没有什么区别，都没有做到"己所不欲，勿施于人"。③胡适认可《说文》将"恕"训为"仁"，说："《论语》记仲弓问仁，孔子答语有'己所不欲，勿施于人'一句，可见恕与仁的关系。"④胡适认为"恕"字在人生哲学方面就是"推"，"我"与他人同属人类，自然会推己及人，这是人生哲学上的"一以贯之"。

冯友兰在《中国哲学史》第四章《孔子及儒家之初起》中专列《直、仁、忠、恕》一节，认为"直"是人之性情的真实流露，但是不一定合乎礼，所以强调"克己复礼为仁"的外部规范，同时注重"能近取譬"推己及人的内部标准，合此即"仁者"，"即人之性情之真的及合礼的流露，而即本同情心以推己及人者也"。"仁"是"直"、"礼"、"忠"、"恕"的综合，所以冯友兰总结说："故'直'尚有行不通处，而仁则无行不通处。故仁为孔子'一贯'之道，中心之学说。"⑤康有为认为：孔子没有说明"一"为何物，所以其门人不理解。曾子直截了当地以"忠恕"为一贯之道，只是"义似浅近"。康有为认为："仁"才是孔子所说的"一贯"，"孔子之言道，

① 黎靖德编：《朱子语类》二，北京：中华书局 1986 年版，第 694 页。
②④ 胡适：《中国哲学史大纲》，上海：上海人民出版社 2014 年版，第 73、75—76 页。
③《庞朴文集》第 1 卷，济南：山东大学出版社 2005 年版，第 472 页。
⑤《冯友兰选集》上卷，北京：北京大学出版社 2000 年版，第 55 页。

曰仁与不仁,盖以不忍人之心,行不忍人之政"。①

20世纪前半期,学者多认为孔子"一贯之道"即是"仁",而"忠恕"是实现"仁"的方法。蔡元培说:"圣人之道德,自其德之方面言之曰仁,自其行之方面言之曰孝,自其方法方面言之曰忠恕。"②他认为"忠恕"有积极和消极两个方面:"施诸己而不愿,亦勿施于人",这是消极的"忠恕";"己欲立而立人,己欲达而达人",这是积极的"忠恕"。冯友兰也从积极和消极两方面来解释"忠恕"之道,认为"忠"、"恕"皆是"推己及人","忠"是就"推己及人"的积极方面说,"恕"是就"推己及人"的消极方面说,"忠"、"恕"皆是"能近取譬","善推其所为"。与蔡元培不同的是,冯友兰不认为"忠恕"有积极和消极两个方面,而是以"忠"为积极,以"恕"为消极。他认为:"因己之所欲,知别人之所欲,所以'己欲立而立人,己欲达而达人','老吾老以及人之老,幼吾幼以及人之幼',此即所谓忠。因己之所不欲,知别人之所不欲,所以'己所不欲,勿施于人',此即所谓恕。"③将心比心,以自己的心理情感推断他人的所想所欲,本着自我的同情心以推己及人,这是人内心情感的真实流露,表现了对他人的爱,这是"仁"的体现。

蔡元培与冯友兰都认为"忠恕"是自己对他人的同情心,是自己以最合乎仁道的方法在社会中处理己与人的关系。康有为在20世纪伊始就明确以己与人对立来解释"忠恕",说:"天下之人物虽多,事理虽繁,而对待者只人与己。有所行者,应人接物,亦不外人与己之交而已。己,人也,人,亦人也,此心同,此理同,性情或异,嗜好或殊,既同为人,当不相远,故道本诸身,欲征诸己。己所欲者,与人同之,己所不欲者,则勿施于人。推己及人,如心而出。"④康有为认为,世界事物虽然繁杂,然只是自己和他人的关系,只要以"我"之心度他人之心,以"我"之欲推及他人,"则恕之事而仁之术也"。⑤但是,康有为的着眼点并没有停留在单个人之间的"推己及人",而是考虑如何通过"忠恕"来仁泽整个社会。程子说:"仁者以天地万物为一体,莫非己也。"康有为认为:天地万物同资始于乾元,本为一气,及变化而各正性命,但为异形,不仅人类有共同的祖先,而且人和物都有共同的本体,所以要亲亲而仁民,仁民而后爱物,而"忠恕"正是最好的方法。康有为说:"推致天地位,万物育,其本亦不过尽己心而为忠,推己心而为恕耳。"只有尽己之心才可能有不忍人之心,只有推己之"恕"才可以行不忍人之政,"故忠恕虽

①④⑤ 康有为:《论语注》,北京:中华书局1984年版,第52、238、86页。

② 蔡元培:《中国伦理学史》,长沙:岳麓书社2010年版,第16页。

③ 冯友兰:《新原道》,北京:北京大学出版社2014年版,第27页。

约，而大道已尽，更无余法"。① 我们说无论是个人间的"推己及人"，还是立足于自己的心理情感，表现出对"天地万物一体为仁"的认识，努力构建和谐的社会，其实都是在实行"仁"，只不过涉及的范围不同罢了，仍然不出伦理学的范畴。

在古代，"知识"与"伦理"并没有严格的区分。孔子主张博文约礼、仁智合一，《大学》注重格物致知与明德的关系，《中庸》言道问学与尊德性。朱子解释"忠恕"时说："此段'恕'字却好看，方泝流以溯其源。学者宁事事先了得，未了得'一'字，却不防。莫只悬空说个'一'字作大罩了，逐事事都未理会，却不济事。"② 朱子说的"学者要事事理会"，可以理解为由积累以至于融会贯通，由具体事实认识一般原理，这是归纳法的思维；也可以理解为个人在三纲五常领域的践履，这也是伦理范围的实践。康有为说："孔子之道，推本于元，显于仁智，而后发育万物，峻极于天，四通六辟，相反相成，无所不在，所谓一以贯之。"③ "仁"，指伦理学方面；"智"，指知识论方面。

近代以来，在西方文明的映衬下，晚清的洋务派和维新派认识到国家的落后，于是有了洋务运动对西方科技的学习和维新变法对西方制度的学习。20 世纪，国内一些学者认识到不全面学习西方思想文化，社会就难以进步，于是"民主"与"科学"成为时代的潮流。当时的"科学"主要指西方的科学方法，即归纳法与演绎法。20 世纪初期，国内学术界对科学方法的认识即使不精确，但至少很熟悉。20 世纪伊始，章太炎就用知识论的范畴来解释"忠恕"。《订孔》记载：

> 心能推度曰恕，周以察物曰忠。故夫闻一知十，举一隅以三隅反者，恕之事也……周以察物，举其征符，而辩其骨理者，忠之事也……"身观焉"，忠也；"方不障"，恕也。④

《墨辩》分"知识"为三种：闻、说、亲。《说》曰："知，传授之，闻也。方不障，说也。身观焉，亲也。"胡适认为："闻"即是别人传授给我的知识，"说"即是由推论得来的知识，"亲"即是自己亲身经历来的知识。⑤ 章太炎认为："恕"就是推论，"忠"就是亲身观察，是获得知识的两种方法。对这两种方法的比较，章太炎在《菿汉微言》中说：

---

①③ 康有为：《论语注》，北京：中华书局 1984 年版，第 52 页。

② 黎靖德编：《朱子语类》二，北京：中华书局 1986 年版，第 681 页。

④⑤ 胡适：《中国哲学史大纲》，上海：上海人民出版社 2014 年版，第 72、133 页。

举一隅以三隅反，此之谓恕 …… 顾凡事不可尽以理推，专用恕术，不知亲证，于事理多失矣！救此失者，其唯忠。忠者，周至之谓：检验观察必微必密；观其殊相，以得环中。斯为忠矣。今世学者亦有演绎、归纳二途，前者据理以量事，后者验事以成理。其术至今用之，而不悟孔子所言，何哉？①

章太炎认为：专用"恕"术推论来的知识可能会有错误，所以必须用"忠"，亲身观察以获取真知识。"恕"是演绎法，"忠"是归纳法，这种两种思想方法从古至今一直存在，但是没有人领略孔子"忠恕"的真谛。

胡适高度赞扬了章太炎的独特看法，说："论忠恕为孔子的根本方法，太炎这话发前人之未发。"②胡适也认为"恕"即是推论，而推论总以类似为根据。他引用《中庸》中的"伐柯伐柯，其则不远。执柯以伐柯，睨而视之，犹以为远"，说："这是因手里的斧柄与要砍的斧柄同类，故可由这个推到那个。闻一知十，举一反三，都是用类似之点，作推论的根据。恕字训'如'，即含此意。"③胡适认为推论的前提是类似，这是非常精准的看法，可以避免把随意猜测当作推论。"忠恕"是曾子对"一以贯之"的解释。胡适认为：孔子认定宇宙天地万物虽然复杂，但是有系统条理，综贯一切，而"忠"即"恕"，即是基于类似的推论，所以后人以为"忠恕"是关于人生哲学的问题，把"一以贯之"解释为"推己及人"其实是对曾子之言的误解。胡适说："我的意思，以为孔子说的'一以贯之'，和曾子说的'忠恕'，只是要寻出事物的条理系统 …… 不单是推己及人的人生哲学。"④

演绎是由一般原理推出关于特殊情况的结论，归纳是由一系列具体事实推断出一般原理，两者都需要推论。胡适强调推论以类似为前提。蒋维乔认为儒家从经验中找定前提，然后根据这个前提去推论一切，这就是经验的推演法，也是归纳的推演法。经验分为两种，一种是先天经验，一种是后天经验，包括"亲知"和"推知"。孟子主张"先天良心论"，所以"老吾老以及人之老，幼吾幼以及人之幼"是先天良心的发散，是由一般原理推出的结论，属于演绎的推理。"己所不欲，勿施于人"的"恕"道则是基于后天经验，只有自己经历过 —— 或亲知或推知，才能确定对于某物不喜欢，因为自己不喜欢，推及他人也不喜欢，而不肯施予他人。所以，蒋维乔认为："所谓忠者，乃周以察物，即归纳的意思；所谓恕者，乃推己及

① 章太炎：《菿汉三言》，上海：上海书店出版社 2011 年版，第 32—33 页。
②③④ 胡适：《中国哲学史大纲》，上海：上海人民出版社 2014 年版，第 72、73、73 页。

人,即推理的意思。"①

章太炎认为:"忠"是亲身获取知识的途径,是归纳法;"恕"是推论获取知识的途径,是演绎法。胡适认为:分"知识"为"亲知"、"身知"是墨家的认识论,章太炎用其来解释"忠恕",恐怕不妥。"恕"只是基于类似的推论,寻出事物的条理。蒋维乔通过对先天、后天经验的区分,认为基于后天经验的推论就是归纳的推演法,所以合"忠恕"才是西方所说的归纳推理。这里对章太炎的观点有所修正。虽然学者的看法有异,但是都采用西方知识论范畴来解释中国传统的"忠恕"思想,开辟了新的角度,打开了新的格局。

二 伦理学与认识论的融合

中国文化传统中并没有明确区分"知识"与"伦理",中国古代思想家关注的重点是人何以成己成德,知识要服务于伦理,脱离伦理的知识成不了社会的主流。例如:中国古代天文学知识比较发达,但只用来为朝廷观察天象、预测吉凶,没有形成系统的天文学科学系统。冷天吉认为:"中国古代哲学家主要从德性培养的角度思考知识和道德的关系问题。其主要问题集中于在修德成圣的过程中,需不需要知识以及需要何种知识的问题。"② 所以,我们认为:在古代,伦理处在核心的地位,"知识"与"伦理"在本质上是统一的。20 世纪前期,对"忠恕"的解释既有基于"推己及人"的伦理学范畴诠释,又有基于推论的认识论范畴诠释,也有学者认为"忠恕"包括知识论、伦理学两个方面。

胡适认为:"忠恕"是孔子的方法论,也是孔门人生哲学的根本方法。"恕字在名学上是推论,在人生哲学一方面,也只是一个'推'字。"③ 孔子之"己所不欲,勿施于人",《大学》之"絜矩之道",孟子之"老吾老以及人之老",荀子之"三恕",都是"推己及人",这是人生哲学的"一以贯之"。梁启超说:朱子言"尽己之谓忠,推己之谓恕",专从实践伦理方面解释;章太炎言"周以察物曰忠,心能推度曰恕",专从智识方面论述。我们认为:两者都有失偏颇。"忠恕一贯"要从"实践"与"智识"两方面来诠释,加以贯通。梁启超说的"实践"与"智识"就是我们说的"伦理"与"知识"。梁启超说"中心为忠",即是以自己为中心,穷尽自己的心理

---

① 蒋维乔、杨大膺:《中国哲学史纲要》,长沙:岳麓书社 2011 年版,第 76—77 页。
② 冷天吉:《知识与道德:对儒家格物致知思想的考察》,北京:中国社会科学出版社 2009 年版,第 10 页。
③ 胡适:《中国哲学史大纲》,上海:上海人民出版社 2014 年版,第 75 页。

功能，用现在的话说就是发展个性，这无论是在伦理方面还是在知识方面都是必需的。"如心为'恕'"，即用自己的心推测别人，以自己真实的心理情感对待他人，做到"己所不欲，勿施于人"和"己欲立而立人"，这是伦理范畴的"恕"。从知识论来看，根据已知的公理，推断未知的事理，是最具有系统的学问，"恕"是"闻一知十"的演绎法，也是"察言而观色，虑以下人"的归纳法。在科玄论战中，梁启超给科学的定义是"根据经验的事实分析综合求出一个近真的公例以推论同类事物"[1]，这其实就是归纳与演绎。

20世纪上半叶，康有为、蔡元培和冯友兰以"推己及人"解释儒家"忠恕"思想，希望人们以自己的同情心来表达对他人的关爱，构建和谐的社会。章太炎、胡适、蒋维乔虽然对"忠恕"是否属于归纳法与演绎法的认识不同，对"亲知"与"推知"的定位有异，但都是从西方认识论范畴来解释中国古代的思想。

近代以来，学习西方是主流。20世纪上半叶，学术界更加注重学习西方思维，"民主"与"科学"是时代的主题。"科学"主要指科学方法，"在知识里面科学方法万能；科学的万能，不是在他的材料，是在他的方法"。[2]20世纪20年代发生了"科学与玄学的论战"，科学派主将丁文江甚至认为科学能够包办一切，"惟有科学方法，在自然界内小试其技，已经有伟大的结果，所以我们要求把他的势力范围，推广扩充，使他做人类宗教性的明灯"。[3]胡适以孙悟空比喻人生观，以如来佛祖比喻科学，认为人生观无论如何也逃离不了科学，这是"科学家的跋扈"。[4]玄学派并不反对科学，他们只是反对科学主义的万能观。张君劢后来回顾科玄论战说："世界人类既因科学进步而大受益处，尤其是中国几千年来不知求真、不知求自然界之知识的国民，可以拿来当作血清剂来刺激我们的脑筋，来赶到世界文化队内去。"张君劢深知科学对中国发展具有重要意义。科玄论战中的第三派——唯物史观派同样推崇科学。陈独秀主张在客观上对于一切超科学的人生观加以科学的解释。[5]邓中夏说："唯物史观派，他们亦根据科学，亦应用科学方法。"[6]这和科学派是一致的。瞿秋白认为科学对人生观具有决定性作用，"每一'时代的人生观'为当代的科学智识所组成；新时代人生观之创始者便得凭借新科学智识，推广其'个性的人生观'使成为时代的人生观"。[7]提倡科学方法应该是当时思想界的主流。

在科玄论战中，科学方法指经验归纳与逻辑演绎。科学派丁文江说："科学

---

[1][2][3][4][5] 张君劢、丁文江等：《科学与人生观》，长沙：岳麓书社2012年版，第100、153、164、85、29页。

[6][7] 蔡尚思主编：《中国现代思想史资料简编》第2卷，杭州：浙江人民出版社1982年版，第174、406页。

的方法,是辨别事实的真伪,把真事实取出来详细的分类,然后求他们的秩序关系,想一种最简单明了的话来概括他。"① 这是归纳法的思维。玄学派张君劢认为:"科学之方法之有二,一曰演绎的,一曰归纳的。归纳的者,先聚若干事例而求其公例也。如物理化学生物所采者,皆此方法也。至于几何学,则以自明之公理为基础,而后一切原则则推演而出,所谓演绎的也。"② 科学的方法分为归纳法与演绎法应是当时学术界的共识,他们认为学习西方科学方法锻炼思维是提高国人认识水平的一种方法,同时他们也考虑中国自古是否具有类似的认识方法以及中国学者历来的思考方式能否与现代科学思维相连接。"恕"可训诂为"如",理解为"推论",章太炎据此认为"恕"是演绎法。如果不深究演绎法的概念与规则,我们认为章太炎以演绎法诠释"恕"无可厚非。胡适、蒋维乔以及梁启超等以认识论来解释"忠恕",也是时代潮流使然。20世纪前半期科学方法的盛行,是"忠恕"成为认识方法的时代背景。知识与伦理达成和谐的状态是社会的愿景,具备知识才能有方法履行伦理道德,注重伦理才能避免知识的胡作非为。然而,二者似乎难以平衡,中国古代重伦理甚于知识,三纲五常是不可逾越的,孝廉、忠诚、友爱等是社会推崇的德行。近代以来,国人领略了西方科技的威力,开始努力学习知识,重知识甚于伦理,并取得了科技上的进步;同时,现代社会道德滑坡的现象越来越受到重视,社会呼吁知识与伦理的统一。"恕"在古代一直被规定为"推己及人"的伦理范畴,20世纪以来开始出现以知识论解释"恕"的风潮。非常幸运的是,当时的学术界没有将知识与伦理对立起来,梁启超、胡适等都认为"忠恕"合知识与伦理,二者相互贯通,在方法论、人生哲学上都一以贯之。

①② 张君劢、丁文江等:《科学与人生观》,长沙:岳麓书社2012年版,第20、3页。

第六节 "主体性霸权"？——"恕"思想的现代意义

对于"己所不欲，勿施于人"之"恕"，二程、朱子诠释为"尽己之谓忠，推己之谓恕"，强调"推己及人"，现代学者称之为"忠恕之道"。西方文化传统中也有类似的表述，《圣经·马太福音》载耶稣说："你要尽心、尽性、尽意，爱主你的神。这是诫命中的第一，且是最大的。其次也相仿，就是要爱人如己。"李存山解释说：西方传教士认为中国的"己所不欲，勿施于人"比不上基督教的"爱人如己"，所以视后者为道德金律，前者为银律。[①]1993 年，世界宗教议会第二届大会公开发表《世界伦理宣言》，重申一条道德原则，即数千年来，人类许多宗教和伦理传统都具有并维系着这样一条黄金原则："己所不欲，勿施于人！或者换成肯定的说法，即你希望人怎样对待你，你也要怎样对待人！这应当成为所有的生活领域中不可取消和无条件遵循的规则，不论是对家庭、社团、种族、国家和宗教，都是如此。"[②]儒家的忠恕之道同西方的道德金律联系在一起，引起学者的广泛讨论。

一 关于忠恕之道的争论

赵汀阳认为：儒家恕道具有"主体观念"，"主体观念"的核心在于以自我为中心，按照"我"的规则把"与我异者"归化为"与我同者"。赵汀阳进而指出：由于现代社会多元化的影响，思想共识的基础已经式微，道德金规则的方法应该由"推己及人"转变为"由人至人"，由"己所不欲，勿施于人"转变为"人所不欲，勿施于人"[③]，改变以"我"为中心的做法，强调对他人的理解与尊重。黄勇将"人所

[①] 李存山：《忠恕之道与世界和平及环境保护》，载《孔子研究》2005 年第 4 期。
[②] 孔汉思：《世界伦理手册》，北京：生活·读书·新知三联书店 2012 年版，第 138 页。
[③] 赵汀阳：《我们和你们》，载《哲学研究》2000 年第 2 期；《论道德金规则的最佳可能方案》，载《中国社会科学》2005 年第 3 期。

欲,施于人"和"人所不欲,勿施于人"称为"道德铜律",认为在日益多元、不断全球化的世界,道德铜律应该成为道德生活的基本准则。①胡启勇认为:忠恕之道是推己及人的过程,其基本前提是自己内在的道德情感与道德价值观,基本过程是以自己的心理情感衡量人的内心,其结果是自己内在的道德情感与道德价值观实现扩展,体现出人际的关爱。但是,以自我为出发点,带来了个人中心主义和主观唯心主义,彰显了自我的道德优越感,体现出阶级不平等。②余治平表示:恕道以人心通约为前提,但在现实生活中,处于不同的社会背景与宗教文化的人不可能融合统一,儒家的个体自由意志不可能成为普遍意志,推己及人的恕道造成了对他人的暴力与强权。他进而引入莱维纳斯的"他者性哲学",希望引起人们对他者的重视。③以上四位学者都表示:儒家恕道以自我为出发点造成对他人的"主体性霸权",故而需要改变以自我为中心的行为模式,从他人的角度出发,切实地体会他人的需要。

针对上述观点,也有学者作出回应。李景林认为学术界将忠恕之道发展为"己之所欲,施之于人"的积极表述,本身有悖于孔子的思想,容易造成对自我中心的伤害。忠恕之道是在人我、物我天然差异实现前提下的沟通,体现了对自己的限制与要求,排除了原则的抽象性引发的道德任意。④冯浩菲将历代学者对"忠恕"的理解分为两派:前者认为"忠恕"是体用关系的一个概念,原则是"己所不欲,勿施于人";后者认为"忠"是"己欲立而立人,己欲达而达人","恕"是"己所不欲,勿施于人",两者是对立的。冯浩菲进而深入探究孔子思想的内在逻辑,将"忠恕"放在"仁"的范畴中,认为前一派的观点符合孔子的原意。⑤其实,"恕"不可作积极表述。王夫之早有明言:"若说恕处,只在己所不欲上推。盖己之不欲,凡百皆不可施与人,即饮食男女,亦须准己情以待人。若己所欲,则其不能推与不可推、不当推者多矣。仁者无不正之欲,且其所推者,但立达而已。"⑥普通人的欲望有不尽合理之处,所以不能推之于人。仁者固然无私欲,但也只能立人、达人罢了,不能过多地干涉他人。王庆节将忠恕之道同基督教道德金律加以比较,认为:忠恕之道基于人间之道,与基督教道德金律属于"上帝"普世之爱完全不同。

① 黄勇:《全球化时代的伦理》,中国台北:台湾大学出版中心 2011 年版,第 90—91 页。
② 胡启勇:《"忠恕之道"及其实践困境》,载《苏州大学学报(哲学社会科学版)》2008 年第 1 期。
③ 余治平:《儒家恕道的哲学限度》,载《广东社会科学》2009 年第 5 期。
④ 李景林:《忠恕之道不可作积极表述论》,载《清华大学学报(哲学社会科学版)》2003 年第 3 期。
⑤ 冯浩菲:《关于孔子忠恕思想的界说问题》,载《孔子研究》2003 年第 4 期。
⑥ 王夫之:《读四书大全说》上册,北京:中华书局 1975 年版,第 107—108 页。

作为人间关爱原则以及身体性特质，忠恕之道具有存在论、认识论、方法论的优越性，强调人心相通，"近取诸譬"表达了相互理解的"他人性质"，故而不存在西方式的"进入他人心灵"难题。[①] 王庆节将"忠恕之道"发展为"恕忠之道"，认为它是示范型伦理学，在于示范却不是规范、教化而非命令、引导而不是强制。

西方学者也质疑基督教的道德金规则。奥古斯丁提到：道德金律有可能被那些希望有坏事发生在自己身上的人利用。康德也说：道德金律"不能成为一个普遍法则，因为它同时缺乏对自己的义务和对别人仁慈的义务之根据（不少人可能马上会同意，别人不需要为他们做什么事情，只要他们自己不被要求为别人做什么事情）以及对别人的严格意义上的义务。因为根据这个原则，罪犯可以要求法官给他从轻判决"。[②] 学者们对道德金规则的批评大致可以分为两类：其一，"我"与他人有着不同的认识和需求，"我"之所欲并不完全就是他人之所欲，自我中心主义不可避免地会造成对他人的强制。其二，即使"我"和他人在某件事情上达成共识，双方有着共同的需求，但并不能保证这种需求是合乎法律或道德的。这两个问题大致也概括了我国学者所说的忠恕之道的困境与弊端。

二 道德引领，推行公理："恕"思想的现代转化

伊川先生说："以公理施于人，所以恕也。"[③] 因为有"理"的规定，可以避免推己及人过程中出现不道德的现象，所以"循理为乐"、"改而止"，可以避免"自我中心主义的霸权"。朱子通过"忠体恕用"的诠释，也提供了对这两个问题的解释。

自二程提出"尽己之谓忠，推己之谓恕"，后世学者对"忠恕"的理解不出"尽己"、"推己"的框架。朱子解释了何谓"尽己"、"推己"："忠者，诚有是心而不自欺也；恕者，推待己之心以及人也。推其诚心以及于人，则其所以爱人之道，不远于我而得之矣。"[④] 朱子认为："忠"是自己内心深处最真实的情感，"尽己"就是克除内心的私欲，使之符合"天理"的道德要求。先忠后恕，先是"我"心中具备了合乎"天理"的道德伦理，才能以此推广应用到事物上。明道先生曾说："忠恕二字，要除一个，更除不得。须是忠，方可以行其恕。"朱子以偷窃为例加以解释说：自己不干偷窃的勾当，也劝别人不要做偷盗之事，双方都能守住道德底线，

---

① 王庆节：《道德金律、恕忠之道与儒家伦理》，载《江苏社会科学》2001 年第 4 期。
② 转引自黄勇著《全球化时代的伦理》，中国台北：台湾大学出版中心 2011 年版，第 15 页。
③《二程集》上，北京：中华书局 2004 年版，第 372 页。
④《朱子全书》2，上海：上海古籍出版社、合肥：安徽教育出版社 2010 年版，第 576 页。

这是一种推己及人，符合"恕"的要求；自己去偷窃，但不准别人去偷窃，枉己不能正人，所以这不是"恕"；自己偷窃，也让别人去偷窃，这是彼此姑息，共同走向堕落，虽然是"己之所欲，施之于人"，但不符合道德规范，没有做到"忠"，所以也不是"恕"。正所谓："有善于己，然后可以责人之善；无恶于己，然后可以正人之恶。皆推己以及人，所谓恕也，不如是，则所令反其所好，而民不从矣。"①

儒家认为："忠体恕用"可以保证推己及人过程的行为符合"善"的要求。"忠"是"天理"的呈现，把"天理"推广应用在生活中，便是"恕"。万物之理很多，但是举其大者而言，只在君臣、父子、兄弟、夫妇等伦理关系上，人们会在这些伦理条目上达成共识，形成普遍的价值。朱子注解道："'心之所同然者何也？谓理也，义也'。且如人之为事，自家处之当于义，人莫不以为然，无有不道好者。如子之于父，臣之于君，其分至尊无加于此。人皆知君父之当事，我能尽忠尽孝，天下莫不以为当然，此心之所同也。"②因为世间存在着心之所同的公理，所以人心之间是可以相通的。"天命之性"使人人都具有成为圣贤的可能，因此人心在伦理德目上也是可以相通的。朱子多次强调：先觉者应该推己及人，帮助后觉者成就德行，成为合乎伦理道德的楷模。但是，这种希望不是强迫式的，不是要求所有人一定要达到圣贤地位。实际上，强迫达到这种希望也不可能，因为德行是自我成就的，"为仁由己，而由人乎哉"（《论语·颜渊》）。朱子解释"新民"为"上之人既有以自明其德，时时提撕警策，则下之人观瞻感发，各有以兴起其同然之善心，而不能已耳"。③在他看来，"新民"不是自己被别人强迫去改革更新，而是自己在他人的鼓舞下兴起向善之心。朱子告诫自己的学生：人生中有许多经历需要自己亲自体验，只有自己切实地经历了，才能有确切的感悟。

现代学者以"推己及人"来论述忠恕之道。有的学者认为"忠"是"己之所欲，施之于人"，"恕"是"己所不欲，勿施于人"，这是积极和消极两种不同的表达方式。有的学者认为：不是"推己及人"有两种表达方式，而是"恕"有两种表达方式，"己所不欲，勿施于人"是消极的说法，"己之所欲，施之于人"是积极的说法。他们都认为忠恕之道是"推己及人"，却忽略了"尽己之谓忠，推己之谓恕"是由二程提出、朱子加以论述的。因此，学者们论述忠恕之道时不可避免地在"推己"之"己"的"主体性霸权"上纠结，却不能深入二程、朱子的思想体系，探究以何而"推"，"己"又是什么。

---

① 朱熹：《四书章句集注》，北京：中华书局 2012 年版，第 9 页。

② 黎靖德编：《朱子语类》四，北京：中华书局 1986 年版，第 1390 页。

③ 黎靖德编：《朱子语类》二，北京：中华书局 1986 年版，第 319 页。

　　"忠恕"是曾子用来说明孔子"一以贯之"之道的。朱子为《论语》作注，不可能抛开"一以贯之"而谈"尽己为忠，推己为恕"。朱子认为："一贯之道"是以一心应万事，这种境界只有圣人孔子才能达到。学者在父子关系上只能尽孝慈之心，在君臣关系上只能尽忠敬之心，每件事情上都有一个道理在，学者只有把每件事都经历了，积累多了，才能达到圆融贯通。所以，"忠恕"是学者践履的方法，是为仁之方。"推己"是将自己心中的道理应用在具体的伦理关系上。既为人子，心中自然有孝敬之心，就应该将此孝心用在日常生活中对待父母的方方面面上。人心都是相通的，但这种相通绝不是泛化的，而是体现在具体的伦理关系上。儒家认为在"孝"、"悌"、"忠"、"信"等德目上，人与人是没有差异的。"我"有孝敬之心，他人同样有孝敬之心；"我"会对父母尽孝，他人也想尽自己的孝敬之心。那么，将心比心，"我"应该帮助他人尽孝心。作为朋友，"我"会向他人分享自己对父母尽孝心的做法，供他人参考；作为老师，我会告诉他人孝敬之心是什么、有哪些纲领，在历史上有哪些孝子的行为，以引导他人；作为君主，"我"会推己孝敬之心于天下，勤政爱民，轻徭薄赋，努力创造物质条件，使民众能够尽孝心。然而，无论如何，"我"都不可能代替他人尽孝敬之心，"我"帮助没有子女照顾的老人，那只是"我"的仁爱之心，代替不了其子女的孝心。如果对"己所不欲，勿施于人"作举例说明，那么应该是：作为父母的儿子，"我"应该孝；作为子女的父亲，"我"希望子女对我孝。"我"不能忍受子女的不孝行为。所以，将心比心，"我"必须对父母尽孝，这是尽孝之心过程中反求己身的方式。"忠恕"之道是在社会伦理范围内的推己及人，提供达到孝悌、仁义的方法，虽然强调从"己"往外推，但"己"绝不是自己心中的私欲好恶，也不是泛泛而论的饮食之咸淡这些细枝末叶，而是社会的普遍公理——"孝"、"悌"、"忠"、"信"、"仁"、"义"之类的道德规范。

　　无论是对"主体性霸权"的担忧，还是担心"个人中心主义"、"主观唯心主义"的现代困境或者引入的"他者哲学"，都是对"推己及人"的误读。"推己及人"不是把自己心中的想法强加于人，而是自己履行道德义务，追求成仁的境界，成就自己。"己所不欲，勿施于人"是反求己身的方式，即严格要求自己，其中蕴含的将心比心也只是引导别人成就德行，不存在强制的行为，更不是为他人制定道德原则。有的学者担心对他人造成压迫，将忠恕之道局限于"己所不欲，勿施于人"，强调对己的限制与要求，也没有真正理解"推己"的含义。自己不去及人，固然可以不正面与人发生冲突，但也放弃了引导他人成就德行的机会。王庆节认为："忠"作为定位个人与群体关系的德性，只有在"恕"即群体内个人与个人之间的关爱关系的基础上才能成立，所以"恕"是"忠"的前提。人与人之间的关系摆脱基督教那种"上帝"式的命令，就不存在西方式进入"他者心灵"的难题，仍然在人与人的基础上探讨"己"，把"己"视为自我的心理世界而不是"理想人格的化身"[①]，即人人共通孝悌、忠信、仁义等社会伦理。

儒家的着眼点在于社会秩序的建构，在这一点上孔、孟、程、朱都是一样的。忠恕之道肯定要落实在社会伦理上，在"孝悌"、"忠信"、"仁义"等德目上，人心是相通的。孝心是人人都有的，但饮食口味的咸、淡、甜、辣是不可能人人相同的。"推己及人"首先强调的是自我的成德，而不是对他人的要求。推己孝悌、忠信、仁义之心于社会伦理关系中的他人，为人子做到孝，为人臣做到忠，为人友做到信，为人父做到慈，为人君做到仁爱，都是强调自我的力行，由积累以至贯通，达到"仁"的境界，这就是儒家一再表示的"为仁由己"。"忠恕"是求仁之方，人们在推行孝悌、忠信、仁义的过程中，为了能够尽心，要时时反求己身，"己所不欲，勿施于人"，做到"有诸己，而后求诸人"。儒家认为"孝悌"、"忠信"、"仁义"等伦理要目是人之为人的基本道德要求，希望每个人都能推行"孝悌"、"忠信"、"仁义"之心于社会伦理关系中的他人，完成人之为人的道德义务。通过强制手段胁迫人绝不是儒家追求的"为仁由己"的境界。

二程首先以"推己"诠释"恕"的思想内涵。伊川先生所言的"推己"或者明道先生所言的"推己及物"，都是将自我指向他人，引导他人积极向道德靠拢，成就完美的德行。朱子在二程思想的基础上将"推己为恕"的观点分为两个层面：其一，"推己以及他人"。己之所欲、所恶与他人是相通的。如己欲孝，则知他人也欲孝，便会帮助他人尽孝，这是一种将心比心的关怀。其二，"推己以及物"。对于自己心中领略的道理，需要推理应用在具体的事物上。例如：推己心中之孝道于父子关系上，尽到作为子女应该承担的责任。朱子认为：这两者是相互联系的。道不远人，凡是自己要求别人达到的地步，都应该理所当然地同样以此完善自身的道德修养。故而，朱子的"恕"思想不仅仅有将心比心的人道关怀，同时还是自我成就德行的下学之功，既"成己"又"成物"。陈淳则详细地阐释了何谓"尽己"与"推己"："忠"是对于自己而言的，要做到内心的真实无妄。"恕"是对于外界而言的，要将自己真实无妄的内心想法施加于人和物。内心真实无妄就达到了"天理"之诚的境界，因此内心之所欲都符合"天理"的规范，便可以推己及人。为了强调这一点，陈淳将"己"的含义分为两层：一是个人的自我欲望，即私欲；一是个人的本心，即"天理"。孔子答颜渊"克己复礼"之"己"即人的私欲，"推己

[①] 戴溪：《试析儒家忠恕思想中的"己"》，载《道德与文明》2007年第3期；侯步云：《从〈论语〉看"推己及人"之"己"》，载《社会科学家》2009年第1期。

及人"之"己"乃"为仁由己"、"有诸己"之"己",是"克己复礼"后的"天理"。陈淳告诫学者要克制私欲,使内心湛然清明,反诸己而合乎"天理"之当然。

"仁"是孔子思想的核心。程朱理学阐释"恕"的思想,不可避免地与"仁"的思想相联系。曾子以"忠恕"概括孔子的"一以贯之"之道,而《中庸》的作者却说"忠恕违道不远"。一个"违"字表明《论语》与《中庸》关于"忠恕"与"道"的关系已经产生了分歧。曾子主张"忠恕"是"道",而《中庸》只承认"忠恕"接近"道",是通往"道"的途径,总之与"道"有着一定的距离。孔子的"一以贯之"之道即"仁",程朱理学必须发挥创造性的诠释来阐述"仁"和"恕"之间的关系。二程注意到了两部经典表述的差异。他们认为:《论语》中曾子所言"忠恕"是专指孔子的"与天合一"的精神境界,圣人孔子全得"天理",应对万事万物都是"天理"的自然流露,明道先生称之为"以己及物,仁也"。《中庸》所言"忠恕违道不远"是指学者平日践履的工夫,"推己及物"是学者之"恕"。学者未到圣人全得"天理"的境界,待人接物难免有些私心,需要勉力从自己内心中去推理、考量。朱子认为:圣人之"仁"与学者之"忠恕"的区别在于前者是自然而然,后者需要勉力。圣人之"仁"的境界,一般人是难以达到的。所以,《中庸》所言"忠恕"才是"忠恕"的正解,是学者"尽己"、"推己"的践履工夫。《中庸》之"忠恕"之于《论语》之"忠恕",即"恕"之于"仁","恕"为行仁之方,而"恕"非"仁"。陈淳继承二程、朱子的观点,将"忠恕"分为三个层次:"天地之忠恕",即天地至诚无息而万物各得其所;"圣人之忠恕",即孔子"一以贯之"之道;"学者之忠恕",即平日践履的工夫,需要做到推己及人。天地、圣人、学者之"忠恕"都是理一分殊的体现,只是"天理"流行的方式有所不同。陈淳更加看重学者推己及人的践履工夫,视"恕"为下学之功,提出"欲求仁者,敬恕是宜"的实践路向。总之,程朱理学通过阐释"仁"和"恕"的区别与联系,最终希望学者平日多做推己及人之"恕"的工夫,由积累以至贯通,达到"仁"的境界。

"恕"之"推己及人"如何成为可能,涉及程朱理学的人性论思想。济世安民是儒者的人生信条:"穷则独善其身,达则兼济天下。"生活在这个世界上,不论什么时代,人们的生活水平总不会是一致的,总会存在着贫富差距,总会存在着社会分层。正是因为生活中存在着这些不一致,才需要推己及人,需要人们施发爱心,帮助那些生活不如意的人,使之也能过上幸福的生活。不仅仅人们之间的物质生活有差别,人们的精神生活也不尽一致,这就需要道德修养高尚的人发挥引领作用,指引他人也追求自身的道德完善。程、朱认为:人性本善。为了解释现实生活中存在的人性恶的现象,他们运用"天命之性"和"气质之性"的概念来解释。"天命之性"的基本含义是指一般的人的本性,它源于与天同源的"太虚",

是善而无偏的。"气质之性"是指禀受气质而形成的具体的人性。由于气质有异，因此"气质之性"有美恶、善恶的区别。"气质之性"是具体的人性，气质之性有善有恶，所以现实生活中有善人也有恶人，有道德高尚的人也有道德低劣的人。虽然气质中的善恶也是先天禀受的，但是人可以通过后天的努力对人性加以改造，使之恢复本然的天命之善。程朱理学认为：人性皆善，但人的觉悟有先后之分，先觉者需要发挥道德榜样的作用，让后觉者效法，引导后觉者走向善。正因为觉悟有先后，所以推己及人才是必要的；也正因为人性皆善，人们都有着向善的心理倾向，理义是"心之所同然"，所以推己及人才是可能的。

"恕"之"推己及人"不仅在历史上，而且在现代生活中发挥着非常重要的作用。自 1993 年孔汉思在世界宗教议会上提出"己所不欲，勿施于人"可以作为全球伦理之后，儒家"恕"思想更是引发了广大学者的关注、思考以及批评。学者对"恕"思想的批评大致可以分为两类：第一，"我"与他人有着不同的认识和需求，"我"之所欲并不完全就是他人之所欲，自我中心主义不可避免地会造成对他人的强制。第二，即使"我"和他人在某件事情上达成共识，双方有着共同的需求，但是并不能保证这种需求是合乎法律或道德的。关于第一点，程朱理学认为"推己及人"有两个层次的含义：首先，自己将人性中固有的孝悌、忠信、仁义等伦理道德推广应用在现实生活中的人伦关系上，这是自我践履的工夫，只是自己成就德行的方法。其次，自己完善了自身的道德修养，也应该将心比心地帮助他人向道德靠拢，但这仅仅是发挥"我"的"先进"作用，引领他人迈向公共的道德境界，而不是强迫他人听从"我"的安排，更不是为他人制定必须遵守的道德法则。"为仁由己"，"恕"之"推己及人"不存在对他人的强迫。关于第二点，程朱理学认为"推己及人"必须符合"天理"的规定。二程说："以公理施于人，所以恕也。"朱子则详细地诠释了"忠体恕用"："忠"是"天理"的呈现，"恕"是"天理"的发用。陈淳则以"天理流行"阐发"恕"的思想内涵，对"恕己"、"恕人"的彼此姑息大加批评。综上所述，万物之理有很多，但举其大者而言，只在君臣、父子、兄弟、夫妇、朋友等伦理关系上人们才会达成共识，形成普遍的价值。

第十二章

乐

"乐"为儒学的一个重要概念,既是一个思想范畴,又是一个情感、境界语词。[1] 儒家之"乐"蕴含着"快乐"之"乐"(lè)与"礼乐教化"之"乐"(yuè)。本章所述儒家之"乐"主要指"快乐"之"乐",其含义丰富,在中国儒家文化中占有特殊地位。就"乐"(lè)的内涵而言,它不仅指"欢乐"意味的"喜怒哀乐"之情感表现,亦指"悦"意味的适意性、愉悦性,还指"幸福"意味的人生状态或境界。有学者将"乐"分为"情感之乐"与"境界之乐"。"境界之乐"是与道德联系在一起的。一个人在达到道德的某种境界时,会感到精神舒畅、身心和悦、内心宁静,我们称之为"境界之乐"。[2] 此境界指通过道德修养达到的道德性精神境界。儒家宣扬的就是"境界之乐"。

第一节 "乐"的起源与含义

一个字的本义,是它造字时的意义,也是能够为我们所追溯到的最古老的意义。中国古文字是一种古老的象形文字。通过"乐"的字形的演变,我们能够发现"乐"观念发展的一些蛛丝马迹。[3] 因此,通过解析"乐"的字形结构,我们可以厘清"乐"的初义及其发展与演变。

一 "乐"的字源学考察

甲骨文中的"↯"形字为"樂"的基本字形,这已经成为学界的共识。

在甲骨文中,与"↯"字相似的有"果"(果)、"粟"(采)。作为象形文字,"果"表示植物茎干上结果,"粟"表示采集植物茎干上的果实。这些都直观表现了古代农耕民族的耕植活动。在甲骨文中,"ਠ"、"ਠ"、"ਠ"等象形符号皆为"糸"字,是与谷物、食物相关联的。如"糕"(滋)字,为"滋润"之义,亦与农作物有关。另外,

① 刘亚峰:《先秦儒家之"乐"研究 —— 以〈论语〉〈孟子〉〈荀子〉〈礼记〉为中心》,山东大学硕士学位论文,2014年,第9页。

② 李煌明:《宋明理学中的"孔颜之乐"问题》,昆明:云南人民出版社2006年版,第2页。

③ 向军:《乐字源于栎树?》,载 https://news.ifeng.com/c/7faSoc75AKt。

现存商周甲骨文与金文古老徽号文字中有"𣜩"字，其左为"𣏓"（束），右为"𥝩"（禾）。有学者认为：此"𣏓"形可视为谷类植物果实结聚的长条穗状，也可理解为已扎成束的样子。[①]与食物相关的，还有甲骨文"𩚋"字，为"𤮇"、"𤮈"形。其左"𤮇"为"食"（"𤯍"、"𤯎"）去盖之简写，指盛在容器中的食物；其右旁"𣏓"表示所食为谷类。搞清"𤮇"形的意蕴，可以知道"𣜩"字之"白"形符号最初应为"𤮇"之简化。"白"与"𣏓"构成的"𣜩"是个象形兼会意字，这类似于"𩚋"字的构成。因此，我们可将甲骨文"樂"字视为成熟谷类植物的象形文字。

学者们对"系"字形还存有不同的看法，但大都认同其指丝状物，作"糸"讲。正是基于此，以往学者将"樂"字作为琴之象征字。其实，也有学者对甲骨文"糸"、"系"、"丝"字之差异进行了分辨。甲骨文"糸"（"𢆶"、"𢆷"、"𢆸"）与"丝"（"𢇁"、"𢇂"、"𢇃"）存在差异，"糸"是单成一束的，而"丝"是成双的或更多的。在这二者的演变中，通过"系"有了连缀成束的过程。甲骨文"系"为"𣪘"、"𤔔"形，表示用手将谷物捆系联结起来。有鉴于此，古汉语的"系"字才从连缀行为引申出了"派系"、"世系"、"直系"等含义。同样，甲骨文"孫"（"𢘱"）字是以人形手持谷束的象形，表达人类种的繁衍，就像谷种繁衍，能世代传承下去。"丝"字则应为在"糸"之基础上经过"系"的连缀行为而具有"络绎不绝"之意蕴。如今之"丝"则是将此义于其他事物（如蚕丝、纺织）上作的引申。[②]

总之，"樂"的字形演变很清楚，学者们解读其甲骨文字体为"𣏓"[③]，就是"𢆶"（丝）加"𣏓"（木）；其金文是在中间加"白"（白），作"𣜩"；篆文"樂"[④]承续晚期金文字形；后来的正体楷书为"樂"，现代简写成"乐"。从正体楷书"樂"之后，该字构形并无大的改变。

二 "乐"的初义与演变

"乐"产生于何时？它的原初含义是什么？其义是如何发展演变的？

尽管"樂"的字形演变比较明确，但是对于甲骨文这一从"幺幺"、从"木"之"𣏓"字构形的真正之意究竟为何，古往今来，学者们却是众说纷纭、见仁见智。学者们溯其源流，力图对此作出较为合理的解释。

---

①② 修海林：《"樂"之初义及其历史沿革》，载《人民音乐》1986 年第 3 期。

③ 中国社科院考古研究所：《甲骨文编》，北京：中华书局 1989 年版，第 26 页。

④ 张振林：《金文编》，北京：中华书局 1985 年版，第 395 页。

（一）"乐"的原初含义

我国著名古文字学家裘锡圭先生说过：一个字的本义，就是它在造字时的意义，也是能够为我们所追溯到的最古老的意义。[①]我们要了解"乐"的原初含义，就应当从其字形结构进行解析。

在甲骨文研究中，对于"乐"字原初含义的解释，大体有两类影响较大的代表性观点：

第一，东汉经学家许慎最早分析"ᵧ"的字形、字义，认为这是木架上置鼓之象。许慎根据小篆对"樂"作出了解释，其《说文解字·木部》云："樂，五声八音总名。象鼓鞞。木，虡也。"唐写本《说文解字》残卷说"象鼓鼖之形"。[②]这主要有两层含义：一是"樂"指各种乐器和乐声；二是"樂"字字形下像鼓架，上像鼓鞞，为象形字。[③]这就将"乐"视为木架上置鼓的象形字。许慎的这种解释对后人理解"樂"字的影响较大。

第二，近代古文字学家罗振玉依据"ᵧ"的字形，认为"丝附木上，琴瑟之象也"。他诠释道："此字从丝附木上，琴瑟之象也，或增'白'以象调弦之器，犹今弹琵琶、阮咸之有拨矣……许君谓象鼓鞞，木，虡者，误也。"[④]此说法将许慎所谓的像鼓乐器改为像弦乐器，也影响了不少学者。如郭沫若先生认为："樂"字中的"白"应为拇指之形，表示用拇指来拨弄琴瑟之弦。[⑤]

有鉴于此，将"乐"的象形文字视为丝弦附在木器上的学者并不少见，在据此论证甲骨文时（或更早）就已经有了琴瑟类的弹弦乐器。[⑥]

改革开放以来，有一些从事音乐的学者从情感角度探讨"乐"之本义。例如：冯洁轩以"木"为形符、"幺幺"为声符解释"ᵧ"应是"从木，幺幺声"的形声字，并以我国西南一些少数民族立木于野、男女旋跃、欢声"吆—吆"的民俗歌舞活动为征，推断"樂"在商代应当是一种大型的风俗乐舞，其字形所示即为"歌舞之乐"。[⑦]修海林则视"ᵧ"的字形上半为谷穗状，下半为禾类植物茎秆状，而后所增的"白"为"食"字之简化，作盛食物的容器来看，整个字构成了一个象形兼会意的字形。"民以食为天"，"樂"在远古人的心目中已不仅是一种谷物成熟的视觉，

---

① 裘锡圭：《文字学概要》，北京：商务印书馆 1988 年版，第 146 页。

② 王贵元：《说文解字校笺》，北京：学林出版社 2002 年版，第 244 页。

③ 林冠华、尚丽新：《"乐"之本义考》，载《晋阳学刊》2021 年第 1 期。

④ 罗振玉：《增订殷虚书契考释》中四，中国台北：艺文印书馆 1981 年版。

⑤ 张振林：《金文编》，北京：中华书局 1955 年版，第 395 页。

⑥ 李强：《〈论语〉"乐"辨及其管理思想研究》，青岛大学硕士学位论文，2004 年，第 16 页。

⑦ 冯洁轩：《"乐"字析疑》，载《音乐研究》1986 年第 1 期。

而且是对耕种、收获之不易自然而然产生出来的一种喜悦心情,其乐也由"饱食之乐"转向"乐舞之乐"了。①

关于"乐"字的原始含义,应当依据其最原始构形与最原始辞义来进行探究。甲骨卜辞之"𢍰"从"幺幺"从"木",不从"白",其原初含义不能作为"音乐"解,自然不可释作"乐器"。无论是许慎的"鼓鞞之形"说,还是罗振玉的"琴瑟之象"说,无不是以后起的"音乐"之义来解释"樂"字的原初含义。后来的音乐界学者将"乐"的原初含义解释为"歌舞之乐"、"饱食之乐"等,也是以"愉悦"、"快乐"之意来解说"乐"字,仍是以其后起之义来求取最初之义。近些年来,又有学者认为"乐"的本义即"栎","栎"乃柞树,可养蚕取丝,因而"乐"从丝②;柞树或作"社树",因常于栎树下祭祀歌舞而引申出快乐之意③。

由上可见,由于学者们研究的视角不同、方法不同,对"乐"字本义的解释迄今莫衷一是。以上对"乐"字本义的分析也可分古文字学、考古学、音乐学等不同的角度,各种观点亦颇具启发性。

(二)"栎"、"乐"为同字同义

探索"乐"字的真正本义,不能仅仅从文字到文字,因为中国汉字以象形为主,其构形中往往隐含着远古文化信息。

从已知的甲骨文来看,商朝没有出现后世所谓的"樂"字。"乐"字在甲骨文中共出现九例,皆不从"白"④,具体如下:

……未贞……在𢍰(《甲骨文合集》33153)

丙午卜在商贞今日王步于𢍰亡灾(《甲骨文合集》36501)

己酉卜在𢍰贞今日王步于丧亡灾(《甲骨文合集》36501)

癸亥王卜在𢍰贞旬亡祸王卜曰吉(《甲骨文合集》36556)

戊申……𢍰……今……(《甲骨文合集》36900)

……王卜在叉贞……𢍰亡灾……在二月(《甲骨文合集》36902)

癸亥卜在𢍰贞王旬亡祸(《甲骨文合集》36904)

癸亥卜在𢍰贞王旬亡祸(《甲骨文合集》36905)

己酉……𢍰……于丧……(《英国所藏甲骨集》2565正)

另有从"木"和从"支"者,如:

---

① 修海林:《"乐"之初义及其历史沿革》,载《人民音乐》1986年第3期。

② 陈双新:《"乐"义新探》,载《故宫博物院院刊》2001年第3期。

③ 周武彦:《"乐"义三辨》,载《音乐艺术》1998年第3期;陈双新:《"乐"义新探》,载《故宫博物院院刊》2001年第3期。

④ 余群:《"樂"本义辨正》,载《宁波大学学报(哲学社会科学版)》2014年第3期。

己卯卜在🔣（櫟）贞王步亡灾（《甲骨文合集》36746）

…… 伊贞 …… 🔣（斁）不 ……（《甲骨文合集》24905）

以上所列甲骨文"🔣"中，全部作地名且基本上用于占卜，无一与音乐、乐器或快乐诸义相关联。[1] 著名甲骨文学者徐中舒说："卜辞中乐无用作音乐义之辞例。"[2] 因此，以甲骨文"🔣"来分析"樂"字就显得牵强附会。[3]

特别引人注意的是：《甲骨文合集》36746 条刻辞中从"木"的"櫟"字，从辞例来看其意义与"樂"字完全相同。《甲骨文字典》中"乐"字条下说："又有从木从乐之🔣，与🔣实为一字，从木乃踵事增繁。"这种解释是很准确的。该字又见于四年相邦戟[4]，作"🔣"。由此我们可以确认"乐"与"櫟"为相同字。[5]

在卜辞中"乐"、"櫟"同字、同义。有条卜辞说在"櫟社"这个地方占卜，其征兆为：王到这里来"社祭"或"观社"，平安无灾。对此，徐仲舒指出："从木、从乐之櫟，与乐实为一字。从木乃踵事增繁。"[6] 这种解释是很精辟的。

以"乐"为"社树"，在商代以前的远古即如此了。[7] 以"乐"为"社树"的年代可能要追溯到传说中的尧、舜时代。《庄子·人间世》云："匠石之齐，至于曲辕，见栎社树。其大蔽数千牛，絜之百围 …… 观者如市。"可见，"乐"、"櫟"不仅同字，而且"乐"即"社树"。由于"社树"具有"神"性崇拜，因此无人敢于砍伐。

如果确认"乐"、"櫟"同字，并确定"乐"为"社树"，那么"乐"便是远古先民"社祭"之象征，是"欢乐"之代词。

对于以"乐"为"櫟"之本字，国内外学者已有研究。日本学者水上静夫以"乐"为"櫟"之本字。白川静提出"樂"字中间的"白"为铃的象形，其下部"或为执于手而摇之"。[8] 加藤常贤则申述水上静夫以"乐"为"櫟"之本字的观点，指出：

（"乐"）契文为从丝从木之会意字也，金文则加上白之声符者也 …… 金文之有白为声符者则以栎有黑心栎、白栎、绵栎等种类，特别区别白栎故加上白者也 …… 栎字又或地区之木之名也，用为音乐之义者乃借用也。[9]

加藤常贤以"乐"为"櫟"的观点是正确的。国内也有学者认同这种看法，认

①⑤ 陈双新：《"乐"义新探》，载《故宫博物院院刊》2001 年第 3 期。

②⑥ 徐中舒：《甲骨文字典》，成都：四川辞书出版社 1988 年版，第 650、651 页。

③ 余群：《"樂"本义辨正》，载《宁波大学学报（哲学社会科学版）》2014 年第 3 期。

④ 容庚等：《金文编》，北京：中华书局 1985 年版，第 392 页。

⑦ 周武彦：《"乐"义三辨》，载《音乐艺术》1998 年第 3 期。

⑧⑨ 周法高主编：《金文诂林补》第 3 册，中国台北："中央研究院历史语言研究所"1982 年版，第 1603、1604—1605 页。

为"乐"字的本义为"社树"。[①]《辞海》释"栎"说:"栎,壳斗科,落叶乔木,高数丈……树皮可以鞣兽皮,或供染料。叶可饲野蚕,种子供食用,木材可充薪炭。"[②]可见,栎树全身皆是宝,所以远古先民以它为"社树"。

栎树俗称"柞树"。"柞蚕"之名可能因其食柞树叶而得称。柞蚕的饲养方法是把幼蚕放到栎树上露天饲养,养蚕是为取丝,甲骨文"⅄"字以树上结丝之形作其典型特征与此正相符合。栎树高大,容易成长为茂林,还能饲蚕,对人类大有益处,因此古人将其当作神树。

汉字在演变过程中,因字义的引申或假借而致使同一形体义项较多。[③]如果所加意符跟原字的某个偏旁重复,那么其所明之义一定是它的本义而不是它的引申义或假借义。例如:采—探、益—溢等。后者均为前者的后起字(或谓"累增字"),"乐"与"栎"也是如此。这种加注意符后起字的出现,表明其原字已有意义的分化,此后初文通常就逐渐地不再用来表示本义,而只用来表示引申义或假借义了。[④]鉴于西周早期金文中的"乐"字只表示"快乐"义而不再以"乐"表"栎",随后又出现了在"乐"字上加注"水"、"食"、"言"等意符构成新字以分别表示其假借义或引申义[⑤]。商代晚期,"栎"字出现时应已有"快乐"之义。

金文"⅄"字在甲骨文的基础上加了一个"白","乐"既然是栎,则"白"象征其果实是定而无疑的。栎之实为椭圆形,外有硬壳,壳顶伸出一短锥,底部有果帽。金文"⅄"字中间的"白"上头亦常出短尾状,其中一横或指果帽。[⑥]甲骨文、金文中以此类形体指代果实又见于"栗"、"采"、"果"等字。因此,"乐"与"栎"为同一个字是可以确定的。

(三)由"社树"之欢乐到音乐

既然"乐"之本义就是"栎",那么"快乐"、"音乐"之义是其引申还是假借?

我国远古先民把栎树视为圣树、社树。栎树下往往成为巫师举行祭祀活动的场所。每到祭祀时,人们聚集到栎树下面,在巫师的统一指挥下敲打着各种乐器,载歌载舞,尽情欢乐。[⑦]年复一年,因为祭祀活动在栎树下进行,所以栎树就成为"乐"的象征。

远古时期的先民就有以"乐"为社树的民俗了。商代祭祀之风隆盛,而且常

---

① 周武彦:《"乐"义三辨》,载《音乐艺术》1998 年第 3 期。
②《辞海》,北京:中华书局 1936 年版,第 157 页。
③ 陈双新:《释"乐"》,载《河北大学学报(哲学社会科学版)》2000 年第 1 期。
④ 裘锡圭:《文字学概要》,北京:商务印书馆 1996 年版,第 155 页。
⑤ 容庚:《金文编》,北京:中华书局 2016 年版,第 151、362、731 页。
⑥ 陈双新:《"乐"义新探》,载《故宫博物院院刊》2001 年第 3 期。
⑦ 向军:《乐字源于栎树?》,载 https://news.ifeng.com/c/7faSoc75AKt。

常配有歌、乐、舞，祭祀之后又有男女合欢之乐。《墨子·明鬼下》云："燕之有祖，当齐之社稷，宋之有桑林，楚之有云梦也。此男女之所属而观也。"这里的"祖"、"社稷"、"桑林"、"云梦"都是远古先民男女野合之圣地。由于地点固定，久而久之，人们提起这些地方就想起那些欢快娱乐之事，并径直借用其地名（因人们常于栎林祭祀，"栎"由树名而兼指地名）表达那种美好的感受。①

总之，社树是社祭时歌舞、饮食、男女合欢的象征，作为远古先民的"社树"无疑便成为"欢乐"之代名词。

由文献记载看，上古的诗歌、音乐、舞蹈三位一体，人们从社祭活动中获得快乐，专门的音乐应当是由其中进一步分化而来的。

直到春秋时期，"欢乐"之"乐"与"音乐"之"乐"的词性依然处于活用的状态。《左传·成公九年》言："公曰：'能乐乎？'对曰：'先父之职官也，敢有二事。'使与之琴，操南音。"此"乐"不仅为"快乐"之"乐"，亦为"音乐"之"乐"。在先秦典籍中常见这种例子。

在"音乐"一词尚未出现之前，古代典籍中也称"音乐"为"声乐"。例如《周礼·地官·鼓人》言："鼓人掌教六鼓、四金之音声，以节声乐。"此"声乐"即后来的"音乐"。

战国时期，仍有人将"音乐"纳入"快乐"之"乐"中。如《庄子·至乐》云："所乐者，身安、厚味、美服、好色、音声也。"此"音声"即指"音乐"。

"音乐"能由"欢乐"中分化出来，是因两个必然性：其一，"音乐"是人们"快乐"活动中的重要因素。比如：饮食，须宴乐；男女，须情歌；礼仪，须器乐；祭祀，须音声与所信奉的神鬼对话。诸如此类，皆说明"音乐"居诸"乐"之首。其二，战国时期的"音乐"艺术在各方面均已达到较前有所完善的程度。以曾侯乙编钟为例，无论从铸造、规模还是理论方面都领先于其他"欢乐"形式的发展。

综上所述，"乐"字的最初字形——甲骨文"♥"字，"丝附木"，是个形声、会意字，其本义为栎树，栎叶可饲蚕，因而其字从"丝"。栎树全身是宝，于是被远古先民崇拜为社树，人们常于栎林祭祀歌舞，因此社树和"乐"便成为歌舞、饮食、男女野合时之"欢乐"的象征。②随着"音声"从诸多欢乐形式中分化出来成为一门独立的艺术形式，"音乐"才真正产生。这就是"乐"字三义之沿革过程。③

---

① 陈双新：《"乐"义新探》，载《故宫博物院院刊》2001 年第 3 期。

② 赵世哲：《对"比音而乐之"中"乐"字释义及读音探讨的综述》，载《城市建设理论研究（电子版）》2013 年第 5 期。

③ 周武彦：《"乐"义三辨》，载《音乐艺术》1998 年第 3 期。

三 "乐"的文化意蕴考察

钱穆说过：中国之学问，在于人之相处、心之相通，其精髓当为一"乐"字。"乐"乃人生本体，人生最高境界。[①]这种精辟说法阐明了"乐"之要义。"乐"是随境而迁、因人而异的。"乐"最基本的意蕴是指喜悦的情感。"乐"也表示广义的情感形态，还是中国哲学中象征"天"、"人"关系的一个重要的始基范畴。正如庞朴先生所言："这个所谓'乐'，还不只是心理的情感原则，而且是伦理学、世界观、宇宙论基石；它在中国哲学中，是天人合一的成果和表现，是以身心与宇宙自然合一为依归的最大快乐的人生极致，是巨大深厚无可抵挡的乐观力量，是人的心理本体，那个最后的实在。"[②]因此，"乐"观念既是一种情感表达，又是一种对生命哲学的解读。就"乐"的文化形态和意蕴层级而言，对人的情感体验和精神境界的观照是蕴含于其中的隐脉。[③]儒家之"乐"除了浓郁的情感色彩与感性特质，还具有形而上的文化意蕴和精神价值。儒家"乐"观念体现的是儒家对于"乐"的认知与价值取向，其中包括理想而又美好的最高精神境界。"乐"在中国古典文化发展历程中有其缘起、嬗变、升华的不断演进理路。

（一）"乐"含义之嬗变

"乐"作为主体的一种情感状态，其嬗变大体经历了四个阶段。

第一，就"乐"的缘起而言，作为主体情感状态的"乐"最初是天人共悦的情感综合体。人皆有喜、怒、哀、乐之情。当人心感受到"乐"气时，原本平和的心性就生成了"乐"情。在此情境之下，人出于本能反应会以眉开眼笑、手舞足蹈等形式来抒发内心的快意。[④]

在中国远古时代，"乐"之最典型的体现，就是在所谓的与神明心意相通、为氏族祈福的"巫"举行祭祀巫术活动时体验到的"乐"。这种天人共悦的巫术仪式之大"乐"是一种情感综合体，不仅蕴含着先民所信仰的神人相通的神圣情感，而且蕴含着巫术仪式的审美愉悦情感。

第二，作为情感体验的"乐"后来逐渐演变为圣人、君子的"人格之乐"。圣人、君子是中华传统文化之"乐"的情感主体。孔孟儒家之乐就是典范的"人格之乐"。

---

① 钱穆：《现代中国学术论衡》，长沙：岳麓书社 1986 年版，第 250 页。

② 庞朴：《忧乐圆融——中国的人文精神》，载《二十一世纪》（香港中文大学出版）1991 年第 6 期。

③④ 高越：《"乐境"论》，华中师范大学硕士学位论文，2018 年，第 1、7 页。

儒家的"人格之乐"建立在中国传统家国一体的社会空间中，注重道德精神，强调道德之乐，高扬士大夫人格精神之崇高。如孟子言："父母俱存，兄弟无故，一乐也；仰不愧于天，俯不怍于人，二乐也；得天下英才而教育之，三乐也。"（《孟子·尽心上》）儒家"人格之乐"体现了人生境界的极致，如孔子"发愤忘食，乐以忘忧"（《论语·述而》）、颜回"一箪食，一瓢饮，在陋巷"（《论语·雍也》）之贫亦不改其乐、曾点"浴乎沂，风乎舞雩，咏而归"（《论语·先进》）的闲适等"乐"之形态。

第三，"乐"也逐渐体现了独立的审美体验。魏晋之后，在文人学士的文化生活中，审美体验的乐感形态迅速发展起来，但儒家之乐是从道德情感出发的乐趣，是善与美的乐趣。这从后世儒家对"乐"的认识中可以体现出来。宋代理学家热衷于讨论圣人气象，将其划分为"孔颜乐处"和"曾点气象"两种范型，并以"孔颜之乐"作为人生的最高境界，将"乐"从道德层面上升到审美层面，使其成为理学的一个重要审美范畴。[①]

第四，日常生活体验之"乐"。从宋代开始，人们开始享受日常生活的乐趣，尤其是平民阶层的文化趣味更具有朴素色彩，以"俗"为趣，专擅从柴米油盐、嬉笑怒骂中体会世俗之乐，与上层士大夫的文化品位互补。李渔的《闲情偶寄》最能体现明末清初的世俗生活之乐，居家、赏花、玩器、饮食无事不乐，完全是世俗生活审美化的体现。

总之，就"乐"的嬗变而言，最初作为宗教体验的"乐"是天人共悦的情感综合体，而伴随"情感主体"之变迁，逐渐衍生、升华为不同的"乐"形态，如道德体验之乐、审美体验之乐、日常生活体验之乐等；伴随着历史的发展与变迁，不同"乐"形态之间又往往相互融合，尤其是审美体验之乐与宗教体验之乐、道德体验之乐之间更具有亲近感与契合性。

（二）"乐"文化意蕴之升华

"乐"是中国传统哲学的重要概念之一，亦为儒学的重要概念之一。儒家之"乐"经历了从先秦儒学到宋代理学、再到明代心学的不同历史时期的发展与成熟过程，逐渐形成了道德与审美的统一，在感性经验的基础上实现了内在超越，体现了"天人合一"的境界，成为一个重要的哲学范畴。

随着历史的发展与演进，"乐"从一种情感体验升华为超越性的精神境界。"孔颜乐处"是宋明理学家不断言说的话题，也是他们追求的精神境界。在理学

---

① 邓莹辉、陈翔宇：《从理学视阈看〈论语〉中乐的审美内涵 —— 兼论理学家对乐的价值认同》，载《长江大学学报（社会科学版）》2018 年第 5 期。

家看来，"乐"既是道德情感体验，又是"天人合一"、"心理合一"式的本体境界。正所谓"放这身来，都在万物中一例看，大小大快活"[1]；"人于天地间并无窒碍，大小大快活"。其实，宋代理学家的这种"乐"境界就是人感受到天人合一之后于内心深处产生的一种愉悦体验。以王守仁为代表的心学家大大突出了个体主观的"乐"之体验，但这并不妨碍他们同时从"万物一体"的本体境界言"乐"。王守仁的《与黄勉之书其二》云："乐是心之本体。仁人之心，以天地万物为一体，欣合和畅，原无间隔。"相对于先秦孔孟儒家的道德之乐，在宋明理学家看来，"孔颜之乐"实际上就是主体的心灵体验，是具有超越意味的独立存在的一种境界。

"乐"作为中国古代文化的重要范畴和术语之一，表现出丰富而特殊的文化意义。探讨生命本质、关注精神境界向来是中国传统文化的永恒主题，而这恰与"乐"形而上层面的意蕴内在相契。从境界层级上看，"乐"呈现的精神境界无疑超越了一般的心灵情境，并由此带动了人生境界的提升。儒家之"乐"是在主观体验层次上的逐渐升华与深化，使盈盈一心浸润至纯粹而祥和的人生"乐境"中，感受生命的自足，审美体验与人生体验在最高境界上通同为一，共同融会于主体内心圆满具足的"乐"之体验中，二者共同融合成主体，在精神层面上与宇宙万物共感共情，具有鲜明的审美意味和人格境界色彩的"大乐"。[2]

总之，在中国文化领域中，"乐"是由多种形态相互渗透而融合成的一个文化统一体。从宏观层面而言，中国哲学中的"乐"范畴象征着"天"、"人"关系。"乐"在文化中的表现形态是丰富多彩的。儒家之"乐"的道德情感色彩比较鲜明，"乐"成为主体主动"向仁"、"乐道"的结果，是主体内在品性的价值实现。[3] 向主体道德品行的靠近是"乐"成为哲学范畴的第一步，儒家将"乐"与主体精神境界密切联系起来。儒家之"乐"是一种摆脱了世俗功利而悠然淡泊的审美式心境，是主体自身高尚情志与自然万物相契无间的情感流露，是个体精神满足而怡然自乐的生存状态写照。

---

[1]《二程集》上，北京：中华书局 2004 年版，第 33 页。
[2][3] 高越：《"乐境"论》，华中师范大学硕士学位论文，2018 年，第 21、11 页。

第二节 德性即乐:先秦儒家之乐

先秦儒家认为"乐"更多的是精神层面的愉悦安适,是内心世界的宁静和谐。[①] 先秦儒家之"乐"往往来源于人的内心,通过修身养性达到一种精神境界的高度,就可以获得"乐"。获得儒家的精神境界之"乐"虽然需要艰苦的修炼,但通过爱人、为理想谋道、心忧天下所获得的"乐"感受是持久而深刻的,是值得人们孜孜以求的"乐"。

一 孔子的"仁"中自有其乐

人生在世,同时生活在物质与精神两个世界。肉体感受、物欲满足属于物质世界的范畴;向往真理、追求信念属于精神世界的范畴。孔子所宣扬的是精神境界。尽管趋乐避苦属于人的自然本能,但如何求乐则要看人的境界或精神修养。[②] 孔子向来是从个体的内心满足以及精神追求和德性实现上对"乐"进行阐发,倡导求仁之乐、因仁而乐,形成了君子崇道乐学、知命乐天的"乐"之心态。

(一)倡导乐观豁达的人生态度

"内省不疚"应当为孔子的人生态度。《论语·颜渊》云:"内省不疚,夫何忧何惧?"君子之所以不忧愁、不恐惧,是因为审视自己的言行后感到没有什么可愧疚的。问心无愧可谓是孔子做人的态度。在对待义与利的关系问题上,"不义而富且贵,于我如浮云"(《论语·述而》)。孔子认为,"利"与"富贵"都要取之有道。对于不合道义的富贵,孔子是不屑一顾的。如果人能够正确处理义、利关系,多反省自身的言行,自然就能够"内省不疚",从而使自己心底坦荡而无忧惧。

"乐以忘忧"是孔子乐观主义人生态度的真实写照。正是因为持守乐观的人生态度,所以无论何时、何地,孔子都能以愉悦的心情对待日常生活中的各种境遇。"饭疏食饮水,曲肱而枕之,乐亦在其中矣"(《论语·述而》)就充分展现了

---

① 曾红、郭斯萍:《"乐"——中国人的主观幸福感与传统文化中的幸福观》,载《心理学报》2012年第7期。

② 李振刚:《释〈论语〉"君子"之"乐"》,载《国际儒学论坛》2009年。

孔子的人生乐趣。

孔子一生乐观豁达，即使在颠沛流离的生活中也保持着豁达乐观的精神。据《史记·孔子世家》记载，孔子师徒被困于陈、蔡之间，"绝粮"多日，随从弟子大都饿倒了，大家陷入绝望之中，而孔子仍然"讲诵弦歌不衰"。前往郑国时，孔子在途中与弟子们走散了，独立城郭东门。有个郑国隐士对子贡说孔子"累累若丧家之狗"。子贡将实话告诉老师，孔子闻言欣然笑道："谓似丧家之狗，然哉！然哉！"困厄之中的孔子，其乐观坚毅的心态和精神由此可见一斑。[①]孔子认为有修养的人总是乐观豁达的，平庸之人则常忧心忡忡，即"君子坦荡荡，小人长戚戚"。

（二）树立弘道乐道的人生理想

孔子强调人生首先应当树立远大的志向与明确的目标。"士志于道"就是强调人首先要确立弘道行仁的人生志向，个人的富贵贫贱则属于其次。人确立弘道行仁的目标与理想后，就要不懈追求。人在对"道"的无我追求中，能够产生一种"夕死可矣"的精神超越。

孔子乐道崇德，将美好品德作为一个人的最高追求，因为这种快乐不依赖于任何外在的东西，美德本身就能满足此乐。如果一个人口头上宣扬自己以"求道"为乐，却总是对自己的生活境遇耿耿于怀，那就表明他没有真正将德性作为快乐，这样的人是不足道的。[②]"士志于道，而耻恶衣恶食者，未足与议也。"（《论语·里仁》）假如一个人可以将德性追求与快乐等同起来，那无论他遭际何种境遇，都能够泰然处之，从内心感受到真正的快乐与满足。安贫乐道的颜渊就是典范。

孔子强调：如果一个人缺乏理性与美德就不会快乐，主张个人应当把对"道"的追求与认识变成一种自觉的行为。对于"道"，每个人不仅要"知之"，还要"乐之"，这样就能使自己在认识、追求"道"的过程中感受到快乐，得到最大的心理满足。"知之者不如好之者，好之者不如乐之者。"（《论语·雍也》）"知之"、"好之"、"乐之"的"之"字均指"道"而言。人仅仅清楚"道"之可贵，不一定能自愿去追求；如果能"好之"，就能去努力追求。然而，仅仅出于爱好"道"而去追求，有时候可能会因为个人的懈怠而与"道"背道而驰。只有当人以"道"为乐时，"道"才会真正地扎根在人的身上。这种"乐道"就完全成为精神享受，让人沉浸于安和、自得的世界里。

既然注重精神境界，孔子之"乐"主要是一种因求"道"而感受到的内心愉快与满足。那么，孔子之"忧"又是什么呢？"德之不修，学之不讲，闻义不能徙，不

---

①彭华：《孔子的人格魅力——以〈论语〉为考察中心》，载《西南民族大学学报（人文社科版）》2005年第11期。

②汪立夏、吴瑾菁：《孔子"幸福观"发微》，载《江西社会科学》2011年第8期。

善不能改,是吾忧也。"(《论语·述而》)这"四忧"也反映了孔子的人生追求与乐趣。在孔子看来,修德、讲学、徙闻义、改不善,乐在其中。正如明代李贽《四书评》所谓:"知圣人之忧,便知圣人之乐。"孔子这种对待"忧"、"乐"的态度,表明了他对精神生活与道德价值的追求与重视。

孔子谈论乐时,往往与贫贱富贵相联系,其目的就在于突出私欲满足之乐的卑俗性,此乐与不乐都因外在而容易"长戚戚"。这更彰显了求"道"之乐的崇高与超越,此乐不因外在之贫富而损。

(三)求仁之乐,因仁而乐

孔子之"乐"的人生境界离不开"仁"的修养。他强调"仁者不忧","君子不忧不惧",正是指出了只有提升"仁"的修养,才能达致这一人生境界,"仁"是"乐"的人生境界的前提,而"乐"是"仁"的人生境界的自然结果。[1]

被宋儒称道的"孔颜之乐"就是乐道求仁的精神修养。颜回的"富贵贫贱,处之如一,不拘时地,其乐如常"的精神修养被理学家称为"孔颜真乐"。作为一种精神愉悦的"孔颜之乐"是无条件的。"孔颜之乐"是"仁"的人生境界之自然结果,因而"仁者不忧"。孔子所谓的"乐亦在其中"、颜回的"不改其乐"无不是因仁而乐。

拥有"仁"之境界者,自然就能拥有"乐"的境界。"乐"是"仁"的境界的内容之一,包含在"仁"的境界之中,可以说是"因仁而乐"。孔子之"乐"可以说是生命与"仁"合一后所拥有的精神自由与愉悦。"不仁者不可以久处约,不可以长处乐。仁者安仁,知者利仁。"(《论语·里仁》)只有仁者才可以"久处约",才可以"长处乐"。"仁"是"长处乐"的必要前提。"不仁者"可能得一时之乐,但难以达到"长处乐"的人生境界,因为"不仁者"是不可能长久地生活于贫困中的。仁者无丝毫私欲,取舍皆合乎"义",故能长久地"处约",且长久地享有"乐"。此"乐"非情感之"乐",乃境界之乐。孔子多将"仁"、"乐"合说。"仁者之乐"显然不是短暂即逝的,而是"长乐",即"乐"的人生境界。一个人具备了"仁"的修养,主体自身便私欲净尽,不会为外在之物而动心,就拥有了平静自足的精神状态。因此,仁者即使处境窘困,亦有其乐。"仁"中自有其"乐"。

孔子一生始终以"仁"为最高的德性,以"乐"为最高的体验。他就是这样孜孜不倦,追求"乐"之境界的。《论语·子罕》云:"知者不惑,仁者不忧。""不惑"是不为各种利禄、名誉所引诱,是人格上的不惑;"不忧"则是心地坦然、无忧无虑,就是"乐"。因为只有心中无忧无虑,没有任何计较安排,才能"心安","心安"就能"理得",就是"乐"。无论处在何种境遇中,孔子都强调要坚守道德情操,从

---

① 李万刚:《论孔子"乐"的人生境界》,载《东岳论丛》2011年第1期。

中得到满足与快乐,而不是贪求不义之富贵。这种贫贱而有道德的"充实之乐"一直是儒家超越现实的一种理想追求。①

孔子论"乐"所说的人生体验就是"心中之乐"。在他看来,道德上的充实与完善才是人生的真正快乐。"发愤忘食,乐以忘忧,不知老之将至云尔。"(《论语·述而》)在学习中探求人生意义,增强人格力量,这是一种真正的快乐。这种"乐"是内在的、自我的,只有仁、知之人才能做到。"知者不惑,仁者不忧。""知者乐,仁者寿。"不忧才能乐,不忧就是乐,只有实现了仁德,才能体验到心中之乐。孔子以"仁"为最高的德性,以"乐"为最高的体验,仁则乐,乐则仁。颜子能长久地处于"仁",因此能体验到其中之"乐",不为贫困的生活条件所改变,这种境界受到了孔子的赞赏。这就是所谓的"孔颜之乐"。

"孔颜之乐"的境界,就是"仁"的精神信仰与精神修养。它超越贫富、权势、利害关系等境遇,"不违仁","从道",是生命本身与"道"("仁")合一后所体验到的超审美、超伦理道德的精神自由自足。②

人既然确立了求仁的远大理想与志向,那就要愉快地面对人生。有鉴于此,孔子强调"仁者不忧"。由于仁者乐天知命,内省自律,胸怀坦荡,追求的是学问道德的完善,故而能够"安贫乐道"、"乐以忘忧"。

确立了人生志向与人生价值后,孔子又倡导"杀身成仁",以身殉道。在人生观中,包含了人为什么而死、死的意义与价值是什么。孔子十分重视"死"的伦理意义与价值。正所谓"志士仁人,无求生以害仁,有杀身以成仁"(《论语·卫灵公》)。可见,"仁"德的修养、"弘道行仁"的事业具有至高无上的价值,比生命更重要。这就宣扬了人生的精神境界:为了实现"仁"的目标和理想,可以舍生忘死,视死如归。③

孔子在衰暮之年仍"发愤忘食,乐以忘忧"。人只有通过发愤图强,建功立业,名垂青史,才能超越自然死亡而达到永恒。在孔子眼中,人生所为要符合"仁"的原则,而"死"作为人生的最后一种行为,也应以仁义道德为标准做出取舍。"仁以为己任","死而后已",这就是强调士人应当以一种坚韧不拔的精神追求"仁道"。

总之,对"乐"的不同理解和对实现"乐"的不同追求,形成了不同的精神境界。孔子强调人生要树立远大的志向,以弘道行仁为人生价值,这就为人们展示了一个崇高的精神境界。孔子之"乐"宣扬人的精神境界,以追求人格完美为乐趣。这种"乐"观念对于塑造高尚人格具有很大的价值,在中国传统社会中产生过深远的影响。

---

① 牛俊平:《孟子之"乐"研究》,云南师范大学硕士学位论文,2007 年,第 6 页。
② 李万刚:《论孔子"乐"的人生境界》,载《东岳论丛》2011 年第 1 期。
③ 郭鲁兵:《儒家的生死观论析》,载《湖南师范大学社会科学学报》2008 年第 6 期。

二 孟子顺应本心良知之"乐"

孟子追求崇高的精神境界，强调"反身而诚，乐莫大焉"，将人的快乐与天道关联起来，拓宽了"乐"的发展空间。基于性善论，孟子提倡人应当顺应天生的本心、良心，体验"反身而诚"的快乐，这对后世产生了深远的影响。

（一）"反身而诚"的本心之乐

性善论是孟子思想体系的基础，其"乐"论自然也不例外。孟子之"乐"是以"人性善"为基础的，"乐"与"善"同在，缺乏"善"，人就无法感到"乐"，"乐"的必要条件就是"善"。

如果说孔子主张"仁者之乐"，那么孟子则进而将"乐"与"仁"、"诚"相结合。"诚"与"仁"一样，皆为最高的道德范畴，此"诚"泛指天赋"德性"，既是儒家所谓的"天道"，又是人道，是天道与人道的合一，其实现就在人自己的内心。"诚"而后能"乐"，这说明直觉与体验之间关系密切。"诚"的实现靠个人的直觉，"乐"的直觉靠个人的体验，人在拥有道德直觉的前提下就会有美的体验，拥有了"诚"的直觉自然就会拥有"乐"的体验。

孟子强调："反身而诚，乐莫大焉。"所谓"反身而诚"，就是回到内心，实现心中之诚；一旦实现了心中之诚，就会体验到最大的快乐。在孟子看来，道德就在个人的内心，人遇事只要自我内求，反身而诚，就会有一种精神上的快乐与满足，就能感受到道德之乐，即"乐莫大焉"。换言之，"反身而诚"指当自己反躬自问时，知道自己是按天赋"本心"而行，感到与"本心"合一、与"天道"合一，自己就会感受到莫大的快乐。[①]

孟子的"诚"、"反身"不仅是一种态度，而且是一种精神。当一个人具备了这种精神，通过自我反省而达到对人、对己"诚"之境界，就是最大的快乐。这种境界实质上是真、善、美的合一。达到这种境界，则处处都合于"天道"，处处都是自由的，因此也就无往而不乐。[②]

孟子之"乐"的基础就是道德情感、道德意志。孟子曰："可欲之谓善，有诸己之谓信，充实之谓美，充实而有光辉之谓大，大而化之之谓圣，圣而不可知之之谓神。"（《孟子·尽心下》）在孟子看来，善、信、美、大、圣、神是人生修养的六个

---

① 牛俊平：《孟子之"乐"研究》，云南师范大学硕士学位论文，2007年，第34页。
② 蒙培元：《儒家论"乐"》，载《中国哲学的诠释与发展：张岱年先生九十寿庆纪念论文集》，北京：北京大学出版社1999年版，第89页。

阶段，人心有正当欲求称为"善"，善在自身能得以实现的称为"信"，内心充实能充分实现善的称为"美"，能充分实现善且彰显光辉的称为"大"，光辉照人又能化民成俗的称为"圣"，圣德达到与众不同的境界称为"神"。可见，善是美的前提，道德心性是乐的前提。发扬光大内在的善与美，就能逐渐达至大、圣、神的境界，这就是大"乐"。有鉴于此，人生修养是一个逐渐提升的过程，亦是一个不断自我超越的过程。

"乐"在某种程度上缘自个人的内心，完全是由自己的心态所决定的，即"本心之乐"。要清楚何为"本心之乐"，首先必须清楚何为"本心"，"本心"就是心的本来状态。孟子主张"人性善"，其"本心"在一定程度而言就是道德心，恻隐之心、羞恶之心、辞让之心、是非之心是人们心中的道德标准与是非标准。因此，"本心之乐"实质上就是当人们的行为与内心的道德与是非标准相一致时的内心安然的状态，这是一种心境平静的完满状态。

"本心之乐"是当一个人的言行与自己的善良"本性"一致时，就不会有内心冲突，就会心安理得，"心安"则自然快乐。孟子认为：人一生所求就是天道与人道的和谐，就是个人的身心和谐，正如"仰不愧于天，俯不怍于人"与"反身而诚"的状态和境界。"反身而诚"体现了天道与人道的和谐，自然就是一种快乐的状态。因为"本心"为"乐"之根源，如果人们丢失了善良的"本心"，就丢失了良心，就会身心疏离，行为就会违背良心，那就根本无法感受到身心和谐之乐。

孟子强调"本心之乐"，主张扩大仁爱之心，重视心性涵养。孟子之"乐"的求得方法是建立在不违背"本心"的基础之上的。假如一个人丧失其"本心"，就会丢失良心，就根本无法感受到身心和谐之乐。因为孟子追求的"乐"实际上是使自己的本心得以存养，而达到与自我、他人、自然、天地和谐统一之时的境界，所以"乐"不能离开心、性。①

孟子"反身而诚"的"本心之乐"所指向的是人与自然尤其是人内心的平静与和谐，是"乐"的道德性、天人合一性，这影响了后世儒家特别是宋明儒学家的人生追求。孟子心性论是宋明理学"孔颜之乐"思想的最直接的理论来源。《孟子》可谓真正从心性论层面探讨"乐"的问题。对于何为"大乐"，在孟子看来，"万物皆备于我"就是"大乐"的境界，这种大乐境界与"诚"、"仁"密切相关。②宋明儒学家所追求的"孔颜之乐"，不仅有"与天同体"、"与理合一"、"纯粹天理"之乐境界，还有"良知"、"本体"之乐境界。

---

① 牛俊平：《孟子之"乐"研究》，云南师范大学硕士学位论文，2007年，第36页。
② 李煌明：《理学智慧与人生之乐》，北京：人民出版社2010年版，第24页。

（二）强调成就道德之乐

孟子注重成就道德之后内心的愉悦与满足。孟子之"乐"涵盖其一生所向往与追求的目标。他不仅注重内修，还注重外行，认为将两者并重才能得到最大的快乐。孟子像孔子一样重视道德修养，曰："理义之悦我心，犹刍豢之悦我口。"（《孟子·告子上》）这就是说，如同人人生来喜食猪肉、羊肉一样，人人生来皆心慕礼义，以行义求善为乐。

孟子的"君子之乐"与"孔颜之乐"是不尽相同的。《孟子·离娄下》云："颜子当乱世，居于陋巷，一箪食，一瓢饮；人不堪其忧，颜子不改其乐。"孟子虽然赞赏颜回，但他所谓的"君子之乐"与颜子之乐略有差异。"孔颜之乐"是纯粹的德性之乐，主要是超越物欲，实现身心解放与心灵和谐所获得的最高快乐。孟子却言："广土众民，君子欲之，所乐不存焉。中天下而立，定四海之民，君子乐之，所性不存焉……君子所性，仁、义、礼、智根于心。"（《孟子·尽心上》）这就是说，拥有广阔领土与众多百姓是君子所追求的，但君子的快乐并不在于此；立于天下的中央，安定四海之民，君子以此为乐，但这并非君子的本性。将仁、义、礼、智培育在心田才是君子的本性。由此可见，孟子理想中的"君子之乐"在根本上并不局限于"快乐"的满足，而恰恰是对"快乐"有所超越。①

在孟子看来，道德人格是"乐"的真正主体，"乐"离不开主体的自我感受与体验。这可以从其"君子有三乐"中得到充分的体现："父母俱存，兄弟无故，一乐也；仰不愧于天，俯不怍于人，二乐也；得天下英才而教育之，三乐也。"（《孟子·尽心上》）"父母俱存，兄弟无故"就是感受家庭的天伦之乐，孟子认为这种天伦之乐比起"富有天下"的王者之乐更加可贵。"仰不愧于天，俯不怍于人"是君子人格完满的一个标志，也是"反身而诚，乐莫大焉"的自得之乐。至于"得天下英才而教育之"，是将教书育人视为人生的一大乐事。孟子的"三乐"道出了人生快乐之真谛。其实，在孟子眼中，家庭的宁静、自身的修为、对社会的回馈是人生圆满的快乐。

孟子继承了孔子的转变痛苦为快乐、转变困难为愉悦的观点，主张即使物质条件恶劣导致不快乐，但经过辩证的转变，可以使之成为成就道德的阶梯，转化为快乐。孟子主张"乐善不倦"，不停地向善、行善的本身就是快乐，因为这反映了人不断努力成就道德，并在这个过程中感受快乐。对于颜回的安贫乐道，孟子强调：颜渊重视修其"天爵"，以行道为己任，自然不会计较利欲条件的恶劣，不为物欲所累，最终达到"不改其乐"的境界。

---

① 李一鸣：《孟子的快乐理论及其审美境界》，载《华夏文化》2010 年第 3 期。

孟子认为：追求仁义道德给人带来的是一种纯粹的心理愉悦和享受，而一味追求物欲、感官满足的人随时都可能感受到不满足的痛苦。在孟子看来，君子并不是没有忧患，君子终身忧虑自己的本性得不到充分的发挥[1]，不能像舜那样"为法于天下，可传于后世"（《孟子·离娄下》）。君子应当"非仁无为也，非礼无行也"（《孟子·离娄下》），在"孳孳为善"的不懈努力中感受自己独具超越性的精神愉悦。

人之所以能够在为善过程中感受到快乐，是因为人在为善过程中能够体会到一种不受外在约束的自由之乐。孟子强调："求则得之，舍则失之，是求有益于得也，求在我者也。"（《孟子·尽心上》）就"在我者"领域而言，个人自作主宰，一切取决于个人的主观意识与能动努力。这正是孔子所谓的"为仁由己"。正因为此，才有孟子所谓的"万物皆备于我矣。反身而诚，乐莫大焉"（《孟子·尽心上》）的说法。孟子学说实际上是提倡通过提高自我修养以求安身立命。这种学说强调的是在自我修养的世界内，人是自足的；换言之，崇德尚义，穷困之时不失掉义，就可以自得其乐。

总体而言，先秦儒家代表人物孔子与孟子都是从道德情感出发，进而从道德人格的自我体验来阐述"乐"；他们直接将道德直觉与审美体验合而为一，也就是将善与美合而为一，由此来说明人生的"乐"体验。这种体验从根本上说是道德型的，但其中又有美学意义，这是儒家德性文化的一个特点。[2]

---

[1] 王刚、刘鑫：《先秦儒家幸福观的理欲维度探析》，载《中国校外教育·理论》2011年第9期。

[2] 蒙培元：《儒家论"乐"》，载《中国哲学的诠释与发展：张岱年先生九十寿庆纪念论文集》，北京：北京大学出版社1999年版，第89页。

第三节　道中之乐：宋代理学家"循理"而乐

　　理学是两宋时期儒学产生的主要哲学流派，又称"道学"，为中国古代最为完备的理论体系，影响深远。宋代理学的中心观念是"理"。"理"又称"天理"，是理学体系的最高范畴。它在塑造士大夫的内心品格与精神陶冶锤炼方面具有积极意义。宋代理学注重心性修养，寻求"孔颜之乐"，强调内在的精神之乐，其中周敦颐、程颢、朱熹等理学家对"孔颜之乐"的诠释最具代表性。

一　"孔颜之乐"所乐何事

　　何谓"孔颜之乐"？孔子说："饭疏食饮水，曲肱而枕之，乐亦在其中矣！"（《论语·述而》）他赞叹颜回曰："一箪食，一瓢饮，在陋巷，人不堪其忧，回也不改其乐。"（《论语·雍也》）即使生活条件极其简陋，颜回也乐在其中，这是为什么呢？关于"孔颜之乐"的问题是周敦颐首先提出的，他让受学于他的程颐、程颢二兄弟"寻孔颜乐处，所乐何事"。"孔颜之乐"是伴随理学而家喻户晓的，是讨论儒家人生理想与人生境界的问题。如果一个儒士拥有此"乐"，那么他就能够成为一个与孔子、颜子同样的圣贤。宋代理学家对"孔颜之乐"这一儒家最高境界有着不同的理解。

　　儒家主张"内圣外王"。建功立业本是儒家主张的"外王"的应有之义。儒家所谓的"外王"就是治国为民的理想。然而，古代一些士人打着这个旗号以求得个人的功名利禄，与儒学的主张背道而驰。正如宋代理学家程颐所言："多权者害诚，好功者害义，取名者贼心。"① 这就是说，对功名、权势的追求会妨碍人的身心修养。有鉴于此，宋初儒家学者开始更加强调"内圣"，而颜子不以功业为心，只注重正心、养性以成圣人的特点正与当时儒学发展的需求相符合。并不是拥有功名富贵才可乐，儒家自有人生之乐。通过儒家的心性修养，人们便可获得一

---

　　①《二程集》上，北京：中华书局 2004 年版，第 318 页。

种功名与富贵所无法相比的"至乐"，具有更大的吸引力。

对于"孔颜之乐"，一些现代著名学者也有精辟的见解。冯友兰先生认为："孔颜之乐"就在于"仁"，"所乐"之"事"也就是"仁"，而"仁"这一精神境界内在的体验便是"乐"，外在的表现是"气象"。①冯先生的说法主要包含以下几层意蕴：其一，"孔颜之乐"只是"仁"的内在体验，"仁"是原因，"乐"是结果；其二，"所乐"之事就是"仁"，即"仁"是"乐"的唯一原因；其三，"仁"内在的、唯一的体验就是"乐"。可见，冯先生对"孔颜之乐"进行了定位："孔颜之乐"是由"仁"而得来的，与其他之乐、常人之乐有着根本的区别。冯先生对"孔颜之乐"的这种定位是符合宋明理学相关认识的。

理学家肯定了由"仁"而"乐"，对于"仁"的体验也有描述。程颢认为："仁"之体验就是"浑然与物同体"，"仁者浑然与物同体，义、礼、智、信皆仁也"。②这说明义、礼、智、信的体验也是"仁"的体验，是"乐"。由此可见宋代理学家"乐"的体验之内涵。

在理学家看来，"乐"与"道"二者之间是不可分割的统一体。只要"道"在心中，就自然有"乐"。这个"道"即"循理"。因此，程颐认为：颜子在"道"中自有其乐，实际便是"循理"而乐。他说："古人言'乐循理之谓君子'，若勉强，只是知循理，非是乐也。才到乐时，便是循理为乐，不循理为不乐，何苦而不循理，自不须勉强也。"③换言之，只要"循理"至无丝毫勉强的程度时，"乐"便会自然产生。"孔颜之乐"便是循理至"不须勉强"的境界时，也就是"心"与"理"完全合一的境界时，在精神上所产生的一种愉悦感。④朱熹认为"孔颜之乐"是真正体会到自己无一丝一毫人欲，纯粹遵循"天理"，从而与天地万物浑融无间的境界。

宋代理学家的这种关于"孔颜之乐"的说法与明代心学家王守仁的"孔颜之乐"的看法相一致。王守仁说："乐是心之本体，虽不同于七情之乐，而亦不外于七情之乐。"⑤"须是大哭一番了方乐，不哭便不乐矣。虽哭，此心安处，即是乐也，本体未尝有动。"⑥王守仁所说的"本体"、"良知"便与"浑然与物同体"的"仁"相应，而"不同"与"不外"便是"仁"与"七情"的有机统一。由此可见，"孔颜之乐"是儒者所独有之乐，也是圣贤所独有之乐，是由"仁"而引起的，"仁"的精神境界的内在体验是"乐"。⑦

---

① 冯友兰：《中国哲学史新编》第5册，北京：人民出版社1988年版，第65、117页。

②③《二程集》上，北京：中华书局2004年版，第15—17、110—186页。

④⑦ 李煌明、李保才：《"孔颜之乐"辨说》，载《求索》2007年第10期。

⑤⑥《王阳明全集》上，上海：上海古籍出版社2011年版，第70、112页。

二 周敦颐的"诚者之乐"

周敦颐（1017—1073），北宋道州营道（今属湖南）人。他原名叫"敦实"，为避宋英宗之讳，后改名为"敦颐"。他自幼就酷爱读书，1072年辞官去江西创立了书院。他将书院前面的小溪称为"濂溪"，自号濂溪先生，因此，由他开创的理学学派被称为"濂学"。他的哲学思想主要体现于《太极图说》与《通书》中。《太极图说》作为他的代表作，将道家的"无为"与儒家的"中庸"糅合在一起，提出了"无极而太极"等重要命题，他实为宋代理学的开山鼻祖。他首提"寻孔颜乐处，所乐何事"，对"孔颜之乐"有其独到见解。

（一）与"诚"一体之乐

周敦颐非常重视"诚"，其"诚"是何意呢？《通书》开篇指出："诚者，圣人之本。""圣，诚而已矣。"这就是将"诚"作为圣人的根本。他认为：圣人之本在于"诚"，"诚"是圣人境界中的本质特征。"诚"的原意为真实无妄，是自然无为的"天道"。但是，在周敦颐的眼中，"诚"具有两层含义：一是"诚"具有本体的含义，指天地万物或"天道"的本质属性；二是"诚"具有伦理道德的本质属性。[1]

周敦颐所理解的"孔颜之乐"可以称为"诚者之乐"，但他认为：仅有"诚"是不够的，因为"诚"是天之道，是从"体"上说，而圣人才是"一天人"、"兼体用"的。圣人既要体认天道，又要实践天道，即体用结合；既讲形上本体，又讲实践工夫。因此，周敦颐强调："诚、神、几，曰圣人"[2]，而非说"诚即圣人"。只有"诚、神、几"才是圣人与圣人之乐的全貌。其实，"诚"是就"体"即"天"而言的，而"几"是就"用"即"人"而言的，作为此二者之过渡的则是"神"。真正的"孔颜之乐"既要说"诚"之体，又要说"诚"之用；既要说"天"，又不可离"人"。因此，周敦颐"诚者之乐"中的"天"与"人"、"体"与"用"之间的关系是有机融合为一个整体的。

在周敦颐看来，只有达到"诚"，才可谓"孔颜之乐"。"诚"就是圣人之乐，即"孔颜之乐"的本质。与圣人齐是颜子之乐的根本所在，与圣人齐也就是与"诚"齐。有鉴于此，周敦颐所谓的"孔颜之乐"即"诚者之乐"。"诚"是"孔颜之乐"区别于贤者之乐、常人之乐的关键所在。[3]

周敦颐认为："孔颜之乐"是与"诚"一体的境界之乐。颜子"乐"是因为"化而能齐"，即与"纯粹至善"的"圣人之本"齐一，与"天道"齐一，也就是与"诚"一

---

① 李煌明：《宋明理学中的"孔颜之乐"问题》，昆明：云南人民出版社2006年版，第30页。
② 周敦颐：《周子通书》，上海：上海古籍出版社2000年版，第32页。
③ 李煌明：《理学智慧与人生之乐》，北京：人民出版社2010年版，第71页。

体。[①]其实,"诚者之乐"不只是一种思辨的理论,最重要的是对"天道"的践行以及通过实践工夫所达到的圣贤境界,其表现为洒脱与自由的同时也暗含了道德的厚重感。[②]

周敦颐的"诚者之乐"侧重于天乐,以区别于人乐。当然,这种天乐是儒家区别于道家的天乐。周敦颐所谓与"诚"一体的境界何以能够感受到"孔颜之乐"?这是因为儒家认为:天道真实无妄,自然无为,生生不已。"天道行而万物顺,圣德修而万民化。"[③]"四时行焉,百物生焉。"(《论语·阳货》)在一个万物生机勃勃,民风淳厚、人与人互相关爱,人与自然、社会相和谐的世界中,人们衣食无忧,既能体会到自然风光,又能感受到人间真情。因此,诚者之乐就是与万物相通、共生共荣的顺生遂性的天地之大乐。[④]

(二)提倡"无欲"与静悟

对于如何获得"孔颜之乐",周敦颐也颇有心得,其方法就是"无欲"与静悟的自修。《通书·圣学》云:"无欲则静虚动直。静虚则明,明则通;动直则公,公则溥。"在周敦颐看来,"无欲"就能够使人"静虚动直"。"静虚"就是内心宁静,没有烦扰,从而超越外物,获得自由;"静虚则明","明"就是内心踏实、坦荡,不迷惑;"明则通","通"就是内心通畅,能与天地万物、四时同一,身心顺泰;"动直则公","公"就是超越自我,无偏无私;"公则溥","溥"者天地万物无不得其所,于是天地之大和。天地之大和者,人间之至乐也。[⑤]

就获得"孔颜之乐"的方法而言,周敦颐最强调的就是"无欲"。在宋代理学家中,周敦颐首倡"无欲"之说。他继承并发挥了孟子的"养心寡欲"说,提出了自己的"养心无欲"说。对于如何"养心",周敦颐有其独到见解。其《养心亭说》强调:"养心不止于寡焉而存耳。盖寡焉以至于无,无则诚立明通;诚立,贤也;明通,圣也。是圣贤非性生,必养心而至之。"周敦颐对"欲"是明显否定的。他强调仅仅"寡欲"还不够,必须加强寡欲的力度,那就是彻底性,"寡欲以至于无",即"无欲"。"无欲则静虚动直。静虚则明,明则通。"周敦颐"无欲"说之目的是达到一种高尚的道德境界。在周敦颐看来,无欲则无求则无私,只有"无欲",人心才能平和、清虚透明、大公无私、没有怨恨,从而达到人伦至乐。

对于世俗的功名利禄,周敦颐采取了摒弃的态度。他鲜明地将"愈富贵"、"欲

①③《周子通书》,上海:上海古籍出版社2000年版,第31—38、40页。

② 周阳平:《王阳明"乐"之哲学研究》,贵州大学硕士学位论文,2019年,第17页。

④ 李煌明:《宋明理学中的"孔颜之乐"问题》,昆明:云南人民出版社2006年版,第32页。

⑤ 李煌明:《理学智慧与人生之乐》,北京:人民出版社2010年版,第83页。

名利"作为人生的枷锁,向往佛、老那种超脱尘世的人生境界。其《喜同费君长官游》云:"寻山寻水侣尤难,爱利爱名心少闲。此亦有君吾茂乐,不辞高远共跻攀。"在周敦颐看来,只有内心修养达到"无欲"的程度,才能够有"安贫乐道"的境界。

周敦颐的"无欲"说能够让人在变动不居的社会情况下保持与维系心理的平衡。他本人就是依靠这种超脱达观的理性态度支撑着自己的生活。在他看来,"无欲"是学做"圣人"之关键所在,只有"无欲"才能使人心处于虚静明透的地步。他强调只有见"大"而忘"小",才能达到这一境界:

> 颜子"一箪食,一瓢饮,在陋巷,人不堪其忧,而不改其乐"。夫富贵,人所爱也。颜子不爱不求,而乐乎贫者,独何心哉?天地间有至贵至爱可求而异乎彼者,见其大而忘其小焉尔。见其大则心泰,心泰则无不足;无不足,则富贵贫贱,处之一也。处之一,则能化而齐,故颜子亚圣。[①]

周敦颐认为:颜子所乐就是"见其大而忘其小"。周敦颐所谓的"大",就是区别于世俗富贵享受的"道"与"德"。正如他所言:"天地间至尊者道,至贵者德而已矣。"[②] 人只要能"见其大而忘其小",就能感到"乐"。在周敦颐看来,"心泰则无不足"就是"乐"。"心泰"就是内心的泰然与安适,"无不足"就是内心的满足。此"乐"已绝非一般之乐了。

总之,周敦颐的与"诚"一体之乐,就是与"天道"合一、与伦理道德合一的"乐"之感受。周敦颐所谓的"诚"不仅是"天道"的本质,而且是人伦道德规范。与"天道"合一,就是超越自我、超越道德之后的万物"顺生遂性"的生命体验;与伦理道德合一,就是超越物我之私的身心顺泰。周敦颐所谓的"孔颜之乐"实际上是建立在道德基础上的一种身心自由、安畅,没有物我之私的天地情怀。这是超越了道德的自由阶段。

三 程颢的"仁者之乐"

程颢(1032—1085),字伯淳,被称为"明道先生",北宋洛阳(今属河南)人。程颢与程颐为同胞兄弟,家居洛阳,世称"二程",其学又称"洛学"。二程是理学的奠基者,其言论著述被后人编为《二程遗书》、《二程外书》等,收入《二程全书》。二程使儒学在继孔孟之后进入了一个新的发展阶段,他们是南宋儒学一派的开

---

①②《周子通书》,上海:上海古籍出版社 2000 年版,第 38、39 页。

启者,程颢当之无愧地成为后来陆九渊心学的祖师。①

对于"乐",程颢发展了周敦颐的与"诚"一体之乐中的与"天道"一体之乐的一面,进而将"孔颜之乐"视为"仁者与物同体"之乐。

(一)"与物同体"的仁者之乐

在程颢看来,"仁"就是"生生之理",即"天理"。这种"天人本一"的"仁"为何能"乐"呢?程颢说:

> 学者须先识仁。仁者,浑然与物同体,义、礼、智、信皆仁也。识得此理,以诚敬存之而已,不须防检,不须穷索……此道与物无对,"大"不足以明之。天地之用,皆我之用。孟子言"万物皆备于我",须"反身而诚",乃为大乐。若反身未诚,则犹是二物有对,以己合彼,终未有之,又安得乐!②

由这段话可见,程颢认为:"孔颜之乐"就是孟子所谓的"万物皆备于我"之物我合一的大乐,也就是"仁者浑然与物同体"的境界。③"仁"与物无对,浑然与物同体,"放这身来,都在万物中一例看,大小大快活"。④程颢心中的"大快活"就是"仁者浑然与物同体"之乐,即真正感觉到自身与天地及天地万物都浑然一体的自然境界。⑤

程颢以"道"、"理"为本体,而"道"、"理"的核心就是"生生之德",即"仁"。程颢所谓"仁者之乐"的"仁"就是"生意",指万物"顺生遂性"。"万物之生意最可观。此元者,善之长也,斯所谓仁也。"⑥所谓"与物同体",就是在自己心中体会到人类与万物、自我与他人都是一个整体。

所谓"仁者之乐",其实就是"乐天知命"或"乐天":

> "乐天知命",通上下之言也。圣人乐天,则不须言知命……"仁者不忧",乐天者也。⑦
>
> 仁者在己,何忧之有?凡不在己,逐物在外,皆忧也。"乐天知命故不忧",此之谓也。若颜子箪瓢在他人则忧,而颜子独乐者,仁而已。⑧

由上可见,"孔颜之乐"的本质就是"仁"。"仁者"之所以无忧,是因为"乐天知命"。"乐天"是就上处说,指自然之"天道";"知命"是就下处说,指包括人在

---

① 张次第:《中国古代大儒情怀的变异》,载《郑州大学学报(哲学社会科学版)》2002年第2期。
②④⑤⑥⑦⑧《二程集》上,北京:中华书局2004年版,第16—17、33、16—17、120、125、352页。
③ 李煌明:《宋明理学中的"孔颜之乐"问题》,昆明:云南人民出版社2006年版,第34页。

内的万物而言。"天"是说"道"的总体性，是"一"；"命"是说"道"的普遍性，存在于器之中的"多"。[①]"乐天"之"仁者"体物不遗，无物非我，无物在外，自然就不会"逐物在外"，所以无忧。

程颢所言的"孔颜之乐"是"仁者之乐"，而"仁者"在本质上是"乐天"、"知命"的。所谓"乐天"，是指与天同一，而非以"天"或"天道"为乐。"乐天"者是"以天地万物为一体"的。万物为一体，无物在外，故仁者乐而无忧。

"仁者与物同体"之乐的境界何以为"至乐"？

程颢之"乐"是"仁者"、"浑然与物同体"之乐。理学家在提出"孔颜之乐"论之初虽然主要侧重于遵循"天道"与"自然"，但他们心中的"自然"、"天道"并非道家所谓的"自然"、"天道"，而是包括了"人道"在内的。因此，"乐"既有自然活泼的一面，又有道德理性的一面。[②]

自然万物在宇宙中是同根同源的，是平等的，都应得到爱护与尊敬。"人只为自私，将自家躯壳上头起意，故看得道理小了它底。放这身来，都在万物中一例看，大小大快活。"[③]如果只珍视自己的生命，却轻视他人与他物的生命，这种"乐"只能是个体与自私的"独乐"，而非整体与无私的"众乐"。自私的"独乐"是只对自己"遂其性，顺其生"，对他人与他物则不遂其性，不顺其生。本来世界万物为一个生命整体，而如今这个整体只有一处健康而余处皆病痛，不仁者无所觉察、乐此不疲，这种自私的"独乐"是以整体的病痛为代价的，自然不会持久。只有"反身而诚"，"放这身来，都在万物中一例看"，真正体会到自然万物都是同一个生命整体，才能"大小大快活"。

"仁者，浑然与物同体"的"孔颜之乐"的体现是什么？程颢说：

> "鸢飞戾天，鱼跃于渊，言其上下察也。"此一段子思吃紧为人处，与"必有事焉而勿正心"之意间，活泼泼地。会得时，活泼泼地；不会得时，只是弄精神。[④]

在程颢看来，"仁者"已经融合了人我与物我之间的界限，没有了"私我"的遮蔽，一切皆顺其自然，不必刻意想什么、做什么，因而"仁者"是"无事"的，是自由、闲适的，是"活泼泼地"，是自然的。[⑤]

---

① 李煌明：《理学智慧与人生之乐》，北京：人民出版社 2010 年版，第 146 页。
② 李煌明、李红专：《宋明理学"孔颜之乐"理论的发展线索》，载《哲学动态》2006 年第 4 期。
③④《二程集》上，北京：中华书局 2004 年版，第 33、59 页。
⑤ 李煌明：《宋明理学中的"孔颜之乐"问题》，昆明：云南人民出版社 2006 年版，第 36 页。

这种自由、闲适的"仁者之乐"在程颢的诗中多有体现。宋明理学家大多非常讲究生活的情趣，留下了许多诗句。程颢有一首《春日偶成》云："云淡风轻近午天，傍花随柳过前川。时人不识余心乐，将谓偷闲学少年。"这是他从自然中体味到的生机和喜悦，找到的物与我的相通与对应，从而达到了一种心灵与万物间的和谐交融的境界。[①]

（二）"自然"、"无事"的境界之乐

在程颢看来，"真乐"与物无对。他说："若反身未诚，则犹是二物有对，以己合彼，终未有之，又安得乐？"[②]只有超越物我之私，达到"仁者，浑然与物同体"，才能得到"真乐"。获得"真乐"、"至乐"之人，其心中是没有任何"系累"的，其心境是完全"无事"、"优悠"的。程颢认为："只要有颜子之德，则孟子之事功自然便有。"[③]程颢所谓的"无事"，既指没有累物之心，又指没有忘物之心。即使是如尧、舜一般的"事业"、"事功"，也终归是"事"，都不可留于心，都只是"如一点浮云过目"。不管是累物，还是忘物，都是"有事"，都不是"真乐"，此"真乐"便是"仁者之乐"。此"乐"体现的是自由、自然、无事、活泼、心闲的境界。[④]可见，宋代理学家的"孔颜之乐"论虽然注重遵循"天道"与"自然"，但他们心中的"自然"、"天道"是包括了"人道"在内的。因此，"乐"既有自然活泼的一面，又有道德理性的一面。[⑤]

"乐"从何而来？这是理学的一个大问题。程颐在解释颜回陋巷箪瓢之"乐"时，认为贫穷本身并不可"乐"，其"乐"的是"道"，是道德内心的精神世界"自有其乐"。程颢从其个人实践上回答了这个问题，其《秋日偶成（二首）》有诗句："退居陋巷颜回乐，不见长安李白愁。两事到头须有得，我心处处自优游。""闲来无事不从容，睡觉东窗日已红。万物静观皆自得，四时佳兴与人同……富贵不淫贫贱乐，男儿到此是豪雄。"所谓"颜回乐"、"贫贱乐"，就是一种安贫乐道的生命态度。颜渊之所以居陋巷却能感到无比快乐，就在于其追求道德人格的自我完善，是以仁为乐的。由于"仁者之乐"是从自家心性里体会出来的，因而才是真正的"自得"之乐。[⑥]程颢的诗句充分表达了抛开名利之后的优游、快乐的人生。一年四季各有特色，都需要人们自己去品味。人们应该随着四季的变化而享受自然的乐趣。

①张次第：《中国古代大儒情怀的变异》，载《郑州大学学报（哲学社会科学版）》2002年第2期。
②③《二程集》上，北京：中华书局2004年版，第17、130页。
④周阳平：《王阳明"乐"之哲学研究》，贵州大学硕士学位论文，2019年，第18页。
⑤李煌明、李红专：《宋明理学"孔颜之乐"理论的发展线索》，载《哲学动态》2006年第4期。
⑥张毅：《"万物静观皆自得"——儒家心学与诗学片论》，载《中国文化研究》2002年第4期。

其实,具体来看,程颢的第二首《秋日偶成》诗主要体现了几层境界:

一是"闲"。"闲来无事不从容,睡觉东窗日已红。"一个"闲"字,指出了快乐的门径,那就是不必太在意日常生活中的细节。当然,"闲"并非指不去做事,而是主张人们不应将生活所需的一切看得太重。面对现实生活中的各种不如意,要有一种忘我的境界,就是以超越世俗的态度在现实中生活。

二是"忘"。"闲来无事不从容"之"闲"字,其实就是"忘",人如果能够忘掉现实就可以更好地应对现实。在现实生活中,人们被诸多问题缠绕、烦恼,在努力解决这些问题的同时会感到忙碌与乏味,难以感受到快乐。因此,人们要想享受日常生活的快乐,就要善于"忘",即忘掉现实环境并超脱现实生活。如果达到了这种境界,就不仅会"闲",而且会"闲"得住。

三是"静"。"万物静观皆自得",这里最关键的就是"静"字。"静"就是心静,不为外物所扰才是最快乐的。如果"忘"是快乐入门的第一步,那么"静"就是入门后获得快乐须做的第一件事。人如果排除了外界的干扰,就会明白:世间万物都是自然而然的,"皆自得","乐"也就是自然而然之事了。

总之,程颢所谓的"仁者"、"浑然与物同体"之"乐"主要表现为内心的"无事"、"心闲"、自然、活泼等。这种至乐主要是一种来自生命体验的内心之"乐",更注重的是个体自我对"浑然与物同体"之"仁"的感受,而非以整体的伦理规范标准要求个体。因此,程颢的"孔颜之乐"更多的是"傍花随柳"的"无事"、"优悠"与"心闲"。[1]

应该指出的是:程颢注重自我反省,追求高尚的精神境界,强调人们如果能拥有高尚的道德境界就是莫大的快乐,即"万物皆备于我,须反身而诚,乃为大乐"。人们只有处于天与人"无对"的这种"天人合一"的状态时,才能获得"大乐",也即"孔颜之乐",而程颢之"乐"完全是一种主观精神世界之乐。

四 朱熹的"天理之乐"

朱熹(1130—1200),祖籍徽州婺源(今属江西)。因为他一生主要的学术活动在福建,所以世称朱熹创立的学说为"闽学",也称"朱子学"。朱熹之著作十分丰硕,有《四书章句集注》等,后人据其语录及作品编纂了《朱子语类》、《晦庵先生朱文公文集》等。朱熹作为宋代理学之集大成者,继承二程的思想,强调"存天理,灭人欲"和安贫乐道。他认为"孔颜之乐"是"心与理一"、一心"纯粹天理"之乐。

---

[1] 李煌明:《宋明理学中的"孔颜之乐"问题》,昆明:云南人民出版社2006年版,第38页。

（一）"与道合一"的"纯粹天理"之乐

朱熹在发展程颐的"循理之乐"的基础上，还有其独到之处。他认为："天理"是绝对至善的，是道德评判的依据。当人的身心与"天理"合一时，就不会有遗憾与不满足，这就是"乐"。此"乐"是"天理"的自然流行，随处充满此"乐"。对于如何将"乐"落到实处，朱熹指出："须求他所以能不改其乐者是如何，缘能'非礼勿视，非礼勿听，非礼勿言，非礼勿动'，这四项做得实头功夫透，自然至此。"[①]朱熹心中的"孔颜之乐"就是"人欲尽处，天理流行"，就是人与"天理"合一的境界，人的全部的行为都是纯粹"天理"的流行、运用。如果要真正明白"孔颜之乐"，就要自己在实践工夫中去体会什么是"乐"，这便是朱熹重视"寻乐工夫"的意义所在。[②]

朱熹的"纯粹天理"之"乐"是将"孔颜之乐"视为"德盛仁熟"之后的事，只是一心于"纯粹天理"境界之时的"乐"。程颐、朱熹眼中的"孔颜之乐"主要是人心与规律、规范一体之后所自然而然具有的"乐"，并不是要追求的对象，所以他们把眼光放在"道"的工夫上，而不是放在作为结果的"乐"上。[③]

"道中自有其乐。"《论语》载有"曾点之乐"，"莫春者，春服既成，冠者五六人，童子六七人，浴乎沂，风乎舞雩，咏而归"（《论语·先进》）。朱熹认为："颜子之乐，亦如曾点之乐。"不过，"曾点之乐"只是乐见其所见，"孔颜之乐"却是"功夫到了那里"。

"孔颜之乐"是"与天地万物同流"的从容、悠然之"乐"。对于"曾点之乐"，朱熹有一段评论，广为后世流传：

> 曾点之学，盖有以见夫人欲尽处，天理流行，随处充满，无少欠阙。故其动静之际，从容如此。而其言志，则又不过即其所居之位，乐其日用之常，初无舍己为人之意。而其胸次悠然，直与天地万物上下同流，各得其所之妙，隐然自见于言外。[④]

由此可见，所谓"孔颜之乐"，是"人欲尽处，天理流行"。这是没有丝毫人欲的"纯粹天理"的境界，其实就是一种人心与"天理"合一的境界。

"纯粹天理"的境界是如何让人"乐"的？朱熹认为："天理"为至善，是没有一丝欠缺的，因而当一个人的心中充满纯粹"天理"时，其内心就不会有任何的不满

[①]《朱子全书》肆，上海：上海古籍出版社、合肥：安徽教育出版社2002年版，第1132页。

[②] 周阳平：《王阳明"乐"之哲学研究》，贵州大学硕士学位论文，2019年，第20页。

[③] 李煌明、李红专：《宋明理学"孔颜之乐"理论的发展线索》，载《哲学动态》2006年第4期。

[④] 朱熹：《论语集注》，济南：齐鲁书社1991年版，第114页。

足，做任何事都会恰如其分，都能做到内心无愧，这种"乐"自然就是天地之间的大乐。朱熹认为这种"从容"、"悠然"之乐就是"至乐"。

在朱熹眼中，"孔颜之乐"就是"与天地万物同流"的从容与悠然。当一个人能够完全超越物我，达到无我的境界时，就可以与"天理"合二为一，进而获得内心的从容与自由。朱熹所谓"天理流行"实质是指心与"理"合一，超越物我之私，这样就能够使人感受到从容、自由与悠然之"乐"，这是一种生命本质之性得以满足之"乐"。

（二）"心与理合一"的自足之乐

朱熹对于如何获得"孔颜之乐"也有论述：

> 程子之言，引而不发，盖欲学者深思而自得之。今亦不敢妄为之说。学者但当从事于"博文"、"约礼"之诲，以至于"欲罢不能而竭其才"，则庶乎有以得之矣。[①]

在朱熹看来，想要获得"孔颜之乐"，就必须从"博文"、"约礼"做起，"博文"就是"格物穷理"，"约礼"就是"克己复礼"。朱熹认为，想要获得超越物我之私与天地同流的从容、自由之"乐"，必须先知"理"，然后循"理"。这就是他所谓的"博文"、"约礼"，被他视为获得"孔颜之乐"的方法。"博文"、"约礼"就是从知与行的工夫上说，只有工夫到了欲罢不能的程度，才有可能得此至乐。[②]

儒家的"孔颜之乐"是包括万物各得其所的天地大乐的。那么，怎样才能在万物"各得其所"的境界中获得充分实现生命本质之性的天地大乐呢？朱熹对此也作了说明：

> 致中和，天地位，万物育。若就圣人言之，圣人能致中和，则天高地下，万物莫不得其所……极其中，则大经正，大本立，而上下位矣；极其和，则事事物物各得其宜，而万物育矣。[③]

这段话中的"致中和"就是"极其中"、"极其和"之意。只要"极其中"，就会具备伦理道德规范，明白尊卑上下之序；只要"极其和"，万事万物就无不合乎"天理"，无不各得其所。因此，圣人只要在"极其中"、"极其和"上下功夫，自然就能

---

① 朱熹：《论语集注》，济南：齐鲁书社1991年版，第54页。
② 李煌明：《宋明理学中的"孔颜之乐"问题》，昆明：云南人民出版社2006年版，第96页。
③ 黎靖德编：《朱子语类》一，北京：中华书局1986年版，第130页。

够达到"万物各得其所"的天地大乐。[①]

朱熹重视两种精神情愫,即"敬"和"静"。"若能持敬以穷理,则天理自明,人欲自消。"[②]敬与静在朱熹那里达到了完美的统一,它们融合在朱熹的言行举止与容貌、神态之中。他说:"大凡学者,须先理会'敬'字。'敬'是立脚去处。"他把"敬"作为人生的基点。在朱熹看来,"敬"就是"畏"。《朱子语类》卷十二云:"敬非是块然兀坐 …… 只是有所畏谨,不敢放纵。如此则身心收敛,如有所畏。"其实,"畏"不是什么神秘的东西;从根本上说,"畏"是一种人心的自觉。

朱熹的风范中,"敬"又是一种"静"。所谓"静",即一种安详、和乐、宁静如一的精神情愫与人格风貌。敬畏不是惧怕、恐慌,而是一种虔敬的接受。因此,最终极的敬畏又导致最内在的宁静,并在宁静中呈现出一种人与天地相参的和悦。其实,和悦与敬畏的和谐如一,就是"诚"与"乐"。

总体而言,朱熹之"乐"强调怎样获得"纯粹天理",怎样"与道合一"。在他看来,假如一个人拥有"纯粹天理"的境界,能够体会到"道中之乐",那么其内心是完全自足的。朱熹的"孔颜之乐"是"心与理合一"之后的"自足之乐",这是一种理想中的安宁与自由之"乐",并非世俗生活中的人生快活。

总之,宋明理学家所谓的"孔颜之乐"是完全与"理"合一,与天地万物的本质完全一致,从而获得超越物我、浑融内外、融合主观和客观的自由之乐。宋明理学家要求人们遵循共同的规律与规范 ——"天理",当成为"天理"化身的"成圣成贤"的理念受到社会尊奉时,对圣贤之道的追求与获得圣贤境界就能够给人以满足感,甚至成为一种最大的满足,于是会在人的心中产生最大的"乐"。[③]

①③ 李煌明:《宋明理学中的"孔颜之乐"问题》,昆明:云南人民出版社 2006 年版,第 980、50 页。

② 黎靖德编:《朱子语类》一,北京:中华书局 1986 年版,第 153 页。

第四节 乐即心：明代心学家的心灵之乐

明代儒学实现了由理学向心学的转变，成为儒学发展史上的一个重要的转折点。明代心学由陈献章开启，王守仁集前人之大成。心学主张"心即理"，在晚明时期影响较大。明代心学家认为"孔颜之乐"是"良知本体之乐"，强调此"乐"就在人自己的心中，是"心"原本就具有的状态，是"本体之乐"；同时，人心中的"乐"又是"良知之乐"，是内在的良知与外在的情感和行为的一致。他们求"乐"的方法主要是从自己内心上去做工夫，但他们认为"乐"是心原本就具有的状态，因此他们在获得"孔颜之乐"的方法上顺心而动、率性而为，肯定了所谓生而有之的"良知"。[①] 其中，以陈献章、王守仁、王艮、罗汝芳等心学家对"孔颜之乐"的认识最具代表性。

一 陈献章的自然之真乐

陈献章（1428—1500），明新会（今属广东）人，字公甫，居白沙里，人称"白沙先生"，明代著名思想家，其著作被汇编为《白沙先生全集》。陈献章建立了明代第一个较为系统的心学体系，他所开创的学术派别被称为"江门学派"。他对苦乐问题多有论述，从立世之道和物欲观出发，强调自然之乐乃"真乐"。

（一）超然境界与"自然"、"自得"之乐

陈献章的"自然"、"自得"之乐的思想是在宋代理学纯粹道德理性的统治下打开了一个缺口。陈献章说：学者应该"以自然为宗"，要"使心在无物处"、"不可滞在一处"，而应该顺心之自然，亦即他所谓的"不累于外物，不累于耳目，不累于一切，鸢飞鱼跃在我"[②] 的"自得"境界。"自然之乐乃真乐也。"[③] 他这种"乐"之思想已经开始反对纯粹的道德理性，将目光集中于个体自然、感性与自由之上。他认为："孔颜之乐"是因为心中"无事"。"无事"为何意？从其诗句中能够看出："风清月朗此何溪，几个神仙被酒迷。云水此身聊起倒，乾坤入眼谩高低。"[④] 由此可

---

① 李煌明：《宋明理学中的"孔颜之乐"问题》，昆明：云南人民出版社 2006 年版，第 121 页。

②④《陈献章集》下，北京：中华书局 1987 年版，第 825、449 页。

③《陈献章集》上，北京：中华书局 1987 年版，第 192 页。

见，陈献章所谓的"自然之乐"实质上是指人与天地融为一体。他认为：人应当像天地一样自然活泼，只有自然自得之乐才是真正的乐，若不知此，则虽学亦无益。[①] 在陈献章看来，"孔颜之乐"的关键就是"顺遂我心"、自然自得，而绝非宋代理学家所谓的"循理"的"道"中之乐或者"仁"中之乐。这种"乐"最典型的表现就是"内忘其心，外忘其形，其气浩然，物莫能干"。"内忘其心"就是"心"完全无事，获得充分自由；"外忘其形"就是身体顺适；"物莫能干"就是身心完全自由，不受外物所累。由此可见，陈献章所谓的自然、自得的"真乐"，实质上就是超越物我、身心顺适，与天同一的自由自在之乐[②]，正如其诗句所谓"悠然得趣于山水之中，超然用意于簿书之外"[③]。

陈献章认为：只有得道与自然之乐，才是"真乐"，具备平和的心境才不会被身外之物扰乱。他的《真乐吟·效康节体》抒发了对"真乐"的看法："真乐何从生，生于氤氲间。氤氲不在酒，乃在心之玄。""氤氲"指阴阳之气浑融一体。在陈献章看来，人生"真乐"的体验就在于物我一体的浑然间，就是"心"与"理"统一的自得之乐、自然之乐。

陈献章追求的是一种动静自如的超然境界，讲究的是一种求道得道的哲人之乐。他的《湖山雅趣赋》云："富贵非乐，湖山为乐；湖山虽乐，孰若自得者之无愧怍哉！"[④] 他将自然的"湖山之乐"提到"自得之乐"的高度，就将道家的"自然之乐"与儒家的"孔颜之乐"贯通起来了。儒家与道家都以得道为"真乐"，道家侧重于"天道"，儒家侧重于人道，但这种差异在陈献章的思想体系中完全被化解了。

（二）静悟"自然"，顺遂"我心"

陈献章提出了"孔颜之乐"就是"心之乐"的思想命题。他的《寻乐斋记》曰："仲尼、颜子之乐，此心也；周子、程子，此心也。吾子亦此心也，得其心，乐不远矣。""心之乐"就是陈献章反复强调的"自得之乐"。在他看来，"孔颜之乐"的原因在于"此心"，获得"此心"就获得了"孔颜之乐"。所谓"此心"，并非由外获得，而是人"自有"的，不需"循理"、"去欲"的工夫，亦不需"格物穷理"。他提倡静悟自然，顺适"我"心。他说："静中悟出端倪"，悟出"自然之乐才是真乐"，顺遂此心之自然，就能够达到"忘心"、"忘形"、"不累于一切，鸢飞鱼跃在我"的自然、自得、自由的"孔颜之乐"。[⑤]

陈献章主张人的生死、得失不外乎自然，认为"自然之乐，乃真乐也"。他所谓的"自然"就是顺其自然，关键在一个"忘"字，不让荣辱、得失、寿夭、贵贱等身

---

① 李煌明：《"孔颜之乐"——宋明理学中的理想境界》，载《中州学刊》2003 年第 6 期。
②⑤ 李煌明：《宋明理学中的"孔颜之乐"问题》，昆明：云南人民出版社 2006 年版，第 70、122 页。
③④《陈献章集》上，北京：中华书局 1987 年版，第 138、276 页。

外的东西骚扰人的心境。正如《白沙语要》所言："优游自足，无外慕，嗒乎若忘。在身忘身，在事忘事，在家忘家，在天下忘天下。"这是提倡人应当"忘身"、"忘事"、"忘家"、"忘天下"。只要顺应万物固有之自然而然，"安能使吾戚戚哉？"不戚戚，自然就快乐。由此可见，陈献章的"自然之乐"主要内涵有三：一是"真乐"产生于心理状态；二是"自然之乐"只是一个动静自如的超然境界，不牵累于一切身心事物；三是"真乐"的获得是从静中养出端倪。

为了更好地理解陈献章的"真乐"，可再看其《湖山雅趣赋》的阐述：

> 所过之地，盼高山之漠漠，涉惊波之漫漫，放浪形骸之外，俯仰宇宙之间。当其境与心融，时与意会，悠然而适，泰然而安，物我于是乎两忘，死生焉得而相干？……鼓瑟鸣琴，一回一点，气蕴春风之和，心游太古之面。其自得之乐亦无涯也。[①]

这段话正是陈献章体验"自然之乐"的描述，其中体现了老庄、魏晋风度，因而从某种程度而言，其"乐"属于儒家内圣的另类境界，即审美境界。陈献章的"自得之乐"其实就是道德与审美两个境界的统一。他的真乐论虽然不主张放纵物欲，但也没有陷于禁欲主义。他主张从清苦的生活中去追求人生之乐。陈献章在这两者之间采取了自然主义的态度，"得亦欣然，失亦可喜"，得失对于人的快乐来说无足轻重，只有"自然之乐"才是真正的"乐"。

就陈献章的"自然之乐"而言，显然深受道家"真乐"思想的影响。他反复强调"自然之乐乃真乐"。他吸收、改造了庄子"天乐至乐"的思想，提出了"至乐"这种境界之乐的说法。其"至乐"不是世俗生活的快乐与愉悦，是无法言表的，只存在于人的道德境界之中。

陈献章的"自然之乐"达到了超越世俗社会和现实人生的境界。在这种境界中，人完全不受生死的束缚、富贵的羁绊、名利的诱惑。这种超越生死名利的价值取向显示了陈献章"自然之乐"境界论的精神实质与理论意义。

（三）在世俗生活中感受快乐

陈献章的"自然之乐"不仅超越于世俗的、感性的快乐，而且超越于个体的身心情感之愉悦。然而，他的"自然之乐"又深深地倾注于现实的世俗生活中，例如：他对大自然之美的感受、对自然山水的热爱。正所谓："江山鱼鸟，何处非吾乐地？"[②]在陈献章看来，自然界处处充满着美，处处给人们以美的享受。[③]这种美

---

① ②《陈献章集》上，北京：中华书局 1987 年版，第 275、154 页。
③ 张运华：《论陈白沙"自然之乐"境界论》，载《五邑大学学报（社会科学版）》2006 年第 2 期。

是自然而然的,较之那种以富贵为乐的世俗之乐要崇高、深刻、永恒得多。

除了自然之乐,陈献章也像中国传统士人一样,在日常生活中有着自己的雅趣。他喜欢喝酒、吟诗、写字、弹琴、种花、种树等,这些让他感受到世俗生活的欢乐。他喜欢种花,尤其喜欢种菊花。他崇拜陶渊明,向往陶渊明田园之乐式的生活,通过田园生活寄托自己的欢乐。他的田园之乐的内容是丰富多样的,其可乐之事也是多姿多彩的,可以说是其世俗生活的缩影。他眼中的田园之乐与山水之乐既有相同之处,又有不同之处。如果说山水之乐纯粹指大自然之美,那么田园之乐既包含了大自然之美,又包含了劳动之美与人伦之美。他认为:在田园之乐中,既有种花、植树、钓鱼等闲情逸致,又有孝敬父母、尊敬兄长、嬉戏儿孙的人伦之乐。这种立足于现实社会的世俗之乐构成了陈献章的自然之乐的感性生活的丰富内涵。

陈献章还深刻体会到世俗生活中的劳动与收获之乐。他的《和陶》诗云:"今年秋又熟,欢呼负禾往……醉即拍手歌,东西卧林莽。"在乡间生活中,劳动给人们带来了欢乐。秋天丰收时节,邻近乡村的男女老少一起举行丰收庆典,陈献章同乡邻一起祭祀社神,一起饮酒、唱歌,享受人间欢乐。他把这种朴实无华的欢乐倾注到自己的日常生活之中,使自己的生活处处充满欢乐。

在日常生活中,陈献章不会因为不得志而烦恼,能够随遇而安,另辟人生蹊径。他对于归隐生活非常满足,能够从自然中体味到无穷乐趣。其《南归寄乡旧七首》诗云:"山童呼犬出,狂走狷诸孙。乳鸭争嬉水,寒牛不出村。墟烟浮树杪,田水到桑根。邻叟忻相遇,笑谈忘日曛。"这首诗通过描述乡间生活的自然、朴实,反映了田园生活的乐趣,说明陈献章在归隐生活中获得了精神上的自由。

总之,陈献章具有强烈的自我意识,其自我意识中有自然、自得等多种意蕴。陈献章的"自然自得之乐"有其独到之处。他突破了宋代理学"道中之乐"的说法,认为"孔颜之乐"就是"我心自然自得"与自有之乐。循沿这种"乐"之论,王守仁提出了"良知本体之乐"说,建立起了"自然自得之乐"的理论根基。

二 王守仁的心体境界之乐

王守仁(1472—1529),余姚(今属浙江)人,创办了阳明书院,别号"阳明子",世称"阳明先生"。他对儒、释、道文化皆十分精通,其心学成为宋明理学中独树一帜的思想派别。他一生事功也赫赫有名,成为史上极少见的立德、立功、立言的"真三不朽"。他对"乐"的问题有专门的论述。他的"乐"论与其"心学"密切相关。其著作有《王文成公全书》。

（一）"乐是心之本体"，心安即乐

对于"乐"的理解，王守仁强调"乐是心之本体"。他认为："孔颜之乐"作为圣人境界之"乐"，是因为孔、颜能够顺应心之本体，体会到了"本体之乐"。在王守仁看来，"乐"原本就存在于人们的心中，是"心"自然、原本的状态，"率性而为"就是"乐"。他说："'乐'是心之本体，虽不同于七情之乐，而亦不外于七情之乐。"① "乐"与"心之本体"的至善和"理"是一样的，是与生俱来的。

王守仁认为："孔颜之乐"本来就在人的心中，是"心"的本来状态，"心安"就是"孔颜之乐"的体现。"须是大哭一番了方乐，不哭便不乐矣。虽哭，此心安处，即是乐也，本体未尝有动。"② 遇大故而动情，自然哀哭，理所当然。此时，"心"、"理"、"情"三者同一，为此大哭也是"乐"。

所谓"本体"，是指本来状态。"乐"是"性"，即"良知"的自然状态。王守仁说："心之本体即是性，性即是理，性元不动，理元不动。集义是复其心之本体。"③ 他认为："乐"是"心"自然原本的状态，"良知者，心之本体"。④ 这是说心之本体就是"良知"。"良知"是"不虑而知，不学而能"的，因而"乐"是存在于每个人心中的。在王守仁看来，只要知善恶、明是非，就是"乐"，因为如果一个人的行为与内心的"良知"相统一，就不会有内心冲突，就会心安理得，而"心安"就是"乐"。所谓"心安"，就是内心安畅、没有冲突、不矛盾、不愧疚的人生体验。

在王守仁看来，本体如果有所执着，无论是善念还是恶念，都是对本体的遮蔽和妨碍，"良知即是乐之本体。此节论得大意亦皆是，但不宜便有所执著"。⑤ 王守仁认为：乐之本体若有所执着，就会为物欲所搅，难以感受"乐"了。

"乐"作为心之本体，已作为一种本然存在于主体之中。"虽则圣贤别有真乐，而亦常人之所同有。"⑥ 无论圣凡、贤愚都有这种本体之乐。在王守仁看来，"乐是心之本体。顺本体是善，逆本体是恶。如哀当其情，则哀得本体，亦是乐"。⑦ 他认为：真能自知"真乐"与良知本体者，就能完全循之而行，其意念与行为就能完全地符合良知，如此就是心安，心安即"乐"。"乐"作为心之本体，是最高妙、美好的生存状态。此"乐"感召人们去实现"吾心自有光明月，千古团圆永无缺"⑧ 的心灵明莹无滞的"至乐"。

王守仁所谓的"良知"，实质上就是外在的社会伦理规范内化成的一种道德感与是非观。当人们的行为与道德感、是非观相一致时，内心就能够感受到安泰

---

① ② ③ ④ ⑤ ⑥《王阳明全集》上，上海：上海古籍出版社 2011 年版，第 70、112、24、61、194、74 页。

⑦［日］水野实等：《阳明先生遗言录》，载《中国文哲研究通讯》1998 年第 3 期。

⑧《王阳明全集》中，上海：上海古籍出版社 2011 年版，第 793 页。

之"乐"。反之,如果人们的行为与内心的"良知"不一致时,其心就会不安,自然就不"乐"。有鉴于此,在王守仁看来,此"乐"的原因并非仅仅是内在的"良知",而且与人的外在行为是否与"良知"一致有关。①

王守仁完全以"心"为本,使"心"超越"理"成为终极的本体,从而肯定了人的主体性。但是,在这里,他以"心"为其思想核心,"心"即"理","良知"即"天理"。他不再说"理"的本体论,而侧重于"心"的本体论。"心即理"意义下的"心",其自身即包含"理","乐"是"心"之当体自性,即"心之乐","乐"就在心中。②

王守仁所谓的"本体"之乐是指心体浑然"天理"的"至乐"状态。其实,此"心"、"本体"都是就人的本性而言。在王守仁看来,只要顺此本性去做,就是"乐"。王守仁的"良知之乐"、"心安即乐"之说实质上更加凸显了个体道德意识,所谓的"心即理"发扬了主体的道德自觉。王守仁的"心安即乐"说实质上就是强调当人满足了内在道德情感需要后,就能够感受到内心的安适之乐。

(二)"本体工夫"与"格物正心"

事实上,王守仁对"孔颜之乐"的认识存在两重性,即"本体之乐"与"良知之乐"的表现皆为"心安","心安即乐"。然而,二者的"心安"还是有所差别的,"本体之乐"的"心安"是非道德的,或超越道德的安然与自在;而"良知之乐"却是道德良知纯粹至善的状态。③

对于怎样获得"本体之乐"与"良知之乐"的问题,王守仁也作出了说明。他提出了两种方法,即"本体工夫"与"格物正心"。

首先,对于"利根之人"而言,"本体即工夫"。"本体"指"心"的原本状态,"工夫"指让"心"保持"本体"的修养过程:

> 利根之人,世亦难遇。本体功夫,一悟尽透。此颜子、明道所不敢承当,岂可轻易望人!人有习心,不教他在良知上实用为善去恶功夫,只去悬空想个本体,一切事为俱不着实,不过养成一个虚寂。此个病痛不是小小,不可不早说破。④

由此可见,"本体工夫"主要是针对极其难得的"利根之人",并不适用于普通人。普通人因为"有习心"、"本体受蔽",无法做到"一悟尽透",所以只适合"格

---

①③ 李煌明:《宋明理学中的"孔颜之乐"问题》,昆明:云南人民出版社 2006 年版,第 72、122 页。

② 黄文红:《论王阳明本体之乐》,载《湖北大学学报(哲学社会科学版)》2014 年第 4 期。

④《王阳明全集》上,上海:上海古籍出版社 2011 年版,第 117—118 页。

物"、"正心"的修养方法。首先要在意念上为善去恶，"功夫熟后，渣滓去得尽时，本体亦明尽了"。这就要求人们应当切实地从"意念"、"良知"上去做"为善去恶"的"格物"工夫。王守仁所讲的"格物"就是"正心"，也就是所谓的"一念发在好善上，便实实落落去好善；一念发在恶恶上，便实实落落去恶恶"。①实质上，王守仁强调的"格物正心"就是要求人们的行为与"良知"的道德标准相一致：善来知之是善，恶来知之是恶，善便好之，恶便恶之，从而达到内外知行合一的"心安"（即"乐"）。②

在王守仁看来，"本体功夫"与"格物正心"应当结合起来，这两种修养方法都能够让人感受到"心安"之"乐"。总体而言，"为善去恶"的"格物正心"工夫更适合芸芸众生，是主要的修养方法，而"本体即功夫"的"悟"因为只适合极少数人，则须慎用。

（三）"常快活"的"自得之乐"

王守仁一贯主张人应当快活。他在《与黄勉之书》中明确提出"乐是心之本体"，其特性是"和畅"。他又强调"常快活便是功夫"。那么，王守仁所谓的"快活"的内涵是什么呢？他认为：人之本性就是喜欢放松、厌恶束缚，因而想要教人为善，最好的方法应当是诱而导之而不是拘而束之，这样才能"顺导其志意，调理其性情"，从而让人感到愉悦。

就王守仁的人生理想与为学目的而言，"乐"也是他的最高追求。总体看来，王守仁的求乐倾向并没有脱离传统儒家的范畴，他所言之乐首先是儒家之乐，如其《为善最乐文》云："君子乐得其道，小人乐得其欲 …… 若夫君子之为善，则仰不愧，俯不怍 …… 所谓无入而不自得也，亦何乐如之！"这段话是讲伦理之乐，这种伦理之乐是王守仁所求人生之乐的一种。在他的思想中，"乐乃心之本体"，是人生来就有的特质。他说：君子知乐而乐，而去追求乐；愚人不知何为乐，反而求苦闷。这一思想也体现在他"致良知"的理念中，那就是为善便有乐。他认为：满足私欲只是小人之乐，君子的"为善之乐"是小人的"私欲之乐"根本无法比拟的。一个人如果平时做事都对得起自己的良心，真正去"致良知"了，就能在公众面前不怕他人非议，在深夜独处时心中坦荡不虚，这样才是最轻松的、最快乐的，才能活得自在。

就王守仁心学的主导倾向而言，他所谓的"求乐"并不在乎他人的反应与评价，而更重视个体内心的自我感受，也就是更强调"自得"。王守仁所谓的"和畅"

①《王阳明全集》上，上海：上海古籍出版社 2011 年版，第 120 页。
② 李煌明：《宋明理学中的"孔颜之乐"问题》，昆明：云南人民出版社 2006 年版，第 124 页。

是从本体而言,而"自得"是从境界而言,二者共同构成了其"乐"的内涵。

那么,王守仁所谓的"自得"具体指什么呢?大体而言,其"自得"主要有两个层面与境界:第一个层面是对世俗的超越。在他看来,欲达仁者之境界,就必须排除内部与外部的干扰,就要内去私欲、外忘荣辱,做到无牵挂、无执着、无得失之留恋,以达到"无我"之境地;人如果具备了这种对世俗的超越,那么无论处于何种境遇都能安然自在,即"无入而不自得也"。"自得"的一个层次就是指消除焦虑忧思而获得的安然顺适的心境,有时这个层次也被王守仁称为"洒落",即"人生达命自洒落"。第二个层面是自我实现的自足感。这种自我实现的自足感,有时被王守仁称为"自慊"或"自安"。在《题梦槎奇游诗卷》一文中,王守仁集中描述了这种境界:"吾心有不尽焉,是谓自欺其心。心尽而后,吾之心始自以为快也。""不知君子之求以自快其心而已矣。"

就王守仁的人生经历而言,他从单纯地追求归隐逐渐转向真实的归隐生活。他中年谪居龙场时期是真正的遁世生活。当时的条件异常艰苦,但他能够安于所处,表现了一种乐观态度。他初到龙场,就自己动手搭建了一个草庵。不久,他在附近东坡发现一座石洞,将其改名为"阳明小洞天",搬入居住,并作诗以记:"我辈日嬉偃,主人自愉乐。"他虽居陋室,但"安而乐之"。无论是种地采蕨,还是讲学论道,他都体味到了"此中有真乐"。在他看来,世事难料,只要能够心安意定,就能安顿自己的生命,甚至获得自己生命所开发出来的愉悦。他在《传习录》中强调:"此心安处,即是乐也。"可见,这种快乐的根源不是外在的,而是植根于自己内心的。

综上所述,王守仁的"自得之乐"包含着诸多因素,既有儒家为善的"伦理之乐",又有摆脱世俗的"洒落之乐",还有超俗而不绝俗的"超功利审美之乐",而能将这几点统一起来的就是"良知自然之乐"了。

总之,王守仁的"心体之乐"、"自得之乐"完全超越了单纯的感性快感,是一种精神愉悦。此"乐"所标志的人生的高级境界,超越了个体名利贫富穷达的束缚,把心灵提升到与天地同流的境地,人由闻道进而在精神上与道合二为一,这样一种经过长期修养才能实现的自由怡悦、充实活泼的心境"。[1] 王守仁的"心体之乐"不是一般情感中的欢喜,而是一种"欣和合畅"的平恬无忧的自由状态。[2] 他强调:"心安即乐。"人如果能够心安意定,就没有冲突,没有愧疚,坦坦荡荡。这种喜怒顺其自然、内心安畅的精神状态就是"心安即乐"。

---

① 陈来:《有无之境 —— 王阳明哲学的精神》,北京:北京大学出版社 2006 年版,第 72 页。
② 李煌明、李红专:《传统之"乐"与人生"幸福"》,载《船山学刊》2008 年第 3 期。

三 王艮的"自在之乐"

王艮（1483—1541），原名王银，明泰州安丰场（今江苏东台安丰）人。父母盼望他长大后能发财，为其取名"王银"。他拜于王守仁门下，王守仁取八卦之义为其更名为"艮"，字汝止，号心斋，又被叫作"王心斋"。王守仁去世后，王艮回乡自立门户讲学，创立了中国首个思想启蒙学派——泰州学派。他发扬了王守仁的心学，重视道德修养，提倡一种健康的精神状态，对于"乐"的体验是"须见得自家一个真乐"。他出身于商业之家，有平民意识，其思想具有鲜明的特性，提倡世俗化的自我、自在之乐。

王艮继承并发展了王守仁"乐是心之本体"以及"常快活便是功夫"的观点，倡导良知本体的自然、活泼、快乐以及工夫过程之自然。王艮的《乐学歌》云："人心本自乐，自将私欲缚。私欲一萌时，良知还自觉。一觉便消除，人心依旧乐。"[1]王艮认为：基于本体的精神"乐"趣是人之心体或性体的一种自觉呈现，是一种所谓的不生不灭的良知自觉。"良知天性，往古来今，人人俱足。"[2]"良知之体，与鸢飞鱼跃同一活泼泼地 …… 要之自然天则，不着人力安排"。[3]王艮把良知这个本体用"鸢飞鱼跃"进行比喻，认为良知是"自然天则"，不需要外在的人力干涉、安排，突出了良知自然、本然的特点。他还说："'不亦说乎'，'说'是心之本体。"[4]"天性之体本自活泼，鸢飞鱼跃便是此体。"[5]这强调了"乐"在人心之中的本体性，心体也就成为人们所"乐"的根本依据和形上根源。

王艮作为阳明后学，认为"乐"是心之自然、原本的状态。人们之所以不能认识到"乐"原本就在心中，是因为"私欲"的遮蔽。他将"万物一体之仁"的"至乐"境界落实到社会实践层面，赋予其更加亲民的现实内涵。

王艮将"乐"与"学"紧密结合在一起，使人们在为学过程中真正体悟到"乐"。[6]他指出"乐"就是"学"的目的，只有心乐才是真正的学。他一生传道乐学，写下了脍炙人口的《乐学歌》。王艮对"乐是心之本体"这一命题的诠释可以从其《乐学歌》中窥探一二：

> 人心本自乐，自将私欲缚。私欲一萌时，良知还自觉；一觉便消除，人心依旧乐。乐是乐此学，学是学此乐。不乐不是学，不学不是乐；乐便

---

①②③④⑤《王心斋全集》，南京：江苏教育出版社 2001 年版，第 54、47、11、8、19 页。
⑥ 赵振滔：《王艮"乐"思想探微》，载《新乡学院学报（社会科学版）》2020 年第 8 期。

然后学,学便然后乐。乐是学,学是乐。呜呼!天下之乐,何如此学;天下之学,何如此乐?①

在《乐学歌》中,王艮表达了儒家圣人之学的"学"与"乐"的关系。在他看来,"乐"乃"心之本体",人生本来就该快乐,"学"是道德修养的过程,而"乐"与"学"是合而为一、密不可分的。王艮将学习视为真正使人快乐之事,同时也是人日常生活中的自然之事,自然能获得无穷之乐。他认为:只有圣人之学才有"无边快乐",而且学习过程应当充满快乐。通过"学"的活动,人明白了事物的本质与人生的真谛,这是难以言状的无边快乐,也就是"真乐"。

王艮的《乐学歌》将学习视为快乐,体现了他对学习的兴趣,学习者不是因为外在的功利而被动学习,而是因其内在价值感受到学习过程的无限乐趣,把读书当作一种精神自由的享受,即一方面愿意学,一方面在学习后感到精神愉悦。因此,王艮的《乐学歌》既没有传统儒学的沉闷,又没有精英文化的矫情,一切都在平和、平易中,一切都在自然和谐中。其"乐学"说彰显着强烈的平民境界意识。其"乐学"、"学乐"论后来成为泰州学派代表人物劝导百姓向学的最重要的内容。

不可否认,泰州学派以"乐学"、"学乐"召唤人们学儒学,为了有效地向世俗社会宣传儒学,势必寻求贴近百姓习惯的方式来宣传儒学,以避免百姓因感觉不到学儒学的乐趣而产生厌学情绪。②

王艮所谓的"乐便然后学,学便然后乐"明确了"孔颜之乐"就是儒者学习之目的。然而,明确了学习之目的后,并非每个人都能感受到其中之乐,"学便然后乐",即在"学"的过程中才能真正体验到"孔颜之乐"。王艮为此进一步说:"人心本无事,有事心不乐。有事行无事,多事亦不错。"③这其中包含着儒家之乐的"极高明"与"道中庸"。"人心本无事"体现了"高明"的一面,"多事亦不错"则体现了"中庸"的一面。从王艮这段蕴含"极高明"、"道中庸"的话语可以看出其赋予"孔颜之乐"的三层意蕴:一是"乐"是"心之本体","乐"是"心"本来的状态;二是"无私无欲"、"无事"是"心"本原的状态,即"乐";三是"有事行无事"。在这三层意蕴中,前两层体现了"高明",第三层则体现了"中庸"。

王艮与其师王守仁的认识是一致的,只是他的表述不是"稳当快乐",而是"简

---

① 陈荣捷:《王阳明传习录详注集评》,中国台北:学生书局1983年版,第403页。

② 蒋国保:《儒学的民间化与世俗化 —— 论泰州学派对"阳明学"的超越》,载《南京大学学报(哲学·人文科学·社会科学版)》2007年第6期。

③《王心斋全集》,南京:江苏教育出版社2001年版,第57页。

易快乐"。王艮还说明了"无私"、"无事"之"心"的本然状态："良知一点,分分明明,停停当当,不用安排思索。""必也使之明此良知之学,简易快乐。"①可见王艮认为"良知"无处不在,是现成的、自在的。因此,王艮所谓的"孔颜之乐"已非宋代理学家的"纯粹天理"之乐,而是人们当下的自然、自在之境。他认为："百姓日用即道。""孔颜之乐"就是百姓日用中的自然与自在,也就是人们日常生活中的"乐"。

王艮的"孔颜之乐"尽管是人心原本就有的,但实际上是因为"乐"在于遵循平常百姓日用之"条理"。只要遵循这个平常日用之"理"便可自然、自在、心中无事,而内心自然、自在、无事就是"乐"的表现。②其实,王艮所谓"孔颜之乐"的道德色彩依然比较浓厚,其"良知"也就是世俗生活伦理规范之内化,人们可以在遵循伦理规范的日常生活即"学"中感受到人生之乐。

总之,王艮把关注点置于百姓日用上,他在百姓世俗的日常生活中、拯救万民的社会实践中和周游讲学的人生践履中体悟"心之本体之乐"、"万物一体之乐"和"圣人为学之乐",因而他的"乐"思想表现出更多平民儒学色彩。③他将"乐"的主体境界落实在了具体生命存在上,将道德践履与安身相统一,从而使得"乐"之指向不仅包括精神方面的自得、洒落,而且包括生命存在,以此构成了他的乐学思想最显著的特色。④

四 罗汝芳的"赤子之乐"

罗汝芳(1515—1588),号近溪,是泰州学派的代表人物之一。他主要致力于讲学,"教师"是其一生最重要的角色。他继承并发展了其师王艮的思想,认为"乐"是在平常日用之中的现成自在。

罗汝芳强调："仁"是为人的真正根源,是"真种子","仁"即"爱",赤子出胎即有爱根,学者若按此"赤子之心"去学、去行,则易简顺适,其乐无穷。因此,他论学常将"仁"与"乐"联系起来,以"仁"释"乐"。

良知现成,不假安排,不由思虑造作。罗汝芳以这种理念为出发点,进一步以不学不虑的"赤子之心"剖示良知心体本质,并以此作为挽救世道人心的灵丹妙药："'赤子之心,如何用工?'曰:'心为身主,身为神舍,身心二端,原乐于会

①《王心斋全集》,南京:江苏教育出版社 2001 年版,第 31 页。
② 李煌明:《宋明理学中的"孔颜之乐"问题》,昆明:云南人民出版社 2006 年版,第 75 页。
③ 赵振涛:《王艮"乐"思想探微》,载《新乡学院学报(社会科学版)》2020 年第 8 期。
④ 申祖胜:《王艮"乐学"思想探论》,载《孔子研究》2017 年第 1 期。

合，苦于支离。故赤子孩提，欣欣长是欢笑，盖其时身心犹相凝聚……'"[1]

罗汝芳认为："仁"乃天地之大德，"仁"本身乃自然流行之体，故真乐自见。孔、颜因得此不息之体，不仅"其乐自不能改"，还"以贫自安而不改"。[2]人之出生，本由造物之生机，"自有天然之乐趣"，这种乐趣与生俱来。在罗汝芳看来，儒家"仁"思想的论述首先是建立在"赤子之心"的良知本体的基础上；也就是说，"赤子之心"是"仁"在人身上的落实与体现。

罗汝芳不仅用"生生"把"仁"与"乐"联系起来，而且把"赤子之心"贯通进来。他说：

> 所谓乐者，窃意只是个快活而已。岂快活之外复有所谓乐哉？生意活泼，了无滞碍，即是圣贤之所谓乐，即是圣贤之所谓仁。盖此仁字，其本源根柢于天地之大德，其脉络分明于品汇之心元。故赤子初生，孩而弄之则欣笑不休，乳而育之则欢爱无尽。盖人之出世，本由造物之生机。故人之为生，自有天然之乐趣。
>
> …………
>
> 所谓乐者，只无愁是也。若以欣喜为乐，则必不可久，而不得随之矣。所谓得者只无失是也。若以景界为得，则必不可久，而不得随之矣。[3]

"仁"、"乐"、"生"等都根植于人们的生活之中，根植于人心，即每个人内心中的"良知"。在罗汝芳看来，"仁"乃天地之大德，此"仁道"精神充塞弥漫于天地之间。[4]他认为：因"仁"本身乃自然流行之体，所以"真乐"自见。人之出生，本由造物之生机，自然有"天然之乐趣"，这种乐趣是与生俱来的，正如初生婴儿被逗弄则"欣笑不休"，得母亲哺乳则"欢爱无尽"，这就是"仁"，就是"乐"，毋须刻意向外寻求。罗汝芳以"仁"释"乐"的微言妙谛，可以说直指"孔颜之乐"的关键所在。

罗汝芳认为"赤子之心"是纯粹无瑕、粹然至善的，"赤子之心"的本然状态就是自我达到一种完善的状态，即"圣人"境界。按此"赤子之心"去学、去行，易

---

① 罗汝芳：《盱坛直诠》下卷"问今时谈学皆有宗旨"条，中国台北：台湾广文书局1968年版，第204页。

② 黄宗羲：《明儒学案》上，北京：中华书局2008年版，第9页。

③《罗汝芳集》（上），南京：凤凰出版社2007年版，第63—64页。

④ 张克伟：《罗汝芳理学思想析述》，载《河北师范大学学报（哲学社会科学版）》2000年第1期。

简顺适，其乐无穷。因此，罗汝芳将"仁"与"乐"联系起来，以"仁"释"乐"。他认为：只要保任此心，按此心去学、去行，则人自能达到"万物一体"的"仁者"之境界，且其乐无穷。所以，这个"仁者"之境界也是"乐"之境界，即"仁"、"乐"合一之境界，也是保任、顺从"赤子之心"的圣人境界。其实，罗汝芳强调的是"乐"的境界，即仁者"以天地万物为体"的境界，"乐"即"仁"，"仁"即"乐"，"仁"是"乐"之源，"乐"是"仁"之显，仁者自能做到"乐体不改"。①

在罗汝芳看来，"孔颜之乐"的表现就是"生意活泼，了无滞碍"，是"无愁"，不倚赖于任何外物，是人生而有之的"天然之乐趣"，是自然的生物本性得到舒展时的"快活"，绝非程朱理学所谓经过心性修养之后所得的"境界"之乐。②此"乐"是自然的，是一种洒脱的乐，不随外物的变化而改变，所以此"乐"是一种长久的乐。罗汝芳论述"乐"还是建立在其"赤子之心"的良知本体之基础上，认为只要循其"良知"自能达到"乐"之境界。③罗汝芳与王艮一样，将"乐"归于具体生命之感受，一言以蔽之，即将学问生活化、生活乐趣化，其生活态度是追求"平易近情"。当学问与生活融合无间时，鸢飞鱼跃，自自在在，无穷乐趣由此而生。④

因为"赤子良心，不学不虑"，是自然自有的，所以罗汝芳以"不须把持，不须接续，当下浑沦顺适"⑤为工夫。当有人问"如何存心"时，即如何做存心工夫时，他回答道："既是初生身体，敢说汝今身中即无浑沌合一之良心？渐渐凑泊将来，可见知得人真，便知得心真，知得心真，便存得心真。"⑥他从身心的一体性出发，由"知得人真"推出"知得心真"，就存心工夫而言，"知得心真，便存得心真"，"知得心真"是何为心体的问题，而"存得心真"是工夫问题，简言之，本体就是工夫。

罗汝芳主张率性。他在答门生如何体认"率性"时讲过一段话，精辟地阐发了率性之说。《近溪子明道录》卷八云："率性者，自然而然、不别加意思是也……喜怒哀乐者，随感而见、无事而非率此性也。"罗汝芳将率性与百姓日用之道串起来讲，指出"率性"、"不可须臾离"、"自然而然"等其实都指一个意思，都是率性修道的不同说法而已。其《谒庙会讲》继续阐发道："夫世之所谓乐者，不过是自然而然、从容快活便叫做乐也。今细看天命之性即是天生自然，率性而行即是从容快活也。"这其实是又回到了王艮之"乐"的话题。只要"率性"就能获得"从容

①④ 张克伟：《罗汝芳理学思想析述》，载《河北师范大学学报（哲学社会科学版）》2000 年第 1 期。

② 李煌明：《宋明理学中的"孔颜之乐"问题》，昆明：云南人民出版社 2006 年版，第 78 页。

③ 高志强：《罗汝芳"赤子之心"与"孝悌慈"思想研究》，西南民族大学硕士学位论文，2020 年，第 16—17 页。

⑤⑥ 黄宗羲：《明儒学案》中，北京：中华书局 2008 年版，第 794、769 页。

快活",而不应该有半点"苦楚"。

罗汝芳认为生物自然本性舒展的天然之乐就是"至乐":"一切醒转,更不去此等去处计较寻觅,却得本心浑沦,只不合分别,便自无间断,真是坦然荡荡,而悠然顺适也。"[1] 在他看来,顺着自己的天然本性而动,不作任何别的"计较、寻觅",内心也就"坦然荡荡"、"悠然顺适",从而获得一种自由、自在之乐。[2]

总体而言,罗汝芳与王艮都认为"乐"是生命的感受,他们的生活态度就是"平易近情",主张生活乐趣化。罗汝芳的"赤子之乐"是凡与圣、理与欲的融合,进一步消解了传统儒学的天理与人欲之矛盾。当学问与生活相融合时,鸢飞鱼跃,自自在在,无穷乐趣就由此而生。人生忙忙碌碌,无忧无愁,即使粗茶淡饭也知足常乐,推而至于爱亲敬长,成仁取义,也是自然而然的,丝毫勉强不得。这种妥帖安适就是了无滞碍之自然境界。[3]

总之,明代心学家获得"乐"的方法,不仅是对于自我内心的超越,而且是对现实的超越。现实生活中有善有恶,有道德规范的约束,并非是自然的。心学家通过"悟"、"醒转"、"致良知"、"正心"等方法修养心性,力图达到一个纯粹至善的、自在顺性的理想世界,从而获得"孔颜之乐"。

---

[1] 黄宗羲:《明儒学案》中,北京:中华书局 2008 年版,第 785 页。

[2] 李煌明:《宋明理学中的"孔颜之乐"问题》,昆明:云南人民出版社 2006 年版,第 79 页。

[3] 张克伟:《罗汝芳理学思想析述》,载《河北师范大学学报(哲学社会科学版)》2000 年第 1 期。

第五节 "乐"观念的发展与现代转换

儒家"乐"观念不是一成不变的,而是有一个发展演变的过程。儒家"乐"观念注重精神境界与道德之乐,经过转换,可以为当代人的人生之乐提供现实的借鉴作用。

一 儒家"乐"观念的逻辑发展

儒家"乐"观念发展演变的规律是有迹可循的。总体而言,其发展线索大体为:由注重道德理性到生活感性;从精英意识到平民心态;由理想追求到现实现成;从"无我"到"有我"。[①] 其中最主要的是由道德理性到生活感性和从"无我"到"有我"这两条发展线索。

（一）从强调道德理性到注重生活感性

大致而言,先秦、宋代、明初儒家的"乐"论更倾向于道德理性,明中后期儒家的"乐"论则重视自然舒适,倾向于生活感性。道德理性与生活感性的区别在于:彰显道德理性,往往给人以崇高感;重视生活感性,则能够让人感受生活的愉悦。

先秦孔孟儒家皆提倡道德理性之"乐",他们向来是从个体的精神追求和德性实现上对"乐"进行阐发。孔子注重"求仁之乐","因仁而乐"。他一生始终以"仁"为最高德性,以"乐"为最高体验。其"乐"的境界,就是"仁"的精神信仰和不断的精神修养。孟子注重"反身而诚"的本心之乐,注重成就道德之后内心的愉悦与满足。先秦儒家不仅注重内修,还注重外行,认为个体成就道德后就能获得快乐。

宋代理学家倡导"循理而乐",也注重人们遵循世俗伦理道德规范所获得的快乐。周敦颐所谓的"乐"是与"天道"即"诚"的一体之乐。程颢心中的"大快活"则是"仁者"、"浑然与物同体"之乐。如果说周敦颐与程颢心中的"乐"注重与自然"天道"的合一,那么程颐、朱熹所谓"纯粹天理"之"乐"就是将"乐"视为"德盛仁熟"之后的事,其"乐"就成为与社会伦理道德规范一体之后所感受到的快乐。

---

① 李煌明、李红专:《宋明理学"孔颜之乐"理论的发展线索》,载《哲学动态》2006 年第 4 期。

可见，宋代理学家所谓的"孔颜之乐"论也具有比较鲜明的道德理性。应该指出的是：尽管宋代理学之"乐"中的"自然"、"天道"的意蕴是逐渐减少与淡化的，但其毕竟是存在的，而"自然"、"天道"就有可能导致自然活泼的非德性之"乐"。

明代心学家开始注重"自然自得之乐"。陈献章的"自然自得之乐"已开反对纯粹道德理性的端倪。他将目光集中于个体自然与自由上。其诗句表达了这一点："放浪形骸之外，俯仰宇宙之间。"①"富贵非乐，湖山为乐；湖山虽乐，孰若自得者之无愧怍哉！"②"悠然得趣于山水之中，超然用意于簿书之外。"③尽管陈献章并没有建立起"自然自得之乐"的理论根基，但他这种肯定"自然自得之乐"的思想为后来泰州学派所发扬。

作为泰州学派的创立者，王艮肯定"自由感性之乐"建立在王守仁的"本体之乐"的理论基础上，他们找到了理论根基——"良知"。王艮肯定感性之乐表现在两个方面：一是肯定道德所带来的"感性之乐"，并以"乐"作为自己的追求；二是肯定日常生活中的"感性之乐"。王艮之"乐"还是"百姓日用之道"中的"乐"，百姓生活中虽有"理性之乐"，但更多的是"感性之乐"，并没有完全走出道德理性，只是由纯粹的道德理性而转入日常的生活基本道德理性。④

总体而言，儒家之"乐"思想的发展有一个从重视客观道德理性到提倡主观自在感性的线索。

（二）从提倡"无我"到倾向于"有我"

宋明理学对于"孔颜之乐"的思索在儒学"乐"观念中占有重要地位，其"乐"论的演变也体现了儒家"乐"观念的发展逻辑。

宋明理学家对"乐"的认识有一个发展变迁的过程。从周敦颐的"诚者之乐"、程颢的"仁者之乐"、朱熹的"循理之乐"再到明代心学家王守仁的"乐是心之本体"，宋明理学家对"乐"的关注由注重"天道"逐渐转变为注重"人道"，进而逐渐转向注重个体内心自适。周敦颐的"诚者之乐"与程颢的"仁者之乐"主要是一种"同天"之乐。到了明代中后期，心学家逐渐由重视遵守外在之"理"而演变为重视个体内在之"良知"，王守仁就是其中的典型。他顺着陈献章开辟的"自然自得"路径，主张"心即理"的"良知"之乐。王守仁认为："乐"是"心"之原本状态，只要把遮蔽"良知"的私欲除去，"心"原本的状态就自然会显露出来，人就能顺心而乐。⑤

---

① ② ③《陈献章集》上，北京：中华书局1987年版，第275、276、138页。

④ 李煌明、李红专：《宋明理学"孔颜之乐"理论的发展线索》，载《哲学动态》2006年第4期。

⑤ 刘蘋：《宋明理学中的"孔颜之乐"》，上海师范大学硕士学位论文，2012年，第36—37页。

就宋明理学家对于"乐"之认识的发展演变而言，从"无我"到"有我"的特征比较鲜明。如果说宋代理学家之"乐"思想倾向于"无我"，那么明中后期心学家之"乐"思想则倾向于"有我"。

宋代理学家周敦颐所谓的"诚者之乐"，主张通过"主静"、"无欲"就能够去除自我，从而达到"思诚"、"反身而诚"的境界，从而获得这种诚者之"乐"。程颢所谓的"仁者之乐"，其实就是一种"万物皆备于我"的"大我"境界。朱熹所谓的"纯粹天理"的"道中之乐"，是一种"无我"的境界，完全将自我消融于"理"之中。宋代理学家周敦颐、程颢、朱熹等所言之"乐"都突出了"无我"的境界，他们认为：只要消除了"自我"就能感受到"乐"。过分强调"乐"的"无我"这个前提，在一定程度上让"乐"走到了小心翼翼的地步，这就意味着已到极点。

物极必反，当"无我"之"乐"逐渐发展到极点时，就自然会由"无我"之"乐"逐步转向"有我"之"乐"。明代陈献章已开始了这个转向。他认为"孔颜之乐"其实就是个人自得其乐。其后提倡"心即理"的心学家王守仁强调"乐是心之本体"，这就标志着儒家之"乐"的标准已经由宋代理学家所谓外在的"理"转变成明代心学家所谓内在的"心"，即从"无我"之"乐"转变为"有我"之"乐"了。

心学家王守仁强调"孔颜之乐"是每个人心中原有的状态。其"心即理"说体现了从"无我"到"有我"转型的二重性：假如"乐"以"我心"为标准，就为"有我"之"乐"；如果以"理"为标准，就为"无我"之"乐"。"本体功夫"的方法能体悟自己"本心"的光明，也可体会"孔颜之乐"，无须以"理"来约束自我个性，是"有我"的方法。[①]

后来，泰州学派的王艮、罗汝芳皆将儒家之"乐"发展为充满个性与自由的"有我"之"乐"。此"乐"的标准就是个体自然之"心"，这突出了"乐"中之"我"。王艮之"乐"提倡"学"、"百姓日用"之"道"，使我"心"循此"日用之道"。罗汝芳认为：可以不要"百姓日用"之"矩"。"工夫难得凑泊，即以不屑凑泊为工夫；胸次茫无畔岸，便以不依畔岸为胸次。解缆放船，顺风张棹，则巨浸汪洋，纵横任我，岂不一大快事也哉！"[②] 这就是说：只要顺着自己的"赤子之心"而行，就已达到可能的极致了。这突出了儒家之"乐"的自我个性与自由。

此外，应该指出的是：宋明理学家关于"孔颜之乐"的探讨展现了儒家从"精英意识"到"平民心态"的转变，也是儒家"圣人"之理想人格向平民化转变的关键。宋代理学家心中的"孔颜之乐"主要是完全道德、纯粹理性之"乐"，是达到

---

① 李煌明、李红专：《宋明理学"孔颜之乐"理论的发展线索》，载《哲学动态》2006年第4期。
② 黄宗羲：《明儒学案》中，北京：中华书局2008年版，第719页。

人伦之极致后所具有的"乐"。程朱理学是在"道"上做工夫,而不是在"乐"上做工夫。明代中后期特别是泰州学派则正相反,认为"乐"并非要达到什么样的"境界"而后能"乐","乐"就在日常生活中,"百姓日用即是道"。于是,"孔颜之乐"从宋代极为崇高的、只有圣贤才有的"精英之乐"变为平民百姓的"生活之乐"。[①]然而,这并不意味着常人在平时生活中轻易就可以达到"孔颜之乐"的圣人境界。"乐"虽是心之本体,但仍需通过"正心"、"格物"、"去私"才能达到纯粹至善的状态。换言之,"孔颜之乐"固然在每个人的心中,是"心"的原本状态,但并非每个人都能除去"私欲",显出自己心的"本体",从而感觉到"乐"。

总之,儒家之"乐"归根到底是境界与伦理的问题。心学学者将"孔颜之乐"视为"良知"、"本体"之乐,而"良知"的实质是"理"的内化。"理"蕴含了"仁"、"义"、"礼"、"智"、"信"等社会伦理规范。宋明理学家眼中的"孔颜之乐"已将圣人具体化为人伦之至者。

二 儒家"乐"观念对人生哲学的贡献

人生观就是对人生目的、人生理想、人生态度、人生价值、人生责任等的看法。古往今来,儒家"乐"观念对于人们树立正确的人生观与价值观具有重要意义。

(一)儒家"乐"观念与精神家园的建构

现代一些人的精神家园失落已经成为令人关注的问题。人不同于动物,人有思想、有道德意识,需要精神家园。所谓"精神家园",是一个比喻的说法。家园是人们离不开的场所,是人们生存的最切近的处所。人是生理的、心理的、伦理的存在,人的生活分为物质生活、精神生活、社会生活,人的幸福快乐与理想都与精神家园密切相关。

当代社会,随着市场经济的不断发展,人们的物质生活水平大大提高,但有些人的幸福快乐感却没有得到相应的提升。曾几何时,在市场经济大潮中,功利竟成为部分人衡量一切的根本价值标准,刺激了他们对金钱与权力的欲望,促使他们不遗余力地追求功利。在这种环境中,其人际交往也基于功利需求。交往的功利性使有些人把金钱、财富与权利作为衡量人生价值的尺度。有的随波逐流,为钱所奴役,甚至有时候为了功名利禄而不择手段,践踏道德的尊严。基于此,他们面临的一个严重问题就是物质生活与精神生活的失衡,无时无刻不在忙

[①] 刘蘋:《宋明理学中的"孔颜之乐"》,上海师范大学硕士学位论文,2012年,第41页。

碌奔波，物质生活越来越富裕，但精神与心灵却越来越压抑、越来越空虚。这就会造成精神寄托的危机，使其人生信仰陷入危机，更会失去心灵的真正快乐。

儒家"乐"观念有益于人们在物质与精神之间、在外界与人心之间找到一个平衡的支点。孔子对待富贵与贫贱的态度体现着今天我们构筑精神家园的追求，即我们每个人都应该正确对待人生机遇，做到"富贵不能淫，贫贱不能移"，既能安于贫贱，又能安于富贵。孔子再三强调"义"、"道义"、"仁义"，如果心中有"义"，就算粗茶淡饭也是快乐的。一个人应该在窘迫的生活条件下把持自己，面对不如意的生活状态仍然能够笑对人生，这是一种洒脱自得、旷达放逸的精神境界。

儒家之"乐"是人们把握自己人生志趣的一种智慧、信心与境界。"孔颜之乐"是儒家理想人格的标志之一，这种理想人格的本质就是能够超越物质的、功利的需求，而突出一种高尚的精神需求。尽管人们难以达到"孔颜之乐"的境界，但是它对于沉溺于功利世界而不能自拔的人来说，不失为一剂清醒的良药，弥补着功利主义的情感生活所带来的精神空虚。[1] 在我们努力建设社会主义精神文明的今天，这种卓然高标的理想人格与精神境界依然会成为现代人安身立命的精神家园之一。[2]

（二）儒家"乐"观念与幸福伦理的建设

儒家之"乐"不仅具有道德理性，而且具有一定的审美价值。这种道德理性的快乐感来自儒家对生活的追求、对人生理想的追求，是一种过好生活的乐观和豁达的态度。[3]

儒家之"乐"是一种道德理性的"乐"，是以寻求"道"而感受到的快乐。孔子的"学而时习之，不亦说乎"、孟子的"反身而诚，乐莫大焉"都是如此。儒家之"乐"是天人合一的"乐"，将人的身心和自然统一起来。这种物我共生的境界，在儒家看来是一种"乐"，更是一种道德境界。

儒家之"乐"对当下幸福伦理的建设具有借鉴价值。儒家的"乐道"精神体现了中国人对道德价值本体的无限憧憬与向往。颜回安贫乐道，其所乐并非物质生活的贫困，而是在其内心深处自有其乐。颜回的"安贫乐道"、孔子的"因仁而乐"、孟子的"反身而诚"之乐、周敦颐的"与诚一体"之乐、朱熹的"纯粹天理"之乐等，都是"乐道"精神的具体体现。人正因为心中拥有"道"，所以才能感受

---

① 王芳芳：《二程的"孔颜乐处"观探论》，湖南师范大学硕士学位论文，2010年，第56—57页。
② 刘洁：《"孔颜之乐"对我国现代精神文明建设启示的研究》，湖南大学硕士学位论文，2010年，第31页。
③ 班小舒：《先秦儒家"乐"的观念研究》，哈尔滨工业大学硕士学位论文，2016年，第46页。

到"乐"。儒家的这种"乐"是人通过道德修养,达到了"天人合一"、"与万物同体"的精神境界所拥有的快乐。所以,在获得"乐"的方法上,儒家着重强调了求道的工夫。同时,也正是这种对求道工夫的强调,使得儒家甘守贫困与寂寞,为追求理想和真理而孜孜以求,乐此不疲。[①]

儒家把道德作为思想的核心。儒家无论从何种观点进行表述,都离不开对道义的关注。孔子以付诸实践的道义为乐,以道义的丧失为忧。孟子所谓的"仰不愧于天,俯不怍于地",将儒家之"乐"推向了更高一层的境界。总体而言,儒家之"乐"皆以道德理性为前提。尽管儒家表达"乐"的形式不尽相同,诸如道德情感、道德体验、道德境界等,但皆从某一方面、某一角度来表现"乐"。"乐"观念既是一个道德原则,又是一个践行道德的方法论。[②]

儒家之"乐"不仅体现于个人道德理想的构建,还体现于社会的道德理想以及国家的道德理想等方面。它不仅要求个人服从道德理性,而且规定须个人价值与社会价值相统一,个人才能真正感受到"乐"。换言之,人要有远大的理想与志向,使个人才能得以充分发展,使个人价值得以充分实现,就能感受到人生之乐。

在现实生活中,当我们面对工作、学习、家庭中的各种问题时,要想感受快乐,就必须摆脱欲望的牵绊。儒家以"君子得道"为乐,强调个人境界之乐,在不断完善个人道德品格的同时,享受道德带来的精神快乐。儒家在提倡个人好学与得道为乐的同时,还倡导以家人健康和家庭和睦为乐、以国家安宁和人民幸福为乐、以天下太平和百姓安康为乐。这种自觉自律的德育理念更应该落实到道德建设的实处,这也是公民参与道德建设的重要保障。[③]

总之,儒家"乐"观念能够引导人们树立正确的人生观和价值观,对个人的品行修养起到指引作用。对于个人来说,儒家"乐"观念倡导人们追求自己的理想,以实现个人和社会理想的统一为乐。这有益于培养家、国、天下相统一的责任感。儒家"乐"观念有益于维护社会稳定,可以为社会井然有序作出巨大的贡献。

三 儒家"乐"观念的现代转换

儒家"乐"观念宣扬精神境界与人生价值,重视道德修养与人格修养,有助于抑制与消解现实生活中的平庸人格,能够激励人们加强道德修养,追求完美的理

---

① 王芳芳:《二程的"孔颜乐处"观探论》,湖南师范大学硕士学位论文,2010年,第57页。
② 班小舒:《先秦儒家"乐"的观念研究》,哈尔滨工业大学硕士学位论文,2016年,第51页。
③ 郑茜:《儒家忧乐观与社会主义公民道德建设研究》,西华大学硕士学位论文,2016年,第27页。

想人格，培育超迈的人生气概。儒家"乐"观念的现代转换主要体现为以下几个方面：

（一）转换儒家"乐道"精神为人生理想与人生价值

儒家的"乐道"精神体现了中国人对道德价值本体的无限憧憬与向往。儒家的"乐"是内化为精神资源的"乐"，是一种理性洞观，是认识论与价值论的合一。正因为认识"道"、拥有"道"，所以才快乐。儒家"道"之"乐"是内心深处的自有其乐。这种"乐"是儒家通过道德修养，达到了"天人合一"、"与万物同体"的精神境界所拥有的快乐。也正是这种对"求道"工夫的强调，使得儒家甘守贫困与寂寞，为追求理想和真理而孜孜以求、乐此不疲。[①]

儒家"乐道"精神为当代人提供了人生价值的借鉴。程朱理学认为"孔颜之乐"就是如何才能体"理"与"道"以及循"理"与"道"，也就是如何体会社会规范与自然规律，理解伦理道德的必然性与绝对性，怎样才能与伦理道德保持一致。[②]他们将成圣成贤作为人生目标，而不是将"乐"作为目的，其真正目的是要社会成员都追求自身道德的完美。

明代心学家王守仁的"良知之乐"是个人的所有感情、言行与自家"良知"一致的境界。虽然他继承孟子之说，认为"良知"是不学而能、生而有之的，但他的"良知"包含了社会伦理道德规范，属于外在社会规范的内化。[③]当然，王守仁的"良知"说已经是内在的道德自律了。他主张"心即理"，"心"表现为个体的能动性，"理"表现为社会道德的他律性。这就要求个体的能动性符合社会的规范性。

明代心学家追求自由、自在与自然的人生目标与人生价值。如王艮在《鳅鳝说》中就表达了这一理念：

> 道人闲行于市，偶见肆前育鳝一缸，覆压缠绕，奄奄然若死之状。忽见一鳅从中而出，或上或下，或左或右，或前或后，周流不息，变动不居，若神龙然。其鳝因鳅得以转身通气，而有生意。是转鳝之身，通鳝之气，存鳝之生者，皆鳅之功也……少顷，忽见风云雷雨交作，其鳅乘势跃入天河，投于大海，悠然而逝，纵横自在，快乐无边。[④]

在这段话中，王艮其实是将自己比喻为鳅，而将普通百姓比喻为鳝。鳅是先

---

① 王芳芳：《二程的"孔颜乐处"观探论》，湖南师范大学硕士学位论文，2010年，第57页。
②③ 李煌明：《宋明理学中的"孔颜之乐"问题》，昆明：云南人民出版社2006年版，第229、227页。
④《王心斋先生遗集》下，转引自陈来著《宋明理学》，沈阳：辽宁教育出版社1991年版，第379页。

觉,要唤醒同类。鳅之所为只是率性而为,乐而为之,并非图鳝的回报。因此,为天地立心、为生民立命就是王艮的理想。由此可见,王艮的人生目标与人生价值是统一的,他的个体之乐与社会需求也是一致的。这说明他所谓的"个人之乐"已经蕴含了社会和他人的需要,个人快乐与个人应负的社会责任结合了。

儒家"乐"观念的最大价值在于回答了如何实现自我以及如何看待人生的问题。儒家之"乐"注重对"道"的追求,重视精神愉悦。正如庞朴所说:"快乐的人生极致,是巨大深厚无可抵挡的乐观力量,是人的心理本体,那个最后的实在。"[①]儒家对人生的解读不在于物质上的满足,而在于精神上的满足,宣扬精神境界。因为"从哲学角度来说,境界是主体经过自我修养、知识学习等实践,形成对世界、人生的意义、价值的认识和理解,通过超越现实而获得的精神状态和精神世界"[②],所以儒家之"乐"在于培养君子人格,使之遵守社会规范,担当社会责任。这对于现代人树立正确的人生观与价值观无疑具有现实的借鉴价值。

(二)转换儒家德性之"乐"为人生道德修养

随着社会的迅速发展,人们的道德观念既需要面对国内的社会现状,又受到国外多元文化的冲击,备受影响,由此导致某些人道德意识淡薄,甚至出现了一些道德"滑坡"、道德"断层"的现象。因此,弘扬儒家"乐"观念,对于增强公民道德约束力与塑造公民道德自觉意识有着不可或缺的作用。[③]

道德修养的过程就是一次又一次精神快乐的旅行。儒家关于这方面的言论,如东汉经学大师郑玄在《礼记正义·乐记》中所云:"君子所欢乐,在于得仁义之道,得其道则欢乐也。"《朱子语类》卷三十二"知之者不如好之者"章言:"凡天地万物之理皆具足于吾身,则乐莫大焉。"朱熹的《近思录》卷五"克己"曰:"人能克己,则心广体胖,仰不愧,俯不怍,其乐可知。有息则馁矣。"足见儒家之"乐"更是一种道德理性的愉悦。再如明代丘濬的《大学衍义补》卷一一六指出:"有道之士心恬淡而志无为,惟以道德为乐。"明代思想家王畿在《与宛陵会中诸友》中言:"入圣入贤自有真血脉路,反身而求,万物皆备,自成自道,乃为大乐。"在儒家看来,伴随着道德修养的日渐提高,自然就会感受到人生之乐。

儒家之"乐"是在完全遵循规律、规范之后所自然而然拥有的身心愉悦,正如朱熹所谓"博文约礼以至欲罢不能"时就能体会到的孔颜真乐。宋明理学家所言

---

①庞朴:《忧乐圆融——中国的人文精神》,载《二十一世纪》(香港中文大学出版)1991年第6期。
②李明:《境界范畴的历史演变及其基本理论特质——中国哲学精神管窥》,载《中国哲学史》2006年第4期。
③郑茜:《儒家忧乐观与社会主义公民道德建设研究》,华西大学硕士学位论文,2016年,第10页。

之"乐"就是完全遵循了规律与规范之后所具有的"从心所欲"的自由境界。实际上，他们最注重的并非自由之乐，而是遵循规律与规范，认为只要遵循了规律与规范就自然能有此乐。诚然，任何一个人要想获得"乐"，就要遵循社会伦理规范，一个违背社会伦理规范的人是无法获得身心愉悦的。尽管外在规律与规范会随着时代的发展而变迁，但一个遵循基本社会规范的人一定会懂得"生生"之"道"，自然就会拥有"真乐"。

儒家之"乐"是对当下自我的超越。泰州学派认为："乐"并非一定要达到"纯粹天理"的境界，在"德盛仁熟"之后才能获得，真正的"乐"就在当下，人可以在日常生活中感受到身心愉悦。只要"转醒"，主观意识就可达到对自我的超越。只要"悟"了，明白"乐"就在个人的心中，人就可以顺心而为，感到快乐。心学派这种"乐"观念，使得以前那种高不可攀的理想追求之"乐"变为每个人在日常生活中都能感受到的快乐。[1] 儒家对于"乐"的认识不仅与人生道德修养有关，也与人们的日常生活有关，对当代人的现实生活具有一定的借鉴价值。

在当下，如何使人获得快乐？这就需要借鉴儒家之"乐"思想，努力提升个人修养与素质。在儒家看来，生活在世俗社会中的人们要想获得"乐"，需要具备几方面的修养与素质：其一，提高自己的道德修养，提升个人的精神境界，无论境遇如何都不为外物所困；其二，在逆境中坚守自己的操守，磨炼自己的意志，始终保持乐观向上的心态；其三，树立远大的人生志向与理想，不断完善自己，让自己能够担当社会责任。只有具备这些优良素质的人，才能够实现儒家"内圣外王"的理想，实现自身价值与社会价值的统一，并获得人生之"乐"。

（三）转换儒家精神境界之"乐"为现代人的精神健康

健康包括身体健康与精神健康两个方面。精神健康即心理健康。现代社会竞争激烈，人们的生活压力大，有时会产生焦虑、紧张、急躁的情绪，如果不及时缓解或释放压力，就容易患上抑郁、躁郁等精神疾病。这已成为现代社会的一种现象。儒家给我们提供了获得"乐"的方法与途径，对我们当代人的精神健康有着积极的引导作用。

精神健康的理想标准主要体现为三个方面：其一，具有"生生之意"。一个精神健康的人对自己、对他人、对自然万物都应具有"生生"情怀。一个拥有"生生之意"者是善待自己的人，是珍惜自己生命的人；一个拥有"生生之意"者绝不会自暴自弃、自虐、虐人；一个拥有"生生之意"者不仅会善待自己，也会善待他人，还会善待自然万物。其二，能够从心所欲不逾矩。"矩"指社会规范。一个精神

---

① 李煌明：《宋明理学中的"孔颜之乐"问题》，昆明：云南人民出版社2006年版，第234页。

健康者不仅是一个人格完善的人，而且是一个能够遵守社会伦理规范的人。其三，做到"心闲"、"无事"。"乐"其实是指"心中无事"，内心处于"恬愉"状态。正如冯友兰所解释的：心中无事"是一种静底状态"，"此状态使人有一种静的乐"。[1]当然，当事有可乐时，也要顺其自然乐之。

　　"孔颜之乐"是宋明理学家追求的最高精神境界，这种精神境界就是精神健康的最理想的内心状态标准。儒家之"乐"尤其是宋明理学所谓的"孔颜之乐"非常关注个体与自然、个体与社会的和谐关系。其最强调的内心状态就是"心闲"、"无事"。虽然宋代理学家与明代心学家的表述不尽相同，但他们都主张"心中无事"，就是内心不为任何事物所牵绊的状态，当然这并非空虚无聊、无所事事。一个精神健康的人不会为情所困、为事所困、为物所累，不会忧虑、焦躁、让心不得闲适。这种精神状态正是生活于浮躁社会中的人应养成且具备的精神健康，这也是当代人获得内心真正之"乐"的前提。

　　总之，儒家之"乐"强调精神境界，其境界的达成离不开长期的道德修养践履，当其实现时，即在人的精神世界中生成一平静的精神状态。随着道德修养的加强，此一状态亦不断升华。在平和的精神状态下，主体会感到内心和悦舒畅。儒家之"乐"主要指精神的满足而非物质的满足，快乐常与理想、事业相联系，渗透在人生的各个方面。这对当代人在现实生活中获得人生之"乐"具有现实的借鉴意义。

---

　　[1] 冯友兰：《新世训　生活方法新论》，北京：北京大学出版社1996年版，第101页。

第十三章

天理

第一节　"天理"思想探源

一　早期的"天"观念

为了更好地探索"天理"的思想来源，我们有必要先了解"天"的含义及其演变。"天"在中国思想史上是一个重要的概念，正如印裔美籍历史学家、汉学家杜赞奇所说："天的超越性——在中国社会里从未缺席过；它在中国的历史上扮演了一个极为重要的角色。"[①]依照思想发生的大致路径，"天"在中国文化中的思想含义是多元的。从西周到春秋战国时期，"天"是指历史宗教人格神意义上的主宰，有时也指客观实存的天空。张岱年指出"天"的含义在上古时代主要有两种含义：一是指人格化的上帝；一指与地相对的天空。[②]到了春秋后期，随着诸子学的兴起，"天"的内涵发生了转化，由主宰之天趋向道德化、本体化，成为宇宙发生的道德本体，换句话来讲，这种道德义理的"天"可以看作是宇宙万物的本性。[③]

在人类历史的早期，由于生产力水平低下，人们对自然的认识还处在很初级的阶段。当遇到难以理解或难以克服的自然现象时，如农业的收成受制于自然气候的变化，又如旱灾、水灾或其他的自然灾害，人们往往求助于一种具有主宰性的人格神来求得解释，并以一种虔诚的宗教性的祭祀礼仪求天保佑，这就是早期"天"的主要含义。这在先秦时期的重要典籍《尚书》、《诗经》中有很明显的体现。《尚书》中记载：当商纣王得知周人伐黎时说"我生不有命在天"，"有夏多罪，天命殛之 …… 予畏上帝，不敢不正 …… 致天之罚"。[④]这些记载表明在殷代人们就开始使用"天"的概念。他们认为：天是人类命运的主宰，人如果行恶，将会受到天的惩罚，人要以敬畏的态度对待天，王位的更替要遵从天的意志。同时我们需要注意的是：这一时期，"天"通常和"帝"、"上帝"混用在一起，"天"的含义即是"帝"或"上帝"，一种无所不能的主宰人间事物的造物主。这在《诗经》中的"周颂"、"大雅"中比较常见。《商颂·烈祖》曰："自天降康，丰年穰穰。"不难看出，

①［美］杜赞奇：《中国世俗主义的历史起源及特点》，载《开放时代》2011 年第 6 期。
②张岱年：《中国古典哲学概念范畴要论》，北京：中华书局 2017 年版，第 23 页。
③夏一璞：《以道德义理的角度论"天"的意义》，载《湖北社会科学》2018 年第 4 期。
④李学勤主编：《十三经注疏·尚书正义》，北京：北京大学出版社 1999 年版，第 260、190—191 页。

这里的"天"是一种主人间吉凶，可以决定农业丰歉的宇宙最高主宰。《商颂·玄鸟》载："天命玄鸟，降而生商。"这里的"天"是创造了殷商民族的造物主。陈荣富认为："中国在从原始社会进入阶级社会的过程中，没有打破原始氏族社会的血缘关系，这种血缘关系在阶级社会甚至得到进一步的巩固和发展，这种特殊性使中国的祖宗崇拜特别发达。中国宗教的特点一开始就是把对天地的崇拜同对祖先的崇拜紧密结合在一起。这使中国宗教人—神之间的距离缩小，祖考配享于神，神意与人意不相违背。卜辞中的'帝'是研究中国古史的学者公认的至上神，他既是宇宙的主宰，又是殷族的远祖。"①《商颂·殷武》载："天命多辟，设都于禹之绩 …… 天命降监，下民有严。"《周颂·天作》载："天作高山，大王荒之。"这里的"天"是创造万物的造物主，是能主宰人间一切的人格神。当作为一种人格神的意义时，殷商时期的人们有时用"帝"或"上帝"来指代"天"的这种意义，如《商颂·长发》中"有娀方将，帝立子生商"和《大雅·文王》中"商之孙子，其丽不亿。上帝既命，侯于周服"中的"帝"、"上帝"既能主宰人类社会的繁衍，又能掌管王朝的兴衰更替。

"天"在儒家创始人孔子那里亦被广泛使用。根据初步统计，《论语》里涉及"天"的篇章有十篇十三章，"天"作为单字出现十八次，与"天命"、"天道"结合出现四次，共计二十二次。②《论语》中"天"的含义较为多元，"天"既有主宰之天的意蕴，又有道德之天的彰显，还有自然之天的意义。冯友兰认为其主要就是主宰之天，杨伯峻在《论语译注》中则多将其解释为"天空"、"天神"、"天帝"或"天理"。《论语·子罕》中说："天之将丧斯文也，后死者不得与于斯文也；天之未丧斯文也，匡人其如予何？"文明礼乐的兴衰存亡是由"天"决定的，这样的表达在《论语》中还有很多，如"获罪于天"、"天厌之"、"知我者其天乎"等等。这些表明：孔子在当时还未摆脱"天"的宗教主宰意义，将"天"看作具有绝对神圣地位、可评判世间事务的最高准则，这较之前"天"为"主宰之天"的意义已经淡化了许多。有学者指出：孔子所说的"天"很多时候是指一种人不可摆脱的、既定存在的、超越于人间的力量，近似于所谓的"命"。这从孔子多次将"天"与"命"并称的做法中可以得到佐证，如"（君子）畏天命"和"（吾）五十而知天命"；也可以从子夏说的"死生有命，富贵在天"中得到印证。③《论语》中的"天"有时也指自然之天。例如，《论语·泰伯》载："大哉，尧之为君也！巍巍乎！唯天为大，唯尧则之。"这里的"天"显然是一种自然意义上的天。《论语·阳货》载："天何言哉？四时行焉，百物生焉，天何言哉？"这其

---

① 陈荣富：《比较宗教学》，北京：世界知识出版社 1993 年版，第 228—229 页。
②③ 吴默闻：《〈论语〉中的"天"思想及其对后世的影响》，载《三峡大学学报（人文社会科学版）》2013 年第 4 期。

中的"天"亦是一种自然意义上的天,还可称为包括人类社会在内的广义的自然界。

孔子关于"天"的观念对后世儒学影响深远。以孟子为代表,在继承孔子天道思想的基础上,发展了"天"的含义。张岱年认为:孟子继承了孔子的思想,亦认为天是世界的主宰。[①]孟子论述中的"天"的确还保留着"主宰之天"的含义。例如,《孟子·梁惠王下》中记载:鲁平公原本要见孟子,但因一个叫臧仓的近臣寻故说孟子为他母亲办丧事比他以前为父亲办丧事还隆重,以阻止鲁平公见孟子。孟子知道此事后,对于臧仓的行为表达了自己的看法。《孟子·梁惠王下》载:"行,或使之;止,或尼之。行止,非人所能也。吾之不遇鲁侯,天也。臧氏之子焉能使予不遇哉?"这是说:自己与鲁平公是否能相见,不是由臧仓个人所能决定的,能主宰此事发生与否的是一种天命的力量使然。从上面的论述中我们可看出:孔子思想中"天"的含义是多元的,不单是"主宰之天",还包含"自然之天"。孟子思想中的"天"同孔子之思想最大的不同就是其将天、天命、天道与人性联系起来,将天、天命或天道作为人性生成的根据,认为人性得自天,同时天亦是人存在的最高价值实体。《孟子·万章上》载:"万章问曰:'人有言:"至于禹而德衰,不传于贤而传于子。"有诸?'孟子曰:'否,不然也。天与贤,则与贤;天与子,则与子。'"在这里,"天"还具有"主宰"的含义。《孟子·离娄上》载:"诚者,天之道也;思诚者,人之道也。至诚而不动者,未之有也;不诚,未有能动者也。"其中的"天"则具有"道德"的含义。孟子认为"天"还是人之道德能力的来源,如《孟子·告子上》曰:"心之官则思,思则得之,不思则不得也。此天之所与我者。"另外,与孟子同时代的墨子也谈到"天",认为其主要是指一种有意志的主宰之天,《墨子·天志上》曰:"顺天意者,兼相爱,交相利,必得赏;反天意者,别相恶,交相贼,必得罚。"张岱年认为:墨子所谓的"天志"的内容即"兼爱","天志"亦即爱的意志。[②]这一思想在汉代被董仲舒继承下来,以天为最高的神灵。《春秋繁露·郊语》曰:"天者,百神之大君也。"

"天"具有人格神的主宰意义,这在孔子《论语》中还较多见。但是,成书于战国时期的《易传》在论述"天"时,剔除了"天"的神性主宰意义,而是以"天"指自然界。[③]《易传》作为一本解释《易经》的著作,由十篇不同的文字组成,亦被后世称为"十翼",其中谈到的一个问题就是"究天人之际"。蒙培元认为《易传》中的"天"指自然界,主要有两个方面的含义:一是指当时人们所能观察到的宇宙空间,似与天文学、宇宙学有关;一是指地球以上的大气层,似与气象学有关。[④]明代牛衷编撰的《增修埤雅广要》运用中国传统的气观念和阴阳理论,从空间的意

---

① ② 张岱年:《中国古典哲学概念范畴要论》,北京:中华书局2017年版,第24页。
③ ④ 蒙培元:《人与自然 —— 中国哲学生态观》,北京:人民出版社2004年版,第110—111页。

义上对这种"自然之天"进行了解释，曰："易有太极，是生两仪，其气混沌，清浊既分，伏者为天，偃者为地。天，颠也，至高而无上，字从一大之义。天，坦也，坦然而高远，体象垂示之形。"①

在中国古代的思想观念中，人们通常将"天"与"地"对举而称之为"天地"。在前文中我们已经谈到"天"作为一个人格神之"主宰之天"的意义发源很早，但"天"与"地"对举出现则是比较晚的事情。郭沫若认为："以乾坤相对立便是以天地相对立，然而以天地相对立的这种观念在春秋以前是没有的。单就金文来说，春秋以前的长篇大作的铭文很多，表现到超现实的观念上来的也很不少，但都是只有至上神的天……但决不曾见过有天地对立的表现，甚至连地字也没有。便是在典籍中，凡是确实可靠的春秋以前的文献也没有天地对立的观念，并且也没有地字。"②翟奎凤认为：以《诗经·小雅·正月》为传世文献可追溯的"天地"对举的最早出处来推测，"天地"对举当是在春秋初期。后来，这种空间意义的"天地"观念随着历史的发展被人们赋予了道德的意义，如由"天上地下"派生衍化出"天高地下"、"天高地厚"之说，进而以高明、博厚、自强、厚载论天地之德。③《礼记·中庸》将"天"、"地"对举来进行论述，尤其值得我们注意："天地之道，可壹言而尽也：'其为物不贰，则其生物不测。'天地之道，博也，厚也，高也，明也，悠也，久也。今夫天，斯昭昭之多，及其无穷也，日月星辰系焉，万物覆焉。今夫地，一撮土之多，及其广厚，载华岳而不重，振河海而不泄，万物载焉。"不难看出，这里的"天地"就是指空间意义上的"天地"。《管子·形势》载："天不变其常，地不易其则，春秋冬夏不更其节，古今一也。"这里不仅指出天地的空间意义，还指出天地运行是有规律的。《黄帝内经·灵枢·经水》中说"天至高不可度，地至广不可量，此之谓也。且夫人生于天地之间，六合之内，此天之高、地之广也，非人力之所能度量而至也"，则论述了天地在空间意义上的无限性。《易传》提出了"天尊地卑"的观念。《荀子·不苟》篇则曰："天不言而人推高焉，地不言而人推厚焉，四时不言而百姓期焉。"荀子所说的"天"、"地"就具有道德的意味，以天之高、地之厚来形容至诚之德。

先秦时期的庄子也谈"天"。庄子通常将"天"、"人"对举，其所理解的"天"通常是指事物自我的本性，即事物自然而然的状态。《庄子·秋水》篇曰："何谓

---

① 牛衷：《增修埤雅广要》，载《四库全书存目丛书·子部》第250册，济南：齐鲁书社1995年版，第586页。

② 《郭沫若全集·历史编》第1卷，北京：人民出版社1982年版，第381页。

③ 翟奎凤：《上下与方圆：早期天地观念的空间意象及其德性意义》，载《华东师范大学学报（哲学社会科学版）》2021年第3期。

'天'，何谓'人'？"北海若曰："牛马四足，是谓'天'；落马首，穿牛鼻，是谓'人'。"显然，这里的"天"是指事物自我的本性，"人"是指人为改变事物自我的本性。牛、马都有四足，是牛、马的本性自然如此，此即是天，但人类会为了利用牛、马来耕作，将人想要的东西强加给牛、马，给马套笼头，给牛穿鼻子，人为地改变了它们的自然本性。庄子主张"不以心捐道，不以人助天"，即是说要因任自然，尊重事物的自然本性，他认为尊重自然的人就是"畸人"，"畸人者，畸于人而侔于天"。《庄子·大宗师》曰："知天之所为，知人之所为者，至矣！"这表达了比较明确的"天"、"人"相分思想，强调人不可代天，即人不能违背事物的自然本性。先秦时期的另一位思想家荀子亦谈论"天"，荀子所谓的"天"很多时候也是一种自然之天。与庄子强调人应尊重自然不同，荀子强调人应积极主动地改造自然，改造自然的前提是知道"天"、"人"的区别。《荀子·天论》提出"故明于'天'、'人'之分，则可谓至人矣"的观点，主张人在大自然面前不能无所作为，要善于改造和利用自然为人类的利益服务，"大天而思之，孰与物畜而制之；从天而颂之，孰与制天命而用之"。

中国古代思想史中的"天"的人格神含义被劳思光称为"人格天"。"人格天"在中国究竟起于何时已很难考证，但可以肯定中国古代思想中的"人格天"与西方思想中的"神"或"上帝"是有本质区别的。在西方的基督教思想中，所谓的"神"或"帝"不仅具有主宰的含义，更是一个创世者。然而，中国古代思想中的"天"并无创世的概念，所谓的"天"或"帝"只是一个主宰者，并非创世者。"人格天"虽是最高主宰，但其主要作用表现在政治成败一面。[①]

二　早期的"理"观念

我们再看"理"字的含义。关于中国"理"字的早期记载，日本学者沟口雄三认为"理"最早出现在《诗经》中，其意义仅是指某种官职，最晚至六朝取代"道"，成为根据性或法则性的观念。[②]

"理"字在早期的文献中是作为动词来使用的，汉代许慎在《说文解字》中谓其本义为"治玉"，此为何义？清代段玉裁的《说文解字注》曰："治玉也。《战国策》曰：'郑人谓玉之未理者为璞。'是理为剖析也。玉虽至坚，而治之得其鳃理以成器不难，谓之理。凡天下一事一物，必推其情至于无憾而后即安，是之谓天理，是

---

① 劳思光：《新编中国哲学史》（一），北京：生活·读书·新知三联书店2015年版，第70—71页。
② ［日］沟口雄三：《中国的思想》，北京：中国财富出版社2012年版，第28—29页。

之谓善治，此引伸之义也。"① 清代戴震在《孟子字义疏证》中亦对"理"的本义作了详细考证，曰：

> 理者，察之而几微必区以别之名也，是故谓之分理；在物之质，曰肌理，曰腠理，曰文理；得其分则有条而不紊，谓之条理 …… 《乐记》曰："乐者，通伦理者也。"郑康成注云："理，分也。"许叔重《说文解字·序》曰："知分理之可相别异也。"古人所谓理，未有如后儒之所谓理者也。问："古人之言天理，何谓也？"曰："理也者，情之不爽失也；未有情不得而理得者也 …… 天理云者，言乎自然之分理也；自然之分理，以我之情絜人之情，而无不得其平是也。"②

段玉裁的注释对"理"的内涵及使用的演变作了一个梳理。"郑人谓玉之未理者为璞"是说郑国人将没有雕琢之前的玉石称为"璞"。"玉之未理者"就是指没有经过雕琢的玉石，此处的"理"作动词，按照玉石天然的纹理将其加工成玉器，即"雕琢"或"剖析"的意思，亦可谓"治理"。玉石很坚硬，但有许多脉理。徐锴注："物之脉理，惟玉最密，故从玉。"这是说：在所有的物体中，玉石含有的脉理最为密集。正因为如此，工匠要将玉石加工或雕琢成精美的玉器不是很难，一个很好的办法就是顺着玉石的脉理来进行雕琢，即把玉从璞石里剖分出来，顺着内在的纹路雕琢，所以"理"引申有"纹理"之意。对于这种纹理或脉理，段玉裁称为"鰓理"。关于"鰓"字，《说文解字·角部》曰："鰓，角中骨也。"王筠的《说文释例》卷十六曰："鰓者，牛羊之角，外骨冒内骨，虽相附丽而不能合一，其内骨名曰鰓。"不难看出，牛羊之角含有许多椭圆状的纹理，因此段玉裁所说的"鰓理"是指事物的脉理或纹理。"理"作为动词使用，除最根本的"治玉"、"治理"之义外，还可引申出其他含义，如对人体疾病的治理，谓"医治"。《后汉书·崔寔传》曰："夫以德教除残，是以粱肉理疾也。"③

在后来的先秦文献及其他文献中，"理"的这种动词用法逐渐减少，"理"变成一个名词，引申为自然事物的"条理"、"纹理"，条理、纹理是由自然事物显现出来的。《易·系辞上》曰："仰以观于天文，俯以察于地理。"作为人同样如此，亦有"理"，人之"理"是通过"情"来显现的，犹如事物的纹理一样，人在道德修养的

---

① 许慎撰，段玉裁注：《说文解字注》上，上海：上海古籍出版社 1981 年版，第 15 页。
② 戴震：《孟子字义疏证》，北京：中华书局 1982 年版，第 1—2 页。
③ 严可均：《全上古三代秦汉三国六朝文》第 2 册，石家庄：河北教育出版社 1997 年版，第 440 页。

过程中就像治玉一样，也要顺着情来修养。戴震借此肯定了情欲的合理性，不像宋儒那样批评情欲，而是以"情"论"理"，即主张"情理"，"情理"就是"天理"。他说：虽人皆有"理"，但人之"理"各有不同，须要达到"推其情至于无憾而后即安"的状态，才能称得上是"天理"，也即"善治"。对于玉石来讲，要顺着其显出的纹理来琢磨，才能雕出精美的玉器。对于人来讲，亦要顺着人之"理"显现出的"情"来修养，才能达到"天理"之安的境界。戴震将"理"或"天理"解释为"自然之分理"，是针对宋明儒者的"天理"观而发。万事万物所体现的"理"各有不同，这种形殊性是客观存在的，亦是自然的。对于人来讲，人人皆有"情"，"情不爽失"就是"理"，"理"就在"情"之中，不能通过否定人的"情"而得到"理"，即只要人的"情"不违背一个公共的原则，就是"天理"。

先秦时期，儒者还以"理"释"礼"，如孔子提出"礼也者，理也"的命题。子曰："礼也者，理也。乐也者，节也。君子无理不动，无节不作。不能《诗》，于礼缪。不能乐，于礼素。薄于德，于礼虚。"①《礼记·乐记》载："礼也者，理之不可易者也。乐统同，礼辨异。礼乐之说，管乎人情矣。穷本知变，乐之情也。著诚去伪，礼之经也。礼乐偩天地之情，达神明之德，降兴上下之神，而凝是精粗之体，领父子君臣之节。是故，大人举礼乐，则天地将为昭焉。"②《礼记》中通常将"礼"、"理"并举，但我们需要注意的是：有的学者指出其所谓的"理"还不是哲学本体论意义的范畴，它与宋明理学中具有本体意义高度的"理"还有着本质的区别。③

三 "天理"的早期记载

"天理"作为一个范畴出现于先秦，如《礼记·乐记》中明确使用了"天理"一词，曰："人生而静，天之性也。感于物而动，性之欲也。物至知知，然后好恶形焉。好恶无节于内，知诱于外，不能反躬，天理灭矣。夫物之感人无穷，而人之好恶无节，则是物至而人化物也。人化物也者，灭天理而穷人欲者也。"④ 此文中的两处"天理"是何意？对于"不能反躬，天理灭矣"，郑玄注"理"字为"性"，曰："理犹性也。"唐代孔颖达亦采用郑玄的注，其疏曰："恣己情欲，不能自反禁止。理

① 王文锦：《礼记译解》，北京：中华书局 2016 年版，第 666 页。

②④ 李学勤主编：《十三经注疏·礼记正义》下，北京：北京大学出版社 1999 年版，第 1116—1117、1083—1084 页。

③ 丁鼎：《从宋学看"礼"在儒家思想体系中的核心地位》，载《国际儒学论丛》，北京：社会科学文献出版社 2021 年版，第 10 辑。

者,性也,是天之所生本性灭绝矣。"[1]郑玄、孔颖达是汉唐著名的经学大家,他们以"性"释"理",在"理"前面加上"天"字,意指人的本性是由天赋予的,"天理"就是"天性",就是人的自然之性,是人先天就有的而非后天获得的本性,亦同"人生而静,天之性也"之意,"言人初生,未有情欲,是其静禀于自然,是天性也"。[2]这在某种程度上代表了当时人们的普遍看法。

宋代的理学集大成者朱熹不同意以"性"释"理"的解释,说:"人生而静以上不容说。人生而静以上,即是人物未生时,只可谓之理,说性不得,此程子所谓'在天曰命'也。才说性时,便已不是性,才谓之性,便是人生以后,此理已堕在形气中,不全是性之本体矣,此程子所谓'在人谓性'也。然性之本体,原未尝离,亦未尝杂,要人就上面见得其本体耳。性不可形容,善言性者,不过即其发见之端言之,而性之理固可默识矣,如孟子言'性善'与'四端'是也。"[3]朱熹的意思可析分为以下两点:

一是"理"的概念在内涵上是包括"性"的,其含义更广泛,这就意味着不能将"理"和"性"视为同一概念,"人物未生时"的先天状态只能称为"理",不能说是"性"。"性"在人物出生之后,是指有形世界的事物属性而言。朱熹引用程子的"在人谓性"即是此意。朱熹认为:我们在人出生之后所说的"性"虽然是"性",但并不是"性"的本体,而是气质之"性",是"理"堕于形气中产生的。"性"本源自"天",本源性的"天理"是纯粹的。朱熹说"性不可形容"实际上是指"性"的本体不可形容,因为它是形而上的,不能用具体的思维来把握。朱熹理学的基本命题"性即理"实际上是指"性"的本体即"理"。

二是"性"的本体虽然不可言说,但并不代表我们无法认识和把握它,而是可以通过"其发见之端"来认识和把握的。《孟子·公孙丑上》曰:"恻隐之心,仁之端也;羞恶之心,义之端也;辞让之心,礼之端也;是非之心,智之端也。"这里的"恻隐"、"羞恶"、"辞让"、"是非"都是性的发见之端——"情",就是说我们可以通过"性"发显于外的"情"来认识和理解"性"。

清代焦循对"理"的解释有所不同,认同欲的合理性,"有己之欲而不通乎人之欲,是为'穷人欲'"。在此基础上,焦循释"理"曰:"理者,分也。人各有性,即人各有欲,是天所分畀诸人,而不私于一人者也。故通其欲而欲不穷,合其理而理不灭,圣人惟尽其性以尽人之性,斯不肯绝欲。夫不能推己之欲以及人之欲,

---

① ② 李学勤主编:《十三经注疏·礼记正义》下,北京:北京大学出版社1999年版,第1084、1084页。

③ 孙希旦:《礼记集解》下,北京:中华书局1989年版,第985页。

亦人欲穷。人之欲即天所分之理,故欲穷则理灭也。穷之言绝也。弱为强胁,寡为众暴,愚为知诈,怯为勇苦,疾病不养,老幼孤独不得其所,而人之欲绝矣。"①
在焦循看来,《礼记·乐记》中的"天理"就是人自然而有的欲望,是"天所分畀诸人"的,是普遍的,是天然合理的。

　　在先秦文献中,"天理"一词还出现在道家的代表作《庄子》中,曰:"方今之时,臣以神遇而不以目视,官知止而神欲行。依乎天理,批大郤,导大窾,因其固然。"《庄子·外篇·天运》亦曰:"顺之以天理,行之以五德,应之以自然。"《辞海》释此"天理"为"自然的法则"。

---

① 焦循:《雕菰楼经学九种》(上),南京:凤凰出版社 2015 年版,第 336 页。

第二节　宋代儒家的天理观

　　在宋代，儒学在回应佛、老挑战的过程中出现了新的发展形态 —— 理学，宋儒借助"天理"的概念实现了儒学的哲学化。程颢提出"天者，理也"的命题，以天的自然性、必然性、普遍性来论证道德的合理性与当然性。程颐、朱熹以"性即理"立论，从"天理"的本体论层面回答人性和道德修养何以可能的基础问题。与朱熹同时代的陆九渊不赞同朱熹通过寻求外在的"理"来确立人伦道德合理性的方式，而是从"天理"的角度来论证"心"的本体地位，将借助外在力量来实现人性自我回归的方式转向诉诸自我的本心，开启了理学的心学方向。

一　程颢：天者，理也

　　"天理"，亦可称之为"理"，是二程哲学思想的最高范畴。任继愈指出：北宋理学家周敦颐、张载虽然都谈"理"，但他们讲的"理"只是泛泛而论。在二程哲学体系中则不同，"理"是最高范畴，是宇宙万物和社会存在的本体。[①] 二程之前，儒家思想的主要范畴是"天命"、"天道"或"道"。二程的"天理"思想是儒家思想发展过程中的一次重大转换。程颢在谈到自己形成"天理"思想所经历的过程时说："吾学虽有所受，天理二字却是自家体贴出来。"[②] 程颢这里不是要宣示对"天理"范畴的发明权，因为"天理"早在《礼记·乐记》和《庄子·天运》中就有明确记载，而是要强调天理的"体贴"二字，是要表明"天理"不是通过某种抽象方式得来的，而是通过切身体验得出的。

　　在汉代，儒家思想成为政治指导思想。为了加强对皇权的约束和限制，董仲舒提出了"人副天数"、"天人感应"的"天人合一"学说，强调了"天"的优先性，使"天"的神性主宰义得到了加强。"天者，理也"命题在理论上的最大的特点就是可以借助"天"的自然性来论证道德秩序的合理性、正当性。

---

① 任继愈：《中国哲学史》（三），北京：人民出版社 2010 年版，第 223—227 页。
②《二程集》上，北京：中华书局 2004 年版，第 424 页。

在区分告子的"生之谓性"与《中庸》的"天命之谓性"中的"性"有何不同时，程子谓："'生之谓性'，止训所禀受也。'天命之谓性'，此言性之理也。今人言天性柔缓，天性刚急，俗言天成，皆生来如此，此训所禀受也。若性之理也则无不善，曰天者，自然之理也。"[①]"生之谓性"是从人所禀受的气而言，是从气的层面来说的，人与物都因禀受气而有了形体，没有什么区别。"生之谓性"在二程而言则是气禀之性，气禀之性所表现出的"天性柔缓，天性刚急"也是先天具有的，没有善恶的区分，是可善可恶的。"天命之谓性"之"性"则不同，它具有道德的内涵，没有不善的，是纯粹的，是至善的，即程子所说的"性之理"，是性的本体。性之理是本善的，源自天，是自然而然就有的，不是人为的。明道曰："天者理也。神者，妙万物而为言者也。帝者以主宰事而名。"[②]明道把"天"与"理"直接等同起来，但"天"在传统中还有其他的名称，"天"也可称为"神"。把"天"称为"神"，是从天"妙万物"的功用来讲的。"天"因生出万物，而被称为"帝"，则是从"天"生物所具有的主宰性来说的。需要强调的是："天"所具有的主宰性并不是从像人格神那样的"上帝主宰万物"的创生意义来理解的。"天理"具有道德属性，但这种道德属性是自然如此的，不是由人格神的"上帝"而为的，就是说并不存在超越的本体世界或"上帝"的世界。明道谓："天下善恶皆天理，谓之恶者非本恶，但或过或不及便如此，如杨、墨之类。"[③]又曰："事有善有恶，皆天理也。天理中物，须有美恶，盖物之不齐，物之情也。但当察之，不可自入于恶，流于一物。"[④]从客观实存的世界来讲，万事万物自有善与恶、美与丑等，都是相互对立而存在的。这是事物实际存在的客观情形，是必然的、普遍的；天生成万物自有善恶存在，不会生成无差别的同一事物。之所以会有这种差别，是因为"天理"自然如此。明道曰："人生气禀，理有善恶。"[⑤]表面上看来，"理有善恶"似乎与"理是绝对的善"有抵牾，实则不然。

在二程的思想中，"天理"体现为事物自然如此、非人为的必然性。人禀气之所生，"气"是形而下之物，自然有善有恶，而"气"之所以有善有恶，是因为"理"之自然如此，即"理有善恶"，不是说"理"之本体有善恶。"然不是性中元有此两物相对而生也"[⑥]，则是说气禀之性的善恶非人为，而是自然如此，即自然之"理"如此。对于人来讲，天以阴阳之气生成人，自有圣贤和凡俗之别，天生成万物自有善恶之不同。二程强调：现实的事物虽有善恶之别，但这是由天生成万物的客观必然性——"天理"所决定的，"莫之为而为，莫之致而致，便是天理"。明道引用《孟子·万章上》的"莫之为而为者，天也；莫之致而至者，命也"，将"天

---

①②③④⑤⑥《二程集》上，北京：中华书局 2004 年版，第 313、132、14、17、10、10 页。

命"转化为"天理",以此来阐释"天理"的必然性,即"天理"具有不随人的意志而转移的客观必然性,"天理云者,这一个道理,更有甚穷已?不为尧存,不为桀亡。人得之者,故大行不加,穷居不损。这上头来,更怎生说得存亡加减?"①二程的"天理"观力图剔除"天"的神性主宰义,将"天"所具有的人格神意义还原为事物的自然性、规律性和必然性,同时赋予"天"道德意义。先秦时期《尚书》中的"天"具有很强的人格神意义,是有意志的,能主宰人间的一切事务。《尚书·虞书·皋陶谟》载曰:"天命有德,五服五章哉!天讨有罪,五刑五用哉!"将五刑五用说成是"天"有意的惩罚,将五服五章之礼仪说成是"天"有意的命令。对此,二程指出:"万物皆只是一个天理,己何与焉?至如言'天讨有罪,五刑五用哉!天命有德,五服五章哉!'此都只是天理自然当如此。人几时与?与则便是私意。有善有恶。善则理当喜,如五服自有一个次第以彰显之。恶则理当恶,彼自绝于理,故五刑五用,曷尝容心喜怒于其间哉?"②五刑五用、五服五章都不是"天"有意而为,而是"理"自然如此。如果将人类社会的刑罚礼制说成是超越一切的主宰者给予的,那就违背了"天理"的公共性与普遍性,等于说"天理"是有私意的,这显然是不对的。人类社会的礼制规范是"天理"自然如此,恶而当恶,善而当善,自然就是应然。

二程认为:就天生成物的依据——生生之理本身来说,它是至善无杂的。同样,在现实的世界中,人有善有恶是自然如此,但有善有恶的"理"是善的,这个善的"理"是本体,是普遍的、超越的、绝对的、永恒的。现实中的每个人都是善恶相杂的。因此,在进行道德修养时,人要自察这个"至善天理"的存在。这个"自察"的功夫就是一种返本的功夫。人如果能自察,就不会入于恶而流于一物。

二程还继承《礼记·乐记》中"以理释礼"的思想,曰:"视听言动,非理不为,即是礼,礼即是理也。不是天理,便是私欲。人虽有意于为善,亦是非礼。无人欲即皆天理。"③

明道"以理言天"的方式遭到明清之际的思想家王夫之的大力批判。王夫之谓:"程子言'天,理也',既以理言天,则是亦以天为理矣。以天为理,而天固非离乎气而得名者也,则理即气之理,而后天为理之义始成。浸其不然,而舍气言理,则不得以天为理矣。何也?天者,固积气者也。乃以理言天,亦推理之本而言之,故曰'天者理之所自出'。凡理皆天,固信然矣。而曰'天一理也',则语犹有病。"④王夫之站在气本论的立场上,认为"天者,理也"直接将"天"与"理"等同起来是有问题的,最大的问题就是舍弃了天之生成的客观性——"气","天"是

---

①②③《二程集》上,北京:中华书局 2004 年版,第 31、30、144 页。
④《船山全书》第 6 册,长沙:岳麓书社 2011 年版,第 1111—1112 页。

通过阴阳之气的运动而形成的，"天者，理也"是从天生成万物的本体 —— "理"来讲的，"天"是气积而成，"理"不过是气生成、运动所体现的规律性而已，即"理是气之理"。

二 程颐、朱熹：性即理

"性即理"是程朱思想体系的基本点。"性即理"的命题由程颐最先提出，为朱熹所继承并作了进一步的发挥。人的本性问题是中国思想史长期以来争论不休的一个重要问题。在儒家看来，尽管有荀子性恶论抑或性朴论 [①] 的提出，但是儒家人性论思想的主流仍然是性善论。然而，这里有一个问题，就是如果在一般意义上讲性善论，则会缺乏本体论的理论支撑。尽管孟子和告子的论辩中列举水流自然向下的事例来论证人性是善的，但仍然缺乏系统的理论论证。在宋代理学的发展时期，摆在思想家面前的一个重要课题就是如何从本体的角度来确立人性本善的基础性地位，并提供丰富的理论论证。程颐提出了"性即理"的命题，为理学家从"理"或"天理"的角度来论证人性本善奠定了重要的思想基础。对理学的这一基础性命题，朱熹赞曰："程先生论性，只云'性即理也'，岂不是见得明？是真有功于圣门！" [②]

当学生提出"性是什么"的问题时，程颐回答说："性即理也。所谓理，性是也。天下之理，原其所自，未有不善。喜怒哀乐未发，何尝不善？发而中节，则无往而不善。" [③] 性善是由理善来体现的，究竟什么是"理"？这一点在朱熹的思想体系中得到了更丰富的阐发。程颐意在表明世界的生成变化都体现出必然的规律性、秩序性，它是宇宙生成的本体，而"天理"下贯落实到人性中，又由规律的必然性、普遍性转化为人心的性体，也就具有了道德的当然性。这就是说：天地的生生之理以气为质，生成宇宙万物，万事万物也都体现了"理"的必然性、普遍性。四时轮回、花开花落、飞禽动植无不体现出"理"的必然性，而天地生生所体现的秩序性都表征着和谐和美好。人亦因禀得"天理"而有人性。当人性的生生之仁还未发动时，即还未发出喜、怒、哀、乐的情感时，性之体寂然不动，没有情欲的牵累，当然是纯粹至善的；当性之体发动时，人性所本有的"良知良能"则可使情感

---

① 学者周炽成认为仅以《荀子》中的"性恶"篇来界定荀子持"性恶论"是有问题的。经过考证，周炽成发现《性恶》并不是荀子本人的作品，而是荀子后学对人性的观点或与人性相关的观点的汇集。他在细致考证的基础上，认为荀子持性朴论而不持性恶论。（周炽成：《荀子人性论：性恶论，还是性朴论》，载《江淮论坛》2016 年第 5 期。）

② 黎靖德编：《朱子语类》六，北京：中华书局 1986 年版，第 2427 页。

③ 《二程集》上，北京：中华书局 2004 年版，第 292 页。

不偏离性体之中正，从而使性体发动所展现的情也是善的。

朱熹继承了程颐的"性即理"思想，并借助《中庸》的"天命之谓性"进行了具体的阐发，曰："命，犹令也。性，即理也。天以阴阳五行化生万物，气以成形，而理亦赋焉，犹命令也。于是人物之生，因各得其所赋之理，以为健顺五常之德，所谓性也。"①朱熹认为：性是天所赋予的，如同君王的命令一样，是不能自然选择的，这一点对于人与物来说都是一样的。此天命之命是从"理"流行而付与万物来讲的，人、物所禀受的命就是"性"。在此意义上，"性即理"，万物都有"性"，如火性热、水性寒、日性明、附子热、大黄寒等等，天下没有无"性"之物。枯树、竹椅、阶砖等无生命之物，虽无生意，但亦有生之"理"。也就是万物皆有所以如此而不如彼的自我本性，如阶砖有阶砖之"理"，竹椅有竹椅之"理"，阶砖不可以为竹椅。凡有物，则必有"理"。正是因为有了"理"，所以事物具有了发挥某种性能的依据，如舟只可行之于水，车只可行之于陆，兔毫之做成笔，等等。朱熹曰："盖有此物，则有此性；无此物，则无此性。"②这是说：人与物都出自一个共同的根源——"天命"或"天理"，"性"体现了事物形成的必然性和客观性，不以人的意志为转移。

如果从本体层面上讲，人、物皆为禀天地之理而生，此"理"即"生理"，也即"性"，是天地生物的依据，人、物同时也因禀天地阴阳五行之气而有形。这样，人、物之生实际上既有禀自"天理"以为性的天命之性，亦有禀气以成形的气质之性。天命之性即"理"，是纯粹至善的；气质之性则兼有善恶之分。人性是善的，"一阴一阳之谓道，继之者善也，成之者性也"。③阴阳五行之气氤氲交合，按照一定的必然性（理）生出万物，而"理"是超越的形上存在，灿然光明，未夹杂任何私意，使人、物具有了性——仁、义、礼、智。天地生生之理是太极之理，天地创生万物的过程就是一种无目的的目的性过程。对于这一无目的的目的性，朱熹借用《周易》里的"天地之心"概念阐释曰："天下之物，至微至细者，亦皆有心，只是有无知觉处尔。且如一草一木，向阳处便生，向阴处便憔悴，他有个好恶在里。至大而天地，生出许多万物，运转流通，不停一息，四时昼夜，恰似有个物事积踏恁地去。天地自有个无心之心。《复》卦一阳生于下，这便是生物之心。"④天命之性与气质之性是何种关系？朱子是依理、气关系来进行阐释的，曰：

　　所谓天命之与气质，亦相羁同⑤。才有天命，便有气质，不能相离。

①朱熹：《四书章句集注》，北京：中华书局2012年版，第17页。

②④黎靖德编：《朱子语类》一，北京：中华书局1986年版，第56、60页。

③郭彧译注：《周易》，北京：中华书局2006年版，第362页。

⑤羁同：《朱子语类》明成化九年（1473）陈炜刻本作"衮同"，待考。

若阙一，便生物不得。既有天命，须是有此气，方能承当得此理。若无此气，则此理如何顿放！天命之性，本未尝偏。但气质所禀，却有偏处，气有昏明厚薄之不同。然仁义礼智，亦无阙一之理。但若恻隐多，便流为姑息柔懦；若羞恶多，便有羞恶其所不当羞恶者。且如言光：必有镜，然后有光；必有水，然后有光。光便是性，镜水便是气质。若无镜与水，则光亦散矣。谓如五色，若顿在黑多处，便都黑了；入在红多处，便都红了，却看你禀得气如何，然此理却只是善。既是此理，如何得恶！所谓恶者，却是气也。孟子之论，尽是说性善。至有不善，说是陷溺，是说其初无不善，后来方有不善耳。[①]

关于朱熹"性即理"的内涵，学者向世陵认为有两个层面：一是从本体上来讲，或从质上来说，"性"就是"理"；二是从宇宙生成的系列上来讲，"性"源于"理"，或者可以说"天理变形为人性"。[②]

"性"如何是善的？在传统儒学中，还没有跳出人性论的范围来论证。当以万物存在之理的普遍性、必然性来论证性时，性善论就获得了形上的本体表达。儒家所倡导的"仁"、"义"、"礼"、"智"、"信"的基本伦理规范都可纳入此一体系中进行讨论，"性只是一个至善道理，万善总名"[③]，"性是理之总名，仁义礼智皆性中一理之名"[④]。

但是，我们需要注意：儒家讲"性即理"时是从普遍意义上来讲的。这里的"性"不是个别之性，因为一旦说到个别之性，就是从形而下的"性"——气质之性来说的。朱熹强调说："大抵人有此形气，则是此理始具于此形气之中，而谓之性。才是说性，便已涉乎有生而兼乎气质，不得为性之本体也。"[⑤]朱熹在一般意义上讲的"性"实际上是天命之性，天命之性可以直接与"理"或"天理"等同，即性之本体。朱熹关于天命之性和气质之性的划分，承自张载、二程。他大力赞扬曰："（气质之说）起于张程。某以为极有功于圣门，有补于后学，读之使人深有感于张、程，前此未曾有人说到此 …… 故张程之说立，则诸子之说泯矣。"[⑥]"天理"是公共的、普遍的，每个人都禀赋"天理"而有个别之性，个别之性夹杂着气质，实为朱熹所说的气质之性，但又包含着天命之性，"性只是理，万理之总名。此理亦只是天地间公共之理，禀得来便为我所有"。[⑦]"性只是理，万理之总名"似乎是说"性"在范围上比"理"大，其实不然，"万理"是"天理"的分殊，是各人

①④⑥ 黎靖德编：《朱子语类》一，北京：中华书局 1986 年版，第 64—65、92、70 页。

② 向世陵：《宋代理学的"性即理"与"心即理"》，载《哲学研究》2014 年第 1 期。

③⑦ 黎靖德编：《朱子语类》七，北京：中华书局 1986 年版，第 2592、2816 页。

⑤ 黎靖德编：《朱子语类》六，北京：中华书局 1986 年版，第 2430 页。

从"天理"禀受而得的个别之性,个别之性的总和就是"理"或"性"。从大小关系来说,朱熹认为"理"大"性"小,其曰:"宇宙之间,一理而已,天得之而为天,地得之而为地,而凡生于天地之间者,又各得之以为性。其张之为三纲,其纪之为五常,盖皆此理之流行,无所适而不在。"①"理"是宇宙的生成本体,天、地以及天地之间所有事物都是因禀受"理"而有。同时,"理"作为道德的根本原则,其展开就是三纲五常,即整个宇宙是"天理"流行的宇宙。

后来,朱子的弟子陈淳在写给朱子的一封信中,对"理"的含义作了更为系统的概括。信曰:

> 理有能然,有必然,有当然,有自然处,皆须兼之,方于理字训义为备否?且举其一二,如恻隐者气也,其所以能是恻隐者理也。盖其中有是理,然后能形诸外为是事,外不能是事,则是其中无是理矣。此能然处也。又如赤子入井,见之者必恻隐,盖人心是个活物,其感应之理必如此,虽欲忍之,而其中惕然自有所不能以已也。不然,则是槁木死灰,理为有时而息矣。此必然处也。又如赤子入井,则合当为之恻隐,盖人与人类其待之理当如此,而不容以不如此也。不然,则是为悖天理而非人类矣。此当然处也。当然亦有二意:一就合做底事上直言其大义如此,如入井当恻隐,与夫为父当慈、为子当孝之类是也。一泛就事中,又细拣别其是是非非、当做与不当做处,如视其所当视,而不视其所不当视,听其所当听,而不听其所不当听,则得其正而为理;非所当视而视,与当视而不视,非所当听而听,与当听而不听,则皆非理矣。此亦当然处也。又如所以入井而恻隐者,皆天理之真流行发见,自然而然,非有一毫人伪预乎其间。此自然处也。其他又如动静者气也,其所以能动静者理也。动则必静,静必复动,其必动必静者,亦理也。事至则当动,事过当静,其当动当静者,亦理也。而其所以一动一静,又莫非天理之自然矣……凡事皆然。能然、必然者,理在事之先;当然者,正就事而直言其理;自然,则贯事理言之也。四者皆不可不兼该,而正就事言者,尤见理直截亲切,在人道为有力。所以《大学章句》《或问》论理处,惟专以当然不容已者为言,亦此意。熟则其余自可类

---

①《朱子全书》贰拾叁,上海:上海古籍出版社、合肥:安徽教育出版社2002年版,第3376页。

举与。^①

对于陈淳的梳理与阐发，朱子评论说"此意甚备"，并说："《大学》本亦更有'所以然'一句，后来看得且要见得所当然是要切处，若果得不容已处，则自可以默会矣。"^②陈淳认为："理"兼有能然、必然、当然、自然四种含义。^③以人见孺子将入于井而生恻隐之心为例，恻隐者是主体的人，由气质生成，而气能生成人，必然有天命的根据——"性"或"理"。以性为体，人心能发用恻隐之情，能外为事，此是"理"之能然处。人人见孺子入井，必然会生出恻隐之情，体现了人心之仁理不容已的必然性，是心之感应之"理"必如此。既然心之感应之"理"必如此，那么见孺子入井则当然应该如此，此为人与物的区别所在，不如此则为"理"所不容，"悖天理而非人类矣"。为父当慈、为子当孝、为君当仁、为臣当忠等皆是此"理"之当然处。另外，在道德实践中对事物之是非的判断亦是"理"之当然处，如"非礼勿视"，人们知道应如此，当视而不视或不当视而视都是不应该的；知道看见倒地的老人该去救，但出于种种顾虑而没有去救，就不是出自"理"之正，亦不是"理"之合当然处。在此情境中有恻隐之心体现为"理"所当然，自然则体现为此恻隐之心的产生非人为造作而成。人见孺子入井而生恻隐之情，是"天理"流行、心体发之于外的一个自然过程，没有任何外在的东西干预其发生，此是"理"的自然处。总之，就孺子入井这一事例来看，人能生恻隐之心是"理"之能然处；人皆生恻隐之心是"理"之必然处；人当生恻隐之心是"理"之当然处；人自会生恻隐之心是"理"之自然处。"理"之能然、必然、当然、自然虽有分别，但都统一于一个事物之中。

陈淳认为：人间事物如此，自然事物亦如此。以动静为例，皆可如此推理：动静是气之所为，而气之所以能动、能静，是因为"理有动静"，是"理"之所为，此为"理"之能然处；事物之动静必有所以动、所以静之"理"，即动极必静，静极复动，此"理"之必然处；涵养心之本体事物到来，感而遂动，当动则动，当静则静，此为"理"之当然处；事物之一动一静，循环无端，相迭无终，是一个不靠人为的自然而然的过程，此为"理"之自然处。进而推之，亲亲、仁民、爱物者亦如此。"亲亲、仁民、爱物者，事也；其所以能亲亲、仁民、爱物者，理也。见其亲则必亲，见

①顾宏义：《朱熹师友门人往还书札汇编》一，上海：上海古籍出版社2017年版，第191—192页。按："一毫人伪预乎其间"之"伪"，《朱子全书》贰拾叁第2737页作"为"；"理处"之"理"，"举与"之"与"，《朱子全书》贰拾叁第2737页分别作"难"、"矣"。
②《朱子全书》贰拾叁，上海：上海古籍出版社、合肥：安徽教育出版社2002年版，第2737页。
③有关陈淳对"理"的解释，可参见曾振宇著《陈淳评传》，北京：人民出版社2018年版，第49—79页。

其民则必仁,见其物则必爱,其必亲、必仁、必爱者,亦理也。在亲则当亲,在民则当仁,在物则当爱,其当亲、当仁、当爱者,亦理也。而其所以亲之、仁之、爱之,又无非天理之自然矣。凡事皆然。"[1]

陈淳对朱子"理"的理解很全面,"理"的能然、当然、必然、自然只是"理"的殊相,并非"理"的分割,它们统一于"理"发用流行的整体过程中。按照朱子"理"是生物之本的形而上的划分,这个生物之本首要的就是生理,体现为人间秩序的当然之规则,但"朱子所说的'所当然之则'不能理解为只适用于社会道德领域的应然规范、当然秩序,而是万事万物作为生理本体的显现、呈现,它具有不得不如此发生的当然法则、规范和秩序,此即是道体、理体、仁体於穆不已发生其功用的过程"。[2]

三 陆九渊:本心即天理

朱熹建立理学体系的根本点是"性即理","性"本于"天理","理"即"天","天"赋予万物即有万物之性,天下未有无性之物,亦未有无物之性,水性寒,火性热,诸如此类,不一而足。同样,"天"赋予人即有人之性,人之性即是善,在内容上包括仁、义、理、智、信。人之性何以是善?善就是好,朱熹以天道观对这种好进行了论证:"天理"一方面表现为宇宙万物运行的规律性、秩序性,表现为一种似有目的的(不是真的有目的)的好,"天"将这种"好"赋予万物即有万物的"好",此是"天理"自然如此,并非人为。"理"或"天理"在朱子的思想体系中主要包括所以然和所当然两个方面的内容,将所以如此(体现为一种必然的规律性)和应当如此(体现为一种自然的主体性)融为一体,兼合内外。但是,朱熹试图通过对经验世界发生的规律性、秩序性的描述来论证人之主体性的以外证内的思路遭到同时代的陆九渊的批判。陆九渊认为这是支离圣贤的事业,是务外遗内,不认同朱熹建立的理学体系,遂提出了"本心即天理"、"发明本心"、"先立乎其大"的观点,试图开辟出理学发展的心学方向,实现宋代哲学发展的内在性转向。这些观点后来在明代王阳明的手中发展成一套成熟的心学体系,用以更好地应对释、老之学的挑战。

陆九渊的"心即理"学说,一方面将主体的价值自觉意识或道德自觉能力提升至超验的层次,另一方面将万物之存有纳入主体范围内,以获得价值和意义。

---

①顾宏义:《朱熹师友门人往还书札汇编》一,上海:上海古籍出版社2017年版,第191—192页。
②赖尚清:《朱子"生理"思想研究》,载《哲学研究》2016年第4期。

他明确地提出"心即理"的命题首见于《与李宰书》。其书曰：

> "吾何容心"之说，即无心之说也，故"无心"二字亦不经见。人非木石，安得无心？心于五官最尊大。《洪范》曰："思曰睿，睿作圣。"孟子曰："心之官则思，思则得之，不思则不得也。"又曰："存乎人者，岂无仁义之心哉？"又曰："至于心，独无所同然乎？"又曰："君子之所以异于人者，以其存心也。"又曰："非独贤者有是心也，人皆有之，贤者能勿丧耳。"又曰："人之所以异于禽兽者几希，庶民去之，君子存之。"去之者，去此心也，故曰："此之谓失其本心。"存之者，存此心也，故曰："大人者不失其赤子之心。"四端者，即此心也；天之所以与我者，即此心也。人皆有是心，心皆具是理，心即理也。①

陆九渊借孟子所说的"心之官则思，思则得之，不思则不得也"之言，显然是从主体的价值自觉立论。这里的"心"并非"气"层面的经验之心或物质之心。"心"在陆九渊的学说中是一个普遍的、超越经验的存在。从内容上讲，"心"所表征的是一种仁义之类的价值自觉意识，人人皆有此"心"。圣贤与庶民的区别不在于是否具有这样的"心"，而在于是否能保守住这样的"心"。陆九渊之"心"究竟作何解？劳思光所解甚为恰当，他认为此"心"是指自觉能力，即能立价值标准，能为一切价值词语意义之根源者。②"天之所以与我者，即此心也。"正是由于"心"具有一种超验的自觉能力，宇宙万物及其具有的"理"皆为"心"所摄归，"心即理"，"心外无物，心外无理"，"心"被提升至一种超验的普遍的层次。陆九渊还说："心只是一个心，某之心，吾友之心，上而千百载圣贤之心，下而千百载复有一圣贤，其心亦只如此。"③"心"何以不同，是从"气"之"经验心"来立论的，是殊别之"心"。不同人在对事物的意识方面皆有不同之差异，如一棵树的高，在某一人看来是很高的，而在另一个人看来可能觉得不高，其所以有不同皆是因为"经验心"之故。如果我们超越"经验心"的层次，将"心"（人的价值自觉意识）看作是一种超越的、普遍的存在，则"心"可以大到包括宇宙万物，即"心之体甚大。若能尽我之心，便与天同"。④

这里要特别注意"四端者，即此心也"一句。"四端"是孟子的说法，《孟子·公孙丑上》曰："恻隐之心，仁之端也；羞恶之心，义之端也；辞让之心，礼之端也；是非之心，智之端也。"恻隐之心、羞恶之心、辞让之心、是非之心皆是指道德情感

①③④《陆九渊集》，北京：中华书局1980年版，第149、444、444页。
②劳思光：《中国哲学史新编》（三上），北京：生活·读书·新知三联书店2015年版，第282页。

而言，即所谓"四端"，亦是人之价值自觉所显现者。"本心"是一个超越的存在，通过此四者显现出来。以"四端"之心解释"本心"，还见于《象山先生年谱》中的记载：

> 四明杨敬仲时主富阳簿，摄事临安府中，始承教于先生。及反富阳，三月二十一日，先生过之，问："如何是本心？"先生曰："恻隐，仁之端也；羞恶，义之端也；辞让，礼之端也；是非，智之端也。此即是本心。"对曰："简儿时已晓得，毕竟如何是本心？"凡数问，先生终不易其说，敬仲亦未省。偶有鬻扇者讼至于庭，敬仲断其曲直讫，又问如初。先生曰："闻适来断扇讼，是者知其为是，非者知其为非，此即敬仲本心。"敬仲忽大觉，始北面纳弟子礼。故敬仲每云："简发本心之问，先生举是日扇讼是非答，简忽省此心之无始末，忽省此心之无所不通。"先生尝语人曰："敬仲可谓一日千里。"①

"本心"一方面是一个颇为抽象的概念，不易见、不易理会；另一方面是一个具有丰富价值实践内容的概念。"本心"就是本体，"四端"是"本心"的发用。体以发用，用以显体。陆九渊曰："四端者，即此心也。"不是"四端"直接等同于"本心"，而是"四端"之情的发用指示了"本心"的存在。人人皆有此"本心"，可以通过"四端"显现出来。但是，敬仲经过数问之后仍不明白"本心"之意，陆九渊遂将这一抽象的概念由敬仲断扇讼知其是非的体验为指导，使其恍然大悟。是非作为"本心"的发用处，是可以在当下直接体验得到的，陆九渊以此指点敬仲，可谓"善教之法"。但是，我们不能将"四端"直接等同于"本心"，"四端"是"本心"之发用处，而"本心"是价值自觉能力之自身。对此，陆九渊为了消除时人误解，又特立言曰："近来论学者言：'扩而充之，须于四端上逐一充。'焉有此理？孟子当来，只是发出人有是四端，以明人性之善，不可自暴自弃。苟此心之存，则此理自明，当恻隐处自恻隐，当羞恶，当辞逊，是非在前，自能辨之。"陆九渊又云："当宽裕温柔，自宽裕温柔；当发强刚毅，自发强刚毅。所谓'溥博源泉，而时出之'。"②显然，"四端"乃"本心"所发，但"本心"所发岂止"四端"？宽裕温柔、发强刚毅皆是"本心"所发，人的处境不同，心之发也自有不同。

陆九渊论"心"，皆是就一种主体性的价值自觉而言，"心"是超越的普遍存在，因此才有所谓"尽其心者，知其性也。知其性，则知天矣"。虽人人皆有"本心"，

①②《陆九渊集》，北京：中华书局 1980 年版，第 487—488、396 页。

但在现实生活中人的"本心"常被遮蔽，即主体的价值自觉被经验心所具有的欲望等遮蔽而不能显现其本有的存在，这在陆九渊看来是"失其本心"或"蔽其本心"。他曰："愚不肖者不及焉，则蔽于物欲而失其本心；贤者智者过之，则蔽于意见而失其本心。"①他强调曰："愚不肖者之蔽在于物欲，贤者智者之蔽在于意见。"②"失其本心"就是人本来具有的价值意识和自觉能力不能显现。

"天理"或"理"，在陆九渊的学说中基本上有两种含义：一是指必然如此的规律性，如"天地亦是器。其生覆形载必有理"；二是指应当如此的规范义，如"此理在宇宙间，何尝有所碍？是你自沉埋，自蒙蔽，阴阴地在个陷阱中"。陆九渊对"理"字的用法不如对"心"之用法明确，但从其"心即理"的思想基旨和脉络来看，"理"主要是指规范义之"理"。③陆九渊"心即理"之命题，即将人之所本有的价值自觉意识、自觉能力诉诸"天理"的层面，因规范之"理"存在于万事万物之中，在宇宙中是一个普遍的存在，以这种普遍性反谓之"心"，即表明了"心"的普遍性。同样，由于"理"是一个超越的存在，又表明了"心"的超越性。如此一来，陆九渊所谓的"心"便与"经验心"有了明显的区分。"心"、"理"在陆九渊看来，都是根源性的价值自觉意识，也正是在这一层面上才可谓"心即理"。陆九渊云：

> 古圣贤之言，大抵若合符节。盖心，一心也，理，一理也，至当归一，精义无二，此心此理，实不容有二。故夫子曰："吾道一以贯之。"孟子曰："夫道一而已矣。"……仁即此心也，此理也。求则得之，得此理也；先知者，知此理也；先觉者，觉此理也；爱其亲者，此理也；敬其兄者，此理也；见孺子将入井而有怵惕恻隐之心者，此理也；可羞之事则羞之，可恶之事则恶之者，此理也；是知其为是，非知其为非，此理也；宜辞而辞，宜逊而逊者，此理也；敬此理也，义亦此理也；内此理也，外亦此理也。④

此段中，所谓"求"、"先知"、"先觉"、"怵惕恻隐"、"羞"、"恶"、"知其为是"、"知其为非"、"辞"、"逊"和"敬"皆是指人的价值自觉意识、能力而言。对于前面所言之"四端"，陆九渊有谓"四端者，即此心也"，即言"四端"是"本心"发用之显现；此段谈及"四端"，皆谓之"此理也"。由此可见，作为根源性价值规范之"理"即"本心"自身，由此可谓"心即理，理即心"。

---

①②④《陆九渊集》，北京：中华书局 1980 年版，第 9、11、4—5 页。

③ 劳思光：《新编中国哲学史》（三上），北京：生活·读书·新知三联书店 2015 年版，第 285 页。

第三节　明清儒家的天理观

　　程朱理学在元代已开始成为官方化的哲学,取得了独尊的地位,宋代理学发展至明中叶,王阳明开掘了理学的心学方向。王阳明在继承陆九渊心学思想的基础上,以"良知即是天理"为基本点,建立了系统的心学体系。李贽受阳明思想的影响,继承了"良知说"的个体性意识,高度肯定了个体自然性情的本能与性情的合理意义,提出"穿衣吃饭,即是人伦物理"的命题,"天理"就是"人伦物理",将人的自然本性提高至本体论的高度,开启了一股明代思想的自由新风,体现了人的自我觉醒和自由精神。王夫之则进一步提出"天理寓于人欲"的观点,批判以程朱为代表的宋儒将"理"和"欲"对立起来的观点,将人欲的合理性、正当性向前推进了一步,使之成为启蒙思潮的重要资源之一。戴震则在批判程朱"天理"概念的基础上,强调"理"的"分理"和"情不爽失"之义,认为"理"存于"欲"中、"欲"之中便是"理",揭露了掩藏在作为正统意识形态下的程朱理学所导致的压制人性欲望的"以理杀人"的真实样态 [①],并在"天理者节其欲而不穷人欲"的理论框架内调和"理"、"欲"之间的矛盾。

一　王阳明：良知即是天理

　　陆九渊是心学思想体系的开启者,王阳明是心学思想体系的完成者。就其相同之处而言,两人均在心学的视域中看待"天理"的观念。就其不同之处来讲,陆九渊偏重"本心"的观念,王阳明则偏重"良知"的观念。据王阳明《年谱》可知,王阳明明确提出"良知即是天理"的观点时是五十四岁,距其去世还有三年时间。在此之前,观其重要人生节点,王阳明于十八岁至二十七岁时致力于程朱理学,尤为关注格物穷理工夫,但终不得成功,遂在之后的数年间发趣于道教神仙术,后觉得致力于长生并无大意义,在三十一岁之后转至儒学,后三十七岁于龙

[①] 关于戴震"以理杀人"所蕴含的思想价值,参见王世光撰《"以理杀人"新解》,载《福建论坛(人文社会科学版)》2001 年第 6 期。

场有一大开悟，居夷处困，终悟"圣人之道，吾性自足"，开始创立"良知"学说，并于三十八岁倡"知行合一"之说，正式踏上儒学心性论之路。对此人生思想之大转折，王阳明自述曰："吾良知二字，自龙场以后，便已不出此意，只是点此二字不出。于学者言，费却多少辞说。今幸见出此意。一语之下，洞见全体，真是痛快，不觉手舞足蹈。"[1] 王阳明在五十岁之后基本确立"致良知"之教，并提出成熟的"良知即是天理"的命题。为了更好地理解王阳明之"良知即是天理"的思想，以"天理"释"良知"，我们先就"良知"和"天理"的概念作一简要梳理。

在阳明的心学思想中，"天理"、"心"、"良知"是同一层次的概念。吴震认为：阳明心学的一个最大特点就在于将外在的"天理"转化为内在的"良知"。[2] 阳明"良知"概念承自孟子。阳明"四句教"中有言曰"知善知恶是良知"，即将善恶的道德判断能力当作"良知"。为了明确"良知"的概念，《大学问》又云：

> 良知者，孟子所谓"是非之心，人皆有之"者也。是非之心，不待虑而知，不待学而能，是故谓之良知。是乃天命之性，吾心之本体，自然灵昭明觉者也。凡意念之发，吾心之良知无有不自知者。其善欤，惟吾心之良知自知之；其不善欤，亦惟吾心之良知自知之；是皆无所与于他人者也。[3]

"是非之心"是孟子所言"四端"之一端，重在表明人人皆有道德判断的自觉能力，强调"是非之心"的普遍性，即突出"良知"的普遍意义。王阳明以"是非之心"界定"良知"，表明人对心之发所产生的意念及行为具有先验的道德判断能力，而"良知""乃天命之性，吾心之本体"显然是从价值根源的本体角度来说"良知"的。王阳明的"良知"同陆九渊的"本心"一样，均是从本体论角度来说的。这里我们要特别注意的是："是非之心"只是孟子"四端"之一端，为何以是非之心统括恻隐之心、辞让之心、羞恶之心呢？这与朱熹之首重恻隐之心有很大的不同。朱熹采用《易传》的"天地之大德曰生，生生之谓易"之天道观，以生生之道释"仁"，以仁、礼、义、智分别对应元、亨、利、贞。"元者，生物之始，天地之德，莫先于此，故于时为春，于人则为仁，而众善之长也。亨者，生物之通，物至于此，莫不嘉美，故于时为夏，于人则为礼，而众美之会也。利者，生物之遂，物各得宜，不相妨害，故于时为秋，于人则为义，而得其分之和。贞者，生物之成，实理具备，随

① 《王阳明全集》下，上海：上海古籍出版社 2012 年版，第 963 页。

③ 《王阳明全集》中，上海：上海古籍出版社 2012 年版，第 802 页。

② 吴震：《〈传习录〉精读》，上海：复旦大学出版社 2011 年版，第 219 页。

在各足,故于时为冬,于人则为智,而为众事之干。"①"仁,浑沦言,则浑沦都是一个生意,义礼智都是仁;对言,则仁与义礼智一般。"②显然,"生意"即生生不息之倾向。朱子就分别来说仁、义、礼、智代表不同的"生意"。就整体来讲,义、礼、智都统括于"仁",都是"仁"的表现,都是生生之意的不同阶段、不同方面的表现。③

王阳明与朱子不同,以是非之心统括其他三心。首先,"四端"之心是普遍的,人人都有"四端"之心,就"四端"之心本身来讲,就是一个"心",恻隐之心、羞恶之心、辞让之心、是非之心都只是一个"心",非有四个"心"。"四端"是由情说"心",以情见"心"。实际上,"四端"之心只是同一个"心"在不同的情境下不同的显现而已。其次,王阳明以"是非之心"来释"良知",曰:"夫人者,天地之心,天地万物,本吾一体者也。生民之困苦荼毒,孰非疾痛之切于吾身者乎?不知吾身之疾痛,无是非之心者也。是非之心,不虑而知,不学而能,所谓良知也。良知之在人心,无间于圣愚,天下古今之所同也。"④"良知"之"知"不是"认知"之"知",而是人本就有的一种道德判断能力,能知是非、善恶。"知吾身之疾痛"就是以知是非之心统括恻隐之心,"良知"自能知恻隐,当恻隐则恻隐。推而论之,"良知"自能知羞恶、辞让,当羞恶则羞恶,当辞让则辞让,如心之本有的"好善恶恶"一样,知善而为,知恶而去。在论及王阳明之"良知"时,牟宗三曰:

> 本心能自发地知仁知义,此就是人之良知。推而广之,不但是知仁知义是良知,知礼知是非(道德上的是非)亦是人之良知。阳明即依此义而把良知提升上来以之代表本心,以之综括孟子所言的四端之心。⑤

> 孟子即心言性,心理亦一,而且亦充分彰著出此心性即是指道〔导〕吾人行为之道德的心性。然而孟子尚是仁、义、礼、智并列地言之,而阳明则就其所言之是非之心之智而言良知,将智冒上来而通彻于仁、义、礼中,通彻于心德之全部,以彰著并保住心之超越性,涵盖性,主宰性,纯粹至善无对性……故良知之知与决定即一方引生出仁、义、礼(甚至智)之实,一

---

① 朱熹:《周易本义》,北京:中华书局 2009 年版,第 35 页。

② 黎靖德编:《朱子语类》一,北京:中华书局 1986 年版,第 107 页。

③ 相关的更进一步的论述可参见陈来撰《朱子思想中的四德论》,载《哲学研究》2011 年第 1 期。

④《王阳明全集》上,上海:上海古籍出版社 2012 年版,第 69 页。

⑤《牟宗三文集:从陆象山到刘蕺山》,长春:吉林出版集团有限责任公司 2010 年版,第 138 页。

方即越乎仁、义、礼（甚至智）之上而通彻于仁、义、礼、智，以彰明心之为仁、义、礼、智四德甚至无量德俱备之心，以保住心之纯粹至善无对性。①

人心当然不止"四端"，只是"四端"是心体发用的最典型表现。王阳明以"是非之心"来释"良知"，表明心之良知自能知心发之意念和行为的是非、善恶。

在王阳明看来，所有的道德价值都由心之良知订立标准、进行分判。有学者用"纵贯完成"来形容王阳明对"四端"结构的理解，认为"四端"不是平行并列的结构，而是有层次的纵深结构，其中恻隐心和辞让心是基础（所谓"良知只是一真诚恻怛"），中间经由羞恶心（所谓"是非只是一个好恶"），最后发展完成为是非心（所谓"良知只是一个是非之心"）。② 这其实是对阳明之"良知"的误解。王阳明的思路与朱子的思路并无不同，只是朱子以"仁"统括"四端"，王阳明则以"知（智）"统括"四端"。王阳明认为："四端"是一心之端，无论是表现为恻隐、羞恶、辞让、是非，还是体现为仁、义、礼、智，"四端"都是并列的。所谓"纵贯"，是指"四端"皆由"本心"生出，犹如树根生出枝叶一样。王阳明从"四端"中抽出"是非之心"作为"良知"，因为"是非之心"所表征的是人本来具有的一种道德判断能力，自能知是非，善恶也是一种是非（善是对好的肯定，恶是对好的否定）。心之所发的意念和行为皆可由"良知"来自行判断，不须再借助于外在的"天理"。当是非之心之智被王阳明抽出来之后，是非之心自然也就从具体的道德情感、德目上升为一般，这个一般的是非之心就是"良知"，亦是"本心"、"天理"，它们是同一的。"良知"纵贯"四端"，就是"良知"自发地知仁、知义、知礼、知智，"知"就是知是非、善恶。"四端"是"良知"贯通的"四端"，是心之"良知"本体发用的显现，而不是一个有等级的结构。

"良知"虽说是一种道德自觉的能力，为人心所固有，但毕竟是一个主体性很强的概念，很难保证客观性。如何确立"良知"的本体地位，王阳明也同宋明时期的理学家一样，需要借助"天理"的概念。杨国荣说："阳明当然没有摆脱理学的立场，在要求人们服从天理这一点上，他与程朱并无分歧。"③ "天理"一词自明道言"吾学虽有所受，然'天理'二字却是自家体认出来"之后，便成为宋明理学家论证各自思想体系的重要概念和人们讲学、谈论常用的话头。王阳明用"天理"

①《牟宗三文集：从陆象山到刘蕺山》，长春：吉林出版集团有限责任公司2010年版，第165—166页。
②陈乔见：《从恻隐心到是非心——王阳明良知说对儒家性善论的凝练与发展》，载《浙江社会科学》2018年第6期。
③杨国荣：《王学通论——从王阳明到熊十力》，上海：华东师范大学出版社2003年版，第58页。

释"良知"曰:"良知是天理之昭明灵觉处,故良知即是天理。""天理"是本体,"昭明灵觉处"是"天理"的发用,是主体的道德自觉之能力。王阳明又曰:"天理在人心,亘古亘今,无有终始;天理即是良知,千思万虑,只是要致良知。"①此处之"人心"非血气的物质之心,而是超越的具有普遍意义的人的道德自觉意识;天理是价值规范的整体,为人心所约束;"亘古亘今,无有终始"正是对"人心"或"天理"的超经验的描述,具有超时空的永恒特征。

这里需要注意的是:人们在提到王阳明的"良知"概念时,往往比较注重"良知"的个体性,忽略"良知"的普遍性或公共性。实际上,虽然"良知"是每个人都有的,但它毕竟是主体性非常强的概念,人们很容易将它只理解成个体的主观的概念。虽然人人都有"良知",但是人人的"良知"又是不同的。如果一个人的"良知"没有普遍性或公共性,就很难进入社会的公共生活领域,所谓的"致良知"只会变成超度个人生命的手段而已,如此则背离了儒学建立社会公共伦理秩序的宗旨。实际上,王阳明是以"良知"为基,强调"良知"的普遍性或公共性,通过"致良知"的功夫让每个人的"良知"都回归到社会的公共生活之中,让每个人的"良知"得以充分呈现,更好地展现个人的真实存在。这样就需要为"良知"的普遍性提供保证,而"天理"所具有的普遍性正好可以论证"良知"的公共性。"天理"能使具有浓厚个体色彩的"良知"走进社会公共生活领域,你的"良知"、他的"良知"、圣贤的"良知"、愚夫愚妇的"良知"都是同一的,只要每个人都去致"良知",不仅个体的生命境界能达成,社会公共生活的道德境界亦能实现,个体生命的境界也能在社会公共生活中得以升华。吴震指出:"良知学内部的主观性原则与客观性原则的理论紧张始终存在。"为了提升"良知"的客观性与普遍性,把"良知"这种由本体主观体验的道德感知解释成客观的为人所普遍具有的东西,王阳明通过将"良知"提升至"天理"的高度,以便"从理论上证明良知作为评判善恶的客观标准不仅是属于个人的,而且还是属于整体天下国家的"。②王阳明所谓的"良知即是天理"、"天理即是良知"③、"良知是天理之昭明灵觉处"④也正是在这一层面上来讲的。因此,"良知"不仅仅是个体的、个别的,而且是公共的、普遍的。对于"良知"的这一特性,牟宗三的解释更有洞见性:"良知是天理之自然而明觉处,则天理虽客观而亦主观;天理是良知之必然而不可移处,则良知虽主观而亦客观。"⑤

---

①③ 王晓昕:《传习录译注》,北京:中华书局 2018 年版,第 454 页。

② 吴震:《〈传习录〉精读》,上海:复旦大学出版社 2011 年版,第 232 页。

④《王阳明全集》上,上海:上海古籍出版社 2012 年版,第 63 页。

⑤《牟宗三文集:从陆象山到刘蕺山》,长春:吉林出版集团有限责任公司 2010 年版,第 140 页。

王阳明所谓的"良知"是存在于人心中的"天理"，这与朱子的"天理"观有很大不同。①王阳明一方面运用"天理"所具有的至上性、永恒性来确立"良知"的本体地位；另一方面又将超越经验世界的"天理"赋予人心。他主张："天理"不在物上，它本就内含于人心之中，"良知即是天理"，如此则"天理"高不可攀的神秘性得以减杀，而人之道德实践的动力得以大大增强。因为"良知"人人皆有，以此立论，则成圣成贤就是普通人可以期许的目标。"以吾心之是非为是非。"圣人之道不再高深莫测，而是简单易行。愚夫愚妇只要在日常行为上磨炼，同样可以成为圣人。这就像佛教"人人皆有佛性"一样，佛并非高高在上的神性存在，而是在人的心中，人放下心中执念即可"成佛"。王阳明曰："良知之在人心，无间于圣愚，天下古今之所同也。"②"人皆可为尧、舜。""满街都是圣人。"王阳明的"良知即是天理"在某种程度上打破了儒家纲常伦理的威严。"天理"不在宇宙万物中，而在人心中；求做圣贤的工夫不须在物上求理，只需返求诸自我的"良知"即可。人之成德内在依据的"良知"的本质就是"天理"，"天理"即人心本有的样态，"心之本体即是天理，天理只是一个"。③王阳明对朱子的"格物穷理"功夫进行了批判，并对《大学》"格物致知"进行改造，提出"致良知于物"，云：

> 朱子所谓"格物"云者，在即物而穷其理也。即物穷理，是就事事物物上求其所谓定理者也。是以吾心而求理于事事物物之中，析"心"与"理"而为二矣……若鄙人所谓致知格物者，致吾心之良知于事事物物也。吾心之良知，即所谓天理也。致吾心良知之天理于事事物物，则事事物物皆得其理矣。致吾心之良知者，致知也。事事物物皆得其理者，格物也。是合心与理而为一者也。④

王阳明认为：朱子的"格物穷理"是一种主客对立式思维，"天理"存在于事事物物之中，人是主体，"理"是人所体认的对象。"天理"虽是普遍的，但"定理"是存在于事事物物中的殊理，亦体现"天理"。正所谓"理一分殊"，事事物物中的殊理也即"天理"，如父子之间的孝理、君臣之间的忠理等等。于是，人们通过事父、事君求得所谓的"孝之理"、"忠之理"。"心"与"理"的关系是一种主客对立的关系，即王阳明所谓的"'心'与'理'为二"。"心"与"理"之所以为二，在王阳明看来，最关键的是将"天理"理解为事事物物的道理（物理），万物皆有理，如

---

① 朱子的"天理"是一个存有论的概念，"理"是事物存在的形上根据或本体。

②《王阳明全集》上，上海：上海古籍出版社 2012 年版，第 69 页。

③④ 王晓昕：《传习录译注》，北京：中华书局 2018 年版，第 253、205—206 页。

此则自然向物求理，就像在父母身上求得"孝"的理、在君身上求得"忠"的理一样。王阳明对"格物致知"进行了翻转，即："天理"不在物上，而是内含于"吾心之良知"，"心之本体即是天理。"①"吾心之良知"所本有的自觉能力是一切价值的根源，无须在物上去求理，"良知即是天理"，"致良知"于事事物物即可。由此可见，"格物"和"致知"实为一个功夫，"格物是致知工夫，知得致知，便已知得格物。若是未知格物，则是致知工夫亦未尝知也"。②当有学者将"圣人气象"当作"识认"的对象来用功时，王阳明批评曰："圣人气象自是圣人的，我从何处识认？若不就自己良知上真切体认，如以无星之称而权轻重，未开之镜而照妍媸，真所谓以小人之腹而度君子之心矣。圣人气象何由认得？自己良知原与圣人一般，若体认得自己良知明白，即圣人气象不在圣人而在我矣。"③人心之"良知"是人人皆同的，其所具有的价值自觉能力自能权事物之轻重、照事物之美丑，发之事父便是孝，发之事君便是忠。所谓"格物致知"，在王阳明看来，就是将"良知之天理"（亦可称"天理之良知"）推至事事物物之中，使"天理"在事事物物上得到落实。王阳明借由"天理"的内涵来阐释"良知"概念，就是将"良知天理化"——"将外在的天理转化内在的良知"。④

王阳明将"天理"与"良知"直接等同起来，在提升了理论的论证力和道德行动的力量感的同时，也使"良知"呈现出二重性的矛盾，既主观又客观，既个性又普遍，既超验又经验。王阳明将"良知"解释为一种超验的形上本体，将"天理"的客观性融入主体性之中，使主体性的"良知"摆脱有限的时空，具有"亘古亘今，无始无终"的绝对性、至上性、永恒性；使"良知"获得了同"天理"或"天道"相同的本体地位。但是，我们不可否认的是：在现实生活中，良知又是人们道德价值和道德行为选择的内在根据，是个体的、有限的、经验的。当言"良知之天理"时，"良知"是超验的、普遍的；当在现实生活中做道德实践时，"良知"又变成个体的、经验的。这种二重化的矛盾在阳明学内部是难以消解的，蕴藏着难以调和的学理分裂的种子。李泽厚对此颇有见地，指出："宋明理学努力论证伦理道德之所以不能和不应抗拒，是因为它超乎人（个体和集体）和超乎经验的依据和理由。这就是'天理'和'良知'"，但"他们所极力追求的超验、绝对、普遍必然的'理'、'心'、'性'，仍然离不开经验的、相对的、具体的'情'、'气'、'欲'"。⑤

---

① ② ③《王阳明全集》上，上海：上海古籍出版社 2012 年版，第 51、52、51 页。

④ 吴震：《〈传习录〉精读》，上海：复旦大学 2011 年版，第 219 页。

⑤ 李泽厚：《实用理性与乐感文化》，北京：生活·读书·新知三联书店 2008 年版，第 60—62 页。

二　李贽：穿衣吃饭即是人伦物理

　　"理欲之辩"是中国思想史上的一个重要论题。无论是程朱理学，还是陆王心学，宋明儒家关于"理"、"欲"关系的总体态度是将两者对立起来。在宋明儒家看来，"天理"的含义主要是社会道德规范，包括仁、义、礼、智等，是至善的。"人欲"是超过人正常生存需求的违背"天理"的欲望，是恶的，就此来讲，"人欲"、"天理"对立是很自然且符合必然逻辑的。朱子曰："人之一心，天理存，则人欲亡；人欲胜，则天理灭；未有天理人欲夹杂者。""人只有个天理人欲，此胜则彼退，彼胜则此退，无中立不进退之理。凡人不进便退也。譬如刘项相拒于荥阳、成皋间，彼进得一步，则此退一步；此进一步，则彼退一步。"①"人只有天理、人欲两途，不是天理，便是人欲。即无不属天理，又不属于人欲底一节。"②"天理人欲之间，每相反而已矣。"③"天理人欲，不容并立。"④ 王阳明虽对朱子理学多有反驳，但其理欲观仍承袭朱子。王阳明曰："心即理也，此心无私欲之蔽，即是天理，不须外面添一分。"⑤"去得人欲，便识天理。"⑥"减得一分人欲，便是复得一分天理。"⑦ 这里需要指出的是：由于朱熹明确提出了"存天理，灭人欲"的命题，有的人往往不加以认真辨析其关于"欲"的概念，以为朱子将人的所有的欲望都加以反对，以至于给朱子扣上"禁欲主义"的帽子，此实是误读。其实，朱子所反对的不是一般的欲望，而是不合理的过度的欲望。对于一般的欲望，朱子不仅不反对，还将其上升到"天理"的高度来加以肯定。朱子曰："饮食者，天理也；要求美味，人欲也。""虽是人欲，人欲中自有天理。"⑧"若是饥而欲食，渴而欲饮，则此欲亦岂能无？但亦是合当如此者。"⑨ 虽然朱子对正常的人欲加以肯定，但在其"存天理，灭人欲"和王阳明"去得人欲，便识天理"的理欲矛盾关系中，欲望的地位难以彰显出来，故有学者将朱子的理欲学说理解为道德严格主义或去欲主义。⑩

──────────

　　①⑧ 黎靖德编：《朱子语类》一，北京：中华书局 1986 年版，第 224—225 页。

　　② 黎靖德编：《朱子语类》三，北京：中华书局 1986 年版，第 1047 页。

　　③④ 朱熹：《四书章句集注》，北京：中华书局 2012 年版，第 149、257 页。

　　⑤⑦《王阳明全集》上，上海：上海古籍出版社 2011 年版，第 2、25 页。

　　⑥ 王晓昕：《传习录译注》，北京：中华书局 2018 年版，第 114 页。

　　⑨ 黎靖德编：《朱子语类》六，北京：中华书局 1986 年版，第 2414 页。

　　⑩ 相关内容可参见：李明辉撰《朱子对"道心"、"人心"的诠释》，载《湖南大学学报（社会科学版）》2008 年第 1 期；杨泽波撰《从义利之辩到理欲之争 —— 论宋明理学"去欲主义"的产生》，载《复旦学报（社会科学版）》1993 年第 5 期。

　　针对朱子"存天理，灭人欲"中将"私欲"视为恶，视为"天理"的对立者，明代的李贽（1527—1602）则运用"天理"的概念来论证"私"的合理性，主张"人欲"等同"天理"，私欲即公利，认为人的欲望是真、善之物，从而认欲为理①，提出"穿衣吃饭，即是人伦物理"的命题。李贽曰：

　　　　穿衣吃饭，即是人伦物理；除却穿衣吃饭，无伦物矣。世间种种皆衣与饭类耳，故举衣与饭而世间种种自然在其中，非衣食之外更有所谓种种绝与百姓不相同者也。②

　　在这里，"穿衣吃饭"是统称，即人们对物质生活的需求，即肯定人们对物质利益的追求是正当合理的。在义利关系上，儒者常引用董仲舒说的"正其谊不谋其利，明其道不计其功"来表明重义轻利的态度。李贽批判曰："夫欲正义，是利之也。若不谋利，不正可矣。吾道苟明，则吾之功毕矣。若不计功，道又何时而可明也！"③李贽认为儒家所坚持的正义、明道就是为了谋利，如果无利可谋、无功可计，所谓的"道义"就不会存在。在当时大力宣扬"天理"至善、"人欲"为恶的理学统治时期，他的这些言论不仅大力肯定了人们穿衣吃饭的欲望是自然合理的，还对脱离基本物质生活的理学人伦道德说教给予了有力的批判，这在当时可谓是石破天惊之论，亦被称为离经叛道的"异端"思想。

　　为了论证"私"的合理性，李贽提出"人必有私"的自然人性论，曰："夫私者人之心也，人必有私而后其心乃见，若无私则无心矣。"④这就是说："私欲"是人性本来就有的东西，人的一切活动都是在"私欲"的驱动下进行的，"此自然之理，必至之符，非可以架空而臆说也"。⑤"私"是人性的根本。它发于理，有非常明显的表现，我们可以通过外在的表现来理会人性之私。李贽举例论证了人性之私的诸种表现，曰：

　　　　如服田者，私有秋之获而后治田必力；居家者，私积仓之获而后治家必力；为学者，私进取之获而后举业之治必力。故官人而不私以禄，则虽召之，必不来矣；苟无高爵，则虽劝之，必不至矣。虽有孔子之圣，苟无司寇之任，相事之摄，必不能一日安其身于鲁也决矣。此自然之理，必至之

---

①王夫之对李贽的这种理欲观亦进行了批判，认为人欲不能等同天理，理欲"同行异情"，主张以公私区分理欲，存公欲去私欲，以理统欲，以理节欲。（相关研究可参见谭兵撰《两种理欲观的对峙——王夫之批判李贽的根源剖析》，载《中山大学学报（社会科学版）》2001年第1期。）

②《李贽文集·焚书 续焚书》，北京：北京燕山出版社1998年版，第394页。

③④⑤《李贽文集》第3卷，北京：社会科学文献出版社2000年版，第626页。

符，非可以架空而臆说也。然则为无私之说者，皆画饼之谈，观场之见。但令隔壁好听，不管脚跟虚实，无益于事。①

富贵利达所以厚吾天生之五官，其势然也。是故圣人顺之，顺之则安之矣。②

"私"是人行为的内在依据，正是由于有对"秋之获"、"积仓之获"、"进取之获"等私欲的追求，才促使人们从事各种生产活动和社会活动。这些显然表明人性是自私的。为了更有效地说明"私"是人性的根本，李贽甚至以儒者念兹在兹的圣人孔子为例，认为孔子也是在私利的驱动下才去做鲁国的司寇，假如没有私利可以获得，孔子是不会为鲁国服务的。他认为：所谓的"人性之善"都是架空的虚妄之说，是"画饼之谈"。人性不能没有"私"，无论凡人还是圣人，都是自私的，这是普遍的人性，是"自然之理"。李贽又云："财之与势，固英雄之所必资，而大圣人之所必用也，何可言无也。吾故曰：'虽大圣人不能无势利之心。'则知势利之心，亦吾人秉赋之自然矣。"③圣人和英雄都是人们进行道德修养的榜样，亦是儒者精神世界的灯塔，在儒者进学修德的过程中起着十分重要的作用。李贽提出"私"为"自然之理"，彻底倒向了利己主义的自然人性论。他通过将现实生活中人们依赖的种种物质条件说成"私"，力图将圣人、英雄等传统儒家所努力塑造的"理想人格"从道德生活的塔尖上拉下，剔除加在他们身上的圣洁性，使他们进入人们的世俗生活，从而对理学家所坚守的"存天理，灭人欲"的道德信条予以严厉批判，否定理学的基本价值观。对此，顾炎武曰："自古以来，小人之无忌惮而敢于叛圣人者，莫甚于李贽。"④

此外，李贽还对理学家的"天理"观进行了革新，将"天理"所具有的普遍性转换成一种平等性，提出"致一之理"的平等观，认为儒学的礼学教化是对人性的束缚。李贽在《老子解》下篇云：

侯王不知致一之道，与庶人同等，故不免以贵自高。高者必蹶，下其基也；贵者必蹶，贱其本也。何也？致一之理，庶人非下，侯王非高。在庶人可言贵，在侯王可言贱，特未之知耳……人见其有贵、有贱、有高、有

---

①《李贽文集》第3卷，北京：社会科学文献出版社2000年版，第626页。

②《李贽文集·焚书 续焚书》，北京：北京燕山出版社1998年版，第33页。

③张建业主编，牛鸿恩、许抄珍注：《李贽全集注》第14册，北京：社会科学文献出版社2010年版，第255页。

④顾炎武著，黄汝成集释：《日知录集释》，长沙：岳麓书社1994年版，第668页。

下，而不知其致之一也，曷尝有所谓高下、贵贱者哉！①

儒家的伦理是德性主义伦理，通常按照道德修养水平的高低分成不同的等级。如孔子曰："人有五仪，有庸人，有士人，有君子，有贤人，有圣人。审此五者，则治道毕矣。"②《论语》多次将君子与小人对举。宋代司马光在他主编的《资治通鉴》中把人分成了四类：圣人、君子、小人和愚人。他对这四类人所下的定义是："才德全尽谓之'圣人'，才德兼亡谓之'愚人'；德胜才谓之'君子'，才胜德谓之'小人'。"③ 在他看来，圣人、君子、小人和愚人的划分，在于"德"、"才"的双有、双无、单有、单无。他对当时的最高统治者进言道：国家用人当首选圣人，次求君子，但万万不能重用小人和庸人。李贽用"致一之理"的平等观对儒家这种传统的等级伦理秩序持严厉的反对态度。

"致一之理"实际上就是讲人皆有"私"的自然之理，人人皆有"私欲"，圣人与凡人都有，圣人与凡人是"致一"的，这是自然合理的，既然如此，"私欲"对人来讲就是共同的，人不应该区分等级。李贽运用这种观念对儒家经典《论语》的话进行了重新解释，云："圣人虽曰'视富贵如浮云'，然得之亦若固有；虽曰'不以其道得之，则不处'，然亦曰'富与贵是人之所欲'…… 此类多矣。谓圣人不欲富贵，未之有也。"④ 圣人虽视富贵如浮云，但这是从思想的层面看淡，并不能否认"富与贵是人之所欲"的人之私性。私性是共同的，在普遍的共同私性之下，圣人并没有比凡人高明的地方，二者没有智、愚的差别。李贽又曰："圣人所能者，夫妇之不肖，可以与能，勿下视世间之夫妇为也 …… 若说夫妇所不能者，则虽圣人亦必不能，勿高视一切圣人为也。"⑤ 即使站在人皆有善性的立场上，李贽依然对传统儒学的"圣人"观提出了批评。他认为：既然人人都具有善的德性，那么"尧舜与途人一，圣人与凡人一"⑥，由此"人人皆可为圣"。这一点似乎具有显明的王阳明的思想风格，但显然与王阳明的立足点不同。王阳明之"满街都是圣人"是着眼于人之道德修养的主体性来讲的，强调人皆有自我的道德自觉意识，而李贽意在对传统儒学所具有的等级伦理秩序提出批评，尽管这种批评之言包含张扬人的个性自由的成分，但仍与王阳明之思想有显著的不同。

在"致一之理"的思想观念的探照下，除圣、俗没有区别之外，男女不平等和君臣不平等的现象也都是不合理的。针对宋明理学中存在的"女人见短"的说法

---

① ④ ⑤ ⑥《李贽文集》第 7 卷，北京：社会科学文献出版社 2000 年版，第 16—17、356—357、371、361 页。

② 王国轩、王秀梅译注：《孔子家语》，北京：中华书局 2009 年版，第 52 页。

③《资治通鉴》第 1 册，北京：中华书局 2011 年版，第 14 页。

中所包含的男女不平等观念,李贽严厉批评说:

> 余窃谓欲论见之长短者当如此,不可止以妇人之见为见短也。故谓人有男女则可,谓见有男女岂可乎?谓见有长短则可,谓男子之见尽长,女人之见尽短,又岂可乎?[1]

可以论见识的长短,但以男人之见为见识长、以女人之见为见识短则不可,这是不尊重女性的表现。李贽此言是对女性社会地位依附于男性的否定,在礼教统治的封建时代,其声振聋发聩,可谓是犀利之论。李贽不仅持有这样的男女平等观,还在现实的道德实践中践行这一观念。他讲学招收女弟子,同女性平等交往。同时,他对当时盛行的女性要坚守贞操的"饿死事极小,失节事极大"的谬说提出严厉批评,并赞扬妇女再婚的行为,认为卓文君改嫁司马相如是"知音相结"、"同声相应,同气相求",不是"失身",而是"获身"。

三 王夫之:天理寓于人欲

王夫之(1619—1692)是明末清初的著名思想家,祖籍江苏高邮,明永乐年间迁于湖南衡阳,晚年于衡阳石船山筑草堂隐居,故世称"船山先生"。他的天理观是在气一元论(气本论)的基础上建立的,对朱子"理先于气"的观点提出了批评,提出"天人之蕴,一气而已",强调"理是气之理,理不先气不后"。在对理欲关系的处理上,他改变了宋明儒者所普遍坚持的非此即彼、尔存我亡的对立立场,提出了"天理寓于人欲"的命题。

王夫之的天理观及其对理气关系的论述多见于《张子正蒙注》中,其对于"天理"及理气关系的看法往往与其关于道器关系的阐释密切相关。"道"、"器"是《易传》的两个重要观念,书曰:"形而上谓之道,形而下谓之器。"王夫之对理气关系的论述是以道器之说为根据的,并围绕《正蒙》的注释展开,发挥了张载的"理气不离"的思想。王夫之在《周易外传》中释"形而上谓之道,形而下谓之器"云:

> "谓之"者,从其谓而立之名也。"上下"者,初无定界,从乎所拟议而施之谓也。然则上下无殊畛,而道器无异体,明矣。天下惟器而已矣。道者器之道,器者不可谓之道之器也。无其道则无其器,人类能言之。虽然,

①《李贽文集·焚书 续焚书》,北京:北京燕山出版社1998年版,第82页。

苟有其器矣,岂患无道哉! 君子之所不知,而圣人知之;圣人之所不能,而匹夫匹妇能之。人或昧于其道者,其器不成,不成非无器也。无其器则无其道,人鲜能言之,而固其诚然者也。洪荒无揖让之道,唐、虞无吊伐之道,汉、唐无今日之道,则今日无他年之道者多矣。未有弓矢而无射道,未有车马而无御道,未有牢醴璧币、钟磬管弦而无礼乐之道。则未有子而无父道,未有弟而无兄道,道之可有而且无者多矣。故无其器则无其道,诚然之言也,而人特未之察耳。①

朱子以道器之上下分理气,曰:"天地之间,有理有气。理也者,形而上之道也,生物之本也;气也者,形而下之器也,生物之具也。"② 理是"生物之本"。尽管朱子时常也有"理气不离"的思想,但他强调理气不杂,理在气先。王夫之则力图打破理气二分的模式,也从道器观入手,指出形而上、形而下并非固定的界分,"形而上者,非无形之谓。既有形矣,有形而后有形而上。无形之上,亘古今,通万变,穷天穷地,穷人穷物,皆所未有者也"。形而上与形而下"统之乎一形",即形而上、形而下都统一于形。在王夫之看来,"器"是世界最根本的存有,此与朱子以"理"或"道"为世界最根本的存有是不同的。"道者器之道"表明"道"是"器"的功能、作用、性质、关系,此在其表达理气关系时就变成"理者气之理"。

是否可反过来说"器者道之器"呢? 王夫之给予了否定的回答:"器者不可谓之道之器也。"因为器是世界的存有,那么道就是器作用的显现。如果"器者道之器",就变成了以道为世界根本的存有,这显然是互相矛盾的。王夫之重器、重形,以器为世界根本之存有,故可言"道者器之道",由此推之,可言"无其器则无其道",而不能言"器者道之器"。在程朱理学看来,形而上之道、理是无形、无状、无象、无声、无嗅、无物的本体,可以超越形而下而存有,"万一山河大地都陷了,毕竟理却只在这里"。王夫之则认为:"形而上者,非无形之谓。既有形矣,有形而后有形而上。"③ 形而上之道不是独立的存在,而是为形而下之器所固有,即器是体,道是用,道要以器为根据,形而上者为"形之所自生"④,"及其形之既成而形可见,形之所可用以效其当然之能者,如车之所以可载、器之所以可盛,乃至父子之有孝慈、君臣之有忠礼,皆隐于形之中而不显。二者则所谓当然之道也,形而上者也"⑤。这与程朱理学之"道是体,器是用"的观点恰好相反。

正是由于以器为本立论,强调器、形的重要性,器是道的载体,没有器则无

---

①③④⑤《船山全书》第 1 册,长沙:岳麓书社 2011 年版,第 1027—1028、1028、568、568 页。
②《朱子全书》贰拾叁,上海:上海古籍出版社、合肥:安徽教育出版社 2002 年版,第 2755 页。

所谓道，"尽器则道在其中"①，"天下惟器而已矣"②。人们如果看不到器的根本地位，忽略制器的社会实践，盲目追求虚无的道体，就是"昧于其道"，所导致的结果就是"其器不成"，就不会产生实践的效果，但这并不意味着"无器"。换句话讲，正是由于人们颠倒了道器关系，没有看清器才是根本，昧于虚无之道而不知，没有在实践的基础上去发现事物的规律、本质，因此会导致"不成器"的结果，"不成器"是违背了道器关系所造成的结果，并不代表"无器"。器所代表的是现实生成的世界，是不断变化的。道是依附于现实的实践活动（器）而存在的，因此道亦是随器的变化而不断变化的，不存在永恒不变的道。正是站在这样的逻辑推论视角下，王夫之清晰地认识到"洪荒无揖让之道，唐、虞无吊伐之道，汉、唐无今日之道，则今日无他年之道者多矣"。③ 这样，传统形而上学所坚守的"天不变，道亦不变"的固化哲学就无立足之地；器无不变，则道亦无不变，人们必须在广大的社会实践中去探索适应时代发展的道。王夫之的这一理论无疑为社会的改革发展提供了理论依据。

经由王夫之关于道器关系的论述，我们再来看王夫之关于"理"或"天理"的阐述。在王夫之看来，器是气，是本；道是理，是用。为贯彻气本论的立场，他在分析他注释张载的"知虚空即气"一段中云：

> 凡虚空皆气也，聚则显，显则人谓之有；散则隐，隐则人谓之无。神化者，气之聚散不测之妙，然而有迹可见；性命者，气之健顺有常之理，主持神化而寓于神化之中，无迹可见。若其实，则理在气中，气无非理，气在空中，空无非气，通一而无二者也。④

王夫之认为：以隐显释有无，显而可见、可感就是"有"。"无"并非真正的"无"，只是"散则隐"，隐而不可见、不可感就是"无"。"空"是气散而空，所谓"神化"不过是气生成变化的过程而已。气生成变化的过程尽管神妙不测，但总是"有迹"可寻的，只是这个"迹"有隐显之别。烟升上天空会产生明显的痕迹；树木生长变化的痕迹虽难以显见，但也是"有迹"的，只是我们不易见到罢了。因此，对世界的生成与变化而言，即使"神化"，也是"有迹可见"的。世界生成与变化的过程虽然可见，但自然世界生成与变化的规律、原则和性命之理是难见的，比如天地四时变化的规律、侍奉父母的孝道等等。简言之，气之理"无迹可见"。无论

---

①④《船山全书》第12册，长沙：岳麓书社2011年版，第427、23页。

②③《船山全书》第1册，长沙：岳麓书社2011年版，第1027、1028页。

是气生成变化过程的"有迹",还是其所依据的原则或原理的"无迹",都表明了王夫之鲜明的唯物论的气论立场,"理在气中,气无非理",这是对释氏"虚无"哲学极有力的批判。

道依靠器存在,理依靠气存在,理是不能脱离气而独立存在的,"理在气中","气无非理","理即是气之理"。"理"的含义有二层:"一则天地万物已然之条理,一则健顺五常、天以命人而人受为性之至理。"①"理"的第一层意义是自然世界事物发展、变化的规律;"理"的第二层意义是人们在道德实践中所坚持的仁、义、礼、智、信的道德原则。关于理与气的关系,王夫之曰:"天地间只是理与气,气载理而理以秩叙乎气。理无形,气则有象。"②"天与人以气,必无无理之气。阳则健,阴则顺也。一阴一阳则道也,错综则变化也。天无无理之气。"③他又说:"盈天地间,人身以内人身以外,无非气者,故亦无非理者。理,行乎气之中,而与气为主持分剂者也。"④他还说:"理与气互相为体,而气外无理,理外亦不能成其气,善言理气者必不判然离析之。"⑤"理即是气之理,气当得如此便是理,理不先而气不后。"⑥"理只是以象二仪之妙,气方是二仪之实。健者,气之健也;顺者,气之顺也。天人之蕴,气而已。从乎气之善而谓之理,气外更无虚托孤立之理也。"⑦总之,王夫之主张:器、气为根本,"理即是气之理",是形器所以生成、变化之理。理依靠气而存在,没有离气而独立存在的理的世界,自然界事物发展的规律都是依靠事物而存在的,人类社会发展的规律及其道德生活的原则也是依赖社会实践而存在的。

站在道是器之道、理是气之理的哲学立场上,王夫之对"天理"和"人欲"的关系进行了深入的分析。他同明代的李贽一样,反对将人欲视为恶的观点,从"天理"的角度肯定人的欲望,力图剔除宋明儒家空洞的心性说教,将之还原为人们真实的道德生活。对此,我们从以下三点进行分析:

(一)"天理"和"人欲"都是人性中自然的本有

王夫之曰:"理与欲皆自然而非由人为。故告子谓食色为性,亦不可谓为非性,而特不知有天命之良能尔。若夫才之不齐,则均是人而差等万殊,非合两而为天下所大总之性;性则统乎人而无异之谓。"⑧"天理"、"人欲"皆是人性所本有的东西。告子的食色之性亦是性,只是告子不知道天除赋予人之善性的自觉意识之外还赋予人之食色之性。在王夫之看来,"性"是一个统称,人之性有种种不同,亦皆有殊性。为什么说"欲"也是人性本有的呢?我们可用"理势相成"的

---

①②③④⑤⑥⑦《船山全书》第6册,长沙:岳麓书社2011年版,第718、551、1078、859、1117、1054、1054页。

⑧《船山遗书》第6卷,北京:北京出版社1999年版,第3681页。

理论加以阐发。所谓"势"就是指事物为了维持自我存在的客观发展趋向，"理"是事物生成、变化的法则。"势之必然"体现了"理之当然"，"理势不可以两截沟分"①，即势是理的基础，理是势的表现。人皆有维持生命存在的客观物质需求，耳欲声，眼欲色，口欲味，鼻欲臭，"声色臭味"是人之客观物质需求之"势"，因而亦有当"欲"之理，"饮食男女之欲，人之大共也"。王夫之云："王道本乎人情。人情者，君子与小人同有之情也 …… 孟子既深达乎人情天理合一之原，而王道之可即见端以推广 …… 私欲之中，天理所寓。"②人之私欲既然是"天理"的寓所，就表明欲是不能消除的，其有存在的客观必然性。如果消除了"私欲"，则"天理"亦不复存在。从这个角度来说，理、欲同在。"天以其阴阳五行之气生人，理即寓焉而凝之为性。"③人为气所生，而气之理凝聚为性。人之个体的生存与发展须以欲作为保证，同时人又需要以仁、义、礼、智所代表的道德原则来建立公共社会伦理秩序以更好地维持个体的发展。欲使人之生理（身体器官的客观需求）得以满足，理则使人之心理（道德原则）得以满足。

（二）"天理"、"人欲"是同行异情的关系

南宋理学家胡宏是宋代少有的肯定"人欲"之合理性的思想家，人称五峰先生，他提出了"天理"与"人欲"是"同行异情"的观点。王夫之对此深表赞同，并对之进行了阐发，曰：

> 五峰曰："天理人欲，同行异情。"韪哉！能合颜、孟之学而一原者，其斯言也夫！即此好货、好色之心，而天之以阴骘万物，人之以载天地之大德者，皆其以是为所藏之用；故《易》曰："天地之大德曰生，圣人之大宝曰位。何以守位曰仁，何以聚人曰财。"于此声色臭味，廓然见万物之公欲，而即为万物之公理 …… 使不于人欲之与天理同行者，即是以察夫天理，则虽若有理之可为依据，老之重玄，释之见性。而总于吾视听言动之感通而有其贞者，不相交涉 …… 孟子承孔子之学，随处见人欲，即随处见天理。学者循此以求之，所谓"不远之复"者，又岂远哉？④

王夫之认为："天理"、"人欲"并不是对立的，五峰的"天理人欲，同行异情"的观点符合颜孟之学的宗旨。天以气之阴阳产生万物，人为万物之一类，人心中

---

① ④《船山全书》第 6 册，长沙：岳麓书社 2011 年版，第 994、913—914 页。
②《船山全书》第 8 册，长沙：岳麓书社 2011 年版，第 90—91 页。
③ 王夫之：《张子正蒙注》，北京：中华书局 1975 年版，第 102 页。

产生的爱财、好色之欲是自然如此、不待人为的。人皆有欲望，这是天地生生之大德自然生发出的，"以是为所藏之用"是对《易传》之"显诸仁，藏诸用"的发挥，其中"是"指"天理"，天地之大德为所藏之用，也就是说，欲即本体。"天理"、"人欲"并不是绝对的划分，而是天地生生之整体过程中不同的显现。"天理"、"人欲"本为天地生生一体过程中不同的显现，如果人为地分为"天理"、"人欲"，就会在人之视听言动的活动过程中人为刻意地甄别何为"理"、何为"欲"，为"欲"寻找"理"的依据，此即人为地使理、欲"不相交涉"。孔孟之学是"随处见人欲，即随处见天理"，体即用，体用不可分。

（三）"天理"必寓于"人欲"以得见

王夫之曰："圣人有欲，其欲即天之理。天无欲，其理即人之欲。学者有理有欲，理尽则合人之欲，欲推即合天之理。于此可见：人欲之各得，即天理之大同；天理之大同，无人欲之或异。"[1] 生理的物质生活欲求和心理的情欲是人人皆有的，具有普遍的合理性，是不能消除的，圣人亦不例外。圣人之欲是当欲则欲，不是纵欲，而是符合节度之欲。"礼虽纯为天理之节文，而必寓于人欲以见。"这是说，如果没有"人欲"，"天理（礼）"就难以呈现出来。天以阴阳之气交合而生成万物，此一生生过程是无目的的自然过程，是天地生生之德的自然流行，并不是刻意要生出个什么事物来，因此可以说"天无欲"，亦即道家之"天地无心而成化"。天本无欲，但天之理即人之欲，理、欲统一于人生命之过程，每个人都有所欲之事、所欲之物，将己欲推而至天下人之欲，则"天理"便在天下人之公欲上见。圣人"食不厌精"，"不以绀緅饰"，是圣人节其欲而显其礼，故"其欲即天之理"。圣人同凡人一样，也欲衣、欲食、欲色，只是圣人之欲都能符合礼的规范。何为"天理"？"天理"就是符合礼之节度的"人欲"。"人欲"是"天理"的基础，没有"人欲"，"天理"就无法显现出来。"有欲斯有理。""无理则欲滥，无欲则理亦废。"当人的欲望得到合理的满足时，"天理"就在"人欲"中得以实现。王夫之云："有公理，无公欲。私欲净尽，天理流行，则公矣。"[2] "公理"就是规律、法则，是普遍的，因而可说"有公理"。"欲望"则是具体的，不同的人对不同事物有不同的欲望，即使对同一事物，不同的人欲望也不相同，故而说"无公欲"。

但是，人如果只为了满足自己的私欲，那就是利己，就会阻滞"天理"的流行；只有消除私欲，才能使"天理流行"。由此可见，王夫之不是纵欲主义者。儒家"推己及人"的原则就是由私至公的途径。当自己的欲望得到满足后，也能满足

---

① 《船山全书》第 6 册，长沙：岳麓书社 2011 年版，第 641 页。
② 《船山全书》第 12 册，长沙：岳麓书社 2011 年版，第 406 页。

别人的欲望，不以满足自己的欲望妨害别人满足欲望，那就达到了公与私、理与欲的和谐统一。用王夫之的话讲，就是"推其私而私皆公，节其欲而欲皆理"。王夫之虽肯定人的欲望，张扬人的自由人性，反对"天理"与"人欲"的对立，认为"天理"与"人欲"原本就不是对立的存在，两者可以同生共存，"天理充周，原不与人欲相为对垒"，但并不是主张放纵人的欲望、以欲为理，而是强调人的欲望要符合礼，"天理"就是正当合理欲望的反映，"人欲之大公，即天理之至正矣"。①

四 戴震：天理者，节其欲而不穷人欲也

戴震（1724—1777）之学是清代中叶学术思想史上的一座高峰。一般来讲，人们对戴震的推崇，是因为他考据学方面的成就。实际上，近人对戴震之学的推崇，是由于他的"义理"，并非由于他的考证。② 戴震释"理"："理者，察之而几微必区以别之名也，是故谓之分理。"③"理"就是"分理"，这与朱熹所解释的"理"有很大区别。朱熹思想系统中的"理"是指"天理"，认为：理与气相合生成世界万物，万事万物中也有理，万事万物的"理"与"天理"是同一个理，但这个理不是对"天理"的分割。事物之理是"理散在事物中"，事物中的理就是"天理"，但不是"天理"的完全显现，其中有气禀的遮蔽。朱子用"理一分殊"来解释"理"，这是借用佛教"月印万川"、"一月普现一切水，一切水月一月摄"的思想改造而成。戴氏对"理"的诠释与朱熹的诠释有明显不同，主要有以下两点值得注意：

（一）"理"即"分理"、"条理"

戴震对"理"或"天理"的解释散见于《原善》及《绪言》中，而《孟子字义疏证》中对"理"的解释最为详备。戴氏《疏证》中释"理"的第一个重要特点，就是以"分理"、"条理"释"理"。《疏证》曰："理者，察之而几微必区以别之名也，是故谓之分理；在物之质，曰肌理，曰腠理，曰文理（亦曰文缕。理、缕，语之转耳）；得其分则有条而不紊，谓之条理。"④ 戴震所列举的几种理都是古代常用之义，只有细微的区别。戴震之所以如此说明，意在表明宋儒所用之"理"并非古人原义，是曲解的，"古人所谓理，未有如后儒之所谓理者矣"。⑤ 宋儒对"理"之义的阐发缺乏考据学的依据，这显然是针对宋儒特别是程朱所言之超越的形而上之理来说的。

戴氏释"理"，强调理不能脱离事物而独立存在，认为理的本义就是指事物的

①《船山全书》第 7 册，长沙：岳麓书社 2011 年版，第 137 页。
② 余英时：《论戴震与章学诚》，北京：生活·读书·新知三联书店 2005 年版，第 4 页。
③④⑤ 戴震：《孟子字义疏证》，北京：中华书局 1982 年版，第 1 页。

"条理"、"分理"。戴氏以"条理"释"理"有其经典依据，曰："孟子称'孔子之谓集大成'曰：'始条理者,智之事也;终条理者,圣之事也。'"[①] 又曰：

> "易简而天下之理得",自乾坤言,故不曰"仁智"而曰"易简"。"以易知",知一于仁爱平恕也;"以简能",能一于行所无事也。"易则易知,易知则有亲,有亲则可久,可久则贤人之德",若是者,仁也;"简则易从,易从则有功,有功则可大,可大则贤人之业",若是者,智也;天下事情,条分缕析,以仁且智当之,岂或爽失几微哉!《中庸》曰："文理密察,足以有别也。"《乐记》曰："乐者,通伦理者也。"郑康成注云："理,分也。"许叔重《说文解字·序》曰："知分理之可相别异也。"[②]

戴氏强调"理"的经典"原意","理是分理"实际上是气一元论的预设,肯定阴阳之气的个性化原理,经验的差化区分同时也是道生成变化的内在法则。这同王夫之所强调的"理是气之理"在思路上是一致的,戴氏此论显然是针对朱子的"理气二分"而发。

(二)理也者,情之不爽失也;未有情不得而理得者也[③]

在这里,戴氏对"理"的解释引入了"情"的概念,强调"理"不能脱离人的日用伦常。程朱思想中的"理","如有物焉,得于天而具于心"。"如有物焉"意为"理"脱离人日用伦常的生活。朱子的"理气二分"是将"理"视为超越气的"理","理"源自"天",但这个"理"是"具于心"的,心具万理、应万事。戴氏强调"理"不能脱离情、欲,即不能脱离人们日用伦常的事物。表面上看,这与朱子强调"理"散在万事万物之中有相似之处,但还是有根本的不同。虽然朱熹强调"理"散在万事万物之中,但"理"最终还是要回到主体自我的"心"中来确证,也就是说"理"的普遍性、客观性、公正性需要通过反求诸心来实现,这样的"理"无疑难以成为真正的公平、公正之理,不能承担使社会公平、公正的责任。因此,如何解决"理"的主观性所造成的社会公平显失的问题,是重要的、亟须解决的。比如说：人们都应当对父母尽孝。有时候人们会觉得自己对父母是尽了孝的,根据在于其将自己对父母尽孝的行为反求诸自己的良心未有不安,就像孔子的学生宰我想缩短当时通行的"三年之丧"的孝礼,这虽然与当时的丧礼相冲突,但宰我认为这样做并没有什么不好,因为他反求诸他的良心是"安"的,也就是说人们的行为是否得宜、是否合理,最终要回到主体自我的"心"来进行检视。如果按照"理得自于人

---

①②③ 戴震：《孟子字义疏证》,北京：中华书局1982年版,第1页。

而具于心"来理解的话，人们的行为最终是否"得理"必须要回到主体自我的心灵来考量，所以"理""得于天而具于心"在理论上必然要形成带有明显主观性的"意见"，这种自我的"意见"会破坏社会的公平、公正。而在实践中，通常会以没有人欲的笃行来检验，在这种"意见"指导下的行为通常打着没有人欲的幌子，实际上是为了私利的最大化。

如何解决"理"的"意见"化造成的问题，首先要在理论上解构程朱思想中"理"的内涵，揭示其中存在的矛盾及其在实践中可能导致的后果，重新建构"理"的本意。这需要回归到原典之中去探寻，重视义理的实据，减少以己意去附着阐发古人之意的发生。戴震考察"理"的本义，指出"理"的本义就是事物的分理，有肌理、腠理、文理。"得其分则有条而不紊，谓之条理。""理"就是事物之理，在人伦日用的生活中就表现为"情"，既包括好恶、喜怒等情感，又包括事物发展的客观情势。"理也者，情之不爽失也。""理"是判断事物状态的基本准则，要靠"情之不爽失"来实现其纯粹中正。"情不爽失"就是指人对事物所显现的情感不能偏（过或不及），它的另一种说法就是"欲不失之私"。如何实现这样的"理"呢？戴震提出了"以情絜情"的方法，认为它是保证"理"避免出现主观性的"意见"化而走向客观、公正的基本路径。对此，戴震解释曰：

> 凡有所责于人，反躬而静思之："人以此责于我，能尽之乎？"以我絜之人，则理明。天理云者，言乎自然之分理也；自然之分理，以我之情絜人之情，而无不得其平是也。《乐记》云："人生而静，天之性也；感于物而动，性之欲也。物至知知，然后好恶形焉。好恶无节于内，知诱于外，不能反躬，天理灭矣。"灭者，灭没不见也。又曰："夫物之感人无穷，而人之好恶无节，则是物至而人化物也。人化物也者，灭天理而穷人欲者也；于是有悖逆诈伪之心，有淫佚作乱之事；是故强者胁弱，众者暴寡，知者诈愚，勇者苦怯，疾病不养，老幼孤独不得其所。此大乱之道也。"①

这是要通过反思的"恕"方式来解决的"理"的"意见"化倾向。这种方式在《孟子》中亦有明显体现。如孟子曰："有人于此，其待我以横逆，则君子必自反也：我必不仁也，必无礼也，此物奚宜至哉？其自反而仁矣，自反而有礼矣，其横逆由是也，君子必自反也，我必不忠。自反而忠矣，其横逆由是也。君子曰：'此亦妄人也已矣。如此，则与禽兽奚择哉？于禽兽又何难焉？'"（《孟子·离娄下》）孟

---

① 戴震：《孟子字义疏证》，北京：中华书局1982年版，第2页。

子说的"自反"与戴震说的"反躬静思"在功夫的本质上没有什么不同。

但是,对戴氏"以情絜情"的理解,很多学者往往有一些误解,认为这是将自己的好恶情感、欲望强加于他人,从而侵犯了他人的自由,并不能保证"理"的客观性和公正性,就是说戴震批评程朱的"理"是一种"意见",而他们所解释的"理"不过是另一种"意见"而已。容肇祖、胡适、刘述先、郑宗义等对戴氏的"以情絜情"持一种批评意见。① 究其实,"以我之情絜人之情"不是以"我的情"来判断"人之情"是否合宜、得理的标准。如果是这样的话,那戴震批评程朱的"理"是"意见"就没有什么意义。"絜"的意思不是以"我"为主体的度量,而是在"我"与他者之间的一种比较、互动、权衡中使"理"能得其平,即使"理"无过不及之谬。"天理者,节其欲而不穷人欲也。是故欲不可穷,非不可有;有而节之,使无过情,无不及情,可谓之非天理乎!"②

<hr>

① 邓国宏对此有比较详细的分疏。(邓国宏:《戴震"以情絜情"说辨析》,载《安徽大学学报(哲学社会科学版)》2012 年第 5 期。)

② 戴震:《孟子字义疏证》,北京:中华书局 1982 年版,第 11 页。

第四节 儒家"天理"观的现代价值

"天理"是儒家诉诸道德价值的最高存在，也是儒家道德行为的最高判断标准。即使是现在，当一个人的行为挑战社会公众所普遍接受的道德准则时，我们仍常说"天理不容"，显现出"天理"在千年历史长河中沉淀在中国人心中的道德力量。虽然程颐、朱熹将人性归为"天理"，陆九渊、王阳明将心归为"天理"，但都为人确立了人之何以为人的道德价值根基，为人实现超越形、气、生命提供了形上基础。朱子以"天理为善，人欲为恶"确立了"天理"的道德意义。当下，赋予儒家的"天理"观以新的时代内涵，具有十分重要的意义。

一 儒家的"以理制欲"是道德修养的基本原则

在儒学思想发展的过程中，无论是强调"理"、"欲"的对立，还是强调"理"、"欲"的统一，都有一个共同的特点，那就是都强调"理"对情欲的引导、制约作用。即使是明清时期的王夫之、戴震等思想家，虽然指出"天理"不能脱离事物、情欲而独立存在，大力倡导人之情欲的合理性，但也不是让人纵欲。究其实，"理"、"欲"之间的关系是一种张力关系，在人的道德修养中，使情欲发展在合理的限度内，是人们进行道德修养的十分重要的功夫。

以理制欲之"制"不是制服、压制，而是克制、限制，即以"天理"来克制、限制不合理的欲望。以理制欲不是禁欲，而是在道德理性的制约下让人的欲望得到合理的满足。人是欲望与理性的矛盾结合体。在宋儒看来，人由阴、阳二气运化而生，具有生理性的欲望，口欲味、寒思衣、饥欲食等是生而即有的，但同时人也具有本有的道德价值自觉意识，能够自发地对行为作出判断，这就是人先天即有的道德本心（或曰"道德本性"）。人虽具有先天的道德本能，但这种道德本能能否发挥作用以及能在多大程度上发挥作用，是与人的修养、社会环境等各种因素密切相关的。因此，道德本性在现实的社会生活中会因不同的人而产生很大的区别。面对一个倒地的老人，有的人路过会主动扶，有的人路过却视而不见，这就是道德本性在现实的社会生活中因人而异最明显的例证。为何会有这种差

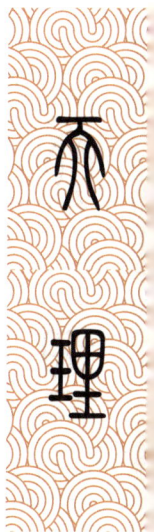

别？一个重要的因素是：道德本性既是普遍的，每个人都具有天之所与的善良本性；道德本性又是特殊的，即因不同的物而有不同的显现，用朱熹的话来讲就"理一分殊"。"分"不是对道德理性的割分，而是对道德理性的显分。之所以会如此，是因为人禀受而得的气质不齐造成的。气质有厚薄、多少、明暗等差别，使得现实的人性表现为气质之性，气质之性是夹杂着善恶的。"显分"强调的是气质之性和社会环境、习俗对人性中所本有的"天理"的遮蔽，使"天理"在道德实践中难以全部彰显。

这种善恶夹杂的气质之性同人的欲望有着密切的关系。南宋大儒朱熹一方面认为人的欲望是合理的，"饮食者，天理也"；另一方面又认为欲望具有无限的扩张性，"要求美味，人欲也"，如果不加以节制，则存于人心的那个本有的道德理性就会难以彰显出来，人就会做出违背道德的行为。宋代特别是南宋时期，相对发达的经济使人们的欲望得到了更大的释放。但是，以朱熹为代表的宋代理学家清醒地认识到人生而即有的欲望具有无限的扩张性，人们对物质的欲望是不断膨胀的，任其发展下去，必然会破坏社会的道德秩序，因此超过正常生理需求的欲望是要受到限制的。正是在这样的社会背景下，朱熹提出"存天理，灭人欲"，但是这绝对不是要消灭人的欲望。这实际上是对社会经济发展过程中被过度释放的欲望的一种防范和警惕。

考察儒学思想的发展史，我们不难发现：倡导对人的欲望进行适度的节制是儒学的传统。《周易》讲："君子以惩忿窒欲。"先儒孔子提出："七十而从心所欲，不逾矩。"（《论语·为政》）"不逾矩"就是对欲望加以适度节制，将欲望限制在当时的礼制规范内。只是孔子作为圣人，修养极高，不必刻意为之便能自然符合节度。孔子还说："君子有三戒：少之时，血气未定，戒之在色；及其壮也，血气方刚，戒之在斗；及其老也，血气既衰，戒之在得。"（《论语·季氏》）孔子之后，孟子提出"养心莫善于寡欲"（《孟子·尽心下》），也认为人的欲望应该受到节制，不能脱离礼制的规范，"可欲之谓善"。之后的儒者荀子明确强调对人的欲望要进行"节求"，曰："性者，天之就也；情者，性之质也；欲者，情之应也。以所欲为可得而求之，情之所必不免也；以为可而道之，知所必出也。故虽为守门，欲不可去，性之具也。虽为天子，欲不可尽。欲虽不可尽，可以近尽也；欲虽不可去，求可节也。所欲虽不可尽，求者犹近尽；欲虽不可去，所求不得，虑者欲节求也。道者，进则近尽，退则节求，天下莫之若也。"（《荀子·正名》）这是说：性是天所赋予的，是人人具有的，情则是"性之质"，欲则是"情之应"，即情欲是人对外界事物必然具有的反应，是人性中本有的东西。人为满足自己的欲望而去追求它，这符合人性的内在要求，是人的"情之应"所显现的必然性。荀子进一步指出：欲望是客观实存的，具有普遍性，欲望也是无穷尽性的。如果人人都为满足自己的欲望而不择手段，必然会牺牲他人的利益，造成个人与社会的矛盾与冲突。如何解决这一问题？荀子认为人的欲望尽管是客观实存的，具有无限的扩张性，不能无限制地满足，但只要人人合理地节制欲望，就能使人与社会的冲突和矛盾得以消解，使每个人正当合理的欲望需求得以满足。为此，荀子提出"以道制欲"的节欲论，认为人心能知晓道义所在。"以为可而道之，知所必出也"，可欲而欲就是道，虽不能使人的欲望得到完全的满足，但可以使之得到合理的节制，可以以道义来限制人的过度欲望。因此，荀子得出结论："道者，进则近尽，退则节求，天下莫之若也。"荀子的"以道制欲"论是对孔孟欲望学说的发展，这一思想在以朱熹为代表的宋儒那里则以"存天理，灭人欲"的命题呈现出来。

显然，儒家肯定欲望是人生而即有的，是客观存在的，怎么可能被消灭呢？朱熹的"灭人欲"之"灭"显然不是"消灭"。朱熹作为一代理学大家，不至于糊涂到认为人的欲望可以被消灭的地步，这与朱熹本身的思想也是不吻合的。"灭"更为合理的解释应该是"限制"、"克制"、"节制"之意。"灭"字除具有"熄灭"、"消亡"、"消失"之意外，还有其他重要的意义，就是具有"遮盖"、"昏黑"、"昏暗"之意，此意在先秦的典籍中就有体现。《韩非子·说难》篇曰："凡说之务，在知饰所说之所矜而灭其所耻。"这里的"灭"显然不能做"消失"、"灭亡"解，只有做"遮掩"解才比较符合文义。朱熹曰："天理之所有，而人情之所不能无。"这就肯定了情欲的合理性。如果说这还不够的话，我们再来看《朱子语类》的有关记载："问：'"饥食渴饮，冬裘夏葛"，何以谓之天职？'曰：'这是天教我如此。饥便食，渴便饮，只得顺他。穷口腹之欲，便不是。盖天只教我饥则食，渴则饮，何曾教我穷口腹之欲？'"[1]饥食渴饮是"天教我如此"，这是从"天"的高度来肯定人欲的合理性和正当性。因为每个人皆是由形、气而生的自然生命，必然会有各种不同的欲望，欲望可克制而不能被消灭，道心不能脱离人心而成为一个独立的道德理想王国，否则人就会脱离现实生活的本真与依托而陷入释、老的虚无之境。释老之学一味地强调人的道心而灭人性之欲望，正是要削掉人之现实生活的根源，最终使人的修养进入不归之途。正如朱熹所反复追问的那样："饥能不欲食乎？寒能不假衣乎？能令无生人之所欲者乎？虽欲灭之，终不可得而灭也。"[2]我们同时也不能忽视的是：朱熹又说"穷口腹之欲，便不是"，即否定过度欲望的合理性。朱熹受后世儒者李贽、王夫之、戴震等人批评最为激烈的就是他提出的"存天理，灭

---

[1] 黎靖德编：《朱子语类》六，北京：中华书局1986年版，第2473页。
[2] 黎靖德编：《朱子语类》四，北京：中华书局1986年版，第1489页。

人欲"的理论，尤其是戴震认为朱熹的"存天理，灭人欲"是"以理杀人"，这实在是对朱熹的一大误解。

前文中我们提到，朱熹提出"存天理，灭人欲"的一个重要理论出发点，就是认识到人之欲望的无穷扩张性，特别是社会经济发达时，人的欲望会更多地被释放出来，个体不断扩充自己的欲望，变得越来越贪婪。"存天理，灭人欲"即以人所本有的道德理性限制人的欲望，使人过着有节制的生活，我们将之称为"以理制欲"。为什么要用道德理性来限制人的欲望呢？一个重要的原因在于：由于人的欲望具有无限扩张性，一旦个体的欲望得到满足，更多的欲望就会产生出来，个体会为了满足自己的欲望或私利而采取各种手段。如果人人都这样的话，那么其他人的欲望就会越来越难以得到满足。这样造成的可怕后果，就是一旦个体因欲望越发膨胀而难以得到满足时，就会做出破坏社会道德秩序的行为，牺牲别人的利益来满足自己的利益，从而渐渐丧失从个人与他人、个人与社会的整体上去思考如何对社会更有利的能力，即丢掉了公共道德责任意识。如果人人都为了自己的私利而行事，那么已经建立的社会道德秩序就会坍塌。孔子时代所面临的"礼崩乐坏"实际上就是人欲不断滋生的结果。

鉴于依个人欲望而行事所潜藏的巨大危机，调节满足个人欲望的"私"与维护社会公共道德秩序的"公"之间的矛盾，一个关键点就在于要限制人的欲望的无限扩张性。现代科技的飞速发展会使人类满足自我欲望的能力得到空前加强；与此相应，其破坏性也会增强。让欲望在道德理性的引导下发展，这是当代人应该坚守的一条基本道德原则。在社会主义新时代条件下，"理"可以被赋予新的时代内涵，我们可以将"爱国、敬业、诚信、友善"注入"天理"的内涵之中，这对新时代社会主义的发展更加具有现实意义。

二 儒家的"体认天理"是道德修养的重要工夫

"天理"为人之道德实践提供了最高的价值准则，是人之道德自觉意识的最高体现，是人之道德行动的力量之源。在如何让"天理"更好地融入人心之中，增强人之道德实践的力量感方面，古人重视"体认"的修养功夫。"体认"是中国传统儒学的一个重要思想范畴，儒学素有重视"体认"功夫的传统。"天理"为人的"体认"功夫确立了价值导向，"体认"功夫则为"天理"的道德原则融入人心提供了实现路径。没有"天理"作为内在根据，则"体认"功夫易落于虚无；没有"体认"的功夫路径，则"天理"的道德意识难以深入人心。

在发展的过程中,儒学修身思想特别是宋明时期的理学,都强调"体认"的功夫论。北宋大儒张载曰:"大其心则能体天下之物,物有未体,则心为有外。"[①] 张载这里讲的"体"实际上就是"体认",是一个具有无限潜能的超越存在。他认为:注重修身的人往往会让心变得无限宽广,这样就自然能"体认"天下之物,使天下之物能得到自我的价值认同,心便能融摄天下之物。如果"体认"的功夫没做到位,则仍会有物在心外,这便是有物我和内外的分隔,其所"体认"到的就只是一般的"知",即张载所说的"见闻之知"。当"体认"的功夫达到很高的境界时,人心则直达"天理"本心,获得"德性之知"。[②] 然而,世人之心往往为耳目闻见所拘,难以直达"天理"本心、融通物我为一的境界。关于"体认",我们可从两个层面来分析:在道德认识的层面上,"体认"可以看作是认知主体为达到某种认识目的或实践目标而采取的路径、方法。[③] 在道德实践的层面上,"体认"往往表现为主体在情感上对某种道德价值原则或道德价值理想的某种心理体验、认同,具有很大的个体差异性,其所关联的是一种意义世界的建构。

明代的湛若水强调对"天理"的切己体认,直接提出"随处体认天理"的命题,这是对传统儒家修养功夫的一个很大的推进。"天理"为何可以随处体认?湛若水认为:"天理"普遍存在于日用之间,心能体认"天理",是由心的"高明"之体所决定的。湛若水说:"高明,谓人心之本体,所谓极高明者也。把柄,亦以比心之主宰处。言高明之体,覆物无外,然非他求也。其主宰在我,诚能反身求之,则可以极高明之量。心常惺惺,何所不照乎!"[④] 这里说的"高明"当来自《中庸》的"极高明而道中庸"。湛若水以"高明"作为心之体,正是由于心之体是极高明的,天下万物皆不在心外,万物皆是心之高明之体的显现。心只要保持"常惺惺"的状态,则万物皆能为心所照。《中庸》讲"体物而不可遗",在湛若水看来,就是"人

---

①《张载集》,北京:中华书局1978年版,第24页。

②有学者对张载的闻见之知和德性之知作了新的阐释,认为:(1)就起源看,闻见之知并非自得,而是习自他人的言教或书籍;相反,德性之知由内在体验而自得。在此意义上,一个出人意料的差别是:与上述一些学者的看法相反,闻见之知主要是一种理智知识,而德性之知才是经验知识,是一种内在经验之知而非外在经验之知。(2)就模式而言,闻见之知作为理智知识仅涉及人们的心的理智层面(mind)。只要通过儒家传统中所谓的"小学",人们就能相对容易地理解圣人之教,就能宣称自己有知,此即闻见之知。相反,德性之知不但涉及心的理智层面(因为我们当然要理解它),而且涉及存在论层面(heart)。在此意义上,德性之知不但是纯粹认知的(cognitive),而且是情动的(affective)。(3)就影响而言,我们看到,当人们有德性之知时,人们自然会有与此知识相应的行动。(黄勇、黄家光:《作为动力之知的儒家"体知"论 —— 杜维明对当代道德认识论的贡献》,载《哲学分析》2020年第3期。)

③党圣元:《中国传统文学批评中的"体认"功夫论》,载《学术研究》2016年第10期。

④《陈献章集》下,北京:中华书局1987年版,第704页。

心与天地万物为体,心体物而不遗。认得心体广大,则物不能外矣"。①"天理"普遍存在于万事万物之中,而以"高明"为体的心自然能体认"天理"。湛若水曰:"吾所谓天理者,体认于心,即心学也。有事无事,原是此心。无事时万物一体,有事时物各付物,皆是天理充塞流行,其实无一事。"②

如何体认"天理"?对此,湛若水提出两种功夫路径:一是煎销习心。此即消除习心对心之本有"天理"的遮蔽与阻挡,"体认天理,乃煎销习心之功夫。盖天理与习心相为消长,养得天理长一分,习心便消一分,天理长至十分,则习心便消十分,即为大贤,熟而化之,即是圣人"。③"习心"即被气习蒙蔽之心,与"天理"此消彼长地对立存在。习心之蔽不消,则天理之心不明。二是用敬。湛若水曰:"敬者,圣学之要……自古千圣千贤,皆在此处用功,体认天理,皆是这个大头脑,更无别个头脑。"④敬是体认"天理"功夫的"大头脑"。那么,如何用敬呢?湛若水曰:"云'敬者心在于是而不放之谓',此恐未尽。程子云:'主一之谓敬。'主一者,心中无有一物也,故云一,若有一物则二矣。勿忘勿助之间,乃是一,今云'心在于是而不放',谓之勿忘则可矣,恐不能不滞于此事,则不能不助也,可谓之敬乎?"⑤程子的"主一"是使心不逐物而复其正,心不为外物所系累,就是心、物无内外之别,融通为一,故说"一";否则心就会萌生出物欲,为外物所系累,则心、物为二。孟子所说的"勿忘"、"勿助"就是持敬体认天理的重要方法。"忘"、"助"都是使心体偏离中正"天理"的不良之法。"不忘"就是使心对物欲保持"常惺惺"的警觉之态,"勿助"则是使心体保持本有的自然,不人为地助长、改变心体本自有的"虚灵不昧"之性。

宋儒朱熹之师李延平十分重视"体认"功夫。他曾就"仁"、"心"之意义难以言说,需要靠主体的"体认",复信于朱熹云:"承谕仁一字条陈所推测处,足见日来进学之力,甚慰。某尝以谓仁字极难讲说,只看天理统体便是,更心字亦难指说,唯认取发用处是心。二字须要体认得极分明,方可下工夫。"⑥"仁"、"心"都是儒学思想中十分重要的范畴,但很难通过概念界定的方式来让人明白,尽管朱熹条陈推测其意,但李延平仍然认为没有讲清楚,此时唯有通过"体认"的方式才能找到工夫的着力点。朱熹在延平的影响下,也十分重视"体认"的功夫。朱熹曰:"不可只把做面前物事看了,须是向自身上体认教分明。"⑦"如何是礼?如何

①②⑤ 黄宗羲:《明儒学案》下,北京:中华书局 2008 年版,第 879、901、884 页。

③《湛甘泉先生文集》(二),桂林:广西师范大学出版社 2014 年版,第 484—485 页。

④《湛甘泉先生文集》(四),桂林:广西师范大学出版社 2014 年版,第 1112—1117 页。

⑥《朱子全书》拾叁,上海:上海古籍出版社、合肥:安徽教育出版社 2002 年版,第 331 页。

⑦ 黎靖德编:《朱子语类》一,北京:中华书局 1986 年版,第 142 页。

是智？须是着身己体认得。"[①] 又曰："体认省察，一毫不可放过。理明学至，件件是自家物事。"[②] 由此可见，"体认"是成圣成贤的必修功夫。

　　"体认"工夫就其实质来讲，即主体将自我认同的某种道德价值赋予某种客观事物的过程。王阳明所著的《传习录》记载的"南镇观花"可视为"体认"工夫的代表。一次，王阳明与好朋友同游南镇，友人指着岩中花树问道："天下无心外之物，如此花树，在深山中自开自落，于我心亦何相关？"[③] 友人的问话显然是在主、客二分的思维中进行的：花自花，是客观的实存；心自心，是主体的意识。两者之间无任何关系。王阳明则打破主、客二分的思维模式，曰："你未看此花时，此花与汝心同归于寂，你来看此花时，则此花颜色一时明白起来，便知此花不在你的心外。"[④] 在王阳明看来，"心"是生发价值与意义的根源，当没有"体认"的活动发生时，外在的世界尽管五彩缤纷，但只是一个与"我"无关的客体世界；当有"体认"的工夫时，心外的事物的价值和意义就会呈现出来，不再是一个与"我"无关的客体，而是一个与"我"共生同在的价值世界。在本例中，花及其所固有的颜色如红、黄、绿均是客观的实存，但花的颜色所显现的美与不美，也就是王阳明所说的"此花颜色一时明白起来"，则是一种价值与意义的显现。由此我们不难看出，"体认"也是一种反求诸己的重建事物意义与价值的过程。

　　近现代儒者熊十力对中国哲学的"体认"特色分析得非常深刻，曰："中国哲学有一特别精神，即其为学也，根本注重体认的方法。体认者，能觉人所觉，浑然一体而不可分；所谓内外、物我、一异种种差别都不可得。唯其如此，故在中国哲学中无有像西洋形而上学，以宇宙实体当作外界存在的物事而推穷之者。"[⑤] 熊十力认为：中国哲学强调"体认"工夫，使物我、内外的差别消失了，体现的是一种主客合一的思维特色，与西方以主、客二分之强调实证分析的思维方式有根本的区别。熊十力认为中国儒学的形而上学正是通过"体认"工夫建立起来的，曰："然儒者在其形而上学方面，仍是用体认工夫。孔子所谓'默识'，即体认之谓。孟子所谓'思诚'、所谓'反身而诚'、所谓'深造自得'，亦皆体认也。（思诚者，诚谓绝对的真理；思者，体认之谓，非通途所云思想之'思'。思诚，谓真理唯可体认而得也。反身而诚者，谓真理不远于人，若以知解推求，必不能实见真理。唯反躬体认，即灼然自识，深造自得者。所谓真理，必由实践之功，而后实有诸己。）由儒家之见地，则真理唯可由体认而实证，非可用知识推求。"[⑥] 针对中国传统儒学"体认"工夫的特色，当代儒者杜维明提出了"体知"（Embodied Knowing）的

①② 黎靖德编：《朱子语类》一，北京：中华书局 1986 年版，第 182、140 页。

③④ 王晓昕：《传习录译注》，北京：中华书局 2018 年版，第 445 页。

⑤⑥ 熊十力：《十力语要》（一），沈阳：辽宁教育出版社 1997 年版，第 126、127—128 页。

概念,"体知"就是用身体来感知,是一种将外在世界内化的工夫,是一种整合身、心、灵、神的体验之知。[①] 杜维明指出:体知的一个特征在于一个人的知是否是体知只能自知,体知之正确与否也只能自证。这与熊十力"真理唯可由体认而实证"的说法是一致的。之所以强调这一点,根本原因在于知行要合一。例如:生而为人,皆知当孝顺父母,但如果不能在现实的生活真正做到,那么这样的知肯定不是体知。而是否是体知,需要认知主体自我的体证,体证"不是指用一套被经验证实了的标准来证明一项原理的正确性。相反的,在这样一种'证实'过程中,一个思想的真理性不能用逻辑的论证加以证明,而必须通过具体的经验在生活的实践中得到体现。然而,虽然只有那些已经调整了自己身心并足以尝试这种经验的人才能立刻认识到它的意义,但这样的经验既不是神秘的,也不是主观的"。[②]

三 儒家的"天理自然"是道德修养的崇高境界

"天理"是宋儒发展、创制的概念。自从北宋程颢言"吾学虽有所受,'天理'二字却是自家体贴出来"之后,宋儒纷纷对"天理"的道德意蕴进行掘发。"自然"则主要是道家本有的思想范畴。老子首次将"自然"改造成一个哲学概念,曰"人法地,地法天,天法道,道法自然"[③],将"自然"作为最高原则。至于老子思想体系中的"自然"究竟为何义,历来有不同的诠释。汉代的王充和魏晋时期的郭象的诠释具有代表性。王充曰:"天动不欲以生物,而物自生,此则自然也。施气不欲为物,而物自为,此则无为也。"[④] 天动产生万物,并不是天故意或有目的地为之,而是物自我如此,自然与人为相对。王充以物的"自生"、"自为"释"自然",对魏晋时期的郭象产生了重要影响。郭象在批判道家的"有生于无"时说:"无即无矣,则不能生有;有之未生,又不能为生;然则生生者谁哉?块然而自生耳。自生耳,非我生也。我既不能生物,物亦不能生我,则我自然矣。自己而然,则谓之天然。天然耳,非为也,故以天言之。以天言之,所以明其自然也,岂苍苍之谓哉!"[⑤] 万物是怎么产生出来的?郭象认为:物是自生的,"自生"并不是"我生","自"是自然如此,没

---

① 杜维明:《体知儒学:儒家当代价值的九次对话》,杭州:浙江大学出版社 2012 年版,封底。
② Tu Weiming, "*Inner Experience*": *The Basis of Creativity in Neo-Confucian Thinking*, p.104. 转引自黄勇著、黄家光译《作为动力之知的儒家"体知"论——杜维明对当代道德认识论的贡献》,载《哲学分析》2020 年第 3 期。
③ 河上公:《老子道德经河上公章句》,北京:中华书局 1993 年版,第 102—103 页。
④ 黄晖:《论衡校释》三,北京:中华书局 1990 年版,第 776 页。
⑤ 郭庆藩:《庄子集释》上,北京:中华书局 2012 年版,第 50 页。

有人为，"我"则是具有目的性地有意为之。"自然"就是"自己而然"，即"天然"，是"非为"。"非为"即不是为某种目的而如此。罗安宪从两个方面对"为"进行了解读："'为'来自外在方面、外部力量，即因'他'而为、因'他'而如此、因外在力量而如此，就此而言，'自然'之'自'是相对于'他'而言的；'为'来自内在方面、内在力量，来自内在的意愿、意志，即因'我'而为、因'我'而如此、因内在力量而如此，就此而言，'自然'之'自'是相对于'我'而言的。'自然'是'自己而然'，是'自生'；既不是'他生'，也不是'我生'。'他生'即是因外在力量而生。"①

魏晋时期关于自然与名教、天人关系的讨论，在一定程度上就是关于自然与人为的讨论。宋儒亦借用"自然"来阐释"天理"的特性。二程曰："天地万物之理，无独必有对，皆自然而然，非有安排也。每中夜以思，不知手之舞之，足之蹈之也。"②"自然能生，往来屈伸只是理也。盛则便有衰，昼则便有夜，往则便有来。天地中如洪炉，何物不销铄了？"③"万物皆只是一个天理，己何与焉？至如言'天讨有罪，五刑五用哉！天命有德，五服五章哉！'此都只是天理自然当如此。人几时与？与则便是私意。"④谢良佐说："所谓天理者，自然底道理。"⑤尽管不同的儒者对"天理"的意义的阐发不同，但"天理"的基本内涵包括自然和当然两方面。朱熹总结概括"天理"的内涵说："既有是物，则其所以为是物者，莫不各有当然之则，而自不容已，是皆得于天之所赋，而非人之所能为也……使于身心性情之德，人伦日用之常，以至天地鬼神之变，鸟兽草木之宜，自其一物之中，莫不有以见其所当然而不容已，与其所以然而不可易者。"⑥在朱熹看来，自然与人为的关系就表现为自然与当然的关系。

宋儒为什么要以道家"自然"来表征"天理"的特性？我们可从以下两个方面来考虑：

第一，借"自然"为"天理"所确定的道德秩序和伦理法则提供恒常的合理性依据。"天理"就其基本内容来说，有天地之理和人事之理两个方面。天地之理是天地生生之理；人事之理主要是人伦纲常之理，包括仁、义、礼、智、信五个基本方面，其中又以仁为根本。人伦纲常的当然之理为什么是合理的呢？因为它是自然的，自然的就是合理的。谢良佐曰："所谓天理者，自然底道理。"⑦事物的理只有符合事物的本来状态才是合理的。比如，朱熹以"理"释"礼"，就借助

---

① 罗安宪：《存在、状态与"自然"——论庄子哲学中的"自然"》，载《现代哲学》2018年第3期。
②③④《二程集》上，北京：中华书局2004年版，第121、148、30页。
⑥《朱子全书》陆，上海：上海古籍出版社，合肥：安徽教育出版社2002年版，第526—528页。
⑤⑦ 黄宗羲：《宋元学案》贰，北京：中华书局1986年版，第918页。

理的自然性来说明礼之存在的合理性，曰："礼乐者，皆天理之自然。节文也是天理自然有底，和乐也是天理自然有底 …… 所谓礼乐，只要合得天理之自然，则无不可行也。"①"盖圣人制礼，无一节是强人，皆是合如此 …… 尝谓吕与叔说得数句好云：'自斩至缌，衣服异等，九族之情无所撼；自王公至皂隶，仪章异制，上下之分莫敢争。皆出于性之所有，循而行之，无不中节也。'此言礼之出于自然，无一节强人。须要知得此理，则自然和。"②礼乐所代表的秩序为什么是合理的？因为其出自"天理之自然"。

第二，当然的道德法则只有转化为自然的行为时，即形成自觉的道德意识后，才会具有可持续的恒久性。人们都知道为子当孝，当父母年龄大了，活动不便，子女经常嘘寒问暖，细心照顾年迈的父母，在孝敬父母的实践中真正认识到孝敬父母是子女应尽的责任。只有当人们在践行孝礼的道德实践中慢慢把意识中的"当孝"转化为"自然孝"时，也就是形成孝的自觉意识后，孝的行为才会不勉强、不造作，才会由内心的诚意而发。朱熹曰："学者是学圣人而未至者，圣人是为学而极至者。只是一个自然，一个勉强尔。惟自然，故久而不变；惟勉强，故有时而放失。"③因此，宋明儒者经常强调的"天理之自然"或"天理自然如此"也是经由当然转化形成人之自觉如此的道德意识。朱熹曰："盖圣人所谓礼者，正以礼文而言，其所以为操存持守之地者密矣。若曰'循理而天，自然合理'，然则又何规矩之可言哉？"④由此我们不难看出，"天理之自然合"也是修养的一种境界，所强调的是人通过修养发挥主动践履当然之理（礼）的必要性。"自然"既是"天理"所本有的属性，也是人们可以通过主动修为而达到的一种高度和境界。

四 儒家的"尽物之性"是天人关系的和谐之道

《中庸》云："唯天下至诚，为能尽其性；能尽其性，则能尽人之性；能尽人之性，则能尽物之性；能尽物之性，则可以赞天地之化育；可以赞天地之化育，则可以与天地参矣。"⑤万事万物都有自己的本性，在人而言，就是人有自己的本性。这里的"尽"可以理解为"充分实现'，"尽其性"就是"充分实现自己的本性"。北宋张载解此句曰："尽其性能尽人物之性，至于命者亦能至人物之命，莫不性诸

---

① 黎靖德编：《朱子语类》六，北京：中华书局 1986 年版，第 2253 页。
②③ 黎靖德编：《朱子语类》二，北京：中华书局 1986 年版，第 513—514、487 页。
④《朱子全书》陆，上海：上海古籍出版社、合肥：安徽教育出版社 2002 年版，第 801 页。
⑤ 朱熹：《四书章句集注》，北京：中华书局 2012 年版，第 33 页。

道，命诸天。我体物未尝遗，物体我知其不遗也。至于命，然后能成己成物，不失其道。"[1] 这是说：事物的本性都是由天所赋予的，物与人有一种生命情感上的共通关系。能充分实现本性、让本性无丝毫遮蔽地显现出来的人必是"至诚"之人，必定是圣人。圣人之性与贤愚之性本同无分，只是由于人所禀得的气质有偏正、厚薄、昏暗之别，使在现实生活中所展现出的人性各有不同，"人物之性，亦我之性，但以所赋形气不同而有异耳"。就人性与物性来讲，其性虽同，在物即是生，在人即是仁，生即是仁，仁即是生。朱熹谓："仁者，天地生物之心，而人得以生者，所谓元者善之长也。"[2] 然而，物所禀之气塞而不能通，因此物之性不若人之性敞亮。物无人之自觉意识，虽有性，但只能被动地依顺自己的本性，不能自己充分地实现自己的本性；人则不同，人具有自觉意识，能发挥人的能动性，帮助事物更好地、充分地实现自己的本性。"尽物性"以"尽人性"为逻辑前提。一个不能充分实现自我本性的人，很难用仁性所发显的恻隐、怜悯之情来关爱万物的生长。在自然界的万事万物之中，正如《尚书》中所说的那样，"惟人万物之灵"，但这个"灵"绝不是指主宰自然物、利用自然物所具有的属性来为人类利益服务的"职明"、"灵巧"，而是如《易经》所说的"裁成天地之道，辅相天地之宜"，或如《中庸》所说的"赞天地之化育"的一种精神自觉。朱熹解此句曰："能尽之者，谓知之无不明而处之无不当也。赞，犹助也。与天地参，谓与天地并立为三也。"[3] 此处所说的"知"不是主、客对立角度的认知，而是一种人因本有之仁性所显现的关爱万物的自觉意识。人如果能充分地实现这个自觉意识，就不会对自然界做出不合宜的不当行为。

从时间上来讲，自然界的很多生物的出现要远远早于人类，人类属于地球上的后来者，只是由于天地的造化，使人类进化得更快而已；人并没有作为"万物的尺度"的资本，人在自然面前应该放低高傲的头颅，表现出谦卑的姿态。西方思想在康德"人为自然立法"的观念主导下，强调人对客观世界的认知，宣扬人在认识论领域的核心地位，凸显了人对自然的主体性地位。康德的这种观念反映的是一种主客对立的思维方式，即人是能思维的能动主体，而自然是没有思想的被动客体的对象性思维方式。在这种思维方式所反映的人与自然的关系中，自然客体是从属于主体的。然而，与西方不同的是，中国在"天人合一"的思想观念下，更崇尚人与自然的和谐统一。

"尽物之性"就其实质来讲，就是强调人对自然的道德责任。人对自然为什么有责任？在儒家看来，人生活于天地（自然界）之中，人的生命、生存和发展的各种资源都是天地所给予的，天地是人的衣食父母。北宋张载曰："乾称父，坤称

①《张载集》，北京：中华书局 1978 年版，第 22 页。
②③ 朱熹：《四书章句集注》，北京：中华书局 2012 年版，第 28、33 页。

母；予兹藐焉，乃混然中处。故天地之塞，吾其体；天地之帅，吾其性。民吾同胞；物吾与也。"① 以父母称天地，是对天地创生万物的最高称赞。张载认为：正是由于万物皆有天地所赋予的性，因此人类应该将自然界中其他的生物视为同胞，人只是大自然各种物群中的一个成员，要以平等的身份对待自然界的每一个物种。这是因为每一个物种在整个自然的生态平衡系统中都扮演着重要的角色，都有各自独立的地位。人对待自然只有抱着"民胞物与"的尊重态度，才能真正形成人对自然的自觉责任意识。

关于人对自然的责任，张载还提出了著名的"人为天地立心"的命题。"人为天地立心"就是在"尽人之性"的前提下，在人的裁成辅相下，充分实现自然万物自有的本性，为自然的生存与发展作出自己的努力。万物之性的呈现是以人性的充分实现为前提的。明儒王阳明曰："人的良知，就是草、木、瓦、石的良知。若草、木、瓦、石无人的良知，不可以为草、木、瓦、石矣。岂惟草、木、瓦、石为然，天地无人的良知，亦不可为天地矣。"② 草、木、瓦、石作为自然物，没有生命，没有感知能力，这是客观的事实，为何又说"人的良知，就是草、木、瓦、石的良知"呢？这其实是说：草、木、瓦、石等自然物的存在是人之生命存续的基础。人的良知不能只是人的良知，还要让人心中的良知"照见"草、木、瓦、石，草、木、瓦、石在人的良知"照见"之下就被赋予了生命的意义，因而也具有与人一样的存在权利。如果没有良知的"照见"，草、木、瓦、石只是一堆死物，不能在宇宙生生不息的过程存在中显示其意义。《传习录》载："日孚曰：'先儒谓一草一木亦皆有理，不可不察，如何？'先生曰：'夫我则不暇。公且先去理会自己性情，须能尽人之性，然后能尽物之性。'"③ 推而论之，整个大自然的物皆是如此。如果人性不能得到充分实现，那么作为世界上具有最高认识能力的人类就会使万物违背自己的本性，也就会使万物失去自己的本性，从而利用物性来满足人的私欲，剥夺自然物存在的权利。人类能够在大自然中获得一定的资源以满足人类生存和发展的需要，但人类的生存和发展不能以牺牲自然界其他生命的生存和发展为基础，否则不仅会破坏自然的生态系统，还会危及人类自身的利益。

美国学者罗尔斯顿指出："地球不是人类的财产，而是一个有机共同体，是生存的单元。地球不属于我们，相反，我们属于地球。"④ 蒙培元也指出："从生命

---

① 《张载集》，北京：中华书局 1978 年版，第 62 页。

② 《王阳明全集》上，上海：上海古籍出版社 2012 年版，第 94 页。

③ 王晓昕：《传习录译注》，北京：中华书局 2018 年版，第 160 页。

④ ［美］罗尔斯顿：《全球环境伦理学：一个有价值的地球》，载《生态环境保护和自然资源管理的理论研究》，哈尔滨：黑龙江科学技术出版社 1995 年版，第 67 页。

的意义上说，人类不仅要认识自然界，首先要感谢自然界，理解自然界，尊敬自然界。这种理解和尊敬本身就是生命存在的方式，是从人类自身的生命活动中体验到的，也是靠人类的智慧得到的。"[1] 习近平总书记在党的十九大报告中强调："人与自然是生命共同体，人类必须尊重自然、顺应自然、保护自然。"[2] 人与自然是休戚与共、不可分割的命运共同体，是血肉相连的共生共存关系。人不能以主宰者的姿态高高在上，而要在现实的生活实践中体会自然界的生命意义，增强关爱自然的自觉意识，让自然万物的本性都能在人类的关爱下得到尽可能充分的实现。

　　宋明儒者认为："天理"既是宇宙生成万物的本源，也是人之道德价值产生的本源，具有宇宙本体和道德本体的双重含义。宋明儒学中的"天理"蕴含着一个深层次的秩序观，即："天理"不是同人之现实世界隔离的形而上世界，而是作用于社会生活的日用之间。社会运行所展现的家庭秩序和国家秩序都是"天理"下贯于社会生活的落实与展现。现实社会的各种规则、制度只有遵循"天理"，才可以使社会秩序形成良性循环并实现和谐。一方面，现实社会的各种制度、规范可以从"天理"那里找到内在根据。另一方面，现实社会的秩序又是"天理"的体现。这样，在国家的社会治理中，"顺理而为"就自然成为一种基本的方式，顺"天理"而治、得"天理"之正即王道；反之，逆"天理"而治、违仁义而行则为霸道。我们发掘儒家"天理"蕴含的现代政治价值，可由"新内圣"走向"新外王"，同时可以依据时代的发展对其所包含的时代精神进行调节，使两者能双向互动、互相贯通。林安梧强调："内圣"、"外王"并不是"由内而外"的单向过程，而是"内外通贯为一"的过程。[3]

　　经典的生命力在于其诠释系统是开放的，能够不断地使思想产生思想。"天理"除了具有当然之理的价值含义，还具有事物之理的含义。明清时期包括王廷相和王夫之在内的儒者突出强调"天理"即事物之理、理在事中的含义。这实际上就是牟宗三分析朱子哲学所说的"形构之理"，是一种通过认知方式形成的客观事物的事理或物理，为西方科学思想的输入提供了结合点。儒家的"天理"本身蕴含着科学认知的意义，但在儒学发展的历史进程中并没有形成以"求真"为指向的思想传统，一个根本原因就在于儒学突出强调人的主体性，以主体消解客

---

①蒙培元：《人与自然——中国哲学生态观》，北京：人民出版社 2004 年版，第 136 页。

②习近平：《决胜全面建成小康社会 夺取新时代中国特色社会主义伟大胜利——在中国共产党第十九次全国代表大会上的报告》，北京：人民出版社 2017 年版，第 50 页。

③林安梧：《从"外王"到"内圣"：新儒学之后对"内圣外王"的翻转——关联"学习历程、存在觉知、概念反思、理论建构"的展开》，载《中国文化》2021 年第 1 期。

体，忽视了主客对立思维的方式。朱子的"理"虽包括伦理和科学两个方面，但科学之理最终没有冲破社会伦理的框架，可这并不意味着儒学缺乏科学求真的思想基因。在新的时代条件下，以"天理"为切入点，结合儒学的"综合整体"思想，发掘儒学的科学认知内涵，纠正传统儒学主体性思维之偏弊，阐发蕴含在其中的科学精神，对儒学在新时代的发展是十分必要的。

第十四章

良知

在着手考察王阳明"良知"学的生成与演变之前，有两项亟待完成的工作：其一是对"良知"二字在王阳明之前思想史中的使用方式进行简要回顾；其二是对本著作研究思路的澄清。

（一）"良知"的思想史历程

古人单字表义，"良"与"知"各有所当。《孟子》以前的传世文献与儒学相关者如《诗》、《书》、《周易》、《论语》、《左传》乃至郭店简和上博简等出土文献中似未见有二字相连之情况。溯之甲骨、金文，"良"之本义应为"梁"，有"走廊"、"水坝"之义，战国后的"善"之义已失其本义。[①]"知"在甲骨文中从"口"、从"于"、从"矢"，本义为"言辞敏捷"，其后"知"字分化，引申为"知道"，而"司掌"之义在春秋时当已出现，如《左传·襄公二十六年》载公孙挥之言说"子产其将知政矣"。[②]此外，"知"又可与"智"通用。[③]

《孟子》中"良知"二字仅见于《尽心》章上篇，此语的广泛使用几与《孟子》一书地位的提高相伴随。[④]两汉时期如董仲舒、刘向、扬雄、桓谭、王充、王符、崔寔、仲长统等学者及体现了儒学思想的经典文本如《盐铁论》和《白虎通义》似皆未及此语。在《十三经注疏》所汇唐以前之经注中，此一概念亦未见提倡。北宋邢昺疏释《论语》、《孝经》未有言"良知"以析文义者，伪孙奭所疏（一说）之《孟子》亦只随文发挥而未将此概念推广。保守地说，"良知"这一概念的渐次光大应与理学家有关。在二程之前的宋学先驱如胡瑗、孙复、石介、李觏、范仲淹、刘敞、欧阳修之文集中，"良知"二字或并未出现，或根本没有任何心性之学的含义。即便是对孟子颇为推重的王安石[⑤]，今存其文集中也没有对这一概念予以发挥。

在王阳明之前的理学家中，二程、张载、尹焞、吕本中、胡宏、朱熹、张栻、陆九

---

①李学勤主编：《字源》中册，天津：天津古籍出版社、沈阳：辽宁人民出版社2012年版，第479页。

②杨伯峻：《春秋左传注》下，北京：中华书局2018年版，第963页。

③见《字源》第473页及谷衍奎主编《汉字源流字典》，北京：语文出版社2008年版，第641—642页。

④值得补充的还有《孟子》中"赤子之心"的解释。今人之见从宋明理学家而来，多以"纯一无伪"释之，然考诸先秦儒家设喻之法，并未有以婴儿、赤子作理想状态的情形，孟子所谓"大人不失其赤子之心"即"视民如伤"、"视民如赤子"之意，在孟子处亦绝未有孩提之爱敬可直通于圣人之参赞化育之说。宋明儒言"良知"、言"赤子之心"，有为彰显儒学立场而来者，亦有杂入释老之见者。（焦循：《孟子正义》下，北京：中华书局2015年版，第599页。）

⑤《宋元学案》中说"荆公《淮南杂说》初出，见者以为孟子"。（《黄宗羲全集》第6册，杭州：浙江古籍出版社2012年版，第792页。）

渊、杨简、陈淳、真德秀、魏了翁、吴澄皆对此语有所阐发,区别在于自性说或自心说以及发挥范围之广狭。二程曰:"良能良知,皆无所由,乃出于天,不系于人。"①张载曰:"诚明所知,乃天德良知,非闻见小知而已。"②尹焞曰:"良能良知,与生俱生者也。仁义出于人心之所同然,君子能不失是而达之天下耳。"③吕本中曰:"致知格物,修身之本也。知者,良知也,与尧舜同者也。"④此就《大学》之框架而释"致知"之"知"为"良知",可谓与阳明心同理同。胡宏在《复斋记》中说:"及少长,聚而嬉戏,爱亲敬长,良知良能在,而良心未放也。"⑤朱熹曰:"良知良能,非指夜气而言也,指夜气之所存者而言也。"⑥张栻曰:"孩提之童,莫不知爱其亲,及其长也,莫不知敬其兄。此其知岂待于虑乎?而其能也,又岂待于学乎?此所谓良能良知也。"⑦陆九渊曰:"彝伦在人,维天所命,良知之端,形于爱敬,扩而充之,圣哲之所以为圣哲也。"⑧杨简曰:"此心人之所自有,人所自存,而有昏有明,有济有不济者,何也?惟民生厚,因物有迁,意动则昏。不动乎意,则道心无体,自明自神,自正自中,自无所不通,自无所不济。不学而能,是谓良能;不虑而知,是谓良知。"⑨陈淳曰:"自良知无不知是爱,则仁之智也。""自良知无不知是敬,则义之智也。"⑩陈淳此处言"良知"偏于"智"德的层面,这与张载、二程、朱熹、张栻似皆有别,而与王阳明自"智之端"的是非之心言"良知"意有相近,然亦非尽同。王阳明所言"是非"实由《中庸》之"诚"过渡而来,可解释为对正面价值的执定与对不善的化除,此非孟子所言"智之端"的"是非之心"所有,然以下之言可谓与王阳明同声相应:"蒙之为卦,山下出泉,静而且清,而君子所取以果行育德之时也。其为训,则物方稚而未达之称。而其在人,则为形既赋生之后,而神未发知之际。虽曰未发知,而良知之真,所谓'降衷秉彝之本然,与尧舜孔颜同一天'者,实为完具而未放。"⑪真德秀曰:"仁义之道大矣,而其切实处止在于事亲从兄。盖二者,人之良知良能,天性之真于焉发见。"⑫魏了翁曰:"古者自入小学,学幼仪,肆简谅,

---

① 《二程集》上,北京:中华书局 2004 年版,第 20 页。
② 《张子全书》,西安:西北大学出版社 2014 年版,第 14 页。
③ 《朱子全书》柒,上海:上海古籍出版社、合肥:安徽教育出版社 2010 年版,第 803 页。
④ 《吕本中全集》三,北京:中华书局 2019 年版,第 943 页。
⑤ 《胡宏集》,北京:中华书局 1987 年版,第 152 页。
⑥ 《朱子全书》陆,上海:上海古籍出版社、合肥:安徽教育出版社 2002 年版,第 985 页。
⑦ 《张栻集》2,北京:中华书局 2015 年版,第 595 页。
⑧ 《陆九渊集》,北京:中华书局 1980 年版,第 238 页。
⑨ 《杨氏易传》,杭州:浙江大学出版社 2015 年版,第 328 页。
⑩ 陈淳:《北溪字义》,北京:中华书局 1983 年版,第 23 页。
⑪ 《北溪先生大全文集》,北京:北京大学出版社 2018 年版,第 984—985 页。
⑫ 真德秀:《大学衍义》,上海:华东师范大学出版社 2010 年版,第 200 页。

则既有以固其肌肤之会、筋骸之束，而养其良知良能之本。"① 这里显然以"良知良能"为特定的表现，而没有将其等同于性体。以下之言也表明了这种倾向："恻隐羞恶，辞逊是非。具乎其心，是曰良知。"② 吴澄曰："生而爱其亲，长而敬其兄，出而行之于朋友，娶而行之于夫妇，仕而行之于君臣，此良知良能之得于天，而人人所同也。"③ 吴澄言"良知"不止于爱亲敬长，还将此达于夫妇、君臣，这与王阳明所言"见父自然知孝，见兄自然知弟，见孺子入井自然知恻隐"神气相合。孟子只说"不学而能、不虑而知"，吴澄、王阳明乃将其推广。

大体来说，"良知"经历了从作为性体之表现及特指的爱敬到心之本体的语义变化（也就是由用至体）以及适用范围的增广。深言之，此乃经典文本内部不同概念的相互贯通。论析义释名之宗旨，则吕本中、陈淳、吴澄可谓王阳明之先声。总括而论，"知"与"能"对言，"知"言内而"能"言外，同是不待拟议安排的本然之善的流露，孩提之童的爱亲与年岁既长后的敬兄同为非功利性与非强制性的真情表现。然而，据赵岐所注，此"良"非形容词"善"，而是副词"甚"或"最"；"知"非名词，而是动词；因此"良知"就是"甚知"、"最知"。④ 如此则原句之义便是"不学而能"、"不虑而知"为最能、最知之事。据语法来说，似赵氏之解为妥。若《孟子·尽心》章中"良知"为不限于特定阶段的善心或者与孟子所说的"性"等同，则"不学而能者"、"不虑而知者"后接之以"良能"、"良知"即可，不必以"其"做代词。"良"之本义既为"桥梁"，由桥梁很自然便有"通达"之义，而"通达"应用于人类活动便可解释为"善于"。《孙子兵法》中说："善用兵者，避其锐气。"《道德经》帛书本、河上公本、王弼本皆有"居善地，心善渊"等句，此"善"即"善于"。不过，此能、此知非外铄而有，对此赵氏与宋儒同。

需要补充的是，这里存在着一个十分有必要予以突破的认知困境：字符的一致并不代表意义的一致。在王阳明那里的"良知"并不因其偶然的字符相似而与他的前辈们所言分享完全相同的意义空间，它们也不具有可以互相替代的语言效果。中国古代思想家所说的"良知"不是对某种可还原的神经状态的指称，不同思想体系中的"良知"也不能实现无保留地替换。

（二）关于研究方法

此处需要对一个似是而非的问题意识的误区加以分析，这一误区可称作"哲

---

① 《全宋文》第 310 册，上海：上海辞书出版社、合肥：安徽教育出版社 2006 年版，第 280 页。
② 《全宋文》第 311 册，上海：上海辞书出版社、合肥：安徽教育出版社 2006 年版，第 23 页。
③ 《吴澄集》（二），北京：中国社会科学出版社 2021 年版，第 581 页。
④ 焦循：《孟子正义》下，北京：中华书局 2015 年版，第 965 页。

学辞典式的谬误"。秉持此态度的研究者通常惯于这样提问："在某人使用某一词汇时说的是什么？"尽管这种提问看起来似乎充满了矢志不渝的求索之心，但很遗憾，这种提问方式——委婉地说——至少是缺乏审慎思考的结果。事实上，这一问题的完整表述是："对于此时此刻拥有如此这般知识系统和文化语境的我们来说，某一词汇该怎样理解？"因为理解的过程也是解码与重新编码的过程，而询问"对于王阳明而言，良知是什么"，要么根本没有意义，要么就是在问别的问题。"良知"就是"良知"，如果再是别的什么，那么"良知"作为元语言的位置便会动摇。诚然，有人会反驳说王阳明曾以"天理之昭明灵觉"①乃至好恶来解释"良知"，但如果将"良知"解释为"天理"和"好恶"，并不能做到语义效果无保留地替换。进一步说，"天理"和"好恶"又是什么呢？显然，"说的是什么"这一问题是在问："当王阳明使用'良知'这一词汇时，想要促成什么，或使何种愿景得以实现？"因为无论是"知行合一"还是"致良知"都不是王阳明在作为生理结构的心脏与大脑中所窥测到的印刻在那里的天启神谕，而毋宁说二者都是对精神体验的表述，这种前语言的体验和其所选择的语汇间没有自然而然的因果强制关系。此外，这一问题又是在问："王阳明为了使交谈对象获得对'良知'的体悟，采用了怎样的阐明方式？"以上两个问题才是我们考察的重心所在。哲学辞典式的词义汇编仅仅是研究工作的开端，而非终点。

就此来说，我们的研究方法最终的表现方式体现在两个维度上：一是在历时性视野中对"良知"学展开历程的回顾；二是在共时性视野中对王阳明开示学者，使得"良知"呈现的方式进行分门别类的考察。最终的表现方式将在不同的维度上展现"良知"学的不同方面，并形成有益的互补，从而使得单一视角下所存在的缺憾得到尽可能的弥合。历时性考察中所揭示的思想变化的确存在，但孔门的"恕道"在宋明儒者那里并没有遭到搁置，"知行合一"在王阳明起征思田后也未遭冷遇，思想的变化不是线性地朝向某个终点逼近，而是一个内在融贯性不断增强与外在照拂之范围不断增广的历程。"致良知"没有背弃"惟精惟一"、诚敬存之，正如"无善无恶"也不与"存天理"有所龃龉。历时性的研究可以展现问题展开的脉络与次序，但这并不完全等同于义理境界的高下。义理境界的高下实不与时间性的言说次序相绑缚，思想脉络的前后关联处也需要共时性的视野。简言之，历时性考察的关键在于"良知促成了什么"，即"良知"对于人文世界与作为思想遗产的道德话语的昭明，而共时性考察的重心在于"如何使良知呈现"。

---

① 《王阳明全集》上，上海：上海古籍出版社 2011 年版，第 212 页。

第一节 阳明"良知"学的历时性展开："致良知"的萌生线索、"良知"元语言地位的获得与天泉证道

对阳明学的历时性考察旨在通览其思想学说渐次成就的历程，并获得对其思想风格的真切感受。这在一般性的思想史研究与人物年谱乃至专题性的思想传记中已经得到了充分的描绘，甚至早在王阳明的门下弟子如钱德洪、王畿那里即有"三变"、"五变"之说。除非有决定性的新史料出现可颠覆既往对阳明学变化经过的论述，否则妄言哥白尼式的转向就显得过于轻浮，因而此下所论侧重于对展开历程中一些较易引发误解之处的澄清。

一 从"知行合一"到"致良知"的两重线索

（一）喜静厌动之弊的对治

对"良知"二字的闻见，王阳明在开蒙读书之际便已知晓。《传习录》上卷中，徐爱、薛侃所记两条语录曾道及此。虽然正式提倡"致良知"尚要等到正德十四年（1519）平定宁王之乱以后，但这一转向早已潜藏在此前王阳明对道德工夫的思考之中。正如阳明所言："吾良知二字，自龙场以后，便已不出此意。只是点此二字不出。"[1] 可见其中岁所说已潜具"良知"学之宗旨。后者的提出自内在线索而言有消极和积极两面，此处先论消极的一面，也就是对思想可能产生流弊的反思。具体而言，不能善体"知行合一"或可导致喜静厌动之弊。

"知行合一"认可了存在于身内之事亦为道德行为的一环，"端庄静一亦所以穷理，而学问思辨亦所以养心"。[2] 进一步说，默坐澄心体认"天理"以及对私欲病痛的省察克治也可以视作道德行为，如此一来则不免导致学者溺于沉静，而于

---

[1]《王阳明全集》下，上海：上海古籍出版社 2011 年版，第 1290 页。
[2]《王阳明全集》上，上海：上海古籍出版社 2011 年版，第 309 页。

人伦庶务之应对有所缺憾。在钱德洪所记语录中，王阳明自言：昔在滁州之时（正德八年）尝教人静坐，然随后学者"渐有喜静厌动，流入枯槁之病，或务为玄解妙觉，动人听闻，故迩来只说致良知"。[①]在阳明之意，己私既克，存得"天理"，则动静语默、进退出处皆依循"天理"，自不必只停留在省察克治一面，学者闻之，则可于事务之繁而生畏葸偷懦之意。王阳明提"致良知"，正是挽此流弊，对溺空沉静之患亦示其不满，"专欲入坐穷山绝世，故屏思虑，则恐既已养成空寂之性，虽欲勿流于空寂，不可得矣"。[②]究其语义，"致良知"和"格物致知"中的"致知"无大的区别，"知"是主宰；"良"为善；"致"是知的自致，并非别有一心去致。所谓"致良知"，也就是主宰之心的彻知彻行。坊间习语多将"良知"释为"善心"，但在王阳明的语境里"知"并非名词，而是动词，添一"良"字无非说此"知"是善的。至于为什么选择"良知"一语，大抵因其龙场之悟依承于《大学》之框架。早在和徐爱的谈话中，王阳明已隐约道出后来之义。在解释"致知"时，他指出："胜私复理，即心之良知更无障碍，得以充塞流行，便是致其知。"[③]明此，则可知"致良知"只是表达方式的变化。

（二）必有事焉的倡明

除却对喜静厌动之弊的反省，"致良知"之宗旨的倡明还有其积极兴发的一面，上契于孟子必有事焉之教。格物之功于动静皆当用力，致知亦无间于动静，"动静一贯"即有事无事皆有用功之处。这就是"必有事焉"，"必有事焉"之所事即为"致良知"。

王阳明在宁王之乱前所承袭的工夫论话语皆不出宋人途辙，自其用力之切近处则有立志、克己二端，而克己之功尤为阳明所常道。此一工夫为"存天理，去人欲"所不可或缺之环节，"己私"不去，则"天理"不行。如颜子、明道之天资者终为少数，常人用功应当有困知勉行、下学上达之工夫，宋儒将此称为"渣滓浑化"，所去者便是习气。王阳明指出："无事时，将好色、好货、好名等私欲逐一追究搜寻出来，定要拔去病根，永不复起，方始为快。常如猫之捕鼠，一眼看着，一耳听着，才有一念萌动，即与克去。"[④]直至天泉证道之际，王阳明亦存此意："人有习心，不教他在良知上实用为善去恶功夫，只去悬空想个本体，一切事为俱不着实，不过养成一个虚寂。"[⑤]为善去恶不能外于克治之功。然而，对人心病痛的克治仅为成就圣贤的消极功夫，只如猫之捕鼠，则不免有明道所言"破屋御寇"[⑥]之嫌。明道认为：中无定主之时而思虑纷杂，只以绝思虑为念，则如一四面漏风

---

①③④⑤《王阳明全集》上，上海：上海古籍出版社 2011 年版，第 119、7、18、134 页。

②《王阳明全集》下，上海：上海古籍出版社 2011 年版，第 1303 页。

⑥《二程集》上，北京：中华书局 2004 年版，第 8 页。

之屋，东面方逐盗贼而盗贼转自西入。为绝此患，当心中有主，如置水杯中，虽移之海底而外水不能入。事实上，王阳明也曾表述过类似的忧虑。他指出："今人不能常见自己良知，一日之间，此心倏焉而夷狄，倏焉而禽兽……不知几番轮回。"[①] 朱子于领悟中新说前回复张栻的信中也描述了类似的处境："但觉为大化所驱，如在洪涛巨浪之中。"[②] 为免此患，明道所倡为"识仁定性"，朱熹所主为"敬知双修"，王阳明所主则为"良知"。"致良知"便是将勿忘、勿助通而为一，"必有事焉"就是"良知"的常存不昧，"'必有事焉而勿忘勿助'，事物之来，但尽吾心之良知以应之，所谓'忠恕违道不远'矣"。[③] 若明于此，则克己、立志无非"致良知"之功夫，非克己以后方有"致良知"之事，一念克己便是"天理"流行。这既避免了沉溺于枯槁虚寂之弊，又使"良知"的呈现与流行不外乎人伦日用。

需要补充的是，在钱德洪所记的语录中，王阳明指出："琴、瑟、简编，学者不可无。盖有业以居之，心就不放。"[④] 有业居之，便是"必有事焉"。朱熹尝说"思虑、言语、躬行各是一事，皆不可废……但言不可以言语思虑得，则是相率而入于禅者之门矣"[⑤]，此正与阳明同义。盖心无所用则不免枯燥，或流入玩弄光景，或求诸杳冥玄远而入于释、老，由此则"致良知"亦可视作儒学立场的彰显与学派疆界的厘定。

（三）善的主宰：良知对人伦世界的昭明

在王阳明所说"格物致知"的语义结构中，"知"应解作"统摄"或"昭明"。顺此而下，宁王之乱后，王阳明在阐发良知学时所言"知善之恶"的"知"同样可解释为"统摄"或"司掌"，也就是"司掌善与恶的判定"，这就不是笼统地知道一些社会中的好恶共识或善举恶行的具体内容，也不仅仅是知道一些裁定善与恶的准则，而是于自家心体有所印证，对是与非能够诚好诚恶。此"知"是能力，而不主要是内容。同理，"致良知"也不能简单理解为"动词＋名词"的结构，而是一种同语反复。作为统摄、主宰的"知"自含"推致"之意，"致知"就是知之自致，如同好好色、恶恶臭不是别有一心去好、去恶。如果是"动词＋名词"的结构，那"致"的逻辑主语是什么？换言之，是什么发出了"致"的命令？此"致"的引生是否需要再被其他什么引生？如此就产生了恶性的无穷倒退，或者不再是由仁义行，而是行仁义。就此而言，"自然知"、"莫不知"这样颇易引发后人争论的表述也可

---

①《王阳明全集补编》，上海：上海古籍出版社2018年版，第169页。

②⑤《朱子全书》贰拾壹，上海：上海古籍出版社、合肥：安徽教育出版社2010年版，第1392、1417页。

③④《王阳明全集》上，上海：上海古籍出版社2011年版，第67、129页。

获得较为清晰的厘定。在《亲民堂记》中,王阳明阐发说:"明德者,天命之性,灵昭不昧,而万理之所从出也。人之于其父也,而莫不知孝焉;于其兄也,而莫不知弟焉。"①这里的"莫不知孝"、"莫不知弟"无疑并非经验意义上的闻知,而是对理想境界的描述。

凡此种种,在王阳明时也许一说便晓、不烦疏释,但时至今日其立说之意转入晦茫之中,是以需要加以疏通。

第一,从人类历史的演进说,父子、兄弟间特殊行为的确定与对此种关系之间可能有的道德理想的昭明,二者孰先孰后正不易定论,然从文字表义之历程看,则父子、兄弟间特殊行为的成就当先于"孝"、"悌"之道德话语的出现。如从历史发生的角度看,也可以说先有人类良知的呈现,而后有特定道德行为的昭明。因为道德行为不可能转瞬即逝,而必有其持续;若仅是一隙之光,则亦不能长久。在这种意义上,所谓"自然知"、"莫不知"也可发生于"孝"、"悌"等道德语言形成之前,此时不必有对后来"孝"、"悌"等话语所关联的特定行为的闻见之知而亦可成就后世人所共许的"孝"、"悌"之行。王阳明所言本未及此,然以理推之正可转出此义。

第二,从人文既盛、庶物繁兴后儿童的教育成长来看,家庭与社会的熏染自可在其有"爱亲敬长"之心呈露前即教授道德话语和行为。此时自然可说对于孝悌等行为的客观了解在良知昭显之前。未经社会化、无成人抚养的儿童能否必然呈露出"孝悌"是一个社会学和人类学的问题,此中正可不必有"自然知"与"莫不知",这亦是阳明之言可能遭遇反驳之原因所在。王阳明曾在正德十三年(1518)作《训蒙大意示教读刘伯颂等》,明言童蒙之教与成人不同,可见二者在教育问题上不无分别之处,但其晚岁又说"我这里言格物,自童子以至圣人,皆是此等工夫"②,似泯灭了其间区别。大抵王阳明所说本非严格的行为主义心理学,人们亦不必本今日之知识以非其言。当然,王阳明从未有"不识字亦可堂堂正正做人"这样极端的表述。如果本其学术话语来回应方才的质疑,则无非是童蒙之际蔽障尚多,闻见之知的习得正在去除这一蔽塞,由是一般性的读书识字与歌诗习礼不可或缺,没有经验知识的孩童也不必有"见孺子入井自然知恻隐",良知的成就不能由闻见之知自动转出,但也不是说对良知的寻求一定要抛弃闻见之知,童子之爱亲敬长当然也不是圣人之参赞化育。论其初旨,"自然知"一类的表述本不是综合命题,而是对理想境界的描述,没有必要在此多生纠葛。

第三,还有一种情况便是人们最为熟悉的,即一个良知昭著的人"自然知"就

---

① ②《王阳明全集》上,上海:上海古籍出版社 2011 年版,第 279、137 页。

是一方面对行为对象能够做出依赖于经验知识的分别，另一方面本其昭明灵觉之良知而回应以特定的行为，此时"自然知孝"、"莫不知悌"既有动机的彰显，又伴随着对相应内容的提举。需要强调的是：尽管此时的道德原则与道德行为都可以源自经验知识的获取，但并不是经验知识使人如此去做，其中便有"良知"自作主宰之处。还需补充的是："良知"自可通达于"见家莫不知齐"、"见国莫不知治"，"齐"与"治"有特定的方法，这属于闻见之知，但是此方法并不能决定"齐"与"治"本身的正当，后者只能由"良知"裁定。在九头十纪、三皇五帝的时代恐怕未必有"治国平天下"这类表述，但不妨碍其时之人对家族和部落联盟有不同的处理之道，后者有恰当与不恰当之别，此即是"良知"作用之处。再进一步，为后世所熟悉的父系氏族的家庭结构乃至部落联盟有逐渐孕育的历程，而非自天地开辟以来一成不变。因此，有理由说在很长一段时间内华夏先民没有对这种特定组织方式的经验之知，但这不妨碍当其逐渐定型之后先民可以凭借日用间所成就的智慧（王阳明无疑会将此称作"良知"）以特定之方式加以应对。也许先民关于对错的特定内容与后世所见不合，但"良知"本来也不是教条，而是能力，是一种能够自我修正的能力。将"知"解释为"统摄"或"昭明"就不会引生那么多的误解——缺乏经验知识以确定父亲和兄长的身份自然也不可能有"知孝知悌"，但这种闻见之知仅为助缘，不能说对父兄的特定道德行为仅仅出自这种闻见。王阳明没有过多解释那些在今日看来属于教育心理学和社会心理学的内容。他所说的是一种立足于"道德理想主义"的实践哲学。如此，没有必要再反驳说"童子不会知齐知平"，良知是道德的智慧，王阳明也从来没有反对对具体经验知识的学习。

二　元语言的转化："天理"与"良知"的关系

（一）"理"字的凸显与天地澄明、宇内和畅的时代印象

先秦儒言"道"所潜藏的心态往往伴随着一种孤灯悬照以驱散黑暗的竣切和庄严。宋明儒所处时代不同，所以心灵图景也不同。彼时的世界是一个疏明清朗、洁净空阔的所在，混沌与黑暗已退至遥远的角落 ①，先秦时那种提灯行夜之凝重感已变为天地澄明、宇内和畅。时代感受不同，则情感倾向也不同，于是"理"的位置凸显也就不那么令人费解了。早如张载便在注解《易传》"何思何虑"一段

---

① 这里所说的不是社会公平的问题，而是说人类力量在物质世界的拓展所引生的社会感受在不同的时期有所差异。

时说"先得此一致之理，则何用百虑"①，注"立人之道"一句时则以仁义为"性命之理"②，不云"得道"而言"得理"，其意态自有区别。二程及其后学如杨时、胡宏直至朱熹、张栻亦皆以"理"字为重心，后至王阳明于平定宁王之乱前教人之旨汇于《传习录》上卷者，亦多言"存天理，去人欲"。无疑，这并不是天门洞开、神明昭示，于上古时显一"道"字而在宋嘉祐年间降下"理"字，没有这样近乎神迹的事情。相比于问"道"与"理"说的是什么，更好的问题是这两个字的选用体现了什么，因为"思想的演进乃是千挑万选的隐喻的本义化过程"③，这一过程伴随着不同的隐喻彼此间的竞争。言"道"，重在由已知达未知；言"理"，重在对此已知者之厘定与承守。《诗》云"我疆我理"④，必先疆而后理，此"理"便是已定范围中之条理化。

　　既然用来传达心灵体验的语言符号不是源自天宪神授，也并非像哈维对血液循环现象的发现，当然更不像弗洛伊德经历大量临床诊断而发现的潜意识，那么道德话语的选择就首先是一个语言风格的问题，正如罗蒂所言："语言习得所完成的一切是让我们进入一个社群，其成员在彼此之间交换对论断的证明和其他行为。"⑤当然，这并不妨碍与心性之学相关的话语深刻地影响了中华文明的方方面面，这些语言是一种伟大的力量，但继承这一思想资源需理解古人的立言宗旨。进一步说，"天理"并不比"道"更加接近重重帷幕之后的真实，"心即理"也并不比"性即理"传达了更多关于人类自身的认识，无论"天理"还是"良知"同样首先是一个语言问题。阳明学的话语——伴随着新的风格与气象——旨在形成更富启发性的隐喻，龙场时的居夷处困和宁王之乱后的世情洞察也许的确伴随着心灵境界的开悟，但"知行合一"和"致良知"都不建立在神经生理学和解剖学的基础上，没有这样听来让人十分惊悚的事情，好像程颢"自家体贴"出的"天理"与王阳明的"良知"是在人体器官与骨骼的解剖中发现的。

　　在揭示良知之学后，王阳明所从事的思考则是一方面通过言谈开示以启发学者对于"良知"的体悟，一方面展开对儒学传统中经典文本的摄入与衡定，并进一步借由对"良知"的阐发以昭明或重构那些陷入日用而不知的庸俗状态且失去了启发力量的道德语汇。这一过程就是中心化和区域化相互更迭中思想版图的厘定。中心化就是元语言的重新选取，即一种由语言的隐喻力量所暗示的道德践履的倡议。在王阳明之前的那些伟大哲人的思想历程中，此一行为并

①②《张子全书》，西安：西北大学出版社 2014 年版，第 230、241 页。

③［美］理查德·罗蒂：《偶然、反讽与团结》，北京：商务印书馆 2003 年版，第 67 页。

④《毛诗正义》，北京：北京大学出版社 2000 年版，第 964 页。

⑤［美］理查德·罗蒂：《哲学和自然之镜》，北京：商务印书馆 2011 年版，第 200 页。

不陌生。正如孔子以"仁"为中心而区域化了恭、宽、信、敏、惠乃至忠、恕，荀子以"统类"为中心而区域化了智、仁、勇，张载以"虚"为中心区域化了仁、义、礼、智。王阳明的如下表述也体现了这一"中心—区域"相更迭的过程："心一而已，以其全体恻怛而言谓之仁，以其得宜而言谓之义，以其条理而言谓之理。"[①]"大学所谓厚薄，是良知上自然的条理，不可逾越，此便谓之义；顺这个条理，便谓之礼；知此条理，便谓之智；终始是这条理，便谓之信。"[②] 这不是关于人类学与历史学的考察，也非解释这些词汇在殷周之际成为道德话语的原因，更非在描述嘉靖年间的儿童的学习过程。这类表述是一种倡议，旨在提供更好的成就道德工夫的路径。需要补充的是：区域化不是边缘化，更非弃之不顾，而是对于黯淡之物的昭明。当然，其中的经历并非一帆风顺，对那些一时无法回避且在思想语境中占据着无可置疑的中心位置如"天理"这样的概念，就非等闲可以实现去中心化。

（二）理气一元、万物同构、身心一元

从横向考察的角度说，王阳明对理、气、心、性等问题的思考可以概括为"理气一元"、"万物同构"和"身心一元"，这与张载的学说更为神似[③]，亦不悖于先秦时中土固有之观念。[④]

首先，理气一元。在给陆元静的回信中，王阳明阐发了对周敦颐太极说的理解：太极与阴阳虽得名有异，然不可视为两物，"动而生阳，静而生阴"亦非如母生子之生。王阳明以"理"言"太极"，并进而指出："太极生生之理，妙用无息，而长体不易。太极之生生，即阴阳之生生。"[⑤] 在生生的历程中，妙用无息便是动，动者为阳；常体不易便是静，静者为阴。一气屈伸而有阴阳，一理隐显而有动静，阴阳与动静为状态的描述，非气与理之外别有阴阳动静。理为气之理，气为理之气。

其次，万物同构。万物一体既可积极地从生命主体的心灵境界说，也可消极

---

①②⑤《王阳明全集》上，上海：上海古籍出版社 2011 年版，第 48、123、72 页。

③"今言鬼者不可见其形，或云有见者且不定，一难信；又以无形而移变有形之物，此不可以理推，二难信。"（《张子全书》，西安：西北大学出版社 2014 年版，第 299 页。）

④ 关于身心非二，《左传》载子产之言说："人生始化曰魄，既生魄，阳曰魂。用物精多，则魂魄强，是以有精爽至于神明。"（杨伯峻：《春秋左传注》下，北京：中华书局 2018 年版，第 1123 页。）魂为魄之光芒，精爽神明为魂魄之状态，非别有一物为神明。《管子·轻重丁》曰："源泉有竭，鬼神有歇。"（马百非：《管子轻重篇新诠》下，北京：中华书局 2011 年版，第 676 页。）神歇为鬼，非有二物。关于气为生物之本，《大戴礼记·曾子天圆》说："吐气者施，而含气者化，是以阳施而阴化也。阳之精气曰神，阴之精气曰灵。神灵者，品物之本也。"（方向东：《大戴礼记汇校集解》上，北京：中华书局 2008 年版，第 587 页。）阴阳为一气之不同状态，由阴阳而有神灵，由神灵而有品物。

地从万物之形构说,前者待下文再予考察,此处仅言后者。在阳明之义,从风雷雨露到山川土石皆可说与人一体,这种一体在于气化的构成。他指出:"五谷禽兽之类,皆可以养人;药石之类,皆可以疗疾。"[①]如果不是一气相通,那么不同种类的个体就很难实现这种摄入。此外,心灵世界的感通就是气的相互感通,"古人为治,先养得人心和平,然后作乐 …… 你的心气和平,听者自然悦怿兴起 …… 我的中和,原与天地之气相应"。[②]王阳明之言是想表明:人不可将万物视作一己的牺牲供奉。人为万物之灵,此灵是气自身之灵。万物没有人的意识,无非是气之聚合精粗的差异,"天地万物与人原是一体,其发窍之最精处,是人心一点灵明"[③],而非人类与所谓万象森然的法界有什么特殊的关联。这与张载之言若合符节。如张载曰:"气之性本虚而神,则神与性乃气所固有。"[④]人与万物互为主宾,而非主奴。"把动物视为 …… 听凭他的意志支配的、为达成他的任意意图的手段和工具"[⑤],"自然和其他的人们为我们所做的一切事情都是它们或他们的绝对职责 …… 我们为它们或他们所做的一切事情则是恩惠和善举"[⑥],这种妄自尊大的观念在王阳明那里不会出现,在儒学正统中也不会出现。对西方人文主义可以有所反思,但这一反思的结论绝不可直接移用到中国心性之学的传统上。

再次,**身心一元**。据阳明所言,既然理气非二,万物同构,那么似乎就不再可能坚持心物二元论与无形有质的灵魂观,古人意识中的鬼神亦不过与天地日用四时同为"一体之实理"。[⑦]一方面,身心意知物是同一过程的不同面相,名异实同。人类的意识并不源自灵魂,"无心则无身,无身则无心。但指其充塞处言之谓之身,指其主宰处言之谓之心,指心之发动处谓之意,指意之灵明处谓之知,指意之涉着处谓之物:只是一件"。[⑧]这与上述理气一元的思想一脉相承。王阳明重在破除一种可以称作"误置具体性谬误"[⑨]的思想误区,也就是说,人们可由语词而通达于所指的存在,但后者并非总是经验性的对象。在回复陆元静关于

---

① ② ③ ⑧《王阳明全集》上,上海:上海古籍出版社 2011 年版,第 122、129、122、103 页。
④《张子全书》,西安:西北大学出版社 2014 年版,第 54 页。
⑤《康德著作集》第 8 卷,北京:人民大学出版社 2010 年版,第 117 页。
⑥《费希特文集》第 3 卷,北京:商务印书馆 2014 年版,第 196 页。
⑦《王阳明全集补编·语录》,上海:上海古籍出版社 2018 年版,第 210 页。
⑨ 这个词汇来自怀特海著《科学与近代世界》,北京:北京师范大学出版社 2017 年版,第 59 页。这种错误的成因是对指称与意义的混漫,具体的表现则是以抽象为具体或者是形形色色的范畴错误。简单来说,具有意义的表达式并不就有可以被经验观察证实、证伪的指称对象,诸如"重心"、"平均纳税人"、"协作精神"这样的词汇都是旨在促成认知前进的语言装置,但其本身并不指向神秘的实体。想想看协作精神,在一场排球比赛中,同一队伍的队员之间的传球、攻守配合、拦网、扣杀就是协作精神的体现,这种精神并不是上述行动外的另一种活动。

元神、元气、元精三者藏于何处的疑问时，王阳明解释说三者不过是良知的不同表现，不可以形象方所求之。他说："良知，一也。以其妙用而言谓之神，以其流行而言谓之气，以其凝聚而言谓之精。"①此言可与"身心一元"之说相互发挥、阐述。另一方面，心灵状态不能还原为神经状态。王阳明当时恐怕未必有今日心脑科学的知识，但本其所述自可衍生出这种非还原论。在王阳明的话语中，"心"的概念作为功能而出现，不能等同于生理结构——无论是解剖学意义上的心脏还是大脑的神经分布，"所谓汝心，亦不专是那一团血肉。若是那一团血肉，如今已死的人，那一团血肉还在，缘何不能视听言动"？②"心"是所以能视听言动的依据，也就是性之生理，而此生理又是天之所赋。"良知"是心之本体，也是"天理"之昭明灵觉。但"良知"不是气之外别有一物，"良知亦只是这口说，这身行，岂能外得气，别有个去行去说"。③此言为黄修易所录，约在嘉靖四年（1525）前后，显为阳明晚年之定见。

总的来说，在王阳明那里，实践理性与认知理性同为生生之理的贯彻，也没有心物二元论，这与德国古典主义哲学代表者如费希特和现在英美分析哲学代表者如普特南皆有相通之处。费希特指出："不是因为我们要认识，我们才行动，而是因为我们注定要行动，我们才认识；实践理性是一切理性的根基。"④普特南则认为："心灵并不是一个事物；谈论我们的心灵就是谈论我们所拥有的包含了世界的能力和我们所参与的包含了世界的活动。"⑤阳明学中如这般可为今人发掘者尚多。在那些启发性的道德开示外，王阳明对元伦理学的思考同样是弥足珍贵的思想遗产。

（三）思想版图的厘定与"中心—区域"的更迭：从"天理"到"良知"，从"诚意"到"致良知"——兼论"随处体认天理"之失

从话语转换的历程看，王阳明对"天理"与"良知"关系的思考可分为四个阶段：以"天理"为核心而未说"良知"；以"天理"说"良知"（重在"天理"）；以"良知"承"天理"（重在"良知"）；"良知"的中心化。

在第一个阶段，于正德十四年（1519）以前，王阳明未脱宋儒之言论，教学者仍多以"存天理，去人欲"为说。在《传习录》上卷中，王阳明对工夫论的指点延续了这一倾向。"存天理"是宋儒理学最高的宗旨，具体的工夫则是诚意，格物致知是对诚意的落实。王阳明答郑朝朔之言，说"至善只是此心纯乎天理之极便

---

① ② ③《王阳明全集》上，上海：上海古籍出版社 2011 年版，第 70、41、114 页。
④《费希特文集》第 3 卷，北京：商务印书馆 2014 年版，第 614 页。
⑤［美］希拉里·普特南：《三重绳索：心灵、身体与世界》，上海：复旦大学出版社 2017 年版，第 180 页。

是"①；答徐爱之问，说"天理即是明德，穷理即是明明德"②，"此心无私欲之蔽，即是天理，不须外面添一分"③。三语皆为正德七年（1512）所记，此时言"至善"、言"明德"俱以"天理"标宗，立言成说尚不外于朱子矩矱。王阳明虽有"格物致知"和"知行合一"之悟，然亦连于"诚意"而说，《传习录》上卷如"身之主宰便是心，心之所发便是意，意之本体便是知，意之所在便是物……诚意之功，只是个格物"④便仍以格物为诚意之具体表现，诚意为体，格物为用。此外，他于正德八年（1513）所作的《与黄宗贤》第五书便自言"近时与朋友论学，惟说'立诚'二字"⑤；他于正德九年（1514）作《书王天宇卷》，指出君子之学与圣人之学无非诚身诚意："格物致知者，立诚之功也。譬之植焉，诚，其根也；格致，其培壅而灌溉之者也。"⑥以诚为根而以格致来栽培浇灌，可见王阳明龙场之悟只是用力方向的改变，于诚意之说未有更替。

第二和第三个阶段均发生在王阳明于正德十四年（1519）揭示"致良知"宗旨以后，但二者之转折并无显著的时间标志。王阳明虽有"良知"新说，但既往的语言背景不易舍弃，且学者所熟悉的话语仍以"天理"为核心，因此立言施教不能骤易遽改。至于何以有不同语言的选择，一方面是道德工夫所成就的前语言的心灵图景需要适配其风格的话语，另一方面则是道德语言广为人知后所不免的语义效果的弱化与庸俗化，这在下文讨论时代症结时，我们会进一步展开。

关于"以天理说良知"，是以"天理"之尊严来彰著"良知"的尊严。在《答舒国用》一文中，王阳明写道："心之本体，即天理也。天理之昭明灵觉，所谓良知也。"⑦是文作于嘉靖二年（1523），距正德十四年（1519）仅四年之隔。观其言下之意，"良知"是"天理"在人类精神中的一种状态，若以《中庸》的框架说，"天理"与"良知"便是"诚"与"明"的关系。"天理"非人独有，而人虽为天地之灵，但不是天地间唯一的生命形式，更不是天地间唯一的存在。在此意义上，"天理"可有其明亦可不有其明，"良知"仅为"天理"之特殊的表现。不过这一倾向并未延续太长的时间。

关于"以良知承天理"，则是在良知学宣扬渐广、晓喻既多后的题中应有之义。此时之言便重在说"致良知"为"天理"流行必由之功，舍却"致良知"则无从昭明"天理"，这就在暗中实现了区域和中心的更迭。从"天理"一词的构成说，在理学形成的早期，其并非所有格的形式，并非"天之理"，其中的"天"与"天序"、"天秩"、"天良"、"天德"等词一般，可以视作对庄严性与价值尊严的强调。无论将"理"当作名词还是动词，看作当然之则或人生之条理整肃，其自身都不是"天"的附属。

---

①②③④⑤⑥⑦《王阳明全集》上，上海：上海古籍出版社2011年版，第3、7、3、6—7、171、302、212页。

在朱熹那里，"理"的尊崇与"天"等同甚至犹有过之。朱熹在注《论语》"获罪于天"一句时说"天，即理也"①，《朱子语类》中说"未有天地之先，毕竟是先有此理"②。然而，"天理"一语行之既久，因其宇宙论的意味而成为仿佛是"天之理"的外在之物。借助牟宗三所述"良知是呈现"③来解释这一问题，"天理流行"、"纯乎天理"亦可说是呈现，但问题是如何呈现？也许在理学发展的早期，这一词汇的语言效果是显而易见的，但在其广泛使用并失去了早期的启示性力量之际，这种自明性就非触手可及了。说"天理"仿佛在外，说"良知"则为当下有所感悟，而"天理"之体会须由"良知"通达。于是，王阳明说："良知是天理之昭明灵觉处，故良知即是天理 …… 若是良知发用之思，则所思莫非天理矣。"④是言写于嘉靖五年（1526）。说"良知"即"天理"，与其早先意态有别，而"良知"的重要性进一步得到凸显。又，王阳明在同年《答南元善》一文中说："良知之昭明灵觉，圆融洞澈，廓然与太虚而同体。"⑤与王阳明此前将"昭明灵觉"归诸"天理"不同，此处的主语已成"良知"。随之而来的还有其对"诚意之功"的新诠，此前"立诚"、"思诚"即用力之所在，"格物致知"与"诚意"可视为用和体的关系。但是，在钱德洪所记的语录中，这种倾向已然改变。王阳明指出"诚是实理，只是一个良知"⑥，又说"天理即是良知，千思万虑，只是要致良知"⑦。此二条在"朱本思问"以后，朱本思于嘉靖四年（1525）始来问学，则是语或在此年之后，可见这时王阳明的立言宗旨已逐渐成就并确定了其风格与畛域，而"良知"和"天理"、"致知"和"诚意"已然平起平坐。

在最后的阶段，则是"良知"中心化的完全奠定，"理"的观念变成了"良知"的一种表现，而"诚意"彻底被"致良知"取代。对于这一阶段，同样无法分辨出清晰的起始时刻，但其完成则有相对明确的标识，即嘉靖六年（1527）黄直所记王阳明对"格致诚正"的阐发与起征思恩、田州之际所讲授的《大学问》。具体来说，"良知"的中心化可分为以下三个部分：

一是"良知"的独立使用以及"天"和"理"的分离。当"良知"的阐明不再倚傍另一观念为之增色，不再假借于既往的思想格局而有所置身，并作为一种核心的隐喻而对人类的道德与文化生活予以昭明开显之际，新的思想版图也就由此

① 朱熹：《四书章句集注》，北京：中华书局 2012 年版，第 65 页。
②《朱子全书》拾肆，上海：上海古籍出版社、合肥：安徽教育出版社 2010 年版，第 113 页。
③ 牟氏自述："当吾在北大时，一日熊先生与冯友兰氏谈，冯氏谓王阳明所讲的良知是一个假设，熊先生听之，即大为惊讶说：'良知是呈现，你怎么说是假设！'吾当时在旁静听 …… 闻熊先生言，则大为震动，耳目一新。"（牟宗三：《心体与性体》上，长春：吉林出版集团有限责任公司 2013 年版，第 156 页。）
④⑤⑥⑦《王阳明全集》上，上海：上海古籍出版社 2011 年版，第 81、235、124、125 页。

确立。元语言的更替不是一件拿起就放的工具取代了另一件，而是道德生命与思想世界的新生。当王阳明说"良知之虚，便是天之太虚；良知之无，便是太虚之无形"①、"良知之昭明灵觉 …… 廓然与太虚而同体"②、"圣人只是顺其良知之发用，天地万物，俱在我良知的发用流行中"③之时，他并没有表示"存在就是被感知"，也并非说人闭目则万物俱消，而是在陈述一种理想的境界。以"良知"与"天"等伦，以"太虚"言"良知"，自《中庸》走向了《周易》，进而将"理"与"天"分离，由"天理"回归"天道"④，并为原先作为心理谓词的"良知"赋予宇宙论的意味，相比于此前借由"天理"而阐明"良知"，既有道德自我的昭明，又是语言系统的嬗递。

二是"良知"的中心化与"理"的区域化。将"理"与"天"解绑后，"理"的位置仍需界定。与将"良知"称为"天理之昭明灵觉"不同，王阳明开始将"理"区域化为一种状态的形容，并进一步淡化其作为本体的地位。他在嘉靖三年（1524）所作《书诸阳伯卷》中指出："理也者，心之条理也。是理也，发之于亲则为孝，发之于君则为忠 …… 千变万化 …… 莫非发于吾之一心。"⑤他在嘉靖四年（1525）所作《答顾东桥书》中指出："心一而已 …… 以其条理而言谓之理。"⑥他在同年对朱得之解释万物一体时说："以形体而言，天地一物也；以显晦而言，人心其机也。所谓心即理也者，以其充塞氤氲而言谓之气，以其脉络分明而言谓之理。"⑦他将"理"视为本心"良知"的一环，并将其从属于"良知"，则相当于暗中表明唯有"良知"方可成就"理"，于是"致良知"取代了"格物穷理"，舍"良知"之呈现亦无以成就行为的条理。

三是以"良知"解释《大学》三纲领的"明德"，并将"致知"视为"诚意"之本。在嘉靖六年（1527）所作《大学问》中，王阳明保留了"天命"、"性"、"昭灵"等言说"良知"的词汇，但文中已然不见了"天理"的痕迹。他在释"止至善"一句时说："天命之性，粹然至善，其灵昭不昧者，此其至善之发见，是乃明德之本体，而即所谓良知也。"⑧"明明德"为三纲领之一，若"明德"即"良知"，那么三纲领便可由"致良知"一语贯彻，"亲民"为"良知"之用，止至善是"良知"发用之节宜。如此一来，则"诚意"的位置便被"良知"取代了。

同年稍早时，在与黄直的问答中，王阳明指出："良知"是心之本体，然本体

---

①②③⑤⑥《王阳明全集》上，上海：上海古籍出版社 2011 年版，第 121、235、121、308、48 页。

④"天道之运，无一息之或停；吾心良知之运，亦无一息之或停。良知即天道。"（《王阳明全集》上，上海：上海古籍出版社 2011 年版，第 298 页。）是文写于嘉靖五年（1526）。

⑦《王阳明全集补编》，上海：上海古籍出版社 2018 年版，第 210 页。又，此条中王阳明所引横渠四句教乃其生平首次称述，结合他后期自"天道"和"太虚"言"良知"，则无疑可说其宇宙论在晚年由朱熹的理气论走向了张载的虚气论。

⑧《王阳明全集》中，上海：上海古籍出版社 2011 年版，第 1067 页。

至善无所用功,到"诚意"一环以着实有好善恶恶而为善去恶方有落实。至此言"诚意"似于龙场之后释"格致诚正"无以别,但随后王阳明说:"然诚意之本,又在于致知也。"[1]这就与他早先以"诚"为根而将"格致"视为壅培灌溉不可同日而语。他进一步解释说:意之所发能明善恶,然知善与不善而不能行善去恶,则是"良知"的遮蔽,也是"良知"不得扩充,如此虽有知善知恶之念但不可谓之"诚",欲此意之"诚"则只有"致良知"。相较于正德十四年(1519)之前所论,王阳明此时对人心病痛的省察与道德成就的艰难所见愈深,而言工夫次第远较此前细密。至授《大学问》时,王阳明之语义稍变,然其语脉与之前相通,《大学问》中解释"诚意在于致良知"时说:意之所发不免有正妄之别,此正妄唯有"良知"自知,此时便当对此意念行以知善知恶、为善去恶之功。简单来说,在与黄直所述中,意念之发有好善恶恶,"良知"的作用在于贯彻此好与恶;《大学问》中则更进一步,考虑到了意念之发或有不善的情形,"良知"作用的对象是意念之发的正妄,对此意念行以知善知恶、为善去恶之功,于是方有"诚意"。至此,"天理"和"诚意"完全被"良知"与"致良知"取代。

　　总的来说,尽管不必动辄以局限性苛责古人,但每一时代都有作为绝对前提的思想风格和语言习惯,此时此刻延续前科学时代的宇宙论话语似乎就不易免于非议。时至今日,一位伦理学家和道德教育家可以从心脑科学或物理学中获得启示,但其所用的语言自有格套,并不能与古人所言实现无保留的互译。[2]在古代中国,也并非必须彻底地解决了宇宙论的种种问题方能对道德问题有所言说。就像早期望远镜镜片的打磨一样,人们尽管对光学原理和视神经结构没有充分的了解,但也可以通过试错法来制造清晰的透镜。道德话语也是如此,其有效性可以依赖于对人类历史经验的反思,而不必将道德自我建立的可能性全然寄托于一种形而上学。在此意义上,王阳明对理气问题所言不如前人之多也就无所谓"虚歉"。[3]今人所言"道德的形而上学"更像是一种语言艺术,旨在成就不同的世界感并激发人们的想象力,甚而实现格式塔转换。但是,无论将其视作境界论还是独断的形而上学,都首先是语言效果的问题,而效果如何往往与社会需要和集体心态密不可分。更重要的是,其与基础科学的更新相伴随,人们对此不能奢望一劳

①《王阳明全集》上,上海:上海古籍出版社 2011 年版,第 135 页。

②对此,蒯因指出:心灵主义的谓词和物理主义的谓词不能通约,但前者仍旧有存在的价值,"尽管心灵主义的谓词很含糊,它们却一直相互作用,产生出预见和解释人类行为的久远的策略。它们以自己无可匹敌的方式补充自然科学,而且对社会科学和我们日常交往都是必不可少的"。(《蒯因著作集》第 6 卷,北京:中国人民大学出版社 2007 年版,第 519 页。)

③牟宗三:《心体与性体》上,长春:吉林出版集团有限责任公司 2013 年版,第 43 页。

永逸的结论。正如蒯因所言：人类的语言实践如同航行于大海中的船只，"我们只能在海上漂流时待在船中重修这条船。没有任何外在的优越点，没有第一哲学"。[①]

至于"随处体认天理"之失，则在有分殊而无一贯。

最普通的看法以为人类行为的当然之则由外而定，于是"穷理"便好像去事物自身那里发现"理"。对这种他律道德的批评自孟子以后便不绝如缕，大抵来说，"理在物"为一事，"我当行"为另一事，前者不能自动推出后者。

至于湛若水所言"随处体认天理"并非他律道德，但相较于王阳明所言"致良知"则有义理造境之别。一方面，人们所体认的当然之理只是对以往事物的了解，不同之理平铺散漫。若问这些不同之理在未来行事时是否有先后、轻重、缓急之别，则只知随处体认者将无以答复。若要实现这种分别，则至少不能离开默坐澄心与独知之际的"穷理"，此在朱子可以是"居敬穷理"与"格物致知"，在王阳明可以是"致良知"，但无论如何都谈不上"随处"。另一方面，所体认者如是"理"而不是以人欲为"天理"，则必先有自家之心的工夫以昭明心体。若说随处体认的过程就是昭明的过程则自然无妨，但王阳明所言"致良知"是在必有事焉的过程中兼对此体认"天理"的心体之能有所保育。"求当然之理"是一事，由"知当然之理"而进一步反省并知"自身有知此理之能"便较"随处体认"更高一层。所以，王阳明说："譬之种植，致良知者，是培其根本之生意而达之枝叶。"[②] 舍根本无所谓枝叶，"致良知"兼有对习气的化除之消极的不使人心放失的工夫，而"随处体认天理"无此工夫。

三 从"致良知"到天泉证道：有无之辨与由言返默

（一）道德语言形成之初的隐喻性与历史记忆的呼唤

在实现了"良知"对人文世界的疏通与照察这样理一分殊的工作后，自当由言返默以上契于儒门不言之教。无疑，王阳明所言"有无之际"就是对历史记忆的呼唤，即对孔子的"天何言哉"、孟子的"过化存神"、《易传》的"精义入神"、张载的"知化则义不足云"[③] 等先哲学脉的贯通。不过，在考察王阳明实现这一转变的思想历程前，需要对人类语言使用的问题加以澄清，这对理解王阳明所继承的思想传统不无裨益。

在儒学乃至中国文化的传统里 —— 至少在孔子以后的儒家传统里，尽管无

---

① 《奎因著作集》第 2 卷，北京：中国人民大学出版社 2007 年版，第 444 页。

② 《王阳明全集》上，上海：上海古籍出版社 2011 年版，第 243 页。

③ 《张子全书》，西安：西北大学出版社 2014 年版，第 453 页。

时无刻不在使用着象形文字这种语言符号，但并未因此形成一种语言拜物教，也没有形成像古印度声常论之类的学说，更未将语言视作联通于所谓永恒法相的天宪神授。克里斯蒂娜·娜丰指出：在西方历史中，"语言的最初关系实际上是词与物之间差异的缺失 …… 神话世界观的重要特征恰恰就是在语言和实在之间、在'记号'和'命名物'之间的这种最初无差异性"。[①] 但是，这种神话世界观很早便为中国先民所抛弃。孔子与荀子皆言正名，但这其实是对华夏大地秩序重建的思考，并没有暗示名言中蕴含了某种"神圣旨意"。

稽之往古，语词的发明及参与人类社会生活之中，主要体现为两种方式：消极地排除与积极地彰显。在语言使用之初，无不伴随着这种表遮双运的过程。唐君毅指出："语言之表义，初唯是以一语言之行为，消极的遮拨其他之语言行为，或其他行为，与其他之境物，以显一心意中之境，与此境中之义。"[②] 在这之中，遮拨的过程便如混沌初凿、天光乍现，在虚无的升腾中使说者与听者的精神凝聚收敛，而彰显的过程便是前景的凸显，自渊默沉静的无言之境跃升至翩然栩栩的有言之境。言中有默，默中未尝无言。未言时原可惊天动地，既言后亦可寂天寞地。言说之运用在成就心灵的汇聚与通达后便如人所经行之桥梁退居身后，此时语默更迭，由言返默便是自然之事。知默者知言，言是天地变化草木蕃，默是天地闭塞贤人隐。唯有真知默，方能真知言。不知默者虽终日言而如未言，知默者虽不言而未尝无言。

一般的语言如此，道德话语同样如此。后者的形成不是源自对世界亦步亦趋的模仿，而是一种如池塘春草、律吹寒谷般的隐喻。一方面，与象形文字无关，对心灵世界的指称在最初发生之时可以视作"不妨如此来看"的倡议。这种借由此物来看待彼物的方式就是隐喻，因为语词和对象是不同的存在，二者间的联通首先依赖消极的遮拨。另一方面，道德话语就是通过对日常习语的创造性使用以昭显生命主体的心灵境界。旧词汇的崭新用法是对惯常的违背，也是对熟悉与沉溺的中断。正如理查德·罗蒂所言："把一个隐喻投入会话中，就像是突然把会话中断一段时间，做个鬼脸，或从你的口袋拿出一张相片给对方看。"[③] 这一中断就是遮与表的代谢所为，在那一刻熟习的语言世界向后飞驰，随之而来的则是新颖独造、别立机杼的意义景观。在这种意义上，道德语言的形成与道德心灵的开显就是言默转徙的过程，而王阳明"有无之际"的阐发正是对这种历史记

① ［德］克里斯蒂娜·娜丰：《解释学哲学中的语言学转向》，杭州：浙江大学出版社 2019 年版，第 243 页。

② 唐君毅：《生命存在与心灵境界》上，北京：九州出版社 2016 年版，第 335 页。

③ ［美］理查德·罗蒂：《偶然、反讽与团结》，北京：商务印书馆 2003 年版，第 29 页。

忆的追溯。唯晓于此,方可真得"致良知"之功,"有一等渊默躬行,不言而信,与人并立,而人自化,此方是善学者,方是为己之学"。[①] 此语为朱得之于嘉靖六年(1527)所记,同年九月便有王阳明天泉证道。

(二)有无不如显隐、幽明更能体现儒学的立场与风格

从立言命辞的角度看,结合王阳明早年倾心释老之学的经历与所受思想风格的熏染,"无善无恶"这样的表述确有未臻圆密之处。此语并非嘉靖六年(1527)始出,早在薛侃于正德九年(1514)所记的语录中便有"无善无恶者理之静"[②],此后所说无非是以"良知"取代了"理"的位置,可见有无之说自阳明中岁便已肇端。他处所言如"不睹不闻是良知本体"[③]亦含此种意味。其遗憾并非如阳明学的批评者所言是与禅学暗通款曲,当然也非说心之本体不能裁定善恶且善恶观纯为外铄而有,但即便是儒学传统内与阳明学有着较多理论亲缘的学者如熊十力也对此不无微词,他指出:"此语是否阳明所说要自无病,但不善解,则为病不浅。"[④]

事实上,问题的症结在于"无善无恶"是否最能体现儒学正统的思想风格。考虑及此,即便此言是"无有作好,无有作恶"之意也不能免于质疑。张载早已指出了修辞的艺术风格后所潜藏的学派立场:"大易不言有无,言有无,诸子之陋也。"[⑤]本儒门立场可言幽明与显隐,而不必言有无,古今学者于此点均有发挥。王夫之在对《正蒙·大易》篇的注释中阐发说:"明有所以为明,幽有所以为幽;其在幽者,耳目见闻之力穷,而非理气之本无也……屈伸者,非理气之生灭也,自明而之幽为屈,自幽而之明为伸,运于两间者恒伸,而成乎形色者有屈。"[⑥]气之屈伸往来变化当云"幽明",而不当说"有无"。"有无"之名过分执持于当下的视觉判定,然超于视觉之外非必即无,若执"有无"以观天地之象,则不免流入诸行无常、刹那生灭之况味。儒门只当说"显隐"。唐君毅同有此见。他指出:人或事物隐去时,旁人本其所见而说观察中无此对象,亦并非全无道理,然"由此知见中之无,遂谓其人其事物之自身为无,则为人之知之自出其位,以知中之无,为彼人与事物之无"[⑦],这就不免抬高自己的位置,做越位之思,如欲有所说,则只能说一事物自显之隐、自明入幽。更进一步说,这一表达方式的区别亦是儒、释疆

---

①《王阳明全集补编》,上海:上海古籍出版社2018年版,第211页。
②③《王阳明全集》上,上海:上海古籍出版社2011年版,第33、139页。
④ 熊十力:《十力语要》,上海:上海书店出版社2007年版,第261页。
⑤《张子全书》,西安:西北大学出版社2014年版,第39页。
⑥《船山全书》第12册,长沙:岳麓书社2011年版,第272—273页。
⑦ 唐君毅:《生命存在与心灵境界》下,北京:九州出版社2016年版,第302页。

界的区分，甚而关系到中西思想的畛域的界定："中土儒道之言宇宙人生，别于原出自印度之佛教与西方哲人之说之一大端，即不以有无或空有、生灭等，为第一义上之言宇宙人生之概念，而以隐显、生化、幽明、乾坤等，为第一义上之言宇宙人生之概念。"① 明此，则王阳明"无善无恶"之说如改为"道通显隐"、"知幽知明"或可更契于儒门通旨，而亦可转平后人之聚讼，不必仅从化去善恶对待之意上立言。其实，王阳明亦尝说"显隐"，譬如"道无间于隐显"②，"道无显晦，人所见有显晦"③，二语分别在嘉靖三年与四年（1524—1525），去天泉证道不远，然设教之时语有未莹，而有契于"四无说"之王畿此后流入禅学，亦不免令后人多生误解。

至于钱德洪与王畿所理解的"四有教"和"四无教"是否在王阳明那里已开出门径，则是另一个问题。对此，束景南教授在《王阳明年谱长编》中有过详尽的考察。他通过对王畿、邹守益和新见阳明文字遗存的研究指出：在阳明那里本有两种道路，今本《传习录》下卷中钱德洪所记阳明之言"已后与朋友讲学，切不可失了我的宗旨"④ 恐为其妄添入内⑤，非阳明之意。这也可以与嘉靖六年（1527）黄直所录之言相佐证。在天泉问对之后，尚有严滩之问，彼时王阳明曾说"有心俱是实，无心俱是幻；无心俱是实，有心俱是幻"⑥，并无钱氏所谓"四句"宗旨之定型。王畿当时便晓前句为自工夫说本体，后句为自本体说工夫；前句的"心"是为善去恶之心，后句之心是"作好作恶"之心。这无疑就是"四无教"和"四有教"的框架。

关于"无善无恶"之外后三句的考察，昔贤论之已详，这里不再赘述。

---

① 唐君毅：《生命存在与心灵境界》下，北京：九州出版社 2016 年版，第 301 页。

②《王阳明全集》中，上海：上海古籍出版社 2011 年版，第 1056 页。

③《王阳明全集补编·语录》，上海：上海古籍出版社 2018 年版，第 210 页。

④⑥《王阳明全集》上，上海：上海古籍出版社 2011 年版，第 133、141 页。

⑤《王阳明年谱长编》四，上海：上海古籍出版社 2017 年版，第 1886—1887 页。

第二节　借由时代症结的省察与对治使"良知"呈现

毋庸置疑的是，王阳明所留存的文字遗产中深刻而全面地记录了他对时代困境的省察，而这种认识是如此深邃桔桀，对人心病痛的察识是如此郁律渊深，以至于我们一方面在所处的时代不能免于心有戚戚，另一方面则对其思想成就之了解如不满于玩弄光景和对塔说相轮的浮泛议论，就不能对此避而不见。的确，王阳明的思想脉络并不限于对特定问题的回答，可将其所思所想视为时代症结的医治，只是一种阐释工作的倡议，而这丝毫无损于阳明学超越时代的力量。当然，这种困境的总结需要坚实的文本依据。

"一项制度之创建，必先有创建该项制度之意识与精神。一项制度之推行，亦同样需要推行该项制度之意识与精神。此种意识与精神逐渐晦昧懈弛，其制度亦即趋于腐化消失。"[1]这里所说的制度并不仅仅如三省六部或察举之类，而是一种涵育浸润于人伦大群之方方面面的礼节、仪文、秩序。大抵规范人世的力量往往潜藏着一番深厚恳切之精神，此一精神之失落与遗忘则会使外在的规范成为一种压制。道德意识与行为规范相辅相成，然行之既久，则关于特定存在之特定行为便成一种机械性的反射。如无道德心灵涵润护持，则往往陷入这样的情境，仿佛这些特殊的存在迫使生命主体有种种行为，如此则或是产生"义外"之说而使道德生命不得真切之伸展，或是生出厌倦进而以此见诸行事的规范本不当有。到了这样的时刻，便是人伦秩序崩解的先兆。

文明的演进如同大河东去，每不免由初出山源时之清澈无垢变为经行陵谷与原野后之泥沙俱下，又或虽无杂物混入而水流激荡亦可乱其本有之澄莹。文明演进日深，而人心之病痛愈多，历史的尘垢乃以或明或暗的方式淆乱人心，如附骨之疽、等闲难去。荀卿所谓"欲恶、始终、远近、博浅、古今"之蔽，程颢所谓"人心之渣滓"，朱熹所谓"气禀之杂"，皆含此一况味。至王阳明时，则中华文明出源愈久，病灶日深，其所感所察则愈有怆切痛彻且不容回避者，而其所言病根、

---

[1] 钱穆：《国史大纲》上册，北京：商务印书馆 2010 年版，第 415 页。

私欲、物欲正是有为而发,非徒设名号以耸人视听。《答顾东桥书》中所陈世情之弊,凡不陷入麻木呆滞者,必有叹息扼腕之感。王阳明曾以一日间人之精神状态为喻描述了他对历史演进所生浑浊的体察:"日中以后,神气渐昏,往来杂扰,就是春秋、战国世界。渐渐昏夜,万物寝息,景象寂寥,就是人消物尽世界。"[①]此"渐渐昏夜,万物寝息,景象寂寥"何尝不是一种对时代精神的描绘?此外,在嘉靖五年(1526)答复聂豹的回信中,王阳明曾表明了深切庄严的时代感以及对良知学的社会使命的担当自任,一方面,"良知"之得"赖天之灵"[②],并且"必由此而后天下可得而治"[③];另一方面,良知学的阐发正为医治世间的种种症结,"揖让谈笑于溺人之傍而不知救,此惟行路之人,无亲戚骨肉之情者能之,然已谓之无恻隐之心,非人矣"[④]。此中怆切之情溢于言表。正如牟宗三所言:"有正面正大之文化意识,始能发理想以对治邪僻,立大信以贞定浮动。"[⑤]质言之,王阳明对人心病痛的辨识警醒以及在此之中对于"良知"的运用开显皆在人文生活的各个层面对人心之陷溺有所挽救。此一宗旨上承于《近思录》之《警戒》一章归趋所在,而与荀子之"解蔽"千载遥契,此正儒门嫡脉,而亦可说是华夏文明自我修正当有之一环。"良知"不得彰显,亦正由于种种陷溺而不自知,"后世人心陷溺,祸乱相寻,皆由此学不明之故"[⑥],此学正是良知学。

自此病痛之深重程度言,又可分为几层,分别体现在个体、制度与文明(横切面与历史变化)的层面。

一 精神状况的诊断:心灵的陷溺

(一)个体的病痛:物欲之杂与神明外驰

物欲之杂与神明外驰为一体两面,杂于"物欲"则此心偷放,而不得收摄整肃之功。欲望之生,或由外物直接作用而牵缚此心,于是流漫横肆、无所底止,陷于忧劳散弛而不自知;或于闲居静处之际无所事事,而己身不能自制以生希高慕外之意,然究其实际,无非此心不能自安而来,深言之,"良知未尝不在,但人不知存,则有时而或放耳"。[⑦]放失之害如千里之堤毁于蚁穴,可导出无穷祸事。

自最轻处言,便是对自家心地工夫视若盲昧,而必以外物之所得、私欲之惬适为此心安足之道。正如王阳明所举村人转籴之例:十家之村有百亩之地,悉数荒废,村人为求果腹而日日转籴于市,仰给于市中盈余,不知深耕而求储备,舍自

---

①②③④⑥⑦《王阳明全集》上,上海:上海古籍出版社2011年版,第131、90、90、91、227、69页。
⑤《牟宗三先生全集》9,中国台北:联经出版事业公司2003年版,第3页。

家之田而日日求粮于外，日危日困而终难免饥馑穷乏。外求之籴米非不能济一时之需，此如逐物动心于外非不能足一时之欲、成一时之安，然此安非长久之安，而尽系于物之得失有无。此心之安反身而诚，可以自得。外物之求则成败不尽在我，舍易求难，徒见不智。

自稍重处言，便是人于一物之得未久之际竟生喜新厌旧之情，既无保爱珍重慰足之态，又罕陋巷箪食瓢饮之乐，顺此以往则如癫如狂、如痴如醉，在此病态的永不知足的欲望裹挟中不断渴求新的满足。更有甚者，则一心所求从对具体事物之占有而生之满足转化为对此满足感的不断重复，旧感未尽而新欲已生，所欲求者已不再是特定之物，而成了对此满足感的欲求。如此一来，人生便陷落至一恍惚游离、魍魉环绕的境况中，随之而来的便是永无休止的焦灼与亢奋。"近来士夫专以客气相尚，凡所毁誉，不惟其是，惟其多"①，惟多是求，而多无止境，无止境则不能安足，兼之"终日向外驰求，为名为利"②，其弊其患便是物欲间隔人我之通达，甚而"有视其父子兄弟如仇雠者"③。

然而，此尚非最深之祸。自其最深重处言，则人对满足感的欲求已不能由一般外物之得而适其心、足其欲，顺此则必转入奇诡谲诈而行违逆鬼蜮、淫诐险巇之事。换言之，上述所求者多在自利。然而，自利有损人者亦有不损人者，当于人无害之求不能成就其满足感时，则不免要滑向于人有害之求，如此则生出一种邪僻秽渎、苟戾乖离的新异感，这种新奇的感受一旦萌生就难以遏止。相较于已经麻木枯涸的欲求之慰足，这种新萌的欲念所向无疑潜藏着更广阔的空间，并能成就更多的满足。于是，人欲横流不惟伤己而使人堕入颠沛之中，更可过渡至对纯粹恶行的执迷，"偏琐僻陋之见，狡伪阴邪之术，至于不可胜说"④。循此而下，则人纪废、"天理"灭，人文世界将落入幻灭崩颓之境。居今而观，则不能不感喟于阳明之识见。

（二）制度性的痼疾：科举取士所形成的功利化的求知之心与乡愿人格

如果说物欲蔽心为日常生活之事，那么科举所生之种种流弊便是制度性的症结。然而，王阳明所论只在对此流弊的省察，并不是认为科举取士对社会公平有害无益，也从未劝说弟子不习举业。对于科举害道之叹，理学家多有论述，但这不意味着他们想回到九品中正乃至世卿世禄的时代。陆九渊于白鹿书院讲授"君子喻于义"一节时竟引诸生叹息流涕，朱子对其所说亦大加称许，可见当时诸人均对此中关节有所感触，此非理学家独有之见。质言之，知识的功利化在每

---

①《王阳明全集》中，上海：上海古籍出版社 2011 年版，第 915 页。
②③④《王阳明全集》上，上海：上海古籍出版社 2011 年版，第 41、61、90 页。

个时代都不能避免，王阳明所言之困境并非正德与嘉靖年间独有，但问题总是问题，每一个时代都需警惕。朱陆道于前，不害阳明道于后。大体来说，王阳明对此中困患的体察可归结为三层：

第一，学问不为修身而转成市利晋身之机，则读书明理的乐趣不免让位于猜测逆诈的逢迎。学问之讲求，义理之体证，本是为己自修之事，自家有得，证诸旁人，同声相应，同气相求；又不足，则周游四海，访乎贤达；友一乡之善士未足，则可上友古人。至于出处进退，达则朝野台阁，退而山林草野，学问进境，自家有知。真有志于圣贤之学者，如秦末汉初之浮丘伯与伏生，又如董仲舒三年不窥园之际，何来朝廷利禄所系？八股取士以《四书章句集注》为蓝本，初心未尝不善，然尊崇朱子学为一事，悬以利禄而以之为考试所据则属另一事。义理造境本不求其必合，今以此义理之学为考试内容，则无异使人于读书求学之始即不能外于科程得失之心，如此则市利之心启而向学之意缓。学者苟有义理之得，正拟沉潜涵泳、优柔餍饫，人告之曰"此与举业无涉，可先弃之"；苟有所见与朱子不合，人告之曰"如此妨于举业，可勿思之"；甚者自家学问修习反不如揣摩考官喜好而更能全其速进之心。"以若是之积染，以若是之心志，而又讲之以若是之学术"①，不唯无益，反将有害。顺此而下，一方面于童蒙训导不能务于栽培涵养，诱之以歌诗习礼，以开其知觉、调理其性情，而日所督责，不在孝悌忠信、礼义廉耻，唯限于句读课仿，"鞭挞绳缚，若待拘囚"②，又何怪乎童稚于学舍视师长为仇雠；另一方面则读书所得转成一种既达目的便可弃之不用的工具，于是学者如治家之人"不务居积，专以假贷为功"③，应试之际而借物装点，应试之后便尽以还人，于是在己一物无得，在外亦只因人之喜恶而假借装点，如此便成大伪，而学问之初心亦随之腐坏。

第二，学问成晋身之机后对学术造诣评价标准的异化。学术探究本为自由灵魂驰骋的园地，其功过得失虽没有细致入微的衡鉴准则，但大体有一时代自发形成的标准与尺度，也有共尊共信之所在。朱子学未被官方推广前，其设教讲学已能使四方学者萃集，可见此中有不待利禄招诱而自发自成者。将义理之学与功名利禄相关联，则不免使常人之心转以官阶高低、科场得失为衡定学问之准绳，到此地步则真学问与举业乃成水火之势。如此一来，不唯于向道之心有害——因取得功名之人可仅善于应试而不必深得独造，更有甚者还将侵害学术自身的尊严。学术尊严受侵害主要表现为明伦之教的丧失："自科举之业盛，士

①②《王阳明全集》上，上海：上海古籍出版社 2011 年版，第 64、100 页。

③《王阳明全集》下，上海：上海古籍出版社 2011 年版，第 1303 页。

皆驰骛于记诵辞章，而功利得丧分惑其心，于是师之所教，弟子之所学者，遂不复知有明伦之意矣。"[1] 此外便是师道不立："今之后生晚进，苟知执笔为文辞，稍记习训诂，则已侈然自大，不复知有从师学问之事。见有或从师问学者，则哄然共非笑，指斥若怪物。"[2] 何以故？正所谓习记训诂唯以科场得失为重，而得失所系不在其授业之师，而在考官之喜恶。苟或得意于场屋之间，则其师之用便到此为终。己所中意者八股程文，于师长所期所求者亦此八股程文。[3] 一旦遂其志、成其愿，则师不必尊、道不必重。若此何有人伦之明、师道之立？师之重本于所传之道，今于道不重，则师亦不必重也。人若对此感触不深，则试想子贡、子夏以其为鲁、魏之君所尊而薄孔子，李斯、韩非本其于秦、韩所处高位而蔑荀卿。一个人但凡尚有是非之心，便不会对这样的情形无所触动。

第三，乡愿的滋生。被孔孟所批评的"乡愿"尚在"刺之无可刺，非之无可非"的程度；以时下的语言概括，则无非好好先生之类。此辈人之"无可刺、无可非"并不源自高风亮节、不二其过，而是因其不敢有自家的好恶并以苟合曲迎为是。若此则危害尚小，其伪装矫饰亦不过止于随波逐流，然循此以往，又会滋生更深的病痛。那些心中无主、亦无自家好恶的人起初之所以能苟合于世，在于其能够了解君子与小人、贤者与不肖之徒的共识。但是，这里便蕴含着一种工具理性，也就是将本来出自道德心灵扶持护佑的共识视作达成其"无可刺、无可非"的手段，这样一来便可引生十分恶劣的轻薄。到这时再进一步，便过渡至行表面之善以成就一己之私，此时社会中所认可的一般道德准则便成了其达成欲望的工具。吊诡的是：这些人表露出的行为偏偏与世间所许可的善举无大差异，习举业，做文章，假借义理以实现非理之恶。这样一来，使得在其心迹暴露后人们所口诛笔伐的对象便成了这些人所缘饰假借的义理之学。如此所产生的负面影响较孔孟所讥的"乡愿"愈加沦肌浃髓。王阳明对此有着深切的体察。他说："外假仁义之名，而内以行其自私自利之实……忿以相胜而犹谓之徇义，险以相倾而犹谓之疾恶，妒贤嫉能而犹自以为公是非，恣情纵欲而犹自以为同好恶。"[4] 此中固然有"放失其心"、"气禀之杂"，但也实由科场之业激之而成。因为既然读书明理之事与利禄绑缚，而公卿文武、达官显贵之所行多与圣贤之教不合，则无疑是变相鼓励以此"义理之学"作为市利晋身的筹码——论迹不论心是无可奈何之事。这

①②④《王阳明全集》上，上海：上海古籍出版社2011年版，第282、277、90页。

③ 八股文自身作为科举取士的工具没有什么不妥，以上所述也没有否定科举制在促进社会公平上的作用，而是分析王阳明所感受到的这种因为存量竞争带来的结构性困境对于人心的扰乱以及习举业者向道之心的丧失，这些病症的确需要治疗。重申一遍：王阳明没有任何试图恢复世卿世禄与公卿士族的想法，后者与儒家因才是举的理念完全相悖。

样一来,有迹者不必有心,甚而可以模仿形似以达成私利,这几乎是每一个时代的通病。

（三）文明的沉疴：虚文繁而根本失与餍足之心

相较于科举所产生的结构性困境,虚文繁盛而不见根本这一病痛则弥漫在文明的层面,并渗透进了文明的肌理骨髓之中。"后世大患,全是士夫以虚文相诳,略不知有诚心实意。"[1]虚文之弊仿如笼罩在天地之间的尘霾雾霭,触之无物,拂之难去,呼吸俯仰之间则无时不有、无时不在。其为害之深,便是天光不透、寰宇难清,而所睹所见俱在朦胧惝恍之中。溯其成因,依阳明之见,则大抵有二：

第一,隐喻的本义化和语义力量的弱化。人类的精神历程和指称活动总是先获得对于外部世界指谓的一致。随着更多的集体共识达成,这种一致也不断增加。人们彼此间的心灵世界无法直观,在传达自我感受或猜测他人感受时,就不免要借助外在世界共同许可的事物。当一些外部世界的指称被天才的心灵发现并挑选,继而引入了人类的语言实践并引发了越来越多的模仿后,描述心灵世界的语言游戏也得以成就自己专属的词语。这种行为伊始往往伴随着非凡的启示力量,如同凿破浑沌、太初成道；行之既久,这些词汇变得人人耳熟能详并逐渐沦为一种庸常的习语之后,那种早先岁物已春、泰山日绿的生动鲜活也随之遗失殆尽。这种困境在王阳明对工夫论的思考中屡屡暗示出来。在给陆清伯的书信中,王阳明指出了先贤所示道德工夫的相通之处："大学谓之'致知格物',在书谓之'精一',在中庸谓之'慎独',在孟子谓之'集义',其工夫一也。"[2]在答复聂文蔚的书信中,王阳明解释了自己所提的"致良知"与孟子的"集义"相承之处,并进一步申明道："说集义则一时未见头脑,说致良知即当下便有实地步可用功。"[3]那么,如果二者真的具有功夫的一致,何必再提"致良知",何不以"致慎独"、"致精一"为训？进一步说,《传习录》上卷中多言"诚意"和"纯乎天理",此后又何必再言"良知"？显然,并不是这些工夫哪一项与"终极实在"产生了更深的关联,而是因为其使用范围的增广带来了庸俗化。在这种庸俗的笼罩下,道德话语和礼节仪文退化为僵硬的绳索与枷具,并渐渐成为不容置疑的教条。这些教条囊括了人伦世界的诸多方面,以至于出处进退无法回避,这就反过来促成了诈伪与掩饰。所谓"虚文相证"便是人生种种皆成为看台上戏子的演出,心迹分,知行离,在仪节织就的蛛网内愈陷愈深,"虽有忠信之质,亦且迷溺其间,不自知

---

[1][3]《王阳明全集》上,上海：上海古籍出版社 2011 年版,第 228、94 页。

[2]《王阳明全集》中,上海：上海古籍出版社 2011 年版,第 1113 页。

觉"。①

第二，宴安鸩毒与心灵的餍足。在中国古代的学术历程中，大抵变乱之际，学者皆能在痛定思痛的沉定庄肃中开创出虽生猛粗粝但元气淋漓的学问之路。他们于天地板荡、沧海横流之际平地而起，在筚路蓝缕的危困中卓然挺立，志士不忘在沟壑，勇士不忘丧其元，由是开出新的思想篇章。其风格思想虽未臻于圆密周致，但气度性情能于千百世后令人沛然兴发。其后山河初定，日渐承平，学问之规模和门墙藩篱亦趋于凝定。此时之学术乃因循前人轨辙，"学者为学问而学问，其所贡献，乃为前人学业释回增美，使益臻完密，或益趋纤弱而已"。②此如参天大树，枝枝相对，叶叶相当，而枝繁叶茂之际，本根乃被遮掩。安定之情境本非不善，然自安自溺，以为学问大旨仅在与世相协、为现实辩护，或将学术视为一种门面装点，由此则生出戏谑嘲哃。推而广之，此诙谐谑浪之风波及人伦世界的每个角落，身处其中之人如同穿上了不断增添纹饰锦绣的华服，当衣冠之重随着层层堆叠的章纹璎珞而使人不堪其重，着华服之人"郎当舞袖，袖袖相挥，竟忘了他们身体在不合身材舞衣中，东倒西歪，因为他们要勉强继续去适合那不适合的舞衣"③，那种餍足倦怠和心灵的疲惫也就不可避免了。

其流弊表现在以下两个方面：

第一，心灵的迷惑与冗屑。随着虚文之弊与不见根本而来的，便是创造力的平铺散漫与日益散弛，"业辞章，习训诂，工技艺，探赜而索隐，弊精极力，勤苦终身，非无所谓深造之者。然亦辞章而已耳，训诂而已耳，技艺而已耳"。④王阳明并不是反对学问分工，而是反对在道术为天下裂的情境中所引生的精神支离。辞章、训诂、技艺同为人类精神可以涉足之处，但此分殊开展的精神活动当常思其源，源清而流净，无道德心灵的涵润则闻见之多反足以造成精神的干枯。由此而下，习业之人各安一隅，互相隔膜。这种隔膜则会有损害人类精神互相通达的可能。

第二，由傲诞所引发的生命存在的窒塞。在人心隔膜继踵其后的，便是对某一精神方向的沉安习溺；又因不能有全体之知，便会引发病态的亢奋；由此亢奋则转出浅妄的傲诞，"人生大病，只是一傲字。为子而傲必不孝，为臣而傲必不忠，为父而傲必不慈，为友而傲必不信"。⑤人类精神的前进与道德行为的展开必先有生命心灵中的虚位，有此虚位方有容纳，唯自虚自谦方能自我开通，由此可通达于他人之心与更高的心灵境界，然一旦滋生傲慢，则诸事皆无法可想。此较谢

---

①④⑤《王阳明全集》上，上海：上海古籍出版社 2011 年版，第 228、296、142 页。

② 钱穆：《文化与教育》，北京：九州出版社 2014 年版，第 89 页。

③ 唐君毅：《人生之体验》，北京：九州出版社 2016 年版，第 130 页。

良佐对程颢所述去除之"自矜"又深一层。矜是有得后的自命不凡，傲则根本窒息了心灵的生机。

（四）历史记忆的遮蔽：方向感的失落与对朱子学的误读

阳明所言"五经亦史"出自《传习录》上卷与徐爱之答问，时在正德七年（1512）。此后写于嘉靖四年（1525）的《稽山书院尊经阁记》可与此相互阐明。王阳明所说并非一种严格的文献学考察，而更像是思维方式的革新，具体来说，便是他身在其中的时代该如何令这些经典的阐释不再仅仅局限于知识积累。这意味着在考据、训诂等方式外尚需有道德主体的彰明以上契于圣贤之心——这没有违背解释学的原则，而是强调缺少了解经典自身之道德体证，这些经典文本便不能借由阐释活动获得栩栩如生、照拂人世的启发力量。其实荀子早已道出其中关键："圣人也者，道之管也……诗言是，其志也；书言是，其事也；礼言是，其行也；乐言是，其和也；春秋言是，其微也。"[①]荀卿去古未远，何尝不知五经非一时一地而成。其所以言此，在于指明诵经读礼的最终目的便是成为圣贤，而唯有人真成圣贤，《诗》、《书》、《礼》、《乐》、《春秋》方可获得其长存不灭、永不褪色的生命力。观其要旨，实可说其与阳明先圣后圣撰一也。然而，王阳明与荀子所体会之时代症结不同，二人所对治之弊病亦有区别。[②]大体来说，王阳明旨在恢复《中庸》、《易传》乃至《诗经·维天之命》篇中所潜藏的历史记忆，而这种历史记忆因以下两个因素被遮蔽了。

第一，方向感的失落。"经"，甲骨文无此字，金文从"糸"从"巠"，《说文解字》仍存其本义，即织机上的纵线。[③]此线非人无以成且贯穿于织品之中，故引申为"治理"，由"治理"乃成"共行之道路"。经学之名有承于此，东汉刘熙在《释名》中即认为："经，径也，常典也，如径路无所不通。"[④]钱基博解释说："圣贤相传之法言，与吾人以共由者，遂谓之经。"[⑤]既为人所共行之路，其义即可与作为先秦儒学核心理念之一的"道"辗转相通。孔子说："人能弘道，非道弘人。"[⑥]孟子说：

---

① 王先谦：《荀子集解》，北京：中华书局2012年版，第133页。

② 阳明之时已经历了佛学东传对固有思想和认知方式的冲击以及奠基于梵语的佛学经典所具有的世界感对传统思想的激扬——譬如真法界这样的存在于先秦思想传统里根本没有对应的表述，阳明所以言"五经亦史"实为对此种静态世界有感而发，此对荀子来说本不成问题。

③《汉字源流字典》，成都：四川辞书出版社2008年版，第768页；《字源》，天津：天津古籍出版社、沈阳：辽宁人民出版社2012年版，第1130页。

④ 董治安主编：《两汉全书》第31册，济南：山东大学出版社2009年版，第18244页。

⑤ 钱基博：《经学论稿》，武汉：华中师范大学出版社2011年版，第3页。

⑥ 朱熹：《四书章句集注》，北京：中华书局2012年版，第168页。

"禹、稷、颜回同道。"① 荀子说："百王之无变，足以为道贯。"② 先秦儒者所重以道言性，此风至东汉仍相遵守。郑玄注《礼记·乐记》篇"天理灭矣"一句时便认为"理犹性也"③，高诱注《淮南子·原道训》"是故一之理"时说"理，道也"④。上古时期的社会生活孕育和造就了共同的民族史诗与文化记忆，它们以文献典籍和口耳相传的方式代代延续，并成为先秦儒者身处其中的语言共同体秉持的心灵图景。在古人的世界感中，"人生如行黑暗大旷野，只有随身一线灯光，但凭此一线灯光所照，四周黑暗则尽成为光明。行人即可秉此勇敢向前。行到哪里，光明即随到哪里，四围黑暗都驱散了"。⑤ 先秦儒者言道，非是将道视为既定之物，而是重此心灵主体的挺立与开拓，于莽莽荡荡、荒野草昧之世界中开辟出共行之进路。此道非人无以创成，若创成后人不行则亦如同荒废，于是道之兴废在人，道之成毁亦在人。当此之际，蒙昧之世未脱，人文之仪初显，于是言道行道皆有一无限之敦笃恳切、朴厚凝重。阳明之时，人文世界之演进与先秦时已不可同日而语，名物之盛、仪文之繁、典籍之富皆非古人可以想见，而人类于自然中生活园地之开拓亦与先秦时有云泥之别，集体心态中则不免于此方向感有所淡忘。因既云常经常法，此"常"字转可启人以作近乎柏拉图主义的玄想，而将道与经看作静止孤悬的永恒法相，于是生出隔膜与疏离。说之愈高，离身愈远，经学阐释乃成专门之学。注疏之业虽兴，然枝繁叶茂之际却不免难觅本根。

第二，对朱子学的误读而引发的"定理"观念。朱子所言之"理"有当然、实然二端，分生成与既成两层，此即《大学或问》所言"天下之物，则必各有所以然之故，与其所当然之则"。⑥ 然而，其思想风格及某些表述颇易引人误解，如"理却无情意，无计度，无造作"⑦，"事事物物上皆有个道理"⑧。对朱子学多有不满者如牟宗三以朱熹所言之"理"为只存有、不活动⑨，或干脆说此是他律道德。尊奉朱子且以之可与孔子并重者如钱穆也不免说"理为静辞"⑩。纵阳明之才具，亦不免谓"即物穷理，是 …… 以吾心而求理于事事物物之中"。⑪ 此中的确有朱

---

① 朱熹：《四书章句集注》，北京：中华书局 2012 年版，第 304 页。

② 王先谦：《荀子集解》，北京：中华书局 2012 年版，第 310 页。

③《礼记正义》，北京：北京大学出版社 2000 年版，第 1262 页。

④ 何宁：《淮南子集释》上，北京：中华书局 1998 年版，第 60 页。

⑤ 钱穆：《中国思想通俗讲话》，北京：九州出版社 2012 年版，第 38—39 页。

⑥《朱子全书》陆，上海：上海古籍出版社、合肥：安徽教育出版社 2010 年版，第 512 页。

⑦⑧《朱子全书》拾肆，上海：上海古籍出版社、合肥：安徽教育出版社 2010 年版，第 116、307 页。

⑨ 牟宗三：《心体与性体》下，长春：吉林出版集团有限责任公司 2013 年版，第 400 页。

⑩ 钱穆：《朱子新学案》一，北京：九州出版社 2011 年版，第 2 页。

⑪《王阳明全集》上，上海：上海古籍出版社 2011 年版，第 50 页。

子之言易生误会之处。

本来，朱子论读书明理，何尝有外心求理之说？朱子曾言："读书已是第二义。盖人生道理盍下完具，所以要读书者，盖是未曾经历见许多 …… 而今读书，只是要见得许多道理，及理会得了，又皆是自家合下元有底，不是外面旋添得来。"① 此"合下元有"如何不是此身所具？那么，为何此系于道德主体不容已之心而得以昭明的当然之理会被误以为是似乎附着在事物上的"定理"？因为对"当然"的判定通常连于某一特定之行为或事物，此心既明，此理既彰，则需尊之信之而不能本一无可无不可之态度，否则知非真知，亦不足以成就道德行为。如此便生出一种道德行为的庄严感，继而将连于特定事物的当然之理视为外物有以命我。然而，此命令本是源自道德主体的自我规定，更像是艺术情调，而非道德意识的起源，更非他律。再进一步，本此当然而不容已之心以体道行道，则不待拟议安排而有种种道德行为。此时内外合、物我平，说此理仿佛外在事物固有而我有以昭明亦无不可。这非有极深之道德体证而不能说，然习朱子学之人并非皆有此等工夫，骤闻此种议论则不免将特定的道德行为视作由外物所限定而成，于是有所谓"求事事物物之定理"，并以为此理在外而非由内出也。

延续这一曲解，朱子所说之理便成了外在的强制，由是冲淡了人们寻求当然之理时所具有的方向感，并与经学意识的异化共通，掩盖了生成化育的心灵图景。

二 时代症结的化除与"良知"在四个层面的凸显

（一）个体行为的层面：立志、克己对治物欲之杂与神明外驰

物欲之杂和神明外驰为此心偷放所成恶果之一体两面，物欲之生或直接或间接由此心逐物而至，所追逐希求者可以是于当下有所交接，也可源自回忆和间接的闻知，然究其实际则源于此心不能安适、满足。正如阳明所言："私欲、客气，一病两痛，非二物也。"② 客与主对，人我之间有主客，一心之内亦有主客。所谓"客气"，便是此心不能自作主宰而杂于物欲，"客与主对，让尽所对之宾，而安心居于卑末 …… 此主气也。惟恐人加于吾之上，惟恐人怠慢我，此是客气"。③ 显然，客气的萌生伴随着特定的情境，但不能说外在之事物有以致之，如此则无所谓恶，且也无法立足。

简言之，此心不能安适、满足，就是说在希高慕外的物欲之求中永远无法获得真正的安惬与宁静，其缘由和流弊上文言之已详。需要补充的是：安适、满足

---

①《朱子全书》肆，上海：上海古籍出版社、合肥：安徽教育出版社 2010 年版，第 313 页。

②《王阳明全集》上，上海：上海古籍出版社 2011 年版，第 77 页。

③《王阳明全集》下，上海：上海古籍出版社 2011 年版，第 1304—1305 页。

当然不同于懵懂昏寐和麻木不仁的状态,求放心而已矣也非禁欲主义。物欲之求虽由内不足而来,然对内不足的察觉与弥补则是一隙灵光呈露。杂于物欲是所求不当,但并未表明此有所求之心也一无是处。在这种意义上,立志与克己正可有裨于物欲的化除与超拔。

大抵天资高卓如颜子、明道,于不善未尝不知,知之未尝复行。中人以下乃至庸常之辈之所以不免逐物之患,一方面在于其对所求之物不能有所抉择,换言之,即对欲求对象的价值不能做正本清源的厘定判断;另一方面则是其心灵常对足其所欲的事物有所贪恋胶着,后者或出自对满足感的依依不舍,或出自对引生其满足感的事物不能长久维系的忡忡忧惧。顺此而往,即可导致无尽病痛。对此心习如欲有所挽救,则立志、克己当交互为用,徒有克己则不免中无定主而陷于前驱狼后进虎的窘境,徒有立志亦不能确保物欲之萌芽就此断绝。

立志便是树立为圣贤之志,此为千圣斩关第一要义。其对物欲之杂的对治体现在三个方面:

第一,立志关系到人文世界中此心所求的价值选择。私欲之生、客气之动乃由此心有所开通而来,此“不足而有求之心”本身为中性,并不必然导致种种恶果。然而,所求者有当与不当,可求之物中亦有高下品类之别,陷于物欲之人除却不能自制其欲,亦有受闻见所梏而无可奈何者。今试问:逐物而放失其心者对外物之求是否有所区别,是否认为于一时一地可选择之物中有孰先孰后之序?若谓无,则立志为圣贤亦是可欲之对象,何以废此而别求?若谓有,则更能适欲之物之标准何在?最简单的答案是感官快感的满足。此时若问逐物之人所求之中孰为最能产生快慰之事,或除其所知之事外是否别有更能产生感观之满足者,则一般不能有所作答。困于物欲牵累者如欲脱于此患,或已闻义理之学者对他人有所开示,先当有所树立,昭示以更高的价值,而后使物欲之求相形见绌,“世之所以因循苟且,随俗习非,而卒归于污下者,凡以志之弗立也”[1],“良知在人,随你如何,不能泯灭,虽盗贼亦自知不当为盗,唤他作贼,他还忸怩”[2]。此更高的价

---

[1]《王阳明全集》上,上海:上海古籍出版社 2011 年版,第 289 页。

[2]《王阳明全集》上,上海:上海古籍出版社2011年版,第105页。对于这一问题可以设想到许多随之而来的反对意见,如道德教化不能代替刑法,又或未经社会化之人可能并不认为圣贤之道有什么崇高性。这些质疑完全误解了王阳明因病施药之意。道德与法律相补为用,没有正面的道德理想,法亦仅是恶法。至于从来没有社会化,一个从出生起未接受教育而仅被如家畜般饲养的人,或一个出生后被野兽抚养长大的人是否有可能立志为圣贤,这是一个现代社会心理学的问题。在王阳明的语境中,这类存在的行为本来谈不上物欲之杂,自然也就没有对治的需要。对于桀纣、石虎、东昏侯、完颜亮这类人是否有立志的可能,王阳明未予正面回答,但依其思想系统,则无非是物欲遮蔽,但不能说没有“致良知”的可能。当然,在现代社会中传统儒家所共许的圣贤已经失去了古典语境的自明性,但圣贤以位格言,并不系于特定的个体,当下时代反对儒家的人自也可有他们的道德理想与人格尊崇,自此仍可言立志。

值便是圣贤之道,而上契于圣贤之道的依据便在"良知"。

第二,立志的切身性可以提供人生的慰足。立志之心当下可求,立志之功当下有得,此种可得可必、当下即是之处便是人生安顿所在。这样一来,物欲之求所伴随的对足欲之物不可常驻的忧虑便可因此化除。

第三,立志在于厚培根本而使心有定主、神气清明,以免除物欲之求的扰攘纷乱。王阳明指出:志为气之帅、木之根、水之源,无此帅、根、源,则气昏、木枯、流息。物欲遮蔽之人只如提线木偶,其言其行率由外物牵缚,其人如在悄恍朦胧之中,非能有所自振省觉。对此若问"立志求物欲"者是否可免于物欲牵累,则阳明可回答"这是一种自相矛盾",如念念所系唯在物欲之求而不以外物之得失牵动己心,则此中已有"良知"的呈现,也就是不陷于具体事物之获得的满足感而矢志精诚于追求本身。此一矢志精诚便需要克服对于特定满足感的执着胶固,亦需要对妨碍追求物欲的个人之懈怠有所克服,这已非一般逐物之人所能为。此时若问这种追求之行为何以当求,其价值何在,立此志之本何在,则不免仍要转向快感的获得。到此便可进一步问何以此种快感最有价值以及得此快感后能否长久维系,便回到了前两个问题。此外,需要补充的是:王阳明所说立志为圣贤并不是一种效颦式的亦步亦趋或不假思索的偶像崇拜,而是侧重于道德心灵的自我开显,这与他龙场之悟时所体会到的"吾性自足"一脉相承。他在对学者谈及"体味圣贤气象"时指出:"自己良知原与圣人一般,若体认得自己良知明白,即圣人气象不在圣人而在我矣。"[1]离却自家"良知"则不能真有见于圣人气象,而对圣人气象的感触正是自身"良知"的昭明。由此,所谓"立志"原非教条与训诫式的强迫与训导,而是自身道德心灵的显现,树立必为圣贤之志非口耳徒说,而是在"正诸先觉,考诸古训"的追寻中实现道德自我的挺立 —— "我"能着实有感有契于圣贤之言行,则"我"虽未至圣贤,但此能感能契之心与达于圣贤之能非在"我"之外,顺此心以真实笃行,则终有企于圣境之日。

克己或克治既是对种种欲念的根除,也是对人类历史行程之泥沙俱下中所投射在个体心灵中的阴影之化除。这不仅关系到个体对物欲的摒弃,也关系到民族心灵的自我调适。这不仅是学者的自我振作,也是人类精神的大赦与自救。关于前者,王阳明曾说"克己须要扫除廓清、一毫不存方是"[2],又说"无事时,将好色、好货、好名等私欲逐一追究搜寻出来,定要拔去病根,永不复起"[3]。关于后者,则下文所言对于功利之心和虚文之弊的对治皆需学者自身有克治之功以求渣滓皆化。此"渣滓"即是民族精神生活中底层的幽暗与滞涩,王阳明在龙场后所讲"默

---

①②③《王阳明全集》上,上海:上海古籍出版社 2011 年版,第 66、22、18 页。

坐澄心"与他在正德十四年（1519）后所讲"致良知"皆有为此而发者。

（二）社会生活的层面：明于万物一体之仁对治功利之心所导致的异化

对科举取士所产生的求知之心的异化乃至隐藏其后弥漫而无所不在的功利之心可以视作物欲遮蔽的结构性表现，一个汲汲仕进或在场屋之业与宦海浮沉中挣扎呼号的人可能并无一般意义上的恶行，而为功利之心裹挟遂至心灵沉沦、元气斫丧者所逐所求也不同于好色、好货之人对特定事物的贪得无厌。在此意义上，徒言立志克己以求对治尚嫌不足，还需对症治疗，后者体现在《答顾东桥书》《重修山阴县学记》《亲民堂记》以及《大学问》等一系列文字中。究其宗旨，则是万物一体之仁的充分展开。

不同于源自感官快感满足的物欲之求，科举害道、宦海风波以及凡此种种所生之心灵闭塞，其根源在于功利之心的泛滥而无所终止。物欲之生有利己而不损人者，亦有损人利己者；有满足的达成只与自己相关者，亦有需要他人承认者。功利之心的滋生与蔓延无疑伴随着人类社会生活的展开，离群索居之人纵有亦不为烈。对此，王阳明有着鞭辟入里的省察。王阳明认为：功利之心的根源便是"间于有我之私，隔于物欲之蔽，大者以小，通者以塞，人各有心"[①]。所谓"有我之私"、"人各有心"，显然是在社会化的历程中与人交接往来而有之事，"我"以"他"为界限和参照，没有形形色色的"他"，亦无从照见千姿百态之"我"。进一步说，"我"之延续与维系不能不有待于"他"——包括但不限于财、色、货、名。此种有待之心蕴藏着善意的期许，然悲剧也往往由此而生。期许有得偿所愿，亦有落空无着，所愿无穷而所得有穷，这一无限性与有限性之间的矛盾便是功利之心充塞横流的根源所在，求而不得后不思所求之正当、必要与否而贪执于此求之有得，于是身外之人悉成此贪求之满足的工具或阻碍。到此地步，功利之毒沦如附骨之疽，其弊害也就不可计数了。这些症状在家庭之内表现为"视其父子兄弟如仇雠"[②]，在文化生活中表现为"有训诂之学，而传之以为名；有记诵之学，而言之以为博……世之学者，如入百戏之场，欢谑跳踉，骋奇斗巧，献笑争妍……日夜遨游淹息其间，如病狂丧心之人，莫自知其家业之所归"[③]，在政治事业中则体现为"理钱谷者则欲兼夫兵刑，典礼乐者又欲与于铨轴，处郡县则思藩臬之高，居台谏则望宰执之要"[④]。凡此种种，皆出于偏执幻妄，然峰回路转、柳暗花明之机也暗藏其中。

功利之心源于有待之不可必，然有待之心本不为恶，相反倒可说其蕴藏着"良知"的显露与流布。一方面，有待之心并非抬高自己，而是先将自身与他者置于平等之境，而对此心外之他心的存在怀揣善意的信托，这便是初步的感通之

---

①②③④《王阳明全集》上，上海：上海古籍出版社 2011 年版，第 61、61、63、63 页。

仁。另一方面，有待之心暗中许可了一个共尊共信的价值世界。换言之，"我"对他人之认可如有所求，必先有自谦自退之心，以正视在"我"以外之人所共同戴奉的彝伦典范。在这种意义上，对此规范的承认便是将自己的行为纳入他人所熟习接纳的轨辙之中，并化除自身行为中那些不合所期的部分，如是便体现了"四端"中的礼与义。需要补充的是：这种"有待"和"为仁由己"并不冲突，也并不预示着道德行为的生发不敢有自身的好恶。后者是乡愿，已属病态。孔子说："老者安之，朋友信之，少者怀之。"此安、信、怀何尝不是有所待？由此深思，功利之毒实可说由错误的名誉之念而来。他人因某事对"我"有所褒奖称赞，并非仅以此事，而是因此事所彰显的个人特质。这种特质可以是德行，也可是才能，然才能之运用有正有非，用之于恶乃为人所厌，岂不仍可说人伦大群之所重在于德行。如所重在德，则得之之道在反求诸己，所求在内而不在外，人之知"我"固然可喜，人不知"我"亦可舍之。至于他人之位较"我"为重，他人之才较"我"为精，"我"既知人伦大群之所许在德不在力，自可本谦退之怀以舍其傲怠嫉视之心。权财可嫉而德无可嫉，前者的成就为排他性的，后者则人人可至、反身而诚即可有所得。若此，则胜我者或不如我者只是行道之先后，功成何必在我？王阳明形容说："譬之一人之身，目视、耳听、手持、足行，以济一身之用。目不耻其无聪，而耳之所涉，目必营焉；足不耻其无执，而手之所探，足必前焉；盖其元气充周，血脉条畅，是以痒疴呼吸，感触神应，有不言而喻之妙。"[1]一念及此，便窥见万物一体之境。苟能及此，则进退出处、语默动止不再有功利得失之患，"稷勤其稼，而不耻其不知教，视契之善教，即己之善教也；夔司其乐，而不耻于不明礼，视夷之通礼，即己之通礼也"。[2]独兼才能与权位的希求实因名誉之心越出了格度之外。才、位不可同而道德可同，正如一身之内手足发肤何较彼此，真能成其万物一体之仁者于权势禀赋又何较彼此？

在"拔本塞源论"之外，王阳明于万物一体境界的成就别有专门的阐发，深味其言，则可将之分为两个层面：

首先，在宇宙论的维度进行消极的去蔽。这在上文言"万物同构"一节时已予阐明。王阳明的宇宙论于其中岁以前不彰，其晚岁所陈则分明是一种气化的本体论。除却上文征引钱德洪所记，尚有朱得之所录与王嘉秀（字实夫）的答问。王阳明指出：天地万物之一体表现在气化的构造生成中，而因气之精粗有显晦的不同，"以形体而言，天地一物也；以显晦而言，人心其机也"。[3]他认为：气之最粗者为茫茫堪舆，稍精则为雷电、鬼怪、草木、花卉，再精则为鸟、兽、虫、鱼之类，

---

①②《王阳明全集》上，上海：上海古籍出版社2011年版，第62、62页。

③《王阳明全集补编》，上海：上海古籍出版社2018年版，第209—210页。

至精至灵则为人。人之有知源于得气之精，人心良知"至灵至明、能作能知"①，然良知亦只是气化之精的产物，与万物同样禀赋于天命流行。人有意识而万物无亦只是气之精粗不同，并不是因为人类自身和所谓的某个神秘的空间产生了关联。"天地无心，而人为之心。"②人与万物万象之别在于此心之正，心失其正则人亦万象。由此可说"我"与人皆是气化流行的产物，自二者之来源与归向均可视作一气之聚散。苟察于此，则人生以前自太虚中来，人生以后往太虚中去，而种种间隔物我、人我之论便失其根本、无法立足了。后者所资所据无非是心物二元或灵魂之说，一元之旨得立，其说便如日出云散，难以久持。

其次，在功夫论的层面进行积极的树立。宇宙论的彰显有陈义过高而不切近人伦日用之处，故在此说之外尚有功夫论。一般而言的"一体"有四种含义：个体物中的不同部分属于一体；某些不同的个体物具有极高的相似性而同属一类，是以能够一体看待；不同类的个体物有很强的利害相关而休戚与共，可说一体；不同的个体物彼此间没有直接的因果关系，但共同参与更高水平的系统构成，可说一体。宇宙论的阐明近于第四种，也就是人我、人物皆在天地之化育流行中，而功夫论的启示有取于第一种。当然，与其将王阳明此说看作一种论证，不如视之为行动的倡议。王阳明指出："仁人之心，以天地万物为一体，訢合和畅，原无间隔。"③此枢要处便在于"无间隔"，而成就此一境界的步骤有二：其一，去除小我的封限，也就是自躯壳起念的私心。私心一起则物欲丛生，物欲生而人我之间不免滑向逆诈猜度，感通和谐也无从谈起。不过，这里存在一个问题，即：假使"我"无私心而他人仍以自利险陂之心待"我"，又当如何？王阳明认为："君子学以为己，未尝虞人之欺己也，恒不自欺其良知而已 …… 未尝求先觉人之诈与不信也，恒务自觉其良知而已。"④去其私心便是自家"致良知"功夫有得，如言回报则是物累尽销而心境畅达，实则此一行为本不当期必有功利性的结果，如此只是市利而反成不德。至于何以自我检讨生心动念出于私心，换言之，怎么使"良知"呈现，王阳明并未指示严密细致的方法。在他看来，"原无许多门面折数"⑤，观其言行以及对学者的指点，除却正诸先觉、考诸古训，便是师友相规、志德辅仁⑥。除此之外，则是从好恶、是非之心萌生处使"良知"呈现，此点留待下文再予考察。

---

① ②《王阳明全集补编》，上海：上海古籍出版社 2018 年版，第 210 页。
③④⑤《王阳明全集》上，上海：上海古籍出版社 2011 年版，第 216、84、219 页。
⑥ 这里有一个十分有趣的例子：南大吉问学王阳明，并质疑说自己施政多有过失，何以王阳明一言不发。王阳明说他虽未尝直言，但已达到了直言的效果，不然南氏何以知自己有过。（《王阳明全集》下，上海：上海古籍出版社 2011 年版，第 1301 页。）可见王阳明对于学者"良知"的启发多在启示性的道德话语中使其本心呈现，此中立言多方，并无一定之轨辙。

其二，本于对自身痛痒的体察而推广至体察他人的困苦、痛痒。大抵一人非陷于麻木不仁的状态，则对自家痛楚必有体察，知痛楚而求有以去之，如眼中金屑必求其出，此求去之心不待拟议安排。"我"亦人也，"我"之心可通于人也。"我"有此不忍痛楚之心，则他人亦有之。"我"有免除之愿，他人亦当有之。然而，世间颠连无告者多有，"我"既知此痛楚难以忍受，则本其不容己之心何能坐视他人久罹此患！"古之人所以能见善不啻若己出，见恶不啻若己入，视民之饥溺犹己之饥溺，而一夫不获，若己推而纳诸沟中者，非故为是而以蕲天下之信己也……求自慊而已矣。"①"我"之身有疾痛务求尽去，视他人的苦痛皆如此身的痛楚则亦当有所作为。"吾之一家饱暖逸乐矣，而天下有未饱暖逸乐者焉，其能以亲乎？义乎？别、序、信乎？吾心未尽也。"②顺此转进则由个人道德通向制度伦理，而人文世界的客观架构亦由此支撑挺立，"故于是有纪纲政事之设焉，有礼乐教化之施焉，凡以裁成辅相、成己成物，而求尽吾心焉耳"。③在王阳明的认识中，功利之心的化除与万物一体之仁的实现除了个人修养的完善，还不能离开作为结构性力量的制度施设。这正是儒门嫡传，而真知孟子"徒善不足以为政"之说也。

（三）文化记忆的横切面：由好恶、是非之心指点"良知"以返本开新而对治虚文所生的餍足

　　虚文繁而根本失与文明的餍足源自一种无可奈何的遗忘。在此情况下，那些如同空气般弥散于人文世界的彝伦典章变成了虚应故事与令人昏昏欲睡的繁冗猥屑。这种体现在文明层面的痼疾较物欲和功利之心更难觉察，其弊害亦非直接可感。如果说物欲和功利之心使得神明外驰、本心放失，那么虚文之弊则是在一点一滴中侵蚀着民族的生机和本源。"人生意义只在无尽止的过程上，而一切努力又安排在外面。外面安排，逐渐形成为一个客体。那个客体，终至于回向安排它的人生宣布独立了……而且不免要回过头来吞噬人生，而使之消毁。"④伴随着此一桎梏和压迫，紧随其后的往往是文明的解体。王阳明晚岁着重言"良知"之虚明，"良知之昭明灵觉，圆融洞澈，廓然与太虚同体。太虚之中，何物不有？而无一物能为太虚之障碍"⑤，亦是有感于此种困境。虚能容物，心有虚明之余地乃有转圜的空间。若失其虚灵，便是生机断绝。若求对虚文之弊以及民族心灵的沉疴有所挽救，"需不断有去腐生新之势力，而欲求去腐生新……当不断从其文化源头作新鲜之认识"⑥，这就是返本开新。这并非意味着只能回到某位特定的思想家那里，也可以是重新体味人文世界逐步建立的本旨素怀。王阳明

---

①②③⑤《王阳明全集》上，上海：上海古籍出版社 2011 年版，第 90、287、287、235 页。

④ 钱穆：《人生十论》，北京：九州出版社 2012 年版，第 2 页。

⑥ 钱穆：《文化与教育》，北京：九州出版社 2011 年版，第 44 页。

所为便是以好恶、是非之心指点"良知":"良知只是个是非之心,是非只是个好恶,只好恶就尽了是非,只是非就尽了万事万变。"①此言虽简,但是自千难万险中得来,而为良知学的"正法眼藏"。这并不仅是通达于"良知"的权宜之计,还蕴藏着王阳明斡旋世运的苦心孤诣。

在此,不妨通过对三种常见心态的批评来彰显以好恶之心为"良知"进路的意蕴所在:

第一,道在迩而求诸远,事在易而求诸难。庸常之见,如好高骛远、神明外驰之徒,总谓德性精微处当求诸无穷远的所在;闻诸师友不足,则又致乎四方;致乎四方不足,则复考诸典册;至此仍不足,则貌若颠连焦躁、彷徨苦闷,以为至理名言必有尽态极妍、天花乱坠、玄赜深奥、五色绚烂之眇指妙语;甚而本其私智小慧,于人所告之常经大法、易简之道不唯无择善而从的谦逊,又生出戏慢侮辱、唐突诘责②之情,必谓有清辞兰藻、粲然膏腴的"雨华妙法"足以使心灵慰足,而一听之后便可骤然有成,于外则意见纷扰,于内而未尝躬行。然而,不登泰山,不知平地之大。真有肯致力于圣贤之道者,则不当存此希高慕外之心,当明行远必自迩、登高必自卑,自迩者、卑者与远者、高者一以贯之,这在王阳明之思想中便是"真诚恻怛之好恶"。

第二,好恶出于自身,而善与正当性似属外在。进一步说,一己的好恶似乎等闲可变,但道德心灵与道德规范则有不系于一己好恶之处。这些意见并非全无道理,但细思则有不尽然处。一方面,出于己不是出于己私。说"好恶尽良知",这里的好恶当然首要是自身的好恶,但这就好像写下"仁"字时笔端所成不是"义"字一般,并不应成为反对的理由。如果认为道德心灵的成就与道德准则的确立不当禀于自家的好恶而当求诸外在的准绳,那么后者是否有是非可言?如有,其正当与否又该如何判断?由此转进,这一外在的准绳对于人类的心灵是戕贼还是补益?这些外在的准绳又是怎么成就的呢?源于所谓的神明昭示、特定先哲的训导,还是由风俗演化约定俗成?如果源于所谓的神授,便当真没有差缪吗?如果源于先哲训导,那么先哲的言说悉出任意吗?先哲立言之据又在何处?如果源自风俗演化顺势而成,那么古今风俗有相异之处,有行之既久而历久弥新者,有行之一时而不能长久者,其差别又是何以产生的呢?反省及此,便知离开

①《王阳明全集》上,上海:上海古籍出版社2011年版,第126页。
②苏格拉底式的诘问是另一事,然此时亦可问:作此辩难者本于何心,其能不滞一方者本于何能?若非本于滑稽、戏慢而此不滞于物之心果真可学,是否有学之之法?此学之之法又该如何施教?教之者将强聒不已、无所不至,还是如禅宗祖师之棒喝笑骂以求默识心通?无论如何,教之者必当先有对所学者之诚敬之心。若并无此,则何以成学?

了道德心灵的彰明涵育，何来外在规范的形成与普及！但是，道德规范难道是某种具有思维的高维生命吗？其不正是由生命存在的"良知"交汇而成的吗？由好恶以指点"良知"又有什么不妥呢？对于道德律令无条件地尊信，如不能诚有所好，这岂不仍是他律而非自律？另一方面，主客观之别只是一种权宜的修辞。一种彻底的唯物论可以将人类的意识视为一串神经信号，彻底的唯心论则可将世界视作绝对精神的投影，这取决于何种语言被采用。客观止于何处，主观起于何处，这个界限从来都是模糊的。一时的好恶当然具有很大的弹性，但此多变者是好恶所涉及的对象，而非好恶之心，在这种意义上好恶之心恰恰并未动摇。当然，这时也可说好恶所及对象的多变出于不能真知一己的好恶，诚能如好好色、恶恶臭之时不待拟议安排的好恶，又岂会朝秦暮楚、无所定止？道德规范的确具有不因一二人的好恶而改变的稳定性，但当集体心态的好恶产生了转变，旧的规范便难以维系，而风气的形成正是源自一二人心之所向，这一所向何尝没有好恶在内？张载说："无天下国家皆非之理。"[1] 若集体心态的好恶归于一同，此所归趋者虽未必是终极善，但很少会是大恶。

第三，好恶亦可有好其所不当好者，这就是以人欲为"天理"。孔子不是说"唯仁者能好人，能恶人"吗？若未成仁人，则如何能自好恶之心来通达"良知"？显然，这种情况在所难免，但这里于不当好者转有所好，如好财货、好色之类，仍旧是以"好"为正，以"不好"为非，这种好之之心与得好恶之正者没有种类的区别，只是内容不当。至于说某事不当好、不当恶，并非说好恶之心根本不当有，而是此心对特定事物的系着不当有。

这里可以通过王阳明所提及的两种情境来展现好恶之心通达于"良知"呈现的方式。首先是平衡读书与举业。有学者问王阳明于读书之际如何避免思及举业得失的功利之心，王阳明回答说："良知知得强记之心不是，即克去之；有欲速之心不是，即克去之；有夸多斗靡之心不是，即克去之。"[2] 对此可问：强记、欲速、夸多之心何以不当有？最简单的回答是这些行为对读书之业的正常进境有所妨碍。这预设了读书本身的价值，但若问读书的意义在哪里，则势必引出其对另一行为的价值。如此层层转进，必将归向一种其本身即具价值的存在，否则便会引发无穷的倒退。这种本身具有价值的存在——换言之，价值追问止步之处也就是"良知"有所安顿之处。"安顿"蕴含着是是非非，即对某事的执定与对妨害此事之他事的排除。若再问此是是非非之心是否感到压抑催迫，为自律抑或他律，

①《张子全书》，西安：西北大学出版社 2014 年版，第 425 页。
②《王阳明全集》下，上海：上海古籍出版社 2011 年版，第 114 页。

则真能自作主宰且于义理之学有所造境者必将回答说是是非非之心只是顺应"良知"之动而有，此顺应"良知"之动便是"生机"畅达、"天理"流行。对这一境界的满足不需再有其他理由。这种无需、无待之心便是由衷之好。当然，除这种方式外，还可以回答说强记之心是扰乱应循的次序，欲速之心是妄求不经其难而坐享其成，夸多之心是于读书所得不用于自家熨帖而仅求向外炫耀。统言之，这些无非出于私心。这种私心体现在以读书所得夸饰于人而求他人对自己有所褒奖、称誉，此一行为无疑对他人有所欺瞒，更有甚者则对他人的心智有所轻贱并对其善意有所戏弄。对此可问：若有人对"我"如此，"我"当生出何心，岂不正会深恶此举？所以，厌恶之由便在于他人将"我"视为满足其私欲的工具。在此之际的好恶并非源于一己之私，而这正是"良知"的呈现。"良知"不是教条与训诫乃至特定的法则，而是一种功能和心境。其次是人我互相间的关系与心态。这一事例来自《大学》的絜矩之道，王阳明阐发说："所恶于上，是良知；毋以使下，即是致知。"[1]此处仍是以"所恶"来指示"良知"的萌蘖。由此深思，"我"致恶于上级的行为有诸多原因，或以其傲慢无礼，或以其无端苛责。这种厌恶也有公私之别，若恶其对"我"不予优待、不予狎昵，所恶便是出于私心；若恶其贪懦苟且、虚伪变诈，则所恶是出于公心。有所恶即有所非，如此亦可照见所好与所是者。对此好恶之心存而勿失，不令陷溺，从而自振于茫昧混沌之中并常保致好致恶的虚明灵觉，便是"致良知"。

质言之，好恶之萌芽便是生命存在的对境感通。这体现在三个层面：首先是自我封限的破除与行为对象的确立。好恶之发源自心与物交，对种种具体的存在而有具体的行事，无此心即无此事。此际如凿破浑沌，天光初现。一隅之光不离全体之光，此光便是生之灵觉。不经此关则心如槁木死灰，何来"良知"的呈现？但是，此时好恶之心非必得正，若欲正之，则当体会于好好色、恶恶臭之际无所拟议安排、催迫系碍的独知自得。体此况味而于事事物物致其好恶是非之心，自可使"良知"萌蘖发端。其次是好恶之心有不可让渡的直接性。他人对"我"有所强迫，仅属外在，"我"自可保留好恶之能。即便是对于世间同好同恶之事，"我"的好恶亦不能被他人之好恶替代。再次是好恶之心皆得其正，便是至诚无息而不容己，也就是"天道之运，无一息之或停"。[2]欲使此心对好恶之正的彰明不限于一时一地，复当对"得好恶之正"的心灵好其有而恶其无。无此保任涵育之功，则一隙灵光之呈露亦可淹没于物欲客气之中。就此来说，以好恶之心唤醒"良知"，一方面在于上体古人之心以同好同恶并唤醒彝伦典章创制之初那种真

---

①《王阳明全集补编》，上海：上海古籍出版社 2018 年版，第 237 页。

②《王阳明全集》上，上海：上海古籍出版社 2011 年版，第 298 页。

挚、恳切而笃厚、真诚的好恶之感，从而使委顿陷落的外在秩序获得心灵世界的挺立昭明；另一方面是为一度被虚文格套遮蔽、困缚的心灵注入生机，恢复其对人文世界细致亲切的感触，并以"良知"所具真诚、恻怛之好恶以调适修正弥漫在人类生活中的礼文节目，"当知任何人类历史演进，其大本大原，不能先抹杀了各个人心中之好恶。若把各个人心中之好恶一笔抹杀了，或是太看轻了，如此来言理，必然会引生出大病。如此来言仁、义、道德，会变成全是些假仁、假义与假道德"①，阳明言"今欲救之，惟有返朴还淳是对症之剂"②正为洞见此中微奥有感而发。返朴还淳就是"致良知"，"致良知"就是尽好恶之诚。

（四）文化记忆的纵切面：流动性的史学意识与道德主体的彰明对治历史记忆的遗忘

在初悟知行合一后，约在正德七年（1512）与徐爱的交谈中，王阳明借由对历史情境之发生的重构，尝试着手消除由遗忘与误解造成的认知误区，继而扭转那种凝定恒常的经学意识与随之而来的心灵压迫。他在暗中呼唤着真切的文化记忆，呼唤着生机盎然的思想风格，呼唤着一度因被淡忘而变得生疏的心灵图景。当徐爱质疑说记载人类行为的《春秋》应属于史学，且与六经中其他典籍存在着体例上的差异时，困衡其心的正是上文提及的误解。显然，在徐爱看来，汇集着流动的、转瞬即逝的历史事件之《春秋》与承载着"常经大法"的其他经典相比非属同类，动与静的难以调和无疑是两种世界感的格格不入。王阳明的解释则切中了问题的致命之处。王阳明认为《春秋》无疑是史学著作，但五经所言何尝在人类历史之外，何尝在此圣贤之行事与心灵之外，又何尝是古圣先贤从法界与理念世界窥探得来？这丝毫没有开启任何相对主义，也没有暗示五经所言失去了贯通当下的生命力。诚然，《春秋》的语言与《周易》之"三礼"不同，但这种不同只是表现方式的差别，而非内在精神的差异。"以事言谓之史，以道言谓之经。"③如果史学所载是人类行为的汇集，是人类心灵的交汇，若舍人类之道德心灵则全部历史只有生老病死、饮食男女可说，那么《易》《书》《礼》《乐》又何尝不是先哲道德心灵之流溢与昭明而见诸文字者？《春秋》有褒贬以明善恶，其他经文又何尝不在明善恶？在此意义上，王阳明言"易是包牺氏之史，书是尧、舜以下史，礼、乐是三代史"④，就绝不是说这些经典只是个人行迹的汇编，而是说无圣贤之心则无圣贤之迹，无圣贤之迹则无圣贤之史。换言之，《易》《书》《礼》《乐》就是圣贤人格精神的写放，此一写放无疑可与历史记载婉转相通。但是，此

---

① 钱穆：《中国学术思想史论丛（二）》，北京：九州出版社2011年版，第195页。
②③④《王阳明全集》上，上海：上海古籍出版社2011年版，第228、11、11页。

圣贤之心所成就的人文化成与思想遗产并非向着某个所谓高悬于天际的神秘空间无限趋近,也非依循脚手架或曲折回环的阶梯向着圣殿穹顶不断攀升,更非朝着重重帷幕之后不断逼近,而是天之明命的至善心体①在并行不悖、并育不害、川流敦化的广大和谐之心境中的徐徐呈露。王阳明说"五经亦史",就是在呼唤这种因时空久远和异端之学干扰而失落流离的文化记忆。

此后,在写于嘉靖四年(1525)的《稽山书院尊经阁记》中,王阳明延续了中岁的思考,在行文伊始便重申了"经"之"道路"义:"经,常道也。其在于天谓之命,其赋于人谓之性,其主于身谓之心。"②坎坷浮沉之后,王阳明对世间之病痛察之愈切,对此记忆的失落觉之弥深,并由此开启了更加深刻的对于经学的思考。当此之际,最早闻其"五经亦史"之说的徐爱已作古人,王阳明心中之况味不待其深虑而知。

此文之义可从三个层级予以阐发:

首先,解经与尊经不是以外在之格套陈言框缚此心,也不仅仅是记诵与闻见的增广,当然更不是名之曰尊却转而以束之高阁的方式将经学的智慧视作遥不可及之物,或干脆将之变成逼仄促狭的专门之学。对此,王阳明通过家产记籍的例子指出了这类行为的不当之处。他认为:《六经》之作本于圣人"扶人极,忧后世"③之心,如同富家之祖虑其所遗存之产业库藏不得为子孙所用,遂以账簿记之。其心委实非无长虑顾后以保万世之忧怀深虑,见诸文字而情真意切,人睹此文字而通于幽明,是此文字非不当重。文字之所以当重,人岂不仍在此所聚所传之产业库藏体远祖之心?又岂谓子孙后代不当对此产业珍之重之,而唯当指此账目以夸其聚集?若此产业日日散亡,则徒有完善之账目亦可转与先祖之心背道而驰。账目苟有字迹不清、纸张破损,修复可也,此即训诂记诵非不可有,然谓传祖先之业者只当有此修补之事,则断然不可背乎先祖之心。

其次,文字所以言道,由此文字之通达而可行于不同之道路,此一道路绵延不绝而向前展开,事即道,道即事,事由人为,而道亦由人开创。"若没有人的活动与行为,即就没有道。既如此,道何能来宏大人,只是人在宏大道。浅言之,道路是由人开辟修造的,人能开辟修造一条便利人的道,故说人能宏道。但纵使有了这条道,若人不在此道上行,则仍等于没有这条道,而这条道也终必荒灭了。所以说非道宏人。"④若知此义,便明尊经所以尊道,然尊道之对象既有古圣先贤

---

① 因为此时王阳明虽在和徐爱的对话中提及"良知"二字,但尚未明确提出"致良知",也并没有把《大学》的"明德"与"良知"关联起来,所以此处改以"至善心体"来代替"良知"。

②③《王阳明全集》上,上海:上海古籍出版社 2011 年版,第 283、284 页。

④ 钱穆:《中国思想通俗讲话》,北京:九州出版社 2012 年版,第 12 页。

之遗意，又有此能够体道、契道、行道之心，分而言之有古今之别，合而言之只是"天命"之性，"通人物，达四海，塞天地，亘古今"①，同具同有，无有或变，是尊经乃所以自尊。王阳明指出："易也者，志吾心之阴阳消息者也；书也者，志吾心之纪纲政事者也；诗也者，志吾心之歌咏性情者也；礼也者，志吾心之条理节文者也；乐也者，志吾心之欣喜和平者也；春秋也者，志吾心之诚伪邪正者也。"②由此转进，便可说所以尊乎《易》、《书》、《诗》、《礼》、《乐》、《春秋》者，实不能离开此心中之阴阳消息、纪纲政事、歌咏性情、条理节文、欣喜和平、诚伪邪正。若舍此心之彰明，则不能对六经真有所尊。

再次，尊经重道的归宿乃是令此道行于当世。行之所以重之，唯行之而真能重，舍行则无所见其重。人文化成本于"天理"流行，舍人文化成亦不能使此"天理"流行而无憾。因此，王阳明指出：此"天命"之性见于行事，则"为父子之亲，为君臣之义，为夫妇之别，为长幼之序，为朋友之信"。③人伦之事不外于"天理"流行，成就此人伦之事便是昭彰"天理"，即尊经重道。

简言之，经者其文虽古，而其道常新，尊经便是通古今为一，继而合于《诗经》里"於穆不已"之"天命"、《易传》中至健的乾道、《中庸》里至诚无息的天地之道。

---

①②③《王阳明全集》上，上海：上海古籍出版社 2011 年版，第 283、284、283 页。

第三节　良知学的未竟之业与时代价值

在既往的研究中，王阳明在思想史中的地位曾被这样界定：宋学的挑战者。无独有偶，在王阳明生前之亲炙弟子中已有此见。《传习录》下卷记载王阳明之门人论其遭受谤议之因时便说："先生之学日明，故为宋儒争是非者亦日博。"[①]但是，通过上文历时性与共时性两种维度的考察，我们可以发现这一结论不免失于武断。恰恰相反，王阳明与宋代理学家的精神多有暗合神契之所在。

一方面，宋学之统续与思想脉络有不同的展开线索，并不是一个一线相系的过程。二程对周敦颐以"茂叔"称之，而孔子门徒何尝直呼孔子为"仲尼"？程颢、程颐生前与张载讲论，其所说亦有不能归于一是者。此下至谢良佐、杨时、胡宏、张栻亦各有异同，纵谓阳明于伊川、朱子一系有所龃龉，又何尝能说他与程颢、张栻等人形同水火呢？

另一方面，王阳明对宇宙论的思考仍旧借助"理"、"气"之名，而其对"天地同构，一气相通"的认识亦与张载无殊。更重要的是，王阳明所采用的功夫论话语如"敬静"、"中和"、"已发未发"、"涵养察识"等皆为宋代理学家常用之言，对话语的继承暗中体现了对问题意识和思维方式的继承。这种承载了学术立场与生命风格的话语并非拿起就放的脚手架，也非用过了事的工具。事实上，"我们不需要屈从于这样一种诱惑 …… 认为被表达的东西和对于它的表达，可独立于对它们之间关系的考虑而各自得到理解。至少在那些更有趣的情形中，隐含的东西的明确性可依赖于使之清晰的可能性"。[②]换言之，"仁"、"义"、"礼"、"智"等指称皆有能指和所指二层，其所通达的心灵境界不能离开这些语词潜藏在文化语境中的艺术情调与隐喻视角。假使人们在《朱子语类》中发现"菩提"、"涅槃"、"业识"、"般若"的出现频率超过了儒家"四端"，那么朱熹的儒学本位和排佛立场都将饱受质疑。选择何种词汇作为语言游戏展开的凭借在一定限度内有着充分自由，但这一限度不能等闲逾越。

此外，在思想风格与学术旨趣上，王阳明与广义上理学谱系中的前辈学者拥

---

① 《王阳明全集》上，上海：上海古籍出版社 2011 年版，第 131 页。
② [美] 罗伯特·布兰顿：《阐明理由：推论主义导论》，上海：复旦大学出版社 2020 年版，第 8 页。

有极多相近之处，兹举其荦荦大者以申明：第一，由宋儒所开启的、从周孔到孔孟的学术谱系重订与暗中许诺的学术使命的变化在王阳明那里同样适用。选择了一种关于过去的叙事，也就是暗中许诺了未来的行动。"自唐以前，儒者常称周公孔子。政府所立太学，必以《五经》为教本。《汉书·艺文志·六艺略》后附《论语》、《孝经》、《尔雅》，乃属幼学之书……唐韩愈为《原道》，始曰：尧、舜、禹、汤、文、武、周公传之孔子，孔子传之孟子而不得其传。宋人乃始以孔孟并称。"[1]周孔连言，所重在政。孔子仅为传六艺之人。孔孟连言，所重在教，孔子独特之处乃显。孔子为圣贤不得位之第一人，自此之后而圣、王之道渐别，君、师之合渐分，以孟子接孔子，便是以为在政统之外别有道统，同时也预示着学术使命的革新。"宋明儒者之复兴儒学，又皆不只重一人著书，以发明此道，而尤重启发后之学者，共形成学术风气，以见于教化风俗，而转移天下世运。"[2]漫长的历史使语义产生了剥落与坍缩，那些曾经富于启发性并由此开启了心灵进路且生机勃勃的道德话语失去了隐喻的力量，而逐渐固化为日用不知的本义。是以宋明儒之宗旨即在于上契先秦儒学之传统，并使曾经作为隐喻的道德语汇重焕生机。这一过程便如同对荒废道路的修葺与贯通。其施教方式则重在使人本这一特定的功夫成为入道之门户，其讲学的归趣则是道德自我的建立并上通于历史文化的大传统。其功夫兼备正反两面，正面之功在于对道德心灵的开显，反面之功在于对不善习气的化除。此即入道后尚需有守道之功。这便与孔孟之言多就正面道德理想之启示而说不尽相同。第二，思想精神的收摄与整肃。宋学初兴之时，学者立言施教的宗旨与对唐代风俗之弊的矫正不无关联。葛兆光在《中国思想史》中指出：在唐代，随着《五经正义》这样汇集了前代注疏的官方定本的编纂以及一系列政书和类书的出现，原先尚能通过源源不断的注疏之业为思想史注入活力的经学研求在定于一尊的思想格局中逐渐沦为记诵、应试的工具，并简化为一系列流于浅表的思想教条。在这样的背景中，沉潜入微的深邃思考转向了炫技夸耀和争奇斗艳的辞章之学。"文学是这个时代的风尚，知识与思想的生产与再生产，常常要依赖装饰性的文学词语的推陈出新来维持着它的过程。"[3]于是，神明外驰，流弊迭生，民族之义未倡，君臣之义先敝，加之唐人取士多门，却仍以进士、明经为大端，而进士之途最重于世。既重诗赋，则经学朴厚之风便无从提倡。此文华浮薄之风与佛、老出世之意常趋合流，于是鸩毒晏安之情上下弥漫。《资治通鉴》载丁公著与唐穆宗问对之言极道此患："自天宝以来，公卿大夫竞为

① 钱穆：《朱子新学案》第 4 册，北京：九州出版社 2011 年版，第 189 页。
② 唐君毅：《中国哲学原论·原教篇》，北京：九州出版社 2016 年版，第 1 页。
③ 葛兆光：《中国思想史》第 2 卷，上海：复旦大学出版社 2013 年版，第 20 页。

游宴,沈酣昼夜,优杂子女,不愧左右。"①世风偷薄,而佛老之学不能于人伦纲纪有正面之建立,"心上无一事",则社会改良不可问矣。有宋诸贤所以慎重行止、爱惜名节,尊大君臣之义、夷夏之防,实有贞元剥复、不得不然者。其立言成说初在使此斫丧流漫之民族元气有所恢复及流弊所显不免重内轻外,实非本怀初旨。王阳明处于此一传统,亦不能有外,试观《论语·先进》篇子路、冉有、公西华所陈之志,再看王阳明与徐爱、陆澄、薛侃、钱德洪、王畿之问答,其意自别。举例而言:孔子曾称许冉雍说"可使南面",但王阳明对弟子的期许并没有类似的表述。风格即生命,许诺了思想传统内更加深刻的一致性,而作为思想与风格承载物的哲学话语之火尽薪传又以更加深刻的方式弥合了见诸思想表征的种种分歧与纠葛所产生的裂隙。

需要补充的是:道德话语的选择没有一种前定的标准。因此,基于日常语言重构的哲学话语总是在栩栩如生的语言实践中增添新义。这一过程不是向着某个终点无限逼近,而是灵思映发的绽放与昭明。"理智和道德上的进步,并不是一个越来越接近一个先行目标的问题,而是一个超越过去的问题……艺术和科学在数千年里之所以获得改进,是因为我们那些更有天赋的古人不仅仅以种子、泥土、矿石,也以声音和符号做出了一些新奇的事情。"②在此意义上,与其说王阳明发现了"良知",倒不如说他"发明"了用来描述心灵状态的指称方式,这更应该被视作一种成就道德智慧的倡议,而不是生理学中对人体功能的探明。王阳明提供了一种重新描述道德心灵的生发与培育的途径,并尽其所能将这种行动方案扩展到人文世界的诸多方面,由此开启了明代中后期的思想革命。正如我们不厌其烦强调的那样,作为指称的"良知"首先是隐喻,良知学是实践的艺术,而不应被过分看作实验心理学和教育心理学。

不过,良知学在王阳明身后所遭逢的命运不免与他的前辈们合辙。这里指的一方面是思想在传播中遭到的曲解与误用,另一方面则是隐喻的本义化。

关于思想在传播中遭到的曲解与误用,阳明学常因此在种种似是而非、轻薄古人的后果主义中饱受指责。后果主义的表现往往是以某一思想被社会接纳后所造成的负面结果来指责这一思想不够完善,或者干脆回到"局限性"的陈词滥调中去。但是,这种方式本身无法立足。显而易见的是:没有这样一种无可置疑的、坚硬的台阶供人立足,也没有一个能够一览无余的瞭望塔提供没有局限性的视野。过去与当下的语言实践共同编织了一张信念之网,它们的联系是如此紧密以至于人们根本无法穷举过去和现在的分界。借用纽拉特的比喻:人类的

---

① 《资治通鉴》17,北京:中华书局 2011 年版,第 7906 页。
② [美]理查德·罗蒂:《实用主义哲学》,上海:上海译文出版社 2009 年版,第 20 页。

语言实践如同航行于大海中的船只，"我们只能在海上漂流时待在船中重修这条船。没有任何外在的优越点，没有第一哲学"。[①]进一步说，哪怕是思想传播的积极后果也不应被视作思想评价的参照。这不是说评价活动无法进行，而是这种将后果作为评价尺度的方法没有什么可以信赖的地方。首先，接受的过程就是一个曲解和再阐释的过程。这一过程不免与某一时代特定的认知方式和理解能力——更重要的是集体心态——息息相关。这些条件充满了不确定的因素，且绝不可说"百世以俟圣人而不惑"。尤为重要的是，每一位杰出的思想家或者可以被视作高耸入云的峰峦，或者可以被视作海中孤岛，眺望景观的后继者只能遥遥望见其中景象，而根本没有全幅摄受的可能。其次，接受度的广狭也根本不是评价的尺度——这不是说接受史的考察无助于对民族心灵的理解，但这是另一个问题——哲学经典的传播广度永远无法和食谱或房中术相提并论。人类精神史的历程中充满了形形色色的非意向性的后果，简言之，结果和预期往往背道而驰。在这种意义上，就不能想当然地说某一思想的内容如何，并随之将其问世后的种种影响与其绑定。事实上的先后并不是因果上的先后——这种所谓的"内容如何"更多的是研究者自己的理解，而不一定是历史中接受者的理解。中国传统的心性之学不是神经生理学，也并不主要是行为主义的教育心理学，而是一种旨在成就道德智慧的成己成物（人）之学。因此，坚信"不以人废言"就不是那么理所应当，思想家本人的道德成就才是思想评价的核心参照，其次方为思想的逻辑严密性与推论的合理性，再次为这种思想是否被其创造者以尽可能高的一致性通达于人类精神活动的不同领域。

关于隐喻的本义化，也就是"良知"二字逐渐成为习焉不察的普通指称，并无可奈何地沦落至玩弄光景的境遇。王畿、罗汝芳、王艮所谓的"现成良知"固然有其胜义所在，但终不免失却了阳明于龙场时居夷处困、百死千难的庄严深切，而对阳明于世运之挽救和文明症结之省察对治中的苦心孤诣、椎心泣血，江右、浙中的阳明后学似未能将此发扬光大。

由此而言，对于良知学得失的反省也当尝试与以往不同的进路。自人格成就言，王阳明不仅为有明一代首屈一指的人物，在孔子以后的知识群体中亦可进入前列。如果将良知学视作其道德成就历程中无一字一句不由肝肺流出的真实写照，那么在此意义上的良知学无可挑剔。但是，如果衡之以自周公以下的整个中国的古典思想史，那么良知学又无可奈何地是一番未竟之业。

一方面，得君行道也好，觉民行道也罢，圆而神的境界不能离开方以智之心

---

①《奎因著作集》第 2 卷，北京：中国人民大学出版社 2007 年版，第 444 页。

的支撑挺立。唐君毅先生尝反省中国文化精神之缺憾，并认为其主要表现即客观人文世界未能充量展开，"中国文化覆天盖地之景象下，如少一由地达天之金字塔。诸个人精神并行如川流，若不见横贯诸川流之铁路，以经纬人与人之精神，成无数之十字架 …… 数千年文化之发展，远望而天如日与地连，如向一平面沉坠；人之精神，如百川并流，泉源混混，而无火车驰走于诸川之上，乃日见天地之岑寂；人无十字架可负，使精神四达并流，精神诚不免收敛而入睡，则人之顶天立地，渐如一伞之蠹立，而未撑开"。[①] 这一困境于汉唐门第尚存之时并未凸显，然五代以后门阀衰落、社会平流并进，此一症结亦随之浮现。"中唐以来之社会，既成一平铺散漫之社会，而其政治，仍为一和平的大一统之政治。故一'王室'高高在上，而'社会'与'政府'之间，堂阶益远，常易招致'王室'与'政府'之娇纵与专擅 …… 社会无豪强巨富，虽日趋于平等之境，然贫无赈，弱无保，其事不能全仰之于政府，而民间每苦于不能自振奋。"[②] 如欲有所对治，并在中国的思想资源中寻求答案，便是在立人极的内圣之学外尚需有立皇极的外王之学。王阳明在《答顾东桥书》、《重修山阴县学记》乃至《与黄宗贤》和《大学问》中对生命主体的"良知"如何积极地成就人文世界的制度兴造进行了富有启发性的思考，但这些相较于荀子之《王制》、《富国》，董仲舒之"天人三策"，乃至陆贾、陆贽之奏对颇感气象不足。其实，当王阳明批评释氏之学对人伦大群之正面价值（如父子、君臣、夫妇等环节）不能有所挺立，且并非真能"不着相"，只是畏难逃避，近乎自躯壳起念；而儒者"父子，还他以仁；有个君臣，还他义；有个夫妇，还他以别"[③]方真能无所着相于父子、君臣、夫妇，无疑在暗中许可了"良知"通达于人伦世界不同方面的正当性。延续王阳明的逻辑，则读书考索、尽力沟洫、格物游艺之时还以诚妄是非，又如何必然是支离卑琐、外心求理？由"良知"的圆而神通达于方以智并不需要自我坎陷，这只是自然而然之事，"天心"与"了别心"之间没有泾渭分明的界限。可惜之处唯在王阳明年岁不永，于天泉证道之后复劳于兵戎之事而未能将良知学推向更为细致的层面。

另一方面，则是良知学对人类幽暗意识的照察有所未尽，从而没有对人类意向性行为所招致的非意向性结果这一行为困境深加省思。说得通俗些，个人与群体善意的动机与行为不免于招致适得其反的结果，这样的悲剧该如何避免？这一问题在儒学传统中并非无人涉及，但似乎不是儒学主要用心所在。"自昔儒

---

① 唐君毅：《中国文化之精神价值》，北京：九州出版社 2016 年版，第 329 页。

② 钱穆：《国史大纲》上册，北京：商务印书馆 2010 年版，第 27 页。

③《王阳明全集》上，上海：上海古籍出版 2011 年版，第 112 页。《传习录》中黄直所录有二，此为正德十五年（1520）所记。

者，言天地阴阳翕辟及人心开阖动静之义，此皆属于宇宙人生之大理 …… 于此开阖动静之几，可被阻滞而旁行歧出以导人生入于陷阱与漩流之义，亦引而未申。"① 孟子曾说："有不虞之誉，有求全之毁。"② 王夫之在论及秦政得失时亦指出了这种吊诡："郡县者，非天子之利也，国祚所以不长也；而为天下计，则害不如封建之滋也多矣 …… 秦以私天下之心而罢侯置守，而天假其私以行其大公。"③ 也就是说，主观的目的见诸行事后产生了种种出乎意料、事与愿违的效果，而这种效果完全展开的时间历程往往超出了当事人生存的年代。《淮南子·人间训》中讲述了"塞翁失马"的故事。如果延续原文的逻辑，在故事结尾，那个善骑术的儿子因为跛足而逃过一劫后，是否便可安然度过一生？当邻里丁壮多有亡故之后，面对武帝末年此起彼伏的民间暴动，他又该如何自保？或者他因边塞聚落不能久居而迁至长安左近，却不幸遭逢了巫蛊之乱，而在某日于长安街市中亡于太子刘据和官军交战的乱箭之下？又或者他迁居至关中后有幸一生无恙，但因跛足之故未得婚配，从而晚景凄凉？再或者他迁居至关中后繁衍生息，其子孙由是扎根于此，最终却罹难于两汉之际的群雄之战？这种祸乱相因的逻辑可以无休止地讲述下去，面对这一情境，"致良知"是否足够？当然，也许王阳明可以回答说这种情形不免自躯壳起念，真能"致良知"者自然终日康乐，不为私欲所困。但是，放在这个故事里，那个跛足的儿子纵然不以一己得失为怀，又是否能不以老父的安危挂心？如果忧虑于其父的安危也是"致良知"当有之义，那么方才假设的故事逻辑就不能视若不见。再比如《传习录》上卷记载了徐爱和王阳明关于知行间断的问答，假使徐爱问"如今有人诚能知父当孝、兄当弟者，见诸行事却有伤于父兄"，王阳明又该如何回答？关于温清定省之类"可一日二日讲之而尽"④，但"小杖则受，大杖则逃"及诸如此类的对于行为后果的预测，进一步说，对于齐家、治国、平天下中不胜枚举的结果评估便不可能"一二日讲尽"。诚然，王阳明可以申辩说：假使这的确是问题所在，依照"良知"，"是者还他是，非者还他非"的真诚恻怛而无自欺的精神自然当对此有所留心。这没有问题，但王阳明对于这一领域罕有措思也毋庸讳言。进一步说，在个人的理想见诸人类大群之公共事业后，或者用王阳明的语言来描述，"致良知"于事事物物之后，"假定人原初之求成就一事之动机与理想，是崇高而纯洁的；然任何世间的事业，在其少有成效，或多少能实现此原始理想时，即必然不免人之利用之，以达另一目标，或成就另

---

① 唐君毅：《人生之体验续编·病里乾坤》，北京：九州出版社 2016 年版，第 5 页。
② 朱熹：《四书章句集注》，北京：中华书局 2012 年版，第 291 页。
③《船山全书》10，长沙：岳麓书社 2010 年版，第 65 页。
④《王阳明全集》上，上海：上海古籍出版 2011 年版，第 3 页。

一事业。而此另一目标及另一事业之价值，则可高可低 …… 凡现实化者皆无不可被利用。故大而孔子订六经，儒生注六经，可为皇帝利用以成其帝王之业 …… 原初之事业之目标，亦如化为其他目标之手段，由此而产生一种价值之改变或高下之颠倒"[①]，此一颠倒于历史中每或不免，思之未尝不有废书而叹之感怀。如欲有所对治，则须于儒学范围外有所取法，"察事变莫过于道"[②]，"察业识莫过于佛"[③]，而法家之说于人心幽暗之明烛亦在参鉴之列。依王阳明良知学之义，于此并无必然之排斥，顺其义理亦可承认此节。然而，王阳明立言未能及此，终不免令人遗憾。

以上种种并非轻薄古人、唐突先贤，也不是说王阳明智不及此。立言成说每不能与一个时代的思想气候、社会症结渺然无涉，而上文所尝试的省思的确掺杂了 21 世纪 20 年代对于国家、民族、世道、人心的省察与回顾。时至今日，我们在自然科学中对人类的道德行为有了诸多王阳明所不具备的关于神经生理学和心脑科学的知识，换言之，我们对人类道德行为产生与演变的机制有了古人所不具备的认识。这意味着我们对良知学的继承与研求需要有所甄别选择。简单来说，王阳明所言涉及"本体"、"心体"之类的表述应当被视作道德自我建立的一种倡议，而不能希冀于在心脑科学的研究中寻找某种还原。重要的是，我们不能将良知学视作前科学时代关于人类心理行为的不成熟探讨，而应将其看成一种溥博渊泉、动而愈出的伟大艺术。这种艺术旨在成就德慧术知，并清理、化除那些阻碍人类精神进展的路障与阴霾。良知学既是道德自我建立的行动倡议，又是根除心灵痼疾的治疗方案。

[①] 唐君毅：《道德自我之建立》，北京：九州出版社 2016 年版，第 8—9 页。
[②][③]《牟宗三先生全集》29，中国台北：联经出版事业公司 2003 年版，第 62 页。

第十五章

性情

第一节　性情思想的起源

一　"性"、"情"的文字学探源

"性"与"情"是中国传统文化史上的核心范畴，也是代表了中国传统哲学思想的两个概念。中华民族的往圣先贤在对人生的不断思索中，对"性"、"情"这两个概念的内涵也进行了不断的深化和扩展，使之在中国哲学史中的影响和地位日渐显著，甚至对中国数千年来的文明发展也有着不可估量的作用。即使在现代中西文化碰撞融合的重要时刻，"性"与"情"所透出的中国传统文化的独特价值仍然熠熠生辉。

从中国文字的发展历程来看，"性"、"情"两字的出现经历了一番演变。在甲骨文中，今天的"性"字还没有出现，但有个字常被用作"性"，那就是"生"字。"生"在甲骨文中写作"生"，即在草叶"屮"下面加了一个表示地面的符号"一"，其形状如同小草生出地面，破土而出，表示从无到有的意思。这就是"生"的本义，说的是草生于大地，从无到有。"生"既是声旁，又是形旁，表示"天然萌发"之意。在甲骨文之后，金文的"生"写作"生"，篆文的"生"写作"生"，都是继承了甲骨文的写法。在汉代的隶书中，"生"字写作"生"，这是将篆文上部的"屮"简化为"生"。在古文中，"生"常被假借为"性"，表示人内在与生俱来的本能。

在金文中，"性"常被写作"眚"。"眚"字上面是"生"，下面是"目"，这是从甲骨文的"生"发展而来的，上面为草状，下面是眼睛。《说文解字·目部》说"眚眚，目病生翳也"，眼睛上有了草状的病症。在甲骨文中，与"眚"相似的字还有不少，如"禾"（禾）、"麦"（麦）、"木"（木）等，都与"生"字有联系，无论是字形还是字义都与"生"字比较接近。这些表示事物的名词，在字形上相比于甲骨文的"生"字，在表示地面的一横画下多了表示根部或眼睛的符号，象形意义非常明显。甲骨文"生"字当属于商代后期的文字，而"性"字的出现应在秦汉之时。"眚"字为金文，其出现与使用当在春秋晚期与战国时期。所以，从古文字的发展演变来看，"眚"字应是处于"生"、"性"之间的文字。

在篆文中，"性"写作为"性"，是"忄"（心，本能欲求）和"生"（生，天然萌发）的结合，表示人类天然萌发的本能欲望。在隶书中，"性"则写作"性"，这是将篆文中的"中"写成了"心"（竖心旁）。俗体楷书"性"将正体楷书的"中"简化成了"忄"。《说文解字》中说："性"（性），人之阳气性善者也，从"心"，"生"声。其意思为："性"是人的善良本能的显性表现，字形采用"心"作偏旁，采用"生"作声旁。从甲骨文的"生"演变到篆文的"性"，金文的"眚"有着明显的中间过渡的特点。金文的"眚"字不仅具有甲骨文"生"字的象形特点，还具有"性"字"心"、"生"结合的某些特点。金文的"眚"字是"生"、"目"结合。与甲骨文的"生"字相比，金文的"眚"字已不仅仅是描述客观事物，而且加入了人的主体性部分，即"目"的增加，从而使人的主体性与客观事物之间的联系变得更为密切。随着时间的推移，金文的"眚"字进一步发展，最终走向人的主体内在世界，从而"心"、"生"结合的"性"字出现。"生"、"眚"、"性"的这一演变过程与春秋战国时期逐渐兴起的人文主义思潮密不可分。这是一个非常值得注意和研究的重要的文化现象。

从文字学角度看，"情"字出现得较晚，甲骨文和金文里没有"情"字，最早出现"情"字的文献是《尚书》。"天畏（通'威'）棐忱，民情大可见，小人难保。"《尚书·康诰》一文是记录周公告诫幼弟怎样治理殷民，此处的"民情"虽然涉及民心向背，但更多指的是民众的客观实情。"情"字除了在《尚书》中出现一次，还在《诗经》中出现一次，在《论语》中出现两次，在《孟子》中出现四次，在《左传》中出现十二次，在《管子》中出现七十六次，在《庄子》中出现六十次，在《荀子》中出现多达一百二十次。可见"情"字在先秦时期出现得越来越频繁，这说明人们对于"情"的认识越来越深刻。其实，在中国先秦时期的传世文献中，"情"大多是指客观实情之义，并不是指后世的"情感"之"情"。譬如："上好礼，则民莫敢不敬；上好义，则民莫敢不服；上好信，则民莫敢不用情。夫如是，则四方之民襁负其子而至矣，焉用稼？"（《论语·子路》）"鲁有名而无情，伐之必得志焉。"（《左传·哀公八年》）"尺寸寻丈者，所以得长短之情也。"（《管子·明法解》）"泰氏，其卧徐徐，其觉于于；一以己为马，一以己为牛。其知情信，其德甚真，而未始入于非人。"（《庄子·应帝王》）

"情"作为"情感"之"情"，是随着人们对人性认识的逐渐成熟后出现的。"根据郭店楚简，我们知道，至少在公元前 300 年以前，性情的'情'字在形体上还没有定型。时而写作'青'，时而写作'情'（上青下心）。再根据甲骨文与金文，我们还知道'青'字的出现要比'情'字的出现早得多。实际上，'青'就是'情'的本字。"[1] 先秦时期，"情"字并没有定型，"青"、"情"二字常常互用。"情"的含义还多指事物的真实情况。其实，"青"字在产生之初，并没有"颜色"的含义，而是指大树。随着人文精神的发展，"青"被引申为"生"的表现形式，而"生"成为"青"

---

① 欧阳祯人：《先秦儒家性情思想研究》，武汉：武汉大学出版社 2005 年版，第 85 页。

的本体。"青"的引申义开始被融入"情"的内涵中，而"情"被发展为对人性的一种真实表露。[①]如《礼记》曰："何谓人情？喜、怒、哀、惧、爱、恶、欲，七者弗学而能。"《左传》曰："民有好、恶、喜、怒、哀、乐，生于六气。"《荀子·正名》："性之好、恶、喜、怒、哀、乐谓之情。"董仲舒曰："情者，人之欲也。人欲之谓情，情非制度不节。"[②]《孝经援神契》曰："性生于阳以理执，情生于阴以系念。"[③]《白虎通义》曰："喜怒哀乐爱恶谓六情。"[④]《说文解字》曰："人之阴气有欲者。从心，青声。"[⑤]概言之，随着对性情认识的不断深化，"情"之意涵多指外界事物所引起的喜、怒、爱、憎、哀、惧等情感状态。这种定义显然是在"情"的含义较为成熟后的界定，但是我们不能对"实情"等含义加以忽视，否则不足以显现"情"在先秦时期的普遍用法。可见，"情"是经过一定的发展演变过程，才由最初的"实情"之义发展到"情感"之义的。朱熹曾道："古人制字，先制得心字，性与情皆从心，性即心之理，情即心之用。"[⑥]因此，在中国传统文化中关于"性情"的思想是非常丰富和深刻的，因为其中深蕴着众多的人生哲理，而重视人性情感的思考一直是中华民族的重要传统。

"情"字的字形变化如下图：

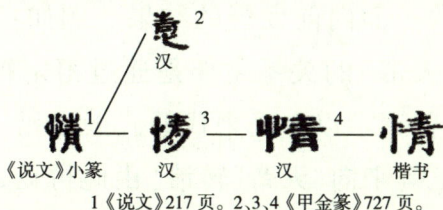

1《说文》217页。2、3、4《甲金篆》727页。

可见，"性"是从甲骨文的"生"字经过金文的"眚"字发展演变而来，因此出现较晚。当然，这一演变过程绝不只是一个古文字的发展变化，其背后更是蕴藏着一种人文主义兴起的深刻的历史文化背景。到先秦时期，"情"字的发展基本定型，从而与"性"一起成为影响中华传统文化走向的基本概念。

二　"性情"的人类文化学考察

人类在科学还未发展的时代，常会因为对天灾人祸的恐惧而对神秘力量表

[①] 郭卫华：《先秦时期的"情"义辨析——兼论"情"的文化意蕴》，载《学术论坛》2007年第12期。
[②] 许慎撰，段玉裁注：《说文解字注》上，上海：上海古籍出版社1981年版，第502页。
[③] 《七纬》下，北京：中华书局2012年版，第694页。
[④] 班固：《白虎通义》，北京：中国书店2018年版，第318页。
[⑤] 许慎：《说文解字》，北京：中华书局2013年版，第337页。
[⑥] 黄叔璥：《近思录集朱》六，上海：华东师范大学出版社2016年版，第57页。

示尊崇和皈依。人类宗教的出现和发展是人的自觉精神的萌生,同时也是对人的自觉精神进一步发展的障碍。从殷商时期的青铜器来看,中国文化到殷代已走过了很长的发展历史。不过,从甲骨文中可以看出,商代人们的精神状态仍处在原始宗教的阶段,他们的行为似乎是通过卜辞而决定于各种外在的神,并不是源自他们自己的思考。周代文化是在继承夏、商两代文化的基础上形成的,"周监于二代,郁郁乎文哉"(《论语·八佾》)。不过,周代对商代的文化进行了增加或减少,"殷因于夏礼,所损益可知也;周因于殷礼,所损益可知也"(《论语·为政》),即将商人的宗教生活注入了人文精神,从而启发了中国道德人文精神的建立。

周革殷命,是周代用一种新的人文精神取代了商代原先的宗教精神,从而建立了新的政权。不过,这并不是说周代和商代是两种完全不同的文化。事实上,它们的关系是文化的主干和支流的区别。有的人认为:周革殷命是历史上野蛮民族征服文化先进的民族,这并不准确。周公在殷代遗民前强调"殷革夏命"(《尚书·多士》)是正当的,以此来证明周革殷命的合法性。这也可以看出周代承认殷商未亡之前的文化共主地位。因此,周代文化最初只是殷商文化的一支,周代文化是顺着殷商文化积极的一面向前发展的结果。例如:殷人的宗教生活主要是关于祖宗神的,他们与"天帝"的关系主要是通过祖宗神作为中介来完成的。周人的情形也是如此,周公曾请求以自己来代替武王去死,但周公不直接请求于"天帝",而是通过太王、文王等来向"天帝"转请。由此可见,殷、周有着共同的"天帝"、"天命"等观念,同属于一个大的文化系统,而周代表了这一文化系统的新的发展方向。

在取代殷商政权之后,周人文化在继承商代文化的基础上开始出现了人文精神的跃动,从而使商人的宗教精神出现了新的转向。周人作为胜利者,在政权更迭之后并没有趾高气扬,而是表现出了一种忧患意识。这种意识的产生应当是源自周文王与殷纣间的微妙难处的关系:"《易》之兴也,其当殷之末世,周之盛德邪?当文王与纣之事邪?"(《易·系辞下》)商代末年,周文王在如何处理与殷纣王的关系上,表现出了一种深思熟虑的忧患意识,《易》于是被发展起来。周公、召公继承了这种精神,进一步将其用于周代政事和文化建设上。如《君奭》中周公告召公"我受命无疆惟休,亦大惟艰"及《康诰》中周公封康叔于康时所作的告诫。

忧患意识不同于原始宗教中的恐惧。人往往在对神秘力量的恐惧中感受到自己的渺小,从而放弃自己的主体责任,一任外在的神为自己作决定。然而,忧患意识是当事者通过深思熟虑而对事情的一种远见,是由责任感而来的以己力突破困难而尚未突破时的心理状态。这是人类精神开始对事物发生责任感的表

现，也是精神上开始突破宗教意识而有了人的自觉的表现。① 在忧患意识的影响下，人的行为根据渐渐由所谓的"神"转向人自己本身的谨慎和努力，这在周初首先表现在敬、敬德、明德等观念里面。周公曰："呜呼！自殷王中宗及高宗及祖甲及我周文王，兹四人迪哲。厥或告之曰：'小人怨汝詈汝！'则皇自敬德。厥愆，曰：'朕之愆。'允若时，不啻不敢含怒 ……"（《尚书·无逸》）正是在这种人文精神下，周人才能够突破殷商宗教文化，发展出一种新的道德文化，并给予殷商文化以质的转变。

在周初对殷商传统宗教文化的转化中，虽然周人还保留着殷人所信奉的许多杂乱的自然神，但周人的忧患意识及由此而来的敬、敬德等道德人文观念，使"帝"、"天帝"等人格神的"天命"有了合理的活动范围，其对于人世间的评断落在人们行为的合理与不合理上。这样，"天命"逐渐被揭去了神秘的面纱，成为人们可以通过自己的合理行为加以把握的存在。于是，人类开始取得了某种程度的自主地位，这是中国文化真正黎明期的开始。《康诰》中的这段话即阐明了这种观念："惟乃丕显考文王，克明德慎罚，不敢侮鳏寡，庸庸，祗祗，威威，显民 …… 惟时怙冒，闻于上帝，帝休，天乃大命文王 ……"这种思想也见于《多士》、《多方》等篇。"天帝"既然是用人的道德行为来作为判断的准则，那么过去人们认为"天命"会无条件地支持一个统治者即"天命不易"② 的观念便会发生变化。如果一个统治者失去德行，"天命"就会转向他人，于是出现了"天命靡常"③的观念。在殷人的宗教传统中，"天命"是不可知的，更无从信赖。周人道德人文精神的觉醒，使人们可以从自己行为的合理与否中渐渐对"天命"加以把握。因此，周初人们开始从宗教对"神"的依赖中解脱出来，但离完全解脱还为时尚早。

在周初的道德人文精神的觉醒下，人开始对自己的生活和行为有了责任心。不过，此时人们行为的最后的根源和依据依然是传统宗教中的"天命"，尚未达到从人的自身来取得最后的根据的阶段。虽然处于这样一个黎明期，但这为后来的人性论打开了大门。人既然是由"天"所生，那么人的道德精神亦当为"天"所命。如《召诰》中说："今天其命哲，命吉凶，命历年。""命哲"的提出，就是从道德上将人与"天"连在一起的开始。这虽然可以说是性善说的萌芽，但与后来真正的性善说还有相当远的距离。不过，周初的这种人文精神在实际上奠定了中

---

① 徐复观：《中国人性论史·先秦篇》，上海：上海三联书店 2001 年版，第 18—19 页。
②《十三经注疏》二，北京：中华书局 2009 年版，第 424 页。《大诰》篇记载："尔亦不知天命不易。"
③ 郝懿行、王照圆：《诗问》第 2 册，济南：齐鲁书社 2010 年版，第 824 页。《诗·大雅上·文王》篇记载："天命靡常。"

国精神文化的基础,对后来文化的发展产生了深远的影响。

三 "性情"的思想史探析

周初宗教中道德人文精神的出现并不意味着传统宗教的没落,但随着历史的发展,在人文道德观念不断发展壮大的同时,宗教的权威日渐走向了坠落之路。到了周王朝的厉王、幽王之际,宗教与人文终于失去了平衡而偏向人文方向发展演进。从《诗经》所反映的来看,这是一个无可置疑的客观事实。譬如:宗教性的"天"在《诗经》之《大雅》、《周颂》中的早期的诗中有八十余处,但《大雅》的后期的诗已开始对"天"的权威产生怀疑,但仍存有敬戒之心。这些周厉王时代的诗是宗教性的"天"的权威开始坠落的明证。到了周幽王时代,反映在《小雅》里的宗教性的"天"已不留其权威的存在了,如《节南山》中"昊天不佣,降此鞠讻。昊天不惠,降此大戾",《雨无正》中"浩浩昊天,不骏其德。降丧饥馑,斩伐四国"。由此可见,周初所继承的传统宗教观念已经崩溃。再如《诗经》中的"命",殷代称"帝命",周初多称"天命",周厉王时代多称"天"而很少称"天命",西周末年、东周初年开始出现"命运"的"命"。[1] 在传统宗教中,人将自己的人生寄托于"神",但到西周末年宗教性的"天命"逐渐垮掉,人便把自己的人生由寄托在"天命"上转而寄托于"命运"之"命",认为"天命"有意志,有目的性,而"命运"是使人无可奈何的盲目性的力量。所以,传统宗教到了西周末年,其人格神的意味日趋淡薄。

随着周初人文精神的继续发展,到了春秋时期,出现了一个人文精神彰著的时代 —— 以礼为中心的人文时代。"礼"的原义是祭祀以致福,许氏的《说文解字》曰:"禮,履也,所以事神致福也。从示从豊豊亦声。"[2] 徐灏的《说文解字注笺》曰:"礼之名起于事神,引申为凡礼仪之称 …… '丰'本古'礼'字。"[3] 但是,殷人之礼注重的是致福的目的,而不是仪节的本身。到了周初,尤其是周公时期人们才特别注意到仪节本身的意义,重视其中所含的人文因素。《礼记·表记》曰:"殷人尊神,率民以事神,先鬼而后礼 …… 周人尊礼尚施,事鬼敬神而远之,近人而忠焉。"不仅如此,周公所制的周礼,其范围已大为扩展,不仅包括祭祀的仪节,还包括政治制度及一般行为准则等。所以,到了春秋时期,随着宗教权威的日渐失

---

① 徐复观:《中国人性论史·先秦篇》,上海:上海三联书店 2001 年版,第 34 页。
② 姜宝昌:《墨经训释》,济南:齐鲁书社 2009 年版,第 11 页。
③ 徐灏:《说文解字注笺》,载《续修四库全书》(225)经部·小学类,上海:上海古籍出版社1996年版,第 132 页。

坠,社会中的道德人文精神逐渐发展和扩大起来,并成为此后中国文化发展的主要方向。

春秋时期的"礼",不仅没有一点宗教的意味,而且成为此时期最重要的道德观念,此时的许多道德观念也无不以"礼"来加以统摄,为其依归。"礼,经国家、定社稷、序民人、利后嗣者也。"(《左传·隐公十一年》)"古之治民者,劝赏而畏刑,恤民不倦……三者,礼之大节也;有礼无败。"(《左传·襄公二十六年》)"礼以纪政,国之常也。"(《国语·晋语》)不仅如此,过去人们认为决定人生祸福的是人格神,而现在这种决定力量变成了"礼"。《左传》中以"礼"来推定人的吉凶祸福,其事例可谓俯拾皆是,而且常常得以应验。例如:僖公三十三年(前627),周王孙满因秦师"轻而无礼"断定其必败;昭公十一年(前531),晋叔向因单子"视下言徐"而判断其将死;定公十五年(前495),子贡观邾隐公来朝,见"邾子执玉高,其容仰;公受玉卑,其容俯",断定"二君者,皆有死亡焉",因为"夫礼,死生存亡之体也……今正月相朝而皆不度,心已亡矣"。这反映出"礼"作为一种规范人们行为的时代精神,已经具有了影响人的死生祸福的力量,并得到了全社会的广泛认可和践行。

春秋时期,虽然以"礼"为中心的人文精神得以长足发展,但这不是将宗教传统完全予以取消,而是将宗教进行转化,成为人文化的宗教。春秋时期,人文精神的发展使其继承自宗教传统的"天"逐渐失掉了人格神的性质,继而演变成为道德法则性的"天"。如《左传·文公十五年》记载:"齐侯侵我西鄙……季文子曰:'齐侯其不免乎!……礼以顺天,天之道也……'"昭公二十五年(前517),子太叔答晋赵简子之问:"夫礼,天之经也,地之义也,民之行也。""天地之经,而民实则之……"这里的"天"都已是道德法则的性质,即此时的"礼"的性质。"天"的性质道德化后,传统的"命"除了一部分转化为"命运"的"命",还有一部分成为道德性的"命"。如《左传》记载的文公十三年(前614)邾文公言"命在养民"的"命",昭公二十六年(前516)晏子言"天道不谄,不贰其命"的"命",都是道德性的"命"。这说明道德人文精神的发展在化解传统宗教的同时,渐渐开出后来人性论中"性"与"命"结合的道路。

到了春秋时期,"性"字开始出现和流行,但有的是"欲望"的意思,有的是"本质"、"本性"的意思,还有的作"生"字解,但都没有后来人性论的"性善"、"性恶"的解释。如《左传》襄公十四年(前559)晋师旷答晋侯的话:"天生民而立之君,使司牧之,勿使失性。有君而为之贰,使师保之,勿使过度。"此处"失性"的"性"是指生而即有的欲望。襄公二十六年(前547)郑子产批评楚子伐郑:"晋楚将平,诸侯将和,楚王是故眛于一来。不如使逞而归,乃易成也。夫小人之性,衅于勇,啬于祸,以足其性而求名焉者,非国家之利也。若何从之?"其中,"小人之性"的"性"应是"本性"的意思,"足其性"的"性"应作"欲望"解释。昭公十九年(前523)楚沈尹戍说:"吾闻抚民者节用于内,而树德于外,民乐其性。"其"性"字当作"生"字解。在以上"性"字的各种意思中,作"本性"、"本质"解的是新出现的含义。从这一新义的出现看,人们已能够透过现象去探寻其背后的本质,即现象成立的根据,也是事物生而即有的特质,而"何者是人的本性"也开始进入人们思索的视野。"人性论,乃由追求人之本性究系如何而成立的。"[1]不过,此时人们虽然认识到"性"乃"天之所命",内在于人之身内,即能够感到"人性"与"天地之性"的相对应,但这并不是由个人工夫的实证而来,不是个人沉潜反省的结果,而只是人们凭着时代的风气所接触到的。所以,《左传》成公十三年(前578)刘康公说"民受天地之中以生,所谓命也",用"生"而不是用"性"。只有到了后来孔子从内在于人的道德出发,才真正开启了中国人性论的历史。

---

① 徐复观:《中国人性论史·先秦篇》,上海:上海三联书店 2001 年版,第 51—52 页。

第二节　先秦时期：性情思想的奠基阶段

一　性相近与重情说：孔子的性情思想

在人性论方面，孔子提出了著名的"性相近"的观点。在《论语·阳货》中，孔子曾道："性相近也，习相远也。"这句话的意思是：人性都是相近的，但是后天的习染使人们的差别越来越大。孔子肯定了人的品质差异往往在"习"而不在"性"。因此，他特别重视后天的教育和修养环境对人的影响。这是孔子"有教无类"、"因材施教"和"举贤才"等思想的人性论依据。孔子的性相近说是中国哲学史上首次从人的自身出发探讨人的本性的思想。不过，孔子对他的这一人性思想并没有展开详细的论述，致使后人在人性问题上众说纷纭。在《论语·公冶长》中，孔子的学生子贡曾说："夫子之言性与天道，不可得而闻也。"《论语》中言及孔子与人性相关言论的地方仅此两处。不过，孔子还曾说："人之生也直。"（《论语·雍也》）"天生德于予。"（《论语·述而》）"我欲仁，斯仁至矣。"（《论语·述而》）据此也可看出孔子之思想有"人性善"的倾向，不过还不能得出孔子是主张"人性善"的结论，因为孔子是从"性"与"习"的比较中阐述人生而相近，并未通过善恶讲人性。

孔子的性相近说对后来的人性学说产生了深远的影响。后儒不仅纷纷从孔子的"性相近也，习相远也"的观点出发，去探讨和发挥自己的人性观点，还对孔子的思想做了进一步的阐释。皇侃在《论语义疏》中解释孔子这句话为："性者，人所禀以生也。习者，谓生后有百仪常所行习之事也。人俱禀天地之气以生，虽复厚薄有殊，而同是禀气，故曰相近也。及至识，若值善友则相效为善，若逢恶友则相效为恶，恶善既殊，故云相远也。"[①] 对于孔子的观点，北宋的程颐曾说："此言气质之性，非言性之本也。若言其本，则性即是理，理无不善，孟子之言性善是也，何相近之有哉？"[②] 程颐认为：孔子讲的性是"气质之性"，而不是"本然之性"。

---

① 程树德：《论语集释》四，北京：中华书局 2014 年版，第 1522 页。
② 朱熹：《四书章句集注》，北京：中华书局 2012 年版，第 177 页。

人的本然之性没有差别，都是善的。人生所禀受的气不同，才形成善恶不同的人。对于孔子此说，朱熹则谓："此所谓性，兼气质而言者也。气质之性，固有美恶之不同矣。然以其初而言，则皆不甚相远也。但习于善则善，习于恶则恶，于是始相远耳。"[1] 朱熹也认为孔子讲的"性"是气质之性，其生之初不甚相远，因后来习善、习恶而相远。程颐和朱熹都主张应将气质之性和本然之性合而观之，才能对人性完整把握。朱熹曰："'论性不论气，不备；论气不论性，不明。'盖本然之性，只是至善。然不以气质而论之，则莫知其有昏明开塞，刚柔强弱，故有所不备。徒论气质之性，而不自本原言之，则虽知有昏明开塞、刚柔强弱之不同，而不知至善之源未尝有异，故其论有所不明。"[2] 现代学者徐复观认为：孔子所说的"性相近"，实际上就是说性是善的。"性相近的'性'，只能是善，而不能是恶的……把性与天命连在一起，性自然是善的……性与天道的融合，是一个内在的人格世界的完成，即是人的完成……孔子实际是以仁为人生而即有，先天所有的人性……从先天所有而又无限超越的地方来讲，则以仁为基本内容的人性，实同于传统所说的天道、天命。"[3] 金景芳认为："孔子所说的性是专指人性而言。'相近'包括两层意思。第一，从人之性对犬之性牛之性来看，人与人为同类，所以说'相近'。'相近'表明人有共性。第二，从人类自身来看，人与人虽属同类，但智愚壮赢万有不同。所以说是'相近'，不应当说相同。这表明人又有个性。总之，二者都是指人的自然性而言。'习'则不然。'习'是指人的社会性。""'习相远'是说人由于受社会的影响，因而有善有恶，差别非常之大。由此可见，人的自然性只能说'相近'，不能用善恶来表述。善与恶是事之两极。用以表述'习相远'则可，用以表述'性相近'则不可。"[4] 总之，自古至今，随着时代思潮的发展变化，学界对孔子人性论的理解各不相同，并没有形成统一的意见。

孔子重视情的流露，虽然《论语》里仅有两处"情"字，但孔子非常看重人的情感，主张过一种合乎"仁"的情感生活。子曰："上好信，则民莫敢不用情。"（《论语·子路》）曾子曰："上失其道，民散久矣。如得其情，则哀矜而勿喜。"（《论语·子张》）人有喜、怒、哀、惧、爱、恶、欲七情，孔子对这些情感并不排斥，但他注重情感的正当表达。他说："唯仁者能好人，能恶人。"（《论语·里仁》）只有仁者才能真正做好怎么爱人、怎么憎恶人。"子在齐闻《韶》，三月不知肉味。曰：'不图为乐之至于斯也！'"（《论语·述而》）孔子在齐国听到圣人之乐，那种喜悦之情

① 朱熹：《四书章句集注》，北京：中华书局 2012 年版，第 176—177 页。
② 黎靖德编：《朱子语类》四，北京：中华书局 1986 年版，第 1387—1388 页。
③ 徐复观：《中国人性论史·先秦篇》，上海：上海三联书店 2001 年版，第 79—88 页。
④ 金景芳、吕绍刚、吕文郁：《孔子新传》，长春：长春出版社 2006 年版，第 96—97 页。

使其忘记了肉的味道。哀公问："弟子孰为好学?"孔子对曰："有颜回者好学,不迁怒,不贰过。不幸短命死矣。今也则亡,未闻好学者也。"(《论语·雍也》)孔子认为弟子颜渊最为好学,能处理好"怒"这种情感。"子食于有丧者之侧,未尝饱也。子于是日哭,则不歌。"(《论语·述而》)"颜渊死,子哭之恸。从者曰:'子恸矣!'曰:'有恸乎?非夫人之为恸而谁为!'"(《论语·先进》)孔子在有亲人去世的人身旁时心情悲伤,在颜渊去世后哀恸不已。"子曰:'贤哉,回也!一箪食,一瓢饮,在陋巷,人不堪其忧,回也不改其乐。贤哉,回也!'"(《论语·雍也》)孔子对于颜渊之乐非常赞赏,并认为有智慧的人是快乐的。子曰:"知者乐水,仁者乐山。知者动,仁者静。知者乐,仁者寿。"(《论语·雍也》)对于一些不当的感情,孔子主张消除掉。"司马牛问君子,子曰:'君子不忧不惧。'曰:'不忧不惧,斯谓之君子已乎?'子曰:'内省不疚,夫何忧何惧?'"(《论语·颜渊》)"君子坦荡荡,小人长戚戚。"(《论语·述而》)孔子虽然没有提出关于"情"的理论,但对"情"有一种明确的态度。他说"七十而从心所欲,不逾矩"(《论语·为政》),即主张过一种随心所欲而又合乎"仁"的生活。对于"性"与"情"的关系,从有关资料来看,孔子并没有直接加以阐述,我们只能根据其人性论进行推断。从孔子"性相近,习相远"的观点看,人的情感表达之所以不同,是后天之习的缘故,而这都源于有什么样的人性。"性"与"习"不能割裂着看。"性相近"指的是人性生来有什么内容,在刚出生的时候是很难知道的,只能看出是相近的。"习相远"指的是后天习惯一方面使人们的行为趋于不同,一方面使人性得以充分呈现,而能形成什么习惯,其实源于本性之所有,这就是"情生于性"。后儒根据孔子的思想明确提出这一观念:"性自命出,命自天降,道始于情,情生于性。"(郭店楚简《性自命出》篇)这就为儒家性情论的发展开辟了新道路。孔子的"情生于性"的思想意味着"情"是"性"的已发状态,而"性"是"情"的未发状态。《中庸》不仅遵循着"天命之谓性"的看法,还将"性"、"情"界定为未发与已发的关系,"喜、怒、哀、乐之未发,谓之'中';发而皆中节,谓之'和'。中也者,天下之大本也;和也者,天下之达道也。致中和,天地位焉,万物育焉"(《礼记·中庸》)。喜、怒、哀、乐未发的时候是中立的,故谓之"中"。喜、怒、哀、乐已发而合乎节度,故谓之"和"。儒家不仅注重未发之"中",而且注重发而中节之"和",所以对于"情"主要是求其发而中节。孔子主张过一种合乎于"仁"的情感生活,从其发而皆合乎"仁"的追求看,即"从心所欲不逾矩"。他也是在追求生而具有的内在之仁的实现,"天生德于予"。孟子就是据此来阐述性善论的。孔子的"性"与"情"是能够通过二者间的相互规定、相互成就来把握的,这是一种完美的合乎"天命"的性情论,故而孟子将其界定为人之为人而异于禽兽的标准,以此来提示人们遵守做人的行

为准则。然而，普通大众并不能做到像孔子那样"从心所欲，不逾矩"，即《尚书·大禹谟》中说的"人心惟危，道心惟微"，不能达到圣人的"惟精惟一，允执厥中"的结果。于是，荀子从普通大众的从心所欲出发，将人生而具有的欲望定为人性，这是由已发未能中节之情感界定未发之人性，从而认为人性是恶的。综上所述，从孔子的性情论可以看出，"性"与"情"是一而二的关系，有此性才会有此情，有此情才能证实生而有此性，二者是未发与已发、相互规定和成就的关系。

二 人性善与不动心：孟子的性情思想

何谓"人性"？在孟子看来，人性就是人生来固有的异于禽兽的特性。孟子说："人之所以异于禽兽者几希，庶民去之，君子存之。"（《孟子·离娄下》）孟子认为：人与禽兽不同的地方很少，一般人把人性丢弃了，只有君子把人性留在了心里。如果不将人性中异于禽兽的几希之性进行发展，那么人将和禽兽一样。孟子又说："人之有道也，饱食、暖衣、逸居而无教，则近于禽兽。"（《孟子·滕文公上》）孟子认为：人们如果吃饱、穿暖而没有受到教育，就会和禽兽差不多。这是人和禽兽作为不同类的本质区别所在。所以，孟子讲"性"，首先是从人类与禽兽的不同处来说的。相对于禽兽之性，孟子认为：人生而有仁、义、礼、智之"四端"，即四种善端，这正是人与禽兽有所差别的几希之处。这是人性中所固有的，不是后来形成的，所以孟子认为人性是善的。"人皆有不忍人之心 …… 所以谓人皆有不忍人之心者，今人乍见孺子将入于井，皆有怵惕恻隐之心。非所以内交于孺子之父母也，非所以要誉于乡党朋友也，非恶其声而然也 …… 恻隐之心，仁之端也；羞恶之心，义之端也；辞让之心，礼之端也；是非之心，智之端也。人之有是四端也，犹其有四体也。有是四端而自谓不能者，自贼者也。"（《孟子·公孙丑上》）人的仁、义、礼、智之"四端"都是人所固有的，不是学而后知的。孟子以不忍人之心体认人性是生而有之的。人若无此"四端"，孟子认为不可称为人，而是近于禽兽。"由是观之，无恻隐之心，非人也；无羞恶之心，非人也；无辞让之心，非人也；无是非之心，非人也。"（《孟子·公孙丑上》）这"四端"是人之所以为人的根本；如果没有，便失去人之所以为人的根本，即可以说是非人了。

人性为什么不是与禽兽之性相近的生理欲望呢？对此，孟子作了进一步说明："口之于味也，目之于色也，耳之于声也，鼻之于臭也，四肢之于安佚也，性也。有命焉，君子不谓'性'也。仁之于父子也，义之于君臣也，礼之于宾主也，知之于贤者也，圣人之于天道也，命也。有性焉，君子不谓'命'也。"（《孟子·尽心下》）味、色、声、臭的生理欲望是人生来即有的天性，"然有分，不能皆如其愿"[①]，所以君子不称之为"性"而称之为"命"。仁、义、礼、智虽是"天命"，但可"责成于己"[②]，所以君子不称之为"命"而称之为"性"。对于"性"与"命"的区别，孟子说："求则得之，舍则失之，是求有益于得也，求在我者也。求之有道，得之有命，是求无益于得也，求在外者也。"（《孟子·尽心上》）孟子认为："性"是人生而即有的，求则得之，舍则失之，其成在自己；"命"是外在于人的客观必然，求无益于得，取决于"天"。"仁、义、礼、智非由外铄我也，我固有之也。"（《孟子·告子上》）仁、义、礼、智之"四端"在孟子看来是人与生俱来的，并不是由外力加于人身的，所以孟子认为其是"性"而非"命"。要言之，生理欲望是人皆生而有的，但是君子不称之为"性"；君子所认为的"性"，乃是仁、义、礼、智诸德。所以，孟子将仁、义、礼、智作为人性的内容，而不是与禽兽之性相近的味、色、声、臭的欲望，这是人之所以异于禽兽、高于禽兽的特有属性，即人的本性。孟子反对告子的"性无善无不善"说，因为告子以人类生来即有的生理欲望来定义人性，即"生之谓性"。告子道："性犹湍水也，决诸东方则东流，决诸西方则西流。人性之无分于善不善也，犹水之无分于东西也。"（《孟子·告子上》）对此，孟子反驳说："水信无分于东西，无分于上下乎？人性之善也，犹水之就下也。人无有不善，水无有不下。"（《孟子·告子上》）告子认为：人性不分善恶，就像水流不分东西一样。孟子反驳说：水流是不分东西，却是分上下的，水的本性就是向下流。人性向善，就如同水要向下流一样。因此，孟子的人性论与告子的人性论根本是不同的，前者将人生而具有的仁、义、礼、智作为人性，后者则将生而具有的生理欲望作为人性。故而孟子认为人是异于禽兽而高于禽兽的存在，告子则将人与禽兽泯然不分。

孟子之所以称仁、义、礼、智为"四端"，是因为它们不是已完成的人性，而仅是人性的萌芽，需要进行发展和扩充。孟子说："凡有四端于我者，知皆扩而充之矣。若火之始然，泉之始达。苟能充之，足以保四海；苟不充之，不足以事父母。"（《孟子·公孙丑上》）孟子认为：善端需要经过扩充才能由萌芽状态而壮大，成为完成的善。善端如果不扩充，则"不足以事父母"，只会停留在善的萌芽状态，而不能成为善的完全形态。人与禽兽的区别即人之所以为人的特征，这种特征其实很少，不过"几希"，所以有待于扩充。孟子又说："乃若其情，则可以为善矣，乃所谓善也。若夫为不善，非才之罪也……故曰：'求则得之，舍则失之。'或相倍蓰而无算者，不能尽其才者也。"（《孟子·告子上》）从人的天赋来看，人性是可以成为善的，即对善端加以扩充，这就是孟子所谓的"人性善"。至于有些

①② 朱熹：《四书章句集注》，北京：中华书局 2012 年版，第 377、378 页。

人做坏事，不是所赋善端的错，而是不能扩充善端、被同于禽兽的本能干扰的结果。追求就可以获得，放弃就会失去，人与人之间的差别就在于是否对善端进行了充分的扩充。也就是说，人性不仅有善端，有向善的可能，还有向善的良能、良知。孟子云："人之所不学而能者，其良能也；所不虑而知者，其良知也。孩提之童，无不知爱其亲者；及其长也，无不知敬其兄也。亲亲，仁也；敬长，义也。无他，达之天下也。"（《孟子·尽心上》）孟子认为：人不用学习就能做到的是"良能"，不用思考就知道的是"良知"。小孩子没有不知道要爱他父母的；等到他长大后，没有不知道尊敬他兄长的。亲爱父母是"仁"，尊敬兄长是"义"。这没有其他原因，因为这两种品德是通行天下的。可以说良能、良知是人的本性使然。

　　孟子对于"情"的态度与孔子相近。孟子认为："君子以仁存心，以礼存心。仁者爱人，有礼者敬人。爱人者，人恒爱之；敬人者，人恒敬之。"（《孟子·离娄下》）君子爱人、敬人的情感是"仁"、"礼"本性的外在表达，故而君子能够得到对方的爱与敬。"君子所性，仁、义、礼、智根于心，其生色也睟然，见于面，盎于背，施于四体，四体不言而喻。"（《孟子·尽心上》）君子的本性就是根植于内心的仁、义、礼、智，其生发出来的神色流露在脸上、充盈在背上，推及肢体，不必言说，就能使人知晓。可见，在孟子看来，外现之情是与内在本性紧密结合在一起的，是君子在为人处世中会自然展露的。"形色，天性也，惟圣人然后可以践形。"（《孟子·尽心上》）天性皆由形色而显现，无形色则无以见天性。唯有圣人可使形色充分体现天性，达到道德修养的最高境界。"圣人，人伦之至也。"（《孟子·离娄上》）践形天性不能勉强，而需自然天成。"舜明于庶物，察于人伦，由仁义行，非行仁义也。"（《孟子·离娄下》）然而，普通人要达此境界，需要不断地进行道德修炼。孟子遂有不动心之说，即主宰情绪不因外物而动。公孙丑问曰："夫子加齐之卿相，得行道焉，虽由此霸王，不异矣。如此，则动心否乎？"孟子曰："否！我四十不动心。"（《孟子·公孙丑上》）公孙丑问孟子："您若晋升为齐国的卿相，能够实现自己的主张，即使从此而成就霸业、王业，也是不足为奇的。如果能这样，您会不会动心呢？"孟子说："不，我四十岁以后就不再动心了。"如何才能不动心？孟子论其修养术为"持其志，无暴其气"（《孟子·公孙丑上》），意谓持守其志不要松懈，涵养其气不受损伤，时间久了，就能不动心。"志壹则动气，气壹则动志也。今夫蹶者趋者，是气也，而反动其心。"（《孟子·公孙丑上》）反之，心志闭塞，情感行为也将消逝；情感行为闭塞，心中意志也必然受到影响。比如跌倒与奔跑，这主要是身体的动作，但必然会影响到心志。对于"不动心"，孟子提出还要养勇。孟子云："吾尝闻大勇于夫子矣：自反而不缩，虽褐宽博，吾不惴焉；自反而缩，虽千万人，吾往矣。"（《孟子·公孙丑上》）孟子说他曾经从他的先生那里听到过什么叫"大勇"：反躬自问不占理，即便对方是低贱之人，自己也不去恐吓他；反躬自问占理，即便有千军万马，自己也勇往直前。能有此勇，则不会为事物动心。勇就是树立好意志。"夫志，气之帅也；气，体之充也。夫志至焉，气次焉。"（《孟子·公孙丑上》）意志统帅着意气感情，意气感情充斥于体内。意志到了哪里，感情行为也跟着到哪里。孟子说："我善养吾浩然之气。"（《孟子·公孙丑上》）气是充满体内的，如能养之，则会渐渐扩大，成为至大、至刚的充塞于天地之间的气，从而与天地合而为一。"万物皆备于我矣。反身而诚，乐莫大焉。"（《孟子·尽心上》）一切我都具备了，反省自身，觉得自己是诚实的，没有比这更大的快乐了。达到此境界，不仅个人获得了至高的快乐，还能产生极大的感化力。"夫君子所过者化，所存者神，上下与天地同流，岂曰小补之哉？"（《孟子·尽心上》）拥有最高道德境界的君子无论走到哪里，人们无不受其感化而迁善。

　　总之，孟子所谓"性善"，并非说人生来的本能都是善的，而是说人之所以为人而异于禽兽的特性是善的，此即人之生来即有仁、义、礼、智之四善端，此"非由外铄我者"，故人性是善的。然而，此四善端需要顺其良能、良知不断培养，才能不断扩而充之，成为完成的善。如果不能扩充此四善端，人就会被同于禽兽的本能吞没。"情"是本性的外在表现，唯有圣人能够自然流露，普通人需要通过不动心等修养来达到这一道德境界。

三　人性恶与节情说：荀子的性情思想

　　荀子认为：人性是恶的，生来好利多欲，性中并无仁义，一切善的行为都是经后来改造而成。荀子说："人之性恶，其善者伪也。今人之性，生而有好利焉，顺是，故争夺生而辞让亡焉；生而有疾恶焉，顺是，故残贼生而忠信亡焉；生而有耳目之欲，有好声色焉，顺是，故淫乱生而礼义文理亡焉。然则从人之性，顺人之情，必出于争夺，合于犯分乱理而归于暴。故必将有师法之化、礼义之道，然后出于辞让，合于文理，而归于治。用此观之，然则人之性恶明矣。其善者伪也。"（《荀子·性恶》）荀子所谓的"性"，是指人生来即有的性质或行为，即："性者，天之就也。"（《荀子·正名》）"生之所以然者谓之性。"（《荀子·正名》）"不事而自然谓之性。"（《荀子·正名》）如好利、疾恶、耳目之欲等，不需要扩充，后来扩充的都不是"性"。生来即完具、完全无待于人为的，方谓之"性"。生而完成者谓之"性"；生而不论有萌芽与否，待习而后完成者，都是"伪"。"伪"即人为。"性"不是仅仅一点可能的倾向。只有一点萌芽，需要扩充而后完成的，不当名为"性"。

"情然而心为之择谓之'虑',心虑而能为之动谓之'伪'。虑积焉,能习焉,而后成,谓之'伪'。"(《荀子·正名》)由此,荀子认为:人性是恶的,善是经人为后而有的。礼义道德都是对性的改变。人之性恶,但人仍有善的可能。

荀子在提出性恶论的同时,针锋相对地对孟子的性善论进行了批评。"孟子曰:'人之学者,其性善。'曰:是不然。是不及知人之性,而不察乎人之性、伪之分者也。凡性者,天之就也,不可学,不可事。礼义者,圣人之所生也,人之所学而能、所事而成者也。不可学,不可事,而在人者,谓之'性';可学而能、可事而成之在人者,谓之'伪'。是性、伪之分也。今人之性,目可以见,耳可以听;夫可以见之明不离目,可以听之聪不离耳,目明而耳聪,不可学明矣。"(《荀子·性恶》)对于孟子的性善论,荀子提出了反对意见。他认为:这是还没有了解人的本性,不明白人的先天本性和后天人为之间的区别。本性是天然造就的,是不可能学到的,是不可能人为造就的。礼义才是圣人创建的,是人们学会才能做到的。人身上不可能学到、不可能人为造就的东西,叫作"本性";人身上可以学会、可以通过努力从事而做到的,叫作"人为"。这就是先天本性和后天人为的区别。"若夫目好色,耳好声,口好味,心好利,骨体肤理好愉佚,是皆生于人之情性者也;感而自然,不待事而后生之者也。夫感而不能然,必且待事而后然者,谓之'生于伪'。"(《荀子·性恶》)好色、好利等是不待事而自然的,故是性;礼、义等是必待事而后然的,故不是性。性不只是萌端,须经过学习才能完成的便不是性。其实,孟、荀二人所说的"性"并不是一回事。孟子强调的"性"是人为的,生而具备、天然造就的是"命"。荀子将人生来就有的欲望本能称为"性";所学而能、所事而成者叫"伪",即人为努力加以改变的结果。

荀子虽提倡性恶论,认为人生而有各种欲望,但承认人有向善的可能。"'涂之人可以为禹',曷谓也?曰:凡禹之所以为禹者,以其为仁义法正也。然则仁义法正,有可知可能之理;然而涂之人也,皆有可以知仁义法正之质,皆有可以能仁义法正之具,然则其可以为禹明矣。"(《荀子·性恶》)荀子认为:路上的普通人也可以成为禹这样的圣人。禹之所以为禹,是因为他能实行"仁义法正"的缘故。"仁义法正"有可以知道、可以做到的道理。普通人都有能够知道"仁义法正"的资质和做到"仁义法正的"条件,所以普通人也能成为禹。在荀子看来,虽然人性本恶,但可在"师法之化,礼义之导"后,能"出于辞让,合于文理",即仍能为善。"今人无师法,则偏险而不正;无礼义,则悖乱而不治。古者圣王以人之性恶,以为偏险而不正,悖乱而不治,是以为之起礼义、制法度,以矫饰人之情性而正之,以扰化人之情性而导之也;始皆出于治,合于道者也。"(《荀子·性恶》)如果没有圣王制定的礼义刑罚,则强者会迫害弱者,天下将悖乱而亡。因此,荀子虽然认为人性恶，但认为人仍可以为圣人。在人人可以为圣人这一点上，荀子与孟子的观点是相同的。

荀子的"人性恶"不仅指普通人的性是恶的，甚至圣人的性也是恶的。荀子说："凡人之性者，尧、舜之与桀、跖，其性一也。君子之与小人，其性一也。"（《荀子·性恶》）圣人和众人在人性上是一样的，而和众人不同又超过众人的地方就是人为努力。"尧、禹者，非生而具者也；夫起于变故，成乎修为，待尽而后备者也。"（《荀子·荣辱》）"积善而全尽，谓之'圣人'；彼求之而后得，为之而后成，积之而后高，尽之而后圣。故圣人也者，人之所积也。"（《荀子·儒效》）圣人之性无异于众人，由化性而创礼义法度，并非生而即圣。礼义之起，乃由于积虑，故又说："圣人积思虑，习伪故，以生礼义，而起法度。"（《荀子·性恶》）荀子讲：人性都是恶的。尧、禹成为圣人是积"伪"而成。桀、跖也并非生来就到了至恶的地步，其恶也是积成的。荀子说："凡人有所一同 …… 可以为尧、禹，可以为桀、跖 …… 在势注错习俗之所积耳。"（《荀子·荣辱》）圣人所以成圣，桀、拓之所以至恶，都是积伪的结果。而圣人不同于众人，就在于圣人能化性起伪。"故圣人化性而起伪，伪起而生礼义，礼义生而制法度；然则礼义法度者，是圣人之所生也。故圣人之所以同于众其不异于众者，性也；所以异而过众者，伪也。"（《荀子·性恶》）这就是说：人性都是恶的，圣人之性与众人无异。但是，性是可以转化的，一切善都是性的改造。圣人所以成圣，是化性起伪的结果。常人有礼义，则是圣人教化的结果。人到至恶的地步，是积"伪"造成的。可见，荀子所谓的"性"与孟子所谓的"性"截然不同；两人的人性论看似完全相反，其实并非不能相容。

对于"情"，荀子采取重视并节制、矫正的态度。对于"情"的概念，荀子在《正名》篇中云："性之好、恶、喜、怒、哀、乐谓之'情'。"荀子对于"情"的定义基本延续了孔子、孟子的思路，并进一步加以明确，"情"就是"性"的各种外在表达，诸如好、恶、喜、怒、哀、乐等等。然而，荀子对于人性恶的判断，使得他眼中的"情"也成为性恶的表现。荀子曾借舜之口表达了这种想法。

《荀子·性恶》曰："尧问于舜曰：'人情何如？'舜对曰：'人情甚不美，又何问焉！妻子具而孝衰于亲，嗜欲得而信衰于友，爵禄盈而忠衰于君。人之情乎！人之情乎！甚不美，又何问焉！'唯贤者为不然。"

在荀子讲述的这则事例中，舜认为：人之常情很不好，有了妻子、儿女，对父母的孝敬就会减弱；欲望得到了满足，对朋友的守信就会减弱；得到了爵位、俸禄，对君主的忠诚就会减弱。这些人之常情很不好，只有贤德的人才不会这样，但贤德之人也是经过教化才改变的。"今之人，化师法、积文学、道礼义者为君子，纵性情、安恣睢而违礼义者为小人。"（《荀子·性恶》）能够被师长和法度感化、积累知识、遵行礼义的就是君子；纵情任性、习惯于恣肆放荡而违反礼义的就是小人。这就需要对人的性情进行节制、矫正和引导。"从人之性，顺人之情，必出于争夺，合于犯分乱理，而归于暴。故必将有师法之化、礼义之道，然后出于辞让，合于文理，而归于治。"（《荀子·性恶》）荀子认为：放纵人的本性，依顺人的情欲，就一定会出现争夺等违背礼义法度的暴乱行为，故需要对人的性情加以矫正和引导。"古者圣王以人之性恶，以为偏险而不正，悖乱而不治，是以为之起礼义、制法度，以矫饰人之情性而正之，以扰化人之情性而导之也。"（《荀子·性恶》）荀子讲：古代圣王认为人性是恶的、偏险而不端正、悖乱而不安定，为此而建立礼义、制定法度，用来整治人的情性而加以改正，驯服、教化人的情性而加以引导。"怒不过夺，喜不过予，是法胜私也。《书》曰：'无有作好，遵王之道；无有作恶，遵王之路。'此言君子之能以公义胜私欲也。"（《荀子·修身》）荀子讲：发怒了不过分地处罚别人，高兴了不过分地奖赏别人，这是因为君子奉行礼法的观念胜过了他的私情。《尚书》说："不放任个人的爱好，遵循先王确定的正道；不放任个人的厌恶，遵循先王确定的正路。"这是说君子能用符合公众利益的礼法道义来战胜个人的欲望。礼法能够将人感化成为君子，而老师能够阐明礼法。"礼者，所以正身也；师者，所以正礼也。无礼，何以正身？无师，吾安知礼之为是也？礼然而然，则是情安礼也；师云而云，则是知若师也。情安礼，知若师，则是圣人也。"（《荀子·修身》）荀子讲：礼法是用来端正身心的，老师是用来正确阐明礼法的。没有礼法，用什么来端正身心呢？没有老师，人哪能知道礼法是这样的呢？礼法是这样规定的，就这样做，这是其性情安于礼法；老师是这样说的，就这样说，这是其理智顺从于老师。性情安于礼法，理智顺从于老师，那就是圣人。经过老师的教导和礼法的感化，人就能够役物而非役于物。役物则情不为物所动，役于物则情随物迁。"志意修则骄富贵，道义重则轻王公，内省而外物轻矣。《传》曰：'君子役物，小人役于物。'此之谓矣。"（《荀子·修身》）荀子讲：修好志向就能傲视富贵；把道义看得重就能藐视王公；内心注重反省，那么身外之物就微不足道。这就是古书上说的"君子役使外物，小人为物所役使"。

总之，孟子言性善，乃谓人之所以为人的特质是仁、义、礼、智之"四端"；荀子言性恶，是说人生而完具的本能行为中并无礼义，道德的行为皆必待训练方能成功。因此，孟子所谓的"性"与荀子所说的实非一事。孟子所注重的是"性"须扩充，荀子所注重的是"性"须改造。虽然一主性善，一主性恶，其实二者并非完全相反。考其究竟，两说未始不可相容，但两说确实有很大的不同。可以说孟子不知性伪之分，也可以说荀子不知孟子所谓"性"之意谓。基于人性论的不同,荀子所说的"情"也与孟子所说的"情"有很大不同。性恶,情自然不美。如果从人之性、顺人之情,社会必然会出现暴乱、争夺的现象,所以需要有师法之化来加以矫正和引导。能不能让性情安于礼法,就是圣人、君子和小人的根本区别。

第三节　汉唐时期:性情思想的发展阶段

一　性有善恶与中和之情:董仲舒的性情思想

　　董仲舒主张"性三品"说。他的人性论既不同于孟子的性善论,也不同于荀子的性恶论。董仲舒认为:"性"是人生而有之质。性固有善的要素,但并非善。善的要素受教导方成为善,这有待人为,并非自然。性何以有不善? 因为性中有情,情是不善的,所以不能说性是全善的。首先,关于"性"的定义,董仲舒认为:性是人生而有的自然之质。从这一点看,董仲舒的说法和荀子、告子颇有相似之处。董仲舒说:"性之名,非生与? 如其生之自然之资谓之性。性者质也。"① 董仲舒认为:性是生来俱有的资质,即自然之资。然而,此自然之资并非善。"性比于禾,善比于米。米出禾中,而禾未可全为米也。善出性中,而性未可全为善也。善与米,人之所继天而成于外,非在天所为之内也。天之所为,有所至而止。止之内谓之天性,止之外谓之人事。"② 董仲舒这段话是说:本性和禾苗相似,善良和米相似。米从禾苗中产生,但是禾苗不可能全转化为米。善良是由本性中产生,但本性不能全转化为善良。人所继"天"而成于内的是本性,成于外的善是人为努力的结果。对此,董仲舒还用眼睛为喻,进一步作了论述:"性有似目,目卧幽而瞑,待觉而后见。当其未觉,可谓有见质,而不可谓见。今万民之性,有其质而未能觉,譬如瞑者待觉,教之然后善。当其未觉,可谓有质,而不可谓善,与目之瞑而觉,一概之比也。"③ 董仲舒认为:本性好像眼睛,眼睛睁开才能看见;眼睛没有睁开时,可以说有看的本能,但不能说看见。普通人的本性,有其本质,但不能觉醒,只有受到教化才能成为善。没觉醒时,可以说有善的本质,却不能说其已经是善。

　　董仲舒并未像孟子那样将"性"直接规定为善,而是提出了性有善有恶,即"性有贪仁"说。董仲舒认为:人的性是自然之资,有善的可能,但性并非善。"天

---

① ② ③ 董仲舒:《春秋繁露》,上海:上海书店出版社 2012 年版,第 161 页。

生民性有善质，而未能善。"①"善出性中，而性未可全为善也。"②在董仲舒看来，善良是由本性产生的，本性中有善之质，但本性不能全转化为善。所以，他认为：人性有善有恶，共同集中于人性之中。"人受命于天，有善善恶恶之性。"③"人之诚，有贪有仁。仁贪之气，两在于身。身之名，取诸天。天两有阴阳之施，身亦两有贪仁之性。天有阴阳禁，身有情欲桎，与天道一也。"④董仲舒认为：天有阴、阳两气，故而人有仁、贪两性。天在人出生的时候，赋予人以善恶不同的性质。人要和天的规律保持一致。"天地之所生，谓之性情……谓性已善，奈其情何？……身之有性情也，若天之有阴阳也，言人之质而无其情，犹言天之阳而无其阴也。"⑤天有阴、阳两气，施于人而有性、情两面，人从而有仁、贪两性，因此不能说性是善的。要想性全是善的，只有靠人的教化才能成。董仲舒说："今万民之性，待外教然后能善；善当与教，不当与性。"⑥人性不能称为善，善是受到教化而成的。"性待渐于教训而后能为善。善，教训之所然也，非质朴之所能至也。"⑦性中有仁、有贪，需受教导而后方能成为善。善有待于人为，并非自然而成。此处，董仲舒的"性"有广、狭两义之分：狭义的"性"专指与"情"相对的性，即仁性、善性；广义的"性"则包括情，兼有善、恶。

性有善有恶论是董仲舒提出的不同于孟子性善论的学说。孟子以人之异于禽兽者为人性，所以人性是善的。董仲舒以同于圣人之善者为性，所以人虽然生而有善之质，但不等于有善性。这是董仲舒不同于孟子性论的分歧所在。"或曰性也善，或曰性未善，则所谓善者，各异意也。性有善端，动之爱父母，善于禽兽，则谓之善，此孟子之善。循三纲五纪，通八端之理，忠信而博爱，敦厚而好礼，乃可谓善，此圣人之善也。"⑧董仲舒认为：善有各种不同的标准。本性中有善端，所以孩童爱自己的父母，这种高于禽兽之性的善是孟子之善。忠诚、信实而博爱，敦厚、朴实而好礼，这样的善是圣人之善。"质于禽兽之性，则万民之性善矣；质于人道之善，则民性弗及也。万民之性善于禽兽者，许之；圣人之所谓善者，弗许。吾质之命性者，异孟子，孟子下质于禽兽之所为，故曰性已善；吾上质于圣人之所善，故谓性未善。善过性，圣人过善。"⑨董仲舒认为：与禽兽之性相比，一般人的性就可以称为善了；与人道之善相比，一般人的性就达不到善了。说一般人的性善于禽兽之性，可以赞同；说一般人的性相当于圣人之善，则不能赞同。孟子降低一般人的标准与禽兽相比，所以说一般人的本性已经是善了；他自己则与圣人之善相比，所以说自己的本性还算不上善。孟子所谓的"性"，专指人之所以异于禽兽之要素，故善于禽兽即可谓之"性善"；董仲舒所谓的"性"，非专指人之

①②③④⑤⑥⑦⑧⑨董仲舒：《春秋繁露》，上海：上海书店出版社2012年版，第161、161、122、161、161、161、162、162、162页。

所以异于禽兽者，所以虽亦认为人性有善质、有善端，但不能谓"性善"。对善的规定的不同，形成了董仲舒性论与孟子性论的根本差别。

基于性有善恶的理论，董仲舒提出了性分三品说。董仲舒在继承和发挥孔子的"唯上知与下愚不移"（《论语·阳货》）和"中人以上，可以语上也；中人以下，不可以语上也"（《论语·雍也》）的思想基础上，把社会上不同的人的人性分为三品："圣人之性"、"中民之性"和"斗筲之性"，即上、中、下三等。对于上品，即"圣人之性"，董仲舒说："善过性，圣人过善。"[①] 这是说统治阶级中个别的最高代表人物具有天生的"过善"的本性。对于中品，即"中民之性"，董仲舒说："中民之性如茧如卵。卵待覆二十日而后能为雏，茧待缲（缫）以绾汤而后能为丝，性待渐于教训而后能为善。善，教训之所然也，非质朴之所能至也，故不谓性。"[②] 董仲舒认为中民之性有天生的善质，但须待教化后才能为善，并以卵雏、茧丝为喻进行说明。下品，即"斗筲之性"，是指生无善质、生来即恶的不堪教化之民的本性。董仲舒认为："圣人之性"是天生的善，不教而善；"斗筲之性"是天生的恶，教也不能为善。这两种人性都是难以改变的。从这种意义上说，可以不将二者称为"性"。"圣人之性不可以名性，斗筲之性又不可以名性。名性者，中民之性。"[③] 只有"中民之性"可以称为"性"。在这个意义上也可以说，性不是三等的，而是一等的。董仲舒主张"名性，不以上，不以下，以其中名之"。[④] 因"中民之性"可上可下、可善可恶，"性待渐于教训而后能为善"。[⑤] 董仲舒着眼于以"中民之性"为"性"，反映了他对道德教化的高度重视，这也是他的人性论的一个重要特点。

在董仲舒的性情论中，情是恶的。"天地之所生，谓之性情……谓性已善，奈其情何？……身之有性情也，若天之有阴阳也，言人之质而无其情，犹言天之阳而无其阴也。"[⑥] 天有阴、阳两气，施于人而有性、情两面，人从而有仁、贪两性。性何以有不善？因性中有情，情是恶的。董仲舒说："人之诚，有贪有仁。仁贪之气，两在于身。身之名，取诸天。天两有阴阳之施，身亦两有贪仁之性。"[⑦] 情之不善，原因在于人有贪婪的本性。不能只重视阳气赋予人的仁性，而忽略阴气赋予人的贪性，即情。人既然有不善之情，那就应该学习"天道"，禁阴辍情以应"天"。"天有阴阳禁，身有情欲栣，与天道一也。是故阴之行不得干春夏，而月之魄常厌于日光。乍全乍伤，天之禁阴如此，安得不损其欲而辍其情以应天。天所禁而身禁之，故曰身犹天也。"[⑧] "天"的阴、阳二气有其运行规律，身体的情欲应该恰当有度，从而与"天道"保持一致。所以，阴气运行不能干扰阳气，人类应减损情欲来回应"天"。

---

①②③④⑤⑥⑦⑧董仲舒：《春秋繁露》，上海：上海书店出版社2012年版，第161—162页。

在董仲舒看来，人应节制自身的欲望以合于"天道"，但不是要彻底消除欲望，而是使之达到中和的程度和境界。"喜怒止于中，忧惧反之正，此中和常在乎其身，谓之得天地泰。"[①] "阴阳之气，在上天，亦在人。在人者为好恶喜怒，在天者为暖清寒暑。出入上下左右前后，平行而不止，未尝有所稽留滞郁也。其在人者，亦宜行而无留，若四时之条条然也。夫喜怒哀乐之止动也，此天之所为人性命者。临其时而欲发其应，亦天应也，与暖清寒暑之至其时而欲发无异……人有喜怒哀乐，犹天之有春秋冬夏也。喜怒哀乐之至其时而欲发也，若春秋冬夏之至其时而欲出也，皆天气之然也。其宜直行而无郁滞，一也。"[②] 这段话的大意是：阴、阳之气在天处，也在人处。在人处的表现为好、恶、喜、怒，在天处的表现为暖、清、寒、暑。喜、怒、哀、乐是"天"所赋予的人的本性。本性表现时就与之相呼应，这也是对"天"的回应，和暖、清、寒、暑的出现没有区别。人有喜、怒、哀、乐，如同"天"有春、夏、秋、冬。喜、怒、哀、乐该表达时，如同春、夏、秋、冬要到来一样，全是因"天"之气使之这样。可见，董仲舒将"中和"上升到"天道"的高度，对人的喜、怒、哀、乐之情不可强加约束。"中者天之用也，和者天之功也。举天地之道，而美于和，是故物生，皆贵气而迎养之……故君子怒则反中而自说以和，喜则反中而收之以正，忧则反中而舒之以意，惧则反中而实之以精。夫中和之不可不反如此。"[③] 董仲舒认为："中"是天的功用，"和"是天的功绩。天地之道，没有比"和"更美好的，万物生长全以和气为可贵而迎来和气养成。因此，君子发怒就返回"中"而用"和"自悦，欢喜就返回"中"而用"正"收敛，忧虑就返回"中"而使内心舒展，惧怕就返回"中"而用精气充实。不可以不返回到中、和的情况就是这些。

总之，董仲舒在继承孟、荀人性论的基础上，融合阴阳思想，将人之情性纳入天人哲学体系之中，提出了"性善情恶"的人性论和"性三品"说。"性善情恶"和"中民之性"不仅使董仲舒的人性论显著区别于先秦儒家的人性论，初步解决了孟、荀人性论遗留的问题，而且为他的人性理论最终的政治依归——王道教化——提供了理论根据。董仲舒论情，不赞成无情，提倡喜、怒、忧、惧在当发之时不可不发，要以中和为要义，不要过之不及。

二　性分三品与性情一体：王充的性情思想

王充从唯物主义的世界观出发，在批判继承前人有关人性学说的基础上，对

---

①②③ 董仲舒：《春秋繁露》，上海：上海书店出版社 2012 年版，第 190、192—193、189 页。

其人性论进行了系统的理论阐发。首先,他认为万物是由元气生成,"万物之生,皆禀元气"①,人与万物无异,自然也是由元气而生。"人,物也,万物之中有知慧者也。其受命于天,禀气于元,与物无异。"②不同的人所禀受的元气的厚薄,成为人性善恶有别的决定因素。"小人君子,禀性异类乎?譬诸五谷皆为用,实不异而效殊者,禀气有厚泊,故性有善恶也。残则授(受)不仁之气泊,而怒则禀勇渥也。仁泊则戾而少愈(慈),勇渥则猛而无义,而又和气不足,喜怒失时,计虑轻愚。妄行之人,罪(非)故为恶。"③王充这段话的大意是:小人、君子在本性上是相同的,只是禀受元气的厚薄决定了善恶有别,即人禀受的气有厚有薄,所以性有善有恶。凶残的人承受"仁"的气少,容易发怒的人承受"勇"的气多。行为妄乱之人,并非有意作恶,而是生性如此。他还以酒为喻,对此作了形象的说明:"人受五常,含五脏,皆具于身。禀之泊少,故其操行不及善人,犹〔酒〕或厚或泊也,非厚与泊殊其酿也,曲蘖多少使之然也。是故酒之泊厚,同一曲蘖;人之善恶,共一元气。气有少多,故性有贤愚。"④这就是说:人体都有五常、五脏,只是禀受元气的厚薄决定了性的善恶、贤愚。酒的厚薄,也在于曲蘖含量的多寡。因此,酒味的浓淡是由同样的酒曲酿造出来的,人性的善恶是由同一元气形成的。从"天"承受的气有多有少,所以人性有贤有愚。这就是形成至德之人与不肖之人的原因所在。"至德纯渥之人,禀天气多,故能则天,自然无为。禀气薄少,不遵道德,不似天地,故曰不肖。不肖者,不似也。不似天地,不类圣贤,故有为也。天地为炉,造化为工,禀气不一,安能皆贤?"⑤王充认为:道德最高尚、纯厚的人,禀受的"天"之元气最多,所以能效法"天",达到自然无为的境界。禀受"天"之元气薄而少的人,不遵从道德规范,与天地不相似,所以称作"不肖"。王充从唯物主义观点出发,用元气来分析人性,这是他的人性论所具有的一个重要特点。

王充在继承孔子的人性思想之基础上,根据人禀受的元气的厚薄不同,将人性分别为善、恶和无善无恶三种情形。"生而兆见,善恶可察。无分于善恶,可推移者,谓中人也,不善不恶,须教成者也。"⑥王充认为:人生下来就有征兆呈现,是善是恶可以明察。对于善恶无法区分,但可以改变的,称为"平常人"。他们不善不恶,要受到教育后才能成为善的人。所以,对于孔子说的"中人以上,可以语上也;中人以下,不可以语上也",王充表示肯定;对于孔子所讲的"性相近也,习相远也",王充则认为这是孔子在讲中人之性:习善而为善,习恶而为

---

①②⑤ 黄晖:《论衡校释》三,北京:中华书局1990年版,第949、1011、781页。

③④⑥ 黄晖:《论衡校释》一,北京:中华书局1990年版,第80—81、81、137页。

恶。至于极善极恶的人,人性不可改变,因此就不再决定于习气,故孔子说:"惟上智与下愚不移。"① 显然,王充在这里把人性分为了善、中、恶三等,其中,中人之性是不善不恶且可善可恶的,能够改变;但是,善、恶两等则是不能在后天加以改变的。何以产生这样三种人性,王充进行了唯物主义的解释:"有三性:有正,有随,有遭。正者,禀五常之性也;随者,随父母之性〔也〕;遭者,遭得恶物象之故也。"② 王充认为:人有三种性,即有正、有随、有遭。正,就是禀受仁、义、礼、智、信的性;随,就是继承父母的性;遭,就是遭受恶物的性。王充举例解释:孕妇吃了兔子肉,孩子生下来嘴唇是缺的。夏历二月打雷时,有同房行为不谨慎的,生下来的子女形体就会有缺陷,而且会有大的灾祸。嗓哑、耳聋、脚跛、目盲等都是因为气碰上恶物,使胎儿受到损伤,此时形成的性狂乱、悖理,羊舌食我、丹朱、商均都属于这种情况。所以,《礼记》上有关于胎教的各种礼法。譬如:妇女有身孕时,座席不在正中不坐,割下的肉不方正不吃,不纯正的颜色不看,不正当的声音不听。③ 当然,这些在我们看来,都是不科学的。

王充基于其性有善有恶论的观点,对历史上世硕、公孙尼子等人的人性观进行了肯定,对孟子、荀子以及董仲舒等人的人性论进行了批评:"自孟子以下,至刘子政,鸿儒博生,闻见多矣,然而论情性竟无定是。唯世硕、儒公孙尼子之徒,颇得其正。由此言之,事易知,道难论也。"④ 对于孟子的性善论所谓的"人性皆善,及其不善,物乱之也"⑤,王充认为这只是一偏之论,并不能准确地指出人性的本质。王充反驳说:商纣、食我生来就是性恶,不是因为与外物接触才令其变坏的。丹朱、商均是唐虞之后,生来所接触的都是善人,按理应该也是善人才对。所以,王充认为人性善并不正确,人变坏也不是因为与外物接触的结果,而是人性本就是有善有恶的,是人禀元气多少、厚薄的结果。⑥ 对荀子"人性恶,其善者,伪也"⑦的观点,王充也进行了批驳:"若孙卿之言,人幼小无有善也。〔后〕稷为儿,以种树为戏;孔子能行,以俎豆为弄。石生而坚,兰生而香。〔生〕禀善气,长大就成,故种树之戏,为唐司马;俎豆之弄,为周圣师。禀兰石之性,故有坚香之验。夫孙卿之言,未为得实。"⑧ 王充认为:后稷、孔子从小就以种树为戏,以俎豆为弄,长大后成为唐尧的司马和周代的圣师,这绝非人性恶所能解释的。此外,王充还对董仲舒的性善情恶论进行了批评:"若仲舒之言,谓孟子见其阳,孙卿见其阴也。处二家各有见,可也;不处人情性 情性 有善有恶,未也。夫人情性,

①②③④⑤⑥⑦⑧ 黄晖:《论衡校释》一,北京:中华书局1990年版,第137、53、53—54、141—142、133、135、138、138页。

同生于阴阳,其生于阴阳,有渥有泊。玉生于石,有纯有驳;情性〔生〕于阴阳,安能纯善?仲舒之言,未能得实。"① 王充认为:按照董仲舒的说法,以所禀阳气为善为"性",所禀阴气为恶为"情",那么孟子只见到其阳的一面,荀子只见到其阴的一面。王充认为人性之善恶是由所禀元气的厚薄、多少决定的,性情都生于同一元气。此外,王充还从自己的人性观出发,对历史上其他学者的人性论作了评价。总之,王充认为:人性应该是有善有恶的,并根据所禀之气的厚薄、多少,将人分为善、中、恶三等。其中,极善、极恶两种生来既定,无法在后天加以改变;中人之性是不善不恶且可善可恶的,既可向善发展,也可向恶发展,这种人性存在改变的可能。

在王充的人性论中,中人之性是可以改变的,善可变为恶,恶可变为善,通过教化引导和勉励能够使恶向善。"论人之性,定有善有恶。其善者,固自善矣;其恶者,故可教告率勉,使之为善。凡人君父审观臣子之性,善则养育劝率,无令近恶;近恶则辅保禁防,令渐于善。善渐于恶,恶化于善,成为性行。"② 王充主张:中人之性一定是有善有恶的,对善的就培养、教导、勉励、引导,使人不靠近恶的;对恶的就教育、安抚、制止、防范,使人向善的方面逐渐转化。这样善就会和生就的品行一样了。人性的改变就如染丝,接近善便会成为善,接近恶便会成为恶,外在环境的作用非常重要。"人之性,善可变为恶,恶可变为善,犹此类也。蓬生麻间,不扶自直;白纱入缁,不练自黑。彼蓬之性不直,纱之质不黑,麻扶缁染,使之直黑。夫人之性犹蓬纱也,在所渐染而善恶变矣。"③ 这段话是说:人的德性,善的能变成恶的,恶的也能变成善的。蓬长在麻中间,不用扶持自然会直;把白纱放进黑色的染缸,不用染色自然会变黑。蓬的生性不直,白纱的质地不黑,但麻的扶持、黑色的染缸使它们变直、变黑。人的德性就像蓬草和白纱一样,在逐渐浸染之下,善恶是会改变的。在人性的教化向善中,王充尤其看重圣人所起的重要作用。"王良、造父称为善御,不能使不良为良也。如徒能御良,其不良者不能驯服,此则驵工庸师服驯技能,何奇而世称之?故曰:'王良登车,马不罢驽;尧、舜为政,民无狂愚。'传曰:'尧、舜之民,可比屋而封;桀、纣之民,可比屋而诛。''斯民也,三代所以直道而行也。'圣主之民如彼,恶主之民如此,竟在化,不在性也。"④ 王充认为:王良、造父被称为善于驾驭车马的好手,能把不好的马驯成好马。如果只能驾驭好马,不能驯服不好的马,这只是普通马夫驾车的本领。尧、舜的百姓,挨家挨户地被封赏;桀、纣的百姓,挨家挨户地被诛杀。圣明的君

---

①②③④ 黄晖:《论衡校释》一,北京:中华书局1990年版,第140、68、70—71、71—72页。

主的百姓像那样，凶残的君主的百姓像这样，归根到底在于教化而不在于人的本性。所以，教化在王充的人性论中是改变中人之性的重要手段。

王充基于其唯物主义的哲学观，认为"情"与"性"一样都生于客观的阴阳之气，二者的差别只与所禀阴阳之气的厚薄有关。"夫人情性，同生于阴阳，其生于阴阳，有渥有泊。"① 虽然情性生于阴阳，但王充不认同董仲舒将情性与阴阳对应起来而划分出性善情恶的结论。"玉生于石，有纯有驳；情性〔生〕于阴阳，安能纯善？"② 王充认为：情性就像玉产生于石，有纯的，有不纯的，只是所禀之气的厚薄不同，哪能划分出性是善的、情是恶的？"董仲舒览孙、孟之书，作《情性》之说曰：'天之大经，一阴一阳；人之大经，一情一性。性生于阳，情生于阴。阴气鄙，阳气仁。曰性善者，是见其阳也；谓恶者，是见其阴者也。'若仲舒之言，谓孟子见其阳，孙卿见其阴也。处二家各有见，可也；不处人情性 情性 有善有恶，未也。"③ 王充反对董仲舒的性善情恶论，认为人性生于阳，人情生于阴，阴气卑劣、阳气仁义的说法是不对的。在王充看来，情性是一体的，不是分为阴、阳、鄙、仁，而是根据禀受的元气厚薄不同来区别的。这是王充的观点不同于孟子、荀子及董仲舒之观点所在。

对于情、性一体的关系，王充既继承了传统儒家的看法，又有所突破，认为传统看法"性内情外、未发已发"并不准确，认为不仅情与外物相接，性也与外物相接。"刘子政曰：'性，生而然者也，在于身而不发；情，接于物而然者也，出 形〔出〕于外。形外，则谓之阳；不发者，则谓之阴。'夫子政之言，谓性在身而不发。情接于物，形出于外，故谓之阳；性不发，不与物接，故谓之阴。夫如子政之言，乃谓情为阳，性为阴也。不据本所生起，苟以形出与不发见定阴阳也。必以形出为阳，性亦与物接，造次必于是，颠沛必于是。恻隐不忍，不忍 仁之气也；卑谦辞让，性之发也，有与接会，故恻隐卑谦，形出于外。谓性在内，不与物接，恐非其实。"④ 王充认为：刘向的情阳性阴的观点是错误的，这是没有依据情、性产生的根源来谈论，而只是用外露或不外露把情、性说成是阴的、阳的。要把外露叫作"阳"，人性也与外界事物接触，在急迫的情况下离不开它，在颠沛的情况下也离不开它。恻隐不忍、卑谦辞让都是"仁气"与外界事物接触时，在身体外部表现出来的。说人性在身体里存在而不与外界事物接触，恐怕不是事实。王充的情、性是一发俱发的一体关系，不发时皆在于身，与外物接时皆形于外，是善是恶与禀气之厚薄有关。"禀气有厚泊，故性有善恶也。残则授（受）不 仁之气泊，而怒则禀勇渥也。仁泊则戾而少愈（慈），勇渥则猛而无义，而又和气不足，喜怒失时，计虑轻

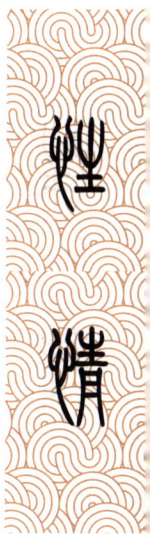

---

① ② ③ ④ 黄晖：《论衡校释》一，北京：中华书局1990年版，第139—141页。

愚……人之善恶，共一元气。气有少多，故性有贤愚。"① 王充认为：人禀受的气有厚有薄，所以德性有善有恶。凶残的人承受"仁"的气少，容易发怒的人承受"勇"的气多。仁气少就凶狠而缺少仁慈，勇气多就凶暴而缺乏情谊，再加上阴阳协调、和谐的气不足，人就变得喜怒失常，考虑问题轻率、愚笨。人性的善恶是由同一元气形成的。从"天"承受的气有多有少，所以人性有贤有愚。

总之，两汉时期，董仲舒提倡"性善情恶"论；王充对这种性、情相分的观点提出反对意见，认为人性生于阳、人情生于阴、阴气卑劣、阳气仁义的说法是不对的。"夫人情性，同生于阴阳，其生于阴阳，有渥有泊。玉生于石，有纯有驳；情性〔生〕于阴阳，安能纯善？仲舒之言，未能得实。"② 在王充看来，情、性是一体的关系，未发俱在身内，已发俱在身外，不能分为阴、阳、鄙、仁，而应该根据禀气厚薄的不同来区别。

三 "性善情恶"与"情由性生"：李翱的性情思想

受韩愈排佛及其道统说的影响，李翱在继承儒家传统人性论的基础上提出了他的性情主张。"他（李翱）认为孔子有'尽性命之道'的'道'。孔子的孙子子思，得了这个'道'，作《中庸》传给孟子。孟子死以后，《中庸》的文字固然还有人了解，可是其中所谈的'性命之源'就没有传人了。""他认为孟轲以后的'道统'就是归于他自己。"③ 那么，李翱在人性论上是如何继承儒家道统的？首先，他对人的性情作了善恶有别的规定："人之所以为圣人者性也。人之所以惑其性者情也。喜怒哀惧爱恶欲，七者皆情之所为也。情既昏，性斯匿矣。非性之过也，七者循环而交来，故性不能充也。水之浑也，其流不清。火之烟也，其光不明。非水火清明之过。沙不浑，流斯清矣。烟不郁，光斯明矣。情不作，性斯充矣。""情之动弗息，则不能复其性而烛天地，为不极之明。"④ 李翱认为：人之所以能够成为圣人，是因为性；性之所以会迷惑不明，则是因为情。欢喜、愤怒、悲哀、恐惧、爱好、厌恶、欲求都是情的表现方式，不过七者并不等同于情。情感使人昏昧后，本性就会被蒙蔽。这不是人的本性的缺陷，而是因为七种感情的交复作用，使得人的本性无法保持充实、完整的状态。就像水不清、火不明是因为有沙泛起、有烟遮蔽，等沙沉淀、烟散去后，水就会清澈、火就会光明。性善不能实现是因为受

①② 黄晖：《论衡校释》一，北京：中华书局 1990 年版，第 80—81、140 页。
③《冯友兰文集》十一，长春：长春出版社 2017 年版，第 203 页。
④《全唐文》十一，北京：中华书局 1983 年版，第 6422 页。

情的影响,情若退去,性的本善自然就会彰显。

那么,"情"究竟是什么?李翱在《复性书》中讲:"弗思弗虑,情则不生,情既不生,乃为正思。""此斋戒其心者也,犹未离于静焉。有静必有动,有动必有静,动静不息,是乃情也。""方静之时,知心无思者,是斋戒也。知本无有思,动静皆离,寂然不动者,是至诚也。"^①李翱认为:要成为圣人,首先要做到"弗思弗虑,情则不生",接着要在"知心无思"上更进一步,达到"知本无有思,动静皆离",就是由动的对立之静上升到超越动、静的绝对的静。由此可知,凡是思虑都是情。所以,只要未达到"动静皆离,寂然不动"的境界,所有心识活动都是情。因此,情相当于识。对于情的来源,李翱认为有两种可能:一种是生于性,"无性则情无所生矣。是情由性而生,情不自情,因性而情,性不自性,由情以明"。^②李翱认为:性是情产生的根据,因为性才有了情,情是性的表现,性不自我表现,由情来表现。另一种是没有原因,"情者妄也,邪也。邪与妄则无所因矣","情本邪也,妄也,邪妄无因,人不能复"。^③这两种说法并不矛盾,前者讲情以性为根据;后者说情生于性,性不是主动产生情,而是在迷惑的状态中产生情。性与情是"心"的两种状态,即性是心之静,情是心之动。所以,灭情复性不是将所有心识消除,而是改变心识的状态,使之寂然不动。

对于性的来源,李翱认为其来源于"天命",即《中庸》所谓"天命之谓'性'"。李翱曾道:"性者天之命也,圣人得之而不惑者也。情者性之动也,百姓溺之而不能知其本者也。圣人者,岂其无情耶?圣人者寂然不动,不往而到,不言而神,不耀而光,制作参乎天地,变化合乎阴阳,虽有情也,未尝有情也。然则百姓者,岂其无性者耶?百姓之性与圣人之性弗差也;虽然,情之所昏,交相攻伐,未始有穷,故终身而不自睹其性焉。"^④这段话的意思是:人的本性来自天命,圣人得到它而不为情所迷惑;感情是本性的外在表现,百姓容易沉溺其中而不能知晓本性,但其性未尝没有,只是隐而不能见而已。圣人也有情,不过圣人之情不会蒙蔽本善的性。一般人的本性与圣人的本性没有差别,可是因为感情的迷惑、昏昧作用,不停地摧折其本性,使之即使到死也不曾自见其本性。李翱认为:不仅圣人之性是善的,而且一般人的性与圣人之性一样,都是善的,不过百姓不能成圣的原因则在于情蒙蔽了本善之性。"桀、纣之性,犹尧、舜之性也,其所以不睹其性者,嗜欲好恶之所昏也;非性之罪也。""水之性清澈,其浑之也沙泥也。方其浑时,性岂遂无有耶?久而不动,沙泥自沈,清明之性,鉴于天地,非自外来也。

---

① 李翱:《李文公集》,上海:上海古籍出版社1993年版,第8页。
②③④《全唐文》十一,北京:中华书局1983年版,第6433、6436—6437、6433页。

故其浑也,性本弗失;及其复也,性亦不生。人之性,亦犹水之性也。"①在李翱看来,人的本性其实是相同的,人人所禀赋的都是圣人之性,人人皆同且具足,但若让情发动而蒙蔽了本性,就不能实现本性的善。性不见时,其实未尝亡失;能去其情,则本来之性自然显露。李氏虽认为情是害性的,但也认为情生于性。"《易》曰:'夫圣人者,与天地合其德,日月合其明,四时合其序,鬼神合其吉凶;先天而天不违,后天而奉天时,天且勿违,而况于人乎?况于鬼神乎?'此非自外得者也,能尽其性而已矣。"②《易经》说:圣人的生养万物之功与天地同德,明察道理之智慧与日月齐明,行事之规律法度与四季同序,对事理之洞察感知与鬼神同验;先于命运而动却不违天道,顺天意行事,尊重规律而不违逆,对天道尚能遵循不违,更何况是人呢!在李翱看来,书中所载圣人的成就不是自外加于其身,而是尽其本性就能取得。《中庸》说:"诚者,天之道也;诚之者,人之道也。"李翱将"诚"纳入先天之性中,以贯通"天道"和"人道",使圣人之性能够超越情,不受情的困扰和障闭,因为诚"无思也,无为也,寂然不动,感而遂通天下"。③"诚"有着能够使"天道"和"人道"天然贯通的本领。李翱借用《中庸》和《易》中的"诚",合而观之,赋予了"诚"新的意境。由于"诚"的关系,李翱认为:圣人的情与其性是一致的,动而皆中节,故不会显现,"虽有情也,未尝有情也"。④其他人的情则是有害于性的,所以李翱认为"情有善有不善",善情是圣人之情,不善之情则是凡人之情。

凡人的性善,情却是恶的,如何才能复性?李翱认为:"圣人知人之性皆善,可以循之不息而至于圣也,故制礼以节之,作乐以和之。安于和乐,乐之本也;动而中礼,礼之本也;故在车则闻鸾和之声,行步则闻佩玉之音,无故不废琴瑟,视、听、言、行,循礼法而动,所以教人忘嗜欲而归性命之道也。"⑤这段话的意思是:圣人知道人性本善,人不断遵循向善,终能达到圣人的境界,因此圣人制定礼仪来调节人的行为,创作音乐来调和人的感情。使人最终能和谐安乐,这是圣人制乐的动机;使人最终能合乎礼节,这是圣人制礼的动机。因此,君子在乘车时听车饰铃铛发出的声音,走路则听玉佩、饰环发出的声音,无故不会废弃音乐,看的、听的、说的、做的每件事都遵循规则。这些做法都是在教人摆脱欲望,而回归到本性的正道上来。要想忘掉嗜欲,恢复到原初的性,只有通过"诚"才能实现。"道者,至诚而不息者也 …… 此尽性命之道也。"⑥此即达到"诚"的"无思也,无为也,寂然不动,感而遂通天下"的境界。为此,就要"弗虑弗思,情则不

---

① ② ④ ⑤ ⑥《全唐文》十一,北京:中华书局 1983 年版,第 6433—6437 页。

③ 王弼撰,楼宇烈校释:《周易注》,北京:中华书局 2011 年版,第 354 页。

生；情既不生，乃为正思"。① 弗思弗虑则使情无所发动；情不能产生，人才有正确的思路。"人性本相近于静，及有动感外物，有正有邪，动而正则为上智，动而邪则为下愚，寂然不动，则情性两忘矣。"② 这就是说：人性本来是接近于静的，及其动，便会感外物，从而产生正确与邪恶。《中庸》曾道："喜、怒、哀、乐之未发，谓之'中'；发而皆中节，谓之'和'。中也者，天下之大本也；和也者，天下之达道也。致中和，天地位焉，万物育焉。"情发而皆中节，即李翱说的"动则正"，李翱认为此为"上智"。不过，李翱之论不止于此。他认为：复性的最高境界是"寂然不动，则情性两忘"。不动则不会有情，没有情则性无所表现，从而实现"两忘"。不思不虑则情就不会产生，寂然不动则情、性两相忘却。"方静之时，知心无思者，是斋戒也。知本无有思，动静皆离，寂然不动者，是至诚也。"③ 李翱的这种复性的方法颇似庄子的心斋坐忘，其中透露出李翱援道入儒的思想进路。"情者，性之邪也，知其为邪，邪本无有。心寂然不动，邪思自息。惟性明照，邪何所生！"④ 性在寂然不动的状态中具有特殊的认识能力。明照即"诚"。"觉则明，否则惑，惑则昏；明与昏谓之不同。明与昏，性本无有，则同与不同二者离矣。夫明者所以对昏，昏既灭，则明亦不立矣。"⑤ 人觉悟到了"至诚"的境界，才能透彻明白本善之性，否则仍会为情所迷惑，从而产生昏乱，迷失本性。"是故诚者，圣人性之也；寂然不动，广大清明，照乎天地，感而遂通天下之故，行止语默，无不处于极也。复其性者，贤人循之而不已者也，不已则能归其源矣。"⑥ 李翱认为："诚"是圣人之性的本质。它寂静、稳定而不变动，广大、清澈又透明，周知天下之事理，举止动静都显现出本性圆满的境界。恢复本性是贤人所遵循不息的目标，到最后就能与圣人达到同样的本性。所以，达到了"至诚"之境，性之本善自然能得以实现。

李翱的心性论还借鉴了佛教的思想内容，尤其借鉴了天台宗"一心二门"的思维方法。"一心二门"相传是印度马鸣总结出的佛教心性论。"一心"指的是众生心，它总摄世间一切法，是一种本体的存在。"二门"是心真如门和心生灭门。心真如门先天具足一切，不动不寂，不生不灭。心生灭门会随条件的变化而生灭，形成各种染净的差别。与此相对照，李翱的"诚"近似于天台宗的"一心"，其所谓的"性"和"情"则近似于真如心和生灭心。李翱的心性论深受佛教的影响几乎是定论。朱熹曾说："李翱复性则是，云'灭情以复性'则非。情如何可灭！此乃释氏之说

①③⑤⑥《全唐文》十一，北京：中华书局1983年版，第6433—6435页。

② 程树德：《论语集释》四，北京：中华书局2014年版，第1523页。

④《李文公集》，上海：上海古籍出版社1993年版，第8页。

陷于其中不自知。"[①] 冯友兰也说："(李翱)性情二名词,然其意义中所含之佛学的分子,灼然可见。性当佛学中所说的本心;情当佛学中所说之无明烦恼。众生与佛,皆有净明圆觉之本心,不过众生之本心为无明烦恼所覆,故不能发露耳。"[②] 李翱借鉴佛教的相关理论来创建儒家的心性思想体系,为后来宋代新儒家心性思想的发展提供了模式,在儒学发展史上有着重要的意义。对此,冯友兰说:"宋明道学之基础及轮廓,在唐代已由韩愈、李翱确定矣。而李之所贡献,尤较韩为大。"[③]

  总之,李翱以儒家的《孟子》、《中庸》、《易传》等传统经典为基础,通过吸收佛教的形上思维和道家的修养方法,建立了以"诚"为本体的心性论思想体系,在思想上直接开启了宋明新儒学,为宋代新儒学的复兴作出了历史性的贡献。

---

①黎靖德编:《朱子语类》五,北京:中华书局 1986 年版,第 1381 页。

②③冯友兰:《中国哲学史》下,北京:商务印书馆 2011 年版,第 283、288 页。

第四节　两宋时期：性情思想的深化阶段

一　"性即理也"与"情顺天理"：二程的性情思想

在继承前代儒家思想的基础上，二程创造性地提出了"性即理"的人性论。二程说："性即理也，所谓理，性是也。"[①]"性即是理，理则自尧舜至于涂人，一也。"[②]"天之付与之谓命。禀之在我之谓性，见于事业之谓理。"[③]"理"，是泛言天地间人物公共之理；"性"，是在"我"之理，受于"天"而为"我"所有。"性"与"命"本非二物，在天谓之"命"，在人谓之"性"。[④]因此，"理也，性也，命也，三者未尝有异"。[⑤]"理"、"性"、"命"三者是一物而名称不同，在天为"命"，在人为"性"，在事为"理"。二程认为：它们的本质是相同的，都是"道"。"在天为命，在义为理，在人为性，主于身为心，其实一也。"[⑥]"心即性也。在天为命，在人为性，论其所主为心，其实只是一个道。"[⑦]可见，"天"、"命"、"理"、"性"、"心"、"道"名称虽殊而本质为一。朱熹对二程此说极为看重，评价道："'性即理也'，自孔孟后，无人见得到此，亦是从古无人敢如此道。"[⑧]"'性即理也'一语，直是自孔以后，惟伊川说得尽这一句，便是个万说性根基。"[⑨]二程还将"性"进一步分为"天命之性"和"气禀之性"，这也是"生之谓性"和"天命之谓性"的不同。"'生之谓性'，止训所禀受也。'天命之谓性'，此言性之理也。今人言天性柔缓，天性刚急，俗言天成，皆生来如此，此训所禀受也。若性之理也，则无不善，曰天者，自然之理也。"[⑩]在二程看来，"生之谓性"就是万物受生之后气质的禀受，"天命之谓性"则是万物受生之前就存在的性之理，即"天理"之在"我"者，因而天命之性是善的。据此，二程认为：孔子的"性相近"只是讲了气禀之性，而没有讲天命之性；孟子的性善说才讲到了本原之性。"性相近也，此言所禀之性，不是

①②③⑤⑩《二程遗书》，上海：上海古籍出版社 2000 年版，第 347、254、140、329、370 页。
④ 陈淳：《北溪字义》，北京：中华书局 1983 年版，第 6 页。
⑥⑦《二程集》上，北京：中华书局 2004 年版，第 204 页。
⑧ 黎靖德编：《朱子语类》四，北京：中华书局 1986 年版，第 1387 页。
⑨ 江永：《近思录集注》，上海：上海书店 1987 年版，第 32 页。

言性之本。孟子所言,便正言性之本。"①在二程看来,孔子、孟子各讲了人性的一个方面,而讲人性还是应兼及气禀之性和天命之性两个方面。二程认为:"论气不论性,不明;论性不论气,不备。"②二程认为:人的天命之性没有差别,但气禀之性有清浊、厚薄、偏正等不同,从而人有缓急、刚柔、贤愚等特点。

对于人性善恶的问题,二程都主张性本善说,因为在他们看来,"理则天下只是一个理"③,"天下之理,原其所自,未有不善"④。人性是"理"之在人身者,所以人性是善的。但是,他们的具体说法有异。程颢将这种本原的性称为"天德","元是天然完全自足之物"。他进一步解释道:"'生生之谓易',是天之所以为道也。天只是以生为道,继此生理者,即是善也。善便有一个元底意思。'元者善之长',万物皆有春意,便是'继之者善也'。'成之者性也',成却待他万物自成其性须得。"⑤程颐说:"自性而行,皆善也。圣人因其善也,则为仁义礼智信以名之;以其施之不同也,故为五者以别之。合而言之皆道,别而言之亦皆道也。"⑥程颐将性善进一步释为仁、义、礼、智、信,认为这是人所固有的善性,人不能违反这五种常性。"世人皆言性也,道也,与五者异,其亦弗学欤!其亦未体其性也欤!其亦不知道之所存欤!"⑦人性本善,那么恶从何而来?二程以气禀说阐释恶的形成。"'生之谓性',性即气,气即性,生之谓也。人生气禀,理有善恶,然不是性中元有此两物相对而生也。有自幼而善,有自幼而恶,是气禀有然也。善固性也,然恶亦不可不谓之性也。"⑧从这段话可以看出:程颢从"生之谓性"出发,认为性即气,气即性。由此一来,善恶都成为禀气所表现出来的性。程颢进而解释说:善恶并不是在性中相对而生,性中原无善恶的对立。人出生之前,没有生命,自然谈不上有性;等到出生后,可以说有性了,但这已不是"天命之性",而是"气禀之性"。程颐在解释人性善恶的问题上提出了"性情才"的说法。程颐说:"性无不善,其所以不善者才也。受于天之谓性,禀于气之谓才,才之善不善由气之有偏正也。乃若其情,则无不善矣。今夫木之曲直,其性也;或可以为车,或可以为轮,其才也。"⑨在程颐看来,人性是善的,不善的恶是因为才有不善。程颐将恶归于气禀之性,认为虽然才有不善,但可以通过养气而恢复它的善,人若自暴自弃则不能复其善。

二程还用"五行之性"和"五常之性"分别对"气禀之性"和"天命之性"作了进一步阐述。他们认为:包括人类在内的凡是生物都有"五行之性"和"五常之

---

①③④⑤⑥⑦⑧《二程遗书》,北京:中华书局2000年版,第306、89、347、79—80、375、375、61页。

② 黎靖德编:《朱子语类》五,北京:中华书局1986年版,第1384页

⑨《朱子全书外编》一,上海:华东师范大学出版社2010年版,第492页。

性"。"天有五气，故凡生物，莫不具有五性，居其一而有其四。虽木植亦兼有五行之在其中。"①五气，指的是金、木、水、火、土五行之气，五气杂糅、和合产生了各种事物；五性，就是五气所成的事物所具有的性。二程认为：人的产生就是因为禀受五行之气的结果。"天有五行，人有五藏。心，火也，著些天地间风气乘之，便须发燥。肝，木也，著些天地间风气乘之，便须发怒。推之五藏皆然。"②人的性情是由五脏所发，而五脏又与五行有关。他们认为：这些都是人和其他生物所共有的自然本性。"万物皆有良能，如每常禽鸟中，做得窠子，极有巧妙处，是他良能，不待学也。"③"良能"也称"真性"，指的是人和生物的各种生命欲求，如声、色、味、嗅等耳、目、口、鼻之欲。程颐说："口目耳鼻四支之欲，性也。"④从自然的本性出发，人和其他生物都有"五行之性"。"五常之性"则是万物禀受"天理"而有的仁、义、礼、智、信五种本性，这是人之善的由来之处。二程说："仁、义、礼、智、信五者，性也。仁者，全体；四者，四支。仁，体也。义，宜也。礼，别也。智，知也。信，实也。"⑤"仁者公也，人此者也；义者宜也，权量轻重之极；礼者别也，知者知也，信者有此者也。万物皆有性，此五常性也。"⑥人之所以和其他生物不同，就是因为人能够不断扩充此"五常性"。凡有血气之类皆有五常之性，但不知扩充而已。君子之所以异于禽兽，就是因为有仁义之性，如果放纵其心而不知返，就会变成禽兽。

对于"情"，程颐常以"性"、"情"相对来讲，所以"情"在其人性论中也是一重要概念。从整体来看，程颐认为"情"有善、有不善。他曾讲："天地储精，得五行之秀者为人。其本也真而静，其未发也五性具焉，曰仁义礼智信。形既生矣，外物触其形而动于中矣。其中动而七情出焉，曰喜怒哀乐爱恶欲。情既炽而益荡，其性凿矣。是故觉者约其情使合于中，正其心，养其性。故曰性其情。愚者则不知制之。纵其情而至于邪僻，梏其性而亡之，故曰情其性。"⑦程颐认为：天命之性未发之时有仁、义、礼、智、信五性；既发以后，产生喜、怒、哀、乐、爱、恶、欲七情。也就是说，人性本善，而"情"是感于物从性而发，"情"任其发展便会流向恶，所以对于"情"必须进行节制，否则会使本原的善性灭亡。后来，程颐对"情"作了许多论述，如"情者性之动也"⑧，"自性之有动者谓之情"⑨，"发而中节，则无往而不善"，"不能顺其情而悖天理，则流而至于恶"等等。"情"也有善、有不善，发中节、顺"天理"则为善，反之则流为恶。所以，程颐非常重视对人情的调节和控制，曰"人情不修治，则邪恶生，犹道路不修治，则荆棘生"。⑩二程关于"情"的观

---

①②③④⑤⑥⑨《二程遗书》，上海：上海古籍出版社2000年版，第209、105、309、310、64、152、375页。

⑦⑧⑩《二程集》上，北京：中华书局2004年版，第577、1257、1062页。

点是与他们的"天理"观念密切联系着的,即要"灭私欲,明天理"。朱熹认为:二程的天命之性和气质之性的结合,在接上孟子的性善论的基础上,使儒家人性论达到了一个新高度。"孟子未尝说气质之性,程子论性,所以有功与名教者,以发明气质之性也。以气质论,则凡言性不同者,皆冰释矣。"①要言之,二程关于性情善恶的观点是相同的,认为人生而有仁、义、礼、智、信五性,人与外物接触而产生喜、怒、哀、乐、爱、恶、欲七情,七情发而中节则顺"天理"为善,如果任其发展则会流向恶,因此要用"天理"约束七情使之合于中。

总之,在继承前代儒家人性论的基础上,尤其是融合孟子的性善论、告子的"生之谓性"和张载的气禀说后,二程提出了"性即理"的人性论,使儒家人性论上升到了本体论的高度。二程将性善论与人性二重说进行了结合,即在坚持人性本善的基础上,对"天命之性"和"气禀之性"进行了区分,并提出了"情者性之动"、"情顺天理"等各种性情主张。他们的人性思想进一步丰富和发展了儒家的人性学说。朱熹称赞他们"极有功于圣门,有补于后学"。②

二 "性即理也"与"心统性、情":朱熹的性情思想

朱熹是宋代理学的集大成者。他在继承前人特别是北宋张载和二程的思想后,提出了自己的人性论主张。关于人性论,他的根本观点和二程相同,即"性即理也"。他发现传统儒家没有在"性"和"天"之间建立紧密的联系。譬如:孟子不曾推究源头,只是说"成之者,性也",这样孟子的性善论就缺乏足够的说服力。荀子的性恶论、扬雄的性善恶混、韩愈的性三品说等,在朱熹看来,"虽是论性,其实只说得气"③,传统儒家的人性论没有解决善恶的来源问题,直到二程提出"性即理也"的观点,才使人性的本体论依据得以夯实。朱熹的"性即理"说主张人的道德本性源于"天理","天理"所赋在人身的就是"性"。"性者,人之所得于天之理也。"④ 所以,朱熹认为"性"的本质就是"天理","性"的来源也是"天理"。他进一步论证道:"命,犹令也。性,即理也。天以阴阳五行化生万物,气以成形,而理亦赋焉,犹命令也。于是人物之生,因各得其所赋之理,以为健顺五常之德,所谓性也。"⑤"这个理在天地间时,只是善,无有不善者。生物得来,方始名曰'性'。只是这理,在天则曰'命',在人则曰'性'。"⑥ 这两段话的大意为:"天理"

①②③⑥ 黎靖德编:《朱子语类》一,北京:中华书局 1986 年版,第 70、70、78、83 页。
④⑤ 朱熹:《四书章句集注》,北京:中华书局 2012 年版,第 332、17 页。

812

是善的,在天称为"命",在人称为"性",天在通过阴阳五行化生万物的时候,以理和气分别形成了人的性体和形体,所以人性是善的。当然,人的性体和形体是合而为一的,此处只是分说而已。"大抵人有此形气,则是此理始具于形气之中而谓之性。才是说性,便已涉乎有生,而兼乎气质,不得为性之本体。然性之本体亦未尝杂。要人就此上面见得其本体元未尝离,亦未尝杂。""性是形而上者,气是形而下者。形而上者全是天理,形而下者只是那查滓。"① 在朱熹看来,理、气是合一的,所以性与气不分离;二者是形而上与形而下的区别,所以性与气不杂。朱熹的"性即理"的思想阐明了人性善的依据,这是朱熹继承和发展自孟子性善论以来儒家传统人性论的结果。朱熹的"性即理"说承自二程的思想,但又进行了更深刻的阐释和发展。"在二程学说里虽然大谈其'性与天道',使性与理之间建立起了某种联系,但性与理的统一只是一种自然的天人合一,还没有后来那种禀受天理为性的实体说法。在朱熹则把理更加以实体化,用本体论进一步论证性即是理。"②

虽然人性即"天理",但还需要解决社会中人的道德差异问题。朱熹发挥张载的"天地之性"和"气质之性"的思想,对此作了解答。朱熹讲:"性即理也。当然之理,无有不善者。故孟子之言性,指性之本而言。然必有所依而立,故气质之禀不能无浅深厚薄之别。"③ 这段话的大意是:人禀得"天理"而为性,所以人性就是"天理";"天理"是善的,所以人性也是善的。但是,"天地之性"即"天理"必须安顿在"气质之性"上,所以人与人存在道德的差别,其原因就在于每个人禀得的"气质之性"的深浅、厚薄不同。朱熹言"天地之性"和"气质之性"其实是一物,而非主张性二元论。他说:"'气质之性',便只是天地之性。"④ "论'天地之性',则专指理言;论'气质之性',则以理与气杂而言之。"⑤ 因此,朱熹讲"天地之性"和"气质之性"只是一个实物,"天地之性"就是"气质之性","气质之性"是"天地之性"的实然存在状态,"天地之性"是"气质之性"的本然状态,二者是形而上与形而下的关系。"气质是阴阳五行所为,性则太极之全体。但论气质之性,则此全体在气质之中耳,非别有一性也。"⑥ 不过,朱熹认为"气质之性"不可以谓"人性",因为它是综合理与气而言的。"气不可谓之性命,但性命因此而立耳,故论天地之性则专指理言,论气质之性则以理与气杂而言之,非以气为性命也。"⑦

① ③ ④ ⑤ 黎靖德编:《朱子语类》一,北京:中华书局 1986 年版,第 97、67、68、67 页。

② 陈来:《朱子哲学研究》,北京:生活·读书·新知三联书店 2010 年版,第 226 页。

⑥ 黎靖德编:《朱子语类》六,北京:中华书局 1986 年版,第 2379 页。

⑦《全宋文》一,上海:上海辞书出版社、合肥:安徽教育出版社 2006 年版,第 214 页。

这与前儒不同：张载以气质、气禀为性；程颐以气禀为才；程颢以理、气之和为性；朱熹以理、气之杂来说"气质之性"，以理来说"天地之性"。朱熹用"气质之性"解决了人们道德差异的问题："性者万物之原，而气禀则有清浊，是以有圣愚之异。"[①]分而言之，则人便有如下道德差异："禀得精英之气，便为圣，为贤，便是得理之全，得理之正。禀得清明者，便英爽；禀得敦厚者，便温和；禀得清高者，便贵；禀得丰厚者，便富；禀得长久者，便寿；禀得衰颓薄浊者，便为愚、不肖，为贫，为贱，为夭。"[②]同时，朱熹认为：人的"天地之性"即"天理"是不变的，但人的"气质之性"是可以变化的。人可以通过修养自身气质以接近"天地之性"，使得人性"尽夫天理之极，而无一毫人欲之私"，复归人性之天理本然。

朱熹的"存天理，灭人欲"思想实质上就是改善"气质之性"以达到"天地之性"，但如何才能做到呢？对此，朱熹提出了"心统性情"的思想，用心来统御人的性和情，即"天地之性"和"气质之性"，以此确立起人的道德主体。虽然，"心统性情"[③]这一说法是张载首先提出来的，但朱熹对此推崇备至，认为这句话和程颐的"性即理也"同为理学经典之语。"伊川'性即理也'，横渠'心统性情'二句，颠扑不破。"[④]不过，张载对这一论断并没有深入阐发，后来朱熹经过漫长的思考，最终明确了"心统性情"的思想。朱熹的"心统性情"有两层含义：

第一层是"心兼性、情"。"心统性情，统犹兼也"。[⑤]"性其理，情其用，心者兼性情而言，兼性情而言者，包括乎性情也。"[⑥]这就是说"心"包括"性"、"情"这两种东西。在朱熹的思想体系中，心是意识活动的总体，其内含道德本质的性，外现为欲望表达的情。性和情不同，但都为心所包括。"仁、义、礼、智，性也，体也；恻隐、羞恶、辞逊、是非，情也，用也。统性情、该体用者，心也。"[⑦]"心是包得这两个物事。性是心之体，情是心之用。"[⑧]"性"的内容有仁、义、礼、智，"情"的内容有恻隐、羞恶、辞逊、是非，前者是体，后者是用，但都包含在"心"之中。"心统性情，性情皆因心而后见，心是体，发于外谓之用……'仁人心也'，是说体；'恻隐之心'，是说用，必有体而后有用。"[⑨]就性、情关系来说，性是未动未发，情是已动已发，但这未动未发、已动已发都为心所包。"心如水，性犹水之静，情则水之流，欲则水之波澜，但波澜有好的，有不好的。"[⑩]相较于"性"、"情"，"心"是一个内

---

①②④⑩ 黎靖德编：《朱子语类》一，北京：中华书局 1986 年版，第 76、77、93、93 页。

③《张载集》，北京：中华书局 1978 年版，第 374 页。

⑤⑧⑨ 黎靖德编：《朱子语类》七，北京：中华书局 1986 年版，第 2513、2867、2513 页。

⑥ 黎靖德编：《朱子语类》二，北京：中华书局 1986 年版，第 475 页。

⑦《全宋文》二四八，上海：上海辞书出版社 2006 年版，第 183 页

涵更为丰富的范畴，朱熹认为可以通过"心"实现"气质之性"向"天地之性"的转化。"有是形则有是心；而心之所得乎天之理，则谓之性。性之所感于物而动，则谓之情。是三者，人皆有之，不以圣凡为有无也。但圣人则气清而心正，故性全而情不乱耳。学者则当存心以养性而节其情也。"① 朱熹认为："心"、"性"、"情"人皆有之，不能以其有无区分圣人与凡人，圣人只是气清而心正、性全而情不乱，修养之道在于存心养性而节情。

第二层含义是"心主性、情"。心不仅包含性、情，而且在其中起主宰作用。"性者，心之理；情者，性之动；心者，性情之主。"② "性是体，情是用，性情皆出于心，故心能统之。统如统兵之统，言有以主之也。"③ 这是说：心对性、情有主宰的作用。人的道德活动，无论是应乎"天理"，还是顺从"情欲"，都不能离开这一主体精神。"性以理言，情乃发用处，心即管摄性情者也。"④ "性，本体也；其用，情也；心，则统性情、该动静而为之主宰也。"⑤ 心的主体活动意识并非消极被动，而是自觉主动地以"天理"主宰性、情。"仁义礼智，性也；恻隐羞恶辞让是非，情也；以仁爱，以义恶，以礼让，以智知者，心也。性者心之理也，情者心之用也，心者性情之主也。程子曰：'其体则谓之易，其理则谓之道，其用则谓之神。'正谓此也。"⑥ 需要注意的是："心统性、情"不是说"心"外有个"性"、有个"理"，其实"心"就是以"性"、以"理"为主宰的，"心固是主宰底意，然所谓主宰者即是理也，不是心外别有个理，理外别有个心"。⑦ 心为什么能够主宰性、情？朱熹说："心主性情，理亦晓然。""未发而知觉不昧者，岂非心之主乎性者乎？已发而品节不差者，岂非心之主乎情者乎？"⑧ 朱熹认为：心具有知觉的能力，从这一意义说，心与性、情是认知关系，即心是能觉，性、情是所觉。"所觉者，心之理也；能觉者，气之灵也。"⑨ "心统性、情"就是心对于性、情有所知觉而能为之统御者也。⑩

朱熹的人性论还批评了佛家所谓"作用是性"的说法。他说："释氏言，但能识此运水搬柴之物，则亦无施而不可。盖其学以空为真，以理为障，而以纵横作用为奇特。与吾儒之论正相南北。"⑪ 佛家讲的"作用是性"并没有错，但"作用"还有合理、不合理的区别，难道不合理的也是性？所以，朱熹特别欣赏伊川的"性

①⑤⑧⑩《全宋文》一，上海：上海书店出版社、合肥：安徽教育出版社2006年版，第258、364、213、164页。

②④⑦⑨ 黎靖德编：《朱子语类》一，北京：中华书局1986年版，第89、94、4、85页。

③ 黎靖德编：《朱子语类》七，北京：中华书局1986年版，第2513页。

⑥ 徐公喜、管正平、周明华点校：《闽中理学渊源考》上，南京：凤凰出版社2011年版，第272页。

⑪《朱子全书》贰，上海：上海古籍出版社、合肥：安徽教育出版社2002年版，第990—991页。

即理"的说法:"须是运得水搬得柴是,方是神通妙用。若运得不是,搬得不是,如何是神通妙用?佛家所谓作用是性,便是如此 …… 所以君子贵博学于文 …… 无精粗大小,都一齐用理会过 …… 方无所不尽,方周遍无疏缺处。"[1]朱熹认为佛家的"作用是性"并非都是合理的,所以他主张博学,不专在心性上做功夫。在理学家中能够直陈禅学弊端的只有朱熹。在朱熹看来,佛家和儒家的不同就在这两个方面。朱熹说:"举佛氏语,曰:千种言,万般解,只要教君长不昧,此说极好。""它只是守得这些子光明,全不识道理,所以用处七颠八倒。吾儒之学,则居敬为本,而穷理以充之,其本原不同处在此。"[2]他还说:"以为释氏大本与吾儒同,只是其末异。某与言:正是大本不同。""只无'义以方外',连'敬以直内'也不是了。"[3]佛家与儒家的差异,在朱熹看来,并不是二者有共同的体,仅是末不同罢了,而是其本即不同,其本有别才致使其末有异,而二者的不同从根本上说是它们对性的理解有异。朱熹说:"释氏自谓识心见性,然所以不可推行者,为其于性与用分为两截。圣人之道,虽功用充塞天地,而未有出于性之外。"[4]朱熹认为:佛学视"作用"为"性",其性与用是两部分,因为它不像儒家将功用充塞天地,儒家讲修齐治平及赞天地之化育,都是讲性之功用,都未离性。理学家讲心性,禅宗也讲心性,由于理学家多深受禅学的影响,所以对两家的心性说不能辨别清楚,只有朱熹出入禅学而归宗儒家,对两家的心性说剖析精微,得以破解迷雾,这是朱熹对于理学的重要贡献。

总之,朱熹的性情论是紧依着他的宇宙本体论建立起来的,他主张"性即理",认为"性"也是心之本体,这是将道德所当然与所以然联系起来,合二为一,从宇宙本体处论证了人性的道德属性,即人性善,同时又从气质之性论证了人们道德不齐的原因及改善并进而达到"天理"即"天地之性"的道德修养之路,这就是朱熹提出"存天理,灭人欲"思想的缘由。朱熹的性情思想把人的主体意识和天地之理结合起来,为人性找到了坚实的客观依据,同时为确立人的道德主体进行了充分的论证。

三 "心即性即情":陆九渊的性情思想

陆九渊在继承孟子、二程及禅学等思想的基础上开创了宋明理学之心学一派。由于陆九渊以"心"为最高范畴,主张"心即性"、"心即情","且如情、性、心、才,都

---

① 黎靖德编:《朱子语类》四,北京:中华书局1986年版,第1497页。
②③④ 黎靖德编:《朱子语类》八,北京:中华书局1986年版,第3016、3027、3039页。

只是一般物事，言偶不同耳”[①]，因此陆九渊的性情论就是他的心学思想体系。宋代的理学家大多是通过对“理”的不同规定来展开各自的思想体系，陆九渊也是如此。

“理”是什么？陆九渊的“理”有三层含义：

（一）“理”是宇宙的本原和运行规律

陆九渊说：“天覆地载，春生夏长，秋敛冬肃，俱此理。”[②]“此理乃宇宙之所固有。”[③]“此理在宇宙间，固不以人明不明、行不行而加损。”[④]“理”是宇宙的运行规律，如四季更替。它是客观存在的，不因人的行为而发生改变。不仅如此，“理”还有着包罗万象的至广之性。“塞宇宙一理耳……此理之大，岂有限量？程明道所谓有憾于天地，则大于天地者矣，谓此理也。”[⑤]

（二）“理”是宇宙万物的存在秩序，带有必然性和强制性

陆九渊认为：“此理塞宇宙，所谓道外无事，事外无道。”[⑥]“此道塞宇宙，天地顺此而动，故日月不过，而四时不忒；圣人顺此而动，故刑罚清而民服。”[⑦]“道”即“理”也，“理”充塞宇宙，宇宙要依据“理”来运行，这样才能保持秩序井然，圣人也是据此而行的。“此理塞宇宙，谁能逃之？顺之则吉，逆之则凶。”[⑧]这样的秩序谁都无法逃脱，顺应则会遇事呈祥，违背则会招致凶险。“此理充塞宇宙，天地鬼神，且不能违异，况于人乎？”[⑨]人只能顺之而行动，不能违逆而强行。“此理在宇宙间，未尝有所隐遁，天地之所以为天地者，顺此理而无私焉耳。”[⑩]陆九渊认为：宇宙之理有其发展的必然性，天地万物包括人都不能违背它，只有顺理而动才能保持宇宙的正常运行，这样人类社会才能处于和谐的秩序中。

（三）“理”是社会的伦理道德

“礼者理也。”[⑪]“仁即此心也，此理也。”[⑫]“典礼爵刑，莫非天理……古所谓宪章、法度、典则者，皆此理也。”[⑬]“爱其亲者，此理也……可羞之事而羞之，可恶之事而恶之，此理也；是知其为是，非知其为非，此理也；宜辞而辞，宜逊而逊者，此理也；敬此理也，义亦此理也；内此理也，外亦此理也。”[⑭]在陆九渊看来，社会的伦理道德如礼、仁、刑、敬、义等都是“理”，爱亲、羞恶、是非、辞逊等情感也都是“理”，“理”充塞宇宙，万物概莫能外，所外于此者都是邪说、邪见。“舍此而别有商量，别有趋向，别有规模，别有形迹，别有行业，别有事功，则与道不相干，则是异端，则是利欲。谓之陷溺，谓之窠臼。说即是邪说，见即是邪见。”[⑮]概言之，在陆九渊看来，“理”不仅是客观世界及自然规律的总称，还是宇宙秩序和人们的道德观念，归根结底，“理”就是支配这个世界的总的原则。与朱熹相比，陆九渊

---

①②③④⑤⑥⑦⑧⑨⑩⑪⑫⑬⑭⑮《陆九渊集》，北京：中华书局1980年版，第444、450、28、26、161、474、132、257、147、142、159、5、233、5、474页。

的"理"就是宇宙,"理"在宇宙之中,"理"与宇宙同在;朱熹认为"理"在事先,"理"在宇宙之上、之外,是独立存在的本体。

"理"是宇宙的运行规律。在陆九渊看来,"心"就是天所与我之"理"。陆九渊所说的"心"有三层含义:首先,心是有意识活动的精神实体,是人区别于他物的思维器官。陆九渊说:"人非木石,安得无心?心于五官最尊大 …… 心之官则思,思则得之,不思则不得也。"① 人和木石的区别就在于人有心,能够思维,有意识活动。其次,心是"天"赋予人的道德本心,即善性。陆九渊说:"孟子曰:'所不虑而知者,其良知也;所不学而能者,其良能也。'此天之所与我者,我固有之,非由外铄我也。故曰:'万物皆备于我矣,反身而诚,乐莫大焉。'此吾之本心也。"② 他说:"四端者,即此心也;天之所以与我者,即此心也。"③ 孟子曾提出"四端说",即恻隐之心、羞恶之心、辞让之心、是非之心。在陆九渊看来,这"四端"就是"天"所赋予人的"心",道德理念是人心的本来状态,心即性。"见到孟子道性善处,方是见得尽。"④ 陆九渊十分赞同孟子的性善说,陆九渊的人性论也是一种性善说。他说:"仁即此心也,此理也。"⑤"仁义者,人之本心也。"⑥"人性之灵,岂得不知其非?"⑦"人生天地间,抱五常之性,为庶类之最灵者。"⑧"人性本善,其不善者迁于物也。"⑨ 再次,心是具有普遍性和永恒性的宇宙本体,"心即理也"。陆九渊说:"上下四方曰宇,古往今来曰宙。宇宙便是吾心,吾心即是宇宙。千万世之前,有圣人出焉,同此心同此理也。千万世之后,有圣人出焉,同此心同此理也。东南西北海有圣人出焉,同此心同此理也。"⑩"心只是一个心,某之心,吾友之心,上而千百载圣贤之心,下而千百载复有一圣贤,其心亦只如此,心之体甚大。"⑪"圣人与我同类,此心此理谁能异之。"⑫ 在陆九渊的思想中,"心"既是宇宙本体,又是价值本体,二者为一。宇宙指的是四方上下和古往今来,因此"心"有着普遍性和永恒性,千百年前和千百年后都是一个"心",圣人之心即同于我心。总之,陆九渊从其"心即理"的思想出发,认为此心即人性是善的,此善就是孟子以降儒家所传的"四端"之善。

如何体悟到"心即理"呢?陆九渊通过镜中观花作了说明:"徐仲诚请教,使思《孟子》'万物皆备于我矣,反身而诚,乐莫大焉'一章。仲诚处槐堂一月,一日问之,云:'仲诚思得《孟子》如何?'仲诚答曰:'如镜中观花。'答云:'见得仲诚也是如此。'"⑬ 仲诚经过一个月的冥思苦想,最终通过镜中观花领悟到了"万物皆备于我"之意,得到了陆九渊的赞赏。在这里,心被比喻为镜子,万物被比喻为

---

①②③④⑤⑥⑦⑧⑨⑩⑪⑫⑬《陆九渊集》,北京:中华书局1980年版,第149、5、149、410、5、483、383、244、416、273、444、171、428 页。

花木，花木可以通过镜子照出来，同理，万物就存在于心之中。陆九渊由此得出了"心即理"的结论。"此心此理，我固有之，所谓'万物皆备于我'。"①陆九渊把"心与理固有之"解释为"万物皆备于我"，但万物何能备于我？陆九渊说："道塞宇宙，非有所隐循，在天曰阴阳，在地曰柔刚，在人曰仁义。故仁义者，人之本心也。"②"理者，礼也。此理岂不在我？"③这是从本原处看出来的。"万物森然于方寸之间，满心而发，充塞宇宙。"④"人皆有是心，心皆具是理，心即理也。"⑤"此心此理，实不容有二。"⑥换一种说法就是："宇宙便是吾心，吾心即是宇宙。""宇宙内事乃己分内事，己分内事乃是宇宙分内事。"⑦于是，陆九渊提出了"心即理"的观点。这是从"心"的角度来探讨"理"的本体。"心，一心也；理，一理也。至当归一，精义无二，此心此理，实不容有二。"⑧从这种观点出发，陆九渊对朱熹的"性即理"说提出批评。他认为：朱熹的说法一是支离，忽视了大本大源；二是务外，对内在性的"理"强调得不够。"道未有外乎其心者。自可欲之善，至于大而化之之为圣，圣而不可知之之为神，皆吾心也。"⑨所以，陆九渊认为：为学之道不是探寻外在的"天理"，而是"发明本心"、"先立乎其大"，把握内在的本体之心。

"心即理"是陆九渊的根本哲学理念，但现实中人们却常常将"心"与"理"区分为主体和客体，从而会造成人心蒙蔽、道德陷溺的后果。陆九渊说："宇宙不曾限隔人，人自限隔宇宙。"⑩"道遍满天下，无些小空阙……但是人自有病，与他间隔了。"⑪陆九渊认为：人与宇宙本是一体的，人心有病才使人与宇宙限隔，病因就是人之禀赋和后天习染。"人之所以病道者：一资禀，二渐习。"⑫对于前一方面，陆九渊认为："道不远人，人自远之耳。人心不能无蒙蔽，蒙蔽之未彻，则日以陷溺。""人气禀清浊不同，只自完养，不逐物，即随清明，才一逐物，便昏眩了。"⑬陆九渊认为：人的禀赋不同，所以会有蒙蔽，而追求物欲容易昏眩，使人心与道远离，应该好生修养本心。"道塞天地，人以自私之身与道不相入，人能退步自省，自然相入。"⑭陆九渊说："此理本天所以与我，非由外铄。""内无所主，一向萦绊于浮论虚说，终日只依借外说以为主，天之所与我者反为客。主客颠倒，迷而不反，惑而不解。"其结果自然就是"自为支离之说以自萦缠，穷年卒岁，靡所底丽"。⑮这样就是"心"、"理"分离，不能合二为一。如果"心"与"理"分离，"理"在"心"外，其后果必然是舍"心"向外求取。陆九渊主张"心即理"，认为要想避免这种分离情况，就要体认或发明本心。他说："天之所以与我者，即此心也。人皆有是心，心皆具是理，心即理也……所贵乎学者，为其欲穷此理，尽此心也。"⑯对于后一方面，陆九渊认为："道理无奇特，乃人心所固有，天下所共由，岂难知

①②③④⑤⑥⑦⑧⑨⑩⑪⑫⑬⑭⑮⑯《陆九渊集》，北京：中华书局1980年版，第13、9、159、423、149、5、483、4、228、401、448、448、458、462、3、149页。

哉？但俗习谬见，不能痛省勇改，则为隔碍耳。"①"理"本为人心所固有，并非难知，但由于俗习、谬见的影响，会使人不能知。对此，陆九渊说："天下正理不容有二。若明此理，天地不能异此，鬼神不能异此，千古圣贤不能异此。若不明此理，私有端绪，即是异端。""今世却有一种天资忠厚、行事谨愿者，虽不谈学问，却可为朋友，惟是谈学而无师承，与师承之不正者，最为害道。"②陆九渊认为：此"理"是天下之公理，在天下只有一个，只有到正宗学派那里求学才能获得。"塞宇宙一理耳，上古圣贤先觉此理，故其王天下也。""后世圣人，虽累千百载，其所知所觉不容有异。"③陆九渊认为：千百年来古圣先贤所传承的"理"是一样的，不容许有不同，不同者是为异端。他说："韩退之言：'轲死不得其传。'固不敢诬后世无贤者，然直是至伊洛诸公，得千载不传之学。但草创未为光明。到今日若不大段光明，更干当甚事？"④陆九渊认为人应该到圣人那里去学习"正理"，而且他认为自己就是理学的正宗。所以，在他看来，把"心"和"理"分开是认识论上的巨大错误和道德修养上的重大失误。他主张"心"与"理"合一，真正使人与宇宙融为一体。

总之，陆九渊上接孟子的"万物皆备于我"的心学，认为：人心至灵，此"理"至明。人皆有是"心"，"心"皆具是"理"。宇宙便是吾心，吾心便是宇宙。人们的"心"和"理"都是"天"赋予的，是永恒不变的；仁、义、礼、智、信等道德也是人的天性所固有的，不是外铄的。学的目的就在于穷此"理"、尽此"心"。人难免受物欲的蒙蔽，受了蒙蔽，"心"就不灵，"理"就不明，必须通过师友讲学，切磋琢磨，鞭策自己，以恢复"心"的本然。

---

①②③④《陆九渊集》，北京：中华书局1980年版，第184、194、201、436页。

第五节 明清时期:性情思想的总结阶段

一 "性无善恶"与"情无所著":王阳明的性情思想

王阳明的"心即理"说是在继承孟子、陆九渊等人的性情论基础上和在对朱熹理学的批判过程中形成的。王阳明早年崇信朱熹的格物致知学说,但格竹的失败使他对朱熹的格物致知思想产生了怀疑,最终在"龙场悟道",得出了"心即理"的观点。他说:"朱子所谓格物云者,在'即物而穷其理'也。即物穷理,是就事事物物上求其所谓定理者也,是以吾心而求理于事事物物之中,析心与理而为二矣。"①王阳明认为:朱熹的即物穷理是把"心"和"理"看作两样东西,如此一来,向外所格的事事物物如何能被内在的心所了解?正因如此,他的亭前格竹以失败告终。由此,王阳明认为朱熹的格物致知思想存有弊端:"务外而遗内,博而寡要 …… 玩物而丧志。""分心与理为二 …… 外面做得好看,却与心全不相干。"②而且,朱熹的理论在现实中也逐渐产生了许多弊端,对此王阳明曾说:"逮及后世,功利之说日浸以盛,不复知有明德亲民之实,士皆巧文博词以饰诈,相规以伪,相轧以利,外冠裳而内禽兽,而犹或自以为从事于圣贤之学。"③"记诵之广,适以长其敖也;知识之多,适以行其恶也;闻见之博,适以肆其辨也;辞章之富,适以饰其伪也。"④在王阳明看来,朱熹的理学思想重视客观外在性,产生了知性主义的倾向,结果导致了道德他律的状况,这才出现了上述所说的诈伪现象,而且这同孔孟以来儒家重视主体道德修养的传统是相违背的。

王阳明的"心即理"的人性论反对程、朱通过"格物致知"追求"至理"的方法,主张从自己的内心中去寻找"理","理"全在人"心",可以通过"吾心之良知"达致"天理"。王阳明说:"若鄙人所谓致知格物者,致吾心之良知于事事物物也。吾心之良知,即所谓天理也。致吾心良知之天理于事事物物,则事事物物皆得其理矣。致吾心之良知者,致知也。事事物物皆得其理者,格物也。是合心与

①②③④《王文成公全书》一,北京:中华书局 2015 年版,第 55、150、342、69—70 页。

理而为一者也。"① "致良知"不是扩充知识，而是遵从"良知之天理"，将其推到事事物物上，使事事物物达到至善。他说："良知只是个是非之心。是非只是个好恶。只好恶，就尽了是非。只是非，就尽了万事万变。"② 王阳明认为：朱熹的格物使得外物和内心相隔，无法真正实现即物穷理的目的，"先儒解格物为格天下之物，天下之物，如何格得？且谓'一草一木亦皆有理'。今如何去格？纵格得草木来，如何反来诚得自家意？"③ 因此，王阳明认为：只有通过求诸"吾心之良知"才能达到"穷理"。实际上，朱熹也非常强调"心"和"理"的关系，只是朱熹的"心"与王阳明的"心"大不相同。朱熹认为：未有天地之先，是先有此"理"，而"心"有知觉功能，能够包容万理，"心包万理，万理具于一心"④，向外"格物穷理"的同时还要察之于"心"，"内事外事，皆是自己合当理会底，但须是六七分去里面理会，三四分去外面理会方可"⑤。在朱熹看来，"即物穷理"和"反求内省"二者不可偏废。朱熹的"心包万理"与王阳明的"吾心之良知"即"天理"有着显著的不同。

王阳明提出的"心即理"说曾使许多人疑惑不解，于是他经过详尽阐发，使他的学说逐渐得到人们的认同。董实夫曾问："心即理，心外无理，不能无疑。"王阳明曰："道无形体，万象皆是形体；道无显晦，人所见有显晦。以形体言，天地一物也；以显晦言，人心其机也。所谓心即理者，以其充塞氤氲，谓之气；以其脉络分明，谓之理；以其流行赋畀，谓之命；以其禀受一定，谓之性；以其物无不由，谓之道；以其妙用不测，谓之神；以其凝聚，谓之精；以其主宰，谓之心；以其无妄，谓之诚；以其无所倚著，谓之中；以其无物可知，谓之极；以其屈伸消息往来，谓之易，其实则一而已。"⑥ 在此番论述中，王阳明从其"心即理"的思想出发，对他的心学进行了多方面的阐发，"气"、"理"、"命"、"性"、"道"、"神"、"精"、"心"、"诚"、"中"、"极"、"易"这些概念都是其心之本体的表现，从中展现了他用"心"来构建的思想系统。对此，王阳明作了进一步的阐述。他说：耳、目、口、鼻、四肢是人之身也，但如果没有心怎能视听言动？心欲视听言动，如果无耳、目、口、鼻、四肢也不能，故而无心则无身，无身则无心，但"指其充塞处言之谓之身，指其主宰处言之谓之心，指心之发动处谓之意，指意之灵明处谓之知，指意之涉着处谓之物。只是一件"。⑦ 王阳明认为：心是身体各器官的主宰，其主宰体现在心有知觉能力，心是形上的，不是实体的血肉，视、听、言、动就是心的作用。"心不是一块血肉，凡知觉处便是心，如耳目之知视听，手足之知痛痒，此知觉便是心

①②③⑦《王文成公全书》一，北京：中华书局 2015 年版，第 55—56、137、147、113 页。

④ 黎靖德编：《朱子语类》一，北京：中华书局 1986 年版，第 155 页。

⑤ 黎靖德编：《朱子语类》二，北京：中华书局 1986 年版，第 406 页。

⑥ 黄宗羲：《明儒学案》上，北京：中华书局 2008 年版，第 585—586 页。

也。"①"虚灵不昧，众理具而万事出。心外无理，心外无事。"② 心不仅有知觉作用，还是"性"、"理"、"良知"。"心者身之主也，而心之虚灵明觉即所谓本然之良知也。"③"知是理之灵处。就其主宰处说，便谓之心；就其禀赋处说，便谓之性。"④"性一而已：自其形体也谓之天，主宰也谓之帝，流行也谓之命，赋予人也谓之性，主于身也谓之心。"⑤"吾心之良知，即所谓天理也。"⑥ 这样一来，王阳明将"心"、"性"、"理"、"天"、"帝"、"命"等全部统而为一，使之成为同一本体的不同称谓。

关于心、性的关系，王阳明主张性一元论，当然其"性"已与"心"合而为一，这也是他对朱熹心性论的扬弃。王阳明说："性无定体，论亦无定体，有自本体上说者，有自发用上说者，有自源头上说者，有自流弊处说者：总而言之，只是一个性，但所见有浅深尔。若执定一边，便不是了。"⑦"今之论性者，纷纷异同，皆是说性，非见性也，见性者无异同之可言矣。"⑧ 王阳明认为：人们对于性的讨论不尽相同，会看到性有许多方面，也会认识到性有深浅不同，但人们若执定某一方面为"性"，其所见就会出现偏差。而且，人们的讨论大都只是在说性而已，没有能够真正做到见性。其实，人们若见性的话，就会发现性只有一个，其表现有很多，唯有见性的人才能意识到这点。性之体虽一，但表现为万理灿然。陆原静曾问："恻隐、羞恶、辞让、是非，是性之表德邪？"王阳明说："仁、义、礼、智也是表德。性一而已，自其形体也谓之天，主宰也谓之帝，流行也谓之命，赋予人也谓之性，主于身也谓之心。心之发也，遇父便谓之孝，遇君便谓之忠，自此以往，名至于无穷，只一性而已；犹一人而已，对父谓之子，对子谓之父，自此以往，至于无穷，只一人而已。人只要在性上用功，看得一性字分明，即万理灿然。"⑨ 王阳明不仅指出了恻隐、羞恶、辞让、是非是"性"的外在道德表现，连仁、义、礼、智也是，而且认为"性"表现为"天"、"帝"、"命"、"心"，而其根本只是一个"性"而已。"性一而已。仁义礼智，性之性也；聪明睿知，性之质也；喜怒哀乐，性之情也；私欲客气，性之蔽也。质有清浊，故情有过不及，而蔽有浅深也；私欲客气，一病两痛，非二物也。"⑩ 王阳明将一切都收归于心之本体，认为一切都是心之表现。

基于其性情论思想，王阳明还解释了善恶的来源问题。他认为：善恶只是一物，不是说二者在"性"中就有这种对立。他说："至善者，心之本体。本体上才过当些子，便是恶了；不是有一个善，却又有一个恶来相对也。"⑪"天地生意，花草一般，何曾有善恶之分？子欲观花，则以花为善，以草为恶；如欲用草时，复以

①②③④⑤⑥⑦⑧⑨⑩⑪《王文成公全书》一，北京：中华书局2015年版，第150、19、58、42、19—20、56、142、151、19—20、85、120页。

草为善矣。"①王阳明认为：性本没有善恶之分，天地之物也没有善恶。所谓的"善恶"，只是人的好恶之情罢了。人心"一循天理，便有个裁成辅相"，"好恶一循于理，不去又著一分意思"，"如此即是不曾好恶一般"。②这个人心就是王阳明晚年常说的"良知"，所以王阳明用"良知"来作为最高的价值标准。"良知只是个是非之心；是非只是个好恶，只好恶，就尽了是非，只是非就尽了万事万变。"③"是非两字是个大规矩，巧处则存乎其人。"④王阳明认为：心即性，性就是心。性是心赋予人的，性的本质就是心。心的本体是至善，王阳明也称之为"良知"，能够尽是非、善恶之情。王阳明曾教弟子："无善无恶是心之体，有善有恶是意之动，知善知恶是良知，为善去恶是格物。"⑤对于这段话，王阳明的弟子王畿和钱德洪都产生了理解上的偏差：王畿认为其师以心体是无善无恶的，那么意、知、物也应是无善无恶的；钱德洪则认为心体是天命之性，原是无善无恶的，但在习心和意念上有善恶，所以需要格物致知、诚意正心修身的工夫。王阳明对他们二人的看法都有所肯定，同时也指出了他们的问题所在，认为他们两个人的看法应该相互结合才完整，王畿应该兼取钱德洪的工夫，钱德洪应该领悟王畿的心之本体。这就是著名的"天泉证道"。

关于情，王阳明认为情是人心所自然当有的，是"良知"之用，但要无所着。"喜怒哀惧爱恶欲，谓之七情。七者俱是人心合有的，但要认得良知明白……七情顺其自然之流行，皆是良知之用，不可分别善恶，但不可有所着。七情有着，俱谓之欲，俱为良知之蔽。然才有着时，良知亦自会觉；觉即蔽去，复其体矣。"⑥这段话是说：喜、怒、哀、惧、爱、恶、欲被称为"七情"，七者都是人心中应该有的，但是要把"良知"体认明白。七情顺其自然地流行，都是对"良知"的阐发和运用，不能认为它们有善、恶的区别，也不能对它们有所执着。在七情上有所执着，就会产生私欲，会成为"良知"的遮蔽。然而，只要有所执着，"良知"就会自然知觉；"良知"知觉后，就能去除遮蔽，恢复它的本体。王阳明不否认情，认为可以有情但要不动心，即要做到中和，使情顺其自然流行，无过无不及。"喜怒哀乐，本体自是中和的，才自家著些意思，便过不及，便是私。"⑦王阳明的意思是：循其"良知"，当乐则乐，该怒即怒，情发中节。《传习录》载："问乐是心之本体，不知遇大故，于哀哭时，此乐还在否？先生曰：须是大哭一番了方乐，不哭便不乐矣。虽哭，此心安处即是乐也。本体未尝有动。"⑧问：乐是心的本体，但遇到大变故的时候，痛心哭泣，不知道这时乐还在不在？王阳明回答：必须是痛哭一番之后才会感到快乐，如果没有哭，也就不会觉得快乐。虽然是在哭，自己的内心却得到了安慰，

①②③④⑤⑥⑦⑧《王文成公全书》一，北京：中华书局2015年版，第36、36、137、137、145、138、85、138页。

这也是快乐。快乐的本体未曾有什么变化。

总之，王阳明的性情论主张："心即理"，要通过"吾心"之"良知"达致"天理"。心、性一体，赋予人也谓之"性"，主于身也谓之"心"。性本没有善恶之分，天地之物也没有善恶。所谓"善恶"，只是人的好恶之情。情是人心所自然当有的，是"良知"之用，但要无所着。若有所着，"良知"也会自然知觉，从而恢复其本体。

二　"习与性成"与"心统性情"：王夫之的性情思想

王夫之的人性论是一种气本论。在性的根源问题上，王夫之认为性来自气。王夫之主张气是万物产生的根源，这明显是继承了王充、张载等以气禀论性的思想。"天地之产，皆精微茂美之气所成。"①"盖言心、言性、言天，俱必在气上说。若无气处则俱无也。"② 王夫之认为：世间万物都是由气所生成，人性自然也属于天地之产，所以论人性也应从气上说。不仅是性，连与之有关的"理"、"道"这两个概念都必须从气来进行论说。"气之化而人生焉，人生而性成焉，繇气化而后理之实著，则道之名亦因以立。是理惟可以言性，而不可加诸天也，审矣。就气化之流行于天壤，各有其当然者，曰道。就气化之成于人身，实有其当然者，则曰性。"③ 王夫之认为：气之化生成人，人生而性即成，理也即显著，道因此而成立。随气化而人性生成，是为天之命；人禀赋天命而有人性，是为人之受。"自天之与人者言之则曰命，自人之受于天者言之则曰性。命者，命之为性；性者，以所命为性，本一致之词也。"④ 王夫之认为：性与命的实质是一样的，只是说法不同。从天授的角度是"命"，自人受的角度就是"性"。"圣人说命，皆就在天之气化……天无一日而息其命，人无一日而不承命于天。"⑤ 命与性是一物，只是从气化生来说是"命"，从人受命来说是"性"。

在王夫之看来，气是万物的本原，性是禀赋在人的气，但他又指出性是理，那么气、性、理在这里是什么关系？王夫之曾说："天以其阴阳五行之气生人，理即寓焉而凝之为性。故有声色臭味以厚其生，有仁义礼智以正其德，莫非理之所宜。"⑥ 这句话是说：天以气化生成人，而理便寓于其中，人性的凝成是气与理的结合，这同朱熹的观点有相似之处。对此，王夫之还说："太虚者，阴阳之藏，健

① 王夫之：《思问录　俟解　黄书　噩梦》，北京：中华书局 2009 年版，第 23 页。
②③ 王夫之：《读四书大全说》下册，北京：中华书局 1975 年版，第 718、720 页。
④ 王夫之：《四书训义》三，长沙：岳麓书社 2011 年版，第 932 页。
⑤ 王夫之：《读四书大全说》上册，北京：中华书局 1975 年版，第 285 页。
⑥《船山全书》第 12 册，长沙：岳麓书社 2011 年版，第 121 页。

顺之德存焉；气化者，一阴一阳，动静之几，品汇之节具焉。秉太虚和气健顺相涵之实，而合五行之秀以成乎人之秉夷（彝），此人之所以有性也。原于天而顺乎道，凝于形气，而五常百行之理无不可知，无不可能，于此言之则谓之性。"① 这段话更加深入地阐明人性是由太虚之气和气化之理共同形成的。王夫之主张气与理凝之为性，在这点上虽与朱熹有相同之处，但又与朱熹有所区别：朱熹的意思是气与理并存，故性有二；王夫之却是将气与理融合为一，所以说性非二。因此，王夫之的"性即理"和程、朱的"性即理"的内涵并不相同。王夫之认为性、理是以气为本的，并成为气的本质属性，气与理融合为一，非是二物。因此，他们二人之观点的区别其实是在气本论还是在理本论。在朱熹的"性即理"中，理是最根本的，是第一义；在王夫之的"性即理"中，气是最根本的，是第一义。然而，理在王夫之的"性即理"中，不像朱熹讲的那样是世界的本体，而是存在于气中的属性或条理。"夫性即理也，理者理乎气而为气之理也，是岂于气之外别有一理以游行于气中者乎？"② 王夫之认为：性就是理，而理就是气之理，不是在气之外的理，离气则不可能有理，理与气是一体的。王夫之的"性即理"说是以气为本，性、理并非本体。因而王夫之的观点与朱熹的"性即理"说是不一样的，即王夫之并不将性分为理之性和气之性两种。儒家传统的人性论，在宋之前的，不论是性善论，还是性恶论，基本上都是性一元论；宋之后的，则将人性分而为二，一是以"天理"为善的"天命之性"，二是其后由于气禀的关系，造成了理与气杂，从而形成"气质之性"，故有了恶。然而，王夫之认为：理与气始终是一体存在的。人性就是理、气统一于人的自然本性之中，不可能事先存有一个只有理的性。所以，王夫之认为人性是一本的，以气为本原。

对于善和性的关系，王夫之主张继善成性，即《易传》"一阴一阳之谓道，继之者善也，成之者性也"的观点，主张善先性后，天地先有善，而后人生成性。他说："故成之者人也，继之者天人之际也，天则道而已矣。道大而善小，善大而性小。道生善，善生性。道无时不有，无动无静之不然，无可无否之不任受。善则天人相续之际，有其时矣。"③ 王夫之的思想逻辑是：在天为道，在人为性，天人之际则为善。从"道"到"善"再到"性"是从大到小的顺序。"夫繁然有生，粹然而生人，秩焉纪焉，精焉至焉，而成乎人之性，惟其继而已矣。"④ "亘古今，统天人，摄人物，皆受成于此。其在人也，则自此而善，自此而性矣。"⑤ 人性是由道、善、性三者相继而成，在善和性的问题上就是继善成性。王夫之主张继善成性、善先

①《船山全书》第12册，长沙：岳麓书社2011年版，第33页。
②《船山全书》第6册，长沙：岳麓书社2011年版，第685页。
③④ 王夫之：《周易外传》，北京：中华书局1977年版，第181、182页。
⑤《船山全书》第1册，长沙：岳麓书社2011年版，第525页。

于性，善就是性之体，性就是善之用。他说："有善者，性之体也。无恶者，性之用也。"① 善是性的本体，性只是善而已。无恶，是从用上说性，不是性善本体。性中只有善，没有恶的源头，所以无恶只是从性之用上来说的。"言性之善，言其无恶也。既无有恶，则粹然一善而已矣。""从善而视之，见性之无恶，则充实而不杂者显矣。从无恶而视之，则将见性之无善，而充实之体堕矣。"② 王夫之认为：性的本体是善，善外无性，从这点来看，性中无恶。但是，若从无恶来看性，性则无善。由此，在养性的工夫上，王夫之主张的是"志于仁"的积极工夫，而不是消极的灭情欲，趋向佛、老的空虚之道。

恶不属于性，那么恶是怎么产生的？对此，程朱理学一般认为："气质之性"才是恶产生的根本原因。王夫之却不这样认为。他说："山川金石，坚确浑沦，而其中之天常流行焉，故浊者不足以为清者病也。以浊者为病，则无往而不窒，无往而不疑，无往而不忧。"③ 在王夫之看来，山川金石中都有"天常流行"，气质中之性也是本然之性，所以气的清浊不足为病，物如此，人也一样。"气质之偏，则善隐而不易发，微而不克昌者有之矣，未有杂恶于其中者也。"④ 人的气质有偏差，人的善不容易显发，不能够昌盛，但没有恶掺杂于其中。气质之性也是善的，其中没有恶，天下固无恶，只要志于仁，性就能得以彰显。王夫之还说："'形色，天性也'，故身体发肤不敢毁伤，毁则灭性以戕天矣。""天性之善，皆能培栽而覆倾，如物之始蒙，勿但忧其稚弱，正恐欲速成而依非其类，则和风甘雨亦能为之伤，故曰'蒙以养正'。"⑤ 王夫之认为：形色是天性，而天性是善的，所以形色不是恶，毁伤其就是"灭性以戕天"。这种天性的善能够通过"蒙以养正"来进行培养。可见，王夫之认为恶虽然和气质、情欲、习气等有关，但其根源不在于此，恶的出现是失去了对气质之性的调节，其中的关键则是养正工夫的缺失。王夫之肯定"性即理"，理又是气之化生的内在道理。因此，王夫之不像程朱理学那样排斥人性中的气质成分。人性中的气质成分表现在外就是情欲，"盖吾性中固有此必喜、必怒、必哀、必乐之理，以效健顺五常之能，而为情之所繇生"。⑥ 喜、怒、哀、乐的出现有其道理所在，其正常情况下是有助于人之善性的，这也是情之所发生的原因。不过，养正工夫的缺失会影响人性的善恶。王夫之说："然则饮食起居，见闻言动，所以斟酌饱满于健顺五常之正者，奚不日以成性之善；而其卤莽灭裂，以得二殊五实之驳者，奚不日以成性之恶哉？"⑦ 他认为：人性在后天有

---

① ② ③ ④ ⑤ 王夫之：《思问录　俟解　黄书　噩梦》，北京：中华书局2009年版，第29、29、12、30、28页。

⑥ 王夫之：《读四书大全说》上册，北京：中华书局1975年版，第81页。

⑦ 王夫之：《尚书引义》，北京：中华书局1976年版，第65页。

可能趋向于恶，但更会倾向于善，因为人性中有仁义。其趋向于恶则是"卤莽灭裂"的缘故。

关于性与情的关系，王夫之也持"心统性情"的主张。王夫之说："若张子所谓'心统性情'者，则又概言心而非可用释此心字。此所言心，乃自性情相介之几上说。《集注》引此，则以明'心统性情'，故性之于情上见者，亦得谓之心也。'心统性情'，自其函受而言也。此于性之发见，乘情而出之者言心，则谓性在心，而性为体、心为用也。"[1] 王夫之认为：张载的"心统性情"只是概说，他所说的情是从性外现到情的心理过程。朱熹引用"心统性情"，是从情的发用来见性以解释"心"。在王夫之看来，"心统性情"应该从"函受"来讲，即从性的"发见"、"乘情"而表现出的称为"心"，性是体，心是用。王夫之还说："心，统性情者也。但言心而皆统性情，则人心亦统性，道心亦统情矣。人心统性，气质之性其都，而天命之性其原矣。原于天命，故危而不亡；都于气质，故危而不安。道心统性，天命之性其显，而气质之性其藏矣。显于天命，继之者善，惟聪明圣知达天德者知之。藏于气质，成之者性也，舍则失之者，弗思耳矣。""人心括于情，而情未有非其性者，故曰人心统性。道心藏于性，性亦必有其情也，故曰道心统情。性不可闻，而情可验也。"[2] 在这里，王夫之对"心统性情"作了详细的分疏。他将"心统性情"分为人心统性和道心统性。人心统性，是以气质之性为全体，以天命之性为本原。因为人心源于"天命"，所以即使危险也不会灭亡。不过，人心毕竟有气质之性，所以又危险、不安。道心统性，"天命"的本原得以显现，气质之性则隐藏起来。显现"天命"，接续起天人之际的就是善，常人难知，只有圣人能够知道。天命之性藏于气质，即构成人性（善德），所以善德是人生而有之的，不思考便会丢失。人心包括情，情是对性的忠实表现，所以人心统性。道心（善德）藏于人性，人性又表现在情中，所以道心统情。

王夫之气本论的一个重要特点，就是强调人性是不断变化的，性以气为本，而气不断变化流行，所以人性也处于不断变化之中。王夫之说："圣人说命，皆就在天之气化，无心而及物者言之。天无一日而息其命，人无一日而不承命于天。"[3]"命曰降，性曰受，性者生之理，未死以前皆生也，皆降命受性之日也。初生而受性之量，日生而受性之真。"[4]"命日降"、"性日受"说明人性天天在发生着变化，人死之前都是人性的生成过程。王夫之说："二气之运，五行之实，始以为

① 《船山全书》第 6 册，长沙：岳麓书社 2011 年版，第 946 页。
② 王夫之：《尚书引义》，北京：中华书局 1976 年版，第 25 页。
③ 王夫之：《读四书大全说》上册，北京：中华书局 1975 年版，第 81 页。
④ 王夫之：《思问录　俟解　黄书　噩梦》，北京：中华书局 2009 年版，第 16 页。

胎孕，后以为长养，取精用物，一受于天产地产之精英，无以异也。形日以养，气日以滋，理日以成。"①气的运行产生了性，并不断进行培养、发展，随着时日的推移，性便丰富、发展起来。"惟命之不穷也而靡常，故性屡移而异。""未成可成，已成可革；性也者，岂一受成侀，不受损益也哉？"②命不会一直保持常态而不变化，性也是不断发生迁移而不同的，没有成的可以成，已经成的可以变革。性不会一旦成形就一成不变，而是会损益的。王夫之说："方生而受之，一日生而一日受之……故曰性者生也，日生而日成之也。"他还说："夫性者生理也，日生则日成也。"③在王夫之看来，性是不断发展变化的，每天都在生成之中。他不认同那些静止的人性论。王夫之对人性持有一种发展观，所以非常强调人性在后天实践中的不断完善，即"习与性成"。王夫之说："习与性成者，习成而性与成也。使性而无弗义，则不受不义；不受不义，则习成而性终不成也。使性而有不义，则善与不善，性皆实有之；有善与不善而皆性气禀之有，不可谓天命之无。气者天气，禀者禀于天也。故言性者，户异其说，今言习与性成，可以得所折中矣。"④王夫之认为："习"指的是人认识与改造世界的主动性。人不会满足于"初受之命"，而是奋发有为、充实和完善自己。人和禽兽的不同就在于对性命的态度，禽兽只用其初命，人则不断更新自己的性命，生命不息，人性的自我完善也就不会停止。⑤王夫之的这些人性思想透露出他对人性所持有的不同于以往的、发展的观点。

　　总之，王夫之的人性论是总结后世儒家的人性学说而提出的。传统儒家对人性的看法各不相同，如性善说、性恶说、有善有恶、无善无恶等，但无不承认人性在后天的发展变化。例如：孟子虽然认为人有善端而主人性善，但又强调此善端需要不断扩充。荀子虽然主张性恶论，但认为人性是可以改为善的，为此他提出了著名的"化性起伪"说。朱熹虽然主张性有"天命之性"和"气质之性"的区别，但还主张"存天理，去人欲"以改造气质之性。王夫之人性论的一个最显著的特点，就是强调人性总是处在不断的演化之中，人的生命不停息，人性变化就不会停止。这样的人性论使王夫之突破了前人那种超验的观点，而把人性的研究引向社会实践的层面，使人性的社会属性方面的内容得以被深入研究。

三 "以善为性"与"理不离情"：戴震的性情思想

　　在戴震的人性论中，血气心知就是性之实体。"性者，分于阴阳五行以为血

---

①②③④ 王夫之：《尚书引义》，北京：中华书局1976年版，第63、65、63、63页。
⑤ 王夫之：《诗广传》，北京：中华书局1964年版，第133页。

气心知，品物区以别焉，举凡既生以后所有之事，所具之能，所全之德，咸以是为其本，故《易》曰'成之者性也'。""性者，血气心知本乎阴阳五行，人物莫不区以别焉是也。""夫人之生也，血气心知而已矣。"①"分于阴阳五行以有人物，而人物各限于所分以成其性。阴阳五行，道之实体也；血气心知，性之实体也。有实体，故可分；惟分也，故不齐。古人言性惟本于天道如是。"②戴震由人之生来论性，人性的内容即血气心知，而且血气心知是阴阳道化的产物，"血气心知者，分于阴阳五行而成性者也"③，"血气者，天地之化；心知者，天地之神"④。血气来源于阴阳五行的气化，心知来源于主宰化生的"神"，而这个神就是"精气为物，秀发乎神"⑤中精气的一种功能。所以，在戴震看来，人性的血气、心知都来源于阴阳之气，绝非"二本"。"天下惟一本，无所外，有血气，则有心知；有心知，则学以进于神明，一本然也。"⑥因此，戴震对程朱的"天命之性"、"气质之性"的"二本论"并不认同。戴震说："程子、朱子见常人任其血气心知之自然之不可，而进以理之必然；于血气心知之自然谓之气质，于理之必然谓之性……分血气心知为二本者，程子斥之曰'异端本心'；而其增一本也，则曰吾儒本天。如其说，是心之为心，人也，非天也；性之为性，天也，非人也。以天别于人，实以性为别于人也。人之为人，性之为性，判若彼此，自程子、朱子始。"⑦程朱理学认为：不能任由血气心知之自然（即"气质之性"）发展，必须以理（即"天地之性"）来加以节制，这就有了"天地之性"与"气质之性"的对立。戴震以"血气心知"来规定人性，"血气"指人的形体器官，"心知"指人的知觉能力，血气在心知的指导下，使欲望得以合理地表现，这才是善。戴震强调二者的结合，是对理学漠视人的合理欲望的批判。

关于性与情的关系，戴震认为：情就是血气心知之人性的表现。戴震说："人生而后有欲，有情，有知，三者，血气心知之自然也。给于欲者，声色臭味也，而因有爱畏；发乎情者，喜怒哀乐也，而因有惨舒；辨于知者，美丑是非也，而因有好恶。声色臭味之欲，资以养其生；喜怒哀乐之情，感而接于物；美丑是非之知，极而通于天地鬼神。声色臭味之爱畏以分，五行生克为之也；喜怒哀乐之惨舒以分，时遇顺逆为之也；美丑是非之好恶以分，志虑从违为之也。是皆成性然也。"⑧在戴震看来，人性是人生而具有的血气心知，欲、情、知是人性的表现。"欲"就是欲望，是对声、色、臭、味的欲求；"情"就是情感，就是人的喜、怒、哀、乐；"知"就是认知，是辨别美丑、是非的能力。声、色、臭、味的欲望滋养人，使之生存；喜、怒、哀、乐的情感感通外物，与人交流；有了辨别美丑、是非的能力，人才能明辨是非，通达事理。欲、情、知三者合而成性，故戴震谓之"是皆成性然也"。欲、情、知三

①②③④⑤⑥⑦⑧ 戴震：《孟子字义疏证》，北京：中华书局 1982 年版，第 19、21、50、64、70、19、19、40—41 页。

者有着辩证统一的关系。欲生于血气,情根于血气。不过,二者并非并列关系。戴震说:"凡有血气心知,于是乎有欲,性之征于欲,声色臭味而爱畏分;既有欲矣,于是乎有情,性之征于情,喜怒哀乐而舒惨分 …… 生养之道,存乎欲者也;感通之道,存乎情者也;二者,自然之符,天下之事举矣。"①戴震认为:人有血气心知便有欲,有欲而后有情,情是欲所派生的,欲与情是派生关系。至于"知",戴震则认为其是由情欲所派生的。他说:"既有欲有情矣,于是乎有巧与智,性之征于巧智,美恶是非而好恶分 …… 尽美恶之极致,存乎巧者也,宰御之权由斯而出;尽是非之极致,存乎智者也,贤圣之德由斯而备;二者,亦自然之符,精之以底于必然,天下之能举矣。"②戴震认为:有欲、有情而后才有巧智,三者协作,共同实现善。"惟有欲有情而又有知,然后欲得遂也,情得达也。"③可见,由血气心知而表现出的欲和情,在人心知的指导下达乎善。

关于人性善恶方面,戴震坚持孟子性善论的观点,并对其作了进一步的诠释。戴震以《易传》"继之者善"来诠释孟子的性善论观点:"'继之者善也',言乎人物之生,其善则与天地继承不隔者也。"④戴震用"天地继承不隔"来理解善,说善是一个绵延、连续的过程,人、物之生便继承了天地的善,其继承之善就是性,正如《易传》讲"继之者善"、"成之者性"。戴震说:"《易》言天道而下及人物,不徒曰'成之者性',而先曰'继之者善'。继谓人物于天地其善固继承不隔者也;善者,称其纯粹中正之名;性者,指其实体实事之名。"⑤在此,戴震强调"性"是人、物之实体、实事,从天地处得以继承者是善,其自身展开之成就为性。戴震将"善"理解为一种实现,而不是一种抽象思辨的本体规定,这是戴震继承并发展孟子性善论,从而开辟了性善论的一个新的方向。戴震将"性"理解为实体、实事,是指每一个人都是血气与心知的融合,其实现结果就是善。戴震说:"欲者,血气之自然,其好是懿德也,心知之自然,此孟子所以言性善。心知之自然,未有不悦理义者,未能尽得理合义耳。由血气之自然,而审察之以知其必然,是之谓理义;自然之与必然,非二事也。就其自然,明之尽而无几微之失焉,是其必然也。如是而后无憾,如是而后安,是乃自然之极则。若任其自然而流于失,转丧其自然,而非自然也;故归于必然,适完其自然。夫人之生也,血气心知而已矣。"⑥这段话的大意是:血气与心知原本就是一体的,生命的本能欲望与自身的觉悟是统一的,理义之必然是为了自然本能的更好实现,而非对之加以扼杀。二者是同一件事,二者的统一才是个体的自我实现。在戴震看来,孟子性善论的逻辑结构应是如此,性善论的根本含义就是主体的自我完善,即以善为性。

---

①②《戴震文集》,北京:中华书局1980年版,第258页。
③④⑤⑥戴震:《孟子字义疏证》,北京:中华书局1982年版,第41、62、44、18—19页。

　　出于这样的思考，戴震明确反对虚构且独立存在的"理"。戴震说："人之心知，于人伦日用，随在而知恻隐，知羞恶，知恭敬辞让，知是非，端绪可举，此之谓性善。于其知恻隐，则扩而充之，仁无不尽；于其知羞恶，则扩而充之，义无不尽；于其知恭敬辞让，则扩而充之，礼无不尽；于其知是非，则扩而充之，智无不尽。仁义礼智，懿德之目也。孟子言'今人乍见孺子将入井，皆有怵惕恻隐之心'，然则所谓恻隐、所谓仁者，非心知之外别'如有物焉藏于心'也。"①戴震从人伦日用的方面来谈"仁"的扩充，而且其扩充不仅是由内而外的，还是由此及彼的，而作为人的德目的"仁"、"义"、"礼"、"智"在人伦日用的现实层面上不可能成为抽象而独立存在的"理"。"古圣贤所谓仁义礼智，不求于所谓欲之外，不离乎血气心知，而后儒以为别如有物凑泊附著以为性，由杂乎老、庄、释氏之言，终昧于六经、孔、孟之言故也。"②戴震认为：古代圣贤是在人欲中求得仁、义、礼、智，后代的儒者则在人欲之外去求得人性，从而夹杂了道家、佛家的思想，这是对古代圣贤思想的误解。"古人言性，但以气禀言，未尝明言理义为性，盖不待言而可知也。至孟子时，异说纷起，以理义为圣人治天下之具，设此一法以强之从，害道之言皆由外理义而生。人徒知耳之于声，目之于色，鼻之于臭，口之于味为性，而不知心之于理义，亦犹耳目口鼻之于声色味臭也，故曰'至于心独无所同然乎'，盖就其所知以证明其所不知，举声色臭味之欲归之耳目鼻口，举理义之好归之心，皆内也，非外也，比而合之以解天下之惑，俾晓然无疑于理义之为性，害道之言庶几可以息矣。孟子明人心之通于理义，与耳目鼻口之通于声色臭味，咸根于性，非由后起。后儒见孟子言性，则曰理义，则曰仁义礼智，不得其说，遂于气禀之外增一义理之性，归之孟子矣。"③戴震认为：人的客观存在就是身体欲望和理义的统一，在孟子那里就是这样认为的。如果单以理义为性，就会将耳、目、鼻、口之通于声、色、臭、味作为纯粹的本能欲望，而将理义作为纯粹的道德根源，从而将二者分裂开来，并使此后的学者沿袭这一路向，从而逐渐走向性二元论。在现实生活中，欲望往往会形成恶，戴震认为这是没有以"理"来节制的结果，没有正确处理好"理"与"欲"的关系，导致欲望的实现没有节制。他说："性，譬则水也；欲，譬则水之流也；节而不过，则为依乎天理，为相生养之道，譬则水由地中行也；穷人欲而至于有悖逆诈伪之心，有淫佚作乱之事，譬则洪水横流，泛滥于中国也。"④

　　在戴震看来，"气禀之性"和"理义之性"应统一在具体事物中。"就事物言，非事物之外别有理义也；'有物必有则'，以其则正其物，如是而已矣。就人心而言，非别有理以予之而具于心也；心之神明，于事物咸足以知其不易之则，譬有

————————————
①②③④ 戴震：《孟子字义疏证》，北京：中华书局1982年版，第29、29、6、10页。

光皆能照，而中理者，乃其光盛，其照不谬也。"① 戴震用事物与理则的合一来论证人心与理义的统一关系。戴震还说："味与声色，在物不在我，接于我之血气，能辨之而悦之。""理义在事情之条分缕析，接于我之心知，能辨之而悦之。"② 物之"味与声色"和"我之血气"以及事情的"理义"和"我之心知"，其本是一而非二，这与宋明理学的心与理、理与气二分之说全然不同。出于这种主张，戴震认为：道德就在于人的活动行事。"圣贤之道德，即其行事。释、老乃别有其心所独得之道德。圣贤之理义，即事情之至是无憾，后儒乃别有一物焉，与生俱生而制夫事。古人之学在行事，在通民之欲，体民之情，故学成而民赖以生。后儒冥心求理，其绳以理严于商、韩之法，故学成而民情不知，天下自此多迂儒，及其责民也，民莫能辩。彼方自以为理得，而天下受其害者众也！"③ 戴震以现实中的活动行事作为圣贤的道德，后儒却不解其意，生出另一理义来制约事情，使得后儒之理严重背离民情，由此出现许多迂腐之儒。更重要的是，这些严酷的"理"对百姓造成了许多伤害。戴震说："曰'所不欲'，曰'所恶'，不过人之常情，不言理而理尽于此。惟以情絜情，故其于事也，非心出一意见以处之。苟舍情求理，其所谓理，无非意见也。未有任其意见而不祸斯民也。"④ 戴震认为：对于理与情的关系要辩证处理好，对情要有充分的理解，遇事要以情絜情。虽不说理，但理尽于此。如果不考虑情，只将意见当作理，就会使个人的意见凌驾于所有人之上，从而使得人们困惑不解。其严重处，就是戴震所说的"以理杀人"："圣人之道，使天下无不达之情，求遂其欲而天下治。后儒不知情之至于纤微无憾，是谓理。而其所谓理者，同于酷吏之所谓法。酷吏以法杀人，后儒以理杀人，浸浸乎舍法而论理。死矣，更无可救矣。"⑤ 从戴震对"以理杀人"的斥责中，更可见人性论不能舍情而只论理，二者的统一性之重要可见一斑，如果将理与情分裂开来，以自己的意见为理，就必然会以自身之存在阻碍和扼杀他人之存在。

总之，戴震的人性论是此时期性一元论的集大成者。他认为：人道本于性，而人性源于天道；天道固无不善，人道、人性自然也就无不善。于是，人的生命价值与宇宙生命的意义就融会于"天人合一"的境界。戴震人性论的理论贡献就在于打破了"天理"的神圣性、神秘性。他用分析的方法将其还原为不同事物的规定性，指出所谓"天理"就是天然的、自然的道理，所以"理"与"欲"是统一的，欲望的适当满足就是"理"。"理者，存乎欲者也。"他十分注重人的血气心知，"人生而有欲，有情，有知，三者，血气心知之自然也。""惟有欲有情而又有知，然后欲得遂也，情得达也。"⑥ 欲、情、知是天赋的人性，天赋人以"心"，即理性思维来

---

① ② ③ ④ ⑤ ⑥ 戴震：《孟子字义疏证》，北京：中华书局1982年版，第7、5、174、4—5、174、40—41页。

调节作为感性存在的人。换言之，人欲并不可怕，也不是邪恶的，追求人欲的满足是正当的人性要求。欲、情、知三者条畅、通达才是人生的理想状态。由此，戴震对理学家的"去人欲，存天理"之说进行抨击，认为其是"以理杀人"。

第十六章

天人合一

国学大师钱穆在他人生最后的一篇文章中说："我以为'天人合一'观,是中国古代文化最古老最有贡献的一种主张。"① 对于"天人合一"是否为中国古代最古老、最有贡献的一种主张,我们还有可以讨论的空间,但是"天人合一"无疑是中国哲学和文化中最为重要的观念之一。那么,什么是"天人合一"?它有哪些基本的形态?它对中国文化以及当代社会的意义又在何处?本章通过梳理儒家"天人合一"思想的发展脉络,尝试着解答上述这些问题。

第一节　万物一体之仁:先秦儒家的 "天人合一"思想

一 "天"、"人"、"天人合一"概说

"天"是中国哲学史上的一个重要概念。《说文解字》云:"天,颠也。至高无上,从'一'、'大'。"所谓"颠",也就是人头。可见,"天"的本义就是人头,头作为人体最高的部分,所以"至高无上"。"天"的引申义有很多,如天空、天体、天象、天性、天神、自然、气候、上天、君王、命运等,其中很多都与"至高无上"有关。作为一个哲学范畴的"天",其基本含义有三个:"其一指人头顶上的苍苍然的天空(亦即自然之天);其二指超自然的至高无上的人格神,有意志能创造万物,并主宰一切,亦称为帝(亦即主宰之天);其三指义理之天。"② "自然之天"泛指不以人的意志为转移的客观必然性存在。它没有神秘性和道德性。除了苍茫的天空,它还涉及各种自然的、天生的存在物以及天地万物的自然形质,有时还以世界的物质本原存在和发挥作用。"主宰之天"与原始信仰有关。它作为自然界的主宰者可以创生万物、监临天下、赏善罚恶、决定命运。"义理之天"被看作是人类道德价值的根源。它与"道"、"理"、"性"、"心"等有着千丝万缕的关系,很多时候就是这些概念的哲理化表达。

---

① 钱穆:《世界局势与中国文化》,北京:九州出版社 2011 年版,第 360 页。
② 张岱年主编:《中国哲学大辞典》,上海:上海辞书出版社 2014 年版,第 19 页。

"人"是人类的通称。人有外在之形体,也有内在之精神。在儒家看来,人因其道德属性而成为万物之灵。需要指出的是:在古代,"人"并非指涉每个人、一般人,有时特指有一定地位的人,如国君、诸侯、卿大夫等。

"天人合一",简单来讲就是一种强调天和人、天道和人道、自然和人为相互贯通、相互仿效、相互统一的观点。基于"天"的三种主要哲学含义,我们也可以将"天人合一"大致概括为三种类型。

首先,当"天"以自然之天的意义呈现时,"天人合一"主要指人类与自然和谐相处。人虽为万物之灵,但也要尊重自然界的客观规律,以仁爱之心对待天地万物。人与自然之间相通、相融,自然为人的生存提供物质资料和时空场景,人类通过参赞化育不断地成己成物。此外,人还能在自然之中获得"天地万物与我为一"的审美体验,从而享受心灵的宁静与超脱。

其次,当"天"指主宰之天时,"天人合一"常常体现为天与人之间相互感应的思想。一些儒者认为人的形体骨肉、四肢五官、情感心理等与天类同,故天与人能合一,而合一的体现主要是互感互应,特别是天能感应人类的行为举止,并通过各种途径予以回应。这种天人感应形态的"天人合一"思想与政治活动密切相关,往往成为儒者参与、影响政治的一种思想手段。

再次,当"天"被理解为义理之天时,"天人合一"强调的是天道与性命相互贯通。此种类型的"天人合一"思想常常围绕"天道"、"人道"展开,试图从"天道"的真实无妄之中寻找"人道"的价值所在。《易传》从天地的阳刚阴柔谈人性的仁、义、礼、智,思孟学派以"诚"作为联通天和人的关键概念,宋明理学围绕气、理、心、性探索天人之间的关联等,这些都是此种"天人合一"思想的具体体现。

三 "尽人事而知天命":孔子的"天人合一"思想

在天人关系的问题上,孔子表现出较为理性的态度。这种理性主要体现为不去过多地谈论"天道"、人性等问题,而是将关注的重心放在人事上。但是,这并不意味着他要割裂天、人,因为在其思想世界里,天和人之间依然存在着密切的关联,他对仁、礼学说的提倡本身就是周代"以德配天"理念的延续。

(一)"知我者其天乎":孔子的天命论

在儒学的世界中,人们常常把不以人的意志为转移的客观必然性称为"命"或者"天命",认识、理解、顺承这个"天命"便是人的使命,每个人在"天命"主导下实现使命的过程和结果不尽相同,这在现实生活中也就体现为"命运"的差异。

孔子曰："不知命，无以为君子也。"（《论语·尧曰》）作为君子，一个必须具备的能力就是要"知天命"。

"知天命"非常重要。对于命途多舛的孔子来说，他时常面临自己的理想遭受现实冲击的情形，如何应对现实中的困难和挫折就成为他要经常思考的问题。事实上，孔子对自己所从事的工作充满了自信，这种自信体现在他常常将自己的事业放在天地宇宙的视野当中去衡量，而不是以一时的得失、顺逆来评判。《论语·宪问》篇记载公伯寮在鲁国季孙氏面前诋毁子路，鲁国大夫子服景伯将此事告诉了孔子，并说自己可以把公伯寮杀掉以绝后患。孔子不认同这一做法，说："道之将行也与，命也；道之将废也与，命也。公伯寮其如命何？"在孔子看来，道道得到推行或者被废弃都是"天命"所决定的，一个公伯寮是不能影响到天命的。这句话的言外之意是："天命"是孔子行止的最终依据，如果自身所承载的道顺应了"天命"，那就勇往直前，反之便知难而退。既然"天命"如此重要，那么如何"知天命"便成为一个关键的问题。

"知天命"并不容易。孔子说自己年五十才"知天命"，可见"知天命"并非一件很轻易就能做成的事情。孔子曰："不怨天，不尤人，下学而上达。知我者其天乎！"（《论语·宪问》）"天命"自然运作，对人并没有偏向，不会因为个人德性的高尚而有丝毫眷顾。孔子这样一位圣人命途多舛，但他并没有因此而抱怨天地的不公。古往今来，每个人都是基于某种价值而去做一些事情，人与人之间的关系错综复杂，有仁爱，也有争夺，可孔子没有因为人事的牵绊而苛责他人。他努力去做的事情有两件：一是"下学"，学习建立人间良善秩序的方式和手段；二是"上达"，达到对宇宙世界运动变化之规律的熟知。做到了这些，即使别人不了解他、不重视他，他也没有心灰意冷，因为他认为还有天在，天能洞察一切。此处的"天"似乎具有了意志，但孔子这样做并非为了强调天具备神圣人格，而是为人之努力进取建立信心。"知我者其天乎"一方面体现了孔子对"天道至公"的确信，另一方面也表明了他认为在"天道"和"人道"之间存在某种关联性，"人道"对"天道"应加以效仿，最终达到"天人合一"的境界。

在孔子的视野里，觉知"天命"并不是终点，人还要敬畏"天命"。孔子曰："君子有三畏：畏天命，畏大人，畏圣人之言。小人不知天命而不畏也，狎大人，侮圣人之言。"（《论语·季氏》）所谓"君子三畏"，首先就是"畏天命"，它更像是一个先决条件，如果没有对"天命"的敬畏，一个人就不会敬畏地位尊贵的人、敬畏圣人之言。"天命"是宇宙、自然间的一种秩序，是社会、人生中的一种规则，其重要性不言而喻。对孔子来说，"天命"不是抽象的，它具体落实于礼乐制度之中，承载于圣人的言行举止之间。对"天命"缺乏感知的小人自然认识不到它的重要性，

也就不会产生敬畏的心态,在无所畏惧之心态的驱使下,礼乐就形同虚设,圣人的教化也就可有可无了。在礼崩乐坏的时代,孔子强调对"天命"的觉知和敬畏是有着迫切的现实意义的。

(二)子不语怪力乱神:孔子对人事的重视

《论语·公冶长》篇记载了子贡的一段话:"夫子之文章,可得而闻也;夫子之言性与天道,不可得而闻也。"子贡是与孔子较为亲近的弟子,但他不得闻孔子谈论性与"天道"的问题,这从一个侧面反映了孔子在天人关系问题上的倾向性。孔子看重"天道",但并没有因为"天道"的存在而将精力主要用在揣测神秘莫测的"天道"上。之所以如此,在很大程度上是因为他对传统天道观、天命论保持着一种理性的认识,特别是对前人于人性与"天道"之间建构的复杂关联保持着一种清醒的认识。孔子强调天的自然属性:"天何言哉?四时行焉,百物生焉。天何言哉?"(《论语·阳货》)孔子认为:人类不必揣摩天的言说,天也未必要通过什么神异的语言来发号施令,天就是自然万物生生不息的客观存在。

鲁定公十三年(前497),孔子与弟子们到达卫国。因卫灵公派人监视,孔子一行人只得离开卫国,去往陈国。途中经过匡邑,因孔子与阳货长得比较像,而匡地的人曾受到过阳货的祸害,所以就把孔子一行人围困起来了。有些弟子有了悲观的情绪,孔子则不无豪情地说:"文王既没,文不在兹乎?天之将丧斯文也,后死者不得与于斯文也;天之未丧斯文也,匡人其如予何?"(《论语·子罕》)孔子以继承周朝的文化遗产为己任,筚路蓝缕,不改初衷。这段话貌似是孔子在强调天的主宰作用,但其实他更看重的是周朝的礼乐文化本身。他想告诉弟子的是,他们所坚守的这套能够改善现实社会的"斯文"不会因为天的意志而可有可无,也不会任意被谁消灭。这是一种文化的自信、一种人生的自信。孔子身上那种强烈的担当意识和自强不息的精神品质在这段简单的话语中得到淋漓尽致的体现。类似的话还出现在《论语·述而》中。孔子居宋,宋国司马桓魋忌恨孔子,一面在宋君面前诋毁孔子,一面试图加害孔子师徒。一日,孔子及其弟子在一棵大树下习礼,桓魋却将大树砍倒。孔子对此毫不畏惧,对弟子说:"天生德于予,桓魋其如予何?"从表面上看,孔子是说自己得到"上天"的护佑,所以不惧怕任何恶势力,其实他更强调的还是"德"本身,真正能够战胜邪恶的不是天,而是仁。或者可以这样理解:孔子关于天的言说是为提倡仁保驾护航的,信仰天不是他的最终目的,推行仁才是其终极追求。也因此,孔子在推行仁道的过程中有时会突破"天命"的限制,"知其不可而为之"(《论语·宪问》)。

在古人的思想世界里,天命论常常与鬼神观融为一体,对天之神秘性的强调往往会滋生鬼神信仰。孔子偏重于人事的思想还体现在他对鬼神采取了认可其存在而不论的态度。《论语·雍也》记载："樊迟问知，子曰：'务民之义，敬鬼神而远之，可谓知矣。'"他希望使民众做事能合乎道义，敬重鬼神但不为鬼神所主宰、迷惑。《论语·述而》说："子不语怪力乱神。"鬼神自然属于"怪力乱神"的范畴，孔子是不愿意过多谈及的。《论语·先进》记载子路问孔子如何侍奉鬼神，孔子说："未能事人，焉能事鬼？"子路此处所论之"鬼"与生死有关，古人认为人死之后变为鬼神，能对人事产生影响，所以要想方设法讨好鬼神。孔子则批评了那种重死轻生的不良倾向，提倡把精力更多地用在生前的尽忠尽孝上，而不是在死后取悦鬼神。子路对孔子的回答似乎有些不服气，于是他由鬼神进而问到死的问题。孔子也毫不让步，说："未知生，焉知死？"从这些谈话当中，我们可以发现：一方面，孔子确实更关注现实社会的治理问题。另一方面，他习礼懂礼，重视礼仪，看重祭祀，这看似与他不重鬼神相矛盾，其实不然，正如他谈论"天命"是为推行仁道服务。"他提倡对鬼神的祭祀，不过是为了达到教化人民的目的。"①《论语·述而》还记载了"子路请祷"一事。孔子病重，子路想为老师祈祷，希望天地神明保佑孔子早日康复。孔子听说此事后向子路求证是否确有此事，子路回答"有之"，并且说祷文中还有"祷尔于上下神祇"这样的语句。孔子听后云："丘之祷久矣。"其言外之意便是不赞同通过祈求神明的方式来疗愈疾病。这种婉拒也体现了孔子对于鬼神的理性态度。总之，孔子要么不去过多地探讨天命、鬼神之类的"怪力乱神"，要么在谈论时也将其落脚于人事之上，尽人事而听天命。

（三）"钓而不纲，弋不射宿"：天人合一与仁爱万物

儒家"天人合一"思想还有一个重要的层面，那就是强调人与宇宙的和谐统一，提倡以仁爱之心对待自然万物和生态环境。这种思想在孔子那里有很突出的体现。例如，《论语·雍也》里有孔子的一句话："知者乐水，仁者乐山。知者动，仁者静。知者乐，仁者寿。"人生天地之间，与周围的生态环境有着密不可分的关系，如何与环境相处就成为一个必须作出选择的问题，孔子的态度是追求人与环境的和谐。孔子仁且智，仁智之人，乐山乐水，动静一体，"天人合一"。在与生态环境和谐相处之中，人获得的是生命的欢乐、心灵的安顿、诗意的栖居。

生态环境不只有青山绿水，还有鸟兽草木。对于后者，人类也要认识它们、亲近它们、善待它们。孔子曾敦促自己的弟子要多学习《诗经》，一方面可以通过学习兴、观、群、怨知晓如何侍奉父母、君主，另一方面可以多认识一些鸟兽草木

---

① 杨朝明主编：《论语诠解》，济南：山东友谊出版社2013年版，第195页。

的名字。《论语》中有一些地方谈到了鸟兽草木等动植物。从总体上来看，孔子秉持以人为本的立场。例如，《乡党》篇记载："厩焚。子退朝，曰：'伤人乎？'不问马。"但是，他对人之外的生物也是怀有脉脉温情的。《乡党》篇记载孔子与子路有一次在山间游走，一群野鸡受到惊吓飞走了，盘旋许久之后又选择新的处所停下。这本是自然界中再普通不过的场景，孔子却从中有所感悟，慨叹"山梁雌雉，时哉时哉"。这是将自己的遭际融入人与鸟兽互动的情境之中，借动物的情态来表达自我的情感。马与古人的生活息息相关，驾驭车马也成为"六艺"之一，孔子曾多次提到驾驭车马与治理天下的关系。他还将马与人的品性结合起来进行讨论。《论语·宪问》云："子曰：'骥不称其力，称其德也。'"此语虽言马之"力"与"德"，实则是谈论人之内在品德相较于外在气力的优先性。可见，在孔子的思想世界里，动物已经不仅仅是鸟兽，似乎成了人的化身或寄托，由此人与天地万物建立起了奇妙的关联。

孔子还以仁爱之心对待自然之物。仁始于"爱人"，特别是亲亲之爱，但儒家又强调"推恩"，将亲亲之爱推广出去，最终形成万物一体之仁。对自然万物的关爱是儒家仁爱之题中应有之义。《论语·述而》记载孔子"钓而不纲，弋不射宿"，说他钓鱼但不用系满钓钩的大绳，射鸟却不射归巢之鸟。《史记·孔子世家》记载孔子谈论赵简子杀害窦鸣犊、舜华一事，其中的一段话就解释了"钓而不纲，弋不射宿"的原因："丘闻之也，刳胎杀夭则麒麟不至郊，竭泽涸渔则蛟龙不合阴阳，覆巢毁卵则凤皇不翔。何则？君子讳伤其类也。"[1] 这段话中"君子讳伤其类"的论断确实是孔子仁爱万物的真实写照。在《孔子家语·刑政》的记载中，孔子还特别强调"取物以时"，像果实、树木、鸟兽、鱼鳖之类一定要等到它们成熟、长大之后才能放到集市上去卖。孔子还看重节俭的美德，主张"道千乘之国，敬事而信，节用而爱人，使民以时"（《论语·学而》），"君子惠而不费"（《论语·尧曰》）。他告诫弟子"奢则不孙，俭则固；与其不孙也，宁固"（《论语·述而》），"礼，与其奢也，宁俭"（《论语·八佾》）。他还和颜渊一道践行安贫乐道的生活。节俭不仅仅是一种可贵的美德，从生态的意义上来看，还意味着人对自然万物的索取维持在一个较低的限度，这就可以在某种程度上保护生态资源，促进自然的可持续发展。对孔子而言，之所以如此选择，是因为他具有将人类与自然视为一体的宇宙观以及仁爱万物的价值观。这种思想一直贯穿于儒学发展的始终，成为儒家"天人合一"思想中极为重要的一个内容。

---

① 《史记》六，北京：中华书局2011年版，第1926页。

三 诚通天人 —— 思孟学派的"天人合一"思想

孔子及其弟子所面临的最大社会背景就是"礼崩乐坏"所带来的人伦失序、虚伪丛生、是非淆乱。孔子于是开始着手解决这个问题。他的奔走呼号虽然犹如木铎之音，但没有起到多么强烈的警众之效。孔子之后，社会失序的状况并没有得到缓解，反而因为战乱频仍和百家之说的风起云涌变得更加严重。子思及其后学继承孔子的遗志，从诉诸"天道"着手，试图构建一个以"天道"为依据的真实无伪、趋向至善的人道秩序。

（一）"诚者，天之道也"："天道"的真实性建构

寻求终极的真理是人类的本能性知识冲动。天地之初始虽难以知晓，但思想家仍坚持不懈地试图从已知推向未知。处于不同文化圈的人们有一种共同的致思倾向，那就是要为人类认识活动和实践活动寻找一个永恒的、终极的、可效仿的、可依靠的、可追求的存在。这个存在不是一种具体的存在物，而是存在本身，这种追问和寻找的成果便是形态各异的本体论。

在中国古代哲学中，最重要的本体是"道"。"道"的本义是"通道"、"道路"，由此引申出"原则"、"依据"的含义。老子最先对"道"进行了本体论的说明。在他看来，"道"先天地而生，独立运行而不改变，周而复始而不间断，是万物的本原和依据。前文已经提到，孔子很少谈"天道性命"等"怪力乱神"之类的话题，但这绝不意味着他没有形而上学的思考，至少晚年好《易》的学术转向体现了他对于"天道"问题的探索兴趣。孔子仍把天（道）看作宇宙万物存在的终极依据。但是，孔子并没有很好地回答天如何生德于人、如何给儒家所重视的伦理道德规范提供形上依据之类的重大问题，这些问题是在思孟学派那里得到初步解决的。

"诚"是体现思孟学派"天人合一"思想的核心概念。此学派创构"诚"论的最重要一步便是诉诸"天道"。"天道"是一种最为信实的本体性存在，古人构造出它的目的无非是为了给整个自然界和人世安排一种井井有条的秩序。思孟学派接受了这种思想传统，认为自然的生生不息、变动不居背后都是道在起作用，只有道才是真实的存在，是万物得以存在的保证，是不变的、永恒的、唯一的真理。既然真理由天而来，那么人类世界的法则也必然要从"天道"那里寻找答案。《中庸》第二十章说："诚者，天之道也；诚之者，人之道也。"《孟子》中也有类似的表述，只不过将"诚之"改成了"思诚"。整个《中庸》文本都是围绕着如何体认"天道"的"诚"、如何实现"人道"的"诚之"而展开的。"诚"的本义就是真实无妄，

它是儒家对万物真实存在之情状的一种抽象。这也就是说，它不是天道本身，而是"对天道状态和属性的形容"。[①]道家因重道而轻视具体的事物。与之不同的是，儒家承认万事万物的真实存在，并在此基础上建立起"天道—人道"的哲学体系。《中庸》第二十六章云："天地之道，可一言而尽也：其为物不贰，则其生物不测。天地之道：博也，厚也，高也，明也，悠也，久也。"可见，"诚"是对博、厚、高、明、悠、久这些自然万物（天地山川、日月星辰）之存在状态的概括和抽象。面对自然界生生不息的状态、变化万物的奇妙，思孟学派抽象出"诚"这一观念来描述这种能够为人所切身感受到的客观规律（天地之道），并把"诚"道凌驾于万物之上，将其视为能使万物开始和结束的永恒动力，进而通过人的性情论构造将"天道"与"人道"贯通，使超越性的"天道"内在于人的心性，即将"天道"人格化，于是"诚"也就自然成为人伦价值的根源，整个自然界被赋予了浓厚的价值论的色彩，宇宙观和价值观完成了一次融合。可以说，"诚"不是凭空而造的，情感也不是不请自来的。在大自然面前的无力感与崇尚感激发了人类浓烈的效仿热情，于是给自然注入了人文的性质，天地之间也就成为道德实践之可能的场域。《中庸》的作者通过观察客观的世界而获得启发，建构起了一种以"诚"为基准的理想世界。于是，人类伦理活动的归宿也就变为努力接近这种真实存在，引导自己的行为朝着更完善的方向迈进，从而实现与天地同德的终极追求。

（二）"思诚"与"诚之"："人道"向"天道"的归趋

思孟学派所言的"天道"是超越的，同时也是内在的。《中庸》所言的"诚之"和《孟子》所说的"思诚"都是内在化的路径，二者相比，很显然孟子更抓住了关键——直接将修养的中心放在"心"上，重视心之"思"的作用。在《中庸》里，无论匹夫、匹妇还是君主、大臣都要在日常生活中遵循中庸之道，通过诚于"中"而"和"于外，其"诚"的对象也是心性的内容。然而，在孟子那里，由于他以"心"说"性"并明确提出性善论的观点，因此"心性"又具备了更多的价值意义。通过心思的作用而牵引出来的"诚"无疑也具备善的性质，由此"思诚"更多的是为了明善，是为了找回人类丢失的"良心"。

在"诚之"和"思诚"之外，思孟学派还论及不同的人生境界对于"诚"的意义。孟子区分了"大人"与"小人"。在孟子看来，"小人"要向"大人"靠拢，"大人"之"大"首先在于他能够运用天生的道德能力去成就伟大的人格。一方面，孟子强调：人具有"不虑而知"的"良知"、"不学而能"的"良能"，仁、义、礼、智等都是上天赋予人的道德本性，是人先天固有的，不是后天学习而来的。人生来就有"恻

[①] 胡家祥：《中国哲学原理》，北京：中国社会科学出版社 2012 年版，第 134 页。

隐之心"、"羞恶之心"、"辞让之心"、"是非之心"四个善端，把这"四端"扩充起来，就成为"仁"、"义"、"礼"、"智"四种道德。这个过程就是所谓的"思诚"、"反身而诚"、"尽心知性知天"，良知良能就是人类之"诚"，就是"天道"下贯而成就的人性。另一方面，孟子认为：既然德性本已具备于吾心之中，那么如果再强调学习的话恐怕就只能向内心去寻求了。事实上，孟子眼中的"学"基本上都是内求于心的。他说："仁，人心也；义，人路也 …… 学问之道无他，求其放心而已矣。"(《孟子·告子上》)也就是说，"学"主要是通过寻求"本心"，认识自己的真诚本性，把丧失了的良心善性重新找回的内向过程。

《中庸》第二十一章云："自诚明，谓之性；自明诚，谓之教。诚则明矣，明则诚矣。""自诚明"是圣人的本性使然，属于"生而知之"的那一类，是一种不需要通过后天的学习就能成就的境界，常人是很难达到的。圣人的德性十分完备，内在的根基十分深厚，这种不学而知的本性使其足以监临天下、包容万物、决断万事。在探究宇宙万物终极真理的"大德"层面，圣人更是明察秋毫："唯天下至诚，为能经纶天下之大经，立天下之大本，知天地之化育。夫焉有所倚？肫肫其仁！渊渊其渊！浩浩其天！苟不固聪明圣知达天德者，其孰能知之？"(《中庸》第三十二章)这里的"知"字点出了圣人因"诚"所"明"的内涵，那就是洞察宇宙的真理和规律，明晰天地化育之究极，因为这是由本性自然体现出来的，故而不需要什么别的依赖。这种对宇宙全体的明察是淳厚的、深沉的、浩大的，实在是无以复加。这一切都源于圣人与天同德，其所"知"就自然而然"达天德"，其所"明"也就毫无疑问为"天道"，实非常人所能认识。可见，"自诚明"之"明"是一种诚道的自明，是指生来体知"天道"的圣人不需要通过理性的证明或推理就能获得的一种知性和德性的明察能力，是儒家最高的人格 —— 圣人之自我开拓、自我完成而又内在灵明的感知机能。

当然，儒家认为：并非人人都可以成为圣人。对于普通人而言，若要求道、知诚，就必须通过后天的教与学来曲成诚道，即所谓"自明诚"的路径。"自明诚"之"明"是一种对后天的知性和德性的培育，普通人需要接受圣贤的训教、经过一番切实的努力来获得一种明察的效果。这个过程也正是"学知"的过程，其目的不是获得关于外在事物的客观知识，而是获取贯通"天道"和"人道"的"诚"的学问。这是一种境界的获得，自然也是一种主观的体悟。

对于"天道"的后天认知与掌握，《中庸》一再强调要遵循"中庸"的原则："故君子尊德性而道问学，致广大而尽精微，极高明而道中庸。温故而知新，敦厚以崇礼。"(《中庸》第二十七章)这里所谓的"道"是中庸之道，但其背后的本体依据恰恰可以看作是作为"诚"者的"天道"。践行中庸之道的过程其实就是向"天道"归趋、自明而诚的过程。与圣人体道能"致中和"不同,无论是智者还是愚者,无论是小人还是贤人,他们在对道的体认与仿效过程中往往不能遵行中庸的标准,因而常常会表现出各种不"明"的状态。反之,要想真正达到对"天道"的明察,就必须时刻秉持中庸的原则。

"明"要以"诚"为旨归,但明道并不意味着一定就会到达"诚"的境界,像孟子那样过分强调心性的力量似乎是行不通的。《中庸》认为:对道的体认决不能止步于"知之",在"择善"之后还需"固执",因为认知的行为有可能是暂时的、不稳定的甚至虚假的。在知的层面,人们要像颜回那样"择乎中庸,得一善,则拳拳服膺而弗失之矣"(《中庸》第八章),要通过长久的努力建立"明道"的长效机制;在行的层面,内心更要有一种强大的魄力,把对"诚"道的明察通过切实践行中庸之道体现出来,变现为一系列的日常行为,遵道而行,不能半途而废。圣人的境界很难达到,但对于君子而言,只要能在匹夫、匹妇的生活之中明察诚道,中道直行,笃行不辍,照样可以"察乎天地"(《中庸》第十二章)。

可见,无论是"生知"还是"学知",这两种认识能力和方法都体现了人作为理性的动物所具有的对客观秩序("天道"、"人道")以及主观结构(人伦、性命)的反思能力。但是,由于作为个体体认对象的"天道"具有形上与形下不分、主体情感与客体秩序交融的特色,因此对于普通人"自明诚"的修养路径而言,对德性的认知极有可能陷入某种极端和误区 —— 一方面,"天道"夹杂的精神因素使其极易变成类似于黑格尔哲学中的"绝对概念"和"绝对精神",从而使认知活动趋向神秘与直觉;另一方面,个体由明而诚的践行过程过多地依赖内心的自觉体认,很有可能使得其对于诚道的体知流于一种形式。

(三)"赞天地之化育":"天人合一"的生态智慧

思孟学派的"天人合一"理论虽哲学意味浓厚,但也秉承了儒家思想一贯的重视现实人生特别是人类道德生活的特性。《中庸》第十三章引用孔子的话说:"道不远人;人之为道而远人,不可以为道。""天道"下贯为"人道",如果这个道远离人的话,也就不能称其为道了。因此,对于"天道"的体认最终要呈现为一种德性的实践,这种实践有许多层面:对于天下的治理而言,要依据"天道"制礼作乐;对于普通人而言,要在自明而诚的道路上不断提高自身的道德修养,忠诚、信实地践行儒家之道。

此外,《中庸》还谈到"成己"与"成物"的和合:"诚者自成也,而道自道也。诚者物之终始,不诚无物。是故君子诚之为贵。诚者非自成己而已也,所以成物也。成己,仁也;成物,知也。性之德也,合外内之道也,故时措之宜也。"(《中庸》第二十五章)如果说"成己"是指成就自己的德性的话,那么"成物"从字面来看,就是成就各类事物，不过这种成就不是宇宙论意义上的生成，而是价值论上的化成。对于人类而言，自我完善叫作"仁"，这是一个培育德性的自我提升过程。但是，人不能对其他存在物置之不理。儒家主张人要以"天道"为依据，以此来对待万事万物，促使事物朝着更为完善的方向发展。这其实就是所谓的"赞天地之化育"的过程："唯天下至诚，为能尽其性；能尽其性，则能尽人之性；能尽人之性，则能尽物之性；能尽物之性，则可以赞天地之化育；可以赞天地之化育，则可以与天地参矣。"（《中庸》第二十二章）人类一旦体知真实无妄的"天道"并真心仿效，便能积极追求与天地万物的合一以及行事上的真实不欺。如此一来，万物各随己性、和谐并生，事情明通显达、顺遂畅通。总之，至诚才能尽性，尽性是由尽己之性开始的，然后推展开来可以尽人之性、尽物之性，最终达到参赞天地之化育的境界。从具体实践来看，这种"赞天地之化育"的主张常常体现为一种追求生态和谐的智慧。《孟子·离娄上》云："顺天者存，逆天者亡。""天道"有其必然的规律，人生活在天地之间，自然要顺应这个规律性，而不能像《孟子·公孙丑上》所讲述的宋人"揠苗助长"那样。顺应规律是参赞化育的首要前提。

"儒家文化是重视、尊重和维护生命的文化，它对世界的认识是把它看成一个生命体。"[1] 这个生命体内部的人类、大地、山川、动物和植物虽各不相同，但在儒家的视域中都应享有生存的权利，都应该受到爱护。与孔子一样，孟子在强调尊重"天道"的同时，也主张以仁爱之心对待宇宙万物。他提倡"亲亲而仁民，仁民而爱物"（《孟子·尽心上》）。仁爱之心顺承的是天地生生之德。儒者对待同类自然施以关爱，对于非人类存在的生长繁育也持一种"助力"的态度。例如：孟子以"孺子入井"的例子阐述人性本善，强调的是人类要对同类有仁爱之心。这种仁爱之心还应超乎同类，遍及自然万物。《孟子·梁惠王上》记载：齐宣王在大殿之上见有人牵牛走过，当得知此牛是用来祭钟的时候他有些于心不忍，于是命令牵牛人改用一只羊来祭祀。百姓们认为齐宣王有些吝啬，但孟子认为这体现了齐宣王的仁爱之心。孟子进而指出："君子之于禽兽也，见其生，不忍见其死；闻其声，不忍食其肉。是以君子远庖厨也。"不仅是牛羊之类的动物，就连树木之类的植物在孟子眼里也是应被关爱的对象。《孟子·告子上》讲了一个"牛山之木"的故事，说是牛山的树木曾经非常茂盛，但是由于当地的人总是乱砍滥伐、过度放牧，最终导致牛山变得光秃秃了。这个故事的言外之意就是希望人们能够爱护山林草木，不要无节制地掠夺索取。

---

① 乔清举：《泽及草木　恩至水土——儒家生态文化》，济南：山东教育出版社 2020 年版，第153 页。

在孟子的论述中，还经常提到一个"时"字。宇宙万物的生长化育都是在一定的时空中进行的，儒家特别强调"时"，也就是万物生产的时间性，主张要让每种生物都能在最适合生长的时间范围里得到充分的养育。因此，儒家反对不择时机地索取。孟子说："鸡豚狗彘之畜，无失其时，七十者可以食肉矣。百亩之田，勿夺其时，数口之家可以无饥矣。"（《孟子·梁惠王上》）他还说："不违农时，谷不可胜食也；数罟不入洿池，鱼鳖不可胜食也；斧斤以时入山林，材木不可胜用也。"（《孟子·梁惠王上》）无论是动物的繁育，还是庄稼的生长，都要不失其时、勿夺其时，这样就能保障自然资源源源不断地生长出来，从而为人类的生存和发展提供物质基础。孟子尤其希望统治者能够做到这一点，因为只有这样才能保障老百姓的生活，使老百姓能够养生丧死，而这正是王道政治的起始点。总之，这些故事和话语体现了孟子"仁民爱物"的智慧，也是儒家"天人合一"思想在生态环境领域的生动展现。

第二节 天人相类相感:汉代感应论视野下的"天人合一"思想

汉武帝顺应大一统政治之需要,罢黜百家,独尊儒术,五经成为法定经典,儒家学说遂成为君主专制时代的正统思想。以董仲舒为代表的汉代儒者综合儒家、阴阳家与法家之说,建立了一整套神学化的经学内容体系,倡言天人感应与阴阳灾异之说,使儒学与政治之间的关系非常密切。之后经学又与假托神灵的宗教性预言结合,产生了更为神秘复杂的谶纬之说。神学化的经学对汉代政治的影响极为深远:一方面,它为汉王朝的建立以及政权的更换找到了"天命"的因由,使之可以利用神学化的建构确立合法性的基础;另一方面,它试图为统治者的治国理政设置"天道"的根据,借用功利化的说教以实现儒家的仁政理想。

一 "为人者天也":董仲舒的"天人合一"思想

(一)"天之副在乎人":天人相类与人本主义

董仲舒说:"天覆育万物,既化而生之,有养而成之,事功无已,终而复始。"[1]在他的思想世界中,天是最高的主宰,它生养万物,覆育万物,是万物之本。他还说:"天高其位而下其施,藏其形而见其光。""藏其形,所以为神;见其光,所以为明。"[2]"天者,百神之君也,王者之所最尊也。"[3]可见,他眼里的"天"已经有了最高主宰神的意味。

董仲舒认为:人作为万物的一员,也是由天而生。"为生不能为人,为人者天也。人之人本于天,天亦人之曾祖父也。此人之所以乃上类天也。"[4]人的一切都是仿效天之性质,天人之间是相类的关系。这种相类首先是形体上的。《春秋繁露·人副天数》将人的骨骼、肌肉、五官、脏腑、四肢、心理等的构造与天地、日月、川谷、神气等的特征进行比附,认为人身体可以用数字计量的部分是比附天数,不能计数的部分则副类而成,总之"皆当同而副天"[5],人的形体是依照天的特性而创造的。

---

① ② ③ ④ ⑤ 董仲舒:《春秋繁露》,开封:河南大学出版社 2009 年版,第 285、196、335、276、312 页。

除形体之外,人的内在品性也是由天而生的。董仲舒在论述人性问题时说道:

> 人之受气苟无恶者,心何栣哉?吾以心之名得人之诚。人之诚,有贪有仁。仁贪之气,两在于身。身之名,取诸天。天两有阴阳之施,身亦两有贪仁之性;天有阴阳禁,身有情欲栣,与天道一也。①
>
> 天地之符,阴阳之副,常设于身,身犹天也,数与之相参,故命与之相连也。②
>
> 天之副在乎人,人之情性有由天者矣。故曰受,由天之号也。为人主也,道莫明省身之天,如天出之也。③

在董仲舒看来,人性问题要从阴阳之气中寻找答案。天有阴阳之分,作为"犹天也"的身体也有阴阳之别,这表现为人有贪、仁之性,即仁为阳而贪为阴。于是,人类的真实性质乃"天道"(表现为阴阳之道)所赋予,这无疑是受先秦思孟学派"天道—人道"的影响。

董仲舒将性情、善恶与阴阳合而言之。他认为:在阴、阳二者之中,阳尊阴卑,因此在人性之中仁善自然要比贪恶重要。既然仁、贪都是人之性质,是否就意味着要任其自在自由地发展呢?"天凡在阴位者皆恶乱善。"④贪恶之性会破坏人之仁善,因此要"变天地之位,正阴阳之序,直行其道而不忘其难"⑤,表现在修养上就是要用心之仁善去抵抗心之贪恶。在董仲舒看来,这就是所谓的"义",人人都应该以义养心,而且君王应将其施行于政治领域。在政治领域里,董仲舒认为:作为天之子的君王是最关键的角色。君王要根据人性来开展治国活动,根本的原则就是发扬人性中的仁善,遏制人性里的贪恶。这个原则表现在具体的政策抉择上便是要"使德之厚于刑也,如阳之多于阴也"⑥,即在政治上要德主刑辅,恩威并施。在道德教化方面,董仲舒提出了所谓的"三纲"与"五常",竭力奉劝君王修饬,以得到上天和鬼神的福佑。其实,董仲舒所言归根结底还是一个"仁"字,他规劝君王要以诚行仁,如此才会收到同样的回应。

董仲舒认为:天地之气,合而为一,分为阴、阳,列为五行。阴、阳在政治上表现为刑、德,五行则对应各种时节,并与君王施政行为的好坏联系起来。君王要顺承天意而从事,顺应阴阳、五行的变化规律而治国理民。在董仲舒的阴阳、五行体系中存在着大量的提醒、劝谏和警示的内容,其目的就在于利用他眼中的"天道"之真理来规范、限制君王的行为,使之能够在"天道"的指引下实行仁政,

---

① ② ③ ④ ⑤ ⑥ 董仲舒:《春秋繁露》,开封:河南大学出版社2009年版,第311、266、277、302、155、298页。

确保人民生活安康、国家安定太平。

　　需要补充的是：在董仲舒看来，虽然万物皆出于天，但人"超然万物之上，而最为天下贵也"①，即人超然于其他存在物之上，其地位仅次于天。这是因为人受命于天，得天之灵，能够"下长万物，上参天地"②，人的生存活动和道德活动都是对天地生化功能的参与和协助。董仲舒认为：天地之所以创生万物，就是为了养育人类，为人类提供衣食，甚至当群物枯死之时，天地也会单独为人类生产一些特殊的食物。他还将天、地、人三者并列，把它们都看作万物之本，认为它们只不过在履行不同的职责而已，正所谓："天生之，地养之，人成之。天生之以孝悌，地养之以衣食，人成之以礼乐，三者相为手足，合以成体，不可一无也。"③可以说，董仲舒在天命论的基础上建立了一套人本主义的理论系统。鉴于天虽然是最高的主宰，但很多时候是虚无的，他谈天更多的是在为人的问题作铺垫，试图借助天的权威而为人的价值进行张本。不过，当董仲舒谈论超然于万物之上的"人"的问题时，很多都是有所特指的，那就是人类的代理人——天子，其实也就是君王。他引《礼记》所云"唯天子受命于天，天下受命于天子"④，认为天子是一个天地与人之间起到枢纽作用的存在，特别是在伦常体系中，天的意志是通过天子传递给诸侯、父子、君臣、夫妻等各种社会角色的。在董仲舒的思想体系中，天子存在的意义就是"法天道"、"顺天命"，正所谓："王者唯天之施，施其时而成之，法其命而循之诸人，法其数而以起事，治其道而以出法，治其志而归之于仁。"⑤归根结底就是天子要奉行儒家的仁义之道。

（二）"天人阴阳，其道一也"：天人感应与灾异谴告

　　人的最高价值在于仁义，如何确保仁义能够在人世推行成为董仲舒要考虑的关键问题，他给出的是一套天人感应思路。他认为：天与人能够相互感应，最主要的原因在于天人相副而成为同类，而"物故以类相召也"⑥，即同类事物天然相通、相感。相通、相感需要一个渠道，这个渠道就是阴、阳二气："天有阴阳，人亦有阴阳。天地之阴气起，而人之阴气应之而起；人之阴气起，而天地之阴气亦宜应之而起，其道一也。"⑦也就是说，天之阴阳与人之阴阳运行的规律是一致的，因而能够相互感应、相互影响。他还认为："惟天地之气而精，出入无形，而物莫不应，实之至也。"⑧这是说：天人之间通过精气这个中介进行沟通，人世间的行为会得到上天的反馈。除了要奉行仁德之教、纲常之准来获得天地、鬼神的积极反馈，董仲舒还特别看重祭祀、祈禳等活动的沟通作用。例如：他把天与人

---

　　①②③④⑤⑥⑦⑧董仲舒：《春秋繁露》，开封：河南大学出版社2009年版，第376、199、277、285、313、314、363页。

因气相感的思路运用到求雨、止雨等祭祀活动中，认为求雨的总方针是"丈夫欲藏匿，女子欲和而乐"①，止雨时要"开阳而闭阴，阖水而开火"②，其根据就在于天之旱涝与人之男女构成了一对阴阳的关系，为了避免同类相召，所以阴雨之时要以阳闭阴，干旱之时则应相反。

在祭祀等活动中，董仲舒强调需要全身心投入情感："君子之祭也，躬亲之，致其中心之诚，尽敬洁之道，以接至尊，故鬼享之……故圣人于鬼神也，畏之而不敢欺也，信之而不独任，事之而不专恃。恃其公，报有德也；幸其不私，与人福也。"③在董仲舒看来，在祭祀中能够做到真诚就是一种有德的表现，在诚心实意的情感指引之下，人们就有机会获得福报。那么，如何才能做到"诚"呢？这就需要做到专一，即要"忠"："心止于一中者，谓之忠；持二中者，谓之患。患，人之中不一者也。不一者，故患之所由生也，是故君子贱二而贵一。""《诗》云：'上帝临汝，无二尔心。'知天道者之言也！"④在董仲舒眼里，人们如果对待上天能够专一精诚、没有二心，那么必然会极尽人事之所能为，从外到内都会想方设法地效仿上天。不仅如此，董仲舒还认为：不只在祭祀当中，在治国理政的全过程里，真实无妄地去仿效天道之仁、实行仁政应当是君王不可推卸的责任。如果帝王能真正做到这样，祥瑞就会应其诚而至。在董氏的描述中，祥瑞包括"天为之下甘露，朱草生，醴泉出，风雨时，嘉禾兴，凤凰麒麟游于郊"⑤，就是一片风调雨顺、群生和谐、水草丰茂、瑞兽现身的景象。反之，如若帝王不能真诚地遵循"天道"，淫佚衰微，不能统理群生，造成诸侯背叛、争夺无度、德教废弛、刑罚泛滥的乱象，则必然导致阴阳失衡、邪气滋生，反馈到上天那里便是灾异横行，甚至易姓更王而改制。当然，更换的是君王，不变的是"天道"，董仲舒认为只要天不变，道也不会发生变化。于是，汉武帝所关心的受命、符瑞、灾异等问题在董仲舒那里也就得到了巧妙的解答。

这套福瑞灾异思想的根基无疑还是董仲舒的天人感应理论。与先秦儒家的"天道"观念相比较，董仲舒所谈灾异谴告的宗教神学成分已经非常浓厚了。虽然从理论的说教上思想家可以设想德与福能够实现一致，但其真正体现在实际的事例上却没有那么灵验，即使人们再正心诚意地遵行仁、义、礼、智，再精诚专一地对待上天、鬼神，所获得的可能并不是什么恩赐和福祉，而是处处碰壁、穷困潦倒，反倒是那些投机取巧、背信弃义之人腰缠万贯、身居高位。对于此种情形，董仲舒又承袭了先秦儒家的天命观，其言颇有些无可奈何的意味："天命成败，圣人知之，有所不能救，命矣夫！"⑥此外，在《春秋繁露·重政》中，他还提出了所

---

①②③④⑤⑥董仲舒：《春秋繁露》，开封：河南大学出版社 2009 年版，第 355、356、359、302、160、176 页。

谓的"大命"、"随命"和"遭命"之说："大命"即"天命"；善有善报、恶有恶报叫"随命"；行善得祸、行恶得福则是"遭命"。其目的无非是要弥合天人感应之说本身的虚妄不实罢了。

总之，无论是从人副天数的粗疏比附还是至诚动人的感应论调来看，董仲舒无疑是在继承思孟学派"天人合一"理论的基础上对天人关系作了新的阐发。他主要通过引申思孟之学中的神秘主义内容，为封建王权的政治秩序提供神学上的论证。不过，他也将"诚"视为君王应该必须具备的德性之一，这种"诚"既是对"天道"的遵循与承担，又是对君王自身行为的检视与督促。所以，董仲舒在证明君权神授的同时也申明"天立王以为民也"。[①] 可见，他的理论并非纯粹为绝对王权辩护，在他的思想里还保留着孟子"变置"、"易位"主张的痕迹。但是，在实际的政治运作之中，汉武帝对于阴阳灾异论的接受是有限的。这是因为：在汉朝经历了初期的休养生息之后，汉武帝要承担的是开疆拓土、经国济民、速致太平的任务，而董仲舒通过灾异谴告的方式将儒家的理念纳入政治之中，希望王朝统治者把重心放在"纯任德教"之上，这显然不符合汉武帝的胃口。不过，正如陈侃理教授所指出的那样：当灾异论自身不断完善、儒家权威得到提升和扩张以及汉朝由盛转衰这三个条件得到满足的时候，儒家灾异论的影响也就随之扩大了。[②]于是，我们就可以理解为何董仲舒之后的两汉历史中倡言灾异者蜂拥而起。

二 "人无不含天地之气"：《白虎通》中的"天人合一"思想

以董仲舒学说为代表的神学化经学发展到极致，便是谶纬之学的兴起。简而言之，"谶"是以术数占验之言，诡为隐语，用来预决吉凶之兆，虚称这种预言来自"天命"，符合"天意"，故又称之为"符"或"符命"；"纬"则是方士化的儒生附会经义，半为经说，半为荒诞术数之谈，托名孔子，实不足信。由于汉武帝时"罢黜百家，独尊儒术"，经书在汉代的地位大为提高，神化孔子、附会经义的纬书也应运而生，因为纬书中也有谶语，所以后来就把"谶"、"纬"合称，来指代这一时期神学化的经学。谶纬大体上是以《易经》中河图、洛书的神话传说和西汉董仲舒的天人感应学说为理论根据，借以编造影射性的图谶、符命以劝谏时主、改善政治，或为改朝换代提供神秘、权威的根据。纬书继承了传统天人感应的

---

① 董仲舒：《春秋繁露》，开封：河南大学出版社 2009 年版，第 225 页。
② 陈侃理：《儒学、数术与政治：灾异的政治文化史》，北京：北京大学出版社 2015 年版，第 68 页。

思路,认为人特别是君主只要在天地鬼神面前做到至诚就能够获得它们的积极回应,要么是出现祥瑞,要么是政事顺遂,要么是产生意想不到的奇妙效果。例如:在《春秋》纬中,儒生们特别强调了天道对于君主治国理政的示范意义,故有所谓的《春秋合诚图》和《春秋握诚图》出现。在思孟学派的思想中,"诚"是沟通天人的核心观念,人要通过"思诚"和"诚之"的方式来向至诚的"天道"归趋。《春秋合诚图》和《春秋握诚图》皆继承了先秦儒家的这种思路,但是突出了天人感应之间的神秘因素,制造了许多荒诞、迷信的符命、灾异之图谶来迎合或劝告时主。

东汉建初四年(79),汉章帝召集天下名儒,与朝廷官僚集会于白虎观,讨论五经同异,并由章帝亲自裁决。其议论的结果由班固撰集成书,即《白虎通》。该书将儒家经义与谶纬迷信结合起来,确立了官方解说五经的标准。此书中存在大量论述天人关系的内容,将天人一体、天人感应的思想发挥到了极致。《五行》篇阐发阴阳、五行与人事的关系。例如,它认为人的五脏六腑乃是仿效天地的五行六合;在解释火热水寒的自然现象时,将火、水与君、臣联系起来,认为"有温水而无寒火"正如"臣可为君,君不可更为臣"[1];在解释木能漂浮而金沉水时,认为此乃"子生于母之义";将父死子继、兄死弟及的宗法秩序解释为效法木终火旺、夏之承春;还将子顺父、臣顺君、妻顺夫的纲常伦理归因于"地顺天"的宇宙结构。《灾变》篇着重谈灾异谴告,认为:"天所以有灾变何?所以谴告人君,觉悟其行,欲令悔过修德,深思虑也。"[2]《封禅》篇首论"封禅"之义,指出封禅乃是人与天地神明建立联系的方式;次谈符瑞之应,指出君王若能"承天统理,调和阴阳"[3],则德至天地、文(八)表、草木、鸟兽、山陵、渊泉、八方,由于天人感应机制的存在,各种符瑞也就随之而来。《巡狩》篇将君王五年一巡狩的原因归结于遵循"天道"自身的运行规律。《八风》篇论述八风之征候,并把八风对应于八政,将自然现象与政治治理附会在一起。

《白虎通》还从"天人合一"的视角谈及人性问题。《礼乐》篇云:"人无不含天地之气,有五常之性者。"[4]《性情》篇则详细解释说:"五性者何谓?仁义礼智信也……故人生而应八卦之体,得五气以为常,仁义礼智信也。六情者,何谓也?喜怒哀乐爱恶谓六情,所以扶成五性。性所以五,情所以六何?人本含六律五行之气而生,故内有五藏六府,此情性之所由出入也。"[5]在这段话中,《白虎通》认为:人的五种德性源于五气,人的六种情感则迎合六律,诸父、兄弟、族人、诸舅、师长、朋

---

①②③④⑤ 陈立撰,吴则虞点校:《白虎通疏证》上,北京:中华书局 1994 年版,第 192、267、283、94、381—382 页。

友就是《三纲六纪》倡言的六纪体系。总之，天的结构模式是人类社会组织及个体生理结构的范本，政治、社会上的一切纲纪、制度皆取法于阴阳五行，"人道"的合理性最终建立在"天道"之上。这就为整个政治社会的秩序找到了终极的、权威的依据，为社会大众对王权统治的服从开辟了宗教的、心理的通路。

与董仲舒把君王看作天人沟通之中介的思路一样，《白虎通》所建构的"天人合一"体系提出"王者父天母地，为天之子也"[①]，凸显了君主的绝对地位，并且指出天子要对天负责，不得违背天道，否则就会招致祸灾。但是，《白虎通》继承了董仲舒的"王道之三纲，可求于天"[②]的思想，采纳了谶纬神学解释"三纲"的具体条文，把"三纲"明确地提出来："三纲者，何谓也？谓君臣、父子、夫妇也。""故《含文嘉》曰：'君为臣纲，父为子纲，夫为妻纲。'"[③]这无疑是把封建伦理法典化、宗教化、永恒化了。在这个纲常的体系之中，"君为臣纲"位列"三纲"之先，是"三纲"的纲中之纲，君主的地位具有不可更改的绝对权威。《白虎通》甚至认为刘姓王朝的统治者刘邦、刘秀以臣的身份登上皇位是符合"天意"的，刘姓天子既已为君，便不可再更改为臣了。它还大量引用阴阳五行、谶纬神学的学说以论证刘氏帝业万古不朽。由此，《白虎通》试图剔除在董仲舒历史观中还残存的"择贤禅让"、"易姓而王"的进步因素，将君臣关系永远固定下来。

再看下面这段引文："臣见君有贽何？贽者，质也。质己之诚，致己之悃愊也。王者缘臣子之心以为之制，差其尊卑以副其意也。"[④]我们知道，中国古代帝制社会是以不平等的等级制度和人身依附关系为特征的，因此确定等级名分、明晰权利和义务就成为君主治理国家的关键。这种等级关系的确定除了依靠暴力等强制性手段，还必须借助意识形态的建构。如果能从思想上把这种纲常名教确立下来，无疑就更能保障它的稳定性。在阴阳、五行体系中，宇宙万物存在着高低之别，为此人应效法"天道"而有爵位上的尊卑之分："爵有五等，以法五行也。或三等者，法三光也。"[⑤]这种爵位的等级伴随着相应的权利和义务，各个等级要严格遵守规定，不能逾越各自的界限。处在这个等级秩序最上层的是君与臣，而在君与臣的关系之中，作为天之子的君王更是享有至上的权威，天下都变成了君主的私有财产，臣民必须依附于君主才得以存活。在这段引文中，我们可以发现《白虎通》要求臣子在朝拜君主、向君主献礼时要极尽忠诚。杨宽就曾指出：把"贽（质）"付给君主而不再收回的"委质"仪式是用来确立君臣的尊卑从属关系，借此来表示对君王的臣服和忠心以及自己应尽义务（包括人力和财物的贡献）的

---

①③④⑤ 陈立撰，吴则虞点校：《白虎通疏证》上，北京：中华书局1994年版，第2、373—374、355、6页。

② 董仲舒：《春秋繁露》，开封：河南大学出版社2009年版，第306页。

承担。① 把忠诚与尊卑有序的政治架构结合起来,其目的无非是要从心理的层面上加强君主对整个社会的控制。

总之,在《春秋繁露》《白虎通》等的"天人合一"思想体系里,天的神性、宗教性色彩加重,天与人之间的合一不再仅仅以抽象的德性为中介,而直接变成不同人格之间的沟通。也就是说,天变成了一个人格神,是可以对人世行使赏罚权能的"百神之大君"②,是能够施予人"善善恶恶,好荣憎辱"等道德观念的至善存在;人所要"诚"的对象正是作为"人之曾祖父"③的"天";君主则是"天之子",作为沟通天人的中介而存在,其统治的最高原则就是"循天之道",也就是对于天所启示的真理要真诚地信仰和遵循。

我们不能否认两汉思想家创立天人感应论有试图重建社会秩序、呼唤明君良臣的初衷,也不能否认这种创构曾经在历史的舞台上潜移默化地影响着时代的精神状况。但是,正如欧阳修批判汉儒之学时所说的那样:以精诚感应为精神内核的儒家灾异论说背离了儒学的正道和本意。并且,当一种学说趋向烦琐、僵化、神秘之时,其弊端必然会逐渐显现,其被人利用的可能性就会越来越大,甚至最终会沦为一种欺骗的手段,也就必然面临被解构的命运。东汉王充前后花费三十多年的精力从事着"疾虚妄"的工作,对两汉天人感应、福善祸淫学说的本质进行了全面、深刻的批判,致力于将经学由鬼神的世界拉回人类的生活,热烈地呼唤求真务实、理性怀疑的精神。汉献帝时曾应曹操征召的荀悦认为汉魏统治者在政治上应重人事,"先成民,而后致力于神"④,肯定人事对于吉凶祸福的重要作用,批评卜筮、禁忌、淫祀、方术、谶纬等行为的荒诞、不足信。作为"建安七子"之一的徐干认为"天道迂阔,暗昧难明"⑤,否定了天有意志而主宰人事。总之,经过这些思想家的努力,"天人合一"思想体系中的神秘成分得到了清算。

① 杨宽:《西周史》,上海:上海人民出版社 1999 年版,第 819 页。
②③ 董仲舒:《春秋繁露》,开封:河南大学出版社 2009 年版,第 333、276 页。
④《潜夫论 申鉴 中论 中说 颜氏家训》,沈阳:辽宁教育出版社 2001 年版,第 10 页。
⑤ 夏传才主编,林家骊校注:《徐干集校注》,石家庄:河北教育出版社 2013 年版,第 152 页。

第三节 天人相分与相合：天人关系视域下的柳宗元思想

如果按照传统的天人关系的区分，柳宗元属于"天人相分"阵营的思想家，但其"相分"却有不彻底性，或者说其天人关系论是批判天人感应之"相分"与强调人与自然交融之"相合"的统一，而这也体现了儒家"天人合一"思想本身的复杂性。

一 "天人不相预"：天人相分与对感应论的批判

经过汉儒的神学化改造之后，儒学中天人感应的观念愈发浓烈。天人感应强调以人配天，个体的言行以及人类社会的运作皆应依照上天的运行规律而发动，表面上人成为实现特定目的性的工具，实际上天人感应的论调日益成为统治者"欺诬细民，荧惑百姓"[①]、借以维持其政权的手段。事实上，决定王朝盛衰灭亡的不是儒者所言的"天命"，而是王朝本身发展的形势，"天命"不过是"伪假天威"的骗局罢了。儒学中的革新之风常常以批判天人感应、强调天人相分为标志，而柳宗元的思想正体现了这样一种特色。

（一）"天地，大果蓏也"：对自然之天的描绘

柳宗元和韩愈同为古文运动的倡导者，二者同声相应、互相推重，在当时的文学界和思想界掀起了一股热潮。二人虽然志趣相投，但在哲学思想上不尽相同，有时甚至针锋相对，特别是在天人关系问题上还进行过一场争论。元和八年（813）六月，韩愈任史馆修撰。他在给一位刘姓秀才的信中说作史者"不有人祸，则有天刑"。[②]韩愈列举孔子、齐太史兄弟、左丘明、司马迁、班固、范晔等人因秉笔直书而招致祸殃的事例，论证写史之人不得善终的观点，信中还以鬼神作挡箭牌。这些都表达了韩愈对此职务的消极态度。次年正月，柳宗元给韩愈写

---

① 王符著，汪继培笺，彭铎校正：《潜夫论笺校正》，北京：中华书局2018年版，第164页。
②《韩愈全集》，上海：上海古籍出版社1997年版，第357页。

了一封长信,信中对韩愈多有批评。柳宗元认为孔子、司马迁、班固、范晔等人的不好遭遇并非修史造成,并直言居其位要谋其政、直其道,既然做了史官,就要秉笔直书,不畏艰难,即便面临死亡威胁也应毫不畏惧,否则不如赶快辞任。柳宗元还说:"又凡鬼神事,眇茫荒惑无可准,明者所不道。退之之智,而犹惧于此。"①这显然是针对韩愈字里行间流露出的神秘主义天命论提出了批评。

柳宗元对韩愈所宣扬的天能赏功罚过的论调是持否定态度的,曾作《天说》一文直击韩愈的错误观点。《天说》首先叙述了韩愈的观点。在韩愈看来,天是有意志的,可以对人施行赏罚。韩愈将元气阴阳视为世界之基,人之善恶就体现在对待元气阴阳的态度上——人耕种田地、砍伐山林、打井汲水、掘墓葬人、建造房屋、疏浚河道、钻木取火、熔化金属等类似的行动都在破坏元气阴阳的和谐秩序,使得天地万物失其自然,面目全非,对于这些祸害天地的人,天就会重重地惩罚他们;反之,如果谁能制止那些破坏元气阴阳的行为,便是对天地立下功劳,天自然会给其以奖赏。柳宗元的驳辩并没有否定元气阴阳的存在和意义,而是否认它们具有能够感应、赏罚的意志性。他说:"天地,大果蓏也;元气,大痈痔也;阴阳,大草木也,其乌能赏功而罚祸乎?"②天地、元气、阴阳如同瓜果、毒疮、草木一般平常,都是自然存在的物质,只是体积更为庞大而已,它们没有意志,是不能赏功罚过的。柳宗元没有否认人类行为会对自然界产生影响,但其功过是非的根源不在于对天的祈求和敬畏等功利性的考量,而是出于"功者自功,祸者自祸"。③在柳宗元看来,人类的福祸都是自我作为的结果,希望得到上天的赏罚是荒谬的;向天呼喊、抱怨,希望它对人类施以怜悯和仁爱,则更为荒谬。这种强调事在人为的积极进取精神无疑是儒家刚健有为思想的展现。值得一提的是:刘禹锡也参加了这次论辩,写了《天论》上、中、下三篇。总体来看,刘禹锡也持天人相分的立场,同样把天地视为自然之物,否定天是能够主宰人事的神秘造物主。在刘氏看来,自然和人类社会各有其作用的领域和范围,自然的作用是主导动植物的生长衰亡,遵循弱肉强食的规律;人类社会的作用则是建立礼法制度,依据是非功过进行赏罚;人可以利用和改造自然(天),但自然(天)不能有意志地干预人事。柳宗元对刘禹锡的这些观点基本上是赞同的,但对于后者"天人交相胜"的思想则站在反对的立场上。刘禹锡认为:如果"法大行","是非存焉",则"人胜天";反之,"法大弛","是非亡焉",则"天胜人"。天与人的关系是"交相胜而已矣,还相用而已矣"④,也就是天人之间可以相互争胜、彼此制约。不过,

---

① ② ③《柳宗元全集》,上海:上海古籍出版社1997年版,第253、134、134页。
④《刘禹锡全集》,上海:上海古籍出版社1997年版,第42页。

需要注意的是："尽管刘禹锡的天论在提法上是天与人'交相胜'，实际上更偏向于'人胜天'的一面。"[①]柳宗元认为刘禹锡的论断中仍然给天有意志、天有目的、天有善恶留下了空间，不能彻底撇清主宰之天、人格之天的嫌疑。这种质疑也许并不符合刘禹锡思想的实际，但"表现出柳宗元反对神学天命论的坚定性和彻底性"。[②]柳宗元的基本观点是"天道"（自然的生殖）与"人道"（人世的治乱）不同，二者是"不相预"的关系："生植与灾荒，皆天也；法制与悖乱，皆人也，二之而已。其事各行不相预，而凶丰理乱出焉。"[③]有学者敏锐地指出：二人的思想之所以会产生分歧，一个很重要的原因在于柳宗元所关注的重心一直在神学天命论视野下的天人关系，而刘禹锡对天人关系的思考集中在自然和人（社会）的关系层面。[④]不过，这并不意味着柳宗元完全忽略了自然和人的关系，从他的一些行动和著作之中，我们可以发现他在"天人之际"上的另一个面向。

（二）"惟人之仁，匪祥于天"：对天人感应论的批判

在《贞符》一文中，柳宗元批判了董仲舒"三代受命之符"的天人感应思想，试图切断天与人之间的神秘化关联。他通过大量的事例展开论证，指出符命之说是淫巫瞽史胡说八道，具有很大的欺骗性。例如：他回顾从人类诞生之日到尧、舜、禹、汤的历史更迭，认为"惟兹德实受命之符，以奠永祀"[⑤]，其后一直到隋朝，"妖淫嚚昏好怪"之徒的荒诞之论陡然蜂起，很多人受其愚弄，导致天下大乱，莫有救止。他还叙述了隋没唐兴的历史演进，用一正一反的事例再次说明统治者的德性才是政治合法性的保证。他得出结论说："惟人之仁，匪祥于天；匪祥于天，兹惟贞符哉！未有丧仁而久者也，未有恃祥而寿者也。"[⑥]对统治者而言，贞符并不可靠，只有施行仁政才能确保政权的长治久安。他随后又列举了历代虽有祥瑞但仍不免走向败亡的事例，对其论断进一步加以说明，最后落脚到唐代重德不重符的现实。总之，"天之诚神，宜鉴于仁。神之曷依，宜仁之归"。[⑦]可见，柳宗元将其关注的重心转移到人的身上、转移到仁德之上，体现了重人不重天的思想倾向。这些言论显然是讲给在位者听的，希望他们不要试图以祥瑞来神化自我、愚弄百姓，而要以仁爱之心对待民众的需求。

在《非国语》中，柳宗元更是集中阐发了他对天人感应思想的厌恶态度。《非国语》为其谪居永州时所作，共六十七篇，短小精悍，少则几十字，多则一两百字，其主要内容就是对《国语》中的神权迷信及维护贵族特权等内容加以批判。例如：《国语》记载西周恭王到泾水游玩时，密国国君康公陪同，其间有美女三人私

---

① 郭齐勇：《中国哲学史》，北京：高等教育出版社2006年版，第241页。

②④ 刘光裕、杨慧文：《柳宗元传》，北京：中国书籍出版社2017年版，第147页。

③⑤⑥⑦《柳宗元全集》，上海：上海古籍出版社1997年版，第255、8、8、9页。

自投奔康公。康公的母亲劝康公将美女奉献给恭王，她的理由是自己儿子的德行配不上这些美女，如果强行占有必然会导致国家灭亡，但康公没有采纳母亲的建议。结果，一年以后恭王消灭了密国。《国语》的作者（一般认为是左丘明）记载此事是要证明康母的预言，柳宗元认为这里面丝毫没有什么可取之处。在他看来，康公之母并非贤惠之人，她应当教育自己的儿子不要荒淫过度，而不是用命数之类的话语恐吓自己的儿子，不应该怂恿儿子用美女去讨好恭王。《国语》记载：幽王二年，西周三川皆震，伯阳父认为西周行将灭亡。显然，这也是一种天人感应论的表现。柳宗元则提出"山川者，特天地之物也"①的观点，认为天地无边无际，阴阳则是流动在天地之间的元气，它们动静自如，自聚自散，或吸或吹，纵横交错，化生万物，有着自己的一套运行的规律，与人的主观意志之间不存在神秘的联系，因此地震只是一种自然现象而已，"天事"和"人事"之间完全是两码事。《国语》记载：晋襄公之孙惠伯谈的儿子公子周避难到周，单襄公劝其子顷公一定要好好接待公子周，并列举了公子周的十一种德性，还说这与"天六地五"之数正好相配，预示着公子周能够获得天地保佑，小则成为诸侯，大则得到天下。单襄公还搬出了一套占卦、占梦的说法，目的就是让自己的儿子与公子周亲善，以图好的回报。柳宗元则继续站在"天人不相预"的立场，指出单襄公的说法是不合道义的，占卦、占梦之论更是不足取。《国语》还记载：公子重耳亲自问筮，说"尚有晋国"，得贞屯、悔豫两卦，负责占卦的人说不吉利，司空季子却认为吉利。在柳宗元看来，这些都是没有意义的行为，因为重耳成为国君在当时的情形之下是大势所趋，根本没必要去占筮，司空季子讲的那些话都不符合正道，《国语》没必要去记载它们。此外，柳宗元还认为音乐源于人之情感而非圣人制礼作乐，反对把音乐和天象牵强附会在一起，反对将祭祀神秘化，否认都城的扩建与"天祸"有关联，批判祖先的功德可以永保后嗣万代福禄的谬说，驳斥求神助战和"天诛"、"天罚"的思想，批驳《国语》中关于孔子的奇谈怪论，指出占卜是背离正道的低等、无用的雕虫小技，等等。可以说，《非国语》里短小精悍的片段犹如一颗颗小型炸弹，被一次次地投向天人感应的虚妄论断。

当然，有破就有立。在批判天人感应论调的同时，柳宗元还竭力倡导"大中"之道，也就是儒家的仁义之道。柳宗元写《非国语》本来就是为了阐发"大中"之道。在创作《非国语》之后，他曾写信给道州刺史吕温，信中首先提及："近世之言理道者众矣，率由大中而出者咸无焉。"②他在给好友吴武陵的信中也说："仆故为之标表，以告夫游乎中道者焉。"③在《非国语》中，他屡屡提倡儒家的"大中"

①②③《柳宗元全集》，上海：上海古籍出版社1997年版，第386、257、258页。

之道。例如：《宰周公》一篇强调仅仅依赖强力而不求之于仁义非治国之道，还说大国参加会盟要看会盟是否合乎道义；在《苟息》篇里，他借着对晋大夫苟息的批判解释了什么是真正的"忠贞"、"信义"；《获晋侯》一篇阐发了通过立仁义、行至公来成就霸业的思想；在《赵宣子》篇里，他批判了赵宣子草菅人命的做法，倡导了爱护生命的"君子之道"；在《围鼓》中，他阐明了以德制利的思想；在《嗜芰》中，他强调礼是从属于仁义的，不能以礼害仁……总之，柳宗元试图批判以《国语》为代表的"好怪而妄言"之论来重树儒家大中至正之道，挺立人作为主体的能动性。为此，他甚至直言自己对可能招致的攻击和诟病毫不畏惧，这体现了一位儒家士大夫的救世情怀和担当精神。

二 "心凝形释，与万化冥合"："天人合一"与内心慰藉

柳宗元天人相分的思想倾向不等于说他要完全切断天人之间的关联。相反，他在另一个领域竭力追求人与天之间的和谐融通。柳宗元仕途乖蹇，政治抱负难得伸张，但他并没有因此沉沦，而是通过寄情于山水的方式，"心凝形释，与万化冥合"①，在"天人合一"的审美体验中获得心灵上的暂时安顿。这种"天人合一"的形态常常被研究者忽略，因为它既不同于"天道—性命"的哲学路径，又不同于天人感应的神学建构，而是一种将山林、田野看作放松身心的处所，在自然的声音、色彩、样态中寻找心灵的安顿之处，最终在个人与自然的交融中获得独特体验的状态。

在命运的遭际将柳宗元投入自然之中时，他又是如何获得"天人合一"体验的呢？我们可以从其所留下的文学作品特别是游记中获得一些信息。

（一）"茫然而不违，昏然而同归"："天人合一"与人生孤愤的排遣

同历史上许多被贬谪的士人一样，柳宗元被发配到远离政治、文化中心的蛮荒之地。那些被贬谪的士人远离故土，离开熟悉的地方，与亲朋好友的联系变得异常困难，再加上胸中那种压抑和愤激，常常要经受各种心灵的折磨，感受到的是暗无天日的苦痛，稍有不慎便容易走向郁郁而终的悲惨结局。在异域他乡，他们能做的也愿意做的往往就是暂时栖身山野，与林泽为伴，"上高山，入深林，穷回溪，幽泉怪石，无远不到"②，在大自然中寻求安放身心的处所。

柳宗元被放逐的地方主要有两处：一处是永州，一处是柳州。永贞革新

---

①②《柳宗元全集》，上海：上海古籍出版社1997年版，第236、236页。

（805）失败后，柳宗元先是被贬为邵州刺史，在赴任途中又被加贬为永州司马，直到公元815年才离开永州。在10年多中，他游历永州山水，结交当地士人，写下了以《永州八记》为代表的诸多游记。通过这些游记，我们可以体会到一个孤寂的灵魂是如何挣扎着寻找出口、寻求寄托、排遣愤懑、苦中求乐的。有研究者指出："柳宗元的山水游记最主要的特点是情景交融，富有韵味和情趣，因为他不仅仅是纯客观地为欣赏山水而去描绘山水，而是把自己的生活遭际和思想感情融化到山水中去，使山水人格化、个性化；通过对幽丽清奇的山光水色的精雕细琢，抒发自己满腔愤激之情，具有强烈的倾向性。"① 概括来说，柳宗元的游记体现了"一切景语皆情语"的创作原则，在对自然景物的描摹中，在记叙其游览自然山川的经历中，留给读者深刻印象的不仅仅是奇特的景色，还有一位孤寂者的内心独白。

在《始得西山宴游记》中，柳宗元记载了元和四年（809）九月的一天，秋高气爽，郊外的西山轮廓异常清晰。之前没注意到的远山引起了他游览的兴致，于是他披荆斩棘，登到绝顶，从山顶俯瞰，将美景尽收眼底，大自然的辽阔美景与人的内心世界产生了奇特的反应，使他顿觉心胸大为开阔，好像心底装进了整个天地一般。这也是一种"天人合一"的体验，只不过这是一种审美体验，是充满个性化的，是自得其乐的，是不足为外人道的。从此他游兴大发，不断地去探索其被流放之地的隐秘角落，在与山林景物的亲密接触中寻找真正属于自己的世外桃源。在钻鉧潭，他感受到的是天之高、气之迥的高旷幽远之美，是水势峻急、流沫成轮的雄壮澎湃之美，是摆脱官家之事、择一山野栖居的洒脱闲适之美，这些美似乎足以让他"乐居夷而忘故土"②，但又何尝忘得了！在钻鉧潭西的小丘，奇石偃蹇，竹木嘉美，山高云浮，溪流潺潺，鸟兽自在，他枕席而卧，"则清泠之状与目谋，瀯瀯之声与耳谋，悠然而虚者与神谋，渊然而静者与心谋"③，眼、耳、心、神与自然万物交融在一起。这是天与人之间的共谋，是人处天地大美之间的自我陶醉，是物我两忘、天人合一的神秘体验。但是，他并没有完全沉浸于这种体验之中，理想与现实之间的落差使他无法彻底释怀。在流连美景之余，他不禁感叹如此美妙的小丘竟被弃之荒野，这不正像他个人的遭际吗？其实，《永州八记》中的文章或多或少都有如此慨叹。

此外，《愚溪诗序》更是柳宗元将天（自然）与人合而论之的代表作。贬官永州期间，他曾从城内龙兴寺移居到城郊一条叫"冉溪"的小溪旁边，并将这条小

---

① 《柳宗元散文选集》，上海：上海古籍出版社、香港：三联书店（香港）有限公司1997年版，第189页。

②③ 《柳宗元全集》，上海：上海古籍出版社1997年版，第236、237页。

溪重新命名为"愚溪"，将周围其他景色也一并以"愚"命名，于是就有了愚溪、愚丘、愚泉、愚沟、愚池、愚堂、愚亭、愚岛这"八愚"。他还专门写了《八愚诗》，只不过这组诗歌早佚，但为诗所写的序文却保存了下来。在此序文中，他先写溪之"愚"——愚溪水位低下，不可以用来灌溉；流速迅疾，水中又多坻石，大船无法驶入；幽邃浅狭，蛟龙不屑到此，故不能兴云雨。总之，此溪无以利世，就像身处困境中的自己一样。紧接着他写自我之"愚"——他提到宁武子和颜回，说他们一个是智而为愚，一个是睿而为愚，二者之愚都不是真正的愚；说自己身逢有道之世，但违理悖事，报国无门，就像愚溪一样无用，简直是愚昧至极。就这样，作为自然景物的小溪就与个人连接在一起了，溪就是人的化身，人的遭际与感悟被寄托于溪水之上了。当然，柳宗元的目的并不是以愚溪嘲讽愚人，而是从溪水和自我身上找到可贵之处，找到足以战胜一切的精神力量。在文章的最后，柳宗元笔锋一转，先说溪水虽然莫利于世，但可以很好地照鉴万物；说它清莹透澈，声如金石，让人嬉笑眷慕，乐而忘返。紧接着，他的笔锋又从愚溪回到自己身上，说："余虽不合于俗，亦颇以文墨自慰，漱涤万物，牢笼百态，而无所避之。以愚辞歌愚溪，则茫然而不违，昏然而同归，超鸿蒙，混希夷，寂寥而莫我知也。"[1] 这短短几句话的内涵非常丰富，有对命运的悲愤，有对才能的自信，有不为人知的寂寥，也有对重新为世人所知的企望。除此之外，那种"茫然而不违，昏然而同归，超鸿蒙，混希夷"的状态正是他对天人合一境界的真切感受。物我两忘，合二为一，超凡脱俗，融入虚寂——自然界给予这位失意的儒家知识分子的是心灵的安顿，是伤痛的抚慰，是精神的涤荡，是内在的超越。

总之，柳宗元在流放生涯里经常流露出对故土的依恋、对身处逆境的悲叹、对壮志难酬的苦痛、对报国无门的幽怨、对重获自由的渴盼，而这一切情感是通过或优美或壮美的景色展现出来的，从而形成鲜明的反差，给人以深刻的印象。

（二）"吾疑造物者之有无久矣"：天人合一与自身思想的矛盾

柳宗元一面对天人感应的论调激烈地进行批判，一面又试图在天人合一的体验中获得心灵的超脱，这体现了其思想上的矛盾之处。之所以会出现如此矛盾，原因大致有二：

第一，自然之天与主宰之天的混同。

一方面，柳宗元在抨击天人感应时，以自然之天作为投枪。例如，《天说》云："彼上而玄者，世谓之天；下而黄者，世谓之地；浑然而中处者，世谓之元气；寒

---

[1]《柳宗元全集》，上海，上海古籍出版社1997年版，第201页。

而暑者,世谓之阴阳。"①天地、元气、阴阳皆是自然之物,如同瓜果、草木一般,并不是有意志的神明。自然之天不会知道和干预人事,也不会对人施以赏罚;人不必去谄媚自然之天,而应把关注的重点放在人类自己身上,"顺时之得天,不如顺人顺道之得天也"。②

另一方面,柳宗元有时又把自然人格化,把它当成亲密的知己,当作倾诉的对象。在《小石城山记》这篇散文中,他先是从多个方位描绘小石城山岩石、山洞、水声、树木之奇特景色,然后发出这样一段感慨:"噫,吾疑造物者之有无久矣!及是,愈以为诚有。又怪其不为之中州,而列是夷狄,更千百年不得一售其伎,是固劳而无用,神者傥不宜如是,则其果无乎?"③散文中体现了柳宗元对造物者之有无曾心存疑虑,等欣赏到小石城山的美景之后,就愈发觉得造物者是真实存在的。但是,他又不是非常确认,因为他觉得如果真有造物者的话,它应该不会让这美景存在于蛮荒之地而非中原地区,也不会不去显露它创生万物的神奇技艺。总之,造物者似乎不应该是"劳而无用"的存在。针对这个疑问,柳宗元在最后引用了两种观点:一种观点说这是造物者有意用如此美景去慰藉那些被贬至此的贤能之人;另一种观点说元气之灵并未造就卓越的人物,而是生成了这奇特的山水,所以楚地之南人才少而奇石多。对于这两种观点或者说法,他明确表达了不信服的态度。他对于造物者是有是无这个问题故意表现出模棱两可的态度,这是文学表达上的反讽手法的运用。关于文学技巧我们不作过多讨论,我们要追问的是,在柳氏眼中,到底造物者是否存在?其实从他对天人感应论展开激烈批判的论著中,我们基本可以得出他是否认造物者存在的,但从他寄情山水聊以自慰的行动之中,我们又分明感受到他不自觉地将自然山水人格化,默认有一个主宰在与之对话。一方面,只有人格化的存在才容易与人产生共鸣,才容易让人将其引为知己,才容易让人进行情感的投射;另一方面,柳宗元讨论这一问题的本意其实就是要借山水美景不遇于时、造物者"劳而无用"这些结论来自比。他谈山水景物和造物者其实都是在谈自我,是要表达自己辛勤一生却被流放荒野的愤懑和不平。也因此,他才有"呼天"之论:"呜呼天乎,君子何厉!天实仇之。生人何罪?天实仇之……吾固知苍苍之无信,莫莫之无神,于今化光之殁,怨逾深而毒逾甚。故复呼天以云云。"④

在论述无神与有神的问题中,柳宗元展现了其思想上的矛盾性,或者说,他的无神论具有不彻底性。其实,这个矛盾性和不彻底性并非是多么大的缺陷,它只是反映了一位古代儒家知识分子经历的丰富和思维的复杂而已,反映了一位

---

①②③④《柳宗元全集》,上海:上海古籍出版社 1997 年版,第 133—134、25、239、334 页。

命途多舛的政治失意者在情与理的夹杂中找寻合适的位置。默认自然万物存有灵性只是无奈的选择，柳宗元不需要天地来赏善罚恶，不需要上天降下神异，他需要的只是一个倾诉心声、寄托愁绪的对象而已，而这个对象于他而言只能是一方天地里的山水。从这个层面来说，我们不能因为其为自然的神性保留了一定的空间就认为他回到了天人感应的旧路上。不过，吊诡的是，对感应论抨击甚力的柳宗元在死后却一度被打造成一方神明。例如：宋代柳州百姓曾建灵文庙，专门供奉柳宗元。他们祈禳祷祀，希望得到柳宗元英灵的护佑。清雍正四年（1726），柳州甚至有柳侯碑出现神异的记载。对于后世的这些操作，柳宗元若能有知，或许会平添几分无可奈何吧！

第二，政治抱负与人生遭际的反差。

在柳宗元对天人感应思维的批判中，我们可以感受到一股豪迈和愤激之气。这是一种战斗者的姿态，是一种试图通过破除旧的迷信而迎来新的生机的布道者的风姿，是儒者胸怀家国天下、企求内圣外王的展现。但是，透过柳宗元留下的文字，我们常常又能体味出他的无奈、痛苦、悲愤甚至绝望。纵有寄情山水聊以自慰，即便天人合一得以安宁，但这些都只是暂时的解脱，正如《与崔策登西山》一诗所云："偶兹遁山水，得以观鱼鸟。吾子幸淹留，缓我愁肠绕。"[①] 他试图在某些时刻忘掉自己的抱负，与大自然融为一体，但更多时候那种孤独、惆怅、哀怨、思乡之苦会不断地冲击着他的心怀。天人合一的自然体验是被迫选择的，是有时间限制的，甚至是牵强附会的，所以一旦被谪之人兴味索然，一旦时间归于平淡，那山水就越发成为异己的力量了。例如：在《江雪》这首脍炙人口的作品中，"绝"、"灭"、"孤"、"独"的字眼为景与人的交融布下的是一片孤寂、悲凉的色彩。元和九年（814），在被贬永州将近十年之际，他写了一篇《囚山赋》，把周围连绵不断的山峰比作囚牢，而不再以其为自己寄兴抒怀、苦中作乐的所在了。他还以笼中之鹰自喻，将周遭的环境看作牢笼，渴望自己能"拔去万累云间翔"。[②]

究其原因是：一方面可能与柳宗元本人的身体状况、性格特点、心理素质、家庭不幸有关；另一方面也许是更重要的方面，那就是他的人生遭遇特别是政治生涯是失意的，而他的政治抱负并没有因为自己遭到贬谪而全然消退，"为问经世心，古人谁尽了"。[③] 其实，他的仕途也一度顺风顺水，才能和努力使他三十三岁时就升任礼部员外郎；在文坛上，他更是当时的翘楚，年轻时写的文章就受到了时人的追捧。然而，一场政治变故使他从人生顶峰跌落，在几乎看不到希望或者

---

① ② ③《柳宗元全集》，上海：上海古籍出版社1997年版，第369、381、372页。

希望又将幻灭的残酷现实面前,他的政治抱负成为心灵上的一根支柱,而这种抱负越是浓烈,就越容易成为一切苦痛的内在源泉。这就形成了一个死结,一个恶性循环。在这个死结和恶性循环面前,柳宗元天人相分的主张成为一种孤勇,天人合一的体验显得特别脆弱。这是他个人的悲哀,也是很多儒家知识分子的悲哀,更是整个时代和社会的悲哀。

总之,在天人关系问题上,柳宗元的思考呈现出了天人相分与天人合一同生共存的复杂性。前者通过批判天人感应论来突出人道的价值,人道的核心内容则是中正仁义的儒家正统价值;后者通过体验人与自然的交互融合为天道赋予了某种神性,从而填补了天人相分思想留下的情感空缺。柳宗元的天人合一思想显然不同于汉儒的天人感应论调,又有异于宋儒围绕天道、性命所建构的"天人合一"体系。他试图跳出汉儒的泥淖又"并未完全摆脱汉儒思维方式及其成果"[①],但那种通过置身自然、独自体验而生发的天人合一状态又何尝不与张载的"民胞物与"、王阳明的"万物一体之仁"等有相通之处?我们不能因为其主张天人相分而否定柳氏的儒家立场,也不能因其保留天人合一的思维而忽略其天人相分思想的理论和现实意义。也许正是在分合之间,一个人物的形象才得以鲜活,一个人生的经历才越发丰富,一个哲人的思考才显得厚重。

[①] 李伏清:《柳宗元儒学思想研究 —— 兼论中晚唐儒学复兴》,上海:上海社会科学院出版社2014年版,第224页。

第四节　天人一理，天人一体：宋明理学家的"天人合一"哲学

思孟学派相信人在本质上是与天同一的，所以才有以"诚"为核心的"天人合一"思想出现。这种思想影响了后世儒学特别是宋明理学的产生和发展。虽然在如何理解"天道"的真实性以及"人道"的具体内涵究竟为何等问题上，不同时期、不同派别的儒家学派各有不同的回答，但儒学基本上保持了这样一种由"人道"而建构"天道"、立"天道"以证成"人道"的特色。

一　"性与天道合一存乎诚"：张载的天人合诚论

在儒家"天人合一"思想之中，"诚"是一个关键的概念。为了论证儒家道德价值的合法性，思孟学派用"诚"来定义天道的本质，并围绕着"诚"来搭建人道与天道合一的关系。张载明确提出"天人合一"的命题，并将"诚"视为天道、性命合一的核心。

在张载看来，秦汉以来的儒者存在"知人而不知天"[①]的问题："姑指日月星辰处，视以为天。"[②]"'日月得天'，得自然之理也，非苍苍之形也。"[③]可见，张载不满于儒者们只是以感官探求天的自然属性，批评他们"未能究明其形上依据 —— 天地宇宙的固有属性与法则"。[④]张载哲学正是以对"天"的重新诠解而起始的。

（一）"太虚者天之实也"：气本论视野下的天道论

"天"在中国哲学中是个内涵非常丰富的概念，涉及自然、命运、义理、本体、超越等不同层次。《中庸》之"天"与张载所论之"天"都主要指宇宙万物的形上依据以及社会价值的本原，认为天的运行变化皆是真实无妄（"诚"）的，都有恒常的规律（"天道"）可循。但是，横渠哲学中"天道"之"诚"与思孟学派对"天道"

---

①《宋史》三六，北京：中华书局 2011 年版，第 12724 页。
②③《张载集》，北京：中华书局 1978 年版，第 177、12 页。
④ 方光华、曹振明：《张载思想研究》，西安：西北大学出版社 2020 年版，第 49 页。

的阐释有所不同："由太虚，有天之名；由气化，有道之名。"①"诚则实也，太虚者天之实也。万物取足于太虚，人亦出于太虚，太虚者心之实也。"②对于天的客观实存性，《中庸》以天地万物各司其职、生生化育的状态言之，张载则"从客观的角度来规定天道本体"③，通过"太虚"、"气"来进行更精细化的说明。

依张载的理解，天之"诚"在于"太虚"，那"太虚"又如何赋予天以实在性呢？"太虚"本是道家、佛教常用的一个概念，它的含义比较复杂：有时是指作为万物起源的浩瀚无垠的宇宙空间，与"天"基本同义；有时是指比天的阶次还高、可以包容天地的存在；在佛教中，一般被当作佛性、真如、法性的代称，意指佛性真如虚空无住，不可思量。统而言之，佛、道所言"太虚"以虚、无、空为特色。张载认为日月星辰的运转流行只是上天所体现出的外在现象，而"太虚"才是天的本质。那么，究竟什么是"太虚"呢？张载说："太虚无形，气之本体，其聚其散，变化之客形尔。"④"言虚者未论阴阳之道。"⑤张载认为："太虚"从本质上而言就是气，是指湛一无形、未分阴阳之气。它弥漫在空间中而飘散不定，是气的本然之体，也是宇宙万物的本原。由此，"天道"就是"太虚"运动变化的过程和规律，天道的实在性是通过太虚的存在和运化进行说明的，它已经具备了更多的客观向度，不再是仅以含混性的"诚"作概括了。可见，张载哲学中的"太虚"与佛、道所指差别甚大，虽有"虚"的名义，但"实"是它的本性。

张载认为：万物之产生，万象之展现，关键在于气的聚散变化，气之聚散则源于"太虚"之神秘莫测的动力机制——"神"。"神"促发阴、阳二气交互感应，不停地聚散离合而成就万物的生成与消灭，此即"二端故有感，本一故能合"。⑥万物乃由气之聚而产生，因此气散就意味着事物的消亡。气虽有聚有散，但又是无生灭的无限，因此它才能成为万物的本原。对于上述过程，张载曾概括说："太虚不能无气，气不能不聚而为万物，万物不能不散而为太虚。循是出入，是皆不得已而然也。"⑦这种"不得已而然"的过程和状态又被他称为"太和"："'太和'就是'太虚'与万物共存，并通过阴、阳二气的感应相互联系、相互作用的有机的统一体。"⑧可以说张载的天道论本质上是一种特殊的气本论。他将"太虚"物质化，视为无形之元气，将本来只是一个组成事物之质料的概念（"气"）上升为一切形态和性质的本原。正是在这个意义上，宇宙万物无时无处无"气"，无时无刻无

---

①②④⑤⑥⑦《张载集》，北京：中华书局 1978 年版，第 9、324、7、325、63、7 页。

③丁为祥：《虚气相即——张载哲学体系及其定位》，北京：人民出版社 2000 年版，第 102 页。

⑧侯外庐等：《宋明理学史》上，西安：西北大学出版社 2018 年版，第 93 页。

"无"，于是也无时无刻不"诚"了。张载的"太虚即气"命题"完整体现宇宙万物生成的根源性、动力性和秩序性"[①]，也体现了其试图统一形上与形下、有与无，但这种努力在将"气"视为形而下物质性存在的传统观念面前常常显得格格不入，也正因此，二程、朱熹等才一再批评张载的宇宙本体论。

（二）"性与天道合一存乎诚"：人道之诚与虚心、实行

儒者谈论天道的目的主要在于为人道立法。张载说："天人不须强分，《易》言天道，则与人事一滚论之，若分别则只是薄乎云尔。"[②]他讲"性与天道合一存乎诚"[③]，"诚"在其哲学系统中成为统合天人的形上依据。

"太虚"不仅是宇宙万物的生成根源，而且是道德价值的终极本体。张载需要说明作为本体的"太虚"如何具有伦理道德的价值，需要回答人道又是如何承接"太虚"之"实"的。《正蒙·天道》云："天道四时行，百物生，无非至教；圣人之动，无非至德，夫何言哉！"[④]这就是说：天道（太虚气化之道）的生生不已本身就有一种教化的意义，圣人之动成就至德，就是遵行天道的结果。《西铭》中论证"一体之仁"和"民胞物与"，认为人类对上天的真诚事奉、对其他社会成员的尊重和爱护都源于宇宙在"太虚即气"上的统一性。张载与其他儒者一样，也试图从天道运作的规律之中探寻人伦道德的依据。无论是天道的生生不已，还是阴阳的顺而不妄，抑或宇宙的一体之仁，都是天地之"诚"的体现。

"太虚"因"诚"而至善，那此"诚"性又是如何与人产生关联的呢？"诚"指的是"太虚"所具有的"实"性，正所谓"至诚，天性也"[⑤]，"诚者，虚中求出实"[⑥]。既然万物皆以"太虚"为本原，那么人也必定会秉承"太虚"的"诚"性。张载眼中的"心"是性与知觉的统合，"合性与知觉，有心之名"[⑦]，而"太虚者心之实也"，把人的道德本性与知觉能力归本于"太虚"。具体而言，"太虚"的"湛一"本性决定了人心具备"天地之性"。"太虚"不仅仅是一种生成道德价值的能力，还是一种能够产生"德性之知"即把握天道天性的知性能力。于是，人在感知至诚之天性的基础上，便能为安身立命寻找到最符合天道运作规律的方式和路径，最终使得"天地之性"完全实现。此一道德认知与价值选择的过程就是"反身而诚"，即将天道之"诚"贯通于人之心性而使人具备"诚"之善性。概括来说，作为人道的"诚"乃是尽人之性，特别是实现人的"天地之性"——"善反之则天地之性存焉"[⑧]。

在张载的思想中，"实行"是践行天道的关键一环。他说："穷得理又须要实

---

①林乐昌：《论张载对道家思想资源的借鉴与融通——以天道论为中心》，载《哲学研究》2013年第2期。

②③④⑤⑥⑦⑧《张载集》，北京：中华书局1978年版，第232、20、13、63、324、9、23页。

到。"①"天地之道无非以至虚为实，人须于虚中求出实。"②那么，如何从"虚"中求"实"呢？他说："人生固有天道。人之事在行，不行则无诚，不诚则无物，故须行实事。"③他将《中庸》"不诚无物"的本体论叙述转接为修养的功夫（又可作"工夫"），就此而提倡求实精神。在张载看来，"实"首先意味着天道的真实下贯，也就是将人性中本已具备的天道真实无妄地展现出来的过程。其次，"实"意味着重视现实生活，讲求事功实利，而不是空谈天道性命。再次，"实"还意味着人在道德实践中要诚信笃实，不弄虚作假。总之，与"太虚"本体之"诚"相对应的功夫之"诚"主要是重视实行、实践。

在求实的功夫上，张载尤为重视仁孝与礼义。他认为：天道的真实无妄体现为生生不已，人作为天地化生的产物之一，也有责任参与这个长久不已的过程中来，用孝亲之情对待天地，用仁爱之心关照万物，最终成就自己的本性。"诚，成也，诚为能成性也，如仁人孝子所以成其身。"④这种主张在《西铭》中体现为"民胞物与"的思想。仁孝固然为孔孟所提倡，但张载在这个问题上的视野更为阔大。他将天地万物看作仁孝的对象，体现出了博爱的特色。究其原因，主要在于其"诚"论是以气本论为基础的，万物在"太虚即气"的基础上实现了统一，形成一个"气化世界之整体"⑤，并共同在"太虚"本体的决定之下展现出"顺而不妄"、"各正性命"的最大真实。

张载认为"诚"与"礼"是密不可分的："诚意而不以礼则无征，盖诚非礼无以见也。诚意与行礼无有先后，须兼修之。"⑥他把遵礼、行礼视为人成就自我德性（"成性"）的必然途径，同时又将礼的实现与否归结于个体是否具备真实无伪的道德情感（"至诚"）。张载认为：礼存在的意义在于它使"诚"有了挂搭处，有了可以具体把握的标准和现实可行的内容。张载还依据"虚实相即"的思想对《周易》的"形而上者"与"形而下者"的区分进行诠释："无形迹者即道也，如大德敦化是也；有形迹者即器也，见于事实即礼义是也。"⑦由此得出：人道最主要的内容就是礼义。道德教化是从内而外的修持之道，而礼义是从外部对人的规范。张载希望人们能够"内外发明"，认为这才是"合内外之道"，也就是"天人合一"之道。

二 "天人本只一理"：朱熹的"天人合一"理论

（一）"性，即理也"：理本论视野下的"天人合一"思想

程朱理学的"天人合一"思想是建立在理本论基础之上的，即理是宇宙的本

---

①②③④⑥⑦《张载集》，北京：中华书局 1978 年版，第 333、325、325、192、266、207 页。
⑤ 陈赟：《张载哲学的本体论结构与归宿》，载《江西社会科学》2018 年第 8 期。

原和依据，理发动阴阳之气创生万物。二程说："天人本无二，不必言合。"①"天人之所以合一，在于一理相通，一气相通。"②人和宇宙万物一样都是源自生生之实理，生生之理真实作用于天地万物，可以说"万物皆只是一个天理"。③实理贯通于天、地、人之间，是自然规律和道德法则的统一体。它没有缺欠，完美自足，百理具备，虽散在万物之中，但万物具体之道理与宇宙根本之实理没有区别，这就是所谓的"理一分殊"。此即从天地的阴阳变易到人类的性命德教，从形而上的道到形而下的器，无非是理的主宰与作用。朱熹所论之理与二程之理无异，皆是指万物产生之本原：天地之间，有理有气。理乃形而上之道，生物之本；气则是形而下之器，生物之具。虽然理与气二者相即不离，但从逻辑上来看，先有实理才有是气。但是，理的存在又不是完全脱离于世的虚玄，它需要一个安顿、挂搭、附着的方所，这个方所便是气。理以其寂然不动、无造作、无计度的姿态展现了它作为真实本体的绝对与超越，又借助于由它所出的可以动静变化、流行发育、凝聚造作的气形塑出万事万物。这里的事物，"既是自然界、物理的东西，也包括意识、精神、心理的东西"。④

性就是理之在人者。程颢说："道即性也。若道外寻性，性外寻道，便不是。圣贤论天德，盖谓自家元是天然完全自足之物。"⑤所谓"道"，又是实理。因此，程颐说："性即理也，所谓理，性是也。"⑥他认为：人之本性与命运皆源于真实无妄之理，这就从根源上确保了人与天理的合一，与万物的一体。从原初的意义上来说，"天人合一"的境界是先天具有的，所以无须言"以己合彼"。⑦只是进入后天以来，由于受到外物之干扰，人之本性受到了障蔽，就阻断了"天人合一"的实现。因此，要想重回此种境界，就必须依靠人自身的努力，以"反身而诚"的方式来"识仁见性"，最终达到随处体认天理并时刻以实理为指引投身现实生活的状态。

同二程一样，朱熹也认为性乃理之具于人者，此即"性理"。他以其理气论的

---

① ③ ⑤ ⑥《二程集》上，北京：中华书局 2004 年版，第 81、30、1、292 页。

②《蒙培元全集》第 3 卷，成都：四川人民出版社 2021 年版，第 349 页。

④ 张立文：《朱熹思想研究》，北京：中国社会科学出版社 2001 年版，第 138 页。

⑦ 二程认为：诚合内外并不是真有内外之分、有化育与参赞化育之别，而是天人无间，"天理"本已在人身，天人皆诚，生化不已。"人与天地一物也。"（《二程集》上，北京：中华书局 2004 年版，第 120 页。）更直接一些，则是"天人本不二，不必言合"。（《二程集》上，北京：中华书局 2004 年版，第 81 页。）此外，程颢对《中庸》中的"参赞化育"之"赞"也作了具体的解释。他认为："赞"不是"赞助"的意思，而是"参赞"之义。他还说："只有一个诚，何助之有。"（《二程集》上，北京：中华书局 2004 年版，第 133 页。）

哲学解释了"性即理"之所以成立的依据:"命,犹令也。性,即理也。天以阴阳五行化生万物,气以成形,而理亦赋焉,犹命令也。于是人物之生,因各得其所赋之理,以为健顺五常之德,所谓性也。"[①]可见,性、理的内容实为儒家所倡导的仁、义、礼、智、信"五常之德"。朱熹说:"圣人之德,浑然天理,真实无妄,不待思勉而从容中道,则亦天之道也。"[②]儒家的至善正是"天理",从价值的角度而言,天与人也是合一的关系。在心性的内容中,朱熹也把"仁"视为根基性的观念,故也有以仁为心之体的倾向。推而言之,在朱熹看来,"仁"就是实理,实理兼天人而言之,故"仁"也有宇宙与人心的两面。

"天理"是指导人类行为的根本准则。朱熹说:"盖在天固有真实之理,在人当有真实之功。圣人不思不勉,而从容中道,无非实理之流行,则圣人与天如一,即天之道也。未至于圣人,必择善,然后能实明是善;必固执,然后实得是善,此人事当然,即人之道也。"[③]朱子的工夫论以人们对于实理的体知与信仰为前提,然后以实理确证实心,以实心安顿现实生活,同时又追求由现实之境向真实之境的复归。朱熹相信人之本然之性乃真实无妄之"天理"所赋予,故它从根本上来说是至善的,但是人的存在又必须借助于基于肉体的气质性要素,此气质之性多混浊不清,是情感性、非理性的,对本然之性会造成干扰,使其不能原本地显发流露。朱熹说:"此常人之心,所以虽欲勉于为善,而内外隐显,常不免于二致,其甚至于诈伪欺罔,而卒堕于小人之归,则以其二者杂之故也。"[④]这种夹杂着道德性原则与情欲性考虑的心理内容构成了人类活动的内部环境(即我们常说的"心情"),此"心情"就是人们思考问题、采取行动的心理动机。正是在这些动机的引导之下,人的思虑和行为不能像圣人那般气质清纯、浑然天理、从容中道、全体皆善。朱子希望人们都能够表里如一,即从内在之动机到外在之行为都是本然之性理自在显发之结果,也就是本心之实未尝间断,无一息之虚妄:"问'思无邪'。曰:不但是行要无邪,思也要无邪。诚者,合内外之道,便是表里如一,内实如此,外也实如此。故程子曰:'思无邪,诚也。'"[⑤]此思与行皆"诚"的结果就是借助于内里之善德而成就外表之善业,如此便是既"成己"又"成物",也就是思孟学派"诚之"、"思诚"之功夫最终目的所在。

(二)"天地万物本吾一体":人类的生态学使命

朱熹在构建"天人合一"理论的同时,也强调人的主体性。他认为:天地之

---

①② 朱熹:《四书章句集注》,北京:中华书局 2012 年版,第 17、31 页。
③ 黎靖德编:《朱子语类》四,北京:中华书局 1986 年版,第 1564 页。
④《朱子全书》陆,上海:上海古籍出版社、合肥:安徽教育出版社 2002 年版,第 592 页。
⑤ 黎靖德编:《朱子语类》二,北京:中华书局 1986 年版,第 543 页。

间二气交感，生出人类和万物，因此人与万物之间是同根同源的关系。但是，万物与人之间还是存在差别的。朱熹秉承儒家人本主义的传统观念，也将人类视为天地之间最为灵秀的存在："天之生物，有有血气知觉者，人兽是也；有无血气知觉而但有生气者，草木是也；有生气已绝而但有形质臭味者，枯槁是也。""故人为最灵而备有五常之性，禽兽则昏而不能备，草木枯槁，则又并与其知觉者而亡焉。但其所以为是物之理，则未尝不具耳。"[1]这段话强调的是在理一基础上的分殊，特别是人与万物的不同。究其原因，朱子认为是源于气禀之不同，人得气之"正且通者"，而万物得"偏且塞者"。他认为：人作为天地之间最为灵秀者，承担着一个特殊的使命——赞天地之化育。天地创生万物，但并不是对所有事情都能亲力亲为，很多时候需要人类予以协助。人生天地之间，混然中处，"尽其燮理之功，则有景风时雨而无戾气旱蝗，有五谷桑麻而无莨莠钩吻"。[2]可见，人之作用非常重要，如果没有人的燮理之功，就不会有天地万物的和谐有序。

人如何参赞化育？关键还是归结到一个"生"字上。朱熹曰："天地之心，只是个生。"[3]天地有生生之心，人要协助的就是要更好地实现这个"生"，也就是助长万物，对其加以爱护，合理开发利用，而不是暴殄天物，任意毁伤。这其实也是儒家所讲的"仁"，仁源于天地生物之心。朱熹曾经举例子说：人可以耕种、灌溉，以辅助天地生物、润物。更重要的是，人要"仁民爱物"，特别是对万物要有仁爱之心。朱熹认为："物，谓禽兽草木。爱，谓取之有时，用之有节。"[4]朱熹并没有停留在对孟子思想的阐发上，还提出了一些有可行性的具体措施。例如：他遵照《礼记》的记载，强调孟春之月祭祀所用的牺牲不使用雌兽、不猎幼兽、不取鸟卵、不杀怀胎母兽、不捣毁鸟巢等都是"爱物"的体现。在《劝农文》中，他依照一年的不同节气指导地方的农桑活动，无论是水稻还是粟、麦、麻、豆，他主张都要选择合适的土地条件趁时竭力耕种。陂塘之类的水利工程是农事之本，他认为尤其要协力兴修。对于那些不趁时耕作之人，他甚至主张官府要加以惩戒。对于土壤的利用，他强调要因地制宜，同时还要充分发挥人的聪明才智，通过犁翻、沤肥、除草等方式去保持土壤活性，以尽地力。可以说，朱熹的这些想法是"可持续发展思想，竭力维护'人—自然界'这个整体生态系统的平衡稳定，使人与自然和谐发展"。[5]

---

①《朱熹集》九，成都：四川教育出版社1996年版，第3067页。
②《朱熹集》十，成都：四川教育出版社1996年版，第3857页。
③ 黎靖德编：《朱子语类》七，北京：中华书局1986年版，第2634页。
④ 朱熹：《四书章句集注》，北京：中华书局2012年版，第370页。
⑤ 罗顺元：《中国传统生态思想史略》，北京：中国社会科学出版社2015年版，第209页。

三 "天地万物与人原是一体"：王阳明的天人一体论

（一）"心即理也"："天人合一"的心学表达

与程朱理学将客观的"理"看作宇宙万物之本原不同，陆王心学将精神性的"心"视为独立存在之实体。陆九渊认同孟子的思想，即每个人的"本心"都包含着"良知"、"良能"，此"良知"、"良能"就是仁、义、礼、智等道德内容，用理学的话语来讲就是"天理"。朱熹也认为"天理"能够"具足于吾身"，即所谓的"性"，性乃实理之所赋，因此从根本上来说，人性是善的；朱子还认同"心统性情"之说，认为性乃心之本质，而情是心的阐发和运用状态。虽然心与理之间有着非常密切的联系，但朱熹并不认同将理与心看作同一个东西，而"心即理"是陆氏有别于朱子的关键论断。在陆九渊看来，心与理是归一无二的关系，他所针对的就是程朱理学家于心外又别求一理的倾向，主张此天理本就在"吾"心之中，宇宙万物之演化及法则不出于方寸之间，因此"宇宙便是吾心，吾心即是宇宙"。这种理论创造的主观目的在于让世人相信宇宙法则和伦理规范就存在本心之中，人类努力的方向应该是自我挺立本心，彰显本有之良善德性，无须向外求索客观之"天理"。

王阳明也以"心"为本体。他认为：天地之运行发展规律（"天地之道"）是"常久不已"的，日月更替、冬去春来都是在天道常理的主宰下发生和持续的。这个"常久不已"即"诚"："夫天地之道，诚焉而已耳，圣人之学，诚焉而已耳。"[①] 此一天理看似具备真实无妄的客观性，但王阳明认为它不能离心而存在，天下无心外之事，更无心外之理："心即理也。此心无私欲之蔽，即是天理，不须外面添一分。"[②] 心乃"纯乎天理之心"，此心阐发和运用之处，实理自在流行。例如：将心用在侍奉父亲之事上，孝之理便自然生出；用在事君之上，忠之理也会不请自来。总之，心一旦就位，理自然显现，根本不需要从外部世界去探求一个真实的道理出来。如此，天与人就通过心联结起来了。反之，心若不诚，就不能回到"纯乎天理"的状态，天与人之间就出现了相离的状况，自然不会显现为仁、义、礼、智的事实，纵有希圣希贤之模样，也无法改变巧饰诈伪之内质，长此以往便会造成圣学不明而大道衰落。王阳明所针对的是当时社会存在的道德危机。他认为：这种

---

①《王阳明全集》中，上海：上海古籍出版社 2011 年版，第 1000 页。
②《王阳明全集》上，上海：上海古籍出版社 2011 年版，第 3 页。

危机的产生，在很大程度上源于士人将学习儒家经典当成求取功名利禄的门径，而忽略了孔孟之学明德亲民之实质。一旦经典的文字只是作为记诵的材料和标榜自我的工具而不能真正发挥提升自我道德水准的作用时，"衣冠禽兽"就会层出不穷了。天人分离带来了知行不一——"知"并没有显现为它应该有的"行"，"行"也并非来自语言文字上的"知"，行不顾言，言不顾行。针对这种状况，王阳明特别提出了"知行合一"的思想，其核心旨归就是反对空言，提倡力行，但"知行合一"最终还是要落实到心之上："求理于吾心，此圣门知行合一之教。"①"天理"居于"吾"心，便是天与人的合一，可以说"知行合一"即是"天人合一"。

（二）"致良知"与万物一体

王阳明还有"致良知"之论。孟子曾以孺子入井等事例说明人有道德的"良知"、"良能"。王阳明特别看重此一"良知"，将其与"心"视为同一概念，认为心的本质属性就是"良知"，人之恻隐之心不在于孺子本身，而来源于"吾心之良知"。"良知"首先是一种"虚灵明觉"的道德能力，其最大的特点在于自身能够直觉判断善恶，并引导人们趋善避恶，正所谓"知善知恶是良知"。它是道德的原初可能性与内在发动力。从这个意义上来说，"良知"就是"天理"，就是"本心"，就是"道"："良知是天理之昭明灵觉处，故良知即是天理。思是良知之发用。"②从王阳明对"良知"的阐释出发，可以得出"天人合一"的结论。

在王阳明看来，"良知"既然是"天理"，那么它与"天理"一道必然是真实的。王阳明将"良知"的真实性称作"真诚恻怛"。他说："故致此良知之真诚恻怛以事亲便是孝，致此良知之真诚恻怛以从兄便是弟，致此良知之真诚恻怛以事君便是忠。只是一个良知，一个真诚恻怛。"③但是，"真诚恻怛"是一种理想状态下的必然性，人心一旦落入现实情境就不得不面对各种因素的影响。在很多情况下，这些影响都是消极性的，会影响"良知""真诚恻怛"之善性的实现。因此，王阳明才特立一"致"字来标示对"真诚恻怛"的不懈追求。在孔子那里，"致"是"至"的意思，说"君子学以致其道"（《论语·子张》）；在朱熹那里，"致"有"极"、"尽"的意思；王阳明"致良知"之"致"则主要是"推广"、"扩充"的意思，这受到了《孟子·公孙丑上》之"凡有四端于我者，知皆扩而充之矣"的启发。"致"既指向了本体，又指引了功夫，功夫即本体。但是，"致良知"作为一种功夫，只是一种指导性的总原则，显得有些粗疏而不易着手，因此还需要确立一些更为具体可行的方法来保证"致良知"的实现。王阳明认为"良知"的作用有两种形式："良知明白，随你去静处体悟也好，随你去事上磨炼也好，良知本体原是无动无静的。"④这就

①②③④《王阳明全集》上，上海：上海古籍出版社2011年版，第48、81、95—96、119页。

意味着"致良知"大体上有两种进路——一种是向内的反省体悟；一种是向外落实于具体事物。当然，这两种进路不应是分离的，而是需要同时进行的。王阳明将儒家"格物"、"明善"、"诚意"、"诚身"、"居敬"、"穷理"等一系列修养工夫论范畴全部纳入其"致良知"体系中，将它们全部归结为一种回归本心良善之体而成就仁、义、忠、孝德业的"反身而诚"、"知行合一"之功夫。

在王阳明"致良知"理论中，也包含着"万物一体"的思想。"良知"即"天理"，"天理"通过气创生万物，此生生之"良知"便是"仁"。在王阳明看来，"天地万物与人原是一体"[①]，天地万物就像是人类的四肢、身体，这种一体首先体现在气也就是构成宇宙的物质性存在上。他在回答弟子朱本思提出的"草、木、瓦、石是否也有良知？"这个问题时指出：五谷、禽兽能够为人所食，生养人类；药石能够帮助人类治疗疾患，疗愈毁伤的躯体。人类与动植物以及药石之类存在这些关联，"只为同此一气，故能相通耳"。[②] 天地万物不仅在气上实现了统一，在"良知"、"仁心"上也是如此。他也承认人的独特之处，人因其心的一点灵明（"仁"）能够体验万物一体的境界，换句话说便是"要体验到这种一体，却必须依赖于人的良知"。[③] 但是，这并不意味着他认为只有人才有"仁"、才有"良知"。在他看来，鸟兽、草木、瓦石皆有"仁"和"良知"，并且其"仁"和"良知"都是一体的。他说："人的良知，就是草、木、瓦、石的良知。若草、木、瓦、石无人的良知，不可以为草、木、瓦、石矣。岂惟草、木、瓦、石为然，天地无人的良知，亦不可为天地矣。"[④] 如此，人与万物便在"良知"的驱动之下构建起了一幅相亲相爱的和谐画卷。当然，王阳明谈论万物一体并不是要说服鸟兽、草木，使它们相信自己都有"良知"，而是要在人类中宣扬"仁爱"之心。王阳明认为：真正能做到以万物为一体的是圣人、大人，而对于普通人来说，因为有私心物欲存在，"良知之仁"便被隔绝、蔽塞了。圣人对此感到忧虑，于是"推其天地万物一体之仁以教天下，使之皆有以克其私，去其蔽，以复其心体之同然"。[⑤] 可见，天地万物一体的思想终归是要回到"仁"上，回到人类对万物展现关爱的"良知"上，或者说"天人合一最终落实到人的道德良知与本心之上"。[⑥] 正是有这样的"仁"和"良知"，万物才能生存，天地才有意义。这种"天人合一"的思想本身蕴含着人类以"仁爱"之心对待自然万物的生态学智慧，其现实意义值得进一步发掘。

---

① ② ④ ⑤《王阳明全集》上，上海：上海古籍出版社2011年版，第122、122、122、61页。

③ 杨清虎：《儒家仁爱思想研究》，北京：民主与建设出版社2017年版，第106页。

⑥ 朱晓鹏、赵玉强等：《向道而生：传统生态文化与休闲思想》，上海：上海古籍出版社2017年版，第54页。

第五节 儒家"天人合一"思想的 现代价值与转换发展

经过以上简单的梳理,我们对儒家"天人合一"思想的样貌有了大致的认识。基于对"天"的不同理解,儒家"天人合一"思想存在三种基本的形态,即:当"天"以自然之天的意义呈现时,"天人合一"主要指人类与自然和谐相处;当"天"指主宰之天时,"天人合一"常常体现为天人之间相互感应的思想;当"天"主要被理解为义理之天时,"天人感应"强调的是天道与性命相互贯通。"天人合一"的不同形态体现了儒家关于宇宙、自然、自我、宗教、道德等的多样性认识,体现了儒者的人文情怀和价值理想。这些认识、情怀和理想虽有其产生和演化的特定历史语境,但其中的核心观念能够超越时空,在现代社会依然具有重要的启示和借鉴意义。当然,对于传统的"天人合一"思想不能完全照搬照抄,这中间必须经过一个创造性转化和创新性发展的过程。

一 追求人与自然的和谐相处

当今人类社会面临的一个很大的问题就是生态环境的恶化——气候变暖,环境污染,森林面积减少,一些动植物濒临灭绝,人类生存与发展所必需的自然资源逐渐枯竭……究其原因,根本在于人在认识和利用自然方面出现了严重的偏差,要么以二元对立或人类中心主义的立场看待人与自然的关系,要么对自然资源极尽索取之能事而疏于保护,要么超出自然的承受范围去追求无限制的增长。这些误区已经严重影响了人类的生存环境和发展质量,保护生态环境、追求人与自然的和谐越来越成为当今世界的一种共识。儒家"天人合一"理念里蕴含着丰富的生态保护思想,如追求天与人的和谐,强调天、地、人合一的系统性思维,敬畏和遵从自然界的客观规律,明于天人之分而不与天争职,按作物的季节生长规律进行耕作,以时禁发、无失其时,仁民爱物、民胞物与、泛爱群生,强调万物之间的平等关系,适度索取、以时取物,反对滥用和毁坏自然资源,节用御欲以便实现可持续发展,等等。总之,儒家眼里的宇宙是一个充满活力的生生系统,在一体相融的状态之下万物不断地生成和发展，正是在人与自然的和谐相处之中人类才能实现其主体价值。从保护生态环境这个角度来说，以上内容放在当今世界无疑仍具有很大的借鉴意义，也具有很强的可实操性。

人与自然的和谐相处不仅表现为人对宇宙万物的爱护，还体现为人置身于自然之中，寻求心灵的释放与解脱。人生道路不可能一帆风顺，对于古人特别是一些文人士大夫而言，一旦面临命运的捉弄、人生的苦难，他们往往会选择寄身山林、归隐田园。山林川泽本来无言，却成为文人、儒士遣兴抒怀的媒介，成为他们情感和心绪的投射物，成为他们生机和希望的孵化之处，成为他们暂时摆脱苦恼、赢回自由的隐秘之地。"自由的生命意态只能产生在充满无限可能的生态环境之中。"[1]陶渊明的田园诗歌体现了这一点，柳宗元的游记散文印证了这一点，梭罗于瓦尔登湖畔的窃窃私语以及利奥波德在沙乡的所见所闻又何尝不是如此！与古人相比，我们生活在一个更自由、更开放的世界，机遇越来越多，实现人生价值的途径也更加丰富，但物质的诱惑、竞争的激烈仍然催生了一些失意者和空虚者。"人该如何慰藉受挫的心灵？"成为我们不得不面对的时代之问，而类似于柳宗元的"天人合一"思想可以给出一种可能的答案。不过，儒家回归自然的选择不同于道家的自然无为。前者的回归更多的是暂时的，是以退为进，暂时寻求心灵的安慰以等待新的进取机会；后者的回归则是为了无为，是要从现实世界中抽离出来。可见，同样是"天人合一"，二者却一进一退。对今人而言，到底该如何选择确实是一个复杂的问题，要权衡各种因素才能作出最终的选择。从儒家的视角来看，整个社会还是需要刚健有为、积极进取之人；从当今中国的现实来说，国家也需要一批踔厉奋发、加油实干的奋进之士。在置身自然以体验"天人合一"、放松身心以慰藉受挫心灵之后，我们希望有更多的不断为美好生活而奋斗的力量出现。

二 确立理性平和的终极关怀

天人感应论形态的"天人合一"思想自然有其不合理之处。其实，早在这种论调盛行的年代，一些具有唯物主义倾向的思想家就已经开始对其进行激烈的批判。例如：王充就继承荀子的"天人相分"思想，明确指出自然界有自己的运行规律，天道自然无为，自然界是无目的、无意识的，绝不会因为人的主观情感而改变。他还特别批判了当时盛行的天人感应论调的实践形式——巫术、祭祀，

---

[1] 韩经太、陈亮编注：《天人合一》之《前言》，北京：人民文学出版社2018年版，第3页。

把这些宗教性神秘仪式的欺骗性揭示了出来。在他看来，所谓的"天人感应"不过是人们对灾变的主观反应而已，说到底只是触景生情而引发的怪诞体验。汉魏之间的荀悦曾著有《申鉴》一书，该书提出统治者在政治上应重人事，"先成民，而后致力于神"①，肯定人事对于吉凶祸福的重要作用，批评卜筮、禁忌、淫祀、方术、谶纬等行为的荒诞、不足信，提出君主应以"中、和、正、公、诚、通"为行事的六个原则，归根结底就是要"本乎真实"②。这与王充思想里疾虚妄、求真实的理性精神相一致。

平心而论，浸润在天人感应、阴阳灾异思潮之下的"天人合一"观念生而就带有更多的神秘性、虚妄性的色彩，现代学者对它的反理性、荒诞化基本上持一种批判、否定的态度。但是，我们也注意到，对于作为人格神的"天"的虔诚更多的是对君主德性的要求，儒家神学化、灾异化思想的出发点是为统治上层确立一种来自至上神明的规范。从理论上来讲，这种悬在君主头上的"达摩克利斯之剑"或多或少是对绝对王权的一种限制，君主无论是出于功利的考虑还是出于内心的恐惧，多少都会检点自己的政治作为，审视王朝的治理策略，希望维持一个长治久安的政权。也就是说，两汉"天人合一"观念虽然在形式上表现出怪诞的特点，但其实质内容并非毫无可取之处。当代有儒者认为现代社会之所以会出现极端世俗化的倾向，其根本原因在于神圣价值也就是永恒超越价值的源头被截断了，一切都从人类现时的、眼前的利益出发，不考虑长远和永久。针对这些问题，他们主张要"复魅"："所谓'复魅'，就是恢复宇宙世界社会人生的神圣性，接上被近代西方文化截断的神圣价值源头，让超越永恒的神圣性价值重新进入人类生活的各个领域，使世界成为一个具有永恒意义的人类栖身之所。"③还有儒者直接主张恢复政治神学，要往政治领域注入具有中国特色的儒家神学性因素，使"天道"不仅作为个人修养之指引，还要成为整个政治社会之规范。不过，历史已经证明，对天道汲汲求取的政治神学虽能起到一定的整合、矫枉意义，但最终难免流于对政权正当性进行矫饰、为君权合法性提供证明，其欺世盗名、愚弄民众的成分难以消除。

必须指出的是：我们不应该依赖那些神秘主义的感应之说，更不应该将现代社会的良善治理秩序寄托在所谓神圣的、超越的天道启示之上。天道只不过是人道的映象，这世界没有什么救世主，如果非要说有的话也只能是具有理性精神的人类自身。真正主宰历史的应该是人类精诚的力量，但这种精诚的对象不是

①②《潜夫论 申鉴 中论 中说 颜氏家训》，沈阳：辽宁教育出版社2001年版，第10、2页。
③ 蒋庆：《儒学的时代价值》，成都：四川人民出版社2009年版，第74页。

天道、鬼神的神秘力量，不是天人感应的巧伪虚妄，不是鼓吹君权的专制君王，而是人之为人的才智勇气、求真务实的平和精神、审时度势的智慧抉择、内圣外王的终极关怀。

三 实现安身立命的价值理想

思孟学派以及很多宋明理学家试图在天道与心性之间建立某种联系，为儒家伦理道德系统进行哲学上的论证。他们认为人的本性与作为本体的天（理、心、太极）存在一致性，伦理道德来自天道本体的启示，因此一切道德的践履活动都要以复归人之本然的德性为依归，并借此而上达天道，实现天与人在现实生活中的完美合一。在儒家"天人合一"观念的影响下，西方文化里那种依靠超越的外部力量来映衬人间的种种缺陷、鞭策人们向上努力的路径在中华文化体系中就显得不合时宜。中国人的宗教精神更多的是向内寻求，即所谓的"内在超越"。在这个超越的过程中，虽有天道在名义上起着主宰的作用，但真正可以依靠的是人作为主体的能动性与自觉性，而不是所谓"上帝"的启示。可以说，一方面，"天人合一"观念保留了天道作为超越对象的宗教性因素，并将其定位为人类德性的本原，从而为道德实践建立先验的理论根据；另一方面，"天人合一"关注的重点并不在于超越对象的神圣性与至上性，而是将目光聚焦在主体的德性实践之上，并通过这种德性实践来证成宇宙本体和道德良知的真实性和超越性。儒学在发展的过程中虽呈现为各种形态，但其根本宗旨无不指向人类如何通过成就良善的心性来实现人格的提升，最终达到成己成物、参赞化育、内圣外王、安身立命的境界。在当代世界，人们面临着价值失落、道德滑坡、信仰缺失等问题，这就越发凸显出儒家"天人合一"观念中对于天道性命的深切思考以及所展现出的道德人文理想依然具有重大的现实意义。

儒家"天人合一"观念暗含一种德性的信仰，相信良善的本心、本性能够具足于"吾"身，只要精诚地追求之、践行之，就能成就一个充满德性光辉的完美人格。这种信仰能够起到一种教化作用，使人朝着真、善、美的价值方向维系、提升，最终完成自我存在之意义。但是，理想与现实之间毕竟存在差距，能够真正达到"天人合一"境界的圣人只是少数，大多数人是存在于现实人生中的芸芸众生。钱穆说："在中国思想中，'天''人'两者间，并无'隐''现'分别。除却'人生'，你又何处来讲'天命'。"[1]对现代人而言，人可以追求成圣，但首先要从常人做起。常

---

① 钱穆：《中国文化对人类未来可有的贡献》，载《中国文化》1991 年第 1 期。

人就免不了七情六欲，免不了意气之争，免不了受个人偏见的误导。即便是对于理性的个体而言，其在思考价值标准、建立道德规范的时候也可能出于不同的考量而得出相互矛盾、相互冲突的结论。依照儒家的标准，个体需要节制自己的欲望，中和自己的性情，照顾他人的利益，以仁爱之心对待天地万物。人类最终要靠自己来拯救，这种拯救不是所谓的脱离于世的罪罚福报，而是对于自身现实问题的当下解决。

总之，儒家"天人合一"思想含义丰富，体系庞杂，意义重大。对于现代人而言，虽然"天人合一"更多的只是一种理想境界，但人最佳的状态也许正是"永远只在乾乾精进的途程中"[①] 去努力达到这种理想境界。

---

① 李景林：《教养的本原：哲学突破期的儒家心性论》，北京：北京师范大学出版社 2009 年版，第 284 页。

第十七章

格物致知

儒家的"格物致知"思想最早记录在《礼记·大学》中。其文曰："欲正其心者，先诚其意；欲诚其意者，先致其知；致知在格物，物格而后知至。"宋代以前，《大学》尚未单独成篇。北宋时期，司马光作《大学广义》一卷，又作《致知在格物论》一卷，自此格物致知论居圣门为学功夫之先，随着《大学》的独立而日渐受到儒者的重视。儒者结合各自的思想体系对"格物致知"进行阐发。特别是南宋朱熹将《大学》作为四书之一，承二程之意重新编排《大学》章次，为原文的"格物致知"作《补传》，并将《大学》排在四书之首，此举引起了很多儒者的讼争。此外，"格物致知"因其自身蕴含的特有理论内涵，成为儒学抗衡释老之学的重要思想资源。历代学者对"格物致知"的解释呈现出不同的特点，莫衷一是。明代刘宗周曾总结说："格物之说，古今聚讼有七十二家。"[①] 这尚系就晚明之前而言，加上明之后各家诠释则远不止七十二家。从历代学者的注释来讲，汉唐时期的学者多注重对文字的注疏；宋明时期的学者开始倾向于对义理的发掘；清代的学者则具有考据学和义理学融合的特质，在阐发义理的同时也注重对字义的考据。余英时曾阐述清代的儒学发展，打破了传统上一般认为清代儒学不过是宋明理学余波的观点，认为"清儒绝不是信手撷取某一段经文来施其考证的功夫，至少在考证学初兴之际，他们对考证对象的选择是和当时儒学内部的某些重要的义理问题分不开的"。[②]

第一节　儒家格致思想探源

最早对《大学》"格物致知"思想进行解释的是汉代经学家郑玄。郑玄（127—200），字康成，北海高密（今属山东）人。他遍注群经，在中国经学史上是举足轻重的人物。他对《大学》"格物致知"的注疏对后世儒学影响很大。朱熹曾评价郑玄曰："郑康成是个好人，考礼名数大有功，事事都理会得。如汉《律令》亦皆有注，尽有许多精力。东汉诸儒煞好。"[③] 唐末李翱打破"注不破经，疏不破注"的

---

① 《刘宗周全集》第 2 册，杭州：浙江古籍出版社 2012 年版，第 618 页。
② 余英时：《论戴震与章学诚》，北京：生活·读书·新知三联书店 2000 年版，《自序》第 2—3 页。
③ 黎靖德编：《朱子语类》六，北京：中华书局 1986 年版，第 2226 页。

传统，从心性论角度重新诠释了"格物致知"，对宋明理学影响甚大。

一 郑玄、孔颖达对"格物致知"的疏解

东汉时期，著名经学家郑玄最先开始为"格物致知"作注，曰："知，谓知善恶吉凶之所终始也。格，来也。物，犹事也。其知于善深则来善物，其知于恶深则来恶物，言事缘人所好来也。"[①] 以"来"释"格"，"物"与"事"同，以"知善恶吉凶之所终始"释"知"，这对后世影响很大。唐代经学家孔颖达秉持"注不破经，疏不破注"的原则申述郑玄作疏曰：

> "致知在格物"，此经明初以致知，积渐而大至明德。前经从盛以本初，此经从初以至盛，上下相结也。"致知在格物"者，言若能学习招致所知。格，来也。已有所知，则能在于来物。若知善深则来善物，知恶深则来恶物。言善事随人行善而来应之，恶事随人行恶亦来应之。言善恶之来，缘人所好也。"物格而后知至"者，物既来，则知其善恶所至。善事来，则知其至于善；若恶事来，则知其至于恶。既能知至，则行善不行恶也。[②]

郑玄和孔颖达的解释带有浓厚的感应论色彩，这应该是受到了汉代天人感应论的影响。"知"是"知善恶吉凶之所终始"，先知某种事物是善还是恶，然后对应地会招来善恶之事。这表明知某种事物的善恶在前，而某种善恶之事会来在后。孔颖达认为：人的思想能对外物产生感应，来物的主体与客体之间存在着因果关系，知善深则来善物，知恶深则来恶物。人对善恶的认知和信仰决定着要发生在人身上的善恶之事。简言之，即知先来后。郑、孔的解释是想借助天人感应论为人确立善的道德价值观，并明确阐述人如心存恶念就会招来恶之事，以此来警示人不能行恶，否则就会招来恶的"报应"。相较而言，郑玄的解释多是从道德视角来解读的；唐代孔颖达"'致知在格物'者，言若能学习招致所知"则强调学习可以改变人之知，具有比较明显的认识论特色。

但是，细究不难发现，郑、孔的解释中存在明显的矛盾。《大学》原文是："致知在格物，物格而后知至。"从逻辑关系上来说，格物在前，致知在后，致知在于格物。然而，经郑、孔解释之后，"格物致知"变成了"知善恶之事而后善恶来"，

---

①② 李学勤主编：《十三经注疏·礼记正义》下，北京：北京大学出版社 1999 年版，第 1592、1595 页。

即"致知而后格物"，"致知"是因，"格物"是果，与《大学》的"格物致知"在逻辑上不相合。

对于郑玄以"来"训"格"，在北宋之前很少有人提出异议，因其训释也有文献学上的依据。唐代孔颖达认同郑玄的解释，并对以"来"训"格"作了解释，即解释之所以"致知在格物"，是因为其中关键在于"能学习招致所知"。关于"格"字的本义，《说文解字·木部》的解释是："格，木长貌。从'木'，'各'声。"段玉裁注曰："木长貌者，'格'之本义。引伸之长必有所至。故《释诂》曰：'格，至也。'《抑》诗传亦曰：'格，至也。凡《尚书》格于上下、格于艺祖、格于皇天、格于上帝，是也。'此接于彼曰至，彼接于此则曰来。郑注《大学》曰：'格，来也。'凡《尚书》格尔众庶、格汝众，是也。"[1]在清代人段玉裁看来，以"至"、"来"训"格"是有先秦文献作为例证的。

此外，郑玄以"事"释"物"的解释多为后世学者所接受和肯定，对儒学产生了很大影响。程颐曰："物则事也，凡事上穷极其理，则无不通。"[2]朱熹亦采此说曰："物，犹事也。穷至事物之理，欲其极处无不到也。"[3]明代王阳明亦承续此思想传统，肯定"物即事也"。[4]

二 李翱对"格物致知"的新诠释

自郑、孔二氏注疏《大学》"格物致知"，至唐代末，儒者基本承袭郑、孔二氏之说，未有新释。但是，在唐代，佛教兴盛发达，儒学的发展面临巨大挑战。唐末儒者李翱（772—836），字习之，陇西成纪（今甘肃静宁西南）人，为了应对佛教的挑战，捍卫儒学的地位，作了著名的《复性书》，对《大学》的"格物致知"提出不同于郑、孔的解释，曰：

> 物者，万物也。格者，来也，至也。物至之时，其心昭昭然，明辨焉而不应于物者，是致知也，是知之至也。知至故意诚，意诚故心正，心正故身修，身修而家齐，家齐而国治，国治而天下平，此所以能参天者也。[5]

李翱训"物"为"万物"，训"格"为"来"、"至"，这与前人没有什么不同，而关

---

① 段玉裁注：《说文解字注》，杭州：浙江古籍出版社1998年版，第251页。
②《二程集》上，北京：中华书局2004年版，第143页。
③ 朱熹：《四书章句集注》，北京：中华书局2012年版，第4页。
④《王阳明全集》上，上海：上海古籍出版社2012年版，第41页。
⑤ 李翱：《李文公集》，上海：上海古籍出版社1993年版，第9页。

键在于他对"格物致知"的整体训义与郑、孔之说大有不同。对"格物致知"的含义，他抛弃了感应论的训释方法，将郑玄所颠倒的格物、致知（知先格后）的逻辑顺序重新正过来，从心性修养的角度给予了新诠释，前人未有类似"物至之时，其心昭昭然，明辨焉而不应于物者，是致知也，是知之至也"的解释。他从心体（性体）与万物的关系着手，强调万物因各自具有不同的属性而能满足人不同的欲望需求，如粮食能满足人饱腹的需求，药材能满足人医病的需求。物虽然能满足人的欲望，但人不能因此为物欲所牵引，而要使心保持一种"昭昭然"的状态，要明辨其中的善恶利害，从而达到不被外物所系累，这就是"格物"要达成的目标。这个目标的达成即为"致知"，心体昭明即为"致知"。显然，李翱所言"致知"之"知"不是"知识"之"知"，杨儒宾认为此"知"是一种类似"般若智"或"德性之知"的创造性直觉。[①] 此观点当合李翱"格物"之旨。与此对应，李翱说的"物"也不是一般的万物之物或作为人之认知对象的物，而是为心性所融会贯通的物，即其所言"广大清明，照乎天地，感而遂通天下之故"之物，"性之与物，正如体之与用。这样的'格物致知'基本上是境界语，'格物'是境界所至的自然产物，它没有独立的意义，学者根本不必做'格物'的工夫。""李翱的格物论将'格物'心性形上学化了。"[②] 在李翱看来，格物显然不是认识客观事物的方法和手段，而是恢复人性之本明即复性的功夫，如此则格物与意诚、心正就自然地联系起来了。李翱从心性修养诠释"格物致知"的方法对宋明理学的启发很大。

总之，宋以前儒学对"格物致知"的训释基本上是立足于道德的角度进行的。郑玄、孔颖达以汉代的天人感应论为诠释基础，试图通过凶恶谴告的方式来引导人行善弃恶，将"致知"作为"格物"的前提，宣扬善恶之知与人的命运密切相关。但是，这种解释借助某种神秘力量来引导人行为的方式不仅在理论上是薄弱的，而且易将儒学引向谶纬神学的泥潭。因此，唐末的李翱为捍卫儒学地位，毅然抛弃了这种诠释，站在儒学"性善论"的立场上，从心性儒学的角度进行了新的诠释，从而深刻地影响了宋明理学。

---

①② 杨儒宾：《〈大学〉与"全体大用"之学》，载《杭州师范大学学报（社会科学版）》2012年第5期。

第二节　宋元儒家的格致论

自宋代开始，学风开始发生转变，宋儒开始跳出汉唐时期儒者传注经学的窠臼，力图阐发经学的义理，兴起质疑的精神，发掘经学文本的新义。司马光和张载即此一风气的开拓者。宋元时期，《大学》受到特别的重视，成为儒学的纲领性文献，其中的"格物致知"思想更是受到越来越多儒者的关注和阐发。儒者的诠释多从心性修养的角度展开，注重发掘其中的义理，呈现出明显不同于汉唐儒学的新特点。

一　司马光、张载的格致论

北宋儒者司马光（1019—1086）是宋代有名的宰相，因组织编撰《资治通鉴》的史学成就而为后人所熟知。他在儒学研究上也有相当突出的学术成就。他颇为推崇《大学》，是最早为《大学》作注的理学家。他不仅专文撰写了《大学广义》，还专作《致知在格物论》，对《大学》中的"格物致知"思想进行了较为系统的阐发。他说："《大学》曰：'致知在格物'，格犹扞也，御也。能扞御外物然后能知至道矣。"① 他认为"格物"之"格"就是"抵御、捍卫"的意思，"格物"就是"扞格外物"，就是"扞去外物之诱，而本然之善自明耳"。他在《致知在格物论》中作了详细阐发，曰：

> 人之情莫不好善而恶恶，慕是而羞非。然善且是者盖寡，恶且非者实多，何哉？皆物诱之也，物迫之也。桀、纣亦知禹、汤之为圣也，而所为与之反者，不能胜其欲心故也。盗跖亦知颜、闵之为贤也，而所为与之反者，不能胜其利心故也。不轨之民，非不知穿窬探囊之可羞也，而冒行之，驱于饥寒故也。失节之臣，亦非不知反君事仇之可愧也，而忍处之，迫于刑祸故也。况于学者，岂不知仁义廉耻之尚哉？升斗之秩、锱铢之利诱于前，

① 韩星：《〈大学〉〈中庸〉解读》，北京：中国社会科学出版社 2018 年版，第 21 页。

则趋之如流水，岂能安展禽之黜、乐颜子之贫乎？动色之怒，毫末之害迫于后，则畏之如烈火，岂能守伯夷之饿，徇比干之死乎？如此则何暇仁义之思、廉耻之顾哉？不惟不思与不顾也，抑亦莫之知也。譬如逐兽者不见泰山，弹雀者不觉露之沾衣，皆物蔽之也。故水诚清矣，泥沙汩之则俯而不见其影，烛诚明矣。举掌翳之，则咫尺不辨人眉目，况富贵之汩其志，贫贱之翳其心哉？惟好学君子为不然。己之道诚善也是也，虽茹之以藜藿如粱肉，临之以鼎镬如茵席，诚恶也，非也。虽位之以公相如涂泥，赂之以万金如粪壤，如此则视天下之事，善恶是非，如数一二，如辨白黑。如日之出，无所不照，如风之入，无所不通，洞然四达，安有不知者哉？所以然者，物莫之蔽故也。于是依仁以为宅，遵义以为路，诚意以行之，正心以处之，修身以帅之，则天下国家何为而不治哉？《大学》曰："致知在格物"，格犹扞也，御也。能扞御外物，然后能知至道矣。[1]

司马光不同意东汉郑玄以"来"训"格"的观点。郑玄曰："知，谓知善恶、吉凶之所终始也。格，来也；物，犹事也。其知于善深，则来善物；其知于恶深，则来恶物。言事缘人所好来也。此'致'或为'至'。"唐代孔颖达疏曰："'致知在格物'者，言若能学习招致所知。格，来也。已有所知，则能在于来物。若知善深则来善物，知恶深则来恶物。言善事随人行善而来应之，恶事随人行恶亦来应之。言善恶之来，缘人所好。"[2] 司马光对郑氏之训提出批评曰："郑氏以'格'为'来'，或者犹未尽古人之意乎！"[3] 司马光认为：郑氏以"来"训"格""未尽古人之意"，是因为"格犹扞也，御也。能扞御外物，然后能知至道矣"。这是从道德修养的角度来讲"格物致知"。司马光对"格物致知"的诠释显然借助了孟子的心学思想，强调"格物"之义就是能够抵御人心对外物产生的不良欲望，将人心产生的对物的欲望挡在心之外，捍卫心体纯正无杂的状态，然后就能知晓圣人之道。

北宋的另一位思想家、关学的创始人张载（1020—1077）也对《大学》的"格物致知"思想进行了训释，曰：

> 虚心则能格物，格物则能致知。其择善也，必尽精微，无毫发之差，无似是之疑，原始要终，知不可易，然后为至也。致知在格物。格，去也。格去物，则心始虚明，见物可尽，然后极天下之虑而能思善也。致知者，乃为

---

① 韩星：《〈大学〉〈中庸〉解读》，北京：中国社会科学出版社2018年版，第20—21页。
② 李学勤主编：《十三经注疏·礼记正义》下，北京：北京大学出版社1999年版，第1595页。
③《温国文正司马公文集》第71卷，四部丛刊集部。

学之大本。夫学之始，亦必先知其一贯之道，其造则固有序也。格物，外物也。外其物则心无蔽，无蔽则虚静，虚静故思虑精明而知至也。①

这里需要注意的是：张载对"格物致知"的这段解释，并未收进章锡琛整理点校的《张载集》里，《宋史·张载传》亦未提及。因此，张载"格致"说并未引起人们的重视和关注。张载之释的一个重要特色就是加了"虚心"二字。在《大学》八条目里"格物"是最基础的层次，而张载在"格物"前加了"虚心"二字，以"虚心"作为"格物"的前提和基础。司马光强调"格物"就是将人心对物产生的欲望挡在外面，但对如何做"格物"工夫却并没有过多解释，张载将"虚心"置于"格物"之前，是对"格物"的新解释。

在张载看来，"虚心"就是一种排除私念、保持内心清静无欲的道德修养功夫。从道德根源上讲，"虚"何以能成为一种道德修养工夫呢？或者说，"虚"为什么能承担一种道德的职能呢？这与"虚"的性质是密切相关的。首先，"虚"是"天地之祖"。张载从宇宙论的角度说："虚者天地之祖，天地从虚中来。"②"万物取足于太虚，人亦出于太虚，太虚者心之实也。"③老子讲："道者，天地之祖、万物之宗也。其形也虚，其象也无，其性也自然。"张载将天地之祖由"道"替换为"虚"，意在强调"虚"不是"无"。张载认为："虚"是天地万物产生的根源，但不能理解为"无"。若将"虚"理解为"无"的话，则会导致"体用殊绝"的理论困境，即本体是"无"却能产生"有"的存在，陷入老子"有生于无"的空无之学。张载从反面批评说："若谓虚能生气，则虚无穷，气有限，体用殊绝，入老氏'有生于无'自然之论，不识所谓有无混一之常。"④其次，"虚"是"气之性"。张载曰："气之性本虚而神，则神与性乃气所固有，此鬼神所以体物而不可遗也。"⑤气作为一种存在，具有虚性，无时无刻不在产生天地万物，不会遗漏任何一物。但是，气之本体作为生之本，看不见，摸不着，只能从它生生之用中表现出来，"视之而弗见，听之而弗闻"正是气造化万物之功的一种描述。这正如朱熹所解释的那样："鬼神无形与声，然物之终始，莫非阴阳合散之所为，是其为物之体，而物所不能遗也。"⑥张载又说："太虚不能无气，气不能不聚而为万物，万物不能不散而为太虚。"⑦他认为：宇宙万物皆由气产生，太虚作为万物的本原也正是借助于气而实现的。太虚不能脱离气而独立存在，否则就会变成"无"。气聚而成物，但此物只是一个有限的存在，最终会消散。消散不是消失，它会转化为另一种

---

① 《景印文渊阁四库全书》120，中国台北：台湾商务印书馆1986年版，第31—32页。
②③④⑤⑦《张载集》，北京：中华书局1978年版，第326、324、8、63、5页。
⑥ 朱熹：《四书章句集注》，北京：中华书局2012年版，第25页。

存在，就像"冰释于水"的变化过程一样。聚、散都表现了气的功能和作用。万物有聚有成，亦有散有亡。宇宙是一个生生不息的过程性存在。当万物消散为太虚时，只是气的状态的一种改变，不是气不复存在。再次，"虚"是"天之德"。张载曰："大率天之为德，虚而善应，其应非思虑聪明可求，故谓之神，老氏况诸谷以此。"①"存心之始须明知天德，天德即是虚，虚上更有何说也！"②天德也是天性，天性又是人性的来源。"虚"用为天德的表现，就是无私的廓然大公，能应万物而无所求，所以说："天惟运动一气，鼓万物而生，无心以恤物。"③人心被私念充塞时，心是不能"虚"的，"虚"就是一个排除私意的过程。心有私意则不能公，只有当心是"虚"时，才能公平，"心既虚则公平，公平则是非较然易见，当为不当为之事自知"。④

二 程颐的格致论

程颐（1033—1107），字正叔，世居中山，后徙洛阳（今属河南），世称"伊川先生"。他认为：道德意识为人心所固有，既然如此，为何又要格物呢？伊川这样解释："知者吾之所固有，然不致则不能得之。""独格物则曰'物格而后知至'，盖可以意得而不可以言传也。""'致知在格物'，非由外铄我也，我固有之也。因物有迁，迷而不知，则天理灭矣。故圣人欲格之。"⑤这就是说：人皆有天之所与的固有的道德意识；同时，人又是一个血肉之躯，自然之物会因各自所具有的不同的属性而能满足人的各种不同的欲望，诸如衣能保暖、食能解饥等等。但是，一个不能忽视的客观事实是：人所本有的道德意识会"因物有迁"，很多人因物欲的牵引而不能守住本有的天理之性。正是由于一般人都容易受到物欲的牵引而失守本心，因此圣人强调"格物"，"格物"是"致知"的工夫，"致知"是"格物"的目的。另一个根本原因就是：物理和伦理是相通的，"天下只是一个理"，"万物皆是理"，"物物皆有理"。程颐认为："致知在格物。格，至也，如'祖考来格'之格。"⑥其兄程颢也有相同的诠释，曰："'致知在格物'。格，至也。穷理而至于物，则物理尽。"⑦"格物"就是穷理，"格犹穷也，物犹理也，（格物）犹曰穷其理而已也"。⑧这里以"至"训"格"是承袭前人，但又增加了"穷"字，则有程颐的发明。什么是"理"呢？"理"不仅是指人伦道德之理，还包括自然事物之理。程

---

①②③④《张载集》，北京：中华书局1978年版，第184、269、185、280页。
⑤⑥⑦⑧《二程集》上，北京：中华书局2004年版，第316、188、21、316页。

颐曰："凡眼前无非是物，物物皆有理。如火之所以热，水之所以寒，至于君臣父子间皆是理。"[①] 又曰："物理须是要穷。若言天地之所以高深，鬼神之所以幽显。若只言天只是高，地只是深，则是已辞，更有甚？"[②] 人人心中虽都有个"天理"，但它是潜存的，并不能直接转化为当下善的道德行为，需要通过"格物"的工夫将之激发出来，圣人说"致知在格物"也正是因为此。伊川曰："知者吾之所固有，然不致则不能得之，而致之必有道，故曰'致知在格物'。"[③]

如何通过"格物"工夫来穷得那个"天理"，最重要的是诚意去做。至于多大程度上能复明心中本有的"天理"，关键在于人的资质禀赋，"但立诚意去格物，其迟速却在人明暗也。明者格物速，暗者格物迟"。[④] 这里所谓的"明暗"，是指人的资质禀赋不同。正是由于"理"的含义很广，因此"穷理"的范围也很广："凡一物上有一理，须是穷致其理。穷理亦多端：或读书，讲明义理；或论古今人物，别其是非；或应接事物而处其当，皆穷理也。"[⑤]

伊川的格物十分强调亲身实践，曰："格物之理，不若察之于身，其得尤切。"伊川举了一个日常生活中常见的例子：一个被虎咬伤的人和一个没有被老虎咬伤的人谈论老虎的可畏，二者对虎可畏的认知是有明显不同的。他说："向亲见一人，曾为虎所伤，因言及虎，神色便变。傍有数人，见佗说虎，非不知虎之猛可畏，然不如佗说了有畏惧之色，盖真知虎者也。"[⑥] 这表明主体通过自我切身实践所体悟到的"理"来认知事物才会更深刻。伊川又以贵人和穷人对脍炙的感知为例，曰："且如脍炙，贵公子与野人莫不皆知其美，然贵人闻着便有欲嗜脍炙之色，野人则不然。"[⑦] 贵人与穷人都知道脍炙是美味，但为什么穷人对脍炙之美味的感知能力不及贵人呢？显然贵人有钱，可以经常吃到美味；穷人没钱，很少能吃到美味。正是二者因为对品尝美食实践的不同，才导致对美味的感知能力有很大区别。伊川还以自身对经典所载圣人之理的体悟为例，曰："学者须是真知，才知得是，便泰然行将去也。某年二十时，解释经义，与今无异，然思今日，觉得意味与少时自别。"[⑧] 经义虽无差别，但年长后因为人生经历的丰富，所以对于经典的体悟与年少时有很大差别。伊川强调"格物"之实践的重要性，也是在谈知、行的关系问题，强调知不能脱离行，脱离行的知不是真知，或将此换作我们今天通常所说的一句话，就是"实践出真知"。

在现实生活中，人们之所以会知而不行，根据伊川的分析，是因为人们获得的知不是真知，知得浅。只有知得透彻，才不会在实践中犯错误。颜子对自己做

---

①②③④⑤⑥⑦⑧《二程集》上，北京：中华书局2004年版，第247、157、316、277、188、188、188、188页。

得不够的地方能有充分的认知反省。伊川曰："颜子有不善未尝不知，知之至也；知之至，故未尝复行。他人复行，知之不至也。"①反观一般人之所以会重复犯错，就在于知得不深、不切，缺乏充分的认知反省。"知之深，则行之必至，无有知之而不能行者。"②伊川又曰："知至则当至之，知终则当遂终之，须以知为本。知之深，则行之必至，无有知之而不能行者。知而不能行，只是知得浅。饥而不食乌喙，人不蹈水火，只是知。人为不善，只为不知。知至而至之，知几之事，故可与几。知终而终之，故可与存义。知至是致知，博学、明辨、审问、慎思，皆致知、知至之事，笃行便是终之。如始条理，终条理，因其始条理，故能终条理，犹知至即能终之。"③

在这里，伊川将《中庸》的"博学之，审问之，慎思之，明辨之，笃行之"转化为知行关系，将博学、审问、慎思、明辨视为知，将笃行视为行，意在强调只有真知才能转化为行，若知而不行就不是真知。伊川虽没有像王阳明那样明确提出"知行合一"，但并没有将知、行分开，而是强调行的重要性——知是行之知，行是知之行。吕思勉认为："二程所谓致知者，原系且实行，且体验，非悬空摸索之谓也。""二程所言之格物，则其意本主于躬行。"④如果只顾冥心内求，而不注意实践，"格物致知"就会落空。

但是，如何才能做到"格物知至"呢？伊川认为：最重要的是意诚，亦可用"敬"来说意诚。诚、敬是两种最重要的涵养方法。"涵养须用敬，进学则在致知。"⑤"入道莫如敬，未有能致知而不在敬者。今人主心不定，视心如寇贼而不可制，不是事累心，乃是心累事。当知天下无一物是合少得者，不可恶也。"⑥伊川又曰："知至则便意诚，若有知而不诚者，皆知未至尔。"⑦意如果不诚，则知难至。反过来讲，如果有知却没有诚意，那么这样的知就不是真正的知。"知之既至，其意自诚，其心自正。"⑧"《大学》论诚意以下，皆穷其意而明之，独格物则曰'格物而后知至'，盖可以意得而不可以言传也。自格物而充之，然后可以至圣人。不知格物而先欲意诚心正身修者，未有能中于理者。"⑨

"格物"作为一种"穷理"的修养工夫，有两个问题：一个是是否"格物须物物格之"？⑩通过"格物"来"穷理"，"穷"本身含有"穷尽"的意思，这就牵涉到人们在"格物"实践中是否对物物都要格的问题，其背后蕴含的意思是：人的生命是有限的，天下之物又是无限的，以有限的生命去格无限多的物理，显然是不可

---

①②③⑤⑥⑦⑨⑩《二程集》上，北京：中华书局2004年版，第365、164、164、188、66、133、316、188页。

④吕思勉：《理学纲要》，北京：东方出版社1996年版，第90、92页。

⑧《二程集》下，北京：中华书局2004年版，第1241页。

能实现的。"穷"虽有"穷尽"的意思，但伊川并非让人去穷尽所有事物之理，很明显这是不可能实现的，提倡"穷"其实是为了让人不要浅尝辄止，因为"格物"是人一生都要做的工夫。伊川曰："格物穷理，非是要尽穷天下之物，但于一事上穷尽，其他可以类推。至如言孝，其所以为孝者如何，穷理，如一事上穷不得，且别穷一事，或先其易者，或先其难者，各随人深浅，如千蹊万径，皆可适国，但得一道入得便可。所以能穷者，只为万理皆是一理，至如一物一事，虽小，皆是有理。"①这里说得很明白：穷理并不是让人穷尽天下所有事物之理，而是让人于一个事物上去"穷"，即将这一个事物的理悟透彻。人们往往缺乏持之以恒的精神，对一物没搞懂，又去格另一物，这样显然不会有什么进步。如何格一物之理而通达万物之理？伊川提到了"类推"的方法，得出之所以能由一物推至其他物，正是因为"天下皆一理"的结论。另一个问题是"格物须物物格之，还只格一物而万理皆知"？②此问是：将某个事物的理弄明白了，就能搞明白其他事物的理了吗？如是，则似乎与上面讲的"类推"方法不矛盾。尽管从理论上来说，弄懂了某个事物或某些事物的道理，就可以弄明白其他事物的道理，但类推工夫是需要前提的，不仅要把某个事物弄明白，还要有积累，即由量变才能引起质变。想要走"格一物而万理皆知"的捷径是不可取的，即使是像颜子这样天资优异的人也做不到。伊川曰："虽颜子亦不敢如此道。须是今日格一件，明日又格一件，积习既多，然后脱然自有贯通处。"③他又说："物不必谓事物然后谓之物也，自一身之中，至万物之理，但理会得多，相次自然豁然有觉处。"④"脱然自有贯通处"是通过"今日格一件，明日又格一件"的不断积累实现的。

因此，关于伊川"格物穷理"工夫的认识不能走两个极端，即：一方面错误地以为"格物穷理"就是穷天下万物之理；另一方面"又不道是穷得一理便到"，贪图所谓的"捷径"，走向释老之学的虚无顿悟之法。伊川已明确指出"所务于穷理者，非道须尽穷了天下万物之理"，并强调"格物"时要注重日常点滴工夫的积累，"积累多后，自然见去"。⑤当然，尽管伊川的"格物"具有双重向度，一方面指向道德世界的"事理"，另一方面指向客观世界的"物理"，但其重点并不是客观世界的"物理"，而是道德世界的"事理"，其所致之知既不是关于客观世界的知识，也不是关于道德世界的知识，而是一种觉知——通过"格物"的方式来明觉人所固有的道德本性，即"天理"。这是我们把握伊川的格致思想要特别注意的地方。⑥

---

①②③④⑤《二程集》上，北京：中华书局 2004 年版，第 157、188、188、181、43 页。

⑥ 彭耀光：《程颐"格物致知"思想新探》，载《中国哲学史》2008 年第 1 期。

三 朱子的格致论

朱熹（1130—1200），字元晦，又字仲晦，号晦庵，晚称"晦翁"，理学集大成者，被后人尊称为"朱子"。朱子的"格物致知"思想主要承继伊川。朱子认为《大学》的传文部分没有解释经文"格物致知"的内容，因而断定这部分内容已亡，便以己意增补《大学》传文，即增加第五章《格物致知补传》，曰：

> 所谓致知在格物者，言欲致吾之知，在即物而穷其理也。盖人心之灵莫不有知，而天下之物莫不有理，惟于理有未穷，故其知有不尽也。是以《大学》始教，必使学者即凡天下之物，莫不因其已知之理而益穷之，以求至乎其极。至于用力之久，而一旦豁然贯通焉，则众物之表里精粗无不到，而吾心之全体大用无不明矣。此谓物格，此谓知之至也。[①]

朱熹认为：《大学》之所以讲"致知在格物"，是因为要致"我"之知，须通过即物穷理的方式才能实现。人心虚灵不昧，先天具有知的能力，但天下之物都有其理。由于天下之物的理（包括物理和事理）是不能穷尽的，人心之知的能力不能实现出来，因此《大学》始教必然要使学者格天下事物，而所格事物之理与人心之理是相同的，只要所格的事物经过慢慢积累而达到一定的程度之后，人心之知就会突然有所体悟。人一旦达到了这样的境界，就会内外贯通，而对众物之表里精粗没有不明白的，此时人心所本有的"天理"也因此会完全彰显出来。这就是"物格"，也就是"知之至"。从朱子的诠释来看，尽管心之理与物之理是同一的，但心之理需要通过格外物的方式才能彰显出来，这显然是对程颐"即物穷理"思想的继承和发挥。

相对于《大学》的治国、平天下而言，朱子曰："格物、致知，比治国、平天下，其事似小。然打不透，则病痛却大，无进步处。"[②] 朱子将"格物致知"工夫视为人之"凡圣之关"。[③] 朱子认为：《大学》的工夫有一个次第，但这个次第只是代表了为学的一个大概路径，并不是严格意义上的"不先做到此就不能达到彼"的刚性次第。比如：说致知、格物而后意诚，并不是说一定要等物格、知至之后才能诚意，否则就不能诚意。朱子曰："圣人说得宽，不说道能此即能彼，亦不说道能此而后

---

① 朱熹：《四书章句集注》，北京：中华书局 2012 年版，第 7 页。
②③ 黎靖德编：《朱子语类》一，北京：中华书局 1986 年版，第 312、298 页。

可学彼。只是如此宽说，后面逐段节节更说，只待人自看得如何。"① "许多事虽是节次如此，须要一齐理会。" "圣人亦是略分个先后与人知，不是做一件净尽无余，方做一件。若如此做，何时得成！"② 王阳明不同意朱子的这种看法，认为"格物"是贯通圣学的一贯工夫："《大学》之实下手处，彻首彻尾，自始学至圣人，只此工夫而已，非但入门之际有此一段也。"③

在朱子看来，"格物致知"虽包含"格物"和"致知"两个方面，但实则为一个，"致知、格物只是一个"，"致知、格物，一胯底事"。④ 同时，亦应看到两者又不是完全没有分别的。从不同的角度来说，格物是以理言，"格"就是"至"的意思，即达到事物所当止而止处，亦是事物之"极至处"或"至善处"，如为君止于仁、为臣止于敬等，皆是当止而止，为人之德最根本的就是仁、义、礼、智，此亦是心之全德，此四者亦为心所本有。致知是以心言。知乃心所本有，不须假借。知之不明，乃为气禀、物欲所昏蔽，就像镜子一样，本来是光明可鉴的，却被灰尘遮蔽了。因此，不难看出，"致知"是"格物"的目的，"格物"是"致知"的工夫，两者既相互统一，又略有区别。既然"知"为心所本有，那么要成就人之德性，以工夫直接作用于本心就可以了，为何还要"格物"呢？这是王阳明所无法理解的一个问题。朱子认为："天理"是形上之道，无形无象，抽象而难以把握，"无形而难知"，但是"天理"并没有脱离形下之物而独立存在，这是"致知"为何要"格物"的基本依据。万事万物皆有理，"物有迹而易睹"，蕴含着"天理"的万事万物是"天理"的显现，必须"因是物而求之"。通过对事物的穷究理会，则能体认"天理"，这便是格物求理的基本路径，也即所谓的"就这形而下之器，穷得那形而上之道理而已"。⑤

心体虚明广大。"格物"就是将心之本有之知放在事物上来理会，为什么要将本有之知放在事物上来理会呢？这与朱子对"知"的理解有关系。"知"虽为人心所本有，但知如此和做如此还是有很大不同的。例如：为人子知当孝，这是知孝。但是，仅仅有这样的道德意识，并不一定能转化为实际的道德行动。换句话来讲，知和行常常会脱节，知孝如何能转化为行孝？朱子认为：只有在事物上理会的"知"，即只有真正经过道德实践的"知"，才是真知。要"彻骨都见得透"，要"真见得如此"。如人皆知道老虎可畏，但这只是一种浅显的认知，那些被咬伤过的人或见过老虎的人，才对虎之可畏有真正切己的体会和认知。这种经过实践体认的"知"对于修养很重要。尽管如此，我们也要明白：虽然对于"知"的道理经过亲身的实践后再反求诸心，会理会得更深刻，但朱子并非是说所有的道理都

---

① ② ④ 黎靖德编：《朱子语类》一，北京：中华书局 1986 年版，第 310、311、290 页。

③ 王晓昕：《传习录译注》，北京：中华书局 2018 年版，第 316 页。

⑤ 黎靖德编：《朱子语类》四，北京：中华书局 1986 年版，第 1496 页。

需要人们在实践中理会一番。这是因为：一是人没有这么多的精力，不可能做到这样。二是没有必要。如知虎可畏，对被虎伤过的人来说，对虎畏当然知得更真切，这种真知必然使受过虎伤的人在遇见老虎时会保持安全的距离。我们一般人虽然知道老虎可畏，但肯定不如被虎伤者理会得真切。如何让我们心中之知变得更真切？朱子给出的方法是："未曾被虎伤底，须逐旋思量个被伤底道理，见得与被伤者一般，方是。"[1] 这告诉我们：并非事事都要我们亲自实践，也并非人人都要亲自实践，像知虎可畏，人当然不可能都进行被虎伤的实践。对我们无法或很难从实践中去理会的道理或知识，要尽可能以一种"换位"的方式将自己置于某种实践的场景中间接理会，以求见得道理更真切。

朱子尤为强调"知"之切己体会的内涵，指出不仅要知得尽，而且要知得亲切，"致知者，须是知得尽，尤要亲切"，并对只以"尽"释"知至"之"至"的说法提出了批评，云："寻常只将'知至'之'至'作'尽'字说，近来看得合是作'切至'之'至'。知之者切，然后贯通得诚意底意思。"[2] 这就是说：只有在自我的生命实践中有了切己的体会，诚意才能更好地融贯于心。为人子当孝，若不在孝亲实践上来理会，便不会理解什么才是真正的孝。在孝亲实践行动中理会孝，产生真正能转化为孝亲实践（真行）的孝道意识，这才是"格物"之真义所在。

四　陆九渊的格致论

陆九渊（1139—1193），字子静，抚州金溪（今属江西）人，是心学的奠基者。其对《大学》中的"格物致知"论有自己独到的阐释。人们通常将陆九渊的格致论解释为"格心"，但这种解释尚有可斟酌之处。学者彭启福对此提出了质疑。[3]

关于"格物"的内涵，陆九渊基本上继承了伊川的思想。他说："格，至也，与穷字、究字同义，皆研磨考索，以求其至耳。"[4] 这与朱熹的解释并没有什么不同。陆九渊更进一步说："格物"就是"研究物理"。但是，陆九渊的格物说努力避免向外索求，而将当时"格物"的外向转向主体自我的内心，这与其"发明本心"的立学宗旨是一致的。尽管陆氏的格物说指向主体自我的内心，但是不能将"格物"和"格心"等同起来。下面一段记载表明了他对"格物"的理解：

---

① 黎靖德编：《朱子语类》一，北京：中华书局 1986 年版，第 309 页。
② 黎靖德编：《朱子语类》七，北京：中华书局 1986 年版，第 2810 页。
③ 彭启福：《"格物"即是"格心"吗？——陆九渊"格物论"与"格心论"的关系辨析》，载《安徽师范大学学报（人文社会科学版）》2013 年第 3 期。
④《陆九渊集》，北京：中华书局 1980 年版，第 253 页。

伯敏问云:"以今年校之去年,殊无寸进。"先生云:"如何要长进?若当为者有时而不能为,不当为者有时乎为之,这个却是不长进。不愊地理会,泛然求长进,不过欲以己先人,此是胜心。"伯敏云:"无个下手处。"先生云:"古之欲明明德于天下者,先治其国;欲治其国者,先齐其家;欲齐其家者,先修其身;欲修其身者,先正其心;欲正其心者,先诚其意;欲诚其意者,先致其知;致知在格物。格物是下手处。"伯敏云:"如何样格物?"先生云:"研究物理。"伯敏云:"天下万物不胜其繁,如何尽研究得?"先生云:"万物皆备于我,只要明理。然理不解自明,须是隆师亲友。"①

当弟子李伯敏就在学习过程中感觉"殊无寸进"而求问于陆九渊时,陆九渊指出:学问长进与否的一个重要标准就是在日常生活中是否有当为者而为、不当为者而不为,也就是事物的所当然之理。如果没有做到这样,就是没有长进。如果人的学习不是围绕这个宗旨来进行,泛然去学习各种知识来求得长进,"不过欲以己先人",就是"胜心",即为争人先的逞强好胜之心。明代王阳明多以"胜心"来批评此种心态导致当时"学术之不明"。李伯敏觉得求上进"无个下手处",陆九渊则以《大学》的"格物"来点拨和引导他。显然,李伯敏并不理解如何"格物"以作为求上进的"下手处"。陆九渊以"研究物理"解"格物",非但没让李伯敏头脑中的疑云消散,反而又生出"天下万物不胜其繁,如何尽研究得?"的新问题。陆九渊引用孟子"万物皆备于我"作答,还说:"某读书只看古注,圣人之言自明白。且如'弟子入则孝,出则弟'。是分明说与你入便孝,出便弟,何须得传注。学者疲精神于此,是以担子越重。到某这里,只是与他减担,只此便是格物。"②陆九渊强调:人具有先天的道德意识,这种先天的道德意识是绝对的、超越的、形而上的。道德的所当然之理是人天生就具有的,是"天之所与"。例如:孝、悌是人人所本有的道德意识,不需要借助外在的力量来实现,而是依靠主体自我的意识来作用。历代学者为经典作注,讲如何是孝、如何是悌,反而扰乱了人们的内心,增加了人们的心理负担,不利于人们做修养的工夫。当前紧要的工作是将人们专注于知识性的外求转向其自己的内心,这在陆九渊看来,就是"减担"的工夫,即反求诸心便是"格物"。他在反对伊川"存诚持敬"的修养工夫时说:"请尊兄即今自立,正坐拱手,收拾精神,自做主宰。万物皆备于我,有何欠阙。当恻隐时自然恻隐,当羞恶时自然羞恶。"③

那么,如何理解陆九渊的"格物"即"研究物理"?"物"在陆九渊的思想体系

---

① ② ③《陆九渊集》,北京:中华书局 1980 年版,第 440、441、455—456 页。

中是一个含义十分广泛的概念。"物"既包括形而下的事物,也指一种精神现象。陆九渊曰:"道外无事,事外无道。"① 又曰:"然由萌蘖之生而至于枝叶扶疏,由源泉混混而致于放乎四海,岂二物哉?《中庸》曰:'诚者,物之终始,不诚无物。'又曰:'其为物不贰。'此之谓也。"② "物理"即事物之理,主要是指仁、义、礼、智等道德法则,"格物"就是明理,理不在外,就在主体自我的心中,人人心中皆有理,"此理本天所以与我,非由外铄。明得此理,即是主宰。真能为主,则外物不能移,邪说不能惑"。③ 需要明确的是:陆九渊所谓的"研究物理",尽管使用的是具有现代科学意义的词汇,但不是指研究事物的规律性知识,而主要是指主体通过反求诸心来体悟人伦法则。陆九渊认为:人先天地具有道德自觉意识能力,此能力保证人能应然依据理来行事,无须求诸外在的知识。但是,当时人们对主体自我的这种先天本有的道德能力缺乏充分的自觉,一味地通过向外探求的方式来达到明理,反主为客,主客倒置,自然背离了圣学的宗旨。陆九渊批评说:"所病于吾友者,正谓此理不明,内无所主;一向萦绊于浮论虚说,终日只依藉外说以为主,天之所与我者反为客。主客倒置,迷而不反,惑而不解。"④ 理即心,心即理,研究物理在陆九渊而言就是反求诸心。

五 金履祥的格致论

金履祥(1232—1303)是宋元之际著名的理学家,是"北山学派"、"浙东学派"的学术中坚,是"北山四先生"之一。其学深受朱熹思想的影响,其格致思想主要记载在他的著作《大学疏义》和《论语集注考证》等著作中。在《大学》的八条目中,唯独说"格物"时用"在格物",不像其他条目那样说"欲致其知,先格物",而是说"致知在格物"。为何会在逻辑表达上突然出现转向?金履祥对此进行了解释,曰:"不曰先格物,而曰在格物者,盖心之所知者,即事物之理。而事物之理,本具于吾心之知,惟夫不能格事物之理,则不能充吾心之知耳。故曰致知在格物,格物即所以致知,而非二事也。"⑤ 这是说:"理"即事物之理,"格物"是格事物之理。"格物"和"致知"是同一的。心具有觉知的能力,理是知的对象。"格物"和"致知"是同一事物的不同表现,同一事物是不能用先后来表达的。

关于"格物"的内涵,金履祥解释曰:"物,犹事也。"这继承了汉代郑玄之学的解释,同朱熹在《大学章句》中的解释也是一致的。"物"是一个十分广泛的概

---

①②③④《陆九渊集》,北京:中华书局1980年版,第395、1、4、4页。

⑤ 金履祥:《大学疏义》,北京:中华书局1985年版,第6页。

念,包括心、身、家、国、天下之事物,有大有小,"极其小,虽草木鸟兽之微,非可遗;极其大,虽天地阴阳之化,非可外"。[①]他在解释朱熹所谓"即凡天下之物"时说:"即者,随其所遇之谓也;凡者,大无不包之辞也。盖格物者,初未尝有截然一定之目,而亦未有精粗巨细之间也。惟事物之在天下者无限,而接于吾前者亦无穷,故必随其所遇,巨细精粗,大小幽显,莫不格之,以穷其理焉。"[②]物是理的载体,物不分大小,皆有所以如此的理和所当然的理,"格物"就是要明理。

关于"格物"的方法,金履祥曰:"或索之心术念虑之间,或审之随事接物日用常行之际,或求之经籍诗书圣贤言行之间,或考之古今治乱人物是非之迹,即事即物,推而穷之,莫不求其所以然之故,与其至善之所在而不可易者,此谓格物。"[③]概括来讲,"格物"的方法主要是索、审、求、考。在"格物"实践中,人们通常会遇到的一个问题是:天下事物极其广泛,如何能格尽天下事物之理?关于"格物"与"穷理"之间的关系,程颐和朱熹都有积累贯通说。程颐说:"今日格一件,明日又格一件,积习既多,然后脱然自有贯通处。"[④]朱熹亦说:"至于用力之久,而一旦豁然贯通焉,则众物之表里精粗无不到,而吾心之全体大用无不明矣。"[⑤]这是强调人们经过渐进积累的功夫能够实现对事物之理(道德之理)认识的飞跃,而否认直接的顿悟。"格物"究竟该如何在格一物和格万物之间做合理的取舍?一方面,格一物通后并不能达到万物通;另一方面,并不需格尽万物后才能通,这是人有限的生命不可能实现的,但积累如果足够的话,是更有益于实现"理通"的。金履祥强调说:"格物者,非谓格一物而万物通,亦非谓万物皆尽格而后通。但积习既多,则工夫日熟,心知日广,而其推类触长,贯注融通,天下之物,自无遗照矣。"[⑥]"格物"站在不同的角度会有不同的表现。金履祥说:"自其心而论之,则四端之性情,理欲之界限,志气之邪正,在所当格也;自其身而论之,则言行之节,交际动作之宜,容止威仪之则,在所当格也。"[⑦]他认为"格"的对象主要是事物的所当然之理。

关于"格物"的目标,金履祥承接朱熹之说,认为"格物"就是穷极事物之理,即"穷理"。朱熹说:"穷至事物之理,欲其极处无不到也。"[⑧]金履祥就此进一步解释说:"所谓'穷至事物之理'者,盖格物者,穷理也。所谓'极处无不到'者,盖极处者,至善也。"[⑨]"至善"是"格物"的终极追求目标,"格物"是穷至事物之理,穷至事物之理即"至知"。"格物"就是"穷理","穷理"就是"格物",二者是事物的一体两面。

---

①②③⑥⑦⑨ 金履祥:《大学疏义》,北京:中华书局1985年版,第7、17、7、18、6、6页。

④《二程集》上,北京:中华书局2004年版,第188页。

⑤⑧ 朱熹:《四书章句集注》,北京:中华书局2012年版,第7、4页。

对于"致知"的理解，金履祥也基本与朱熹一致，曰："'致，推极也'，所谓推极者，言推之而至其极也。'知，犹识也'，所谓知识者，言人心之灵觉也。'推极吾之知识，欲其所知无不尽'者，盖心之灵觉，莫不有知，在乎推极其知，使凡所知者无不至于尽而已。大抵推之不极，则知之不真；知之不真，则其为之也必不实。"[①]"致知"的极处就是"穷理"的极处，即"至善"。在金履祥看来，"知"最主要的含义就是主体本有的觉知能力，也是人所具有的先天道德觉知意识。"致知"之"知"，一方面是指人所本有的道德觉知能力，另一方面是指所达到的一种结果或状态 —— 至善，换句话讲，"致知"就是将主体所本有的道德觉知能力推广之而努力追求一种至善的终极目标。

---

① 金履祥：《大学疏义》，北京：中华书局 1985 年版，第 6 页。

第三节　明代儒家的格致论

明代儒学主要是在对程朱理学的反思和批判中发展起来的，实现了由理学向心学的转变，是中国儒学发展史上的重要阶段。《大学》的"格物致知"为历代儒家所重视。在儒学不同的发展阶段，"格物致知"是一些学者发明新思想的立足点。"格物致知"在明代心学的影响下也获得了新的诠释和新的生命力。

一　王阳明的格致论

王阳明（1472—1529），名守仁，字伯安，世称"阳明先生"，余姚（今属浙江）人。王阳明的格致论立足于他的"良知即天理"的良知论，以"格"为"正"，提倡端正自我的欲念，致良知于事事物物。王阳明曰："所谓致知格物者，致吾心之良知于事事物物也。吾心之良知，即所谓天理也。致吾心良知之天理于事事物物，则事事物物皆得其理矣。致吾心之良知者，致知也。事事物物皆得其理者，格物也。是合心与理而为一者也。"[①] 王阳明的格致论是在对朱子格致论的反思、批评中提出来的。他早年笃信朱子学，认为朱子格物之"物"包括草木等自然事物，一草一木皆有理。他经历了"格竹子"的惨痛失败后，更加无法理解这种包括穷格自然事物知识在内的"格物"工夫何以能提升心性的修养，即："纵格得草木来，如何反来诚得自家意？"[②] 王阳明认为"格"应当训为"正"，心之本体即善，心即理，《大学》"格物"的工夫就是"正心"的工夫。他对朱子训"格"为"至"提出批评，曰：

> 以"至"字为义者，必曰穷至事物之理，而后其说始通。是其用功之要全在一"穷"字，用力之地全在一"理"字也。若上去一"穷"、下去一"理"字，而直曰"致知在至物"，其可通乎？夫穷理尽性，圣人之成训，见于《系辞》者也。苟格物之说而果即穷理之义，则圣人何不直曰"致知在穷理"，而必为此转折不完之语，以启后世之弊邪？[③]

---

① ② ③ 王晓昕：《传习录译注》，北京：中华书局 2018 年版，第 206、494、213 页。

王阳明认为：修身工夫的出发点在心，心即理。心往往为人欲所蔽，使心之发不得其正。身之视、听、言、动是由心之主宰而发施，修身工夫直接作用于心，常令心体"廓然大公，无有些子不正处"①足矣。只要心之主宰是正，发施作用于目、耳、口、四肢，自然就会无非礼之视、非礼之听、非礼之言动。求道不需从心外来求。如果从自然事物、文义等知识上来求道，则道离人们不是更近了，而是更远了。这是舍近求远，不是简易工夫。不可说人们见到的日、月、风、雷是天，但也不能说人、物、草、木不是天。天即道，道即天。道之所以有不同，是因为人的"一隅之见"。如果人理解了自己的心体，就会明白求道只需向自己心之深处探求即可，在心中体会认识。从这一角度说，"心即道，道即天，知心则知道、知天"。②王阳明以求孝之理对朱熹提出批评，曰："且如事父，不成去父上求个孝的理；事君，不成去君上求个忠的理。"③依王阳明的理解，孝之理不在父母身上，因为父母只是有限的生命存在，若父母之身不在之后，则当然无法求得具有超越性和永恒性的孝之理。王阳明发出"求孝之理于其亲，则孝之理其果在于吾之心邪？抑果在于亲之身邪？"④的反问，以"有孝之理，无孝亲之心，即无孝之理"来逆向证实"心即理"的命题。因此，王阳明之"格物"工夫强调"只是有个头脑，只是就此心去人欲、存天理上讲求"⑤，提出修身只要使心体保持善的状态——正，就可以了。

王阳明认为：他的"格物"工夫与朱子在"入门下手处有毫厘千里之分"，强调直接在心体上用功，以直接作用于本心为工夫之要，让"心之良知更无障碍，得以充塞流行"⑥，"圣人到'位天地，育万物'，也只是从'喜怒哀乐未发之中'上养来"⑦。此工夫犹如种树一样，如果忽略树根，总想着让枝长得叶茂花实，那只是空想，对树的生长没有任何益处。相反，如精心栽培、灌溉树根，枝、叶自然会繁茂。王阳明对包括读书等专去知识上求做圣人的工夫持激烈的批评态度。他认为：人与人在才力资质上虽然有很大的不同，但并不影响做圣贤，圣贤与凡人的差别不在才力资质上，而在心体的精纯上，犹如一两金与万镒金的区别，两者的分两虽有巨大的差异，但两者的成色并没有差别。"人到纯乎天理方是圣，金到足色方是精。"⑧成圣的工夫犹如金之成色的工夫，炼金要求成其足色，才能抓住工夫的根本。如果金的成色相差不大，炼成精金就比较容易，反之就很难。但是，不能在分两上用工，否则分两愈重，成色愈差。人之为人，气质清浊粹驳，才力自然不同，有中人以上之资质，亦有中人以下之资质。在求道成圣的工夫道路上，

---

①②③④⑤⑥⑦⑧王晓昕：《传习录译注》，北京：中华书局2018年版，第495、103、14、205、14、31、69、134页。

有生知安行之人，有学之利行之人，工夫亦因人的资质不同而自然有别，但工夫的根本指归都是"纯乎天理"。王阳明批评后世儒者在工夫的根本上误入歧途，不在"纯乎天理"上用功，而在知识、才能上用功，"徒弊精竭力，从册子上钻研，名物上考索，形迹上比拟"，这是用功在根本的方向上出了差错，结果"知识愈广而人欲愈滋，才力愈多而天理愈蔽"。[1] 这好比炼金一样，不在成色上锻炼用工，求"无愧于彼之精纯"，而只求在分两上增加。因根本上出错了，导致很多锡、铅、铜、铁等杂质混入其中。虽然金在分两上增加了许多，成色却差了很多，离精金之色愈来愈远。这就是专在知识上求做圣人的工夫支离之病。心之"天理"因人欲之遮蔽而不能显现，王阳明认为解决这一病痛的药方就是直接在"天理"上用工，也就是在心上用功，做减法而不做加法，即克治人欲，"减得一分人欲，便是复得一分天理"。[2]

二 湛若水的格致论

湛若水（1466—1560），字元明，号甘泉。其学以陈献章为师，以"随处体认天理"为宗，在格物论方面曾提出"格物为体认天理"的观点，并就"格物"思想的内外诠释与王阳明进行过争论。

王阳明立足心学对"格物致知"提出了与朱子不同的诠释。他训"格"为"正"，以"物"为"意念"，力避朱子在知识层面上讲"格物"的向外之势，将"格物"工夫转到求诸主体内在的自我良知上。关于王阳明的"格物"诠释，从经典自身的内在逻辑来说，与《大学》"格物"与"诚意"、"正心"是有重复的。湛若水认为王阳明对"格物"的诠释有重内弃外、内外分离的支离之病。他在明正德十三年（1518）秋致函王阳明曰：

> 所示前此支离之憾，恐兄前此未相悉之深也。夫所谓支离者，二之之谓也，非徒逐外谓而忘内谓之支离，是内而非外者亦谓之支离，过犹不及耳。必体用一原，显微无间，一以贯之，乃可免此。仆在辛壬之前，未免有后一失，若夫前之失，自谓无之，而体用显微，则自癸甲以后，自谓颇见归一，不知兄之所憾者安在也。[3]

---

[1][2] 王晓昕：《传习录译注》，北京：中华书局2018年版，第135页。
[3]《湛甘泉先生文集》（一），桂林：广西师范大学出版社2014年版，第248—249页。

在湛若水看来，"支离"就是内外分离，"格物"不管是以沉内忘外还是从外忘内，都是支离之病，都背离了"体用一原，显微无间"的原则。这实际上是批评王阳明的"格物"思想有执内忽外的弊病。湛若水还反思自己亦曾有王阳明的执内忽外的问题。

对于如何避免"格物"的支离之病，不沉内而弃外，亦不执外而忘内，湛若水提出了"大心"的观点，使"内外合一"，即"归一"。他在与王阳明交谈时，为自己的"格物"说辩护道：

> 《大学》格物之义，以物为心意之所着，荷教多矣。但不肖平日所受益于兄者，尚多不在此也。兄意只恐人舍心求之于外，故有是说。不肖则以人心与天地万物为体，心体物而不遗，认得心体广大，则物不能外矣。故格物非在外也，格之致之之心又非在外也。于物若以为心意之着见，恐不免有外物之病，幸更思之。①

湛若水指出：王阳明为纠正朱子"格物"说存在"舍心求之于外"的弊病，而一味将"格物"转向致内在的"良知"，这会产生只注重"心意之着见"的个体主观性偏见，形成私人的意见，违背"天理"的公共性、普遍性原则，也就是"外物之病"。克服这两种弊病的药方就是"大心"，只要"人心与天地万物为体，心体物而不遗，认得心体广大"就能解决"外物之病"。关于"大心"，湛若水在《心性图说》中释曰："心也者，包乎天地万物之外，而贯夫天地万物之中者也。中外非二也。天地无内外，心亦无内外，极言之耳矣。故谓内为本心，而外天地万物以为心者，小之为心也甚矣。"②湛若水所言的"心"十分广泛，不仅包罗万物，而且内在于万物之中。因此，湛若水的"格物"说不存在心的内外之别。王阳明曾批评湛若水的"格物"是"求之于外"，湛若水反驳王阳明的批评说："阳明之所谓心者，指腔子里而为言者也，故以吾之说为外。"湛若水认为：王阳明所说的"心"只是强调个体的意识，与自己所说的通贯内外的"大心"有很大区别。湛若水的"格物"说是在朱子"格物"说的向外之弊和阳明"格物"说的执内之弊的双重夹持下形成的，体现了"内外合一"、"体用浑一"的特征，是对张载"大其心则能体天下之物，物有未体，则心为有外"之"大心"说的发挥。

除以"大心"说弥合"格物"内外支离之病外，湛若水还将"知"、"行"纳入"格物"的含义中。正德十四年（1519），甘泉的"格物"思想日渐成熟，形成了自己的

---

① 《湛甘泉先生文集》（一），桂林：广西师范大学出版社 2014 年版，第 217 页。
② 黄宗羲：《明儒学案》下，北京：中华书局 2008 年版，第 878 页。

特色。他在一封致王阳明的信函中阐述了自己对"格物"的理解,曰:

> 格物之说甚超脱,非兄高明,何以及此!仆之鄙见大段不相远,大同小异耳。鄙见以为:格者,至也,格于文祖、有苗来格之格。物理,天理也,即言有物、舜明于庶物之物,即道也。格即造诣之义。格物者即造道也。知行并造,博学、审问、慎思、明辨、笃行,皆所以造道也。读书、亲师友、酬应,随时随处,皆随体认天理而涵养之,无非造道之功……知至即孔子所谓闻道矣,故其下文以修身释格物,而此谓知之至,可征也。故吾辈终日终身只是格物一事耳。①

湛若水训"格"为"至",承袭程朱之说,与之并无什么不同之处;继而以"理"训"物",则表现出不同的见解,即将"理"与"道"同,并由此以"造道"释"格物"。这里的"造道"、"格物"即湛若水的"随处体认天理",与程朱以"即物穷理"训"格物"有很大的不同。湛若水在《寄陈惟浚》中说:"格物者,即至其理也。意心身与家国天下,随处体认天理也。"②"仆之所以训格者,至其理也。至其理云者,体认天理也。"③"格者至也,物者理也,至其理乃格物也。"④因此,"格物云者,体认天理而存之也"。⑤所谓的"至其理"或"造道"就是达到道、实现道的意思,其主体不仅是心,还包括意和身。"造道"也是格物的实践过程,这个过程既没有内外之别,又是知行统一的过程。"随处体认天理"之"随处"尤值得玩味,表明"格物"不分动静、内外,既包括博学、审问、慎思、明辨、笃行,又包括读书、亲师友、酬应。何以来"随处"之言?湛若水解释道:"体认天理,而云随处,则动静心事,皆尽之矣。若云随事,恐有逐外之病也。孔子所谓居处恭,乃无事静坐时体认也,所谓执事敬,与人忠,乃有事动静一致时体认也,体认之功贯通动静显隐。"⑥湛若水所言的"随处"值得玩味,不仅指空间的"随处",还指时间的"随处",这样通过"格物"所达到的"知至"也就是夫子所说的"闻道"。如此,则湛若水的格致论以"随处体认天理"为宗,并将知、行引入其中,表明以"体认天理"为目的的"格物"具有贯通内外、兼具知行、合于内外的思想特色,既是对阳明"格物"说沉内遗外的纠偏,又是对流于知、行割裂之弊病的避免,还与其师白沙所强调的主静功夫有所不同。

---

① ③《湛甘泉先生文集》(一),桂林:广西师范大学出版社2014年版,第252—253、268—269页。

② ⑤ ⑥ 黄宗羲:《明儒学案》下,北京:中华书局2008年版,第882、882、904页。

④ 此句话是湛若水引程子之言,可见其格物观受程子之影响。(黄宗羲:《明儒学案》下,北京:中华书局2008年版,第884页。)

三 王艮的格致论

王艮（1483—1541），字汝止，号心斋，泰州安丰场（今属江苏）人，泰州学派的开山学者，是王守仁的弟子。他治学不拘泥于传注旧说，敢于突破师说，掀起了明清学术思想史上的一股新风。他对《大学》"格致"思想的诠释强调以"吾身"为本，以"量度"解"格物"之"格"，颇有创见，具有很强的代表性，被誉为"淮南格物说"。他认为"格物致知"四字本旨"二千年来未有定论"，并提出了新的说法，大大推进了明代王学的发展。

何为"格物"？王艮释曰："'格'如'格式'之格，即'后挈（絜，下同）矩'之谓。吾身是个'矩'，天下国家是个'方'，矩则知方之不正，由矩之不正也，是以只去正矩，却不在方上求。矩正则方正矣。方正则成格矣。故曰：'物格'。吾身对上下、前后、左右是'物'。絜矩是'格'也。'其本乱而末治者否矣'一句，便见絜度'格'字之义。"[1] 王艮又曰："身与天下国家一物也，惟一物，而有'本末'之谓。'格'，絜度也，度于本末之间，而知'本乱而末治者否矣'，此'格物'也。"[2] 这个解释与王守仁的"正心"说、朱熹的"穷理"说都有不同。"絜"是审度、量度的意思。"矩"是"方"量度的标准。"格"就是以"吾身"作为矩，去量度天下国家之方正，"吾身"所对的上下、前后、左右都是物。"格物"就是在物的本末两端寻求一个合适的度，既不是一味以去欲为目的地求诸内，也不是一味以求知为目的地求诸外，而是"度于本末之间"。絜度的标准就是"吾身"。物是以"吾身"为中心展开的，只有"吾身"正，并以"吾身"之正为矩，才能使物方正。这就是说："吾身"不正则物之不格，"吾身"正则方正，方正则物格。王艮还说："君子之学，以己度人，己之所欲，则知人之所欲，己之所恶，则知人之所恶。"[3] 他将"吾身"作为"格物"的根本和落脚点，将"本末"的概念引入对"格物"的解释中，指出修身是本，齐家治国是末，本治则末治，凸显了"格物"修身实践的重要性。这种强调"正身"的思想是对儒家"以修身为本"思想的发展。孔子曰："其身正，不令而行；其身不正，虽令不从。"（《论语·子路》）又曰："苟正其身矣，于从政乎何有？不能正其身，如正人何？"（《论语·子路》）

为了将"格物"所体现的"吾身为本"的思想进一步明确化，王艮对《大学》中的"在止于至善"进行了创造性的新诠释，曰：

　　"明明德"以立体，"亲民"以达用，体用一致，阳明先师辨之悉矣。此

①②③《王心斋全集》，南京：江苏教育出版社2001年版，第34、34、29页。

尧舜之道也。更有甚不明？但谓"至善"为心之本体，却与"明德"无别，恐非本旨。"明德"即言心之本体矣，三揭"在"字，自唤省得分明。孔子精蕴立极，独发"安身"之义，正在此。尧舜"执中"之传，以至孔子，无非"明明德"、"亲民"之学，独未知"安身"一义，乃未有能"止至善"者。故孔子悟透此道理，却于"明明德"、"亲民"中立起一个"极"来，故又说个"在止于至善"。"止至善"者，"安身"也，"安身"者，"立天下之大本"也。本治而末治，正己而物正也，"大人之学"也。①

关于《大学》"三纲目"的解释，一般学者将"止于至善"作为"明明德"和"亲民"所要实现的一种理想境界或目标。例如：朱子与王阳明尽管在对"亲民"的解释上有很大差异，但是对"止于至善"的理解是一致的。朱子曰："言明明德、新民，皆当至于至善之地而不迁。"② 王阳明曰："至善者，明德、亲民之极则也。""止至善之于明德、亲民也，犹之规矩之于方圆也，尺度之于长短也，权衡之于轻重也。"③ 在王阳明看来，以明德与亲民的关系来说，明德是体，等同于良知，亲民是用，体用一致；止于至善处亦是良知，即"明明德"、"止至善"均等同于良知。我们不难看出，王艮同意王阳明对"明德是体"的阐释，对于"止至善是心之体"的解释却不同意。那么，"至善"究竟为何呢？王艮又立一"安身"，以至善为安身之体，"'止至善'者，'安身'也，'安身'者，立天下之大本也"。此与明德为良知之体互应。这里"安身"之意的确立是王阳明没有揭示出的蕴意，是王艮的独创。在王艮看来，"本治而末治，正己而物正"的安身之学即修身，也就是"格物"。

（四）徐光启的格致论

徐光启（1562—1633），字子先，号玄扈，谥文定。其格致论改变了传统注重心性修养的人伦向度，汲取了朱子格致思想中格自然之物的思想，将传统的格物论引向科学，为西方科学思想传入中国和中国近现代科学的发展作出了杰出贡献。

徐光启的格致思想受西学影响甚深。他在与西方传教士利玛窦结交后，力

---

① 《王心斋全集》，南京：江苏教育出版社 2001 年版，第 33 页。
② 朱熹：《四书章句集注》，北京：中华书局 2012 年版，第 3 页。
③ 《王阳明全集》中，上海：上海古籍出版社 2012 年版，第 799—800 页。

图用西学改革传统儒学。他在谈及利玛窦在中国传教时说："余尝谓：其教必可以补儒易佛，而其余绪更有一种格物穷理之学。凡世间世外、万事万物之理，叩之无不河悬响答，丝分理解。"①徐光启所说的"格物"范围包括"世间世外、万事万物"。他将西方传教士带来的学问分为三大类："大者修身事天，小者格物穷理，物理之一端别为象数。"这里的"大者"主要是指道德、宗教，"小者"主要是指科学，其"余绪"则为象数。不难看出，传统儒学所强调的倾向于内的修身事天之学被他归为"大者"，而不包括在"格物穷理"之内。他将单独的"格物穷理"之学归为"小者"，将传统诠释《易经》的象数"易"归为"物理之一端"。他认为："象数之学，大者为历法，为律吕。至其他有形有质之物，有度有数之事，无不赖以为用，用之无不尽巧极妙者。"②这是对传统象数学的一个突破，即认定存在几何数量关系的事物均为象数学，也就是我们通常意义上所说的"数学"。在徐光启看来，数学的应用十分广泛，"度数旁通十事"，即包括天文历法、水利工程、音律、兵器兵法及军事工程、会计理财、建筑工程、机械制造、舆地测量、医药、制造钟漏等计时器，这些也均在"格物穷理"之学的范围之内。相对于传统"格物"之偏重心性、人伦道德方面来讲，徐光启的"格物穷理"之学则主要是研究自然事物，是对客观事物及其属性的探索，这对传统格物学来说是一个重大突破。

关于"格物"的方法，一方面，朱熹强调"格物"与"致知"是一致的，"只是一本，原无两样工夫也"③，多强调"格物"是指向心性的内在性修养。另一方面，朱熹又将"格物"的向内与向外结合起来，如其"格物"方法就包括类推、豁然贯通、观察、试验等，这些方法能使人获得关于自然事物的知识。但是，朱熹之"格物"方法的最终目的仍然是指向德性的养成，并不是为了获得关于客观事物的知识。这些方法并不是真正意义上的探索自然事物的方法，而且具有很大的局限性。利玛窦指出："在学理方面，他们（儒家）对伦理学了解最深；但因为他们没有任何辩证法则，所以无论是讲或写的时候，都不按科学方法，而是想直觉能力之所及，毫无条理可言。"④利玛窦从逻辑学的角度批评儒学的"格物"方法不是科学方法，认为其多凭直觉、体悟，缺少条分缕析的逻辑性。在西学思想的影响下，徐光启对传统的"格物"方法进行了改造，提出了他认为传统中所没有的"因既明累推其未明"的"格物"方法，也就是我们通常所说的"演绎"方法。在翻译《几何

---

①②《徐光启全集》伍，上海：上海古籍出版社 2011 年版，第 290、290 页。
③《朱子全书》贰拾叁，上海：上海古籍出版社、合肥：安徽教育出版社 2002 年版，第 2847 页。
④［意］利玛窦：《利玛窦中国传教史》（上），中国台北：光启出版社 1986 年版，第 23 页。

原本》时，他指出这种格物方法的特点在于只要"以前题为据，层层印证、重重开发"，便可得到"能强人不得不是之，不复有理以疵之"。^①其操作步骤是："题论之首先标界说，次设公论，题论所据；次乃具题，题有本解，有作法，有推论，先之所征，必后之所恃。十三卷中，五百余题，一脉贯通，卷与卷，题与题，相结倚。"^②这虽与传统的"类推"法有相似之处，但其操作性更明确，更具有科学方法论的指导意义。这是徐光启首次鲜明地将西方的演绎推理法引入中国。

关于"格物"的目的，传统的格物说强调"格物"是为了"穷天理"。即使像朱熹这样比较注重自然世界的宋代儒者，其"格物"思想虽然具有向外探求客观事理的因素，但正如韩国学者金永植所指出的那样：朱熹关注自然事物"并非对这些规律感兴趣，而是利用它们类推出人类行为准则中的相似规律"。^③对此，徐光启力图将传统的"格物"思想回归自然事物本身，主张"格物"的目的是"求其故"，指出"格物"是"但欲求其所以然之故。求其故而不得，虽先儒所因仍、名流所论述，援引辩证，如云如雨，必不敢轻信无疑，妄书一字"。^④

徐光启将"格物穷理"之"物理"中的道德形上的"天理"剔除掉，让物理纯化为真正的自然事物的"所以然之理"，即"求其故"。对此，有学者指出："格物所得之'物理'可以不必以道德性的'天理'或'天主'为最终目的，从而将在实学思潮中已逐渐显露出来的古代科学家对'物理'的独立追求与长期以来宋明理学'天理'对'物理'的笼罩之间的'窗户纸'捅破，将'物理'只作为事物的所以然之理而存在，实现了格物穷理形下学意义的转换。"^⑤这一方面是对明代王学空疏学风的批判和反思，另一方面是西学输入中国后对儒学加以刺激而产生的一个结果。

五 方以智的格致论

方以智（1611—1671），字密之，号曼公，桐城（今属安徽）人。他受西学的影响，将传统格致论的道德伦理内涵进一步弱化，在有关格致论的对象、目的、方法等方面都有不同于前人的新见，为明清之际中西之学的会通以及传播西方的科学思想作出了突出贡献。

在对"格物致知"之"物"的理解上，方以智明显地扩大了"物"的内涵。他在

---

① ②《利玛窦中文著译集》，上海：复旦大学出版社 2001 年版，第 298、301 页。

③［韩］金永植：《朱熹的自然哲学》，上海：华东师范大学出版社 2003 年版，第 355 页。

④《徐光启全集》壹，上海：上海古籍出版社 2011 年版，第 29 页。

⑤ 王静：《徐光启与晚明儒学核心概念的突破 —— 以"格物穷理"为中心的考察》，载《自然辩证法研究》2018 年第 5 期。

《物理小识·自序》中说："盈天地间皆物也，人受其中以生。生寓于身，身寓于世，所见所用，无非事也。事，一物也。圣人制器利用以安其生，因表理以治其心，器，固物也；心，一物也。深而言性命，性命，一物也。通观天地，天地一物也。"①事、器、心、性命、天地都是"物"，都是"格"的对象。怎样来"格物"呢？方以智提出了他的特殊"格物"之法，曰："问：朱子、新建孰是？ 曰：《大学》之天下国家，所格之物也。身心意知，能格之物也。以能格之物格所格之物，即以所格之物，格能格之物。"②"身心意知"指人具有认知（格）的能力，这是人生而即有的，而人之所以产生认知活动，是因为物对人的认知器官的刺激。方以智所谓的"格"不仅强调主体对物的认知活动，而且强调物对主体的作用，即说"格"是主体和物相互作用的过程。方以智进一步指出："格合外内，则心物泯矣。格，至也，方也，正也，通也，感也。"③"至"是程、朱释"格"之义，强调主体对外物的认知，偏向由内向外的路线。"正"是王阳明释"格"之义，强调主体对外物的收摄，偏向由外返内的路线。方以智则融合二者，强调"格合外内"的物、心相互作用的过程。

为了将"格物"之学与其他学问区分开来，方以智将不同学科研究的对象之理分为"宰理"、"物理"、"至理"三个类别，认为它们之间的区分是："考测天地之家，象数、律历、声音、医药之说，皆质之通者也，皆物理也，专言治教，则宰理也；专言通几，则所以为物之至理也，皆以通而通其质者也。""问宰理，曰仁义；问物理，曰阴阳、刚柔；问至理，曰所以为宰，所以为物者也。"④在方以智的诠释中，"宰理"即道德伦理和政治的道理，是社会科学的研究对象；"物理"相当于自然事物之理，研究物理的学问即质测之学，也就是研究自然事物及其变化规律的学问。正所谓："物有其故，实考究之，大而元会，小而草木螽蠕，类其性情，征其好恶，推其常变，是曰'质测'。"⑤"至理"相当于哲学之理，研究至理的学问即"通几"。正所谓："通观天地，天地一物也。推而至于不可知，转以可知者摄之。以费知隐，重玄一实，是物物神神之深几也，寂感之蕴，深究其所自来，是曰'通几'。"⑥在方以智看来，"物理"不是附属于"宰理"的"理"，而一个与"宰理"不同的、并立的、独立的"理"，宰理之学和质测之学（物理之学）所研究的对象并不相同，宰理之学"专言治教"，是探讨人伦、政治的学问，是以体悟"天理"、"良知"为根本的，空疏而不实际；质测之学则是研究自然万物的发展变化以"推其常变"，即发现自然事物的本质及其规律的学问，是实证之学。这种基于学术活动的分类在当

①⑤⑥《方以智全书》第7册，合肥：黄山书社2018年版，第96页。

② 方孔炤、方以智：《周易时论合编》上，北京：中华书局2019年版，第355—356页。

③ 方以智：《象环寤记·易余·一贯问答》，北京：九州出版社2014年版，第738页。

④ 笑峰大然：《青原志略》，南昌：江西人民出版社1998年版，第90页。

时具有很大的创新性，为将"格物"活动从伦理学中脱离出来奠定了重要的基础。

方以智的质测之学实际上就是一次对传统的认知由心性到自然事物的彻底转变。王夫之认为：最切近"格物"本义的当属方以智的质测之学。王夫之说："密翁（方以智）与其公子为质测之学，诚学思兼致之实功。盖格物者，即物以穷理，惟质测为得之。"① 方以智质测之学的特点在于重视实地考究、分类认识、把握事物的发展变化规律。方以智将"格物"的重心由传统的心性道德转向自然事物，强调自然事物对"格物"的认识论意义。不过，需要注意的是：方以智的格物不能等同于质测。质测的对象是自然事物，而格物的对象包含的范围更广，包括内在心性和外在的自然之物。方以智在《两间质约》篇中即说："此（按：指质测）格物乎？曰：一端也。""或分物理之学，性命之学，曾知性命亦一物理耶？今所言者，一气之质测也。"② 这里不难看出：质测只是"格物"的一个方面，而"格物"的对象包括物理和性命之理。当时的学者在西学思想的影响下，为了批判阳明后学只顾内求而日益走向空疏的学风，力图从中国传统的思想里找到与西方科学方法相一致的地方，便以"格物致知"对接西方的科学研究方法，认为方以智的"格物"与"质测"无异。

关于"格物"的目的，传统的格物论通常强调"格物"的目的是"明明德"、"止于至善"。历代儒学的诠释尽管在细节上有所不同，但是均没跳出道德诠释的框架。至宋代，虽程朱理学家强调向外去认识自然事物，但他们强调格自然事物的目的不在于达到科学的认识，不是为科学而科学，而是通过探索自然事物，特别是通过有生命的自然事物的生生之理来体悟那个超越的形而上的道德的"天理"，最终达到朱子所谓的"吾心之全体大用无不明矣"的境界。方以智强调格物的目的是"精求其故"，"物有其故，实考究之，大而元会，小而草木蠡蠕，类其性情，征其好恶，推其常变，是曰质测"③，"推而至于不可知，转以可知者摄之"。④ 他认为事物都有其之所以如此的所以然之故，不可知的东西能从可知的东西里推知出来。熊十力的《原儒》论及格物学时说："假定万殊之物界为实在，而分门别类以穷其理者，是为格物学之观点。古之格物学，犹今云科学。"⑤ 方以智强调"格物"活动的一个重要目的就是探求自然事物的"理"（物理），将"格物"引向探求事物自身，而不是将"格物"作为"明天理"的道德修养功夫，试图将传统中偏向心性伦理的"格物"活动从明清心学的束缚中解放出来，转为一种科学认知的活动。对此，萧萐父评价说："在明清之际的学者中，方以智是最明显地摆脱伦理道德的束缚而形成了比较纯粹的认知态度的学者。"⑥

---

① 《船山全书》第 12 册，长沙：岳麓书社 2011 年版，第 633 页。

② 方孔炤、方以智：《周易时论合编》上，北京：中华书局 2019 年版，第 355—356 页。

③④ 方以智：《物理小识》（上），上海：商务印书馆 1937 年版，《自序》第 1 页。

⑤ 熊十力：《原儒》，北京：中国人民大学出版社 2006 年版，第 21 页。

⑥ 萧萐父、许苏民：《明清启蒙学术流变》，沈阳：辽宁教育出版社 1995 年版，第 461 页。

第四节　清代儒家的格致论

明末清初之际，伴随着中国传统社会的"天崩地解"，在对明亡的反思总结和资本主义生产方式以及西学输入的刺激下，涌现出了一批以黄宗羲、顾炎武、王夫之、颜元、戴震等为代表的具有批判精神的思想家，他们对宋明理学甚至整个儒学进行了系统的批判性反思，反对理学空谈性理、务为虚静的学风，强调探究"国家治乱之源，生民根本之计"[①]，提倡"经世致用"的"实学"学风，开启了中国的"实学"思潮，而《大学》的"格物致知"思想为明清之际传统儒学向"实学"方向转化提供了重要的思想资源。

一　王夫之的格致论

王夫之（1619—1692），字而农，号姜斋，人称"船山先生"，湖南衡阳人。他是中国古典哲学尤其是宋明理学的总结者，也是明清实学的奠基者。关于《大学》的"格物致知"思想，他详细考察了"格物"与"致知"的不同性质，强调"格物"和"致知"的区别和联系，注重知识理性与道德理性的结合，具有不同于陆王格致论的新特点。

对于《大学》中的"格物致知"，宋明儒者极为重视，有关"格物"与"致知"的训释和讨论非常多，但总起来说，还是朱熹和王阳明两家的训释最具代表性。前者训"格物致知"为"即物而穷至事物之理"，后者训"格物致知"为"格物"即"致良知"。两者的解释虽有很大不同，但皆有一个共同点，即认为"格物"和"致知"不是两样事，而是一事。对此，王夫之持有不同看法，并且严厉批驳道："若统论之，则自格物至平天下，皆止一事。""若分言之，则格物之成功为物格，'物格而后知至'，中间有三转折。藉今概而为一，则廉级不清，竟云格物则知自至，竟删抹下'致'字一段工夫矣。"[②] 显然，王夫之的主张是：对于"格物"和"致知"，应分开来讲，不能笼统地归于一事。笼统来讲"格物"和"致知"是一事是没有意义的，

---

① 《顾亭林诗文集》，北京：中华书局 1959 年版，第 238 页。
② 王夫之：《读四书大全说》上册，北京：中华书局 1975 年版，第 10 页。

因为如果这样来看，不仅"格物"、"致知"是一事，自"格物"至平天下的"八条目"归根结底也是一事，其最终目的都是复归"天理"。但是，不能因为其最终目的相同而忽略其内容的差异性，况且有些条目之间的内容有很大的不同。传统的解释一般认为"物格而后知至"，将"知"视为"格物"后自然获得的结果，忽略了"致知"所蕴含的主体积极、主动参与的过程。由"物格"至"知至"的过程分三个阶段，连接"物格"和"知至"阶段的桥梁是"致知"，而正是由于主体积极、主动地参与，才能真正达到"知至"的目的。

诠释"格物致知"所引起的种种混乱，主要是因为概念不清晰造成的。有鉴于此，王夫之分别对"格物"和"致知"进行了重新诠释，曰："博取之象数，远征之古今，以求尽乎理，所谓'格物'也。虚以生其明，思以穷其隐，所谓'致知'也。"[①]这里的"象数"应是指事物现象及其之间的数量关系。广泛考察各种不同事物的现象及其之间的数量关系，并考查历史、现实的各种事实，这就是"格物"，也是认识活动的起点，处于感性认识的直觉体察阶段。纷繁复杂的事物表象需要通过抽象的思维来把握，是主体对获得的关于事物的材料进行深入分析、思考的过程，也就是"致知"的过程。在王夫之看来，"致知"不是"格物"活动自然获取的结果，而是人积极、有意识地参与的过程。有的学者指出："致知"是指"在格物所得的物理之上进行纯粹内省活动，如想象、类比、推理等"。[②]

"格物"和"致知"在认识活动中的作用各不相同。王夫之曰："大抵格物之功，心官与耳目均用，学问为主，而思辨辅之，所思所辨者皆其学问之事。致知之功则唯在心官，思辨为主，而学问辅之，所学问者乃以决其思辨之疑。'致知在格物'，以耳目资心之用而使有所循也，非耳目全操心之权而心可废也。"[③]王夫之认为：人在"格物"认识阶段，是以耳目感官所获得的事物的感性材料为主，尽管有理性参与并对感性材料进行选择和辨析，但仍然是处在感性认识阶段；在"致知"的认识阶段，则以突出思辨的理性认识为主，以感性认识为辅，但理性思维在对各种感性材料进行加工、分析和概括的过程中需要感性认识所收集的各种材料为思辨过程中提出的各种问题提供支撑和论证。但是，无论是"格物"阶段，还是"致知"阶段，心的思维均起到决定性作用，耳目感官需要依赖心的指导才能有所遵循，这样才不会漫无目的，不能因耳目感官的作用而废止心的思维作用。这显然不同于朱熹对于"格物致知"的解释。朱熹曰："格物只是就一物上穷尽一

---

① 《船山全书》第 2 册，长沙：岳麓书社 2011 年版，第 312 页。
② 张学智：《从格物到致知：王夫之知识论探微》，载《诠释与建构——汤一介先生 75 周年华诞暨从教 50 周年纪念文集》，2001 年，第 139 页。
③ 王夫之：《读四书大全说》上册，北京：中华书局 1975 年版，第 12 页。

物之理,致知便只是穷得物理尽后,我之知识亦无不尽处,若推此知识而致之也。此其文义只是如此,才认得定,便请依此用功。但能格物,则知自至,不是别一事也。"[①] 在朱熹看来,"格物"是将某一事物研究透彻后就会自然而然获得"知致"的结果,"格物则知自致"。朱熹在《格物致知补传》中说:"所谓致知在格物者,言欲致吾之知,在即物而穷其理也。""此谓物格,此谓知之至也。"[②] 这是朱熹将"格物"、"致知"视为一事的明确说明。为什么王夫之明确反对朱熹的这一看法,一个最重要的原因就是如果将"格物"和"致知"视为一事,将"知至"看作"格物"活动的自然结果,则抹杀了人主动求知的作用和地位,不利于从"格物"活动中生发出自主的科学探索意识。

尽管王夫之对于"格物致知"的解释与朱熹之见有诸多不同,但王夫之对"格物"的目的仍然强调其道德目的,即"格物知性"。王夫之曰:"朱子以'物格'言知性,语甚奇特。非实有得于中而洞然见性,不能作此语也。孟子曰'万物皆备于我矣',此孟子知性之验也。若不从此做去,则性更无从知。其或舍此而别求知焉,则只是胡乱推测卜度得去,到水穷山尽时,更没下落,则只得以此神明为性。故释氏用尽九年面壁之功,也只守定此神明做主,反将天所与我之理看作虚妄。是所谓'放其心而不知求',不亦哀乎!"[③] 王夫之赞同朱熹的"格物知性"说,认为"知性"是"格物"的最终目的,此处之"性"即指道德的"天理",是天所赋予的,实实在在而没有任何虚妄,是每个人皆有的。王夫之认为:"性"既为人所本有,也是人之道德修养的明灯。如果不遵从"性"之明灯来做"格物"的修养工夫,就会陷入茫然。"格物"工夫如果不以"知性"为目的,就会走入释氏所谓的虚妄的"灵明之性"。

二 颜元、李塨的格致论

颜元(1635—1704),博野(今属河北)人,因自中年后倡导习行学说,书屋名曰"习斋",被世人尊称为"习斋先生",是颜李学派的创始人之一。他早年笃信程、朱、陆、王之学,后于 1668 年为养母刘氏守丧期间,校以古礼,发现朱子家礼多有削删不当之处,遂开启了对宋明儒学的全面反思。他在明清实学思潮的影响下,大力推崇实学,强调实践的意义,提出以实文、实行、实体、实用为基本规定的实学思想。他对宋明儒者视为根本的"格物"进行了重新诠释,力主"习动",强调"践

① 《朱熹集》五,成都:四川教育出版社 1996 年版,第 2510—2511 页。
② 朱熹:《四书章句集注》,北京:中华书局 2012 年版,第 7 页。
③ 王夫之:《读四书大全说》下册,北京:中华书局 1975 年版,第 714 页。

履"在认识中的重要地位和作用,力图扭转宋明理学空疏的学风。

那么,在颜元看来,《大学》的"格物"应如何理解呢?《习斋记余》曰:

> "格物"之"格",王门训"正",朱门训"至",汉儒训"来",似皆未稳。窃闻未窥圣人之行者,宜证之圣人之言;未解圣人之言者,宜证诸圣人之行。但观圣门如何用功,便定格物之训矣。元谓当如史书"手格猛兽"之"格"、"手格杀之"之"格",乃犯手捶打搓弄之义,即孔门六艺之教,是也。①

颜元批评朱门、王门、汉儒释"格"未稳在于未能看到"格物"之"格"的实践意义。他说:"格"的真正含义如"史书'手格猛兽'之'格'、'手格杀之'之'格'",是"犯手捶打搓弄之义"。这是对"格"的实践意义的强调。孔子以礼、乐、射、御、书、数之六艺教人,就是教人实践的技能,而不是讲空洞的心性修养。

宋明儒者之所以对《大学》的"格物致知"产生诸多误解,颜元认为是因为他们没有弄明白"致知在物上"内在的含义。他分析道:"'知'无体,以物为体,犹之目无体,以形色为体也。""故吾断以为'物'即三物之物。"②宋明儒以"天理"、"良知"为体。颜元将被颠倒的关系回正过来,指出"知"不是空洞的"天理"、"良知","知"以"物"为体。他立足于圣学典籍,对"物"重新作了诠释,曰:"唐、虞之世,学治俱在六府、三事,外六府、三事而别有学术,便是异端。周、孔之时,学治只有个三物,外三物而别有学术,便是外道。"③《删补三字书序》又曰:"三事、六府,尧舜之道也;六德、六行、六艺,周孔之学也。古者师以是教,弟子以是学;居以养德,出以辅政,朝廷以取士,百官以举职。"④可见,颜元认为:"物"的真正含义就是"六府"、"三事"、"三物"⑤,其他对"物"的训解都是违背周孔之学本义的异端之说。"三事"指正德、利用、厚生说;"六府"指金、木、水、火、土、谷说;"六德"、"六行"、"六艺"是"三物"。"六德"指知、仁、圣、义、忠、和,"六行"指孝、友、睦、姻、任、恤,"六艺"指礼、乐、射、御、书、数。所以,"三事"、"六府"、"三物"就是颜元所讲的"实学";尤其是"三物",多为颜元在教学中所倡导,且以"六艺"为根本。颜元指出:"先之以六艺。则所以为六行之材具,六德之妙用,艺精则行实,行实则德成。""六府"、"三事"、"三物"的关系为何?是三类不同的"物",还是同一类的"物"?对此,颜元解释说:"六府亦三事之目,其实三事而已。""其实

①③④《颜元集》下,北京:中华书局 1987 年版,第 491、685、401 页。

②《颜元集》上,北京:中华书局 1987 年版,第 159 页。

⑤ 曾素贞:《颜元的"乡三物"和"六府三事"试析》,载《哲学与文化》1997 年第 2 期。

六德，即所正之德也，六行即所以厚其生也，六艺即所以利其用也。"①从这里不难看出："六府"是"三事"的条目，而"六德"、"六行"、"六艺"之"三物"是"三事"的具体内容。归根结底，"六府"、"三事"、"三物"实为同一"物"，不过是同一"物"在自然和社会中不同的显现而已。"三物"来自《周礼·大司徒》中的记载，颜元立足于圣学典籍，以"三物"来应对宋明儒的明心见性、静坐主静的修养方式，批判宋明理学的"格物穷理"之"理"是虚妄之"理"，是不存在的，指出"格物"须"犯手搏弄"、"犯手实做其事"，即要在实践中真正去做，认为"理"在"习"中见，任何脱离实践的道理都是虚妄的。

以程、朱为代表的宋儒通常以读书作为"格物"之法，认为读书是为了"体认天理"。对此，颜元持批评态度，认为读圣贤之书不是为了体认"天理"，而是为了学习怎样更好地指导实践的知识，是为了学习实际的技能。颜元并不反对读书，但反对为"体认天理"而读书，并指出周孔之学也教人读书，但目的是让人学习实践的技能。他说："周公之法，春秋教以礼乐，冬夏教以《诗》、《书》，岂可全不读书！但古人是读之以为学，如读琴谱以学琴，读《礼经》以学礼。"②如果读书忽略了提升实践能力这个根本目的，那么就会造成"读书愈多愈惑，审事机愈无识，办经济愈无力"③的后果，如此培养出来的人对社会也是毫无用处的。这样的读书目的论让人耳目一新，跳出了传统读书是为了体认那个道德的"天理"的论调。对于宋明儒那种学禅静坐反求诸心的"格物"方式，颜元更是予以严厉的批评，曰："洞照万象，昔人形容其妙曰'镜花水月'，宋、明儒者所谓悟道，亦大率类此……做此功至此，快然自喜，以为得之矣，或预烛未来，或邪妄相感，人物小有征应，愈隐怪惊人，转相推服，以为有道矣。""故空静之理，愈谈愈惑，空静之功，愈妙愈妄。"④宋明儒受佛学影响很深，日益背离儒学经世致用的根本，越来越走向空疏。特别是到了明代中后期，儒者多空谈心性，学禅静坐以悟道，入歧途而不知，反以为至宝。

李塨（1659—1733），字刚主，号恕谷，保定蠡县（今属河北）人。他秉承了颜元的观点，对"格物致知"中的"物"解释为《周礼》中的"三物"，即"六德"、"六行"、"六艺"。对于"格物致知"中的"格"，他由原来颜元所传授的"犯手实做其事"转而汲取朱子的观点，把它解释为"学"。但是，与朱子"知先行后"之知行关系不同的是：李塨坚持"行先以知，而知在于学"的观点，释"格"为"学"，不过这须从经学典籍中找到根据，否则"格物"的释义就缺乏文献考据的支撑。他说：

---

①《颜元集》下，北京：中华书局 1987 年版，第 564 页。
②③④《颜元集》上，北京：中华书局 1987 年版，第 54、252、129 页。

"圣门舍学,更无致知之法也,格物非学而何欤?以经证经,昭如矣。"① 为了在古人的经典中找到"格物即学"的根据,李塨晚年时又走向考据学。他强调"格"是学习由浅入深、臻于完善的过程:"学有深浅,皆可为学;格者,于所学之物由浅及深,无所不到之谓也。"②

三 戴震的格致论

戴震(1724—1777),字东原,又字慎修,休宁(今属安徽)人。他的格物论不同于程、朱,其中之关键在于对"理"的解释,认为"理"即"分理"、"条理"。他对"理"或"天理"的解释散见于《原善》及《绪言》中,而在《孟子字义疏证》中对"理"的解释最为详备。戴氏之《孟子字义疏证》中释"理"的最重要的特点,就是以"分理"、"条理"释"理"。《孟子字义疏证》曰:"理者,察之而几微必区以别之名也,是故谓之分理;在物之质,曰肌理,曰腠理,曰文理(亦曰文缕。理、缕,语之转耳);得其分则有条而不紊,谓之条理。"③ 戴震所列举的几种"理",是古代"理"的常用之义,只有细微的区别。戴震之所以如此说明,意在表明宋儒所用之理并非古人原义,是曲解的,"古人所谓理,未有如后儒之所谓理者矣"。④ 这显然是针对宋儒特别是程、朱所言之超越的形而上的"理"来说的。

戴氏释"理",强调"理"不能脱离事物而独立存在,指出"理"的本义就是事物的"条理"、"分理"。戴氏以"条理"释"理"有其经典依据,曰:"孟子称'孔子之谓集大成者'曰:'始条理者,智之事也;终条理者,圣之事也。'"⑤ 又曰:

> "易简而天下之理得",自乾坤言,故不曰"仁智"而曰"易简"。以"易知",知一于仁爱平恕也;"以简能",能一于行所无事也。"易则易知,易知则有亲,有亲则可久,可久则贤人之德",若是者,仁也;"简则易从,易从则有功,有功则可大,可大则贤人之业",若是者,智也;天下事情,条分缕析,以仁且智当之,岂或爽失几微哉!中庸曰:"文理察密,足以有别也。"《乐记》曰:"乐者,通伦理者也。"郑康成注曰:"理,分也。"许叔重《说文解字·序》曰:"知分理之可相别异也。"⑥

戴氏强调"理"的经典原义:"理是分理"实际是气一元论的预设,肯定阴阳

---

①②《李塨文集》上,石家庄:河北人民出版社 2011 年版,第 23、22 页。
③④⑤⑥ 戴震:《孟子字义疏证》,北京:中华书局 1982 年版,第 1 页。

之气的个性化原理，经验的差化区分同时就是道生成变化的内在法则。这同王夫之所强调的"理是气之理"在思路上是一致的。这显然是针对朱子"理、气二分"而发。

由此看来，戴震通过疏证"理"的内涵，还原"理"的本义，将朱熹"格物"所穷究的那个超越的形而上的"天理"转至事物上来，将"格物"工夫的归宿由对"天理"的体悟或"豁然贯通"的顿悟转至对事物的客观认识上来，强调"事物之理，必就事物剖析至微，而后理得"，其"基本倾向确是要把知识从传统的道德纠缠中解放出来"①，开启了一条有利于科学发展的真正的知识主义路线。戴震在解释《大学》"致知在格物"的命题时说："其曰'致知在格物'，何也？事物来乎前，虽以圣人当之，不审察，无以尽其实也，是非善恶未易决也；'格'之云者，于物情有得而无失，思之贯通，不遗毫末，夫然后在己则不惑，施及天下国家则无憾，此之谓'致其知'。"②这彰显了戴震"格物致知"所体现的实学精神，即"格物致知"就是"求实致知"③，事物的"分理"不能脱离事物而独立存在，在客观事物面前，如果未能认真地研究，即使是圣人，不对其进行审察，也不能透过其表象而获得对其本质的认识。"格物"，就是要对客观事物作认真的、全面的考察，并将考察的信息用思维逻辑贯通起来，不能有所遗漏，这样获得的"理"才于己"不惑"，于国"无憾"，即"致其知"。胡适评论说："戴氏这样说理，最可以代表那个时代的科学精神。宋儒虽说'即物而究其理'，但他们终不曾说出怎样下手的方法。"④

四 凌廷堪的格致论

凌廷堪（约1755—1809），字仲子，一字次仲，安徽歙县人。从清初开始，中国的学术思想有一个重大转型，这个转型是由对程朱理学的反思与批判而推崇汉代经学，进而推崇上古礼学。凌廷堪是这一转型时期的儒家学者。他一生治学以礼学为主，力图复兴商周时期的礼乐文明，以"礼"代"理"，提出"舍礼无学"、"舍礼无教"的思想观点，曰："夫人之所受于天者，性也；性之所固有者，善也；所以复其善者，学也；所以贯其学者，礼也：是故圣人之道，一礼而已矣。""礼之

---

① 余英时：《论戴震与章学诚》，北京：读书·生活·新知三联书店2000年版，第33页。

②《戴震哲学著作选注》，北京：中华书局1979年版，第44页。

③ 关于戴震"求实致知"的思想，请参阅王杰撰《戴震义理之学中的"尽实致知"思想》，载《哲学研究》2007年第3期。

④ 胡适：《章实斋先生年谱 戴东原的哲学》，北京：北京师范大学出版社2014年版，第47页。

外,别无所谓学也。"①

关于《大学》"格物致知",凌廷堪如其他诸儒一样,自然也十分重视,试图以其所尊崇的礼学贯通于"格物致知"。这在清代学说中颇有特色。凌廷堪以《礼器》作为解释"格物"的依据,曰:

> (《礼记·礼器》)又曰:"君子曰,无节于内者,观物弗之察矣。欲察物而不由礼,弗之得矣。故作事不以礼,弗之敬矣。出言不以礼,弗之信矣。故曰,礼也者,物之致也。"此即《大学》格物之正义也,格物亦指礼而言。"礼也者,物之致也",《记》文亦明言之。然则《大学》之格物,皆礼之器数仪节可知也……《礼器》曰:"礼有以多为贵者,有以少为贵者,有以大为贵者,有以小为贵者,有以高为贵者,有以下为贵者,有以文为贵者,有以素为贵者。"又曰:"君子之于礼也,有直而行也,有曲而杀也,有经而等也,有顺而讨也,有撙而播也,有推而进也,有放而文也,有放而不致也,有顺而摭也。"无非格物之学也。《大学》曰:"致知在格物。"又曰:"物有本末,事有终始,知所先后,则近道矣。"以《礼器》证之,格物非指礼而言者邪……又考古人所谓格物者,盖言礼之器数仪节,皆各有精义存乎其间,既习于礼,则当知之,非天下之物莫不有理也。晋侯谓女叔齐曰:"鲁侯不亦善于礼乎?"对曰:"是仪也,不可谓礼。"言物格不能知至也,即格物之谓也。故曰:"礼之所尊,尊其义也;失其义,陈其数,祝史之事也。"然则物格不能知至,所谓"文胜质则史"是也……《论语》记孔子之言曰:"恭而无礼则劳,慎而无礼则葸,勇而无礼则乱,直而无礼则绞。"四者独不云学而无礼之蔽。又曰:"好仁不好学,其蔽也愚;好知不好学,其蔽也荡;好信不好学,其蔽也贼;好直不好学,其蔽也绞;好勇不好学,其蔽也乱;好刚不好学,其蔽也狂。"六者亦不云好礼不好学之蔽。②

凌廷堪为了在"格物致知"的解释中贯通礼学思想,以儒家的经典《礼记·礼器》中的"礼也者,物之致也"作为重要依据,并依此认为"格物"是指礼而言,并提出以"礼"代"理"的观点。《礼器》中此话的大意是说:人在考察事物时,心中应当有一个预设的准则,否则就不能正确地分辨事物。想要辨清事物而不遵守礼(准则、规范),就不会有什么收获。因此,做事不遵循礼,就不能让人尊敬;说

---

① 凌廷堪:《礼经释例》,北京:北京大学出版社 2012 年版,第 2 页。
② 凌廷堪:《校礼堂文集》,北京:中华书局 1998 年版,第 144—146 页。

话不遵循礼，就不能让人信服。礼就是人们分辨事物的准则。凌廷堪认为：《礼器》中的此段话多为历代儒者注释时所忽略，《大学》原是《礼记》中的一篇，自然不能脱离《礼记》的文本来任意发挥，须依据经籍中的本义而进行解释。为了进一步丰富自己以《礼器》之"礼"解"格物"之"物"的根据，凌廷堪还以《左传·昭公五年》中所载为例。《左传》记载："晋侯谓女叔齐曰：'鲁侯不亦善于礼乎？'对曰：'是仪也，不可谓礼。'"他认为此是"言物格不能知至也，即格物之谓也"。这显然是以礼作为格物的对象。凌廷堪在回复钱晓征的书信中又进一步说："《记》曰：'致知在格物。'物者，礼之器数仪节也。若泛指天下之物，有终身不能尽识者矣。智者，知也，所以知此礼也，即《记》之致知也。信者，诚也，所以行此礼也，即《记》之诚意也。"①

凌廷堪将《礼器》中的"礼"作为解读《大学》"格物致知"的根据，以"礼"来代替宋儒肯认的"理"，并提出质疑："后儒置《礼器》不问，而侈言格物，则与禅家之参悟木石何异？"凌廷堪此举一方面误读了宋儒"穷理"的本义，另一方面将《大学》的工夫都收缩至"格礼"，显然是不合《大学》原意的。现代儒者钱穆对此提出了批评，曰："此言似只认礼有精义，不认天地间别有事物之理矣。宋儒训格物为'穷理'，并非主张参悟木石也。其与《大学》原意合否可不论，然《大学》原意，决不谓致知、诚意、正心、修身、齐家、治国、平天下工夫，全在格礼之器数仪节，则断可知。"②显然，钱穆不同意以"格礼"释"格物"的方式来涵盖《大学》的所有工夫。

---

① 凌廷堪：《校礼堂文集》，北京：中华书局1998年版，第221页。
② 钱穆：《中国近三百年学术史》下册，北京：商务印书馆1997年版，第553页。

第五节 关于朱子格致论的再审视

　　"格物致知"工夫在朱子的思想体系中占有十分重要的地位，被朱子视为进入圣贤的入门工夫，是"梦觉关"和"凡圣关"的重要关口。《朱子语类》在有关《大学》的讨论中，围绕"格物致知"的讨论也是最多的一部分。钱宾四视其为"理学思想中之最独特亦最伟大处"。[①] 然而，朱子的"格物致知"工夫自提出以来，除遭到同时代陆九渊"支离"和明代王阳明"心与理为二、向外驰求、玩物丧志"等的激烈批评外，在现代还有以牟宗三为代表的学者基于心学、理学的分际，在西方理性主义思想的影响下，批评朱子的"格物"工夫是一种以知识为进路的外向型工夫，背离了儒学"反身而诚"的工夫脉络大旨。冯友兰虽对朱子有同情和了解，但也认为朱子的格物致知论是一种知识论取向的工夫，将"为学"与"为道"混为一谈。[②] 通过对朱子文本的详细审读，不难发现人们对朱子之思想存在严重的误解。究其实，在朱子而言：本心之知璀璨光明，但受气禀、物欲遮蔽，存在知之不明、不真、不切的问题，而心性本体无形影，工夫无下手处，须是从心之所发为下手处；心之发必然会触及物，而心之理即为万物之理，为避免理落入佛氏之悬空，将心之理放在事物上理会，再返求诸心，以获得真知，并转化为"自信得及"的真行。这一工夫路径不仅完全没有脱离儒家之"心学"工夫意旨，反而是对儒学工夫的一种创新性的坚守。近年来，学者多在王阳明批评朱子"专去知识才能上求圣人"的知识与道德的关系下关注朱子的格物致知说，主要以《大学章句》中《格物致知补传》为依据，对《朱子语类》中有关"格物致知"的讨论重视不够，加上朱子本人对格物致知说诠释的复杂性、隐蔽性，不仅没有使朱子格物致知说的迷障解开，反而使之愈加难以彰显。究其原因，是对朱子"就这形而下之器穷得那形而上之道理"[③] 的工夫路子理会不透。认真审视此一工夫路径，对于我们准确把握朱子思想及其格致工夫的精神实质具有重大的理论意义。鉴于后人对朱子格物致知说的误读大抵上没有脱离王阳明的致思框架，因此本节的分析讨

---

① 钱穆：《朱子学提纲》，北京：生活·读书·新知三联书店 2002 年版，第 122 页。
② 冯友兰：《三松堂全集》第 10 卷，郑州：河南人民出版社 2000 年版，第 169 页。
③ 黎靖德编：《朱子语类》四，北京：中华书局 1986 年版，第 1496 页。

论主要以王阳明为对象展开。①

一 对王阳明批评朱子格致论的反思

王阳明直指本心的格物工夫看似非常简易，对于当时务外遗内、追求功名的学风是一个十分有益的矫正，却遗落了人的现实性。这在朱子看来不仅没有实现"复理"之"心即理"的修养目标，反而使心与理隔离了。为什么呢？在朱子看来，人是一个气化生命的存在，人心虽具存天道理性，但心与性只是一种形而上的同一，是人生命完成形态即修养境界层面上的统一；在形下生命世界中，人心受到气质、欲望等的遮蔽，心中之理并没有完全彰显出来，而是以气质之性的形态展现出来的。朱子的气质之性虽承接张载、二程之说法，但其最大的不同就是包含了仁、义、礼、智的内容。②朱子以气质之性来解释善恶的问题。在他看来，本然之性是无不善的，但是由于气禀的不同，因此现实中的人性是有善有恶的，没有工夫的修养过程，不达到圣贤的层次，心就不会有纯一如理的显现，正是因为如此，人才要充分发挥心之"为仁由己"（《论语·颜渊》）的主宰作用，在心体阐发和运用而穷究事物的过程中，始终不要脱离理的引导和制约，否则心与理就会分裂为二。因此，朱子曰："（圣贤）千言万语，只是欲学者此心常在道理上穷究。若此心不在道理上穷究，则心自心，理自理，邈然更不相干。"③显然，从本体上讲，朱子并不否认"心即理"的命题，"圣人便是一片赤骨立底天理"④，但这是圣人理想人格的体现。在现实的生命实存中，心对理必然是有隔蔽的，这是客观的实存，不是个体能自由选择的，心并不完全显现为理。关于这一点，王阳明也是认同的，曰："常人之心既有所昏蔽，则其本体虽亦时时发见，终是暂明暂灭，非其全体大用矣。"⑤但是，朱子认为"心即理"是经过"格物"的工夫不断积累后而达到的一个修养层次，并不是心体当下的直接呈现。朱子始终没有放弃对心与理完全同一的理想人格的追求，也正因此而挺立起了人高贵的道德价值。"今日明日积累既多，则胸中自然贯通。如此，则心即理，理即心，动容周旋，无不中理矣。"⑥这也是致知之"所至处"。朱子承续原始儒家的心论

---

①前文朱子的格致论及本节的主要部分见李涛撰《朱子格物致知工夫再审视》，载《国学研究》2021年第46卷。

②张凯作：《论朱子哲学中的气质之性》，载《东方论坛》2012年第1期。

③⑥黎靖德编：《朱子语类》二，北京：中华书局1986年版，第408页。

④黎靖德编：《朱子语类》三，北京：中华书局1986年版，第798页。

⑤王晓昕：《传习录译注》，北京：中华书局2018年版，第114页。

思想，认为心是身的主宰，是所有道德行为的根源，也是道德工夫的作用点。朱子在"中和之悟"之后，对原有的"性体心用"的心性结构进行了修正，结合《中庸》的中和观，融合程颐"性即理"和张载"心统性情"的理论，给予"情"以充分的地位，提出了新的"心统性情"论：心是一个容纳形上、形下的存在。性即理，是心之体。情是性之发，乃心之用。心体未发时，寂然不动，但此种不动并非真的静止不动，而是能动未动者。当心体已发时，性体触物而动，感而遂通，从而有情，情则有善有恶。心的活动是以情为主而展开的，也是人之生命的实存活动，由情见性，即情显性，孟子所谓由"四端"见仁、义、礼、智之性即此一路径。心之本体是通过心之活动——情来显现的。

王阳明则认为：虽然人心有昏蔽，但去蔽可以直接借助于心之自身的作用来实现，心之知可以自我实现去蔽，复性明理。如当心有恶欲时，直接格除恶欲即可，直接在"心上"用功。他以镜子为喻批评朱子及后儒的"格物"工夫是"有心求异"，曰："是有心求异即不是。吾说与晦庵时有不同者，为入门下手处有毫厘千里之分，不得不辩。"[①]针对世儒的"格物"之学，他又批评道："舍心逐物，将格物之学错看了，终日驰求于外，只做得个义袭而取，终身行不著，习不察。"[②]这犹如在金之分两上用功，是没有"头脑"的工夫。他还说："近世格物之说，如以镜照物，照上用功，不知镜尚昏在，何能照？先生之格物，如磨镜而使之明，磨上用功，明了后亦未尝废照。"[③]显然，在王阳明看来，朱子的"格物"工夫是在心之镜的照上用功，脱离了根本。可让人疑惑的是：朱子同样以镜为喻，强调"格物致知"要有"头脑"的工夫，要在镜上打磨，而不是在照上用功，"致知乃本心之知。如一面镜子，本全体通明，只被昏翳了，而今逐旋磨去，使四边皆照见，其明无所不到"。[④]他认为：要发挥心之灵明知觉的主宰功能，心要循理而动，身就会循理而行，"常提撕他起，莫为物欲所蔽，便将这个做本领，然后去格物、致知"。[⑤]因此，朱子的"格物"工夫并非像王阳明所批评的那样是"务外遗内，博而寡要"的一种向外求知的方式。当学生担心朱子的"格物"工夫有外驰之病时，朱子说："若合做，则虽治国平天下之事，亦是己事。"[⑥]朱子还以周公思兼三王为例来说明"格物"之事物不当有内外之分：周公全心全意辅佐其侄子成王执政，学习夏、商、周三代开国君主的贤德以治理国家。周公结合现实情况，白天思考，晚上也思考，一旦有了正确的判断，就坐到天明，然后立即去实施。这些事都是周公在当时的情境下应当做的事。当主体自我有了事物之当做与不当做的是非判断和觉知时，就会决定当做或不当做。因此，"格物"无内外之分，只

---

① ② ③ 王晓昕：《传习录译注》，北京：中华书局2018年版，第133、141、100页。
④ ⑤ ⑥ 黎靖德编：《朱子语类》一，北京：中华书局1986年版，第283、292、288页。

有合为与不合为之说。

既然知为人心所本有，自我完足，那么朱子为何要经过"格物"这一中间环节由外然后返回至内的工夫呢？这还要从人的生命实存性说起。朱子认为：人心具有"不能不感物而动"的必然性，心体在向外显发而展露自我的过程中，在以圣人为代表的理想人格层面上，心之发皆是循理而发，"从心所欲，不逾矩"，思虑营为、视听言动皆符合中节，心的当下呈现就是理。然而，人非皆圣人，在现实生活中，主体对自我心体的把握往往会出现"气强理弱"[①]的情况，心之发所依存的情往往会偏离心体之中正，此时心对情的主宰则会有两种情况：一是"心宰则情得正，率乎性之常，而不可以欲言矣"；二是"心不宰则情流而陷溺其性，专为人欲矣"。[②] 前者是合乎性理的欲，可称为"常欲"；后者是偏于性理的欲，可称为"人欲"或"恶欲"。由此看来，欲并非都是恶的，心主宰而符合性理的"常欲"即理与欲的同一，也是性与情的统一；"恶欲"则对性理有遮蔽，是心之主宰要克治的对象，也是一种"格物"的工夫。

朱子所谓的"格物"，究其实，就是解除心体的蔽隔。朱子认为：人的本心之知受到各种遮蔽，"格物"工夫的目的就是解除本心的遮蔽，使它恢复本来的光明。犹如屋子里的灯一样，本来是光明的，但为外物所蔽隔，光照便有不到处。若将遮蔽灯的东西除掉，光照就会通透而无所不到。"致知"就是要穷究事物的"至当"处。当有学生将"格物"理解为"致知在格物"时，朱子批评这种理解是"胡说"。他说："若作致知在格物论，只是胡说！既知人与物异后，待作甚合杀。"[③] 因为"知"不在物，为人心所本有，"格物"就是使心之知复明。受到遮蔽的心体就像受到灰尘沾染的镜子一样，一部分明，一部分暗，"格物"就是将镜子上的灰尘除掉，恢复镜子的本明。心之体易受物欲的陷溺，不能自明。对"格物"之物不能理解为一种外在的东西，"格物"工夫的着力点在"致知处"。如果人能常常

①朱子"气强理弱"的问题在《朱子语类》中的相关材料仅见两条，却是朱子修养工夫的一个重要问题。自明代以来，曹端、薛瑄、罗钦顺、陆世仪等朱子后学都非常重视这个问题。以薛瑄为例。他说："气强理弱，故昏明善恶皆随气之所为，而理有不得制焉。至或理有时而发见，随复为气所掩，终不能长久开通。所谓为学者正欲变此不美之气质，使理常发见流行耳，然非加百倍之功，亦莫能致也。"（《薛瑄全集》第 2 册，太原：山西出版传媒集团·三晋出版社 2015 年版，第 787 页。）董金裕、赵金刚也专门研究了这一问题。（钟彩钧主编：《国际朱子学会议论文集》（下册），中国台北："中央研究院中国文哲研究所筹备处" 1993 年版，第 390 页；赵金刚：《朱熹的历史观：天理视域下的历史世界》，北京：生活·读书·新知三联书店 2018 年版，第 33—53 页。）

②《朱子全书》贰拾叁，上海：上海古籍出版社、合肥：安徽教育出版社 2002 年版，第 3115—3116 页。

③黎靖德编：《朱子语类》一，北京：中华书局 1986 年版，第 295 页。

警惕此心，使心体保持湛然虚明，"外来底物欲皆不足以动我，内中发出底又不陷了"。^① 依此角度来看，朱子的"格物"工夫就是明明德的工夫。^②

二 朱子格致论的内在张力及王阳明的误读

朱子对于"格物"工夫可能出现的理解偏差保持着相当敏锐的理论警觉。他认为：一方面要警觉只是一味地在"心上"用功，在现实的道德实践上却不能顺着本心，"有一般人专要就寂然不动上理会，及其应事，却七颠八倒，到了，又牵动他寂然底"。^③ 对此，工夫就要由内向外拉展，"若是人专只去里面理会，则教之以'求之情性，固切于身，然一草一木，亦皆有理'"。^④ 另一方面要警觉只是一味地只在"事上"用功，而遗失了心之本体。他说："又有人专要理会事，却于根本上全无工夫。"^⑤"徒欲泛然以观万物之理，则吾恐其如大军之游骑，出太远而无所归。"^⑥ 这就是说："格物"工夫既要防止仅向外致知而遗失本心的趋向，又要防止只专注本心而不能应事的趋向。"'敬以直内'，便能'义以方外'；能'义以方外'，便是'敬以直内'。"^⑦ 也就是说："格物"不应当分内外，只有合为与不合为。他又说："内事外事，皆是自己合当理会底，但须是六七分去里面理会，三四分去外面理会方可。若是工夫中半时，已自不可。况在外工夫多，在内工夫少耶！此尤不可也。"^⑧

朱子之所以反复强调在物上格，除坚持"道不可须臾离"的理论依据之外，还是针对宋代佛老盛行、儒学式微的时弊而发，以"天理"之实辟"佛理"之空，指出理不离物，若离开了事物，理就会变得空泛。释氏也强调"理"，但释氏之"理"是脱离具体的事物而谈"理"，宣扬所谓的"明心见性，顿悟成佛"。很多儒者受此影响，不谙世事，束书不读，丢弃了儒学积极的入世精神。然而，《大学》之"格物"工夫所体现的实理精神正是对治释氏此一弊病的良方。人只有将道理放在事物上理会，才会有切己的体会。朱子经常强调：吾儒与释氏的一个重要区别在于吾儒之理实，释氏之理空，理是实体。他说：

> 人多把这道理作一个悬空底物。《大学》不说穷理，只说个格物，便是

---

① ③ ⑤ ⑦ 黎靖德编：《朱子语类》一，北京：中华书局 1986 年版，第 307、287、287、287 页。

② 朱子曰："心之体不可不明，而致知、格物、诚意、正心，乃其明之之工夫耳。"（黎靖德编：《朱子语类》一，北京：中华书局 1986 年版，第 308 页。）

④ ⑥ ⑧ 黎靖德编：《朱子语类》二，北京：中华书局 1986 年版，第 406 页。

要人就事物上理会，如此方见得实体。所谓实体，非就事物上见不得。且如作舟以行水，作车以行陆。今试以众人之力共推一舟于陆，必不能行，方见得舟果不能以行陆也，此之谓实体。[①]

心之性体的存在是在接事应物的活动过程中显现的，是依情而展开的生命活动。这一点在孟子的思想中体现得非常明显。孟子曰："仁之实，事亲是也；义之实，从兄是也；智之实，知斯二者弗去是也；礼之实，节文斯二者是也。"（《孟子·离娄上》）比如：孝之理，皆为人心所本有，"孩提之童，无不知爱其亲者"。但是，只有在孝亲的现实实践中，人们才会对孝之理有更真切的体会。离开了孝亲之事，孝之理就只是一种悬空的存在。朱子反复强调"格物"要将"理"放在事物上来理会，以情之生命的实存活动来显现性理的存在，这正是接续了孟子的思想。王阳明在批评朱子格物致知之论是在向外求理、析心与理为二时指出：

朱子所谓"格物"云者，在即物而穷其理也。即物穷理，是就事事物物上求其所谓定理者也。是以吾心而求理于事事物物之中，析"心"与"理"为二矣。夫求理于事事物物者，如求孝之理于其亲之谓也。求孝之理于其亲，则孝之理其果在于吾之心邪？抑果在于亲之身邪？假而果在于亲之身，则亲没之后，吾心遂无孝之理欤？……以是例之，万事万物之理，莫不皆然。是可以知析心与理为二之非矣。[②]

王阳明对朱子之论明显存在误读：其一，朱子所谓"格物"，并非是"就事事物物上求其所谓定理"，而是"要人就事物上理会，如此方见得实体"。他认为万物不过是心中"天理"的显现而已。朱子并未说过让人们于事物上去"求"理的观点，这只是王阳明错误的理解。朱子说"即物穷理"，"即物"就是理与事物相即不离，"穷理"不是求理，而是达到事物的"是处"，即事物要如此这般的状态，并以此知来决定行之合做与不合做。朱子认为：《大学》只说格物，不说穷理，就是担心人们在修养时脱离事物而穷理，一味地追求心灵的顿悟之法，迷茫而不切实际，误入歧途。"格物，不说穷理，却言格物。盖言理，则无可捉摸，物有时而离；言物，则理自在，自是离不得。释氏只说见性，下梢寻得一个空洞无稽底性，亦由他说，于事上更动不得。"[③]"今说求放心，说来说去，却似释老说入定一般。但彼到此便死了；吾辈却要得此心主宰得定，方赖此做事业，所以不同也。"[④]

---

① ③ ④ 黎靖德编：《朱子语类》一，北京：中华书局 1986 年版，第 288、289、202 页。

② 王晓昕：《传习录译注》，北京：中华书局 2018 年版，第 205—206 页。

其二，王阳明以"求孝之理于其亲"的例子来反驳朱子也并不恰当，其类似的反驳还有："且如事父，不成去父上求个孝的理；事君，不成去君上求个忠的理；交友治民，不成去友上、民上求个信与仁的理。都只在此心，心即理也。此心无私欲之蔽，即是天理，不须外面添一分。以此纯乎天理之心，发之事父便是孝，发之事君便是忠，发之交友治民便是信与仁。只在此心去人欲、存天理上用功便是。"①"求"具有很强的向外索求的意味，显然是杂有私意在里面，违背了"天理"的公共性。实际上，朱子非常反对这种向外求理的方式，曰："大凡道理皆是我自有之物，非从外得。所谓知者，便只是知得我底道理，非是以我之知去知彼道理也。道理固本有，用知，方发得出来。若无知，道理何从而见！"②这就是说："知"的活动是唤醒人心之道德理性、让心中之理显现的方式，也是让心保持一种活泼泼气象的方式。朱子认为：孝之理存在于吾心。"理"是一个超越的形上存在，不随事物的生灭变化而变化。忠孝之理要在事父、事君等道德的实存活动中才能显现，"穷理格物，如读经看史，应接事物，理会个是处，皆是格物。只是常教此心存，莫教他闲没勾当处"。③

从实存的生命活动过程来说，"理"不离事物，但就实存的本体来说，"理"又超越于事物，"万一山河大地都陷了，毕竟理却只在这里"。④依此，孝之理、忠之理、信与仁之理等殊理当然不随父之身、君之身、友民之身等形下事物的存在而存在，故父、君、友民之身没有之后，孝之理、忠之理、信与仁之理依然还在，这在朱子的理学体系中是毫无疑问的。朱子晚年反复强调"理在气先"，以凸显主体价值抉择的优先性。然而，这一强调往往被当作朱子思想体系中的矛盾之处，加上朱子文本中存在的大量从"存在之然"角度出发来说明生命价值的文字，遮蔽了朱子生命价值的超越性立场。明清气学从气化宇宙生成论的角度来诠释生命价值的超越性，将朱子特别是其晚年所反复强调的"理在气先"的价值抉择立场抽离，将"理先气后"改为"理气不离"。理在气中，用于分析人伦社会，就成了"理在事中"，这实际上是走回汉唐儒学的老路上去了。冯友兰更是运用西方逻辑学的成果，进一步突出了朱子所担心的脱离生命价值之根本目的的"格物"之路径，将"理"诠释为类的规定性，使"理"变成纯粹的形式之理，使价值失去活泼泼的生命气象，变成"只存有不活动"的死理。牟宗三则从道德形上学角度出发，以形上之道德价值直贯形下现象世界，但是牟宗三没看到存在与价值的互补性，只注意到即体即用的本体世界，忽视了对客观世界的认知和探索，很容易流入佛老之

---

① 王晓昕：《传习录译注》，北京：中华书局2018年版，第14页。
② 黎靖德编：《朱子语类》二，北京：中华书局1986年版，第382页。
③④ 黎靖德编：《朱子语类》一，北京：中华书局1986年版，第284、4页。

异端。"格物"之"物",在朱子言,是反照心之理是否真切的一面镜子,只有见得"理"真切了,才会"信得及",道德之行才会真实。朱子曰:

> 致知、格物,固是合下工夫,到后亦离这意思不得。学者要紧在求其放心。若收拾得此心存在,已自看得七八分了。如此,则本领处是非善恶,已自分晓。惟是到那变处方难处,到那里便用仔细研究。若那分晓底道理却不难见,只是学者见不亲切,故信不及,如漆雕开所谓"吾斯之未能信"。若见得亲切,自然信得及。看得《大学》了,闲时把史传来看,见得古人所以处事变处,尽有短长。[①]

由此可见,朱子认为:"见得亲切"是"信得及"的重要基础,而"信得及"自然强化了道德行动的力量。

朱子生活在佛教盛行的南宋时代,儒学的发展面临着很大的挑战。许多儒者被佛教形上超越的生命修养方式吸引,日渐脱离现实的生活世界,远离尘世之扰,追求自我生命的圆融与超越,违背了儒学经世致用的思想宗旨。在此背景下,以朱子为代表的新儒学的发展一方面要汲取佛教的形上思维智慧,一方面又不能背离儒学的入世风格。《大学》的"格物"工夫恰好能为融合佛教思想、发挥儒学的入世特长提供重要的手段,对于儒者的工夫修养走向佛、老虚无的方向能发挥重要的纠偏作用,这也是朱子如此重视《大学》的一个重要原因。"理"之实与不实成为体现儒、释各自思想风格的一条重要界线。

三 朱子格致论中的道德与知识

王阳明的"致良知"强调在心上用功,但往往不好把握,稍微理解不透就容易走向虚无,落入佛老之境,这样就会背离儒家修养的宗旨。王阳明的学生在实际的修养中就常常遇到这样的问题。例如:有学生来信说"致良知"工夫"但恐立说太高,用功太捷,后生师传,影响谬误,未免坠于佛氏明心见性、定慧顿悟之机"[②]。在把握孟子的"勿忘勿助"工夫时,有学生遇到了"才着意便是助,才不着意便是忘"的难题。王阳明也明显地意识到在心上用功的确容易导致此问题的产生,而为了避免工夫落于虚无,需要强调将用功与事物接合起来。因此,王阳

---

① 黎靖德编:《朱子语类》一,北京:中华书局1986年版,第292页。
② 王晓昕:《传习录译注》,北京:中华书局2018年版,第194页。

明在讲学中对此进行了纠偏，只说"必有事焉"，不说"勿忘勿助"，主要就是担心工夫务于内而略于外，要使工夫能内外一贯。王阳明曰：

> 必有事焉者，只是时时去集义。若时时去用必有事的工夫，而或有时间断，此便是忘了，即须勿忘。时时去用必有事的工夫，而或有时欲速求效，此便是助了，即须勿助……今却不去必有事上用工，而乃悬空守着一个勿忘勿助，此正如烧锅煮饭，锅内不曾渍水下米，而乃专去添柴放火，不知毕竟煮出个甚么物来。①

王阳明认为：如果不在事物上用功，就像烧火煮饭一样，只知添柴烧火而不在锅里加水下米。工夫若脱离事物，就会没有实落下手处，是悬空去做"勿忘勿助"，其结果必然是"只做得个沉空守寂，学成一个痴呆汉"。②为了避免"致良知"的工夫走向空寂虚无，王阳明常强调"随时就事上致其良知，便是格物"。③又曰："致知在实事上格。如意在于为善，便就这件事上去为；意在于去恶，便就这件事上去不为。"④这与朱子所强调的"（理）须要就那事物上理会"的"格物"思想是完全一致的。

朱子"格物"非常强调在修养工夫中"决定着恁地，不恁地便不得"之自主性的重要性，如"为人君，止于仁"、"为人臣，止于敬"、"为人子，止于孝"。就是说：人处事接物当以事物之所当然处为"至处"，这是第一义。以为学工夫来说，人如果没有"做圣贤"的第一义的"头脑"工夫，便很难有真正的进步。人皆有本善的良知，如果不以此心为身之主宰，常为自己的堕落找各种借口，说"自家做不得"，便是"自贼"。朱子曰："'不以舜之所以事尧事君，贼其君者也；不以尧之所以治民治民，贼其民者也。'谓吾身不能者，自贼者也。"⑤

王阳明强调："格物"工夫只作用于本心即可，事物的知识与心中之理是不相关涉的，不须以向外求知识的方式来成就德性。意念发于事亲，即事亲为一物。意念发于忠君，即忠君为一物。"格物"就是"致良知"。此种工夫简易。修养工夫一旦剥除了辞书章句等各种知识的外在藩篱之后，则"愚夫愚妇可与及者"。依王阳明的看法，时儒不知此种简易工夫的大旨要义，以知识进路的工夫求成性成德，是舍近求远、弃易求难。圣人与愚夫、愚妇的区别不在于心性本体，而在于"致良知"的工夫。以温清定省的孝之仪节为例：人都知道作为子女应当

①②③④ 王晓昕：《传习录译注》，北京：中华书局 2018 年版，第 341、341、342、495 页。
⑤ 黎靖德编：《朱子语类》一，北京：中华书局 1986 年版，第 282 页。

如此,但何以将应当如此的仪节转化为自我的道德实践?对此,朱子和王阳明均认为:只是知道应当如此而没有做到应如此,不是致知的完成,当然也不是"格物知至"。心是身的主宰,身之视、听、言、动皆由心体所发。德性工夫的根本点是心没有问题,可问题在于:对于致知工夫过程的完成,心之所发是否能成就事物之宜?是求诸主体自我的良知判断,还是求诸别的标准? 这在王阳明看来,本体即工夫,工夫的阐发和运用处是心之良知,其标识事物之宜的因应成就之完成也要求诸心之良知。"良知之在人心,亘万古,塞宇宙,而无不同。不虑而知,恒易以知险,不学而能,恒简以知阻,先天而天不违。"[1]王阳明以历史上的舜之不告而娶和武王之不葬而兴师为例:舜和武王所做之事是否当做、是否合适,在当时不能从前人的书本中和求问其他人的答案中找到合做的是处(知识),只能求诸一念之良知,以我之良知应对事物之酬酢万变,"以精察义理于此心感应酬酢之间"[2],即自我之良知能自然判断事物之合当处,曲尽事物之宜,不须以"顾欲悬空讨论此等变常之事"的外在方式来解决,只须叩问自我之良知即可,事物因应之宜皆以自我的良知为标准。但是,良知是否能作为因应事物之宜的规矩尺度呢?良知虽然是每个人都有的,具有普遍性,但在现实的气化生命中,人的良知会受到气禀、物欲的遮蔽,良知的展现也有偏有全,这都是客观的事实,否则"格物致知"即为无稽之谈。道德行为的发动当然要诉诸良知,不须假借于外在的良知为每个人成为圣贤提供了可能。从这个意义上来说,"满街都是圣人"为普通人甚至愚夫、愚妇创造了可以期许的愿景,让成圣成贤变得不再遥不可及。但是,这并不等于说道德行为的结果也要完全诉诸良知自身来判断。恶人虽有良知,但恶人在做出某一种坏的道德行为之后,往往不会有良心的发现,而可能会在社会生活的现实中通过社会公众的谴责来唤醒其良知。好人虽有良知,但好人做出的道德行为虽然当下为自我的良知所认可,如孝敬父母,但孝行的结果是否为父母所接受,是否符合当时社会的孝礼,则不能完全诉诸自我的良知来判断。如果社会生活中群体的道德活动都交由个体自我的良知来判定,那么对社会的发展是十分危险的,很容易形成以恶充善、以虚代实的不良社会风气。阳明心学后期的发展确实形成了这样的现象,这也是一个值得我们警惕的重要问题。朱子之"格物"强调将心之理放在事物上理会,再返诸心,既有"天理"的纵向贯注流行,又有心之理与事物之理横向的互馈交流,在因应比照中权衡,曲成事物之宜,以达"至知"之境。《中庸》曰:"大哉圣人之道。""待其人而后行,故曰:苟不至德,至道不凝焉。"如不将心之"知"放在事物上来"格",表现

---

①② 王晓昕:《传习录译注》,北京:中华书局 2018 年版,第 308、221 页。

为"至道"之"凝",即使心"诚",亦是"无物",这样的"心"必定是虚幻的。因此,朱子之"格物"工夫对只求在心上用功的"格物"工夫所出现的偏弊的确是一种必要的矫正,也没有偏离孔孟儒学的心性工夫意旨,反而创新性地坚守了儒学的"心学"阵地。

朱子强调"格物"之第一义是要知得事物皆有所当然之则,用朱子的话讲,就是穷个事物的"是处",即人们应该如何接事应物。这可以使人们不会迷茫而无所措,即知道道德行为应该如何,并更深入一步,知道究竟该如何才能做到。"格物,是穷得这事当如此,那事当如彼。如为人君,便当止于仁;为人臣,便当止于敬。又更上一着,便要穷究得为人君,如何要止于仁;为人臣,如何要止于敬,乃是。"① 所谓"格得尽",就是既要知道应该如何,又要知道如何能做到,并能做到恰到好处,"事父母,则当尽其孝,处兄弟,则当尽其友",如此等等。使道德行为如何应这样,也就是为了使人们发自本心的道德行为能够实现一种理想的状态,从心上用功是没有问题的。但问题是,如前面所述,仅仅诉诸自我之本心仍不够,还需一定的知识作为辅助。虽然"格物"的目的不在于获取事物的知识而是成就德性,但如果没有知识的辅助,就很难实现。譬如:人们见到一个倒地的老人,此为事之来,因为人的本心是善良的,心之发自然而应,人会不假思索地去救治倒地的老人。人当救扶老人为此一事之"是处",救扶老人是心体之善阐发和运用于事物的过程,当然是"格物",但如何使救扶老人的善意之举能够获得一种理想的结果,则是一个不得不引起我们思考的重要问题。比如:这个老人患有心脏病,如果实施救治的人懂得救治心脏病的知识,那么在危机时刻就能发挥道德本心的最大力量,否则就可能会出现违背道德目的的结果,可能会因为施救者掌握的急救知识不够,致使老人错过最佳救助时机而丧失生命,好心做了坏事。古代圣人"格物"为何能做到恰到好处?那是因为他们除了知道应该如何,也知道如何能做到,"范围天地之化而不过,曲成万物而不遗"。朱子曰:"古人爱物,而伐木亦有时,无一些子不到处,无一物不被其泽。盖缘是格物得尽,所以如此。"② 爱护树木是为人广知的道德仪则,但如何更好地实现爱护树木的目的,使树木的生长之宜与我们的心中之理同一,使心发而中节,则应对树木的生长规律有所了解,"仲冬斩阳木,仲夏斩阴木"便是人们对树木的生长规律、知识有了透彻的了解后所采取的一种恰到好处的道德行为,是知其所当然与知其何以所当然的行为方式。知识虽然并不影响我们做一个好人,但可以帮助我们成为一个好人。朱子强调"理"之基本含义包括所当然之则与所以然之故,将自然名物的知识加

---

① ② 黎靖德编:《朱子语类》一,北京:中华书局1986年版,第284页。

入"格物"的行列,一个重要的目的就是发挥知识在道德行为中的辅助作用。

在人具有天赋的道德理性和能力方面,朱子和王阳明的观点是相同的,但王阳明反对知识在主体的道德活动中发挥作用,认为不应该让知识介入主体的道德活动中,否则会影响"天理"的纯粹性。王阳明认为:道德的修养工夫应该直接向内作用于本心。在关于《论语》"生而知之"的讨论中,朱子释此句为"生而知之"是圣人,知的对象是义理,而不是一般的名物知识,但主体做出符合事物之宜的道德行为也须借助于知识的作用,正如古人伐木能尽伐木之宜是借助于对树木生长知识的了解和掌握一样。但是,王阳明反对知识有助于作圣之功,说:"夫礼乐名物之类,果有关于作圣之功也?"他认为:如果圣人也要借助于知识来成就德性的话,那么就是"学而知之",因为知识需要通过不断学习来掌握,即使圣人也是如此。如果是这样的话,则显然"生而知之"与礼乐名物等知识无关,当然也无关作圣之功。对于时人务求知识来成就圣贤之德的修养工夫,王阳明批评曰:"今学者之学圣人,于圣人之所能知者,未能学而知之,而顾汲汲焉求知圣人之所不能知者以为学,无乃失其所以希圣之方欤?"[1]然而,在朱子看来,知识虽然在人的道德修养工夫中不能发挥根本作用,成就德性主要靠主体自我的道德觉知,但不能因此忽略知识在道德修养中的作用。

"格物"是个渐磨的修养工夫。"决定着恁地,不恁地便不得"是"格物"工夫的第一义,也是格物工夫的精神支撑。如为人君止于仁之类,不仅要知道应该这样,更应该坚决做到这样。"格物"工夫不能一蹴而就,弟子就"格物"工夫的难处向朱子发问道:"格物最难。日用间应事处,平直者却易见。如交错疑似处,要如此则彼碍,要如彼则此碍,不审何以穷之?"朱子曰:

> 如何一顿便要格得恁地!且要见得大纲,且看个大胚模是恁地,方就里面旋旋做细。如树,初间且先斫倒在这里,逐旋去皮,方始出细。若难晓易晓底,一齐都要理会得,也不解恁地。但不失了大纲,理会一重了,里面又见一重;一重了,又见一重。以事之详略言,理会一件又一件;以理之浅深言,理会一重又一重。只管理会,须有极尽时。"博学之,审问之,慎思之,明辨之",成四节次第,恁地方是。[2]

人们之所以觉得"格物"工夫难,是因为忽视了"格物"工夫的渐进过程。这在《大学章句》的《格物致知补传》中朱子就已经明确强调。想要一下子理会个

---

① 王晓昕:《传习录译注》,北京:中华书局2018年版,第233页。
② 黎靖德编:《朱子语类》一,北京:中华书局1986年版,第285—286页。

事物的"是处"，是很难做到的，先要立个大纲，也就是明白个大方向，然后在一些细节中做到精致一些。例如：子女当尽孝，这是个根本处，但如何能做到孝呢？不同的父母、不同的家庭、不同的情境都有不同的做法。如果父母年老且体弱多病，此时的尽孝自然与父母身体好时的尽孝方式有所区别。

"格物"工夫需要坚定的信念支撑，要以成圣成贤为目的和追求，持之以恒，坚持不懈。当弟子求问"格物工夫未到得贯通，亦未害否？"的问题时，朱子严厉地批评曰："这是甚说话！而今学者所以学，便须是到圣贤地位，不到不肯休，方是。但用工做向前去，但见前路茫茫地白，莫问程途，少间自能到。如何先立一个不解做得便休底规模放这里了，如何做事！且下手要做十分，到了只做得五六分；下手做五六分，到了只做得三四分；下手做三四分，便无了。且诸公自家里来到建阳，直到建阳方休。未到建阳，半路归去，便是不到建阳。圣贤所为，必不如此。"① "穷理之初，如攻坚物，必寻其罅隙可入之处，乃从而击之，则用力为不难矣。孟子论四端，便各自有个柄靶，仁义礼智皆有头绪可寻。即其所发之端，而求其可见之体，莫非可穷之理也。"②

怎样"格物"？依照朱子的说法，遇事接物之间，大的、小的、粗的、精的皆须一一理会过。但是，"格物"不能只是为了获得知识，获得知识并不能保证提升自我的修养。朱子对此有十分清醒的认识。朱子的学生在"格物"时就曾遇到类似明代王阳明遇到的格竹子问题。"世间有一种小有才底人，于事物上亦能考究得仔细，如何却无益于己？"当学生就此求问时，朱子答曰："他理会底，圣人亦理会，但他理会底意思不是。彼所为者，他欲人说，'他人理会不得者，我理会得；他人不能者，我能之'，却不切己也。"③ 从朱子的回答中可以看出，这个学生显然误入了歧途，他理会的应该是事物一般意义上的知识，并非德性之知，因为"德性所知，不萌于见闻"④，所以朱子说他"理会底意思不是"。我们可以试想：如果当时王阳明没有误读朱子之学，以为可以通过增加知识的路径进入圣贤之域，格竹子不是为探究竹子自然生长的知识——物之理，而是像明道那样从周茂叔的"窗前草不除"中"观天地生物气象"，体会宇宙生生之意，那么格竹子或许就不会格出大病，也自会感觉"与自家意思一般"。王阳明虽然错误地理解了朱子的本意，但这个错误并没有影响王阳明的伟大创新。格竹子的失败不仅表明了徒以增加知识的方式来提升道德是不通之途，还启发了王阳明的智慧，掘

①②③ 黎靖德编：《朱子语类》一，北京：中华书局1986年版，第288、289、286页。
④《张载集》，北京：中华书局1978年版，第24页。

发出了原本蕴藏在朱子理学中的心学宝藏[①]，让朱子理学的一大枝干在心学的大树上生长出了繁茂的枝叶，而另一大枝干在反思心学易走向佛老虚无的不足中和在时代条件的催生下，于明清之际结出了实学的硕果，为对接西方自然科学的传入奠定了思想基础。

朱子虽强调"格物"要把心中之知放在事物上理会，但也确实容易造成一些误解，如前面所提到的朱子的学生就有"格物恐有外驰之病"的疑问。事物之理本来就是心之理，不存在内外的问题，说"外驰"，就是将心之理与事物之理隔断了。心是身的主宰，当遇事接物时，只要是当做的，就应该决定去做，不存在内外之别，当做的事都是主体自我的事。事物之当做与不当做的行为完全取决于自我的心之知，当做而没去做，或不当做而去做，都不是正确的格物方法。外物只不过是心中"天理"的安顿处，格物只是使此心"常惺惺"的一种方式。如果人们将"格物"理解为向外驰求，那就违背了朱子"格物"工夫的本意。简言之，"格物"不分内外，只有事物之合为与不合为之说，对于合做的事物，人们做得恰到好处，就是"物格知至"了。

总之，王阳明的"格物"工夫与朱子的"格物"工夫并无本质区别。在王阳明的"格物"工夫路径中，心即理，是工夫的依据和指归，工夫与本体合而为一，工夫即本体，本体即工夫。在朱子言，心即理则是工夫修养所要达到的一个层次。在本体论上，朱子并不否认心即理，认为工夫与本体是同一的。对于人心本有的德性之知来讲，不能离开事物而存在，否则所谓的"致知"将虚而不实。心具有超越性，但并不是一个完全超越的存在，孟子讲"万物皆备于我"而不是讲"万物皆源于我"，其微妙之处自不难体会。在现实的生命实存中，心是一个依情而发显的活动过程，心具理，理在心中潜存，"心即理"是一个通过不断的修养工夫所要达到的至诚境界。于此，则物我的界限消失而融为一体，如《中庸》所谓的"诚者，物之始终，不诚无物"，是"性之德也，合内外之道也"。在朱子的"格物"工夫中，既要知其所止，又要知如何止其所止；只有真知才能成为扣动人之真行的扳机，知得真切才能行得有力，知行才能不发生矛盾。也正是在这一层面上，朱子才谓"知先行后"。

---

① 学术界一般将朱子学作为理学，将阳明学当作心学。对此，当代一些学者提出了不同的看法，认为朱子之学也是心学，如钱穆认为："最能发挥心与理之异同分合及其相互间之密切关系者盖莫如朱子。故纵谓朱子之学彻头彻尾乃是一项圆密宏大之心学，亦无不可。"（钱穆：《朱子新学案》（2），北京：九州出版社 2011 年版，第 89 页。）日本垣内景子认为阳明学是狭义的心学，朱子学是广义的心学，称朱子学为心学"是表明心的问题是朱子思想体系的核心"，"心＝理学是朱子哲学的核心"。（[日]垣内景子：《朱熹思想结构的研究》，东京：汲古书院 2006 年版，第 9 页。）

　　儒家的经典《大学》记录的"格物致知"本身没有对"格物致知"作进一步的阐释，这使得历代的学者围绕此各自作出了许多不同的解释。这一方面表明"格物致知"的阐释视域是开放的，另一方面也不难看出"格物致知"蕴含着道德与知识的内在张力。随着宋代理学的兴起，《大学》在理学中的地位开始慢慢提升，至朱熹时代即成为"四书"之一，其中的"格物致知"思想更是引起了儒学空前的重视。实际上，朱子格致论所开出的知识方向为明代心学所湮灭。直到明末清初之际，随着中国传统社会发生的激烈变革和西学传入对儒学的刺激，以顾炎武、王夫之等为代表的一批具有批判精神的儒者开始对传统儒学进行系统的反思、批判。儒学的正统与否不能仅以"心性之学"来判断，还要以开放的视角来评判，否则的话，不但"清代两百多年间儒学已经僵化，即从秦、汉到隋、唐这一千余年中儒学也是一直停留在'死而不亡'的状态之中"。① 如果我们放宽视野，摒弃心性儒学的狭隘，则清代所继承的程朱格物学中的"道问学"传统完全可以代表儒学发展的最新面貌。余英时敏锐地察识到现代儒学的发展必须建立一种客观的认识精神。他说："我们必须承认，儒学的现代课题是如何建立一种客观认知的精神。"② 明清以来，随着人们对宋代理学走入空疏的激烈批评，朱子格物致知论中所体现出的知识论维度和科学理性精神受到越来越多的学者关注。

　　朱子格致论的重要特色在于他在继承程颐格致论思想的基础上，跳出之前诠释《大学》"格物致知"只注重道德修养的维度，开辟了认知论的新维度，"第一次赋予格物说以道德论和认识论的双重意义。它既承认'反省内求'的人文道德精神，也肯定'求于外'的科学理性精神，是两者的有机统一"。③ 余英时说："朱子论'格物致知'虽仍以'尊德性'为最后归宿，但已显然接触到了客观认知的问题。"④ 程朱的格致论不同于陆王之学，它兼顾内外，融知识与道德于一体，蕴含着科学的理性精神。这种理性精神对人们克服主观的道德精神大有裨益。正是因为如此，它才为明清之际实学的兴起和西方科学思想的输入提供了丰厚的土壤，否则西方的科学思想难以在中国思想文化中生根、发芽并茁壮成长。明清以来的诸多儒者，如王廷相、王夫之、徐光启、方以智、陆世仪等，在实学思潮的影响下，沿着朱子格致论的认知路线，积极吸收西方的科学思想，让科学的种子开始在中国的土壤中生根、发芽并茁壮成长。

　　总之，经典的生命力在于它的诠释系统是开放的，能够不断地使思想产生思

①②④余英时：《论戴震与章学诚》，北京：生活・读书・新知三联书店2000年版，《自序》第7、7、4页。

③葛荣晋：《程朱的"格物说"与明清的实测之学》，载《孔子研究》1998年第3期。

想。作为儒家经典重要概念之一的"格物致知",可以随着时代的发展向不同的方向伸展而被赋予不同的内涵,为时代所用。余英时在阐述现代儒学"道问学"的价值不足时说:"儒学必须挺立起客观认知的精神。但这不是单纯地向西方学习科学便可以做到的。借外债无论如何不能代替生产。我们的任务首先是诱发儒学固有的认知传统,使它能自我成长。"[1]"现代儒学的新机只有向它的'道问学'的旧统中去寻找才有着落;目前似乎还不是'接着宋、明理学讲'的时候。"[2]儒家传统的"格物致知"可以承担余英时所言之现代儒学的新使命。当科学理性的滋长危及人类的生存状态时,传统的格物致知论所蕴含的返归自我、偏向心灵修养的意义可重新出幕,对之进行纠偏。

---

[1][2]余英时:《论戴震与章学诚》,北京:生活·读书·新知三联书店2000年版,《自序》第8、9页。

第十八章

知行合一

　　"知"与"行"是儒家思想中的一对重要范畴。虽然对知行关系的正式探讨是从宋代才开始的,但纵观整个儒学史,诚如朱熹所言:"只有两件事:理会,践行。"[①]"理会"体现的是儒家学统、道统的立学之基,"践行"则代表着儒者学以致用的现实关怀。从儒家的终极目标来看,不管是成就君子人格,还是恢复三代之治,其落脚点都在一个"行"字上,问题在于如何去行、如何能行。这反映出知与行之间的复杂关系,也成为知行问题的分歧所在。先儒对知行的先后、难易、轻重等问题的论争正是源于此。西方哲学家同样对知而不能行的问题有所论述,这在当代哲学语境中表现为对意志无力的探讨。早在古希腊时代,苏格拉底就指出:很多人知道什么是最好的,只是不愿意去做。[②]当然,在苏格拉底看来,这是一种无知的表现。亚里士多德在知行关系上提出了不同的看法,认为苏格拉底的观点与经验事实不符,主动为恶的人也具有知识。直到现在,知行关系问题仍然是中西学者关注的问题之一。下面我们将通过梳理传统儒家知行理论的基本要义,并在此基础上借助西方哲学尤其是康德道德哲学的视角,为知行关系提供一个新的阐释视角。

第一节　知行思想的发端

一　"知"字的起源及其含义

　　"知"字可见于金文。甲骨文中只有"智"字而无"知"字。《说文·矢部》释"知"曰:"词也。从'口',从'矢'。"段玉裁将这个说法与《说文·白部》对"智"的解释("识词也。从'白',从'亏',从'知'")联系起来,认为"智"、"知"、"识"三字的含义相近,都可以表示"知道"。不过,"识"乃是后起义。《甲骨文编》指出:"智"字最初只是一个地名。在西周时期,金文中的"智"已有"知道"之义,如《逆钟》载:"仆庸、臣妾,小子室家,母(毋)有不口(闻)智(知)。"当时,"智"也表示"智慧",如《毛公鼎》载:"无唯正闻(昏),引其唯王智,廼唯是丧我或(国)。"在目前的出

---

① 黎靖德编:《朱子语类》一,北京:中华书局1986年版,第149页。
②《柏拉图全集》第1卷,北京:人民出版社2002年版,第477—478页。

土文献中,金文中的"知"字仅见于《徐鳌尹皆汤鼎》,其中有"以知卹辱",此"知"亦是"知道"之义。从这些文献来看,"知"字最初应该是"智"字的简写。在古代典籍中,书者也常常以"知"字来代替"智"字。在使用过程中,"知"、"智"的含义逐渐产生了区别:"智"主要指"智慧";"知"在不指代"智"时,更多的是表示"知识"、"知道"、"认知"等。"知"的含义主要有以下几个方面:

(一)"知"为主体的认知能力及其所获得的知识

《墨子·经上》云:"知,材也。"作为一种认知能力,"知"是认识主体生而具有的,并且不仅仅属于人,禽兽也有一定的认知能力,正所谓"水火有气而无生,草木有生而无知,禽兽有知而无义,人有气、有生、有知,亦且有义,故最为天下贵也"(《荀子·王制》)。就人而言,其认知能力又可细分为感性认知、理性认知、道德认知、直觉体认等,这些认知能力可以帮助人们获得各种知识。

感性认知就如眼、耳、鼻、舌,可以视、听、闻、尝。由各种感官所获得感性知识,宋儒称为"见闻之知",必须要在与事物的接触中发生,所谓"见闻之知,乃物交而知"①,这是人与禽兽的共同之处。除了眼、耳、鼻、舌,古人还明确地把"知"直接归属于心,指代理性认知能力、道德认知能力、直觉体认能力,这些是人所独具的。正是因为心具有这些能力,所以通常被视为一身之主,如荀子就把眼、耳、鼻、口、形称为"天官",把心称为"天君",认为心就像君主统治臣下一样统摄着身体感官及其感性认知。荀子主要强调的是心之理性认知的一面,"心知"反映出心作为思维器官,能够对感官经验加以验证、整理,进而形成理性知识。孟子也认为:耳、目之类的感官是不会思索的,所以容易被外物蒙蔽,而"心之官则思,思则得之,不思则不得也"(《孟子·告子上》)。孟子在这里强调的心之思更主要是从道德认知来讲的。他指出:人有恻隐之心、羞恶之心、辞让之心、是非之心,此心是仁、义、礼、智四德的发端。他第一次提出"良知"的重要概念,以之作为人生而具有的道德认知的概称。儒家的道德认知常常具有直觉体认的意味,是人可以感通万物的根据。所以,道德知识在儒家传统中具有一种有别于见闻之知的先验来源,"德性所知,不萌于见闻"。②孟子的"良知"在王阳明那里被发展成一个本体概念。在王阳明看来,作为本体的"良知"为人所共有,并构成万事万物的根据,"天地万物,俱在我良知的发用流行中,何尝又有一物超于良知之外"。③

(二)"知"用作动词

"知"在用作动词时的意义也很丰富。在作"认知"义时,"知"不仅可以泛指

---

① ②《张载集》,北京:中华书局 1978 年版,第 24 页。
③《王文成公全书》一,北京:中华书局 2015 年版,第 132 页。

认识，还可以表示一些具体的认知方式。例如：在《国语·楚语》的"夫为台榭，将以教民利也，不知其以匮之也"一句中表示"听闻"；在《吕氏春秋·自知》的"文侯不说，知于颜色"中表示"见"；在《淮南子·说林训》的"故见其一本而万物知"中表示"辨别"；在《管子·四称》的"君知则仕，不知则已"中表示"知遇"、"赏识"；在《左传·昭公四年》的"公孙明知叔孙于齐"中表示"结交"；在《公羊传·宣公六年》的"赵盾知之"中，何休注曰"由人，曰知之；自己知，曰觉焉"，也就是说，"知"既可以表示"由人告知"、"使知道"，也可以表示"自己觉察到"。

此外，"知"还有"主掌"、"作为"之义，如"子产其将知政矣"（《左传·襄公二十六年》）、"乾知大始，坤作成物"（《周易·系辞上》）。这并非从认识过程来讲，但它恰恰表现出"知"超出了单纯认识论的一面。一般认为，人们先要去求知、认知，然后才能获知、知道，而知道常常会表现出相应的效验或行动。在某种程度上，"知"作"主掌"、"作为"义时，体现的正是效验或行动的方面。可以说，"知"字含义的丰富性也为宋明儒者讨论知行问题拓宽了诠释空间。王阳明便把认知义的"知天"与主掌义的"知州"、"知县"联系起来讲："知天，如知州、知县之知，是自己分上事，己与天为一。"[1]

二 "行"字的起源及其含义

甲骨文"行"字就像一个十字路口。罗振玉在《殷虚书契考释》中说："（行）象四达之衢，人所行也。"其本义为"道路"，引申出"行走"的意思。许慎的《说文解字》释"行"为"人之步趋也。从'彳'从'亍'"，其字形与字义都偏离了甲骨文"行"字的本貌。不仅如此，"在甲骨文中，'行'字绝没有后来作为哲学范畴的'实践'或作为道德概念的'德行'的意思。甲骨卜辞中常见的'行'字，是祖甲时代一个贞人（占卜者）的名字"。[2]

"行"字后来获得了更一般的意义。在用作动词时，"行"泛指一切行动，既可以表示"去往"，如"宫之奇以其族行"（《左传·僖公五年》），又可以表示"返还"，如"胶鬲行"（《吕氏春秋·贵因》）；既可以表示"经历"，如"行年五十矣"（《国语·晋语》），又可以表示"成功"、"完成"，如"行者，成也"（《鬼谷子·摩》）；既有日用之行，又有仁义之行。如此等等。在用作名词时，"行"泛指一切行动的表征，可以用于人，如"行为"、"德行"；也可以用于物，如"反复其道，七日来复，天

---

[1]《王文成公全书》一，北京：中华书局 2015 年版，第 7 页。
[2] 方克立：《中国哲学史上的知行观》，北京：人民出版社 1982 年版，第 3 页。

行也"(《周易·复卦》)。

需要注意的是：在现代语境中，"知识"之"知"是比较纯粹的"知"，"知道"、"认知"则可以被视为"行"；在儒家知行理论中，"知"很难说有比较纯粹的"知识"之义，它首要表示的是"知道"、"认知"，即获得知识，"知"常常与"学"联系起来，并且涉及"学问思辨"等多重内容。所以，确切来讲，知行问题所探讨的主要是"获知"与"践履"的关系，亦即朱熹所说的"理会"与"践行"之间的关系。但是，这个"获知"与"践履"又不能简单地区分为心理行为与物理行为，或者认为知、行有内外之别。正如前文所言，"知"在表示"主掌"、"作为"时，体现的正是外显的效验或行动的方面；"行"也不只是指外在行为，还包括内在修养，就像朱熹不仅有"笃行"之"行"，还有"诚(意)正(心)"之"行"，王阳明亦有"一念之行"。可以说，"知"、"行"界定的模糊性为后来程、朱与王阳明关于"知"与"行"的争论作了铺垫。

三 早期的知行思想

先秦早期文献如《易经》、《诗经》、《尚书》很少将"知"、"行"直接结合起来讨论，但其中已蕴含着用"知"来指引"行"的意思，并且在《诗经》、《尚书》中出现了"德行"的说法，主要强调要知德、行德。《左传》则第一次表达了"知难行易"的思想，揭示出知而不能行的现象。

在《易经》中，"知"字仅出现一次。《临》卦(䷒)的六五爻爻辞云："知临，大君之宜，吉。"《象传》解释道："大君之宜，行中之谓也。"从卦象来看，六五爻是尊位，下临九二爻，两者皆处中位、当位，上卦坤(☷)为"顺"，下卦兑(☱)为"悦"，讲的是君主行为合乎中道("宜")，上顺于"天"，下悦于臣民。那么，君主如何能够临天下而得其宜呢？关键在于"知"，即"智"。也就是说，行为只有在聪明智慧的领导之下才能是"中行"。再来看《坎》卦(䷜)，其卦辞云："习坎：有孚，维心亨；行有尚。"《象传》解释道："'习坎'，重险也，水流而不盈。行险而不失其信，维心亨，乃以刚中也。'行有尚'，往有功也。"坎(☵)为"水"、为"险"，两坎重叠即为"习坎"，就像水流运行在坎险之中而不盈满四溢(即"不失信")，这是由于内心亨通的缘故。坎是刚爻居两柔爻之中，象征心中有刚健笃实之德，故能亨通，是以行动能有所成就。这两处虽然没有直接论述知行关系，但已经透露出行动需要倚赖内心的亨通或智慧，如此才能行动得当、有所成就。

《诗经》特别强调"知"字。按《毛诗序》的说法，《诗经》的三大部分是这样的："风"指讽喻，也指教化，在上的统治者以"风"教化下面的百姓，下面的百姓则以

"风"来讽喻在上的统治者；"雅"即正，说明了王政兴衰的缘由；"颂"则是歌颂君王的盛德并告于神明。由此《诗经》中出现了大量"不知"、"莫知"、"谁知"等说法。《诗经》中"行"字多作"道路"、"行路"解，比较需要重视的是其中提出了"德行"的概念，如《大雅·抑》云："无竞维人，四方其训之。有觉德行，四国顺之。"诗句警示君王求贤与立德的重要性，希望君王明白什么事应该做、什么事不应该做，如此这般，四方才会归顺。《邶风·雄雉》云："百尔君子，不知德行。"诗句说的是当权者的贪欲造成了百姓夫妻分离的悲剧，指出君子应该要"知德行"。这里都是把"知"作为"行"的先导，所以"德行"首先便意味着知德并依德而行。

《尚书》也把"德"与"行"联系起来，如《立政》曰："九德之行。"《皋陶谟》中记载"亦行有九德，亦言其人有德，乃言曰，载采采"，说的是人的行为有九种美德，如果说某人具有美德，就应该从此人的种种行事来进行观察。这里把"行"作为检验人是否有德的重要标准。《君奭》曰："惟乃知民德亦罔不能厥初，惟其终。"这是说：行为应当贯彻始终，普通人不是不能开始去做一件事，而是很少能始终如一地坚持到最后，有始有终才是难能可贵的。《尚书》中有许多告诫、训示之语，警示当权者应该以前朝为鉴，"宅心知训"（《康诰》）、敬德保民，这样才能使国家长盛不衰。《无逸》则在某种程度上揭示了"实践出真知"的道理。周公指出："先知稼穑之艰难，乃逸，则知小人之依。"只有先经历了下层人民的艰难之后再去享受安逸，才可以真正明白他们的疾苦。

《尚书·说命中》的"非知之艰，行之惟艰"一句对后世影响很大。它将"知"、"行"并举，对其作了一个难易的比较，成为宋儒讨论知行关系的重要切入点。这里需要注意的是：《说命中》乃是后人编造的伪书。在传世文献中，真正第一次将"知"与"行"直接结合起来进行讨论的是《左传·昭公十年》中子皮之语："非知之实难，将在行之。"在《尚书》与《左传》中，这两句话表达的都是一个意思，即人们往往知道很多道理，却并不见得可以做得到，所以说"行难而知易"。子皮还指出：人之所以不行，是因为他纵欲而不能自克，可见行的实现常常会受到各种因素的干扰，所以才说"行难"，"君子曰：'弗知实难。'知而弗从，祸莫大焉。"（《左传·昭公三年》）此外，人们表现出来的行为是评判其知不知的重要标准。例如：《左传·隐公十一年》因郑庄公行事合宜而称其"知礼"；《左传·昭公五年》则认为鲁侯只是遵循仪节，还谈不上知礼，因为他无法实现礼"守其国，行其政令，无失其民"的重要作用。在知、行的先后关系上，《左传》仍旧持知先行后、行需要有一个指引的观点，如必定是先学习做官之后才能去做官，"侨闻学而后入政，未闻以政学者也，若果行此，必有所害"（《左传·襄公三十一年》）。子产说：为

政就像干农活,既要想着它的开始,又要想着收获好的结果,要按照所想的去做而不要有所逾越,就像农田有田埂一样,这样就会少有过错,"行无越思,如农之有畔,其过鲜矣"(《左传·襄公二十五年》)。太叔文子说:对于行动,既要考虑其结果,又要想到下次能再做,要"慎始而敬终"(《左传·襄公二十五年》)。《左传·昭公三十一年》中也指出:君子要"动则思礼,行则思义"。

第二节　先秦时期的知行观

面对西周末年以降礼崩乐坏的现实状况，恢复三代之治，尤其是恢复周礼的秩序稳定，成为儒家的最高理想。可以说，周代的制度文化是儒家思想的直接渊源。殷周之际的重大变革有二：一是完善了血缘宗法制度，并在此基础上建立起稳定的礼法秩序；二是提出了"德"的观念，并认为殷人因"不敬厥德"而丧失天命，周之所以能取代殷便在于"以德配天"。在周初，即使有礼法的约束，也仍然出现了管叔、蔡叔等人的叛乱，可见仅凭条文和法规去约束人们的行为、限制贵族之间的利益争斗是远远不够的，必须引导人们端正心性，这就是"德"的作用，其核心内容是"孝悌"，即"享孝祖先，孝事父母，友爱兄弟"。[1]"德"为礼法秩序的落实提供动力与根据。随着对德性或德行观念的强调，也就出现了知行关系问题。虽然先秦儒者并没有系统地论述过这一问题，但他们多少注意到了知行不一致的现象，并给出了自己的思考。

一　孔子：学行统一

孔子一生致力于恢复周礼，强调要学《诗》、学礼。但是，在周室衰微、礼崩乐坏的现实下，周礼难免让人有所怀疑。要复礼，就必须对礼作出新的解释，让礼从一种外在的规范成为人心内在的需求。孔子由此创造性地提出了仁学思想："人而不仁，如礼何？人而不仁，如乐何？"（《论语·八佾》）在没有圣王贤君的情况下，孔子寄希望于培养出一批有道德的人来辅佐统治者安邦定国，这些有道德的人就是能够在学与行的统一中成就自身的君子。

（一）学而知之

孔子很少直接论及性与天道。对于人性，孔子也只是认为人的本性是相近的，由于习俗环境的影响才使得人与人之间有了差别，正所谓："性相近也，习相远也。"（《论语·阳货》）在孔子看来，道德更需要后天的培养与践行，其首要的

---

① 刘翔：《中国传统价值观诠释学》，北京：生活·读书·新知三联书店1992年版，第96页。

途径便是学习。

孔子根据学的层次对人作了一番区分："生而知之者,上也;学而知之者,次也;困而学之,又其次也;困而不学,民斯为下矣。"(《论语·季氏》)在孔子看来,最好的就是生下来便知道、便有智慧的人,其次是通过学习而获得知识的人,再次是遇到困难才想要去学的人,最差的则是即使遇到困难也不去学习的人。有一句话可以与孔子此言进行一番印证,即:"唯上知与下愚不移。"(《论语·阳货》)这句话有时被理解为孔子说人有天性的差异,而且无法改变。但是,如果把"上知"与"生而知之"对应,把"下愚"与"困而不学"对应,就会知道,所谓"不移"只是"不肯移"而非"不能移",因为愚人只会蔽于流俗而不知道自己应该做出改变,而智者则会始终选择有利的事情去做,所以说"知者利仁"(《论语·里仁》)。

"生而知之"在孔子那里更多是虚说,他关注的重心是"中人"。孔子区分中人与下人的重要一点便是"学"。孔子从不视自己为"生而知之"者,而是把自己定义为一个努力追随前贤的脚步、积极学习以求上进的人,即"我非生而知之者,好古,敏以求之者也"(《论语·述而》)。孔子自认为好学是其区别于大多数人的一个重要品质,"十室之邑,必有忠信如丘者焉,不如丘之好学也"(《论语·公治长》),而且他很早就树立了学习的志向,"十有五而志于学"(《论语·为政》)。在他看来,任何人都不能不学习,即使是追求仁、智、信、直、勇、刚这些美德也不能脱离学习,否则就会造成偏蔽,"好仁不好学,其蔽也愚;好知不好学,其蔽也荡;好信不好学,其蔽也贼;好直不好学,其蔽也绞;好勇不好学,其蔽也乱;好刚不好学,其蔽也狂"(《论语·阳货》)。

周朝官学主要是学礼、乐、射、御、书、数六艺,孔子谈得较多的则是《诗》与礼。他在告诫自己的孩子孔鲤时便说:"不学《诗》,无以言。""不学礼,无以立。"(《论语·季氏》)《诗经》在春秋时期是外交或谈话时作为称引的重要工具,人们借助《诗经》中的话来表达自己的意思,以达到劝诫、讽刺、赞赏等目的。孔子指出:《诗经》有激发人的性情("兴")、提高观察力("观")、结交朋友("群")和抒发不满("怨")等作用,近可以侍奉父母,远可以侍奉君主,所以说不学习《诗经》就"无以言"。礼则是用来规范人们行为的重要准则,如果没有礼的约束,人们就会胡作非为,国家的秩序也会陷入混乱。孔子所生活的春秋时期恰是礼崩乐坏的时期,所以他特别重视礼,以恢复周礼的秩序为己任,这便是礼之"立"的作用。"兴于《诗》,立于礼,成于乐"(《论语·泰伯》)可谓是孔子对为学与为人的整个过程的精要概括。

(二)学与行

"学而知之"只是最初的环节。孔子指出:"多见而识之"只是"知之次",更重要的是"多闻,择其善者而从之"(《论语·述而》)。也就是说,多见多闻不只是要让人记住知识而已,人们应该从见闻中选择好的去从行,这才是真正的知。孔子在这里讲了三层意思:第一,孔子承认作为感性认识的见、闻是知的重要来源,如子张求学习如何做官时,孔子表示"多闻阙疑"、"多见阙殆"(《论语·为政》);第二,见、闻后还需要对这些见闻有所"择",也就是要进行判断、甄别,区分好坏、善恶,这就要运用到人的理性认识能力,孔子本人便强调学、思并重,"学而不思则罔,思而不学则殆"(《论语·为政》);第三,择善而从,可见孔子并不把学与行、知与行割裂对待,而始终强调两者统一的一面。

《论语》记载了这样一个故事:子路派子羔去做费邑的长官,孔子批评子路这么做是误人子弟,子路则认为并非只有读书才算得上是学,为政的过程也是一种学习,孔子斥责子路"佞"(即善辩、强词夺理)。孔子在这里也是持《左传》的"学而后入政"的态度。但是,孔子也说过:"弟子入则孝,出则弟,谨而信,泛爱众,而亲仁。行有余力,则以学文。"(《论语·学而》)可见孔子认为学、行的先后关系并非是一成不变的。当然,这句话也反映出孔子之学并不仅仅是单纯地学到知识,学最首要的是学习如何做人处事,就像学《诗》在于能言、学礼在于能立一样,所以学与行在孔子这里是分不开的。正因如此,孔子在评判一个人是否好学的时候,从来就不是从静坐读书来讲的,而是着眼于其行为。比如:孔子以"不迁怒,不贰过"(《论语·雍也》)称赞颜回好学,"不迁怒"的克己恕人和"不贰过"的知错能改都是就其行为来说的。

学德、知德是为了让"行"有所依,即依德而行。孔子说:"君子食无求饱,居无求安,敏于事而慎于言,就有道而正焉,可谓好学也已。"(《论语·学而》)这是说好学之人会接近有道德学问的人,向之学习,并以之为榜样端正自己,从而在吃、住、行、言等方方面面都会有更好的表现。孔子强调学是希望人们效仿先贤之道、培养君子人格。孔子说:如果一个人能像君子一样行事,"虽曰未学,吾必谓之学矣"(《论语·学而》)。相反,如果学而无所行,那就称不上是"学"。孔子指出:如果一个人读了许多诗书却不能通达政务、应对四方,那么读得再多也等于白读,没有一点作用。相应的,孔子还特别提及言与行的关系,认为"君子耻其言而过其行"(《论语·宪问》),强调必须把言落实到行上,而且要"先行其言,而后从之"(《论语·为政》)。

(三)学行统一

"学"与"行"的统一在孔子看来似乎不是难事。孔子说:"仁远乎哉?我欲仁,斯仁至矣。"(《论语·述而》)其弟子冉求说自己不是不喜欢孔子的学说,只是"力不足"而无法奉行。孔子批评他这是自己局限了自己,说:"有能一日用其力于仁

矣乎？我未见力不足者。盖有之矣，我未之见也。"(《论语·里仁》)

另一方面，孔子也表达了坚守仁道的困难，并意识到知行分离的问题，故深深为之忧虑："德之不修，学之不讲，闻义不能徙，不善不能改，是吾忧也。"(《论语·述而》)"说而不绎，从而不改，吾末如之何也已矣。"(《论语·子罕》)对于这一现象，孔子首先强调的便是"立志"："苟志于仁矣，无恶也。"(《论语·里仁》)怎样树立起人们的志向，或者说，怎么使人们产生热情并保持充沛的热情，这是一个问题。孔子对此的回应是："不仁者不可以久处约，不可以长处乐。仁者安仁，知者利仁。"(《论语·里仁》)孔子常常将"仁"、"智"并举，如"仁者不忧，知者不惑"(《论语·宪问》)、"知者乐水，仁者乐山；知者动，仁者静；知者乐，仁者寿"(《论语·雍也》)。在他看来，有智慧的人能够运用自己的智慧巧妙地应对世事，他们知道践行仁道有好处而去做。在"安"与"利"中，孔子无疑更看重"安"。他指出：凡事都以利益为中心而去行事只会使人厌恶，"放于利而行，多怨"(《论语·里仁》)。相比之下，不以利益为中心，单纯为了"仁"而"仁"的人有一种由内而发的安定，不仅可以安己，还可以安百姓。这种"安"常常与"乐"联系起来，就像颜回居于陋巷也"不改其乐"一样，只有"安仁"之人才可以"久处约"、"长处乐"，因为这样的人不以穷困为忧、不以富贵为乐，而是以不仁为忧、以仁为乐。"乐"是学、行统一的最大动力，若一个人能够以仁为乐，自然就不会有知而不行的问题，所以孔子强调要"好仁"、"乐仁"，"知之者不如好之者，好之者不如乐之者"(《论语·雍也》)。对此，孔子最大的感慨便是"吾未见好德如好色者也"(《论语·卫灵公》)。

此外，孔子也重视通过言传身教和移风易俗的潜移默化来影响他人。"行"是孔门四教之一，孔子自身便是一个"为之不厌"的人。他把君子的品德比作风，把百姓的品德比作草，认为君子对百姓的影响就像风吹草伏一样，所以要"里仁为美"(《论语·里仁》)、"就有道而正焉"(《论语·学而》)。总之，孔子虽然重视学习，但始终强调知与行统一的一面，所以他并不以博学强识标榜自己，只是说"予一以贯之"(《论语·卫灵公》)，其实就是以忠恕之行一以贯之。孔子说："礼云礼云，玉帛云乎哉？乐云乐云，钟鼓云乎哉？"(《论语·阳货》)礼乐绝不仅仅是玉帛的文字、钟鼓的声响，还是"言而履之，礼也；行而乐之，乐也"(《礼记·仲尼燕居》)。在孔子看来，"知"是一定可以也必须要"行"出来的，即"志于道，据于德，依于仁，游于艺"(《论语·述而》)。

二 孟子：良知良能

如果说孔子仁学的重要意义在于通过对"仁"的提倡，将礼从外在的规范与限制转化为人心内在的需求和操守，并通过"利"、"安"、"乐"予以人们行"仁"的动力，那么孟子就是进一步将"仁"（包括义、礼、智）内化为人的先天禀赋，强调因为人性本善，所以人们本来便具有向善、行善的趋势。

（一）良知良能

孟子性善论根源于其"四端"说。在孟子看来，人生下来就能对遭受不幸的人表示同情、不忍，能对自己和他人的不善表示羞耻、憎恶，能待人谦恭有礼，能辨别善恶是非，这代表着人心之中仁、义、礼、智四种德性的发端。心有"四端"就像人有四肢一样本然，这不仅是人先天的禀赋，更是人与禽兽的根本区别所在。人之所以不会像禽兽一样完全凭借本能行事，而是能够克制自己的欲望，甚至能够舍生取义，就在于人有此"四端"之心。人只要能够扩充这"四端"，就会彰显出仁、义、礼、智"四德"。正是在这个意义上，孟子说这四种德性不是由外面加到人身上的，而是"我固有之"的。"恻隐之心，人皆有之；羞恶之心，人皆有之；恭敬之心，人皆有之；是非之心，人皆有之。恻隐之心，仁也；羞恶之心，义也；恭敬之心，礼也；是非之心，智也。仁义礼智，非由外铄我也，我固有之也，弗思耳矣。故曰：'求则得之，舍则失之。'或相倍蓰而无算者，不能尽其才者也。"（《孟子·告子上》）

以"四端"之心为基础，孟子大大发展了孔子"生而知之"的思想。孟子承认人有不用学习就会、不用考虑就知的良知良能。与"四端"之心一样，良知良能也是人人固有、人人相同的，如果有人在这方面与别人有数量多少的差别，只是说明这些人"不能尽其才"，并不代表他们的先天禀赋有差异。"人之所不学而能者，其良能也；所不虑而知者，其良知也。孩提之童，无不知爱其亲者；及其长也，无不知敬其兄也。亲亲，仁也；敬长，义也。无他，达之天下也。"（《孟子·尽心上》）当孟子把仁、义、礼、智内化到人的内心之中时，此良知良能就不再仅仅是指人先天具有觉知能力而已，更代表人先天即具有知识内容，所以人生下来便能亲亲敬长，并且具有智慧。当然，这先天的知识内容主要是关于仁、义、礼、智的道德知识。

（二）求放心

既然良知良能与仁、义、礼、智本然具足于心，那么孔子所重视的外在学习在孟子这里也就转为向内的发掘。在孟子看来，如果人背离了仁义，就像有路却不走、失散了本心却不知道去寻求一样，所以学习就是要去寻求其失散的本心，"仁，人心也；义，人路也。舍其路而弗由，放其心而不知求，哀哉！人有鸡犬放，则知求之；有放心，而不知求。学问之道无他，求其放心而已矣"（《孟子·告子上》）。但是，孟子认为：心始终在这儿未曾离去，只是人们通常不会去注意它，甚至对其不闻不问，任其被障蔽，"行之而不著焉，习矣而不察焉，终身由之而不知其道者，众也"（《孟子·尽心上》）。

与"求鸡犬"不同的是，"求放心"不是向外去求，而是反求诸己，这是别人无法代替、也无法施与自己的。孟子说：人们都想要得到尊贵，但别人所予的尊贵并非真正的尊贵，因为别人既然可以让人尊贵，也就可以让人低贱。真正的尊贵其实就在人自己这儿，那便是仁义道德。如果自己的仁义道德很充实，就不会去羡慕别人养尊处优的生活了。他还指出：爱护别人，但别人不亲近自己，就要反省自己的仁爱是不是不够；管理别人但别人不服从管教，就要反省自己的才智是不是不足；礼貌待人却得不到回应，就要反省自己的态度是不是不够恭敬。正所谓："行有不得者皆反求诸己，其身正而天下归之。"（《孟子·离娄上》）

孟子把反求诸己视为外推及人的基础，并突出了"诚"字。他说：如果不能获得上级的信任，就无法治理百姓；要想获得上级的信任，就必须能够得到朋友的信任；要想得到朋友的信任，就必须能够侍奉好父母；要想侍奉好父母，就必须"反身而诚"。诚身则在于明善，"是故诚者，天之道也；思诚者，人之道也。至诚而不动者，未之有也；不诚，未有能动者也"（《孟子·离娄上》）。这就是说，上天已经赋予了人至善至诚的东西，而人就是要将它实现出来，人只有有了这份至善至诚的心意，才能够感动别人。孟子还说：万物的本性在"我"这儿都已经具备了，只要向内探求到至诚的境界，便是最大的快乐，"万物皆备于我矣。反身而诚，乐莫大焉。强恕而行，求仁莫近焉"（《孟子·尽心上》）。"恕"就是孔子所说的"己所不欲，勿施于人"（《论语·颜渊》），从自己出发，并且像对待自己一样地对待别人，这就是"亲亲而仁民，仁民而爱物"（《孟子·尽心上》）的外推过程，也是"天下归仁"（《论语·颜渊》）的实现途径。是以孟子以仁心为仁政实现的基础，"以不忍人之心，行不忍人之政，治天下可运之掌上"（《孟子·公孙丑上》）。

此外，孟子将"诚"与"思"联系到一起，阐述实现"诚"的过程就是"思"的过程，"求放心"、"反求诸己"都是"思"的事情。孟子说："夫道若大路然，岂难知哉？人病不求耳。"（《孟子·告子下》）他指出：人们之所以会对本心不知不察，只是因为他们从来没有去思考过。"仁义礼智，非由外铄我也，我固有之也，弗思耳矣。故曰：'求则得之，舍则失之。'"（《孟子·告子上》）这里所说的"思"并不是基于感性认识之上的理性认识，而是一种内在的反省与觉察。

顺着不学而能、不虑而知的思路，孟子把"思"与由见闻而来的"认知"分隔开了。这一观点上承孔子"生知"与"学知"的区分，下启宋儒"德性所知，不萌于见闻"的说法。孟子说：耳、目之类的感官是"不思"的，所以才会为外物所牵引而被蒙蔽，"心之官则思，思则得之，不思则不得也"（《孟子·告子上》）。孟子把耳、目等感官称为"小体"，把心称为"大体"，认为依从"小体"的就是"小人"，依从"大体"的则是"大人"，只有"先立乎其大者"，即先把"大体"的首要地位树立起来，才能够坚守道德本心，不会被耳、目之欲牵引、障蔽，才能成为大人君子，这就是"无以小害大，无以贱害贵"（《孟子·告子上》）。

（三）由仁义行，非行仁义

孟子把"仁"比作"安宅"，把"义"比作"正路"，告诫人们行事要"居仁由义"（《孟子·离娄上》）。如果贯彻孟子的良知良能的思想，那么"安宅"与"正路"对人来说就不是外在的，不是说有一"安宅"、"正路"摆在一个地方，人可以选择住不住、走不走，而是人立在哪儿，哪儿就是"安宅"；人走到哪儿，哪儿就是"正路"。也就是说，"知"与"行"在此获得了一种内在的关联："知"就不再仅仅是"行"的参照标准和外在规范，更成了行的发源处。良知自身就要求行为的落实，一切行为都是从良知之内发出的。这便是孟子所说的"由仁义行，非行仁义也"（《孟子·离娄下》）。

孟子用一个例子揭示出"义内"的道理：人们平日里在叔父和弟弟之间尊敬的是叔父，而一旦弟弟在祭祀时扮演了受祭者的角色（"尸"），那么此时就应该尊敬弟弟，这是因为弟弟处于"尸"的位置上（"在位故也"）。也就是说，在此例中，"义"看似是由外界因素决定的，谁"在位"就敬谁，但实际上，我们尊敬的是长位、尊位本身，那个"谁"并不重要，重要的是无论"谁"，只要他处于长位、尊位，人们就会对他有一种由内而发的尊敬，这就是"义内"。在这个基础上，孟子把"行"归到"天命"的统摄之下。例如：有一次，鲁君本来要来见孟子，但被鲁君宠幸的人阻止了。孟子说鲁君来见他自有促使鲁君来的因素，鲁君不来见他自有促使鲁君不来的因素，但这不是人力所能决定的，"行止，非人所能也"（《孟子·梁惠王下》），而是由"天"所决定的。因此，孟子强调要尽心、知性而知天。

在孟子这里，"行"的含义有所扩充，它不仅指外显的行为，还指内在的精神修养。孟子认为：与尽心、知性、知天相对应，人们要存心、养性而事天。所谓"存心"，就是不仅要"求放心"，还要对本心加以保存，不使其再失散，"君子所以异于人者，以其存心也。君子以仁存心，以礼存心"（《孟子·离娄下》），这样才能事事都本着仁义而行。在孟子那里，本心是先天的善性，所以养性跟存心是一回事，涵养本心的过程也就是操存本心的过程，重在寡欲，"养心莫善于寡欲"（《孟子·尽心下》）。一个人如果欲望少，那么即使善心有所失散，其失散得也不多；如果欲望多，那么即使善心有所操存，其操存得也一定很少。孟子还提到了"养气"，有的人虽然表现得跟禽兽差不多，但这些人也是有着善良的本质的，只不过他们不能"存夜气"，即白天的胡作非为把夜里产生出来的善念给消磨了，才会像禽兽一样行事。孟子说："我善养吾浩然之气。"（《孟子·公孙丑上》）所谓

"浩然之气"，就是一种浩大、坚强的精神力量，必须用正直去培养它，才会不损害它；必须要配合"道"与"义"，才不会使它没有力量。这种浩然正气是不断积累而有的，而不是通过偶然的正义行为就能取得的。只要行为有愧于心，这种气就会萎缩。

三　荀子：知之不若行之

在如何能行的问题上，孟子已经注意到了"不能"与"不为"的区别。让人挟着泰山跨越北海是"不能"，而"为长者折枝"并未超出人的能力，之所以不行，是因为人不愿意去做，即"不为"。但是，孟子性善论寄希望于道德主体自觉的方式毕竟是一种过于理想的解决方法，正如司马迁所评价的"迂远而阔于事情"（《史记·孟子荀卿列传》），即并不具有多大的可行性。荀子则着力发展了孔子的礼乐教化思想，试图结合外在秩序的规范和内心智慧的权衡来引导人的行为。

（一）天官薄类与心有征知

荀子指出：事物都有其可以被知道的一面，人则具有可以认知事物的能力。"凡以知，人之性也；可以知，物之理也。"（《荀子·解蔽》）认知的过程就是以"人之性"去把握"物之理"，这需要经过"天官薄类"和"心有征知"两个阶段。

荀子把耳、目、口、鼻、形等并行不悖的感觉器官称为"天官"，把作为思维器官的心称为"天君"，"心居中虚以治五官，夫是之谓'天君'"（《荀子·天论》）。所谓"天官薄类"，就是以各种感觉器官去接触感觉对象，不同的感官有不同的功能，也只能感知与其相对应的对象，必须"知有所合"、不容混淆，如耳之于声、目之于色、口之于味等，这就是荀子所说的"凡同类、同情者，其天官之意物也同"（《荀子·正名》）。由于感觉器官是各行其是的，故由此产生的各种感官经验具有片面性，甚至有可能产生假象，唯有经过心的"征知"，即运用心的分辨、取舍能力，才能将其统摄为全面可靠的知识，正所谓"心有征知。征知，则缘耳而知声可也，缘目而知形可也"（《荀子·正名》）。

不仅如此，在荀子看来，在认知活动中，如果不发挥心的思虑作用，就会使一些本应成为认知对象的事物不被接受，"心不使焉，则白黑在前而目不见，雷鼓在侧而耳不闻"（《荀子·解蔽》）。因此，通过感官获得的知识必须经过心的检验，否则不可靠；心又必须通过感官接触各类事物才能作出抉择，否则就失去了根据。荀子指出：要想避免认识的片面性，还必须做到心的"虚壹而静"。"虚"指虚心，即不以已有的知识而妨碍接受新的知识；"壹"指专一，即不因为对另一些事物有认知而妨碍专心地认知某一事物；"静"指静心，即不让各种梦幻空想来扰乱认知。只有这样，才能使万物"莫形而不见，莫见而不论，莫论而失位"（《荀子·解蔽》）。

（二）知之不若行之

荀子通过区分感性的闻见与理性的"知"，考察知行关系，表明为学的过程就是将"知"落实到"行"的过程：

> 不闻不若闻之，闻之不若见之，见之不若知之，知之不若行之。学至于行之而止矣。行之，明也；明之为圣人。圣人也者，本仁义，当是非，齐言行，不失豪厘，无它道焉，已乎行之矣。故闻之而不见，虽博必谬；见之而不知，虽识必妄；知之而不行，虽敦必困。不闻不见，则虽当，非仁也。其道百举而百陷也。（《荀子·儒效》）

根据行与不行，荀子区分了小人之学与君子之学。小人之学只是耳听口说，"入乎耳，出乎口"；君子之学则"入乎耳，着乎心，布乎四体，形乎动静"（《荀子·劝学》）。正因如此，君子的一言一行都可以成为法则。当然，作为"行"的前提和依据，"知"也很重要，所以荀子最后表示：不知而行，即使偶尔做对了，也不是仁德，而且这样做往往会导致结果失败。荀子认可的"行"是仁义礼法之行，"正义而为谓之行"（《荀子·正名》）、"夫行也者，行礼之谓也"（《荀子·大略》）。这不是说"行"本身就体现为仁义礼法，而是指必须要用仁义礼法去规范"行"。所以，荀子在知行先后的问题上也是持知而后行、学而后行的观点，"君子博学而日参省乎己，则知明而行无过矣"（《荀子·劝学》）。

虽然"知"对"行"有一种指引作用，但荀子也看到了"行"有促进"知"的一面，正所谓："不登高山，不知天之高也；不临深溪，不知地之厚也；不闻先王之遗言，不知学问之大也。"（《荀子·劝学》）在"行"的过程中，我们对所知会有更深刻的体会。荀子在《儒效》中还提到"彼学者，行之，曰士也；敦慕焉，君子也；知之，圣人也"，这看似与前文"知之不若行之"相冲突，其实并无矛盾。因为"知之不若行之"讲的是由知而行的过程，而此处"学"已然成为前提，故由"行"到"敦慕"再到"知"的上升无非是在"行"中对所知越来越"明"的过程，这便是"行之，明也；明之为圣人"（《荀子·儒效》）。

此外，"行"也可以检验"知"的真伪，"故善言古者，必有节于今；善言天者，必有征于人。凡论者，贵其有辨合，有符验。故坐而言之，起而可设，张而可施行"

（《荀子·性恶》）。一种理论的真切与否必然可以在现实生活中得到检验，必须既可以说得出，又可以行得通。在荀子看来，孟子的性善论就属于可说而不可行的理论，因为如果人性本善，那么就无须圣王礼法的教化了，而这样的结果只会导致天下彻底崩乱。因此，荀子说："所以知之在人者谓之知；知有所合谓之智。所以能之在人者谓之能；能有所合谓之能。"（《荀子·正名》）"所以知之在人者"指的是人的认知能力，只有认知与现实相符才可以称得上是"智"；"所以能之在人者"指的是人的行动能力，行动也要有其所符合的东西，即"正利而为"、"正义而为"，这样才可以称得上是"能"。

（三）情欲顺于心知与师法礼义

荀子指出：心知最重要的是知"道"，"心不可以不知道；心不知道，则不可道，而可非道"（《荀子·解蔽》）。社会治乱的根本原因不在于人性的善恶与情欲的有无、多少，而在于"心之所可"是否"中理"。如果"中理"，即使欲望再多也不为过；如果"失理"，即使欲望再少也不能避免争乱。在荀子看来，人的才、性、质、能都是一样的，但有的人为君子，有的人为小人。小人之所以为小人，不是因为天性如此，而是因为愚陋的缘故。见识得少，思虑不足，不知权衡，只会考虑眼前的利益，自然便愚陋。这就好比人们知道"刍豢稻粱"的美味而不要"菽藿糟糠"，不知道圣人之道的"安荣愉佚"而常常致力于做"危辱烦劳"的事情。这就是"陋"，因为他们不知"道"，所以说"陋也者，天下之公患也，人之大殃大害也"（《荀子·荣辱》）。因此，"知"是通达圣人的必要条件，只有扩充自己的"知"，达到"智"、"明"，才可以成就圣人。

对荀子来说，善之所以为善，最终是因为它是令人满足的，并且人们总是热衷于追求满足。可见，这种出自欲望的追求与满足是知而能行的动力之源。但是，荀子也注意到：人的欲望很强大，即使有智性之知，常常也很难去规范引导它。对此，一方面，荀子认为：这是由于"知"还不够"明"的缘故，它还称不上真正的"智"。另一方面，他指出：人必须要有"师法之化，礼义之道"（《荀子·性恶》），即老师的教化与礼义的引导。首先，师法礼义为人们提供了一套现成的行为范式，人们无须摸索，只要按着标准去做就可以了。其次，师法礼义对人有一种强制的规范作用，就像可以将弯木矫正、将钝金磨利一样。再次，荀子也注意到了习俗对人的重大影响，故强调"注错习俗"。具体而言，就是要改善大的环境，让人"居必择乡，游必就士"（《荀子·劝学》）。此外，还要注重自身的"积习"，即通过积累仁德善行培养出一种习惯，这要根据师法礼义来进行。最后，荀子还意识到了榜样的作用，这主要是针对圣王、老师而言。荀子把师法看得比礼义更为重要，也更为根本。圣王、老师既是以身作则而能坚持自身者，即"夫师以身为正仪，而贵自安者也"（《荀子·修身》），又是礼乐制度的创建者，即"师者，所以正礼也"（《荀子·修身》）。荀子指出："学之经莫速乎好其人，隆礼次之。"（《荀子·劝学》）这个"好"字不仅体现了学生对老师教导的归顺，而且反映了榜样的人格魅力对人们发自内心的吸引，所以说还有什么比从其所"好"更快的学习方式呢？榜样对人们行为的影响也是如此。因此，对人们而言，最好的状态就是"情安礼，知若师"（《荀子·修身》），即在效仿师法礼义的过程中，既有理智的顺从，又有性情的安定。

可以说，在理智的权衡、性情的安顺与师法礼义的规范等多重因素的交织下，荀子对意志无力的问题有一个较为妥善的考量。在他看来，一个真正的"体道者"就是"知道察"，并且"知道行"（《荀子·解蔽》）。

第三节　宋明时期的知行观

　　宋儒结合《大学》的"格物致知"等相关论述，进一步展开了对儒家知行思想的探讨。宋明时期影响力最大的是程颐、朱熹和王阳明，他们关于知行问题的分歧涉及知行的先后、难易、轻重、分合等方面。下面我们将围绕这几个方面考察他们各自知行观的主要特点。

一　程颐：知为本

　　一般认为，程颐最早提出了较为系统的知行观，并拉开了知行之辩的序幕。到程颐时，儒家思想先后经历了谶纬神学、魏晋玄学和佛学的冲击，尤其是大批儒者纷纷转投佛学门下，使儒学地位岌岌可危。如何继承并发扬周、孔的学统、道统成为当时儒者的第一要务。可以理解，在此背景下发展起来的程氏理学主要是一种致知的学说，而非力行的学说。

（一）知为本

　　程颐认为：在知行关系中，"须以知为本"。[①]为学也应当"以知为本"，"学以知为本，取友次之，行次之，言次之"。[②]程颐说："君子以识为本，行次之。今有人焉，力能行之，而识不足以知之，则有异端者出，彼将流宕而不知反。内不知好恶，外不知是非，虽有尾生之信，曾参之孝，吾弗贵矣。"[③]程颐指出：有的人或许可以做到不知而能行，但这样的人即使可以像尾生一样遵守信用，可以像曾子一样谨守孝道，这种不知而能行也不是可贵的。这是因为行为需要以"知"来作为主导，即必须本于好恶是非之知而"行"，这样行为才不会产生偏离和差错，否则就可能导致人恣情放肆、任意妄行却不知悔改。

　　"知"之所以能够占据本位，在于"知"的对象是"天理"，"穷理格物，便是致知"。[④]程颐根据《大学》"本末始终"的内容指出：为学最紧要的事情就是要知道"本末始终"，这个"本"、"始"就是"格物致知"。在程颐那里，"格物"之"物"即指"天理"，"格"就是"穷"，"格物"在于把握内在于事物之中的"天理"，这样才

---

　　①②③④《二程集》上，北京：中华书局2004年版，第164、324、320、171页。

可以"致知"。他认为：事事物物皆有其理，所以人们可以选择从任何一处入手穷其理。方法也有很多，如读书明义理、辨别古今人物之是非、应接事物得当等等。程颐指出：由于万物都是一理，所以"格物穷理，非是要尽穷天下之物"①，只要穷尽一物之理，其他就可以类推了。不过，这不是一次就可以完成的，即使是颜回也做不到，所以人们需要有个积累的过程，最后才可能达到融会贯通，"积习既多，然后脱然自有贯通处"。②

程颐指出：当"格物"的积累多了，人还是原来那个人，但他的见解会变得不一样，"人则只是旧人，其见则别"。③因为他通过"格物致知"而获得了"知"，有了"知"就能够在遇到事情时作出明智的选择，"致知则有知，有知则能择"④，这样才可以不偏不倚、无过无不及地行"中道"。程颐认为：人们投入异端思想中去并非其本意，只是由于"智穷力屈"才会如此。这就像走路，如果走的是康庄大道，人就不会改变方向；如果被山水阻断了前路，有窒碍，人就容易走向歧路。"致知"就是破除窒碍的关键，也是"智明力进"的根源，如此则"不曾见人有一件事终思不到也"。⑤

（二）闻见之知与德性之知

在程颐那里，不仅万物皆是一理，性也是理，"在天为命，在义为理，在人为性，主于身为心，其实一也"。⑥所以，一方面，人们可以"观物理以察己"⑦；另一方面，不一定只有事物才可以称得上是"物"，在自己一身之中就可以达至万物之理。不仅如此，相比于通过外在的事物穷理，从自己的身心上体察，"其得尤切"。

"天理"在人身上称为"性"，亦即"德性"。人的视、听、言、动如果不遵循"天理"，便会遵循"私欲"，"无人欲即皆天理"⑧，"灭私欲则天理明矣"⑨，故"格物致知"就是要发明自身的德性，使其免受私欲的干扰。正因如此，程颐把"格物致知"视为反躬的功夫，并接续孟子的说法，认为"知者吾之所固有"，"格物致知"皆"非由外铄我也，我固有之也"⑩，这其实是说"天理"为我先天所具有。与此内在之知相应，程颐赞同张载的"闻见之知"与"德性之知"的区分，认为"德性之知"绝非"闻见之知"，后者是通过耳闻目见得来的，是一种外在的知，"博物多能"就属于"闻见之知"的表现；"德性之知"则有其先天的内在根源，"不假闻见"。"德性之知"与"闻见之知"的关键区别在于：闻见是把握不到"天理"的，闻见所得只能随着事物的变化而发生变化，那样只会"迷而不知"。所以，程颐说："大凡学问，闻之知之，皆不为得。得者，须默识心通。"⑪

---

①②③④⑤⑥⑦⑧⑨⑩⑪《二程集》上，北京：中华书局2004年版，第157、188、164、143、188、204、193、144、312、316、178页。

在此基础上,程颐明确承认有生而知之的人,如尧、舜。但他也指出:"纵使孔子是生知,亦何害于学?"① 汤、武就是学知的典范,并且他们与尧、舜最终取得了相似的成就。程颐说"生知"与"学"不相妨害,"生知"主要指的是人生来就知晓的义理,"学知"则主要是指孔子通过问礼于老聃、问官名于郯子所获得的知识。礼文官名之类的知识不是凭空就可以得来的。此类知识是对旧习的沿革,必须要向别人请教。所以,程颐说:"生而知之固不待学,然圣人必须学。"② "学"也是可以通达义理的途径,尤其是绝大多数人不是生而知之者,就更加需要学习。此时"学"就不仅仅是学礼文官名之类的知识了,其根本目的在于"自得","学莫贵于自得,得非外也,故曰自得"。③ 也就是说,学是为了让人能够体认到自身内在的本性。从这个角度来说,凡是"不求于内而求于外"、"不求于本而求于末"④ 的"学",都不是圣人之学。

(三)知行关系

在"知为本"的前提下,程颐详细地阐述了知与行之间的关系:

第一,知先行后。前文已经说过,行为只有以知为指引才不会出现差错,故"到底,须是知了方行得"。⑤ 知与行的这种关系就像光照与行路的关系一样,只有先把路照亮,才能前行。以前往京师为例:如果不知道怎么前往,那么即使有想要前往的心思,也不可能成功。以为孝为例:必须要知道如何为孝,如温清奉养的方法,才能尽孝。因此,"君子之学,必先明诸心,知所养,然后力行以求至,所谓自明而诚也"。⑥ 程颐指出:"致知"则可以越思越明,久了便会有觉悟;不知而行就是"躐等",即使勉强去行,也不能持久。

第二,行难知亦难。程颐针对《尚书》"知之非艰,行之惟艰"的说法指出,"非特行难,知亦难也"⑦,就像不是没有可以做到力行的人,但很少有人可以明道。道理本为人所固有,按理来讲其实是不难知的,之所以难,是因为人们往往不去致知。致知其实也没有那么容易达到,这里有一个层次的区分,程颐表示,"学为易,知之为难。知之非难也,体而得之为难"⑧,单纯的知道与切实的体会是有区别的,所以"古之言'知之非艰'者,吾谓知之亦未易也"⑨。此外,"知之"与"体而得之"的区分在程颐那里也相当于"常知"与"真知"的区分,并被表述为"知有浅深",就像人人都知道老虎会伤人,但只有真正被老虎伤过、对老虎的可怕之处有着深切体会的人才会谈虎色变。程颐以自身为例,说自己现在对经义的理解与二十年前没什么区别,但对个中意味的体会却迥然不同。这是因为在这二十

---

① ② ③ ④ ⑤ ⑥ ⑦ ⑧《二程集》上,北京:中华书局2004年版,第152、253、317、319、187、577、187、321页。

⑨《二程集》下,北京:中华书局 2004 年版,第 1192 页。

年里,程颐对经义的体会已经从语言文字深入到了内在的生命本身。

第三,知而不能行,只是知得浅。程颐说:"知之深,则行之必至,无有知之而不能行者。知而不能行,只是知得浅。"[1] 在常人那里,知与行是割裂的,他们可能知而不行,如知善却不行善,即使能够行,也常常需要勉强才能够达到。这在程颐看来是知得浅的表现。然而,在知得深或真知的情况下,知与行自然就是一贯相连的,绝不需要勉力去行。这就像常人只是知道应该循理,但还需要勉力来维持循理,而君子则是乐于循理,不循理反而不快乐,自然就不需要勉力而为了,所以说"知之必好之,好之必求之,求之必得之"。[2] 而且,着意去做难免带有私心、意气。程颐说:"一切事皆所当为,不必待著意做。才著意做,便是有个私心。这一点意气,能得几时了?"[3] 因此,程颐在以知为本的前提下强调要把知落实为行,不能只是听别人说、看别人做,必须亲身参与进去,"学者言入乎耳,必须著乎心,见乎行事。如只听他人言,却似说他人事,己无所与也"。[4] 他还指出:"天理"是在应用的过程中领会到的,"人固可以前知,然其理须是用则知,不用则不知"。[5] 人能够把自己所知的东西发挥到极致,就是圣人了。

从上述内容可以看到,程颐其实是在孟子与《大学》的基础上把"行"融进"知"中了,所以在他这里没有知而不能行的问题,只有知的深浅问题。他说:"如眼前诸人,要特立独行,煞不难得,只是要一个知见难。人只被这个知见不通透。人谓要力行,亦只是浅近语。人既能知见,岂有不能行?"[6] 在程颐看来,只要达到了真知、深知,从知到行就是一种自然而然的事情。所以,他不像孔子一样以"安"、"乐"来联结"知"、"行",而是直接以知贯通行,即知必好、好必求、求必得。然而,程颐没有意识到这一思想的矛盾之处,按照其老虎伤人的事例和"体而得之"的说法,如果没有着实的践履体验,知似乎就无法成为真知、深知。

二 朱熹:知行相须互发

朱熹继承、丰富并改造了程颐的知行思想。他虽然赞同程颐"知先行后"的观点,对陆氏心学和部分湖湘学者废讲学而专务践履的学风有所批评,但不像程颐一样"销行入知",而是坚持《尚书》"行难"的说法,并认为行重知轻,正视"知而不能行"的问题。以下这段话总括了朱熹本人的知行观:"知、行常相须,如目无足不行,足无目不见。论先后,知为先;论轻重,行为重。"[7] 我们以此为引线展开对其相关内容的讨论。

---

① ② ③ ④ ⑤ ⑥《二程集》上,北京:中华书局 2004 年版,第 164、181、181、189、65、181 页。
⑦ 黎靖德编:《朱子语类》一,北京:中华书局 1986 年版,第 148 页。

（一）知为先

与程颐一样，朱熹认为知在先、行在后，并同样把知先的根据确立在"理"上。他说："义理不明，如何践履？""万事皆在穷理后。"①从外显行为来说，针对"行得便见得"的说法，朱熹借鉴程颐"行路"的譬喻，认为只有先看见路，才能行路，一味讲求躬行就是"孤"。从内在修养来说，朱熹指出：操存涵养便是存养所知之理，如果不能识理，那就无所谓存养。物格、知至后，即使有不善，那也是白地上的黑点。如果物未格、知未至，即使有善，那也只是黑地上的白点。因此，不以"知"为指引的"行"，"虽使或中，君子不贵也"。即使偶有中节，也不值得推崇。

在朱熹看来，人们的身体有一个主宰，这个主宰是心，其实质是心中之理。人们要做的就是去格物穷理，以理去治心、修身。他说："有是理，方有这物事。如草木有个种子，方生出草木。如人有此心去做这事，方始成这事。若无此心，如何会成这事。"②对于资质好的人，可以不需要经过穷理、格物、致知的阶段就能够做到这些，但这只有生而知之的圣人才能做到。对于普通人来说，不可因为自己达不到圣人的程度就放弃努力。朱熹指出：《大学》提出的为学次第可以使所有人都有希望朝圣人的境界前进，而教授学生就是要让学生能够从外向内贯通，也就是通过学文领会到内在于自己本心本性之中的"天理"，并依着"天理"而行，"教人之道，自外约入向里去，故先文后行。而忠信者，又立行之方也"。③

朱熹还指出：即使是生而知之的圣人也需要学习。生而知之在于天生便能体认到"天理"，而对于"制度文为"之类的事情，还需要通过学习才能知道，所以说"圣人是生知而学者"。④从这个角度来说，朱熹虽然承认"有不由闻见而知者"⑤，但并不否认闻见之知，反而认为闻见乃是达至穷理尽性的一个必要的前提，只有在闻见上把工夫做好了，才能"脱然贯通"。他认为：在闻见处，一件事能明白一个道理，而到贯通时，就会发现万事皆是一理，这便是"下学而上达"。所以，朱熹说：闻见之知与德性之知都是知，"知，只是一个知"⑥，只是有深与浅、真与不真的区别而已。在朱熹看来，闻见正是用功的地方，一定要多闻多见，就像《论语》"多闻，择其善者而从之"与"多见而识之"都强调"多"一样；只不过人们不能止于闻见，一定要得之于心，不然就只是"知之次"。

（二）行为重

程颐强调"知为本"，朱熹则以"行为重"，"学之之博，未若知之之要；知之

①② 黎靖德编：《朱子语类》一，北京：中华书局1986年版，第152、236页。

③④ 黎靖德编：《朱子语类》三，北京：中华书局1986年版，第894、891页。

⑤ 黎靖德编：《朱子语类》五，北京：中华书局1986年版，第2537页。

⑥ 黎靖德编：《朱子语类》二，北京：中华书局1986年版，第715页。

之要，未若行之之实"①，认为"知为本"的说法其实是把终始本末当作一件事了。在朱熹看来，践行是为学的最终目的。

行的重要性体现在三个方面：第一，行可以检验知，这既体现为行的落实与否是判断知得真不真的根据，"欲知知之真不真，意之诚不诚，只看做不做如何，真个如此做底，便是知至意诚"②，也体现为行的正确与否是判断知得对不对的根据，"徙义、改过，始是见之于行事，须时时要点检"③。第二，行是"行其所知"，在行中能够对所知有更真切的体会。所以，朱熹说：即使是生知的圣人，也需要事事理会才行，就像学习是无所不学，理会也是逐件事情一一去理会，不能以为仅仅从一件事情上理会到了"天理"就可以通晓万事了，因为这只是知道个大要，未见详密。第三，"行"可以通达未知处。朱熹强调：人们要践行自己已知的东西，并努力达至未知之地。做学问就像登塔一样，要逐层登上去，上一层虽然可以看见，但如果不是实实在在地踏上去过，就只是悬空妄想。

此外，程颐认为"行难知亦难"，朱熹则赞同《尚书》之"知之非艰，行之惟艰"的说法，指出"只是工夫难"。朱熹认为：见（亦即知）是无所谓虚实的，行却有虚实，见总是有所见，见了以后却不一定有行，人们往往知善不行、知恶不改，而且"不是物格、知至了，下面许多一齐扫了"。④诚意以下节节有工夫，需要一一落实下去才行，不然就只是做了个皮毛，远没达到登堂入室的地步。"行之惟艰"也反映出"工夫全在行上"。⑤如果不需要躬行的话，学问只需要一两日就能道尽。孔子的学生之所以长年追随孔子，正是因为要做工夫。

朱熹指出：老师只是一个引路人，归根结底，书是自己去读，道理是自己去究索，事情是自己去体会与涵养，所以一定要亲身踏实去做，"且就知得处逐旋做去，知得一件做一件，知得两件做两件，贪多不济事"。⑥朱熹特别赞赏子路的态度，即听到一件事后，如果没有完成，就唯恐再听到另一件事。这样看似做得少，实则收获多，否则没有理会到的地方就会不断积压，反而无益。在朱熹看来，日用行常皆是工夫着力处，"凡日用之间，动止语默，皆是行处"⑦，所以要时时保持警惕，不可松息；同时也要注重工夫的积累，只要积累久了，自然就能够达到所知与所行的合一。他说："善在那里，自家却去行他。行之久，则与自家为一；为一，则得之在我。未能行，善自善，我自我。"⑧

（三）知行相须互发

朱熹赞同程颐"知有深浅"的观点，知而不能行说明知得浅，所以人们不能停

---

① ② ④ ⑤ ⑦ ⑧ 黎靖德编：《朱子语类》一，北京：中华书局 1986 年版，第 222、302、327、223、222、222 页。

③ 黎靖德编：《朱子语类》三，北京：中华书局 1986 年版，第 860 页。

⑥ 黎靖德编：《朱子语类》五，北京：中华书局 1986 年版，第 2424 页。

留在"略知"的层次,而应该上升到"真知"的层次。所谓"知得浅",就是表面上知道很多,但没有理会到内心去,只有"以心验之,以身体之,逐一理会过,方坚实"。[①] 朱熹进而指出:"就他浅深中,各自有天然不容已者。"[②] 也就是说,知与行有一种天然的关联性,知得深自然会有知得深的表现,知得浅也自然会对应有知得浅的表现,知得几分便会行得几分,这就引出了其知行相须互发的观点。

相须说的是知与行的相互依赖、不可或缺,"圣贤说知,便说行"[③];互发说的是知与行可以相互促进、发明,"知之愈明,则行之愈笃;行之愈笃,则知之益明"[④]。朱熹将之比喻成人之两足、车之两轮、鸟之双翼,认为"知与行须是齐头做,方能互相发"。[⑤] 朱熹指出:在涵养中有穷理的工夫,在穷理中也有涵养的工夫,因为穷理是穷其所养之理,涵养则是养其所穷之理,两者是不可分离的。这并没有抹杀知与行的区别,两者不是一种"以此包彼"的关系,而是指两者不可偏废,"亦当各致其力,不可恃此而责彼也"(《文集》卷四十一)。只不过知与行虽然是"二端",但其实是"一本",也就是两者同样都本于"天理"。正因为如此,殊异的"二端"才能有一种相须互发的关系,才能说"盖到物格、知至后,已是意诚八九分了"。[⑥] 义理明时,自然是事亲便孝、事兄便悌、交友便信,故"须是于知处求行,行处求知,斯可矣"。[⑦]

由此可见,朱熹所谓的"知先行后"并不是二者截然有先后,而是"本不可先后,又不可无先后"[⑧],先后之别不过是为人们提供一个为学的入手处。在本质上,知与行是"交相为用"的,这就像走路时必然是两脚前后交替迈进,既不可两脚同时跨出,又不可一脚动而另一脚不动。因此,只要能明白知行相须并进的道理,就可以不必遵循知先行后的顺序。曾点与曾子就表现为两种不同的情形:"曾点便是理会得底,而行有不揜;曾子便是合下持守,旋旋明理,到一唯处。"[⑨] 在朱熹看来,穷理致知非一日之功,不可能一步到位,所以不能因为还未明理就不去力行了,尤其对于初学者,"须是功夫都到,无所不用其极"。[⑩]

不过,知与行作为"二端",有时也会产生冲突,"操存涵养,则不可不紧;进学致知,则不可不宽"[⑪],尤其是初学者容易因为做此事而妨碍到彼事。朱熹指出:切不可因为"知不得"就推脱自己"行未到",因为"行得不是"就推脱自己"知未至",这样相互推脱只会没有任何长进;也不要从言语文字上去计较知、行互

---

①③④⑥⑨⑩⑪ 黎靖德编:《朱子语类》一,北京:中华书局 1986 年版,第 300、148、281、332、149、152、149 页。

② 黎靖德编:《朱子语类》三,北京:中华书局 1986 年版,第 1173 页。

⑤⑧ 黎靖德编:《朱子语类》七,北京:中华书局 1986 年版,第 2816、2771 页。

⑦ 黎靖德编:《朱子语类》二,北京:中华书局 1986 年版,第 546 页。

相发明是什么意思，只管"各项做将去"[1]，知不足就在知上用功，行不足就在行上用功，到了纯熟的境地，二者自然就会互相发明而没有妨碍。这就是"知至至之，则由行此而又知其所至也，此知之深者也；知终终之，则由知至而又进以终之也，此行之大者也"（《文集》卷四十二）。

三 王阳明：知行合一

朱熹解决程颐"销知入行"问题的关键在于强调两者相须互发。王阳明敏锐地洞察到朱熹这种做法的问题是将知行"分做两截用功"，因此知与行之间仍然有一道鸿沟。于是，王阳明强调"知行工夫本不可离"[2]，指出两者是"合一并进"的关系。这种独特的"知行合一"思想引起了人们的广泛争议。[3]

（一）"知行合一"概述

按《王阳明年谱》的记载，王阳明三十八岁时于贵阳书院首次提出来"知行合一"。这一思想被他的弟子钱德洪视为其"教三变"的第一"变"。可以说，"知行合一"意味着阳明学的开端。王阳明指出：

> 古人所以既说一个知，又说一个行者，只为世间有一种人，懵懵懂懂的任意去做，全不解思惟省察，也只是个冥行妄作，所以必说个知，方才行得是。又有一种人，茫茫荡荡悬空去思索，全不肯着实躬行，也只是个揣摸影响，所以必说一个行，方才知得真。[4]

> 逮其后世，功利之说日浸以盛，不复知有明德亲民之实。士皆巧文博词以饰诈，相规以伪，相轧以利，外冠裳而内禽兽，而犹或自以为从事于圣贤之学。如是而欲挽而复之三代，呜呼其难哉！吾为此惧，揭知行合一之说，订致知格物之谬，思有以正人心，息邪说，以求明先圣之学。[5]

王阳明之所以提出"知行合一"，是因为世人往往把知、行截然分作两事，只从一边用功，结果两边都落空。更有甚者，人们多从言语文字上着力，不复践行

---

① 黎靖德编：《朱子语类》一，北京：中华书局 1986 年版，第 148 页。
②④⑤《王文成公全书》一，北京：中华书局 2015 年版，第 52、5、342 页。
③ 这或许要归功于其名气和学派的影响，虽然在王阳明之前，谢复就已经提出了"知行合一"的说法，但"知行合一"可以说是因为王阳明而引人注目、饱受争议的。而且据陈立胜的考察，"知行合一"最早见于元代金履祥的《论语集注考证》。（陈立胜：《入圣之机——王阳明致良知工夫论研究》，北京：生活·读书·新知三联书店 2019 年版，第 114 页。）

之实，导致玩弄光景、巧饰诈伪而不自知，流弊甚大。王阳明表示：其"合一"之教虽然是为"补偏救弊"而提出来的，但"知行体段亦本来如是"[①]，他要做的就是恢复"知行本体"，即恢复知、行的本来面貌。他还强调：从言语文字上纠结知、行是"一个"还是"两个"是没有用的，必须理会到其立言的宗旨，即知、行是分不开的，说知的时候便有行了，说行的时候知也就在了。如果一定要等到"知得真"了以后才去行，就会导致"终身不行"，也会"终身不知"，因为知的工夫是做不完的。

王阳明早先在指点徐爱的时候表示："知是行的主意，行是知的功夫；知是行之始，行是知之成。若会得时，只说一个知，已自有行在；只说一个行，已自有知在。"[②]虽然王阳明始终强调知行不可分离，但他把知视为指引行的方针，把行视为通达知的工夫，尤其是视知为行的开端、视行为知的完成的说法，似乎隐含着一种知先行后的意味，只不过没有把知、行"截然分做两件"而已。在晚年与顾东桥的书信中（包括五十五岁时《答友人问》），王阳明以"行之明觉精察处即是知，知之真切笃实处即是行"[③]代替了"知始行成"的说法，使得"知行合一"表述得更为圆融。在他看来，知之所以不是"悬空思索"，行之所以不是"冥行妄作"，是因为在同一活动中，既有表征着知的"明觉精察"的一面，又有表征着行的"真切笃实"的一面。

此外，王阳明喜欢用《大学》的"如恶恶臭，如好好色"来指点"知行合一"，以突出其即知即行的特征：见"好色"即知，"好好色"即行，人们在看到"好色"的时候就已经对它有所喜好了。在此基础上，王阳明还提出了"合一"之教中最具特色、也最具争议性的说法："一念发动处，便即是行了。"[④]一方面，正如陈立胜所指出的，"一念即行"有着极其浓厚的"销行入知"的色彩，它与"王阳明一贯重行的'销知入行'思想存在明显的'紧张'"。[⑤]另一方面，从道德实践的角度来讲，正如陈来所言，"一念即行"似乎只适用于去恶而不适用于为善，因为克去恶念可以避免为恶，但如果直接把善念当作善行的话，那么就无所谓道德实践了。[⑥]当然，王阳明提出的"一念即行"的说法还是非常具有深意的，他希望人们做到：

---

①②③④《王文成公全书》一，北京：中华书局 2015 年版，第 252、5、52、120 页。

⑤ 陈立胜：《入圣之机 —— 王阳明致良知工夫论研究》，北京：生活·读书·新知三联书店 2019 年版，第 133 页。

⑥ 陈来：《有无之境 —— 王阳明哲学的精神》，北京：人民出版社 1991 年版，第 107—108 页；陈立胜：《入圣之机 —— 王阳明致良知工夫论研究》，北京：生活·读书·新知三联书店 2019 年版，第 133—134 页。

对于恶念能够"防于未萌之先，而克于方萌之际"①，"不使那一念不善潜伏在胸中"②；对于善念则能够念动即行，没有丝毫滞碍。

（二）知行合一与知行分离

有趣的是：朱熹正是有感于"务讲学者多阙于践履，而专践履者又遂以讲学为无益"（《文集》卷四十六），即时人重讲学则轻践履、重践履则轻讲学的知行分离的状况，而强调两者应该相须互发；王阳明却以知行分离来批判朱熹的学说。原因有二：

从表面来看，不管前人的知行思想有何异同，他们大体上对知与行的区分是比较明确的，尤其是朱熹对两者作了较为明确的界定。例如：在《大学》中，以"格物致知"为知，以"诚意"以下为行；在《中庸》中，以"博学、审问、慎思、明辨"为知，以"笃行"为行；在《论语》中，以"博文"为知，以"约礼"为行；此外，以"进学致知"为知，以"操存涵养"为行。然而，在朱熹认为是"知"的地方，王阳明其实都认为其"即行也"。这个"即"不是要把两者混同起来，而是知、行乃同一活动的两面。王阳明指出：不是在学问思辨之后才开始去行，只要着实去知，那么知就已经意味着行了，"凡谓之行者，只是著实去做这件事"③。所以，学、问、思、辨、行的区分只是说明五者的功用各有不同，但它们都交织于同一个为学的过程中，"盖析其功而言，则有五。合其事而言，则一而已"④。

从根源来讲，王阳明指出："外心以求理，此知行之所以二也。求理于吾心，此圣门知行合一之教。"⑤知行之所以会产生分离，是因为程朱一脉把"天理"设立为一个需要外求才能达到的目标，这样自然就首先要有一个通达"天理"的致知阶段，然后再有一个将所知付诸实践的力行阶段。然而，在王阳明看来，这完全没有把握到其实质，既然"天理"为人所固有、"心外无理"，那么人们就不需要一个向外求知的阶段，而直接就是心知的发动，向外求知只会拘泥于狭隘的见闻上。正因为如此，他们也错会了"致知"的本意，不知道"致"字本身就已经是行了，而不是致知之外另有一个行，"近世格物致知之说，只一'知'字尚未有下落，若'致'字工夫，全不曾道著矣。此知行之所以二也"⑥。王阳明用《易传》"知至至之"来说明这个道理："知至者，知也；至之者，致知也。此知行之所以一也。"⑦人们要通达"知"（"至之"），但所谓"通达"并非从无到有地获得它，因为它本来就在这儿，即本来就在人们心中了（"知至"）。所以通达"知"的过程其实是将"知"呈现出来的过程，即"行"，正如人有"欲食之心"就会知道去吃东西，这便是"行之始"。

（三）知行合一如何可能

知、行能否合一的争论焦点首先在于知与行之间是否有先后之别。对此，陈

①②③④⑤⑥⑦《王文成公全书》一，北京：中华书局2015年版，第82、120、252、57、53、229、229页。

立胜有一个新的阐述。他以"异质的时间差"来概括程朱理学一系的知行观，以"同质的时间差"来概括当代一些学者（以劳思光为代表）对王阳明"知行合一"的解读。所谓"时间差"，即说明知与行有先后的区别，"异质"说明两者是不同的两件事情，有"内"、"外"之分。"同质的时间差"则是说知与行虽然同属一事，但两者是同一过程的不同阶段。[①]

劳思光以价值判断为"知"并指出：当人们作出价值判断的时候，意志活动的取向就会随着这个判断而决定，这就是行的开始处。从这个角度来说，行指意志的拒迎。因此，就知与行的理论次序来讲，必然是知先行后，因为必须先有价值判断，然后才会有意志取向，所以严格来说"知行合一"只是一种理想的境界。[②]这种"同质的时间差"也符合陈来、杨国荣等学者的一些说法。在陈来看来，王阳明"知始行成"的说法意味着知、行之间仍然有一个时间差，"因此，根本的问题也许不在知是否为先，而在于前知之后一定要行"。[③]杨国荣把知、行统一于从本然的天赋之知通过"实致其功"（"行"）而上升为自觉意识到的天赋之知的动态发展过程中，这其实也体现出一个时间差。[④]

仅仅凭借"合一"的字面意思来理解，就能知道王阳明不承认知、行有一个时间差，即使是"同质的时间差"。所以，陈立胜提出了一个"无时间差的合一"的解释。陈立胜认为：王阳明是用"意"之"知"取代了通常意义上的"认知"、"知识"之"知"，认知不会必然导致行动，但"意"之"知"实为"一种有强烈要实现自身的内驱力、意志力，是发起行动的动力"，有一种"如决河注海沛然莫之能御之力量而贯穿于整个道德行动之始终"。[⑤]从这个角度来说，"知"作为一种意愿、动机（即王阳明所谓的"主意"）自然代表着"行之始"，具体的行动则是要进一步落实这个意愿、动机，故是"知之成"。

究其实质，朱熹的知行观与王阳明的知行观其实针对的是不同的情况：朱熹把知与行视为前后衔接的两个阶段，而王阳明要说明的是两者在"当下"的活动中"即知即行"的一体两面的关系。这就像甘泉借用泾野与东廓的问答所指出的，"知先行后"与"知行合一"各有各的道理：一方面，如果不知道寺庙在哪儿，就不

---

①⑤ 陈立胜：《入圣之机——王阳明致良知工夫论研究》，北京：生活·读书·新知三联书店2019年版，第116、126页。

② 劳思光：《新编中国哲学史》（三上），北京：生活·读书·新知三联书店2015年版，第325—327页。

③ 陈来：《有无之境——王阳明哲学的精神》，北京：人民出版社1991年版，第92页。

④ 杨国荣：《王学通论——从王阳明到熊十力》，上海：华东师范大学出版社2009年版，第71页。亦可表达为"知（本然形态的良知）—行（实际践履）—知（明觉形态的良知）"的过程。参见杨国荣的《心学之思：王阳明哲学的阐释》，上海：华东师范大学出版社2020年版，第163页。

能到达这座寺庙；另一方面，如果没有真正到达寺庙就不能体会到这座寺庙的神妙，"可见二说都是，不可执一也"。[①]从知道寺庙的位置到抵达寺庙确实有一个过程，但王阳明要揭示的是：在每一个"当下"的活动中，知与行都有一种原发的"合一"，所以"路歧之险夷"必须要在亲身履历时才能知道，寺庙的神妙必须要在抵达寺庙时才能领会。王阳明甚至指出："欲食之心"就是"行之始"了，人们在想吃东西时就会去吃东西，虽然从"想吃"到"吃到"的中间有一个过程，但在"想吃"的"当下"自然便会表现出要去"吃"的举动来，而且食物真正的滋味也无法预先知道，只能在"吃"的"当下"才能体味到。这种原初的"当下"正是王阳明"一念即行"的根基所在，"一念发动处，即是修身工夫、修行'入处'"[②]，"知恶"则当下克之，"知善"则当下为之，体会得如此，当是"入圣之机"。

不仅如此，王阳明还常常借助知痛痒而搔摩痛痒、见好色而好好色这种身体知觉的本然感应与情感的自然流露来说明"一体之仁"以及知与行的自然合一之态。在他看来，知总是要带动起自身的意欲来，就像"见孺子入井"绝不只是看到一个单纯的客观事件 —— 小孩掉到井里去了，人们看到"危险"，直接就感受到了"危险"，就像人们感受到痛痒便要搔摩、感受到危险便要自救一样，人们为这种"危险"而不安、而"怵惕恻隐"，其间不容一丝考虑、一丝罅隙。"一体之仁"即要求"见孺子入井"便立即去救，就像害怕之时身体自然会做出自我保护的反应一样。同样，人们知热便要消暑、知冷便要加衣，处于冷暖之境中，人们不仅知冷暖而自然能应对冷暖，而且在知冷暖的时候自然会思量父母的冷暖。这种当下的"自然"既是自身的要求，也是"一体之仁"的呈现。

此外，杨国荣认为良知（"知"）的天赋性排斥工夫（"行"）的过程性，提出了"本体与工夫之辩"。[③]然而，从王阳明对朱熹"求理于外"的批评来看，一方面，王阳明认为工夫是一做并到的，不是有一个知的工夫又有一个行的工夫；另一方面，在前人那里，工夫只是通达本体的途径，王阳明强调的是良知本体的时时显露、当下呈现，所以本体与工夫一定是贯通的，"功夫不离本体，本体原无内外。只为后来做功夫的分了内外，失其本体了。如今正要讲明功夫不要有内外，乃是本体功夫"。[④]总的来讲，在王阳明看来，知与行本来就是合一的，所谓"知而不能行"的现象其实只是人为分离的结果。

① 黄宗羲：《明儒学案》下，北京：中华书局 2008 年版，第 993 页。
② 陈立胜：《入圣之机 —— 王阳明致良知工夫论研究》，北京：生活·读书·新知三联书店 2019 年版，第 138 页。
③ 杨国荣：《心学之思：王阳明哲学的阐释》，上海：华东师范大学出版社 2020 年版，第 146 页。
④《王文成公全书》一，北京：中华书局 2015 年版，第 114—115 页。

第四节　明清之际的知行观

　　明清之际，中国社会与思想发生剧烈变动。经历过明亡的痛史，众多思想家深刻感受到宋明道学空谈道德性命的各种偏弊。他们对程、朱、陆、王的思想展开批判，反对喜静厌事、空谈心性的学风，试图改变当时衰颓的社会风气。

　　在知行观方面，王夫之、颜元等人批判继承了宋明时期的知行学说。他们在注重德性之知的同时，更加注重实践对于自身发展与社会发展的意义，共同反对宋明儒者"知先行后"、"销行入知"的观念，针锋相对地提出"行先知后"说，进而提倡经世致用的实学思想。对宋明知行学说的纠偏与论证实践的优先性构成明清之际知行学说发展的两条主要线索。程朱理学主张的"知先行后"更多是对致知方法的讨论，以便更好地继承儒家之道统。但是，对知的过分倚重必然带来"先知废行"的问题。王夫之、颜元则从实际经验出发说明"行先知后"的道理，认为致知中已经有行的存在，即知识的根本来源就是行。在论证实践的优先性上，王夫之与颜元都不同程度地扩大了"行"的内涵。"行"不仅仅指为实现某事而发生的"行为"，同时也包括个体的体验与行动。王夫之通过学棋、饮食等事例说明行动是知识的来源，且行动是检验知识真理性的标准。颜元从实际需要出发，将学者的讲习活动扩展至六府、六艺，进一步强调践履的重要性。

一　王夫之：知行相资以为用

　　王夫之对程、朱、陆、王的知行学说进行了系统性的批判，明确提出并论证了"行先知后"说，将中国哲学史上的知行之辨推向了理论的最高峰。在王夫之看来，程、朱强调"知先行后"是将知与行完全割裂开来，导致学者们惮行之艰，利知之易，泛滥于词章，却不能落实于行动；王阳明的"知行合一"虽试图纠正这一偏弊，但其本质乃是"销行归知"，"以不行为行"，使学者更加心安理得地停留于知见，而不以身心尝试。在此背景下，王夫之重新界定了"知"与"行"的内涵，认为"行先知后"，"行可兼知"，只有知行相资以为互用，才可知行并进，成就德业。

（一）行先知后

王夫之从"知之非艰，行之惟艰"出发论证其"行先知后"的哲学观点。他将这一命题与孔子"先难后获"的思想结合起来，认为"'仁者先难'，明艰者必先也"。^①如果先易后难，人们中途力衰，就会沾沾自得，始终停留在知的层面，而不能深入至行。在王夫之看来，程、朱所强调的"知先行后"就出现了这一偏弊，所以他更强调"知非先，行非后，行有余力而求知"。^②虽然王夫之引用圣贤言论论证其观点不够严谨，但他的确从中感受到了行的重要性，"千圣合符，'终日乾乾夕惕若'，乾坤之德业在焉"。^③"合符"之言便是力行之说，只有"竭才以行"，行先知后，才能成就德业。

王夫之也试图从理论层面论证"行"相对于"知"的优先性。他肯定知、行有所区别，但是反对将二者截然分作两节。他说："知行之分，有从大段分界限者，则如讲求义理为知，应事接物为行是也。乃讲求之中，力其讲求之事，则亦有行矣；应接之际，不废审虑之功，则亦有知矣。"^④王夫之认为：格物致知，讲求义理虽是求知，但力求之事便已经属行。这说明"知行终始不相离"，知与行相互渗透、相互包含，行中有知，知中有行。正因为行贯穿于认识的始终，所以才说"行先知后"。王夫之以学弈为例：一个人终日打谱却不与人对弈，是永远都不能真正学会下棋的。只有在与人对弈的过程中，才能理解棋谱的意蕴，"尽达杀活之机"。退一步讲，即便此人没有与人对弈，终日打谱也说明他已经有学习棋理的行动了。这说明知根本无法脱离行，行是知的基础与来源。因此，王夫之说："盖天下之事，固因豫立，而亦无先知完了方才去行之理。"^⑤在实际生活中，不可能有完备的"知"来指导行，更不可能等待做出完美的计划后再去实行，只有在行中知，有所知之后再落实于行。

王夫之对于知、行的理解突破了道德规范与道德实践的理论框架。他说："知之尽，则实践之而已。"^⑥"盖云知行者，致知，力行之谓也。"^⑦"行"不仅仅包括格物穷理之后的存养行为，也包括主观见之于客观的实践、践履活动。"行"并不只服务于头脑中的知识、意念，行动自身就拥有其价值。王夫之指出：认知的发生本身就是"形"、"神"、"物"相遇、相合的过程^⑧，也就是主体耳目心思与外在的客

---

① ② ③《船山全书》第 2 册，长沙：岳麓书社 2011 年版，第 312、312、313—314 页。

④ ⑤ ⑦《船山全书》第 6 册，长沙：岳麓书社 2011 年版，第 564、411、599 页。

⑥《船山全书》第 12 册，长沙：岳麓书社 2011 年版，第 199 页。

⑧"人之有性，函之于心而感物以通，象著而数陈，名立而义起，习其故而心喻之，形也，神也，物也，三相遇而知觉乃发。"（《船山全书》第 12 册，长沙：岳麓书社 2011 年版，第 33 页。）

体事物相应接,因此要促成"知"就要有"行"的出场,人们在实际的体验中才会有所感、有所得。比如饮食,"今夫饮食之有味,即在饮食之中也;知其味而后安于饮食,饮之食之,而味乃知"。① 如果一个人从未尝过梅子,那么他就永远无法知道梅子的味道,即便看到梅子,也不会有流口水的冲动。所以,只有应事接物,扎扎实实去力行,才能产生"知","行而后知有道"。② 如果闭门不出,只于心上求索,根本无法知天地之广大,也就不能说有真知。基于此,王夫之才进一步提出了"行可兼知"的命题。

(二)行可兼知

"行可兼知"这一命题是为了进一步纠正宋明道学"尊知而贱能"的弊病。王夫之认为:陆、王虽然倡导"知行合一"以纠正知行两端的弊病,但还是偏于知,甚至"以知为行"。"彼非谓知之可后也,其所谓知者非知,而行者非行也。""以知为行,则以不行为行,而人之伦、物之理,若或见之,不以身心尝试焉。"③ "合一"一说完全抹杀了知与行的界限,使"行"的地位不能真正凸显。体知因此成为一个以"知"为终始的圆圈运动,人们会因为行之艰难而排斥实践活动。有感于此,王夫之指明了行与知的分别,强调行的独特地位。他提出:行可以兼知,而知不能够兼行。"行焉可以得知也,知焉未可以收行之效也。""行可兼知,而知不可兼行。下学而上达,岂达焉而始学乎?君子之学,未尝离行以为知也必矣。"④

"行可兼知"并不意味着"行"可以完全取代"知",而是说"知"依赖于"行",并且以"行"为目的。在王夫之看来,求知本来就离不开行动,只有勤勉力学,才能够真正理解事情的要害,总结经验教训,并将其落实到下一步行动中,故说"知以行为功"。但是,反过来,力行不会仅仅以"知"为目的,而是为了更好地"行"。王夫之曾说:"处如登如崩之势,耳目之微,虽囧然不昧于当前,亦且如爝火之不能熯决水,坐视其溃而末如之何矣。""为功于人,而待人之加功者,其惟能乎!"⑤ "知"如果离开主体的"行"是无法发挥其作用的,思想不通过行动无法变成现实。同理,遇事如果只是一味自觉求理不足,向词章义理或心识中求,却不直面"如登如崩"之势,最终还是于事无补,故说"行不以知为功"。

"行可有知之效"意在说明行是检验认识的标准,能够进一步促进认识的发展。行是知的来源。只有在具体的实践中,才会知道结果与预期是否相应。当实际结果与自己预期不同时,人们才会自觉认识其之不足,不断改进自己的观

---

①《船山全书》第 7 册,长沙:岳麓书社 2011 年版,第 114 页。

②《船山全书》第 12 册,长沙:岳麓书社 2011 年版,第 402 页。

③④《船山全书》第 2 册,长沙:岳麓书社 2011 年版,第 312、314 页。

⑤《船山全书》第 5 册,长沙:岳麓书社 2011 年版,第 563 页。

念。王夫之曾举例说：人们在平安时总是自以为知道因果利害，但只有受利益诱惑而掉入陷阱时才会明白其知并非真知。所以，事事物物之理到底是太过还是不及，只有亲身尝试，才能知得失。反过来，有知却未必能行，"若夫其与知者而不与能，则终焉始焉，表焉里焉，一若司庾之吏，悬筹委悉，而要不获一粟之用也。"① 只空有思想却不践行，就如同守着粮食而不能吃、不能用，就不能取得任何现实成果。这同时也说明：一味自觉求理不足，只于词章或心上求，还是在逃避实践，而不能真正提升自己的修养。

（三）知行并进

关于知行的交互关系，王夫之总结道："且知行二义，有时相为对待，有时不相为对待。如'明明德'者，行之极也，而其功以格物、致知为先焉。是故知有不统行，而行必统知也。"② 这表明王夫之的"知"具有两重内涵：

一是从知行相融合的角度来讲，"知"是指人的"知觉"，其与行联系在一起，并随着生命延续而不断发展。王夫之曾反对将"生知"理解为人生来就拥有各种各样的知识，孔子也说"发愤忘食"，可见需力学才能有所得。不过，也不能把"知"看作自然意义上的本能，比如：倘若羊羔跪乳就可视之为知孝的话，那么羔雏便贤于人，这显然与儒家主旨相悖。王夫之曾说："夫人之所以异于禽兽者，以其知觉之有渐，寂然不动，待感而通也。""禽兽有天明而无己明，去天近，而其明较现。人则有天道（命）而抑有人道（性），去天道远，而人道始持权也。"③ 他认为：人与动物最大的区别就在于人有"知"，有"己明"，这种"知"是在实践的基础上对认识结果的内化，与"行"相融合，表现为人之能力、修养。"物之始生也，形之发知，皆疾于人，而其终也钝。人则具体而储其用，形之发知，视物而不疾也多矣，而其既也敏。"④ 这里的"疾"并不仅仅指能力的高低，还指随着实践的深入，人对于各种事物的认识会更加深刻，反应更加灵敏，这是动物很难达到的。因此，王夫之并不否认圣人与普通人有禀赋的差别，"知量之大小、偏全、深浅、迟速，因乎生质"⑤，但在他看来，更为重要的是要认识到：知觉的提升是基于实践的，知识来源于实践，并由实践转化成现实能力。

二是从知、行相区分的角度出发，"知"指的是在实践基础上形成的对客观事物或规律的认识，是对客观世界的反映，能进一步指导人们的实践活动。王夫之

---

① 《船山全书》第 5 册，长沙：岳麓书社 2011 年版，第 562 页。
②③ 《船山全书》第 6 册，长沙：岳麓书社 2011 年版，第 817、852 页。
④ 《船山全书》第 12 册，长沙：岳麓书社 2011 年版，第 417 页。
⑤ 《船山全书》第 7 册，长沙：岳麓书社 2011 年版，第 406 页。

曾说:"察事物所以然之理,察之精而尽其变,此在事变未起之先,见几而决,故行焉而无不利。"① 知识首先来源于实践经验的积累。即便是书本中的知识、义理也是从"格物"中获得,再转化成相应的经验指导人们的抉择。所以,王夫之也说:"夫人必知之,而后能行之;行者,皆行其所知者也。"② 具体的行为一定有相应的指导观念与预期目标,便如某人行路必得知路,否则便是盲目行动,做无用功。

对于应如何理解知、行的先后之分,王夫之曾总结道:"盖云知行者,致知、力行之谓也。唯其为致知、力行,故功可得而分。功可得而分,则可立先后之序。可立先后之序,而先后又互相为成,则由知而知所行,由行而行则知之,亦可云并进而有功。"③ 也就是说,不论是"知先行后"说还是"行先知后"说,主要还是侧重于知、行的不同功用。但是,针对具体的实践过程可以说,行离不开知的指导,知离不开行的直接现实性,知与行乃是互相为成、同功并进的关系。

在行的基础上知,有所知之后再进一步促成行,实践因此成为循环往复的过程且永远不会完结。王夫之曾感叹求道的艰难:"道之在天下也,岂有穷哉!以一人之身,藐然孤处于天地万物之中,虽圣人而不能知、不能行者多矣。""君子知此,念道之无穷而知能之有限,故学而知其不足,教而知困,歉然望道而未之见。""故虽至于圣,且不自圣,以求进德于无已,而虚受万物以广其仁爱,斯则谦而有终矣。"④ 在船山看来,相对于道之无穷无尽,个体的认知观念是有限的,为学就不应该盲目自信,而应始终保持谦虚好学的态度,通过学、教知己之不足,以求进到"无己"的圣贤境界。不过,王夫之并没有否定世界的可理解性,认为"万物皆有固然之用,万事皆有当然之则,所谓理也。乃此理也,唯人之所可必知,所可必行,非人之所不能知、不能行,而别有理也"。⑤ 也就是说,人虽然不可能穷尽万事万物之理,但能从每件具体的事上把握理,如此积少成多,其"知量"越来越大,自身修养也会越来越高。所以,求知力行的过程是一个由浅入深、由近及远的过程,为学不必自负或自卑,"有一念之得,即有一事之宜;有一事之功,即有一事之效"⑥,从事事念念做起,积少成多,积微成著,总能至于高远境界。

(四)王夫之知行学说的独特意义

王夫之对王阳明有不少误解,但是王夫之对"知行合一"的批评仍有一定的

---

①《船山全书》第 12 册,长沙:岳麓书社 2011 年版,第 89 页。
②⑤⑥《船山全书》第 7 册,长沙:岳麓书社 2011 年版,第 889、377、143 页。
③《船山全书》第 6 册,长沙:岳麓书社 2011 年版,第 599—600 页。
④《船山全书》第 1 册,长沙:岳麓书社 2011 年版,第 168 页。

道理，因为他指出了王阳明"行"之内涵不明确带来的问题。比如：如果意欲可一并被视为行，那善念就可被视为善行了吗？正是因王阳明未将意欲与行的区别与内在关联解释清楚，只说一个"知行本体"让人去体会，又说"知而不行，只是未知"，反而容易让人在心意工夫中纠缠，"消心绝物"，先知废行。

德国现象学家舍勒曾指出：人们不能"意欲"善，一旦将"善"作为意欲的目标，就易发生相应的善的欺罔问题，因此"善"只能在行动的"背上"被带出。[①] 我们通常认为意欲决定着人们的行动，但在舍勒看来，接续意欲的是相应的意欲做，行动并不一定直接受意欲的规定。这便如一个人想要出门，自然而然就有相应的"意欲做"，否则这一意欲就不会引发任何行动。但是，其产生此意欲时，并不会将自己走路、打开门等一系列行动都意欲一遍，而只是紧跟着产生相应的运动意向。因此，舍勒强调：意欲只是指向一种实事状况与价值状况。相对而言，行动有可能从志向中流出，并且直接朝向一个特定价值的实现。例如：同样意欲富足，有的人落实为努力工作，有的人则妄图通过偷窃将他人的财富据为己有。因此，行动自身就具有伦理价值。

结合舍勒的分析可以发现：王阳明的问题在于他未将"意欲做"与"行动"区分开来，主张只要意欲善，哪怕暂时未行，也已经在行善的路上了。因此，当王阳明再说一个"良知"本体时，人们仍然将其视为一个目标，就存在为"良知"制造一偶像而自欺欺人的风险。与王阳明相比，王夫之在功用的意义上区分知、行就避免了这一误解。王夫之说："即以好好色恶恶臭言之。起念好恶时，惺然不昧，岂不属知？好而求得，恶而求去，方始属行。"[②] 王夫之认为：如果非要将这一体验中的知、行区分开来，那好恶是个体内在的情感，自然属知，而"求得"或"求去"都会外化为相应的行动。一方面，在王夫之看来，好恶这种情感是与好色相应接的时候自然而然发生的，如果没有好恶，就不会有相应的"求得"、"求去"；另一方面，王夫之也意识到内在之知不能代替外在显露之"行"，于是接着强调："世岂有在心意上做工夫，而死守旧闻，一直做去，更不忖度之理？"[③]

实际上，在王夫之这里根本不存在知而不行的问题。他在批评朱子倚重知的弊病时说："天下之不能事亲、从兄者，岂不知亲之当事、兄之当从哉！故于智必言'弗去'，常提醒此心明了不忘，是之谓智。非未行之前，日取事亲、从兄之理，学之问之，思之辨之，以致其知也。""兼乎华，则并尚知，纯乎实，则专尚行，集注于此，不无渗漏。"[④] 在王夫之看来，知而不能行，并不是因为人们不懂得应事亲、

---

①[德]舍勒：《伦理学中的形式主义与质料的价值伦理学》，北京：商务印书馆2011年版，第62页。
②③④《船山全书》第6册，长沙：岳麓书社2011年版，第412、412、1009—1010页。

从兄等各样的道理，也不是将所有道理理解清楚、将所有条目一一格过之后自然而然就会事亲、从兄，"不能行"只是因其不"尚行"，所以只要"弗去"仁义之实，时刻谨记其志向，身体力行便可。

王夫之甚至认为：如果一个人自称有所知，却自以为知不足而不去行，恰恰说明他在自欺。王夫之在解释《大学》中的"诚意"时强调："毋自欺"并不是诚意的注脚。"毋"是动词"禁止"之意，是说主体不要在意有所发的时候反而利用转念的方式刻意逃避行。所谓"诚意"之功，"则是将所知之理，遇着意发时撞将去，教他吃个满怀"。① 当与物相接，意有所发，就应将其转化为相应的行动。"诚意"就是指主体将意之所发完全落实在行动中，这是彻上彻下之贯通的过程，中间不容一丝间隔。如果主体一直以自己知有不足为借口，或纠结于自己之念是不是私念，才是真正陷入自欺之中，哪怕这是一种"无意的自欺"。王夫之因此将"诚意"视为修身的起首工夫。他认为：当未有意时根本不可能预制"善念"或"恶念"，也无须急迫地逼教"好意"出来，否则便是制作一"善"的偶像，很容易在自己真实意念所发之后对其加以矫饰，以使自己心安理得。因此，具体事上的体验并不能强行说一个"善恶"，而只说其"诚"与"不诚"，"实则以诚灌注乎意，彻表彻里，彻始彻终，强固精明，非但于独知而防之也"。②

综上所述，当我们在伦理学意义上理解王夫之的"知行"范畴时会发现：王夫之更倾向于将"知"把握为个体的"志向"而非意念。他曾区别出"意"与"自"的不同，认为"意"是在不同的情境中自然而然生发出来的意念。人并不需要刻意起念，意念会随着情境的不同、时间的流动不断流转。比如：一个人可以随时随地对某种食物产生意欲。是故，王夫之说："意无恒体。""无恒体者，不可执之为自，不受欺，而亦无可谦也。"③ 这种无恒体的意念不能被理解为一个人的"心"，或说"自"，即道德意义上的"自我"。所以，王夫之认为：就一个人的意念来说，根本谈不上欺骗与诚实，即便有新的意念产生，也不能否定前一个意念的存在：

> 所谓自者，心也，欲修其身者所正之心也。盖心之正者，志之持也，是以知其恒存乎中，善而非恶也 …… 意或无感而生，如不因有色现前而思色等。心则未有所感而不现 …… 好色恶臭之不当前，人则无所好而无所恶。虽妄思色，终不作好。意则起念于此，而取境于彼。心则固有焉而不待起，受境而非取境。今此恶恶臭、好好色者，未尝起念以求好之恶之，而

---

① ② ③《船山全书》第 6 册，长沙：岳麓书社 2011 年版，第 413、413、417 页。

亦不往取焉，特境至斯受，因以如其好恶之素。且好则固好，恶则固恶，虽境有闲断，因伏不发，而其体自恒，是其属心而不属意明矣。[①]

真实意义上的"自"，在王夫之看来，是所正之心。所谓"正心"，也就是持志，是主体把自己对"善"的理解真正化在自己的行动中，因此具有一定的恒常性。且"心"或说一个人的志向只有在有所感时才会显现，便如"恶恶臭"、"好好色"，并不是刻意去产生"好"或者"恶"的意念，只是境至之时自己本来的偏好或偏恶一并显现出来了。所以，"好则固好"、"恶则固恶"，一个人的偏好或者偏恶总是无法掩藏的。无有所感时，并不代表这种原本的好恶不存在。另外，哪怕在某一个场景下一个人可以对自己的好恶进行掩饰，也不代表这种志向出现了真正的改变。一个人的确可以通过转念为自己的行为寻找合理化的解释，但类似的情境再次发生时，也仍然会出现相同的结果。如果想要真正实现自己的"所知"，唯有依靠行，在行中审视自己的不足，并且做出进一步的改变。

在此基础上，结合前面王夫之对"知孝"的解释就会发现："知"不是指一个人拥有多少与"孝"相关的意念，当父母未在身边时，其自可以产生关于如何孝的种种念想，但当父母在面前时还不能真正去侍奉，就很难称其"知孝"。"如为子而必诚于孝，触目警心，自有许多痛痒相关处，随在宜加细察，亦硬靠著平日知道的定省温清样子做不得。是故致知之功，非抹下行之之功于不试，而姑储其知以为诚正之用。"[②]王夫之理解程、朱之"知先行后"乃是强调"知"的指导意义，但他更认为知从来不是行的目的，反而是依靠行才能真正滋养心性。总之，"知而不行"在王夫之这里只是其以意念为知并自以为已知，但就真正的"知行合一"来说，只观其行，便可知其知、其心性了。也正因如此，王夫之认为"性乃日生日成"，心性修养是知、行相互融合、相互滋养，在行中知己之不足，然后不断磨炼的过程。从这个意义上来说，王夫之的知行学说显示出更多的开放性与包容性。

二 颜元：实学力行

颜元的知行学说也是从对程、朱、陆、王之学的批判中发展而来的。他认为：宋明儒者或教人徒事读书，或教人枯禅静坐，不仅无用，还损害身体，甚至有用之才也会因之厌事废事，导致学问空疏，变成无用的庸才。在此背景下，颜元之学更突出一个"习"字，强调实践对于个人学识和道德涵养的重要意义。

---

①②《船山全书》第 6 册，长沙：岳麓书社 2011 年版，第 417、411 页。

颜元指出："习者,'学之不已,如鸟数飞'。"①"重习其所学,如鸟数飞以演翅。"②"习",就是反复地温习与实践。颜元认为:习事才能见理,理在具体的事物中表现出来,不去躬行实践,就不能从真正意义上理解事物的道理。譬如:一个人想要知礼,哪怕他读过很多书,做过很多思辨工夫,也不能算"知",只有他将所有的礼节都体验过一遍,才能明白"礼"的真正意味。"且虽不勉之圣人,亦未有不学礼、乐而能之者。"③同样,事物的性质与功用也是经过长期实践获得的,如果没有人亲自试验过某种东西可不可吃,那么人们就不会知道这种食物;没有吃过,人们也不会知道它的真正味道。所以说,一切知识均来源于实践。

颜元还认为:没有通过实践验证过的"知"都称不上真知。他说:"某谓心上思过,口上讲过,书上见过,都不得力,临事时依旧是所习者出,正此意也。"④这里的"习"指的是通过不断实践积累的习惯经验。那些只是从书本中得来的二手经验,不经历"习行",都无法内化成其真正的知识,同时也不能得到实际应用。颜元曾以自身体会举例:"吾尝谈天道、性命,若无甚扞格,一著手算九九数辄差。"⑤就如做算术题一样,只有亲自演算,才能知道自己的学问有无差错。他指出:反复试验对于实际学问尤为重要,"天文、地志、律历、兵机数者,若洞究渊微,皆须日夜讲习之力,数年历验之功,非比理会文字可坐而获也"。⑥就科学知识而言,不是静坐或在文字上下功夫就可以得到的,而是需要不断地验证总结。因此,按照颜元的观点,获取知识只能靠力行,而不能靠读书空谈。

颜元将实践视为检验真理的标准。他认为:如果将读经史、盯群书视为求道的方法,那就是与真正的学问相隔千里;如果直接认为书本就是真理,那简直就是相隔万里。这就如同一个人认为自己学会了读谱就是学会了琴技,以谱为琴,自以为把握到了真理,更加心安理得地拒绝实践。如此不但不能验证真理,反而从根本上堵塞了获得真理的道路。

在此基础上,颜元就只说"习行"。对于"格物"之"格",王门训为"正",朱门训为"至",汉儒训为"来",在颜元看来,这些都不是十分恰当。"元谓当如史书'手格猛兽'之'格'、'手格杀之'之'格',乃犯手捶打搓弄之义,即孔门六艺之教,是也。"⑦"手格其物"意味着无须问自己知不知,只一心去力行。这就如六艺之学,技艺的获得本身就是在行之中,悬空思悟、口读耳听都无法真正促进技艺的提升。另外,颜元还扩充了"格"的内涵,"格物"不仅指道德实践,而且包括各种各样实际的技艺学习或体力劳动。他提出"养身莫善于习动"⑧,"动"就包括六府(水、火、木、金、土、谷)、六艺之学。颜元自己也曾"用力农事"。他认为常动不

①②④⑤⑥《颜元集》上,北京:中华书局1987年版,第174、178、54、56、75页。
③⑦⑧《颜元集》下,北京:中华书局1987年版,第685、491、653页。

仅有利于舒展筋骨、振奋精神，并且能够"治心"，帮助人们全身心地关注自己所习之事，使邪妄之念不起。私欲起就是因为人们不做事、多闲暇，从而生了许多惰怠的心理。若勤习劳动，便无暇生什么邪念、妄念，"信乎'力行近乎仁'也"。[①]

　　总之，颜元认为真知识、真学问只能从实践上得来，并要进一步应用在实践中。人们应自强不息，"身实学之，身实习之"，如此既有利于个人身心发展，又能够达到经世致用的目的。他说："吾尝言一身动则一身强，一家动则一家强，一国动则一国强，天下动则天下强。"[②] 颜元指出：如果人们能够克服喜静厌事的弊病，踏踏实实学习各种实际的学问，那么就有可能成为一方面的专才。如此一来，一方面能够一改衰颓风气，国家精神因之振奋；另一方面，国家实力也会随之增强，不会再次出现"上不见一扶危济难之功，下不见一可相可将之材"[③] 的亡国悲剧。

---

①②《颜元集》下，北京：中华书局1987年版，第624、669页。
③《颜元集》上，北京：中华书局1987年版，第67页。

第五节　知行难题的现代反思

邓晓芒立足于康德的道德哲学，对儒家伦理的基本原则进行了根本性的批判。他认为：儒家伦理道德根子处有一种结构性伪善，使其在道德乃至政治诉求上虽然反对"乡愿"，但终究无法摆脱"乡愿"的结局。他也注意到了儒家"诚意"的修身工夫，但指出：人对自己的内心状态的把握没有任何客观标准，不仅可能误解别人，还可能误解自己。这就是说，"诚意"原则上是不可能的。儒家"诚意"工夫的问题在于它建立在一种"自我欺瞒"的道德困境之上，即自认为能够做到"诚意"，这就是儒家君子人格中的结构性伪善。① 他认为如果"诚意"原则上不可能，那么整个儒家哲学就会从根子上被架空。

既然儒家"诚意"工夫的目的就是消除自欺，那么邓晓芒为什么还说这种道德的"自我欺瞒"是儒家伦理的思想盲点？宋儒有关自欺的分析及其工夫论实践能否克服邓晓芒所指责的道德上的自欺困境呢？

我们首先考察一下康德有关自欺的分析。康德区分了现象与本体，并从这个区分出发建构其道德哲学。根据这一区分，人在现象领域中跟万物一样，都服从因果律。但是，人之本体，作为自在之物，是不可知的。无论是外部观察（像观察外物那样）还是内部反省（依然是一种经验观察），都无法把握此本体，它原则上不是我们认知的对象。人的本体虽然不能被认识，但可以在人的道德实践活动中呈现出来，这就是人的自由意志。在康德这里，"自由"的概念和"自律"的概念是紧密联系在一起的。意志的自由就是意志按主体自身的原则行事，也即出自实践理性自身，从而也就是自律。② 不过，这里有个问题：如果意志的自由就是自律，就是按道德法则行事，那么恶从哪里来？为此，可以说康德事实上

① 邓晓芒："然而不论是孔孟还是程朱都忽视了一个根本的问题，即每个人自己内心的感觉、'默识'既然没有任何客观标准，那么不论自己觉得何等诚心实意，都是可能犯错误的，人不仅可能误解别人，也完全有可能误解自己。""但通过这种有意无意的掩盖而获得的'安心'显然只不过是一种自我欺瞒。由此可以看出，尽管儒家信徒们的本意也许并不是要伪善，但建立在儒家心性论的这种良好自我感觉之上的'君子'人格具有一种结构性的伪善。"（邓晓芒：《从康德的道德哲学看儒家的"乡愿"》，载《浙江学刊》2005 年第 1 期。）

② 康德："因此，一个自由意志和一个服从道德法则的意志是一回事。"（康德：《道德形而上学的奠基》，北京：中国人民大学出版社 2013 年版，第 70 页。）

区分了两种自由：一种是消极的自由，他称之为"任性"；一种是积极的自由，也就是作为自由意志的自由。消极的自由是意识到自己有自由选择的能力，但并不把主体的理性作为选择的内在根据，从而表现为一种任意选择的可能性；积极的自由，也即自由意志的自由，是把主体之中的理性作为自己的行动根据。当任性以道德的普遍法则作为自己的行动根据时，它就是善的，否则，就是恶的。^① 在此区分（也即意志与任性）的基础上，康德总结指出人性中三种趋向恶的自然倾向：第一种可以称为"人心的意志薄弱"，即意识到善的道德法则，但是意志上不能战胜比如感性偏好的刺激，从而在行动上不能按道德法则行事；第二种是"动机不纯"，虽然按道德法则行事，但是在采取行动的时候夹杂了其他动机；第三种可以说是"人心的恶劣"，人心有意颠倒行为的动机，把道德动机置于其他动机之后，从而是一种有意作恶的行为或念头。^② 康德认为前两种是无意为恶，第三种是有意为恶，故为人心最大的恶。

邓晓芒批评儒家道德伪善的立足点就是这种人心的有意为恶的倾向。自由意志可以选择为善，但是在行动中它也有选择为恶的自由，这种自由选择为恶是人性中"根本恶"的根源。^③ 他由此推出一个结论，即人可以选择做一个好人，但是必须时时警惕自己有作恶的可能性或动机，没有什么道德修养的工夫能够让人彻底摆脱这种作恶的可能性，使自己成为一个彻底的"好人"。^④

奠基于自由意志学说之上的道德哲学，表明人在根子上是可以为恶的，为恶的选择也正是人性的一部分。就此而论，这跟儒家伦理也没有根本冲突，毕竟儒家也不否认心有作恶的可能。孔子讲"为仁由己"，说的就是人们可以自由选择为仁，但这也暗示人们可以选择不仁。

但是，康德分析自欺现象的要点并不在此。他提出的是一种更尖锐的批评，即人们在某些时刻是否可能纯粹地选择善。如果这是可能的，那么这就意味着某些时刻的诚意是可能的。康德在伦理问题上对儒家提出的挑战性问题在于：虽然作为自由意志的主体有选择为善的自由，但是这只是一种道德的理想模式。他认为：在现实生活中，一种纯粹出自善意的选择几乎是不可能的。如果这样，就意味着即便在某些时刻也不可能有完全的诚意。他对此有两方面考虑：一个因素是人在感性经验中采取行动时难免涉入感性因素，无法彻底摆脱感性动机。在这个意义上，现实生活中即便是看起来完全符合道德律的行为，

①康德：《道德形而上学》，北京：中国人民大学出版社 2013 年版，第 11—12 页。
②康德：《单纯理性限度内的宗教》，北京：商务印书馆 2017 年版，第 24—25 页。
③④邓晓芒：《从康德的道德哲学看儒家的"乡愿"》，载《浙江学刊》2005 年第 1 期。

在康德看来，也有"伪善"的因素。但是，这并不构成对儒家伦理的质疑。事实上，儒家也极为警惕感性冲动会干扰人们的道德选择，早就发出了"人心惟危，道心惟微"之叹。儒家的"诚意"工夫就是用来克制来自感性欲望的感染。对诚意说构成尖锐挑战的是下一个因素。康德认为：不仅不能彻底摆脱感性动机，而且人心天生具有的"欺诈"本性会使得感性动机和道德动机之间的位置关系发生倒错，从而造成自欺。这种自欺乃是人心与生俱来的，只要一个善的或恶的意念在现实中不直接造成恶的后果，那么即使它并不是出自道德律，而是夹杂了其他动机，人们也不会因为它感到不安，反而会觉得心安理得，这就是人与生俱来的自欺和伪善。① 简单地说就是道德动机反过来沦为感性动机的借口或工具，也就是自欺②，这才是作为人性根本恶的自欺所在。

结合康德对道德狂热的批评，可以更好地看出康德伦理学中自欺的思想要义。他认为：人们遵守道德律应该出自义务，而不是其他动机。这里的其他动机包括对道德的好感或者行善的努力。当自己具有道德意向时，人们会觉得自己有某种道德纯洁的神圣性。在康德看来，这是道德的狂热和自大。他认为：在这种情况下，人们会通过对自己行动的肯定而在心中产生高贵、崇高、慷慨的情绪，并陷入一种"妄想"之中，用一种自以为是的方式来肯定、嘉奖自己的行为，而没有认识到道德行为不过是一个人做了自己应该做的事，没什么好得意的。③ 对康德而言，自欺的实质是道德律成为满足个人"偏好"的手段，它本身不再是行为的直接目的。但是，这种行为由于不直接造成恶果，并且表面上符合道德法则，看起来也以道德法则为旨归，因此很容易伪装成真正的道德行为。无论在他人眼里还是在自己心中，它都可能被认为是道德的。

康德有关自欺的论述确实对道德实践提出了一个挑战：人怎么知道自己的"善意"是不是被伪装过的"善意"？韦伯在论述儒家教化思想的时候指出：儒家教化的目的在于通过教化让每个人内在的善性实现出来，但没有考虑到人性的"根本恶"。④ 这个问题在我们看来正是儒家"诚意"工夫论需要正面回应的问题，也是对当代儒学研究者如何正面回应知行关系的挑战。

---

① 康德：《单纯理性限度内的宗教》，北京：商务印书馆 2017 年版，第 34—35 页。
② 参见邓晓芒撰《从康德的道德哲学看儒家的"乡愿"》，载《浙江学刊》2005 年第 1 期。
③ 康德：《实践理性批判》，北京：人民出版社 2003 年版，第 114—115 页。
④ 马克斯·韦伯：《儒教与道教》，北京：商务印书馆 1995 年版，第 162 页。

第十九章

君子

儒学作为成人之学，现实地体现为一种理想人格的成就。然而，儒家对于理想人格的描述往往具有鲜明的层级性与递嬗性。例如：孔子提出庶人、士人、君子、大人、贤者、圣人的递升层级，并说"人有五仪"，即庸人、士人、君子、贤人、圣人的层级分疏。尽管相关描述不尽相同，但是"君子"人格始终位列其中。事实上，儒家不仅以"君子"指称某个层级上的理想人格，而且往往将之作为儒家理想人格的通称，即包括士、贤、圣等在内，都可以视为"君子"人格在不同阶段的表达。正因如此，"君子"也就成为儒家理想人格的代名词，而且至今为我们所普遍使用。在当前中国建设现代公民人格的过程中，儒家的"君子"观念依然具有重要的参照和借鉴意义。进一步说，塑造现代公民人格就是要培养现代性的君子。因此，系统地审视传统"君子"观念的含义及其随着时代的转变，也就成为一项重要的任务。

为此，本章着意阐述儒家的"君子"观念是一个与时俱进的历史观念，其含义随着时代的变迁在不同社会境域中被赋予了不同的价值内容。我们可以发现："君子"固然自古至今都是一个人格（personality）概念，但在古代"君子"不仅是道德人格，而且是政治人格，"君子"概念的人格含义有其不同的社会历史形态。我们可借用黑格尔辩证法"正—反—合"三段式来描述这种时代转换：原始的"君子"有权无德；传统的"君子"有德无权；现代的"君子"德权合一。

第一节 "君子"观念概说

一 汉语"君"、"子"字义考释

在古文献中，"君子"已然是一个实词，尽管这意味着我们不能通过"君"、"子"二字的字义就可以直接把握"君子"观念的确切含义，但是对其进行考释依然是理解"君子"观念的一个基本且必要的环节。

（一）汉字"君"的考释

以崇文书局2010年出版的《汉语大字典》为据，"君"字的字形经历了多次

演变,如下图:

君			
後下一三·二	穆公鼎		县妃簋
白者君盘	侯马盟书		番匊白盘
中山王鼎	三体石经·君奭		说文古文
说文·口部	老子甲一五五		邗江王奉世墓木牍
景北海碑阴			

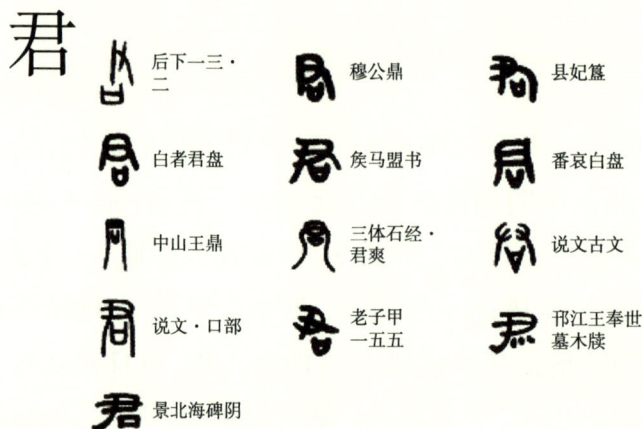

按《汉语大字典》的解释,"君"作为名词是"古代大夫以上据有土地的各级统治者的通称"。所以,《仪礼·丧服》曰:"君,至尊也。"郑玄注:"天子、诸侯及卿大夫有地者皆曰君。"[①] 这一含义广泛地体现于古籍中。在《书》、《诗》、《易》三部古老的典籍中,不论出现的是"君"这个单字,还是"君子"这一词语,其基本含义都是指统治者(下节详述)。这其实也是汉字"君"的本义。《说文·口部》释:"君,尊也。从'尹';发'号',故从'口'。**岩**,古文象君坐形。"段玉裁注:"尹,治也。尹亦声。"朱骏声按:"君,出令治民者也,故从尹从口会意。"[②] 其中"尹"是手执权杖的形象,意指手握权力。《说文·又部》释:"尹,治也。从'又'、'丿',握事者也。"根据卜辞和金文,"尹"应当为正长治事之人,级别尚高。[③] 徐中舒对甲骨文"尹"字的解释是:"甲骨文从又持丨,丨象杖,以手持杖,示握有权力以任事者。"[④] 当时不仅存在王室之"尹",各部族宗族也有各自的"尹"。[⑤] 据此而言,"尹"就是各级统治者的通称。"口"则表示发号施令。据此推知,"君"的本义是:手持权杖,发号施令。

在古文献中,"君"字所指代的统治者至少包含三个层级:(1)"君"指帝王。《书经·大禹谟》载:"皇天眷命,奄有四海,为天下君。"《礼记·表记》载:"以敬事其君长。"孔颖达疏:"君谓天子。"唐代白居易的《杜陵叟》曰:"十家租税九

---

①《十三经注疏》上册,北京:中华书局 1980 年版,第 1100 页。

② 朱骏声:《说文通训定声》,北京:中华书局 1984 年版,第 793 页。

③ 陈英杰:《金文中"君"字之意义及其相关问题探析》,载《中国文字》新 33 期,中国台北:艺文印书馆 2007 年版。

④ 徐中舒:《甲骨文字典》,成都:四川辞书出版社 1989 年版,第 286 页。

⑤ 张亚初、刘雨:《西周金文官制研究》,北京:中华书局 1986 年版,第 56 页。

家毕，虚受吾君蠲免恩。"严复的《辟韩》云："秦以来之为君，正所谓大盗窃国者耳。"（2）"君"指诸侯。《诗经·大雅·假乐》云："穆穆皇皇，宜君宜王。"孔颖达疏："君则诸侯也。"《国语·周语上》云："夫事君者，险而不怼。"韦昭注："君，诸侯也。"（3）"君"指大夫。顾炎武《日知录》卷二十四云："《春秋》传中……亦有卿大夫而称为君者。庄十一年楚斗廉语屈瑕曰：'君次于郊郢，以御四邑。'襄二十五年郑子产对晋士庄伯曰：'成公播荡，又我之自入，君所知也。'"（4）在传世的玄学典籍中，"君"也指代存在论意义上的主宰者。如《老子》第七十章云："言有宗，事有君。"王弼注："君，万物之主也。"《荀子·解蔽》也有言："心者，形之君也，而神明之主也。"由此可见，"君"总是代表着某种权力的掌控者，其中大多指向具有尊贵的社会身份和地位的人。

（二）汉字"子"的考释

《说文》释："子，十一月，阳气动，万物滋，人以为偁。象形……𢀀，古文子，从巛，象发也。𣞤，籀文子，囟有发，臂、胫在几上也。"按：甲骨文、金文十二支第一位之"子"和第六位之"巳"、"子某"之"子"分用不混。前者与《说文》籀文形近，像小儿头上有发及两胫之形；后者与小篆形近，上像幼儿头及两臂，下像两足并入襁褓中。或以为二者是一字异体。"子"之本义当是"幼儿"，象形。借为干支字。

"子"作为名词，用法很多，最常见的就是指子女、子孙、后代。除此之外，"子"还有几种常见的含义：（1）臣民。《礼记·檀弓下》云："反尔地，归尔子，则谓之何？"郑玄注："子，谓所获民臣。"（2）爵位名。《书经·尧典》云："胤子朱启明。"孔安国传："子，爵。"《国语·周语中》云："其余以均分公、侯、伯、子、男。"《礼记·王制》云："王者之制禄爵，公、侯、伯、子、男凡五等。"（3）古代士大夫的通称。

《春秋公羊传·宣公六年》云："子,大夫也。"何休注："古者,士大夫通曰'子'。"《礼记·曲礼下》云："列国之大夫,入天子之国曰'某士',自称曰'陪臣某',于外曰'子'。"

在商代卜辞、铭文中,"子"字大量存在,除"子嗣"之外,常以"子某"、"某子"或"小子某"等用法出现。有学者曾统计:"商代青铜器铭文中见'子某'(或'某子')共78位,青铜器与甲骨刻辞互见的有20位。商代的'子某'(包括'某子'与'某子某')共208位。"[1]根据裘锡圭、张光直、朱凤瀚等学者的研究共识[2],这一用法中以"子"或"宗子"称族长应无疑义。裘锡圭还进一步引《尚书·召诰》中"皇天上帝改厥元子兹大国殷之命"来说明商王与周王一样,从"王"是"皇天上帝"之"元子(嫡长子)"的意义上说都是天下之"大宗"。[3]日本学者岛邦男还指出:卜辞中的"子"指与商王同姓的族长,"多子"显然可指商族的诸多族长,作为大宗宗子的商王也是作为族长的"子"的一员,而其余的来自小宗的"子",在商王面前自然成了"小子"。[4]这就意味着商王与"多子"族长之间实际上是大宗与小宗的关系,《逸周书·商誓》与《尚书·洛诰》相互印证了以"子"称族长的用法贯穿殷、周两代。[5]"子"常兼具"子嗣"与"宗子"两重含义,并在西周初就确立的嫡长子继承的宗法制度下隐含有"前代宗子的继承人"或"前代宗子的嫡长子"的意义。就此说来,在众多"子嗣"中脱颖而出的嫡长子显然拥有不同于其他同辈的尊贵性。

二 "君子"观念的一般含义

由上可见,"君"、"子"二字都是指代一种因身份地位的尊贵而享有权力的人。如此说来,由"君"、"子"二字联合而成的"君子"一词,其本义理应是这两个字含义的融合,即指向统治者,其中并不具有突出的道德意味。一个人是不是君子,不在于他的道德人格,而在于由他的社会地位所决定的政治人格。换言之,一个人是不是"君子",仅仅在于他是不是"君之子"。在位的君主当然是"君子",因为他是过去的君主的儿子;君主的儿子当然是"君子",因为他是未来的君主。

---

[1] 严志斌:《商代青铜器铭文研究》,上海:上海古籍出版社2013年版,第206页。

[2] 裘锡圭:《古代文史研究新探》,南京:江苏古籍出版社1992年版,第296—320页;张光直:《商文明》,沈阳:辽宁教育出版社2002年版,第164—180页;朱凤瀚:《商周家族形态研究》,天津:天津古籍出版社2004年版,第39—60页。

[3][5] 裘锡圭:《古代文史研究新探》,南京:江苏古籍出版社1992年版,第306、303—306页。

[4] [日]岛邦男:《殷墟卜辞研究》上,上海:上海古籍出版社2006年版,第70—84页。

　　然而，在惯常的理解中，"君子"的尊贵性并不是指身份地位，而是指具有完美的道德和优雅的礼仪；甚至认为君子因道德的高洁而远离政治，乃至是一个与有权者相对举的词汇，即"君子"不是一个有权无德的政治人格观念，而是一个有德无权的道德人格观念。人们之所以将在位的统治者与价值居高的道德联系起来集中于"君子"一身，其缘起恐怕还是与西周时期就形成的"圣王合一"思想有关。周公曰"皇天无亲，惟德是辅"，强调周王室作为君王，只有以德配天，才能享有天命，因此为君者必须具备完善的德性。"德"成为论证统治合理性的根本依据，即之所以成为君王乃是因其有德。自此以后，有位有德、在其位者有其德成为一体两面的关系。这也是后来即王即圣、内圣外王、圣王合一理想的雏形。"君子"蕴含着王者至尊的政治人格，同时具有圣者至善的道德人格。也就是说，我们并不能从单一的政治人格或道德人格维度上来理解"君子"观念，而应视"君子"为两种人格的相互涵涉，即：政治人格中包含着道德内容，道德人格中包含着政治关切。不论怎样，"君子"作为一种理想人格观念，始终指称的是人格上的尊贵者，其中既包括身份地位上的尊贵，又包括道德品质上的尊贵。沿着历史演变的脉络，我们可以发现：在不同时期，"君子"观念的指称维度确实存在明显的差异和偏失，以至于被误认为是单一道德维度上的理想人格。

　　需要指出的是：汉语"君子"一词不仅一直在儒学界盛行，而且为不少西方学者所关注，成为他们了解和解释儒家思想的一个关键性名词。西方学者给出的不同理解也为我们从更多的维度上解读、省思"君子"观念提供了重要参考。例如：美国汉学家狄百瑞曾将"君子"与犹太教的先知进行有限的比较[①]；西方现代社会学家韦伯则认为"君子"是科举士子的自我完善目标，而这种自我完善是以跻身官僚体系为方向[②]。另有余英时将"君子"与"士"对应看待，又同"自由知识分子"相比附，从而将之归结为一种具有超越精神的对官僚体制的批判性力量。[③]

　　但是，在上述观点之外，还有一种最为流行的解释，即将"君子"与"绅士"相对应。这一观点最初来自英国汉学家韦利，他在翻译《论语》时就将"君子"译为"gentleman"（绅士），此后这一解释便得到广泛流传。包括蔡元培也认为："儒家提出'君子'作为教育的理想，要求每一个受教育者都要达到这个目标。这与英国的'绅士'教育完全相同。我们阅读儒家经典，经常见到'君子'这个词。对

---

　　①［美］狄百瑞：《儒家的困境》，北京：北京大学出版社 2009 年版，第 14 页。
　　②［德］马克斯·韦伯：《儒教与道教》，北京：商务印书馆 1995 年版，第 183 页。
　　③《余英时文集》第 3 卷，桂林：广西师范大学出版社 2004 年版，第 25—99 页。

于这个词，如同英语中'绅士'一样，我们发现同样难于理解这个词所体现的丰富而深刻的涵义。"[1]据考证，英语"gentleman"是从法语"gentilhomme"这一复合词派生出来的，其中"homme"是后缀，表示"人"的意思，而"gentil"是"出身高贵"的意思，后来转意为"讨人喜欢、富有魅力"，并与洒脱、举止得体、上等的、出身良好的人所必备的品格联系在一起。与"君子"一样，"绅士"一词也从身份尊贵的原始意义上发展而来，并且强调身份地位与人格品质内外两个维度上的高贵性，涵盖"德"与"位"两个维度。在这个意义上，"绅士"与"君子"作为中西理想人格的代名词的确有其一致共通性、对应性。

但是，"绅士"与"君子"的历史演变以及代表的核心价值内容存在着根本差异，因此二者并不具有实质的通约性。这也使得"绅士"与"君子"呈现为两种不同的人格气象和精神风貌。对此，我们需要追本溯源地进行有理有据的考察，在社会历史发展的脉络中作出合情合理的阐释。

三 "君子"观念的历史演变脉络及其基本人格特质

（一）"君子"观念的历史演变

为了更清晰地体现儒家"君子"观念有别于西方"绅士"观念的独特性，在阐述"君子"观念的历史演变及其基本品格前，我们不妨先对"绅士"观念略作说明。

"绅士（gentleman）"一词出现于公元12—13世纪，后来几经变化，到16世纪时成为贵族和其他上流社会人士（包括骑士、勋爵、绅士）的总称。17世纪后期，英国哲学家洛克提出了"绅士教育"，遂把既有贵族气派，又有资产阶级创业精神和才干，还有强健的体魄的人称为"绅士"。18世纪以后，"绅士"融入了诸多中产阶级商业精英的品质。19世纪以后，人们进一步突破身份的区隔，更多地根据言行而非勋章爵位来界定"绅士"。到19世纪末，不仅有"gentleman"，还有"gentlelady"，无论是平民还是商人都可以作为绅士而得到社会认可。在历史演变中，定义"绅士"的基准虽然由身份地位的尊贵者转向言行品质的有德者，但是"绅士"始终是一个权德兼具的人格观念，其演变呈现为一种"权随德转"的历程，即从身份地位作为有权的合理根据转变为品德言行成为有权的根本依据，由此反映出西方社会的权力主体从传统贵族转变为现代工商业中产阶级乃至底层平民。

相较之下，"君子"观念的起源要早得多。尽管学界尚未对此形成一致、确切

---

① 《蔡元培全集》第 4 卷，北京：中华书局 1984 年版，第 427 页。

的论断，但是当前两种主流观点都一致说明了这一点：一是认为"君子"观念最早出现于西周初年，其理由是甲骨文和《尚书·商书》中均未出现"君子"一词，《尚书·周书》出现"君子"四次，《易经》卦爻词中出现"君子"二十次，据《尚书·周书》和《易经》所体现的思想内容推断则"君子"一词出现在西周初年[1]，这是相对"保守"的观点。二是根据国家和"君"、"子"的文字产生的时间推断，"君子"一词"至迟也应当产生于夏代"[2]，但此论点缺乏必要的文献支撑。另有学者并没有断言"君子"概念的出现，而是对祖庚、廪辛死后兄终弟及的缘由及武乙、太丁、帝乙三代商王确切的嫡庶长幼身份深入考察，推知"君—子"含义的结合在商代晚期帝乙在位时期已经完成。不难发现，这些观点虽有差异，但学者们基本上将"君子"视为一个在三代时期就出现了的古老概念。

进一步看，在先秦时期，儒、墨、道、法各家均有"君子"论说，但其中儒家之说最为突出，而且随着儒学成为意识形态，"君子"也成为儒家成人之学所追求的理想人格的代名词。从历史维度上看，与西方"绅士"人格基本保持德权平衡而不断扩大"绅士"的外延不同，中国的"君子"观念所体现的道德与政治两种人格向度在历史演变中经历了权德分离和此消彼长的变化。因为自孔子开始，圣王合一便仅仅是一种观念理想，而不再作为一种现实目标去追求，"君子"观念也开始由在位者转向指代有德者。郝大维和安乐哲创立"the exemplary person"（典范人物）译名，将修身与政治责任结合起来，认为"该词（君子）的古意含有拥有地位的人应当修德的普遍意义，而孔子则倾向于强调为获得地位而修德"。[3] 由此造成在相当长的时期内，"君子"仅仅作为一种道德人格的代名词，但事实上这既不是"君子"观念的原始含义，也无法涵盖"君子"观念在现代社会的全部内容。

为此，我们需要在中国历史发展的长河中考察"君子"在不同时代随社会变迁而发生的含义的转变。中国历史可划分为三大社会形态。如下所示：

1. 王权时代宗法社会；

2. 皇权时代家族社会；

3. 民权时代个体社会。

"君子"观念贯穿了三大历史时代，在此期间发生了两次社会的转型，即古代由奴隶制社会到封建制社会的转型和由近代社会向现当代社会的转型，"君子"的含义也发生了相应的时代转变。这意味着"君子"的称谓虽然古今一贯，但其

---

① 吴正南：《"君子"考源》，载《武汉教育学院学报》1998 年第 5 期。

② 池水涌、赵宗来：《孔子之前的"君子"内涵》，载《延边大学学报（社会科学版）》1999 年第 1 期。

③〔美〕郝大维、安乐哲：《通过孔子而思》，北京：北京大学出版社 2005 年版，第 222 页。

实质并不是一成不变的。也就是说，"君子"总是与时更新地指称着当下时代的理想人格；反过来说，"君子"的内涵代表着一个时代的精神风貌，"君子"是不同历史时期的时代精神在人格上的集中体现。对于"君子"观念的历史形态及其演变脉络，我们可以借用黑格尔辩证法"正—反—合"三段式历程来概括。

（二）"君子"观念代表的基本品格

西方的"绅士"人格与骑士精神密切关联，因此突出的是务实的技能和勇敢的气魄。这也使得"绅士"的人格不具有内省体悟的静修气质，而体现为通过足智多谋、英勇无畏的行动来解决现实问题，以有成效的实际结果来兑现自身对社会的责任，并见证自身的善良、高贵的品质。因此，"绅士教育"培养的是一种有德、务实、能干的人，这种人既具有高贵的道德品质，又具有开拓事业的才干与胆识，在日常言行中体现为挺身而出、庇护弱小、尊重女性、乐善好施、慷慨大方的做派。

可以看出，这些特质与君子人格的一般品质，即孔子所谓的仁、智、勇"三达德"，有所对应。不过，由于"君子"政治人格与道德人格之间不平衡的消长演变，仁、智、勇三德之间也长期处于不平衡的状态。概括说来，在先秦的君子人格中，三达德尚有相对平衡的体现；但是，秦汉之后，儒家在君子人格的塑造过程中，随其臣属地位的固化和臣属意识的内化而渐渐丧失了仁、智、勇之间的互动共生性，而是侧重将"仁"的外在体现——"礼"置于绝对统摄的地位，致使"智"、"勇"之德日益边缘化。在秦汉至宋明的漫长岁月中，"仁"德的培养通过两种途径落实：一是在书斋中、玄思中体悟仁道，不事稼穑，远离工商，不求事功，从而使得君子人格凸显出一种人文哲思的学者气质；二是集中落实为对于伦常礼法规范的自觉践行和自我省察，全面的礼仪化使其对勇武之术日渐疏远（即便保留了射御之术，也仅仅是作为一种礼仪而存在），形成了一种长于礼仪教化的文士做派。由此呈现的内仁外礼的君子特质明显地区别于以智、勇见长的绅士。尽管这些差别不是单一原因所致，但恐怕与儒家本就是相礼的文士出身有关。[①]事实上，传统儒家的惯常生活方式与绅士存在明显差异，诚如有的学者所说："英国绅士要求严格、酷嗜骑马的生活方式与中国绅士典型的学者生涯恰成鲜明对照。"[②]

对此，我们不得不承认：由于智、勇之德的弱化，古代传统君子往往缺乏处理现实社会问题的实用性知识与技能，在面对现实危难之时也少有君子具备挺身而出的勇气，以至于给世人留下了这样一种偏颇印象："真正的绅士决不在危险

---

① 冯友兰："儒家者流盖出于文士。墨家者流盖出于武士。"（冯友兰：《中国哲学简史》，北京：北京大学出版社 2010 年版，第 31 页。）

② 张仲礼：《中国绅士研究》，上海：上海人民出版社 2008 年版，第 6 页。

面前止步 …… 君子的标准里就不包括这一条。"[1] 然而,杀身成仁、舍生取义、威武不屈本就是孔孟儒家所强调的,而且儒家君子不乏义勇之士。例如:王夫之所谓"未有圣贤而不豪杰者"[2],就是将"勇"作为君子的标准之一,而且落实到自身的行动之中。因此,我们要在历史的演变过程中呈现君子人格的独特风貌,而不能笼统论之;同时也需要在现代君子人格培养中重视仁、智、勇"三达德"的平衡发展。

---

① 王小波:《我的精神家园》,南京:译林出版社 2012 年版,第 187 页。

②《船山全书》第 12 册,长沙:岳麓书社 2011 年版,第 479 页。

第二节　权德转变:先秦时期的"君子"观念

自"绝地天通"以来,君王实质垄断了人与神交流的通道。周公提出"皇天无亲,惟德是辅",旨在说明周王室为上天所眷顾的根据乃是因其有"德"。这其中虽然要求有权的政治君主具备相应的道德素养,从而"敬德保民",但也表明此时的"德"主要指君主之"德"。这反映出西周时期有权而非有德才是"君子"观念的核心内容。至春秋时期,孔子以仁心打破了君王对于"德"的独占,提出"天生德于予"、"为仁由己"的观念,由此促成了"君子"观念从有权向有德的转变。

一　有权无德的原始"君子"观念

商周时期是王权统治的宗法社会,"君子"只是对拥有某种社会政治地位的人物的称谓,即只是一个政治人格概念,而非道德人格概念。因此,此时的"君子"观念可以概括为"有权无德",即只有政治权力的含义,而没有道德的含义。所谓"无德",并不是说所有君主皆无德行,而是说一个君主无论是否有德行,都可以称为"君子",即"君子"这个概念并没有德行的含义。这里所说的"有权",则指拥有国家主权,即对一个国家的最高统治权力。"主权"(sovereignty)一词的本义就是指君主(sovereign)的权力。所以,在王权时代,拥有主权的是诸侯国国君;天子也是一个国君,如西周的天子同时也是周国的国君。这就是说,"国君"是汉语"君子"最古老、最狭义、最基本的含义。汉语"君子"这个词语出现很早,在传世文献《诗》、《书》、《易》(此指《周易》古经部分)中已大量使用。我们从中可以看出作为一个明确概念的"君子"的基本含义。

（一）《尚书》中的"君子"概念

《尚书》中八次提到"君子",均指君主:

《周书·酒诰》云:"庶士有正越庶伯君子,其尔典听朕教,尔大克羞耇(gǒu)

惟君。"孔安国传："众伯君子、长官大夫、统众士有正者，其汝常听我教，勿违犯。尔大克羞耇惟君，尔乃饮食醉饱。汝大能进老成人之道，则为君矣。"孔颖达疏："汝众士有正之人，及于众伯君子、长官大夫、统众士有正者，其汝亦常听用我断酒之教，勿违犯也。汝康叔大能进行老成人之道，则惟可为君矣。"这里的"君子"指的是"众伯"（庶伯），而"伯"是指诸侯当中的一种爵位。

《周书·召诰》云："敢以王之雠民百君子，越友民，保受王威命明德。"孔安国传："敢以王之匹民百君子 …… 于友爱民者，共安受王之威命，明德奉行之。"所谓"雠民百君子"、"匹民百君子"，意思是"与民相匹的百君子"，即孔安国所说的"治民者非一人，言民在下，自上匹之"，也就是指诸侯。孔颖达疏："百者，举其成数，言治民者非一人。郑玄云：'王之诸侯与群吏，是非一人也。'"（郑玄加上"群吏"亦误。）

《周书·无逸》云："君子所其无逸。"孔颖达引郑玄注："君子止谓在官长者。"这并不确切。《无逸》是周公告诫成王之辞，即孔颖达所说的"成王始初即政，周公恐其逸豫，故戒之，使无逸"，可见"君子"指的是成王，即天子之位，其实也是周国国君之位，故国君亦可称"君子"。

《周书·秦誓》云："惟截截善谝言，俾君子易辞，我皇多有之，昧昧我思之。"孔安国传："惟察察便巧、善为辩佞之言，使君子回心易辞，我前多有之，以我昧昧思之不明故也。"孔颖达疏："惟察察然便巧、善为辩佞之言，能使君子回心易辞，我前大多有之，昧昧然我思之不明故也。"前面是秦穆公自悔之辞，"君子"是指"我"即他自己，还是君主之称。

"君子"作为统治者，与作为被统治者的"小人"相对应。因此，"小人"一词与"君子"一样，在商周时代并不具有道德人格含义。

> 禹乃会群后，誓于师曰："济济有众，咸听朕命。蠢兹有苗，昏迷不恭，侮慢自贤，反道败德，君子在野，小人在位，民弃不保，天降之咎，肆予以尔众士，奉辞伐罪。尔尚一乃心力，其克有勋。"（《虞书·大禹谟》）

> 太保乃作《旅獒》，用训于王。曰："呜呼！明王慎德，西夷咸宾。无有远迩，毕献方物，惟服食器用。王乃昭德之致于异姓之邦，无替厥服；分宝玉于伯叔之国，时庸展亲。人不易物，惟德其物！德盛不狎侮。狎侮君子，罔以尽人心；狎侮小人，罔以尽其力。不役耳目，百度惟贞。玩人丧德，玩物丧志。（《周书·旅獒》）

（二）《易经》中的"君子"概念

《周易》古经的"君子"都是指国君，其他讲法都不确切。例如：

《乾卦》云："九三：君子终日乾乾……"孔颖达疏："以阳居三位，故称'九三'；以居不得中，故不称'大人'；阳而得位，故称'君子'。"《经典释文》引王肃释："大人，圣人在位之目。"[①] 这其实是说：得国君之位，称"君子"；得天子之位，称"大人"。这是因为殷周之际的《周易》古经的通例：大人—君子—小人；天子—国君—庶人。天子称"大人"，国君称"君子"，庶人称"小人"。[②] 最典型的是《周易·萃卦》中的"王假有庙（王至于庙）[③]，利见大人"，这里的"大人"即"王"。《周易·革卦》讲"大人虎变"、"君子豹变，小人革面"，即是天子、国君、庶民之别[④]；其中"大人虎变，未占有孚"，孔颖达认为是讲的新王"损益前王，创制立法，有文章之美，焕然可观，有似虎变，其文彪炳。则是汤武革命，广大应人，不劳占决，信德自著"。后世还保留着这种用法，例如《论语·季氏》中的"畏大人"，何晏集解："大人即圣人。"[⑤]《孟子·尽心下》云："说大人，则藐之，勿视其巍巍然。"赵岐注："大人，谓当时之尊贵者也。"蒙培元亦指出："这里所谓'大人'，不是人格上的大人，而是统治者。"[⑥]

《师卦》所云也是非常典型的："大君有命：开国承家，小人勿用。"孔颖达疏："'大君'谓天子也，言天子爵命此上六，若其功大，使之开国为诸侯；若其功小，使之承家为卿大夫。'小人勿用'者，言开国承家须用君子，勿用小人也。"其实，在当时的语境中，只有"开国为诸侯"的才称"君子"，而"承家为卿大夫"的不称"君子"。有学者认为：由"君子"为起点，逐渐达到贤人，再可以形成大人的人格，直到圣人之域。[⑦] 这更是在"君子"内涵发生道德转向之后才逐步形成的。

（三）《诗经》中的"君子"概念

从较为宏观的层面来看，《诗经》中的"君子"往往是一种弥散的、无定向的词语，但是《诗经》的现有解释受到汉代经学家毛亨、郑玄的影响，往往将"君子"狭义地解释为"王"，这是不确切的。例如《诗经·国风·关雎》云："窈窕淑女，君子好逑。"孔颖达疏："美后妃有思贤之心，故说贤女宜求之状，总言宜求为君子好匹。"又如《诗经·国风·樛木》云："乐只君子，福履绥之。"孔颖达疏："作《樛

---

① 陆德明：《经典释文》上，上海：上海古籍出版社 1985 年影印版，第 73 页。
②③④ 黄玉顺：《易经古歌考释》，上海：上海古籍出版社 2014 年版，第 259、225、279—280 页。
⑤《十三经注疏》下册，北京：中华书局 1980 年版，第 2522 页。
⑥ 蒙培元：《蒙培元讲孟子》，北京：北京大学出版社 2006 年版，第 209 页。
⑦ 兰甲云：《〈周易〉的人格类型与伦理价值导向》，载《湘潭大学社会科学学报》2001 年第 2 期。

木》诗者，言后妃能以恩义接及其下众妾，使俱以进御于王也。"

其实，《诗经》中的"君子"大多是指有权的贵族男子；其余则基于贵族男子的延展性用法，意指丈夫、恋人等，是诗中的妇女对所爱之人的美称。例如《诗经·国风·汝坟》云："未见君子，惄如调饥。"孔颖达疏："言大夫之妻，身自循彼汝水大防之侧，伐其条枝枚干之薪。""言己未见君子之时，我之思君子，惄然如朝饥之思食也。"又如《诗经·国风·草虫》云："未见君子，忧心忡忡。"孔颖达疏："作《草虫》诗者，言大夫妻能以礼自防也。"又如《诗经·国风·殷其雷》云："振振君子，归哉归哉。"孔颖达疏："作《殷其雷》诗者，言大夫之妻劝夫以为臣之义。"再如《诗经·国风·君子阳阳》云："君子阳阳，左执簧，右招我由房。其乐只且！君子陶陶，左执翿，右招我由敖。其乐只且！"由此也能看出当时的"君子"一词具有复杂的含义。但是，这并不影响其指称有权者的主流用法。例如《诗经·国风·伐檀》云："坎坎伐轮兮，寘之河之漘兮，河水清且沦猗。不稼不穑，胡取禾三百囷兮？不狩不猎，胡瞻尔庭有县鹑兮？彼君子兮，不素飧兮！"此诗中的"君子"及其主题有所争议，但能够确定的是此诗中的"君子"确实是作为在位者而言的。[①]

其实，在《诗经》之《风》《雅》《颂》中，《颂》的时代是最早的，其中只有一处出现"君子"，即《鲁颂·有驖》云"君子有毅，诒孙子"，所指的是僖公，位在天子之下、大夫之上，其实就是一个诸侯国国君。因此，毛亨传："《有驖》，颂僖公君臣之有道也。"孔颖达疏："此主颂僖公，而兼言臣者，明君之所为美，由与臣有道，道成于臣，故连臣而言之。""君子僖公有善道，可以遗其子孙。"

当然，以"君子"指称有权统治者并不限于商代和西周，也不限于《书》《易》《诗》。直到春秋时期，"君子"专指国君的用法依然大量存在，例如《左传·襄公十三年》云：

> 世之治也，君子尚能而让其下，小人农力以事其上，是以上下有礼，而谗慝黜远，由不争也，谓之懿德。及其乱也，君子称其功以加小人，小人伐其技以冯君子，是以上下无礼，乱虐并生，由争善也，谓之昏德。国家之敝，恒必由之。[②]

这里的"君子"与"小人"，指的就是国君与庶民。当然，后来"君子"所指称

---

① 方云润：《诗经原始》上，北京：中华书局 1986 年版，第 248—249 页。
②《十三经注疏》下册，北京：中华书局 1980 年版，第 1954 页。

的有权者也逐渐扩展,涵盖了天子、诸侯甚至大夫。但是,不论如何扩展,在整个宗法王权时代,"君子"始终是一个政治人格概念,而非道德人格概念。例如,《左传·襄公九年》说:"君子劳心,小人劳力,先王之制也。"《左传·哀公七年》云:"众君子立于社宫,而谋亡曹。"其中"社宫"是国社的围墙,此"立于社宫"是指在国社的围墙内谋议亡国之事,而"众君子"或指执政、参政之众位卿大夫,或指曹国上下之贵族,总之是指有贵族身份之人,并未强调德性、才华等方面的条件。再有唐代孔颖达疏《诗经·小雅·大东》之"君子所履,小人所视"一句,曰:"此言君子、小人,在位与民庶相对。"这也是泛指有地位、有权力的人。既然"君子"观念并不具有突出的道德意味,那么又是怎么发生道德转向的呢?

二 先秦"君子"观念的道德转向

进一步考察可以发现:早在《易经》中,"君子"一词就流露出与血统、地位、财产等脱离开来的一些端倪,如"君子终日乾乾"、"谦谦君子"、"君子豹变,小人革面"等。又如《左传·昭公八年》记载叔向曰:"君子之言,信而有征,故怨远于其身;小人之言,僭而无征,故怨咎及之。"对此,许倬云指出:"《左传》中有些君子指社会等级,也有一些用来表示有突出道德素养的人。""如果孔子是后一含义的唯一发明者,则生活于孔子之前的子皮的话,就有明显的年代错误。有可能《左传》的这段话是后来篡入或修改的。然而,更有可能的是,这一新的用法在孔子之世已经开始出现,孔子只是帮助使这个含义更明确些。"[①]

当然,即便在孔、孟那里,也依然保留了一些"君子"的原始含义。以《论语》为例,孔子使用的"君子"概念就包括三种用法:有时是一个政治人格概念,有时是一个道德人格概念,有时两者兼而言之。对此,我们通过《论语》所载孔子之言行以及邢昺对《论语》各篇主旨的概括就能得到印证。

首先,《论语》的诸多篇章是侧重从政治维度体现孔子对君子人格的理解。分述如下:

《论语·泰伯》云:"子曰:'君子笃于亲,则民兴于仁;故旧不遗,则民不偷。'"何晏注:"君能厚于亲属……"邢昺疏:"君子,人君也。""言君能厚于亲属,则民化之,起为仁行。"这里的"君子"是指君主,与"民"相对而言。

《论语·八佾》云:"子曰:'君子无所争,必也射乎!揖让而升,下而饮,其争也君子。'"朱熹集注:"揖让而升者,大射之礼。"所谓"大射之礼",是指天子、诸

---

① 许倬云:《中国古代社会史论》,桂林:广西师范大学出版社 2006 年版,第 197 页。

侯祭祀之前为选择参加祭祀之人举行的射礼，而参加射礼的君子都是具有政治地位的人，如《礼记·射义》所释："古者天子以射选诸侯、卿、大夫、士 …… 是故古者天子之制，诸侯岁献，贡士于天子，天子试之于射宫 …… 中多者，得与于祭 …… 而中少者，不得与于祭。"《周礼·天官冢宰·司裘》郑玄注："大射者，为祭祀射，王将有郊庙之事，以射择诸侯及群臣与邦国所贡之士可以与祭者。"可见，孔子在此所称的"君子"起码是"士"的身份，甚至是大夫、诸侯国国君。

《论语·公冶长》云："子谓子产：'有君子之道四焉：其行己也恭，其事上也敬，其养民也惠，其使民也义。'"子产的身份是大夫。孔子列举的"君子之道"有四条，其中两条是"养民"、"使民"，表明这里所说的"君子"不包括"民"。

《论语·宪问》云："子曰：'君子而不仁者有矣夫，未有小人而仁者也。'""君子而不仁者"这个说法表明道德人格并非"君子"的必要条件，这显然是指"君子"概念的古义，即政治人格，而非道德人格。

另外，邢昺对《论语》诸章的注疏也说明了孔子所论"君子"的政治人格维度。如《颜渊》疏曰："此篇论仁政明达、君臣父子、辨惑折狱、君子文为，皆圣贤之格言、仕进之阶路。"《子路》疏曰："此篇论善人君子为邦教民、仁政孝弟、中行常德，皆治国修身之要，大意与前篇相类。"《宪问》疏曰："此篇论三王二霸之迹、诸侯大夫之行、为仁知耻、修己安民，皆政之大节也，故以类相聚，次于问政也。"

不过，上述内容并不能代表孔子所谓"君子"的核心含义。其实从孔子关于"君子"的大量言说来看，其绝大部分已经远远超出了原始"君子"观念所代表的政治含义，转向了一种纯粹道德人格的含义。这种转换的根本向度意味着"君子"概念所指的内容开始从外在的身份转向了内在的德性。《述而》邢昺疏："此篇皆明孔子之志行也，以前篇论贤人、君子及仁者之德行。"《泰伯》疏："此篇论礼让仁孝之德，贤人君子之风，劝学立身，守道为政，叹美正乐，鄙薄小人，遂称尧舜及禹、文王、武王。以前篇论孔子之行，此篇首末载贤圣之德。"《子罕》疏："此篇皆论孔子之德行也，故以次泰伯、尧、禹之至德。"这些都表明"德"成为孔子论述的重点。例如：

"司马牛问君子。子曰：'君子不忧不惧。'曰：'不忧不惧，斯谓之君子已乎？'子曰：'内省不疚，夫何忧何惧？'"（《论语·颜渊》）可见，孔子认为君子能够无忧无惧的原因并不是"外求"如何，而是"内省不疚"，内省的实质内容正是自身的德性。

"南宫适问于孔子曰：'羿善射，奡荡舟，俱不得其死然；禹、稷躬稼，而有天下。'夫子不答。南宫适出。子曰：'君子哉若人！尚德哉若人！'"（《论语·宪问》）这里的关键词是"尚德"。孔子赞叹南宫适是"君子"，就因为他"尚德"。其所尚是何"德"？邢昺疏："禹尽力于沟洫，洪水既除，烝民乃粒；稷，后稷也，名弃，周

之始祖,播种百谷。"用今天的话来说,其"德"就是"为人民谋福利"的德性。由此可见,即便纯粹道德人格概念的"君子",也是以政治含义为基本内容的。

(一)"君子"道德人格的政治关切

事实上,这也表明:在孔子那里,道德君子与政治君子的边界不甚分明。孔子往往依据语境的不同,将"君子"理解为一种政治化的道德人格观念,或是一种道德化的政治人格观念。例如,《论语·先进》云:"子曰:'先进于礼乐,野人也;后进于礼乐,君子也。'"朱熹集注:"野人,谓郊外之民;君子,谓贤士大夫也。"按照朱熹的解释,"贤"言其道德,而"士大夫"言其身份,可见"君子"仍有政治身份的含义。又如《论语·季氏》云:"孔子曰:'侍于君子有三愆……'"邢昺疏:"此章戒卑侍于尊,审慎言语之法也。"这里的"君子"是指的政治地位"尊"者。朱熹集注:"君子,有德位之通称。"这就是说,"君子"不仅指"德",而且指"位"。另外,邢昺概括《卫灵公》云:"此章记孔子先礼后兵、去乱就治,并明忠信仁知、劝学为邦、无所毁誉、必察好恶,志士君子之道、事君相师之仪,皆有耻且格之事。"概括《季氏》:"此篇论天下无道,政在大夫,故孔子陈其正道,扬其衰失,称损益以教人,举《诗》《礼》以训子,明君子之行,正夫人之名,以前篇首章记卫君灵公失礼,此篇首章言鲁臣季氏专恣,故以次之也。"这些内容既是讲道德的,又是讲政治的。

这种具有政治含义的道德人格通过知、情、意三个方面表现出来。在孔子那里,就是作为"君子之道"的"三达德"——仁、智、勇。

子曰:"君子道者三,我无能焉:仁者不忧,知者不惑,勇者不惧。"(《论语·宪问》)"知者不惑,仁者不忧,勇者不惧。"(《论语·子罕》)其中,"仁者不忧"说的是情感,"勇者不惧"说的是意志,"知者不惑"说的是智慧。

1. 仁:君子的政治情感

在孔子的思想观念中,君子的政治情感首要的是"仁":"富与贵,是人之所欲也,不以其道得之,不处也。贫与贱,是人之所恶也,不以其道得之,不去也。君子去仁,恶乎成名?君子无终食之间违仁,造次必于是,颠沛必于是。"(《论语·里仁》)这是说:离开了"仁",就没有"君子"之名。邢昺疏:"若违去仁道,则于何得成名为'君子'乎?"不仅如此,邢昺又疏:"富者财多,贵者位高。""乏财曰贫,无位曰贱。"这说明"君子"之名与"位"无关,"唯行仁道乃得'君子'之名"。

那么,"仁"是什么意思呢?其实,"仁"首先是一种情感。① 所以,孔子将"仁"

---

① 儒家所讲的"仁"首先是一种本真的生活情感,儒者进而将其设置为一种道德规范,甚至提升为宇宙本体。

界定为"爱人"（《论语·颜渊》），孟子也强调"仁者爱人"（《孟子·离娄下》）。孔子进而指出："爱人"乃是"君子"的必备人格，即"君子学道则爱人"（《论语·阳货》）。

"仁"这种情感当然是一种道德情感，但这种道德情感也是一种政治情感。所以，孔子在另一处谈到"爱人"时，与"民"联系起来，即"节用而爱人，使民以时"（《论语·学而》）。上文所引的孔子赞叹南宫适"君子尚德"，其含义也是指"爱人"、"爱民"的政治情感。

2. 勇：君子的政治意志

在孔子看来，"仁"并不高远，"我欲仁，斯仁至矣"（《论语·述而》），但是矢志不渝地为仁，即"志于仁"（《论语·里仁》），却意味着一种强大的意志，而且是一种具有政治哲学意味的意志。

"子贡曰：'如有博施于民而能济众，何如？可谓仁乎？'子曰：'何事于仁？必也圣乎！尧、舜其犹病诸！夫仁者，己欲立而立人，己欲达而达人。能近取譬，可谓仁之方也已。'"（《论语·雍也》）这表明"君子"为仁从身边开始"立人"、"达人"到"博施"、"济众"，都不是为谋求一己私利，而是要成全天下万民的欲求和利益。当然，"君子"并不是"乡愿"，因此不会对恶行纵容姑息，正所谓"君子成人之美，不成人之恶"（《论语·颜渊》）。也就是说，扬善与惩恶是君子为仁的一体两面，其实质是行义，而这恰与小人相反，"君子喻于义，小人喻于利"（《论语·里仁》）。可以说，"义"就是君子行事的根本原则，故孔子说："君子之于天下也，无适也，无莫也，义之与比。"（《论语·里仁》）当然，这不意味着君子否定所有的"利"，而是拒绝以一己私利去戕害天下之利或他人之利，这种对天下之利、他人之利的维护就是"义"，或者说君子是以"义"为"利"。

所谓"义"，即"正义"，是一个重要的政治哲学概念[1]，因而君子行义本身就具有政治哲学的含义。这在"义"与"礼"的关系中尤为明显。对此需要指出的是：有人把"守礼"视为君子的根本原则，实在是一种本末倒置的错误理解。尽管君子总是彬彬有礼，但如孔子所说："君子义以为质，礼以行之，孙（逊）以出之，信以成之。君子哉！"刘宝楠正义曰："是凡礼皆以行义也。"[2] 也就是说，君子之所以行礼，是因为所行之"礼"合乎"义"、体现"义"，行礼的目的在于行义，因而"义"才是根本原则和目的，即"义以为质"，而"礼"只是"义"的外在形式。相反，如果"礼"有悖于"义"，君子便会以"义"为原则对"礼"进行损益，也就是为了维护社

---

[1] 黄玉顺：《中国正义论的重建 —— 儒家制度伦理学的当代阐释》，合肥：安徽人民出版社 2013 年版；《中国正义论的形成 —— 周孔孟荀的制度伦理学传统》，北京：东方出版社 2015 年版。

[2] 刘宝楠：《论语正义》下册，北京：中华书局 1990 年版，第 629 页。

会正义而对既有的社会制度进行相应的批判和改革。事实上，从孟子"格君之非"到明清之际顾、黄、王等儒士君子对皇权专制制度的激烈批判，无不如此。

这就是说，不论道德上，还是政治上，真正的"君子"向来不是"礼"的卫道士，而始终是"义"的坚守者。但是，在现实中行义会面临危险，甚至面临牺牲，故离不开"杀身成仁"、"舍生取义"的大无畏精神；同时，行义也是一场任重道远的持久考验，正所谓："士不可以不弘毅，任重而道远。仁以为己任，不亦重乎？死而后已，不亦远乎？"（《论语·泰伯》）正因如此，"义"往往与"勇"相匹配，"配义与道"的"义气"就是"至大至刚"的"勇气"，"义士"也就是"勇士"。在这个意义上，孔子所谓"勇者无惧"的背后寄托的正是君子志于仁、坚守义的政治意志。

3. 知：君子的政治智慧

君子的政治智慧是政治情感和政治意志的贯彻体现，而这首先需要具备良好的文化教养，所谓"君子病无能焉"（《论语·卫灵公》）。这是因为唯有博学之人才能深入理解仁义之道，正如孔子所说："君子博学于文，约之以礼，亦可以弗畔矣夫。"（《论语·雍也》）不过，孔子也进一步指出"君子"之为"君子"并不在于掌握的知识技能的多少。《论语·子罕》云："太宰问于子贡曰：'夫子圣者与？何其多能也？'子贡曰：'固天纵之将圣，又多能也。'子闻之，曰：'太宰知我乎！吾少也贱，故多能鄙事。君子多乎哉？不多也。'"可见即便知识丰富、技能多样也不一定是君子，甚至根本不值得炫耀。那么，怎样才算"君子"呢？孔子说："君子不可小知，而可大受也；小人不可大受，而可小知也。"（《论语·卫灵公》）这意味着只有拥有开阔的眼界和高远的见识才是君子，也就是说"君子"不是迂腐的书生，而是"不惑"的智者。在孔子的思想中，"不惑"实为一种政治智慧，这集中体现在"知命"、"知礼"、"知言"三个方面。

《论语·尧曰》："孔子曰：'不知命，无以为君子也。不知礼，无以立也。不知言，无以知人也。'"邢昺疏："言天之赋命，穷达有时，当待时而动。若不知天命而妄动，则非君子也。礼者，恭俭庄敬，立身之本。若其不知，则无以立也。听人之言，当别其是非。若不能别其是非，则无以知人之善恶也。"

（1）"知命"

"知命"就是君子敬畏"天命"、领会"天命"的政治智慧。

第一，敬畏天命之"知"，这是君子对"天"保持敬畏，不敢亵渎、僭越神圣超越者的政治智慧。《论语·季氏》："孔子曰：'君子有三畏：畏天命，畏大人，畏圣人之言。'"孔子指出的"三畏"乃"君子"必备的素质，否则不能称为"君子"。其中所"畏"的"大人"已经过时代的转变而不再是前述《易经》中与"天子"相对应的有权者,而是与聆听传达"天命"的"圣人"同义,而"圣人之言"即圣人所传达的"天命"。[①]因此,"君子三畏"的实质是根本一致的,即"畏天命"。《论语·雍也》云:"樊迟问知。子曰:'务民之义,敬鬼神而远之,可谓知矣。'"邢昺疏:"言当务所以化道民之义,恭敬鬼神而疏远之,不亵黩,能行如此,可谓为知矣。"这里须指出:君子之所以对神圣超越者敬而远之,是因为有自知之明,即认识到圣贤与凡人同类,人人都不能违背所谓"神圣之天"的意志和命令,正如刘宝楠注:"'命'者,立之于己而受之于天,圣人所不敢辞也。"[②]基于对神圣超越者的敬畏疏远,"君子"明确了人神之别,也就否定了世俗君权以及政事的神圣性,转而强调不论庶民还是天子,人人行事都必然要受制于"天命"而不得亵渎、僭越。也正是由于"君子"对"天命"的虔诚和敬畏,君子才具有领会"天命"的智慧。

第二,领悟"天命"之"知",这是君子作为神圣超越之"天"代言人的政治智慧。君子不仅能自觉顺应"天命"行事,而且能将"天命"传达给世俗界,其实质是否定了君王对神圣话语的垄断。因此君子因"知天命"而有权对君王施政进行监督和批判。例如:董仲舒就以"灾异之变"臧否政治,以"灾异"是"天命"的显现,而儒士君子作为"知天命"者,实际上是通过解释灾异代替"神圣之天"对世俗皇权进行谴告和训诫[③]。

（2）"知礼"

"知礼"就是君子制礼施政的政治智慧。孔子以"礼"为"绘事",即文饰,并且指出:"质胜文则野,文胜质则史;文质彬彬,然后君子。"(《论语·雍也》)邢昺疏:"彬彬,文质相半之貌。言文华质朴相半,彬彬然,然后可为君子也。"孔子通过对文饰的态度表明君子对于礼的态度:一方面是"质胜文则野",即君子认识到没有健全的制度规范就无法形成文明有序的社会生活,因此必然要依靠健全的制度行政;另一方面是"文胜质则史",即君子认识到繁文缛节不但虚浮扰民,偏离了"安人"的行政目的,而且导致费而不惠的冗职冗费,因此行政制度不宜烦琐复杂,而应以"文质相半"为宜。那么,如何能做到这一点呢?孔子的方法很简明,即以民利为导向和标准:《论语·尧曰》云:"子张问孔子曰:'何如斯可以从政矣?'…… 子曰:'君子惠而不费 ……'子张曰:'何谓惠而不费?'子曰:'因民之所利而利之,斯不亦惠而不费乎! ……'"这是说既然一切制度规范都是为了惠民、利民,那就应以此为行政导向,即施行对民有利的制度,删减或改革对民不利的制度。

---

① 黄玉顺:《君子三畏》,载《宜宾学院学报》2016 年第 2 期。
② 刘宝楠:《论语正义》上,北京:中华书局 1990 年版,第 44 页。
③ 黄玉顺:《董仲舒思想系统的结构性还原 ——〈天人三策〉的政治哲学解读》,载《四川大学学报(哲学社会科学版)》2020 年第 5 期。

（3）"知言"

"知言"是君子明辨善恶的政治智慧。君子言行端庄，正直诚恳，但并不为政治表象所惑，而是能通过他人的言语和举止辨别是非善恶。《论语·雍也》云："宰我问曰：'仁者，虽告之曰"井有仁焉"，其从之也？'子曰：'何为其然也？君子可逝也，不可陷也；可欺也，不可罔也。'"这表明君子能为追求仁道而舍弃生命，但不能被人用虚假的手段陷害、迷惑。正因如此，君子才能"恶不仁者，其为仁矣，不使不仁者加乎其身"（《论语·里仁》），能够维护人格尊严，保持名声不被玷污。这不仅广见于君子的道德实践，而且在政治实践中很突出。例如：孔子往往对为政者是否具备仁德持一种审慎的乃至质疑的态度，或曰："论笃是与，君子者乎？色庄者乎？"（《论语·先进》）或曰："未知，焉得仁？"（《论语·公冶长》）然而，在孟子眼中，君子是"天爵"，君主是"人爵"，这意味着现世的君主几乎没有一个配得上"君子"之称。可见，真正的君子始终对政治保持清醒的辨察力，并不为一时的、伪善的政令所蒙蔽。

（二）六艺：仁、智、勇的培养

按孔子"学而时习之"的观点讲，仁、智、勇"三达德"不是人生来具有的品质，而是要通过系统的学习、不断的磨炼才能逐步形成的。在这方面，自西周就建立起来的贵族教育体系正与君子"三达德"的培养相对应。尽管西周时期是以"有权"为根本标准来界定君子，但是在圣王合一、唯德是辅的观念之下，原始君子也需要具备与其权力地位相匹配的高贵道德才能积极有效地运用权力，为此"六艺"之学是必不可少的。《周礼·地官司徒·保氏》记载："养国子以道。乃教之六艺：一曰五礼，二曰六乐，三曰五射，四曰五御，五曰六书，六曰九数。"也就是说，周王官学要求贵族子弟掌握礼、乐、射、御、书、数六种基本才能。

1. 礼乐之艺：仁德的培养

"礼"指五礼，包括以祭祀之事为吉礼、以丧葬之事为凶礼、以军旅之事为军礼、以宾客之事为宾礼、以冠婚之事为嘉礼，合称"五礼"。"乐"指六乐，即六代的乐舞，主要是远古时期歌颂帝王的宫廷乐舞中的代表性作品，包括黄帝时期的《云门》、唐尧时期的《大咸》（也称《大章》）、虞舜时期的《大韶》、夏禹时期的《大夏》、商汤时期的《大濩》以及周武王时期的《大武》。六代乐舞用于郊庙祭祀。《云门》用以祭祀天神，《大咸》用以祭祀地神，《大韶》用以祭祀四望（即四方神）。周公制礼作乐，并以礼乐培养、教育贵族子弟，这与孔子所推崇的君子之"仁"德直接相关。后世的人们以礼乐文明概括儒家，其实也表明儒家对于仁德的培养特别重视。

2. 书数之艺：知德的培养

"书"指六书，首见于《周礼》。汉代学者把汉字的构成和使用方式归纳成六种类型，即象形、指事、会意、形声、转注、假借，总称"六书"。"数"指九数，郑玄注《周礼》时引郑司农（郑众）曰："九数：方田、粟米、差分、少广、商功、均输、方程、赢不足、旁要；今有重差、夕桀、句股也。"可见，书数之艺不只是人文知识，更多的是实证的自然科学知识和实行的社会科学知识，这些都是人要解决现实社会问题所必须具备的知识和技能，不仅需要读书学习，而且需要在实践中练习，通过实际经验的积累领悟其中的奥妙。就此反观，后世儒家强调通过"诗书"人文熏习、培养君子之知，其实遮蔽了先秦君子书数之艺的广博性和实用性。

3. 射御之艺：勇德的培养

"射"指五射。郑玄注《周礼》时引郑司农曰："五射：白矢、参连、剡注、襄尺、井仪也。"贾公彦疏："云白矢者，矢在侯而贯侯过，见其镞白；云参连者，前放一矢，后三矢连续而去也；云剡注者，谓羽头高镞低而去，剡剡然；云襄尺者，臣与君射，不与君并立，襄（让）君一尺而退；云井仪者，四矢贯侯，如井之容仪也。""御"指五御，即驾车的技巧，包括鸣和鸾、逐水曲、过君表、舞交衢、逐禽左。当前儒学研究只从体育健身的意义上解读"射御"不免偏狭、表浅。其实，现代心理学研究也表明：勇气、胆识、魄力等特别需要通过锻炼身体来培养，所谓"射御勇力之士"实为有胆识、有魄力的勇士，我们可以在这个意义上重新理解孔子所说的"质胜文则野，文胜质则史；文质彬彬，然后君子"（《论语·雍也》）。邢昺疏："彬彬，文质相半之貌。言文华质朴相半，彬彬然，然后可为君子也。"事实表明：缺乏义、勇的实际行动，则文化教养和礼仪修养都会显得虚浮不实，唯有文治武功兼备才能真正称得上"君子"。

孔子对"君子"内涵进行的由位向德的转化无疑具有深远而积极的意义。萧公权说："孔子之理想君子，德成位高，非宗子之徒资贵荫，更非权臣之仅凭实力。前者合法而未必合理，后者则兼备理法。孔子所言之君子取位虽不必合于宗法，而其德性则为一合理之标准。"[1] 这一转化的现实目的是孔子试图突破"位"这一外在身份地位的权力合理性根基，转而通过强调普遍的内在之德的重要性，给予君子作为尊贵的有权者以新的根据。这是儒家对有权无德的统治者的否定以及试图改变自身无权处境的努力。但是，不得不承认这也是一种无奈之举，如美国汉学家狄百瑞说：因为当时的君子"已经'人不知'，在政治上也无足轻重，然而，一个昔日的贵族仍旧可以通过成为一个真君子来成就自己的一生"。[2] 在此后的两千多年间，儒家依靠成为"君子"的信念，一方面不放弃争取自身在政治上的合法性，一方面也抚慰自身失去政治地位的心灵，以保持精神的高贵和内心的平和。

---

① 萧公权：《中国政治思想史》上，中国台北：联经出版事业公司 1982 年版，第 69 页。

② ［美］狄百瑞：《儒家的困境》，北京：北京大学出版社 2009 年版，第 9 页。

第三节　有德无权：皇权时代的"君子"观念

暴秦一统专制，不仅以焚书坑儒等极端方式摧残文化，而且封锁了现实有德者成为有权者的途径，甚至彻底否定了"有德"作为权力根基的合理性。当然，这里所谓"无权"不是说没有任何权利，而是说不拥有主权。尽管继起的汉朝谨记秦亡的教训，转而强调与民休息，并且独尊儒术，从而使儒家对德性的强调得以推广传承，但不论是秦汉，还是后世历朝历代，都基于维护皇权专制的目的而没有复使"君子"与之分享权力。因此，在皇权帝制时代，"君子"只是道德高尚者的称谓，如东汉班固撰《白虎通义·号》所言："或称君子者何？道德之称也。"[①]尽管君子当中不乏拥有官职者，但基于皇权的官僚体系，任何臣属都不是皇权的分享者，而只是皇权的执行者。简而言之，秦汉以降，"君子"概念的含义从"有权无德"转为"有德无权"，即从单纯的政治人格概念转为单纯的道德人格概念。由于帝制时代的主流文化是儒家文化，因此这种转变也主要是由儒家完成的。当然，在不同朝代中"君子"观念所体现的德权消长的程度不同，而且历代儒家对"德"的内容的理解也有所差异，这些使得各时期的"君子"观念具有不同的特点。如果要把握这些差异之处，我们就不得不通过各时期的儒学理论特点来进行说明，其原因在于"君子"是儒家成人之学在现实人格中的落实和体现，因此"君子"这一理想人格观念总是体现着各时期儒学思想的特质，而各时期的儒学思想是我们深入理解君子人格特质的理论根据。

一　明经尊礼：两汉的"君子"观念

成书于秦汉时期的《礼记·曲礼》曰："博闻强识而让，敦善行而不怠，谓之君子。"[②]其中，"博闻强识"主要体现为通晓六经，即明经，这是君子之知德；"敦善行"主要落实为对礼仪规范的遵行，由此展现君子之仁德。可以说，明经与尊礼是两汉时期"君子"作为一种道德人格所彰显出的两个突出特质。《礼记·仲

---

① 陈立撰，吴则虞点校：《白虎通疏证》上，北京：中华书局1994年版，第48页。
② 《十三经注疏》下册，北京：中华书局1980年版，第1248页。

尼燕居》中记载孔子曰："礼也者，理也。乐也者，节也。君子无理不动，无节不作。不能诗，于礼缪；不能乐，于礼素；薄于德，于礼虚。"这就指明了明经、尊礼与君子道德人格之存养和彰显之间的一体关联性。

（一）明经

自远古先民将朴素的生活领会以文字的方式记录下来之后，人们便逐步确立起大道至理藏于文书、载于典籍的信念，因此汉初儒家就开始逐步收集、恢复被秦火焚烧的儒家典籍，而后从汉武帝时期开始逐步形成儒术独尊之势，于是"绌黄老、刑名百家之言，延文学儒者数百人"。随着五经博士的设列，儒家典籍成为阐发思想的权威根据。于是，汉儒无不通过注疏、阐释、考辨竭力探究和阐明五经的章句和义理，将明经视为理解和把握天地大道以及自然宇宙与社会历史的一切知识和思想的不二法门。这不仅使得儒士在失去政治权力的局面下找到了一种与皇权周旋的策略，借助明经继续思考和伸张治平天下的思想主张，而且使汉儒通过明经获得了成为道德君子的基准参照、警示训诫以及思想指导，即通过明经而理解现实中应该遵行的礼仪规范，同时引导自身对至高仁德进行哲学的体认。

《汉书·艺文志》中的《六艺略》就是将儒家的《六经》（即《易》、《诗》、《书》、《礼》《乐》《春秋》）称为"六艺"。这就取代了西周至战国盛行的贵族"六艺"——礼、乐、射、御、书、数。董仲舒在《春秋繁露·玉杯》篇中解释了"六艺"的重要性，说："君子知在位者之不能以恶服人也，是故简六艺以赡养之。《诗》《书》序其志，《礼》《乐》纯其美，《易》《春秋》明其知。六学皆大，而各有所长。"[①] 但是，事实上，汉儒"六艺"只涉及礼、乐、书、数，而撇开了射、御之艺，而且因书、数的内容限于"六经"范围之内，因此非常偏狭。然而，随着儒学获得独尊地位，汉儒"六艺"为后世儒家提供了君子人格培养的内容范本，正所谓"诸不在六艺之科孔子之术者，皆绝其道，勿使并进。邪辟之说灭息，然后统纪可一而法度可明，民知所从矣"。[②] 这就渐渐塑造了传统儒家君子以解读、体悟以《诗》、《书》、《礼》、《乐》为主要内容的文士生活方式。

（二）尊礼

秦亡的教训让汉代帝王意识到依靠严刑峻法无法长治久安，要通过礼乐之制才能确立起有利于中央集权的社会秩序。是时，汉儒基于明经的优势，而成为社会礼仪法规的积极推崇者、宣扬者和践行者。其中，叔孙通制汉礼从而厘清了

---

① 苏舆：《春秋繁露义证》，北京：中华书局 2015 年版，第 33 页。
②《汉书》八，北京：中华书局 2011 年版，第 2523 页。

上下尊卑的等级秩序，使皇权得到确认和巩固，尊礼也相应地成为汉代君子日常言行的基本要求。

根据孔子的说法，"人而不仁，如礼何？人而不仁，如乐何？"，"礼"与"仁"之间是表里关系，由此一方面表明尊礼、行礼的意义在于体现仁德；另一方面表明通过"礼"才能彰显内在的仁，如孟子所说："夫义，路也；礼，门也。惟君子能由是路，出入是门也。"（《孟子·万章下》）由于"仁"离不开"礼"，因此尊礼直接关乎君子人格的核心，一言一行皆需据"礼"而动，如《礼记·曲礼》曰："道德仁义，非礼不成，教训正俗，非礼不备。分争辨讼，非礼不决。君臣、上下、父子、兄弟，非礼不定。宦学事师，非礼不亲。班朝治军，莅官行法，非礼威严不行。祷祠祭祀，供给鬼神，非礼不诚不庄。是以君子恭敬、撙节、退让以明礼。"

正是因为君子人格是通过尊礼、行礼的熏习陶冶逐步培养起来的，所以《礼记·礼运》明言："故礼之于人也，犹酒之有蘖也，君子以厚，小人以薄。故圣王修义之柄、礼之序，以治人情。故人情者，圣王之田也。修礼以耕之，陈义以种之，讲学以耨之，本仁以聚之，播乐以安之。"可以说，自汉以来，"礼"便成为君子的行为准则及其精神信仰的表现，并且在后世得到越来越多的重视，尤其是经过宋明儒家"克己复礼"工夫的落实，"礼"得到了深入人之内心的贯彻。

从上述两方面看，"明经"之根本在于"知道"，因为儒家《六经》所载乃圣王之道，而"明经"就是通晓圣王仁道的主要途径；"尊礼"之根本在于"行道"，因为有生命的圣王仁道并不等同于纸面上的《六经》文本，而是现实地体现在日常的行事之中。对此，从孔子所提出的仁、智、勇"三达德"的角度看，前者突出了君子之知，后者侧重表现君子之仁。由于这两方面皆在六经范围内展开，而绝少涉及射、御等内容，因此不免使得勇德日益边缘化。

尽管两汉时期部分儒士也具备骑射、御车等技艺，但文武兼备已不再是衡量君子人格的基本要求。或许这一方面是由于儒家文士的出身，而使得儒家不自觉地倾向于通过"文以载道"的思想传承来改变自身的政治地位；另一方面也是由于迫于皇权专制的压力以及暴秦坑儒对儒家造成的伤痕记忆，使得儒家在丧失实际政治地位之后，非常警觉地躲避与皇权的正面冲突以避免再次走向祭坛。然而，从现实历史的发展看，德智高远而勇气不足的传统君子并没有付诸有效的行动来改变自身无权的政治处境。

二　因任自然：魏晋的"君子"观念

两汉尊礼的方式过多地流于外在礼仪，而忽视了人的内心诉求，以至于成为妨碍仁德、禁锢人性的繁文缛节，因此在汉末时局动荡、颠沛流离的境况下，儒家君子对礼法之遵行日益松懈。此外，两汉盛行的经学训诂以及据此制定的礼法制度都无法有效地应对东汉末期出现的政权林立、频繁更迭的混乱局面，这也使得佛老思想成为儒家在乱世中的精神慰藉。不过，儒家君子仅仅是在言行上表现出"逍遥一世之上，睥睨天地之间"的出世姿态，其内心仍坚守着仁义道德价值，仍时刻关怀着天下安危。在这个意义上，推崇"三玄"的魏晋名士并不是真正的佛老信徒，而是儒家君子人格的另一种范例。且举例说明：

东汉末年，建安文士徐幹所撰《中论》"序"中说：

> 世有雅达君子者，姓徐名幹，字伟长，北海剧人也。其先业以清亮臧否为家，世济其美，不陨其德，至君之身十世矣。君含元休清明之气，持造化英哲之性，放口而言，则乐诵九德之文；通耳而识，则教不再告，未志乎学，盖已诵文数十万言矣。年十四，始读五经，发愤忘食，下帷专思，以夜继日。父恐其得疾，常禁止之。故能未至弱冠，学五经悉载于口，博览传记，言则成章，操翰成文矣。此时灵帝之末年也。国典隳废，冠族子弟，结党权门，交援求售，竞相尚爵号，君病俗迷昏，遂闭户自守，不与之群，以六籍娱心而已，君子之达也。①

在这里，徐幹不仅宣扬了儒家的政治理论与人格思想，而且通过阐述自身在动乱年代的言行操守，有意凸显自己以家风为荣，笃好《六经》，发愤忘食，处处表明其自身就是一位雅达的儒家君子。

三国时期，以"越名教而任自然"为标签的名士依然保持了传统儒家君子以仁德为本的品性。阮籍虽"见礼俗之士，以白眼对之"，但"性至孝，母终 …… 举声一号，吐血数升 …… 毁瘠骨立，殆致灭性"。②这意味着他虽然迥异于明经尊礼的汉儒，但并没有抛离儒家君子人格的道德内核。在《大人先生传》中，他就以寓言的方式作了说明：

> 汝君子之礼法，诚天下残贼、乱危、死亡之术耳；而乃目以为美行不易之道，不亦过乎？今吾乃飘飘于天地之外，与造化为友，朝食汤谷，夕饮西海，将变化迁易，与道周始，此之于万物岂不厚哉？故不通于自然者不

---

① 高明主编：《两汉三国文汇》，中国台北：中华丛书编审委员会1960年版，第765页。
② 《晋书》五，北京：中华书局2011年版，第1361页。

足以言道,暗于昭昭者不足与达明,子之谓也。[①]

由此可见,阮籍理解的"君子"在言行上应该是"飘飘于天地之外,与造化为友,朝食汤谷,夕饮西海,将变化迁易,与道周始",而不是亦步亦趋地遵从繁文缛节。因为在他看来,自然天道就是仁德,人为名教需要合乎天道,而汉儒礼乐制度却与之背离,其结果适得其反。对此,他在《达庄论》中解释说:"夫山静而谷深者,自然之道也;得之道而正者,君子之实也。是以作智造巧者害于物,明著是非者危其身,修饰以显洁者惑于生,畏死而荣生者失其真。故自然之理不得作,天地不泰而日月争随,朝夕失期而昼夜无分,竞逐趋利,舛倚横驰,父子不合,君臣乖离。"[②] 这表明阮籍正是通过抛弃名教的做法来实现君子人格的。

同样,嵇康对于以名教礼法粉饰自身节操的伪君子嗤之以鼻,但这并不妨碍他在《家诫》中叮嘱儿子要言行忠义。事实上,他对儒家的君子人格作了新的解释,最著名的就是《释私论》,其中有云:

> 夫称君子者,心无措乎是非,而行不违乎道者也。何以言之?夫气静神虚者,心不存于矜尚;体亮心达者,情不系于所欲。矜尚不存乎心,故能越名教而任自然;情不系于所欲,故能审贵贱而通物情。物情顺通,故大道无违;越名任心,故是非无措也。是故言君子,则以无措为主,以通物为美。言小人,则以匿情为非,以违道为阙。何者?匿情矜吝,小人之至恶;虚心无措,君子之笃行也。[③]

嵇康认为:君子是心地坦荡、气静神虚者,不应为外在是非所左右,不会贪图外在的功名利禄。如果为外在是非与毁誉所左右,行为就会失去价值,产生虚伪,言外不一。他将遮掩真情实感与心胸坦荡自然作为小人与君子的主要区别,由此也戳中了两汉君子在尊礼过程中存在的弊端。他指出:

> 君子既有其质,又观其鉴。贵夫亮达,希而存之;恶夫矜吝,弃而远之。所措一非,而内愧乎神;贱隐一阙,而外惭其形。言无苟讳,而行无苟隐。不以爱之而苟善,不以恶之而苟非。心无所矜,而情无所系,体清神正,而是非允当。忠感明天子,而信笃乎万民;寄胸怀于八荒,垂坦荡以永日。

---

①② 陈伯君:《阮籍集校注》,北京:中华书局1987年版,第170—171、145页。
③ 戴明扬:《嵇康集校注》,北京:中华书局2015年版,第368页。

斯非贤人君子高行之美异者乎！①

由此可以看出，尽管通晓《六经》和遵从礼乐制度都是为了塑造体现仁德天道的理想人格，但由于汉儒拘泥于明经尊礼，甚至将尊礼本身当作目的，反而扭曲、背离了仁德天道。有鉴于此，魏晋名士"任自然"的姿态无非是一种矫枉过正的做法，其根本意图仍是追求仁德天道。可以说，这是以与汉儒相反而相成的方式成就了传统儒学的君子人格。

与此相对应，这一时期的儒家也不再将"文以载道"的信念单一寄托于明经，而是侧重通过达情言志的文学思想创作来表达大道至理。例如，刘勰在《文心雕龙·程器》中提出："是以君子藏器，待时而动，发挥事业，固宜蓄素以弸中，散采以彪外，梗楠其质，豫章其干，摛文必在纬军国，负重必在任栋梁，穷则独善以垂文，达则奉时以骋绩。若此文人，应《梓材》之士矣。"②他在《诸子》篇中又提出："太上立德，其次立言。百姓之群居，苦纷杂而莫显；君子之处世，疾名德之不章。唯英才特达，则炳曜垂文，腾其姓氏，悬诸日月焉。"③凡此皆表达出"君子处世，树德建言"④的特质。

其实，立德、立言正是身为文士的儒家君子一贯的立功方式，只不过魏晋儒士与两汉儒士采取的方式、途径不同。在这一方面，广为人知的《世说新语》对诸多魏晋名士的生动写照就集中呈现和赞美了魏晋时期的君子人格形象，我们从中可以很直观地发现魏晋与两汉时期君子言行做派的具体差异。

三　修身立极：宋明的"君子"观念

基于汉唐时期佛老思想盛行以及唐末战乱而导致纲纪不振的社会局面，北宋初期，儒家就通过推进晚唐以来的儒学复兴运动掀起了疑经风潮，中间"视汉儒之学若土梗"，直指汉唐儒学对《六经》宏旨的曲解，进而确立尧舜禹汤、周公孔孟一脉相传的"道统"，略过汉唐经学的刻板礼法，直追孔孟先贤倡导的心性的仁义道德。

然而，在具体的变革背后，我们发现经过汉唐发展成熟的文化航道依然左右着宋明儒家，也就是说，宋明儒家并没有跳出汉唐时期所形成的以阐发儒家经典

---

① 戴明扬：《嵇康集校注》，北京：中华书局 2015 年版，第 371 页。
②④ 刘勰著，范文澜注：《文心雕龙注》下，北京：人民文学出版社 1958 年版，第 720、725 页。
③ 刘勰著，范文澜注：《文心雕龙注》上，北京：人民文学出版社 1958 年版，第 307—308 页。

和践行儒家礼法来塑造君子人格的基本模式，只不过宋明儒家以一种新的风貌将其呈现出来，即以天理心性为本体根据，进行格物穷理；以《四书》教义尤其是《大学》的"三纲八目"为言行指南，自觉地克己复礼，由此不断提升自身的道德精神境界。这不仅使"德"成为君子人格的全部要求，而且特别提出了道德心性修养的工夫论予以方法指导，进而将圣贤所达到的道德境界视为君子的一种理想生活状态，即"孔颜之乐"。

宋明儒家为君子人格的价值与意义提供了一种形而上的哲学解释，即"立极"。"立极"最初由周敦颐提出。他以宇宙生成论的视角从人类本质的意义上肯定了人相较于万物的至尊价值。但是，身为儒者的他并不满足于仅仅高贵于草木鸟兽，而是要完善自身的人格，因此又提出了"士希贤，贤希圣，圣希天"的人格境界提升层级，这也是"立极"所指示的一种儒家理想人格的含义。对此，宋明理学的殿军刘宗周解释说："夫子首思圣人而递及于君子、善人、有恒者，圣人之学，因有本而以渐达也。惟有本，故渐达。原泉混混，不舍昼夜，盈科而后进是也。夫有恒，其本也。有恒者，常心也。尝守其作圣之心而不二，则渐进于善人矣，渐进于君子矣，渐进于圣人矣。"[1] 这番解释表明君子不仅不满足于万物之灵长，而且不满足于士人、贤人的道德人格层级，并进一步以完满的圣人为目标。

消化了佛老思想的宋明儒士在人格理想上始终以成圣为目标，因此宋明儒家的君子人格并不体现为出世逍遥，而是体现为入世的"为天地立心，为生民立命，为往圣继绝学，为万世开太平"。南宋朱熹以"继天立极"概括性地指出历史上尧、舜、禹、汤、文、武、周公以及孔孟先圣前后接续而形成的"道统"是对"天命"的继承，先贤们由于道德高尚而成为"天命"在人间的代理人，故而肩负着神圣的使命，他们都是"四为"的君子人格的典范。

与汉儒不同，在宋儒看来，作为君子人格的历史参照，古圣先贤的事迹不仅藏于《五经》，而且记于《四书》，尤其是记载孔孟之道的《语》、《孟》、《学》、《庸》，于是《四书》作为"五经之阶梯"而成为宋明儒士成就君子人格的首要文本。同时，宋明儒士不再以训诂考释的方法力图史学性地还原圣王之道，而是着重阐发义理，发明心性之中先天具有的"天理"、"良知"。"古之君子，知固贵于博，然知尽天下事，只是此理。所以博览者，但是贵精熟。知与不知，元无加损于此理。"[2]这就意味着穷理尽性的程度是衡量宋明时期君子人格的根本基准。

工夫论就是宋明儒家为穷理尽性提供的一系列方法指导。从北宋周敦颐的

---

①《刘宗周全集》（第 2 册），杭州：浙江古籍出版社 2012 年版，第 352 页。
②《陆九渊集》，北京：中华书局 2014 年版，第 452 页。

"主静"、张载的"大其心"到大程的"定性"、"识仁"，小程的"主敬"、"涵养"，再到南宋朱子的"格物穷理"、陆九渊的"简易工夫"等等，宋明儒家提出了各具特色的工夫论，但其一致之处在于强调静心凝神与古圣先贤神交的精神活动过程。当然，这并不意味着工夫论在现实言行中无所体现，而是通过"克己复礼"的言行特质得到落实，因此其实质都是为提升道德精神境界而采取的一种心性修养方法。相较于汉唐儒家，宋明儒士不再停留于对礼法形式的遵从，而是更强调从身心两方面深入体悟"天理"、"良知"所指示的现实伦理价值，从而达到对纲常伦理价值的内在认同。

这些特点虽然有别于汉唐，但是宋明儒家所追求的君子人格并没有溢出道德论域，而是以高调的道德理想主义进一步坐实了"君子"作为道德人格代名词的定位。不仅如此，宋明儒家对于君子全德的培养更为集中地局限于通过复礼而存养内在心性的仁德以及阐发《四书》义理和在一事一物中体悟"天理"伦常之智。宋明儒家所塑造的君子人格基本等同于一种道德自律的儒家书生形象，这在很大程度上也成为世人脑海中的"谦谦君子"形象。

无疑，无仁德、无礼节不可谓"君子"，但仅仅如此是不够的，要知道有效解决现实问题的实际技能以及挺身而出、担当现实风险的勇气同样是道德君子不可或缺的品格，否则所谓"道德情怀"只是玄思清谈的题材，并不会落实为任何富有现实成效的行动。如此一来，君子人格实际上就无法得到现实而直观的呈现。陆九渊曾鼓励君子与小人作战，曰："君子行不贵苟异。然习俗之弊，害义违礼，非法制之所拘，而必曰不苟异，而局局然不敢少违；至于义礼之所在，非法制之所禁，乃曰不苟异而不敢行，则亦非君子之道也。"[①] 但是，在现实中，究竟有多少君子挺身而出进行了斗争，斗争成效又如何，这恐怕是不尽如人意的。尽管我们也知道王阳明因其个人的传奇经历而成为仁、智、勇兼备的君子，但是其后学仅从学理上强调"致良知"之学，以格心中之物，致心中之知，而将现实的一切问题皆放到内心良知中来解决，所谓的"知行合一"的"行"仅仅成为一种内在的心灵体验，而无从落实为现实的行动实践。这种"销行以归知"、空谈心性的弊病绝不是阳明心学独有的问题，而是普遍存在于宋明儒家思想之中。例如，具有政治实践经历的刘宗周也将存养与自省为内容的"慎独"工夫作为君子之学的全部：

> 君子之学，慎独而已矣。无事，此慎独即是存养之要。有事，此慎独即是省察之功。独外无理，穷此之谓穷理，而读书以体验之。独外无身，

---

① 《陆九渊集》，北京：中华书局 2014 年版，第 7 页。

修此之谓修身,而言行以践履之。其实一事而已。知乎此者谓复性之学。[①]

如此说来,君子人格的培育就是要做好"慎独"的工夫,包括"无事存养"和"有事省察"两个部分,"存养"讲的是敦实内在的品德,"省察"是向外地反省一切行为是否符合道德原则。这一内一外的工夫贯穿于君子道德实践的全过程。因此,解决实际问题的智德、勇德渐渐消失在儒家君子人格的成长过程之中。

陆九渊解读孟子时曾说:"孟子曰:'幼而学之,壮而欲行之。'所谓行之者,行其所学以格君心之非,引其君于当道,与其君论道经邦,燮理阴阳,使斯道达乎天下也。所谓学之者,从师亲友,读书考古,学问思辨,以明此道也。故少而学道,壮而行道者,士君子之职也。"[②] 在两宋"共治国事"、不杀文臣的宽政环境中,儒家确实有几件"格君心之非"的实际行为,但其成果和影响都极其有限,远远不及"孔颜之乐"具有普遍代表性。宋明儒家最为倾慕的是"一箪食,一瓢饮,在陋巷,人不堪其忧,回也不改其乐"的高洁境界,但这不利于增益君子入身社会公共事务的热情和勇气。

四 经世絜情:清代的"君子"观念

早在两宋时期,上述宋明儒家君子人格的弊端就为一些儒家所觉察,例如南宋时期在浙东地区兴起的反驳理学的"事功学派"。但是,元明时期,理学被确立为意识形态之后就一直占据主流地位,这也在很大程度上将儒家道德君子人格扭曲地规训成一种诵读四书五经、撰写八股文章、处处克己复礼的迂腐文人形象。

直至明清之际,儒家在反思批判宋明儒学的过程中,在清代意识形态严酷管控之下,悄然塑造着与宋明不同的君子人格特质。顾炎武的如下议论在相当程度上就体现出这一点:

> 刘石乱华,本于清谈之流祸,人人知之,孰知今日之清谈有甚于前代者。昔之清谈,谈老庄;今之清谈,谈孔孟……不习六艺之文,不考百王之典,不综当代之务,举夫子论学论政之大端一切不问,而曰"一贯",曰"无言"。以"明心见性"之空言,代修己治人之实学,股肱惰而万事荒,爪

---

①《刘宗周全集》(第 2 册),杭州:浙江古籍出版社 2012 年版,第 390 页。
②《陆九渊集》,北京:中华书局 2014 年版,第 26 页。

牙亡而四国乱,神州荡覆,宗社丘墟。①

对此,我们不妨仍以仁、智、勇之君子"三达德"为基本面分别说明。

(一)勇德的复苏

秦汉至宋明,勇德渐渐在道德君子人格中边缘化,以至于宋明君子基本上是文弱书生。尽管也有颜真卿、文天祥这样舍生取义的义节君子,但那只是一些个人性的义勇行为,而明清之际涌现出的孙奇逢、刘宗周、顾炎武、黄羲之、王夫之、颜元等具有义勇之德的君子,汇集成了一种挽救国家于危亡的群体,从而对社会风貌产生了实际而广泛的影响,以至于"天下兴亡,匹夫有责"的义勇形象成为当时儒士君子阶层整体人格风貌的一个写照。

尽管当时儒士君子仍局限于夷夏之辨,但他们对于明专制政治的激烈批判和对清统治的顽强抵抗的实际言行,复显了君子人格应该具备的义勇之德;或者说,正是通过当时具有巨大风险的抗争活动,义勇行为之于君子人格的必要性才凸显出来,故王夫之说:"有豪杰而不圣贤者矣,未有圣贤而不豪杰者也。"②因为君子对于道德理想的坚守绝不只是体现为尊礼复礼或者明哲保身,而是更需要通过义勇的行为去抗争和维护。正所谓:"无勇之夫,义不能固。"③"义以生勇,勇以成义,无勇者不可与立业,犹无义者不可与语勇也。"④事实上,唯有在现实的危难和风险面前,儒士是否是真正的道德君子才有机会得到检验。

遗憾的是,随着清政权的稳固和专制统治的加强,清儒身上的勇气逐步衰竭,直至晚清的反帝反封建斗争时才再度凸显。然而,20世纪现代新儒学以返本宋明为基本理路,在人格培养方面沿袭着宋明儒家的心性修养方式,而没有矫正其中的偏失,因此也没有为勇德的发展留下必要的位置。综观秦汉以降的两千余年历史,义勇之德在实际的君子道德人格中长期缺失。正如颜元所说:"汉宋以来,徒见训诂章句,静敬语录与帖括家,列朝堂,从庙廷,知郡邑;塞天下庠序里塾中,白面书生微独无经天、纬地之略,礼、乐、兵、农之才,率柔脆如妇人女子,求一腹豪爽倜傥之气亦无之!"⑤这在一定程度上正是传统儒士君子长期处于有德无权状态而没有实际改观的一个重要原因。

(二)智德的矫正

清初儒者多将明亡的原因归于意识形态化的理学空谈心性、不着实际,因此

---

① 顾炎武撰,黄汝成集释:《日知录集释》上,北京:中华书局2020年版,第363—364页。
②《船山全书》第12册,长沙:岳麓书社2011年版,第479页。
③④《船山全书》第10册,长沙:岳麓书社2011年版,第667、666页。
⑤《颜元年谱》,北京:中华书局1992年版,第399页。

"这一时期的诸儒对德性之知的理解，却出现了与先儒有所不同的趋向，尽管他们并不否定德性之知，但其视野却已在很大程度上超越了伦理之域。从顾炎武、方以智到戴震、阮元等，注意的重心已首先指向了实学"。① 例如：王夫之主张"明人道以为实学，欲尽废古今虚妙之说而返之实"②，朱之瑜提出"经邦弘化，康济艰难"③，万斯同强调"经世之学，实儒者之要务"④ 等。这意味着经世济民、经世致用成为清儒治学的一个重要特点，由此积极矫正了宋明儒士专研四书五经、空谈心性、静坐玄思的偏狭，同时也扩充了"知"的内容和方法。

从内容上讲，清儒强调经世致用的实学，即自然科学和社会科学的知识。如顾炎武说："士当求实学，凡天文、地理、兵农、水土及一代典章之故不可不熟究。"⑤ 方以智则把经济、技艺等都列入道的学说之中，其中质测之学就是实证自然科学知识，所谓"物有其故，实考究之，大而元会，小而草木螽蠕，类其性情，征其好恶，推其常变，是曰质测"。⑥ 其意义即如王夫之所说："既以身任天下，则死之与败，非意外之凶危；生之与成，抑固然之筹画。生而知其或死，则死而知其固可以生；败而知有可成，则成而抑思其且可以败。""岂徒介然之勇，再鼓而衰。""豪杰之与凡民，其大辨也在此夫！"⑦ 另外，社会科学知识也同样重要。颜元解释说："博学之，则兵、农、钱、谷、水、火、工虞、天文、地理，无不学也。"⑧ 对于社会政治伦理问题的解决方案，不能依靠玄思的逻辑推导，也不能单靠克己复礼的道德自律，而是需要通晓农、工、商、政、文等多个领域的运作模式和特点。

这些实学内容都是需要通过实地的反复实践，积累丰富的实践经验才能掌握的。不论是物理自然，还是人伦社会，无不如此。"然但以读经史，订群书为穷理处事，以求道之功，则相隔千里。"⑨ 所以，颜元批评理学家"不见梅枣，便自谓穷尽酸甜之理"；相反，他认为必须"手格其物，而后知至"。⑩ 也就是说，人如果没有实证的自然科学知识，没有实行的社会科学知识，就意味着即便有理想、有主张、有勇气，也不过是作口笔文章，根本没有付诸现实的行动能力。颜元不客气地指出："宋之苟安，佛之空，老之无，周、程、朱、邵之静坐，徒事口笔。总之，

---

① 杨国荣：《明清之际儒家价值观的转换》，载《哲学研究》1993 年第 6 期。
②《船山全书》第 16 册，长沙：岳麓书社 2011 年版，第 73 页。
③《朱舜水集》上，北京：中华书局 1981 年版，第 383 页。
④《万季野先生年谱》，转引自仓修良、魏得良编《中国古代史学史简编》，哈尔滨：黑龙江人民出版社 1983 年版，第 512 页。
⑤《顾亭林诗文集》，北京：中华书局 1983 年版，第 155 页。
⑥ 方以智：《浮山文集》，北京：华夏出版社 2017 年版，第 212 页。
⑦《船山全书》第 10 册，长沙：岳麓书社 2011 年版，第 1106—1107 页。
⑧⑨⑩《颜元集》上，北京：中华书局 1987 年版，第 169、78、159 页。

皆不动也。而人才尽矣！圣道亡矣！乾坤降矣！吾尚言：一身动，则一身强；一家动，则一家强；一国动，则一国强；天下动，则天下强。"[1]

为此，颜元不仅自己身体力行，而且在其教育实践中开设了上述实学的科目，据此培养具有解决实际问题技能的人才。他强调说："兀坐书斋人，无一不脆弱，为武士农夫所笑者。"[2]

（三）仁德的新意

宋明儒家以"天理"、"良知"为本体，将君子仁德理解为克制情感欲求的道德心性，甚至将"天理"、"人欲"对立起来。然而，清儒通过对理学的批判反思，重新协调"天理"与"人欲"的关系，积极肯定了情感欲望的价值，并将情感欲望置于优先于心性的位置，在实质上对君子仁德作了新的解读。

其中，王夫之直言："随处见人欲，即随处见天理。""私欲之中，天理所寓。"[3]"惟然，故终不离人而别有天，终不离欲而别有理也。离欲而别为理，其惟释氏为然。盖厌弃物则，而废人之大伦矣。"[4]"情者，性之端也。循情而可以定性也。"[5]但是，清儒中最具代表性的还是戴震。他不但批判"以理杀人"，而且提出絜情伦理。他说："《记》曰：'饮食男女，人之大欲存焉……是故去生养之道者，贼道者也。细民得其欲，君子得其仁。遂己之欲，亦思遂人之欲，而仁不可胜用矣；快己之欲，忘人之欲，则私而不仁。"[6]其意是强调君子也是人，他们虽然"无终食之间违仁"，但也与常人一样有欲有乐。他认为："欲根于血气，故曰性也，而有所限而不可逾，则命之谓也。仁义礼智之懿不能尽人如一者，限于生初，所谓命也，而皆可以扩而充之，则人之性也。谓犹云'借口于性'耳；君子不借口于性以逞其欲，不借口于命之限之而不尽其材。后儒未详审文义，失孟子立言之指。不谓性非不谓之性，不谓命非不谓之命。"[7]此外，与肯定情欲直接相关的是对于追求事功和个人利益的肯定。颜元对此就提出"正其谊以谋其利，明其道而计其功"，矫正由汉至宋明一直盛行的利义对立的观点。

不过，应该看到的是：清儒的实学也并未走出自汉以来逐步确立起来的传统经学之域。相较于同一时期，法国百科全书派学者编著了面向现代社会的《百科全书》，清代的显学却回向过去的考据之学，包括顾炎武也要求从理学回归经学，

---

① 《颜元集》下，北京：中华书局 1987 年版，第 669 页。
② 《颜元集》上，北京：中华书局 1987 年版，第 73 页。
③ 《船山全书》第 8 册，长沙：岳麓书社 2011 年版，第 90 页。
④ 《船山全书》第 6 册，长沙：岳麓书社 2011 年版，第 911 页。
⑤ 《船山全书》第 3 册，长沙：岳麓书社 2011 年版，第 353 页。
⑥⑦ 《戴震全书》第陆册，合肥：黄山书社 2010 年版，第 27、191—192 页。

王夫之则以"六经责我开生面"自勉,其中都暴露出保守陈旧的一面;不仅如此,现实中的大多数儒者归顺在清王朝专制统治之下,埋头于《六经》考据,一心以八股文章谋求职位,即便退居乡野也因长期的教化规训而观念陈腐,因此不仅学习实学、实文、实行的外在途径不足,而且其内在意识、意愿也很淡薄。即便有一小部分开明儒生具备学习的途径和意愿,也往往因缺乏行动的勇气而泯然众生。

总之,清代的"君子"观念出现了颠覆传统君子人格的一些动向,但从当时的实情看,距离现代有德有权的"君子"观念还具有相当大的距离,其本身仍是有德无权的传统君子人格。

五 传统道德君子的政治情怀

君子之德不仅包括心性品格,还包括政治责任。余英时用"内圣外王连续体"来表述此意。另有学者也指出:"道德修养一定要同'政治主体'和'社会主体'的身份关联起来,才构成儒家君子较为完整的内涵。"[1] 我们认同这样的观点,儒家"没有所谓纯粹个人内在的道德修养,儒家君子之德总是指向安民安百姓的社会责任"。[2]

君子基于自身的政治情感、政治意志和政治智慧,而形成了自觉的政治批判意识,也就是"道统意识"。因此,要真正透彻地理解儒家的"君子"观念,就必然要理解儒家的"道统"。儒家"道统"虽然到唐代韩愈时才正式建立起来,但"道统意识"从孔子创立儒学时就形成了,孟子则基本完成了"道统"的实质建构。

那么,"道统"的实质何在?我们来看韩愈的"道统"谱系:"尧以是传之舜,舜以是传之禹,禹以是传之汤,汤以是传之文、武、周公,文、武、周公传之孔子,孔子传之孟轲。"[3] 这个谱系可以分为两段:前一段是"尧—舜—禹—汤—文—武—周公",体现为德权合一、圣王合一、道治合一[4],这是历代儒家为针砭时政、"格君心之非"而设想并沿用的理想君主模型。这固然有其积极意义,但并不能视为历史实情。按照前文关于"有权无德"的论述来看,上古时期只有君主配享天命,

① 彭国翔:《君子的四重意义》,载《银行家》2010 年第 1 期。
② 荆雨:《儒家"道德的政治"之当代重探》,北京:中国社会科学出版社 2019 年版,第 270 页。
③ 韩愈撰,马其昶校注,马茂元整理:《韩昌黎文集校注》,上海:上海古籍出版社 1986 年版,第45 页。
④ 关于"圣王合一,道治合一",参见刘溪撰《西方科技与康熙帝"道治合一"圣王形象的塑造》,山东大学 2017 届博士论文。

而周公将君主得上天眷顾的根据称为"德"，即"德"仅为君主所独具，其实质是主权者充当了传道者，故而才有后一段"孔子—孟子"走向德权分离、圣王分离、道治分离的转向，即自此而后，圣人不是王者，传道者不是主权者，这与"君子"概念的"有德无权"含义一致。

由此可见，"道统意识"具有这样三点实质含义：

第一，道统与政统分离，圣人与王者分离。这就是说：圣者非王，王者非圣。"君子"以成"圣"为目标，因而是"天的代言人"，据此也就断绝了君权的神圣性。

第二，道统高于政统，圣人高于王者。通过圣人与王者的分离，君子试图站在世俗权力之外来制约君权。这种分离的途径就是所谓的"内在超越"，士大夫以自身心性直接与神圣超越者建立联系，不再认可君王对最高价值的垄断。但是，事实上君子因自身的臣属地位而无力与皇权抗衡，并且在帝国后期"内在超越"反而为皇权专断所利用，即皇帝也凭一己心性与神圣超越者联系，"以我之大私为天下之大公"，成为神圣之代言人。由于"圣王分离"的观念被打破，皇帝成了"圣王合一"的"圣上"，而君子逐步丧失了道统话语权，"政统"最终压制了"道统"，这在清朝康乾时期达到了高峰。究其原因，其中关键的一点就是由于皇权时代君子人格本身的局限性，即深厚的臣属意识以及由此形成的以君臣伦理为纲的人格教育。如前所论，不仅以明经尊礼与克己复礼为实质内容的仁德培养具有时代局限性，而且因长期忽视智、勇之德，导致清儒普遍缺乏解决现实问题的实用性知识和技能，缺少英勇无畏、挺身而出的胆识和勇气。

第三，要重建"道统"，君子就必须首先彻底涤除自身的臣属意识。这就意味着"君子"人格既不能退回到"有权无德"，也不能延续"有德无权"，而应当走向德与权的统合：德权合一。这不仅意味着君子人格需要在道德与政治两个维度上走向平衡，而且前提性地要求君子的道德人格培养需要从单一仁德走向仁、智、勇"三达德"平衡。正如颜元所说："三达德上自天子下至庶人，大而谋王定国，小而庄农商贾，都缺他不得。""农成佳禾，商聚货财，都须一段见识，一段包涵，一段勇气，方做得去。"[①] 其中，"见识"乃君子之知，"包涵"乃君子之仁，"勇气"乃君子之勇，也就是说，仁、智、勇只有融为一体且平衡发展，才能成就有权有德的君子。这既关乎庄农商贾等日常生活的水平，也关乎谋王定国等重大事务的成败。

---

①《颜元集》上，北京：中华书局1987年版，第202页。

第四节　有德有权：民权时代的"君子"观念

虽然皇权时代的君子有德无权，但是这不意味着君子丧失了政治人格的向度，而是如孔子所言："邦有道，则仕；邦无道，则可卷而怀之。"（《论语·卫灵公》）也就是说，君子总是根据有道或无道的政治环境变化，审时度势地调整其政治人格向度的显与隐。对此，邢昺进一步解释说："此其君子之行也。国若有道，则肆其聪明而在仕也。国若无道，则韬光晦知、不与时政，亦常柔顺不忤逆校人。是以谓之君子也。"从积极的角度看，经历了漫长的皇权时代，君子的政治人格向度只是长期隐匿起来，并没有真正丧失，而且随着民权时代的到来，可以再度凸显出来。

民权时代的一个基本事实就是主权主体发生了时代转变。对于这种时代转变，明清之际的黄宗羲便意识到：所谓"以天下为主，君为客"，其中"天下"实指"天下之人"、"兆人万姓"①，也就是"民"。因此，他又明确说："为天下，非为君也；为万民，非为一姓也。"②所以，"天下为主，君为客"就是"民为主，君为客"。与他同时代的顾炎武也说："为民而立之君，故班爵之意，天子与公、侯、伯、子、男一也，而非绝世之贵。"③这些都是对皇权时代君民关系的彻底颠覆，即由"君主"转变为"民主"，其历史背景是中国社会从"主权在君"向"主权在民"转换的时代，个体性的国民取代君王，成为真正的主权主体。这意味着"君子"观念经历了"有权无德"到"有德无权"的曲折演变之后，在民权时代将发展到一个合命题的阶段，即"有德有权"的现代"君子"观念。

一　公民道德：现代"君子"之德

不仅如此，在民权时代，人人都可以成为道德人格上的"君子"。正如严复出于国家富强、社会繁荣的政治意图而提出"是以今日要政，统于三端：一曰鼓民力，二曰开民智，三曰新民德"④，其实质就是与君子"三达德"——仁、智、勇相对

---

① ② 黄宗羲：《明夷待访录》，北京：中华书局2011年版，第8—9、14页。
③ 顾炎武著，黄汝成集释：《日知录集释》上，北京：中华书局2020年版，第390页。
④《论世变之亟——严复集》，沈阳：辽宁人民出版社1994年版，第36页。

应,而这也是民权时代"君子"道德人格的表达,或者说民德、民智、民力就是君子"三达德"在民权时代的现实存在形式。在这里,国民人格与君子人格没有实质差异,"士君子"本身就是"四民"之一,只不过"君子"代表着国民中的先知先觉者和民德、民智、民力的饱满体现者。严复对这三者分别作了解释:

> 夫人才者,民力、民智、民德三者之征验也,求之有位之中,既如此矣。①
>
> 盖生民之大要三,而强弱存亡莫不视此:一曰血气体力之强,二曰聪明智虑之强,三曰德行仁义之强 …… 未有三者备而民生不优,亦未有三者备而国威不奋者也。②

"君子"即"人才",其衡量标准就是民力、民智、民德的发展程度。这三者不仅具有"民生之优"的道德含义,而且具有"国威之奋"的政治含义。

(一)民德

民德即"德行仁义",此为"君子"仁爱政治情感的传承,但其体现方式具有民权时代的独特性,即通过发展个体自由权利来成就社会群体的共同利益,故严复曰:"特操异撰者,兼成己成物之功,明德新民,胥由于此。""自小己而言之,则一人之身,以其特操异撰而生气丰;自国群而言之,以其民生气之丰,其国之生气亦以不窗。"③"行己自繇明特操为民德之本。"④其以个体自由权利为民德之本,实是国民"自爱"之德,这正是"爱人"、"爱民"政治情感的起点。

对此,梁启超在《新民说》中也表达了相似的观点。他指出:皇权时代人们的现实处境是"遇仁焉者,则为之婴儿;遇不仁焉者,则为之鱼肉"⑤,"婴儿"、"鱼肉"作为"无权者",在现实中无法自利、自主、自治,因此人们非但无法实现"兼济天下"的宏愿,甚至难以"独善其身"。其中对个人而言,"权利思想之强弱,实为其人品格之所关。彼夫为臧获者,虽以穷卑极耻之事廷辱之,其受也泰然;若在高尚之武士,则虽掷头颅以抗雪其名誉,所不辞矣"⑥,因此"无权利者,禽兽也;奴隶者无权利者也,故奴隶即禽兽也 …… 吾故曰:直接以害群也"⑦。由此,他指出:个体权利是对自身人格尊严的维护,这本身就是一种自尊自爱的道德体现;而像奴隶、禽兽那样没有个体权利意识,其实质是没有礼义廉耻之"德"。也

---

①②《论世变之亟 —— 严复集》,沈阳:辽宁人民出版社1994年版,第27、25页。

③④[英]约翰·穆勒:《群己权界论》,北京:商务印书馆1981年版,第68、60页。

⑤⑥⑦梁启超:《新民说》,沈阳:辽宁人民出版社1994年版,第49、45、43页。

正因为个体权利维护了国民的人格尊严，国民才能够且应当对自身负责，因为"苟尽义务者勿患无权利焉尔；苟不尽义务者其勿妄希冀权利焉尔"[1]，自觉地承担责任本身蕴涵于权利之中，而且同样是人格尊严的体现。

事实上，只有具备个体权利，才能对国家、社会有所担当。梁启超说：这一方面是因为"权利思想者……实亦一私人对于一公群应尽之义务也"[2]，即个体总与社会群体共在，所以每个人只有对自身负责，保护好自身，才能增强社会群体的合力，否则只能成为社会群体的负担，损害社会群体的利益；另一方面是因为"一私人之权利思想，积之即为一国家之权利思想，故欲养成此思想，必自个人始"[3]，即国家主权本身是由国民个体权利积聚而成，所以每个国民都是国家的主人，自然理应承担相应的责任。因此，要使国民不成为麻木的、历史的"看客"，而成为"天下兴亡，匹夫有责"的"君子"，势必使国民成为主权主体，即以国民个体权利的确立为前提。

由上而言，个体自由权利作为国民"德行仁义"之根本，不仅体现着国民自尊自爱的私德，而且包含着国民深爱社会、国家的公德。因此，严复认为："民德最隆之日，在在皆有不苟同不侪俗之风。而如是之风，又常与其时所出之人才为比例。心德之刚健，节操之坚勇，其见于历史者，皆在自繇最伸之日。"[4]

当然，作为君子，不只是局限于自身权利的伸张，而是清楚地意识到每个人都身处社会群体之中，任何一个人的权利受损都意味着每个人的权利受到了威胁，必须予以维护，此谓之"公德"。严复所译孟德斯鸠之《法意》言："是故际乎君主之极盛也，其国可以为多良民，而不可以为多君子。君子小人，判于心术者也。君子之爱其国也，以利于国而致其爱者也。小人之爱其国也，以利于己而致其爱者也。"孟德斯鸠自注曰："所谓君子小人，皆自国民之公德而言。"[5]

虽然传统君子就有"兼济天下"的道德自觉，但是严复一针见血地指出：

中西学者作用不同，起于"恕"字界说之异，中土"恕"字界说，曰己所不欲，勿施于人，此负义也；西人"恕"字界说，曰以己所欲，施之于人，此正义也。二者似同实异。盖用前说则归洁其身，有所不为，其义已尽；用后说则匍匐救丧，强聒不舍，皆一己分内之事，而一日安闲，死有余责矣。

①②③ 梁启超：《新民说》，沈阳：辽宁人民出版社1994年版，第143、50、50页。
④ ［英］约翰·穆勒：《群己权界论》，北京：商务印书馆1981年版，第73页。
⑤《严复全集》（卷四），福州：福建教育出版社2014年版，第32页。

故中国之君子期于无损人而已足，而西国之君子凡世间有一溺一饥皆己之性分未有尽也。是故学说不同，而社会结果遂以大异如此。①

其实，真正的君子不乏"有一溺一饥皆己之性分未有尽"的自觉，因为这本身也属于"兼济天下"的一种具象化表达，但身处危难时局中的严复在这里所要强调的是：在"邦无道"的局面下，传统君子只是"归洁其身，有所不为"，而没有挺身而出，舍己为人，因此不论其道德理想如何崇高，现实的结果都是社会问题得不到实质性解决，无道的局面得不到积极的扭转。在这个意义上，所谓"君子"也无异于"历史的看客"。这一点其实正与明清之际王夫之等人强调的君子义勇行为相呼应。我们也由此再度意识到：仁德的培养和落实离不开智勇之德，即"民智"与"民力"。

（二）民力

民力首先指血气体力，同时包括精神志气，其意在于通过国民身心的共同发展激发生命斗志，迸发外争国权、内争人权的政治意志，这也正是民权时代的"君子"所要坚守的根本道义。"外争国权"即在国际社会争得民族解放、国家独立，维护国家主权不受侵害，这在救亡图存的近代中国带有明显的民族主义色彩。但是，随着中国现代化的发展，从超越国家、民族的意义上理解国权已成为当代君子政治意志的应然方向。"内争人权"即争取以人权为基本内容的个体权利，此非君子自谋一己私利，而是为天下众人争得生而为人的基本权利。由于人权本身超越了民族、国籍、性别、阶层等种种区隔，因而也在最广泛的意义上体现着"君子成人之美"的政治意志。事实上，自明清以来君子对皇权专制的批判到清末推翻帝制的民主革命，都是为争取人权而做的努力和牺牲。

这种意志需要心力与体力两方面的磨炼。古时君子所习"六艺"是文武兼修，而自近代科技兴盛以来，人们片面注重脑力，忽视体力的磨炼，但如孟子所说："天将降大任于是人也，必先苦其心志，劳其筋骨，饿其体肤，空乏其身，行拂乱其所为，所以动心忍性，曾益其所不能。"（《孟子·告子下》）因此，严复强调：

> 古今器用虽异，而有待于骁猛坚毅之气则同。且自脑学大明，莫不知形神相资，志气相动，有最胜之精神而后有最胜之智略。是以君子小人劳心劳力之事，均非气体强健者不为功。此其理吾古人知之，故庠序校塾，不忘武事，壶勺之仪，射御之教，凡所以练民筋骸，鼓民血气者也。而孔孟

---

①《严复全集》（卷八），福州：福建教育出版社2014年版，第245页。

二子皆有魁杰之姿。[1]

这实际也指出了长期以来人们对于君子人格的一种片面理解。当然，磨炼体力的根本是为了增强内在的心力，否则就只是匹夫之勇；心力之萌发则离不开文化教养，即需要进行思想启蒙，对自身人格有所自觉，这就涉及对"民智"的开发。

（三）民智

民智是现代公民基于文化知识而形成的独立思考能力和实干能力。民智是孔子所谓君子之"知"的复兴。"知"不仅包括体道的玄思之知，还包括践道的技艺之知。君子作为知礼明理之人，必然要有良好的文化教养，但君子之"智"并非诵记词章、恪守礼法，而是能够独立思考，故严复指出："盖民智之最患者，严立一义而以为无可疑，由无可疑而得不可议，由不可议而得不足思。"[2]"记诵词章既已误，训诂注疏又甚拘，江河日下，以至于今日之经义八股，则适足以破坏人才，复何民智之开之与有耶？"[3] 在他看来，"君子之于古训嘉言也，非曰崇信称道之已也，固将体于身心而著之言行也"。[4] 这就是强调现代社会的君子应当坚持以切身的实践检验来认识真理、确证信仰，而不是盲从古人之言。

在民权时代，君子的智慧首先体现为对皇权专制的反思批判，再而体现为对国民成为主权主体的自知自觉，即对臣民人格的否定以及国民自主、自利、自治的意识和实现途径。其中先知先觉者对后知后觉者必然具有启发作用，但每个国民要成为人格饱满的君子，终究还是要靠自知自觉、自辨是非，而不是对权威精英盲听盲从，或放任自己随波逐流，否则这不仅是没有政治智慧的体现，而且是自暴自弃的不道德行为。在《群己权界论》的《译凡例》中，严复用自己的话阐述了上述两层意思："须知言论自由，只是平实地说实话求真理，一不为古人所欺，二不为权势所屈而已。使中国民智民德而有进今之一时，则必自宝爱真理始。仁勇智术、忠孝节廉，一皆根此而生。"[5]

然而，国民要形成独立的思考能力，不仅需要学习抽象的理论知识，而且需要学习直接解决现实社会问题的实用性知识与技能。前述传统的君子人格培养不重视经世致用的知识和技能，因此君子在面对棘手的现实问题时所提出的解决方案往往是纸上谈兵，而无力提供切实有效的实践方案，甚至在面对复杂

---

① ③《论世变之亟 —— 严复集》，沈阳：辽宁人民出版社 1994 年版，第 37、39—40 页。
② ⑤〔英〕约翰·穆勒：《群己权界论》，北京：商务印书馆 1981 年版，第 46 页《译凡例》第 ix 页。
④《严复全集》（卷三），福州：福建教育出版社 2014 年版，第 290 页。

错综的问题时,因缺少实干经验而无法对问题作出清晰的辨识和恰当的分析。对此,严复特别提出:

> 经济行为,关乎教化,亦是君子分内事,功不在后稷之下:挽近十余年,欧美诸邦皆有积累版克(储蓄银行)。积累版克者,其受人寄赇而与之息也。其数极于甚微,其时极于至暂。此所以劝小民之节畜,而祛滞财之害,至于锱铢者也。往者小民有财,谓其数微,每不甚惜,则费之于不偿之地。自积累版克兴,于是乎民乐畜聚,数稔之后,往往由穷檐而为中产之家,既富方谷,风俗渐美。由是观之,则版克者不徒富国之至术,而教化之行寓之矣。后有君子起而施其政于中国,功不在后稷下也,岂特转贫弱以为富强也哉![1]

对于民权时代的君子人格尚未确立的问题,严复的进一步思考也具有启发意义。他说:

> 是故富强者,不外利民之政也,而必自民之能自利始;能自利自能自由始;能自由自能自治始,能自治者,必其能恕、能用絜矩之道者也。[2]
>
> 是道也,欲民之忠爱必由此,欲教化之兴必由此,欲地利之尽必由此,欲道路之辟、商务之兴必由此,欲民各束身自好而争濯磨于善必由此。[3]

这是说民忠爱、兴教化、尽地利、辟道路、兴商务、民自好等一切道德、政治的发展皆从“絜矩之道”开始,这其实也是发展民权时代君子人格的第一步。“絜矩之道”语出《大学》,严复以此“格义”个体自由,说“中国理道与西法自由最相似者,曰恕,曰絜矩”[4],后来则更为确切地将其表达为“群己权界”。也就是说,严复认为“群己权界”是确立民权时代君子人格的第一步。

中国的“道统”徒有个人道德,缺乏制度化的组织,即牟宗三所说的“有治道而无政道”。如果从君子人格的角度看,儒士君子作为官僚系统的主要成员,在智德学习和存养方面有偏失,即虽有经世济民的情怀,甚至有积极的价值主张,但不具备提供可操作性方案的社会科学知识和实践技能,以至于其情怀与主张仅仅停留于口头和纸面。

---

①《严复全集》(卷二),福州:福建教育出版社 2014 年版,第 222 页。
②③④《论世变之亟 —— 严复集》,沈阳:辽宁人民出版社 1994 年版,第 19—20、42、3 页。

在这个意义上，徐复观提出现代知识分子必须在知识和人格的基础上重建社会的立足点。他说："儒家的千言万语，终因缺少人民如何去运用政权的间架，乃至缺乏人民与政府关系的明确规定，而依然跳不出主观愿望的范畴。"[①] 因此，他反对牟宗三、唐君毅及其老师熊十力的玄学精神，认为从具体生命、行为层层往上推，一直推到形而上的"天命"、"天道"处立足，其实已经违背了孔子的本意。在他看来，"孔子追求的道，不论如何推扩，必然是解决人自身问题的人道，而人道必然在'行'中实现。行是动进的、向前的，所以道也必是在行中开辟"。[②]

二 公民权利：现代"君子"之权

按现代政治学、伦理学的惯用概念，"公民权利"指的是作为一国公民所享有的权利，但公民权利的确立是以不受国籍所限的自然人权为前提。因此，现代"君子"之权实际包含以下两个层面：

（一）就自然人权而言，现代"君子"之权首先是人之为人的基本权利

现代君子之权"是所有人因为其种属身份（membership of the species）而拥有的权利"。[③] 这不会因其国籍、阶层、种族、性别等差异而受限制，同时也是"不可移让之权利，此之谓基本权利"。[④] 在 1948 年联合国大会通过的《世界人权宣言》的序言中，免于匮乏、免于恐惧、言论自由、信仰自由四项内容成为世界各国共同认可的基本权利。这些基本权利的不可让渡性、不可侵犯性划出了公共权力与个体权利之间的底线。

在中国，严复最早明确了划定权力界限的必要性，就是所谓的"群己权界"，即"使小己与国群，各事其所有事"[⑤]，"凡事吉凶祸福，不出其人之一身。抑关于一己为最切者，宜听其人之自谋，而利害或涉于他人，则其人宜受国家之节制"[⑥]。这本身兼具政治哲学与道德哲学的双重含义：（1）"关于一己为最切者，宜听其人之自谋"，此并非自私自利，而是要平等地维护每一个国民个体权利不受他人侵害，因而其内在含义是利他的。从道德上讲，这是国民个体之间以及社会群体对国民个体基本的信任和尊重，即承认每个国民都具有独立人格，有能力自主自治；从政治上讲，这是激发和维护每个国民生命活力的基本条件，所谓"顾彼民

① 方克立、李锦全主编：《现代新儒家学案》下，北京：中国社会科学出版社 1995 年版，第 703 页。
② 《徐复观文集》第 1 卷，武汉：湖北人民出版社 2002 年版，第 221 页。
③ [英]约翰·格雷：《自由主义》，长春：吉林人民出版社 2005 年版，第 8 页。
④ 中国第二历史档案馆编：《中国民主社会党》，北京：档案出版社 1988 年版，第 164 页。
⑤⑥ [英]约翰·穆勒：《群己权界论》，北京：商务印书馆 1981 年版，第 81 页。

之能自治而自由者,皆其力、其智、其德诚优者也"①,同时也是实现天下治平的根本,所谓"人得自繇,而必以他人之自繇为界,此则 …… 君子所恃以平天下者矣"②。(2)个人自谋不能应对社会生活的一切问题,因此"利害或涉于他人,则其人宜受国家之节制",任何一个人的权利受到侵害都意味着其他所有人的权利也可能受到同样的侵害,而这就需要公权力加以干涉,因此公权力是维护社会公共生活秩序、保护个体权利的必不可少的力量。在这个意义上,公权力作为维护社会正义的设定也寄托着国民的道德价值共识,因此理应是社会良知、国家良知的体现。(3)现实是,行政的相对独立性往往使公权力成为个体权利的最大危害者,因此必须划定公权力的施用范围和限度,以"裁抑治权之暴横"。③可以说,这既是维护国民自尊自爱的道德要求,也是实现国民自主、自利、自治的政治要求,更是避免重蹈君子"有德无权"之覆辙的现实基础。

现代新儒家张君劢的观点也异曲同工:

> 国家对于人民,无论权力怎么强大,总要划定一个范围,说这是你的命,这是你的财产,这是你的思想和你的行动范围。在这范围内,便是各个人民天生的与不能移让的权利。在这范围内,国家是不能随便干涉强制的。在这范围内,个人所享有的权利,便叫人权。④

(二)就公民权利而言,现代"君子"之权是指因国籍身份而作为一国公民享有的权利

尽管公民权利往往因民族和国家的差异而不尽相同,但"主权在民"是现代各国对于公民权利的基本共识。对此,1863 年林肯在《葛底斯堡演说》中作了经典的概括,即"民有、民治、民享"(原文: that Government of the people, by the people and for the people),这在 20 世纪早期就为中国公民所认同。对此,笔者解释性地指出:

> "the people"一词并没有突显出所有者的特质,确切地说,"民"虽然并不单独代表任何一个个体,但绝不是指作为集体存在的"人民"(the

---

① 《论世变之亟 —— 严复集》,沈阳: 辽宁人民出版社 1994 年版,第 36 页。
②③ [英]约翰·穆勒:《群己权界论》,北京: 商务印书馆 1981 年版,《译凡例》第 vii 页、第 3 页。
④ 张君劢:《宪政之道》,北京: 清华大学出版社 2006 年版,第 157 页。

people），而是代表所有的作为独立个体的"公民"（或曰"国民"）（the citizens）。

换言之，"民有、民治、民享"就是"公民所有"、"公民所治"、"公民所享"，因此"主权在民"的共识意味着现代主权国家的公共权力实为公民权力。[①]

1. 公民所有

尽管在现实中，公权力总是要通过各种公共行政机构来行使，因而具有超私人性，但是其实质是源自个体性的公民授权，即经由公民同意，体现公民个体诉求，所谓"合天下之私以成天下之公"[②]，而且公民"授权"的内容仅限于公权力的行政权，而不包括所有权。也就是说，公权力的所有权始终在公民自身，不得转让。其原因在于现代国家的公权力（public power）包括制宪权、立法权、行政权、司法权、对外主权等，都是根植于公民的个体权利，其实质包含在个体权利之中，而各级公权力行政机构都只能执行，而非取代公民的意愿（"代议制"）。因此，公民的个体权利（包括权力）决定着国家公权力，是国家的真正所有者和管理者，而不是相反。此即"公民所有"。这里要区分的是：民权时代的"君子"是因自身具有个体权利而体现为一种"有权"的政治人格面向，但又不同于王权时代的"君子"—— 只有天子或国君才是有权者，而是人人平等地拥有个体权利。因此，"公民所有"意味着每一个公民都是有权者。这也表明现代公民个体与政治国家之间的关系根本不同于古代：

> 昔日封建时代或君主时代以忠于其主为务，民主时代，人之有选择政府之权，人人有批评政府之权，同时人人有守法奉公之义务，以维持其国家之生存。此由于对一人之忠，扩大而为各人之自由。吾未见其悖乎善恶是非之准绳，而不合乎人之所以为人之道也。[③]

2. 公民所治

"公民所治"意味着全体公民都具有治理国家的权力。当然，这对于中国而言势必要以"间接民主"的方式实行，但这同样体现着"为公民者，皆有参政之

[①] 郭萍：《自由儒学的先声 —— 张君劢自由观研究》，济南：齐鲁书社2017年版，第240页。

[②] 顾炎武著，黄汝成集释：《日知录集释》上，北京：中华书局2020年版，第140页。

[③] 吕希晨、陈莹选编：《精神自由与民族文化：张君劢新儒学论著辑要》，北京：中国广播电视出版社1995年版，第277页。

权利；一切设施，无不以民意为前提"。[1] 作为才德更为出众的君子，需要更多地参与治理，担当起公共事务的责任，就此一方面充分发扬民意，一方面维护行政的有序性。对此，早在 1913 年严复发表的《论国会议员须有士君子之风》中就指出：政府"立法揆度、出号施令者，必不可以不学无本之人，操其柄以相与卤莽灭裂故也"。士君子通过研习"《诗》《书》六艺之所载，《论》《孟》四子之所谆谆"，修身务本，自待者至重，"其有志救世者，莫不信言谨行、克己慎仪，一身隐然为苍生所托命"，其治国理政必不至于"否塞晦盲、喷喷大乱"。虽然君主制已经结束，"国既为民主矣，则主权诚在民"。但是，人民与皇帝一样，立法行政不能万事亲力亲为；皇帝委托士君子，人民则委托国会。国会是一个有机体，由数百千人之议员组成，各议员虽不能尽是尧、舜、禹、文，但只要稍存士君子之风，廉隅敬恭，和悦而诤，社会和政治仍能达到"中天景运之休"和"彼西人所谓理想之郅治"。[2] 徐复观认为：儒士君子就是现代的、有担当的知识分子。他们必须以社会为中心，以知识和人格为基本点，重新建立自己的立足点。徐复观说："要使士人从政治上得到解放，以完成士人性格上的彻底转变。这并不是说要知识分子脱离政治，而是说知识分子应立足于社会之上，立足于自己的知识之上、人格之上，以左右政治，而再不由政治权力来左右知识分子的人格和知识。"[3]

3. 公民所享

"公民所享"意味着公民享有利益。这是"民有"、"民治"的目的所在，因为公权力存在的根本目的就是维护所有公民的个体权利，而且"民有"、"民治"如果取得了实际成效，那么相应的成果自然属于每一个公民；反过来说，也唯有实现了"民享"，才能最终确证"民有"、"民治"的允诺和成果。不过，需要注意的是："民享"并不是单方面地享有利益，还需要承担风险与后果，不论是积极的成果，还是消极的后果。当然，这些都是在"民有"、"民治"得到保障实行的前提下才具有正当性。

上述"民有"、"民治"、"民享"三方面实质上是现代社会有权者的基本要素，具体落实在人格上就体现为自主、自治、自利的公民素养，而这离不开民德、民力、民智的道德人格的培养。

综上而言，发展民权时代的君子人格，首要的内容就是：确立"群己权界"的政治基础，使国民成为自主、自治、自利的有权者；同时明确"群己权界"的道德

---

① 张君劢：《明日之中国文化》，济南：山东人民出版社 1998 年版，第 87 页。
②《严复全集》（卷七），福州：福建教育出版社 2014 年版，第 455 页。
③ 徐复观：《中国知识分子的历史性格及其历史的命运》，载《民主评论》第 5 卷第 8 期。

原则，使国民成为自爱、爱人的有德者。这就是说，唯有基于"群己权界"来发展国民的道德人格与政治人格，才可能最终成就"德权合一"的现代君子。当然，其实质内容早已不再是周公意义上的"圣王合一"、"德权合一"，而是现代价值意义上的公民意义上的"德权合一"。回望历史，"君子"含义中"权"与"德"关系的消长变化可以说是一种"正—反—合"的逻辑进程，而追求并保持"权"与"德"的平衡本身也是"君子中庸"的基本要求。

第二十章

和而不同

第一节 "和而不同"思想的起源

一 "和"、"同"的词源学分析

"和"与"龢"字音相同，意义相通。汉字简化前"和"与"龢"常通用，互为异体字，也有人认为二者互为古今字关系。

"龢"在甲骨文中就已经出现。它的左边是形旁"龠"，像一排竹管合拼而成的乐器，大概是笙和箫之类的吹奏乐器；它的右边为"禾"字，表示读音。这些乐器一齐吹奏，声音悦耳动听，显得很调和、和谐，所以"龢"字的本义是指乐声调和、和谐。"龢"字在春秋以前被频频使用，进入战国后使用频率骤降，文献中渐以"和"代之。

"和"字的出现比"龢"要晚，战国时期其结构或左"口"右"禾"，或左"禾"右"口"；秦汉以后其结构渐趋统一，作左"禾"右"口"之"和"。1955年中华人民共和国文化部和中国文字改革委员会发布的《第一批异体字整理表》将左"口"右"禾"的"咊"规定为"和"的异体字。

《说文解字》口部云："和，相应也。从'口'，'禾'声。"龠部云："龢，调也。从'龠'，'禾'声，读与'和'同。"另解："龠，乐之竹管，三孔，以和众声也。""和"与"龢"是不同意义的两个字，"和"指声音相应和、和谐地跟着唱或伴奏；"龢"指调和、和谐。两个字都带有"和谐"之义。《第一批异体字整理表》将"龢"归为"和"的异体字，但是规定用于人名的"龢"仍为规范字。

经典中所见的"和"如下：

《尚书·康诰》云："惟民其敕懋和。""和"为"温和柔顺"之意。

《易·中孚卦》云："鸣鹤在阴，其子和之。""和"为"以声相应"之意。

《尚书·尧典》云："诗言志，歌永言，声依永，律和声。八音克谐，无相夺伦，神人以和。"此由乐之和实现神、人之和。

《礼记·乐记》云："其声和以柔。""和"为"协调"之意。

《孟子·公孙丑下》云："天时不如地利，地利不如人和。""和"为"融洽"之意。

《周礼·地官·大司徒》云："一曰六德：知、仁、圣、义、忠、和。"郑玄注："知，

明于事；仁，爱人以及物；圣，通而先识；义，能断时宜；忠，言以中心；和，不刚不柔。""和"为"刚柔相济"之意。

《论语·学而》云："有子曰：'礼之用，和为贵。'""和"为"和谐"、"协调"之意。

《尚书·周官》云："宗伯掌邦礼，治神人，和上下。""和"为"使和睦"之意。

《左传·隐公四年》云："臣闻以德和民，不闻以乱。""和"为"使融洽"之意。

《国语·郑语》云："是以和五味以调口 …… 和六律以聪耳。""和"为"调和"、"调治"之意。

《礼记·郊特牲》云："阴阳和而万物得。""和"为"合"、"汇合"之意。

"同"始见于商代甲骨文，一般认为其字形由一种四人抬东西的用具的象形和"口"组成，表示四人用口令协调行动，本义指合力、会合。《说文解字》释曰："同，合会也。"《玉篇》释曰："共也。""会合"在一起的事物一般具有一定的相似性，因此引申出"相同"、"一样"的意思，进一步引申出"一起"、"共同"之意。

《尚书·舜典》云："协时月正日，同律度量衡。""同"为"统一"之意。

《易·睽卦》云："天地睽而其事同也。""同"为"一样"之意。

《易·睽卦》云："二女同居，其志不同行。""同"为"一起"之意。

《易传·象传上·同人》云："天与火，同人；君子以类族辨物。"上卦乾为天，下卦离为火，这便是同人卦的卦象。君子从此卦中受到启示，以种类不同分辨事物。

《礼记·礼运》云："是故谋闭而不兴，盗窃乱贼而不作，故外户而不闭，是谓大同。"郑玄注曰："'同'犹'和'也，平也。"按此注解，"大同"就是"大和"、"大平"。这里的"大"读"太"。

《国语·周语上》云："其惠足以同其民人。""同"为"齐一"、"统一"之意。

《诗经·小雅·吉日》云："兽之所同，麀鹿麌麌。""同"为"聚集"之意。

《周礼·春官·大宗伯》云："春见曰'朝'，夏见曰'宗'，秋见曰'觐'，冬见曰'遇'，时见曰'会'，殷见曰'同'。""同"为古代诸侯朝见天子的六礼之一。每隔十二年，诸侯一齐去朝见天子叫"同"。

《论语·微子》云："鸟兽不可与同群。""同"为"共同"之意。

二 先秦和同之辨

先秦曾经有过两次著名的"和同之辨"，通过区分"和"与"同"，推崇"和"而贬损"同"。

（一）第一次和同之辨

第一次和同之辨是周太史史伯在与郑桓公对话时提出的。郑桓公问史伯：

"周其弊乎？"史伯对曰："殆于必弊者。"郑桓公问："周朝将会衰败吗？"史伯回答说："差不多要衰败了。"对此，史伯进行了分析。他说："去和而取同。夫和实生物，同则不继。以它平它谓之'和'，故能丰长而物生之；若以同裨同，尽乃弃矣。故先王以土与金木水火杂，以成百物。"（《国语·郑语》）他解释道：现在周之政最大的弊端是抛弃了"和"而追求"同"。"和"就是各种事物在保持自己个性的前提下与别的事物发生作用，就如五行中的土与金、木、水、火相杂而构成百物一样。也就是说必须以非己的"他"为基础，与众多或单一的"他"构成一种多样统一的关系，才能达到"和"。可见，"和"是一种多样统一的理想状态。"同"则是相同事物的简单相加，不可能产生新的物质，所以事物的发展变化就停止了，这样世界也会走向停滞乃至灭亡。因为"和"好、"同"不好，史伯进一步说："是以和五味以调口，刚四支以卫体，和六律以聪耳，正七体以役心，平八索以成人，建九纪以立纯德，合十数以训百体。出千品，具万方，计亿事，材兆物，收经入，行姟极。故王者居九畡之田，收经入以食兆民，周训而能用之，和乐如一。夫如是，和之至也……讲以多物，务和同也。"这段话的意思是：调配五种滋味以适合人的口味，强健四肢来保卫身体，调和六种音律使之动听悦耳，端正七窍来为心服务，协调身体的八个部分使人完整，设置九脏以树立纯正的德行，合成十种等级来训导百官，于是产生了千种品位，具备了万种方法，计算成亿的事物，经营万亿的财物，取得万兆的收入，采取无数的行动。所以，君王拥有九州辽阔的土地，取得收入来供养民众，用忠信来教化和使用他们，使他们协和安乐如一家人。这样的话，就是和谐的顶点了。处理众多的事情，努力做到和谐而不是同一。他说："声一无听，物一无文，味一无果，物一不讲。"这句话的意思是说：只是一种声音就没有听头，只是一种颜色就没有文采，只是一种味道就不能称其为美味，只是一种事物就无法进行衡量比较。当年周幽王就是抛弃这种和谐的法则，而专门喜欢同一，最后变得骄横而愚蠢，导致衰败。

（二）第二次和同之辨

第二次和同之辨是齐国晏婴在与齐景公的对话中提出的。《左传·昭公二十年》载："齐侯至自田，晏子侍于遄台，子犹驰而造焉。公曰：'唯据与我和夫！'晏子对曰：'据亦同也，焉得为和？'公曰：'和与同异乎？'对曰：'异。和如羹焉，水火醯醢盐梅以烹鱼肉，燀之以薪。宰夫和之，齐之以味，济其不及，以泄其过。君子食之，以平其心。君臣亦然。君所谓可而有否焉，臣献其否以成其可。君所谓否而有可焉，臣献其可以去其否。是以政平而不干，民无争心。故《诗》曰："亦有和羹，既戒既平。鬷嘏无言，时靡有争。"先王之济五味，和五声也，以

平其心，成其政也。声亦如味，一气，二体，三类，四物，五声，六律，七音，八风，九歌，以相成也。清浊，小大，短长，疾徐，哀乐，刚柔，迟速，高下，出入，周疏，以相济也。君子听之，以平其心。心平，德和。故《诗》曰："德音不瑕。"今据不然。君所谓可，据亦曰可；君所谓否，据亦曰否。若以水济水，谁能食之？若琴瑟之专一，谁能听之？同之不可也如是。'"齐景公从打猎的地方回来，晏婴在遄台侍候，梁丘据驱车来到。齐景公说："只有据与我和谐啊！"晏子回答说："梁丘据也只不过与您'同'而已，哪里谈得上'和'？"齐景公说："'和'跟'同'不一样吗？"晏子回答说："不一样。'和'好像做羹汤，用水、火、醋、酱、盐、梅来烹调鱼和肉，用柴火烧煮。厨工加以调和，使味道适中，味道太淡就增加调料，味道太浓就加水冲淡。君子喝了这样的羹汤，内心平和安定。君臣之间也是这样。国君所认为行而其中有不行的，臣下指出其不行的部分而使行的部分更加完备。国君所认为不行而其中有行的，臣下指出其行的部分而去掉不行的部分。因此政事平和而不违背礼仪，百姓没有争夺之心。所以《诗》说：'还有调和的肉汤，五味平正味道香。默默祷告寂无声，乐声暂停很安静。'先王调匀五味、谐和五声，是用来平静他的内心、完成政事的。声音也像味道一样，是由一气、二体、三类、四物、五声、六律、七音、八风、九歌而组成的，是由清浊、大小、短长、缓急、哀乐、刚柔、快慢、高低、出入、疏密互相调节的。君子听了，内心平和安定。内心平和安定，德行就会和谐。所以《诗》说：'品德声誉美无瑕。'现在梁丘据不是这样的。国君认为行的，梁丘据也认为行；国君认为不行的，梁丘据也认为不行。如同用清水去调剂清水，谁能吃它呢？如同琴瑟老弹一个音调，谁去听它呢？不应该'同'的道理就像这样。"这是晏婴以"味"与"声"为例，与史伯思路一致，但讲得更深入，并引申到君臣关系。晏婴认为"和"是多种因素的复杂调和、有机调节，而"同"就像以水济水，琴瑟单一，是一味和单调，是不可取的，因此主张"和"而反对"同"。在政治上，就是希望齐景公在用人时不用那些听话、顺从，无论君主有什么意见都不反驳、不补充、不完善，只是一味地迎合、苟和的人为臣，"君所谓可，而有否焉，臣献其否，以成其可；君所谓否，而有可焉，臣献其可，以去其否。是以政平而不干，民无争心"。庞朴说："这样可与否的结合，就叫做和。如果君谓可，臣亦曰可；君谓否，臣亦谓否，无视其可，则叫做同。'同'以泯灭对立和差异为实现自己的手段，实无异于把对立和差异看成相同，迫使对立和差异成为相同。这样做，倒正是调和主义。中庸思想反对这种同。"[①]

---

① 庞朴：《"中庸"平议》，载《中国社会科学》1980 年第 1 期。

三 "和而不同"的丰富内涵

孔子在和同之辨的基础上明确提出"和而不同"的思想，并以此作为区分君子和小人的标准之一："君子和而不同，小人同而不和。"（《论语·子路》）孔子说："君子在人际关系上讲和谐，却不肯盲从附和；小人只是盲从附和，却不讲和谐。"孔子率先将"和"、"同"思想引入社会领域来讨论。他认为：道德修养好的君子用自己的正确意见协调各种矛盾，使一切都恰到好处、处于和谐状态，而不盲从附和。道德修养差的小人却一味盲目苟同，亦步亦趋，人云亦云，而不善于协调人际关系。这是两种不同的处理人际关系的方法，表现了两种不同的人格理想、道德情操和思维方法。这也表明孔子的态度是赞成君子的"和而不同"，反对小人的"同而不和"的，因为"和"是含着矛盾的统一，"同"是取消差异的苟同。孔子"和而不同"的思想集中体现了儒家依礼而行、不媚于世的君子风范，历来为后世儒者所赞许，奉之为持家做人、为学入仕之典范，也是处理人与人、个人与国家、国与国之间矛盾关系的准则，因而对中国古代社会产生了很大的影响。

对于"和而不同"，历代注疏多有挖掘和阐释，反映了"和而不同"的丰富内涵。

何晏的《论语集解》云："君子心和，然其所见各异，故曰'不同'。小人所嗜好者则同，然各争利，故曰'不和'。"

皇侃的《论语义疏》云："'和'，谓心不争也。'不同'，谓立志各异也。君子之人千万，千万其心和如一，而所习立之志业不同也。""小人为恶如一，故云'同'也。好斗争，故云'不和'也。"这是说：是"和"是"同"关键在心。君子心和如一，虽志业不同，但能与人和睦不争。小人为恶如一，行为好斗，不能与人相和。

邢昺的《论语注疏》云："此章别君子小人志行不同之事也。君子心和，然其所见各异，故曰'不同'。小人所嗜好者则同，然各争利，故曰'不和'。"

朱熹的《论语集注》云："和者，无乖戾之心。同者，有阿比之意。尹氏曰：'君子尚义，故有不同。小人尚利，安得而和？'"宋儒从心性修养和"义利之辨"两方面解释本章，比较君子与小人之本质差异。

陈天祥之《四书辨疑》在朱熹的基础上指出："和则固无乖戾之心，只以无乖戾之心为和，恐亦未尽。若无中正之气，专以无乖戾为心，亦与阿比之意相邻，和与同未易辨也。中正而无乖戾，然后为和。凡在君父之侧、师长朋友之间，将顺其美，匡救其恶，可者献之，否者替之，结者解之，离者合之，此君子之和也。而或

巧媚阴柔,随时俯仰,人曰可,己亦曰可,人曰否,己亦曰否,惟言莫违,无唱不和,此小人之同也。"他引《左传·昭公二十年》载晏婴与齐景公的对话,晏婴力辩梁丘据之非,认为"君所谓可而有否焉,臣献其否以成其可。君所谓否而有可焉,臣献其可以去其否",以印证本章之义。

刘宝楠的《论语正义》云:"和因义起,同由利生。义者,宜也,各适其宜,未有方体,故不同;然不同因乎义,而非执己之见,无伤于和。利者,人之所同欲也;民务于是,则有争心,故同而不和。此君子、小人之异也。"刘宝楠也是以"义利之辨"解释"和同之辨",区分君子与小人。

钦定《日讲四书解义》云:"此一章书是孔子严和同之辨也。孔子曰:君子小人心术不同,故其处人亦异。君子之心公,其与人也同寅协恭,绝无乖戾之心;既不挟势以相倾,亦不争利以相害,何其和也。然虽与人和,而不与人同,事当持正则执朝廷之法不可屈挠,理有未当则守圣贤之道不肯迁就,固未尝不问是非而雷同无别也。小人之心私,其与人也曲意徇物,每怀阿比之意,屈法以合己之党,背道以顺人之情,何其同也。然外若相同而内实不和,势之所在则挟势以相倾,利之所在则争利以相害,固未尝一德一心而和衷相与也。此君子小人之攸分,而世道污隆之所系,进退人才者所宜慎辨也。"简言之,君子、小人其本心不同,行为各异,结果迥然。如果进入官场,就关乎政治的兴替、世道的盛衰,所以在人才选用上一定要谨慎辨析,亲君子,远小人。

东汉荀悦在《申鉴·杂言上》中发挥说:"君子食和羹以平其气,听和声以平其志,纳和言以平其政,履和行以平其德。夫酸咸甘苦不同,嘉味以济,谓之和羹;宫商角徵不同,嘉音以章,谓之和声;臧否损益不同,中正以训,谓之和言;趋舍动静不同,雅度以平,谓之和行。"荀悦在这里对"和而不同"的观念进行细化,提出"和羹"、"和声"、"和言"、"和行",使"和而不同"思想延伸至从养生到治国的各个方面,具有强烈的实践性,是这一思想在东汉特定时代环境中的发展。

孔子在其他方面也贯彻了"和而不同",如《论语·述而》说孔子"威而不猛",有威仪而不凶猛。

《论语·尧曰》云:"君子惠而不费,劳而不怨,欲而不贪,泰而不骄,威而不猛。"这里的君子指有德有位的执政者,要给百姓以恩惠而自己无所耗费,使百姓劳作而不使他们怨恨,要追求仁德而不贪图财利,庄重而不傲慢,威严而不凶猛。

《论语·八佾》云:"《关雎》乐而不淫,哀而不伤。"孔子揭示了《关雎》中和之美的特征,而这一点也成了一条原则,成为后世评价艺术作品的一个基本的审美标准。

在政治上,孔子也主张"和而不同"。《左传·昭公二十年》记载:

郑子产有疾，谓子大叔曰："我死，子必为政。唯有德者能以宽服民，其次莫如猛。夫火烈，民望而畏之，故鲜死焉；水懦弱，民狎而玩之，则多死焉，故宽难。"疾数月而卒。

大叔为政，不忍猛而宽。郑国多盗，取人于萑苻之泽。大叔悔之，曰："吾早从夫子，不及此。"兴徒兵以攻萑苻之盗，尽杀之，盗少止。

仲尼曰："善哉！政宽则民慢，慢则纠之以猛；猛则民残，残则施之以宽。宽以济猛，猛以济宽，政是以和。"

孔子的主导思想是"为政以德"，但又主张恩威并施、德刑兼用、宽猛相济，认为只有这样才能实现政治上的"和"。

荀悦在《申鉴·政体》中具体论证在政治上如何"和而不同"："君臣亲而有礼，百僚和而不同，让而不争，勤而不怨，无事惟职是司。此治国之风也。"这段话的意思是：君臣之间关系亲密而各遵其礼，朝廷百官相处融洽而不盲目附和、互相谦让而不明争暗斗、勤于政事而从不抱怨，一心做好本职工作。这才是太平国家的风气啊。

"和而不同"的最高境界就是《中庸》里的"万物并育而不相害，道并行而不相悖"，"万物并育"和"道并行"是"不同"，"不相害"、"不相悖"则是"和"。

第二节　天地人和

一　"保合太和"

《周易·乾卦》说："乾道变化,各正性命。保合太和,乃利贞。首出庶物,万国咸宁。"这段文字诠释如下:天道的大化流行,使万物各得其所,各随其性。保持这种完满的和谐,万物就能顺利地发展。这样才能使万物茂盛地生长,万国都安定繁荣。

王弼注"保合太和":"不和而刚暴。"其意为:乾道是阳刚,若不能与坤道即阴柔相交、相和,就会走向自己的反面,变得暴烈而败亡。阴阳互补,刚柔相济,才能"保合太和"。"太和"是天、地、人和谐一体的极致状态或者理想境界。孔颖达注疏解"保合太和,乃利贞"云:"纯阳刚暴,若无和顺,则物不得利,又失其正。以能保安合会,大利之道,乃能利贞于万物,言万物得利而贞正也。"这段话的大意是:万物如果不能阴阳和合,则失其正道,对其生存与发展极为不利。只有保安合会,万物才能顺利地生存与发展,走上中正之道。

北宋张载在《易传》的基础上明确提出"太和所谓道"的命题。《正蒙·太和篇》云:"太和所谓道,中涵浮沈、升降、动静、相感之性,是生絪缊、相荡、胜负、屈伸之始。其来也几微易简,其究也广大坚固。起知于易者乾乎!效法于简者坤乎!散殊而可象为气,清通而不可象为神。不如野马、絪缊,不足谓之太和。语道者知此,谓之知道;学《易》者见此,谓之见《易》。"

"太和所谓道"的命题分解来说包含三个方面的"和":一是乾与坤和;二是阴与阳和;三是气与神和。[①] 这三个方面又可以归结为阴与阳之和,也就是"阴阳合一存乎道"(《正蒙·诚明篇》)。张载把宇宙本原的、最高的和谐状态称为"太和",并把"太和"提高到"道"的高度,即"太和"就是宇宙间最高的"道"。但是,这个"道"不是虚悬的、死寂的,而是一种生机勃勃、生生不已的气化过程,也就是"由气化,有道之名"(《正蒙·太和篇》)。"太和所谓道"是指在气的本来状态中已经包含

---

① 朱建民:《张载思想研究》,中国台北:文津出版社 1989 年版,第 47 页。

着浮沉、升降、动静、相感的特性,这些特性是气自身固有的,而不是外在强加的,因而才会产生阴、阳二气的相互缭绕、渗透及双方此胜彼负、此屈彼伸的较强烈的能被人们感觉得到的运动变化。对于这种运动状态,张载用《庄子·逍遥游》中的野马表示其奔腾不息之意,用《易·系辞下》之"天地缊缊"中的"缊缊"表示其交感和合之意,并认为只有这样才足以表达"太和"的本来状态。张载从宇宙本原、本体的高度论证了"和",给天地万物的"和"以合理的形上解释,从而使"和"达到了其思想发展的最高点。因此,在张载看来,"太和"作为天地之道,既是天地运行的最后根据、现实过程、内在动力,也是人类社会实践过程的价值渊源。

王夫之在《张子正蒙注》中对张载的"太和所谓道"作了深刻阐发。他指出:"太和,和之至也。道者,天地人物之通理,即所谓'太极'也。阴阳异撰,而其缊缊于太虚之中,合同而不相悖害,浑沦无间,和之至矣。未有形器之先,本无不和;既有形器之后,其和不失,故曰'太和'。"

王夫之认为张载的"太和"是和谐的极致,是儒家所追求的理想境界。关于"和之至",《老子》第五十五章云:"终日号而不嗄,和之至也。"这是说"含德之厚"的赤子终日号哭而不伤嗓子,这是太和之气使然。《庄子·庚桑楚》有与《老子》在精神上一致的提法:"儿子终日嗥而嗌不嗄,和之至也。"王夫之在这里又提到了"太极"、"太虚"两个概念。这说明两个问题:

其一说明张载以"太和"为道体,乃贯通天、地、人、物之通理,这与其太极之说是相通的。张载的太极之说也来源于《易传》的"易有太极,是生两仪"。他反对以"无解"太极,认为太极就是气,并吸收了古代"物生有两"的辩证法思想,主张太极本身含有阴、阳二气。《易说·说卦》中说:"一物而两体,其太极之谓欤!"《正蒙·参两篇》中说:"一物两体,气也;一故神〔张子自注:两在故不测〕,两故化〔张子自注:推行于一〕,此天之所以参也。""两体"指阴、阳两面,"一"指两面的统一;"神"指气化运动的潜能,"化"指阴、阳相互作用引起的变化。"一故神"是说只有阴、阳两面统一,才能有运动的性能;其自注"两在故不测"是说:由于统一体中存在着阴、阳两面,因此其运动的性能神妙莫测。"两故化"是说:有阴、阳两面才有运动变化的过程;其自注"推行于一"是说:阴、阳两面的相互作用存在于统一体中。

其二说明"太和之道"中有阴、阳两面,在太虚之中合同不害、浑沦无间,与其太虚之说也有密切关系。在张载的哲学思想中,气分为阴、阳未分的本来状态和阴、阳已分的变化状态,而"太虚"与"太和"指的都是气的本来状态。张载在形上、形下和体用的意义上解释"太虚"与"气":"太虚"是无形的、形而上的本体,是至静无感的、不可摧毁的;"气"则指万物之聚散变化。"太虚"是"气"的本体;"气"

是"太虚"的显现。《正蒙·太和篇》说："太虚无形，气之本体，其聚其散，变化之客形尔；至静无感，性之渊源，有识有知，物交之客感尔。客感客形与无感无形，惟尽性者一之 …… 太虚不能无气，气不能不聚而为万物，万物不能不散而为太虚。"《正蒙·乾称篇》说："太虚者，气之体。气有阴阳屈伸相感之无穷，故神之应也无穷；其散无数，故神之应也无数。"这就是说：太虚无形而有气、虚空而实有，气的阴阳屈伸相感变化就是以太虚为本的。太虚是本体之气，太和是气化之道。太虚、太和是体用关系。王夫之也说："中涵者其体，是生者其用也。"（《张子正蒙注·太和篇》）有体必有用，天地万物之"和"源于太虚本体，流转于化生万物的过程中。

朱熹在《周易本义》中解"太和"为"阴阳会合冲和之气也"，解"保合"为"全于已生之后"。[①]"太和"指阴、阳二气融会和合的中和之气。朱熹认为：阴、阳二气为天地万物的本原，由阴、阳二气融会和合的中和之气就是使得天地万物达到终极圆满的"和谐"，即所谓的"大和"或"太和"。

"保合太和"思想影响到中华民族的政治、经济、文化、思想、内政、外交等方面，使得中国人在人与自然关系上讲"天人合一"、"天人感应"、"仁者以天地万物为一体"，在人与社会关系上讲"礼之用，和为贵"、"和以处众"，在国家、民族关系上讲"协和万邦"、"亲仁善邻"，在人与人关系上讲"仁者爱人"、"和衷共济"，在不同文化、文明之间关系上讲"和而不同"、"和平共处"，在人的心性修养上讲心平气和、和气长寿，在家庭关系上讲"家和万事兴"，在商业上讲"和气生财"等等。

二 "天人合一"

"天人合一"是"天地人一体"的简化，是儒家哲学的最高命题。儒家的"天地人一体"观认为人类与天地及万物是一个有生命的整体，即宇宙万物不是自然地堆积在一起，不是机械地组合在一体，而是无数不同层次、不同类型的生命体相互连接共生、相互感应贯通的有机整体。儒家经籍《易传》、《孟子》以及周敦颐的《太极图说》、张载的《西铭》、程颢的《识仁篇》、王守仁的《大学问》等都表述了这样的思想。

《易传》对"天地人一体"的议论精当完备。《易传·系辞下》曰："《易》之为书也，广大悉备：有天道焉，有人道焉，有地道焉。兼三才而两之，故六。六者，非

---

① 朱熹注：《周易本义》，上海：上海古籍出版社1987年版，第2页。

它也，三才之道也。"这就是说：《易》这部书的内容之所以广大而完备、博大而精深，是因为它专门系统地研究了天、地、人三才之道。六画卦之所以被称为六画卦，是因为它兼备了天、地、人三才之道，两两相重而成的。所以说，六画卦并非是别的什么东西，而就是天、地、人三才之道。易卦以天、地、人三才作为基本内容，用六爻作为象征说明它们自己以及它们之间的关系。三才虽然各有其道，但又相互联系而贯通。"道"就是规律和法则，通过卦画可以表现出来。它们交错成文，道一成而三才备，卦一成而六位备，由此可以穷尽世间所有的规律、运动或性命之理。

《易传·说卦传》曰："昔者圣人之作《易》也，将以顺性命之理，是以立天之道曰阴与阳，立地之道曰柔与刚，立人之道曰仁与义。兼三才而两之，故易六画而成卦。"这是对天、地、人三才之道的内涵的界定。所谓"天道"为"阴与阳"，是就天之气而言的，是指阴阳之气。所谓"地道"为"柔与刚"，是就地之质而言的。所谓"人道"为"仁与义"，是就人之德而言的，是指仁义之德。"人道"之所以为"仁与义"，是因为人是禀受了天地的阴阳、刚柔之性而形成的。这就是说，《周易》通过六画成卦，还表达了阴阳、刚柔、仁义之理。依《易经》之说，易的符号体系是根据天、地、人三才的关系建立起来的，其结构就生动地体现在卦象中。易每卦六爻，分天、地、人三位，其中初爻、二爻为地位，三爻、四爻为人位，五爻、上爻为天位。也就是说，易六卦，上面二爻为天，下面二爻为地，中间二爻为人，这象征着人立于天、地之间，能够沟通天、地，参而和之。

孟子有句名言："天时不如地利，地利不如人和。"（《孟子·公孙丑下》）他把天、地、人放在一起进行讨论，但强调人和的重要性。孟子曰："尽其心者，知其性也；知其性，则知天矣。存其心，养其性，所以事天也。"（《孟子·尽心上》）孟子认为：人的心性是沟通天人关系的桥梁，人要以道德规范约束自己，扩充善端，来实现知天达命以及天性与人性、天心与人心的统一。"夫君子所过者化，所存者神，上下与天地同流，岂曰小补之哉？"（《孟子·尽心上》）"万物皆备于我矣。反身而诚，乐莫大焉。"（《孟子·尽心上》）这是追求人与天地万物冥合为一，即人与万物为一体之境。这些都体现出天人合一、万物一体之意。需要注意的是：儒家认为，在天、地、人三者中，人在其中有着主体地位，天人合一是以人为主体与天地万物合为一体。

汉代董仲舒在《春秋繁露·立元神》论天地人一体云："天、地、人，万物之本也。天生之，地养之，人成之。天生之以孝悌，地养之以衣食，人成之以礼乐。三者相为手足，合以成体，不可一无也。"这就是说：天、地、人是一个相互联系、共生共养、和谐一体的生命系统，任何一部分都不可或缺。

　　张载在《西铭》中以天父、地母论"天地人一体"："乾称父，坤称母；予兹藐焉，乃混然中处。故天地之塞，吾其体；天地之帅，吾其性。民吾同胞，物吾与也。大君者，吾父母宗子；其大臣，宗子之家相也。尊高年，所以长其长；慈孤弱，所以幼其幼。圣其合德，贤其秀也。凡天下疲癃残疾、惸独鳏寡，皆吾兄弟之颠连而无告者也。"

　　张载继承《尚书·泰誓》中"惟天地万物父母"的说法，将天地视作父母，将人与人、人与物之间的阻隔全面破除，对"天地人一体"的境界作了形象的论述：乾、坤就是天地，人与天地万物同处于一个无限的生命链条和整体之中，在与天地乾坤之德的创生中同生共长，浑然无别。因此，塞乎天地之间的阴阳之气即形成吾人之形体，而主宰天地之常理即为吾人之本性。人与人、人与物之间犹如同胞手足，也如朋友同侪，彼此血肉相连、痛痒相关、休戚与共，构成一种和谐共生的关系。这里的乾父、坤母主要是就象征意义上说的，并不是说天地就是人的父母，而是强调超越性的天地对于人而言的根本意义，即它对于人的本体论意义。诚如朱子所云："《西铭》首论天地万物同体之意，固极宏大。"嗣后，程朱理学、阳明心学对"天地万物一体之仁"之说进一步加以深化。

　　程颐说："天地人只一道也，才通其一，则余皆通。"（《河南程氏遗书》第十八）以道贯通天、地、人，即认为三者在道上是通而为一的。程颢说："医书言手足痿痹为不仁，此言最善名状。仁者以天地万物为一体，莫非己也。认得为己，何所不至？若不有诸己，自不与己相干。如手足不仁，气已不贯，皆不属己。故'博施济众'，乃圣人之功用。仁至难言，故止曰'己欲立而立人，己欲达而达人，能近取譬，可谓仁之方也已'。欲令如是观仁，可以得仁之体。"（《河南程氏遗书》第二上）对此语可诠释如下：医学上通常把人的手足麻木之症叫作"不仁"，意思就是指手足与自己无干。人得了痿痹病，就表现为手足麻木不仁，觉得手足与自己没有关系。反之，仁爱是指手足与己相干而为一体。具有仁爱之德的人和天地万物的关系与此非常相似，凡有仁德天性的人都能与天地万物（既包括人，又包括物）密切相干而为一体。仁爱的人能够与天地万物感通，把天地万物看成是与自己息息相关的有生命力的整体，把天地万物看成是自己的生命的一部分，故能爱人、爱物如同爱己。

　　王阳明在《大学问》中说："大人者，以天地万物为一体者也。其视天下犹一家，中国犹一人焉。若夫间形骸而分尔我者，小人矣。大人之能以天地万物为一体也，非意之也，其心之仁本若是，其与天地万物而为一也。岂惟大人，虽小人之心，亦莫不然，彼顾自小之耳。是故见孺子之入井，而必有怵惕恻隐之心焉，是其仁之与孺子而为一体也。孺子犹同类者也，见鸟兽之哀鸣觳觫而必有不忍之心焉，是其仁之与鸟兽而为一体也。鸟兽犹有知觉者也，见草木之摧折而必有悯恤之心焉，是其仁之与草木而为一体也。草木犹有生意者也，见瓦石之毁坏而必有顾惜之心焉，是其仁之与瓦石而为一体也。是其一体之仁也，虽小人之心亦必有之……小人之心既已分隔隘陋矣，而其一体之仁犹能不昧若此者，是其未动于欲，而未蔽于私之时也。及其动于欲，蔽于私，而利害相攻，忿怒相激，则将戕物圮类，无所不为，其甚至有骨肉相残者，而一体之仁亡矣。是故苟无私欲之蔽，则虽小人之心，而其一体之仁犹大人也；一有私欲之蔽，则虽大人之心，而其分隔隘陋犹小人矣。"（《王文成公全书》卷二十六《大学问》）这段话的大意是：大人之所以能"以天地万物为一体"，乃是出于"其心之仁"的显现，全然无私利计较之意。这个仁心，人人固有，只是小人因躯壳的自我限定，蔽于私欲，不能时时呈现仁心的感通作用，所以有物我之分，而无一体之感。虽然如此，当仁心一旦真实呈现时，感通之情则油然而生。故见孺子入井，恻隐之心自然流露，思以救之，不救则心不安。由此而言，恻隐之心已与孺子相感通，成为一体，孺子之伤痛即己之伤痛。同样，人见鸟兽、草木与瓦石不得其生、不得其所，也会有不忍、悯恤、顾惜之心。也就是说，人通过这些感应活动而与鸟兽、草木、瓦石成为一体。小人本来也有仁心，尽管小人的心已经因为被分隔而变得狭隘卑陋了，但他那万物一体的仁心还能像这样正常显露而不是黯然失色，是因为他的心处于没有为欲望所驱使、没有为私利所蒙蔽的时候。待到他的心为欲望所驱使、为私利所蒙蔽、因利害产生了冲突、愤怒溢于言表时，他就会损物害人、无所不用其极，甚至连自己的亲人也残害。在这种时候，他那内心本有的万物一体的仁德就彻底消亡了。所以说，在没有私欲障蔽的时候，即使是小人的心，那万物一体的仁心跟大人也是一样的；一旦有了私欲的障蔽，即使是大人的心，也会像小人之心那样被分隔而变得狭隘卑陋。就是说，人都有仁心，这是人与天地万物一体的根本。大人能够做到而小人做不到的原因就在于小人为私欲所障蔽。

刘蕺山说："仁者以天地万物为一体，真如一头两足合之百体然。"[1] 这是一个形象、生动的比喻，就是道家说的"天地大人身，人身小天地"。

戴震把天文与人文分为"天文、地义、人纪"三纲，认为三者既有联系又有区别，既有合又有分，共处于文化宇宙的大化流行之中。他说："凡天之文、地之义、人之纪，分则得其专，合则得其和。分也者，道之条理也；合也者，道之统会也。"（《戴东原集》卷第八《法象论》）这就是说：天文、人文本为一文，天道、人道本为一道。古代圣贤仰观天文，俯察地理，中知人事，可与天地合其德，与四时合其序。

---

[1] 黄宗羲：《宋元学案》壹，北京：中华书局1986年版，第667页。

　　"天地人一体"思想具有客观性、整体性、统一性与和谐性的特点，而这些特点是建立在朴素的系统哲学基础上的，使之成为中国文化区别于世界其他文化的重要特征之一。钱穆曾经阐释说："中国古时，常把天、地、人三位合在一起讲，这是有一番极大的现实真理在内的。""若把天代表共通性，地则代表了个别性。人处于共通的天之下，但必经由个别的地，而后再能回复到共通的天，此为人类历史演变一共同的大进程。人由个别性回归到共通性，亦为人类文化理想一项大目标。只有中国历史深明此义，并亦一贯保持此趋向。欧洲历史则不然。他们的个别性胜过了共通性。换言之，他们的地域限制，显示出其在历史上之特别重要性。如希腊、罗马史，都显示出有一种地域区分。现代英、法、德、意诸国，亦显示其乃由地域区分而演出。西洋史因受地域性之限制，而成其为分裂的。中国历史则总是合而为一。自始到今，只是一个中国。""只有中国，能由分别性汇归到共通性，又在共通性下，保留着分别性。天、地、人三位一体，能在文化历史上表现出此项奇迹来的，则只有中国了。"①

　　"天地人一体"简称"天人合一"，是儒家哲学思想的重要范畴，也成为中国文化的重要精神之一。钱穆晚年悟到了"天人合一"的重要性。他认为："中国人是把'天'与'人'和合起来看。中国人认为'天命'就表露在'人生'上。离开'人生'，也就无从来讲'天命'。离开'天命'，也就无从来讲'人生'，所以中国古人认为'人生'与'天命'最高贵最伟大处，便在能把他们两者和合为一。"钱穆把"天人合一"解为"天命与人生合一"，并认为这种"'天人合一'观，是中国古代文化最古老最有贡献的一种主张"。②季羡林认为："天"就是大自然，"人"就是我们人类。天人关系是人与自然的关系。"天人合一""是讲人与大自然合一……同大自然交朋友"。③蒙培元说："所谓'天人合一'，是指人和自然界的和谐统一。"④从严格的学术意义上看，这些理解还不够全面，忽视了中国古代"天人合一"思想的丰富性与复杂性。作者认为"天人合一"其实是"天地人一体"的简化版，至少可以理解为在尊天重地的前提下人与自然的和谐相处，用今天的话说就是人与自然是一个生命共同体。因此，我们在尊重大自然、尊重自然规律的基础上，将人与自然看作一个生命共同体。这一思想可以克服西方文明的人与自然二元对立以及机械主义、物质主义、实用主义等弊端。

---

① 钱穆：《中国历史研究法》，北京：生活·读书·新知三联书店 2001 年版，第 115、118 页。
② 钱穆：《中国文化对人类未来可有的贡献》，载《中国文化》1991 年第 1 期。
③ 季羡林：《"天人合一"新解》，载《传统文化与现代化》1993 年第 1 期。
④ 蒙培元：《理学范畴系统》，北京：人民出版社 1989 年版，第 426 页。

在中国传统文化中,并没有西方文化中显著的、外化的人与神、人与自然的"二分对立",而是认为天、地、人浑然一体,就是说人与自然是一个不可分割的有机整体,即生命共同体。不过,在这浑然一体中又是有差别、有区分的,而强调人的主体性是一以贯之的。这才是中国文化真正的、内在的、本质性的特征。因此,钱穆说:"中国古代人,可称为抱有一种天即是人,人即是天,一切人生尽是天命的天人合一观。这一观念,亦可说即是古代中国人生的一种宗教信仰,这同时也即是古代中国人主要的人生观,亦即是其天文观。如果我们今天亦要效法西方人,强要把'天文'与'人生'分别来看,那就无从去了解中国古代人的思想了。"①季羡林说:"据我个人的观察与思考,在处理人与自然的关系方面,东方文化与西方文化是迥乎不同的。西方的指导思想是征服自然;东方的主导思想,由于其基础是综合的模式,主张与自然万物浑然一体。西方向大自然穷追猛打,暴烈索取。在一段时间以内,看来似乎是成功的:大自然被迫勉强满足了他们的生活的物质需求,他们的日子越过越红火。他们有点忘乎所以,飘飘然昏昏然自命为'天之骄子','地球的主宰'了。东方人对大自然的态度是同自然交朋友,了解自然,认识自然;在这个基础上再向自然有所索取。'天人合一'这个命题,就是这种态度在哲学上的凝练的表述。"他还比较分析了东西方为什么在人与自然关系问题上的看法有所不同:"东方文化基础的综合的思维模式,承认整体概念和普遍联系,表现在人与自然的关系上就是人与自然为一整体,人与其他动物都包括在这个整体之中。人不能把其他动物都视为敌人,要征服它们。""在西方文化风靡世界的几百年中,在尖刻的分析思维模式指导下,西方人贯彻了征服自然的方针。结果怎样呢?对人类的得寸进尺永不餍足的需求,大自然的忍耐程度并非无限,而是有限度的。在限度以内,它能够满足人类的某一些索取。过了这个限度,则会对人类加以惩罚,有时候是残酷的惩罚。即使是中国,在我们冲昏了头脑的时候,大量毁林造田,产生的后果,人所共知:长江变成了黄河,洪水猖獗肆虐。"他最后说:"要按照中国人、东方人的哲学思维,其中最主要的就是'天人合一'的思想,同大自然交朋友,彻底改恶向善,彻底改弦更张。只有这样,人类才能继续幸福地生存下去。"②其实,近一百多年来,西方已经开始注意向东方学习,改变人与自然二元对立的思维模式。现在是东西方乃至整个人类需要觉醒的时候了,因为我们只有一个地球,全球已经成为地球村,没有一个地方可以长期自我封闭,没有一个国家可以独善其身,改善人与自然的关系、构建人与自然的命运

---

① 钱穆:《中国文化对人类未来可有的贡献》,载《中国文化》1991年第1期。
② 季羡林:《"天人合一"新解》,载《传统文化与现代化》1993年第1期。

共同体是每一个地球村人的责任与义务。

三 "爱惜物命"

既然人与天地万物一体，是一个生命共同体，儒家就要求人们以和善、友爱的态度对待天地万物，善待鸟、兽、草、木，提出了"爱惜物命"思想，相当于今天的保护人们赖以生存的自然环境、保护生物多样性的思想。《尚书·武成》记载了武王伐纣时的一篇讨伐檄文，文中指出商纣的罪状之一就是"暴殄天物"。"暴殄天物"原指残害、灭绝天地间生长的万物，后来指任意糟蹋东西，不知爱惜。

孔子主张敬天法天，曰："天何言哉？四时行焉，百物生焉，天何言哉？"（《论语·阳货》）孔子认为：苍天在上，静穆无言，而四季轮转、万物滋生都是天的意志的体现。天是一切现象和自然变化的根源，是宇宙的最高本体。他希望人们在敬天法天的高度上以"天道"为依据，立"人道"秩序，协调天人关系。孔子对自然界的生命充满了怜悯之情。《论语·述而》载："子钓而不纲，弋不射宿。"孔子钓鱼不用系满钓钩的大绳，射鸟不射巢中栖息的鸟，充分体现了他爱物及取物有节的思想。很显然，他反对人类滥捕滥猎、破坏生态平衡的愚蠢行为。《孔子家语·曲礼子夏问》载孔子之守狗死，谓子贡曰："路马死，则藏之以帷，狗则藏之以盖，汝往埋之。吾闻：弊帷不弃，为埋马也；弊盖不弃，为埋狗也。今吾贫无盖，于其封也与之席，无使其首陷于土也。"孔子对死了的狗、马都要把它们包裹了再埋葬起来，显示了其对动物的悯爱之情。

孟子提出"君子之于物也，爱之而弗仁；于民也，仁之而弗亲。亲亲而仁民，仁民而爱物"（《孟子·尽心上》），主张推人及物，在爱人的基础上将爱心进一步向外推展，将仁爱精神和情感贯注于无限广大的自然万物，用爱心将人与自然联结为一体。孟子已经认识到"养"是"用"的基础，牛山就因为乱砍滥牧而变成濯濯童山。《孟子·告子上》曰："牛山之木尝美矣，以其郊于大国也，斧斤伐之，可以为美乎？是其日夜之所息，雨露之所润，非无萌蘖之生焉，牛羊又从而牧之，是以若彼濯濯也。"孟子从牛山林木受到破坏的教训中引申出"苟得其养，无物不长；苟失其养，无物不消"的道理。为了使"物得其养"，就必须"取物有节"，即有节制地利用自然资源。

荀子谈到对自然资源的利用时也强调协调"养长"与"杀生（斩伐）"的关系，以避免童山竭泽现象的出现。《荀子·王制》说："圣王之制也，草木荣华滋硕之时，则斧斤不入山林，不夭其生，不绝其长也；鼋鼍鱼鳖鳅鳣孕别之时，罔罟毒药

不入泽，不夭其生，不绝其长也；春耕、夏耘、秋收、冬藏，四者不失时，故五谷不绝，而百姓有余食也；污池渊沼川泽，谨其时禁，故鱼鳖优多，而百姓有余用也；斩伐养长不失其时，故山林不童，而百姓有余材也。圣王之用也……谓之'圣人'。"这段文字是荀子对合理利用和开发自然资源提出的基本措施，是作为《王制》篇中的核心——"圣王之制"提出来的。这也说明荀子认为天地万物不仅仅是"制而用之"的，他是高度重视自然资源的可持续性利用和自觉地维护生态平衡的。《荀子·天论》还说："财非其类以养其类，夫是之谓天养。"这已包含了自然界各种生物之间互养共生的意义。

董仲舒进一步将孔子的"仁者爱人"扩展到对自然环境的爱护。他说："质于爱民，以下至于鸟兽昆虫莫不爱。不爱，奚足谓仁？"(《春秋繁露·仁义法》)"泛爱群生，不以喜怒赏罚，所以为仁也。"(《春秋繁露·离合根》)这样就把仁爱的道德范畴从人扩展到鸟、兽、昆虫，表现了儒家泛爱生灵的博大胸怀。

天地的德性是生生不已，人也具备这种德性，儒家称之为"仁德"。仁德是一种生物之心，希望万物都能活泼生长。《诗经》有一篇《旱麓》诗，描述万物活泼生长的样子："鸢飞戾天，鱼跃于渊。"万物生长，向上欲冲破长空，向下欲穿透大地。春天长成万物，使万物欣欣向荣，类似于仁，所以儒家经常用春天来类比仁德。《中庸》引用了这两句诗，孔颖达疏："其上则鸢鸟得飞至于天以游翔，其下则鱼皆跳跃于渊中而喜乐，是道被飞潜，万物得所，化之明察故也。"朱熹说："盖通天下只是一个天机活物，流行发用，无间容息……即夫日用之间，浑然全体，如川流之不息，天运之不穷耳。此所以体用、精粗、动静、本末洞然无一毫之间，而鸢飞鱼跃，触处朗然也。"(《朱熹集》卷三二《答张敬夫》)天地之间的万事万物无不是"天理"流行化育的结果，"天理"是本，万物是用。朱熹还说："鸢飞鱼跃，道体随处发见。谓道体发见者，犹是人见得如此，若鸢鱼初不自知。察，只是著。天地明察，亦是著也。君子之道，造端乎夫妇之细微，及其至也，著乎天地。至，谓量之极至。"[1]"鸢飞鱼跃"是指道体流行，随处发见，充满宇宙。这是朱熹对"鸢飞鱼跃"的基本解释。后来儒家常用"鸢飞鱼跃"表达一种天地之间万物各得其所、自得其乐、顺其自然、生机勃勃、天人合一的境界。

程颢记载了自己当年跟老师周敦颐（字茂叔）读书时，见周敦颐窗前的杂草从不除之事："周茂叔窗前草不除去，问之，云：与自家意思一般。"什么意思呢？按照理学的说法，天地之大德就是生长发育万物的仁爱之心。但是，天地之仁心不可见，只能从草木荣茂中见之。周敦颐不除窗前草，是因为每当他看到春天窗

---

① 黎靖德编：《朱子语类》四，北京：中华书局 1986 年版，第 1534 页。

前杂草悄然生长,看到万物生生不已,便会油然升起一股仁人爱物的情怀来。这就是为后儒所津津乐道的"茂叔窗前草不除"的掌故。

程颢写过一首诗,云:"云淡风轻近午天,傍花随柳过前川。时人不识余心乐,将谓偷闲学少年。"他春天出游,看到万物生生不已,内心便油然升起一股仁人爱物的情怀,感觉自己与天地大化融为一体。

程颢上疏宋神宗:"圣人奉天理物之道,在乎六府;六府之任,列之五官;山虞泽衡,各有常禁,故万物阜丰而财用不乏。今五官不修,六府不治,用之无节,取之不时 …… 斧斤焚荡,尚且侵寻不禁,而川泽渔猎之繁,暴殄天物,亦已耗竭,则将若之何!此乃穷弊之极矣。惟修古虞衡之职,使将养之,则有变通长久之势。"① 他依据古代圣人之道设"六府"、"五官"以顺应自然,整治万物,严禁人们破坏山泽等自然环境,使之无财用匮乏之忧,要求朝廷"修古虞衡之职",让掌管山泽、山林之官认真地行使职责,保物、养物,防止自然资源的耗竭和对环境的破坏,使人类与自然界能够长久地和谐相处。

据《伊川先生年谱》所载,程颐曾以通直郎充崇政殿说书,为年幼的宋哲宗皇帝讲解经义。"一日,讲罢未退,上忽起凭槛,戏折柳枝。先生进曰:'方春发生,不可无故摧折。'上不悦。"这个故事很生动地体现了程颐从好生之德引出的爱物之情。在程颐看来,春天是天地生物之节,柳枝生长便是天地仁德的体现。人应当扩充本心的仁德,爱惜天地所生之物,以与天地仁德贯通为一,因而对当春发生的柳枝"不可无故摧折"。这里,人心的爱物之情与天地的生物之性相一致,都是生生不息的"仁体"的展现。

朱熹写过一篇《仁说》,曰:"天地以生物为心者也,而人物之生又各得夫天地之心以为心者也。故语心之德,虽其总摄贯通,无所不备,然一言以蔽之,则曰'仁'而已矣。请试详之。盖天地之心,其德有四,曰'元'、'亨'、'利'、'贞',而'元'无不统。其运行焉,则为春、夏、秋、冬之序,而春生之气无所不通。故人之为心,其德亦有四,曰'仁'、'义'、'礼'、'智',而'仁'无不包。其发用焉,则为爱、恭、宜、别之情,而恻隐之心无所不贯。故论天地之心者,则曰'乾元'、'坤元',则四德之体用不待悉数而足。论人心之妙者,则曰'仁,人心也',则四德之体用亦不待遍举而该。盖仁之为道,乃天地生物之心,即物而在。情之未发,而此体已具;情之既发,而其用不穷。诚能体而存之,则众善之源、百行之本莫不在是。此孔门之教所以必使学者汲汲于求仁也。""天地之心"见于《周易·复卦》之"复,其见天地之心乎"和《礼记·礼运》之"人者,天地之心也"。北宋欧阳修在《易童子问》

---

①《二程集》上,北京:中华书局 2004 年版,第 454 页。

中说:"天地之心见乎动,《复》也,一阳初动于下矣。天地所以生育万物者本于此,故曰'天地之心'也。天地以生物为心者也。"这就提出了"天地以生物为心",但如何理解,欧阳修语焉不详。朱熹在这里认为天地以生物为心,人物之生各得夫天地之心以为心,心之德总名曰"仁"。天地之心是生物,人之心是仁爱,天人合一。然后,他又论证天有元、亨、利、贞"四德",发用为春、夏、秋、冬,"元"是春生之气而无所不通;人也有仁、义、礼、智"四德",发用为爱、恭、宜、别之情,"仁"是恻隐之心而无所不贯。这样,他把以生物为天地之心与"仁"联系起来,以"仁"为"天人合一"的本源和核心。

朱熹还写过一首诗,即《观书有感二首·其一》,云:"半亩方塘一鉴开,天光云影共徘徊。问渠那得清如许,为有源头活水来。"人们一般把这首诗理解为学有本源,这其实是说:天地生物之心是人类心灵的源头活水。

明代吕坤在《呻吟语·谈道》中说:"己欲立而立人,己欲达而达人,便是肫肫其仁,天下一家滋味。然须推及鸟兽,又推及草木,方充得尽。若父子兄弟间便有各自立达、争先求胜的念头,更那顾得别个。"这里引用《论语·雍也》中"己欲立而立人,己欲达而达人"的名句,把忠恕之道从人类扩大到鸟兽、草木;强调人与人以忠恕之道相待,处理好人类内部的伦理关系是基础,在这个基础上才能顾及天地之间的万事万物。这符合儒家以仁为本、推己及人、推人及物的基本思路。

明代《了凡四训》中,袁了凡告诫子孙的第十大善行就是"爱惜物命",并解释说:"何谓'爱惜物命'?凡人之所以为人者,惟此恻隐之心而已;求仁者求此,积德者积此。周礼,孟春之月,牺牲毋用牝。孟子谓'君子远庖厨',所以全吾恻隐之心也。故前辈有四不食之戒,谓'闻杀不食、见杀不食、自养者不食、专为我杀者不食'。学者未能断肉,且当从此戒之。渐渐增进,慈心愈长。不特杀生当戒,蠢动含灵,皆为物命。求丝煮茧,锄地杀虫,念衣食之由来,皆杀彼以自活。故暴殄之孽,当与杀生等。至于手所误伤、足所误践者,不知其几,皆当委曲防之。古诗云:'爱鼠常留饭,怜蛾不点灯。'何其仁也!"袁了凡受佛教影响,把佛教的不杀生与儒家的仁爱万物会通起来,强调珍爱万物、怜爱生命。

明代东林学派著名学者高攀龙在《高子家训》中教育后代:"少杀生命最可养心,最可惜福。一般皮肉、一般痛苦,物但不能言耳。不知其刀俎之间何等苦恼,我却以日用口腹,人事应酬,略不为彼思量,岂复有仁心乎?"他要家人在待客时少用肉肴,兼用素菜,以少杀生命,积德行善。

郑板桥在《潍县署中与舍弟墨第二书》中对"爱惜物命"作了很深刻的论述。他说:"平生最不喜笼中养鸟,我图娱悦,彼在囚牢,何情何理,而必屈物之性以

适吾性乎！至于发系蜻蜓，线缚螃蟹，为小儿顽具，不过一时片刻，便折拉而死。夫天地生物，化育劬劳，一蚁一虫，皆本阴阳五行之气絪缊而出，上帝亦心心爱念，而万物之性人为贵，吾辈竟不能体天之心以为心，万物将何所托命乎！"他特别叮咛："我不在家，儿子便是你管束。要须长其忠厚之情，驱其残忍之性，不得以为犹子而姑纵惜也。家人儿女，总是天地间一般人，当一般爱惜，不可使吾儿凌虐他。"这是郑板桥写给弟弟希望弟弟帮忙教育孩子的信。他晚年得子，甚是喜爱，但由于在外做官，不能在孩子身边教导，于是写信请弟弟帮忙管教，希望不要溺爱孩子，教孩子学会体天地仁爱之心，不要玩虐小生命，"长其忠厚之情，驱其残忍之性"。

　　总之，"爱惜物命"一是爱惜物品，珍惜自然资源，不要暴殄天物，浪费东西；二是尊重生命，关爱自然生物，不要伤害弱势的生命，以长养善根，厚积仁德。

第三节　家国天下和

一　协和万邦

　　"协和万邦"出于《尚书·尧典》："克明俊德，以亲九族。九族既睦，平章百姓。百姓昭明，协和万邦。黎民于变时雍。"根据中华书局版本《尚书》顾迁的译注，这段话的文意是：尧帝发扬自己的大德，以身作则，使各个氏族和睦相处。等各氏族和睦了，尧帝又辨明彰显朝中百官，协调处理他们各自的职守。等协和好百官了，尧帝进而联络、协和其他各个部落。于是，天下的百姓都能和乐亲善，风俗因此也变得极其和美。关于"协和万邦"，《伪孔传》云："协，合。"孔颖达疏云："《释诂》以'协'为'和'，'和'、'合'义同，故训'协'为'合'也。""使之合会调和天下之万国 …… 万邦和睦。"中国这片古老大地自古就是世界上人口众多的地区。在上古时期，族群众多，邦国林立。在尧舜时代，鉴于当时"诸侯万国"、"天下万邦"的社会现实，尧构建了"协和万邦"的理念，并躬行实践，产生了良好的效果。从尧舜时起，"协和万邦"的理念就成为中华民族处理民族关系、国家关系的准则。其基本精神是坚持以道德为本，以亲亲的原则从近致远，逐步推开，先是协合家族，然后协合百官，把内部治理好了，再去感化其他邦国，从而实现邦国之间的和谐，然后就能使百姓和乐亲善、风俗和美。

　　"协和万邦"的思想也被历代政治家和思想家继承和弘扬。《周易·乾卦》提出"万国咸宁"。天下所有国家都繁荣昌盛，人民安居乐业，就是传统儒家理想中的天下太平。

　　《左传·隐公六年》云："亲仁善邻，国之宝也。"当时，郑国欲与陈国讲和，但陈桓公不答应，而后陈国大败。陈国的"五父"在劝谏陈侯时说了"亲仁善邻，国之宝也"这句至理名言，道出了邻国之间和平相处之道。特别是对陈国这样只求生存的小国而言，与邻国搞好关系，对于其自身的安全而言非常重要。后来，这一思想成为中华先民希望天下太平、各个民族友好相处的良好愿望，表现出天下一家、与人为善的博大情怀。

　　《论语·里仁》中载："子曰：德不孤，必有邻。"中国人历来以德为邻，而不是

以邻为壑。后来这一原则被单独抽出,成为解决民族关系以及国家之间关系的原则之一,而且是首选的战略原则。不同国家之间因为各种复杂的原因,免不了发生纠纷、产生矛盾。这个时候,重要的是如何解决纠纷、化解矛盾,而不是扩大纠纷、加深矛盾,最后酿成你死我活、两败俱伤的悲剧。

"以邻为壑"见于《孟子·告子下》:"禹之治水,水之道也,是故禹以四海为壑。今吾子以邻国为壑。水逆行谓之'洚水'。洚水者,洪水也,仁人之所恶也。吾子过矣。"战国初有个叫白圭的水利专家,治水很出名,什么地方的河堤有了裂缝、有了漏洞、渗出水来,他一到就能修好。后来,他被魏国请去当相国,魏国的国君对他很信任。有一次,孟子来到魏国,白圭在会见他的时候,表露自己有非凡的治水本领,甚至自我吹嘘说:"我的治水本领已经超过大禹了!"孟子就当场驳斥他说:"你说的话错了。"然后就讲了这一段话,后来就有了"以邻为壑"的成语。"以邻为壑",一言以蔽之,就是一种损人利己、嫁祸于人的行为。"以邻为壑"虽然是就治水而说的,但可以从中提炼出处理不同国家之间关系的普遍原则,即一个国家不能只考虑自己的国家利益而把困难或祸害转嫁给别的国家。当今世界已经融为一体,成为地球村,但是"以邻为壑"的现象比比皆是。我们应该远离"以邻为壑",选择"以邻为友",选择和睦相处,共建和谐世界。

《论语·季氏》云:"故远人不服,则修文德以来之。"远方的人不归服,就要修文德、重教化,吸引他们过来。孔子不主张使用军事手段,而是主张采用礼、义、仁、乐的方式解决国与国之间的争端。以德服人、以文化人是孔子的一贯思想,是"协和万邦"思想的集中体现。

"协和万邦"后来演化为中国封建王朝处理汉族与少数民族关系以及中国与周边国家关系的原则之一,对中华各民族的涵化、融合起到了重要的作用。古往今来,中华民族在世界上的地位与影响不是靠穷兵黩武,不是靠对外扩张,而是靠中华文化的强大感召力和吸引力来实现。古老的中国之所以由林立"万邦"而形成大一统的中华民族,"协和万邦"这一古训功不可没。

"协和万邦"作为我们的祖先留下来的宝贵的精神财富,已经成为中国的和平外交原则之一。中国政府在20世纪50年代提出了处理国际关系的"互相尊重主权和领土完整,互不侵犯,互不干涉内政,平等互利,和平共处"五项原则。毛泽东于1957年在莫斯科向全世界庄严宣告:中国坚决主张一切国家实行和平共处五项原则。1974年,邓小平在联合国大会特别会议上再次强调:国家之间的政治和经济关系都应建立在和平共处五项原则的基础上。1988年,邓小平更明确提出了以和平共处五项原则为准则,建立国际政治经济新秩序的主张。和平共处五项原则已逐渐为世界大多数国家所接受,不仅在各国大量的双边条约中得到体现，而且为许多国际多边条约和国际文献所确认。1970年，第25届联合国大会通过的《关于各国依〈联合国宪章〉建立友好关系及合作之国际法原则之宣言》和1974年联合国大会第6届特别会议发表的《关于建立新的国际经济秩序宣言》，都明确地把和平共处五项原则包括在内。

今天，在全球化时代，"协和万邦"就是调和当今世界上不同国家之间的关系，让各个国家都能够相互尊重、相互合作、共同发展。我们应以此作为不同国家和平相处的核心价值观，并赋予这一古老思想以新的时代价值，使之为构建人类命运共同体发挥新的积极的作用。"协和万邦"这一古老的智慧明灯必将引领着中华民族走向民族繁荣富强，也必将引领着人类走向和谐光明。

二 国泰民安

国泰民安是指国家康泰安宁、人民安居乐业，形容社会安定、人们生活幸福，是盛世的象征。在中国历史上，多次盛世呈现出风调雨顺、国泰民安、天下太平的景象。

尧舜时代被视为中国古代历史上颇为理想的盛世。尧舜之治是中国之治的辉煌开端。尧舜禅让体现了"天下为公"的政治理念。郭店楚简《唐虞之道》云："唐虞之道，禅而不传。尧舜之王，利天下而弗利也。禅而不传，圣之盛也。利天下而弗利也，仁之至也。故昔贤仁圣者如此。身穷不贪，没而弗利，穷仁矣。必正其身，然后正世，圣道备矣。故唐虞之（道，禅）也。"尧舜之道以天下为公，毫无自私自利之心，尧、舜不是把天下传给儿子，而是传给贤能之人。"尧知子丹朱之不肖，不足授天下，于是乃权授舜。授舜，则天下得其利而丹朱病；授丹朱，则天下病而丹朱得其利。尧曰'终不以天下之病而利一人'，而卒授舜以天下。"（《史记·五帝本纪》）尧知道自己的儿子不肖，就不传位给自己的儿子，而是选择贤能的舜为君主之位的继承者，"终不以天下之病而利一人"就是"天下为公"的精神。《礼记·礼运》讲"大道之行也，天下为公"的大同时代就是指尧舜时代。郑玄注："'公'犹'共'也。禅位授圣，不家之。"孔颖达疏曰："'天下为公'，谓天子位也。为公，谓揖让而授圣德，不私传子孙，即废朱均而用舜禹是也。""朱均"指尧之子丹朱和舜之子商均，皆不肖，故尧、舜不传位给他们，而是传位给有圣德的人，与天下贤圣共治理天下。

尧舜禅让还体现了尚德授贤、有德者居位的观念。《论语·颜渊》载子夏曰："舜有天下，选于众，举皋陶，不仁者远矣。汤有天下，选于众，举伊尹，不仁者远矣。"子夏赞扬舜、汤在治理天下时能够选贤任能，舜在众人之中举用皋陶，汤

在众人之中举用伊尹，都是任用贤能之士，这样就使不仁者不敢胡作非为。《荀子·成相》说："尧让贤，以为民。""尧授能，舜遇时，尚贤推德天下治。"此乃赞扬尧舜禅让是以民为本，尚德授贤。

尧、舜所行之政就是仁政。《礼记·大学》云："尧舜率天下以仁，而民从之；桀纣率天下以暴，而民从之。"尧、舜用仁爱率导天下，老百姓就跟随着学仁爱；桀、纣用暴虐率导天下，老百姓就跟随着学暴虐。孟子说："尧舜之道，不以仁政，不能平治天下。"（《孟子·离娄上》）

尧舜之治还重视教化，虽有刑罚，但尽量不用，以实现明刑弼教。《尚书·舜典》云："慎徽五典，五典克从。"在尧的指导下，舜慎重地完善父义、母慈、兄友、弟恭、子孝五种常教，使人们都能遵从。《孔子家语·辩乐解》载："昔者舜弹五弦之琴，造《南风》之诗，其诗曰：'南风之薰兮，可以解吾民之愠兮；南风之时兮，可以阜吾民之财兮。'"荀子称赞道："尧、舜，至天下之善教化者也，南面而听天下，生民之属莫不振动从服以化顺之。"（《荀子·正论》）

尧舜之治经过孔、孟、荀的阐释和历代儒家的发扬，成为古代中国之治的典范。后人常用"尧天舜日"称颂圣帝明王的盛德，也用它来比喻天下太平的盛世。

后世还常常把尧、舜、禹和商汤、周文王、周武王、周公看成实践理想之治的典范。《春秋繁露·王道》说："五帝三王之治天下，不敢有君民之心。什一而税，教以爱，使以忠，敬长老，亲亲而尊尊，不夺民时，使民不过岁三日。民家给人足，无怨望忿怒之患、强弱之难，无谗贼妒疾之人。民修德而美好，被发衔哺而游，不慕富贵，耻恶不犯。父不哭子，兄不哭弟。毒虫不螫，猛兽不搏，抵虫不触。故天为之下甘露，朱草生，醴泉出，风雨时，嘉禾兴，凤凰、麒麟游于郊。圄圉空虚，画衣裳而民不犯。四夷传译而朝，民情至朴而不文。郊天祀地，秩山川，以时至，封于泰山，禅于梁父，立明堂，宗祀先帝，以祖配天，天下诸侯各以其职来祭。贡土地所有，先以入宗庙，端冕盛服而后见先。德恩之报，奉元之应也。"这是说五帝三王没有凌驾于民众之上的心，能够减轻赋税，不过分使用民力，不妨碍农业生产，实行教化，行王道之正，于是出现了一系列吉祥、美好的景象。

唐太宗是中国历史上的一代英主，在其执政的贞观年间，由于君臣的共同努力，全国上下一心，经济发展很快，百姓丰衣足食，社会秩序安定，出现了欣欣向荣、国泰民安的景象，史称"贞观之治"。其治绩一直为后世所传颂，无愧为古今治理之道的辉煌乐章。贞观之治所采取的基本治国方略是以儒家思想为指导形成的，是儒家治理之道的典型体现，大致有以下几个方面：

（一）君臣和合

《贞观政要·明宪宗序》分析贞观之治的成因云："诚以太宗克己励精图治

于其上,而群臣如魏征辈感其知遇之隆,相与献可替否以辅治于下,君明臣良,其独盛也宜矣。"确实,唐太宗豁达大度,嘉言懿行,堪垂后世!其济世康民,伟有成烈,卓乎不可及,可称媲美三代之盛;其贤臣如房玄龄、杜如晦、魏征、王珪、李靖等,感其知遇,相与献替可否,竭忠尽智,以效股肱之劳。

(二)选贤任能

唐太宗十分注重人才的选拔,严格遵循德才兼备的原则。他求贤若渴,曾先后五次颁布求贤诏令,并增加科举考试的科目,扩大应试的范围和人数。因此,贞观年间英才辈出,可谓人才济济、文武兼备。

(三)君民一体

唐太宗说:"君依于国,国依于民。刻民以奉君,犹割肉以充腹,腹饱而身毙,君富而国亡。故人君之患,不自外来,常由身出。夫欲盛则费广,费广则赋重,赋重则民愁,民愁则国危,国危则君丧矣。朕常以此思之,故不敢纵欲也。"(《资治通鉴》卷一百九十二)唐太宗即位之初,下令轻徭薄赋,让老百姓休养生息。他自己则节制欲望,以减轻人民负担。他反复引用荀子的话来告诫臣下和太子:"舟所以比人君,水所以比黎庶,水能载舟,亦能覆舟。"(《贞观政要·教戒太子诸王》)这就是著名的"君舟民水"之喻。君主失去民众,就不能成为君主,而民众没有君主依然还是民众。唐太宗把民众看作国家的根本,提醒太子和诸王,如果不重视民众的利益,就必将失去民心,亦即丧失统治的社会基础。

(四)文治太平

文治太平是儒家治道的主体精神。唐太宗通过总结历史经验教训,认识到"武以克敌,文以致治",一即位就提出了"为国之道以安静为务"的方针,推行仁政,宣布"戡乱以武,守成以文"。所以,他对外尽量避免战事。当时北方劲敌突厥、东北高丽、西北高昌等常常骚扰大唐,唐太宗在万不得已的情况下才发兵平定外患,稳固边疆,同时尊重少数民族的风俗习惯,提出德泽加四海,使华夏各民族如一家:"夷狄亦人耳,其情与中夏不殊。人主患德泽不加,不必猜忌异类。盖德泽洽,则四夷可使如一家。"[1]"自古皆贵中华,贱夷、狄,朕独爱之如一。"[2]对内提倡文治,不断精选天下儒士补充进中央和地方的官吏班子,逐步形成了稳固的文人掌权的政治局面。"行之数年,天下大理而风移俗变,子孝臣忠,此又文过于古也。"(《贞观政要·慎终》)

(五)礼法兼治

唐太宗十分注重法治。他命令房玄龄、长孙无忌删去历代律例特别是《隋律》

---

①②《资治通鉴》13,北京:中华书局2011年版,第6329、6360页。

中的酷刑和繁文,修定《唐律》。《资治通鉴》卷一百九十二载他与群臣讨论止盗,有人提出重法以禁之。他笑着说:"民之所以为盗者,由赋繁役重,官吏贪求,饥寒切身,故不暇顾廉耻耳。朕当去奢省费,轻徭薄赋,选用廉吏,使民衣食有余,则自不为盗,安用重法邪?"他洞悉隋炀帝滥刑滥杀之弊,吸取其教训,认为治国首先必须制礼,但也要有刑罚,并使二者互不偏废。他说:"为国之道,必须抚之以仁义,示之以威信。"(《贞观政要·仁义》)因此,在唐太宗即位几年之后,海内升平,国泰民安,路不拾遗,外户不闭,商旅野宿。

三 家和万事兴

家庭和睦是通过家庭伦理得以实现的。中国传统的家庭主要由父子、夫妇、兄弟三重伦理关系组成。一个家庭主要就是夫妇、父子、兄弟三对关系及其扩大和延伸。《颜氏家训·兄弟》所云:"夫有人民而后有夫妇,有夫妇而后有父子,有父子而后有兄弟:一家之亲,此三而已矣。自兹以往,至于九族,皆本于三亲焉。"这三种关系都是亲情关系,儒家为其规定了夫义妇顺、父慈子孝、兄友弟恭的家庭伦理规范,目的是实现家庭和睦。

(一)夫妇关系

夫妇关系是人伦确立的第一大事。《周礼·小司徒》郑玄注云:"有夫有妇,然后为家。"夫妇的共同生活是组成家庭的基本条件。夫妇关系直接影响家庭的和谐、社会的安定和风教的淳朴,所以《易传·序卦下》云:"夫妇之道,不可以不久也,故受之以恒,恒者久也。"夫妇之道维持得长久,一个家庭才能得以维持。夫妇感情是一种特别的感情,因为夫妇没有血缘亲情,差别又很大,要终身相守实属不易。古人认为:天地合而后万物兴,夫妇关系原本是合二姓之好,上以嗣宗庙,下以继后世。夫妇之伦关键是一个"情"字,如果没有特别的感情维系其间,二者轻则吵架、打架,重则动辄离婚,导致父母孝道不能尽、子女教养不能行,直接影响到父子一伦,间接影响到君臣、朋友之伦。如果像现代西方人一样倡导性自由,那么就会导致礼义廉耻沦丧,家庭惨变,子女遭殃,社会失序。所以,《汉书·礼乐志》指出:"人性有男女之情,妒忌之别,为制婚姻之礼。""故婚姻之礼废,则夫妇之道苦,而淫辟之罪多。"儒家认为:夫妇关系除了"情",还有"敬"。古代讲究夫妻互相尊重。《左传·僖公三十三年》记载了这样一件事:"臼季使过冀,见冀缺耨,其妻馌之,敬,相待如宾。"冀缺即郤缺。春秋时期,晋国大臣郤芮因罪被杀,儿子郤缺也被废为平民,务农为生。郤缺不因生活环境和个人际遇的巨大变化而怨天尤人，而是一面勤恳耕作以谋生，一面以古今圣贤为师刻苦修身，德行与日俱增。一次郤缺在田间除草，午饭时间他的妻子将饭送到地头，十分恭敬地跪在丈夫面前，郤缺连忙接住，频致谢意。夫妻俩相互尊重，即使是粗茶淡饭，也吃得有滋有味。此情此景感动了路过此地的晋国大夫胥臣，经过一番攀谈，胥臣认为郤缺是治国之才，极力举荐他为下军大夫。后来，郤缺立大功，升为卿。这就是"相敬如宾"这个成语的由来，它指夫妻互相尊敬、爱护，像对待客人一样。所以，相爱如胶漆、相敬如宾客是传统夫妇关系的理想境界。《诗经·小雅·常棣》云："妻子好合，如鼓瑟琴。"瑟琴是古代的弦乐器，此处用以比喻夫妻间像弹奏琴瑟那样和谐美好。处理好夫妇关系是家庭和睦的核心内容。《白虎通·嫁娶》云："妻者齐也，与夫齐体。自天子下至庶人，其义一也。"《白虎通·三纲六纪》又云："夫妇者，何谓也？夫者，扶也，以道扶接也。妇者，服也，以礼屈服也。""夫扶妻齐"首在丈夫以道义扶助妻子，而妻子要以礼仪服从丈夫。这在今天可以说就是夫妻双方互相合作、共建和谐家庭的意思。《幼学琼林·夫妇》云："男以女为室，女以男为家，故人生偶以夫妇。阴阳和而后雨泽降，夫妇和而后家道成。"夫妻和睦相处，才能使家中井然有序，生活美好。

（二）父子关系

父子关系为人类以血缘关系为纽带的纵向延续，其伦理规范为"父慈子孝。""慈"的基本含义是爱。《说文》曰："慈，爱也。从'心'，'兹'声。"《礼记·曲礼上》云："慈者，笃爱之名。"父母对于儿女的慈爱是顺应人的自然感情的，爱子之情，人人共有。但是，要儿女孝敬父母则是逆着人的感情的，是比较困难的。所以，谚语有云："养子才知父母恩。"在家庭伦理中，所缺乏的、难以做到的往往不是"慈"，而是子女对父母的"孝"，于是儒家特别强调"孝"。《说文》云："孝，善事父母者。"善于侍奉父母为孝。孝是中国传统伦理道德的核心，被认为是一切道德的根本，是所有教化的出发点，是"德之本"、"仁之实"，诚所谓"百善孝为先"。孝的源泉是爱，是父母与子女之间的爱，是人类最朴素、最自然的感情。《论语》、《礼记》等儒家经典从基于自然性血缘关系的原初情感出发，进而赋予了"孝文化"丰富而具体的内涵和意蕴，尤其是从先秦流传至今的《孝经》集中反映了中国古代的孝文化，在中国历代的家庭道德建设中发挥了重要作用。孔子讲"孝"，首先强调"孝"要建立在"敬"的基础上，认为孝敬父母要发自内心，真心实意。"孝"是要赡养父母，给父母基本的物质生活的满足，更重要的是要"敬"，让父母得到人格的尊重和精神的慰藉。《论语·为政》载子游问孝，子曰："今之孝者，是谓能养。至于犬马，皆能有养；不敬，何以别乎？"孝道的根本不仅仅在于赡养父母，而在于有孝心，要发自内心地尊敬父母。孔子把行孝与守礼结合在一

起。如果说孝道的精神本质是"敬"，那么如何表达出这种"敬"呢？这就是侍奉父母要以礼而行。古代礼仪很多，对待父母最重要的礼仪有三种，就是孔子在《论语·为政》中所说："生，事之以礼；死，葬之以礼，祭之以礼。"无论在父母生前或死后，都应按照礼的规定来行孝。孔子讲的孝道不是愚孝。他还提出对待父母的过错要"几谏"。《论语·里仁》载孔子曰："事父母几谏，见志不从，又敬不违，劳而不怨。"如何对待父母的缺点和过失，这是孝道中最大的难题。一味顺从会陷父母于不义，据理力争又似乎不敬。孔子要求君子在两难中求得两全，既要劝告，又要和颜悦色；一次不行，就等下次，趁父母高兴的时候再谏。但是，要一直保持恭敬的态度，不忤逆，不惹父母生气，自己也不生父母的气，为父母过而未改而担忧。

（三）兄弟关系

兄弟关系的伦理规范是"兄友弟恭"，即兄长要关心和爱护弟弟，弟弟要尊敬和顺从兄长。"友"的含义有"友好"、"友善"、"友爱"、"关心"、"爱护"，是兄对弟而言的。弟对兄而言的是"悌"。"悌"又作"弟"，贾谊的《新书·道术》云："弟敬爱兄谓之悌。""悌"就是要敬爱兄长，其实还包括姊妹之间。中国古代家庭中的兄弟姐妹很多，同宗共源，血脉相连，古人将此比喻为"手足同胞"。但是，兄弟关系也是传统家庭中最容易发生矛盾的人伦关系。兄弟之间共患难易，共富贵难，往往会为了争权夺利而阋于墙，乃至干戈相加。历代宫廷中兄弟之间为争夺皇位而互相残杀的事件屡见不鲜，所以传统的家庭教育从小就教育兄弟姊妹共同努力营造互助互爱、和睦融洽的温暖的家庭气氛。孔子要求"兄弟怡怡"（《论语·子路》），即兄弟之间和睦相处。荀子明确规定："请问为人兄？曰：慈爱而见友。请问为人弟？曰：敬诎而不苟。"（《荀子·君道》）这就是说：作为兄长，应当爱护弟弟；作为弟弟，应当敬爱兄长。兄弟之间和睦相处既是血缘亲情的自然结果，又是孝敬父母的必然要求。颜之推形容兄弟关系为"分形连气之人"，兄弟之间"方其幼也，父母左提右挈，前襟后裾，食则同案，衣则传服，学则连业，游则共方，虽有悖乱之人，不能不相爱也"（《颜氏家训·兄弟》）。因此，兄弟之间要本着这种血缘亲情发展为感恩精神，相互照应，相互关心，和睦相处，礼让无争。

家庭伦理维护家庭的基本秩序，目的是使家庭和谐，《礼记·礼运》云："父子笃，兄弟睦，夫妇和，家之肥也。"父子相互笃爱，兄弟之间和睦相处，夫妇之间琴瑟好合，这就能够实现家庭的美满幸福。反之，"父子不和，其世破亡；兄弟不和，不能久同；夫妻不和，家室大凶"（《说苑·敬慎》）。如果一个家庭父子不和，他们的世系就会破亡；兄弟不和，就不能长久地共同居住；夫妻不和谐，家庭就会有大灾难。《易传·彖》曰："家人，女正位乎内，男正位乎外。男女正，天地之大义也。家人有严君焉，父母之谓也。父父子子，兄兄弟弟，夫夫妇妇，而家道正。"在中国古代，男女有内外分工，这是符合天地之道的。父母为一家之主，父子、兄弟、夫妇关系理顺了，家庭就和睦了。

《颜氏家训·治家》云："夫风化者，自上而行于下者也，自先而施于后者也。是以父不慈则子不孝，兄不友则弟不恭，夫不义则妇不顺矣。父慈而子逆，兄友而弟傲，夫义而妇陵，则天之凶民，乃刑戮之所摄，非训导之所移也。"颜之推认为：教育感化这件事应该从上向下、从先向后推动来施行影响。所以，父母不慈爱子女，子女就不会孝顺父母；兄长不友爱弟弟，弟弟就不会尊敬兄长；丈夫对妻子不仁义，妻子就不会对丈夫温柔。至于父母虽然慈爱但是子女却悖逆的，兄长虽然友爱但是弟弟却傲慢无礼的，丈夫仁义但是妻子却不知道自爱的，那就是天生的凶恶之人。在三重伦理关系中，中国古代社会父、兄、夫居于主导地位，也是负主要责任的一方，要通过示范作用发挥上行下效的教育感化。至于在子、弟、妻一方不能感化教育、本性恶劣的人，那就需要以刑罚处置了。所以治家之道也要宽严相济、德行并用，当然还是德主刑辅。

《朱子家训》云："家门和顺，虽饔飧不济，亦有余欢。"这就是说：家庭和睦，即使一日三餐不能相接济，也会有不尽的欢乐。古代有些大家庭，在饭桌上往往心照不宣，各怀异见，甚至剑拔弩张，面对一桌的美味佳肴也可能味同嚼蜡。所以，家庭是否和睦，并不在于是否富裕、有无山珍海味，而在于有无可贵的亲情和家庭成员之间的互爱互敬，能否享有天伦之乐。

明代儒者吕坤所著的《呻吟语·伦理》云："仁者之家，父子愉愉如也，夫妇雍雍如也，兄弟怡怡如也，僮仆欣欣如也，一家之气象融融如也。义者之家，父子凛凛如也，夫妇嗃嗃如也，兄弟翼翼如也，僮仆肃肃如也，一家之气象栗栗如也。仁者以恩胜，其流也知和而和；义者以严胜，其流也疏而寡恩。故圣人之居家也，仁以主之，义以辅之，洽其太和之情，但不溃其防斯已矣。其井井然，严城深堑，则男女之辨也，虽圣人不敢与家人相忘。"这段文义是：仁者之家，父子之间和颜悦色、心情愉快，夫妇之间和和睦睦、恩恩爱爱，兄弟之间和乐友爱，僮仆之间快乐敬谨，一家的气象融洽和睦。义者之家，父子之间严肃敬谨，夫妇之间恭谨严厉，兄弟之间庄重恭谨，僮仆之间小心谨慎，一家的气象谦敬谨慎。仁者以恩胜，处理事情该和的就和；义者以严胜，处理事情冷淡而少恩。所以，圣人处理家庭的事情，以仁为主，以义辅之，使人的自然之情融洽和谐，但又不会破坏礼仪。使其井然有别、严加防范的则是男女的分别，即使是圣人，在家人之间也不敢忘记这点。这里比较了仁者之家与义者之家在处理家庭关系方面的不同风格和效应。相对而言，吕坤似乎更认同仁者之家的方式，对义者之家的方式颇有微词。当然，

理想的方式应是以仁为主,以义辅之。这就是以仁义治家之道。

《菜根谭·闲适》云:"父慈子孝,兄友弟恭,纵做到极处,俱是合当如是,著不得一毫感激的念头。如施者任德,受者怀恩,便是路人,便成市道矣。"此段文义是:父亲慈爱儿子,儿子孝敬父亲;哥哥友爱弟弟,弟弟尊敬哥哥。一家人之间和睦相处,即使好到极点也是理所当然的,谁也不必产生一丝感激的念头。如果一方引以为荣,而另一方念念不忘对方的好处,那就太见外了,与做买卖有什么两样呢!

清代左宗棠也申述:"家庭之间,以和顺为贵。严急烦细者,肃杀之气,非长养气也。和而有节,顺而不失其贞,其庶乎?用财有道,自奉宁过于俭,待人宁过于厚,寻常酬应则酌于施报可也。济人之道,先其亲者,后其疏者;先其急者,次其缓者。待工作力役之人,宜从厚偿其劳,悯其微也。广惠之道,亦远怨之道也。"(《左宗棠全集·家书》)

《增广贤文》有云:"一年之计在于春,一日之计在于寅,一家之计在于和,一生之计在于勤。"这组排比句告诉人们春季对于一年的重要性,黎明对于一天的重要性,和睦对于家庭的重要性,勤奋对于人生的重要性。只有家庭和睦,万事兴旺发达,这个家庭才会充满幸福感,才会是一个温暖的港湾。

第四节 "和而不同"与君子人格

一 "君子和而不同"

中国古代的君子通常被称为"仁人"、"志士"、"贤士"等，是指具有良好道德素养的人。由于一般人难以达到圣贤人格，人们通常谈得最多的是君子人格，即一种比较现实的、平常人可以达到的理想人格。作为一般的理想人格，有人也把君子人格称为"众趋人格"。众趋人格即每一文化中的若干基本人格特征，原则上这些特征在每一群体大多数成员身上都可以找到，足以构成统计学的众数，是一个国家大多数国民共有的人格特征。

"君子"一词常见于儒家《诗》、《书》等经典，最初是专指社会上居高位的人，后来才逐渐转化为道德名称；最初是少数王侯贵族的专称，后来才慢慢变成各阶层都可用的通称。《白虎通·号》给"君子"的定义是："或称君子者何？道德之称也。君子为言，群也；子者，丈夫之通称也。"近代以来，有学者把"君子"一词翻译成英文的"nobility"和"gentleman"倒是比较妥当的。

孔子把"君子"发挥成一种道德品质的理想人格。在《论语》中，"君子"一词有纯指地位者，有指道德者，也有兼指二者的，但主要是指道德品质。孔子对"君子"定位很高，次于可望而不可即的"圣人"，但又不是普通人。《论语·述而》云："子曰：'圣人，吾不得而见之矣；得见君子者，斯可矣。'"孔子对君子人格有许多规定，主要是指有道德自觉和道德修养的人，并且为君子规定了一个反义词——小人。简言之，相对于小人的就是君子。

对于《论语》中的"君子和而不同"，已经在上面作了解释，后来的儒者也有不断将其发挥完善的，如东汉徐幹在《中论·法象》中说："故君子之交人也，欢而不媟，和而不同，好而不佞诈，学而不虚行。"媟（xiè），轻慢，不恭敬。徐幹以君子人格为出发点，谈在人际交往过程中怎么做到和而不同。人们在高兴的时候就容易不庄重，在喜欢某个人的时候就容易谄媚，知道一大套道理而不能落实在行动上，这些都是人们在人际交往中最容易犯的毛病。

北宋欧阳修在《朋党论》中说："大凡君子与君子以同道为朋，小人与小人以同利为朋，此自然之理也。然臣谓小人无朋，惟君子则有之。其故何哉？小人所好者禄利也，所贪者财货也。当其同利之时，暂相党引以为朋者，伪也；及其见利而争先，或利尽而交疏，则反相贼害，虽其兄弟亲戚，不能相保。故臣谓小人无朋，其暂为朋者，伪也。君子则不然。所守者道义，所行者忠信，所惜者名节。以之修身，则同道而相益；以之事国，则同心而共济：终始如一，此君子之朋也。故为人君者，但当退小人之伪朋，用君子之真朋，则天下治矣。"宋仁宗时，以范仲淹为首的欧阳修、尹洙、余靖等人推行改革新政，被政敌诬为"党人"、"仲淹朋党"。一个时期，"朋党"之论甚嚣尘上。当时"仲淹朋党"正遭贬谪，欧阳修写了《朋党论》送给仁宗赵祯。在文中，欧阳修以"同道"、"同利"鲜明地概括出君子朋党与小人朋党的根本不同，以"义"与"利"作为划分"君子"与"小人"的标准。他指出：小人是以利为标准，相互勾结，相互利用，利益相同则相结为党，见"利"则彼此反目，"利"尽则分道扬镳；君子是以"道"相互联结，同道则同德，同德则同心，道永远不变，则君子之党永远同心。君子遵循的是道义，因志同道合而结为朋党，这是"真朋"；小人因利害关系相同而结为朋党，相互勾结，互相残害，这是"伪朋"。所以，做国君的只要斥退小人的"伪朋"，用君子的"真朋"，那天下就会安定太平。

北宋司马光说："孔子曰：'君子和而不同，小人同而不和。'君子之道，出处语默，安可同也！然其志则皆欲立身行道，辅世养民，此其所以和也。"（《司马温公文集》卷之十《与王介甫书》）司马光认为：君子之道，或出仕或隐退，或发言或沉默，怎么能一味盲从附和呢！君子的志向是修养自身，奉行道义，辅助治世，教养民众，这就是君子之所以能够与人和谐相处的缘由。王安石推行新法，排斥所有不同意见，只信任、任用拥护者或附和者。司马光为此给王安石写了一封长信，引孔子"君子和而不同"之语，赞扬他"才高而学富"，批评他"用心太过，自信太厚"，"自以为我之所见天下莫能及，人之议论与我合则善之，与我不合则恶之"；"宾客僚属谒见论事，则惟希意迎合、曲从如流者亲而礼之，或所见小异，微言新令之不便者，介甫辄艴然加怒，或诟詈以辱之，或言于上而逐之，不待其辞之毕也"。不管司马光反对新法的观点是如何不可取，其提的意见是诚恳的，但王安石根本听不进去，接连罢黜了许多持不同政见的名臣，司马光也被迫出朝。王安石是有作为、有智略的政治家和学养丰厚之士，但因为政见不同、观点歧异而陷入与持不同政见者水火不容的境地，可见王安石算不上君子。

南宋朱熹说："盖君子之心，是大家只理会这一个公当底道理，故常和而不可以苟同。小人是做个私意，故虽相与阿比，然两人相聚也便分个彼己了；故有些小利害，便至纷争而不和也。"（《朱子语类》卷四十三）朱熹认为：君子的心理是大家都懂的公正允当的道理，所以常常能够做到和谐而不苟同媚世。小人心中自有私意，虽然互相偏袒、勾结，然而当两个人相聚到一块儿的时候就已经在心中分个你我了，所以有些小利小害，便会闹纷争，不和谐。这是朱熹进一步对孔子的"和而不同"所作的心性之学的解释，剖析了"君子和而不同，小人同而不和"的内在心理，也涉及"公"、"私"问题，强调"心"的作用。

近代康有为在《论语注》中云："盖君子之待人也，有公心爱物，故和；其行己也，独立不惧，各行其是，故不同。小人之待人也，媚世易合，故同；其行己也，争利相忮，不肯少让，故不和。"康有为认为：孔子的"和而不同"是对己、对人两方面而言的。作为道德修养好的君子，对己要善于兼听各方面不同的意见，以纠正自己的思想和行为，绝不强求别人盲从自己；对人则要善于提出自己的观点和意见，去纠正别人的观点或做法中的错误或缺点，绝不随声苟同、人云亦云、随波逐流。这里的"和而不同"就不仅是对一般人生哲理的阐述，而是上升为为人处事的最高准则。

《论语》中还有与"君子和而不同"表达句式和意思接近的，疏释如下：

子曰："君子泰而不骄，小人骄而不泰。"（《论语·子路》）何晏之《论语集解》曰："君子自纵泰，似骄而不骄。小人拘忌，而实自骄矜。"皇侃之《论语义疏》曰："君子坦荡荡，心貌怡平，是泰而不为骄慢也。小人性好轻凌，而心恒戚戚，是骄而不泰也。"邢昺之《论语注疏》曰："此章论君子、小人礼貌不同之事也。君子自纵泰，似骄而实不骄。小人实自骄矜，而强自拘忌，不能宽泰也。"朱熹之《论语集注》曰："君子循理，故安舒而不矜肆。小人逞欲，故反是。"焦循之《论语补疏》解："泰者，通也。君子所知所能，放而达之于世，故云纵泰。似骄，然实非骄也。小人所知所能，匿而不露。似乎不骄，不知其拘忌正其骄矜也。君子不自矜而通之于世，小人自以为是而不據通之于人，此骄泰之分也。"这些是讲君子与小人为人处世修养态度的差异，君子安详坦然而不骄矜凌人，小人骄矜凌人而不安详坦然。

子曰："君子周而不比，小人比而不周。"（《论语·为政》）何晏之《论语集解》引孔安国曰："忠信为周，阿党为比。"皇侃之《论语义疏》曰："此章明君子行与小人异也。云'君子周而不比'者，周，忠信也；比，阿党也。君子常以忠信为心，而无相阿党也。云'小人比而不周'者，与君子反也。小人唯更相阿党，而并不忠信也。然周是博遍之法，故谓为'忠信'。比是亲狎之法，故谓为'阿党'耳。若互而言，周名亦有恶，比名亦有善者。"皇侃沿用孔安国之说，把"周"解释为"忠信"，把"比"解释为"阿党"，并引经据典对二者词义的细微之处进行了辨析。邢昺之《论语注疏》曰："此章明君子、小人德行不同之事。忠信为周，阿党为比。言君子常行忠信，而不私相阿党，小人则反是。"邢昺也是延续孔安国、皇侃之说。

朱熹之《论语集注》曰:"周,普遍也。比,偏党也。皆与人亲厚之意,但'周'公而'比'私耳。君子、小人所为不同,如阴阳昼夜,每每相反。然究其所以分,则在公私之际,毫厘之差耳。故圣人于周比、和同、骄泰之属,常对举而互言之,欲学者察乎两间,而审其取舍之几也。"朱熹把"周"解释为"普遍",言其特性是"公";把"比"解释为"偏党",言其特性是"私"。君子与小人对人都有与人亲厚之意,但君子与他人的亲厚是建立在公义的基础之上,而小人与他人的与人亲厚是建立在偏私的基础之上的,这样就引入公私之辨来作君子与小人之辨,扩展了汉唐注释的意义。这句话可解释为"君子对人忠信而不阿党,小人只知阿党而不能忠信"。也就是说,这是区分君子与小人处理人际关系的根本不同:君子心胸宽广,顾全大局,讲原则,主忠信,守道义,能够与所有人搞好团结,进行合作;小人则心胸狭窄,结党营私,谋私利,无诚信,无道德,不能与人搞好团结,难以合作。

子曰:"君子矜而不争,群而不党。"(《论语·卫灵公》)孔子主张君子庄重自持却无所争,和群相聚却不结党。包咸注:"矜,矜庄也。"孔安国曰:"党,助也。君子虽众,不相私助,义之与比。"皇侃之《论语义疏》疏解"矜而不争,群而不党"曰:"矜,矜庄也。君子自矜庄己身,而己不与人争也。君子乃朋群义聚,而不相阿党为私也。"他还引江熙之言:"君子不使其身悦焉若非,终日自敬而已,不与人争胜之也。君子以道相聚,聚则为群,群则似党。群居所以切磋成德,非于私也。"

陈祥道之《论语全解》曰:"矜惜其行,则与人异,与人异则疑于有争;矜而不争,礼也。群居则与人同,与人同则疑于有党;群而不党,义也。子曰'君子和而不同',和则矜而不争,不同则群而不党。矜故不失己,不争故不失人;群故不失人,不党故不失己。处己而思所以处人则礼,处人而思所以处己则义,君子之道也。""君子之不争不党,本于道德。"陈祥道认为"和则矜而不争,不同则群而不党",最后指出君子之所以不争不党,根本在于道德。

孔子要求君子为人处世庄重自持而无所争,但不能孤芳自赏、离群索居,成为孤家寡人,应该融入不同的社群,并做到"群而不党",即:合群,与任何人都能合作,合得来,但不拉帮结派、结党营私。这两个方面实际上是一个相互制约、相辅相成的关系,体现了"君子和而不同"之处理人际关系的处世哲学。

"君子贞而不谅。"(《论语·卫灵公》)孔子主张君子坚持正道直行,讲究原则而不固执。这一章是《论语》中最短的一篇。历来对于"贞"和"谅"的具体含义,可谓见仁见智、众说纷纭,以至于在学术界颇有争议。何晏之《论语集解》引孔安国注:"贞,正也;谅,信也。君子之人正其道耳,言不必小信也。"他认为:君子

坚守正道，所以不必为小信践行诺言。以"正道"与"信"对应。这一解释为邢昺所继承："此章贵正道而轻小信也。贞，正也。谅，信也。君子之人正其道耳，言不必小信。"朱熹之《四书集注》曰："贞，正而固也。谅，则不择是非而必于信。"这里"贞"、"谅"的含义略有变化，给"贞"加上了"固"的意思，给"谅"加上了"不择是非"之意，使二者的含义丰富了，也能讲得通。黄式三之《论语后案》曰："此言君子之危行孙言也。贞，信乎正也。谅者，言之信也。君子行事必守道之正，而言之信有时不拘守也。"这里解释"贞"是信乎正，"谅"是言之信，提出君子做事一定得坚守正道但有时可以不拘守承诺。

结合上述注疏概括"君子贞而不谅"，是说君子能够坚定不移地持守道义而不拘泥于小信或不择是非的信。这涉及两个问题：一是经权观。《春秋》有经有权。经者，常也；权者，变也。经与权不可偏废。君子能贞而不谅，就是能守经应变。二是如何对待诺言和信用的问题，君子要守道义但不拘泥于承诺。

二 "君子和而不流"

"和而不流"与"和而不同"意思接近，见《荀子·乐论》："夫声乐之入人也深，其化人也速，故先王谨为之文。乐中平则民和而不流，乐肃庄则民齐而不乱。"这里强调的是合乎礼的乐对民心有着感染、教化的作用，是谈礼乐的教化功能，没有涉及君子修养。

"君子和而不流"见于《中庸》："故君子和而不流，强哉矫！"这句话的意思是：为人要和顺，善于协调自己与他人的关系，但又不能无原则地随波逐流。

孔颖达疏曰："'故君子和而不流，强哉矫'，此以下，皆述中国之强也。流，移也。矫亦强貌也。不为南北之强，故性行和合而不流移，心行强哉，形貌矫然。"孔颖达认为："君子和而不流"讲作为不南不北的中原人应有的"强"，即为人要按照"和"的原则做事，善于协调自己与他人的关系，既不与别人搞对立，也不被别人同化，更不无原则地随声附和、同流合污、随波逐流，而须自主独立、和而不同、求同存异、相互尊重。这是一种鲜明的人生态度，也是难得的处世智慧，更是中庸之道的最高境界。

吕大临说："柔而立，宽而栗，故能'和而不流'。"这是说：（君子）温柔而能自立，宽容而让人敬畏，所以能够做到"和而不流"。

朱熹在《四书或问》之《中庸或问》中进一步解释说："凡人和而无节，则必至于流。"这是说：为人和顺却没有操守，就会随波逐流。

综上所述，"君子和而不流"是讲一个有道德修养的人要按照"和"的原则做事，善于协调自己与他人的关系，但又不能无原则地随波逐流。"强"是每个人、每个集体、每个国家努力追求的一个目标，而"和而不流"就是从个人修身养性的角度实现"强"的一条有效途径。人生在世，与人和谐相处是人生存和发展的必要和重要的前提。只有与人和谐相处，才能得到他人的认同，得到更多的帮助，获得更大的发展空间和机会，从而实现"强"。因此，君子的"强"是"和"与"不流"的有机统一。"和"是前提，是基础；"不流"才是"强"的核心和关键。只有"不流"才有自我，才有特立的个性，才有特异的人格力量。这种特立的个性和特异的人格力量往往使人折服，使人向往，使人崇拜，从而凝聚群体，形成"强"的气场。古往今来，能成就一番事业的人，如华盛顿、孙中山就是这样的人物。"不流"不等于怪诞，不等于逆流。"不流"应该是顺应历史潮流的、合乎理性的、科学的。不然的话，即使其可以一时逞强，最终也必以败绩告终，就像袁世凯之流。

与"和而不流"相反的就是孔、孟非常反感的"乡愿"（也写作"乡原"）。子曰："乡愿，德之贼也。"（《论语·阳货》）《孟子·尽心下》中作了具体描述："言不顾行，行不顾言……阉然媚于世也者，是乡原也。""非之无举也，刺之无刺也；同乎流俗，合乎污世；居之似忠信，行之似廉洁；众皆悦之，自以为是，而不可与入尧舜之道，故曰'德之贼'也。"显然，"乡愿"是一种表面上无可非、无可指责、样样都好，但不分是非、似是而非、自以为是、没有原则、同流合污的人，是道德之贼。

吴澄有一首《和铭》诗曰："和而不流，训在中庸。颜之岂弟，孔之温恭。孔颜往矣，孰继遐踪。卓彼先觉，元公淳公。元气之会，淳德之钟。瑞日祥云，霁月光风。庭草不除，意思冲冲。天地生物，气象融融。万物静观，境与天通。四时佳兴，乐与人同。泯若圭角，眷然心胸。如玉之润，如酒之醲，睟面盎背，辞色雍容。待人接物，德量含洪。和粹之气，涵养之功。敢以此语，佩于厥躬。"（钦定《古今图书集成·理学汇编·学行典》第一百二十九卷）这说明要做到"和而不流"，关键还是要能够奉行中庸之道。

三 "礼之用，和而贵"

有子曰："礼之用，和为贵。先王之道，斯为美。小大由之，有所不行；知和而和，不以礼节之，亦不可行也。"（《论语·学而》）尽管这段话出自有子之口，但它实际上反映了孔子的精神思想。这就是说，礼在应用的时候以实现和谐为最高境界,礼治的目标是实现社会在等差条件下的和谐。当然,如果一味地为和而和,一团和气,不以礼来进行约束,那是不行的。所以,这里的"和"就是"和而不同"的"和",而不是没有任何差别的"同和",不是毫无原则的"苟合"。西周是宗法等级社会,但到了春秋时代,这种社会关系开始破裂,臣弑君、子弑父的现象已属常见。对此,有子提出"和为贵"说,其目的是缓和不同等级之间的对立,使之不至于破裂,以安定当时的社会秩序。但是,从理论上看待这个问题,我们可以感到:孔子既强调礼的运用以和为贵,又指出不能为和而和,要以礼节制之。可见孔子提倡的"和"并不是无原则的调和,这是有其合理性的。

何晏的《论语集解》引马融之语:"人知礼贵和,而每事从和,不以礼为节,亦不可行。"邢昺的《论语注疏》曰:"此章言礼乐为用相须乃美。'礼之用,和为贵'者,和,谓乐也。乐主和同,故谓'乐为和'。夫礼胜则离,谓所居不和也,故礼贵用和,使不至于离也。'先王之道,斯为美'者,斯,此也。言先王治民之道,以此礼贵和美,礼节民心,乐和民声。乐至则无怨,礼至则不争,揖让而治天下者,礼乐之谓也,是先王之美道也。'小大由之,有所不行'者,由,用也。言每事小大皆用礼,而不以乐和之,则其政有所不行也。'知和而和,不以礼节之,亦不可行也'者,言人知礼贵和,而每事从和,不以礼为节,亦不可行也。"礼与乐在应用时要相互配合,发挥各自不同的功能,实现治道的完美。

皇侃的《论语义疏》曰:"明人君行化,必礼乐相须,用乐和民心,以礼检民迹。迹检心和,故风化乃美。故云'礼之用,和为贵'。和,即乐也。变乐言和,见乐功也。乐既言和,则礼宜云敬,但乐用在内为隐,故言其功也。""圣天子之化行,礼亦以此用和为美也。""若小大之事皆用礼而不用和,则于事有所不行也。""人若知礼用和,而每事从和,不复用礼为节者,则于事亦不得行也。"君主以礼、乐教化民众,礼与乐必须相辅相成,行礼须乐,行乐须礼,这样才能民风和美,天下大化。

朱熹的《论语集注》曰:"礼者,天理之节文,人事之仪则也。和者,从容不迫之意。盖礼之为体虽严,而皆出于自然之理,故其为用,必从容而不迫,乃为可贵。先王之道,此其所以为美,而小事大事无不由之也。如此而复有所不行者,以其徒知和之为贵而一于和,不复以礼节之,则亦非复理之本然矣,所以流荡忘反,而亦不可行也。程子曰:'礼胜则离,故礼之用和为贵。先王之道以斯为美,而小大由之。乐胜则流,故有所不行者,知和而和,不以礼节之,亦不可行。'范氏曰:'凡礼之体主于敬,而其用则以和为贵。敬者,礼之所以立也;和者,乐之所由生也。若有子可谓达礼乐之本矣。'愚谓严而泰,和而节,此理之自然,礼之全体也。毫厘有差,则失其中正,而各倚于一偏,其不可行均矣。"程、朱以"理"解"礼"。朱熹认为:礼出于自然之理,故阐发和运用时以从容不迫为可贵。礼与乐要相互配

合,把握中正之道,避免走向极端,因为礼胜于乐则人情疏离,乐胜于礼则流于轻浮。

礼在应用的时候以实现和谐为最高境界,但不能事无大小地都用礼而不用乐来实现"和",所以需要礼与乐相互配合。在孔子看来,君、臣、父、子各有严格的等级身份,若能各安其位、各得其宜,做到"君君、臣臣、父父、子子",这就是"和"。所以,朱熹说:"如天之生物,物物有个分别。如'君君臣臣父父子子'。至君得其所以为君,臣得其所以为臣,父得其所以为父,子得其所以为子,各得其利,便是和。"(《朱子语类》卷六十八)朱熹又说:"君尊于上,臣恭于下,尊卑大小,截然不可犯,似若不和之甚。然能使之各得其宜,则其和也孰大于是!"(《朱子语类》卷六十八)

《礼记·儒行》也有"礼之以和为贵",孔颖达疏云:"礼以体别为理,人用之尝患于贵贱有隔,尊卑不亲。儒者用之,则贵贱有礼而无间隔,故云'以和为贵'也。"陈澔注:"礼之体严,而用贵于和。"这里指出:礼区分亲疏远近、尊卑贵贱,儒者行事要避免贵贱隔阂、尊卑疏远,应以"和"为目标。

"和为贵"是中华优秀传统文化的内容之一,影响了中国传统文化的方方面面、各家各派。例如:佛、道、墨诸家大都主张人与人之间、族群与族群之间的"和"。佛教反对杀生,主张与世无争;道家倡导"不争",以"慈"、"俭"、"不敢为天下先"为"三宝";墨家主张"兼相爱,交相利",尤为反对战争。与"和为贵"相关的古训有很多,如"和气致祥"、"和气生财"、"和衷共济"、"家和万事兴"、"仇必和而解"等等。

第五节 "和而不同"与中华文明

一 民族融合

文明的载体是民族,中华文明的载体是中华民族。"中华民族"作为一个现代民族概念形成于近代,但其族体已存在数千年之久,其族称的形成与发展也经历了数千年的发展演变。大约在五千年前,当中华民族开始形成时,其族称为"华"。汉朝以后,开始出现"中华"的族称。至 19 世纪末,作为近代民族学术语的"民族"概念传入中国后,"中华民族"这个民族学词汇也应运而生。虽然"华"、"中华"、"中华民族"这些族称之间小有差异,但其内涵是一致的,即指定居于中国领土上的所有民族。[①]

中华民族的形成和发展是奉行"和而不同"的理念,以汉族为主,不断融合其他少数民族的结果。费孝通指出:"中华民族这个多元一体格局的形成还有它的特色:在相当早的时期,距今三千年前,在黄河中游出现了一个若干民族集团汇集和逐步融合的核心,被称为"华夏"。它像滚雪球一般地越滚越大,把周围的异族吸收进了这个核心。它拥有黄河和长江中下游的东亚平原之后,被其他民族称为汉族。汉族继续不断吸收其他民族的成分而日益壮大,而且渗入其他民族的聚居区,构成起着凝聚和联系作用的网络,奠定了以这个疆域内部多民族联合成的不可分割的统一体的基础,成为一个自在的民族实体,经过民族自觉而称为中华民族。"[②] 这说明:中华民族是由众多的古今各民族在形成统一国家的长期历史发展中逐渐形成的民族集合体。组成我们这个多民族国家的各民族都有各自发展的历史和文化,各民族长期在统一国家中共处并发展为统一的不可分割的关系,从多源交融到多元一体,自觉地联合成为一个统一的多民族的国家。这经历了一个漫长而艰难曲折、波澜壮阔的过程。

首先,中华民族的原体华夏族就是上古时代不断融合周边部族的结果。结

---

① 田晓岫:《"中华民族"族称考》,载《光明日报》2003 年 10 月 14 日。
② 费孝通:《中华民族的多元一体格局》,载《北京大学学报(哲学社会科学版)》1989 年第 4 期。

合过去遗留的古代文献和近几十年考古学的最新成果，我们可以基本确认：上古中国文化是多元的，在燕山南北、黄河上游、长江中下游、四川盆地都存在着与中原文化不相上下的古代文明。所以，有学者说中国上古文明是"满天星斗"一样分布在古老的中华大地上 [①]，起初是炎黄集团和犬戎之间的融合，接着又与东夷集团融合，形成夏王朝；商代八迁，周武王联合八百诸侯共伐殷纣王，也是大范围的民族融合；后来又经历春秋战国的民族大迁徙，中原华夏与四周的楚、吴、越、东夷、西戎、南蛮、北狄等融合，才逐渐形成了华夏族。徐旭生曾经描述过三族是如何统一为华夏族的："他们中间的交通相当频繁，始而相争，继而相亲，以后相争相亲，参互错综，而归结于完全同化 …… 到春秋时期，三族的同化已经快完全成功，原来的差别已经完全忘掉，所以当此后的人们对于所搜集到的传说作综合整理的时候，就把这些名字糅合到一块。" [②] 这一融合实际上是一直在进行的，到汉代才告一段落，在华夏族的基础上形成了汉族。

其次，两晋南北朝时期，汉族又与其他少数民族融合。匈奴、鲜卑、羯、氐、羌等少数民族入主中原，建立大夏、前燕、成汉、后秦等十六国，并逐步汉化，最后融入汉民族之中。

再次，五代两宋期间，北方契丹、党项、女真各族在中国北部相继建立了辽、西夏、金等政权，与北方汉族融合起来；同时，南宋政权南迁，与南方各少数民族进行了较大程度的融合。

复次，蒙古人统一中国，吸收汉文化，使一部分蒙古族融入汉族；同时内地汉人迁往蒙古、云南以及西北、东北等地，并融入当地少数民族之中；另外，蒙、藏之间，汉与契丹、女真、维吾尔、藏族之间的融合很突出。

最后，满族入主中原，满汉融合，乃至几乎没了民族界线；同时，满、蒙、藏在共同的宗教信仰的基础上也进行融合。值得一提的是：明清之际，十余万汉人跨海定居台湾，与当地高山族等少数民族融合，使台湾成为与中华民族血肉相连的一部分。

从以上史实可以看出：在中国这块广袤的大地上，长期以来，经过不同民族的迁徙、融合，形成了今天以汉族为主体、包括五十六个少数民族的统一的多民族大家庭 —— 中华民族。中华民族的形成是各民族在交流中寻求生存、在斗争中走向和谐、在团结中共同发展、在保持各民族丰富多样性前提下结成不可分割的统一整体的过程，这与世界上其他单一民族的消亡或被征服形成了鲜明的对

---

① 苏秉琦：《中国文明起源新探》，北京：生活·读书·新知三联书店1999年版，第101—127页。
② 徐旭生：《中国古史的传说时代》，北京：科学出版社1960年版，第39页。

比。这种极强的民族融合力、凝聚力、向心力得益于中华民族对"和而不同"观念的理解和运用,是"和而不同"思想的典型体现。

二 文化融合

中国文化源远流长、博大精深,而贯彻其中的基本精神之一就是和而不同的"和合会通"精神。古代中国的先哲们通过对天地自然界、人类社会普遍存在的和同现象进行了大量的观察和探索,提出了"和而不同"的思想,认为"和"是多样性的统一,建立在事物相互区别的基础上,而"同"则是单纯的一致,是没有生命力的单一。在这种思想指引下,中华文化博采众长,不仅融合了国内各个民族的文化,而且吸收、消化了外来文化,保持了旺盛的生命力。

从春秋开始,"道术将为天下裂"(《庄子·天下》),"其数散于天下而设于中国者,百家之学时或称道之"。具体情况就是:天下大乱,"圣贤"见天下无道便不再出仕,把精力用在思考如何拯救时弊上,于是各家各派都形成了自己的一套理论,并且都说自己掌握了原来那个统一的大道,自以为是,自我欣赏,就像人的耳、目、鼻、口各有所明,却不能相通。所以,人们再也看不到天地纯真的本性,看不到古人所见到的道术大体的面貌了。于是"百家争鸣",各执一端,既互相诘辩、互相批评,又互相影响、互相吸收,形成了中国古代文化史上繁荣的鼎盛时期。其思想观点都是"和而不同"文化观念的具体表现。

到战国末年就出现了思想融合的倾向。各家都尽可能地以自我为主,融合别的学派,进行思想综合。战国末年在思想文化方面综合性最明显的主要有荀子、韩非子、黄老道家和《吕氏春秋》。荀子站在儒家立场上综合别家,特别是法家,要把儒家的以礼治国与法家的以法治国结合起来,提出要以"礼义法度"治国,同时还吸收了道家、阴阳家、名家、墨家的思想,成为一代大儒。韩非子站在法家的立场上,先从内部综合前期法家的"法"(商鞅)、"术"(申不害)、"势"(慎到)等基本内容,又吸收道家(老子)、儒家(荀子)的许多思想,构建了自己的思想体系。黄老道家的形成很复杂,概括地说:其发生于南方的老子之学,北传入齐,与齐文化相结合,在战国中期以前逐渐形成了黄老之学,并在稷下学宫的自由争鸣和交融中发展、壮大,在战国中后期以至西汉初年广泛流行,并参与汉初政治。黄老学派从《老子》出发,全力研究人类社会的成败、得失、祸福,熔铸道、法,兼采儒家、墨家、名家、阴阳家的一些思想成分,形成自己的政治、哲学、军事思想体系,成为儒道渗透、道法结合的一个新的道家学派。《吕氏春秋》是秦相吕不韦组织他的门客（其中囊括了当时各家各派的学者）编撰的，后人视之为杂家的代表性著作。它博采百家之学，兼收老庄的自然无为、墨家的功利尚贤、儒家的等级教化、阴阳家的阴阳五行、法家的重法审势，形成了一个庞大、纷杂的思想体系。

秦汉以后，"和而不同"思想成为中国文化发展的基本观念，形成了中华文化"和而不同"的文化观。

汉初经过战乱之后，政治又归于一统。在从秦统一到汉武帝的一百多年间，经过政治的引导、思想家的配合，即长期的实践探索和理论构建，中华文化共同完成了秦汉政治文化整合。所谓"秦汉政治文化整合"，主要是指这百余年间，统治者为了寻求长治久安之策，有目的、主动地对先秦思想文化资源进行选择、取舍、加工、改造；与此相应，一些思想家、学者也积极地与统治者合作，使其思想上升到政治操作层面。于是，以儒、法思想为主的各家思想经过长期而曲折的"磨合"，到了汉武帝时代，初步确立了"霸王道杂之"的政治文化主体模式，这就是礼法并用、德刑兼备、王霸结合的基本构架。这其中王霸结合是整体的概括，礼法并用、德刑兼备是其不同侧面的展开和延伸。它们之间的关系是：王与霸、礼与法、德与刑是双双对应的，相反相成，结构为一体，而王霸是涵盖礼法、德刑的。言王霸可以指礼法，也可以指德刑，当然可以指代礼法或德刑；言礼法或德刑，在特定情况下，也可指代王霸。这一基本关系构架在儒、法两家的思想体系上，王道、礼治、德治和霸道、法治、刑罚又分别是两家思想体系主要支柱的借用。这样，一虚一实，一高一下，便可以构成立体网状，成为相反相成、相互对立、相维相济的结构体。[①]这种文化整合就是"和而不同"文化观的产物。

魏晋以后，儒学式微，玄学崛兴，道教创建，佛教传播，在中国出现了儒、道（教）、玄、释既并列纷争，又相互融合的多元激荡的格局。在此期间，儒、道（教）、玄、释形成了相当复杂的关系。对此，著名历史学家范文澜有一个精辟的概括："儒家对佛教，排斥多于调和；佛教对儒家，调和多于排斥；佛教和道教互相排斥，不相调和（道教徒也有主张调和的）；儒家对道教不排斥也不调和，道教对儒家有调和无排斥。"[②]这说明不同思想文化、不同宗教之间大都本着"和而不同"的文化观在魏晋南北朝时期多元发展。

经过长期的分裂战乱和隋代短暂的统一，唐代谱写了中国历史上最辉煌的篇章。特别是在安史之乱以前，唐代政治清明，经济持续发展，文化艺术繁荣，出现了"贞观之治"、"开元之治"的封建盛世。唐代中国的文化也进入了气度恢

---

① 韩星：《中国文化通论》，北京：北京师范大学出版社 2017 年版，第 83—84 页。
② 范文澜：《中国通史简编》，北京：人民出版社 1964 年版，第 439 页。

宏、史诗般壮丽的隆盛时期,表现出明朗、高亢、奔放、热烈的时代气质,可以说是中国文化发展的顶峰。首先,唐代有开明的文化政策,营造了宽松、活跃的氛围。从思想方面看,隋唐统一王朝建立以后,为了加强思想文化上的统治,对儒、佛、道三教采取了分别利用的态度。它一方面确立了儒学的正统地位,另一方面以佛、道为官方意识形态的重要补充,推行三教并用的思想文化政策,形成了一种多元、开放的文化格局。

"和而不同"是儒家处理与其他学派的关系,以儒为主,整合多元思想的基本原则。宋明理学、心学就是以儒为主,融合道、佛而形成的新思想体系。一般认为理学是儒学的新形态,它由周敦颐开创,经由邵雍发展至张载、二程而正式形成,到南宋朱熹集大成;心学由陆九渊开创,至明代王阳明完成,构建了宏大而精致的思想体系。今人又有三派之说:气本论一派,以张载为代表;理本论一派,以程、朱为代表;心本论一派,以陆、王为代表。宋明理学、心学是在吸收佛、道思想的基础上进行理论建构的,把文化的重心向天道性命的形而上方向绝对化地发展了,在理论思维上达到了崭新的高度,其理论意义和价值应值得肯定。但是,理学在成为封建社会后期的官方意识形态后,其思想观点被统治阶级利用,逐渐僵化、教条化,成为压制和扼杀人的本性而维护封建专制主义的工具,给中国社会和中国人民带来了深重的灾难。

到了近代,西方文化传入,中华民族的有识之士又以开放的姿态吸纳西方文化,形成了融合东西方文化的现代新儒学。新儒学家站在中国文化的"一本性"——心性之学的立场上,以接续传统命脉为己任,"和而不同",兼容并包,形成了能够代表中国文化在20世纪新发展的现代新儒学思想体系。他们志在"返本开新"。这里的"本"指的是传统儒学,"新"指的是现代"民主"、"科学"的社会。

"和而不同"思想贯穿于中华文化发展的始终,推及中国文化的各个方面,成为处理各方面差异、等级和矛盾的准则。在"和而不同"思想的指引下,中华文化不断创新,保持了旺盛的生命力,不断吸收其他文化的优点和长处,不断创新、发展和形成适应新时代需要的理论体系。可以说,在"和而不同"基础上的融合与贯通,是中国传统文化发展的一个鲜明特征。中国传统文化特别是儒家文化的开放性、包容性得到了各民族的认同,是中华民族得以形成的思想文化基础,也是中华民族的凝聚力和吸引力所在。

"万物并育而不相害,道并行而不相悖。"朱熹之《中庸集注》曰:"天覆地载,万物并育于其间而不相害;四时日月,错行代明而不相悖。"两句话本来是赞扬孔子达到天地境界所具有的"和而不同"的包容、宽容精神,后来成为经典名言,成为中国人处理人与人、人与自然关系的基本理念,反映了中国文化及中华民族的敦厚与宽广。海纳百川，有容乃大，中华文化不排斥外来文化，对于合乎自己观念的，吸收接纳，化为己用；对于不合乎自己观念的，不接受。在中国文化史上有过佛老相争、中西相争，但每次相争都是百家争鸣，争鸣的结果都是相互吸取、相互融合，使得中华文化如长江大河，不拒细流，源远流长，博大精深。

三 宗教融合

中国文化中所形成的儒、释、道三教融合到三教合一的历程也是"和而不同"的典型例子。儒家以人文理性为主体，以和而不同、和为贵等为价值追求，使儒家在历史上可以与本土的和外来的各种宗教交流互鉴、会通融合。以人文理性为主，具有复合形态的儒家或儒教没有排他性，对其他思想流派可以兼容并包。正如《中庸》所言："万物并育而不相害，道并行而不相悖。"只要不使自身发生质变，儒家都会心胸开阔地兼收并蓄，使百川归海，不择细流。儒家因为能开放、能包容，所以能够融会贯通其他思想。

从三教融合到三教合一，有一个历史发展过程，一般分魏晋南北朝、隋唐、宋元明清三个阶段。

第一个阶段，最初儒、道、佛是各自独立的，有了"三教"之称后，三教开始被相提并论、相互影响，在中国文化的语境中偏重于三教社会功能的互补。

第二个阶段，隋唐统治者都采取了以儒学为正统、三教并存和并行不悖的基本政策；尤其是唐代统治者崇儒、礼佛、尊道，还鼓励三教展开自由辩论。在三教融合走向三教合一的过程中，儒家主要对佛、道思想中的哲学层面和思维方法有所吸取，以充实自己心性论和宇宙论方面的思想；佛、道则除了坚持自己出世主义的宗教世界观，还着重吸取了儒家的伦理政治思想，容纳儒家的忠孝、仁义等思想，以与整个中国社会结构相适应。正如学者所论："隋唐时期佛教与儒、道两家所形成的三足鼎立之势，为三教的融合提供了客观条件，而三教在各自的发展过程中也都深切地感受到了相互补充、相互融合的必要性，因而都表现出了强烈的融合他人理论精华的主观意向，儒佛道三教在理论上呈现出的进一步融合的趋势是这个时期三教关系的最重要特点。"①

到第三个阶段，即宋代以后，三教才出现真正宗教形态上的合一。三教融合之势至宋代更趋明显，到明代真正完成了"三教合一"。有学者通过电脑光盘检索，"三教合一"之称在现存的《四库全书》中只出现过八次，且全部是在元代以

---

① 洪修平：《中国儒佛道三教关系研究》，北京：中国社会科学出版社2011年版，第16页。

后。也就是说，在明代之前，只有"三教"的概念，还没有"三教合一"概念的流行。或者说，明代以前的人尚未认识到三教在外在形态上有合一的可能性。明代人所说的"合一"仍可分为两个层次：其一依然是以往"三教归一"、"三教一家"的意思，即主要指三家在道德价值观念上的一致性；其二是当时的社会中已经有了合三教为一教的实际形态存在，晚明林兆恩甚至创立了以儒学为主体的三教合一的宗教——"三一教"，其他民间宗教也有以此为旗帜的，此可见诸民间宗教的经典"宝卷"。①

在"三教合一"形成的过程中既有斗争，又有融合。斗争表现为儒家因佛、道二教威胁和破坏了宗法主义的治道而攻击佛教和道教，佛、道二教之间因基本教义的差异和争夺宗教地位而发生激烈纷争。宗教冲突不可避免，但历代朝廷尽可能地把冲突限制在思想学术层面，避免发展为宗教战争。"三教之间政治、经济和理论上的矛盾争论虽然一直不断，但三教融合的总趋势却始终未变。儒、佛、道三教中许多重要的思想家都从自身发展的需要出发以及迎合大一统政治的需要，提倡三教归一、三教合一，主张在理论上互相包容。"②

"三教合一"是三教在长期的历史发展中变成同中有异、异中有同、你中有我、我中有你的水乳交融态势。但是，应该看到：三教合一不是三教简单相加合为一教，而是三教在各自立场上吸收其他方的思想。就其主体而言，三教依然各树一帜，相对独立，只是尽可能地以自我为主，吸收其他二教有益于自己的成分，于是就有了儒家式的三教合一、道家式的三教合一和佛教式的三教合一三种类型，分别以新儒学（宋明理学、心学）、新道教（全真道）和新禅宗为代表。这三种类型至明清更多见于民间宗教信仰，典型的代表人物如林兆恩，他不仅继承了中国历史上三教合一的思想，而且对古代宗教进行改革，创立了一个以儒为主，兼容道、佛，融会贯通，自成体系的具有中国特色的新宗教。林兆恩说："三教合一者，合而一之以孔子之儒也。""余之所谓三教合一者，譬之植桃、李、梅于其庭，庭且隘，而木又拱，不得已乃择其种之美者，而存其一。若仲尼之仁，乃种之美者也。余故曰道归于儒也，释归于儒也。"（《林子三教正宗统论·非三教》）因此，他的三一教"贯穿着一个主要线索——三教合一思想。而这一思想的本质是道一而教三，合佛、道二教以归儒宗孔"。③

从三教融合到三教合一的历史过程构成了中国文化内在结构的动态演变过

---

① 严耀中：《论"三教"到"三教合一"》，载《历史教学》2002年第11期。
② 洪修平：《中国儒佛道三教关系研究》，北京：中国社会科学出版社2011年版，第15页。
③ 马西沙、韩秉方：《中国民间宗教史》（下），北京：中国社会科学出版社2004年版，第575页。

程,这对中国文化而言意义重大,能够体现中国文化的和而不同、兼容并包、兼收并蓄、融会贯通、多元一体的基本特征,使得极端的宗教偏见、极端的宗教狂热在中国文化中很罕见。中国文化中没有发生过激烈的宗教冲突和大规模的宗教战争,各种外来宗教传进中国以后,其争斗的锋芒都被磨钝,逐渐"中国化",进而能够与其他宗教相互尊重、彼此共存、不断融合,使得中国成为世界各种宗教的大熔炉。

第六节 "和而不同"的现代价值

一 "和而不同"与和平共处

自有人类以来，在地球各处就逐渐产生了不同的文明。在漫长的历史发展中，有的文明消失了，有的新文明诞生了，有的文明相互接触、交流，有的文明封闭、自守，但多种文明并处共存是一个事实。并处共存就免不了冲突，若冲突激烈、规模巨大，就有可能造成文明衰退、毁灭。所以，"和平相处，同生共荣"就成为不同文明的共识与努力的方向。

当今世界多元文明的和平共处问题，就是如何促进多元文明在全球现有的政治和经济组织的框架之内和平共处、发展进步的问题。各文明如果不能和平共处，就会出现很多问题，甚至出现纷争、战争。近代以来，西方文明由于种种原因，没有解决好这个问题。20世纪以西方世界为主导，发生了两次世界大战，给人类造成了巨大的灾难。第二次世界大战以后虽然再没有发生世界性的大战，但经常有规模大小不同的地区冲突和局部战争，和平仍然是人类的渴望。进入21世纪以后，并没有出现新气象。全球化步伐加快，已经形成"地球村"，多元文明接触交流，冲突频繁，战事不断，人类社会正面临着一场新的文明危机，并开始引起人们的警觉。如何走出当前混乱纷争的局面？我们的方案是以"和而不同"原则作为处理不同文明关系的一条基本原则，承认世界文明的多样性，推动不同文明的对话，实现和谐相处，使不同文明都能自觉地参与解决当前人类社会所共同面临的问题，参与塑造人类文明新秩序之中。

儒家历来非常重视"和"，《论语·学而》提出"和为贵"，这不仅是人和人之间的和平相处之道，也是国与国、民族与民族、文明与文明之间和平相处之道，对于人类的生存和发展至关重要。人类自古至今，因国界、宗教、种族、主权、经济利益的争执，思想、语言、风俗的差别，所引起的冲突乃至战争不胜枚举，甚至常常上演"争地以战，杀人盈野；争城以战，杀人盈城"（《孟子·离娄上》）的惨剧。"和为贵"的思想对匡正当今世界发生的种种纠纷、冲突大有裨益。《尚书·尧典》中

说尧能够"协和万邦",将"协和万邦"这一理念引申到当今世界,就是不同国家都要相互尊重、相互合作、共同发展,并以此为不同国家、民族和平相处的核心价值观。《尚书·皋陶谟》还提出"和衷共济",引申到当今世界,人类面临的危机是共同的,需要所有国家同心协力,一起努力,克服困难。《周易·乾卦》提出"万国咸宁",是希望天下所有的国家都繁荣昌盛,人民安居乐业。

《论语·里仁》载:"子曰:德不孤,必有邻。"中国人以德为邻,而不是以邻为壑。"亲仁善邻,国之宝也"(《左传·隐公六年》)应该是相邻国家和文明之间和平相处之道。当然,不同国家、不同民族、不同文明之间因为复杂的原因,免不了发生纠纷和产生矛盾,这个时候最重要的是如何解决纠纷、化解矛盾,而不是扩大纠纷、加深矛盾,最后酿成你死我活、两败俱伤的悲剧。北宋张载提出"有反斯有仇,仇必和而解"(《正蒙·太和篇》),由阴阳和合所产生的万事万物都会有对、有错,即会有矛盾。对于如何化解、解决种种矛盾,张载提出了"和而解"的主张。这对于处理各种人际关系、政治社会关系,乃至国家、民族、不同文明的关系具有非常重要的意义。

中华民族历来是爱好和平的民族。孔子不主张对外侵略和征服,而提出"修文德以来之"(《论语·季氏》)。《司马法·仁本》说:"国虽大,好战必亡;天下虽安,忘战必危。"好战的国家必然灭亡,而没有战备的国家会处于危险之中。中华民族爱好和平,提倡"化干戈为玉帛",但也不怕战争,勇于参加保家卫国的自卫战争和除暴安民的仁义战争。汤因比说:"我的想法是,与其说中国人是有对外推行征服主义野心的民族,不如说是在本质上希望本国和平与安泰的稳健主义者。实际上,只要不首先侵犯中国,中国是从不先发制人的。近代以来,鸦片战争、中日战争、朝鲜战争以及迄今和中国有关的战争,无论哪一次都可以叫做自卫战争。"[1]中国历史上兴盛的中原王朝对于周边的游牧、渔猎民族主要采取"怀柔"、"羁縻"、"和亲"等政策,往往是由于外来势力不断侵扰、掠夺中原,中原王朝忍无可忍才发动讨伐战争。就中国文化的发展历史来看,中国与周边少数民族、与世界其他文明的冲突、战争是暂时的,而相互吸收与融合是主要的。

总之,以"和而不同"的文化观面对多元世界文明,一方面应当以开放包容的态度正确理解差异、尊重区别,以消弭隔阂,促进不同文明之间的和谐共处;另一方面,在尊重文明多样性的同时,也应当努力寻求不同文明之间的共通性,"求同存异",这样才能以平等尊重的态度和兼容并包的方式进行文化交流与传播,

---

[1]《展望二十一世纪——汤因比与池田大作对话录》,北京:国际文化出版公司1985年版,第290页。

用文明共通性联结吸纳文明的差异性,实现多元文明的和平相处。

二 "和而不同"与文明互鉴

"和而不同"还可以作为化解不同文明冲突、促进文明对话、实现文明互鉴的基本原则。

美国著名学者亨廷顿在 20 世纪 90 年代提出"文明冲突论",认为冷战以后宏观层面的主要分裂是在西方和非西方之间,西方文明会与儒教文明和伊斯兰文明发生冲突,伊斯兰文明与儒教文明会在人权、经济、军事特别大规模杀伤性武器方面进行合作,来共同抗衡西方,"未来的危险冲突可能会在西方的傲慢、伊斯兰国家的不宽容和中国的武断的相互作用下发生"[1],"伊斯兰的推动力,是造成许多相对较小的断层线战争的原因;中国的崛起则是核心国家大规模文明间战争的潜在根源"[2]。亨廷顿站在西方中心主义和美国的立场上认为:"中国的崛起和这个'人类历史上最大竞争者'的日益自我伸张,就将在 21 世纪初给世界的稳定造成巨大的压力。"[3] 以 9·11 事件为标志,以美国为首的西方与伊斯兰教激进主义的冲突还没有结束,现在与中国、俄罗斯的核心大国竞争又不断加剧。当今全球化使得世界多元文明之间的接触、联系不断加强,多元文明如何相处?是对话还是冲突?是合作还是对抗?这些问题已经成为关乎人类前途命运、人类文明何去何从的重大问题。

与此同时,世界上很多有识之士对"文明冲突论"不以为然,批评"文明冲突论",提出以"文明对话"代替"文明冲突",并通过组织不同文明、不同层次的对话活动将其付诸实践。1993 年,在美国芝加哥举行的世界宗教大会上,世界各大宗教领袖通过对话试图寻找一种普遍得到人们高度认同的伦理原则和伦理行为规范,最后以"己所不欲,勿施于人"作为全球伦理的"金规则"。1998 年,联合国宣布 2001 年为"联合国不同文明间对话年"。2001 年 11 月 9 日,联合国第56/6 号决议通过《不同文明对话全球议程》,该决议"强调所有文明均须颂扬人类的大同与多异,并通过与其他文明的对话丰富与发展自己,同时强调尽管存在着不容忍和侵略等障碍,各文明之间历来有着建设性的交流"。自 2012 年开始,联合国将"文明对话"列入重要使命,并在相应的场合不断推动文明对话。通过"文明对话",人们越来越认识到:世界上的每一种文明都扎根于自己生存的土

---

①②③[美]塞缪尔·亨廷顿:《文明的冲突与世界秩序的重建》,北京:新华出版社1998年版,第 199、230、361 页。

壤,凝聚着一个国家、一个民族的生活智慧和精神追求,都有其独特魅力、深厚底蕴和存在价值,都是人类文明宝库的瑰宝。不同文明之间应当相互尊重、和而不同,在历史的启迪和现实的昭示中,摒弃"文明冲突论",以多元共存超越文明优越,以和谐共生超越文明冲突,以交流互鉴超越文明隔阂。

　　罗素曾经指出:"不同文明的接触,以往常常成为人类进步里程碑。希腊学习埃及,罗马学习希腊,阿拉伯学习罗马,中世纪的欧洲学习阿拉伯,文艺复兴时期的欧洲学习东罗马帝国。学生胜于老师的先例有不少。"① 这说明:不同文明之间的交流互鉴是促进人类文明发展的重要因素;欧洲文化在历史上也吸收了许多其他民族文化,其中包括阿拉伯文化的某些成分。

　　中西文明交流互鉴也具有漫长的历史。早在古希腊时代,希罗多德就在其《历史》中提到"东方是一切文化和一切智慧的摇篮",《旧约》第四十九章第十二节中就有"这些从秦国来……"的文字,一般认为中国的秦文化这时已经传到西方。西汉武帝派张骞出使西域,到了中亚地区,还未能直接接触到希腊。东汉班超出使西域,曾派甘英寻访罗马帝国。到唐代,景教(基督教聂斯脱里派)传入中国。从元代开始,中西文明有了更多的直接接触,欧洲的传教士和商人将欧洲历史文化介绍到中国,同时将中国历史文化传播到西方,《马可·波罗游记》打开了西方认识中国古老文明的一扇窗户。明末清初,以利玛窦为代表的西方传教士进入中国,架起了中西思想、科学、文化交流的桥梁:一方面,西学东渐,引起一些中国士大夫学习西方的热情;另一方面,这些传教士向欧洲介绍"中学",大量的中国历史文化典籍被翻译成拉丁文等,还撰写了介绍中国方方面面的著述,并在欧洲出版发行。诸如此类的事情,实现了"西学东渐"与"中学西渐"的双向互动、互学互鉴。"中学西渐"在17—18世纪的欧洲形成了"中国热",莱布尼茨、伏尔泰、魁奈等认真研读西方传教士关于中国思想文化的各种资料,从中吸取有益于西方文明近代化的成分,为其后欧洲启蒙运动和法国大革命提供了道德智慧,做了思想准备。利玛窦之后,西方传教士与中国发生了"礼仪之争",中西文化交流一度中断。近代中国遭遇到来自西方坚船利炮的侵略,中国人在屈辱中有感于自身文明的落伍,认识到中华文明如果不与西方等世界其他文明交流互鉴,就会亡国灭种。这种文明危机感是20世纪初在中国发生新文化运动的一个重要动因。从新文化运动开始,中国人积极地、更大规模地甚至以全盘西化的方式学习西方,步履艰难地迈向现代化。改革开放四十多年来,在经济、科技、国防等初步现代化之后,中华文明开始迈向整体复兴的历史征程,在继续学习、吸纳、

---

①[英]罗素:《中国问题》,上海:学林出版社1996年版,第146页。

消化西方文明的同时,注意反思和拒斥西方文明的弊端,注重调整文明发展的道路和方向,重建中华文化的主体性,重新在博大精深的中华文明中发掘、研究、阐释中华文明中与其他文明具有共通性和对塑造人类文明新秩序具有普遍性的思想资源。

总之,"和而不同"是全球不同文明和谐相处的基本原则。"和"是多样性、多元性、差别性的共存,而"同"是单一性、同质性、一元性。以"和而不同"的文化观化解不同文明之间的冲突,促进文明对话,实现文明互鉴,使人类不同文明平等交流、公平竞争、相互借鉴、相互融合,这是多元文明发展、和谐、共生的重要动力。

三 "和而不同"与"世界大同"

千百年来,大同世界是中国古代思想家和政治家、志士仁人都在苦苦追寻的终极理想世界,大同是儒家最高的社会政治理想,从古代的孔子、孟子到近现代的康有为、孙中山都曾提倡这样的思想、进行过这样的努力,它至今仍然是中华民族不懈奋斗的理想和信念,象征着人类对未来社会的憧憬。

关于"大同",郑玄的《礼记·礼运》注曰:"同,犹和也,平也。"孔颖达疏曰:"率土皆然,故曰'大同'。"普天下都实现了和平,就是大同。按照《礼记·礼运》所载,大同世界的本质是"大道之行也,天下为公",具体形态是"天下一家,中国一人"。所以,段正元解释说:"大而不同者非大也,同而不大者非同也。同能大者真同也,大能同者真大也。是故曰大同也者,天下为一人,故曰'大';万国为一家,故曰'同'。是以如是者,真大同天下也。""故大同者,万国共和之天下也。"[①] 段正元用《礼记·礼运》之"天下一家,中国一人"结合现代社会解释"大同",即以"天下一家,中国一人"的方式使世界上所有国家实现民主共和。

吴光认为:"大同"可解释为"大和"即"太和",意即"最高尚的和谐境界";"大同"并非完全的同一,而是有差异、有私产、和而不同的"多元和谐"社会。所谓的"大同社会",虽然是"天下为公"即以公有制为主体的社会,但也是存在家庭差异和家庭私有财产的社会,因此绝不是没有差异、没有矛盾的同质社会,而是有差异、有矛盾却"和而不同"的和谐社会、和平社会。[②] 因此,可以说"和而不同"方为"大同"。

---

① 段正元:《师道全书》卷一一,道德学会总会 1944 年编印,第 1 页。
② 吴光:《儒家"大同"思想新解》,载《北京日报》2015 年 10 月 26 日。

所以，"大同"与"和同之辩"、"和而不同"的"同"是一个字，但内涵不同："大同"是以"天下为公"为原则的太和境界，而"和而不同"的"同"是"小同"，即小人所行的苟同，最终会导致不和、不欢而散、甚至两败俱伤。

对于中国"大同"思想的发展脉络，陈正炎和林其锬二人所写的《中国古代大同思想研究》一书有很精当的概括。书中写道：中国古代"大同"思想的史料十分丰富。作为一种与阶级对抗社会相对立的思想，它主要包括了四个基本内容，即反对剥削、财产公有、人人劳动、天下为公。其表现形式大致可以归纳为这样六个类型：

一是依托远古，向往原始社会，用"现有的观念材料"进行加工和美化，勾画出大同社会的美妙蓝图。道家的"小国寡民"、"至德之世"以及儒家的《礼记·礼运》等都属于这一类型。

二是人间的社会追求采取了非人间的境界想象。许多宗教家的思想都采取了这种形式。比如佛家的"净土"和"极乐世界"、原始基督教的"天国"、道教的"仙境"等等。

三是用形象的语言塑造出大同社会的意境。小说家和诗人的作品，诸如陶渊明的《桃花源记》中的"桃花源"以及李汝珍《镜花缘》中的"君子国"等等。

四是政治家、社会改革家和历史学家对社会方案的制订。比如战国时期的孟子、东汉的何休、北宋的张载等对井田制的规划，战国时期农家许行的"君臣并耕"，魏晋时期鲍敬言的"无君无臣"等社会设想。

五是类似西方空想社会主义者（傅立叶）创办"法朗吉"所进行的社会实验。比如东汉张鲁举办的"义舍"、明代何心隐创立的"聚和堂"以及禅宗的"禅门规式"等等。

六是农民起义提出的行动纲领和斗争口号。例如唐代黄巢、王仙芝的"均平"、"天补"和宋代钟相、杨幺的"等贵贱，均贫富"。

这些说明中国古代"大同"思想丰富多彩，中国社会各个阶层都根据自己的社会地位、生存条件、理想追求形成了不尽相同的"大同"思想。在这其中，儒家的"大同"思想最为全面、影响深远。

儒家经典著作《礼记·礼运》就曾对孔子理想中的"大同世界"作过美妙的阐述：

> 大道之行也，天下为公。选贤与能，讲信修睦，故人不独亲其亲，不独子其子，使老有所终，壮有所用，幼有所长，矜、寡、孤、独、废、疾者皆有所养。男有分，女有归。货恶其弃于地也，不必藏于己；力恶其不出于身

也，不必为己。是故谋闭而不兴，盗窃乱贼而不作，故外户而不闭。是谓
"大同"。

　　"大同社会"是一个非常美好的理想社会，其总原则就是"天下为公"，是派生
其他具体内容的根源和出发点。它所体现的具体原则有：在政治上举贤能，用人
才，讲信用，实行社会民主。在社会生产上，按性别、年龄和社会需要进行分工，
人人各尽其力，为社会劳动；人人从事劳动，社会成员平等地享用劳动成果。在
社会生活中，人们的地位是平等的，大家互敬互爱，互靠互养，诚实无欺，过着美
满幸福的生活；没有盗贼，战争也不会发生，社会安定，秩序井然，天下太平。如
果用现代语言来表述，"大同社会"就是人与自然和谐相处，经济可持续发展，社
会有选贤与能的机制，人与人之间讲信修睦，在家庭关系上提倡仁义孝悌，物质
文明、制度文明与精神文明和谐发展的社会。这里对"大同社会"的描绘虽然不
是历史的，是不现实的，但它又是合情合理的。这一学说自问世以来，鼓舞着一
代又一代的志士仁人为完善现实社会、追求美好生活而英勇奋斗。"大同"理想
在中国上空一直徘徊了两千余年，"世界大同"成为中华民族孜孜以求的美好境
界。它是理想的灯塔，不仅给失望中的人们不断带来希望，而且感召着人们进行
不懈的努力。

　　《礼记·礼运》还描写了"小康社会"：

　　　　今大道既隐，天下为家。各亲其亲，各子其子，货力为己，大人世及以
　　为礼，城郭沟池以为固，礼义以为纪，以正君臣，以笃父子，以睦兄弟，以和
　　夫妇，以设制度，以立田里，以贤勇知，以功为己，故谋用是作，而兵由此
　　起。禹、汤、文、武、成王、周公，由此其选也。此六君子者，未有不谨于礼
　　者也。以著其义，以考其信，著有过，刑仁讲让，示民有常。如有不由此者，
　　在势者去，众以为殃。是谓"小康"。

　　《礼运》叙述了礼仪文明的起源、运动与归宿，构想了上古大道行世、天下为
公时代的情境，儒家认为那是人类社会的最高境界，称之为"大同"；往后禹、汤、
文王、武王、成王、周公等圣人治理下的封建社会也不过是"大道既隐"的"小康"
之世，人类社会向后退步了。在这里，"小康社会"被看成是仅次于"大同社会"
的一种理想社会模式。这种模式是以财产、劳动力私有为经济特征，以实行世袭
制、等级制的"礼仪"作为政治伦理规范来管理事务、调整关系，以武力和刑罚来
维持社会秩序，使君臣有规序、父子有亲情、兄弟和睦、夫妻恩爱。在作者眼中，

相比"大同社会"的高度自觉的人格与人本尊严,"小康社会"虽要用不少的教育、法律、制度去维持个人的安居乐业,但仍不失为一个美好的社会。相对于"大同社会"来说,"小康社会"是比较现实的、具有可操作性的。所以,儒家一方面怀抱"大同"理想,另一方面致力于建设"小康社会",可以说是怀抱理想的现实主义者。当然,相对于"大同社会"而言,"小康社会"仍处于较低层次,"大同"的理想才是儒家孜孜以求的终极目标。用今天的眼光看,小康是孔子退而求其次的更切合实际的努力,是实现"大同"的初级阶段,是通向"大同"的必由之路。

"天下为公"、"世界大同"是千百年来中国人民为之不懈奋斗的理想和信念。在全球化的今天,我们以新的视角审视这一理想,不能不说,这是中国最早赋予全球化和人类社会发展规律本质内涵的优秀文化传统。孔子提出的"大同"理想跟柏拉图的《理想国》(前386)和莫尔的《乌托邦》(1516)相比,在时间上早得多,在思想上深得多。今天,我们诵读《礼运·大同》,好像是跨越两千多年跟先师孔子面对面地探讨全球化问题。

"大同"理想在中国上空一直徘徊了两千余年,"世界大同"成为中华民族孜孜以求的美好境界。它是理想的灯塔,不仅给失望中的人们不断带来希望,而且感召着人们进行不懈的努力。对于这一理想的实现,费孝通曾以"美美"四句来概括:"各美其美,美人之美,美美与共,天下大同。"[1]

儒家的"大同"思想不可避免地有其历史的局限性,但是浸润在中华优秀文化传统"大同"思想中的全人类之间那种不分贫富贵贱,充满真正的自由、平等和博爱的崇高理念和精神体现了人类社会发展的必然归宿,是全人类的共同财富,也应当是当今全球化核心内涵中最可宝贵的东西,并永远值得我们继承和弘扬,使中国理想社会的探求传统在历史长河中赓续不绝。

---

[1]《费孝通文集》第14卷,北京:群言出版社1999年版,第196页。

第二十一章

天下

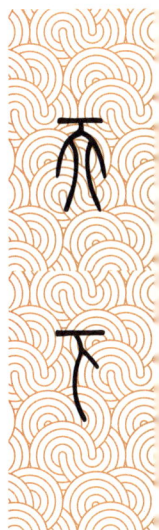

"天下"一词在古代文献中频频出现，近些年来又被学者不断关注、讨论。从字面上看，它的意思是"普天之下"，也就是"世界"。但是，古人提到"天下"时，往往不是在陈述某种客观的地理知识，而是在表达某种政治、文化观念。"天下"并不是儒家独有的观念，道家、法家、阴阳家均从不同侧面、不同程度对"天下"有所阐述。"天下"是先秦诸子思想学说所致用的对象，是他们实现其政治理想的平台。就此而言，先秦诸子的学说均可视为其天下观的呈现。当然，这种宽泛的理解不便于我们在研究中面面俱到地展开，尤其不易凸显"天下"相对于其他观念的个性与理路。"天下"的统合性、包纳性增加了我们阐述"天下"观念的难度。我们诚然无法把各个学派的思想观点悉数排列于此，但如果我们把"天下"观念理解为对人的生命价值与政治秩序之关系的认识，那么"人伦"、"制度"、"族群"、"版图"、"文野"、"王霸"等课题就是我们进行考察时的必选之项。相比于其他学派，儒家对以上课题的阐述更为集中、深入，并且构成了一个比较悠久的观念传统。这里对"天下"观念的考察，就是在由上述课题钩织的意义之网中进行的。

第一节　从四方到天下："天下"观念前史

一　四方：被政治化的空间

追溯一个观念的起源并非易事。如果以为检索到表达这个观念的词汇的出处，即概念化的开始，就可以顺理成章地以之作为此观念的起源，那将会遗漏掉这个观念的形成过程。仅仅对某个词汇的含义进行罗列，也并不是真正意义上的观念史研究。然而，我们并不否认观念在首次概念化时的重要性。它说明人们开始对某一观念进行反思，该观念获得了形式化的存在。如果检索"天下"这个词，我们会发现，至少在《尚书》中就有"昔在帝尧，聪明文思，光宅天下"（《尚书·尧典》），"小民乃惟刑用于天下，越王显"（《尚书·召诰》），"方行天下，至于海表，罔有不服，以觐文王之耿光，以扬武王之大烈"（《尚书·立政》），"燮和天下，用答扬文武之光训"（《尚书·顾命》）。这是目前所检索到的最早出现的"天下"。这些表述透露出早期的"天下"和君王的治理范围有关，既是空间性的表达，又是政治用语。

虽然甲骨文中也有"天"、"下"二字，但很难据之判断"天下"观念在这时是否已经出现。一个复合词所表达的观念不等于每个词根语素所表达的观念的简单相加，但可以确定的是，前者（"天下"观念）比后两者（"天"、"下"观念）出现得要晚。甲骨文中有"东"、"西"、"南"、"北"、"中"等关于方位的文字，还有"四方"、"四土"这样的统合性表述。① 因此，甲骨卜辞所在的商朝被认为是现代人研究天下观念"最可靠的起点"。②

"东"、"西"、"南"、"北"代表了人们对地平面上不同方位的指称，也即方向。每一个指称都同时包含对一个与之相对（相反）的方位的界定（比如"东"，就包含了它不是"西"的意思），所以方向不是一个单向度的延伸。方向感表明了人对自身所处的"中间位置"有一种基础性的领会。所谓"基础性领会"，是指人已经利用了自己所处的"中间位置"来指称周围的世界，由此才有"四方"、"四土"、"中"这些代表了时人对世界整体性把握的表述。"四"已经更加直接地表明人是站在"中"的位置上而出此表述的，即人们称"四土"、"四方"时需要处于一个被"四"环绕的中心位置。"四"是对周边的指涉，自我则是"四方"的中心，这一表述是在同一个水平面上而言的，以"中心—边缘"为表述框架。据陈梦家所述，这个中心位置就是商朝的都邑。③

后来的"天下"不像"四方"有"四"这样的具体限定，"天下"凸显了从天的角度俯视世界的立体感。有学者敏锐地指出："古人关于方位知识的形成与发展，是先获得了平面方位概念，继而又延扩而获得立体空间概念"，而空间观念是"后世天下观形成的基础"。④《诗经·大雅·大明》云："天监在下，有命既集。"把这一点体现得更明显的是《诗经·大雅·皇矣》："皇矣上帝，临下有赫。监观四方，求民之莫。"在这里，"四方"被从天的角度而整体地观看。郑玄意识到：要想体现上天对人间的俯瞰，与其用平面化的"四方"，不如用"天下"。所以，郑玄将"监

---

① 《武丁卜辞》："四土受年。"《武文卜辞》："四方受禾。"《乙辛卜辞》："四土受年。"（陈梦家：《殷虚卜辞综述》，北京：中华书局1988年版，第319页。）

② 邢义田主编：《中国文化源与流》，合肥：黄山书社2011年版，第285页。但是，邢氏并不否认"许多有关天下秩序的看法可能在殷商以前已有"。

③ 陈梦家：《殷虚卜辞综述》，北京：中华书局1988年版，第319页。

④ 朱彦民：《甲骨文所见天下"四方"观念》，载《殷都学刊》2022年第1期。

观四方"注为"天之视天下"。①"监察天下"比"监观四方"更能体现"上天"的明鉴。

"天下"观念的背后是对神圣之天的敬畏。在人们讨论"四方"时，就已频频出现"天命"，以此说明君王经营四方是秉承天的意志。②至少从商代来看，商王只是世俗的尊长，仍然处于四方这个平面的中心，虽然垄断着通天的特权，"但遇有祷告祈求，则多向先祖行之，请先祖在帝左右转向上帝祈祷，而绝不敢直接向上帝有所祈求"③，更不敢妄称自己是"上帝"。所以，商王并没有借天的权威俯视人间的雄心壮志。总而言之，这时期的商王只被认为位处人间的中心。

"四方"、"天下"皆针对君王而言，是带有政治色彩的空间概念。④无论是在传说中的尧舜时代，还是在西周建立之后，君王都要考虑协调各国关系、维系天下和平的问题。这是天下内部的一项严峻事务，是自以为处于中心者不得不思考的事情。对这一事务的经营主要依靠两点：一是遵照"天命"，即"奉答天命，和恒四方民"（《尚书·洛诰》）。"天命"不仅是政权得以运行的根据，而且是政权本身的合法性来源，"周虽旧邦，其命维新……上帝既命，侯于周服"（《诗经·大雅·文王》）。二是征诸先王之道。"天命"赋予了儒家政治思想的超越维度，所以后来的儒者不满足于对政治的技术化讨论，不以单纯讲究技术的功利之学为然，总要将思想上升到道的高度。先王之道则奠定了儒家政治思想的历史维度，政治的革新常常到古代的人事中寻找根据。许多贯穿于之后两千多年的政治理念便是脱胎于处于"中心"位置上的责任感。

"四方"既能够表述整个世界，又能够体现某种隐微的自我中心主义。我们把它作为"天下"观念的前身应无问题。

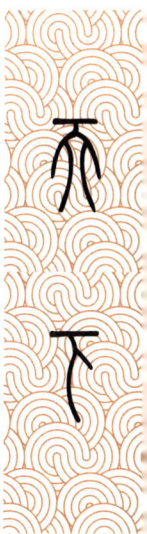

---

①阮元校刻：《十三经注疏》，北京：中华书局1980年版，第519页上栏。李零也指出："'天下'这个词，看似平常，却暗示着一种视觉效果，一种在想象中居高临下俯瞰大地一览无余的效果。"（李零：《我们的中国》第4编，北京：生活·读书·新知三联书店2016年版，第107页。）此外，据渡边信一郎说，平势隆郎在《中國古代紀年の研究——天文と曆の檢討から》中也曾提出："天下"概念的成立伴随的是宇宙观的转换，"其视角自仰视天穹改变为从天穹俯视"。（［日］渡边信一郎：《中国古代的王权与天下秩序——从日中比较史的视角出发》，北京：中华书局2008年版，第17页。）不过，平势隆郎认为这一转变出现于公元前4世纪，这个时间不免晚了一些。

②《诗经·小雅·何草不黄》云："经营四方。"

③胡厚宣：《殷卜辞中的上帝和王帝（下）》，载《历史研究》1959年第10期。胡厚宣在该文中指出："殷人以为先祖死后，可以配天，也能降下福祸，授祐作孽于人间，几乎同天帝是一样的。所以天帝叫上帝，人王叫王帝，都称作帝，他们共同掌握着人间的一切。"

④宋镇豪业已指出：甲骨文中的"四方"、"四土"等词汇"有王权政治统治的内涵"，是商王朝力量可控的范围，亦即"政治疆域地理"。（宋镇豪：《商代的王畿、四土与四至》，载《南方文物》1994年第1期。）

二 自我中心主义："天下"观念的基座

除了文字方面的表述，"天下"观念还体现于人们的实践活动中，比如战争、建都。这类活动都受到"中"这一理念的驱动。那么，"中"何以有如此强大的力量？它与"天下"观念是什么关系呢？

（一）逐鹿中原

中国历史上曾多次出现"逐鹿中原"的现象，这表明"中"对于政治别有一番意味。对此，有学者曾指出："中原最具特殊性的资源应该就是以汉字为载体的精神世界，这个无形资产比地理中心或物质资源更为显著也更重要。"[①]循此论述，生产知识、解释历史的资源往往来自中原文化。或者说，新的王朝常常通过重新诠释中原文化资源来为王朝合法性提供支持。考古学家已经把这个问题带到了史前，揭示了中原相对于周边地区的优势所在。严文明根据史前考古发现指出：自然条件对于地区文化发展具有重要作用，"在相当长的时期内，中原的文化比较发达，其次是它的周围地区，再次是边境地区"。对于中原地区的文化优势，严文明认为：中原地区"易于受到周围文化的激荡和影响，能够从各方面吸收有利于本身发展的先进因素，因而有条件最早进入文明社会"。[②]后来，赵辉撰文对这一问题进行了更细致的阐述。赵辉认为：中原在地理位置上居于"天下之中"，是"八方辐辏之地"，"在史前文明的丛体里，它是物流、情报、信息网络的中心"，因而中原人可以"广泛吸收各地文化的成败经验，体会出同异族打交道的策略心得"。[③]简言之，中原地区的社会上层在频发的政治动荡中形成了"一种务实和开放的意识形态"，采取"实用主义的态度或机会主义的策略"，使这里"成为一个文化、思想和意识形态的熔炉"。[④]

综合以上论述，我国政府宣布："距今 3800 年前后，中原地区形成了更为成熟的文明形态，并向四方辐射文化影响力，成为中华文明总进程的核心与引领者。"[⑤]"逐鹿中原"不是因为中原的地理位置居"中"，世界上并没有一个绝对的

---

① 赵汀阳：《天下的当代性：世界秩序的实践与想象》，北京：中信出版社 2016 年版，第 182 页。
② 严文明：《中国史前文化的统一性与多样性》，载《文物》1987 年第 3 期。
③ 赵辉：《以中原为中心的历史趋势的形成》，载《文物》2000 年第 1 期。
④ 赵辉：《中国的史前基础——再论以中原为中心的历史趋势》，载《文物》2006 年第 8 期。
⑤《新闻办就中华文明起源与早期发展综合研究成果有关情况举行发布会》，载中华人民共和国中央人民政府官网：http://www.gov.cn/xinwen/2018-05/28/content_5294241.htm#2。

中心，"中"往往是自我感觉或后人对照地图所作的判断。"逐鹿中原"的原因在于中原的文明具有兼收并蓄的开放品格。如此形成的"影响力"，必然不断地反过来吸引周边文明的加入。在这个意义上，"中原"不仅是一个文明的发达形态，还是一个被战争、文化交流等活动建构起来的中心。也就是说，以下情形也是完全可能的：并不是因为有一个"中原"，众集团才"逐鹿"于此，而是在历史上众集团的多次"逐鹿"中，中原才成为文化、政治意义上的"中"。"逐鹿中原"为中原带来了多样的文明和文明的活力，"中"代表了先进、发达。

（二）择中建都

刘庆柱通过对中国历史上的都城、宫城格局进行考察，指出在"天下之中"建都带有两方面的含义或考量：

"天下之中"是相对于东夷、西戎、南蛮、北狄所居的"四方"而言的，"择中建都之'中'体现国家相对东南西北的至高至尊，同时'中'相对于'四方'又反映了国家对四方的不偏不倚之公允、公正，从而达到国家之'和'，这种'和'是国家一统的基础"。[①]择中建都便于管理四方，也便于收取各地的贡赋。[②]这一阐述指出了"中"对于胜利者在战后收拾、治理天下时的便利性。西周初年，周成王命召公营建洛邑，周公说："此天下之中，四方入贡道里均。"[③]建都首先要考虑四方朝贡方便与否。其实，早在周武王时就有营建洛邑的想法了。这说明古代对"天下之中"的论述或者对"中"的偏爱来自某些长久的经验。"中"的优势很有可能是古人在不断的交流互动（包括战争）中形成的共识。于是，"中"就逐渐获得抽象的优越性，一个人居"中"就意味着他的身份高于其他人。

但是，对"中"的偏爱，在世界上不同的民族、文化中皆可发现，非"逐鹿中原"与"择中建都"所能涵盖。"中心—边缘"是一种支撑人们观念世界的先天性结构，这一结构表现为人们言行中的自我中心主义倾向。自我中心主义又表现为两类：一是基于相貌、肤色、价值观而划分"自己人"与"另类人"；二是在地域上强调自己处于"天下之中"。"天下"观念就是在"中心—边缘"的结构上逐渐搭建起来的，这一观念把以上两类自我中心主义囊括于内。

---

① 刘庆柱：《不断裂的文明史：对中国国家认同的五千年考古学解读》，成都：四川人民出版社2020年版，第418页。除都城外，宫城格局也体现着某种政治理念。定型于西汉的宫城辟四门之制被认为体现了"多元"和"一体"之间的关系：四门象征四方，即"多元"；"国"则是"一体"。这一格局寓意"'多元'归宿于'一体'"。（刘庆柱：《不断裂的文明史：对中国国家认同的五千年考古学解读》，成都：四川人民出版社2020年版，第419页。）

② 刘庆柱：《不断裂的文明史：对中国国家认同的五千年考古学解读》，成都：四川人民出版社2020年版，第222—223页。

③《史记》一，北京：中华书局2011年版，第133页。

（三）自我中心主义的先天性特征

中国现代考古学家、人类学家李济在其《中国民族的形成——一次人类学的探索》一书中说："受到对其他文明中心的无知之限，中国的史学家有着与埃及人、希腊人和罗马人一样的人性上的弱点，将自己的国家视为世界的中心，而把外国人视为野蛮人，仅仅在他们同中国发生某种关联时才对他们产生兴趣。"[1]法国当代思想家雷吉斯·德布雷把上述现象视为人类共有的特征："所有的人类学家教我们说，世界上各处人类的界限都落在每一个部落的边界。每一个部落都把部落之外的邻居看成猴群、怪物、野蛮人。"[2]反过来看，古希腊哲学家克塞诺芬尼也曾指出：不同的人们总是按照自己的形象描绘至高无上的神。[3]葛兆光不仅揭举了中国清朝以前的《职贡图》及《三才图会》中对异域之人的走样描绘，还展示了西方人在其绘制的图像中对东方人充满偏见的想象。[4]沃格林则说："一个早期社会将自身理解为唯一的人类，占据唯一宇宙的中心，并且相应地将其秩序符号化为一种宇宙类比，这也是近东诸文明的特征。"[5]

这种弥漫于东西方的文化现象是一种以"同类人"为中心的倾向。一个存在者的圣俗、美丑乃至善恶均在于这个存在者是否符合"我们这类人"的形象或价值。以自我的形象、价值为标准想象众神、远人的行为，已然遵循了某一现成理念，这一理念是"我们这类人"的共识。如果他们无意间遇到一个不符合其标准的人，他们就会表现得惊诧或者傲慢。

各大文明的历史上还长期存在一种以自己的居住地为中心的倾向。《周礼·地官·大司徒》曾指出：王畿要选在天下之中。天下之中是通过土圭测影而确定下来的地理位置。这个地方"日至之景，尺有五寸"，说明它是"天地之所合"、"四时之所交"、"风雨之所会"、"阴阳之所和"，所以这里"百物阜安"，是建

[1]李济：《中国民族的形成——一次人类学的探索》，上海：上海人民出版社2008年版，第1页。

[2][法]雷吉斯·德布雷、赵汀阳：《两面之词：关于革命问题的通信》，北京：中信出版社2014年版，第55页。

[3]《克塞诺芬尼著作残篇》中说："凡人们幻想着神是诞生出来的，穿着衣服，并且有着同凡人一样的容貌和声音。""可是假如牛、马和狮有手，并且能够像人一样用手作画和塑像的话，它们就会各自照着自己的模样，马画出、塑出马形的神像，狮子画出、塑出狮形的神像了。""埃塞俄比亚人说他们的神皮肤是黑的，鼻子是扁的；特拉基人说他们的神是蓝眼睛、红头发的。"（北京大学哲学系外国哲学史教研室编译：《西方哲学原著选读》上卷，北京：商务印书馆1981年版，第29页。）

[4]葛兆光：《思想史研究课堂讲录：视野、角度与方法》，北京：生活·读书·新知三联书店2005年版，第147—154页。

[5][美]埃里克·沃格林：《天下时代》，南京：译林出版社2018年版，第385页。

立王朝首府的最佳地带。看来，方便接受朝贡并非择中建都的唯一原因。中国古代的洛阳、巴勒斯坦的雅各之泉以及耶路撒冷的"复活柱"都被当地人说是"日中无影"，以示其是天下的中心。为了达到"日中无影"的效果，中国古代的天文学家对洛阳观景台的形制、尺寸以及石表与石台的比例进行了精密处理，使不在回归线之内的古代洛阳可以在夏至日的正午出现"日中无影"的现象。①

如果不考虑语境，"以自我为中心"乃相对主义之渊薮，会导致人们只相信自己的感觉、见闻、判断。"以自我为中心"并非人有意为之，而是作为"自我"的个人在处理自身与外部的关系时本然具备的主体意识。但是，这种主体意识可以演变为权力，并试图否定他人的主体性表达。一种本是人人皆有的生存情态，凭借住址、座次等形式化特征而划分出主次高下，比如权威就应当居"中"。此时，非但没有出现众说纷纭、相持不下的相对主义，反倒是由居"中"者强调和边缘者鼓吹起来的一元化把"正统"与"异端"醒目地呈现出来。

宣称自己处于"天下之中"，人们的心理、思维方式的"惯性"是重要原因，自然现象也是不可或缺的资源和依据。人们的观念固然被现实塑造，但是人们也常常基于自己的观念而改造现实，最后再反过来以现实确证观念的无误。如此往复，促使某种观念成为传统，并且这种观念转而被理所当然地视作政治活动的根据。中国古代的择中建都与宫城结构设计便是典型的例子。管理是否方便固然是必要的考虑，但尊贵者之尊贵也需在视觉上给人震撼。故后来的《吕氏春秋·慎势》说："古之王者，择天下之中而立国，择国之中而立宫，择宫之中而立庙。"②

① 分别参见王邦维的两篇论文：《"洛州无影"与"天下之中"》，载《四川大学学报（哲学社会科学版）》2005 年第 4 期；《"都广之野"、"建木"以及"日中无影"》，载《中华文化论坛》2009 年 11 月增刊。

② 许维遹：《吕氏春秋集释》下，北京：中华书局 2009 年版，第 460 页。

第二节 仁义：先秦儒家对天下价值与秩序的建构

先秦时期曾出现"五服"、"九服"、"九州"这样的表述。这些表述空间、地域的词汇与观念意义上的"天下"差别殊甚。"五服"、"九服"、"九州"是在一种空间、政治观念的支配下精心建构的结果，它们的存在形态与其说是观念化的，不如说是知识化、制度化的。也要承认，尽管这种知识不一定可靠，这些制度也并未成为现实①，但这些知识、制度设计背后的空间、政治观念正是时人的"天下"观念。

在讨论先秦儒家的"天下"观念之前，我们先从含义、理路、结构上分析"四方"是如何成为"天下"的。上文已指出，"四方"观念和"天下"观念都带有自我中心主义倾向，这种人所具备的倾向在与君王的身份、地位、责任挂钩之后，就上升为政治原则。"秉国之均，四方是维"（《诗经·小雅·节南山》）、"九族既睦"、"协和万邦"（《尚书·尧典》）都隐含着对君王所处的地理位置的要求，那就是居"中"。发号施令的人于便捷、服从各方面考虑，都对人世间的"中心"位置最为青睐。

但是，相比于"四方"观念，"天下"观念还要求一个贯通上下的维度。如果说权力的平面化表达是"中心—边缘"的"四方"观念，那么权力的空间化、立体性表达就体现为"中心—边缘"加上"通天"的"天下"观念。当君王的管辖范围被称为"天下"时，这里所要强调的就不只是君王的"中心"地位，还有君王独有的"通天"特权。于是，治理天下就是一项和"天"有关的事业，世俗之主的权力就获得了神圣性。对神圣性的阐释权只能被一人（或少数的同一类人）掌握。一旦众人掌握了"通天"之权，具备了阐释"天意"的资格，就会价值分裂，人人便可在"天"的庇护下为所欲为，天下必遭大乱，故江晓原说："在古代中国，天学

----

① 《尚书·禹贡》中描述的朝贡现象可能为真，但是学者并不认为五服制和九州制曾出现于夏朝。（李云泉：《朝贡制度史论——中国古代对外关系体制研究》，北京：新华出版社2004年版，第3页。）葛剑雄则明确指出：大禹时代、商朝、西周皆未出现过行政区划，"九州制只是当时（引者按：战国时代）学者对未来统一国家的一种规划，反映了他们的一种政治理想"。（葛剑雄：《中国实行过九州制吗？》，载《北京日报》2013年4月8日第20版。）

对于谋求统治权者而言为急务，对于已获统治权者而言为禁脔。"①据《国语·楚语下》记载，颛顼时代施行绝地天通之后，"通天"就成为君王的特权，曾经民神杂糅、人人为巫的情形被遏止。这样导致的后果便是："天"只能和君王直接产生联系，由于君王的权力、命令都需要到"天"上寻找依据，所以君权具有唯一性、神圣性。笔者推测："天下"观念之于"四方"观念的晚出现表明，君王曾长期沉浸在世俗之主的优越感中，他虽然号称秉"天命"、承"天意"、履"天道"，但是他的遵守、践履仅仅是为了守护其权力、命令的合法性，而一旦站在"天"的高度审视"普天之下"，人世间的生存、秩序、价值、态势就被审视，人就作为思考的对象而成为思想的构成要素。也只有如此，一种统治的技术才能成为政治的哲学，"政治"才有进于"政道"的可能。

庄子曾说百家争鸣带来的是"道术将为天下裂"的局面，各家只谈一己之见，彼此不通，是谓"天下大乱"（《庄子·天下》）。道只有一个，却出现了各种阐释。如果把各家竞相谈道的情形置入上述"绝地天通"的发展脉络中，我们会发现：对道的多样化解说和王权衰落是"天下大乱"的一体两面。余英时在讨论"轴心时代"的中国思想转型时指出：这一时期的"天命"实现了从集体本位走向个人本位的转变，孔子可以"五十而知天命"（《论语·为政》），而"在孔子之前，我们并未发现任何证据足以显示，作为个别的人，也能直接与天交通"，"这场突破（引者按：'轴心突破'）推倒了自远古'绝地天通'以来便一直存在的种种政治的与宗教的障碍；正是由于这些障碍，作为个体的人才不能自由地与天交通"。②余英时从孔子、孟子、庄子等人的言论中列举出诸多可以证明其观点的例子，我们看到了"轴心突破"以来的"通天"成为个人的事情，这就是诸子各家竞相阐发的"求道"。这也说明："天下"从受命天子的经营范围一变而为志士仁人皆可关怀、担当的对象。孔子的"天下有道"需要放在以上情境中来理解。

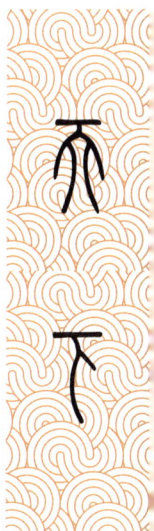

一 通过文德双修实现"天下有道"：孔子的天下观

儒家心目中的理想社会是"大同"世界。按其所述，在这个社会中，"选贤与能，讲信修睦。故人不独亲其亲，不独子其子，使老有所终，壮有所用，幼有所长，矜、寡、孤、独、废疾者皆有所养，男有分，女有归。货恶其弃于地也，不必藏于己；

---

① 江晓原：《天学真原》，南京：译林出版社 2011 年版，第 98 页。
② 余英时：《论天人之际：中国古代思想起源试探》，中国台北：联经出版事业股份有限公司 2014 年版，第 121 页。

力恶其不出于身也,不必为己。是故谋闭而不兴,盗窃乱贼而不作,故外户而不闭。是谓'大同'"(《礼记·礼运》)。上述理想借孔子之口来表达,其中的"天下为公"理念构成了此后儒家天下观的一个重要内涵。根据黄俊杰的研究,从西周到战国晚期,"公"和"私"经历了一个由具体到抽象的过程,并且"在抽象化的过程中,'公'、'私'概念也取得价值判断之意涵,'公'先于'私'是战国晚期思想家的共识"。① 自此以后,国人对"公"的热切追求基本未变。在"大同"世界中,私领域被取消,"天下"成为"一家"。按照儒家的社会发展阶段论,"各亲其亲,各子其子,货力为己"的社会只是小康之世,人们之间仍然存在界限,容易滋生争斗。② 不过,儒家强调"爱有差等",并在此基础上把"推己及人"视为重要的人际关系准则。即便一个彻底公有化的社会,也仍然以"亲其亲"、"子其子"的私人化之爱为源头。与法家视公、私为对立关系相比,儒家更倾向于把公、私作为阶段性关系。无论是小康,还是大同,都是儒家理想中的世界,即便小康不如大同(它们或许也在遥远的过去存在),但对于儒家来说,其眼下的社会只能说是衰乱、无道。

衰乱之世的基本特征是王权旁落、伦理废弛、秩序崩解、大道消隐。所以,孔子希望天下应当有道。《论语·泰伯》云:"危邦不入,乱邦不居。天下有道则见,无道则隐。""乱"指"臣弑君,子弑父"③ 等犯上作乱的现象,"危"则指天下将要乱的时候。孔子的弟子有若说过:"其为人也孝弟,而好犯上者,鲜矣;不好犯上,而好作乱者,未之有也。"(《论语·学而》)如果一个国家出现了弑君、弑父这样的事情,说明人们生而有之的孝悌之心已经不复存在了。"孝弟也者,其为仁之本与!"(《论语·学而》)如果孝悌不存在了,那么儒家的核心价值——"仁"也无法实现,这无疑抽掉了儒家建构社会秩序的根基。

"天下有道"的基本表现是"礼乐征伐自天子出"、"政不在大夫"、"庶人不议","天下无道"则表现为"礼乐征伐自诸侯出"(《论语·季氏》)。君王文德兼备固然重要,但是如果没有制度化的礼,君王仍然会感到不安。④ 制礼作乐、征伐

---

① 黄俊杰、江宜桦编:《公私领域新探:东亚与西方的观点之比较》,上海:华东师范大学出版社2008年版,第97页。

② 如何安置公私次序其至成为文野之分际。后来孟子在论述井田制时尝谓:"方里而井,井九百亩,其中为公田。八家皆私百亩,同养公田。公事毕,然后敢治私事,所以别野人也。"(《孟子·滕文公上》)

③ 阮元校刻:《十三经注疏》,北京:中华书局1980年版,第2487页中栏。

④ 周成王便对周公表达了这种担忧:"四方迪乱,未定于宗礼,亦未克敉公功。"(《尚书·洛诰》)如果四方"犹未定于尊礼"、"礼未彰"(阮元校刻:《十三经注疏》,北京:中华书局1980年版,第216页上栏),那么自己很难主持政务。

声讨是王者的职事，如果诸侯自作礼乐、专行征伐，便是僭越行为，属于"非礼"。孔子所生活的春秋时期，周王虽然权力不在，但名义上仍然是天下共主，各诸侯国仍然打着周天子的旗号称霸。管仲虽然有违礼之举，但孔子仍赞许他的功绩。这是因为管仲辅佐齐桓公征讨夷狄、九合诸侯，都是在"尊周"的名义下进行的。[①]管仲协助齐桓公"一匡天下"，固然确立了齐桓公自己的霸主地位，但更重要的是周王在形式上的共主地位也得到了延续。从春秋进入战国的两个标志性事件是三家分晋和田氏伐齐。分晋和伐齐的主角都是卿大夫。各诸侯国已经不再承认周天子的共主地位，而是索性以独立的身份试图兼并其他诸侯国，成为新王。这是孔子所谓"天下无道"的真正上演。

在孔子看来，君王要想使天下有道，应当具备两个条件：

一是文德双修，即"修文德以来之"。[②]文德具体包括恭敬、忠信，或谓之"仁"。[③]后来，荀子在孔子的恭敬、忠信的基础上再作补充，指出恭敬、忠信、礼义、爱人、辞让、厚道、本分是华夏与夷狄共同承认的价值观。[④]这些价值观共同凝结于儒家的核心价值观——仁义——之中。据孔子和荀子的论述，先秦儒家已把天下视为一个以仁义为内核的文明共同体。西汉初年，儒生陆贾撰《新语》指出："大舜生于东夷，大禹出于西羌，世殊而地绝，法合而度同。"[⑤]其"法度"即仁义。[⑥]陆贾之说表明：先秦儒家对人类共同价值的申述并非偶发之论。这一申述构成了后世儒家"天下"观念的思想基础。"天下"所规定的哲学视野首先面向人性中潜藏的某种价值倾向，在这种乐观的"以德怀远"的论述中，人被置于一个价值与"前价值"相交汇的语境中来观照。就此而言，仅仅把华夏和夷狄对应

---

①《史记·齐太公世家》记载：山戎入侵燕国，齐桓公救燕后，"燕庄公遂送桓公入齐境。桓公曰：'非天子，诸侯相送不出境，吾不可以无礼于燕。'于是分沟割燕君所至与燕，命燕君复修召公之政，纳贡于周，如成康之时"。而后来齐国征伐楚国时，面对楚成王的质问，管仲的理由为："楚贡包茅不入，王祭不具，是以来责。"戎伐周，周向齐告急，"齐令诸侯各发卒戍周"。（引文分见于《史记》五，北京：中华书局 2011 年版，第 1488、1489、1493 页，另可参看《史记》七第 2133 页。）种种事例说明，齐国只是想在周王治下的多元中成为最强大的多元之一，而非实现一元。

②《论语·季氏》："远人不服，则修文德以来之。既来之，则安之。"《论语·为政》："为政以德，譬如北辰，居其所而众星共之。"

③《论语·子路》："樊迟问仁。子曰：'居处恭，执事敬，与人忠。虽之夷狄，不可弃也。'"又，《论语·卫灵公》："子张问行。子曰：'言忠信，行笃敬，虽蛮貊之邦，行矣！'"

④《荀子·修身》："体恭敬而心忠信，术礼义而情爱人，横行天下，虽困四夷，人莫不贵。劳苦之事则争先，饶乐之事则能让，端悫诚信，拘守而详，横行天下，虽困四夷，人莫不任。"

⑤王利器：《新语校注》，北京：中华书局 2012 年版，第 50 页。按：原文作"文王生于东夷"，王利器将"文王"校改为"大舜"，今从之。

⑥陈苏镇：《两汉魏晋南北朝史探幽》，北京：北京大学出版社 2013 年版，第 221 页。

为文明体与非文明体，是一个尚显粗陋的做法。应该说，华夷之别在于是否对自身本有的某种"前价值"有所自知，并在其呈现之后是否以之为立身处世的原则。所以，天下要作为一个整体，首先需要天下之人有共同的价值观，或者说在价值观的呈现上具有相同的可能性。这个有待唤起的基础比任何高超的人为制度整合都要源发、彻底。①

二是由贤能的大臣来辅佐。贤臣是实现君王文德的关键环节。②孔子本人对管仲多有评论。他赞扬管仲的主要原因，除了上文提到的管仲维护了周天子在形式上的共主地位，还包括管仲辅佐齐桓公攘夷，避免华夏沦为"被发左衽"的夷狄。孔子还提到舜通过禹、稷、契、皋陶、伯益这五名辅臣治天下的事。③除这五人之外，舜还任命了二十二位各有所长的官员，他们都出色地完成了舜所交付的任务，"咸成厥功"。其中，功劳最大的是治水的禹。据记载，大禹治水的功绩有二：（1）将治理、管辖的范围延伸到距离王畿五千里之外的荒服④，并根据各地所宜种植的情况及距离、交通条件，明确了朝贡王畿的贡赋和贡道，五服制自此而生⑤。（2）解决了四夷住地的水患。在古代的交通、通信条件下，位于王畿的帝

---

① 赵汀阳把天下的完整性系于统一的制度，谓："世界必须被理解为一个有统一制度的世界，否则世界不可能是一个政治整体，而如果世界不是一个政治整体，就不可能真正克服冲突和战争。"（赵汀阳：《坏世界研究：作为第一哲学的政治哲学》，北京：中国人民大学出版社2009年版，第84页。）但是，制度如果不基于人们内心的某种源发而具有稳定性的共有价值，就很难被天下人长期认同。一个未基于共同价值的制度往往面临众口难调的困境，并很可能因其规约性而引起人们的反感、叛逆；即便这种制度可以提供给人们各种福利，满足人们的不同需要，但它仍然难以在社会的发展、人心的变化面前保持其统一性，很有可能逐渐走向自己的反面。所以，制度的形式化特征决定了它不能成为"天下"这个共同体的基础。

② 《论语·泰伯》："舜有臣五人而天下治。"《论语·颜渊》："舜有天下，选于众，举皋陶，不仁者远矣。汤有天下，选于众，举伊尹，不仁者远矣。"《论语·宪问》："管仲相桓公，霸诸侯，一匡天下，民到于今受其赐。"关于史书对成汤的辅臣伊尹的记载，最值得注意的是伊尹"负鼎俎，以滋味说汤，致于王道"，"言素王及九主之事"（《史记》一，北京：中华书局2011年版，第94页），即与成汤谈论远古帝王及九类帝王的事情。伪古文《尚书》有《伊训》，记载了伊尹对成汤的孙子新君太甲的告诫，但由于文本作伪，今不取。

③ 禹担任司空，负责治理水土；稷的原名叫"弃"，舜任命他为后稷，负责管理农业生产；契担任司徒，负责协调民间的伦理关系，最终实现了"百姓亲和"（《史记》一，北京：中华书局2011年版，第43页），还辅佐大禹治水有功；皋陶担任士（也叫"大理"），是狱官的首领，利用五种刑罚处理天下的侵扰、奸邪等事件；伯益是皋陶的儿子，担任虞官，掌管山林水泽、草木鸟兽。

④ "南抚交阯、北发，西戎、析枝、渠廋、氐、羌，北山戎、发、息慎，东长、鸟夷，四海之内咸戴帝舜之功。"（《史记》一，北京：中华书局2011年版，第43页。）"开九州，通九道，陂九泽，度九山。"（《史记》一，北京：中华书局2011年版，第51页。）

⑤ 对五服制的质疑，参见李云泉著《朝贡制度史论——中国古代对外关系体制研究》，北京：新华出版社2004年版，第3页。

王要想使周边的夷人仰慕其德，进而归附，只靠声名外扬是难以实现的。大禹厥功至伟，很大程度上是因为他作为舜的派臣，亲临夷人的居住区，做了务实的工作。比如：禹在冀州治水，实现了"鸟夷皮服"（《尚书·禹贡》），使住民摆脱了"遭洪水"、"衣食不足"[1]的困扰。

在以上两个条件中，贤臣的辅佐在一定程度上避免了"修文德以来之"流于空想。在孔子之前，通过贤人辅佐而使四方来朝的观念，往往对这个过程的发生语焉不详。曾有这样一种说法："无竞维人，四方其训之。有觉德行，四国顺之。"（《诗经·大雅·抑》）似乎只要任用贤人，四方必然臣服。那种"莫敢不来享，莫敢不来王"（《诗经·商颂·殷武》）的局面，则被记载为通过残酷的征伐而实现。因此，对于四方来朝的叙述，要么使后人觉得这是中原王朝的一厢情愿，要么是武力胁迫的结果。孔子的论述使我们看到：第一，中心（华夏）和四方（夷狄）以仁义为共同价值观[2]，共同价值观使德行感化得以可能。第二，与其"载之空言"，"不如见之于行事之深切著明也"。[3]事情比道理更为根本，真切的道理恰恰在生动的事情中显现。对于舜任命贤臣的叙述，并不单纯是重复"任用贤人，四方来朝"的理念，而且把四方何以前来朝贡的原因揭示了出来。

不过需要指出的是：如果以为贤能的辅臣就可以包办一切，把天下的兴衰离合系于贤臣身上，就未免理想化了。正如上文所述，大禹的成功在无形中得益于这样一个客观而重要的条件：信息不畅。但是，如果时易境迁，当"远方"的民众拥有更多、更便捷的渠道获取关于中央王朝的政治资讯，尤其是对帝王的品德、才能拥有更为多面、深刻的认识时，这些更为充分的政治资讯反而可能是动摇民众认同的不确定因素。从理论上说，民众掌握的信息越多，政治运行得以开展的限定条件就随之增加。孔子应意识到了这一问题。他说："天下有道，则庶人不议。"（《论语·季氏》）何晏注曰："无所非议。"邢昺疏："议谓谤讪，言天下有道，则上酌民言以为政教，所行皆是，则庶人无有非毁谤议也。"[4]这样一重考虑就使"天下"的互动性展露出来了。为政必须有一个受舆论约束的维度。政绩固然必要，但只是为政的面向之一，其他如政治参与、文化认同以及不同族群间利益需

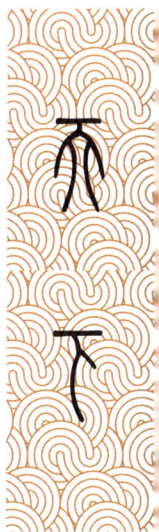

---

① 李学勤主编：《十三经注疏·尚书正义》，北京：北京大学出版社1999年版，第137页。按："鸟夷皮服"原作"岛夷皮服"，《史记·夏本纪》作"鸟夷皮服"，郑玄直释"鸟夷"，不取"岛夷"，今从司马迁、郑玄之说。另，对于"鸟夷皮服"，一认为大禹规定了鸟夷以皮服为贡物，一认为大禹使鸟夷重回"夷自服皮"的正常生活。今从后说。（阮元校刻：《十三经注疏》，北京：中华书局1980年版，第148页下栏。）

② 当然，是否真的如此，笔者持存疑的态度，笔者将在下文予以讨论。

③《史记》一〇，北京：中华书局2011年版，第3297页。

④ 阮元校刻：《十三经注疏》，北京：中华书局1980年版，第2521页中栏。

求的多元化都是不容忽略的课题。政绩多以量化的形式示人，但是政绩的量化也隐含着为政者可能通过不择手段而制造数量的危险。如果仅仅视"庶人不议"为禁止平民议论，这便是鼓动、纵容愚民政策；如果把"庶人不议"纳入"天下有道"的范畴，就意味着政治活动本身需要得到民众的承认，需要具备价值理性，使平民无所议论。[①] 如此一来，"天下有道"之"道"就不能是一个单方面规定的现成规范，而是在广开言路、明察视听的过程中时机化地构成的理想政治状态。

二 仁人之政，天下归之：孟、荀对"天下"价值理念的申述

（一）孟子的天下观

1. 仁政：得民心者得天下

孟子意识到：他所生活的战国时代不能再倡导"尊王攘夷"，因为周天子连形式上的共主地位也没有了，孔子时代尊王攘夷的华夷之辨已经失去了现实中的存活语境。所以，孟子"所尊者非将覆之周王而为未出之新王"。[②] 在尊新王的孟子看来，"诸侯行仁政者可以当新王"。[③] 梁惠王曾问孟子如何结束列国战争、平定天下，孟子的回答是"定于一"。但是，"定于一"不是通过武力兼并而实现的，而是"不嗜杀人者能一之"（《孟子·梁惠王上》）。国君不可以通过不义之举得天下，"行一不义、杀一不辜而得天下，皆不为也"（《孟子·公孙丑上》）。在天下失去共主的时代，孟子希望某个国君通过施行仁政以得民心[④]，获得民众的支持，使"邻国之民仰之若父母"（《孟子·公孙丑上》）。

2. "事大"与"字小"：战国交邻之道

孟子还提出了"事大"与"字小"（亦称"事小"）的战国交邻之道。[⑤]"字"即

---

① 贝淡宁以为政治尚贤制可以成为一套优于民主政治的独特政治模式，把"政绩"作为一条重要根据。（[加]贝淡宁：《贤能政治》，北京：中信出版社2016年版，第121页。）对于这个引起强烈争议的观点，学者业已指出：其论述之失在于以工具理性取代价值理性。并且，如果将"政绩"作为权力的合法性来源，就未免罔顾这样一种情形："古代暴君和现代威权主义政权都可能取得良好甚至优异的'政绩'，但这并不能证明他们的权力具有合法性。"（黄玉顺：《"贤能政治"将走向何方？——与贝淡宁教授商榷》，载《文史哲》2017年第5期。）

② 萧公权：《中国政治思想史》上册，北京：商务印书馆2011年版，第103页。

③ 杨向奎：《大一统与儒家思想》，北京：北京出版社2011年版，第23页。

④《孟子·离娄上》："得天下有道：得其民，斯得天下矣。得其民有道：得其心，斯得民矣。得其心有道：所欲与之聚之，所恶勿施尔也。"

⑤ 齐宣王曾问孟子是否有与邻国交往之道，孟子回答说："有。惟仁者为能以大事小，是故汤事葛，文王事昆夷。惟智者为能以小事大，故太王事獯鬻，勾践事吴。以大事小者，乐天者也。以小事大者，畏天者也。乐天者保天下，畏天者保其国。《诗》云：'畏天之威，于时保之。'"（《孟子·梁惠王下》）

"养育",又引申为"爱"。①《左传·哀公七年》载子服景伯语:"小所以事大,信也;大所以保小,仁也。背大国,不信;伐小国,不仁。"子服景伯曾认为以小事大是出于"信",但孟子认为这是出于"智",即在一个弱肉强食的时代审时度势、保全其身的策略。春秋时代,无论"事大"的小国还是"字小"的大国,都必须信守约定,否则无法立足。②对于小国来说,守信尤其必要,因为一旦失信于大国,将引来大国的讨伐,甚至国将不存。然而,在孟子所处的战国时代,各国之间已不再以信为原则设立盟约。顾炎武评论说:"春秋时犹尊礼重信,而七国则绝不言礼与信矣。"③国家要想自保,就需要动用智谋,进而才能谈一统天下。在孟子的论述中,小国通过向大国进献皮币、犬马、珠玉以获得安宁是无可厚非的,但是"事大"并非没有限度,国民赖以生存的土地就是不可以拿来做交易的,因为"君子不以其所以养人者害人"(《孟子·梁惠王下》)。

(二)荀子的天下观及相关问题

1. 修道行义,兴利除害:天下是如何构成的?

上文曾提到,荀子在孔子思想的基础上丰富了华夏和四夷都认可的某些共同价值观,即仁义。既然仁义价值观为华夷所共同认可,那么主政者就应当知晓"修其道,行其义,兴天下之同利,除天下之同害,而天下归之也"(《荀子·正论》)的道理。荀子认为:国可以被窃取、争夺,但是天下不可被窃夺。天下至大,"非圣人莫之能有也"(《荀子·正论》)。圣人即仁人,"治万变,材万物,养万民,兼制天下者,为莫若仁人之善也夫"(《荀子·富国》)。圣人能拥有天下的原因在于圣人以仁义治天下,能够"服人之心"(《荀子·王霸》)。不过,圣人可遇难求,在现实政治中担当起仁义精神的首归"大儒"、"士君子"。所以,荀子希望君王重用"法先王,统礼义,一制度,以浅持博,以古持今,以一持万"(《荀子·儒效》)的大儒。大儒掌握了上古三代圣王的治理原则,并能够结合当下的情势而触类旁通地治理天下,遇事可以灵活地"张法而度之"(《荀子·儒效》)。君王要让大

---

①《左传·成公四年》:"楚虽大,非吾族也,其肯字我乎?"

②齐桓公征伐鲁国,鲁国割让遂邑于齐国,以求自保,但是鲁国大臣曹沫又挟持了齐桓公,逼迫其归还了遂邑。然而,齐桓公又试图反悔并杀掉曹沫。管仲劝说齐桓公守信:"夫劫许之而倍信杀之,愈一小快耳,而弃信于诸侯,失天下之援,不可。"齐桓公无奈,听取了管仲的建议,结果是"诸侯闻之,皆信齐而欲附焉"(《史记》五,北京:中华书局2011年版,第1487页)。《盐铁论·执务》亦曾云:"齐桓公以诸侯思王政,忧周室,匡诸夏之难,平夷、狄之乱,存亡接绝,信义大行,著于天下。"(王利器:《盐铁论校注》下,北京:中华书局2015年版,第508页。)齐国当然不是一个事大的小国,但仍需守信。

③顾炎武著,黄汝成集释:《日知录集释》上,石家庄:花山文艺出版社1990年版,第585页。

儒做"天子三公",即辅佐天子的人,同时要给予大儒充分的空间、平台以施展其才能。君王还要给予大儒土地,使大儒亲行教化之事,改善习俗,因为大儒"无百里之地则无所见其功"(《荀子·儒效》)。

荀子分别"士君子"与"官人百吏",其实也别具历史意义。"'士君子'之所以异于'官人百吏'者,就在于他们有能力在决策施政中对帝王、臣民间之权利、义务、责任和利益的分配作出合于仁义原则的判断。这一职能的意义已经超越了工具性、技术性的层面"[1],史华兹概之为荀子对法家"自动运行"(runs itself)的"社会—政治制度"之观念的顽强抵抗[2]。荀子理想中的天下秩序带有人心考评机制,人于其中不时以价值调控、规制天下秩序之运作。治天下者(包括君王、士君子)对仁义的持守与践行,是避免天下导向国家机器的重要因素。荀子论"天下",总是有意地将其与"国"相区分,甚至以二者为截然不同的价值体。荀子曾指出:即使一个国家依靠强兵之术而获得暂时的壮大,但当它奉行崇尚武力、霸权主义的外交政策时,它其实是"忧患不可胜校","常恐天下之一合而轧己也"(《荀子·强国》)。强国终究不是天下,反而可能是天下的对立面。虽然在"家—国—天下"的序列中,"国"与"天下"是前后相续的,但荀子更多地注意到并强调"国"与"天下"之间的异质性[3],至于二者是否出于一个母体,则是退居其次的问题[4]。

2."以战止战"与"佐成秦制":理想的实现还是噩梦的到来?

荀子提出一系列改善习俗、重建礼制的措施,对执行者提出了极高的要求,非先王、大儒不能实现。这样的主张在各国矻矻于征战的时代不易被采纳。荀子对天下秩序的设计要成为现实,需要与一种"止战"的学说相配套。后来,他的学生帮助秦国实现了统一,结束了战乱。荀子培养了两名法家阵营中的学生:李斯和韩非。这时常引来后世儒者的倒头讥讽,甚至荀子思想在多大程度上属

① 阎步克:《士大夫政治演生史稿》,北京:北京大学出版社2015年版,第190页。

②[美]本杰明·史华兹:《古代中国的思想世界》,南京:江苏人民出版社2008年版,第402页。

③ 沃格林后来把先秦时代"天下"与"国"所代表的两套政治理念分别概括为"天下、文、德、王"与"国、武、力、霸"。([美]埃里克·沃格林:《天下时代》,南京:译林出版社2018年版,第395页。)

④ 列文森虽然指出"在早期,'国'是一个权力体,与此相比较,'天下'则是一个价值体",但他认为"天下"的价值是绝对的,它("天下")甚至要求人们以奴性的方式崇敬其价值。列文森之所以这样认为,是因为他把"天下"等同于"帝国"。([美]列文森:《儒教中国及其现代命运》,北京:中国社会科学出版社2000年版,第84页。)列文森理解的"帝国天下"只是一个披着价值外衣的权力体,即伪装之"国",这样的天下未触及人们的思想观念世界,其价值只是附加的。

于儒家也常常被议论。[1]陈寅恪更强调荀子与李斯之间的一脉相承。在陈寅恪看来，这种一脉相承恰恰是儒家理想制度得以实现的过程："李斯受荀卿之学，佐成秦制。秦之法制实儒家一派学说之所附系。《中庸》之'车同轨，书同文，行同伦'（即太史公所谓'至始皇乃能并冠带之伦'之'伦'）为儒家理想之制度，而于秦始皇之身，而得以实现之也。"[2]如果着眼于荀子乃至儒家的理想，陈寅恪的说法虽与历代儒者的观点存在很大差异，但是他看到了儒家的设计需要通过李斯这样的人来实现。这似乎是深刻的洞见。然而，李斯走的是"以战止战"的路线，在构建天下秩序的道路上，荀、李二人的主张是截然对立的。佐藤将之把荀子、李斯的主张分别概括为"调（齐）一"和"一统"。二者的不同在于：前者主张以一国为中心，对周边各国进行安抚，取得对周边国民的间接支配；后者则主张通过武力消灭各国，取得对天下的统治。[3]不过，按照李斯的方案，最后那个"胜利的果实"已远非荀子理想中的"天下"了。在这个意义上，陈寅恪所谓的"佐成秦制"反而意味着李斯把荀子建构的天下秩序拉到国家制度的层面上，李斯所谓的"天下"不过是荀子意义上的"国"。李斯的理想正是荀子的噩梦，而荀子的理想终究未能实现。

---

① 朱熹就曾在荀子、李斯二人的关联与区别之间徘徊不定。他曾对人说：荀子教出了李斯这样的学生，以至于秦始皇焚书坑儒，"若使荀卿不死，见斯所为如此，必须自悔"。但是，朱熹并未把焚坑之祸完全归罪于荀子。他也曾针对世人对荀子的清算而为荀子鸣不平："世人说坑焚之祸起于荀卿。荀卿著书立言，何尝教人焚书坑儒？只是观他无所顾藉，敢为异论，则其末流便有坑焚之理。"（黎靖德编：《朱子语类》七，北京：中华书局 1986 年版，第 2619 页；《朱子语类》八，北京：中华书局 1986 年版，第 3256 页。）

② 《陈寅恪集·金明馆丛稿二编》，北京：生活·读书·新知三联书店 2001 年版，第 283 页。

③ ［日］佐藤将之：《荀子的"天下"观与"后周鲁时代"的秦国》，载《科学·经济·社会》2021 年第 2 期。

第三节　王者以仁义治天下的理路及困境

——论董仲舒"天下"观念的内在张力

　　秦汉王朝常被今人称为"帝国",而它们在古代被认为是"天下"。秦始皇声称自己"兴兵诛暴乱,赖宗庙之灵,六王咸伏其辜,天下大定",却又绝不否认"平定天下"就是王绾、冯劫、李斯所谓的"海内为郡县,法令由一统"。[①] 在秦人看来,结束了列国分立、战争连年的局面,代之以"一法度衡石丈尺"、"车同轨。书同文字"[②] 的制度一体化便是"天下一家"的表现。[③] 与分封制下"未有过封内千里"(《荀子·强国》)的情形相比,秦人更重视法令制度所覆盖范围之大小。[④] 然而,法令制度的普遍性能否带来"黔首改化,远迩同度"[⑤] 的风俗生活的同一性,进而使得人心一致所向?秦朝当政者对此缺乏深入的思考,最终因推行法令制度操之过急而引起楚地之人的强烈反感,二世而亡。[⑥]

　　帝国君主口中那片广袤的统辖范围并不等于"天下"。混同二者的帝国统治者多以"天下"为彰显自身功业的门面之词,帝国是一个被"天下"观念包装起来的假想的天下,而帝国自身的治理逻辑与"天下"观念中标举的仁义价值观在一定程度上是相悖的。这种混同的危险性在于:当帝国的统治者真正面对天下时,他仍然以为那是自己的帝国。那个本应考虑君与民、政与俗的关系的价值体——天下将化为一个冰冷的权力体。在这个意义上,老子的"以邦观邦,以天下观天下"(《老子·五十四章》)和管子的"以国为天下,天下不可为"(《管子·牧民》)都是发人深省的。汉承秦制,秦朝人政治观念的载体被汉朝人接受下来,那么考察汉儒的天下观,就需在"国"与"天下"纠缠、互动的语境中进行。在这方

　　①②⑤《史记》一,北京:中华书局 2011 年版,第 236、239、250 页。

　　③ 秦始皇峄山刻石云:"乃今皇帝,一家天下,兵不复起。"琅琊刻石云:"普天之下,抟心揖志。器械一量,同书文字。"峄山刻石与琅琊刻石文分别引自容庚的《秦始皇刻石考》,载《燕京学报》1935 年第 17 期。琅琊刻石文辞亦见于《史记》一,北京:中华书局 2011 年版,第 245 页。

　　④ 秦始皇琅琊刻石也有"古之帝者,地不过千里"语。参见《史记》一,北京:中华书局 2011 年版,第 246 页。

　　⑥ 陈苏镇:《〈春秋〉与"汉道":两汉政治与政治文化研究》,北京:中华书局 2011 年版,第 28—37 页。

面论述最系统、阐发最详尽者，莫过于董仲舒。

一 "仁义以服之"：从寻找王者到强调仁义

董仲舒的"天下"观念主要包括他提出的实现天下太平的一系列理念和措施。按其所述，"天下所未和平者，天子之教化不行也"。[①] 在儒家的理想中，担当教化的人是王者。王者必须受天命且有崇高的德行，才能在实现天下太平之后制礼作乐。[②] 受命与否，可以被论证。受命者就是得位的帝王，"王者必受命而后王"，并且"一统于天下"。[③] 但是，王者还需要以其高尚的品格"成民之性"，导民成善。[④] 受命只是对王者身份的神圣性说明，王者的身份还必须通过教化来获得天下人的认可。所以，王者是一个能够贯通天、地、人的角色。[⑤]

然而，现实的情形并非如此。秦、汉的帝王与儒家理想中的王者相差甚远。苏舆曾就董仲舒对"王"字的解释而指出："盖上世帝王初起，皆以道德学术过人，故造文如此。秦汉以后，而其局一变矣。"[⑥] 王充在《论衡·宣汉》中指出儒者谓"汉不太平者，汉无圣帝也"。[⑦] 王充又在《论衡·须颂》中指出："儒者谓汉无圣帝，治化未太平。"[⑧] 当代学者的研究继续呼应着这个说法，称"汉代天子几乎没有自称大圣或敢以圣王自居的"。[⑨] 秦汉帝王不再品学兼优，他们对做圣人没有太大

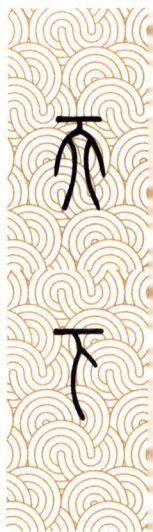

---

① ③ ⑥ 苏舆：《春秋繁露义证》，北京：中华书局 2015 年版，第 395、182、321 页。

② 关于王者的身份，《礼记·中庸》说："虽有其位，苟无其德，不敢作礼乐焉；虽有其德，苟无其位，亦不敢作礼乐焉。"南朝学者皇侃也曾给以扼要的阐述，指出了王者必须德位兼并的原因："夫得制礼乐者，必须德位兼并，德为圣人，尊为天子者也。所以然者，制作礼乐必使天下行之，若有德无位，既非天下之主，而天下不畏，则礼乐不行；若有位无德，虽为天下之主，而天下不服，则礼乐不行，故必须并兼者也。"在这样的标准下，孔子也不是王者，所以孔子只能"述而不作"。（何晏集解，皇侃义疏：《论语集解义疏》一，上海：商务印书馆 1937 年版，第 85 页。）

④《春秋繁露·深察名号》："万民之性苟已善，则王者受命尚何任也？"（苏舆：《春秋繁露义证》，北京：中华书局 2015 年版，第 294—295 页。）

⑤《春秋繁露·王道通三》："古之造文者，三画而连其中，谓之王。三画者，天地与人也，而连其中者，通其道也。取天地与人之中以为贯而参通之，非王者孰能当是？"（苏舆：《春秋繁露义证》，北京：中华书局 2015 年版，第 320—321 页。）

⑦⑧ 黄晖：《论衡校释》三，北京：中华书局 1990 年版，第 815、849 页。王充论及此事，意在驳"汉无圣帝"之说。他与持此说的儒者之间的分歧在于如何理解"太平"。王充反对以符瑞的出现象征太平，认为"太平以治定为效，百姓以安乐为符"（黄晖：《论衡校释》三，北京：中华书局 1990 年版，第 815 页）。王充的这一说法虽然务实，但并非当时的主流。

⑨ 邢义田：《天下一家：皇帝、官僚与社会》，北京：中华书局 2011 年版，第 59 页。

兴趣,而是甘心屈居于圣人的完美人格形象之下。这样,王者教化就是空谈,儒家理想中的天下太平也就遥遥无期。

帝王没有王者的素质,无意做圣人,但可以借鉴圣人阐述的某些理念。去汉未远的孔子被汉儒尊为圣人。根据前文的考察,我们把孔子的"天下"观念概括为:通过发扬文治,崇尚、施行德教,获得天下人的支持,远人自然慕义臣服。孔子的这些理念被董仲舒继承下来,并通过阐释《春秋》大义而予以发展。[①] 于是,对于帝王素质的期待就此转向对于某种理念的阐扬。帝王只要秉持文德,同样可以行教化之事,实现天下太平。在这个意义上,天下太平的实现使帝王成为王者,王者将变成一个后天生成的身份。

按董仲舒的阐释,凭道德获得天下人的支持,是"仁义以服之"。[②] 这个概括合乎孔子的本意。董仲舒的创新之处在于:他提出仁义在政治上分别对应着治人与治我。[③] 仁义意味着人、我之分,要求"以仁安人,以义正我"。[④] 以仁义治天下的王者要区分"内治"与"外治"。"内治"要"反理以正身","外治"则"推恩以广施,宽制以容众"。[⑤]

以区别内外、宽人律己为原则,意味着治理天下是一个交往事件。王者正是在这样一个与天下之人交往的过程中实现自身的。董仲舒说:"王者,民之所往。君者,不失其群者也。故能使万民往之,而得天下之群者,无敌于天下。"[⑥]《荀子·君道》云:"君者何也?曰:能群也。能群也者何也?曰:善生养人者也,善班治人者也,善显设人者也,善藩饰人者也。善生养人者人亲之,善班治人者人安之,善显设人者人乐之,善藩饰人者人荣之。四统者俱而天下归之,夫是之谓能群。"荀子的这一论述可以用来解释董仲舒对"汉无圣帝"之困境的克服。世俗的君主(帝王)可以通过在"群"中安顿天下之人而成就其王者身份,而安顿天下之人正是王者之文德的体现。"王者有明著之德行于世,则四方莫不响应,风化善于彼矣。"[⑦] 由此形成"四海之内闻盛德而皆徕臣"[⑧] 的局面。按董仲舒之说,王者身份的实现与"天

---

① 董仲舒借阐释《春秋》大义而指出:"《春秋》之所恶者,不任德而任力,驱民而残贼之。其所好者,设而勿用,仁义以服之也。《诗》云:'弛其文德,洽此四国。'此《春秋》之所善也。夫德不足以亲近,而文不足以来远,而断断以战伐为之者,此固《春秋》之所甚疾已,皆非义也。"(苏舆:《春秋繁露义证》,北京:中华书局 2015 年版,第 46—47 页)又:"文德为贵,而威武为下,此天下之所以永全也。"(苏舆:《春秋繁露义证》,北京:中华书局 2015 年版,第 151 页。)

②④⑤⑥⑦ 苏舆:《春秋繁露义证》,北京:中华书局 2015 年版,第 46、243、248、129、395 页。

③《春秋繁露·仁义法》:"《春秋》之所治,人与我也。所以治人与我者,仁与义也。"(苏舆:《春秋繁露义证》,北京:中华书局 2015 年版,第 243 页。)

⑧《汉书》八,北京:中华书局 2011 年版,第 2503 页。

下"之形塑的完成是同时的。[①]这样，就不能把"天下"理解为一个既定的地理空间，而是应当看到：只有王者用心教化，移风易俗，其德行被及四海，四方之民衷心归附，"天下"才算真正形成。这样的"天下"与"某种随着帝国权力的扩张或缩减而同步增大或缩小的东西"[②]判然两途。

二 "以渐治之"：如何实现天下太平

（一）"近—远"：天下太平的发生结构

基于"文德"、"仁义"、"远近"、"内外"等理念，董仲舒对实现天下太平提出了具体的方案。按董仲舒所述，"亲近以来远，未有不先近而致远者也。故内其国而外诸夏，内诸夏而外夷狄，言自近者始也"。这一说法出自《春秋公羊传·成公十五年》，何休注曰："明当先正京师，乃正诸夏，诸夏正，乃正夷狄，以渐治之。"[③]《礼记·中庸》曾谓："仁者人也，亲亲为大。"孟子则说："亲亲而仁民，仁民而爱物。"（《孟子·尽心上》）仁爱为人提供了一个超出家庭进行交往的基础。董仲舒继踵而至，使儒家的仁本论获得一个"天下"视野下的"近—远"存在结构："亲近以来远，因其国而容天下。"[④]"天下"不是国家范围的扩大，而是王者的仁爱在"近—远"的结构中所显现的时机化样态。王者对身边的人施以仁爱，却无法对"远处"的四夷何时来归给出预期，否则王者的仁爱就有作伪之嫌。真正的王者并不会功利地计较仁爱的收益，因为仁民爱物本身就是王者的存在方式。另外，对身边的人施以仁爱，并不以对远人充满仇恨为条件，不必遵循"除非我们憎恨非我族类，我们便不可能爱我族类"[⑤]的逻辑。

空间距离的大小固然可以用远、近来表示，但远近却不只是空间概念。空

---

①《春秋繁露·深察名号》："王者皇也，王者方也，王者匡也，王者黄也，王者往也。是故王意不普大而皇，则道不能正直而方；道不能正直而方，则德不能匡运周遍；德不能匡运周遍，则美不能黄；美不能黄，则四方不能往；四方不能往，则不全于王。故曰：天覆无外，地载兼爱，风行令而一其威，雨布施而均其德。王术之谓也。"（苏舆：《春秋繁露义证》，北京：中华书局 2015 年版，第 282 页。）

②［美］埃里克·沃格林：《天下时代》，南京：译林出版社 2018 年版，第 203 页。

③ 苏舆：《春秋繁露义证》，北京：中华书局 2015 年版，第 112 页。

④ 苏舆：《春秋繁露义证》，北京：中华书局 2015 年版，第 138 页。又，《春秋繁露·俞序》："故世子曰：'功及子孙，光辉百世，圣人之德，莫美于恕。'故予先言《春秋》详己而略人，因其国而容天下。"（苏舆：《春秋繁露义证》，北京：中华书局 2015 年版，第 157—158 页。）

⑤ 语出迈克尔·迪布丁的小说《死亡环礁湖》，转引自［美］塞缪尔·亨廷顿：《文明的冲突与世界秩序的重建》，北京：新华出版社 2009 年版，第 4 页。原文标点不当，笔者在引用时做了改动。

间距离上的近也完全可以是生存意义上的远，反之亦然。仁义就是实现空间之"远—近"向生存之"近—远"转化的价值。对此，董仲舒用"以仁厚远"作了进一步说明："故王者爱及四夷，霸者爱及诸侯，安者爱及封内，危者爱及旁侧，亡者爱及独身。独身者，虽立天子诸侯之位，一夫之人耳，无臣民之用矣。"[1]王者与霸者、安者、危者、亡者这四类人的区别，在于他的爱有没有绝对的边际。有绝对边际的爱并非源发之爱，而是基于对边际范围内的审视、考虑所做出的功利之举。霸者、安者、危者、亡者均把其所爱的范围对象化，视对象而爱，这种爱的背后就总有某种考量。王者的爱虽然播至四夷，范围最大，但并非因为王者预先把四夷圈定在爱的范围内，而是在亲身参与治理京师、诸夏、夷狄的过程中跨越京师、诸夏、夷狄之间的界限，为天下人所目睹、感受。

（二）三世异治：王者教化永无止境

"京师—诸夏—夷狄"不只代表地缘结构，也是观念结构，因为三者之间的界限建立在人们的"华夷"观念之上。这一结构要求王者循序渐进地实现天下太平。如果太平可致，那么京师、诸夏、夷狄之间的界限就应该是相对的，即"（外）夷"可进于"（内）夏"。

"京师—诸夏—夷狄"的治理进路，最终体现于"三世异治说"[2]中。按三世

---

[1] 苏舆：《春秋繁露义证》，北京：中华书局2015年版，第246—247页。

[2] 关于董仲舒与三世异治说之间的关系，在此需进行厘定。《春秋繁露·楚庄王》："《春秋》分十二世以为三等，有见，有闻，有传闻。有见三世，有闻四世，有传闻五世。"《春秋繁露·王道》则阐述王者治理天下需要修身作则、由近及远的道理："亲近以来远，未有不先近而致远者也。故内其国而外诸夏，内诸夏而外夷狄，言自近者始也。"《王道》中的治理步骤是否根据《楚庄王》中的时间划分而制定，这一问题需要深入探究。苏舆指出："董子言三世，不用乱世、升平、太平之说"，但是承认"何氏九科三旨（按：应为'三科九旨'），所谓'张三世'，见此篇（按：《楚庄王》）'通三统'，见《三代改制篇》'异外内'，见《王道篇》。"（苏舆：《春秋繁露义证》，北京：中华书局2015年版，第10、22页。）钱穆亦认为"《公羊》家三科九旨之义，亦本董子《繁露》"，并详征董仲舒、何休之文以证之（钱穆：《国学概论》，北京：商务印书馆1997年版，第96—97页）。学人基本认同这样一种观点：何休之"衰乱世—升平世—太平世"的说法，以董仲舒在《春秋繁露·楚庄王》中的"三等"说为雏形，后者是前者的"逻辑起点"。（姜广辉主编：《中国经学思想史》第2卷，北京：中国社会科学出版社2003年版，第427—429页。）陈苏镇指出："在现存董仲舒的著作中，没有用'太平'、'升平'、'衰乱'的概念指称'所见'、'所闻'、'所传闻'之世的记载，但有迹象表明他可能已经提出了三世异治的说法。"（陈苏镇：《〈春秋〉与"汉道"：两汉政治与政治文化研究》，北京：中华书局2011年版，第175页。）据陈氏所言，林义正对此有专门的考察。今参阅林氏的相关研究发现，司马迁在这一问题中扮演了关键角色。曾于董仲舒门下学习《春秋》的司马迁一改"世"为《春秋》一公所历之时代的意思，把"世"作为时段，提出"运之三世"的说法。在这里，董仲舒的"三等"以"三世"的名称出现。"三世"只是划分了时段，而根据不同时段采取不同致治方案的思想在董仲舒之前就出现了，林义正认为"当系本之孔子"（林义正：《春秋公羊传伦理思维与特质》，中国台北：台湾大学出版中心2003年版，第196、199页）。董仲舒和何休继承了"时段+致治"的解释模式。他们对《春秋》的解释没有止于对时段的划分上，而是基于时段强调行动。这也构成了董仲舒"天下"观念中的实践方案。

异治之说,在衰乱世,"王者不治夷狄,录戎者,来者勿拒,去者勿追"。①在这一阶段,王者首先要治理京师的"大恶",以正自身,进而治京师的小恶和诸夏的大恶。夷狄之所以未被纳入考虑范围,不仅因为王者的教化无法越过尚存大恶的诸夏而感化夷狄,而且在于严格自正是确立王者教化资格的首要一步。王者资格的确立不是自己可以宣布的,而是需要在确立过程中使身边的华夏之人感受其爱意,在公共性的评判中被认可和肯定。同理,王者对夷狄的教化资格也需要这样一个被夷狄围观,使夷狄感同身受,进而对王者予以评价的过程。所以,受"天命"的王者还需获得民众的承认。"民心"与"天命"被置于同一高度,甚至"民心"就是对"天命"的诠释。升平世则"内诸夏而详录之,殊夷狄也"。②此时强调华夷有别,夷狄作为"京师—诸夏"这个整体的他者而出现。王者要治理诸夏的小恶和夷狄的大恶。在笔者看来,治理诸夏小恶是三世异治中最为关键的一个环节。在这个环节中,要"治小如大"③,应像治理诸夏的大恶一样严格治理诸夏的小恶。这时,华夏作为一个相对于夷狄而言的文明共同体,应当作出表率。但是,王者还不能对夷狄"纯以中国礼责之"④,因为以现成的"中国"之礼要求习俗、性情有别于"中国"的夷狄,会引起后者的强烈反感。王者解决这一问题的办法是:在第一阶段中留下诸夏的小恶而不治,在第二阶段以治理诸夏小恶为华夷交往的缓冲。夷狄目睹华夏的严格"自正",产生归附之心。这为接下来在华夷真正面对面交往中治理夷狄之大恶创造了条件。在升平世,对夷狄大恶的治理才是华夷交往的真正开展。关于如何治理夷狄的大恶,何休指出要"且以渐"。⑤这说明夷狄认同"中国"需要时机。一旦时机出现,就会有"百蛮贡职,夷狄皆进至其爵"⑥的场景,此即太平之世。

不过,所谓的"太平之世",还存在诸夏的小失和夷狄的小恶,因而"太平之世"仍然需要华夏与夷狄的交往。并且,在这一交往中,治理诸夏的小失继续以边缘的方式为王者治理夷狄的小恶提供缓冲,使治理夷狄小恶不至于成为突发的事件。这里要指出:虽然"太平之世"已经从"内—外"结构转向"内而不外"⑦,但并非说明没有华夷之别。华夷之别通过王者教化这一事件,被确立为一种主体性标识,由此构造"天下"内部的新型关系形态,即融洽的人我关系。质言之,

---

①②③④⑤⑥阮元校刻:《十三经注疏》,北京:中华书局1980年版,第2202页中栏、第2284页上栏、第2309页上栏、第2270页中栏、第2270页中栏、第2324页上栏。

⑦《春秋繁露·奉本》:"远夷之君,内而不外。"(苏舆:《春秋繁露义证》,北京:中华书局2015年版,第275页。)

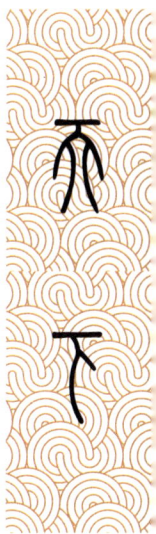

"内而不外"只是说明华夷之间不再处于隔绝的状态,而是亲如一家。[①] 然而,一旦华夷关系紧张,上述主体性标识就会暴露为"中国"和"夷狄"两个在文化、观念、品行上均为异质的群体。"内而不外"与"华夷二分"的共存,为王者维持天下太平增加了难度,也为仁义价值观的畸变埋下了伏笔。

三世异治说留下了治理诸夏小失和夷狄小恶这两项未竟的事业。诸夏小失和夷狄小恶将会是"内而不外"的天下之常态,使天下内部的华夏与夷狄两个群体在此后保持长期的交际互动,使天下"教化流行,德泽大洽,天下之人,人有士君子之行而少过"。[②] 人们的道德品行日臻完善,但王者却始终不宣布天下已尽善尽美。董仲舒主张:"天下未遍合和,王者不虚作乐。"[③] 那么,当天下已致太平时,王者便应当制礼作乐。陈苏镇业已指出:按照董仲舒的标准,"'太平'只能是海市蜃楼,永远可望而不可即,制礼作乐也只能是一种政治理想,以此为目标的教化过程事实上将永无止境"。[④] 其说甚是。如果把"太平之世"中诸夏小失、夷狄小恶这两个余绪也考虑在内,笔者认为:"太平之世"的微妙并非董仲舒思想中的疏漏,而是他的有意设计。不妨说,董仲舒所希望的太平不是一个一经实现便可高枕无忧的状态,而是在王者勠力教化的过程中构成的动态"王—民"、"华—夷"关系形式。这个关系形式要求现实中的帝王戒骄戒躁,奋斗不已。这也表明实现天下太平和维持天下太平并非二事。

(三) 给以厚利与共盟于天:董仲舒对世俗性与神圣性的糅合

实际上,天下并不太平。董仲舒时代,汉王朝与匈奴政权之间的矛盾一直存在。身处匈奴屡次犯边的时局,董仲舒提出:一方面应该对匈奴施以厚利,另一方面要与之共盟于天。[⑤] 董仲舒的这一方案让人疑惑丛生。所谓的"仁义"并

---

① 有学者曾指出:在当时,对夷狄"中国之"的态度"只表示夷狄臣服于中国,同化于中国文化之中,被视为中国的一分子,内外、华夷的秩序和尊卑是始终没有变的"。除了内外问题,笔者基本赞同这一说法。(参见李焯然:《中心与边缘:东亚文明的互动与传播》,桂林:广西师范大学出版社 2015 年版,第 19 页。)

②③ 苏舆:《春秋繁露义证》,北京:中华书局 2015 年版,第 160、19 页。

④ 陈苏镇:《〈春秋〉与"汉道":两汉政治与政治文化研究》,北京:中华书局 2011 年版,第 179 页。

⑤ "义动君子,利动贪人,如匈奴者,非可以仁义说也,独可说以厚利,结之于天耳。故与之厚利以没其意,与盟于天以坚其约,质其爱子以累其心,匈奴虽欲展转,奈失重利何,奈欺上天何,奈杀爱子何。"(《汉书》一一,北京:中华书局 2011 年版,第 3831 页。)

不适用于匈奴，汉王朝只能以金钱维持华夷关系，并且通过"质其爱子"以牵制匈奴云云，这些都与王者教化的思想相去甚远。该方案后来受到班固的严厉批评。班固认为董仲舒的方案不仅"不合当时之言"，而且"长匈奴无已之诈"、"割剥百姓，以奉寇雠"。①

　　从董仲舒的其他论述来看，他在阐述古时王者承天命、顺天意以治天下时，就指出过"利"在其中的关键性。② 然而，一旦利害关系成为形塑天下的凭据，并且与某些曾被强调为神圣性的价值观嫁接在一起，"天下"就成为一个权力与利益的交易场。汉昭帝时，参加盐铁之议的贤良文学之士多次征引董仲舒的观点以证己说，其中一处说："孔子曰：'有国有家者，不患贫而患不均，不患寡而患不安。'故天子不言多少，诸侯不言利害，大夫不言得丧。畜仁义以风之，广德行以怀之。是以近者亲附而远者悦服。故善克者不战，善战者不师，善师者不阵。修之于庙堂，而折冲还师。王者行仁政，无敌于天下，恶用费哉？"③ 在义利之辨的阐述框架内，王者行仁义、施仁政，就要自己不尚利，而让利于民。贤良文学之士的解释深得儒家"天下"观念之要旨。史载帝喾、尧、舜之所以成为后世君王的典范，原因之一便是他们"利天下"，而"利天下"同时意味着他们不利己。④古代圣王的这种品格正合乎董仲舒阐释下的"仁义"内涵。夷狄毕竟也是天下之民，所以给夷狄以厚利就是抚驭天下的王者怀夷爱人的体现，就不再显得俗套且委曲求全。

　　怀夷是针对攘夷而言的。之所以攘夷，是因为华夏人将夷狄视为礼乐文明的威胁。这种严华夷之别的行为，其视野已从"天下"收缩为"中国"。怀夷则是因为"中国"之帝王要做天下之共主。如果以厚利怀夷就是畜仁义，那么"内治"上的"反理以正身"、"外治"上的"推恩以广施，宽制以容众"⑤ 就会相应地要求限制国人获利、纵容外人索取的制度与之配套。况且，倘若按董仲舒给以厚利的策略来处理华夷关系，天下太平的基础将颇不牢靠。班固对董仲舒的批评切中肯綮，因为对于"苟利所在，不知礼义"⑥ 的人来说，一旦无法满足其欲望，所谓的"认同"、"太平"都将不复存在。

---

①⑥《汉书》一一，北京：中华书局 2011 年版，第 3831—3832、3743 页。

②《春秋繁露·诸侯》："天虽不言，其欲赡足之意可见也。古之圣人，见天意之厚于人也，故南面而君天下，必以兼利之。"（苏舆：《春秋繁露义证》，北京：中华书局 2015 年版，第 305 页。）

③王利器：《盐铁论校注》上，北京：中华书局 2015 年版，第 2 页。

④郭店楚简《唐虞之道》："尧舜之王，利天下而弗利也。"（荆门市博物馆编：《郭店楚墓竹简》，北京：文物出版社 1998 年版，第 157 页。）又，《史记·五帝本纪》说：帝喾高辛"普施利物，不于其身……仁而威，惠而信，修身而天下服"。（《史记》一，北京：中华书局 2011 年版，第 13 页。）

⑤苏舆：《春秋繁露义证》，北京：中华书局 2015 年版，第 248 页。

虽然董仲舒意识到王者不能对夷狄"纯以中国礼责之"①，承认"义动君子，利动贪人，如匈奴者，非可以仁义说也，独可说以厚利"，但仍幻想与匈奴"结之于天"②，尽可能保留"天下"的神圣性。据说，董仲舒出此论述，是经过计算、权衡的。董仲舒认为：送给匈奴的钱财数额比不上出兵与匈奴开战的花费。用坚固的城郭防御匈奴，和与匈奴订立盟约的效果是一样的。所以，给匈奴厚利可以避免边境地区的人民受战乱之苦，匈奴也不会侵扰"中国"，这对于整个天下也是有利的。③对董仲舒来说，天下的和平比物质利益更为重要。这看上去是着眼大局的考虑。按董仲舒所述，天下和平与否直接关涉"天意"，"天下和平，则灾害不生。今灾害生，见天下未和平也"。④"天"所透露的讯息具有导向性，王者在维持、保障天下和平时，不应放弃"天"对于"天下"所有群体的制约作用。反过来说，天下不和平就是王者的失职，说明王者并未把仁义理念落到实处。不过，董仲舒忽略了一点，那就是：实现太平只是王者对"天命"的兑现和对"天道"的践行，而夷狄并没有致天下于太平的神圣使命，因此他们即便造成天下大乱，也不必担心自己受到作为"百神之君"、"王者之所最尊"⑤的"上天"的惩戒。

如此一来，"天—王—民"这一被董仲舒精心构造的"天下"结构将形同虚设。该结构会以这样一种形态展现："天—王"通过王者受"天命"、参"天道"来贯通，"王—民"则成为一种以金钱换取认同的交易关系。现实中的帝王即便成了王者，也只有"召而问之"⑥的体面了。在无尽的欲望面前，"天下"的神圣性只是一句空话而已。

四 神圣还是世俗？—— 论形塑天下的两难

事实上，身居华夏的学者对四夷性情、习俗的指斥俯拾皆是。⑦正我爱人、怀柔夷狄的王者，首先是深通礼乐的华夏之人。那些指斥夷狄性情与习俗的论

---

① 阮元校刻：《十三经注疏》，北京：中华书局1980年版，第2270页中栏。

②《汉书》一一，北京：中华书局2011年版，第3831页。

③ "夫赋敛行赂不足以当三军之费，城郭之固无以异于贞士之约，而使边城守境之民父兄缓带，稚子咽哺，胡马不窥于长城，而羽檄不行于中国，不亦便于天下乎！"（《汉书》一一，北京：中华书局2011年版，第3831页。）

④⑤⑥ 苏舆：《春秋繁露义证》，北京：中华书局2015年版，第395、396、305页。

⑦《左传·成公四年》："非我族类，其心必异。"扬雄："外国天性忿鸷，形容魁健，负力怙气，难化以善，易隶以恶，其强难诎，其和难得。"（《汉书》一一，北京：中华书局2011年版，第3814页。）班固："夷狄之人贪而好利，被发左衽，人面兽心，其与中国殊章服，异习俗，饮食不同，言语不通，辟居北垂寒露之野，逐草随畜，射猎为生，隔以山谷，雍以沙幕，天地所以绝外内也。是故圣王禽兽畜之，不与约誓，不就攻伐；约之则费赂而见欺，攻之则劳师而招寇。"（《汉书》一一，北京：中华书局2011年版，第3834页。）

述则说明，华夏的价值规范很难直接适用于夷狄。这就意味着王者以仁义治天下，百蛮朝贡、远人臣服不过是华夏之人的美好想象。更关键的问题是：仁义价值观是否具有普适性？

孔子曾乐观地以为包括恭敬、忠信在内的仁义价值观可以通用于蛮貊之邦。孟子则指出：只要国君施行仁政，"邻国之民"就可以对这个国君"仰之若父母"（《孟子·公孙丑上》）。董仲舒也设想过一种"天下之人同心归之，若归父母"[①]的祥和景象。然而，只要把这些设想投诸一个王者与民众面对面交往的情境中，就会发现：王者与民众开展交往的规范并不明晰。尤其是当华夏与夷狄这两类生活习俗、价值观念甚至性情好恶并不一致的群体进行交往时，一种试图通过自以为"最好的"价值——仁义——来塑造认同的举动，就颇具单边主义的意味。华夏与夷狄的长期摩荡交往，比如夷狄犯边、王师征讨、驻兵防御、和亲通好等历史事实，使得夷狄在面对华夏的文治、德行时，远非"草上之风必偃"（《论语·颜渊》）那么单薄无力。我们还可以发现：在身份问题上，华夏虽然也有"退于夷狄"的可能，但这一转化不需要获得夷狄的承认。相反，夷狄却必须通过华夏的评判来完成对自己身份与形象的更新、重塑。这两种恰成对比的进路提示我们：华夷交往虽然是一个可逆的过程（"以夏变夷"和"以夷变夏"均可发生），但是进退两路却遵循着不同的发生机理。概而言之，夷狄进于"中国"，靠的是感化（虽然感化一度流于利诱），这个过程是长期的，且最终仍需被华夏认定；"中国"退于夷狄，只需要放弃先前的礼乐文明就可以了，许多华夏之人便因为一念之差，言行悖乎礼乐，而被笔伐为"夷狄"。"华夏"、"夷狄"之分俨然不是在陈述一个社会事实，而是在表达一种价值判断。进退于"中国"的决定权掌握在夷狄手中，而对之评价的权力却理所当然地为华夏所拥有。如此一来，由华夏单方面给出的判断就不仅可以决定天下内部各类人群的身份转化，而且是对天下之治乱的界定。上述交往机制不仅未加反思地将华夏作为裁决者，而且失于后见之明。它所根据的不是生动、本真的交往情境，而是严肃的教条。这些教条本是《春秋》所记载的"事理"，然而一旦《春秋》成为一部政治法典，"事理"就会脱离其所在的时空，成为"天下之规矩六律"[②]，华夏对夷狄的文化偏见也就获得了坚实的依据。

在华夏与夷狄真正开展交往之前，任何诸如华夏优越、夷狄落后的判断都是难以成立的，因为华夏、夷狄作为两个尚未处于同一生活情境的群体只能代表两

---

① 《汉书》八，北京：中华书局 2011 年版，第 2500 页。
② 苏舆：《春秋繁露义证》，北京：中华书局 2015 年版，第 13 页。

类生活方式和价值观念，二者构成了事实上的并立状态，是"普天之下"的两种身份，却并不必然也无必要代表两种高低不等的价值。价值的高低不是通过理性比较得出的，而是在共塑天下的实际交往中直接被人感受到的。在这个意义上，无论是华夏还是夷狄，都具备从不同的生活方式（习俗）与交往方式（礼仪）中把握某种先天价值的能力。这种能力无须性情、智识上的训练，但基于这种能力而产生的观感、好恶常常是不一致的。所以，首要的问题是：究竟用什么来塑造一个和谐、多元的天下？

上述问题理应成为董仲舒"天下"观念的核心，然而董仲舒并没有对此给出一贯的回答。他首先诉诸伦理、规范，以"圣人法天而立道"、"道之大原出于天"[①]继承、强化了先秦儒家对于"天"的敬奉，继而以"天"阐述仁义价值之合法性[②]。但是，问题也随之而至：夷狄并不奉"天"为神圣，那么仁义价值观就无法适用于礼乐文明之外的这个群体了。商鞅就绝不相信仁义能够治天下："仁者能仁于人，而不能使人仁。义者能爱于人，而不能使人爱。是以知仁义之不足以治天下也。"[③]商鞅与董仲舒对"义"有不同的理解，但这并非最重要的。最重要的是：仁义的发生能否产生反馈？不产生反馈而施行仁义，只能算"白白地付出"或"无谓的牺牲"。商鞅的论述带有浓厚的功利主义色彩，由其变法打造的秦国被天下视为虎狼仇寇，与戎狄同俗，原因在于这样的国家"贪戾好利而无信，不识礼义德行"（《战国策·魏》）。针对这一现象，尤锐指出："这些反秦情绪既出于秦国跟邻邦的长期对抗，也在一定程度上反映了商鞅变法以后秦国新的文化面貌。"[④]这种"新的文化面貌"恰恰是儒家学者最不愿看到的。若把商鞅的论述与董仲舒的理念放到同一界面，这种功利主义就不仅是对董仲舒"正其道不谋其利，修其理不急其功"[⑤]的纠偏，而且在根本上质疑了仁义价值观的普适性。如果说商鞅曾经为秦帝国的形成注入了强劲动力，那么反思秦政、强调"更化"的汉儒董仲舒则在"把大一统专制政治的方向与内容，加以彻底的转换"[⑥]时就不应忽略商鞅的这一重要"反调"。更何况，神圣之天也需要获得它的人间形态，即"天"必须可视化地与

---

①《汉书》八，北京：中华书局2011年版，第2515、2518—2519页。

②《春秋繁露·竹林》："天之为人性命，使行仁义而羞可耻，非若鸟兽然，苟为生，苟为利而已。"（苏舆：《春秋繁露义证》，北京：中华书局2015年版，第59页。）

③ 高亨：《商君书注译》，北京：中华书局1974年版，第397页。

④ [以]尤锐：《从〈商君书·徕民〉看商鞅学派的思想变迁——兼论战国晚期秦国人口及军事变化》，载《江淮论坛》2021年第6期。

⑤ 苏舆：《春秋繁露义证》，北京：中华书局2015年版，第262页。

⑥ 徐复观：《两汉思想史》第2卷，上海：华东师范大学出版社2001年版，第261页。

人们的实际生活相关联。^①但是，在经验世界内部洞察"天"所透露的信息，也只是身居华夏的帝王之职事，并且经验世界的有形可见（特殊性）和流变性也导致其不足以把"天"的某种恒定价值观带入一种有效、持久的认同中。获得厚利的夷狄仍然屡犯不止，以至于"自汉兴，忠言嘉谋之臣"从未停止过"运筹策相与争于庙堂之上"。^②这正是对上述困境的印证。

以上讨论说明：只要在现成的框架——比如理念世界、经验世界——内寻找认同的基础，这个框架所不具备的某种要素就足以限定这个框架的适用性，以至于神圣的理念世界、世俗的经验世界均无法表述"天下"，因而华夏的仁义与夷狄的性情都不可直接拿来作为塑造认同的根据。于是，我们看到，董仲舒固然提出了精妙的教化设想，但汉代的帝王却走上了帝国之路。所谓"帝国之路"，即通过征服不断增加累积性收益，通过不断进攻以实现防御，通过施加威胁使他人屈从。有论者形象地称之为"帝国的迷思"。^③董仲舒的观念与现实之间已非符合与否或脱节与否的问题，而是背道而驰了。^④不止如此，当帝王诉诸暴力以形成"天下一家"的表象时，才华斐然的文士还可以不辱使命地称赞起来。^⑤究竟是观念催生了行动，还是行动充实了观念，很值得后人玩味。无怪乎有的学者提出了"中国形态的'文明帝国主义'"的说法，并质问："中国人是否那么'儒家'？"^⑥今日阐述"王道政治"，试图重张"天下主义"的学者就不免遭到这样的追问：如

①董仲舒曾说："天无所言，而意以物。物不与群物同时而生死者，必深察之，是天之所以告人也。"又："君子察物之异，以求天意。"（苏舆：《春秋繁露义证》，北京：中华书局2015年版，第449、450页。）

②《汉书》一一，北京：中华书局2011年版，第3830页。又，《尚书引义·禹贡》："汉急御狄之功而不贪用狄之利。"（王夫之：《尚书引义》，北京：中华书局1976年版，第43页。）

③"帝国的迷思"之说，见杰克·斯奈德的《帝国的迷思：国内政治与对外扩张》一书。笔者在文中的表述参考了俞可平的《论帝国的兴衰》（载《山西大学学报（哲学社会科学版）》2022年第1期）一文。

④班固称汉武帝"事征四夷，广威德"（《汉书》一二，北京：中华书局2011年版，第3873页）。兴师征边可扬其威，但何以带来德？清人赵翼曾专论"《汉书·武帝纪赞》不言武功"，指出班固之所以"专赞武帝之文事，而武功则不置一词"，是因为东汉儒生以汉武帝的穷兵黩武、劳民伤财为戒。（赵翼著，王树民校证：《廿二史劄记校证》，北京：中华书局2013年版，第34—35页。）班固在《武帝纪》中的"不置一词"，看似遗漏了汉武帝的功业，但也可解释他在《西域传》中的"威德"之说，即武帝的功业被"文明化"了。"威德"在表面上是一个美化战争的说法，背后却是对战争的反对。

⑤司马相如："今封疆之内，冠带之伦，咸获嘉祉，靡有阙遗矣。而夷狄殊俗之国……举踵思慕，若枯旱之望雨。鷔夫为之垂涕，况乎上圣，又恶能已？"（《史记》九，北京：中华书局2011年版，第3051页。）

⑥时殷弘：《文明帝国主义的中国版本——司马相如〈难蜀父老〉及其他》，载《文化纵横》2011年第4期。

果没有霸道,王道可能实现吗?①

五 "无外"的天下:一个通过交往而不断塑造的生存空间

综合前文所述董仲舒的方案可以发现:董仲舒试图撷取神圣性与世俗性这两个截然对立的价值来平衡华夷关系,保证"中国"安宁,营造天下太平的局面。但是,被董仲舒视为神圣的"上天"并不足以对贪而好利的夷狄构成制约。面对夷狄的无已之诈,王者以仁义治天下就是对夷狄施以厚利,这就势必带来"中国"自身物力、财力的长久损耗。神圣性与世俗性构成了董仲舒"天下"观念中不可消除的张力,而天下太平就意味着"中国"要做出巨大的牺牲。

"天下"的形塑 —— 包括习俗的移易、身份的确立、价值的生成、关系的更新、秩序的打造需要一种共同参与而又时机化的方式来实现。性情、习俗、观念都判然有别的华夏与夷狄无法逃离"同一片天之下"这个"无外"的生存空间。华夏与夷狄未必是一个信仰共同体或文化共同体,但已经是一个生存共同体。所以,"无外"是一种本然的整体性。这一情形包含着对天下之人和谐共处的要求。②

既然如此,实现天下的和谐、太平就不是以隔绝天下内部不同群体之间的交往来达成一种暂时的无战状态③,当然也不是康德所言的以长期的战争为代价来换取人类理性的发展,进而实现和平局面④,而是说,天下人在面对面的交往中构成一种新的生存形态和文明类型。这个机制的发生需要交往的参与者自觉地把

---

① 干春松:《王道政治与天下主义:干春松学术论集》,贵阳:孔学堂书局有限公司2017年版,第125—126页。

② 正如一位阐述"天下体系"的学者所言:"'天下'所认定的世界是个在概念上已经完成的世界,是个已经完成了它的完整性结构的世界,它承诺了世界的先验完整性。既然世界具有先验的完整性,那么世界的存在论意义就在于保护其内在和谐。"(赵汀阳:《天下体系 —— 世界制度哲学导论》,北京:中国人民大学出版社2011年版,第50页。)

③ 秦始皇曾通过修建长城来限定华夏与夷狄的活动范围,隔绝二者的往来。《史记·秦始皇本纪》载:"乃使蒙恬北筑长城而守藩篱,却匈奴七百余里,胡人不敢南下而牧马,士不敢弯弓而报怨。"(《史记》一,北京:中华书局2011年版,第280页。)

④ 在康德看来,战争推动了人类理性的发展,人们正是通过不断的战争进入或多或少的法律关系中,这是大自然的合目的性过程。"在这最后的一步(亦即各个国家的联合体)出现以前,也就是尚在其形成过程的半途之中,人性就得在表面幸福的欺骗假象之下忍受着种种最无情的灾难;因而只要人们尚未达到有待于我们这个物种去攀登的这一最后阶段之前,卢梭就不无道理地要偏爱野蛮人的状态了。"([德]康德:《历史理性批判文集》,北京:商务印书馆1990年版,第15页。)

形塑天下的活动置于时间的脉络中。所谓"时间的脉络",是指以过去的交往经验(包括偏见)为前见,理解对方的言行举止;在开展交往时,原本处于不同生活方式、价值观念中的各方被带到当下,随着交往的开展而修正偏见,达成共识,生成一种新的交往理念和交往形式;然而,过往的偏见并未完全消退,借助于新的关系形式,偏见仍在滋生,并会在将来的某一时刻再现,直接参与将来新的交往之构成。这样一种形塑天下的方式会摆脱对某个现成之物(比如神圣之天、金钱)的依赖,在神圣与世俗之间适时、持久地进行习俗的移易、身份的重构、价值的生成、关系的更新以及秩序的打造。如此形塑起来的天下将是一个在各类群体的交往中不断构成新的生存形态和文明类型的意义载体。这样一个意义载体是对帝国式权力体的超越。①

---

① 沃格林以帝国为"一个没有精神层面正当性的、膨胀了的国"。([美]埃里克·沃格林:《天下时代》,南京:译林出版社 2018 年版,第 403 页。)康德说过:"法律总是随着政权范围的扩大而越发丧失它的分量的,而一个没有灵魂的专制政体在它根除了善的萌芽之后,终于也就会沦于无政府状态。然而每一个国家(或者说它的领袖)却都在这样向往着要以这一方式而进入持久和平的状态,可能的话还要统治全世界。"([德]康德:《历史理性批判文集》,北京:商务印书馆 1990 年版,第 130 页。)康德这里说的"没有灵魂的专制政体"近乎一个正在形成的帝国。但是,我们不能以为帝国全无精神性可言,它至少有一个对内的精神整合过程。因为帝国在构建其政治秩序的过程中,仍然需要通过意识形态来塑造"权威",所以"帝国秩序的建构始终以文教体系的建构作为最高境界"。(强世功:《"天下一家"vs.世界帝国:"深度全球化"与全球治理的未来》,载《东方学刊》2021 年第 4 期。)

第四节　裂变与消歇:魏晋南北朝时期儒家"天下"观念的命运

一　"上虽逆而下固安":禅让与"公天下"

与秦汉王朝通过暴力夺取政权并号称"得天下"不同,魏晋时期的王朝更替是通过禅让来完成的。禅让本是儒家经典所记载的上古时代理想的政权过渡形式。这一过渡形式体现了尧舜时代"公天下"的理念,是天下大同的表现形式之一。但是,禹之后的政权过渡出现了问题。禹本人仍奉"公天下"的理念,将王位禅让于益,但禹的儿子启却夺取了王位并杀掉了益。这开启了大同之世走向小康之世的进程,按照儒家的说法,这一进程是社会的退步,因为"公"的价值理念被"私"取代了。大同世界以贤能为得天下、治天下的资质标准。贤能代表了品德和才干的完美统一,实际上是儒家对治世之王的期待。但是,儒家目睹的现实却和他们的理想相差甚远。秦汉王朝的开国君主不是凭借其贤能得天下,而是通过暴力建立了一个以一家一姓为核心的私天下。王莽曾尝试通过禅让制上台,但不久就黯然收场,因为其品德并不够"贤"(虽然他曾通过伪装而大造声势),上台之后的治世之"能"又乏善可陈。儒家的这一理想如何再现?天下是否彻底地沦为帝王一家一姓的私属之物?在这一方面,魏晋南北朝时期的政治实践给出了颇具创意的回答。

重启禅让模式的魏晋政权都经历了一个通过辅佐前朝而积累权势的过程,但无论是曹操,还是司马懿与司马师、司马昭父子,他们在权势炙手可热时却不称帝。对于其中的原因,周一良指出:"绝非曹氏司马氏的政治、军事力量不足以夺取政权,而是舆论压力使他们不敢贸然从事。"[1]曹氏与司马氏虽出身不同,但都业已承认了君臣伦理,他们要想得天下,就必须拥有正当的名分,避免落下篡权的污名。[2]学者指出了魏晋禅让先做臣而后称帝的特点,这区别于两汉开国君

---

[1] 周一良:《魏晋南北朝史论集续编》,北京:北京大学出版社1991年版,第107页。

[2] 司马光已指出曹操不称帝是"犹畏名义而自抑"。(《资治通鉴》5,北京:中华书局2011年版,第2218页。)

主"不臣而君"的上位进程。[1]但是，这并不意味着魏晋之前的两汉开国君主就不注重名分的正当性，而是说两汉与魏晋对正当性的标准或者塑造正当性的方式有不同的理解。两汉开国君主均以除暴乱、伐无道为名而树立自身上合天道、下得民心的救世者形象。[2]曹操与司马氏父子面对的却都是一个"正统化"的王朝，他们要树立新的政权，就不能再以"反"的面目出场，而要考虑如何"接得上"。在这一问题上，笔者认为：曹操和司马氏父子的前朝功业（甚至是禅位诏书中美其名曰的"圣德"、"明德"）固然重要，但始终无法给予其自身改朝换代的充足理由，因为君臣名分永远桎梏着他们的身份。曹操与司马懿父子均惧怕舆论，说明他们自身的"功德"并不足以使他们顺理成章地位居至尊，所以他们就不能在身份上寻找突破口，而是寻找和"天下"本身有关的某个至高、久远的价值理念，通过这个理念的某种诠释空间而作成改朝换代的文章。这个理念就是"公"。汉献帝禅位于曹丕，颁诏有云："夫大道之行，天下为公，选贤与能，故唐尧不私于厥子，而名播于无穷。朕羡而慕焉，今其追踵尧典，禅位于魏王。"另有侍中刘廙、常侍卫臻等奏曰："汉氏遵唐尧公天下之议，陛下以圣德膺历数之运，天人同欢，靡不得所，宜顺灵符，速践皇阼。"[3]

援"公"以为据的魏晋禅让以这样一个思路宣示：禅让本身说明天下不是刘氏或曹氏一家的私属物，天下在不同姓氏间的"转手"正说明了天下是公有的。王夫之在后来也指出："天下者，非一姓之私也，兴亡之修短有恒数，苟易姓而无原野流血之惨，则轻授他人而民不病。魏之授晋，上虽逆而下固安，无乃不可乎！"[4]于民众生存安危考虑，禅让是最佳选择。当代学者同样指出：一旦否定

----

① 徐冲：《"禅让"与"起元"：魏晋南北朝的王朝更替与国史书写》，载《历史研究》2010年第3期。

② 刘邦起事本是为了响应陈胜起义，但他作为秦朝的官吏，在其管辖范围内抗秦仍不无困难。萧何、曹参曾劝告刘邦："君为秦吏，今欲背之，帅沛子弟，恐不听。愿君召诸亡在外者，可得数百人，因以劫众，众不敢不听。"（《汉书》一，北京：中华书局2011年版，第9页。）萧何和曹参的这条建议考虑的并不是君臣名分，而是刘邦实权的大小，即能否调动众人。在二人看来，征召一批不领秦朝俸禄的体制之外的人，胁迫他们参与其事，更为可行。后来，刘邦虽也刻意表现出一副自愧不及贤能的谦卑姿态，但是众诸侯王却力劝刘邦，称："先时秦为亡道，天下诛之。""大王起于细微，灭乱秦，威动海内。又以辟陋之地，自汉中行威德，诛不义，立有功，平定海内，功臣皆受地食邑，非私之也。"（《汉书》一，北京：中华书局2011年版，第52页。）诸侯王的这番赞颂，实际上确立了刘邦立汉的合法性，而这一合法性中丝毫没有对君臣名分的考虑。这与其时儒家思想尚未成为王朝意识形态有一定关系。但是，后来刘秀称帝同样不考虑君臣名分，这不仅因为刘秀本就有着汉家皇室的血统，还因为刘秀起事的旗号是除贼寇王莽。刘秀继位时的祝文虽是渲染之辞，但恰恰体现了东汉王朝的合法性所在："王莽篡位，秀发愤兴兵 …… 平定天下，海内蒙恩。上当天地之心，下为元元所归。"（《后汉书》一，北京：中华书局2011年版，第22页。）

③《三国志》一，北京：中华书局2011年版，第62、68页。

④ 王夫之：《读通鉴论》上册，北京：中华书局1975年版，第345页。

了禅让，"那就是说凡属易代皆为谋逆而不可行，也就等于认定天下乃一家一姓之天下，封闭了通过易代使整个社会走出困境而获更始的可能性"。[①] 政权之间的授予虽然也可以被笼统地称为"授天下"，但实际上是长期以来人们对"国"与"天下"的混淆而致。"天下"的核心在民，只要民众的生存处境没有受到冲击、震荡，那么上层统治者的改易也就无妨。这也是"公天下"之于"家天下"的重要区别。然而，那些接手新政权的人未必就出于"公天下"之心，反倒是"公天下"的理念倒头服从于皇位觊觎者的权力之欲。因此，只要新王朝建立，"公天下"的理念就会黯然消退。所以，靠禅让而建立的曹魏政权未必会大公无私地治天下。"公"只是以工具化的形态为其易代上位提供依据。后来东晋一朝的"王与马共天下"并非一个正常事态，而是皇权在士族面前不得已而为之的屈从之举，是一个"变态"事相[②]，大概很少有皇帝甘心如此。从后来的史料来看，南北朝的君主意识到：应当致力于说明、论证自己的"天下"是承天命而对民奉公。[③] 按照这类论调，四海之所以"至公"，天下之所以"为一"，皆在于"天"是不偏不倚的，这是早期"敬天"观念的延续；更重要的是："天"向人间发出了要树立君主的信息，因而继位的君主实在是其命由天不由己，因为如果君主不立、对"天命"不从，即意味着"天"在人间缺位，那么"天"的"至公"价值就无法落实于人间。此前汉魏禅让时，强调"天下不可一日无君"、"群生不可一日无主"[④]；魏晋禅让时，同样声称"天序不可以无统，人神不可以旷主"[⑤]。但是，他们均不曾指出上位的君主是来奉"天"之"公"的，他们只是表达了天下可以像物件一样整体性地转让于另一家、另一姓，把"公"视为"天下"的可转让性，以至于后来如高洋这样的人在上位时还得告诉天下：君主不再是一个以天下为私有的人，而是保证天下得以为"公"的受命者。君主不仅要借"公天下"上位，还要依靠"神助"。

---

① 楼劲：《魏晋以来的"禅让革命"及其思想背景》，载《华东师范大学学报（哲学社会科学版）》2017 年第 3 期。

② 参阅田余庆《释"王与马共天下"》（载田余庆著《东晋门阀政治》，北京：北京大学出版社 2012 年版，第 1—36 页）一文。田余庆提出："'王与马共天下'，不再是指裂土分封关系，而是指在权力分配和尊卑名分上与一般君臣不同的关系。"

③ 比如《北齐书·文宣帝纪》记载了高洋继位时的告天之辞，其中有云："夫四海至公，天下为一，总民宰世，树之以君。既川岳启符，人神效祉，群公卿士，八方兆庶，金曰皇极乃顾于上，魏朝推进于下，天位不可以暂虚，遂逼群议，恭膺大典。"该段史料引自前注楼劲的《魏晋以来的"禅让革命"及其思想背景》一文，特此说明。

④ 《三国志》一，北京：中华书局 2011 年版，第 71、72 页。

⑤ 《晋书》一，北京：中华书局 2011 年版，第 51 页。

二 从"天下一家"到"胡汉分居"："求主"与"徙戎"

魏晋南北朝给人的基本观感是价值混乱和秩序崩溃。[①]

正如孟子在回答梁惠王如何结束列国战争的问题时所说的那样，"定于一"是乱世学者的终极追求。[②] 反之，如果一个学者阐扬"归一"的思想，那我们就不得不考虑他是不是有感于现状的混乱而发。魏晋学者中从哲学高度阐说"归一"的首推王弼。王弼认为：无论万事万物多么凌乱、繁杂，最终一定要汇归为一。人的认识思考如此，社会政治也如此。王弼注《周易》时曾在一般意义上就卦象而论曰："一卦五阳而一阴，则一阴为之主矣；五阴而一阳，则一阳为之主矣！"[③] 王弼注《周易》损卦时，虽未面对"五阳而一阴"或"五阴而一阳"的境遇，但仍然对"内无其主"耿耿于怀。不过，损卦上九爻最终实现了"得臣无家"的结局："居上乘柔，处损之极，尚夫刚德，为物所归，故曰'得臣'；得臣则天下为一，故'无家'也。"[④] 王弼通过释义终于巩固、确认了上九爻"主"的地位，"主"之"无家"，不过是没有了私家，带来的却是"天下一家"。

王弼毕竟过于理想了，应对现状也并不仅仅只有一条路线、一个答案。随着乱象愈演愈烈，人们或许还承认有一个"天下"，但并不奢望"一家"。比如：随着东汉之后匈奴的屡屡内迁，到西晋时期，已是"关中之人百余万口，率其少多，戎狄居半"[⑤]，甚至"西北诸郡，皆为戎居"[⑥]。许多汉族士人颇有危机之感，郭钦、江统纷纷谏言"徙戎"。"徙戎"是一种内外有别、严防华夷的策略，这其中有"非我族类，其心必异，戎狄志态，不与华同"[⑦] 的担忧和傲慢。"徙戎"策略所规划的图景基本上是先秦的五服制。按照郭钦的说法，"渐徙内郡杂胡于边地，峻四夷出入之防，明先王荒服之制，此万世之长策也"。[⑧] 为了防止胡汉杂居引发矛盾，江

---

① 川本芳昭："魏晋南北朝时期是夹在秦汉和隋唐两个大统一时期的一段'乱世'。"（［日］川本芳昭：《中华的崩溃与扩大：魏晋南北朝》，桂林：广西师范大学出版社 2014 年版，第 17 页。）川本氏书名中的"崩溃"（日文本作"崩坏"）已能概括这一时代的特点。

② 即便魏晋学者鲍敬言宣扬"无君论"，其出发点也在于结束社会混乱的局面。在他看来，君主制"造成了社会的混乱和万民的穷困"，所以他"认为君主是社会上一切罪恶和祸乱的根源"。（中国科学院哲学研究所中国哲学史组、北京大学哲学系中国哲学史教研室编：《中国哲学史资料简编·两汉—隋唐部分》下册，北京：中华书局 1963 年版，第 423 页。）

③④ 楼宇烈：《王弼集校释》下，北京：中华书局 1980 年版，第 591、423 页。

⑤⑦《晋书》五，北京：中华书局 2011 年版，第 1533、1531—1532 页。

⑥《资治通鉴》6，北京：中华书局 2011 年版，第 2621 页。

⑧《资治通鉴》6，北京：中华书局 2011 年版，第 2622 页。基本一致的论述，另可参看《晋书》八，北京：中华书局 2011 年版，第 2549 页。

统则基于胡汉之间在语言、习俗、血统、地理上的区别,建议把胡人迁到京畿之外,实现"戎晋不杂,并得其所"的局面。所谓"并得其所",即天子居"中国",四夷守四边。这是对《周礼·夏官·职方氏》之"九服说"与《尚书·禹贡》之"五服说"的赓续与倒转。自其同者而观之,它们都把夷狄的居住区作为天下的最外围。这体现了一种以自我为中心,根据地缘判定文化、规定族群的观念。但是,自其不同者而观之,"九服说"和"五服说"都认为夷狄与华夏因其距离王畿的远近之别而有着文化上的先进与落后之分;魏晋时期的徙戎论则是基于华夷性情、文化之差别而要求重新规定他们的生活、生产区域。江统认为:华夷隔绝的局面正是"上合往古即叙之义,下为盛世永久之规"。① 在江统看来,分隔胡汉的主张"惠此中国,以绥四方,德施永世,于计为长"。② 郭钦的徙戎之论则把天下划分为三个层次,提出将第一层的诸胡徙出,对第二层移民实之,对第三层要出兵收复。③ 郭钦设想的三层,主要是为了保护最内层,第二层起到屏障、缓冲作用,因为被迁出的夷狄处于最外层,这一层最不安定,需严加防范。④

　　层次代表着秩序,也是乱世中人对天下格局的期待。不过,郭钦和江统的主张均未获得皇帝的采纳。即便获得采纳,这些主张实施起来也不无难度。然而,理想、期待并非毫无价值,现代人不必觉得这尽是荒诞之辞,因为我们从那些用语词铺陈的设计中看到了设计者的生存处境,这种透过当事人的文字而反映出来的生存处境反而比后世史家的转述、描绘更为微妙、更有立体感。

三　佛教东来:儒家"天下"观念遭受异域冲击

　　魏晋南北朝"天下"观念的另一"大事因缘"是佛教自东汉以来渐渐在中土传播、兴盛。站在今天来看,这是有史以来从文明层面对儒家天下观构成的第一次大挑战。佛教来华冲击了中国人自以为处于天下之中的地理优越感,也冲击了儒家文明的价值优越感。葛兆光把佛教文明与中国文明的不相兼容之处概括为以下三条:

　　第一,宗教权力是可以与世俗皇权并立的,并占有社会等级与价值的

①②《晋书》五,北京:中华书局2011年版,第1532、1534页。
③ 胡鸿:《郭钦"徙戎论"发覆》,载《中华文史论丛》2016年第3期。
④ 郭钦在给晋武帝的上疏中曾设想过这样一个危险的局面:"今(戎狄)虽服从,若百年之后有风尘之警,胡骑自平阳、上党不三日而至孟津,北地、西河、太原、冯翊、安定、上郡尽为狄庭矣。"(《资治通鉴》6,北京:中华书局2011年版,第2621—2622页。)

优先位置，宗教徒可以不尊敬皇帝，不尊敬父母，但不能不尊重佛、法、僧三宝；第二，天下之中心是在印度，"立竿见影"，日中无影，即天之中也；第三，最高的真理、最优秀的人物与最正确的生活方式不在儒学而在佛教，因此佛教是更高的"文明"，至少也是另一种有自我体系的自给自足的"文明"。①

佛教之于儒家，除了在地理、价值观上带来的冲击，还有异文明本身带来的他者与自我之间的张力、对待，最高的价值理念从"一"变成了"二"。当然，这是一个文化学事件，其论域远超"天下"观念，这里无法详述。但是，笔者想重申一个业已被学者指出的事实，即佛教带来的冲击"并没有从根本上动摇中国人的世界观"。②

面对佛教的冲击，中土学者（不限于儒家）的反驳理路基本上是华夷性情不同，因而风俗教化各异，故来自西土的佛教思想无法适用于中国。③对于文化交流与传播，这些论述一致采取了非普遍主义态度，相信文化因不同地域及人之性情而各异。非普遍主义的态度往往是在被动的情境中采取的，这体现了时人对外来思想观念彻底同化、吞噬本土观念的拒绝。但是，非普遍主义带来的既不是对话主义，也不是相对主义。对话主义虽然保留了对话双方的价值立场、知识前见，但是最低程度的、毫无共识的对话已经以达成共识、超出双方为期待，而当时中土学人并没有在儒、佛之间达成共识的动机或期待；相对主义者虽然喜欢竖起"一道墙"④，但这是为了坚守自己的观点和立场，而无意于改变对方。上述应对佛教的学人虽然在现实交流中竖起墙界，但是仍未免于在价值上对西土的人性、习俗针砭一番。因此，这里的反驳不是没有共同基点的隔墙谩骂；相反，反驳者一开始就找到了讥斥对方的交界面。然而，交界面就意味着有共同的话题，反对

---

①② 葛兆光：《古代中国文化讲义》，上海：复旦大学出版社 2006 年版，第 11、13 页。

③ 何承天说："中国之人，禀性清和，含仁抱义，故周、孔明性习之教。外国之徒，受性刚强，贪欲忿戾，故释氏严五戒之科。"（僧祐撰，李小荣校笺：《弘明集校笺》，上海：上海古籍出版社 2013 年版，第 173—174 页。）谢灵运说："二教（儒、佛）不同者，随方应物，所化地异也。大而校之，华民易于见理，难于受教，故闭其累学，而开其一极；夷人易于受教，难于见理，故闭其顿了，而开其渐悟。"（顾绍柏：《谢灵运集校注》，郑州：中州古籍出版社 1987 年版，第 286 页。）顾欢说："端委搢绅，诸华之容；剪发旷衣，群夷之服。擎跽磬折，侯甸之恭；狐蹲狗踞，荒流之肃。棺殡椁葬，中夏之制；火焚水沈，西戎之俗。全形守礼，继善之教；毁貌易性，绝恶之学。"（《南齐书》三，北京：中华书局 2011 年版，第 931 页。）

④ 相对主义是指不交流，不沟通，回避他人。陈嘉映说："相对主义就是在有可能沟通的地方拒绝沟通，在有可能讲道理的地方拒绝讲理，在有可能提供理由的地方拒绝提供理由。"（陈嘉映：《相对主义：在可能有道理的地方设一堵墙》，载《社会科学报》2019 年 7 月 10 日。）

也是一种吸收,反对必然要进入对方的问题中,接过对方的话题,申述自己的立场和观点。新的问题、新的情境都是推动思想观念深化、发展乃至转变的重要因素。丰富、创新之后的思想观念虽然继续本着排斥异端的态度辟"邪说",乃至不无谩骂,但在一次次地抗拒中又获得一次次更新。[①] 这其中的原因在于思想观念的发展或变化总是被问题所引导。

不过,事情也有另外一面,即排斥他人固然可以带来思想观念之内容上的"开新",但也会把某些偏见深度理论化。"开新"的内容往往走向学术讨论,而偏见却容易由伦理而政治,将对方视为搅扰秩序的危险者。所以,佛教的冲击非但没有削弱儒家的天下观,反而使学者在根据儒家价值理念拒斥佛教时,加固了华夷之间性各不同、"非我族类,其心必异"的旧观念。天下依靠秩序而安定,秩序因价值观而各异。要使天下安定,重回先王时代,就需要重整秩序,有贤人辅佐,等级有序,政令统一,民安其业。[②] 既然外力仍无法触动儒家的天下观,那么人们就只能期待它适时地"新陈代谢"。

四 事功取代仁义:儒家"天下"观念在南北朝的消歇

唐朝诗人张籍曾作《永嘉行》,其诗曰:

> 黄头鲜卑入洛阳,胡儿执戟升明堂。
> 晋家天子作降虏,公卿奔走如牛羊。
> 紫陌旌幡暗相触,家家鸡犬惊上屋。
> 妇人出门随乱兵,夫死眼前不敢哭。

[①] 陈寅恪对中国历史上思想文化交流机制的阐述为我们的论述提供了有力支持。陈寅恪说:"至道教对输入之思想,如佛教摩尼教等,无不尽量吸收,然仍不忘其本来民族之地位。既融成一家之说以后,则坚持夷夏之论,以排斥外来之教义。此种思想上之态度,自六朝时亦已如此。虽似相反,而实足以相成。从来新儒家即继承此种遗业而能大成者。"(《陈寅恪集·金明馆丛稿二编》,北京:生活·读书·新知三联书店 2001 年版,第 284 页。)对于陈寅恪的这一论述,笔者试图补充一点,那就是道教一开始对佛教、摩尼教的"尽量吸收"应也是在被动、排斥的情境中进行的。以道教与佛教的关系为例:"道教在魏晋南北朝时期,一方面联盟儒家,排斥佛教,以华夏正统自居;另一方面又用道家思想沟通佛教理论,吸收佛教的教义和仪轨制度来充实自己的体系。"(楼宇烈、张西平主编:《中外哲学交流史》,长沙:湖南教育出版社 1998 年版,第 78 页。)

[②] 伏滔的《正淮》下篇有云:"昔先王之宰天下也,选于有德,访之三吏,正其分位,明其等级,画之封疆,宣之政令,上下有序,无僭差之嫌,四人安业,无并兼之国。"(《晋书》八,北京:中华书局 2011 年版,第 2402 页。)

九州诸侯自顾土，无人领兵来护主。

北人避胡多在南，南人至今能晋语。[1]

鲜卑席卷中原，晋室仓皇南渡。南渡是因为实力不济，但能说"晋语"却值得欣慰乃至自豪。"晋语"即国语，是相对于"胡语"而言的。在胡汉之争的时代，掌握、坚守"国语"意味着什么？这涉及魏晋南北朝天下观的表现形式之一——正统论。正统论是对得天下之合法性的论证。从事实上看，"正统"是一个史学书写的问题，带有追认和重构的成分。阐说正统往往发生在新王朝建立之后。但是，从逻辑上说，正统论必须在得天下之前就已经完备。得天下之前，首先要论证自己代表了具备得天下之资格的"中国"，因为只有代表"中国"，才可以"居中"而治"天下"。所以，甘怀真针对南朝政权试图建立的新的天下观指出："与其说是新的天下观，不如说是新的中国观。对于立足于建康的东晋南朝政权而言，最大的挑战是如何论证此处是天下之中的中国，而天子可居此治天下。"[2]

相比于曹魏和西晋的正统论，南北朝时期的正统论增加了一重棘手的因素，即胡人入主中原。这时，"中国"才成为一个正统论问题。南方自居文化正统，北方胡人则恃其占据"中国"之地而以正统自视。学者指出：北魏孝文帝并不认为自己的政权和五胡十六国的政权属于同类，"南北朝"这个说法就意味着北魏是一个敢于和南朝争正统的政权。孝文帝不以五胡十六国为正统。在他看来，"符合正统王朝资格的只有统治中国全境的先前的西晋王朝，以及统一了华北、目前正致力于再次统一中国的北魏"。[3] 这时出现了"北魏以江表为岛夷，南晋以河内为獯鬻"[4] 的情形。南北政权在各自的文书中互相称对方为"蛮夷"。这一现象表明：即便是北中国的异族统治者也并不觉得"蛮夷"、"夷狄"这类称呼值得骄傲，他们在汉人面前所捍卫的不是自己的民族文化主体性及其价值观，而是自己对"中国"文化的接受与传承的正当资格。《洛阳伽蓝记》记载了南朝梁陈庆之与北魏杨元慎的一番对话，于其时正统之争的标准、理路可见一斑。

陈庆之引以为傲的是梁朝拥有天下唯一的秦皇玉玺。他以一个有形可见的至尊之物彰显梁朝的物主身份，此身份在天下之内独此一家，非同一般。这样塑

---

① 周啸天主编：《唐诗鉴赏辞典》，北京：商务印书馆国际有限公司2012年版，第1084页。

②《中国中古史研究：中国中古史青年学者联谊会会刊》第2卷，北京：中华书局2011年版。

③［日］川本芳昭：《中华的崩溃与扩大：魏晋南北朝》，桂林：广西师范大学出版社2014年版，第227—228页。

④ 释道宣：《大唐内典录》卷五《〈后周宇文氏传译佛经录〉序》，广胜寺金皇统九年刻本，第5册，国家图书馆影印并提供在线阅读。

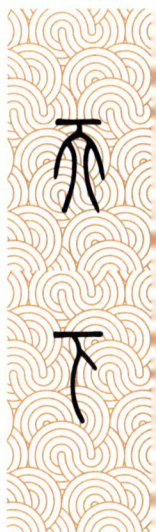

造的正统地位是不需要价值支持的,只需要占有至尊物件。另外,他还称占据中原的北魏为"胡"。这是种族化的华夷之辨在争夺正统过程中的凸显。质言之,陈庆之凭借物件、种族这些"客观化"的要素尊南抑北。[1]杨元慎的严肃回应首先基于地域,由地域而风俗,纯是文化主义的,风俗所含括的言语、伦理等"事相"皆非"秦皇玉玺"这样的"客观"实物,而是带有可感受性、价值性。也就是说,杨元慎综合了地域、文化的因素来论说南北高下,其言说的背后是儒家的礼乐文明。[2]北魏汉化使杨元慎在南朝人面前不落下风,充满自信。

杨元慎的反驳最终使陈庆之心服口服。史载陈氏回到梁朝,任司州刺史,开始"钦重北人,特异于常"。[3]不过,北魏对礼乐文化的接受、发展只能有利于论证自身的合法性,却未必能使南朝人对北朝政权产生认同甚至归附。理论上的合法性不代表天下归心。因为正统论所给出的合法性具有强烈的理念论色彩,它缺乏与生民命运(包括最基本的衣食问题)的经验性关联,尤其是在一个战火焚烧了许久的时代,民众更希望的是生活的安定、富足,而非儒学的不辍。当然,或许也有人(甚至不少人)觉得儒学可以打造和维持一种更文明、稳定的生活习俗,所以看到北魏汉化而衷心归附也不无可能。但不巧的是,北魏当政者并未打算通过"修文德以来之"(《论语·季氏》)而使远人来朝。事实上,"孝文帝迁都,实抱有侵略江南之野心"。[4]所以,南北朝分裂时期的正统论固然通过贬损他人、抬高自己而建立起一套言之成理的合法性叙事理论,但正统论在属性上的理念化和在逻辑上的"前天下化",即它与民众生养的疏离和它为新天下之主提供支持的动机,使得其自身不是一个造福万民的理论系统,而是一个发动兼并战争、

---

① 陈庆之:"魏朝甚盛,犹曰'五胡'。正朔相承,当在江左。秦皇玉玺,今在梁朝。"(范祥雍:《洛阳伽蓝记校注》,上海:上海古籍出版社1978年版,第117—118页。)

② 杨元慎:"江左假息,僻居一隅。地多湿蛰,攒育虫蚁,疆土瘴疠,蛙黾共穴,人鸟同群。短发之君,无杼首之貌;文身之民,禀蕞陋之质。浮于三江,棹于五湖。礼乐所不沾,宪章弗能革。虽复秦余汉罪,杂以华音,复闽、楚难言,不可改变。虽立君臣,上慢下暴。是以刘劭杀父于前,休龙淫母于后,见逆人伦,禽兽不异。加以山阴请婿卖夫,朋淫于家,不顾讥笑。卿沐其遗风,未沾礼化,所谓阳翟之民,不知瘿之为丑。我魏膺箓受图,定鼎嵩洛,五山为镇,四海为家。移风易俗之典,与五帝而并迹;礼乐宪章之盛,凌百王而独高。宜卿鱼鳖之徒,慕义来朝,饮我池水,啄我稻粱;何为不逊,以至于此?"(范祥雍:《洛阳伽蓝记校注》,上海:上海古籍出版社1978年版,第118页。)

③ 陈庆之曰:"自晋、宋以来,号洛阳为荒土,此中谓长江以北,尽是夷狄。昨至洛阳,始知衣冠士族,并在中原。礼仪富盛,人物殷阜,目所不识,口不能传。所谓帝京翼翼,四方之则。如登泰山者卑培塿,涉江海者小湘、沅。北人安可不重?"(范祥雍:《洛阳伽蓝记校注》,上海:上海古籍出版社1978年版,第119页。)

④ 钱穆:《国史大纲》上册,北京:商务印书馆1996年版,第283页。

用强力统一天下的借口或缘饰。

南北朝的分裂是对儒家天下观的真正考验。正统之争则把权力的象征、种族的优劣、文化的高下等问题一并激活。有学者这样阐述南北朝时期的正统标准："不是以出身民族集团，而是以是否遵行了天道、是否实践了德治、是否带来了社会的安定和民众的幸福为判断统治者是否具有正当性、合法性的标准。"① 笔者觉得：这个文质彬彬的标准未必能够说明当时的情形，也未必对所有的政权有利。在诸强并立的时代，若把自身政权合法性的标准归为文化，并不足以保证其开展统一工作的顺利，因为文化的可传播性、可转化性、可梳理性足以让该文化所及之地建立起自身的文化传承谱系。不仅如此，对于以异族身份入主中原的政权来说，强调自己对中原文化的接受、传承，实乃以己之短攻人之长，反而为对手提供了指斥自己"不够格"的口实。也只有在这时，那种强调礼乐文明的华夷之辨才真正卸下自己的装扮，华夷之辨的基质 —— 种族论 —— 才敢大方地面见世人。

所以，今之视昔，我们发现：南北政权对自身文化正统性的强调加剧了各国在文化话语权上的竞争，竞争的结果只能是固化现有的天下局势，使隔江相望的南北政权互不认同。东晋、南朝君主自以为代表了中华文化之正统自不待言，他们仍畅想万国来朝的场景，胸怀天下之志常在。② 胡人政权的首领则同样对上古帝王心向往之，并谓王者不问出身，只问德行。匈奴首领刘渊曰："夫帝王岂有常哉，大禹出于西戎，文王生于东夷，顾惟德所授耳。"③ 或谓应破除华夷芥蒂，共襄大业，鲜卑首领慕容廆曰："大禹出于西羌，文王生于东夷，但问志略何如耳，岂以殊俗不可降心乎！"④ 宋人欧阳修在阐述他的正统论时，提出了一个"绝统"即无正统可言的说法。"绝统"的情形之一是"不幸而两立，不能相并，考其迹则皆正，较其义则均"。欧阳修特别指出："东晋、后魏是也。"⑤ 这说明互无交集的发展、壮大之路，对自身文化价值的阐扬，都不能产生"一个"正统的政权，正统之争不会有结果。

论证自己是在地理位置上居于天下之中的"中国"，或者论证自己是有德之

① 王柯：《从"天下"国家到民族国家：历史中国的认知与实践》，上海：上海人民出版社2020年版，第126页。

② 梁元帝善于画"外国来献之事"（《历代名画记 图画见闻志》，沈阳：辽宁教育出版社2001年版，第66页），其《职贡图》固然有通过描绘职贡之繁盛以争正统的考虑（参看王素撰《梁元帝〈职贡图〉新探 —— 兼说滑及高昌国史的几个问题》，载《文物》1992年第2期），但我们也不妨说，画面上的万邦来朝反映的是梁元帝一统天下的愿望。据《艺文类聚》卷五五载梁元帝萧绎序文，萧氏以其《职贡图》与职方氏天下之图并论。其中又述及汉朝以来，中原王朝征四夷，通大宛，"以德怀远"；又述中原皇帝（梁武帝）"君临天下"，"垂衣裳而赖兆民，坐崖廊而彰万国"（欧阳询：《艺文类聚》二，上海：上海古籍出版社1982年版，第996页）。这些都说明萧绎的视野、志向远非江左，而是天下。

③④《晋书》九，北京：中华书局2011年版，第2649、2813页。

⑤ 饶宗颐：《中国史学上之正统论》，北京：中华书局2015年版，第116页。

君,或者"希冀通过复古、尊儒、崇佛、重建礼乐制度等不同的方式争夺文化上的正统地位"[1],均无补于南北分裂,甚至对统一天下来说适得其反。若要实现南北统一,实现至少表面上的"天下一家",需要的不能是一个具有诠释空间而无法达成新的共识的精神、文化标准,而是应寻找一个高度可视化且具有公共评议性的标准(秦皇玉玺这类可以窃夺的象征之物只能被私人占有,无公共性可言)。这一兼具直观性与价值性的标准,将使得分裂的各国高下立判,无可争辩。人们的评议、共识必须基于这一无法改变的事实。

基于强力的事功比基于仁义的文德更符合其时南北统一的形势需要。事功才是那个用于南北"定于一"的标准。事功包括在皇权、官僚制度、文教等方面实行的一系列更为严整、实用、突出的举措。一言以蔽之,事功表现为一系列更为形式化的举措,但它又能够被民众评议其高下。事功得以开展的精神基础——强力,不完全等于刀剑相接的武力,而是一种主动参与、改造历史局势的强劲动力和"天下自觉",是着眼于天下而非偏安一方的历史担当,是对天下人生存处境的重新整合。在这一方面,南朝虽然也出现了不少坚决北伐者[2],但北朝的精神风貌、制度设计、组织运作要远胜于南朝[3]。

完成统一的隋唐王朝以帝国的面目出场。在其孕育的过程中,以德怀远、"闻盛德而皆徕臣"[4]的儒家天下观早已黯然消歇,强力、事功才是帝国的基因。后世儒者评论这段历史,尤其是评论唐帝国,就不免觉得世风日下久矣。"三代"之治、"王道"是儒家的理想。按照儒家的说法,霸道建立的不是天下,而是严整的国家。霸道结束了战乱、分裂,却吞噬了价值。造成这一状况的原因或有多种,但这里需要澄清一点,那就是以霸道收拾南北分裂的局面,不是因为南北之间缺乏价值共识,无法以文德感化,而是因为南北之间共识太多,纷纷争夺对某些价值共识的选择权、解释权、主导权。这是"修文德以来之"的无力之处,也是以礼乐文明论华夷所带来的麻烦。因为华夏自居文德最高,夷狄也知晓礼乐文明对其身份的转化作用,二者共争正统,只能待强力出来打破僵局,而强力统一与正统之争孰能更快地带来天下人的安顿,已毋庸多言。

---

① 朱浒:《"夷歌成章,胡人遥集"——从〈职贡图〉看南朝胡人图像与政治的关系》,载《南京艺术学院学报(美术与设计)》2015年第1期。

② 周一良曾指出:"东晋南渡后百年间,北伐以恢复中原为民心所向。封建统治阶级中具有政治抱负者,固皆以此为职志,如祖逖、殷浩等人是;而具有政治野心者,亦欲借北伐以树立威信,为夺取皇位作准备,如桓温之灭成汉、破前秦,刘裕之灭南燕、破后秦、入关中是也。"(周一良:《魏晋南北朝史札记》,北京:中华书局1985年版,第255页。)

③ 阎步克:《波峰与波谷:秦汉魏晋南北朝的政治文明》,北京:北京大学出版社2017年版,第186—213页。

④ 《汉书》八,北京:中华书局2011年版,第2503页。

第五节　作为区别特征的礼义：宋代"天下"观念的"中国"性

汉朝远人来入使，当时公卿短奇计。　　紫清殿内一朵花，狂风妒春吹落地。
命堕穷阴鬼为侣，回首玉皇紫清里。　　旧愁新愁东海深，黄鹂舌破伤春事。
江南绝色天下夸，元贼尽虏归胡沙。　　或以嫁之鬻伪爵，于飞马背行天涯。
年深乐与生子女，情热比翼忘咨嗟。　　果知礼义不忍去，亦有一死魂还家。
德祐百官人稷契，腹饱理学纵横说。　　尚弃君父从背叛，乃教妻妾学贞烈。
男儿或老不晓事，女子正少欲守节。　　天生至性教不得，时危罕见人中杰。
能尽妇道能诲儿，王陵之母王凝妻。　　世间妇人谁及之，空恨昭君上马时。
颜色日老单于死，万里魂归身不归。　　广寒嫦娥今尘土，应见青冢双泪垂。

——［宋］郑思肖：《昭君叹》

宋人郑思肖的这首咏昭君诗，提到了宋德祐二年（1276）元兵攻入南宋都城临安，掳大量宫女及民间女子而去一事。[①] 郑思肖在痛陈此祸时，指出了理学于救国的无力。我们可以这样理解：宋代理学之所以招致郑思肖的批评，不是因为理学家对于宋室命运袖手旁观，而是因为他们提出了许多堂皇的学说，而这些学说并未发挥实质的作用。

宋代是继五代而起的。但是，在思想世界中，宋人并不希望把自己归于与五代相衔接的脉络中，唐帝国是他们仰慕、模仿的对象[②]，这也意味着他们试图在

---

① 漆永祥：《从〈全宋诗〉中的咏昭君诗看宋人的华夷观念》，载《中国典籍与文化》2011年第1期。
② 《日本中国史研究年刊（2006年度）》，上海：上海古籍出版社2008年版，第216页。宋人的正统论亦可体现他们对"唐—宋"脉络的接续。比如，欧阳修把五代归为绝统的时代："五代之得国者，皆贼乱之君也。""夫梁固不得为正统，而唐、晋、汉、周何以得之？今皆黜之。"（饶宗颐：《中国史学上之正统论》，北京：中华书局2015年版，第119页。）朱熹亦然："如三国南北五代，皆天下分裂，不能相君臣，皆不得正统。"（黎靖德编：《朱子语类》六，北京：中华书局1986年版，第2636页。）根据历史学者的说法，宋代正统论的兴起与宋朝国势衰微有关，宋人"试图以传统的道德至上的理念阐明宋室在中原文化的优越地位作为弥补对外政策的失败"（陈学霖：《宋史论集》，中国台北：东大图书公司1993年版，第145页），是"当时民族自卑感的表现"（陈芳明：《宋代正统论的形成背景及其内容——从史学史的观点试探宋代史学之一》，载《宋史研究集》第8辑，中国台北：中华丛书编审委员会1976年版，第38页）。

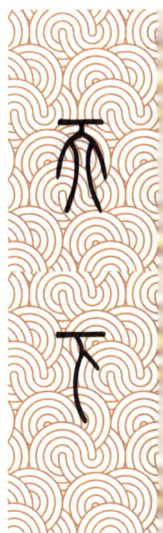

思想世界建构一个"唐—宋"脉络,这就不能用"唐宋变革"来解释了。然而,纵观南北两宋,上述构想终为泡影。周边异族政权的林立是学者已经指出的"客观情形";从宋朝自身来说,建宋伊始,庙堂士人自身的品学素质同样堪忧。钱穆曾指出:"宋初文臣,出五代南唐之遗,皆猥琐浮薄,无堪建树。"[①] 按钱穆所述,读书人"以天下为己任"的自觉要到胡瑗、范仲淹的时候才出现。[②] 相比于宋初"猥琐浮薄,无堪建树"的状况,后来的文臣把格局放宽至"天下",这固然是精神面貌上的焕然一新,但是如果把这种新面貌与前述"客观情形"结合起来看,士人的天下情怀马上遭遇窘境。"天下一家"的理想在现实面前俨然天方夜谭。

在理想与现实的张力中,宋朝士人的天下观进一步分化为对某些非常具体的问题的讨论,这不仅有南北朝时盛行的"华夷"、"正统"之辨,还包括人性、边防、礼仪、王权(按:宋代君主称皇帝,但儒者并不讲皇权,儒者讨论的王权更侧重于通过权力维护礼义,确保"中国"不沦为夷狄,详后)、历史等。其时的学者只能在"天下"这个暂时无从开展治理的范围内讨论、阐述天下内部的诸多子课题。我们在前文曾说,思想观念的变化总是被问题引导。接下来我们会看到,宋代面临的"问题"是如何把一个悠久的"天下"观念剥落为"中国"观念的。

过去讨论天下,讨论者多视野宏阔、立意甚高,往往抽身于天下之外谈论天下之事,天下在某种程度上被对象化了。现在讨论天下,则须置身于天下内部。前文曾提到,"天下"是一个"无外"的概念[③],它代表了人们对于世界的整体性认知。但是,在观念上"无外"的天下,在其内部的运作过程中必须展开为"自我—他人"、"内—外"等差异性结构。日常的"爱人"、"正我"、"攘夷"、"怀夷"、"修文德以来之"均在这一差异性结构中展开。这种差异性结构之所以暴露,其本身之所以作为问题被讨论,往往是因为现实的"天下"与理想的"天下"出现了对峙,现实不符合人们的意愿。前述董仲舒遭遇的两难就是例证。宋朝面对强邻时的无奈再次使时人的"天下"观念转化为一种对差异的辨析。这种差异性首先就是"中国"与"夷狄"之别。

---

① 钱穆:《国史大纲》下册,北京:商务印书馆1996年版,第531页。

② 钱穆:《国史大纲》下册,北京:商务印书馆1996年版,第558—561页。但是,这并不意味着自此之后的宋朝士人有了担当天下的"群体自觉",所以钱穆发出两问:"天下成千成万的官僚乃至秀才们,究竟能'以天下为己任'的有多少? 能'先天下而忧后天下而乐'的有多少?"(钱穆:《国史大纲》下册,北京:商务印书馆1996年版,第565页。)关于宋代士人"以天下为己任"的担当精神,张希清以范仲淹为例,从忧患意识、主体意识、担当精神三个方面详细论述了范仲淹的为政之道。(陈苏镇主编:《中国古代政治文化研究》,北京:北京大学出版社2009年版,第268—302页。)

③ 赵汀阳:《天下体系——世界制度哲学导论》,南京:江苏教育出版社2005年版,第50页。

"中国"和"夷狄"是一组对立的概念,这对概念出现已久,宋以前的文献对此讨论颇多,不胜枚举。但是,这些讨论在强调"我"为"中国"、"他"为夷狄的同时,仍然是着眼于天下,希望实现"华夷一家"。宋朝对这组概念的讨论只是为了强化"我"与"他",至于天下之内"华夷一家",宋人虽有些许论述,但并不奢求。我们接下来考察宋人对差异性的辨析时,须把这种现象和前述"以天下为己任"的士人担当分开来看,因为后者不包括"华—夷"结构,"先天下之忧而忧,后天下之乐而乐"中的"天下"是一个均质的概念,指的是"民",至于这"民"是华夏人还是夷狄,则不予考虑。在宋代的语境中,"以天下为己任"是一个胸怀、格局、精神或者品格的问题,但在时务面前,王朝当局更希望听到具体的方案、筹策。我们对于其时"天下"观念的考察固然绕不开前者,但更重要也更能体现时代特色的乃后者。

一 "中国夷狄终不可杂":宋代"中国观"的凸显

(一)中国观与天下观的纠葛:石介等人论"中国"与"夷狄"

宋人重申"中国"的含义,以"德治"、"礼乐"、"纲常"为区别于夷狄的精神内核,以士、农、工、商并存作为区别于夷狄的社会结构,即认为华夷之别在于价值观念和生活方式。[①]或者说,华夷之别在于是否符合儒家圣人之道。石介说:"夫尧、舜、禹、汤、文王、武王、周、孔之道,万世常行不可易之道也。佛、老以妖妄怪诞之教坏乱之,杨亿以淫巧浮伪之言破碎之,吾以攻乎坏乱破碎我圣人之道者,吾非攻佛、老与杨亿也。吾学圣人之道,有攻我圣人之道者,吾不可不反攻彼也。"[②]"夫不以尧、舜、禹、汤、文、武、周公之道事其君者,皆左道也。"[③]"由是道,则中国之人矣;离是道,不夷则狄矣,不佛则老矣,不庄则韩矣。"[④]不难发现,石介原本强调"中国性"是相对于夷狄而言的,但是当他把具体的价值观念、生活方式上升到儒家圣人之道的高度时,这套至高的判定标准将连同"中国"之内的"异端邪说"一并予以排斥,这种原本对外的自我强调也逐渐展露为对内的自我纯化。在石介看来,强调"中国"就是对君臣、父子、夫妇、兄弟、宾客、朋友之位等"人道"进行维护,只要破坏了"人道",即便这类学说滥觞、发展于九州之内,也要一

---

①石介曾说:"夫中国,圣人之所常治也,四民之所常居也,衣冠之所常聚也,而髡发左衽,不士不农,不工不商,为夷者半中国,可怪也。夫中国,道德之所治也,礼乐之所施也,五常之所被也,而汗漫不经之教行焉,妖诞幻惑之说满焉,可怪也。"(《徂徕石先生文集》,北京:中华书局1984年版,第60页。)

②③④《徂徕石先生文集》,北京:中华书局1984年版,第63、71、189页。

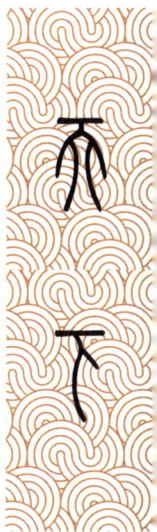

概拒斥。①当石介阐述的华夷之辨渐渐成为一种思想正统之辨时,也意味着他对古时儒家经纬天下的理想仍抱有复活的企盼。所以,石介的话语中仍不时表露出传统儒家的"天下"观念②,只是这些话语听起来非但体现不出宋人的气概,反而把其落寞的情绪带出来了。想象的美好常常折射出处境的艰难,对"天下"、"王道"、"朝贡"、"怀柔"的畅想透露的是"中国"自身的难保。

在石介透露出的"天下"观念中,地理环境决定了帝王居中、守在四夷的天下格局③,而事实上夷狄却是天下内部的反叛者。对于如何处理"中国"与四夷的关系,石介转向了"守国"。他指出以往"守国"的策略不出以下三种:"上策以仁义,天下无能敌;其次树屏翰(按:指凭借国家重臣),相维如磐石;最下恃险固,弃德任智力。"④在石介看来,"修道德"是最佳策略,但是为了保持道德风俗、价值观念的统一性,有必要"取天下轻险、怪放、逸奇之民,投诸四裔,绝其本源,以长君子名教,以厚天下风俗"。⑤这样,华夷就可以各自安守其风俗,互不干涉。所以,石介并没有主张向四夷传播儒家圣人之道,只是希望"各人其人,各俗其俗,各教其教,各礼其礼,各衣服其衣服,各居庐其居庐,四夷处四夷,中国处中国,各不相乱,如斯而已矣"。⑥对夷狄采取守势是宋朝士人的普遍倾向,苏轼曾将何休所谓的"王者不治夷狄"抽离于具体时段,视之为普遍原则。在苏轼看来,华夷之区别在于是否"参之以仁义",是否有"秉道行义之君",不过就眼下的情况来看,夷狄"不可以化诲怀服",所以只能希望他们不启边衅。⑦宋代士人这种消极的华夷观念,不仅表现为他们对"以夏变夷"的淡漠,而且体现于他们对夷狄主

①④⑤⑥《徂徕石先生文集》,北京:中华书局1984年版,第116—117、31、175、117页。

②石介有感于宋太祖收蜀、取孟昶而作诗,其中有云:"彼以险守,我以德怀,王师东来,函谷自开。蜀虏授首,呼号哀哀。蜀人鼓舞,与我偕来。""昔时蜀道,绝人来往;今蜀既平,王道荡荡。尉侯一置,朝贡相望,巍巍皇祖,德声远畅。"(《徂徕石先生文集》,北京:中华书局1984年版,第3页。)此外,我们从他的"圣文安安,圣武桓桓,朝贡万里,正朔百蛮 …… 天子神圣,罔不怀柔,既怀而封,恩涵泽流 …… 赫赫宋德,何有穷休"(《徂徕石先生文集》,北京:中华书局1984年版,第5页)、"我愿天子修明堂,坐朝诸侯会四夷 …… 天子拱手四辅立,坐致四海为雍熙"(《徂徕石先生文集》,北京:中华书局1984年版,第14页)、"皇宋运熙泰,四圣崇道德。百蛮皆臣顺,万物遂生殖"(《徂徕石先生文集》,北京:中华书局1984年版,第15页)等诗句中同样可见传统儒家天下观并未消弭。

③"吾尝观中夏,地平如砥石。幅员数万里,车马通辙迹。帝宅居土中,紫垣当辰极。长江断其南,绝塞经其北。东海西流沙,天为限夷狄。"(《徂徕石先生文集》,北京:中华书局1984年版,第24页。)

⑦"彼其不悍然执兵,以与我从事于边鄙,则已幸矣,又况乎知有所谓会者,而欲行之,是岂不足以深嘉其意乎?不然,将深责其礼,彼将有所不堪,而发其愤怒,则其祸大矣。"(《苏轼文集》第1册,北京:中华书局1986年版,第44页。)

动"行中国事"、做中国之君的不屑乃至抵制，"君臣华夷，古今天下之大分也，宁可紊哉"！① 或许，韩愈曾说的"诸侯用夷礼，则夷之，进于中国，则中国之"并不完全等于事实上的"成为夷狄"或者"成为中国"，而是基于华夷之间的文化高下而作出的价值判断。一个使用"夷礼"的诸侯未必就是夷狄，用"夷狄"的名字来称呼他，更多的是表达对其行为的不满。同样，使用了"中国"之礼的夷狄并非就是"中国"之人，而是说他们的行为值得肯定、赞赏。但是，在一些宋代士大夫这里，使用"中国"之礼的夷狄绝无被肯定、赞赏的可能。

最后需要指出的是：石介虽然把对"天下"的讨论收缩为对华夷的界定，但是他对于"天下"本身的内涵并非没有考虑。他指出："天下"即民众，假如治天下，则以守民心为根本事务。② 这与孟子以来强调"民心"的天下观是一致的。

（二）"中国"、"尊王"、"攘夷"：胡安国论华夷之辨

除石介以外，宋朝详细阐述华夷之辨的学者还有胡安国。胡安国的华夷之辨集中见于他的《春秋传》一书，其内容包括界定"中国"、阐发"尊王"、力主"攘夷"。胡安国的华夷观念是一种时而文化、时而种族的二元论。他时常和前人一样，认为"中国"与"夷狄"的区别在于是否有礼义③，对夷狄入主华夏严加拒斥④。他的情绪则在很大程度上是基于"中国"与夷狄在先天上不同种、不同类的偏见而产生的。

为了不使夷狄"猾夏"，或者说为了使具备礼义的"中国"得以稳固地存在，

---

① 《全宋文》第360册，上海：上海辞书出版社、合肥：安徽教育出版社2006年版，第57页。郑思肖认为："夷狄行中国事，非夷狄之福，实夷狄之妖孽。"（《全宋文》第360册，上海：上海辞书出版社、合肥：安徽教育出版社2006年版，第56页。）

② "天下虽乱，民心未离，不足忧也；天下虽治，民心离，可忧也。人皆曰：'天下国家。'孰为天下？孰为国家？民而已。有民则有天下，有国家；无民则天下空虚矣，国家名号矣。空虚不可居，名号不足守，然则民其与天下存亡乎！其与国家衰盛乎！""为天下国家者，可不务民乎？……昏君庸主不知民为天下、国家之根本，以草莽视民，以鹿豕视民，故民离叛，天下国家倾丧。"（《徂徕石先生文集》，北京：中华书局1984年版，第248、249页。）

③ "中国之所以为中国，以礼义也，一失则为夷狄，再失则为禽兽，人类灭矣。"（胡安国：《春秋胡氏传》，杭州：浙江古籍出版社2010年版，第182页。）"中国者，礼义之所出也；夷狄者，禽兽之与邻也。""中国之所以贵于夷狄，以其有父子之亲、君臣之义耳。""人之所以为人，中国之所以为中国，信义而已矣。一失则为夷狄，再失则为禽兽。禽兽逼人，人将相食。自春秋末世，至于六国亡秦，变诈并兴，倾危成俗，河决鱼烂，不可壅而收之，皆失信弃义之明验也。"（《春秋胡氏传》，杭州：浙江古籍出版社2010年版，第345、384、408页。）

④ "以戎狄而朝诸夏，位侯王之上，乱常失序，其礼不可行也；以羌胡而居塞内，无出入之防，非我族类，其心必异，萌猾夏之阶，其祸不可长也。"（《春秋胡氏传》，杭州：浙江古籍出版社2010年版，第6页。）

胡安国强调"尊王"，即加强中央集权，维护、强化"中国"的礼义秩序。胡安国指出："《春秋》抑强臣，扶弱主"，"尊君抑臣"。[①]但是，《春秋》中的王是周王，述《春秋》则不可避免地要处理周王所遇之事，那么如何处理？这就涉及历史书写、诠释背后的政治观念，即如何处理名实问题。名实问题可以超出具体的时代，成为一套关乎政治秩序的思想基础。这套基础可以审视、评判现实中出现的种种政治事项。胡安国为此提出两点：第一，要"去其实以全名"，名更重要，"与其名存实亡，犹愈于名实俱亡"。[②]第二，"正其名以统实"。[③]正如前文所指出的：胡安国的名实观念首先是针对《春秋》这部经典的叙事方式而言的，问题可归为：如何用一套维护、强化政治秩序的观念处理政治秩序崩坏的事实？在这个意义上，胡安国的意思是："用周王之名号去改正有损于这个名号的事实记载。"[④]但是，胡安国的用意不止于探讨历史书写问题，更希望通过申述《春秋》的笔法、观念，把《春秋》中"尊王"的大义完好无损地应用于现实。胡安国之前的孙复，是宋代倡导"尊王"的主将，他的尊王论曾被认为是胡安国学说的先导[⑤]，但二人有一处重要的不同，那就是：孙复把"尊王"秩序的破坏归为"中国"自身，认为是"中国"首先"失道"[⑥]；而胡安国则把"尊王"秩序的破坏归咎于缺乏礼义的夷狄，所以"尊王"就必须且首先要"攘夷"。

无论是春秋时代，还是胡安国所处的宋代，"夷狄"都是"中国"礼义秩序的头等威胁，故"《胡传》不但以内与外的地域概念辨华、夷以明必须'攘夷'之离，而且认为'攘夷'之义贯串于《春秋》全经"。[⑦]在胡安国看来，"圣人谨华夷之辨，所以明族类、别内外也"，"中国夷狄终不可杂也"[⑧]，但如果夷狄主动臣服"中国"，"中国"则可以予以接受："朝聘者，中国诸侯之事，虽蛮夷而能修中国诸侯之事，则不念其猾夏不恭而遂进焉，见圣人之心乐与人为善矣。后世之君能以圣人之心为心，则与天地相似。凡变于夷者，叛则惩其不恪，而威之以刑；来则嘉其慕义，而接之以礼。迩人安，远者服矣。"[⑨]这个说法与此前班固的论述如出一辙。[⑩]

---

①②③⑧⑨《春秋胡氏传》，杭州：浙江古籍出版社 2010 年版，第 154、195、195、224、120 页。引用时标点有改动。

④⑦ 侯外庐等：《宋明理学史》上，北京：人民出版社 1997 年版，第 238—239、239—240 页。

⑤《四库全书总目·经部·春秋类·春秋尊王发微》指出："（孙）复之论，上祖陆淳，而下开胡安国。"（《四库全书总目》，北京：中华书局 1965 年版，第 214 页。）

⑥ 唐顺之《荆川稗编·春秋六·论齐桓晋文》引孙复语："东迁之后，周室既微，四夷乘之，以乱中国，盗据先王之土地，戕艾先王之民人，凭陵寇虐，四海汹汹，礼乐衣冠尽扫地矣，其所由来者，非四夷之罪也，中国失道故也，是故吴楚因之交僣大号。"（转引自黄觉弘撰《孙复〈春秋总论〉佚文及其他》，载《山西师大学报（社会科学版）》2009 年第 2 期。）

⑩《汉书》一一，北京：中华书局 2011 年版，第 3833—3834 页。

胡安国的这些论述把《春秋》中的华夷之辨绝对化了。他觉得宋代和春秋时代相仿,故仅仅据此而把华夷关系置于对立的格局中。即便他同意接纳夷狄,那也必须是以夷狄的主动臣服为前提。因为"中国"在华夷关系中处于极为被动的地位,"中国"既不可向夷狄低头示好,也不必对夷狄大动干戈,所以他反对历史上对夷狄采取的和亲、结盟、施利、征讨等行为,认为对于夷狄,"中国"应"攘斥之,不使乱中夏则止矣",那种"必欲尽殄灭之,无遗种"的行为不符合"仁人之心",不是"王者之事"。[①] 他其实仍然相信王者的道德可以使夷狄来朝觐。并且,他根据"天理"而坚信天子的地位不会不存。他曾引程氏语:"王师于诸侯不言败,诸侯不可敌王也;于夷狄不言战,夷狄不能抗王也。不可敌,不能抗者,理也;其敌其抗,王道之失也。"[②] 但是,所谓的"不能"、"不可"只是应然意义上的"不应该"、"禁止",而非实然意义上的"无力"、"失败"。问题在于,既然"非我族类,其心必异"[③](这是胡安国坚信不疑的一句话),那么夷狄何以遵守王道?历史上多次出现夷狄乱华的现象,虽然据"天理"而观,这是不合王道的,但"天理"又该如何发挥作用,杜绝这类现象呢?胡安国的学说不是严格意义上的策略,而是一种立场、理念、姿态。这和司马光、朱熹等人根据现实中的华夷情形而讨论"边事"不同。但是,他们的观点有其共同之处,就是在内外之别和以德怀远之间游移不定,既希望华夷隔绝,明分彼此,又希望夷狄慕义,臣服"中国"。[④] 后来朱熹评价胡安国的《春秋传》时,虽认为其"大义正",但同时指出"有牵强处","有过当处","高而不晓事情"。[⑤] 顾炎武也指出:"(胡安国)以痛哭流涕之怀,发标新领异之论,其去游、夏之传,益以远矣。"[⑥]

笔者还要指出:无论是石介提出的"中国论",还是胡安国所阐述的严格的华夷之辨,都不能代表其时所有人的观念,甚至不能代表宋朝读书人的观念。据说,很多在宋朝不得志的读书人后来愤愤不平地投靠了"外国",成为"外国"的政治顾问,把宋朝的内情泄露于外,向宋朝的敌人"传授入侵宋朝的捷径"。[⑦]

---

① ② ③《春秋胡氏传》,杭州:浙江古籍出版社 2010 年版,第 289、299、6 页。引用时标点有改动。

④ 本田成之指出了胡安国之《春秋传》的矛盾之处:"最奇怪的,一面说复仇,一面却怯战争而嫌之,说是应以柔德云。"([日]本田成之:《中国经学史》,上海:中华书局 1935 年版,第 241 页。)"复仇"不能完全概括胡安国对夷狄的负面态度,用"攘夷"或许更合适,但是本田氏指出的这一奇怪之处是很明显的。

⑤ 黎靖德编:《朱子语类》六,北京:中华书局 1986 年版,第 2155、2157 页。

⑥《顾亭林诗文集》,北京:中华书局 1983 年版,第 61 页。

⑦[日]内藤湖南、[日]冈崎文夫:《京都中国通史》,长沙:岳麓书社 2022 年版,第 610 页。

二 乾（天）坤（地）及其"之间"：张载 "民胞物与"的"天下"观念

儒家把治理天下归结为守护民心，基于的是仁爱精神。《礼记·中庸》曰："仁者，人也，亲亲为大。"这个论断为在家国同构的框架内施行仁政提供了基础，所以仁政要通过父母关爱子女这样的情感隐喻来表现。但是，治国不等于治天下，治天下必须首先说明天下人之间的本然一体性，不能简单地用体制化的办法来规定人们之间的关系。在"以天下为己任"的宋朝士人中，张载是具有代表性的人物，这不仅因为他曾被"先天下之忧而忧，后天下之乐而乐"的范仲淹视为可成之大器，而且在于张载本人对于乾（天）坤（地）及天地之间的生民进行了哲学上的一体化阐述。张载谓：

> 乾称父，坤称母；予兹藐焉，乃混然中处。故天地之塞，吾其体；天地之帅，吾其性。民吾同胞，物吾与也。大君者，吾父母宗子；其大臣，宗子之家相也。尊高年，所以长其长；慈孤弱，所以幼吾幼。圣其合德，贤其秀也。凡天下疲癃残疾、惸独鳏寡，皆吾兄弟之颠连而无告者也。①

张载把天地生民置于"家"的意义结构中，认为天地间的生民首先由天地所出，天地间众生的政治化形态被解释为伦理意义上的父母宗子之家。进一步说，父母宗子之家的内部关系，即生民之间以家人关系的形式来维持。在这种家人关系中，张载尤其注重对于"高年"、"孤弱"的关怀。"慈孤弱"是仁爱的显现，是尽量在天地之间形成一种"同频"的意义发生机制，"疲癃残疾、惸独鳏寡"不是忍受天地间的种种痛苦，而是以天下人的身份共享天地之间这个"大家"之内的兄弟之情。

张载这一理想陈义过高，以至于一旦落实于实际的治理层面，就首先面临分别作为"父母宗子"和"宗子之家相"的"大君"和"大臣"如何对待诸"兄弟"的问题。按照张载先前的论述，如果天下人已然形成"民胞物与"的自觉，那么在这个充满手足之情的"家"中，"宗子"和"家相"还能够做什么？在这个问题上，张载把"大君"和"大臣"的身份从"父母宗子"和"宗子之家相"升格为"父母"。这样

---

①《张载集》，北京：中华书局 1978 年版，第 62 页。

一个"辈分"的升高才使得天下的政治运作直接获得了它的垂直形态,即在兄弟之情以外还有亲子之情,所以君相要以"父母之心"治天下。[1]

阐述天下之内人我关系的维度是张载"天下"观念中最重要的部分。对于人自身来说,张载从"身"与"天下"的关系入手,指出天下之道是通过一个个具体的"身"来实现的。天下无道也就意味着"身"的意义得不到显发,"天下有道,道随身出;天下无道,身随道屈"。[2]但是,"身"并非一个相对于天下而被动的存在物,张载还是把天下寄托于"身—家—国—天下"这一连续性结构中,"家道大正,足以化成天下"。[3]这些论述似与时局关系不大,但对于儒家"天下"观念的内涵来说,无疑有赓续、丰富、深化之功。

三 普遍性迁就特殊性:程朱理学对华夷之辨语境中的"中国"之塑造

宋人的"天下"观念,除了以"以天下为己任"的担当精神、华夷之辨中的"中国"自觉等形式示人,还常常体现在宋人对于历史的评判上。宋儒采用了一种把政治镶嵌在历史与文化中的叙事方式。接下来要揭举的程朱理学中的天下观,都是在一个业已建构起来的思想框架内展开的。这就使得他们的"天下"观念不是针对时局而发的片段之论或者情绪化的表达,而是与天地、人生相贯通的一环,属于理学中的一个分支。当宋代理学家把对当下的寄托诉诸对历史与文化的讨论时,其实是默认了"天下"存在一个亘古不变之理。我们可以看到:当一部分人基于强邻虎视而严防华夷时,理学家仍然在一个抽象的层面上把古代"王者通天"、"王者无外"的观念带到当下,并且现实越是不符合理想,他们对历史上那些不合乎其价值规范的行径就批判得愈加严厉。在理学家看来,只要不是循儒家的王道政治而行,即便出于一种再造盛世的考虑,其行为也是不合法的。但是,历史的确定性和当下的可能性毕竟不同:前者可供评点,可以重构画面,以应然之理论其高下;后者却必须直面,参与其中,非袖手旁观之对象,无阐述后见之明的余地。事情每开展一步,可能性就实现一分,现实的杂多性就增加一分,被理学家建构起来的普遍之"天理"的说服力、适用性就有可能减损几分。对理

---

[1] "大都君相以父母天下为王道,不能推父母之心于百姓,谓之王道可乎?所谓父母之心,非徒见于言,必须视四海之民如己之子。设使四海之内皆为己之子,则讲治之术,必不为秦汉之少恩,必不为五伯之假名。"(《张载集》,北京:中华书局1978年版,第349页。)

[2][3]《张载集》,北京:中华书局1978年版,第45、135页。

学"天下"观念的讨论会丰富我们对理学之处境、限度的认识,会使我们看到一种曾将理学抽象化、心性化、范畴化、体系化的研究范式如何罔顾了理学家自身对其理学普遍性和适用性的质疑的。

(一)从王道"天下"到礼乐"国家"

程颐曾谓:"王者奉若天道,故称天王,其命曰天命,其讨曰天讨。尽此道者,王道也。后世以智力把持天下者,霸道也。"[①] 又曰:"先王以仁义得天下而教化之,后世以智力取天下而纠持之,古今之所以相绝者远矣。"[②] 他一再强调王者的神圣性源于"天",后世以智力把持天下的人则悖逆了"天"。"天"的神圣性落实于"天下",就是王者以仁义治天下。董仲舒已对此作了详细论述。程颐的处境和董仲舒有些类似,二人都身处夷狄侵扰的时代,而这一境遇是对他们"王者以仁义治天下"思想的反讽、挑战。董仲舒曾提出"说之以厚利"的主张,其左右踟蹰可见一斑。程颐则接受了"邻国之交"的现实,借着解释《春秋》的机会指出:"邻国之交"只需"讲信修睦",而非订立盟约。[③] 在这里,我们看到了理想对现实的妥协,也看到了理想的内核如何试图潜移默化地影响现实。虽然不得不放弃"王者无外"的"天下"观念,但是儒家所崇尚的"讲信修睦"仍可以作为天下内部 —— 国家与国家 —— 交往的原则。

程颐的论述能够典型地体现宋代理学家的心境。宋代理学家的理想虽基于抽象的规范,但并不与现实脱轨,而是通过对历史与文化的讨论、评判,把现实历史化,进而使现实获得文化形态。现实境况构成了宋代理学家解释经典、阐述历史的背景。也正因为如此,基于改变现状的强烈愿望,宋代理学家把华夷之辨的话题转化为如何对"中国"自身的内涵及其秩序进行塑造。这种塑造不是在华夷对决、区分高下的意义上进行的,而是向自身传统的回归。对于夷狄具有的某些优于"中国"现状的方面,宋代理学家也并未固执地不屑一顾。程颐意识到君主不得其尊是宋室衰弱的重要原因。《论语·八佾》曰:"夷狄之有君,不如诸夏

---

①②《二程集》下,北京:中华书局 2004 年版,第 1087—1088、1217 页。

③《二程集》下,北京:中华书局 2004 年版,第 1097 页。宋朝与辽朝订立的澶渊之盟被认为是改变东亚国际秩序体系的重要事件。它所开启的对等外交,使得以中国古代王朝为中心的、"溥天之下,莫非王土;率土之滨,莫非王臣"的"天下"观念不得不转化为"中国观"。(葛兆光:《宅兹中国 —— 重建有关"中国"的历史论述》,北京:中华书局 2011 年版,第 41—65 页。)不过,据另一位研究者说,宋朝士大夫对澶渊之盟多持肯定态度,比如苏辙认为"澶渊之盟不仅是一种成就,而且在中国史无前例"。范仲淹则认为:从澶渊之盟塑造的和平来看,"宋真宗的功业不下于汉文帝"。"到了 11 世纪中叶,宋人已经普遍认为:国朝修邻国之好,是能汉唐所不能,因此宋王朝应将其视为自己的伟大胜利。"([瑞士]谭凯:《肇造区夏:宋代中国与东亚国际秩序的建立》,北京:社会科学文献出版社 2020 年版,第 62 页。)

之亡也。"程颐曰："夷狄且有君，不如诸夏之僭乱、无上下之分也。"① 程颐仍未脱"中国"优于夷狄的偏见，但其现状（按：《论语》中指的是春秋时代）却是夷狄的等级秩序比"中国"更完善。程颐据其现状承认"中国"不如夷狄，希望"中国"能够建立起尊王秩序。在程颐看来，华夷之辨是在"尊王"的意义上而言的，"诸侯方伯明大义以攘却之（蛮夷），义也；其余列国，谨固封疆可也。若与之和好，以苟免侵暴，则乱华之道也。是故《春秋》谨华夷之辨"。② 这里又表明：夷狄之所以被"防"，不是因为其种族之异，而是因为他们破坏了尊王秩序，扰乱了天下格局，其行径是不"文明"的。在程颐看来，"文明"与否就在于有无等级秩序。在这个意义上，"天下"观念又是一种"秩序"观念，天下必须通过等级秩序来确保其稳定。程颐对秩序的重视，若延伸下去，仍将回到石介、苏轼所阐述的华夷各安其分的结论上。就当时的情形来看，宋朝无法成为天下秩序的主导者，而最多能做传统"中国"秩序的守护者。程颐认为：只有用秩序保存"中国"，谈论华夷、天下才是有意义的。守护传统"中国"秩序，强调华夷各安其分，就是承认了宋朝的（礼乐）文明国家形态。

（二）当"天理"的普遍性面临挑战：朱熹的天下观

理学的规范性特征意味着理学家要对"天下"作出某种关乎是非的价值判断。朱熹明确提出"天下莫尊于理"③、"天下只有一个道理"④。理的至高、唯一性使它成为审度天下之事的标准，即"以天下之理观天下之事"。⑤ 这是一个进行价值判断的过程，因为"天下义理只有一个是与非而已"⑥，"天下只是善恶两端"⑦，"天下只有一个邪正"⑧。按照朱熹的说法，判定天下之事是非善恶的标准是君臣、父子、夫妇、兄弟、朋友五伦，"天下事未有出此五者"⑨，"从其是则为善，徇其非则为恶。事亲须是孝，不然，则非事亲之道；事君须是忠，不然，则非事君之道。凡事皆用审个是非，择其是而行之。圣人教人，谆谆不已，只是发明此理"⑩。"理"意味着必然，不容置疑，"不用商量"。⑪

人生存于世，总在"事"中，事情的开展都已经孕育了新的事情。就此而言，前后之事本无界限。但是，朱子把事归为"物"，"事"获得了独立性，被对象化地观照，人每做一件事，就是循个别之"物理"，"天下之事，皆谓之物，而物之所在，莫不有理"。⑫ 这需要相当丰富的人生阅历，不可一蹴而就，"天下岂有一理通便解万理皆通！也须积累将去"。⑬ "物理"本是事实判断，但"理"的真实性、唯一性

---

①②《二程集》下，北京：中华书局 2004 年版，第 1136、1214 页。

③④⑤⑥⑦⑧⑩⑪⑫⑬ 黎靖德编：《朱子语类》一，北京：中华书局 1986 年版，第 63、131、159、170、203、228、229、278、295、391 页。

⑨ 黎靖德编：《朱子语类》四，北京：中华书局 1986 年版，第 1478 页。

要求人们遵守"理"（实现了向"应然"即价值判断的转化），否则就会秩序崩解，天下大乱。所以，我们把朱熹的这些论述视为他对秩序的强调和对某种超时空真理的确立。在他看来，宋代的社会情形也应当被纳入这个秩序、真理的评价机制中。这是理学家批评时政、表达政见的最有力根据。一旦确立这一基础，对于现实层面诸多问题的是非评述便可立见分晓。

在华夷观念上，朱熹强调内外之别①，反对"求和"②。但是，他并不主张对夷狄的穷兵黩武③，而是仍然希望作为华夏的宋朝对夷狄施行德化，以自身内部的强大使夷狄主动臣服，"内治既强，夷狄自服"。④朱熹的这一倾向很能代表当时士大夫的心声。笔者在宋朝诸臣的奏议中发现：宋朝士大夫逐渐放弃了传统儒家"王者一统"的天下观，但仍在观念深处把宋朝作为圣王之所在，不赞成宋朝与夷狄开战。司马光就曾在给宋神宗的奏议中主张"先修内政，未可轻议用兵"。⑤这些上奏的士大夫多认为：夷狄所居之地无甚紧要，得之不足喜，失之不足惜⑥，更重要的是对夷狄的贸然出兵会带来生灵涂炭的后果。就此而言，"无战"就是爱民，"圣王服戎，而非战也；御戎，而非抗也"，所以"必也使无战"。⑦这些士大

---

① "《春秋》固是尊诸夏，外夷狄 …… 自秦桧和戎之后，士人讳言内外，而《春秋》大义晦矣。"（黎靖德编：《朱子语类》五，北京：中华书局 1986 年版，第 2175 页。）

② "本朝御戎，始终为'和'字坏"，"终始为讲和所误"。（黎靖德编：《朱子语类》八，北京：中华书局 1986 年版，第 3200 页。）

③ 对于汉武帝诉诸武力的治夷之策，朱熹这样评价："武帝做事，好拣好名目。如欲逞兵立威，必曰：'高皇帝遗我平城之忧！'若果以此为耻，则须'修文德以来之'，何用穷兵黩武，驱中国生民于沙漠之外，以偿锋镝之惨！"（黎靖德编：《朱子语类》八，北京：中华书局 1986 年版，第 3227 页。）

④ 黎靖德编：《朱子语类》八，北京：中华书局 1986 年版，第 3115 页。朱熹继而指出：宋朝"增币通和，非正甚矣"。页同。

⑤ 赵汝愚编：《宋朝诸臣奏议》下，上海：上海古籍出版社 1999 年版，第 1538 页。

⑥ 田锡就认为："沙漠穷荒，得之无用；夷狄遗种，杀之更生，是劳而无功也。"（赵汝愚编：《宋朝诸臣奏议》下，上海：上海古籍出版社 1999 年版，第 1418 页。）田锡的这种的观点在历史上并不罕见，班固曾就华夷关系而指出："约之则费赂而见欺，攻之则劳师而招寇。其地不可耕而食也，其民不可臣而畜也。"（《汉书》一一，北京：中华书局 2011 年版，第 3834 页。）狄仁杰也曾在给武则天的上疏中说："若其用武荒外，邀功绝域，竭府库之实，以争硗确不毛之地，得其人不足以增赋，获其土不可以耕织。"（《旧唐书》九，北京：中华书局 2011 年版，第 2889—2890 页。）宋人孙何的《上真宗论御戎画一利害》："中国夺其地不足耕垦，获其人不足训齐，徒劳师而费财，终有损而无益。"（赵汝愚编：《宋朝诸臣奏议》下，上海：上海古籍出版社 1999 年版，第 1432 页。）

⑦ 吕祖谦编：《宋文鉴》下，北京：中华书局 1992 年版，第 1348 页。

夫继承了儒家"躬自厚而薄责于人"、"亲近以来远"等"先内后外"的理念。①按其所述，这种"安内以养外"的策略是一种"先本（按：人民）而后末（按：夷狄）"的理路，是合乎"尧舜之道"②的。在这一方面，庞籍的《上仁宗论先正内而后制外》、韩琦的《上仁宗论外忧始于内患》、孙觉的《上神宗论自治以胜夷狄之患》皆是代表之作。这种"先内后外"的理念被比作"譬若木之有本，未有本固而枝叶不盛者也"。③士大夫甚至提出了"伏望陛下虽讲边备，选帅臣，而深以《诗》《书》为监，日新盛德，使任人不能眩听，而次序以兴《小雅》之废，则臣将见四夷毕来，陛下深拱以享太平之报"④的设想。赵逮也反对用兵，并提出对夷狄"恤其祸难"，"存大国之义"，使"蛮貊革心"，"披心中国"。⑤

然而，朱熹等人也意识到：夷狄的性情不同于华夏，夷狄未必认同"中国"的价值理念，"中国"恐怕也不能感化夷狄。"虏，豺狼犬羊也，见威则畏，见善则愈肆欺侮……虏，禽兽耳，岂可以柔服也！"⑥如此看来，对夷狄仍需给以威慑，不可走求和的道路。这种自相矛盾的情形不能说是他们思想体系中的漏洞，而是体现了他们生存情境的不确定与观念上的两难。观念的转变往往不是遵循一个业已设计的自洽之路而进行，而是在对两种互相抵触的观念的一并肯定中渐渐沉淀下某种合乎"时宜"的策略。这不仅说明士大夫援旧的"天下"观念处理宋朝的华夷问题几无效用⑦，也意味着宋代士人必须悬置"天理"的普遍规范性，必须把"天理"转化为时局中的"事理"，把价值判断还原为事实判断。

四 "共进乎仁"：陆九渊对天下和平的期盼

面对华夷之辨这一沉重课题的宋代士人一方面对夷狄心存戒备，另一方面又不甘承认仁义价值观的地方性或者"中国性"。孔子曾希望通过"克己复礼"

①刘敞曾就《春秋》而指出：王者无敌，即不存在与王对立的一方，王处于最高地位，因为王者"至贵"、"至富"、"至众"、"至顺"。但是，如果王者仍然有败，就说明王者自身出了问题，"非有能败王之师者也，王自堕也，故曰躬自厚而已矣"。（吕祖谦编：《宋文鉴》下，北京：中华书局1992年版，第1347页。）

②吕祖谦编：《宋文鉴》中，北京：中华书局1992年版，第628页。

③④⑤赵汝愚编：《宋朝诸臣奏议》下，上海：上海古籍出版社1999年版，第1446、1536、1588—1589页。

⑥黎靖德编：《朱子语类》八，北京：中华书局1986年版，第3142页。

⑦孙何甚至把棘手的华夷问题寄希望于所谓的"上天"："契丹者，腥膻小蕃，蛇豕异类，料其土地，计其人民，固不敌中原之数郡。多行不义，公肆无厌，恶既贯盈，天当剿绝。"（赵汝愚编：《宋朝诸臣奏议》下，上海：上海古籍出版社1999年版，第1432页。）

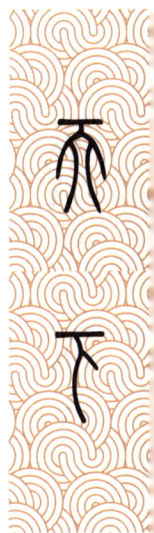

而实现"天下归仁",并且认为人自身即可成仁。① 但是,宋代士人的处境使他们意识到夷狄未必会与华夏分享、认同同一价值,依靠夷狄自身而"归仁"永无实现之日。前文所述宋人对于夷狄性情的贬斥便是例证。从宋代儒者的话语中我们可以看到:他们在华夷之辨与"天下归仁"之间难以找到一个平衡点,时而强调严华夷之防,时而表露出将仁义施之天下的宏愿。② 朱熹把一个具有普遍性意味的"天理"视为观照天下的标准,其理学阐述基于的是人性,而非人心。人性具有先天性,是华夏、夷狄建构其价值观念、政治制度、社会风俗的前提或依据;人心则需要在人与人之间的相处、交往中呈现自身,其呈现依靠时机化的构成,具有相当的可变性,这就为华夷关系的改善提供了充分的可能。历来认为"中国"可以变为夷狄,夷狄也有可能认同"中国"者,其列举的转化条件一般包括制度接受(夷狄对"中国"、"中国"对夷狄)、物质利诱("中国"对夷狄),甚至武力征服(夷狄对"中国"、"中国"对夷狄),但往往忽略、掩盖了人心这一倏忽常变而又隐含着一以贯之之道的意义之源。华夷关系问题的解决,关键在于是否能切中人心,而非推广某种现成的价值观念,更非利诱、逼迫。

当朱熹把夷狄视为"豺狼犬羊"时,就意味着他意识到了"中国"价值观念的"天下化"几无可能。单方面的价值理念不适用于解决对峙问题,即不适用于教化对峙情境中的他人,无法使其服从。这是因为它缺乏一个超出自身的共同性视野,已经预设了他人对"我"的服从是理所当然的。

那是否还有其他的出路呢?一种可能性是:在不把自己的某些价值强加给对方的前提下,号召对方共同改善当前的紧张关系,"自我—他人"的结构仍共存于"天下",但不必你死我活。陆九渊提出了一种"共进乎仁"③的主张。所谓"共进乎仁",就是希望同天下之人共同实现人自身本有的可能性,共同成为爱他人的人,天下人人相爱,即实现和平。陆九渊此论建立在其"心同理同"④的思想基础上。他相信人心有相通之处(而不是有现成的相同之处),因而有共同认可某

①《论语·颜渊》:"为仁由己,而由人乎哉?"
②朱熹说:"性中之仁,施之一家,而不能施之宗族;施之宗族,不能施之乡党;施之乡党,不能施之国家天下,皆是不尽。"(黎靖德编:《朱子语类》四,北京:中华书局1986年版,第1569页。)
③"仁也者,固人之所自为者也。然吾之独仁,不若与人焉而共进乎仁,与一二人焉而共进乎仁,孰若与众人而共进乎仁……故一人之仁,不若一家之仁之为美;一家之仁,不若邻焉皆仁之为美;其邻之仁,不若里焉皆仁之为美也。"(《陆九渊集》,北京:中华书局1980年版,第377—378页。)
④"千万世之前,有圣人出焉,同此心同此理也。千万世之后,有圣人出焉,同此心同此理也。东南西北海有圣人出焉,同此心同此理也。"(《陆九渊集》,北京:中华书局1980年版,第273页。)

一价值理念的可能。"共进乎仁"若是可能，必须转化为某种华夷皆可接受的生存状态、世界场景，而非简单的几句教条。所以，我们看到：虽然陆九渊尽可能从"同"的角度阐述天下人如何如何，试图以"同"求"通"，但他仍然秉持着华夷之辨，允许差异的存在，把礼义视为"中国"贵于夷狄的内里。[①] 与其说"中国"、夷狄共同认可仁义价值理念，不如说他们对于和平、对于安定的生存处境具有一致的向往。"共进乎仁"的价值理念不在于对仁义普遍性的强调，而在于"共"，在于一种试图把华夷交往本身看作"天下"之常态的思路，在于对天下和平的呼吁和对美好生存处境的擘画。

相比于称夷狄性情为卑鄙顽劣的论调，陆九渊把华夷之别归为因其所处的地理位置之不同而导致的礼义之别。但是，夷狄之礼义的确立是否需要通过"中国"的德化呢？仁义能否突破地理位置的局限而成为华夷共认的价值？从陆九渊的论述来看，他所关心的其实是"中国"之礼义的存亡，而非夷狄之礼义的确立。他说："夷狄盛强，吞并小国，将乘其气力以凭陵诸夏，是礼义将无所措矣，此圣人之大忧也。"[②] 于此可见，在"共进乎仁"的背后，是对"中国"之礼义的守护，是对"中国"之"文明"性的保存。质言之，陆九渊无意于建立"天下一家"的秩序，而是希望实现"中国"与"夷狄"的和平相处，在和平的天下内使"中国"得以延续，此已足矣。

---

① "圣人贵中国，贱夷狄，非私中国也。中国得天地中和之气，固礼义之所在。贵中国者，非贵中国也，贵礼义也。""中国之所以可贵者，以其有礼义也。"（《陆九渊集》，北京：中华书局1980年版，第277、281页。）

② 《陆九渊集》，北京：中华书局1980年版，第277页。

第六节 "天下"的均质化与内在差异：近世以来儒家"天下"观念两种形态的凸显

我们在前面考察宋代的"天下"观念时，曾简单地提到了"唐宋变革论"的有限适用性，这意味着"中世"、"近世"这样的表述需要被反思。然而，我们在这里的标题中使用"近世"一词，并不意味着完全承认"唐宋变革论"及其对时代的称谓，而是借用这个说法交代接下来的论述限于哪一段为大家所熟悉的历史时期内，此外无其他考虑，特此说明。

宋代儒者苦心筹划的种种方案终究无法抵抗气势汹汹的蒙古骑兵。一个在形态上空前庞大的帝国体系把"溥天之下，莫非王土"的诗句再现为一个冰冷的权力体。这个权力体的确尽最大可能地占据了"溥天之下"的土地，似乎最有资格称"天下"。然而，这个权力体在其建构、维系的过程中因为诉诸和仁义迥然不同的价值观——暴力，而被不少后来的儒者痛斥。沃格林曾区分了两种"天下"，即"精神层面的天下"和"现实层面的天下"。按其所述，"精神层面的天下"是指"在人的意义上普遍的精神运动"；"现实层面的天下"则指"无限扩张但缺乏精神意义的权力组织"，即今日常说的"帝国"。[1] 不过，帝国的建立和运作仍然离不开某种精神性整合，元朝统治者对中原王朝文化、制度的采纳皆史有明文。许衡、郝经等汉族士人都谏言忽必烈参"汉法"[2]，这是塑造忽必烈正统观念的重要因素[3]。

---

[1] ［美］埃里克·沃格林：《天下时代》，南京：译林出版社2018年版，第219页。沃格林以"帝国"为"一个没有精神层面正当性的、膨胀了的国"。（［美］埃里克·沃格林：《天下时代》，南京：译林出版社2018年版，第403页。）

[2] 许衡："考之前代，北方奄有中夏，必行汉法，可以长久。"（《许衡集》，长春：吉林文史出版社2010年版，第111页。）郝经说："昔元魏始有代地，便参用汉法。至孝文迁都洛阳，一以汉法为政，典章文物灿然与前代比隆。"（《景印文渊阁四库全书》1192，中国台北：台湾商务印书馆1986年版，第361页。）

[3] 罗新提到：忽必烈对北魏历史颇有兴致。他把元朝接续在宋金的历史脉络上，并仿效北魏道武帝拓跋珪的做法，将鲜卑拓跋诘汾、拓跋力微父子的谥号施用于也速该、成吉思汗父子。对于这一现象，罗新指出："他（忽必烈）显然把草原时代的历史与入主中原的历史分成了截然不同的阶段。成吉思汗只是草原创业时代的英雄，而蒙古最伟大的事业还有待元朝的建立与传承。"（罗新：《有所不为的反叛者：批判、怀疑与想象力》，上海：上海三联书店2019年版，第199—210页。）

不过，曾参"汉法"的元朝帝王也未绝对泯平蒙汉之间的差异，而是在军事、科举等诸多方面予以区分。这同样是不容忽视的事实。[1]由于元代统治者对儒者的挤压，源远流长的华夷之辨由族类间的歧视转化为族类间的畏惧乃至仇恨。

按理说，明取元而代之应该是儒者重新抬头的否极泰来之时，士人当为之欢欣鼓舞、振奋不已。然而，现实并未如此。据钱穆的考察，明初文臣的华夷观念淡漠，反而常有思元之情。一些身处明代的文人把元朝称为"本朝"，他们对于明之代元无多热心[2]，有的文士仅仅把元明革命视作"寻常政权之争夺"[3]，而没有从华夷之辨的角度来看待这一历史事件。这一情形至少到明朝建立将近百年才发生转变。[4]之所以出现这一奇怪的现象，或是因为那些曾经生活在元代的儒者久遭压抑，但求自保，以至格局日蹙，甚至把其自保"归之于（引者按：元）政府在上宽厚之德意"。[5]对于苟活于世的人来说，"不杀"就已经是莫大的恩惠了，并且感恩已然表示他们对异族入主的无奈与承认。但是，对于那些历史的旁观者来说，就不再有命悬一线的恐惧，尤其是当夷狄成为当朝的一大祸患、仇敌时，儒者尽可以对之口诛笔伐。在某种意义上，当朝儒者要提出某种政治理念，必须通过一个异己者来完成，即：异己者越是凶残可恨，眼下就越需要用创造性的办法来克服异己者。后来明朝一部分儒者重构的华夷之辨正是明朝与北元势力长期对峙、交锋的产物。

---

① 参阅钱穆对元朝军队、科举制度的论述。（分别见于钱穆著《国史大纲》下册，北京：商务印书馆 1996 年版，第 648、661 页。）但是，须指出："四等人制"从未作为一种正式的制度被颁布过，它只是体现在元朝的一些具体的政策中。详细论述见《殊方未远：古代中国的疆域、民族与认同》，北京：中华书局 2016 年版，第 198—199 页。

② 钱穆："明之代元而起，当时廷廷一辈从龙之士视之，殆亦只认其为乃是一时天意之忽然喜新而厌故，一若乍阴乍晴，无甚内在之意义与价值可言矣。"（《钱宾四先生全集》第 20 册《中国学术思想史论丛》（六），中国台北：联经出版事业公司 1998 年版，第 115 页。）

③⑤《钱宾四先生全集》第 20 册《中国学术思想史论丛》（六），中国台北：联经出版事业公司 1998 年版，第 156、121 页。

④ 刘浦江说："明人民族情绪之高涨，大抵是 15 世纪中叶以后的事情，这与当时的内外形势和民族冲突自然有直接的因果关系。"他进一步指出：元明革命本无民族主义色彩，这一色彩是明朝后来因"北虏"之患而添加到元明革命上的。关于朱元璋的华夷观，后人多据《谕中原檄》而论之，因为其中声称"中国居内以制夷狄，夷狄居外以奉中国"、"驱除胡虏，恢复中华"，但刘浦江在论文中通过文献学的考察指出：此檄文是《太祖实录》中一篇无题、无作者的文字，经后人辗转传抄而冠以明太祖《谕中原檄》之名的，这代表的是明代中后期人对元明革命的民族主义想象，而非朱元璋本人的思想。（刘浦江：《元明革命的民族主义想象》，载《中国史研究》2014 年第 3 期。）

一 明代中国的"天下秩序"与华夷观念

有学者根据明太祖的诏令文书，指出明太祖主要是在"国家"的意义上使用"天下"一词，由此认为从"天下"到"国家"的进程不是在近代出现的，而是在明初。[①] 古时，把"国家"称作"天下"并不是一个罕见的事例。出现这一现象的原因不是帝王的观念起了变化，而是"天下"这个词本身具有彰显功业、突出帝王威信的色彩或功能。[②]

明太祖若是自觉地开启了一个从"天下"到"国家"的进程，就不会在建明伊始告知各国，接受各国朝贡，册封了一批国家的国王。"册封 — 朝贡"体系是在"天下"观念的驱动下建立"天下体系"或"天下秩序"的产物。"天下"是一套等级性的"中国秩序"[③]，"册封 — 朝贡"体系则是"中国秩序"的基本运作形态[④]。虽然提出上述说法的费正清把视野主要放在了清代，但我们认为用这个模式观察明代甚至明以前都同样适用。

此外，也有学者把由"册封 — 朝贡"体系所维系的"天下秩序"称为"天朝礼

---

① 万明：《明代外交观念的演进 —— 明太祖诏令文书所见之天下国家观》，载《古代文明》2010年第2期。至于万明根据明太祖给高丽使臣张子温的敕谕中"自古天下有中国，有外国"云云而认为明太祖意识到"天下不是中国的"，笔者认为也存在问题。因为从国家层面言之，"中国"、"外国"诚然都是"天下"这个广大空间的组成部分，但是"天下"的主人 —— "天子" —— 却是"中国"的皇帝。在这里，我们需要看到"中国"皇帝的两重身份，即国内的皇帝和天下的"天子"（天下共主）。万明在文章中也提到了明太祖的这两种身份，但是她继而指出后来"天下共主"身份淡出，"一国之君"身份凸显。可是，至少在明永乐皇帝派郑和下西洋时，其敕谕中仍说："朕奉天命，君主天下，一体上帝之心，施恩布德。凡覆载之内，日月所照，霜露所濡之处，其人民老少，皆欲使之遂其生业，不致失所。"（郑鹤声、郑一钧编：《郑和下西洋资料汇编》（上），北京：海洋出版社2005年版，第531页。引用时标点有改动。）其自诩"天下共主"的语气分毫未减。

② 参看本章第三节第一、二段。

③ ［美］费正清：《中国的世界秩序 —— 传统中国的对外关系》，北京：中国社会科学出版社2010年版。

④ 西嶋定生提出了"册封体制"的说法。（刘俊文主编：《日本学者研究中国史论著选译》第2卷，北京：中华书局1993年版，第88—103页。）按照费正清的说法，"古代中国与周边国家传统关系的主要形态"可称为"朝贡制度"（Tributary System，或译为"朝贡体系"），它是"近代以前中国为中心之整个东亚地区的一种基本国际关系形态"。（费正清、邓嗣禹：《论清代朝贡制度》，载《哈佛亚洲研究杂志》1941年第6卷第2期，第135—264页。）

治体系"。① 这一称谓突出了"天下秩序"的内核 —— 礼。然而,据学者研究,礼只是一种外交筹码,礼仪的背后有着复杂的经济、军事考量。②

"册封 —— 朝贡"体系说明存在着一批认可"中国"中心地位的国家,但是它们认可的缘由却并不一致。有的是为了获得政权合法性,有的是为了获取丰厚的回赐,还有的是在文化上自觉地向儒家圣人之教看齐。无论如何,"册封 —— 朝贡"体系所涵括的国家是有限的。提出"中国秩序"的费正清把该秩序概括为三层:第一,与"中国"在地缘上最近和在文化上相近的朝贡国,包括朝鲜、越南的一部分、琉球,在很短一段时间内还包括日本;第二,内亚地带的一些游牧民族或半游牧民族的附属部落或国家;第三,外夷,包括西南和南亚的遥远的海岛国家以及前来朝贡的欧洲国家。③

儒家的华夷之辨以是否认同、接受"中国"文化为阐述框架。这一框架显然无法涵括费正清所划分的第二、三层秩序。处于第一层的国家构成了"儒家文化圈"或者"汉字文化圈",中国文化的影响力基本上限于这一范围内。但是,这一圈层内部也并非没有离心倾向。比如:日本的足利义满希望进入以明朝为中心的朝贡圈,在乎的是贸易所得。文化究竟能够在多大程度上维系"册封 —— 朝贡"体系,当事人并非毫不知晓。爪哇国曾杀害明太祖派往三佛齐的使节,明太祖得知后,委托一位穆斯林带给爪哇麻喏巴歇国王诏书,其中就指出朝贡的实质不过是各国慕利,但他仍然以礼待之。④ 明朝皇帝要的是这种四夷来朝的体面。⑤ 之

---

① 提出这一说法的黄枝连为此撰写了三部著作,分别是《天朝礼治体系研究》上卷《亚洲的华夏秩序 —— 中国与亚洲国家关系形态论》(北京:中国人民大学出版社 1992 年版)、《天朝礼治体系研究》中卷《东亚的礼义世界 —— 中国封建王朝与朝鲜半岛关系形态论》(北京:中国人民大学出版社 1994 年版)、《天朝礼治体系研究》下卷《朝鲜的儒化情境构造 —— 朝鲜王朝与满清王朝的关系形态论》(北京:中国人民大学出版社 1995 年版)。

② 参看[日]夫马进著《朝鲜燕行使与朝鲜通信使》,北京:商务印书馆,2020 年版,第 47—79 页。另外,岩井茂树以明朝为例,对"礼"所构造的东亚秩序体系进行了详细论述,他把明朝通过礼制维系"天下秩序"称为"象征性帝国主义行为"、"假想的帝国主义理念"。(参看《日本中国史研究年刊(2006 年度)》,上海:上海古籍出版社 2008 年版,第 230—266 页。)

③[美]费正清:《中国的世界秩序:传统中国的对外关系》,剑桥:哈佛大学出版社 1968 年版,第 2 页。

④ "朕君主华夷,抚御之道,远迩无间。尔邦僻居海岛,顷尝遣使中国,虽云修贡,实则慕利,朕皆推诚以礼待焉。前者,三佛齐国王遣使奉表,来请印绶。朕嘉其慕义,遣使赐之,所以怀柔远人。"(《明实录》五,中国台北:中研院史语所 1962 年版,第 2125 页。)

⑤ 永乐帝说:"远方之人,知求利而已,安知禁令。"正统帝则说:"番人以贸易为利。"明成化十四年(1478),琉球世子尚真来明朝告其父丧,并"乞嗣爵,复请比年一贡"。明朝礼官指出:"其国(按:琉球)连章奏请,不过欲图市易。"(《明史》二八,北京:中华书局 2011 年版,第 8363—8366 页。)可见,明朝君臣业已意识到朝贡者是为利而来。

所以要"怀柔远人",是因为来者给予了天朝承认和仰慕(虽然在很大程度上是天朝人自以为被仰慕①),其态度可嘉,天朝要以尊长者的姿态施以仁爱、体恤。所以,"册封 — 朝贡"体系无法简单地用文化认同、政治认同中的任何一个角度来解释。该体系一方面包含着朝贡国对自身利益的计算,另一方面则能够满足天朝君主协和万邦、一统天下的心理需求。但是,"中国"皇帝作为"天下共主"接受其他国家的朝贡,并不意味着"中国"就可以气度宏大地无分内外。此处举一例:负责接待朝贡使者的翻译在选拔过程中须经严格考核,严禁他们勾结外部,泄露国家机密。② 这说明:理想中"天下秩序"的价值统一性与现实中各国在国家利益上的排他性思维一直贯穿于"册封 — 朝贡"体系这个表面上恢宏、井然的秩序内部。

所以,洞明世事的儒者在一如既往地设想夷狄臣服的景象时,也不得不指出对之进行防范的必要性。③ 这种既希望夷狄臣服又对之进行防范的心态意味着华夷之辨只能够衍生出一系列被动的治理策略。我们对照着费正清界定的三层秩序来看华夷之辨,就会发现:明代及以前,对中国造成威胁的力量主要在第二层,即内亚地区的游牧民族或半游牧民族。有明一代在北部边防上与北元势力纠缠着,这意味着儒者在想象"天下一家"时还要冷静地思考华夏与夷狄在性情、观念、生活上的差异。显然,华夷之间在上述几个方面均是对立的。以这种对立性为前提,儒者提出的方案就带有强烈的消极色彩,比如"中国"不应该把夷狄纳入自己的统治范围、"中国"之民与夷狄不可以混居等等。丘濬就指出:夷狄"居中国久远,其心仍异"④,所以华夷界限不可逾越,华不可变为夷,夷也不可变为华,二类群体不可杂处。他说:"夫华夷之分,其界限在疆域。华华,夷夷,正也。华不华,夷不夷,则人类斁世,不可以不正也。"他还强调:"华必统夫夷,夷决不可干中国之统。"⑤ 不过,华夏至多对夷狄"统"而不"治"。华夷杂处可能产生夷狄乱华的后果,"天下之事最难处者,莫此为难"。⑥ 所以,丘濬主张守而

---

① 李云泉:"所重的首先是其'来',来朝、来贡意味着对中国皇帝尊严的承认,至于从何而来,为何而来则降到了次要地位。"(李云泉:《朝贡制度史论 —— 中国古代对外关系体制研究》,北京:新华出版社 2004 年版,第 196 页。)

② "凡审言语,译文字,送迎馆伴,考稽四夷馆译字生、通事之能否,而禁饬其交通漏泄。"(《明史》六,北京:中华书局 2011 年版,第 1749 页。)

③ 丘濬说:"外夷既慕华而来,便不可拒之千里。但仁之中不可以无义,信之中不可以无智。"(转引自李焯然著《丘濬评传》,南京:南京大学出版社 2005 年版,第 181 页。)

④ 李焯然:《丘濬评传》,南京:南京大学出版社 2005 年版,第 179 页。

⑤ 饶宗颐:《中国史学上之正统论》,北京:中华书局 2015 年版,第 205、206 页。

⑥ 丘濬:《大学衍义补》上册,上海:上海书店出版社 2012 年版,第 290 页。

不攻，反对向夷狄开战。就此而言，华夷各安其分、平静无事就是理想的情形："极乎一世之大，则华夏安乎中，夷狄卫乎边。各止其所，而不相侵凌，则人之所以为人者，相生相养，各尽其性，各全其命。"[①] 这是丘濬天下太平理想的基本内涵。[②]

反对向夷狄开战，也是儒者爱民思想中的应有之义。[③] 这种爱民思想与儒家"天下一家"的情怀一脉相承。不少学者指出：严华夷之别是一种消极的天下观，而畅想远人臣服、四夷来朝则是一种积极的天下观。"天下"观念的积极或消极与王朝实力密切相关。[④] 但是，从内在的脉络来看，当儒家把仁义奉为基本价值理念时，就已经包含了其"天下"观念中对"一家"的追求，亦即对仁义价值观之普遍性的预设。只是现实中的夷狄并不依循儒家的设想而活动。儒家价值观念的普遍性已不止一次地被夷狄的侵扰印证为地方性（或"中国性"）。董仲舒、程颐、朱熹之"天下"观念的内部均存在普遍性与特殊性的张力，但倔强的儒者仍然相信天下存在着一种超越华夷界限的"理"。儒者只会不断地失望，因为他们会发现："中国"自己确立、推广的"理"，只有"中国"自己信以为真。无论如何，在华夷关系中，一种自以为普遍化的单边规范还能够严格、高效地约束着自己，就足以说明儒者对天下太平的追求、向往之热忱。只是在交往的过程中，单边规范显然是不被认可的，即便是"善意"的规范。

善意地打造"天下一家"的亲密关系是儒家长期以来的理想。随着儒家思想体系的日臻丰富和深入，"天下一家"再次被儒者重申，并成为一个哲学论题。

二 "天下"何以为"一家"？
—— 论王阳明"天下"观念的机制、后果及可行进路

传统儒家对"天下一家"的整体性追求离不开对个人之可能性的揭示与强

---

① 饶宗颐：《中国史学上之正统论》，北京：中华书局 2015 年版，第 207 页。
② "人之所以为人者，相生相养，各尽其性，各全其命；而一顺于道义之正，而不徇于功利之私。是则所谓雍熙泰和之世也。"（饶宗颐：《中国史学上之正统论》，北京：中华书局 2015 年版，第 207 页。）
③ 仍以丘濬为例。他指出："所谓民者，岂止中国之民哉？凡天地所覆载，具形体有知识者，皆吾赤子也。圣人一视以同仁，兼爱夫内外远近之民，惟恐一人之或失其所，苟限区域而为之爱恶，于遐外之民必欲剿戮灭绝之，岂父母之心哉？"（丘濬：《大学衍义补》下册，上海：上海书店出版社 2012 年版，第 534 页。）
④ 罗志田：《夷夏之辨的开放与封闭》，载《中国文化》1996 年第 2 期；金观涛、刘青峰：《观念史研究：中国现代重要政治术语的形成》，北京：法律出版社 2009 年版，第 227 页；梁治平：《为政：古代中国的致治理念》，北京：生活·读书·新知三联书店 2020 年版，第 52 页。

调。当屡屡倡言"以天地万物为一体"、"视天下犹一家"的王阳明指出"良知良能，愚夫愚妇与圣人同"时，已然包含了从天下观照个人的奠基考量。由于王阳明较少讨论政治哲学的话题，其言及"天下"时也并未直指制度、权利、民族，因而在众多学者看来，作为心学家的王阳明专以讨论心性修养为职事，而其专注于心性的特点使得王阳明及其后学缺乏在政治制度上的建构。笔者认为：与诉诸形式化的制度建构不同，王阳明所致力的是对关怀他人这一行为的哲学奠基。对这一基础的考察是比找寻、钩稽某些具体的设计方案更为根本的工作。

（一）王阳明天下观的哲学形态 —— 万物一体

王阳明"天下"观念的基本表达是"万物一体论"。① 万物一体论由来已久，非王阳明首创。圣人（或大人）以天地万物为一体的基本表现是把天下人视为自己的家人。以对待家人的方式对待天下人，可谓把天下"家化"即伦理化了。这一情形的哲学化表达便是"我"与作为他人的天地万物一体相关、息息相通。反观这样的"天下"，它不是一个纯粹空间意义上的"普天之下"，也难以用"四海"、"九州"来框定乃至替换。这样的"天下"首先是价值性的，是儒者对人生存于世且更"好"地生存于世的期待。

在王阳明看来，三代是最理想的世界。② 但是，三代以来，王道没落，霸术盛行③，因而王阳明倡"拔本塞源论"以挞伐"功利之毒"。由王道到功利的转向是一种由公到私的退化。这一进程不是指公产转变为私产，而是体现为公心的失却与私心的积溃进而泛滥。王阳明并不否定私，他所谓的"视人犹己，视国犹家"恰恰体现了推己及人的廓然大公需要基于"己"和"家"。④ 王阳明的担忧在于人心中本有的"外推"维度被私欲遮蔽而变得"人各有心"，成为"偏琐僻陋之见"与"狡伪阴邪之术"⑤，即把他人变成与己对立的个体，为满足一己之私而损及他

---

① 王阳明说："夫圣人之心，以天地万物为一体。其视天下之人，无外内远近。凡有血气，皆其昆弟赤子之亲。莫不欲安全而教养之，以遂其万物一体之念。"（陈荣捷：《王阳明传习录详注集评》，中国台北：台湾学生书局1983年版，第194—195页。）又："大人者，以天地万物为一体者也，其视天下犹一家，中国犹一人焉。"（《王阳明全集》中，上海：上海古籍出版社2011年版，第1066页。）

② "当是之时，天下之人熙熙皞皞，皆相视如一家之亲。"（陈荣捷：《王阳明传习录详注集评》，中国台北：台湾学生书局1983年版，第195页。）

③ "霸者之徒，窃取先王之近似者，假之于外。以内济其私己之欲。"（陈荣捷：《王阳明传习录详注集评》，中国台北：台湾学生书局1983年版，第197页。）

④ 正如《礼记·礼运》中"人不独亲其亲，不独子其子"的理想人伦情状也恰恰需要在"亲其亲"、"子其子"的基础上"推己及人"来实现。

⑤ 陈荣捷：《王阳明传习录详注集评》，中国台北：台湾学生书局1983年版，第259页。

人。对此担忧者不唯王阳明一人，"圣人有忧之。是以推其天地万物一体之仁以教天下。使之皆有以克其私，去其蔽，以复其心体之同然"。① 王阳明在此所谓的圣人"复其心体之同然"之教，指的是心学。② 按其所言，克服"三代"以来人己相分、人各有心的方法在于通过心学的实践回归到人心本有的状态，这一状态可概之为"万物一体"。③ 王阳明以"仁"字解说"万物一体"，"仁"使得"天地万物一体"得以可能。④

综上可见，王阳明的天下观赓续了传统儒家"天下一家"的观念，天下是家的放大，天下之人以"一家之人"的伦理关系形态共处，这一形态的哲学化表达是"与天地万物为一体"。在王阳明这里，"万物一体"成为一个心学命题，它根植于人人本有的"仁"心。所以，理解王阳明的天下观需要在其心学语境中专注于"仁"的内涵，考察"仁"为何可以突破私欲、面向他人，"仁"的根基又何在，由此才能说明儒家所谓的"天下"为何不是冰冷的空间，而是原本就带有价值与关怀的"人的天下"。

（二）"天下之人"何以为"人"？ —— 论奠基于"亲 — 亲"的"仁"

虽然"心"在阳明哲学中是至高范畴⑤，但是心容易被私欲遮蔽。上文曾指出：人心被私欲遮蔽意味着心中面向他人的"外推"维度失却了。如此，人不仅不会"视人犹己，视国犹家"，甚至会出现"骨肉相残"⑥、"视其父子兄弟如仇雠"⑦ 的现象，沦为绝对的利己主义。我们注意到：这种极端的自私自利以视家人如仇雠为

①⑦ 陈荣捷：《王阳明传习录详注集评》，中国台北：台湾学生书局1983年版，第195页。

② "盖其心学纯明，而有以全其万物一体之仁。故其精神流贯。志气通达，而无有乎人己之分，物我之间。"（陈荣捷：《王阳明传习录详注集评》，中国台北：台湾学生书局1983年版，第196页。）

③ 朱承认为："万物一体的人间秩序观念既是阳明理想政治观的灵魂，也是王阳明所期待的理想政治共同体的内在精神秩序。"其说甚是。但是，朱承又指出：王阳明的这一"理想共同体"的原型"就是儒家集体想象中的三代社会"。（朱承：《治心与治世 —— 王阳明哲学的政治向度》，上海：上海人民出版社2008年版，第84页。）对此，笔者有不同的看法。从社会历史的角度看，三代社会是王阳明理想的政治追求，但仅如此表述还不够，因为"三代之世为何使王阳明如此真挚地心向往之"是一个更有必要讨论的问题。三代之世不是作为一个现成的社会形态打动了王阳明，而是以其表现为"家"的形态使王阳明倾慕不已。就此而言，一个理想共同体不在于简单地模仿、复制历史上某个业已存在过的社会形态，而是发掘、培育一种历史上的理想社会的精神基底，使这种精神基底与时偕行地塑造一个当下的理想共同体。所以，与其说王阳明理想共同体的原型是三代社会，不如说它的原型是家。

④ "大人之能以天地万物为一体也，非意之也，其心之仁本若是，其与天地万物而为一也。"（《王阳明全集》中，上海：上海古籍出版社2011年版，第1066页。）

⑤ "人心是天渊。"（陈荣捷：《王阳明传习录详注集评》，中国台北：台湾学生书局1983年版，第300页。）

⑥ 《王阳明全集》中，上海：上海古籍出版社2011年版，第1066页。

标志。"万物一体之仁"的出场就以家被破坏为直接诱因。①如果家人之间以仇人相视，便意味着"仁"早已不复存在，意味着"性"不再"生理"。所以，王阳明思想中的"天理"根植于人"在家"的"仁心"。

自称身经"百死千难"的王阳明在其生活经验中屡次揭示、强调其对亲人难以断念。②王阳明对个人生死的认知，经过"龙场悟道"已"胸中洒洒"③，但当他后来遭受诽谤进而思及"以一身蒙谤，死即死耳，如老亲何"时，转而有"此时若有一孔可以窃父而逃，吾亦终身长往不悔矣"④的慨叹。王阳明对亲人的思念往往起于人生经历的边缘、关键节点。个人的遁隐、出世乃至赴死都可以被自身还原、转换为一种可接受的意义，但对亲人之爱却只能是"在世"的，它无法被转换为另一种意义。王阳明悟出"此念可去，是断灭种性矣"⑤，说明对亲人之爱是人之为人的根本。所以，王阳明的思想不是一种道德的说教，而是旨在阐述对亲人之爱的源本性，强调对亲人之爱构成了天下内部各类关系中的"元价值"。

对亲人之爱是源发的。某人、某物恰恰在爱中被构成为某人与某物。真正的爱奠基于"亲—亲"之爱，且已然带有朝向他人的维度，而非只在观念中知晓"应当去爱"。王阳明曾以墨家为例指出：墨氏之"兼爱"缺乏根基，此根基即孝悌之情，"兼爱"的发用缺少一个生生不息、源源不断的动力支持。⑥把爱抽离于人的实际生活经验，进而放置在一个高于人的位置，以律令、法则的形式要求人行"爱人"之事，这就回避了"这种爱本身如何可能"的问题，因而必然需要借助权威或通过强制力以某种社团化、宗教化的形式来推行、维持。所以，兼爱众人实则需要预先对人进行某种强制，被爱之人同时需要割舍掉某种来自人性的

---

① 正因为家庭内部的感情遭到破坏，圣人才"推其天地万物一体之仁以教天下。使之皆有以克其私，去其蔽，以复其心体之同然"。（陈荣捷：《王阳明传习录详注集评》，中国台北：台湾学生书局1983年版，第195页。）

② 《王阳明全集·年谱》记载：王阳明在三十一岁时行导引之术，并得先知之能，"已而静久，思离世远去，惟祖母岑与龙山公（按：王阳明之父）在念，因循未决。久之，又忽悟曰：'此念生于孩提。此念可去，是断灭种性矣。'明年遂移疾钱塘西湖，复思用世"（《王阳明全集》下，上海：上海古籍出版社2011年版，第1351页）。不仅如此，他还以"爱亲本性"谕知一位"坐关三年，不语不视"的禅僧，彰明禅僧对其母亲之念，使禅僧入世归家（事见《王阳明全集》下，上海：上海古籍出版社2011年版，第1351—1152页）。

③④⑤《王阳明全集》下，上海：上海古籍出版社2011年版，第1354、1402、1351页。

⑥ "仁是造化生生不息之理。虽弥漫周遍，无处不是。然其流行发生，亦只有个渐，所以生生不息。""父子兄弟之爱，便是人心生意发端处，如木之抽芽，自此而仁民，而爱物，便是发干生枝生叶。墨氏兼爱无差等，将自家父子兄弟与途人一般看，便自没了发端处。不抽芽，便知得他无根，便不是生生不息，安得谓之仁？孝弟为仁之本，却是仁理从里面发生出来。"（陈荣捷：《王阳明传习录详注集评》，中国台北：台湾学生书局1983年版，第114页。）

基质。在这个意义上，作为律令的"兼爱"类似于在家庭内部被教条化的"孝道"。甚至可以说，教条化的"孝道"是"兼爱"在家庭中的某种投射，是"兼爱"的缩小版。近代以来众多知识人痛斥家庭压抑人性，以至于走向"家庭革命"，其所反对的正是那种抽离于人性的刻板礼教。但是，正如研究者所指出的，参与"家庭革命"的新文化运动诸人所思考的"仍围绕每个人应怎样爱自己的父母"，只是后来受其影响的新青年在口号与理念的驱使下"只把眼光投向'不独亲其亲，不独子其子'"①而忘记了"亲其亲，子其子"。致力于破除教条的新文化运动诸人仍思考如何爱父母，说明他们并未否定孝本身。真正的孝应源自某种真切的爱。"唯有在'亲亲'中构成的孝，才是真孝。"②就此来看，脱离了人性的教条之爱当然不是真爱。

仁者固然"与天地万物为一体"，但首先是与家人为一体。与海德格尔所展示的"在世"存在不同，儒家揭示的是人首先"在家"存在；人不是孑然一身地被抛于世，而是首先被抛于家。人在家中亲身经历着"亲—亲"事件，"仁爱"源发地显现其中。即使如王阳明身处困厄、于个人生死已了无牵挂时，"生于孩提"的"亲—亲"之念仍然难以泯除，并唤其"回家"。如果说儒家揭示的"人"首先是亲其亲人的"在家之人"，那么基于"亲—亲"的仁爱便是人之为人的根本。王阳明理想中"天下之人熙熙皞皞，皆相视如一家之亲"③中的"人"首先是有仁爱之心的"在家"之人。

（三）仁者何以爱他人？——王阳明对个人"可能性"的揭示

继踵而至的问题是：具有仁爱之心的人是否"愿意"把这种爱施及亲人之外的他人？"视人犹己，视国犹家"是否就是在认知上把他人当作自己的家人或者自己？仁爱之心如何超出家庭以使得"吾之仁实与吾之父、人之父与天下人之父而为一体"④？

王阳明特别指出："以天地万物为一体"并非在认知上把天地万物"当作"一体。⑤这是因为人对天地万物本然地具有恻隐、不忍、悯恤、顾惜之心，这种心不

---

① 赵妍杰：《家庭革命：清末民初读书人的憧憬》，北京：社会科学文献出版社 2020 年版，第 132 页。

② 朱刚：《"亲亲"何以"为大"？——对"仁者，人也，亲亲为大"的一种现象学—生存论的阐释》，载《中山大学学报（社会科学版）》2017 年第 4 期。

③ 陈荣捷：《王阳明传习录详注集评》，中国台北：台湾学生书局 1983 年版，第 195 页。

④《王阳明全集》中，上海：上海古籍出版社 2011 年版，第 1067 页。

⑤"大人之能以天地万物为一体也，非意之也，其心之仁本若是，其与天地万物而为一也。"（《王阳明全集》中，上海：上海古籍出版社 2011 年版，第 1066 页。）

是经过后天的学习而形成的,而是"根于天命之性"、"自然灵昭不昧"。王阳明称此即为"明德"。①

人心可以情境化地显现为对他人的某种爱。心所具备的这种丰富的可能性要高于被对象化的规范、理念、教条。这样,人们面向他人时的伦常道德就不是强制给予的,而是当场构成的。②人们也并不是"主动"、"愿意"面向他人,而是已经面对他人了。③对他人的不闻不问、熟视无睹不过是上述伦理构成机制的残缺样式。但是,"残缺"不等于"空洞",因为即使冷漠的人也有"见在良知",良知的灵昭明觉、知是知非使人们不会以他人之悲苦危困为乐。面对孺子入井,人们产生的怵惕恻隐之心超出了"内交于孺子之父母"、"要誉于乡党朋友"、"恶其声"(《孟子·公孙丑上》)等现实功利性和主观感受性的考量。良知的意向对象不是现成之物,也非内在自我。良知不是意识,也不是前反思地把握到意识的"内意识"。它无时无刻不"在事情之中"情境化地显现,"权轻重之宜"④,此即"致良知便是必有事的工夫"。⑤王阳明说:以"良知"为内核的心学既非固守己心、不顾其外的禅学,又非逐物害性、戕伐其心的功利之学。因为以上两种学问都预设了"内—外"、"人—己"之别,而作为圣人之学的心学"无人己,无内外,一天地万物以为心"⑥,所以"圣人之心"是无分别、无对待的心;反过来说,如果我们的心还没有达到对天地万物的包纳、关怀,说明我们还未"尽心",说明人所共有的可能性——"良知"——仍未实现出来。

王阳明强调尽心时曾说:"吾之一家饱暖逸乐矣,而天下有未饱暖逸乐者焉,其能以亲乎?义乎?别、序、信乎?吾心未尽也。"⑦当"我"知道天下还有未获得饱暖逸乐的人时,"吾心未尽"之感不是基于他们的生存状况而产生,而是"我"看到了"我"的"家人"身处穷困之境。质言之,"我"的意向对象不是某种表现出来的现实处境,而是直接面向那些穷困之人的人格价值。"我"不是对

---

①《王阳明全集》中,上海:上海古籍出版社2011年版,第1066页。

②"以此纯乎天理之心,发之事父便是孝,发之事君便是忠,发之交友治民便是信与仁。"(陈荣捷:《王阳明传习录详注集评》,中国台北:台湾学生书局1983年版,第30页。)"是故率是道心而发之于父子也无不亲;发之于君臣也无不义;发之于夫妇、长幼、朋友也无不别、无不序、无不信。"(《王阳明全集》上,上海:上海古籍出版社2011年版,第286页。)

③阐述"人己共在"的海德格尔虽然以个体主义为背景,但这并不说明中国哲学中首先作为"在家之人"的人就无须面对家庭之外的他人了。相反,在某种程度上,他人正是相对于"家"(或者"家人")而言的。无论是西方的"在世之人"还是中国的"在家之人",都面对着同一个事实,即"向他人的存在是一种独立的不可还原的存在关联"。(引自[德]海德格尔著《存在与时间》,北京:生活·读书·新知三联书店2012年版,第145页。)

④⑤陈荣捷:《王阳明传习录详注集评》,中国台北:台湾学生书局1983年版,第182、378页。

⑥⑦《王阳明全集》上,上海:上海古籍出版社2011年版,第287页。

他们的处境进行某种"再感知"和体验[①]，而是他们的处境已然就关乎"我"的处境。这种将自己的个体自我与他人的个体自我等同起来的状态可称作"一体感（Einsfühlung）"。按照舍勒的论述，当"一体感"发生时，"不仅他人的、有限的感觉过程被不自觉地当成了自己的感觉过程，而且他人的自我恰恰（在其所有基本行为上）与自己的自我被认同为一体。这里的认同既是不自觉的，也是无意识的"。[②] 这种"人我一体"超出认知，是"我"对他人感受的直接感受，不虑而知，不学而能。王阳明对这一思想的证成，诉诸他的"身体隐喻"。他说："圣人之求尽其心也，以天地万物为一体也。"[③] 他试图把天地万物纳入"一个身体"，使人在身体这个空间场、意义场中更加真切地体会到他人的感受如何与"我"紧密相关。

（四）当天地万物被"一体化"—— 王阳明"身体隐喻"的后果及困境

在上面的考察中，我们发现：奠基于"亲 — 亲"的仁爱使得人之爱成为源自人性的有根之爱，这为"爱人"提供了既非强制性也非随意性的不竭动力；作为人之可能性的"良知"，由于总是"见在"且有待扩充、实现，因此生存于世的人不能完全冷漠地无视他人，而是已经以某种方式与他人照面了，"致良知"则是一个进入事情之中与他人"打交道"的过程。以上考察使我们看到了"爱他人"的可能。但是，"爱他人"的真正发生需要被落实到一个具体的意义场域中，使他人与"我"的关系直接显现出来，即"我"直接感受到他人的悲喜痛痒，而非根据悲喜痛痒建立起"我"与他人的关系。

王阳明以"身体隐喻"展现、证成"我"与他人的一体性。[④] 看到他人遭受困苦荼毒，人会产生切身的疼痛感。身体这时之所以能够产生疼痛感，是因为人具

---

① 如舍勒所言："再感知和体验性生活也不包含对于他人体验的某种'参与'。我们可以在自身再体验中完全'冷漠地'面对这种再体验的主体。"舍勒指出：同感对价值是盲目的，只有在爱中包含了价值。（《舍勒选集》上，上海：上海三联书店 1999 年版，第 277—281 页。）另，笔者对涉及他人处境的情感现象的论述参考了蔡祥元所撰《感通与同情 —— 对恻隐本质的现象学再审视》（载《哲学动态》2020 年第 4 期）一文。

② 《舍勒选集》上，上海：上海三联书店 1999 年版，第 292 页。

③ 《王阳明全集》上，上海：上海古籍出版社 2011 年版，第 286 页。

④ 王阳明之《答聂文蔚》云："夫人者，天地之心。天地万物本吾一体者也。生民之困苦荼毒，孰非疾痛之切于吾身者乎？不知吾身之疾痛，无是非之心者也。是非之心，不虑而知，不学而能。所谓良知也。良知之在人心，无间于圣愚。天下古今之所同也。世之君子，惟务致其良知。则自能公是非，同好恶，视人犹己，视国犹家，而以天地万物为一体。求天下无治，不可得矣。古之人所以能见善不啻若己出，见恶不啻若己入，视民之饥溺，犹己之饥溺，而一夫不获，若己推而纳诸沟中者，非故为是而以蕲天下之信己也。务致其良知，求自慊而已矣。"（陈荣捷：《王阳明传习录详注集评》，中国台北：台湾学生书局 1983 年版，第 258 页。）

有知是知非的"良知"。因为"良知"乃人人具备，所以对"良知"的扩充——"致良知"——就具有公度性。"我"在看到他人的不幸遭遇时，就产生了责任感。责任感首先应该是对自己分内之事的担当，是对自我处境的操劳，而非对他人事务的应承。

在"万物一体"的前提下，当我们因看到他人之不幸遭遇而产生责任意识时，这个负起责任的主体不是"一体"上的某一部分，而是"一体"本身，"一体"自身具有一个统一性的"我"，"我"为"我的"身体"负责"。当王阳明站在"我"的角度论述"我"与天地万物的关系尤其是"我"对天地万物的责任时，一种关于身体的隐喻便暗含了这样的设定："我"是身体的主宰，天地万物分别是"我的"身体的各个组成部分。当"我的"手痛或脚痒时，"我"不虑而知地承担起祛除痛痒的责任，但"我"不属于身体的任何一个部分。"我"属于身体的统一性，即身体本身。如果一定要为"我"在身体中定位，那么"我"就是身体之"心"，此"心"并非一团血肉，而是拥有虚灵明觉之心。对于身体而言，"指其主宰处言之谓之心"。[1] 这种隐喻多用来表述君臣关系。[2]

身体是被缩小的天下。从以上对王阳明身体观的考察中也可窥见其天下观。的确，王阳明曾明言："惟夫明其明德以亲民也，故能以一身为天下；亲民以明其明德也，故能以天下为一身。夫以天下为一身也，则八荒四表，皆吾支体，而况一郡之治，心腹之间乎？"[3] 基于"明明德"的亲民不是一种平等的爱，而是"我"对"支（肢）体"的爱；"我"之所以爱天下之人，是因为"我"是这个天下的主宰。

如果"我"与天地万物的"一体化"建立在"我"是主宰者的基础上，那么此中之"爱"是否也是他人愿意接受的？如何保证"我"不以爱的名义行干涉、控制他人之事？如果说王阳明的天下观赓续了传统儒家"天下一家"的追求与情怀，那么"身体隐喻"对它的证成就理所当然地默认了"我"是"天下一家"的"家长"，"我"是"天下之主"。这一方面可理解为儒者兼济天下的抱负，但另一方面也是

---

① 陈荣捷：《王阳明传习录详注集评》，中国台北：台湾学生书局1983年版，第282页。

② 这类论述在古代文献中历历可见。《管子·心术上》："心之在体，君之位也。九窍之有职，官之分也。"《礼记·缁衣》："民以君为心，君以民为体。心庄则体舒，心肃则容敬。心好之，身必安之；君好之，民必欲之。心以体全，亦以体伤；君以民存，亦以民亡。"《荀子·君道》："天子不视而见，不听而聪，不虑而知，不动而功，块然独坐而天下从之如一体，如四肢（肢）之从心。夫是之谓'大形'。""大形"即"大身体"。董仲舒之《春秋繁露·为人者天》基本上袭用上引《礼记·缁衣》的原话："君者，民之心也；民者，君之体也。心之所好，体必安之；君之所好，民必从之。"

③《王阳明全集》中，上海：上海古籍出版社2011年版，第1128页。

对主从关系模式的"身体性"确证。那么,当"我"在实际生活中不无优越感地自以为"爱"着他人时,这还是不是一种源发的爱?这种爱与"同情"有区别吗?我们可以发现:王阳明的"身体隐喻"中频频出现的是"困苦荼毒"、"疾痛"、"饥溺"这些描述处境不佳的词汇,而缺乏人与他人同喜同乐的描述。所以,王阳明的"身体隐喻"更多地表现为一种对他人的同情。试想:如果天下之人不再处于此困境,"我"是否还能真切地与他人同喜同乐?不过,无论是从"亲(爱)民"还是从"万物一体之仁"来看,以主宰者的身份面对天下之人,同情其悲苦,都与真正意义上的"仁爱"隔膜甚多,也与王阳明论"尽心"时的初衷存在不小的扞格。

(五)"天下一家"岂是"天下一身"

王阳明"天下一身"的"身体隐喻"是为了证成"天下一家"的应然性要求,但是"身"和"家"存在着不同的基点。"身"意味着个体自我,"家"则包含着"亲 — 亲"的共在之维。以个体自我为出发点进行"身体隐喻",表达的是一种"自爱","我"对身体的爱是对自己的爱,"我"爱各个肢体器官实则是爱"我"。这种爱具有明确的目标,即自身,并且这种爱以"我"与作为肢体器官的他人的不平等为前提。既然王阳明的初衷是使天下之人成为"一家",这就意味着王阳明已意识到家才是爱的源头所在,是人伦形态的理想之所。在家中发生的"亲 — 亲"之爱是源发之爱,它克服了"爱我"、"爱他(她)"的计算、分别之心,也超越了规范的强制,把人带到最生动的当下。"亲 — 亲"之爱是一种存在状态,是非对象化的无欺罔之爱。正由于此,对父母的孝爱绝非只是出于规范、义务的"能养",其是否真切要经受"色难"的考验。

"家"带给人们的是一种"我的家"的归属感,"我"不仅是"家"的成员之一,而且"家"界定着"我"。舍勒曾举例说:

> 家族或者氏族的成员对于本族的一个成员受到的任何伤害或者侮辱所怀有的复仇冲动并非出于"同感"(它的前提恰恰是:痛苦是作为他人的痛苦发生的),而是由于将这种伤害或者侮辱直接作为对"自己的"伤害或者侮辱来经历的 —— 这种现象的理由在于个体最先更多地是生活在群体中,而不是自身之中。[①]

舍勒所谓"自己的",首先应该是"自己所处的共同体",而"自己所处的共同体"规定了现在的"我"。当他人被伤害时,"我"不必体验其感受,而是直接感受

---

① 《舍勒选集》上,上海:上海三联书店 1999 年版,第 377 页。

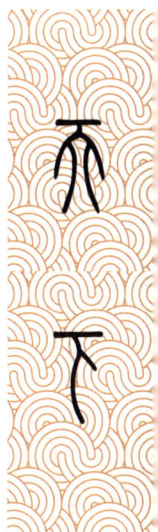

到"我"和他人所共处的共同体本身受到了触犯,"我"的反击既不是为了"我"这个孤立的自己,也非为了保护他人,而是对"我"的生存结构中"我们的共同体"的维护,是对"我"的规定性的守护。所以,他人的幸福、悲苦不是作为对象被"我"感知到,而是作为共同体的幸福、悲苦使共同体中的"我们"有所共感。[①]这样的"为我"与损人利己的自私不可混为一谈,前者是于一个共在结构中进行的,而后者所处的世界是原子化的。

家是最基本的共同体。在作为共同体的家中,显现着一种先于"彼 — 此"的、非对象化的"亲 — 亲"之爱,这为"我"爱家以外的他人提供了根基。由此,一种对家庭以外的人的真切之爱若要超出功利化、教条化、对象化乃至宰治化,就需要培养人们彼此之间对其生存于其中的某种共同体的认同感,尤其是注重生成、呵护共同体为人的生存所提供的稳定结构,使人们在其中有归属感、安全感,使共同体成员因"我们的"悲喜而悲喜。这样一种持久的认同势必在根基处切中"亲 — 亲"之爱。

三 天下如何实现价值认同?
—— 论明清之际的公私之辨

儒家对于仁义价值观的阐述,经由长期"普遍化 — 非普遍化"的跌宕,在王阳明那里从理论上获得了一个在生存中显现的情境化状态。仁义至少在形式上不再是一个未经论证就"天下化"的伦理价值了。一种情境化的阐述既是对某种价值生成方式的展现,又是对人们生活经验的兼顾。这一阐述承认了人对他人的爱既不是均等的,又不是无根的,但这也暴露了一个危险的预设,那就是当把"爱人"作为政治理念的基础时,已然暗含了爱者与被爱者之间的不平等关系。政治上的爱可以导向家长主义。这样的爱虽然实现了表面上的廓然大公,但也在源头上规定了帝王之私的合法性。"天下一家"、"以天下为一家"这些对和谐的畅想,无不是以"家天下"为前提。只有如此,天下人和家人才能够连接。因此,帝王之私实际上获得了一个更为牢不可破的生存论依据。

研究者曾指出:在儒家"四海之内皆兄弟"(《论语·颜渊》)这个论述中,

---

① 这并不意味着共同体成员的感觉都是一样的,准确的表达应当是:感受本身是可以相通的,但感受到的具体内容(程度)却是因人而异、无法完全等同的。舍勒曾这样澄清:"严格地说,人们能够'感受'同一种痛苦(尽管以一种在个体上不同的方式),但却不能够感觉同样的疼痛;在这里始终有两种不同的感觉。"(《舍勒选集》上,上海:上海三联书店1999年版,第385页。)

就包含着一种兄弟之间的反目。因为兄弟是两个相互分离的个体，是每一个人都会用第一人称"我"对自己兄弟说话的独一无二者。血缘上亲近的兄弟之间终究无法以本然一体的面貌呈现，因为人经常默认自己的权力，当两个默认自己权力的人在机会均等时就会视对方如仇敌。如此一来，家天下时代的准帝王们就因为对某种对象——一种畸形的"天下"——的争夺而首先在自家之内展开角逐。好在人皆有羞恶之心与辞让之心，兄弟的异己性会迫使人反思自己的行为，思考权力何以可能。他人的存在是一种无言的恳请，恳请放过他人，"兄弟在此既是'我'的同胞，也是另一者，是他人，是'我'必然已经为之和必须继续为之做出应承和负起责任者"，"'我'是被他人置于必须做出应承和必须为之负责的地位之上的……面对他人，'我'之恻隐之心会被触发。面对他人，'我'之羞恶之心开始萌动。'我'于是能够开始为自己羞惭，质问自己为何就该占有，就该支配"。① 兄弟之间的情分竟然是在一个欲铲除对方而后快的情境中练就的。这说明：只有一个势均力敌的威胁者才能够触发人对私心的克服。那么，倘若天下果真实现了"四海之内皆兄弟"，就必然要求天下人保持一种基本的、有异己性的关系，而非像身体对于肢体器官的自然支配关系那样。惊羡于"身体隐喻"的人往往服膺"感同身受"这一"大公"境界，但对"感同身受"何以可能置之不理，对于"感同身受"的属己性预设缺少追问。这种看似"内在"的理解，实际上是对"天下为私"的纵容，是对专制的默许，也是对天下人人格、自由的罔顾。笔者当然不是主张治天下者应该对民生疾苦熟视无睹，而是指出对天下的美好设想应当在与权力的结合中构成对权力的必要限制，尤其应当思考如何把天下人的意愿纳入"天下为公"的实践中，而不是仅从权力者的角度单方面地爱他人。中国古代的"天下"观念把民心作为一个决定是否更易天下之主的指标，但民心表达的是好恶，而民众的好恶取决于治天下者对于民意的收集与满足。民意是民心的条件，民意需要更为具体的呈现，更需要被体察、反馈，最终落实于天下人的实际生存中，并形成一个长效的运行机制和生存处境。然而，民心有可能被误导、转化，以一时之快诱使天下人不计后果地顺风而从。有学者指出：中国古代缺少表达民意的平台或空间，历史上的"公论"、"公议"等是士人通过学校、雅集、朝堂等平台表达的关于国是、人物、风俗、文化等内容，而于民众的"求生意志"鲜有涉及。② 葛剑雄中肯地指出了民意传达机制对于克服君主之私、实现天下为公的重要性："在没有一套切实可行的

① 伍晓明：《"四海之内皆兄弟"与人类和平的可能性》，载《文史哲》2022年第1期。
② 鲁西奇：《"民意"：中国古代的民众力量》，载《广西师范大学学报（哲学社会科学版）》2022年第2期。鲁西奇在该文中对中国古代民意的基本内涵、表现形式作了详细考察，并揭示了民意的"求生"特质，但是作者对"民意"与"民心"的界定和使用与笔者所见存在差异。

民意收集系统和民意代表制度时，皇帝就算真的愿意为公，也无法明白'公意'何在。"[1]

下面我们就来看出现于近世中国的公私之辨。

（一）封建能否克服郡县之弊

近世以来，士人在"公 — 私"、"君 — 民"两个交互框架内阐述公私问题，通过"寓私于公"把天下的兴亡系于具体的生民。黄宗羲把"君主 — 天下"作为不可还原的对子[2]，甚至愤斥"为天下之大害者，君而已矣。向使无君，人各得自私也，人各得自利也"[3]。君主的一己之私是儒家"天下为公"理想的对立面。"天下为公"不仅是一套理想，还是一套对于君主而言的规范。[4] 以君民关系视角论述公私问题，可以把先前简单地提倡由私入公的倾向转化为对民众之私的承认与保障。[5] 为此，黄宗羲还希望建立一种"天下之法"，取代随着君主的更换而更改、满足君主之私欲的"一家之法"。"天下之法"体现的是天下生民的利益追求[6]，因为"天下之治乱，不在一姓之兴亡，而在万民之忧乐"[7]。按照法家曾经提供的政治逻辑，君主应通过集中、强化权力而把天下整合为一个去伦理、去情感化的大型国家机器。这一国家机器要求在其内部的臣民与国家（君主）之间建立直接的统治与被统治关系，任何介于臣民与国家（君主）之间的小型共同体都将被视为阻碍大型国家机器统一运转的不利因素。[8] 要克服这一逻辑，批判君权，鼓吹"天下为公"，就必然要在制度上恢复或设计多个"中间型"的共同体，使这多

---

① 葛剑雄：《"天下为公"何以成了"天下为我"》，载《同舟共进》2007 年第 9 期。

②"古者以天下为主，君为客，凡君之所毕世而经营者，为天下也。"（《黄宗羲全集》第 1 册，杭州：浙江古籍出版社 1985 年版，第 2 页。）

③⑥⑦《黄宗羲全集》第 1 册，杭州：浙江古籍出版社 1985 年版，第 3、6—7、5 页。

④ 笔者在前文曾提到：郭店楚简中就已有意思大致相同的论述。郭店楚简《唐虞之道》："尧舜之王，利天下而弗利也。"（荆门市博物馆编：《郭店楚墓竹简》，北京：文物出版社 1998 年版，第 157 页。）又，《史记·五帝本纪》说：帝喾高辛"普施利物，不于其身 …… 仁而威，惠而信，修身而天下服"。（《史记》一，北京：中华书局 2011 年版，第 13 页。）帝喾、尧、舜之所以成为后世君主的典范，原因之一便是他们"利天下"，而"利天下"同时意味着他们不利己，实现天下之"公"就意味着否定君主个人之"私"。

⑤ 梁治平已注意到：虽然黄氏在论述君道时多言"公"，"但是他对君民公私诸观念的辨析，却隐含以满足民（人或天下之人）之'自私''自利'为正当的判断"。（梁治平：《为政：古代中国的致治理念》，北京：生活·读书·新知三联书店 2020 年版，第 121—122 页。）

⑧ 古今中外的许多学者已明悉于此，兹举秦晖的一段论述为例："极权帝国通常都喜欢在臣民'原子化'的基础上发展一元化的科层组织，而不喜欢小共同体 —— 如同政治上喜欢官僚制，不喜欢贵族制。"（秦晖、金雁：《田园诗与狂想曲：关中模式与前近代社会的再认识》，北京：语文出版社 2010 年版，《序言》第 10 页。）

个"中间型"共同体之间保持相对的独立性。[①] 这一方面能够弱化君主的权力，限制君主之私；另一方面可以有效地打造、维系熟人社会，使天下人栖居于天下内部的伦理、习俗共同体中，使民众之私形成一个地方性的存在结构。满足上述设想的方案，首推封建制。所以，我们看到：阐述君民公私的儒家学者多不遗余力地提倡封建制。

具体来说，郡县制与封建制不仅是两种制度，而且代表了两种意识形态，二者体现了不同的政治追求。儒家历来对封建制情有独钟，其中的原因或许有儒者追慕"三代"之治的情结，而封建制的私有色彩更容易塑造家国同构，更利于儒家"仁政"的实施，也是不容忽视的因素。郡县制通过编户齐民实现王朝对其治理范围内的直接、全面、统一的控制。按照当代学者的说法，"政府按户登录人口，谓之'编户'。理论上，凡编户之民皆脱离封建时代各级贵族特权的束缚或压迫，是国君统治下的平等人民，故曰'齐民'"。[②] 封建制则是"分土而治，家传世守。民之服食日用，悉仰给于公上，而上之人所以治其民者，不啻如祖父之于其子孙，家主之于其臧获"。[③] 当代学者指出的封建时代之"束缚"、"压迫"，在古代的一些儒者眼中却是一种积极可用的伦理秩序。宋末元初的马端临将"三代"君民关系拟为祖父与其子孙之关系；黄宗羲把封建制下的"君民一体"作为生产建设与军事动员的有利条件[④]；顾炎武则设想"寓封建于郡县"，即在郡县制度的外表下行封建之事[⑤]。郡县制可便于君主统一管理、协调。顾炎武并不完全否定郡县制。他在论述西周封建制度被废时指出："封建之废，非一日之故也，虽圣人起，亦将变而为郡县。"[⑥] 封建制带有很强的私有属性，其运作在很大程度上靠的是风俗人情。顾炎武提出：在上述制度的基础上，要设立县

---

① 黄宗羲对郡县之弊、封建之弊皆有洞见。他提出的方案是建立方镇，因为方镇制可以实现"一方之财自供一方"，"既各有专地，兵食不出于外，即一方不宁，他方宴如"（《黄宗羲全集》第 1 册，杭州：浙江古籍出版社 1985 年版，第 22 页），但天下人的一体感或共同体意识也将因此消退。考虑得更深、更具影响的是接下来要论述的顾炎武"寓封建于郡县"的方案。

② 杜正胜：《编户齐民 —— 传统政治社会结构之形成》，中国台北：联经出版事业股份有限公司 1990 年版，第 1 页。

③ 马端临：《文献通考》第 10 册，北京：中华书局 2011 年版，第 5344 页。

④ "若封建之时，兵民不分，君之视民犹子弟，民之视君犹父母，无事则耕，有事则战，所谓力役之征者，不用之于兴筑，即用之于攻守。"（《黄宗羲全集》第 1 册，杭州：浙江古籍出版社 1985 年版，第 419 页。）

⑤ "夫使县令得私其百里之地，则县之人民皆其子姓 …… 为子姓，则必爱之而勿伤。"（《顾亭林诗文集》，北京：中华书局 2005 年版，第 14—15 页。）

⑥《顾亭林诗文集》，北京：中华书局 1983 年版，第 12 页。

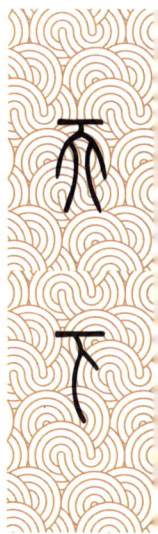

令，给县令充分的权力①，以此打造一个熟人社会，实现同一习俗内部的管理，即使习俗在很大程度上代替律令，产生"文法除而吏事简"②的效果，这样就能够去除胥吏之弊。顾炎武的方案具有明显的调和性，是对君主权力和民众之私利的平衡。"君主权力"与"民众私利"是两个不同的范畴，前者涉及政治运作，后者则涉及民众的具体所得和幸福感。试想：君主在继续强化自身权力的条件下也完全可以满足民众的私利，并因此获得"爱民"、"大公"的美名。不过，若是如此，"天下"的整个属性将因之而变，君主会把天下人的幸福视为自己所赐，众生不过是君主圈养的动物。

如果仅仅从生养的角度阐述公与私，就会把民众的富足作为天下为公的唯一标准，即便君主"无私"地把权力下放给县令，这个只以生养富足为追求的县令同样可以和民众形成一种人身依附关系。在一个伦理化的结构中，县令以父母官的姿态治理他的属地，很可能会把民众的权利吞噬掉。无怪乎顾炎武竟然以养牛马来比喻县令治理本县民众。③因此，儒家的设计在法家的中央集权面前也不过是五十步与百步之别。

（二）由私心而一体：儒者重张封建的基本理路

儒者意识到：解决上述困境的关键在于有无一个把民众私生活与政治整合在一起的理论、制度框架，即让民众可以心甘情愿地把那些处于政治流水线上的人当作"自己人"。这种人一方面由君主任命，另一方面又要与民众打成一片。家国能否实现同构，全在此人。

所以，宣扬封建论的学者看到：在一块家族化的封土内，一种伦理化的政治运作、家长主义的治理方式可以最大限度地把"仁者，人也，亲亲为大"（《礼记·中庸》）与政治结合起来。封建制的优越性根植于人的私心④，其制度设计可以把熟人社会政治化或体制化。这固然可以激发地方主政者的"爱心"，但人毕竟是

①关于县令的选拔、任用："必用千里以内习其风土之人……使天下之为县令者，不得迁又不得归，其身与县终，而子孙世世处焉。"（《顾亭林诗文集》，北京：中华书局1983年版，第16页。）关于县令权力："尊令长之秩，而予之以生财治人之权，罢监司之任，设世官之奖，行辟属之法，所谓寓封建之意于郡县之中，而二千年以来之敝可以复振。"（《顾亭林诗文集》，北京：中华书局1983年版，第12页。）

②《顾亭林诗文集》，北京：中华书局1983年版，第16页。

③《顾亭林诗文集》，北京：中华书局1983年版，第13—14页。唐甄则以牧牛羊比喻治百姓："不习牛羊之性者，不可使牧牛羊；不知百姓之生者，不可使治百姓。"（唐甄：《潜书》，北京：中华书局1963年版，第73页。）

④"以私土子人，痛痒常相关，脉络常相属，虽其时所谓诸侯卿大夫者，未必皆贤，然既世守其地，世抚其民，则自不容不视为一体；既视为一体，则奸弊无由生，而良法可以世守矣。"（马端临：《文献通考》第10册，北京：中华书局2011年版，第5344—5345页。）"天下之人各怀其家，各私其子，其常情也。为天子为百姓之心，必不如其自为，此在三代以上已然矣。圣人者因而用之，用天下之私，以成一人之公而天下治。"（《顾亭林诗文集》，北京：中华书局1983年版，第14页。）

"爱有差等"的,没有一套公平的制度,仅凭主政者的某种道德天赋就不免使民众所得参差不齐。另外,一个靠人伦维持的亲密社会,其所遇到的麻烦并不比一个陌生人社会中的麻烦更少。"亲密社群的团结性就依赖于各分子间都相互地拖欠着未了的人情",正是这种人情上的"来来往往","维持着人和人之间的互助合作"。① 所以,这样的社会拒绝理性化行政的生长。"爱 — 亏欠感 — 报答"就成为这个社会中的人们的存在机制之一。从这样的社会中滋生出谋私、特权、交易、小团体等为现代政治规范所不容的现象,也就并不奇怪了。

韦伯在论述中国士人的行政技术倾向时,却提出了一个与我们的论述相反的说法:

> 如果史籍所载可信,那么士人打从一开始就是封建体制的反对者,并且是具有强制性机构之本质的国家的官僚组织的支持者。这是相当可以理解的,因为就他们关注之所在的立场看来,只有那些深受人文教育熏陶的人,才够资格担任行政。另一方面,为了自身利益,他们指导君侯使行政趋向自主,指导君侯垄断武器的制造与堡垒的修筑,所有这些方法都是使君侯成为"国主"的手段。②

韦伯从理性化的视角看到了士人对于行政的统一性、技术化、精英化追求,并且由此可制造一台自力运行的国家机器。然而,韦伯的理性化视角也使他在一开始就把非理性的爱与恨剔除于论述的范围了。士人在行政结构、运作上提出的建议究竟是为了国家还是为了民众,这才是关键所在。士人有没有一个清醒的国家机器建构意识?如果有的话,为何始终没有发展出韦伯理想中的西方式国家?另外,倘若恢复封建制就可以把地方官员的"私心"充分、合理地利用起来,那么君主之私心为何就无法转化为民众的福祉呢?人难道不是应该尽心尽力经营自己的私产吗?我们看到,一位叫李滋然的晚清士人就曾针对黄宗羲的公私之辨提出"后世人君特患不能以我之大私为天下之公,视天下之大为己之产业耳……而以治家之法治国,未有不治者也"。③ 这一驳难似乎有它的道理,但推究起来,正反两方存在着前提下的重大差异。李滋然的说法预设了君主以天下人为自己的家人,与他们是一个利益共同体。然而,在批判君主之私的儒者

---

① 费孝通:《乡土中国》,北京:人民出版社 2015 年版,第 91 页。
② [德]韦伯:《中国的宗教:宗教与世界》,桂林:广西师范大学出版社 2004 年版,第 169—170 页。
③ 王汎森:《权力的毛细管作用:清代的思想、学术与心态》,北京:北京大学出版社 2015 年版,第 195 页。

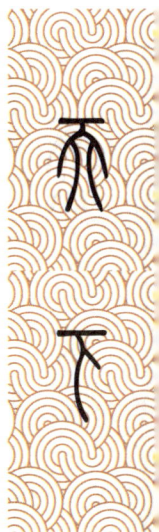

看来，君主并没有与天下人亲密一体的意识，而是将天下人视为家人之外的争利者，君主只有小家，只希望天下物产成为其小家之财产。按黄宗羲所述，人君在一开始是以公心治天下，而后来的君主"以为天下利害之权皆出于我，我以天下之利尽归于己，以天下之害尽归于人 …… 屠毒天下之肝脑，离散天下之子女，以博我一人之产业 …… 敲剥天下之骨髓，离散天下之子女，以奉我一人之淫乐"。[①]唐甄则说："自秦以来，凡为帝王者皆贼也。""杀一人而取其匹布斗粟，犹谓之贼；杀天下之人而尽有其布粟之富，而反不谓之贼乎！"[②]细读唐甄的论述可以发现：他对秦以后帝王的痛斥，不仅在于帝王抢夺民众的财产，还在于帝王之位是通过杀戮而获得的，这种得天下的方式使得帝王（或谓"君主"）在一开始就处于和民众对立的位置上，君主绝无仁义可言，由此而得到的天下自然也不是一个公共性的价值体。孟子就曾说过："行一不义，杀一不辜，而得天下，皆不为也。"（《孟子·公孙丑上》）公私之辨的背后，是得天下的合法性问题、对家如何界定的问题以及身份关系问题。

儒家学者在这方面提出的最令人瞩目的论述就是"身体隐喻"。身体隐喻是为了强化一体感，如前述王阳明所论即是如此。但是，王阳明没有明确地把身体隐喻的身份结构预先展示出来，以至于我们在他的论述中惊讶地看到了"我"与"天下人"之间的某种不平等关系。我们曾提到历史上阐述身体隐喻者的侧重所在是君臣关系。身体既然可隐喻君臣关系，那么隐喻君民关系也不是难事，无非都是"上下一体"。在明末清初的公私阐述中，身体隐喻继续将一体化的宗旨推向人君克私爱民的必要性阐述中。[③]身体隐喻显然是抓住、阐发、利用了人爱自身这一本性。它是私到极处的例证，也是对以爱治天下的模拟。它同时暴露了"私"在治天下过程中的挥之不去、必不可少。去除君主的私心绝非易事，只要天下还有一个治理者，强调"天下为公"的学者就会有意或无意地利用治理者的私心。这并不是公与私的"辩证关系"使然，而是身份差别必然通过自我与他人的对立来体现，自我身份的价值必须落在"私"上，"我"要能够感受到并要保持"我"与他人的这种不同。不同身份的人虽可以"打成一片"，但那是因为某种隐微的"私心"在督促、告诫自己不要自绝于集体，否则"我"的身份将毫无价值。用这个判断来概括所有人我关系或许偏狭，但只要人爱自身这一本性尚存一丝，就完

① 《黄宗羲全集》第 1 册，杭州：浙江古籍出版社 1985 年版，第 2 页。
② 唐甄：《潜书》，北京：中华书局 1963 年版，第 196 页。
③ 唐甄提出："君之于民，他物不足以喻之。请以身喻民，以心喻君。身有疾，则心岂得安；身无疾，则心岂得不安；有戕其身而心在者乎？是故君之爱民，当如心之爱身也。"（唐甄：《潜书》，北京：中华书局 1963 年版，第 109 页。）

全可以被充分利用,并产生历史性效力。

（三）公私之辨与物资流通

　　由私心而成就"一体"看似是一个兼顾公私、两全其美的方案[1],但公私是分别针对不同的群体而言的,"天下之私,天子之公也"[2],"合天下之私以成天下之公,此所以为王政也"[3]。甚至"寓封建之意于郡县"的设想所能满足的也未必是"天下之私",而只是封建主(或者顾炎武所谓的"县令")之私。在这其中,天下人何以能够自觉地投向这个虚拟家长的怀抱?上述公私和解不过是字面上的"公"、"私"并存,其背后已有一部分人的迁就与不甘。

　　实现"公"与"私"在字面上的和解并非难事,问题在于现实中"公"、"私"所分别针对的群体(至少有一方)是否甘心作出让步?在君民关系视角下看公私问题,"公"是天下的价值,"私"则是民众的利益,君主的私心、私利不容许掺入其中。儒者论公私,基本上是针对物质财富。如何分配天下的物质财富是判断天下是否为公的最直观的标准。不唯如此,这些论述中还透露着天下本身就是一个可以被归为君主或民众的对象。讨论一个现成事物如何在不同群体间分配,当然有皆大欢喜的方案,但是结果无论怎样让双方满意,都已然承认、加固了双方的对立性,这就使得"天下为公"成为君主妥协的产物。吕坤说:"天下之财,止有此数,君欲富则天下贫,天下贫而[则]君岂独富。"[4] 唐甄则说:"夫富在编户(引者按:指编入户籍的百姓),不在府库。"[5]财富一定,君民之占有此消彼长。君主何以能够心甘情愿地不利己呢?看上去,民众的幸福只能建立在君主的痛苦之上,"一人忧则天下乐,一人乐则天下忧"。[6]我们看到:在物质财富一定的情况下,就会有一个彼有所损、此有所益的机制。如此,天下内部的财富流通(尤其是富人的奢侈)就是一个缩小贫富差距而尽可能实现物资均分的良策。因此,天下视野下的贫富观

---

　　[1]中国思想史上长期以来在一种抽象的意义上认为公高于私,而对于晚明以来的公私之辨,王汎森说:"晚明以来思想中对公、私问题的看法,则比先前灵活,只要有一种合适的关系,'公'是好的,'私'也可以是好的。一方面解除了'公'、'私'的对立,彰显'私'的正面意义,另一方面出现了'遂私以成公'的思想,认为'公'是在天下百姓各个人的'私'得到保护之后,才算是总体地完成了的新思想。"(王汎森:《权力的毛细管作用:清代的思想、学术与心态》,北京:北京大学出版社2015年版,第182页。)这个观察无疑是准确的,但是这种公私关系背后所依凭的身份关系、角色意志都是十分复杂的。

　　[2]《顾亭林诗文集》,北京:中华书局1983年版,第15页。

　　[3]顾炎武著,黄汝成集释:《日知录集释》上,石家庄:花山文艺出版社1990年版,第120页。

　　[4]《明史》一九,北京:中华书局2011年版,第5942页。

　　[5]唐甄:《潜书》,北京:中华书局1963年版,第114页。

　　[6]《吕坤全集》中,北京:中华书局2008年版,第823页。

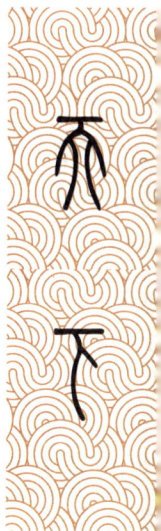

就必然要求财富的占有者从家财万贯的沾沾自喜走向消费上的大手大脚。但是，这一逻辑仍然预设了天下内部的对立性，即一部分人"过得更好"总是以另一部分人"花得更多"为条件。[①] 就此而言，奢侈反倒是一种利于天下的行为，那么商业活动自然也获得了其价值上的合理性。

（四）公私之辨何以实现价值认同？——身份、人格问题的凸显

阎步克在考察"中国专制主义"问题时，揭举了"专制主义"的三个方面，分别是"高度集中化的单一君主权力"、"全体臣民对单一君主的人格依附与单一君主对全体臣民的人身支配，君臣间无条件的统治权利与效忠义务"、"财富、资源与声望高度集中于君主个人及其家族"。[②] 就第三个方面而言，上文所述针对专制君主的公私之辨，首先是对财富、资源的重新归置，也是对民众"自私"、"自利"之权利的申述。"天下"最直观的表现就是土地上的民众。按此前儒家的理想，治天下的人应该是王者。但是，君主未必就是王者。因为王者的品行修养非一般君主可致。不过，儒者可以限制君主的所作所为，希望君主尽可能接近王者。君主若治天下，要面对两个基本的问题：一是这片土地的所有权；二是如何协调与这片土地上的民众的关系。"取天下，守天下，只在一种人上加意念……一种人是那〔哪〕个？曰'民'。"[③]"王者能臣天下之人，不能擅天下之土。"[④] 天下的面积并不是儒家意义上的"天下"的核心，儒家对"天下"的讨论更在乎的是王者与民众的关系问题。王者应当考虑如何使民众"生之厚、用之利、德之正"。至于土地，它"客观"地存在着，即"天地之固有矣"。[⑤] 因此，王者如何更好地"臣天下之人"就构成了现实中的君主在计较得失之前应当首先思考的问题。这一问题的独特性或重要性在于它不是一个靠君主运筹帷幄或集思广益就能够解决的技术性、策略性问题，而是一个需要君主在视野、胸怀上予以根本性转变的问题。君主不是在命令和权力中体现其价值，而是在保存"天下"、为天下人提供安定的生存处境的过程中成其为王者。在这个意义上，君主的身份只是行政运作中的权力载体，君主是完全可以更换的，甚至"亡国"都未必与天下人的生存休戚相关。所以，顾炎武说："有亡国，有亡天下……易姓改号，谓之亡国；仁义充

---

① 明人陆楫的《蒹葭堂杂著摘抄》有专论，杨联陞曾将陆氏之论概括为"个体与全体当分别论断，俭德施之于一人一家为美德，但施之于天下则适得其反"。（转自《余英时文集》第 3 卷，桂林：广西师范大学出版社 2004 年版，第 183—184 页。）

② 阎步克：《政体类型学视角中的"中国专制主义"问题》，载《北京大学学报（哲学社会科学版）》2012 年第 6 期。

③《吕坤全集》中，北京：中华书局 2008 年版，第 855 页。

④⑤ 王夫之：《读通鉴论》中册，北京：中华书局 1975 年版，第 440、440 页。

塞，而至于率兽食人，人将相食，谓之亡天下……保天下者，匹夫之贱，与有责焉耳矣。"①

　　儒家的"天下"观念把天下放在"兴亡"的历史命运中，把天下之"亡"作为阐述其"天下"观念的一个关键可能。天下有亡，王者、儒者才会思考如何使天下不亡、长久存在，才会思考天下人如何在一套"文明"的价值系统中获得人生的意义。君主若要成为受人敬重的王者，就需要具备王者的天下胸怀和视野，就应该自觉地维护天下人安身立命的价值系统。只有如此，当这套价值系统崩溃时，"天下之变，莫甚乎君臣父子一旦相失而永诀终天，此人生之至痛，而古人臣之所遭未有以比也"②的论述才能够成立。所以，公私之辨不单是一个君主与民众利益关系的问题，更是事关天下存亡与君主身份得以"天下化"的问题。在天下内部，一个达到王者高度的君主必然是与民众共存亡的。

　　《史记·货殖列传》云："'天下熙熙，皆为利来；天下壤壤，皆为利往。'夫千乘之王，万家之侯，百室之君，尚犹患贫，而况匹夫编户之民乎！"③一旦涉及"利"的话题，"天下"就不能是一个含糊的抽象物，而是必须表现为某类或者几类群体的生存形态。无论王侯还是民众，追求利益均无可厚非，但是利益的分配却关乎身份高下、人格贵贱。孔子说："丘也闻有国有家者，不患寡而患不均，不患贫而患不安。盖均无贫，和无寡，安无倾。"（《论语·季氏》）人们能够从财富的分配中直接感受到自身人格的被尊重与否。在财富、利益的问题上，当抽象的"天下"具体化为"天下人"的处境，当对财富的分配关涉到天下人的人格时，一种旨在保护天下人之私的学说就显得弥足珍贵。因为这种学说不仅把儒家"天下"观念中诸如仁、义、公等价值观念和天下人的生存、命运关联起来，而且在这种具体化的关联中证成了"天下"的公共性。近世以来众儒者的公私之辨便是对"天下为天下人之天下"这一古训之内涵的揭示。儒家"天下"观念中所重视的价值认同只有和每一个具体的天下人发生关联，才有实现的可能，否则就会沦为空想。

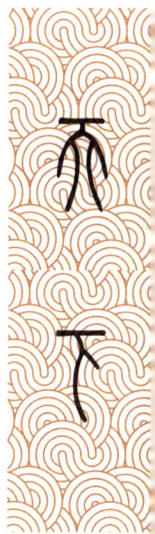

①顾炎武著，黄汝成集释：《日知录集释》上，石家庄：花山文艺出版社1990年版，第590页。
②《顾亭林诗文集》，北京：中华书局1983年版，第159页。
③《史记》一〇，北京：中华书局2011年版，第3256页。

第七节　植于民心,协和万邦:儒家"天下"观念的现代价值

　　梁启超曾痛苦地指出国人没有国家观念:"一曰知有天下而不知有国家,二曰知有一己而不知有国家。"[1]梁启超之所以批评国人国家观念的后知后觉,是因为当时的中国在面对"世界万国"的国际局面时显得格格不入。梁启超所说的"国家"不是中国古代"家—国—天下"序列中的"国家",而是西方意义上的"民族国家"。他认为:其时的民众理应把"国家"观念从一个悠久的"天下"观念转变为西方意义上的"现代国家"观念。先秦儒家阐述的"天下—国家"张力在于王霸、文武,天下与国家之区别在于奉行何种价值理念;近代以来如梁启超揭举的"天下—国家"张力虽也存在着价值理念的对立,但更直接地表现为传统与现代的区别、落后与先进的差距。其时的走向现代,首先是拥抱西方,融入"世界万国"的潮流。不过,其时的"世界万国"是强力竞争的产物。在《威斯特伐利亚和约》所确立的世界秩序中,国际法"几乎不存在对武力运用的限制"[2],包括欧洲之外的万国之民也尚不具备共同的价值理念。在这一局面下,儒家的"仁义道德"就是一个与国家兴衰存亡相去甚远的话题。历来坚信文德可以怀柔远人,使四夷慕义而至的国人转而面对着多股力量的汹涌来袭。纷至沓来的西方人并非仰慕"天朝"的道德与文化,也非为了建立一个替代性政权;相反,西方人承认中国的主权。但是,承认主权是为了建立一种不平等、主客化、持久性的掠夺、宰治、瓜分机制,"是以契约形式合法地剥夺边缘地区的资源和劳动力的合法条件"。[3]这是近代西力东渐与历史上多次胡人乱华相比的异样之处,也是华夷之辨无法解释的现象。[4]当国人被卷入这场分崩离析、价值分裂的风

----

[1] 梁启超:《新民说》,北京:商务印书馆2016年版,第60页。

[2] 来自英国学者戴维·赫尔德等人的概括,引文见李强撰《全球化、主权国家与世界政治秩序》,载《战略与管理》2001年第2期。

[3] 汪晖:《现代中国思想的兴起》上卷 第2部《帝国与国家》,北京:生活·读书·新知三联书店2015年版,第703页。

[4] 徐中约认为:受"王者不治夷狄"(何休语)这一理念的影响,中国缺乏主动治夷的传统,因而在19世纪遭遇西方"夷人"的挑战时毫无防备。(徐中约:《中国进入国际大家庭:1858—1880年间的外交》,北京:商务印书馆2018年版,第17、22页。)笔者认为:徐中约的论述对于"中国进入国际大家庭"这一事件的解释力度是有限的,因为这并没有对历史上多次发生的胡人乱华与近代的西力东渐作出根本性的区分。

暴时，要立刻完成从"天下"观念到"国家"观念的转变，当然殊非易事。

一百多年过去，"天下"重新回归人们的精神世界，或者说，它根本就未曾湮灭，只是在举世建构"民族国家"的时代环境中作为不合时宜之物而被要求"转化"、"升级"，所以它暂时失声了。"天下"是否完成了时代所要求的更新换代，可以见仁见智，但不容否认的是，百年以来的中国现代化进程仍然是在"天下"观念的内在逻辑中展开的。

笔者觉得：相比于各个国家、各类文明独具特色的发展历程，概念的使用是个次要的问题。某个概念是由谁提出的？它出现的背景是什么？它在多大程度上可以涵盖、表述所有的事相？上述问题应被首先且慎重地考虑。共用一个概念是为了表述、交流的方便，但是若以概念含义为不可撼动之准绳，循名而责实，就常常会对现实失望。中国百年来的国家建构是一个顺应、融入世界大势的选择，国人为之付出的艰辛昭彰不朽，但与之密切相关的"天下"观念久久挥之不去也未必就会使国人进退维谷。一个国家、文明传统中绵延持久的世界认知、涉外理念，有时也恰恰是今日现代化征程中克服艰险的资源。

"天下"观念的价值内核、文明属性于国家建构中的内政、外交均有可资借鉴之处。"天下"观念把民心作为天下治乱的决定性要素，把风俗的醇正与否作为天下兴亡的枢机、要害，把同一片天之下的芸芸众生视作整体，并提出了"四海之内皆兄弟"、"民胞物与"、"天下一家"等恢宏之论。在这一观念中，天下基本上是家庭的放大。与在关键节点上含糊其词的"移孝作忠"不同，中国传统文化中的"天下"观念自始至终有一个神圣的生成、监观、授命、改易的主体，那就是"天"。"天"的浩瀚无垠与不偏不倚决定了普天之下的生民理应获得受"天命"而治者的公正对待，天下应当"为公"。[①]不过，天下那片广袤大地上的山川、河流、气候、物产生成了风俗各异的文明，不同的文明造就了秉性、气质、好恶、价值等不同的各色群体。所以，"天下"观念就难以在现实中找到与之对应的"天下体系"。我们可以把历史上的四方来朝叫作"中国秩序"，因为它接近于一个认同统一、安危与共的大家庭，姑且可被称为"有限的天下体系"。但是，由于这一"天下体系"的建立和维持是由多方面因素促成的，这宛如一家的景象背后就有着"天下之主"的苟且迁就和被抚驭者的各具心思。所以，一旦"中国"力不如人，中原的皇帝就要向强邻低头示好，甚至纳贡求和，国人的"天下"观念就遭遇最残酷的嘲讽。

①沟口雄三指出："天"、"天命"的观念与"天无私覆"（《庄子·大宗师》）的观念相结合，使公私问题扩展到"天"所覆盖的"天下"领域，使"公"概念获得了某种普遍性。（［日］沟口雄三：《中国的公与私·公私》，北京：生活·读书·新知三联书店2011年版，第254—255、252页。）

在国际法规定各国平等的今日,"天下"观念当然不被允许衍生出一套像"册封—朝贡"体系那样的等级秩序;反过来说,国际法也不允许否认"天下"观念的人凭借强力行破坏世界和平秩序之事。在现有的"国际"框架内,"天下"观念的价值就在于它如何能够更好地协调国与国之间的关系,如何在把"所有人"作为一个整体的前提下使世界成为一个安定的人类居所。我们须意识到:目前开展国际交往的主体,除了官方,还有民间。一个人、一个国家都属于某种文明。各国国籍法规定了每个人在开展对外交往时的特定身份(即便有不同的国籍,但终归有限)。在开展国际交往时,个人之言行举止总是与之所代表的国家甚至文明挂钩。从这个意义上说,在民间开展的国际交往同样赋予每个人"协和万邦"的责任,"天下"观念也就不只是建构一套政治秩序的驱动者,更是一种人人皆具的交往理念。"天下"曾是一套以"文明共同体"为单位的阐述,而因为每个人都是"文明中人",所以国际上的人人交往,除了有同一文明内部的交往,还有文明间的交往,"协和万邦"的交往理念也就同样具有"协和文明"的内涵。如果说亨廷顿的"文明的冲突"是对一个时代的事实判断,那么"天下"观念就显然不满足于仅仅接受这一事实,而是要求开展文明间的交往对话。如果说古代的"天下"观念希望通过"修文德以来之"来塑造一个人类文明共同体,那么当这一观念在今日再现时,就需要我们对"文明共同体"的内涵作出适时的界定,那就是:"文明共同体"与其说是一个现成的目标,不如说是一个持续的进程;与其说是一种文明对另一种文明的替代,不如说是文明间的沟通。"共同体"因其构成性而"共同"。它首先意味着各组成因子"共同"地存在。"协和万邦"者未必就是自命的国际秩序主宰者,也可以是一个首先作为"天下人"的担当者。人类的生存安宁是人与人、国与国、文明与文明交往时最基本的考虑和最终的目的。"和"在中国的典籍中曾被这样论述:"和实生物,同则不继。"(《国语·郑语》)"协和万邦"的目的是"和而不同"。质言之,人类在一个安宁的世界中保持着自身的特色,人类在差异中达成共识,这理应成为今日重提"天下"观念的初衷和归宿。

第二十二章

大同

第一节 古代的"大同"思想

一 普遍与差异：经典中的"大同"思想

关于"同"字，东汉许慎的《说文解字》诠释曰："同，合会也。从'冂'，从'口'。""冂，重覆也。""口，人所以言、食也。"清代文字训诂学家段玉裁注曰："帱帐所以覆也。""口皆在所覆之下，是'同'之意也。"从这里可以看出，"同"的本意是"聚集会合"，是一群人在一个帐篷内吃饭或者说话，进而引申为大家有饭同食、有事共同商量的意思。

关于"同"最早的文献记载可以追溯到《尚书·盘庚》："暨予一人猷同心。"这其中的"同"是"共同、相通"的意思。《尚书》中的其他章节也表达了相同的意思，如"九州攸同"、"四海会同"、"同心同德"等。在《国语·郑语》中，有一句话说"和实生物，同则不继"，强调重视多样性事物的和谐统一，"同"带有一种排他性，要求整齐划一、不容不同元素存在的意味。《周易·睽卦》中说"君子以同而异"，《周易·系辞下》也有"天下同归而殊途"的句子。虽然历代对词句意蕴的解释不一，但这些句子大体上表达的都是要注重与他人的关系，强调多元差异和宽容智慧以及多元协同，看到了事物的整体性和一致性。

"大同"一词最早出现在《尚书·洪范》中。《洪范》有"九畴"，即治理国家必须遵循的九条大法。其第七条为"稽疑"，意思是说有重大决策疑惑难决的时候，要考虑自己的判断、卿士的意见、百姓的看法以及龟卜和占筮所形成的卦象这五个方面的因素。所谓"汝则从，龟从，筮从，卿士从，庶民从，是之谓大同"，就是说如果这五个方面的意见都一致，那么大家的判断都相同，这就是"大同"。显然，这里的"大同"简单地说就是"大家的意见都相同"，还不是我们一般意义上所说的作为社会理想的"大同"。

《庄子》中也多次出现"大同"一词，如其外篇《在宥》说："堕尔形体，吐尔聪明，伦与物忘，大同乎涬溟。"这句话与《大宗师》所说"堕肢体，黜聪明，离形去知，同于大通，此谓坐忘"的意思相近，强调只有忘掉形体及自我观念上的固执成见，

才能与大道之混沌相合。其"大同"与"大通"意思也是相近的，都有物我合一、天人浑化的神秘主义意味。与庄子"天地混同"的"大同"思想相似，《吕氏春秋·有始览》也说"天地万物一人之身也，此之谓'大同'"，这与北宋张载在《西铭》中所说"民吾同胞，物吾与也"之"天人合一"的思想很接近。这些都可以看作道家的"大同"思想，这种"大同"思想突出的是人与天地的通达和顺、与自然的合一。

我们通常所讲的"大同"思想主要还是《礼记·礼运》中的"大同"思想。《礼运》言：

> 大道之行也，与三代之英，丘未之逮也，而有志焉。大道之行也，天下为公。选贤与能，讲信修睦。故人不独亲其亲，不独子其子，使老有所终，壮有所用，幼有所长，矜、寡、孤、独、废疾者皆有所养，男有分，女有归。货恶其弃于地也，不必藏于己；力恶其不出于身也，不必为己。是故谋闭而不兴，盗窃乱贼而不作，故外户而不闭。是谓"大同"。

这段话是《礼记》中的孔子之语。通过这一段描述，可以看出"大同社会"的基本特征：

第一，天下为公。对于这句话，学者有不同的解释。郑玄认为：这里讨论的是天子之位的继承问题，"公"的意思与"共"相同，意味着天子之位不能私相授受、私传于子孙，这实际上是描述了尧舜时代禅让制的情况。历代学者多承此说，认为五帝"官天下"，而不是"家天下"。到了现代，有学者基于西方社会学、人类学和马克思主义的研究成果，认为"天下为公"的意思是建立生产资料的公有制，反映的是上古时代实行没有私有财产的原始共产主义的情况。

第二，选贤与能。"贤"是有德行的人，"能"是有能力技术的人。选用贤能之人可以打破贵族的世袭制，让有能力的人脱颖而出。

第三，讲信修睦。"信"是人与人之间的诚信，"睦"是人与人之间的爱，两者都是构建共同体所不可缺少的元素。因此，儒家主张讲信修睦，以建立和谐健康的人际关系。

第四，不独亲其亲，不独子其子。有一些学者将这一条解释为儒家的一种博爱精神，认为这体现了个人对其他所有人都一视同仁、毫无分别的爱。这恐怕是对儒家仁爱精神的一种误解。儒家尊重在血缘基础上自然形成的亲亲之爱，认为这种爱出于自然天性，仁爱的情感基础首先在这种亲亲环境即家庭的环境中才能形成，但人们又不能过分沉溺于这种爱，要在这种自然之爱的基础之上进一步提升，扩展自己的这种爱，做到"不独亲其亲，不独子其子"，这才是儒家之仁的目的。

第五，安定的社会状态。 良好的制度和人民健康向上的精神最终会落实为一种描述性的社会状态。在这种社会状态中，老人有老人的位置，壮年有壮年的位置，孩子有孩子的位置，男女同样各得其位，每个人的价值都能够得到充分的发挥，这正是孔子理想中的"老者安之，朋友信之，少者怀之"。这样的社会没有奸谋诡计，没有战争，处于一种安定祥和的状态。

我们现在所说的"小康社会"的"小康"一词也源自《礼运》：

> 今大道既隐，天下为家，各亲其亲，各子其子，货力为己。大人世及以为礼，城郭沟池以为固，礼义以为纪，以正君臣，以笃父子，以睦兄弟，以和夫妇，以设制度，以立田里，以贤勇知。以功为己，故谋用是作，而兵由此起。禹、汤、文、武、成王、周公由此其选也。此六君子者，未有不谨于礼者也。以著其义，以考其信，著有过，刑仁讲让，示民有常。如有不由此者，在势者去，众以为殃。是谓"小康"。

"小康"一词与"大同"相对出现，显然"大同"的社会发展程度要高于"小康"。"大同"是"天下为公"的社会，人们在道德观念上都能打破自私自利，有公心，没有私心。"小康"则在一定意义上说就是各自为己，以自我和自己的家庭为中心，这就需要礼来维系社会。礼有约束性，一方面会维护现有的私有制度，另一方面会对过度的私有观念和私欲进行限制，保持社会基本的和谐稳定。以此来看，"大同社会"是不需要礼对人们进行约束的，因为人们在道德上都能高度自觉，以自私自利为耻，都能自觉地相互礼让。我们现在常说的"小康社会"中的"小康"，意味着人民安居乐业，家庭的经济生活比较富足。这与《礼运》所说的"小康"虽有渊源，但意义不同。

就社会政治思想意义上的"大同"而言，"大同"意味着"均平"、"大一统"、"和谐"等多重含义。汉代郑玄解释"大同"的"同"为"和"、"平"。"同，犹和也，平也。"[①] "大同"就是"大和"、"大平"。唐代经师孔颖达认为："'是谓大同'者，率土皆然，故曰'大同'。"[②] 这即是说：疆域之内都是孔子所说的场景才是"大同"。孔颖达在这里所强调的是"大同"的特征在地理范围上的普遍性，注重阐发的是"大同"疆域的广阔性。就中国的传统天下观而言，"率土皆然"在这里也可以理解为整个天下的"大同"之风的流行。与孔颖达不同，郑玄重点说明了"大同"的内部性质，"大同"即"大和"、"大平"。"和"在这里去除了认为"大同"即是没有

---

① ② 李学勤主编：《十三经注疏·礼记正义》中，北京：北京大学出版社1999年版，第659、660页。

差异的惯常误解。孔子说："君子和而不同。"其承认事物和人类生活的各种差异性特征,这种智慧对中国的思想传统影响甚深。"平"在这里也不是"完全均等"的意思,儒家强调事物和人类自然的差异格局,并不主张强行拉平人与人之间的各种自然差异。按照过去以经释经①的传统,《诗经·小雅·节南山》中有"昊天不平"的句子,这里的"平"字即是"公允"、"公正"的意思,当可与郑玄所说的"平"互释。综合郑玄、孔颖达的诠释,"大同"之义可分为两层:一是"大同"空间范围的广大,这个范围即是天下,天下作为一个地理空间,可以说没有界限,凡是人类生活之处、人类足迹遍及之地都是天下的范围,这层含义反映了"大同"的普遍主义特征。二是注重天地万物自然秩序的差异性,尊重人类各个不同生活群体因为历史性、地理性原因造成的生活方式的不同,提倡人类群体共处时的和谐,同时也强调差异化前提下必须公平、公正的重要性。这里所显示的价值观正是一种多元倾向的尊重不同的特殊主义价值观。这两种不同的价值取向结合于经师对于"大同"含义的阐释中,所体现出的正是圣贤胸怀天下、济世救民的普世情怀和与世推移、重视差异的灵活性和现实感。

《礼运》所反映的"大同"思想也在其他经典中有所表现。《尚书·尧典》中记载尧治理天下的成绩时是这样说的:"允恭克让,光被四表,格于上下。克明俊德,以亲九族。九族既睦,平章百姓。百姓昭明,协和万邦。黎民于变时雍。"《礼运》中说"讲信修睦"、"人不独亲其亲,不独子其子",与《尧典》所说正相符合。中国传统文化谈及社会治理时,向来重视社会关系的处理,而且往往采取由身及家、由家及国、由国至于天下的秩序推广。尧治理天下,同样也是先从家族开始,进而到各族,最后到各个邦国,"邦国咸宁",天下的民众自然也能安宁生活。《尚书》中的记述是中国人"天下"理想的体现,这是"大同"普遍主义特征的题中之义。同样,《诗经·小雅·北山》说:"溥天之下,莫非王土;率土之滨,莫非王臣。"《中庸》说:"声名洋溢乎中国,施及蛮貊。舟车所至,人力所通,天之所覆,地之所载,日月所照,霜露所队:凡有血气者,莫不尊亲。"这些说法都是中国人"大同"思想的体现,反映的是"大同"理想地域的无限性。

郑玄将"大同"理解为"大和"、"大平"与"和"、"平"的思想在中国经典中也有体现。《尚书·洪范》中说:"无偏无党,王道荡荡;无党无偏,王道平平。"所谓"无偏无党",即言王道要大中至正、公平无私,所反映的是治理国家要公正公平,不能有所偏私的思想。《周礼·天官冢宰》中规定大宰的责任要掌管制定和颁行

---

① 经是指孔子编纂修订的《诗》《书》《礼》《乐》《易》《春秋》六部经典,其中《乐经》早亡,世称"五经"。在后来的经学诠释中,经与经之间的相互诠释印证成为历代经师注释经典的重要方式。

王国的六典，以辅佐天子治理天下。六典中的第四典即政典，政典施行"以平邦国，以正百官，以均万民"，这种"均平"的政治思想在之后中国的政治思想史中流传和被继承下来，表达的是中国文化中"平"的理想，由"平"做到"大平"即是"大同"。这里也要澄清一个对于"大同"思想的流行的误解，即认为"大同"反映了一种绝对平均、平等主义的诉求。古书之中多用"均平"而少用"平均"二字。儒家所讲的"均平"实际上是一种有差别、有限度的合理状态的均衡，而不是毫无差别的、没有区分的。在《论语》中，孔子说："有国有家者，不患寡而患不均，不患贫而患不安。盖均无贫，和无寡，安无倾。"朱熹解释此"均"为"各得其分"，当是确解。儒家的社会理想一般被表述为"礼乐社会"，"礼"的精神就是"分别"。《礼记·曲礼上》说："夫礼者，所以定亲疏、决嫌疑、别同异、明是非也。"所重的就在于天地间的事物、人文的差别，有差别才有同异、有是非，进而才产生"决嫌疑"的问题。若万物毫无分别，人伦之间没有亲疏，那就是没有文明的远古时代了。朱熹对孔子此话的解释是："寡，谓民少。贫，谓财乏。均，谓各得其分。安，谓上下相安。""均"是当时社会制度条件规定下的财富的均衡分配，是在遵守礼的前提下的财富均衡。"均"象征着民众对社会公正、公平的普遍诉求，也是儒家所追求的目标。"礼"则是在"均"的指导下照顾到了人与人之间的天然差别，考虑到了社会存在的各种差异现实。社会财富分配要合理，即要在和谐中存差别，在差别中求和谐。

中国的均平思想可以分为三个层面来讲：一是经济均平。其典型表现是井田制。井田制以家庭为单位，而不是以个人为单位，这与西方的经济平均思想十分不同。西方柏拉图在《理想国》中主张消灭家庭，以家庭为私有观念之根源。然而，儒家不如此看，必以"老吾老以及人之老，幼吾幼以及人之幼"之仁的精神进行扩充，达到"不独亲其亲，不独子其子"。孟子说"仁政必自经界始"，正表现出儒家主张"制民之产"，注重人民经济生活水平的特点。二是政治均平。政治均平主要表现在君臣"各安其分"，不相僭越，也表现在国君对待臣下的公正与公平上。三是社会均平。社会均平是指重视社会成员在获得一般社会利益方面的普遍性。如《礼记·孔子闲居》中讲："天无私覆，地无私载，日月无私照。奉斯三者以劳天下，此之谓'三无私'。"孔子以天、地、日月为比照，认为"民之父母"要具备像天、地、日月那样无私的均衡精神和博大心胸，才能治理好天下。[①]

"和"也是儒家传统中的一个重要价值理念。《国语·郑语》中说："夫和实生物，同则不继。以它平它谓之'和'，故能丰长而物生之；若以同裨同，尽乃弃矣。"

---

① 张自慧：《真相与启示：先秦儒家"均平"思想探微》，载《孔子研究》2014年第4期。

这句话表达的意思是：不同事物的调和是事物得以产生的保证，相同性质的事物则是单纯的重复。这种观点强调了多元要素的协调、配合是比单一性要好的。《中庸》说："中也者，天下之大本也；和也者，天下之达道也。致中和，天地位焉，万物育焉。""中"是中道平衡，"和"是和谐，奉行平衡与和谐的原则就会促进天地万物的发育和秩序。① 陈来在《仁学本体论》中将"和"分为五个层次：第一层次是天人之和，即人与自然的和谐。这是建立在中国"天人合一"思想的基础之上的。第二层次是国与国，即国家间、族群间的和平。第三层次是人与人也就是社会关系的和谐。中国文化向来注重父子之亲、君臣之义、夫妇有别、长幼有序、朋友有信，处理的正是各种社会关系问题，注重的是人与人之间的尊重互通、责任担当。第四层次是个人的精神境界、心理状态的平和。中国文化特别是理学传统的一个重要主题就是"寻孔颜乐处"，其目的就是达到个人心境的安乐感受。孔子很欣赏颜回，称赞颜回："贤哉，回也！一箪食，一瓢饮，在陋巷，人不堪其忧，回也不改其乐。"颜回的这种快乐正是他高尚人格的体现。第五层次是不同文化间的协和、理解。《中庸》中说："万物并育而不相害，道并行而不相悖。"这是提倡以开阔的胸襟面对不同于自己的元素。在中国历史中，儒、释、道三教总体的和平相处也是文化间关系共处的典型事例，其背后的因素与中国的"和"文化是分不开的。②

中国文化这种强调普遍性与个别性的特征不仅体现在思想层面，而且在经典所载的制度层面有进一步体现。《礼记·王制》中说："凡居民材，必因天地寒暖燥湿，广谷大川异制。民生其间者异俗，刚柔、轻重、迟速异齐，五味异和，器械异制，衣服异宜。修其教，不易其俗；齐其政，不易其宜。中国戎夷五方之民，皆有性也，不可推移。东方曰'夷'，被发文身，有不火食者矣。南方曰'蛮'，雕题交趾，有不火食者矣。西方曰'戎'，被发衣皮，有不粒食者矣。北方曰'狄'，衣羽毛，穴居，有不粒食者矣。中国、夷、蛮、戎、狄皆有安居、和味、宜服、利用、备器。五方之民，言语不通，嗜欲不同。达其志，通其欲：东方曰'寄'，南方曰'象'，西方曰'狄鞮'，北方曰'译'。"可见先王制度既重视天下民众的普遍需求，强调礼义教化的普遍适用，又注意到要尊重不同地区的人民因历史而形成的自然风俗和丰富多彩的生活方式。不管是身在中原，还是在夷狄蛮荒，同服王化、遵行礼义是一致的，这是"大同"含义中"大一统"要求的体现。

---

① 陈来：《中华文明的核心价值：国学流变与传统价值观》，北京：生活·读书·新知三联书店2015年版，第71页。

② 陈来：《仁学本体论》，北京：生活·读书·新知三联书店2014年版，第493—495页。

《周礼》中的第一句话就是"惟王建国"，这也是中国文化中"大一统"思想的体现。天下万事万民，纷乱复杂，必有一中心来为万民作模范，这个中心在古代就是"王"。"王"的存在保证了政治和教化的统一性，所以《春秋》才有"尊王攘夷"的大义存在。但是，这个"王"并不是像秦始皇一样专制暴虐的。古人说"通天、地、人三才曰'王'"，又说"王者，人民归往之也"，所体现的是王者要有能够调和天地、顺应民心的才能。这种顺应不是强制性地改变不同地区的人们的习性以使之归于完全相同，而是因天地环境的不同施以教化治理，以达到"阜人民、蕃鸟兽、毓草木"的目的。在儒家治理天下的理想中，一是养，二是教，教以养为前提，养以教为目标。教化大行、民咸知德的结果正是"选贤与能，讲信修睦"，"老有所终，壮有所用，幼有所长"，从中可以看出儒家对于普遍性和特殊性的中道处理。费孝通说中国的民族是"多元一体"，中国文化、中国礼俗、中国政治又何尝不是"多元一体"？"一体"是中国文化的普遍性，"多元"则是中国文化的多样性。若无一体，则多元就是分裂；若无多元，那一体就是一言堂似的万马齐喑。中国文化不论是在思维的方法论上，还是在政治的实际践履中，都注意维持一与多的平衡。

"大同"思想在表面提倡"万国同风"的一统理想的同时，也内含着承认地区差别、个人差异等方面的内容。这种精神在宋儒思想中也得到了体现，被集中表达为"理一分殊"一语。"理一分殊"是北宋理学大家程颐对张载的《西铭》一文本义的概括性用词。"理一分殊"说明了超越性的"理"是同一的，具有普遍性，但它的表现要具体化，必须以时空条件以及实际情况为依据而有所不同，呈现出一定的差异性来。这种思维方式与"大同"的内在要求是一致的，也是中国思想传统中的优秀部分，值得进一步发扬。

二　追寻"乌托邦"：古代"乌托邦"意义的"大同"思想

在以往对古代"大同"思想的研究中，学者们多就"大同"的宽泛意义来讲，"大同"几乎就是种种社会理想的同义词。陈正炎、林其锬所著的《中国古代大同思想研究》将古代"大同"思想的表现形式归纳为六种类型：

一是依托远古，向往原始社会，用现有的观念材料进行加工和美化，勾画出大同社会的美妙蓝图。道家的"小国寡民"、"至德之世"以及儒家的《礼记·礼运》等都属于这一类型。

二是人间的社会追求采用非人间的境界想象。这种形式多出现于宗教中，如佛教的"净土世界"、基督教的"天国"理想等。

三是出现在文学作品当中的，由作者用形象生动的语言描绘的理想社会秩序，如陶渊明的《桃花源记》中的桃花源、李汝珍的《镜花缘》中的君子国等。

四是历史上的学者、政治家对理想社会方案的制订，如战国孟子、东汉何休、宋代张载对井田制的规划等。

五是历史人物基于自己的社会理想付诸实践，进行社会实验，如东汉张鲁设立的"义舍"、明代何心隐创立的"聚和堂等"。

六是在农民起义过程中，农民领袖提出的行动纲领和斗争口号，如唐代王仙芝、黄巢的"天补"、"均平"口号，宋代钟相和杨么的"等贵贱，均贫富"口号，明末李自成的"均田免粮"口号等。

也有人将"大同"思想分成三种：一是古代进步思想家以及近代资产阶级启蒙思想家承继"大同"思想的积极方面，以反对苛政、实行仁政、推举贤才为主要表现形式。二是对老庄"小国寡民"和"至德之世"思想的继承。三是被剥削群众对"大同"思想的继承，主要是农民起义领袖的一些政治纲领。这种区分和上述六分法基本上是一致的。

我们依照陈正炎、林其锬对"大同"思想的分类，对中国古代的社会理想进行介绍。

（一）依托远古，向往原始社会，用现有的观念材料进行加工和美化，勾画出大同社会的美妙蓝图

历史上运用这种方式来表达自己的社会理想的学者还是比较多的，尤其以道家人物为最，如老子、庄子、文子、列子、阮籍、鲍敬言、邓牧以及一些农家、兵家人物。

老子提出的是"小国寡民"的社会理想。他说：

> 小国寡民。使有什伯之器而不用，使民重死而不远徙。虽有舟舆，无所乘之；虽有甲兵，无所陈之。使民复结绳而用之。甘其食，美其服，安其居，乐其俗。邻国相望，鸡犬之声相闻，民至老死不相往来。（《道德经·八十章》）

这种社会理想的提出基于对现实世界的强烈不满。老子认为：自己所生活的年代之所以战乱频仍、民不聊生，是因为人道违反了"天道"。"天道"自然无为，所以人道也须效法自然，这就要求统治者无为而治，去除奢侈，去除傲慢，知足，无欲，"以百姓心为心"。他因此反对以智治国、以礼治国，因为国家的混乱正是由"智"与"礼"造成的，"礼"代表了统治者对人民的剥削和压迫。他希望通过"无为而治"，去"智"与"礼"，能够回到他理想的社会。这个理想的社会中的民众都很淳朴，没有机巧之心，安于自己的生活，处于一种祥和而又混沌的状态，不亲不疏，相互之间也不来往。这就是老子的"大同之治"。

庄子理想中的世界是"至德之世"。在"至德之世"中，治理者实行的也是无为之治，民众都很淳朴，自由自在，毫无功利之心，所作所为都出于自己的天机自然，因此自然符合"天道"运行。在这里，大家都生活得很好，却不知道自己的财富、饮食从何得来，也没有关于财产的观念，所有的资源都是大家共享。人们没有道德的观念，不会区分善恶、美丑，却能自然地相亲相爱；虽然不知仁义，但做事每每合乎仁义。这就是庄子所向往的一切任其自然的至治状态。

《文子》一书是道家的重要著作。与其他道家作品一样，其表达了对于"三皇"时代、"黄帝"时代的社会政治的向往。《文子》认为：帝王之所以产生，就是因为原来的社会处于无序状态，天下不安，强凌弱，众欺寡，天生圣人就是要改变这种情状，同时又有三公九卿来辅佐天子。天子以道治天下，无欺、无伪也无私，这个道就是天地自然的规律，人道要法天道而治。顺道而治，一切顺应自然，也就无所谓私心行事。在上者无苛令，为官者主清静，人民则男耕女织、自然富足。如此人人各享天命，无所谓"夭寿"之说。在这种情况下，父没有丧子之忧，儿童没有失父之痛，人人各得其所。实现这样的至治，关键在于圣人。圣人为治，要"弃其聪明，灭其文章，依道废智"，也就是圣人要放弃自己的主观的思维，要依据道废除自己的私智。在废智的同时还要"寡其所求，去其诱慕，除其贵欲"，即圣人要寡欲，消除对外界事物的追求之心。圣人只有达到这种无欲无私的天下大公的境界，才可能实行无为而治，顺天地之道而行。道家论治大略如此。

道家鄙弃社会规范，提倡治道自然的看法在战国之后的漫长时期也得到了继承。每当社会混乱不安、民众生活困苦时，总有人怀想远古，想象这种脱离现实的理想国。汉代的《淮南子》也有这种倾向。与其他的道家作品一样，《淮南子》同样托古言事，把美好的时代定位于黄帝时代，甚至定位于更前的伏羲时代。黄帝时代的政治强不掩弱、众不暴寡，人民都能自然寿终而无夭折之事，农作物都能按时成熟而没有饥荒之年，负责治理社会的百官公正无私，法令明白无欺，辅佐君主的臣子能够不阿附上位，种田的人不随便破坏疆界，打鱼的人也不去争鱼群积聚的地方，道不拾遗，也没有盗贼出没，民众和乐而没有忿争之心。达到这些效果，就会出现各种祥瑞，如"日月精明，星辰不失其行，风雨时节，五谷登孰，虎狼不妄噬，鸷鸟不妄搏，凤皇翔于庭，麒麟游于郊"（《淮南子·览冥训》）。这种描述其实与儒家有类似之处。儒家理想同样也是圣君贤相在朝，下民耕织在下，风调雨顺，岁无饥荒，政治清明，盗贼无有。儒家的重要经典《春秋公羊传》就

把麒麟降世作为天下太平的象征。不过,《淮南子》与之不同的地方是它在勾勒一个几乎能够得到诸家学派共识的理想蓝图的同时,又提出一个更久远的时代(即伏羲时代)的理想。伏羲时代的民众尚且没有从混沌时代中走出,睡着时无忧无虑,醒着时茫然无知,有时自以为马,有时自以为牛,行动时稳重迟缓,看东西模糊不清,淳朴自然,与天地合一。在这里,《淮南子》的作者不再描述作为文明时代象征的社会机构及人类与动物相区别的情感智慧,因为在这个时代中这些都不存在。对于道家来说,这才是他们最终想要追求的境界,尽管在人类智巧不断发展的现实下这样的理想是渺茫的。《淮南子》的作者也意识到往者不可追,无限地要求返回远古是不可能的,而黄帝时代的政治虽然高远,但却是可以去实现的;至于实现的方法,倒与儒家《大学》的修身、齐家、治国、平天下的"身—家—国—天下"模式十分类似,都将天下的安定集归于修身见性上,特别是归于君主的心性修持上。《淮南子·诠言训》里说:治理之本在于安民;安民之本在于满足民众的用度;满足民众用度的根本在于勿夺民时;勿夺民时的根本在于减少徭役;减少徭役的根本在于节制欲望;节制欲望的根本在于返回本性;返回本性的根本在于去掉心理负担。在这里,《淮南子》的言说对象无疑是君主,君与民相对,安民、省事、节欲、返性的主体自然是作为治国主体的君主和辅助君主的官僚贵族集团。如果君主能够明心见性、无欲无求,一行一动都能合于自然,那么天下自然安定。这种将社会秩序的重塑改良最后归结于统治者心性修养的观点在中国文化史上流传深远,宋明理学的"格君心之非"也可以看作是这种传统的流裔。理学大师朱熹在给宋朝皇帝的上疏中强调皇帝自身的反身而诚,明末的心学大师刘宗周在给明思宗朱由检的谏议中要求皇帝慎独治心,都反映了在中国的政治传统中政治家的道德修养被认为与天下的治乱安危息息相关。我们不能断定宋明理学"格君心之非"是否受到了道家思想的影响,但由身至于天下的治理模式是儒、道两家共通的。

这种消极避世的思想虽然在传统社会并不占主导地位,但也代不乏人,唐宋时期也有这种思想的闪现。唐末的《无能子》从历史的发展角度将人类历史分为四个阶段:第一阶段,人和动物尚无分别,人和动物过着一样的生活,雌雄牝牡相合都是自然发生的,没有男女夫妇、君臣父子的区别,也没有房屋的建设,饮食都是茹毛饮血,也不会种植五谷。一切都是天真自然的,人类机心未开,"蒙蒙淳淳"。到了第二个阶段,人开始脱离纯粹动物阶段,开始种植五谷,开始建造宫室,开始有婚嫁之礼,开始有男女之别,人类的情意初生,但还没有人类的自觉秩序——政治社会的产生。第三阶段,礼义名教产生,有了君臣父子的区分,贵贱贫富的差别也开始产生并扩大,人类开始有了是非荣辱和道德观念。第四阶段,因为人类贪欲渐滋，开始背弃自己的道德观念。此时为了制止社会秩序崩溃，刑罚和军队开始建立，人类的暴力机关产生了。无能子认为正是各种制度礼义和道德观念让人类进入了一个纷乱不休的状态当中。他希望能够返回到人禽不辨的时代，回到淳朴的大自然中去。因此，他要求将一切文明时代的产物尽数抛弃。他严厉批判君臣之分、尊卑贵贱之分和贫富差别，也否定忠、孝、仁、义这些价值理念。要做到这些，其根本就是要做到无心，无心则无欲无私，也就是无为。由此他将理想社会的达成建立在每个人的心性修养上。他希望每个人都能够恢复到原来淳朴无私的状态，无欲无求，与世无争。这显然已经落入了一种空想当中。

诸子中不仅道家有其社会理想，农家、兵家也表达了自己的社会理想。比如农家的许行主张君民"并耕而食，饔飧而治"，不论君民，一律都参加劳动，不区分什么"劳心者"、"劳力者"。

总的来说，上述这种方式以道家为典型，这种思潮往往出现在一个王朝的社会秩序逐渐崩溃、政权摇摇欲坠时。这种对理想社会的幻想反映了道家对礼法秩序的消极看法。道家学者往往以道德上的无私无欲为号召，在治法上提倡无为而治，但他们又提不出具体的制度来实现他们的社会理想 —— 在一定意义上，他们本身就反对制度的设计。从这点来看，他们有一些反智主义的倾向，这也使他们的社会理想难免有些虚幻，从而对社会现实采取一种消极乃至否定的态度，不能采取一种刚健有为的方式去积极地试图改变社会，所以他们往往越是对道家理想态度执着，最后的结局越是遁入深山，消极避世。

（二）人间的社会追求采用非人间的境界想象，多出现于宗教中，如佛教的"净土世界"、基督教的"天国"理想等

佛教给信徒们描绘了一幅非常美好的"净土世界"的图像。在这个佛国中，大地是由金、银、琉璃、珊瑚、琥珀、砗磲和玛瑙七种自然宝物组成的。这里没有春、夏、秋、冬之分，常年不冷不热，温度适宜。这里有各种宝树、精舍、楼观，还有各种洗浴的水池，到处都弥漫着美妙的音乐，这种音乐都是清畅哀亮、微妙和雅的。佛教宣扬：人们只要信仰佛教，常念佛号，按佛祖教导行事，在临终时就能得到佛祖的接引去往这样的世界。这对生活困顿的下层群众有很大的吸引力，这种彼岸理想的表达反映了劳动群众的某些期望，但是这种理想形式的表达也削弱了群众通过现实社会的变革来改善生活现状的热忱。

（三）在文学作品中，用形象生动的语言描绘的理想社会秩序，如陶渊明的《桃花源记》中的桃花源、李汝珍的《镜花缘》中的君子国等

陶渊明的《桃花源记》描绘了一个非常美好的田园世界。在桃花源，"土地平旷，屋舍俨然，有良田、美池、桑竹之属。阡陌交通，鸡犬相闻。其中往来种作，男

女衣着，悉如外人。黄发垂髫，并怡然自乐"。这里风景优美，经济自给自足，人们没有生存之虞，每个人的精神状态都很好，怡然自乐，没有什么富贵贫贱的区别，为人都很淳朴和善良。这篇文字反映了陶渊明心中的理想秩序，之后"桃花源"一词也成了人们理想社会的代名词。其实细究起来，诗文中理想的桃花源多近于道家对一个社会理想秩序的描述。他们描述的生活很像是一种与世隔绝、没有礼法干预的隐居生活，老少尊卑的人伦秩序都能自然而然、没有拘束。文学作品往往长于想象、抒发情感，而缺少理性的参与，所以在这种想象中充满了文艺作品的浪漫主义，却难以对社会现实有什么实际的影响。

（四）历史上的学者、政治家对理想社会方案的制订，如战国孟子、东汉何休、宋代张载对井田制的规划等

儒家学者多秉持此理想，这也是中国历史上的主流思想。他们希望通过政治改革，能够"致君尧舜上，再使风俗淳"，实现自己的理想抱负，让社会安宁、天下太平。

孟子（约前372—前289）希望通过行王道、施仁政来达成自己的社会理想。在经济上，孟子特别强调重视民众的经济需求。他主张实行井田制，给每个农户五亩之宅和百亩之田，以保证民众的经济生活，达到"仰足以事父母，俯足以畜妻子，乐岁终身饱，凶年免于死亡"（《孟子·梁惠王上》）的程度。他认为只有让民众有了"恒产"，民众才会有"恒心"，礼义之教才会发生作用，天下才会太平。在政治上，孟子强调君臣关系平等的重要性："君之视臣如手足，则臣视君如腹心；君之视臣如犬马，则臣视君如国人；君之视臣如土芥，则臣视君如寇雠。"（《孟子·离娄下》）他也很重视民众，认为民贵君轻，天下有道，就是告诫君主要得民心，只有得到百姓的支持，政权才能稳固。孟子认为一个社会的治理是好是坏最重要的还在民众的道德水平，因此他特别主张人伦之教，由五伦之教——父子有亲、君臣有义、夫妇有别、长幼有序、朋友有信——出发，进而"老吾老以及人之老，幼吾幼以及人之幼"，从而达到理想的道德秩序。值得一提的是：孟子之仁政的人性基础是他的性善说。他认为仁、义、礼、智在人的本性中天然就有，这就为他的政治学说奠定了坚实的哲学基础。

通过政治和经济制度的改革促进社会的发展进步，这是历史发展的必然要求。每当社会出现治理危机时，儒家人物就会承担起自己的历史责任，实现自己的政治理想。即使不得其位，有志的儒家知识分子也会穷研经史，从圣人的论说和历史的经验中寻求社会改良之道，这在中国的政治社会思想史中无疑是主流。他们的这种探索不像道家毁弃礼法而主张抛弃一切成形的社会建制那样显得极端而不切现实，也不像法家那样主张君主主导一切。这使他们的探索既有理想性，又有现实性。一般来说，他们改革社会的方案集中于田制、官制、商业政策等，这些又统括于他们关于礼制的论述中，这让他们的社会理想有了一定的可实现空间，也体现了儒学作为内圣外王之学的实践性格。儒者经世一方面要坚持儒家的基本价值诉求，维护儒家经典的神圣性；另一方面也要酌今鉴古，重视历史的演化和现实社会的研究，以求让理想能够照进现实。

（五）历史人物基于自己的社会理想付诸实践，进行社会实验，如东汉张鲁设立的"义舍"、明代何心隐创立的"聚和堂"等

东汉张鲁占据汉中，在重要的路上设置"义舍"，由"祭酒"管理，提供米肉，供赶路者使用。毛泽东在读到这个史实时，曾作过批语，对这种实践很是赞赏。

何心隐（1517—1579），原名梁汝元，永丰人，是阳明心学流派之一泰州学派的代表人物。他主张人们共享所有财产，做到经济上互通有无，还让鳏寡孤独之人能够得到救助。因此，他进行了"聚和堂"的社会实验。"聚和堂"是一个以宗族为单位的生活群体，该群体中分工明确，有负责管理社会经济生活的"率养"，有负责管理教育的"率教"，还设立了"辅养"、"辅教"来协助"率养"、"率教"工作，另外还有"总管粮"、"分催粮"。我们从中可以看出这个组织的核心无非就是养与教，即经济与道德教育。"聚和堂"实行免费教育，使全族子弟不分亲疏，统一享受平等教育，鼓励大家相亲相爱，树立集体观念，培养优秀的品行。

历史上的这种理想实践是十分难得的，只有在实践中，这种理想主义者才能认清自己理想的现实性和可操作性，才不是纸上谈兵、空谈误国。尽管像张鲁、何心隐等人的理想实践最后难免失败，但他们的探索可以为后人的社会实验提供经验。

（六）农民起义过程中农民领袖提出的行动纲领和斗争口号，如唐代王仙芝、黄巢的"天补"、"均平"口号，宋代钟相和杨么的"等贵贱，均贫富"口号，明末李自成的"均田免粮"口号等

唐末王仙芝、黄巢起义，王仙芝自称"天补平均大将军"，黄巢号"冲天太保均平大将军"，在义军所到之处给贫苦的农民以施舍周济。"均平"口号的提出是农民起义指导思想的一次进步。在以往的农民起义中，这种思想体现得并不明显。秦末陈胜只是说："王侯将相，宁有种乎？"这更多是底层群众受到压迫后愤怒的一种情绪表达。西汉末年绿林、赤眉军的口号是"杀人者死，伤人者偿创"，也没有提出农民的政治和经济要求。王仙芝、黄巢起义则比较明确地提出了农民的政治、经济平等的要求。所谓"天补"，出于《道德经》中的"天之道，损有余而补不足"，王仙芝试图"替天行道"，来实现人道平均的目的。

在宋代,钟相、杨么起义提出"等贵贱,均贫富"的口号,在政治上、经济上都提出了自己的明确主张。因为这种口号有吸引力,起义军的队伍很快扩大,不久就控制了数十个县城。他们捉拿土豪劣绅,赢得了广大民众的拥护和支持。

到了明末,李自成以"均田免粮"为口号,反映了农民的现实需求,体现了农民的朴素愿望。

农民起义运动的理想和知识分子的改革理想相呼应,都体现了人民的现实需求。这种反暴政、行仁政、均贫富、等贵贱的思想要求是一直以来中国人民所不懈追求的理想目标。

上述关于古代社会理想的概述都被认为是"大同"理想的反映,这种关于"大同"思想的归纳和史料选择因袭了 1959 年由侯外庐主编的《中国历代大同理想》和原中国科学院哲学研究所中国哲学史组编的《中国大同思想资料》两书的观点。在《中国大同思想资料》的前言中,编者认为"大同"思想表达了被剥削者反抗剥削者的愿望,但这些理想也是不可实现的,都是空想,所以"中国历史中的各种乌托邦思想概称为大同思想"。这种对"大同"思想的定义是对"大同"思想的泛化理解。

三 天下若一与五帝大道:汉唐时期的"大同"思想

汉唐时期,"大同"思想继续发酵,主要表现在《春秋》大一统观念的发展上。西汉汉武帝"罢黜百家,推明孔氏",促进了经学研究的大繁荣。其中,董仲舒的《春秋公羊传》研究为帝国的思想建设奠定了基础。董仲舒特别推重"大一统"思想,认为大一统是"天经地义"。另一位公羊学家何休的"三世说"提出了"天下远近大小若一"的文化理想,与大同的普遍性追求若合符节。郑玄也为《礼记》作注,诠释了《礼运》的思想。孔颖达为郑玄注作疏义,以"率土皆然"诠释"大同",也表现了大同空间上的无限延展。

(一)天下若一的大一统观念:董仲舒、何休等人与"大同"思想

北齐的史学家魏收所撰《魏书》列传第四十二《高闾传》中记载北魏皇帝向大臣高闾咨询国政,高闾说:"天下大同,风轨齐一,则政出于天子;王道衰,则政出于诸侯;君道缺,则政出于大夫。"这段话强调了"大同"思想中的"大一统"意识,"大一统"是孔子之《春秋》中的义理内涵。

公羊学家董仲舒说:"《春秋》大一统者,天地之常经,古今之通谊也。"公羊

学家认为："大一统"是孔子所定的"春秋制"，而不是历史上曾经有过的制度，是理想的制度，非现实的制度。这一制度有其经学上的形上基础。《春秋》"隐公"条第一句话就是"元年春王正月"。《春秋》未修以前，作为国史的《春秋》的第一句话是"一年春王正月"。公羊学家认为变"一"为"元"有隐深的含义，这一含义主要有两个方面：一是以元统天；二是立元正始。

以元统天，就是以元作为宇宙万物的本体。宇宙万物，从天地、人类到鸟兽、草木都是从元而出，一统于元。这个观点在《易经》中也有体现。《易·乾卦》有言："大哉乾元，万物资始。"何休在《春秋公羊解诂》中将"元"解释为"气"。他说："元者，气也。"他认为：气是构成宇宙的最基本要素，是连续的、流动的，整体又有分化的。因为气的这种性质，才有阴、阳二气的分别和互补，进而构成了宇宙的流变和生生不息。正因为天地之间元气流行，所以天地和人类有了一致性的本体论基础。

立元正始，是从价值上认为万事万物和人类的政治活动、政治制度都必须有一个纯正的开端。只有开端纯正，事物、活动、制度的发展才能纯正，才能确立意义和价值。所以，今文家特别重视事件的本源发生，注重报本反始、追溯渊源。这一点在中国古代祭祀祖宗的礼制中就有体现。中国人慎终追远，祭祀祖先，正有重视本源开端的意味。①

不仅公羊家有此意识，穀梁家也言"大一统"。清代经师廖平在《穀梁古义疏》中释解"元年春王正月"中的"王正月"三字，说："王正月者，明王一统，且以别于夏、殷。"可见，"大一统"乃是《春秋》通说。

"大一统"并不意味着思想专制，不意味着不允许其他思想或政治传统的存在。关于这一点，可举一例：《春秋》要义中有一内容叫"通三统"。其意思是说：一个新的政权建立要改制立法，必须在前代礼制的基础上进行创新，择其善者从之。周鉴乎夏、殷二代，所以孔子称赞周"郁郁乎文哉"。不仅如此，新政权还要在部分地区保留前代的政治传统和文化。周代建立后，封商朝后裔于宋，封夏朝后裔于杞，在宋国、杞国内可以行商朝、夏朝的礼乐，服商朝、夏朝的衣冠，奉祀商朝、夏朝的祖先。这表明在一统的前提下，多元化的价值是得到了尊重的，实现了一统多元的目的。"大一统"从思想的层面说明了大同的内在普遍性，联系上一章所述大同之普遍性与个别性，我们可以看出经典之间的紧密联系，这也从侧面印证了孔子删述《六经》及其思想的一贯性，所谓"吾道一以贯之"实

———————————

①对"大一统"的进一步解释参见董仲舒著《春秋繁露》、康有为著《春秋董氏学》、蒋庆著《公羊学引论》。

在不是虚语。

董仲舒继承了《公羊传》的"大一统"思想，并对西汉的政治运作产生了实际影响。董仲舒论"大一统"，特重"正"、"始"二义，而"正"、"始"二义又相互关联。他认为：重视本始是为了"正本"，想端正国本就应从最开始注意事物的发展，而这个开始的地方就是身份最尊贵的人 —— 人君。人君想要正人，必先正己，正己才能正朝廷，正朝廷进而能够正百官，百官正而后万民正，万民正而后四方正，四方正而后远近无不正。这其中所强调的核心内涵是君主所要起的模范作用。在董仲舒看来，天下正与不正，关键在于人君，人君的行为合于正道，才能给百官树立一个效仿的对象，进而才能够影响万民。在这里，可以看到中国政治哲学中强调的教化意识，而教化的基础在于人君自己端正的行为。正因为如此，中国政治的关键在于选贤任能，即人才的选拔。这种精英意识的突出（精英更多是指道德人伦上有突出表现的人，而非能力上的突出者）与现代西方政治理论比较漠视政治精英的道德素质的特点是颇为不同的。孔子说："君子之德风，小人之德草，草上之风必偃。"这里的"君子"、"小人"是以位言，不是以德言。杨伯峻诠释"君子"为领导人，"小人"为百姓，这大致是不差的。其意思就是说：领导人的作风好比风，百姓的作风好比草，风向哪边吹，草就向哪边倒。这里强调的是对官员素质的高标准、高要求，其内涵的预设是官员作风的好坏对百姓的风俗养成有重要的示范作用。在这一意义上讲，中国古代的理想政治是教化的政治、示范的政治、向善的政治。

汉代的公羊学家何休发展了公羊"三世说"，并提出了具体的制度措施，表达了"天下若一"的文化理想。何休（129—182），字邵公，是东汉著名的经学家。他著有《春秋公羊解诂》，通过这部著作表达了他的社会理想。他的社会理想主要体现在"春秋三世说"与井田制的主张上。"三世说"为公羊家论《春秋》的要义。历代公羊家均以"三科九旨"为宗：新周故宋，以《春秋》当新王，此一科三旨；所见异辞，所闻异辞，所传闻异辞，此二科六旨；内其国而外诸夏，内诸夏而外夷狄，此三科九旨。另有一说云：三科者，张三世、存三统、异内外；九旨者，时、月、日、王、天王、天子、讥、贬、绝。其中的二科六旨与张三世就是指的"三世说"。"三世说"最初仅仅指的是所见异辞、所闻异辞、所传闻异辞，将春秋历史分为所见、所闻、所传闻三个时期："所见"即写作者经历过、生活过的年代；"所闻"是写作者自己未曾经历，其父辈、祖辈经历过而写作者自己听说过的年代；"所传闻"的时代较所闻时代更久远。因为时代不同，所以他们记述的方式和文辞也有所不同。后来在董仲舒的《春秋繁露》中，"三世说"进一步发展。董仲舒认为所见之世微其辞，所闻之世痛其祸，所传闻之世杀其恩，就是说因为距离写作者的时代有远近，写作者的情感也有所不同。对于距离自己最近的时代，写作者在记述历史事件的时候，情感越浓烈，顾忌也越多，越是不忍直言其事，而是以比较隐微的方式来表达，这就是"微其辞"。到最远的所传闻之世，恩义渐轻，写作者就可以直书其事，比较客观地看待问题。这也是《春秋》学中的笔法问题。比较明确地将三世对应衰乱、升平、太平三世的就是何休，他在《春秋公羊解诂》中将所传闻世对应衰乱世，将所闻世对应升平世，将所见世对应太平世。衰乱世，内其国而外诸夏；升平世，内诸夏而外夷狄；太平世，夷狄进至于爵，天下远近、大小若一，这正是《春秋》学中所说的"世愈乱，而《春秋》之文愈治"。衰乱世、升平世、太平世是社会逐渐从混乱走向大治，文明逐渐从华夏传播到世界的历史发展过程。这一理论在后来为晚清的今文学派所发扬，被康有为、熊十力等人吸收，在近代产生了广泛的社会影响，成为进化论传播的一个中国版本。

何休认为井田制是圣人所制，就是一夫一妇，给予田地百亩，其中公田十亩，其余为私田，公田在私田内部，另授房舍二亩半。在这个制度安排中，授房体现了"贵人"原则，公田在私田内部体现了"重公"原则，私田在外体现了"贱私"原则。在作物种植方面，谷物要多种类种植，不能只种植一种；田地内不能种树，不然会妨害谷物的生长；房屋周围种一些桑、荻、杂菜，养一些鸡、猪。掌管农业生产的司空要注意土地肥力的保持，要调节农户间农具、牛马的使用，要注意技术的推广和交流；农户之间要相互接济资助。何休还特别重视教育，主张孩童八岁入小学，十五岁入大学，优秀的学生就被送到乡学，乡学中优秀的再被送到庠中，进而再进入国学，特别优秀的学生就有授官授爵的机会，这也是中国选贤任能的传统。井田制是儒家长期以来所坚持的国家的基本经济制度，体现了儒家的经济均平的理想，后代的限田制、均田制等田地制度都受到其影响。

（二）五帝大道与三王谨礼：郑玄、孔颖达对《礼运·大同》的注解

郑玄（127—200），字康成，北海高密人（今属山东），是东汉末年的经学大师。

郑玄注《礼运》，表达了以下几层意思：第一，"大同时期"大位传续采用禅让制；"小康时期"天子之位是由父传子，无子则兄传于弟，以家庭内部为限。第二，"不独亲其亲，不独子其子"是孝慈之道的推广，是天下为公的体现。第三，"大同时期"无匮乏之患，男都有职位，女都得嫁入良善之家。第四，"大同时期"风气良好，人人不吝惜自己的劳力，崇尚辞让，仁厚之教深入人心。

郑玄在注解中明确赞同"大同"与"小康"之间是存在优劣之分的。他肯定了所谓"谋用是作，兵由此起"违反了大道敦厚朴素的本质，大道之人对于礼、对于忠信"均以为薄"。这种观点确实和老子鄙薄忠信的观点十分相似，郑玄也没有刻意去区分他与老子论点的区别，甚至还引用老子的话来注解《礼运》，这也

显示出当时儒、道之分的正统观念还不强烈。孔颖达的疏义继承了郑玄的观点。孔颖达说："五帝犹行德不以为礼，三王行为礼之礼。"他又解释郑玄将"小康"理解为"小安"："行礼自卫，乃得不去势位，及不为众所殃，而比大道为劣，故曰'小安'也。"（均见《礼记正义》）这里孔颖达说"小康"比"大道"为劣，也在一定意义上否定了礼义在儒家中的至高地位。这一点为后来的宋明儒者所不能接受，他们纷纷质疑，如果依照郑玄、孔颖达的解释，那么儒家之礼岂不如道家一般毁弃礼义吗？这一怀疑其实是有其合理性的。近代史学家刘咸炘就指出了这一篇所存在的问题：第一，大位传子的制度不是从大禹开始的，也不是三代始创，在五帝时期已经存在。第二，《礼运》一篇前面说三代之英，后面说先王承天治人，又举夏商之礼，如果六君子之道不足以继承，那与前后所说的文字就相悖了。第三，《礼运》一篇核心是论述礼的历史变化，如果依礼治国仅仅是小康的效果，那么子游应该问孔子致大同之道，而不是在后面说一些"礼之急也"的话来申述礼是多么重要。第四，既然"大同"之文义是贱礼，那孔子为何不详言其道，而只是虚拟其象？如果说选贤举能就是其道路，那么刑仁讲让为何只能达到"小康"的效果？[①]刘咸炘的问题核心是指出了作为儒家治道核心的"礼"与"大同"的关系问题。如果"大同"与礼制之间存在鸿沟，"大同"又在更高层次上，那儒家坚持礼制的基础就动摇了，儒家所信奉的"仁义"礼教就受到了挑战，这是儒者所要深思的问题。宋明时期，学者多以否认此篇为孔子所说来解决这个问题，下文我们将详述。

四 "谨礼而致大同"：宋明时期的"大同"讨论

宋明时期，儒学在消沉了几百年后得以复兴，并牢牢占据了思想的主流。在"大同"思想的诠解方面，以张载和王夫之最为典型。他们对"大同"与"小康"的关系作了自己的诠释，肯定了《礼运》中"大同"思想的真实性。在下面的论述中，我们将对张载和王夫之进行重点介绍。张载、王夫之在思想上有传承性，王夫之以"希张横渠之正学"为志向，两人都以礼为中介，将"礼"看作达致"大同社会"的不二手段。这一时期，对《礼运》"大同"思想的怀疑达到了高潮，有不少学者认为"大同"思想受到了道家影响，其中不乏一些颇具影响力的学者如吕祖谦、黄震、陈澔等，也有不少人坚持《礼运》文本的真实性。这种争论在宋以后一直持续，众说纷纭，莫衷一是。

---

① 刘咸炘：《推十书》丁辑壹，上海：上海科学技术文献出版社 2009 年版，第 94—95 页。

（一）"谨礼而致大同"——张载、王夫之的"大同"思想

张载（1020—1077）是北宋时期的理学大师，对中国思想的影响深刻。他特别注重人与人之间关系的维持。他认为天下之人都是天地所生，希望大家都发挥民胞物与的精神："尊高年，所以长其长。慈孤弱，所以幼其幼。圣其合德，贤其秀也。凡天下疲癃残疾，惸独鳏寡，皆吾兄弟之颠连而无告者也。"（《西铭》）大家都相互友爱、相互照顾，就会使儒家的人伦精神深入人心，使社会风俗淳朴。这篇《西铭》是北宋道学的经典之作，从普遍理性、宇宙整体意识的高度论证了儒家的理想。在张载看来，生命个体都是阴、阳二气大化流行的产物，所以他称天为父，称地为母，认为人类作为渺小的存在一起生活在天地之间，不能脱离天地人群而独立存在。不仅如此，他还认为：整个人类群体就像一个大家庭，君王是"吾父母宗子"，大臣是"宗子之家相"，这是中国人化家为国的意识的表达。中国自古以来，都以家国为一体，君主自居父兄，而父兄以养育、教化百姓为天职；臣民自居子弟，子弟则以承事君父为天分，因为父兄对于子弟的养育和管教实是"天授"。既然大家同处天地，同为天地一气所生，同为一家，那"大同"理想中四海一家的期许就不是一句无来由的空话了。

张载还具体对《礼运》篇作过诠释，其材料保留在南宋学者卫湜的《礼记集说》中。张载主要以礼义来弥合"大同"与"小康"之间的鸿沟。在普遍的见解中，"小康"是典型的以礼义为治的社会，而"大同"则是大道的自然流行，与礼义并无关系。张载却不这样认为。他屡次说："大道之行，由礼义而行者也。""若夫大道之行，则礼义沛然。""谨于礼，则所以致大道之行。"这些话都出现在他释解《礼运·大同》篇的文字当中，频率颇高，可见他对于礼义的重视程度。他认为："大同"与"小康"并无本质上的不同，两者只是对礼做得尽与做不尽的差别。正如"大同"之世"不独亲其亲，不独子其子"与"小康"之世"亲其亲，子其子"的区别，表面看来两者是对立的，其实两者只是程度上的差别，而不是本质上的差异，两者对于仁爱的等差推广是一致的，亲亲子子是天伦，"不独亲其亲，不独子其子"则是尽性。张载说："各亲其亲，各子其子亦不害于不独亲，不独子，止是各亲各子者恩差狭，至于顺达之后，则不独亲其亲，不独子其子。既曰不独亲亲子子，则固先亲其亲，子其子矣。"在这段阐述中，我们可以看到"亲亲子子"与"不独亲、不独子"的关系：首先，两者不是对立关系，二者之间是恩差狭的差别，这是以儒家的仁爱观来勾连"大同"与"小康"的人伦德性差别。其次，二者有次序先后，是内容上的包孕关系。想做到民胞物与、天下一家，其前提是要做到"亲亲子子"，在此基础上，推恩扩爱，达到"不独亲其亲，不独子其子"的目标。如果没有"亲亲子子"的前提，那么儒家的"等差"之爱与墨家的"兼爱"就毫无差别，没

有礼义节制的"仁爱"最终也会沦为情感的泛滥无依、进退失据,儒家"万物一体"的理想就会成为空谈。张载在这里坚持的依然是在礼义的基础上来实现"大同"的目标。这一思想在后来被王夫之继承,两人也成为古代大同论中调和"大同"与"小康"关系的代表人物。

王夫之(1619—1692)是明末清初很有哲学深度的思想家,湖南衡阳人,字而农,号姜斋。明朝败亡的惨痛教训引发了士人对当时流行的心学思潮的反思,这其中也包括王夫之。明代后期,心学大盛,在解放思想桎梏的同时,也有学风空疏的流弊,学子们纷纷研心论性,以圣人自期,甚而狂放不受礼法,出现了像讥毁圣人的李贽之徒,但他们在面对实际的严重的社会问题时,却往往提不出像样的建议。这种教训使得明末清初的学风趋于务实,带动了经学和史学的繁荣。这种学风在王夫之身上体现为对礼学和史学的重视。王夫之的礼学思想集中体现在他的《礼记章句》一书中。他认为:人所以与禽兽相区分,在于仁;"中国"所以与夷狄相区分,也在于仁;君子与小人之区分同样在于仁。虽然夷狄、禽兽、小人偶尔也会有一些良知、善念出现,但因为没有礼,善念虽有却不能体现出来。所以,无礼,则仁无所藏、无所附着,不能在天下流行。在仁体礼用的意义上,王夫之极为赞叹孔子之"克己复礼为仁"这句话,这也体现了王夫之对于礼学研究的重视。

这种重视也体现在王夫之对《礼运》篇的诠释上。通过《礼运》篇,王夫之表达了他以"礼"来通贯"大同"、"小康"的思想。他对宋以来学者认为大同是老庄之语的说法不以为然,认为这些人只是看到了表面上的语言相似,却没看到深层次的义理差异。王夫之认为:虽然礼制、礼名是在"小康社会"中才兴起的,但礼义并非只有在"小康社会"中才存在,在"大同社会"中礼义能得到更好的实践。①礼是联通"大同"与"小康"的枢纽,"大同"与"小康"都是倡导礼治社会。他对"大同"的解释就是"上下同于礼意也",意思是说:"大同社会"虽无现实存有的礼义制度,但上至君王,下至百姓,都能讲信修睦,诚实无诈,民风淳厚。从"小康"到"大同"的发展是人们从被动地践礼到主动自觉地践礼的过程。主动自觉地践礼,意味着人们通过"小康时代"由外在礼制熏染逐步上升到对礼制所代表的礼义的道德自觉。一旦这种道德自觉的范围扩大到人类的全部,礼制虽然仍旧存在,但正如孔子七十岁时"从心所欲,不逾矩",人们的一言一行皆能合于规范,礼制的存在就若有若无、如同虚设,而礼义沛然而发,那么整个社会的发展就到了可以

---

① "礼理"、"礼事"、"礼名"是南朝经学家皇侃注礼的用语。"礼理"盖指礼的运行规律和礼的精神,"礼事"指具体的礼仪,"礼名"即礼的名称。

脱离靠外在刑政礼法来维持社会运行的程度。这是整个社会发展的一个飞跃和质变。在这样的社会中，人们的精神高度已经脱离了对家庭的狭隘之爱，由仁爱之意出发上升到了对整个人类的一种泛爱。在这样的精神指导下，"天下为家"的社会建制自然就被"天下为公"代替。可以这样说："小康社会"以礼治为主，辅以刑政；在"大同社会"，成形建制虽然依旧存在，但不再是限制、束缚人们行动意念的他律性规则，人们在这里实现了最大程度的个人自由和个人意志的表达，这就是"大同社会"的"礼意流行"。

在这里，王夫之不赞成"大道之行"的尧、舜与"三代之英"的禹、汤、文、武有治理上的优劣之分。他认为：大道之时，民风淳朴，自然在上者可以无为而治，收到良好的效果。但是，三代以后，民风浇薄，再继续以前的治理方式只会造成社会的混乱，所以圣人才制作典礼，让社会能通过行礼制而返于道。治理方法的不同，源于历史情势的变化，这种情势就是"天下为家，各亲其亲，各子其子"，人类的血缘意识、宗族意识深入人心，顺应这种历史变化而有新的创设就成了必然。

上面提到：圣人制礼并非凭空而作，而是缘仁以制礼。王夫之说："天道人情，凝于仁，著于礼。"① 这就是说：仁是天道人情所凝聚，本仁以行礼正是天道人情在世间的大流行。仁正是礼治所得以运转的根基。在仁的精神灌注下，礼为人们所行才不会徒具礼的形式。王夫之对仁极为重视，认为仁与礼一体两面、互为体用，是文明与野蛮区分的标志。他具体解释"仁"为"天道人情所凝聚"的意思。他说："仁"是"大一之缊，天地阴阳之和，人情大顺之则"。所谓"大一"，即王夫之哲学中的本体，包含至理，又富有万殊，也纯乎其纯。讲仁而制礼，则礼不仅是面向社会的，还是面向天地的、面向万物的，体现了先民对于宇宙的认识、对于自然的认识、对于人本身的认识。王夫之希望通过礼的实行，能够"合小康之世而为大同"。

王夫之始终坚持儒家维护礼制的基本立场，这就使他与主张毁弃礼法的道家区别开来，也与出于维护礼教的目的从而怀疑"大同"思想真伪的儒家分割开来。在这一点上，王夫之继承了前辈儒家张载的思想，将礼视作由"小康"迈向"大同"阶段的充分手段。这种重礼的倾向也反映了明末天下分崩离析的形势下，儒家学者对于明中期以来心学流行造成的空疏学风的一种反思。这就使王夫之的"大同"思想呈现出一种现实主义与理想主义并存的二元色彩。就现实主义层面来说，时移世易，尧舜时代已经离去，大道既隐，面对这样的历史现实，空自悲叹历史的流变不是自强不息的儒家所当为，而应面对现实，寻求挽回世乱的方法。

---

① 《船山全书》第 2 册，长沙：岳麓书社 2011 年版，第 577 页。

王夫之认为："大同"的复归只有通过礼的方式才能达到，这使得"大同"的理想对于苦难方殷的人类并不是一个不能企及的乌托邦。就理想主义层面来看，他始终坚持对"大同"理想的持守以及对人类的良好道德和社会秩序的追求。他在混乱污浊的时代保持了一个儒者对于清明世界的顽强坚守，即使这个世界在他的生活的时代只能在他的心中生长、发芽也不弃守。

（二）辨伪与信古 —— 关于《礼运》之"大同"的争论

在宋代，怀疑古书真实性的风气兴起，学者们的主体意识日渐增长。笃守古义、不务新奇的风气逐渐变化。皮锡瑞在《经学历史》中就称宋代是"经学变古"时代。许多学者开始质疑《礼运》的"大同"思想，乃至认为"大同"、"小康"说不是孔子的观点，而是杂糅了道家思想或者墨家思想。

元代《陈氏礼记集说》中记载石梁王时潜语："以五帝之世为大同，以禹、汤、文、武、成王、周公为小康，有老氏意，而注又引以实之，且谓礼为忠信之薄，皆非儒者语，所谓孔子曰，记者为之辞也。"在这段话里，王时潜认为"大同"、"小康"的分别是道家老子之义，而且郑玄用《老子》里的话注解这段文字[①]，更坐实了王氏的猜测，所以王时潜说"以礼为忠信之薄"不是儒者能说出的话，《大同》篇里"孔子曰"的文字也并非真是孔子所说，而是记录这段文字的人故意为之。王时潜的话表达了当时儒者对《礼运》这篇文字的普遍怀疑，甚而不惜直接否定这段文字的真实性，试图切断"大同"、"小康"的思想与孔子之间的联系。后来也陆续有儒者承续王氏的怀疑思路。

南宋的大儒吕祖谦认为《礼运》的"大同"部分不是孔子的话，是别人依托孔子所说。他认为：把禹、汤、文、武说成是"小康"时代的圣王的见解是老子或者墨子的主张。即使是大儒朱熹也认为《礼运·大同》所讲不像是孔子的话。元代陈澔也说："大同"、"小康"的划分有鄙薄礼义的意思，礼是道德风俗衰败之后所起。这种观点很可能是受了老、庄的影响。

在清朝，否定《礼运·大同》为儒家义理的说法就更多了。清代学者姚际恒明确地说《礼运》一篇就是周秦间子书，是老庄之徒所写，甚而攻击此篇是"惑世乱道之书"，用语不可谓不重，言辞不可谓不烈。朱轼说："大同之说，创自老庄，汉儒撦入《礼经》，惑矣。"[②]朱轼也认为"大同"是老庄之徒的道家观点，被汉代儒者收入《礼记》之内，对此表示疑惑。陆奎勋说：以前的学者认为《礼运》为子游之徒记录的孔子之语，而首章以五帝为"大同"，以三王为"小康"，大概是汉初因为崇尚黄老之学，戴氏由此附会圣人之言，不可信从。清人汪绂在《礼记章句》

---

① 郑玄注《礼运》之"谋用是作，而兵由此起"时，引《老子》："法令滋章，盗贼多有。"
② 杭世骏：《续礼记集说》卷三十九，清光绪三十年浙江书局刻本。

中也怀疑《礼运·大同》篇的真实性，认为是汉儒"妄以己意演绎"，从而让后人以为这是孔子之言，圣人真正之意因此混淆，让后人不能分辨。知名经学家邵懿辰认为：《礼运》一篇，先儒都很赞赏其中精彩的语言，但之所以不甚表彰，就是因为其首章"大同"、"小康"之论与老子之论十分相似，因此《礼运》一篇必有错简。皮锡瑞亦认同邵氏此论。

当然，也有学者仍然坚持"大同"、"小康"的区分，并试图给予合理的解释。一种解释是认为：五帝三王治理的变化是因为历史形势发生了变化，民众思想发生了转变，所以治理措施不得不有所变化，虽然治理效果上存在差异，但并不是由于三王在德性上与五帝有所不足造成的。北宋陆佃是王安石的弟子，是北宋后期的重臣之一，也是著名诗人陆游的祖父。他认为："大同小康，时而已矣。"[①]之所以有"大同"、"小康"的区分，只是因为历史形势发生了变化。"大道之行，天下为公"下面直接以"选贤与能，讲信修睦"接续，这正是儒者与黄老之徒不同的地方，黄老之徒不讲贤能、信睦之类的话。不仅如此，贤能之选、信睦之讲在三王时代也依然奉行。五帝时代所以不同于三王时代，在于天子继承制度上的差异。五帝承位以贤，三王承位以子。当然，五帝之时也并非没有父子相继、兄弟相及的事情，只是不像三王时代那样形成固定制度罢了。

蒋君实说："王者之时不同"[②]，即每一个圣王所遇到的时势不同。大禹岂不知尧、舜让贤之事的好处，只是圣人以道御时，随势而动，天下既以"亲亲子子"为念，王者也不能使之改变而返于上古不独"亲亲子子"的情势，只能设礼来规范人们的自私行为。所以，"小康"之名不是说王者之治的，而是对时代的一种描述。圣人因为处在"大同时代"，所以能无为而治，天下自安；圣人处在"小康时代"，就应以"小康时代"的治法对应。所以，帝王"有异时无异道"，尧、舜与禹、汤、文、武之道是不存在差别的。明朝人黄乾行也说："道有升降，政由俗革，虽圣人不能不与时推移。若欲回情文兼备之风，返太古无为之治，亦非人情。"[③]这也是在提醒世人：社会治法要依据现实而定，如果现实的情势有了变化，就不能再用以前的方法治理，即使以前的社会状况非常美好。圣人治世与时推移，就是注意到了这种情况，认识到时移世易、人情变化，再想回到上古之治已经不符合现实的人情需求了，只能尚德崇礼，任俗而治。

还有一种解释试图强调礼的作用，以礼来绾合"大同"与"小康"。此以张载和王夫之为代表，上文已述，此处不再赘言，但举明朝人姚舜牧为例。姚氏认为：

---

①② 卫湜：《礼记集说》卷五十四，清通志堂经解本。
③ 杭世骏：《续礼记集说》卷三十九，清光绪三十年浙江书局刻本。

《礼运》一篇大旨要在谨礼,则能挽"小康"为"大同"。他说:承接天道以治人情是君王的治理要道。治必有本,此本即帝王之身一定要处于无过之地,这就需要君王谨礼而行,加强自身的精神修养,才能以身作则,为天下万民做出表率;才能教民众修礼义、守正道。姚氏此说弥合了儒家礼制与"大同"之间的矛盾。后世刘咸炘也持此说。刘咸炘说:"大同止是治效,谨礼乃是治术。若谨礼为卑,则大同乃成空幻矣。"刘咸炘认为:若不以礼为治术,那么"大同"就只是存在于文本之中的幻象,不是真实存在。如果以礼为治,即使不能尽礼,充分发挥礼的本意,也能收到"小康"的效果。所以,在"大同"、"小康"章节结束以后,子游才追问孔子关于礼的发生、作用,显示出谨礼的急迫感和重要性。

除了上述几种观点,在明清之时,也有学者开始正视《孔子家语·礼运》版本,提出应以《孔子家语》中的《礼运·大同》作为真本。

> 孔子为鲁司寇,与于蜡。既宾事毕,乃出游于观之上,喟然而叹。言偃侍,曰:"夫子何叹也?"孔子曰:"昔大道之行,与三代之英,吾未之逮,而有记焉。"
>
> 大道之行,天下为公,选贤与能,讲信修睦。故人不独亲其亲,不独子其子。老有所终,壮有所用,矜寡孤疾皆有所养。货恶其弃于地,不必藏于己;力恶其不出于身,不必为人。是以奸谋闭而弗兴,盗窃乱贼不作。故外户而不闭,谓之"大同"。
>
> 今大道既隐,天下为家,各亲其亲,各子其子。货则为己,力则为人。大人世及以为常,城郭沟池以为固。禹汤文武,成王周公,由此而选,未有不谨于礼。礼之所兴,与天地并。如有不由礼而在位者,则以为殃。

清代的《钦定礼记义疏》卷三十中指出:"通篇极言礼之重,独篇首小康之说,乃老氏礼起于忠信之衰、道德之薄之意,与通篇殊不相应,考之《家语》,皆无之。"因此,《钦定礼记义疏》的作者认为《礼运》首章文本当以《家语》为准,而"小康"之说大概是编订《礼记》的西汉戴圣窃老庄之说所窜入。任启运在《礼记章句》卷九中也说:"通篇文势,前后呼吸,'是谓大顺'才与'是谓大同'相应,《家语》原文可据也。记者不解,忽窜入'是谓小康'一句,致前后全不相应,故愚谓删此四字即得。"清人姜兆锡在《礼记章义》中说:"《家语》无'礼义以为纪'至'兵由此起'十句。今味文义,'礼义以为纪'以下七句当在'谨于礼者也'之下。记者盖缘上文'以为'二字文势相类而错简也。此殆非小误,宜正之。"又说:"愚按篇首本有语病,又缘'礼义以为纪'七句上下错简,末后增小康一句,其病滋多,宜王氏、陈氏辩之严也。学者以《家语》参定其文而慎论之可矣。"综合这些意见,学者大都认为《家语》中不言"小康"的说法更符合儒家对"大同"和"礼"的赞赏态度,因此主张参考《家语》的说法。

总之,《礼运》一篇以"礼"命名,其主题自然是讨论"礼"的产生与演变过程,"小康社会"的典型特征就是"礼",圣王君子通过谨礼来达到社会治理的效果,"大同"与礼制的关系则耐人寻味。既然"礼"属于儒家思想的核心范畴,孔子也以"克己复礼"为念,如果"大同之世"与"礼"相冲突,"大同"与"小康"之间就是一种几近对立的关系,那么孔子为何在《礼运》中赞美"大同"却又同时在其他的经典文本所记中说出"郁郁乎文哉! 吾从周"的话呢? 历代对此篇的怀疑就在于此,并以此问题为中心分化为两派:怀疑派与会通派。

对怀疑派来说,儒家向来崇尚三代,主张礼治,而《礼运》首篇对于三代及代表三代特征的礼制都认为不如"大同"时代。这被认为是违反了儒家的原意,反而和道家崇上古、卑三代,认为礼是忠信之薄的观点十分相似。所以,宋至清的学者中不断有人认为"大同"、"小康"的划分是受了老、庄之徒的影响,这其实向我们提示了"大同"思想的真伪关键就在于礼制与"大同"的关系。针对这个问题,会通派认为礼制的出现与"大同"并不矛盾。会通派学者力图以礼制来贯通"小康"与"大同",认为:"小康"与"大同"并不矛盾对立,"大同"与"小康"并没有价值上的高低差异,而只是因为历史时势不同,"大同"之后,治极而乱,民风日渐浇漓,所以三王才拨乱谨礼。"大同之世"并不是没有礼,而恰恰是礼义沛然所达到的效果。"大同之世"虽然没有行迹上的礼,但是礼意犹存。礼是"小康"、"大同"之间真正的桥梁。

宋、元、明、清时代,对于"大同"、"小康"是否为孔子思想存在不少争议,所以直接以"大同"思想阐述自己思想的学者仍然不多,"大同"思想始终处于一个边缘位置,没有引起学者的重视和阐扬。"大同"思想的流行由儒家思想边缘向几近核心位置的变化,要等到晚清今文学崛起的时代。周予同曾说:"及今文学崛兴,《礼记》各篇中的微言大义始为学者所重,康有为撰《礼运注》,皮锡瑞撰《王制笺》,对于孔子托古改制的深意及儒家大同的理想,为大胆的宣扬。"[1]

---

①《周予同经学史论著选集》,上海:上海人民出版社 1983 年版,第 252 页。

第二节 近代的"大同"思想

一 开眼看世界与"大同"观念的兴起

随着资本主义殖民体系的逐步确立，新式交通不断发展，世界的政治、经济联系愈益紧密，国人对于西方文化的认知也逐步加深。西方地理学的传入让国人知道世界是由"万国"组成的，而不是只有"大清"。一些思想先进的中国人有了明确的全球意识，较为明确的"大同"学说的出现就与这种世界形势有关。有学者将近代"大同"学说的出现定位于19世纪70—80年代。[①]这一时期的王韬（1828—1897）、胡礼垣（1847—1916）、王树枬（1852—1936）等都有较为明确的"大同"理想。

王韬认为《中庸》所说"天下车同轨，书同文，行同伦"、"舟车所至，人力所通，天之所覆，地之所载，日月所照，霜露所队，凡有血气者，莫不尊亲"就是"大同"。王韬用《中庸》之语释"大同"，表达了对"六合将混为一"的想象。这也体现出"大同"思潮在近代一经出现，就有中国人在自己的文化背景下对于世界的未来想象在里面。

王韬虽多次言及"大同"，但对"大同"思想并无太多直接阐发。相比而言，胡礼垣则终生言必"大同"，对"大同"的论述也比王韬深入、具体。胡礼垣在《天人一贯》一书中明确提出了"大同"理想。在他看来，无论是宗教家，还是理学家，路数虽各有差异，但其终极关怀皆归于"大同"；无论是东方文明，还是西方文明，都不能承担起永远解除人类痛苦的重任，而唯一能够将人类社会带入所谓"极乐世界"的只有"大同"理想。胡礼垣的"大同"理想之基本思想与内容即孔子的"忠恕之道"。就儒学而言，胡礼垣把"大同"与孔子的"忠恕"、"仁爱"思想联系起来进行诠释，这是其"大同"思想的重要特色。但是，胡礼垣的"大同"理想不像康有为那样系统、完备，而是显得零乱、错落，流散于各种文学形式如剧本、诗歌、韵文中。他虽然孜求"大同"，而且多有论述，但终其一生没有写成

---

① 吴义雄：《孙中山与近代大同学说的终结》，载《中山大学学报论丛》1994年第1期。

一部如康有为之《大同书》这样的学术著作，这也是后世学人谈"大同"理想必然首推康有为的缘由之一。①

王韬、胡礼垣作为近代最早提倡"大同"思想的人，他们的思想在当时并不占很重要的地位，他们本人在中国当时的知识分子精英层内还处于边缘地位，这与他们僻居香港一隅有关系。到了19世纪90年代，这一情况有了改观，特别是康有为对于"大同"思想的弘扬起了重要作用。这个时期，清政府的一些官员开始接受"大同"思想，像黄遵宪，还有一些地方上的改良知识分子，如宋恕、陈虬等也深受"大同"思想的影响。

以陈虬（1851—1903）为例：陈虬曾经约集同志，试图建立一个类似于桃花源那样的理想村社。他为这个村社取名"求志社"。按照陈虬的规划，求志社是一个拥有一定数量的人口和家庭，具有生活管理、生产、分配、教化等多种功能的社会集体。这个集体内有管理机构，有管理人员，他们负责制定冠、婚、丧、祭等生活礼仪，是社员们推举出来的；这里还有社会分工，耕、织、渔、教等各种职业都存在，大家也可以自由选择；社里的主要生活必需品如大米等都实行公有制，统一供给，其他鱼盐等则是私有，听人自便。不过，他的实践情况并不顺利。从实际的操作来看，这个求志社更多偏重于文人之间讨论学问、激扬时事。在他的著作《治平三议》中，最后一议是"大一统议"，讨论了世界大一统的可能性。饱读经史的陈虬对中国文化有着极为乐观的自信。他认为：西方的基督教来到中国正是中国的孔教以后传遍全球的先兆。为此，他甚至还设计了以后全球一统的政治治理方式：全球一统依靠天生圣人；在东、西半球各设立一个监管者，封以王爵，一人主文，一人主武，文职驻印度，武职驻美国。"文则颁正朔，齐冠服，通钞法，均量衡，同文字，正音读，删经史，开学术，修公法"，为的就是达到天下道一风同的目的。武职则负责社会安定以及工程建造。二王下面还有各国的存在，"天下大同"并非意味着国家的消失。这种政治想象应该是陈虬从《春秋》中得到的启示。《春秋》所记时代有天子，有二伯，有诸侯，与陈虬的政治设计正相吻合。从这里可以看出：启蒙思想家的政治改革设计背后受深厚的中国传统思想的影响。

这一时期，陈虬等人的改革理想较之于先前的王韬等人的理论更加系统化，形成了比较切实的中国经世思想与西方经验相融合的维新思想，这些维新思想的追求目标大多数指向世界最终的大一统。在陈虬等人关于"大同"的论述中，多关注实际的国家政治、经济的改革问题，追求的是先实现国家的富强，对于中

① 张礼恒：《论胡礼垣的大同思想》，载《江苏社会科学》2008年第1期。

国学术如何应对西方文化这个问题则较少论及。从学术角度来谈"大同"问题的，王树枏是一个代表性人物。

王树枏是清末民国时期著名的学者，不像胡礼垣、王韬等以政论著作扬名，而是更多地从学术角度阐扬"大同"思想。辛亥革命后，王树枏曾参与创立"世界大同学会"[①]，希望化民成俗。他成立此学会的宗旨是："讲明道德，增进人格，觉世救民为惟一之宗，以合同进化，铲除宗教学说门户习见，证明道德同源为不二之旨……合各教教士，各种民族之秀良，讲通古今中外异同之学说，以谋进于大同之治。"[②] 王树枏认为这一切"必自学始"，这是他与早期"大同"学说提倡者的不同之处。早期学者多直接从政治制度立言，王树枏已经开始从中西学术的统合来认识问题了。他特别重视孔学，认为"支流派别衍成世界种种之政教，而其实所发明表见者，不过孔子道术之一端"，"孔子之学囊括中外，绳贯古今，非惟言新学者懵然不知，即言旧学者亦冥然莫解，创世惊人之事，皆在微言大义之中，其道著之于经，其术藏之于纬"。[③] 王氏认为"将来世界大同之学以几于政教之大同"，其方法就在于"以保持国粹为主"，"以发明国学为主而萃集各国诸说"。在王氏这里，已经出现以中国学术整合世界学术来解决中国政治社会危机的意识。

这些中国近代思想家对于"大同世界"的实现有着充足的信心，这种信心也源于他们对中国历史文化的自信和热爱。他们认为西方国家用武力打开中国的锁国大门，是"上天"为了帮助中国而做出的独特安排，"上天"让中国见识到西方的先进的器物技艺，不是为了为祸中国，而是为了让中国利用这些器物技艺，将自己讲求人伦、崇尚王道的文明发扬光大，并以此与西方相互交流，达到同化西方的目的，最终混同万国，全球一统。

二 志在太平：康有为的"大同"思想

康有为是近代"大同"思想家中影响最大的一位，他的学术和政治实践对近代中国的现代转型产生了深刻的影响。他本人的多面性也让后人对他的评价毁誉参半。干春松如此描述康有为对中国思想界的影响："康有为作为最早提倡民权、宪政的政治思想家，他是中国现代自由主义思潮的先驱；同样，他对大同理想的新阐发，影响了毛泽东等一批致力于建立中国式社会主义的政治家；甚至是

---

① "世界大同学会"的成立时间为民国初立的1913年，具体发展情形已不可考。参与者多为传统的老派学者，其性质与"孔教会"类似，但"世界大同学会"的学人性质更加浓厚。

②③ 王树枏：《拟世界大同学会简章》，载《中国学报》1913年第4期。

不平等的世界秩序的最早、最系统的批评者。"①可见，康有为对中国近现代史和近现代观念史的影响是不能低估的。

（一）康有为"大同"思想的形成

康有为（1858—1927），原名祖诒，字广厦，广东南海人。他在1884年就开始推演"大同"之义。1885年，他曾手定"大同"之制，写成《人类公理》一书。1886年，他又写成《公理书》一书。但是，这两本书都没有出版，也没有流传。《实理公法全书》可说是现存康有为著作中体现其早期"大同"思想的作品，这部书的具体著作日期尚不能确定，但大致在1888年前。不过，此时他还没有接受今文经学的学术立场，也没有在《实理公法全书》中提及"大同"。康有为"大同"思想的真正成熟还要等到他接受今文思想之后。

1889年对康有为来说是一个重要的年份。这一年，四川的经学家廖平应恩师张之洞之召前往广州，康有为前往广雅书院拜访廖平，廖平将新著《知圣篇》、《辟刘篇》拿给康有为看。康有为当时并不能接受廖平的观点，曾经写信斥责其观点，要求廖平焚毁其书稿。后来廖平又拜访康有为于广州安徽会馆，两人相互讨论切磋，使康有为接受了今文经学。"大同"思想的成熟阐发就是依托于今文经中的公羊学"三世说"。

《公羊传》中说："所见异辞，所闻异辞，所传闻异辞。""所见"、"所闻"、"所传闻"就是指的"三世"。西汉董仲舒提出把《春秋》中的十二世分成三等，其中哀、定、昭三公是"所见世"，襄、成、文、宣四公是"所闻世"，僖、闵、庄、桓、隐五公是"所传闻世"。东汉经学家何休又在此基础上更进一步，指出：在所传闻之世开始治理衰乱之世；在所闻之世，升平世出现；在所见之世则已是太平世；在太平之世，"天下远近大小若一"。康有为进一步发展了公羊三世说，将三世说与小康说、大同说相互关联。他认为三世说是孔子的说法，并将三世说放置在《春秋》之中加以说明：所传闻世是据乱世，所闻世是升平世，所见世是太平世。乱世还没有文教；升平世渐有文教，是小康之世；太平世时文教大备，是大同之世。

康有为对"大同"思想的详细说明、具体创建是在他的《大同书》中。这本书的甲、乙二部最初由《不忍》杂志在1913年发表，1919年上海长兴书局出版单行本。全书在康有为去世前并未出版，这是因为康有为一直拒绝在生前全部刊印《大同书》。一直到他死后，《大同书》由其弟子钱定安整理，在1935年由上海中华书局印行。至于康有为为什么不把《大同书》马上刊印出版，大概是因为据康有为判断，当时的中国处于据乱世与小康世之间，当以小康世之法治之，如果贸

① 干春松：《康有为与儒学的"新世"》，上海：华东师范大学出版社2015年版，第174页。

然以《大同书》中的社会政治主张来处理中国的事情,是不合时宜的,会产生负面效果。这显示出康有为既是一个理想主义的思想家,又是一个审慎的注重社会实际的改革家。

(二)《大同书》的主要思想

康有为所谓的"大同社会"之人性基础是人都有不忍之心,不忍之心也就是"仁"。儒家认为:人和万物都有仁性。"仁"是天所固有的本性。天生养万物,自然万物也都有"仁"的性质。康有为之所以有解救生民苦难的理想,就是因为他有不忍之心,他的一切行为也是他不忍之心的体现。于是,在民国建立以后,他就将其创办的杂志定名为《不忍》。他的弟子钱定安说《大同书》的创作正是其先师康有为本不忍之心,依托《春秋》、《礼运》等经典的义理而作。

1. 人生诸苦

理想社会的构建多是基于现实苦难的刺激。康有为认为人生多苦,列举了人类的六种苦,并将这六种苦进行叙述。这六种苦是人生之苦、天灾之苦、人道之苦、人治之苦、人情之苦、人所尊尚之苦。因人生之苦而生种种想法的论证方式与原始佛教颇为类似。佛陀也是看到众生皆苦,都要经历生老病死的折磨,才选择出家,悟得诸行无常、诸法无我的真谛。不过,同是观世间众苦,佛教选择出世涅槃,康有为则秉持儒家刚健有为的精神,积极进行社会建设,两者的精神取向是极为不同的。

康有为所列举的第一苦中包括投胎、夭折、废疾、蛮野、边地、奴婢和妇女七苦。天灾之苦有水旱饥荒、蝗虫、火焚、水灾、火山、屋坏、船沉、疫疠等。人道之苦则有鳏寡、孤独、疾病无医、贫穷、卑贱等苦。人治之苦有刑狱、苛税、兵役、有国、有家诸苦。人情之苦有愚蠢、仇怨、爱恋、牵累、劳苦、愿欲、压制、阶级八苦。最后,人所尊尚之苦有富人、贵者、老寿、帝王、神圣仙佛五苦。这五苦一向为人所羡慕,但其实这些人一样有苦楚。例如:富人之家,兄弟争夺财产、夫妇斗气等事情或有发生。贵者即使位极人臣、出将入相,也难免有不虞之祸,或受同僚排挤,或遭上司贬谪,都有可能。其他也各有其苦。康有为非常同情人类所遭受的这些苦难。他认为:"乐而无苦是人类生存于世的至高与唯一的目标。"[①] 人之道不过苦乐而已,去苦求乐是人类应该追求的目标。康氏认为乐就是善,把乐当作评价社会制度和道德体系的准绳。由此他认为墨子之说、印度教、基督教等不善,就是因为它们都崇尚苦行,而这些都不为康有为所赞同。他通过自己的分析

---

① 萧公权语,见萧公权著《近代中国与新世界:康有为变法与大同思想研究》,南京:江苏人民出版社1997年版,第392页。

研究,认为人类的一切苦难都是因为人类存在"九界"。

2. 大同之路

康有为认为:人类存在九界,这"九界"分别是国界、级界、种界、形界、家界、业界、乱界、类界、苦界。级界是贵贱、清浊的差别,种界是黄、白、棕、黑的种族之别,形界就是男、女之分,业界是农、工、商各行各业之间的差别,乱界是人间一切不公平的制度,类界是指人类与鸟兽虫鱼之间的差别,国界、家界、苦界较易理解。人类之太平大同就在于消除这九界。正是这九界才导致了人类的一切灾难。九界之中,最为重要的就是国界、家界、业界和形界。

康有为论述了国家、家庭存在的危害。他认为:有了国家,就会有争地争城的现象,就会有千万人死的惨剧发生。人类技术越发展,战争的危害性就越大,民众的伤亡也越高。国家最大的危害还在于会让人养成争心、养成私心,会造成人性的残忍、褊狭,不利于良好人性的培养,不利于不忍之心的养成。

康有为将家庭制度也归为人类痛苦的一个根源,这跟传统儒家观点有着明显的冲突。康有为认为:家是造成人类有私的原因之一。有了家就会私其妻子,不能天下为公;有了家,牵累必多,心术就会自私,进而有奸诈、盗伪、贪污之事等等。总之,有家即有私,若想养成善性,就必须去家。

康有为还评判了不平等的社会经济制度。他批评资本家剥削工人,造成贫富差距拉大;他批评商业无序竞争,造成人心败坏、利己主义盛行;他认为不均等的农业制度造成农民的贫苦、穷困。总而言之,康有为认为这些都是奉行私产制的结果,所以他主张"大同社会"实行生产资料公有制。

在去国界方面,康有为提出了去国界的三个步骤:第一步,在据乱世,各国之间相互联合兼并,形成平等联盟之体。在这个阶段,各国之间以平等的关系组合在一起,各自享有自己的主权,康有为希望借此达到弭兵的目的。第二步,在升平世,以世界为单位,设立公政府,这是各联邦统一于大政府之体。在这个阶段,各国形成联邦后成立公共政府来管辖各国之间的事情,各国自己治理本国的内部事务。第三步,在太平世,也就是"大同社会",国家制度彻底消亡,形成去国界而世界合一之体。这个时候,邦国被削除,成立自主的州郡统一于公政府,公民公共推选议员和行政官进行管理工作。他认为国界进化由分到合是自然之势,虽然在这个过程中会有阻碍困难、会有反复,但是他相信国家的消亡是国家进化的必然结果,这种趋势是不会改变的。

在破除家界和形界方面,康有为认为:首先必须从男女平等独立开始,通往"大同"的路中,最难的是消除国家,去国需从去家开始,去家则以男女之间的平等独立为前提。如何做到男女平等?首先要设女学,教授女子知识,让女子学习,

提升女子的文化素养,进行启蒙工作;其次要赋予女子和男子同等的权利,使她们可以像男子一样参加选举、做官、做老师,但问才能,不问男女;再次是婚姻自由,女子可以自行择配,不必有父母之命、媒妁之言。康有为还认为男女婚姻合约应当有期限,不能作终身的婚约,婚姻的期限不能超过一年,最短的也要满一个月,如果想情好如初还可以续约。

为了去家,康有为从公养、公教、公恤三个角度进行制度设计。他主张:在公养方面,政府设立人本院、胎教院、育婴院、怀幼院;在公教方面,政府设立蒙学院、小学院、中学院、大学院;在公恤方面,政府设立医疾院、养老院、恤贫院、养病院、化人院。这样,在出生、养育、教育、养老、疾病等各个方面,康氏都作了详密的安排,人生的各个阶段都由政府机构进行安排,从而父母无须抚养、教育子女,子女无须赡养父母,父母和子女之间隔绝而不多见,渐渐至于不相识,从而不必弃家而自然无家,去家的目的也就达到了。

康有为"大同"思想的经济观就是共产化,即经济生活的方方面面都要公有化以至国有化。这是康有为"大同"思想中的核心部分,"大同社会"就是一个没有私产的公有社会。他说:"欲致大同,必去人之私产而后可。凡农工商之业,必归之公。"[1] 这是说:个人不能有自己的田地、工厂、商店,如果人人独自经营,在农业层面,耕地分散不利于机械化大生产,也不能进行统一筹划,就会造成生产力水平低下和资源浪费。为此,康有为主张:政府要设立专门的农业管理机构,总天下之田;建立专门的农业学校,传授农业的最新知识;因地制宜,开展畜牧业、养殖业等。在工业层面,如果不行"大同",贫富差距过大,国家政权不稳,也会造成巨大的浪费,所以政府要设立专门的工业机构,还要改善工人的生产、生活条件,让工人有丰富的娱乐精神生活,比如设立音乐院、戏园、讲道院等;还要注意工业知识的普及学习等。同样,商业的私有也会造成贫富差距和社会矛盾的激化;商业竞争让人机诈百生,无助于人性之善的发扬。所以,政府建立商部,由政府衡量境内的人口数量,考虑他们的贫富程度、所用物品数量等情况,进行商品的统一采购和分配,这样就可以改善人民生活,促进就业,还能调节物价、统筹议员、防止资源浪费。总之,通过人类的努力,"大同社会"的物质财富极为丰富,能够满足人们衣食住行各方面的欲望,同时人人平等,社会关系和谐,人类群体脱离诸苦,可以自由地追寻自我的精神升华。

"大同"作为一种中国从古相传的观念,经过近代学人的阐释,深刻影响了中国现代意识的形成。"大同"这种思想观念本身也是多变的。康有为之前,不少

---

[1] 康有为:《大同书》,北京:华夏出版社2002年版,第282页。

人曾对"大同"作过自己的诠释。不过，"大同"作为现代人理解的一种观念意识，康有为的阐释无疑是影响最大的。后来孙中山、毛泽东、熊十力都在康有为理解的"大同"基础上进行了发挥。

统而言之，康有为的《大同书》中的"大同"思想就是：在政治上，将"大同"理解为一个国家消亡、全球统一的阶段；经济上，将"大同"理解为生产公有、政府统一调度的统制经济；在精神企向上，特别强调平等精神；在文化态度上，"大同"思想是一种普遍主义、世界主义的主张，人类有共同的人性追求，应该追求相同的精神价值和制度建构。康有为的《大同书》中的"大同"思想虽然未必是儒家"大同"思想的忠实的还原性诠释，但几乎框范了国人在近现代历程中对"大同"的所有想象。

需要指出的是：学界对康有为"大同"思想的儒家性质一直存有疑惑，康有为灭弃家庭的理想与儒家重视人伦的思想无疑是冲突的，同时他也试图通过种族融合消灭棕色、黑色人种，这种带有种族主义歧视的思想也与儒家"和而不同"、"天下一体"的思想相矛盾。康有为的经济统制思想与中国历史上县乡自治的历史事实也有不合之处。但是，康有为又很奇特地将他的"大同"思想嫁接在公羊学的三世说上，企图在经学的框架内对人类的发展作一说明，这又不能不说是他对经学的一个突破性的大发展。吊诡的是，这种发展开启了知识分子突破儒学藩篱的潘多拉魔盒。

三　大道之行，天下为公：孙中山的"大同"思想

孙中山（1866—1925），名文，号逸仙，常以"中山"为名，广东香山（今广东中山）人。他一生的思想结晶就是"三民主义"。"三民主义"是孙中山 1905 年在《〈民报〉发刊词》中提出的，之后他始终以"三民主义"来概括自己的主旨思想。所谓"三民主义"，就是民族主义、民权主义和民生主义。孙中山的"大同"思想是"三民主义"希望达到的最高目标，同时他对"大同"思想的阐发也是在"三民主义"的框架内进行说明的。我们结合"三民主义"的具体内容来展开孙中山的"大同"思想。

（一）"民族主义"与"大同"

孙中山对"三民主义"之"民族主义"在不同时期有着不同的解释。在辛亥革命前，孙中山解释"民族主义"有比较强烈的反满意识，提倡"民族主义"是为推翻清政府服务的。1903 年在檀香山，他说："我们一定要在非满族的中国人中间发扬民族主义精神；这是我毕生的职责。这种精神一经唤起，中华民族必将使其

四亿人民的力量奋起并永远推翻满清王朝。"① 可见，在成功推翻清政府前，孙中山提倡"民族主义"是在满汉民族对立的意识下进行民族革命而阐发的。在这里，"民族主义"主要是为了激发汉族人的民族意识，以汉族为主体建立民族国家。

辛亥革命后，封建帝制被推翻，建立了中华民国。此时，再提倡反满意义的"民族主义"就不合时宜了，孙中山与时俱进，对"民族主义"的内涵作了新的阐释。这种阐释是把"民族主义"作为世界大同的一个进阶。孙中山认为：要实现"世界大同"，国与国之间相互平等，必要的前提就是国家必须独立自强。他说：要讲"世界主义"，一定要先讲"民族主义"。只有把以前失去的"民族主义"重新恢复起来，发扬光大，然后再去说"世界主义"，"世界主义"才是可期的。也就是说只有诸民族之间有了自由、平等的地位，"世界主义"方有可能实现，"大同社会"才有可能实现。这是孙中山对实现"大同"基本步骤的设计，即先有民族的独立富强，诸国平等之后，"世界大同"才有可能实现。所以，孙中山的"民族主义"在新的历史条件下成为"大同"实现的必要条件。他在《中国革命史》中说："对世界诸民族，务保持吾民族之独立地位，发扬吾固有之文化，且吸收世界之文化而光大之，以期与诸民族并驱于世界，以驯致于大同。"② 孙中山晚年说的这段话不仅表达了他追求民族独立以期至于"大同"的设想，还表达了他对民族文化（更多的是儒家文化）的信心。

在恶劣的国际环境当中，孙中山始终坚持把"民族主义"放在第一位，这种"民族主义"褪去了早期的汉族主义色彩，而更多地体现了"国族主义"的立场。所以，在中华民国成立后，他多强调"五族共和"、"中华民族"。孙中山临终依然强调"民族主义"的重要性。在1924年的《三民主义》讲演中说："民族主义"是国家图发达和种族图生存的宝贝。③ 如果"民族主义"不能存在，那么到"世界主义"发达之后，中国就不能生存了，就会被淘汰。④ 所以，孙中山认为讲"世界主义"、讲"大同"要以"民族主义"为前提。他多次提到"世界主义"与"民族主义"的关系。他说："世界主义"是从"民族主义"发生出来的。中国要发达"世界主义"，先要巩固"民族主义"才行。如果"民族主义"不能巩固，"世界主义"就不能发达。总之，"世界主义实藏在民族主义之内"⑤，"民族主义"是"世界主义"的基础⑥。

（二）"民权主义"与"大同"

对《礼运·大同》篇的"大道之行也，天下为公"，孙中山用"三民主义"中的"民

---

①《孙中山全集》第1卷，北京：中华书局1981年版，第227页。
②《孙中山全集》第7卷，北京：中华书局1985年版，第60页。
③④⑤⑥《孙中山全集》第9卷，北京：中华书局1986年版，第210、217、226、231页。

权主义"加以解释。他说："两千多年前的孔子、孟子便主张民权。孔子说：'大道之行也，天下为公。'便是主张民权的大同世界。"① 可见，在孙中山的"大同世界"里，人人自由平等，享有同等权利。他说：所谓"天下为公"，就是说在"大同社会"里，天下是天下人的天下，没有私利的存在。在过去，权力仅仅集中于皇帝一人或者少数的统治集团手中。在"大同社会"里，主权属于人民全体，国家的官员都是人民的公仆。

在孙中山看来，西方的政治制度并不完美，西方实行的代议制是间接的民权，人民选举官员和议员之后，很难再有继续参政的机会。他认为：应该让人民直接去管理自己的政府，应该赋予人民"四权"，即选举权、罢免权、创制权和复决权。选举和罢免权用来治人，可以把官员选举出来，也可以罢免官员；创制权和复决权用于法治，制定法律制度，修改不利于人民利益的法律。有了这"四权"，即可以合人民之力共建"大同"。

孙中山特别重视对人民权利的保护，认为人类从神权到君权、从君权到民权，这种趋势不可阻挡。他认为：中国的尧舜政治虽然名义上是君权，但实际上是在行民权。民权于中国不仅有历史事实的存在，更有理论的说明。孟子说："民为贵，社稷次之，君为轻。"《尚书》中说："天视自我民视，天听自我民听。"这些都是中国经典提倡民权的证据。所以，中国人对于民权早已了解，只是在后来并没有做到。

（三）"民生主义"与"大同"

孙中山在后期关于"民生主义"与"大同"之间关系的言论尤多。1924年，他在《三民主义·民生主义》的演讲中开宗明义地说："民生主义就是社会主义，又名共产主义，即是大同主义。"② 他将"民生主义"、"社会主义"、"大同主义"之间画了等号。在这里，孙中山更加想强调的就是经济层面的内容，所着力解决的问题是贫富不均的问题。"民生主义，即贫富均等，不能以富等〔者〕压制贫者是也。"③ 孙中山解决此问题的办法就是社会主义的方法。

当时，西方资本主义的经济造成的贫富差距十分严重。孙中山长期旅居国外，对这一问题感受深刻。又，当时社会主义思潮盛行，十月革命也已发生，他十分欣赏当时初建的苏俄政权，说："俄国人在幼年的时候，有机会可以读书；在壮年的时候，有田可耕，有工可做，不愁没有事业；到年纪老了的时候，国家便有养老费。像俄国的人民，可说是自幼而老，一生无忧无虑。""像这样好的国家，就

---

① ②《孙中山全集》第9卷，北京：中华书局1986年版，第262、355页。
③《孙中山全集》第6卷，北京：中华书局1985年版，第56页。

是我要造成的新世界。"[①] 他甚至说:关于"大同世界"与"小康社会"不同的地方,俄国新政府的计划经济形式庶几近之。可见,在他关于"大同世界"的理想中,奉行的是生产资料公有制和国家有计划调节的经济,人民经济生活都得到普遍安排,没有贫富不均的情况。

至于具体方法,孙中山认为要实现国民在经济上的真正平等,土地问题是其中的关键。在历史上,实现土地公有基础上的田地均分是历代优秀政治家和儒家学者的理想,井田制就是在土地公有的基础上,实现土地的均平分配。孙中山预见到:伴随着中国工商业的发展,工商业比较发达的地区的地价肯定比落后地区的地价要高,甚至高至数百倍不止。如此情况下,必有许多人从事土地买卖投机的生意,但如果土地投机受惠者少,就势必造成贫富差距的拉大,贫者愈贫,富者愈富,社会问题肯定层出不穷。所以,孙中山得出明确的结论:"酿成经济组织之不平均者,莫大于土地权之为少数人所操纵。"[②] 只有实现土地的公有,均富的目的才可能达到。

孙中山在 1908 年的《中国同盟会革命方略》中说明了具体的实施办法:"文明之福祉,国民平等以享之。当改良社会经济组织,核定天下地价。其现有之地价,仍属原主所有;其革命后社会改良进步之增价,则归于国家,为国民所共享。肇造社会的国家,俾家给人足,四海之内无一夫不获其所。敢有垄断以制国民之生命者,与众弃之!"[③] 在这里,孙中山希望把经济发展引起的地价的增值部分通过国家的调控转化为人民的财富,可以发展公共事业,由人民共享。孙中山还希望最终实现土地的国有,提出私人所有的土地可以由地主估价报给政府,国家依照地价征税,并在必要的时候按照报价收买此土地。可见,孙中山是希望通过和平方式,在没有损害地主根本利益的前提下,实现财富的再分配,达到社会财富分配相对均平的目的。

另外,孙中山主张"节制资本",认为资本也是造成贫富差距的主要原因。孙中山有长期旅居国外的经历,对外国的资本主义发展的情况比较了解。工业革命以后,机器生产大行其道,一方面资本家的财富不断累积,另一方面工人则受到非人的待遇。孙中山认为:正是私人资本的垄断造成了这种情状,所以要"用一种思患预防的办法来阻止私人的大资本,防备将来社会贫富不均的大毛病"。[④] 孙中山提出的方法就是节制私人资本,壮大国家资本。他几次提到要将攸关国计民

---

①④《孙中山全集》第 9 卷,北京:中华书局 1986 年版,第 505—506、392 页。

②徐辰:《宪制道路与中国命运:中国近代宪法文献选编(1840—1949)》(下卷),北京:中央编译出版社 2017 年版,第 49 页。

③《孙中山全集》第 1 卷,北京:中华书局 1981 年版,第 297 页。

生的重要产业收回国有。1912年，他在上海演讲时说："凡属于生利之土地、铁路，收归国有，不为一二资本家所垄断渔利。"在1923年的《中国国民党宣言》中，他又说："铁路、矿山、森林、水利及其他大规模之工商业，应属于全民者，由国家设立机关经营管理之，并得由工人参与一部分之管理权。"他指出：在壮大国有资本的同时，也要注意限制私人资本的过度膨胀。当然，节制并非直接消灭，对于中小私人资本，国家还是要采取措施加以扶植和保护。

（四）道德和平 —— 大同的精神价值基础

大同社会的理想立基于儒家一贯的道德理想。孙中山认为：如果能扩充自由、平等、博爱的精神，使之扩充至全世界的人类，那么大同盛世就会不难达到。此博爱的精神在孙中山看来是源于儒家"仁"的精神。虽然自由、平等、博爱的观念自西方传来，孙中山本人也深受西方思想和基督教教义的影响，但是随着对中国国情愈加清楚的认知，他对中国传统道德精神的推崇也愈加浓厚。他说：中国固有的道德，第一是忠孝，第二是仁爱，第三是信义，第四是和平。发扬中国固有的道德和平精神，以此固有的道德和平作基础，去统一世界，就可以建立一个大同社会。将其思想纳入儒家谱系当中，是他有意识的行为。戴季陶在《孙文主义之哲学的基础》中记述："去年有一个俄国革命家去广东问先生（孙中山）：'你的革命思想基础是什么？'先生答复他说：'中国有一个正统的道德思想，自尧、舜、禹、汤、文、武、周公、孔子而绝。我的思想，就是继承这一个正统思想来发扬光大的。'"可见，中华民国建立后，孙中山在提出国家政教理想时，明确地认为自己接续了儒家正统，继承了儒家的道德理想。

第三节　为了共产主义而奋斗：
毛泽东的"大同"理想

　　在近现代，马克思主义在中国的传播是与"大同"紧紧联系在一起的。在中国早期的社会主义思潮中，学者们普遍以中国传统的"大同"概念与"社会主义"相比附。李石曾说："社会主义者，无自私自利，专凭公道真理，以图社会之进化，无国界，无种界，无人我界，以冀大同。""社会主义"在这里成为实现"大同"的重要手段。中国社会党的领袖、无政府主义代表人物江亢虎也说："社会主义者……大同之主义，非差别之主义。不分种界，不分国界，不分宗族界，大公无我，一视同仁，绝对平等，绝对自由，绝对亲爱。"从这些言论中，我们可以看到，在马克思主义广泛传播之前，"社会主义"被理解为一种普遍的追求全人类自由平等的道德学说，这也反映了 20 世纪初期人们对于"大同"的理解。只不过以道德规范和伦理想象来描述一个社会的性质，在如何实现此理想的社会方面会显得空泛无力，难免被人讥为空想。

　　作为科学的社会主义，马克思主义指出了人类社会的历史发展过程是一个客观的历史进程，即历史发展的动因在于社会的生产方式，更根本的是生产力状况。马克思主义诉诸社会科学的研究方式较诸康有为、孙中山的哲学式"大同"理论建构，更容易为现代知识分子所接受。对于新式知识分子来说，马克思主义以生产关系与生产力、上层建筑与经济基础的辩证关系科学地说明了历史发展的规律，并提出了阶级斗争的实践道路。于是，近代以来，以"世界大同"为最终目标并同时追求民族平等、国家富强的"大同"理想有了科学的理论指导，这对中国革命和建设事业的指导作用是不可低估的。作为中国革命事业的最主要的领导者，毛泽东对此作出了重要贡献。

　　毛泽东的毕生追求是否能够用"大同"理想来概括，这是存在争议的。不过，在毛泽东思想的形成时期，"大同"思想对毛泽东的影响是十分明显的。

　　1917 年，毛泽东在给黎锦熙的信中有一段话这样说："孔子知此义，故立太平世为鹄，而不废据乱、升平二世。大同者，吾人之鹄也。"这段话是毛泽东早年曾经服膺"大同"思想的确凿证据，这无疑是受到了康有为的三世说的影响。在

老师杨昌济的指导下,毛泽东曾经认真研读康有为之《大同书》已经出版的甲、乙两部,十分推崇康有为描绘的"大同圣域"。所以,我们可以说,在当时毛泽东自觉地把"大同社会"作为他人生奋斗的目标。

不过,此时的毛泽东尚处于思想的急剧变化时期,对"大同"思想也曾有过质疑。1917—1918 年间,毛泽东对德国哲学家泡尔生所著的《伦理学原理》一书做了许多批注,其中有一段是这样写的:"不平等、不自由、大战争亦当与天地终古,永不能绝,世岂有纯粹之平等自由博爱者乎?有之,其惟仙境。然则唱大同之说者,岂非谬误之理想乎?"①在这里,他对绝对平等、自由能否实现表示了怀疑,显示出他对理想社会的现实性和可操作性的怀疑。同时,我们也看到:在这里,他将"大同"理解为一种绝对平等、自由的实现,明显也是以一种西方传入的价值标准来规定"大同"的内涵。他还说:即使人类进入大同境界,也肯定会有许多竞争与反抗,人类不会安于"大同"境界。不管是老、庄老死不相往来的小国寡民社会,还是陶渊明的桃花源,都只是理想而已。自古以来,只是治乱。和平与战争不断交替才是历史的不变规律。在这里,毛泽东已经完全否弃了"大同"理想、永久和平实现的可能性。

虽然从毛泽东的这些早期言论来看,我们还不能肯定他对"大同"理想的追求是一贯的,但至少他在思想的探索期,伴随着对康有为的新儒学思想、西方某些社会理论等不同社会思潮的不懈吸收,对于"大同"有一段肯定与否定的不断变化期。

如果我们将"大同"的内涵从儒家本身的系统中摘离出来,视作一种人类共同祈望的社会理想,那么可以说毛泽东一直在为实现他心中的理想而努力,他最后接受马克思主义,正是他为实现"大同"理想找到的有力的科学理论武器。马克思主义是在资本主义社会诞生的理论,对资本主义制度有着深刻的分析,阐明了社会历史发展的规律。同时,马克思主义是一种普遍主义性质的理论,它最后关心的是全人类的解放事业。对毛泽东来说,马克思主义正是世界走向"大同"的科学理论。如果从这个意义上讲,以毛泽东为主要代表的中国共产党人对新民主主义革命道路的艰苦探索同样也是对到达"大同境域"的革命道路的探索。毛泽东在 1949 年新中国成立前夕写的《论人民民主专政》一文中说:"眼前国民党反动派被我们所推翻,过去日本帝国主义被我们和各国人民所推翻,对于被推翻者来说,这是痛苦的,不堪设想的;对于工人阶级、劳动人民和共产党,则不是什么被推翻的问题,而是努力工作,创设条件,使阶级、国家权力和政党很自然地

①《毛泽东早期文稿 1912—1920》,长沙:湖南人民出版社 2013 年版,第 162 页。

归于消灭，使人类进入大同境域。"他又说："资产阶级的民主主义让位给工人阶级领导的人民民主主义，资产阶级共和国让位给人民共和国。这样就造成了一种可能性：经过人民共和国到达社会主义和共产主义，到达阶级的消灭和世界的大同。康有为写了《大同书》，他没有也不可能找到一条到达大同的路……唯一的路是经过工人阶级领导的人民共和国。"也就是说，科学社会主义才是到达"大同"的唯一正确的道路。在这篇建设新中国的宣言中，毛泽东说出了他奋斗终生的最终目标就是要建设没有阶级、国家权力和政党的"大同社会"，实现"大同世界"有三个阶段：第一，建立人民共和国，即工人阶级领导的人民民主主义社会，毛泽东称之为"新民主主义社会"；第二，由新民主主义社会过渡到社会主义社会；第三，最后建成共产主义社会，实现"世界大同"。我们注意到：在前两个阶段中，这样的"大同社会"在相当程度上是经过马克思主义改造过的大同社会，而非旧有思想中的大同社会，毛泽东心目中的"大同社会"就是共产主义的实现。

在1958年，中国成功地进行了社会主义改造之后，毛泽东开始探索如何建设社会主义的道路。在这个过程中，毛泽东提出了人民公社化运动，而人民公社的社会模式就是对他青年时期新村实验构想的一种继承和发展，也有学者认为人民公社的模式受到了传统"大同"思想的影响。人民公社是既有农业合作又有工业合作的基层组织单位，由工、农、商、学、兵组成，工业、农业、商业交换是人们的物质生活，文化教育反映人们的精神生活，兵就是保障物质生活和精神生活进行的全民武装。毛泽东认为：人民公社将工、农、商、学、兵结合在一起，有益于领导。人民公社进一步发展，每个公社都会有自己的农业、工业、大学、中学、小学，有医院，有科研机关，有商店和服务业，有托儿所、公共食堂，还有俱乐部。这些乡村公社围绕着城市，组成更大的公社。可以看出，在这个组织结构中，生产部门、教育部门、服务和娱乐部门等都非常齐全。毛泽东将人民公社的特点总结为"一大二公"："大"就是规模大，人多，地多，经营产业多；"公"就是公有化的程度更高，资本主义私有制的成分更少。

在人民公社化实践中，公社实行吃饭不要钱的粮食供给制和伙食供给制，还有一些地区，人民的吃饭、穿衣、居住、生育、教育、看病、婚丧嫁娶等都由公社来负责。有诗描绘这种理想中的人民公社的情况曰："人人进入新乐园，吃喝穿用不用钱。鸡鸭鱼肉味道鲜，顿顿可吃四大盘。天天可以吃水果，各样衣服穿不完。人人都说天堂好，天堂不如新乐园。"[1]这表达了人民对于美好生活的向往，体现出一种乐观向上的生活态度，但是这些想法有浓厚的空想主义色彩，明显超出了

---

① 陈晋：《毛泽东文艺生涯》（下卷），北京：人民文学出版社2014年版，第531页。

当时的经济发展水平,其最终的发展结果可想而知。

毛泽东对中国理想社会模式的设计和实践既受到了马克思主义的重要影响,又是对中国传统"大同"思想的一种批判式继承和超越。通过对理想社会的不懈追求,他领导下的中国共产党取得了新民主主义革命的胜利,建立了新中国,推翻了帝国主义、地主阶级和官僚资产阶级在中国大陆的统治,解放了广大中国人民,而且取得了社会主义改造的胜利,初步探索了社会主义建设道路和社会主义发展模式,为以后的改革开放和中国特色社会主义理论提供了理论和实践的经验支持。这一切成就的取得,一部分原因就是毛泽东个人心中的理想社会情结,这个理想社会就是他称为"大同"的共产主义。当然,在这个探索过程中出现了十分严重的错误。这需要我们在理想信念不缺失的前提下,以现实、科学的精神来应对实际中遇到的问题。

第四节　现代新儒学的"大同"思想

现代新儒学是五四新文化运动以来立足于儒家本身的心性之学，以赓续儒家道统为己任，并有意识地接纳西学，希望在新的历史条件下返本开新、实现儒学复兴的一种文化思潮。新儒家中对于"大同"这个主题论述较多的是熊十力和钱穆。

一　群龙无首：熊十力的"大同"思想

熊十力（1884—1968），湖北黄冈人。熊十力的"大同"思想是一个完善的思想体系，这个体系依托《六经》而建立，不同的经典有不同的作用。熊十力认为：《六经》中尤为重要的是《周易》、《春秋》、《周官》和《礼记·礼运》。《礼运》首提"大同"、"小康"之辨，而《易经》为"大同"理想提供的是深邃、坚固的形而上学基础，其他《五经》都源出《周易》。《春秋》是孔子晚年改制立法的作品，提出了"太平大同世"的理想。《周官》则是《春秋》理想的具体实施方案，是升平世向太平世过渡的制度设计。在熊十力的"大同"思想体系中，《礼运》就像一本书的导言，是熊十力思想的一个引子；《周易》是"大同"思想体系的基础，为"大同社会"的现实性提供了"天道"依据和人性基础，可说是"大同社会"的内圣层面；《春秋》、《周官》可说是"大同"体系的外王层面，《春秋》提出了"大同"理想的追求目标，《周官》则提出了具体的政治社会层面的措施，是《春秋》理想的具体化，让"大同"理想得到了更加丰满的展现。

熊十力以《易》来构建"大同"理想的形而上学。他认为：康氏之所以失败，在于其思想缺乏根底，"没有看到《礼运》中的大同理想 …… 有其深隐的形而上学义据"。[①] 这个形而上学依据就是宋明理学所讲的"天道"性理，更多对应于儒家理想的"内圣"诉求，目的是为人类道德的提升和儒家的理想政制提供本体论和人性论依据。我们说，如果将熊十力的本体论与人性论用一个字来概括的话，毫无疑问这个字就是"仁"。在本体论层面，熊十力多次提到"仁以为体"、"以仁

---

① 刘小枫：《共和与经纶》，北京：生活·读书·新知三联书店 2012 年版，第 58 页。

为体"。他认为："仁"就是人的本心，本心有生生、刚健、照明、通畅等特征，这些特征就是仁德，是人与天地万物共同享有的本体特征。天地万物生生不息，就是仁心作为宇宙整体生命力的体现，也正是在这个意义上，所谓天地万物与"我"为一才成为可能。仁心不仅体现于人的身上，而且遍布于天地万物。

在熊十力后期的思想中，也有否定"以仁为体"的说法。他在《明心篇》中说："宋明儒以仁为本体，甚失孔子之旨，仁是用，究不即是体，谓于用而识体可也，谓仁即是本体则未可。"[①] 这种说法与他后期的哲学转向有关。在前期的《新唯识论》中，他以仁心说为本体，摄用归体。在后期，他更重视大用流行、摄体归用，显示出其前后期对体用关系看法的重要转变，即在后期更加重视用的阐述。他认为：所谓"体"，就是宇宙本体的一种简易讲法。所谓"用"，就是本体变成功用。两者圆融不二。佛、老就是沉迷于虚寂的本体而不知道即体即用、体用一源的道理。体用不二、摄体归用的道理就是说：体、用都是实有，实体不在功用之外，实体就是大用本身，实体自身完全变为大用。这才是体、用之间的关系。这体现出了熊十力对于功用的重视。在他看来，不能就本体而求本体，须就功用而求本体[②]，体用不二论是儒学内圣外王理想的一个哲学体现。这就从哲学的角度阐明了内圣外王的有机统一。

仁爱作为人的"天理"之性，是儒学设计政制的一个重要出发点。熊十力认为：圣人讲治理之道，必然以"仁"为最终依据，即"仁是治之体"的意思，本着仁心来建立治体，以天地万物一体的心量"节物竞之私，游互助之宇，塞利害之门，建中和之极"。他说："佛氏以大雄力趣向度脱而反人生，老氏柔退，其下流至于萎靡。"[③] 因此，佛、老不能作为趋向太平政制的指导哲学，只有《大易》生生不息，其德至健，倡导刚健有为，无空寂、虚无之病。熊十力希冀以《易》的形上学、人生观来对民众进行启蒙，启发民智；认为如果人人皆为仁义奋力而行，"大同社会"就可以达到了。

熊十力还通过对《春秋经》的阐释来表达他对儒家外王体系价值诉求的构建。熊十力对《春秋》的论述基本上是围绕熊十力《春秋》学思想的核心就是《公羊传》之三世说展开的。熊十力说："何休注《公羊传》，略存三世义，圣人为万世制太平之意犹可窥也。"[④] 这就是说：孔子的真义在整部《春秋》中，而三世说表现得最明显。三世的演化是仁道不断在世界范围内扩展的历史。从据乱世到升

---

① 《熊十力全集》第 7 卷，武汉：湖北教育出版社 2001 年版，第 274 页。
② 陈来：《仁学本体论》，北京：生活·读书·新知三联书店 2014 年版，第 52—54 页。
③ 熊十力：《韩非子评论　与友人论张江陵》，上海：上海书店出版 2007 年版，第 127 页。
④ 《熊十力全集》第 6 卷，武汉：湖北教育出版社 2001 年版，第 481 页。

平世,中国礼义文化影响不断扩大。据乱世尚处于外诸夏的阶段。升平世诸夏已然联合,国与国之间由原来的敌对状态进入相互联合的状态。一直到太平世,原来的夷狄之国也开始崇慕仁义,此时仁义文化被普遍接受,夷狄也都成为诸夏,诸夏即成为接受礼义文化的国家族群。如此,全世界普遍平等,没有了国界,没有了种族区分,这就是"天下远近小大若一",就是"世界大同"。

熊十力认为:三世之间的治理形态不一样,民众的智力道德素质也不一样,处于不断进化的状态。衰乱之中,唯有强力的君主才能结束无秩序状态,此时实行的政治制度是专制君主制度,民众的智力道德尚且处于初步阶段。随着民众素质渐高,升平世到来,君主制度不废,但是君主权力受到限制,政治民主进一步发展,君主仅仅成为社会的象征。进入太平世,天下人人有士君子之行,人人都以仁义自勉,君主制度被废,选举制度普行。这就是熊十力历史哲学中对三世说政治教化的进化想象。下面我们就熊十力的"大同"思想展开分析:

第一,《春秋》只是揭示了人类发展的基本蓝图,其具体制度则体现在作为"三礼"之一的《周礼》当中。在《原儒》一书中,熊十力提出了对《周礼》的整体认知。首先,"《周官》之治道,大要以均为体,以联为用"。[1]"均"体现了《周官》之主张经济上的均平理想。《周官》中讲"均平"的地方非常多,比如冢宰的责任就是"帅其属而掌邦治,以佐王均邦国",地官小司徒的职责是"均土地以稽其人民而周知其数",这些都反映出《周官》之中在经济上注重解决贫富不均的问题,体现了重视民生、以民为本的务实精神。熊十力把《周官》所体现的均平制度称为"破除了私有制"的体现社群精神的"均产制",有时也以"社会主义"称之。"联"体现在《周官》中的国家经济联系上,主张发展国与国之间的交通和经济联系;在国家内部的官制设计上,六官虽然各有职掌,但是相互联系,统一以天官总其成。"联"体现了中国先民对于万事万物相互联系的认识,所以在对事情的处理上,注重事物之间的联系,能够统筹兼顾,分清主次先后、轻重缓急,这种思想认识在今天也值得重视。

第二,"《周官经》为拨乱起治之书"。[2]熊十力认为:《周官》乃是为太平世立基之书,尚不是关于太平世之制的论述,更近于达致升平之世的制度,不过这种制度体现的精神已经为人类追求"大同太平盛世"打下了坚实的基础。

第三,"《周官》之政治主张在取消王权,期于达到《春秋》废除三层统治之目的,而实行民主政治"。[3]《周官》中有不少体现民主政治的方面。《周官》中小司寇一职负责外朝三询之法,也就是征求民意。其中有"询立君"一条,熊十力认为

---

[1][2][3]《熊十力全集》第6卷,武汉:湖北教育出版社2001年版,第517、519、519页。

这反映了《周官》主张国君的设立必须经过万民的同意，不然不能被立。在地方上，王国下有六乡、六遂，乡、遂是同级的低于中央政府的地方组织。乡、遂之内的官员每三年大比一次，由民众选贤举能，选举出其中的优秀者赴中央任职，这是地方上的选举制。

第四，《周官》的社会理想是：一方面本《大易》格物精神，发展工业；一方面逐渐消灭私有制，使一切事业归国营，最终实现天下一家。因为冬官的职责是"富邦国，养万民，生万物"，熊十力推想冬官职责就是掌管工业生产事业和科技研究，这反映了当时重视工业生产和器物制造，扭转了人们原来以为儒家仅重农耕的偏见。产业的国营制反映了当时经济制度的社会主义性质，这种产业经济的国营性质是全面的，涉及众多方面，土地国有，大的工业生产部门也实行国有，金融与产品流通机构（商业）也由国家经营。熊十力写作《原儒》一书是在20世纪50年代中后期，当时中国正在进行社会主义改造，他的这种思想可能受到了时代的影响。熊十力对《周官》中所作的社会主义性质的诠释是他试图会通儒学与社会主义思想的尝试，也反映了他通经致用，试图以经学来指导社会改革的企图。

《周官》是儒家制度学的典范著作。熊十力对《周官》所作的制度理想的阐释，与西方传入的民主和社会主义思潮相结合，进一步夯实了他的经学体系，使他的"大同"理想有了操作的可能性。

二 天下太平，世界一家：钱穆的"大同"思想

钱穆（1895—1990）把对中国文化"天下太平"、"世界大同"的基本理想蕴含在对中国历史的描述中。这种方式与哲学家比如熊十力等利用经典著作建构"大同"的思想体系不同。熊十力的学说是理论建构型的，采取的是哲学方式；钱穆的学说是文化诠释型的，采取的是文化史方式。因此，钱穆对中国"大同"思想的解释为我们提供了一个独特视角。

钱穆认为：中国文化所诞生的环境与其他文明古国不同，如巴比伦、埃及、印度等都是从小环境中发祥的，中国文化自始至终都在一个地形复杂且幅员辽阔的地面上进行发展。中国的水系复杂，虽然主体只是黄河、长江，但是当时的支流水系如汉水、淮水、济水、辽河、渭水、泾水、洛水、汾水等相当多，在这些水系周边孕育了灿烂的中华文明，使得中国文化从一开始就格局阔达。在这样的环境中，各地区的人民进行交往，就比较容易发展出对促进政治、社会团结等属于人事方面内容的才能。也正是在部落的各种形式的交流中，中国人逐渐形成了"天

下"观念,这个"天下"自然就是指普天之下的所有地理区域,只是因为当时人们的地理认识受局限,他们所认识的"天下"范围就是中国这一块区域。对于中国这一块大地,他们也不认为是一个国家,而是一个世界,是他们认为的"天下"。他们理想的"天下"秩序就是太平的、大同的,无论这一"天下"的政治形态表现为西周的"诸侯封建式"的,还是秦统一六国以后的"郡县制式"的。[①]

还认为:钱穆先秦时期的学术文化确定了中国文化天下"大同"的终极理想,先秦诸子中大部分人持有一种"天下主义"的文化态度,没有狭隘的国家主义。他说:孔子一生周游列国,虽然出身鲁国,想的却是行道于天下,造福于天下万民,也没有固定的阶级观念,实在是一个世界主义者。这种理想的理论阐述最典型的除了《中庸》的"凡有血气者,莫不尊亲",还有《大学》中说的修身、齐家、治国,最后是落实到"平天下"这个层面。在春秋以前,古人对上古史的理解都是天下一统式的,从唐虞的禅让到夏商的父子相继、兄弟相继,再到西周的诸侯分封,天下都有一个中央共主,此时的天下秩序是稳固的。周初有许多国家同时存在,但这些国家都向着一个中心,那就是周天子。到了春秋时期,王纲解纽,天下秩序崩坏,春秋霸主时代开始。"霸主"一词并非完全的否定性用词,霸业是华夏各个国家在原来的秩序解体以后寻求的一种新的团结形式,这种形式所依据的前提仍是原来已经存在的封建礼制。这种秩序类似于一种联盟,此联盟团体有自己的公法,在名义上依然以周王室为尊,在外部共同抵御夷狄等非华夏群体的入侵,在内部由霸主国主持处理国家之间的争议问题。但是,随着国家间兼并活动的进行,国家数量越来越少,直至形成战国时代的七雄并立局面。于是,各个大国就想着像原来的周天子一样重新统一天下,这个事业最终由秦始皇完成了。

秦始皇统一六国,先秦诸子"天下大同"的理想得到了进一步实现。对于秦以后的中国历史,钱穆认为都是在对先秦时期确立的大理想、大目标进行各方面的进一步深入和推广。所以,在钱穆看来,中国历史并非中国文化的变异史,而是中国文化不断推广、不断深入、不断充实的历史。他对中国的历史文化充满了信心。他对中国历史进行分期,其衡量标准就是中国文化的演进。

钱穆把中国文化的演进分为四个阶段:第一阶段是先秦时代;第二阶段是汉唐时期;第三阶段是宋元明清时期;第四阶段是当代与未来。在先秦时期,中国文化的基本理想和信念已经确立下来,其中一个方面就是"天下大同"的理想。之后历史的进程就是遵循此路向前推进。于是,在第二阶段,即汉唐时期,依循秦始皇统一天下,组成了一个世界政府,"大同"之政治层面初步形成,之后主要

---

① 钱穆:《中国文化史导论》,北京:商务印书馆1994年版,第1—20页。

做的工作就是规划实践政治、社会基本制度，为个人的个性发展奠定坚实的外部基础。钱穆将此阶段也称为"政治与经济"时期。从钱穆对这个时期历史的描绘中，我们可以看出他对中国文化、政治、经济理想的理解。

　　钱穆认为：从秦汉以后，中国社会已经没有所谓"特权阶级"的存在，在政府里面任职的官员也不是由贵族充当的。汉代制度要求学员先入学校接受教育，毕业后入政府历练，担任"吏员"，如果做出了相当的成绩，有了娴熟的行政经验和技能，就会被推举到朝廷，再经一道考试，合格就可以正式担任政务官。这一选官制度后来又演变成科举制。至于官阶升迁，则有相关部门核查为官成绩而定。学员所学内容即《五经》。选官制度到汉武帝时趋于定型，钱穆称之为"文治政府"。他认为这代表着中国传统观念中的理想政府的实现，相比于以前的贵族政府、军人政府，是中国制度史的一次大进步。[①]

　　对于经济层面的制度，钱穆认为：中国文化关注的一直是集中于解决社会经济贫富不均的问题。汉代"文治政府"制度成立后，社会经济的贫富不均问题又逐渐浮现。对此，武帝时期把有专利的大商业交由政府经营，而且规定从事商业活动的人要缴很重的税。不同于西方近代的商业资本主义，中国一直以来奉行的都是类似于"民主社会主义"的经济政策，此种政策不鼓励大富，而是希望在满足基本经济需求的前提下，人生能向更为高级的层面去发展。之所以采用"哀富而益不足"的社会主义经济政策，钱穆认为是因为受中国历来经济理论的影响。《礼运·大同》说："人不独亲其亲，不独子其子，使老有所终，壮有所用，幼有所长，矜、寡、孤、独、废疾者皆有所养，男有分，女有归。货恶其弃于地也，不必藏于己；力恶其不出于身也，不必为己。"董仲舒也认为："大富则骄，大贫则忧。忧则为盗，骄则为暴，此众人之情也。圣者 …… 使富者足以示贵而不至于骄，贫者足以养生而不至于忧，以此为度而调均之。"所以，中国思想历来主张一种政府有限干预下的调均观，使人民财产达到均平。这种均平自然不是绝对的平均，而是允许一定限度内的差别贫富。这个限度使穷人有其最低的保障，使富人也有其最高的限制。民众在基本的经济需求满足后，则应该去追求更高层次的文化人生。

　　汉、唐两代奠定了制度规模，即政治一统、社会平等的局面。钱穆认为：宋代以后的政治社会都没有逃出汉唐时代的成规，政治社会制度的建设理想已经基本实现，所剩的问题也只是实践的程度问题。于是，在宋明时代，大的社会建设问题解决后，中国人的精力逐渐转移到发展自我的个性上面，即让自己的个人生活更加丰满、更加有生活的乐趣。但是，中国文化一向不追求武力的进步，也不

---

① 钱穆：《中国文化史导论》，北京：商务印书馆 1994 年版，第 100—107 页。

主张对财富有过度的贪欲，于是这种个性的发展主要集中体现在文学和艺术领域。文学艺术的发展从原来的贵族阶级垄断到平民社会共享，由原来的描述神鬼祭祀等到开始表达自己的日常情感，都体现出中国文化的不断扩展。比如我们看到：从唐代开始，中国的诗歌文化大发展，中国的文人画派也涌现出来；到了宋明时代，词曲、陶瓷、建筑等日渐精致。由此可以看出平民生活的逐渐发展。

至第四个阶段，西方文化逐渐影响中国社会，甚至慢慢成为中国的主流文化。但是，钱穆对中国文化的发展非常自信。他高度肯定中国历史的前三个阶段的发展，认为中国历史的发展为中国奠定了良好的政治社会基础和个人发展的可能性基础，即使西方文化传入中国，其所起的作用可能就是在"四围的物质环境上来尽量的改善和利用"。他称这个阶段是"科学和工业时期"，也就是在已有的中国文化的基础上，利用西方的科学理论和技术更加完善、推广中国文化。这可以说是钱穆版本的"中体西用"说。钱穆预料：如此，中国人离"天下大同"的理想就更近了。[①]

钱穆认为：除了上述汉唐时期的制度安排，中国人还特别强调个人修养的重要性。《大学》讲治国平天下，基础就是落在"修身"上，即要从自己的"德性"上做起。中国文化认为人性本善，人皆可以为尧舜。因此，社会经济繁荣、普遍和平、人类普遍平等并不是最高层级的"世界大同"。大家尽性知命，发现自己的善性，达到自己的人格德性的最高境界，这才是"大同太平世界"。

通过钱穆对中国历史文化的梳理，我们看到了他对中国文化历史意义的努力探索。他把中国历史描述为在中国文化崇高理想 —— 天下太平、世界一家 —— 指引下的在不同层面次第展开的丰富的中国文化史。在这段文化史的描述中，他为中国文化的制度建设和文艺发展做了有力的辩护，提出了新时代继续发扬中国文化精神的期望。他对中国历史和中国文化的双重肯定和交互式阐释，在康有为之后的近现代儒家中是不多见的，是很值得重视的一种学术进路。

我们可以看出：钱穆文化史学笼罩下的以儒家思想为内核的"大同"理念，就是群体社会政治层次的建设（即民主的文治政府建设、平等的社会主义经济制度）、个人个性层面的发展（即文学和艺术等促进生活的艺术化）以及以上两个层面引领的科学和生产力的发展，最后则是中国文化的道德哲学。这四个方面构成了钱穆大同观的基本内涵，也是钱穆在新时代对中国文化如何应对西方现代化挑战给出的精彩回答。

---

① 钱穆：《中国文化史导论》，北京：商务印书馆 1994 年版，第 229 页。

第五节 "大同"思想的现代价值

　　从古代到近现代的"大同"思想发展史，可以说也是一部微型的儒学发展史。特别是近代以来，儒学的重大发展都离不开对"大同"思想的重新阐释，康有为、熊十力、钱穆的学术思想与此相关，孙中山、毛泽东的政治实践活动的动力一定程度上也源于他们对"大同社会"理想的向往和追求。回眸新中国的发展历程，我们发现"大同"、"小康"居然离我们的生活如此之近。如果说毛泽东结合马克思主义原理赋予"大同"理想以新的内涵，提出了实现共产主义"大同世界"的目标，那么邓小平在实践理性的意义上提出了实现"大同"理想的关键一环，就是"小康社会"的实现。全面建设"小康社会"的目标并没有否定共产主义"大同"理想，两者是不同的发展阶段。

　　"大同"的精神就是"仁"的精神。仁者与天地万物一体。"大同"的精神体现了个人、社会与天地之间的一气贯通，不可分离。它要求我们以人类整体利益的视角去看待世界。"大同"儒学以社会、天下为本位，跳出了狭隘的血缘种族利益至上的观念，"世界大同"、"天下太平"是其根本指向。

　　全人类都向往一个富裕、公平、和谐、自由、诚信、和平的世界，没有贫困、欺压、对抗与战争是人类共同的梦想。但是，理想是丰满的，现实是骨感的，全人类的和平从未真正实现过。中国的"大同"理想肯定了人类的整体利益高于地区利益、单个国家利益的原则，我们要站在人类命运共同体的基础上来看待和规划世界的发展，这种"大同"精神对解决我们当前的国际问题也很有启发意义。这种理念要求我们承认、理解、尊重各民族文化的差异性和多样性，对各国和各民族选择适合自己的发展道路和发展理念给予充分的理解和支持。各国的地理环境不同，历史文化各异，面临的发展状况也不一样，由此各国的政治制度、经济制度、生活方式、文化理念也会有各种各样的差别，这些差别展现了文明的多样性和丰富性。但是，在现实中常有文化霸权主义的存在，强行推广自己的价值理念，不管各国的实际情况，往往会造成国家间的冲突，给人民造成生命、精神和财产的损失。我们应放弃这种自我中心主义，尊重各国的自我发展路径。同时，我们也要肯定人类共同理想的真实性，因为构建一个富裕、公平、道德的世界是人类共同的梦想。

跋

在 20 世纪初的中国文化界,存在一个引人深思的文化现象,我们称之为"集体反思"。在新文化运动时期,章太炎、钱玄同、陈独秀、胡适等"先进的中国人"都不同程度地卷入猛烈地批孔反儒的社会思潮中。在由帝制时代向现代国家转型的过渡时期,对被历代帝王利用并当作主流意识形态的儒家思想进行清算与批判,无疑具有历史进步意义。只有经过这种"深刻的片面",才能将孔子儒家与帝制时代相切割。在新文化运动之后,当时绝大多数"先进的中国人"经历了从批判到反思、再到辩证认识的心路历程。譬如:胡适早年主张"全盘西化",呼吁批孔,"搥碎,烧去"[1],晚年却一再申明"我不能说我自己在本质上是反儒的"[2]。钱玄同多次撰文呼吁废除汉字,甚至呼吁把儒家典籍"摔破,捣烂,好叫大家不能再去用它"[3],但在 1926 年 4 月 8 日致周作人的信中对待孔子和传统文化的心态已趋向平和、宽容,说"前几年那种排斥孔教,排斥旧文学的态度狠应改变"[4]。陈独秀是"打倒孔家店的英雄",早年曾断言:"倘以旧有之孔教为是,则不得不以新输入之欧化为非。新旧之间,绝无调和两存之余地。"[5]但是,陈独秀晚年又撰文指出:在现代知识的评定之下,孔子思想仍有其现代价值。"在孔子积极的教义中,若除去'三纲'的礼教,剩下来的只是些仁、恕、忠、信等美德。"[6]在尘埃落定的新文化运动之后,绝大多数中国知识分子进入了集体反思之中。如果不能从片面激愤地批评中国传统文化的心结升华到对

---

①《胡适文集》2,北京:北京大学出版社 1998 年版,第 610 页。
②唐德刚:《胡适口述自传》,桂林:广西师范大学出版社 2005 年版,第 246 页。
③《钱玄同文选》,成都:四川文艺出版社 2010 年版,第 61 页。
④《钱玄同文集》第 6 卷,北京:中国人民大学出版社 2000 年版,第 75 页。
⑤《独秀文存》,合肥:安徽人民出版社 1987 年版,第 660 页。
⑥《陈独秀文章选编》下,北京:生活·读书·新知三联书店 1984 年版,第 531 页。

传统文化有一个全面、辩证的认识,甚至"同情之理解",就无法在知识和人格上实现自我超越。可喜可贺的是:当时绝大多数中国知识分子已实现了这一内在的自我超越。

本书由多位学者分工完成:第一章《仁》,韩星撰写;第二章《义》,陈晨捷撰写;第三章《礼》,郭丽撰写;第四章《智》,李富强撰写;第五章《诚信》,刘乾阳撰写;第六章《孝》,曾振宇撰写;第七章《友》,王淑琴撰写;第八章《耻》,李富强撰写;第九章《勇》,王晶撰写;第十章《心》,沈顺福、张文豪、张恒撰写;第十一章《恕》,蒋聚缘撰写;第十二章《乐》,刘厚琴撰写;第十三章《天理》,李涛撰写;第十四章《良知》,李遥撰写;第十五章《性情》,法帅撰写;第十六章《天人合一》,刘乾阳撰写;第十七章《格物致知》,李涛撰写;第十八章《知行合一》,蔡祥元、颜圣麟、王文静撰写;第十九章《君子》,郭萍撰写;第二十章《和而不同》,韩星撰写;第二十一章《天下》,刘飞飞撰写;第二十二章《大同》,刁春辉、翟奎凤撰写。全书由曾振宇统稿,刘飞飞协助曾振宇做了大量工作。在此一并致谢!